黑龙江统计年鉴

HEILONGJIANG STATISTICAL YEARBOOK

2015

(总第29期NO.29)

黑 龙 江 省 统 计 局
国家统计局黑龙江调查总队 编
HEILONGJIANG PROVINCIAL BUREAU OF STATISTICS
SURVEY ORGANIZATION OF HEILONGJIANG OF NBS

图书在版编目（CIP）数据

黑龙江统计年鉴. 2015 : 汉英对照 / 黑龙江省统计局, 国家统计局黑龙江调查总队编. -- 北京 : 中国统计出版社, 2015.9
ISBN 978-7-5037-7582-6

Ⅰ. ①黑… Ⅱ. ①黑… ②国… Ⅲ. ①统计资料 – 黑龙江省 – 2015 – 年鉴 – 汉、英 Ⅳ. ①C832.35-54
中国版本图书馆CIP数据核字(2015)第202288号

黑龙江统计年鉴—2015

作　　者/ 黑龙江省统计局　国家统计局黑龙江调查总队
责任编辑/ 佘竞雄　熊威　安静
封面设计/ 哈尔滨雪枫林广告有限公司
出版发行/ 中国统计出版社
地　　址/ 北京市丰台区西三环南路甲6号　邮政编码/100073
电　　话/ 邮购（010）63376909　书店（010）68783171
网　　址/ http://www.zgtjcbs.com
印　　刷/ 哈尔滨兰迪商务印刷有限公司
经　　销/ 新华书店
开　　本/ 890mm×1240mm　1/16
字　　数/ 1400千字
印　　张/ 40.25
版　　别/ 2015年9月第1版
版　　次/ 2015年9月第1次印刷
定　　价/ 438.00元

《黑龙江统计年鉴—2015》编委会和编辑工作人员

Heilongjiang Statisitcal Yearbook-2015 EDITORIAL BOARD AND STAFF

编 辑 说 明

一、《黑龙江统计年鉴—2015》是一部全面反映黑龙江省经济和社会发展状况的资料性工具书。本书系统收录了全省及各市(地)、县2014年经济和社会各方面的统计数据，以及历史重要年份的主要统计数据。

二、全书主体共分19部分：1.综合；2.人口、就业人员和职工工资；3.国民经济核算；4.价格指数；5.人民生活；6.财政、金融和保险；7.资源与环境；8.能源；9.固定资产投资；10.对外经济贸易；11.农业；12.工业；13.建筑业；14.住房与房地产；15.国内贸易和旅游业；16.运输邮电软件业；17.教育与科技；18.文化、体育、卫生和社会服务；19.城市概况。同时附录两个部分：Ⅰ.各县(市)主要指标；Ⅱ.各类开发区情况。各部分附有主要统计指标解释。

三、资料中使用的度量衡单位均采用国际统一标准的计量单位。

四、本年鉴的资料大部分来自年度统计报表，部分数据来自抽样调查和专业部门年报，部分专业历史数据和资料来源口径有调整，请留意表中注释。

五、附录中的县域经济指标为各县(市)上报数，未做逐级核对，仅供参考。

六、由于数据来源和计算方法不同，一些指标分地区数据相加不等于全省数，请使用时注意。部分合计数或相对数因单位取舍不同而产生的计算误差均未做调整。

七、本年鉴中，各地区数据表增加了省直管试点绥芬河市和抚远县数据，未加特别说明的，则牡丹江不包含绥芬河数据，佳木斯不包含抚远县数据。

八、本年鉴中的符号使用说明：“空格”表示该项数据不详或数据太小，不足本表计量单位；“#”表示其中主要项。

PREFACE

Ⅰ. *Heilongjiang Statistical Yearbook—2015* is an annual statistics publication, which covers very comprehensive data in 2014 and some selected data series in historically important years at provincial levels and local levels of cities, regions, and counties directly under the provincial government and therefore, reflects various aspects of social and economic development of Heilongjiang.

Ⅱ. The book contains the following 19 parts, 1. General Survey; 2. Population, Employment and Wages; 3. Nationd Accourts; 4. Price Indices; 5. People' s Living Conditions; 6. Finance, Banking and Insurance; 7. Resources and Environment; 8. Energy; 9. Investment in Fixed Assets; 10. Foreign Trade and Economic Cooperation; 11. Agriculture; 12. Industry; 13. Construction; 14.Housing and Real Estate; 15. Domestic Trade and Tourism; 16. Transport, Posts and Software Industry; 17. Education, Science and Technoloyy; 18. Culture, Sports, Public Health and Social Services; 19. General Survey of Cities;Appedix Ⅰ. Main Indicators of Counties; Appedix Ⅱ. General Survey of All Development Areas. In addition, explanatory notes on main statistical indicators are provided at the end of each part.

Ⅲ. The units of measurement used in this book are internationally standard measurement units.

Ⅳ. The major data sources of this publication are obtained from annual statistical reports, and some from sample surveys and professional departments. Statistical coverage of some professional historical data has adjusted. Please attention to explanatory notes in charts.

Ⅴ. Some statistical data gathering from regions are not the same as total of province. Please attention to use. Statistical discrepancies due to rounding are not adjusted in this yearbook.

Ⅵ. Economic indicators in appendix are statistical data of county. The data are not checked from level. It is reference only.

Ⅶ. In this yearbook, regional data table added Suifenhe city and Fuyuan County data ,without special instructions, Mudanjiang does not include the data of Suifenhe, Jia Musi contains no data of Fuyuan County.

Ⅷ. Notations used in this yearbook:

" (Blank) " indicates that the data not available or the figure is not large enough to be measured with the smallest unit in the table; " # " indicates the major items of the total.

篇目索引

SUBJECT INDEX

1. General Survey
2. Population, Employment and Wages
3. Nationd Accourts
4. Price Indices
5. People' s Living Conditions
6. Finance, Banking and Insurance
7. Resources and Environment
8. Energy
9. Investment in Fixed Assets
10. Foreign Trade and Economic Cooperation
11. Agriculture
12. Industry
13. Construction
14. Housing and Real Estate
15. Domestic Trade and Tourism
16. Transport, Posts and Software Industry
17. Education, Science and Technoloyy
18. Culture, Sports, Public Health and Social Services
19. General Survey of Cities;

Appendix Ⅰ Main Indicators of Counties

Appendix Ⅱ General Survey of All Development Areas

耕地

黑龙江省是中国耕地面积最大的省份，是世界著名的三大黑土带之一。
全省人均耕地面积居全国第一位。

- 耕地面积1586.6万公顷
- 人均耕地面积0.4公顷

Heilongjiang province has the largest area of cultivated land among the provinces in China,Heilongjiang province lies in one of the largest blackland of the world.The cultivated land per capita list the first in China.

粮食

黑龙江省粮食生产能力已突破5000万吨，跃居全国首位，是中国重要的商品粮基地。

- 粮食播种面积2014年1422.7万公顷
- 粮食产量2014年 6242.2万吨。

Heilongjiang province is also important base commercial grain,the production capacity of which was exceeded 50,000,000 tons and ranks first in the country.

大豆

黑龙江省大豆种植面积和产量居全国首位。

- 大豆播种面积2014年314.6万公顷
- 大豆产量2014年460.4万吨

The sown areas and yidld of soybean in Heilongjiang are standing number one in China

绿色食品

黑龙江省绿色食品监控面积、获得标识认证的产品数量均居全国第一位。

- 绿色食品认证数量2014年1500个
- 绿色食品种植面积2014年7209万亩

The supervising area and the number of certificated products of green food in Heilongjiang also stand the first in China.

草原

黑龙江省草地面积约206.3万公顷，优质的牧草为畜牧业发展提供了丰厚的天然条件,全省牛奶和乳制品产量均居全国第二位。

- 奶牛数量2014年197.2万头
- 乳制品产量2014年195.4万吨
- 牛奶产量2014年556.6万吨

The provincial' s grassland area is about 2,071,000 hectares,and the high-quality grazing provide rich natural condition for the development of the stock raising.The prodction of milk and dairy products list the second in China.

旅游资源

黑龙江省冰雪旅游资源堪称中国之最。

- 亚布力是亚洲最大的滑雪场。
- 镜泊湖是中国最大的高山堰塞湖;
- 五大连池被誉为“天然火山博物馆”

The resources of ice-and-snow in Heilongjiang are praised the best of all in China.Yabuli skiing site is the biggest in Asia.Jingpohu lake is the largest mountain-and-wei stuffing lake in China.Wudalianchi is praised as the natural volcano museum.

原油

黑龙江省原油产量居全国第一，大庆油田是全国最大的油田,累计提供原油22.3亿吨。

- 原油产量2014年4000.0万吨

The Daqing Oil Field is the largest oil field in China and the production of crude oil list the first in China.

森林

黑龙江省是我国重点林区之一，森林面积、森林总蓄积量和木材产量均居全国前列，是国家重要的木材战略储备基地。

- 森林面积2080万公顷
- 森林覆盖率45.7%
- 森林蓄积量17.2亿立方米
- 活立木总蓄积量17.6亿立方米

Heilongjiang Province is one of China's major forest areas. The forest area, total volume of forest and timber production rank the total accumulation of the nation, is an important national timber strategic reserve base.

地区生产总值(亿元)

Gross Domestic Product (100 million yuan)

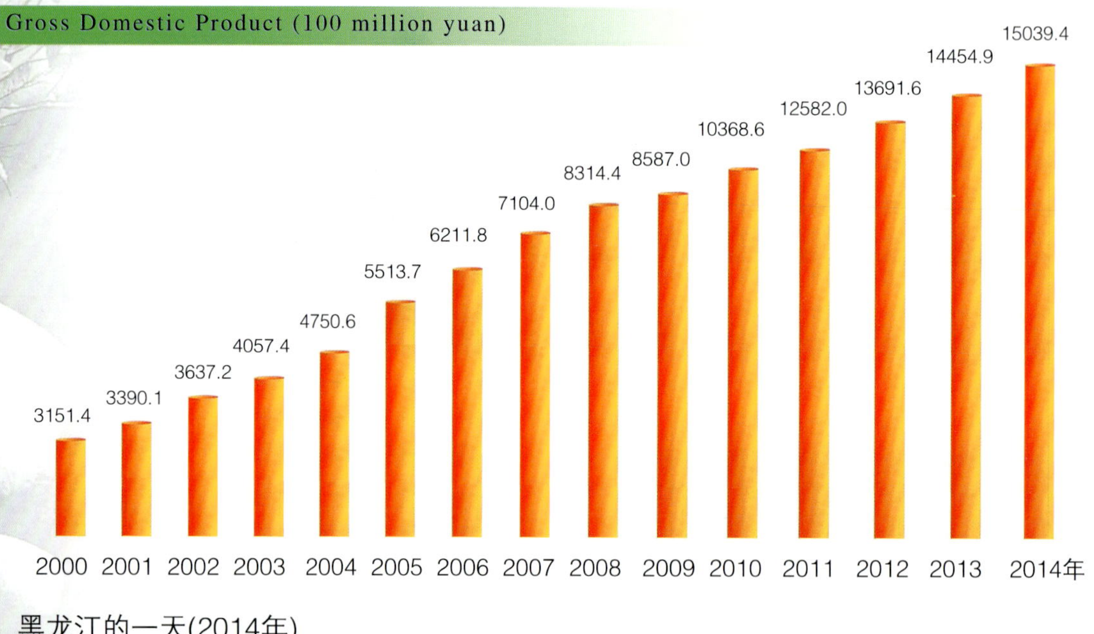

黑龙江的一天(2014年)

Selected Indicators Average daily Social and Economic Activities of Heilongjiang province (2014)

地区生产总值41.2亿元
GDP 4120 million yuan

出生人口774人
Born in people 774 persons

死亡人口678人
Dead population 678 persons

粮食产量17.10万吨
Yield of Grain 171019 tons

原油产量10.96万吨
Yield of Crude Oil109630 tons

钢材产量1.32万吨
Yield of steel 13246 tons

汽车产量318辆
Yield of motor 318 unit

发电量2.39亿千瓦小时
Electricity 239 million kwh

牛奶产量1.52万吨
Yield of milk 15249 tons

乳制品产量0.54万吨
Yield of dairy product 5353 tons

肉类产量0.63万吨
Yield of meat 6307 tons

进出口总额10658万美元
Total exports and imports 106.58 million USD

进口总额5907万美元
Total imports 59.07 million USD

出口总额4751万美元
Total exports 47.51 million USD

社会消费品零售总额19.22亿元
Total retail sale of cunsumer goods 1922 million yuan

旅游收入2.92亿元
Earnings from tourism 292 million yuan

邮电业务总量11433万元
Business volume of post and telecommunications service 114.33 million yuan

公共财政收入3.56亿元
Financial revenue 356 million yuan

公共财政支出9.41亿元
Financial expenditures 941 million yuan

金融机构各项存款增加额3.08亿元
Every deposit total value of financial institution 308 million yuan

居民储蓄增加额2.19亿元
Savings deposit of rural and urban residents 219 million yuan

三项专利批准数42.2件
Number of three types of patent applications granted 42.2 units

能源消费量25.54万吨标准煤
Energy consumption 255397 ton of SCE

数字黑龙江

人均地区生产总值(元)

Per capita GDP(yuan)

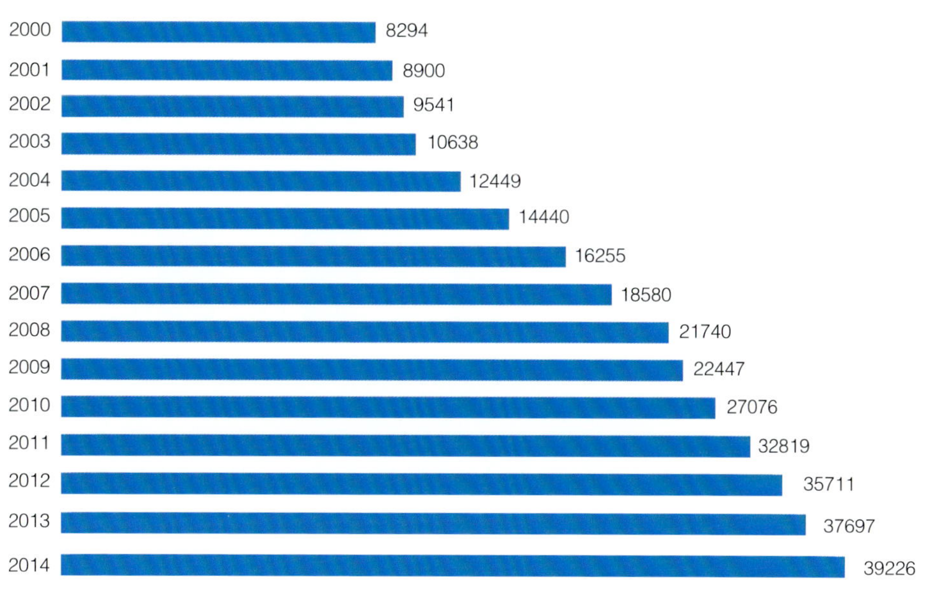

地区生产总值三次产业构成 (%)

Composition of GDP (%)

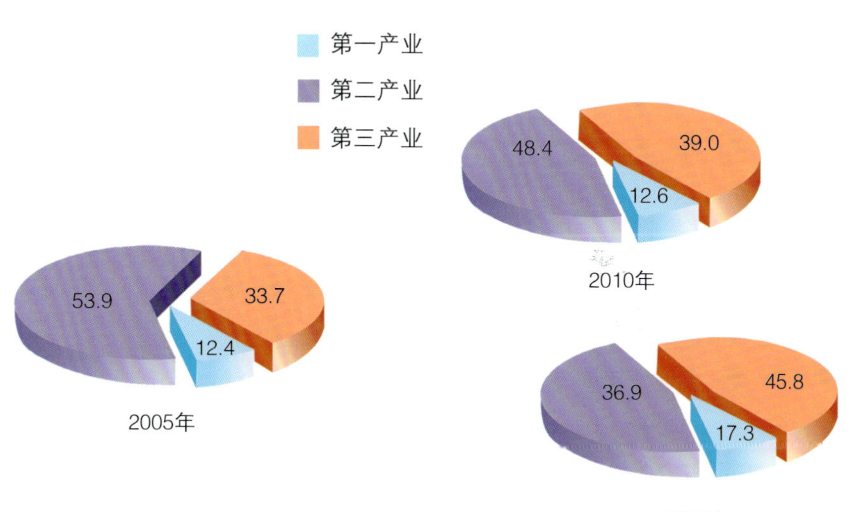

地区生产总值中非公有制经济占比重 (%)

Non-poblic economy take GDP proportion of the scale (%)

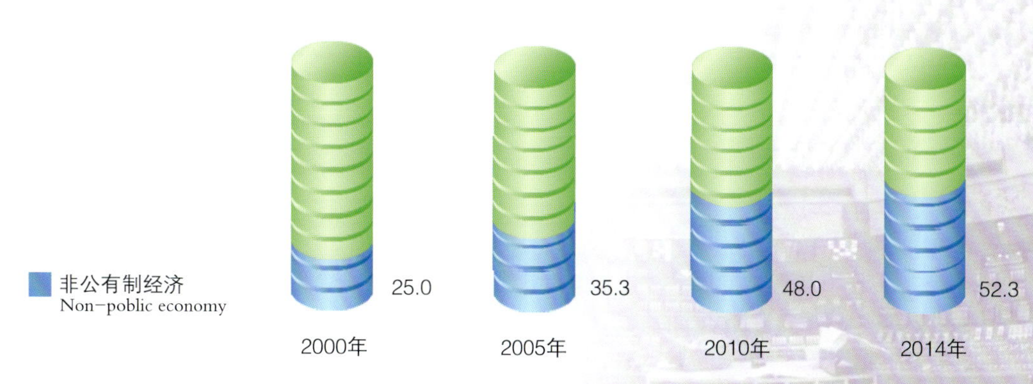

人口总数(万人)
Population (10000 persons)

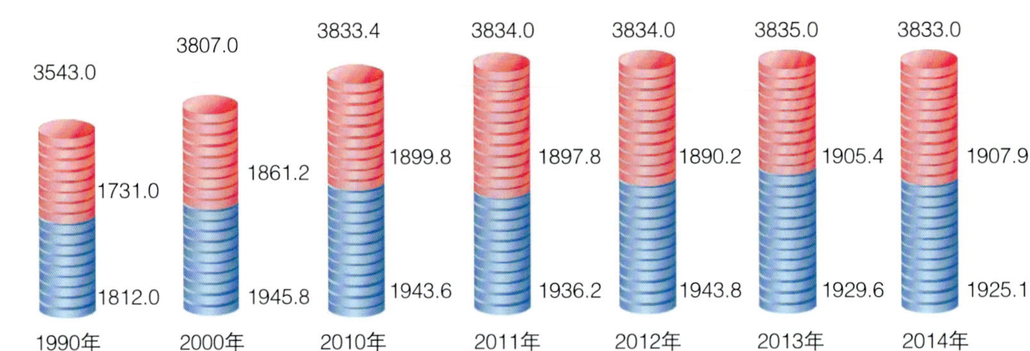

就业人数(万人)
Employment (10000 persons)

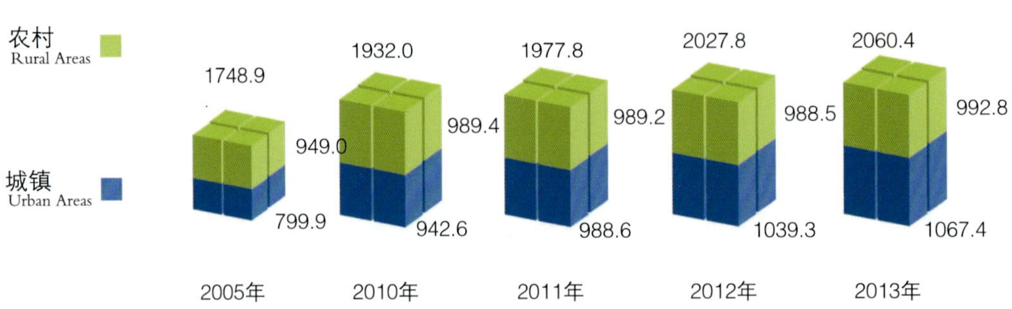

城镇非私营单位就业人员平均工资(元)
Average wage of Employed Persons In Urban Non-private Units(yuan)

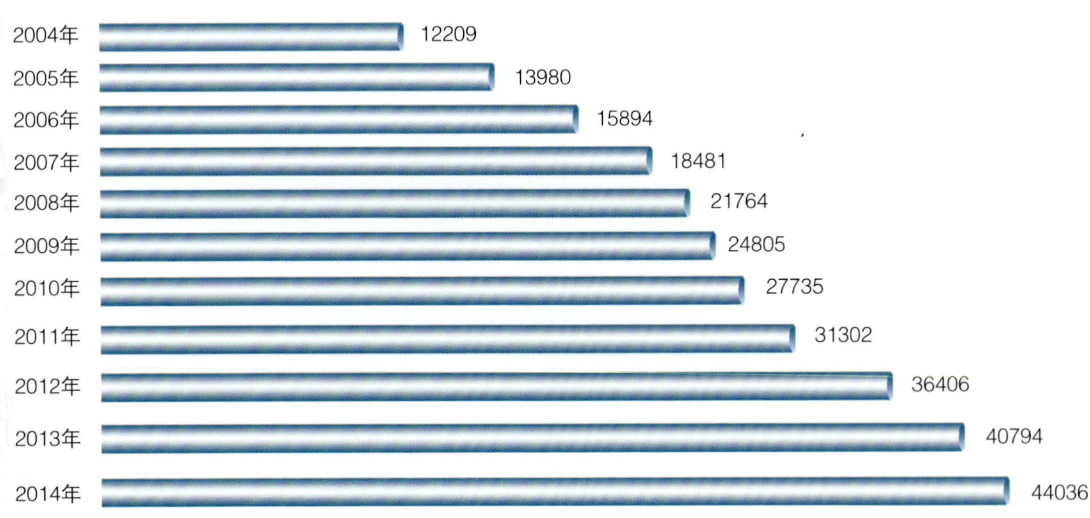

数字黑龙江

粮食产量(万吨)

Yield of grain (10000 tons)

2005年	2006年	2007年	2008年	2009年	2010年	2011年	2012年	2013年	2014年
3600.0	3780.0	3965.5	4225.0	4353.0	5012.8	5570.6	5761.3	6004.1	6242.2

畜牧业产值(亿元)

Gross output value of animal husbandry (100 million yuan)

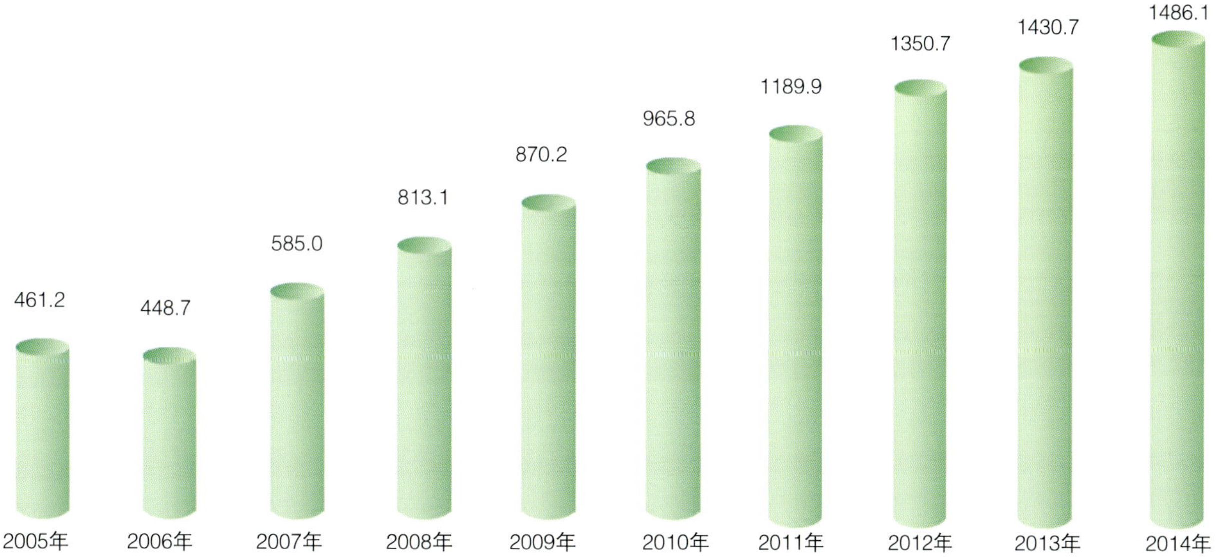

原油产量 (万吨)

Yield of crude oil (10000 tons)

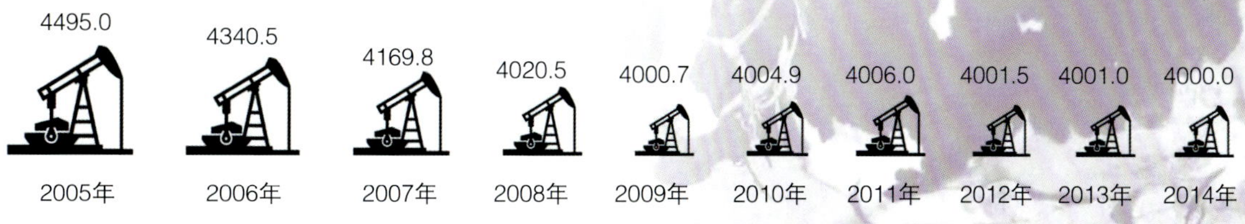

规模以上工业增加值(亿元)
Value-added of industry above scale (100 million yuan)

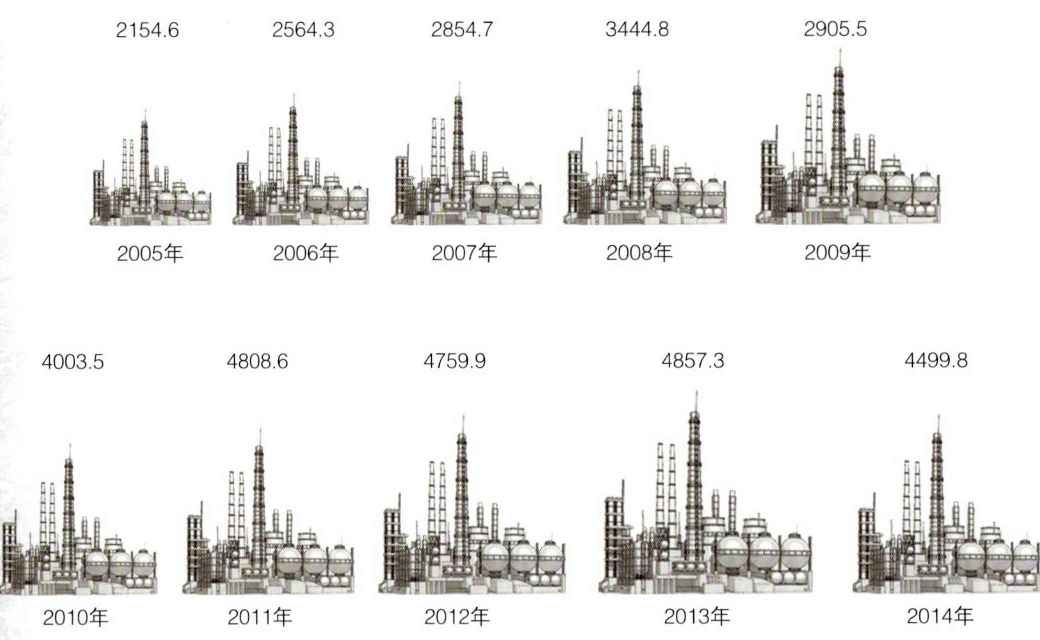

规模以上工业企业产值(亿元)
Gross industrial output value above scale (100 million yuan)

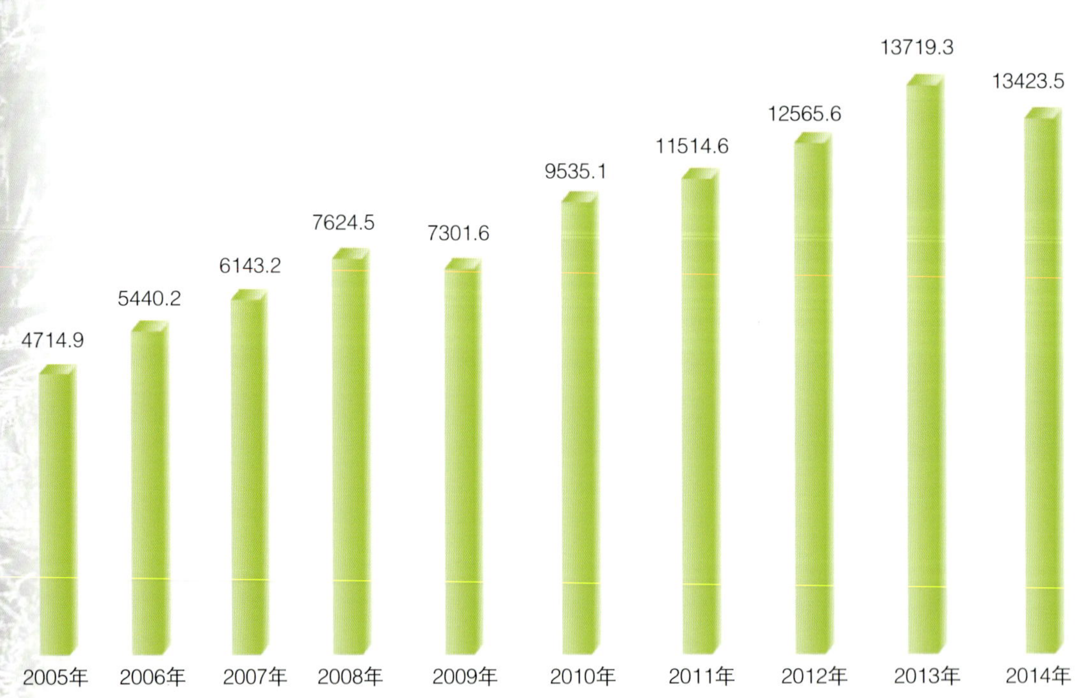

数字黑龙江

四大主导产业占规模以上工业总产值比重 (%)

Four major industries take the above total industrial output value proportion of the scale (%)

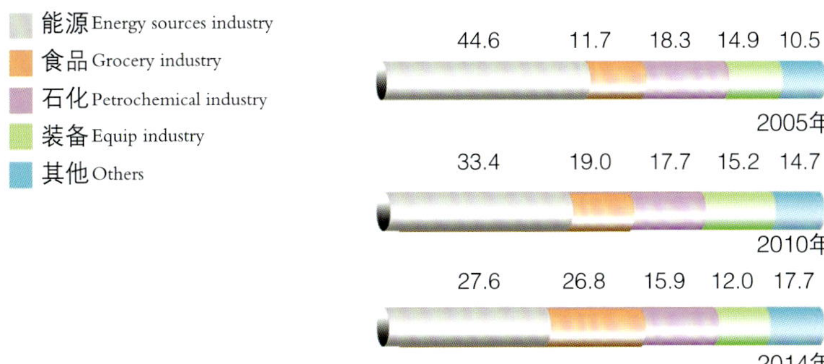

规模以上工业总产值轻重工业构成 (%)

Structure of gross output value of industry grouped by light & heavy industries (%)

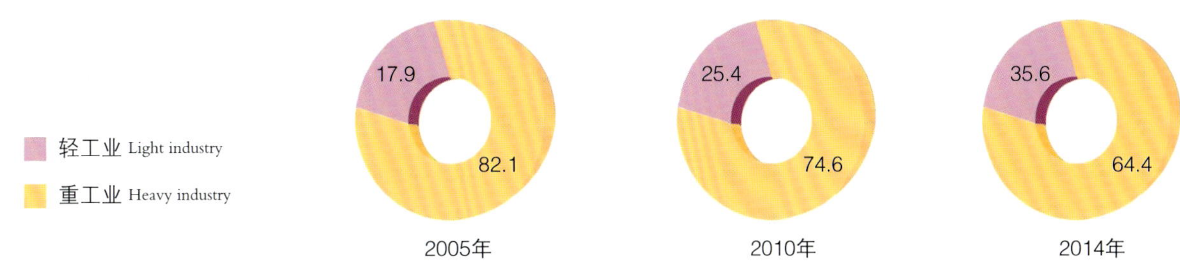

规模以上工业利税(亿元)

Total per-tax profits of industry enterprises above scale (100 million yuan)

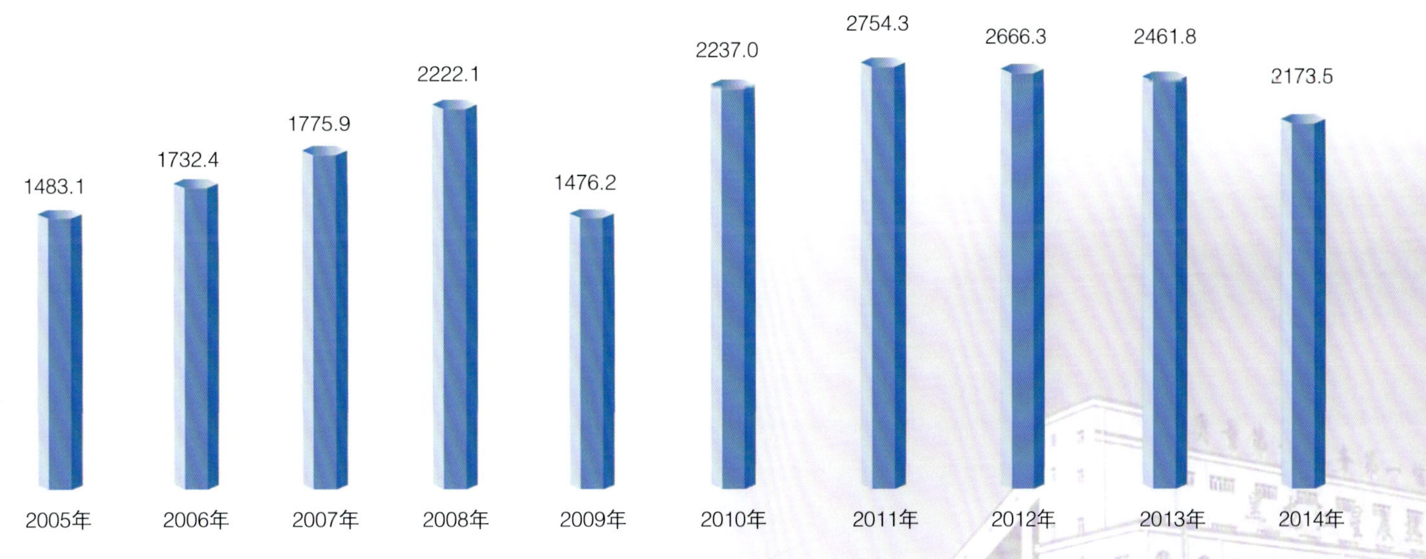

全社会固定资产投资总额(亿元)
Total investment in fixed assets (100 million yuan)

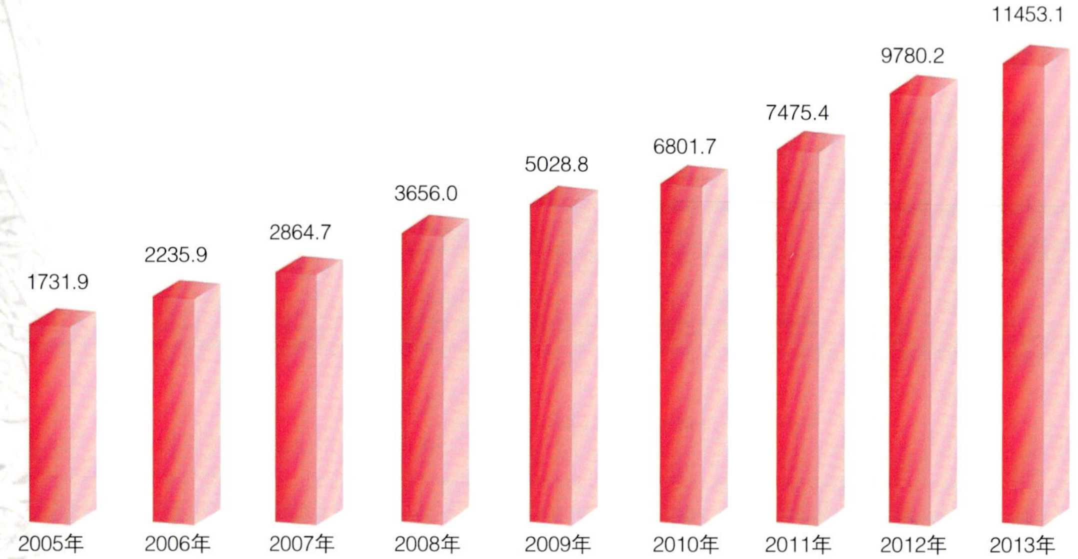

民间投资比重 (%)
Proportion of individual investment (%)

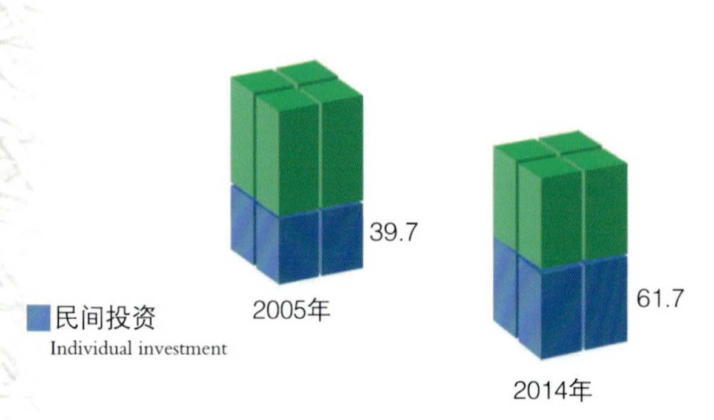

亿元以上投资项目数(个)
Number of investment in fixed assets of the project of more than 100 million yuan (unit)

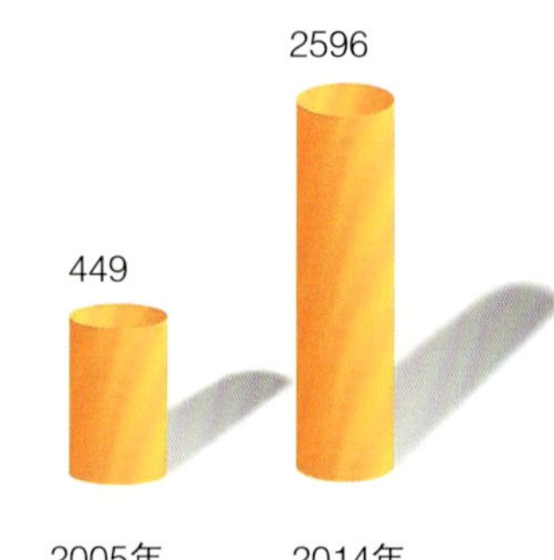

商品房销售面积(万平方米)
Floor space sold (10000 sq.m)

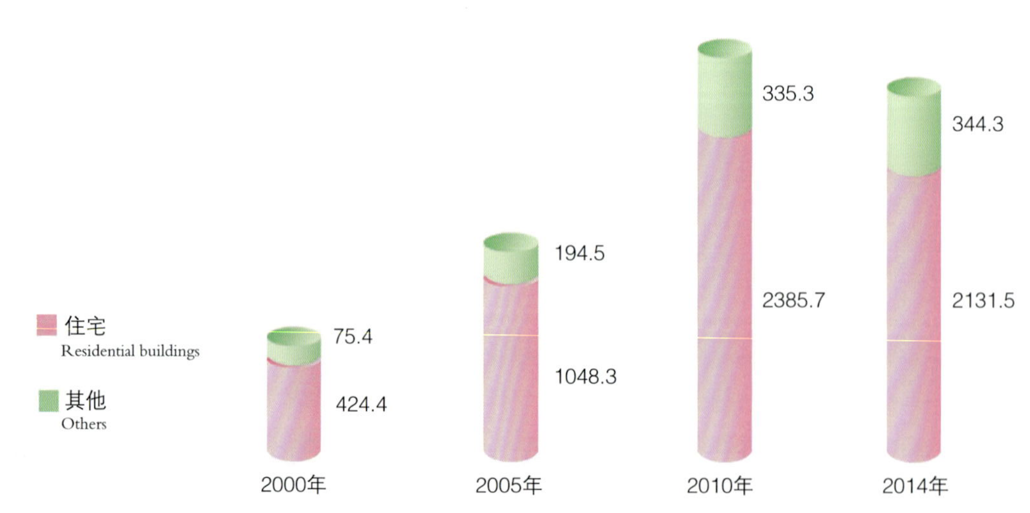

数字

黑

社会消费品零售总额(亿元)

Total retail sale of consumer goods (100 million yuan)

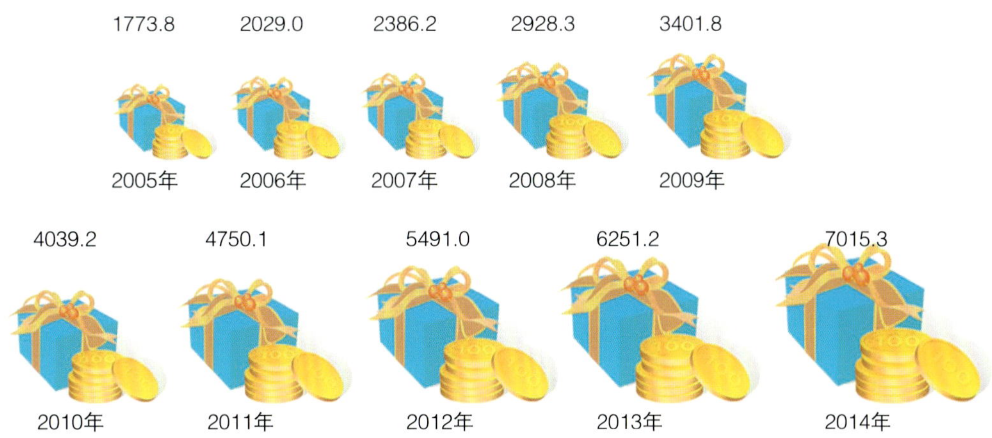

外贸依存度(%)

The foreign trade depending on degree (%)

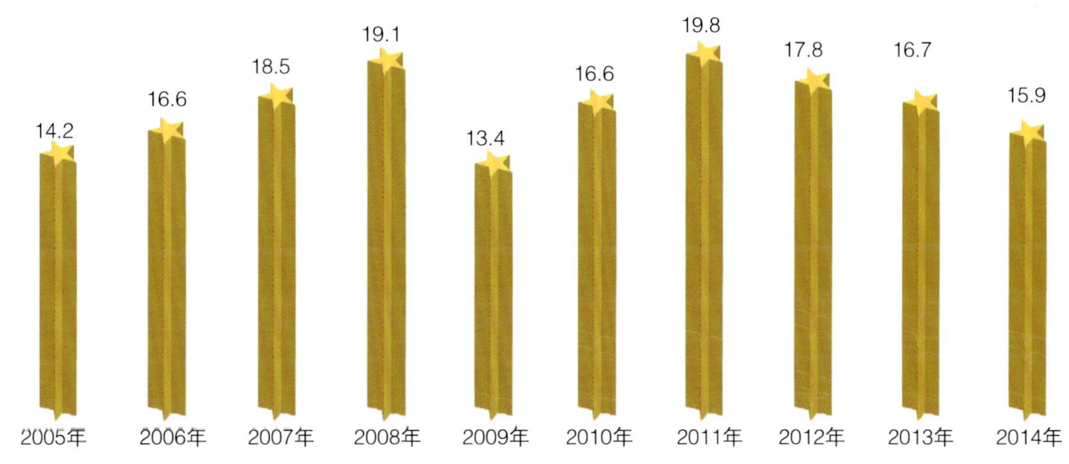

进出口总额(亿美元)

Total Value of Imports and Exports (USD 100 million)

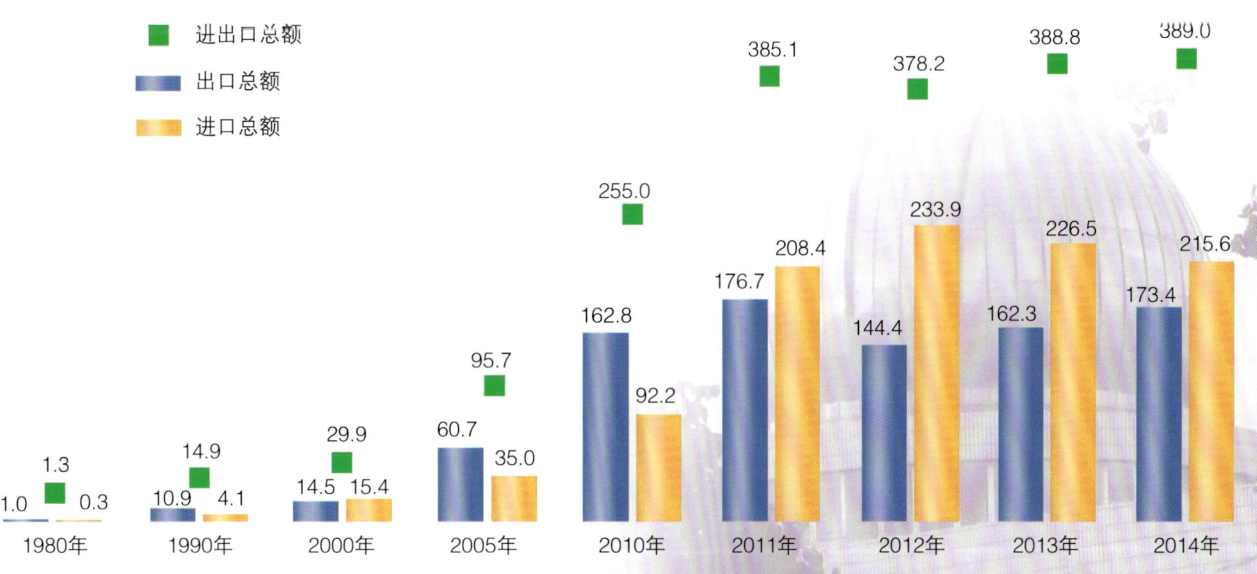

主要贸易伙伴占进出口总额的比重(%)

Proportion of principal prade partner to total exports (%)

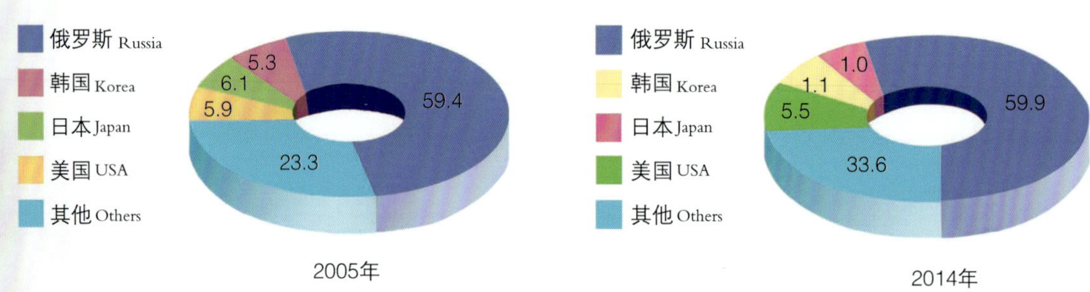

R&D经费内部支出总额(亿元)

Intramural expenditure on R&D (100 million yuan)

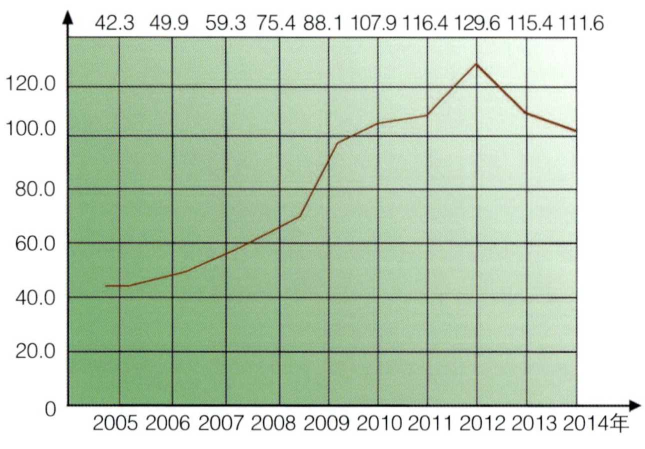

三项专利授权数(件)

Number of patent applications certified (item)

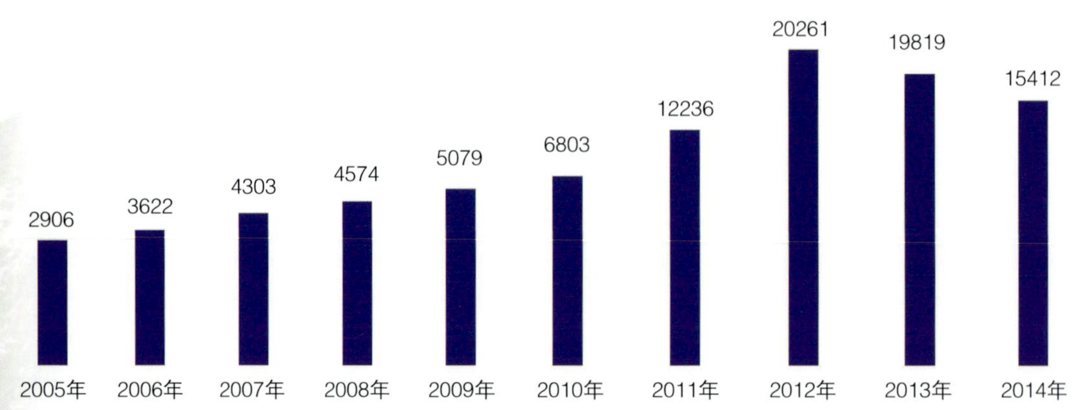

每万人拥有大学生数(人)

Number of University and College Students Per 10000 Population(person)

卫生机构数(个)

Health Care Institutions (unit)

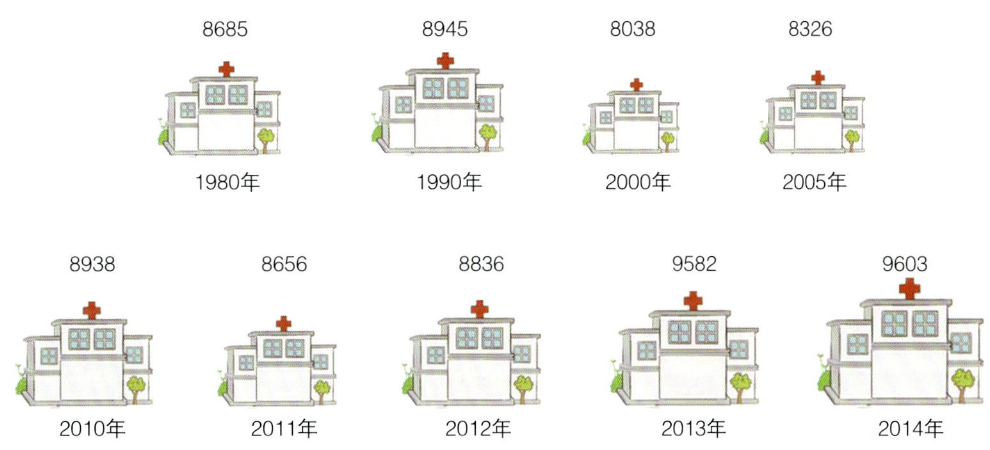

每万人拥有卫生资源数

Number of Health Resources Per 10000 Population

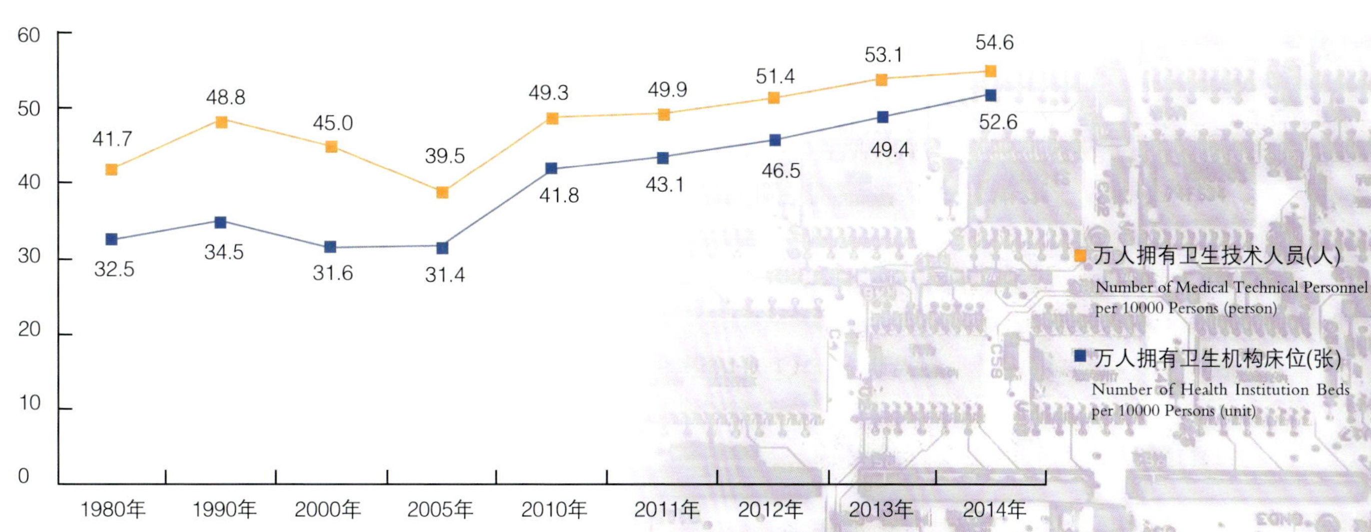

城镇和农村常住居民人均可支配收入及结构(元、%)

Annual Per Capita Disposable Income of Rural and Urban Households and Composition (yuan、%)

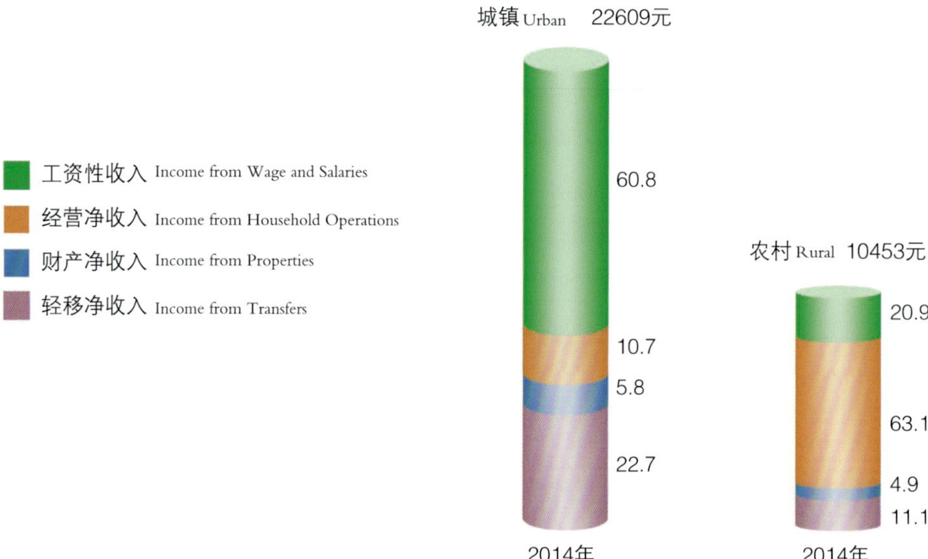

城镇居民消费结构(%)

Urban Resident's Consumption Composition (%)

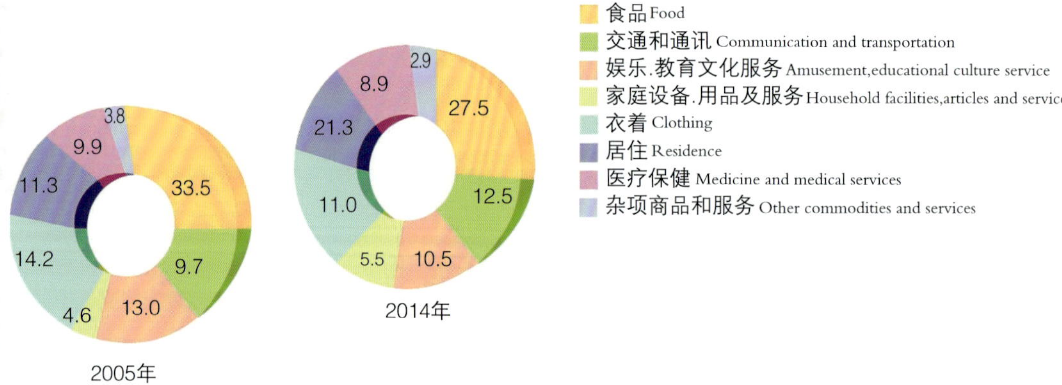

农村居民消费结构(%)

Rural Resident's Consumption Composition (%)

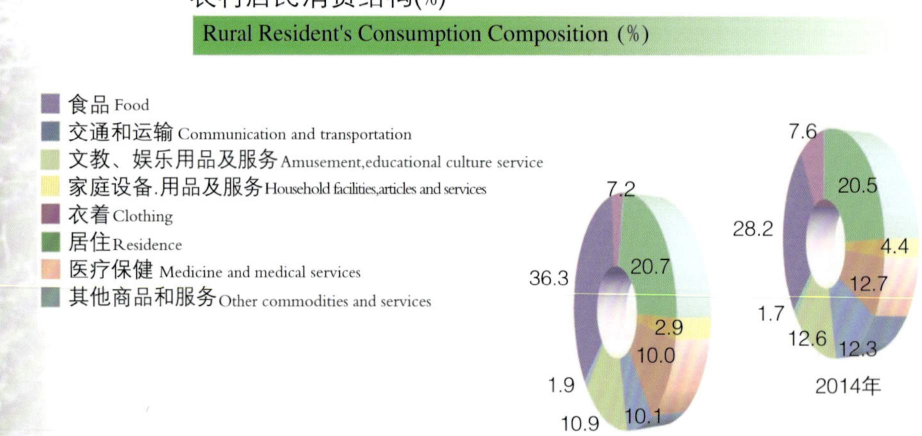

数字黑龙江

目　　录

CONTENTS

第一篇　综合

CHAPTER 1 GENERAL SURVERY

第二篇　人口、就业人员和工资

CHAPTER 2　POPULATION,EMPLOYMENT AND WAGES

第三篇 国民经济核算

CHAPTER 3 NATIONAL ACCOUNTS

第四篇 价格指数

CHAPTER 4 PRICE INDICES

第五篇　人民生活

CHAPTER 5　PEOPLE'S LIVING CONDITIONS

第六篇　财政、金融和保险

CHAPTER 6 FINANCE, BANKING AND INSURANCE

第七篇　资源与环境

CHAPTER 7 RESOURCES AND ENVIRONMENT

第八篇　能源

CHAPTER 8 ENERGY

第九篇 固定资产投资

CHAPTER 9 INVESTMENT IN FIXED ASSETS

第十篇　对外经济贸易

CHAPTER 10　FOREIGN TRADE AND ECONOMIC COOPERATION

第十一篇 农 业

CHAPTER 11 AGRICULTURE

第十二篇 工 业

CHAPTER 12 INDUSTRY

第十三篇　建 筑 业

CHAPTER 13 CONSTRUCTION

第十四篇　住房和房地产

CHAPTER 14 HOUSING AND REAL ESTATE

第十五篇 国内贸易和旅游业

CHAPTER 15 DOMESTIC TRADE AND TOURISM

第十六篇　运输邮电软件业

CHAPTER 16 TRANSPORT, POSTS AND SOFTWARE INDUSTRY

第十七篇　教育与科技

CHAPTER 17　EDUCATION, SCIENCE AND TECHNOLOGY

第十八篇 文化、体育、卫生和社会服务

CHAPTER 18 CULTURE, SPORTS,PUBLIC HEALTH AND SOCIAL SERVICES

第十九篇　城市概况

CHAPTER 19　GENERAL SURVEY OF CITIES

附录Ⅰ 各县、市主要指标(2014年)

附录Ⅱ 各类开发区情况

APPENDIX Ⅱ GENERAL SURVEY OF ALL DEVELOPMENT AREAS

第一篇　综　合

CHAPTER 1 GENERAL SURVERY

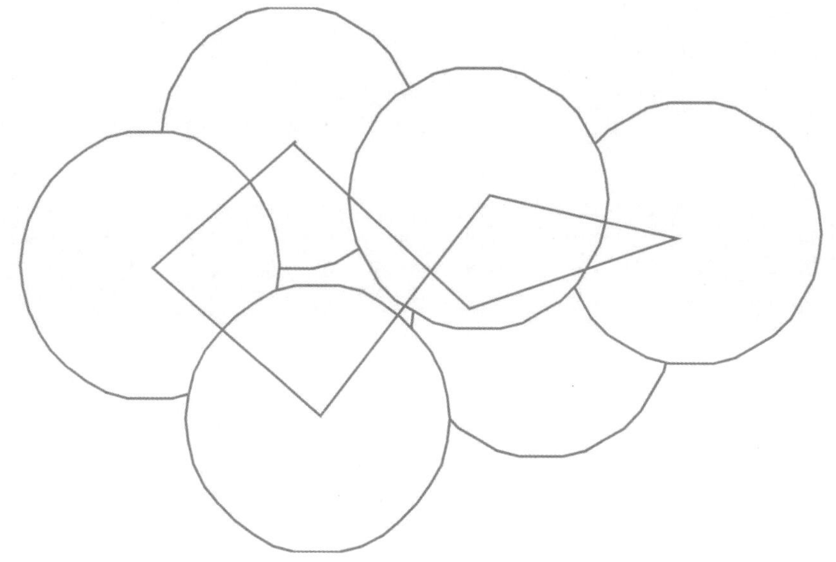

资料整理：安 静　高 健　陈 宇

1-1 行政区划(2014年)

DIVISIONS OF ADMINISTRATIVE AREAS(2014)

单位：个 (unit)

地 市	Prefecture and City at Prefecture Level	市、地辖区 Districts Under the Jurisdiction of Citities(Prefecture)	县级市 Cities at County Level	县、自治县 County, Autonomous Couties	镇 Towns	民族镇 Ethnic Towns	乡 Township	民族乡 Ethnic Community Township	城市街道办事处 Cities Street Communities	村民委员会 Village Board	自然屯 Natural Tun	社区居委会 Neighborhood community
合 计	**Total**	**69**	**17**	**46**	**502**	**11**	**327**	**53**	**358**	**9011**	**34660**	**2718**
哈尔滨	Harbin	9	2	7	115	3	49	12	111	1885	9529	799
齐齐哈尔	Qiqihar	7	1	8	67	3	47	6	37	1259	7356	258
鸡 西	Jixi	6	2	1	23		19	4	29	459	1625	142
鹤 岗	Hegang	6		2	11		8	2	32	211	328	122
双鸭山	Shuangyashan	4		4	21		19	2	24	482	690	124
大 庆	Daqing	5		4	31		24	3		482	2546	189
伊 春	Yichun	15	1	1	10		8	1	30	204	364	198
佳木斯	Jiamusi	4	2	4	40		27	4	28	908	1164	236
七台河	Qitaihe	3		1	9		6	2	21	220	130	98
牡丹江	Mudanjiang	4	4	2	43	2	6	4	23	887	1100	265
黑 河	Heihe	1	2	3	27		31	7	11	598	1369	70
绥 化	Suihua	1	3	6	79	3	74	4	6	1336	8393	179
大兴安岭	Daxinganling	4		3	26		9	2	6	80	66	38

1-1 续表1 CONTINUED

地 区	Region	县级市	City at County Level	县	County	区	District
哈尔滨市	**Harbin City**	尚志市	Shangzhi	宾 县	Binxian	道里区	Daoli
		五常市	Wuchang	方正县	Fangzheng	南岗区	Nangang
				依兰县	Yilan	道外区	Daowai
				巴彦县	Bayan	松北区	Songbei
				木兰县	Mulan	香坊区	Xiangfang
				通河县	Tonghe	平房区	Pingfang
				延寿县	Yanshou	呼兰区	Hulan
						阿城区	Acheng
						双城区	Shuangcheng
齐齐哈尔市	**Qiqihar City**	讷河市	Nehe	龙江县	Longjiang	龙沙区	Longsha
				依安县	Yian	建华区	Jianhua
				泰来县	Tailai	铁锋区	Tiefeng
				甘南县	Gannan	昂昂溪区	Angangxi
				富裕县	Fuyu	富拉尔基区	Fularji
				克山县	Keshan	碾子山区	Nianzishan
				克东县	Kedong	梅里斯达斡尔族区	Meilisi Daur Nationality District
				拜泉县	Baiquan		
鸡西市	**Jixi City**	密山市	Mishan	鸡东县	Jidong	鸡冠区	Jiguan
		虎林市	Hulin			恒山区	Hengshan
						城子河区	Chengzihe
						滴道区	Didao
						梨树区	Lishu
						麻山区	Mashan
鹤岗市	**Hegang City**			绥滨县	Suibin	向阳区	Xiangyang
				萝北县	Luobei	工农区	Gongnong
						南山区	Nanshan
						兴安区	Xingan
						东山区	Dongshan
						兴山区	Xingshan

1-1 续表2 CONTINUED

地 区	Region	县级市	City at County Level	县	County	区	District
双鸭山市	Shuangyashan City			集贤县	Jixian	尖山区	Jianshan
				友谊县	Youyi	岭东区	Lingdong
				宝清县	Baoqing	宝山区	Baoshan
				饶河县	Raohe	四方台区	Sifangtai
大庆市	Daqing City			林甸县	Lindian	萨尔图区	Sartu
				肇源县	Zhaoyuan	龙凤区	Longfeng
				肇州县	Zhaozhou	让胡路区	Ranghulu
				杜尔伯特蒙古族自治县	Durbote Mongolia Natio-nality Autonomous	红岗区	Honggang
						大同区	Datong
伊春市	Yichun City	铁力市	Tieli	嘉荫县	Jiayin	伊春区	Yichun
						南岔区	Nancha
						友好区	Youhao
						西林区	Xilin
						翠峦区	Cuiluan
						新青区	Xinqing
						美溪区	Meixi
						金山屯区	Jinshantun
						乌马河区	Wumahe
						汤旺河区	Tangwanghe
						乌伊岭区	Wuyiling
						五营区	Wuying
						带岭区	Dailing
						上甘岭区	Shangganling
						红星区	Hongxing
佳木斯市	Jiamusi City	同江市	Tongjiang	桦南县	Huanan	向阳区	Xiangyang
		富锦市	Fujin	桦川县	Huachuan	前进区	Qianjin
				汤原县	Tangyuan	东风区	Dongfeng
				抚远县	Fuyuan	郊 区	Suburb
七台河市	Qitaihe City			勃利县	Boli	新兴区	Xinxing
						桃山区	Taoshan
						茄子河区	Qiezihe
牡丹江市	Mudanjiang City	绥芬河市	Suifenhe	东宁县	Dongning	东安区	Dongan
		海林市	Hailin	林口县	Linkou	阳明区	Yangming
		宁安市	Ningan			爱民区	Aimin
		穆棱市	Muling			西安区	Xian
黑河市	Heihe City	北安市	Beian	嫩江县	Nenjiang	爱辉区	Aihui
		五大连池市	Wudalianchi	逊克县	Xunke		
				孙吴县	Sunwu		
绥化市	Suihua City	安达市	Anda	望奎县	Wangkui	北林区	Beilin
		肇东市	Zhaodong	兰西县	Lanxi		
		海伦市	Hailin	青冈县	Qinggang		
				庆安县	Qingan		
				明水县	Mingshui		
				绥棱县	Suiling		
大兴安岭地区	Daxinganling Prefecture			呼玛县	Huma	新林区	Xinlin
				塔河县	Tahe	呼中区	Huzhong
				漠河县	Mohe	松岭区	Songling
						加格达奇区	Jiagedaqi

1-2 各部门机构数

GRASS-ROOTS UNIT IN VARIOUS SECTORS

单位：个 (unit)

部 门	Sector	机构数 Grass-roots Units 2013	2014	2014年比上年增长(%) Growth Rate in 2014 over 2013(%)
农村基层单位	**Rural Grassroots Units**			
乡政府	Township Governments	859	882	2.7
镇政府	Town Governments	466	499	7.1
村民委员会	Village Committees	9011	8994	-0.2
乡村户数(万户)	Numbers of Rural Households(10000 households)	518	520	0.5
农垦系统农牧场	**Farms and Pastures of Land Reclamation System**	**113**	**113**	**持平**
规模以上工业企业	**Industrial Enterprises above Designated Size**	**4398**	**4305**	**-2.1**
内资企业	Domestic Funded Enterprises	4168	4085	-2.0
国有企业	State-owned Industry	153	134	-12.4
集体企业	Collective-owned Industry	80	49	-38.8
股份合作企业	Cooperative Enterprises	23	19	-17.4
联营企业	Joint Ownership Enterprises	3	1	-66.7
有限责任公司	Limited Liability Corporations	1530	1565	2.3
股份有限公司	Share Holding Enterprises	223	218	-2.2
私营企业	Private Enterprises	2126	2080	-2.2
港、澳、台商投资企业	Enterprises with Funds from Hong Kong, Macao and Taiwan	70	67	-4.3
外商投资企业	Foreign Funded Enterprises	160	153	-4.4
建筑企业	**Construction Enterprises and Units**	**2008**	**1825**	**-9.1**
内资企业	Domestic Funded Enterprises	2001	1820	-9.0
国有企业	State-owned Industry	133	125	-6.0
集体企业	Collective-owned Industry	119	108	-9.2
股份合作企业	Cooperative Enterprises	2	2	持平
联营企业	Joint Ownership Enterprises	3	1	-66.7
有限责任公司	Limited Liability Corporations	856	793	-7.4
股份有限公司	Share Holding Enterprises	89	76	-14.6
私营企业	Private Enterprises	797	712	-10.7
港、澳、台商投资企业	Enterprises with Funds from Hong Kong, Macao and Taiwan	2	1	-50.0
外商投资企业	Foreign Funded Enterprises	5	4	-20.0
限上批零贸易业企业	**Enterprise above Designated Size in Wholesale and Retail Trade**	**2037**	**2059**	**1.1**
限上住宿和餐饮业企业	**Enterprise above Designated Size inHotels and Catering Services**	**444**	**403**	**-9.2**
外商投资企业	**Enterprise of Foreign-Funded**	**4924**	**5016**	**1.9**
中外合资	Joint Ventures	774	771	-0.4
中外合作	Cooperative Operation	107	107	持平
外资企业	Foreign Investment	931	974	4.6
教育(所)	**Education (unit)**			
普通高等学校	Regular Institutions of Higher Education	80	80	持平
成人高等学校	Adult Education Schools	22	22	持平
中等专业学校	Specialized Secondary Schools	73	74	1.4
成人中等专业学校	Secondary Schools for Adults	156	154	-1.3
普通中学	Regular Secondary Schools	1965	1946	-1.0
#高 中	#Senior Secondary Schools	379	378	-0.3
职业中学	Vocational Secondary Schools	145	134	-7.6
技工学校	Vestibule Schools	134	133	-0.7
小 学	Primary Schools	3261	3115	-4.5
幼儿园	Kingergartens	5571	5853	5.1

1-2 续表 CONTINUED

单位：个 (unit)

部　门	Sector	机构数 Grass-roots Units		2014年比上年增长(%) Growth Rate in 2014 over 2013(%)
		2013	2014	
科学研究与开发机构数(个)	Number of R&D Institutions(unit)	226	226	持平
文化事业机构	**Cultural Establishments**	**2376**	**2381**	**0.2**
艺术事业	Art Institutions	70	73	4.3
图书馆	Library	107	107	持平
群众文化	Mass Cultural Establishments	1640	1640	持平
艺术教育	Arts Education Establishments	6	6	持平
其他文化	Others	553	555	0.4
博物馆	**Museums**	**156**	**158**	**1.3**
文物机构	**Cultural Relic Establishments**	**94**	**93**	**-1.1**
广播、电视	**Broadcasting and Television**			
广播电台(座)	Radio Stations(unit)	12	14	16.7
电视台(座)	Television Stations(unit)	13	15	15.4
出版、发行事业	**Publishing and Distribution Establishments**	**662**	**693**	**4.7**
出版单位	Publishing Houses	420	419	-0.2
书刊印刷厂	Printing Houses	156	169	8.3
书　店	Book Stores	86	105	22.1
卫生事业	**Health Care**			
#医　院	#Hospitals	993	1003	1.0
疗养院	Sanatoriums	3	3	持平
县(区)社区卫生服务站	Sanitation snd Service Agencies of Community of County	762	765	0.4
卫生院	Health Cares	1000	995	-0.5
县(区)卫生所、医务室	Institutions of Sanitation of County	1403	1413	0.7
门诊部	Clinics	287	340	18.5
县(区)诊所	Cliniques of County	3637	3574	-1.7
急救中心	First-aid Centers	14	14	持平
采供血机构	Institutions of Pick and Supply Blood	27	27	持平
妇幼保健院(所、站)	Institutes of Maternity and Child	148	148	持平
专科疾病防治院(所、站)	Specialized Disease Prevention and Treatment Institutes	113	112	-0.9
疾病预防控制中心	Diseases Prevent and control Centers	174	168	-3.4
卫生监督所	Medical Supervise Institutions	136	149	9.6
医学科学研究机构	Research Institutes of Medical Sciences	10	10	持平
社会福利	**Social Welfare Establishments**			
社会福利事业单位	Social Welfare Institutions	727	1090	49.9
社会福利企业单位	Social Welfare Enterprises	535	386	-27.9
收容遣送站	Collecting and Repatriation Units	83	75	-9.6
殡葬事业单位	Funeral and Interment Institutions	152	149	-2.0

1-3 法人单位数 (2014年)

NUMBER OF CORPORATE UNITS (2014)

单位：个 (unit)

地 区	Region	总 计 Total	农、林、牧、渔业 Agriculture, Forestry, Animal Husbandry and Fishery	采矿业 Mining	制造业 Manufacturing	电力、热力、燃气及水生产和供应业 Production and Supply of Electric, heat, Gas and Water	建筑业 Construction	批发和零售业 Wholesale and Retail Trades
全 省	**Total**	**209041**	**28504**	**1965**	**27546**	**1509**	**6831**	**45135**
哈尔滨	Harbin	77945	7775	182	11044	335	3371	20732
齐齐哈尔	Qiqihar	24102	6340	93	2958	195	489	4283
鸡 西	Jixi	6857	1115	294	668	65	163	1027
鹤 岗	Hegang	4225	514	149	442	32	158	557
双鸭山	Shuangyashan	6203	620	172	474	62	172	812
大 庆	Daqing	16209	212	111	2038	122	556	5918
伊 春	Yichun	5348	403	65	831	70	191	517
佳木斯	Jiamusi	9990	1514	64	1063	71	172	1724
七台河	Qitaihe	3793	137	237	397	31	88	768
牡丹江	Mudanjiang	17178	124	375	3592	196	624	3628
黑 河	Heihe	7690	1440	76	404	58	188	1051
绥 化	Suihua	18097	6293	27	2194	81	277	1791
大兴安岭	Daxinganling	4255	796	47	299	29	142	432
农垦总局	ARB	4573	1095	58	852	144	185	963
绥芬河	Suifenhe	1930	14		266	13	49	801
抚 远	Fuyuan	646	112	15	24	5	6	131

注：本表国民经济行业分类采用《国民经济行业分类（GB/T 4754—2011）》（下同）。
Note: The national economy industry classification uses the "national economy industry classification(GB/T 4754-2011)" (the same below).

1-3 续表1 CONTINUED

单位：个 (unit)

地 区	Region	交通运输、仓储和邮政业 Transport, Storage and Post	住宿和餐饮业 Hotels and Catering Services	信息传输、软件和信息技术服务业 Information Transmission, Software and IT Softwares	金融业 Financial Intermediation	房地产业 Real Estate	租赁和商务服务业 Leasing and Business Services	科学研究和技术服务业 Scientific Research and Technical Services
全 省	**Total**	**4912**	**2499**	**3350**	**2038**	**6753**	**11440**	**6729**
哈尔滨	Harbin	1888	1050	2429	887	2792	6356	3258
齐齐哈尔	Qiqihar	503	219	91	137	572	796	493
鸡 西	Jixi	118	52	28	42	249	192	151
鹤 岗	Hegang	75	35	28	91	193	118	71
双鸭山	Shuangyashan	147	30	38	55	203	281	175
大 庆	Daqing	292	121	374	218	520	994	627
伊 春	Yichun	119	73	20	40	158	193	90
佳木斯	Jiamusi	233	84	34	112	291	327	164
七台河	Qitaihe	78	26	13	47	120	166	107
牡丹江	Mudanjiang	359	523	120	143	574	888	881
黑 河	Heihe	223	82	72	68	242	350	167
绥 化	Suihua	458	86	45	122	423	252	242
大兴安岭	Daxinganling	133	61	33	37	108	229	132
农垦总局	ARB	145	37	14	18	140	109	122
绥芬河	Suifenhe	115	16	11	20	142	155	38
抚 远	Fuyuan	26	4		1	26	34	11

1-3 续表2 CONTINUED

单位：个 (unit)

地 区	Region	水利、环境和公共设施管理业 Management of Water Conservancy, Environment and Public Facilities	居民服务、修理和其他服务业 Services to Households Repair and Other Services	教 育 Education	卫生和社会工作 Health and Social Services	文化、体育和娱乐业 Culture, Sports and Entertainment	公共管理、社会保障和社会组织 Public Management Social Security and Social Organizations
全 省	**Total**	**1820**	**3001**	**8092**	**5855**	**4133**	**36929**
哈尔滨	Harbin	615	1420	2652	1311	1116	8732
齐齐哈尔	Qiqihar	218	300	833	773	508	4301
鸡 西	Jixi	105	66	290	326	221	1685
鹤 岗	Hegang	41	47	221	138	101	1214
双鸭山	Shuangyashan	96	56	283	206	219	2102
大 庆	Daqing	140	323	809	362	390	2082
伊 春	Yichun	84	34	196	199	188	1877
佳木斯	Jiamusi	93	116	540	342	174	2872
七台河	Qitaihe	46	61	169	119	170	1013
牡丹江	Mudanjiang	119	256	640	931	343	2862
黑 河	Heihe	80	101	313	310	195	2270
绥 化	Suihua	83	115	753	548	261	4046
大兴安岭	Daxinganling	46	54	161	127	199	1190
农垦总局	ARB	42	38	171	136	30	274
绥芬河	Suifenhe	7	13	28	13	11	218
抚 远	Fuyuan	5	1	33	14	7	191

1-4 按地区和行业门类分组的产业活动单位数 (2014年)

NUMBER OF INDUSTRIAL ACTIVITIES UNITS BY SECTOR AND REGION (2014)

单位：个 (unit)

地 区	Region	总 计 Total	农、林、牧、渔业 Agriculture, Forestry, Animal Husbandry and Fishery	采矿业 Mining	制造业 Manufacturing	电力、热力、燃气及水生产和供应业 Production and Supply of Electric, heat, Gas and Water	建筑业 Construction
全 省	**Total**	**266520**	**30538**	**2138**	**28228**	**2957**	**7906**
哈尔滨	Harbin	94752	7931	191	11338	742	3882
齐齐哈尔	Qiqihar	30857	6473	98	3045	428	573
鸡 西	Jixi	8286	1156	310	680	129	168
鹤 岗	Hegang	5871	576	180	459	65	180
双鸭山	Shuangyashan	8829	678	191	491	157	227
大 庆	Daqing	19752	214	129	2089	191	733
伊 春	Yichun	7457	648	69	843	134	198
佳木斯	Jiamusi	13949	1572	68	1079	150	232
七台河	Qitaihe	4908	142	293	412	83	94
牡丹江	Mudanjiang	21212	314	376	3622	239	650
黑 河	Heihe	10214	1574	78	414	124	193
绥 化	Suihua	23355	6294	27	2199	133	308
大兴安岭	Daxinganling	5447	928	51	310	44	176
农垦总局	ARB	8617	1899	62	957	310	236
绥芬河	Suifenhe	2094	15		266	14	49
抚 远	Fuyuan	920	124	15	24	14	7

1-4 续表1 CONTINUED

单位：个 (unit)

地 区	Region	批发和零售业 Wholesale and Retail Trades	交通运输、仓储和邮政业 Transport, Storage and Post	住宿和餐饮业 Hotels and Catering Services	信息传输、软件和信息技术服务业 Information Transmission, Software and IT Softwares	金融业 Financial Intermediation	房地产业 Real Estate	租赁和商务服务业 Leasing and Business Services
全 省	**Total**	**57327**	**7673**	**3112**	**6403**	**9725**	**7291**	**12605**
哈尔滨	Harbin	25395	2685	1386	3267	3010	3004	6943
齐齐哈尔	Qiqihar	5150	838	256	490	1058	632	914
鸡 西	Jixi	1368	261	55	171	129	251	215
鹤 岗	Hegang	919	120	40	90	289	201	137
双鸭山	Shuangyashan	1320	256	43	221	466	227	304
大 庆	Daqing	6684	446	155	527	842	617	1080
伊 春	Yichun	787	218	99	159	334	181	227
佳木斯	Jiamusi	2807	328	97	196	524	295	351
七台河	Qitaihe	899	108	30	73	227	138	174
牡丹江	Mudanjiang	4166	613	564	330	757	619	940
黑 河	Heihe	1400	320	103	204	392	248	392
绥 化	Suihua	3075	642	90	279	863	436	287
大兴安岭	Daxinganling	641	256	85	167	218	115	269
农垦总局	ARB	1745	416	86	193	503	156	168
绥芬河	Suifenhe	813	129	18	15	76	145	163
抚 远	Fuyuan	158	37	5	21	37	26	41

1-4 续表2 CONTINUED

单位：个 (unit)

地 区	Region	科学研究和技术服务业 Scientific Research and Technical Service	水利、环境和公共设施管理业 Management of Water Conservancy, Environment and Public Facilities	居民服务、修理和其他服务业 Services to Households Repair and Other Services	教 育 Education	卫生和社会工作 Health and Socia Services	文化、体育和娱乐业 Culture, Sports and Entertainment	公共管理、社会保障和社会组织 Public Management Social Security and Social Organization
全 省	**Total**	**7791**	**2301**	**3292**	**11132**	**13189**	**4682**	**48230**
哈尔滨	Harbin	3581	696	1550	3528	3034	1212	11377
齐齐哈尔	Qiqihar	556	268	329	1733	1936	552	5528
鸡 西	Jixi	168	120	68	306	545	248	1938
鹤 岗	Hegang	113	54	57	248	385	114	1644
双鸭山	Shuangyashan	218	117	61	338	541	244	2729
大 庆	Daqing	696	178	344	1097	564	416	2750
伊 春	Yichun	121	107	50	231	512	222	2317
佳木斯	Jiamusi	250	103	120	634	1356	241	3546
七台河	Qitaihe	133	50	65	204	404	174	1205
牡丹江	Mudanjiang	970	154	272	893	1586	430	3717
黑 河	Heihe	244	122	110	370	601	256	3069
绥 化	Suihua	320	126	129	1086	1329	270	5462
大兴安岭	Daxinganling	150	62	62	162	144	213	1394
农垦总局	ARB	200	124	58	225	196	62	1021
绥芬河	Suifenhe	43	12	15	30	29	12	250
抚 远	Fuyuan	28	8	2	47	27	16	283

1-5 按地区和行业门类分组的单产业法人单位数(2014年)

NUMBER OF SINGLE INDUSTRIAL CORPORATE UNITS BY SECTOR AND REGION (2014)

单位：个 (unit)

地　区	Region	总　计 Total	农、林、牧、渔业 Agriculture, Forestry, Animal Husbandry and Fishery	采矿业 Mining	制造业 Manufacturing	电力、热力、燃气及水生产和供应业 Production and Supply of Electric, heat, Gas and Water	建筑业 Construction	批发和零售业 Wholesale and Retail Trades
全　省	**Total**	**200423**	**28273**	**1919**	**27202**	**1375**	**6574**	**43957**
哈尔滨	Harbin	75632	7755	178	10901	312	3228	20313
齐齐哈尔	Qiqihar	22994	6321	92	2904	171	461	4151
鸡　西	Jixi	6629	1111	289	664	57	162	989
鹤　岗	Hegang	3957	510	142	436	27	149	530
双鸭山	Shuangyashan	5617	615	168	463	52	160	754
大　庆	Daqing	15650	211	109	2009	109	543	5851
伊　春	Yichun	4918	381	63	814	62	187	472
佳木斯	Jiamusi	9506	1510	64	1052	63	160	1622
七台河	Qitaihe	3570	135	222	389	25	84	749
牡丹江	Mudanjiang	16516	118	374	3567	194	612	3556
黑　河	Heihe	7115	1430	74	398	47	183	1008
绥　化	Suihua	17480	6292	27	2189	79	273	1710
大兴安岭	Daxinganling	4067	783	45	286	23	137	406
农垦总局	ARB	4294	978	57	841	138	180	922
绥芬河	Suifenhe	1890	14		265	13	49	796
抚　远	Fuyuan	588	109	15	24	3	6	128

1-5 续表1 CONTINUED

单位：个 (unit)

地　区	Region	交通运输、仓储和邮政业 Transport, Storage and Post	住宿和餐饮业 Hotels and Catering Services	信息传输、软件和信息技术服务业 Information Transmission, Software and IT Softwares	金融业 Financial Intermediation	房地产业 Real Estate	租赁和商务服务业 Leasing and Business Services	科学研究和技术服务业 Scientific Research and Technical Services
全　省	**Total**	**4684**	**2414**	**3242**	**1592**	**6567**	**11258**	**6596**
哈尔滨	Harbin	1822	998	2395	804	2720	6266	3204
齐齐哈尔	Qiqihar	472	210	83	97	555	782	473
鸡　西	Jixi	111	52	24	28	248	190	151
鹤　岗	Hegang	69	35	23	70	187	117	65
双鸭山	Shuangyashan	133	29	32	22	193	273	171
大　庆	Daqing	278	114	367	176	490	967	619
伊　春	Yichun	105	72	16	13	151	191	90
佳木斯	Jiamusi	222	82	27	79	286	321	158
七台河	Qitaihe	73	26	9	26	117	165	104
牡丹江	Mudanjiang	342	518	114	108	552	880	871
黑　河	Heihe	212	79	66	40	238	343	162
绥　化	Suihua	452	85	40	81	420	251	241
大兴安岭	Daxinganling	123	57	25	20	105	223	124
农垦总局	ARB	136	37	10	10	139	107	116
绥芬河	Suifenhe	109	16	11	18	140	150	36
抚　远	Fuyuan	25	4			26	32	11

1-5 续表2 CONTINUED

单位：个 (unit)

地 区	Region	水利、环境和公共设施管理业 Management of Water Conservancy, Environment and Public Facilities	居民服务、修理和其他服务业 Services to Households Repair and Other Services	教 育 Education	卫生和社会工作 Health and Social Services	文化、体育和娱乐业 Culture, Sports and Entertainment	公共管理、社会保障和社会组织 Public Management Social Security and Social Organizations
全 省	**Total**	**1759**	**2958**	**7591**	**5296**	**4070**	**33096**
哈尔滨	Harbin	601	1403	2502	1195	1100	7935
齐齐哈尔	Qiqihar	206	293	706	657	501	3859
鸡 西	Jixi	102	66	281	300	220	1584
鹤 岗	Hegang	35	47	214	115	100	1086
双鸭山	Shuangyashan	91	55	261	192	214	1739
大 庆	Daqing	138	316	762	332	384	1875
伊 春	Yichun	79	33	192	181	185	1631
佳木斯	Jiamusi	91	115	513	274	172	2695
七台河	Qitaihe	46	61	158	105	170	906
牡丹江	Mudanjiang	115	253	593	887	334	2528
黑 河	Heihe	78	100	297	299	188	1873
绥 化	Suihua	82	113	729	476	259	3681
大兴安岭	Daxinganling	45	53	161	123	197	1131
农垦总局	ARB	40	36	167	135	29	216
绥芬河	Suifenhe	7	13	28	12	10	203
抚 远	Fuyuan	3	1	27	13	7	154

1-6 按地区和行业门类分组的多产业法人单位数(2014年)

NUMBER OF MULTI-INDUSTRIAL CORPORATE UNITS BY SECTOR AND REGION (2014)

单位：个 (unit)

地 区	Region	总 计 Total	农、林、牧、渔业 Agriculture, Forestry, Animal Husbandry and Fishery	采矿业 Mining	制造业 Manufacturing	电力、热力、燃气及水生产和供应业 Production and Supply of Electric, heat, Gas and Water	建筑业 Construction
全 省	**Total**	**8618**	**231**	**46**	**344**	**134**	**257**
哈尔滨	Harbin	2313	20	4	143	23	143
齐齐哈尔	Qiqihar	1108	19	1	54	24	28
鸡 西	Jixi	228	4	5	4	8	1
鹤 岗	Hegang	268	4	7	6	5	9
双鸭山	Shuangyashan	586	5	4	11	10	12
大 庆	Daqing	559	1	2	29	13	13
伊 春	Yichun	430	22	2	17	8	4
佳木斯	Jiamusi	484	4		11	8	12
七台河	Qitaihe	223	2	15	8	6	4
牡丹江	Mudanjiang	662	6	1	25	2	12
黑 河	Heihe	575	10	2	6	11	5
绥 化	Suihua	617	1		5	2	4
大兴安岭	Daxinganling	188	13	2	13	6	5
农垦总局	ARB	279	117	1	11	6	5
绥芬河	Suifenhe	40			1		
抚 远	Fuyuan	58	3			2	

1-6 续表1 CONTINUED

单位：个 (unit)

地 区	Region	批发和零售业 Wholesale and Retail Trades	交通运输、仓储和邮政业 Transport, Storage and Post	住宿和餐饮业 Hotels and Catering Services	信息传输、软件和信息技术服务业 Information Transmission, Software and IT Softwares	金融业 Financial Intermediation	房地产业 Real Estate	租赁和商务服务业 Leasing and Business Services
全 省	**Total**	**1178**	**228**	**85**	**108**	**446**	**186**	**182**
哈尔滨	Harbin	419	66	52	34	83	72	90
齐齐哈尔	Qiqihar	132	31	9	8	40	17	14
鸡 西	Jixi	38	7		4	14	1	2
鹤 岗	Hegang	27	6		5	21	6	1
双鸭山	Shuangyashan	58	14	1	6	33	10	8
大 庆	Daqing	67	14	7	7	42	30	27
伊 春	Yichun	45	14	1	4	27	7	2
佳木斯	Jiamusi	102	11	2	7	33	5	6
七台河	Qitaihe	19	5		4	21	3	1
牡丹江	Mudanjiang	72	17	5	6	35	22	8
黑 河	Heihe	43	11	3	6	28	4	7
绥 化	Suihua	81	6	1	5	41	3	1
大兴安岭	Daxinganling	26	10	4	8	17	3	6
农垦总局	ARB	41	9		4	8	1	2
绥芬河	Suifenhe	5	6			2	2	5
抚 远	Fuyuan	3	1			1		2

1-6 续表2 CONTINUED

单位：个 (unit)

地 区	Region	科学研究和技术服务业 Scientific Research and Technical Service	水利、环境和公共设施管理业 Management of Water Conservancy, Environment and Public Facilities	居民服务、修理和其他服务业 Services to Households Repair and Other Services	教 育 Education	卫生和社会工作 Health and Socia Services	文化、体育和娱乐业 Culture, Sports and Entertainment	公共管理、社会保障和社会组织 Public Management Social Security and Social Organization
全 省	**Total**	**133**	**61**	**43**	**501**	**559**	**63**	**3833**
哈尔滨	Harbin	54	14	17	150	116	16	797
齐齐哈尔	Qiqihar	20	12	7	127	116	7	442
鸡 西	Jixi		3		9	26	1	101
鹤 岗	Hegang	6	6		7	23	1	128
双鸭山	Shuangyashan	4	5	1	22	14	5	363
大 庆	Daqing	8	2	7	47	30	6	207
伊 春	Yichun		5	1	4	18	3	246
佳木斯	Jiamusi	6	2	1	27	68	2	177
七台河	Qitaihe	3			11	14		107
牡丹江	Mudanjiang	10	4	3	47	44	9	334
黑 河	Heihe	5	2	1	16	11	7	397
绥 化	Suihua	1	1	2	24	72	2	365
大兴安岭	Daxinganling	8	1	1		4	2	59
农垦总局	ARB	6	2	2	4	1	1	58
绥芬河	Suifenhe	2				1	1	15
抚 远	Fuyuan		2		6	1		37

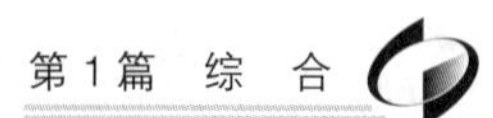

1-7 按地区和行业门类分组的多产业法人所属产业活动单位数(2014年)

NUMBER OF MULTI-INDUSTRIAL ACTIVITIES UNITS OF CORPORATION BY SECTOR AND REGION (2014)

单位：个 (unit)

地 区	Region	总 计 Total	农、林、牧、渔业 Agriculture, Forestry, Animal Husbandry and Fishery	采矿业 Mining	制造业 Manufa-cturing	电力、热力、燃气及水生产和供应业 Production and Supply of Electric, heat, Gas and Water	建筑业 Construction	批发和零售业 Wholesale and Retail Trades
全 省	**Total**	**66097**	**2265**	**219**	**1026**	**1582**	**1332**	**13370**
哈尔滨	Harbin	19120	176	13	437	430	654	5082
齐齐哈尔	Qiqihar	7863	152	6	141	257	112	999
鸡 西	Jixi	1657	45	21	16	72	6	379
鹤 岗	Hegang	1914	66	38	23	38	31	389
双鸭山	Shuangyashan	3212	63	23	28	105	67	566
大 庆	Daqing	4102	3	20	80	82	190	833
伊 春	Yichun	2539	267	6	29	72	11	315
佳木斯	Jiamusi	4443	62	4	27	87	72	1185
七台河	Qitaihe	1338	7	71	23	58	10	150
牡丹江	Mudanjiang	4696	196	2	55	45	38	610
黑 河	Heihe	3099	144	4	16	77	10	392
绥 化	Suihua	5875	2		10	54	35	1365
大兴安岭	Daxinganling	1380	145	6	24	21	39	235
农垦总局	ARB	4323	921	5	116	172	56	823
绥芬河	Suifenhe	204	1		1	1		17
抚 远	Fuyuan	332	15			11	1	30

1-7 续表1 CONTINUED

单位：个 (unit)

地 区	Region	交通运输、仓储和邮政业 Transport, Storage and Post	住宿和餐饮业 Hotels and Catering Services	信息传输、软件和信息技术服务业 Information Transmission, Software and IT Softwares	金融业 Financial Intermediation	房地产业 Real Estate	租赁和商务服务业 Leasing and Business Services	科学研究和技术服务业 Scientific Research and Technical Services
全 省	**Total**	**2989**	**698**	**3161**	**8133**	**724**	**1347**	**1195**
哈尔滨	Harbin	863	388	872	2206	284	677	377
齐齐哈尔	Qiqihar	366	46	407	961	77	132	83
鸡 西	Jixi	150	3	147	101	3	25	17
鹤 岗	Hegang	51	5	67	219	14	20	48
双鸭山	Shuangyashan	123	14	189	444	34	31	47
大 庆	Daqing	168	41	160	666	127	113	77
伊 春	Yichun	113	27	143	321	30	36	31
佳木斯	Jiamusi	106	15	169	445	9	30	92
七台河	Qitaihe	35	4	64	201	21	9	29
牡丹江	Mudanjiang	271	46	216	649	67	60	99
黑 河	Heihe	108	24	138	352	10	49	82
绥 化	Suihua	190	5	239	782	16	36	79
大兴安岭	Daxinganling	133	28	142	198	10	46	26
农垦总局	ARB	280	49	183	493	17	61	84
绥芬河	Suifenhe	20	2	4	58	5	13	7
抚 远	Fuyuan	12	1	21	37		9	17

1-7 续表2 CONTINUED

单位：个 (unit)

地 区	Region	水利、环境和公共设施管理业 Management of Water Conservancy, Environment and Public Facilities	居民服务、修理和其他服务业 Services to Households Repair and Other Services	教 育 Education	卫生和社会工作 Health and Social Services	文化、体育和娱乐业 Culture, Sports and Entertainment	公共管理、社会保障和社会组织 Public Management Social Security and Social Organizations
全 省	**Total**	**542**	**334**	**3541**	**7893**	**612**	**15134**
哈尔滨	Harbin	95	147	1026	1839	112	3442
齐齐哈尔	Qiqihar	62	36	1027	1279	51	1669
鸡 西	Jixi	18	2	25	245	28	354
鹤 岗	Hegang	19	10	34	270	14	558
双鸭山	Shuangyashan	26	6	77	349	30	990
大 庆	Daqing	40	28	335	232	32	875
伊 春	Yichun	28	17	39	331	37	686
佳木斯	Jiamusi	12	5	121	1082	69	851
七台河	Qitaihe	4	4	46	299	4	299
牡丹江	Mudanjiang	39	19	300	699	96	1189
黑 河	Heihe	44	10	73	302	68	1196
绥 化	Suihua	44	16	357	853	11	1781
大兴安岭	Daxinganling	17	9	1	21	16	263
农垦总局	ARB	84	22	58	61	33	805
绥芬河	Suifenhe	5	2	2	17	2	47
抚 远	Fuyuan	5	1	20	14	9	129

1-8 按登记注册类型分组的法人单位数和产业活动单位数(2014年)

NUMBERS OF CORPORATE UNITS AND INDUSTRIAL ACTIVITIES UNITS OF BY REGISTER TYPE (2014)

单位：个 (unit)

项 目	Item	法人单位数 Unit Number of Legal Person	产业活动单位数 Unit Number of Industry Activity
合 计	**Total**	**209041**	**266520**
内资企业	**Domestic Funded Enterprises**	**208088**	**264676**
国有	State-owned Enterprises	36251	65906
集体	Collective-owned Enterprises	3562	7349
股份合作	Cooperative Enterprises	1653	2737
联营企业	Joint Ownership Enterprises	565	1090
国有联营	State Joint Ownership Enterprises	114	240
集体联营	Collective Joint Ownership Enterprises	166	362
国有与集体联营	State-Collective Joint Ownership Enterprises	102	142
其他联营	Other Joint Ownership Enterprises	183	346
有限责任公司	Limited Liability Corporations	37389	42407
国有独资公司	State-owned Proprietorship	422	520
其他有限责任公司	Other Limited Liability Corporations	36967	41887
股份有限公司	Share Holding Enterprises	3995	8655
私营企业	Private Enterprises	62373	67035
私营独资	Private Proprietorship	23894	25602
私营合伙	Private Partnership	2328	2487
私营有限责任公司	Private Limited Liability Corporations	34202	36780
私营股份有限公司	Private Share Holding Enterprises	1949	2166
其他企业	Others	62300	69497
港澳台商投资企业	**Enterprises with Funds from Hong Kong,Macao and Taiwan**	**350**	**610**
与港澳台资合资经营	Joint Ventures with Hong Kong,Macao and Taiwan	141	177
与港澳台资合作经营	Cooperative Operation with Hong Kong,Macao and Taiwan	24	31
港澳台商独资经营	Individual Proprietorship of Hong Kong,Macao and Taiwan	156	225
港澳台商投资股份有限公司	Share Holding Enterprises with Funds from Hong Kong, Macao and Taiwan	17	152
其他港、澳、台商投资	Others	12	25
外商投资	**Foreign Funded Enterprises**	**603**	**1234**
中外合资经营	Joint Ventures	244	352
中外合作经营	Cooperative Operation	21	29
外资企业	Foreign Investment	255	567
外商投资股份有限公司	Foreign Funded Share Holding Enterprises	44	220
其他外商投资	Others	39	66

1-9 按人口平均的主要工农业产品产量

PER CAPITA MAIN FARM PRODUCE AND INDUSTRIAL PRODUCTS

年 份 Year	粮豆薯 (千克) Grain (kg)	油 料 (千克) Oil-bearing Crops (kg)	猪牛羊肉 (千克) Pork, Beef and Mutton (kg)	牛 奶 (千克) Cow Milk (kg)	水产品 (千克) Aquatic Products (kg)	木 材 (立方米) Timber (cu. m)	钢 (千克) Steel (kg)	原 油 (吨) Crude Oil (ton)	发电量 (千瓦时) Electricity (kwh)
1978	476.4	2.8	10.3	4.4	0.7	0.50	17.6	1.62	347
1980	459.0	7.5	11.6	3.9	0.6	0.51	16.5	1.62	405
1985	420.2	8.5	9.4	12.9	2.0	0.50	22.7	1.65	559
1990	655.7	4.9	13.0	28.8	4.2	0.43	27.0	1.58	837
1991	608.1	4.3	14.3	31.6	4.6	0.38	28.0	1.56	889
1992	658.9	6.1	14.8	33.5	5.0	0.35	32.7	1.55	966
1993	659.7	4.4	14.5	30.8	5.2	0.34	34.5	1.54	1027
1994	705.3	4.3	16.9	30.3	5.7	0.34	30.3	1.53	1044
1995	703.2	5.4	19.1	32.9	6.9	0.30	25.4	1.52	1052
1996	820.2	4.5	25.1	35.9	7.8	0.35	22.7	1.51	1105
1997	830.2	4.9	26.8	37.6	8.6	0.31	23.6	1.50	1158
1998	799.7	4.5	29.8	37.8	9.5	0.25	21.0	1.49	1127
1999	812.8	10.4	31.6	37.8	9.6	0.22	20.5	1.44	1088
2000	670.0	11.5	33.1	40.6	10.1	0.18	23.4	1.40	1123
2001	696.2	9.5	35.3	49.6	10.6	0.17	24.2	1.35	1150
2002	771.6	13.9	38.8	61.9	11.0	0.16	37.8	1.32	1205
2003	658.7	11.7	43.9	78.8	11.0	0.20	43.4	1.27	1277
2004	821.6	12.1	53.3	98.1	11.3	0.16	47.4	1.22	1295
2005	942.8	15.9	63.5	115.3	11.7	0.20	60.8	1.18	1561
2006	989.1	16.5	67.3	120.5	8.7	0.20	82.5	1.14	1654
2007	1037.1	13.1	49.4	123.9	9.0	0.20	114.1	1.09	1782
2008	1104.7	7.5	63.3	151.8	9.3	0.23	111.5	1.05	1881
2009	1137.9	7.4	40.9	138.2	10.0	0.20	147.9	1.05	1879
2010	1309.0	7.2	43.2	144.3	10.4	0.20	147.8	1.05	2022
2011	1453.1	6.1	43.8	141.7	9.3	0.11	155.6	1.04	2149
2012	1502.7	5.9	47.0	146.1	11.8	0.10	159.2	1.04	2199
2013	1565.8	5.0	48.2	135.1	12.7	0.07	164.6	1.04	2155
2014	1628.1	4.5	50.9	145.2	13.4	0.06	126.1	1.04	2280

注：2005、2006年钢产量为粗钢产量。
Note:In 2005,2006 the output of steel is crude steel.

1-10 国民经济和社会发展总量与速度指标

部门	Item	总量指标	
		2000	2005
人口与就业	**Population and Employment**		
人口(万人)	**Population(10000 persons)**		
总人口	Population at Year-end	3807.0	3820.0
男性人口	Male	1945.8	1933.1
女性人口	Female	1861.2	1886.9
市镇人口	Urban	1977.4	2028.4
乡村人口	Rural	1829.6	1791.6
就业(万人)	**Employment (10000 persons)**		
就业人员数	Employment	1600.8	1748.9
#城镇就业人员	#Urban Employed Persons	722.8	799.9
城镇登记失业人数	Registered Unemployed in Urban Areas	25.3	31.3
宏观经济	**Macro Economy**		
国民经济核算(亿元)	**National Accounting(100 million yuan)**		
地区生产总值	Gross Domestic Product	3151.4	5513.7
第一产业	Primary Industry	383.2	684.6
第二产业	Secondary Industry	1731.7	2971.7
第三产业	Tertiary Industry	1036.6	1857.4
人均地区生产总值(元)	Per Capita GDP(yuan)	8294	14440
固定资产投资(亿元)	**Investment in Fixed Assets(100 million yuan)**		
全社会固定资产投资	Total Investment in Fixed Assets	859.2	1731.7
城镇	Urban	774.3	1575.9
#房地产开发	#Real Estate Development	104.1	267.6
#国有单位	#State-Owned Units	449.8	754.6
集体单位	Collective-Owned Units	35.9	21.1
个体经济	Individuals	90.8	288.6
消费	**Consumption**		
社会消费品零售总额(亿元)	Total Retail Sales of Consumer Goods(100 million yuan)	1094.0	1773.8
对外贸易	**Foreign Trade**		
进出口总额(万美元)	Total Exports and Imports(USD 10000)	298620	957216
出口额	Exports	145101	607202
进口额	Imports	153519	350014
实际利用外资额(万美元)	Total Amount of Foreign Capital Actually Used(USD 10000)	110359	152202
#外商直接投资	#Direct Foreign Investments	83085	144690
财政、金融(亿元)	**Public Finance and Banking(100million yuan)**		
公共财政收入	General Budgetary Financial Revenue	185.3	318.2
公共财政支出	General Budgetary Financial Expenditure	381.9	787.8
物价总指数(上年=100)	**Price Indices(preceding year=100)**		
居民消费价格总指数	General Consumer Price Index	98.3	101.2
商品零售价格总指数	General Retail Price Index	97.8	100.4
农业生产资料价格指数	Price Index for Means of Agricultural Production	98.6	108.6
工业生产者购进价格指数	Producer Price Index for Industrial Products	108.6	111.8
工业生产者出厂价格指数	Producer Price Index for Industrial Products	122.9	116.7
能源(万吨标准煤)	**Energy(10000 tons of SCE)**		
一次能源生产总量	Total Energy Production	11494	13756
一次能源消费总量	Total Energy Consumption	5663	7620

PRINCIPAL ECONOMIC AND SOCIAL INDICATORS AND THEIR GROWTH RATES

Aggregate Data			速度指标（%） Indices and Growth Rates (%)						
			指数（2014年为以下各年） Index(2014 as percentage of the following years)				年均增长 Average Annual Growth Rate		
2010	2013	2014	2000	2005	2010	2013	2001-2014	2006-2014	2011-2014
3833.4	3835.0	3833.0	100.7	100.3	100.0	99.9	0.05	0.04	0.003
1943.6	1929.6	1925.1	98.9	99.6	99.0	99.8	-0.08	-0.05	-0.24
1889.8	1905.4	1907.9	102.5	101.1	101.0	100.1	0.18	0.12	0.24
2133.7	2201.3	2223.5	112.4	109.6	104.2	101.0	0.84	1.03	1.04
1699.7	1633.7	1609.5	88.0	89.8	94.7	98.5	-0.91	-1.18	-1.35
1932.0	2060.4								
942.6	1067.6								
36.2	41.4	39.9	157.5	127.3	110.0	96.3	3.30	2.72	2.40
10368.6	14454.9	15039.4	410.7	248.2	140.8	105.6	10.62	10.63	8.94
1302.9	2474.1	2611.4	245.2	171.3	125.4	105.6	6.62	6.16	5.83
5025.2	5846.7	5544.4	434.4	250.2	136.6	102.8	11.06	10.73	8.11
4040.6	6134.1	6883.6	433.6	271.3	150.9	108.9	11.05	11.73	10.84
27076	37697	39226	407.9	247.6	140.8	105.6	10.56	10.60	8.94
6801.7	11453.1								
6281.7	10394.0								
843.1	1604.8								
2660.6	3404.9								
115.1	109.6								
454.7	400.0								
4039.2	6251.2	7015.3	641.3	395.5	173.7	112.2	14.19	16.51	14.80
2550382	3887785	3890037	1302.7	406.4	152.5	100.1	20.12	16.86	11.13
1628176	1623159	1734041	1195.1	285.6	106.5	106.8	19.39	12.37	1.59
922207	2264626	2155996	1404.4	616.0	233.8	95.2	20.77	22.39	23.65
275851	464232	515551	467.2	338.7	186.9	111.1	11.64	14.52	16.92
266151	461331	508791	612.4	351.6	191.2	110.3	13.82	14.99	17.59
755.6	1277.4	1301.3	702.1	409.0	172.2	101.9	14.94	16.94	14.56
2253.3	3369.2	3434.2	899.3	435.9	152.4	101.9	16.99	17.77	11.11
103.9	102.2	101.5							
103.1	101.1	100.8							
105.6	104.1	100.3							
114.5	98.7	97.6							
115.0	98.0	97.1							
12960	11991	11245	97.8	81.7	86.8	93.8	-0.16	-2.21	-3.49
9667	9715	9322	164.6	122.3	96.4	96.0	3.62	2.27	-0.90

1-10 续表1

部 门	Item	总量指标 2000	总量指标 2005
产 业	**Industry**		
农 业	**Agriculture**		
乡村劳动力(万人)	Number of Rural Laborers(10000persons)	913.2	950.1
主要农产品产量(万吨)	Output of Major Farm Products(10000 tons)		
粮豆薯	Grain	2545.5	3600.0
#水 稻	#Rice	1042.2	1172.5
玉 米	Corn	790.8	1379.5
大 豆	Soja	450.1	748.0
薯 类	Tubers	81.8	85.3
油 料	Oil-bearing Crops	43.8	60.6
麻 类	Fiber Crops	18.7	36.1
甜 菜	Beet roots	254.8	155.0
烟 叶	Tobacco	9.6	7.4
瓜 果	Fruits	319.4	306.4
奶 类	Milk	156.5	444.2
水产品	Aquatic Products	38.2	44.6
木材(万立方米)	Timber(10000 cu.m)	691.5	764.1
工 业	**Industry**		
工业总产值(亿元)	Gross Industrial Output Value(100 million yuan)	2460.9	4714.9
轻工业	Light Industry	442.5	842.4
重工业	Heavy Industry	2018.4	3872.5
工业增加值	Value-added of Industry	1213.0	2154.6
利税总额(亿元)	Total Per-tax Profits(100 million yuan)	835.4	1483.1
#利润总额	#Profits	564.9	1067.1
主要工业产品产量	Output of Major Industrial Products		
原油(万吨)	Crude Oil(10000 tons)	5306.7	4495.0
天然气(亿立方米)	Natural Gas(100 million cu.m)	23.0	24.4
水泥(万吨)	Cement(10000 tons)	903.7	1113.3
成品钢材(万吨)	Steel Products(10000 tons)	76.3	232.3
汽车(万辆)	Automobile(10000 unit)	13.4	26.6
发电量(亿千瓦时)	Electricity(100 million kwh)	426.7	596.0
建筑业	**Construction**		
建筑业总产值(亿元)	Gross Output Value(100 million yuan)	334.1	572.9
房屋建筑施工面积(万平方米)	Floor Space of Buildings under Construction(10000 sq.m)	2962.6	4467.7
房屋建筑竣工面积(万平方米)	Floor Space of Buildings Completed(10000 sq.m)	1886.9	2249.7
交通运输业	**Transportation**		
货运量(万吨)	Freight Traffic(10000 tons)	57213	64612
铁 路	Railways	12959	15959
公 路	Highways	39685	44376
水 运	Waterways	788	1301
空 运	Civil Aviation	1.7	4.2
管 道	Pipelines	3779	2972
客运量(万人)	Passenger Traffic(10000 persons)	49806	55619
铁 路	Railways	9819	8251
公 路	Highways	39864	46808
水 运	Waterways	45	240
空 运	Civil Aviation	78	320
邮电通信业	**Postal and Telecommunication Services**		
邮电业务总量(亿元)	Business Volume of Postal and Telecommunication Services(100 million yuan)	167.1	346.8
邮政业务总量	Business Volume of Post	10.5	23.7
电信业务总量	Business Volume of Telecommunications	156.6	323.1
函件(万件)	Number of Letters Delivered(10000 pieces)	9114	13010
报刊期发数(万份)	Number of Newspapers and Magazines(10000 pieces)	240.0	386.0
固定电话年末用户(万户)	Number of Fixed Telephone Subscribers at Year-end(10000 subscribers)	486.9	1082.1
城市	Urban Telephone Subscribers	387.9	810.2
农村	Rural Telephone Subscribers	99.0	271.9
移动电话用户(万户)	Number of Mobile Telephone(10000 subscribers)	315.8	1132.3

CONTINUED

Aggregate Data			速度指标（%） Indices and Growth Rates (%)						
			指数（2014年为以下各年） Index(2014 as percentage of the following years)				年均增长 Average Annual Growth Rate		
2010	2013	2014	2000	2005	2010	2013	2001-2014	2006-2014	2011-2014
989.4	992.8	982.8	107.6	103.4	99.3	99.0	0.53	0.38	-0.17
5012.8	6004.1	6242.2	245.2	173.4	124.5	104.0	6.62	6.31	5.64
1843.9	2220.6	2251.0	216.0	192.0	122.1	101.4	5.65	7.52	5.11
2324.4	3216.4	3343.4	422.8	242.4	143.8	103.9	10.85	10.34	9.51
585.0	386.7	460.4	102.3	61.6	78.7	119.1	0.16	-5.25	-5.81
126.2	108.0	107.1	130.9	125.6	84.9	99.2	1.94	2.56	-4.02
27.5	19.0	17.2	39.2	28.3	62.4	90.2	-6.48	-13.09	-11.13
2.2	0.9	2.5	13.3	6.9	113.4	270.5	-13.40	-25.69	3.19
175.0	123.2	41.1	16.1	26.5	23.5	33.3	-12.23	-13.72	-30.40
9.6	8.9	8.4	88.0	114.1	88.0	94.4	-0.91	1.48	-3.16
233.0	225.3	201.1	63.0	65.6	86.3	89.3	-3.25	-4.57	-3.61
558.8	522.5	560.2	358.0	126.1	100.3	107.2	9.54	2.61	0.06
40.0	48.9	51.4	134.4	115.1	128.5	105.1	2.14	1.58	6.47
770.0	281.0	237.6	34.4	31.1	30.9	84.6	-7.35	-12.17	-25.47
9535.1	13719.3	13423.5							
2421.5	4724.6	4774.9							
7113.6	8994.7	8648.6							
4003.5	4857.3	4499.8			138.0	102.9			8.38
2237.0	2461.8	2173.5			106.0	88.3			1.46
1248.8	1185.5	1007.1			96.2	85.0			-0.96
4004.9	4001.0	4000.0			100.0	100.0			-0.01
30.0	34.8	35.1			118.6	102.0			4.35
3507.2	4028.5	3672.1			106.3	91.8			1.54
566.0	631.0	483.5			79.5	75.0			-5.58
24.8	12.2	11.6			41.4	95.5			-19.77
774.5	826.4	874.1			113.3	105.5			3.17
1769.7	2471.9	2150.7	643.7	375.4	121.5	87.0	14.23	15.83	5.00
7171.0	8174.8	7034.6	237.4	157.5	98.1	86.1	6.37	5.17	-0.48
3620.0	4390.1	3884.6	205.9	172.7	107.3	88.5	5.29	6.26	1.78
61950	64317	65195	114.0	100.9	105.2	101.4	0.94	0.10	1.28
17463	14101	11442	88.3	71.7	65.5	81.1	-0.89	-3.63	-10.03
40582	45288	47173	118.9	106.3	116.2	104.2	1.24	0.68	3.83
1015	1245	1262	160.2	97.0	124.3	101.4	3.42	-0.34	5.60
7.6	9.9	11.3	664.7	269.0	148.7	114.1	14.49	11.62	10.42
2883	3673	5306	140.4	178.5	184.0	144.5	2.45	6.65	16.47
47612	46761	48258	96.9	86.8	101.4	103.2	-0.23	-1.56	0.34
10468	10056	10041	102.3	121.7	95.9	99.9	0.16	2.21	-1.04
36001	35102	36379	91.3	77.7	101.0	103.6	-0.65	-2.76	0.26
292	357	366	813.3	152.5	125.3	102.5	16.15	4.80	5.81
851	1246	1472	1887.2	460.7	173.0	118.1	23.35	18.50	14.68
811.0	367.7	417.3	249.7	120.3	51.5	113.5	6.76	2.08	-15.31
34.6	29.9	31.3	298.1	132.1	90.5	104.7	8.11	3.14	-2.47
776.4	337.8	386.0	246.5	119.5	49.7	114.3	6.66	2.00	-16.03
9305	8681	6842	75.1	52.6	73.5	78.8	-2.03	-6.89	-7.40
367.7	323.8	312.3	130.1	80.9	84.9	96.5	1.90	-2.33	-4.00
813.5	747.8	640.5	131.5	59.2	78.7	85.7	1.98	-5.66	-5.80
620.4	602.0	536.6	138.3	66.2	86.5	89.1	2.34	-4.47	-3.56
193.1	145.8	103.9	104.9	38.2	53.8	71.3	0.35	-10.14	-14.35
2243.0	3020.4	3457.8	1094.9	305.4	154.2	114.5	18.64		11.43

1-10 续表2

部 门	Item	总量指标	
		2000	2005
旅游业	**Tourism**		
国际旅游人数(万人)	Number of Tourists from Abroad(10000 persons)	55.2	82.2
国际旅游外汇收入(万美元)	Foreign Exchange Earnings from Tourism(USD 10000)	18905	34043
金融业 (亿元)	**Financial Intermediation(100 million yuan)**		
金融机构人民币各项存款余额	Deposits of National Banking System	3333.4	6135.1
金融机构人民币各项贷款余额	Loans of National Banking System	3145.1	3658.5
保险公司保费金额	Insurance Premium of Insurance Companies	40.8	139.6
保险公司赔款及给付金额	Indemnity Expenditure and Payment of Insurance Companies	11.1	25.2
教育、科技、文化	**Education, Science and Technology and Culture**		
教育	**Education**		
在校学生数(万人)	Students Enrollment(10000 persons)		
普通高等学校	Institutions of Higher Education	20.0	54.0
中等专业学校	Specialized Secondary Schools	11.5	9.8
普通中学	Regular Secondary Schools	248.7	228.0
小 学	Primary Schools	283.1	220.4
专任教师数(万人)	Full-time Teachers(10000 persons)		
普通高等学校	Institutions of Higher Education	1.62	3.51
中等专业学校	Specialized Secondary Schools	0.74	0.32
普通中学	Regular Secondary Schools	14.44	14.32
小 学	Primary Schools	19.3	16.3
科技	**Science and Technology**		
研究与发展经费支出(亿元)	Expenditures on Research and Development(100 million yuan)	13.6	42.3
授权专利数(件)	Total Patent Applications Certified(item)	2252	2906
技术市场成交额(亿元)	Volume of Transaction in Technical Markets(100 million yuan)	15.2	14.3
文化	**Culture**		
电视节目制作时间(小时)	Time for TV Programs Production(hour)	21266	47647
出版图书(万册)	Number of Books Published(10000 copies)	9944	5938
出版杂志(万册)	Number of Magazines Issued(10000 copies)	7919	3503
出版报纸(万份)	Number of Newspapers Issued(10000 copies)	73571	71410
人民生活	**People's Livelihood**		
生活	**Livelihood**		
城镇非私营单位就业人员平均工资(元)	Average Wage of Employed Persons In Urban Non-private Units(yuan)		
城镇居民人均可支配收入(元)	Per Capita Annual Disposable Income of Urban Households(yuan)	4913	8273
农民人均纯收入(元)	Per Capita Net Income of Rural Residents(yuan)	2148	3221
城乡居民储蓄存款余额(亿元)	Outstanding Amount of Saving Deposits in Urban and Rural Areas(100 million yuan)	2286	4079
人均储蓄存款(元)	Per Capita Balance of Saving Deposit(yuan)	6003	10677
居住(平方米)	Housing(sq.m)		
城市人均住房建筑面积	Per Capita Gross Floor Space of Urban Residents	17.2	22.0
农村人均住房面积	Per Capita Gross Floor Space of Rural Residents	18.3	20.4
婚姻(万对)	**Marriages and Divorces(10000 couples)**		
结婚登记总数	Registered Number of Marriages	21.8	22.8
离婚数	Number of Divorces	7.5	9.6
卫生	**Public Health**		
卫生机构(个)	Health Institutions(unit)	8038	8326
卫生机构床位(万张)	Beds of Health Institutions(10000 unit)	12.0	12.0
卫生技术人员(万人)	Medical Technical Personnel(10000 persons)	17.1	15.1
城市市政建设	**Municipal Works**		
全年供水总量(亿立方米)	Annual Volume of Tap Water Supply(100 million cu.m)	15.4	12.0
城市排水管道长度(公里)	Length of City Sewage Pipes(km)	4877	5918
人工煤气供气量(万立方米)	Volume of Coal Gas Supply(10000 cu.m)	30347	40199
液化石油气供应量(万吨)	Volume of Liquefied Petroleum Gas Supply(10000 tons)	19.9	22.9
公共交通车辆总数(辆)	Total Number of Public Buses and Trolley Buses(unit)	9314	10648
年末实有道路长度(公里)	Length of Paved Roads at Year-end(km)	8286	9318
园林绿地面积(公顷)	Green Areas(hectare)	33768	51415
清运垃圾(万吨)	Volume of Garbage Disposal(10000 tons)	918	1027

CONTINUED

Aggregate Data			速度指标（%） Indices and Growth Rates (%)						
			指数（2014年为以下各年） Index(2014 as percentage of the following years)				年均增长 Average Annual Growth Rate		
2010	2013	2014	2000	2005	2010	2013	2001-2014	2006-2014	2011-2014
172.4	152.9	141.7	256.9	172.5	82.2	92.7	6.97	6.25	-4.78
76250	60436	56356	298.1	165.5	73.9	93.2	8.11	5.76	-7.28
12835.7	18131.8	19254.8	577.6	313.8	150.0	106.2	13.35	13.55	10.67
7230.5	11359.4	13391.7	425.8	366.0	185.2	117.9	10.90	15.51	16.66
343.2	384.3	507.1	1242.4	363.1	147.7	131.9	19.72	15.41	10.25
77.6	154.4	154.8	1399.3	614.1	199.6	100.2	20.74	22.34	18.85
71.9	71.8	73.1	364.6	135.3	101.6	101.8	9.68	3.42	0.40
11.9	11.9	11.7	101.3	119.4	98.3	98.0	0.09	1.99	-0.42
190.8	152.2	148.3	59.6	65.0	77.7	97.5	-3.63	-4.67	-6.10
188.0	154.0	148.6	52.5	67.4	79.1	96.5	-4.50	-4.29	-5.70
4.42	4.62	4.69	289.9	133.5	106.0	101.4	7.90	3.26	1.48
0.42	0.43	0.45	61.5	139.3	107.7	105.7	-3.42	3.75	1.88
14.22	15.55	15.49	107.3	108.2	109.0	99.7	0.50	0.88	2.17
15.1	12.0	11.5	59.3	70.2	75.7	95.3	-3.66	-3.85	-6.72
107.9	115.4	111.6	820.8	264.0	103.4	96.7	16.23	11.39	0.84
6803	19819	15412	684.4	530.4	226.5	77.8	14.73	20.37	22.68
53.4	112.2	121.2	795.4	850.0	227.1	108.0	15.97	26.84	22.76
81482	107224	109622	515.5	230.1	134.5	102.2	12.43	9.70	7.70
7420	6636	7426	74.7	125.1	100.1	111.9	-2.06	2.52	0.02
5253	5789	5279	66.7	150.7	100.5	91.2	-2.86	4.66	0.12
78219	74931	69039	93.8	96.7	88.3	92.1	-0.45	-0.37	-3.07
27735	40794	44036			158.8	107.9			12.25
13857	19597	22609	460.2	273.3	163.2	115.4	11.52	11.82	13.02
6211	9634	10453	486.6	324.5	168.3	108.5	11.97	13.97	13.90
7255	10059	10857	475.0	266.2	149.7	107.9	11.77	11.49	10.60
18944	26231	28317	471.7	265.2	149.5	108.0	11.72	11.45	10.57
25.7	30.0								
22.8	23.7								
30.9	37.7	35.2	161.8	154.3	114.0	93.5	3.50	4.94	3.34
14.0	17.8	18.7	250.1	195.1	134.1	105.1	6.77	7.71	7.61
8938	9582	9603	119.5	115.3	107.4	100.2	1.28	1.60	1.81
16.0	18.9	20.2	167.3	168.2	126.0	106.5	3.74	5.95	5.95
18.9	25.0	25.6	149.6	170.0	135.8	102.4	2.92	6.07	7.95
16.4	14.5	15.0	97.3	125.0	91.5	103.4	-0.20	2.51	-2.21
7504	9583	9922	203.4	167.7	132.2	103.5	5.20	5.91	7.23
7587	8443	7783	25.6	19.4	102.6	92.2	-9.26	-16.68	0.64
22.0	21.8	21.4	107.8	93.6	97.5	98.4	0.53	-0.73	-0.64
16939	19754	20092	215.7	188.7	118.6	101.7	5.65	7.31	4.36
10090	12102	12252	147.9	131.5	121.4	101.2	2.83	3.09	4.97
69581	75065	76346	226.1	148.5	109.7	101.7	6.00	4.49	2.35
782	582	553	60.3	53.9	70.7	95.0	-3.55	-6.64	-8.31

1-11 国民经济和社会发展结构指标

STRUCTURAL INDICATORS ON NATIONAL ECONOMIC AND SOCIAL DEVELOPMENT

单位：%　　(%)

指　标	Item	2000	2010	2013	2014
人口与就业	**Population and Employment**				
人口	**Population**				
性别结构	Sexual Structure				
男	Male	51.1	50.7	50.3	50.2
女	Female	48.9	49.3	49.7	49.8
城乡结构	Structure of Urban and Rural				
城　镇	Urban	51.9	55.7	57.4	58.0
乡　村	Rural	48.1	44.3	42.6	42.0
就业	**Employment**				
城乡结构	Structure of Urban and Rural				
城　镇	Urban	45.2	48.8	51.8	
乡　村	Rural	54.8	51.2	48.2	
宏观经济	**Macro Economy**				
国民经济核算	**National Accounting**				
地区生产总值产业结构	Structure of Gross Domestic Product				
第一产业	Primary Industry	12.2	12.6	17.1	17.3
第二产业	Secondary Industry	55.0	48.4	40.5	36.9
第三产业	Tertiary Industry	32.9	39.0	42.4	45.8
固定资产投资	**Investment in Fixed Assets**				
城乡结构	Structure of Urban and Rural				
城镇投资	Urban	90.1	92.4	90.8	89.4
农村投资	Rural	9.9	7.6	9.2	10.6
登记注册类型结构	Structure of Registration Status				
国　有	State-Owned	52.4	39.1	29.7	30.5
集　体	Collective-Owned	4.2	1.7	1.0	0.7
个　体	Individuals	9.8	6.7	3.5	3.8
其　他	Others	33.6	52.5	65.8	65.0
资金来源结构	Structure of Source of Funds				
国家预算内投资	State Budgetary Appropriation	4.7	5.4	3.4	3.5
国内贷款	Domestic Loans	17.3	7.8	3.1	2.0
债　券	Bonds	2.5	0.3	0.2	0.2
利用外资	Foreign Investment	2.5	0.5	0.1	0.3
自　筹	Fundraising	57.1	76.5	82.2	83.0
其他投资	Others	16.0	9.5	11.0	10.9
货物进出口	**Imports and Exports of Goods**				
进出口总额结构	Structure of Total Exports and Imports				
出　口	Exports	48.6	63.8	41.8	44.6
进　口	Imports	51.4	36.2	58.2	55.4
财政	**Finance**				
财政收入结构	Composition of Government Revenue				
省级	Province		21.7	24.8	25.4
地级	City		41.3	37.9	38.3
县级	County		35.6	36.2	35.3
乡镇级	Town & Township		1.4	1.2	1.0
财政支出结构	Composition of Government Expenditure				
省级	Province		24.5	23.3	21.2
地级	City		27.5	27.3	28.2
县级	County		44.1	45.6	46.8
乡镇级	Town & Township		3.9	3.8	3.8

1-11 续表1 CONTINUED

单位：% (%)

指 标	Item	2000	2010	2013	2014
能源	**Energy**				
一次能源生产总量结构	Structure of Total Energy Production				
原 煤	Coal	30.9	51.1	46.0	43.5
原 油	Petroleum Crude Oil	66.0	44.1	47.1	49.3
天然气	Natural Gas	2.7	3.1	3.8	4.0
水 电	Hydropower	0.4	0.6	0.9	0.7
风 电	Wind Power		1.1	2.1	2.4
一次能源消费总量结构	Structure of Total Energy Consumption				
原 煤	Coal	57.8	67.4	66.8	66.5
原 油	Petroleum Crude Oil	37.0	26.2	25.6	25.7
天然气	Natural Gas	4.3	4.1	3.8	3.9
水 电	Hydropower	0.9	0.9	1.2	0.9
风 电	Wind Power		1.4	2.6	3.0
产 业	**Industry**				
农业	**Agriculture**				
农林牧渔业总产值结构	Structure of Gross Output Value of Farming, Forestry, Animal Husbandry and Fishery				
农 业	Farming	66.3	54.0	61.6	61.6
林 业	Forestry	2.9	3.8	3.9	4.0
牧 业	Animal Husbandry	28.1	38.1	30.9	30.4
渔 业	Fishery	2.7	2.1	1.8	2.1
农林牧渔服务业	Svice Industry of Farming,Forestry,Animal Husbandry and Fishery		2.1	1.8	1.9
工业	**Industry**				
工业总产值结构	Structure of Gross Output Value of Industry				
国有及国有控股工业	State-owned and State Holding Majority Shares Enterprises	84.2	57.9	47.2	46.2
其他工业	Others	15.8	42.1	52.8	53.8
工业总产值轻重工业结构	Structure of Gross Output Value of Industry Grouped by Light & Heavy Industry				
轻工业	Light Industry	18.0	25.4	34.4	36.1
重工业	Heavy Industry	82.0	74.6	65.6	63.9
建筑业	**Construction**				
建筑业总产值结构	Composition of Gross Output Value of Construction Industry				
国有企业	State-owned Enterprise	53.3	32.0	18.3	16.1
集体企业	Collective-owned Enterprises	22.6	5.2	7.5	8.4
有限责任公司	Limited Liability Corporations	10.5	37.9	48.1	53.2
股份有限公司	Share Holding Enterprises	7.6	7.3	4.2	4.6
私营企业	Private Enterprises	2.9	17.2	20.9	16.8
其他	Other Enterprises	3.2	0.4	0.9	0.9
交通运输业	**Transportation**				
货运量结构	Structure of Freight Traffic				
铁 路	Railways	22.7	28.2	21.9	17.6
公 路	Highways	69.4	65.5	70.4	72.4
水 运	Waterways	1.4	1.6	1.9	1.9
管道输油(气)	Pipelines	6.6	4.7	5.7	8.1
客运量结构	Structure of Passenger Traffic				
铁 路	Railways	19.7	22.0	21.5	20.8
公 路	Highways	80.0	75.6	75.1	75.4
水 运	Waterways	0.1	0.6	0.8	0.8
民用航空	Civil Aviation	0.1	1.8	2.7	3.1

1-11 续表2 CONTINUED

单位：%　　(%)

指　标	Item	2000	2010	2013	2014
旅游业	**Tourism**				
国际游客人数结构	Structure of Tourists				
外国人	Foreigners	91.5	95.6	94.9	93.3
港澳台同胞	Compatriots form Hong Kong, Macao and Taiwan	8.5	4.4	5.1	6.7
教育、科技、卫生	**Education, Science and Health Care**				
教育	**Education**				
普通学校在校学生结构	Structure of Students Enrollment				
大学生	College and University Students	3.5	18.7	22.7	23.9
中学生	Secondary School Students	47.2	45.7	43.1	41.9
小学生	Primary School Students	49.3	35.6	34.2	34.2
普通学校专任教师结构	Full-time Teachers by Type				
普通高等学校	College and Universities	4.4	12.1	13.2	14.3
中等学校	Secondary Schools	43.4	46.6	44.5	50.8
小　学	Primary Schools	52.3	41.3	34.4	34.9
科技	**Science and Technology**				
研究与试验发展经费内部支出结构	Composition of Intramural Expenditure on R&D				
基础研究	Basic Research		6.3	13.1	10.3
应用研究	Applied Research		15.2	22.1	25.3
试验发展	Experimental Development		76.5	64.8	64.4
卫生	**Health Care**				
卫生技术人员结构	Composition of Medical Technical Personnel				
#执业(助理)医师	Licensed (Assistant) Doctors	45.9	40.8	37.7	37.4
注册护士	Registered Nurses	30.0	33.2	36.2	37.1
药师(士)	Pharmacist		5.9	5.6	5.5
人民生活	**People's Lifelihood**				
城镇居民消费结构	**Consumption Composition of Urban Residents**				
食　品	Food	38.4	35.4	35.8	27.5
衣　着	Clothing	13.3	15.1	12.7	11.0
居　住	Residence	9.4	10.6	10.9	21.3
家庭设备及用品	Household Facilities and Articles	5.9	5.8	5.6	5.5
交通通信	Transport and Communications	7.6	11.2	11.7	12.5
文教娱乐	Education, Culture and Recreation	12.0	9.4	9.9	10.5
医疗保健	Health Care and Medical Services	8.9	8.9	9.4	8.9
其他	Others	4.5	3.8	3.9	2.9
农村居民消费结构	**Consumption Composition of Rural Residents**				
食　品	Food	44.3	33.8	35.2	28.2
衣　着	Clothing	6.8	8.8	8.1	7.6
居　住	Residence	19.7	18.1	16.5	20.5
家庭设备、用品及服务	Household Facilities, Articles and Services	3.3	3.7	4.2	4.4
医疗保健	Medicine and Medical Services	7.6	10.1	12.3	12.7
交通和运输	Communication and Transportation	5.5	10.4	11.9	12.3
文化教育、娱乐用品及服务	Culture, Educational and Recreational Articles and Services	9.8	12.8	8.8	12.6
其他商品和服务	Other Commodities and Services	3.0	2.3	3.0	1.7
工业污染治理投资结构	**Composition of Investment in the Treatment of Industrial Pollution**				
治理废水	Waste Water Treatment		51.2	8.5	3.1
治理废气	Waste Gas Treatment		34.1	89.2	90.6
治理固体废物	Solid Waste Treatment			0.6	0.7
治理噪声	Noise Abatement				
其他	Others		14.7	1.8	5.6

1-12 国民经济和社会发展比例与效益指标

INDICATORS ON PROPORTIONS AND EFFICIENCY IN NATIONAL ECONOMIC AND SOCIAL DEVELOPMENT

指 标	Item	2000	2010	2013	2014
人口与就业	**Population and Employment**				
出生率(‰)	Birth Rate(‰)	9.43	7.35	6.86	7.37
死亡率(‰)	Death Rate(‰)	5.50	5.83	6.08	6.46
自然增长率(‰)	Natural Growth Rate(‰)	3.93	1.52	0.78	0.91
每一就业人员负担人口(含本人)(人)	Dependency Ratio (including the labour self)(person)	2.38	1.98	1.88	
城镇登记失业率(%)	Unemployment Rate in Urban Areas(%)	3.30	4.27	4.43	4.47
国民经济核算	**National Accounting**				
三次产业增加值比例(第一产业=100)	Ratio of Value-added by Type of Industry (Value added in primary industry=100)				
第二产业	Secondary Industry	451.9	399.4	236.3	212.3
第三产业	Tertiary Industry	270.5	296.4	247.9	263.6
人均国内生产总值(元)	Per Capita GDP (yuan)	8295	27076	37697	39226
固定资产投资	**Investment in Fixed Assets**				
全社会固定资产投资相当于GDP比例(%)	Proportion of Investment in Fixed Assets to GDP(%)	27.3	65.6	79.2	65.4
全社会固定资产交付使用率(%)	Rate of Fixed Assets Completed and Put Into Use(%)	82.5	71.1	70.8	74.5
全社会房屋建筑竣工率(%)	Rate of Total Floor Space of Buildings Completed in Construction(%)	73.3	48.0	37.1	29.9
消费	**Consumption**				
人均消费品零售额(元)	Per Capita Retail Sales of Consumer Goods(yuan)	2879	10548	16303	18295
财政	**Public Finance**				
公共财政收入相当于GDP比例(%)	Proportion of General Budgetary Financial Revenue to GDP(%)	5.9	7.3	8.8	8.7
公共财政支出相当于GDP比例(%)	Proportion of General Budgetary Financial Expenditure to GDP(%)	12.1	21.7	23.3	22.8
对外贸易	**Foreign Trade**				
进出口总额相当于GDP比例(%)	Proportion of Total Imports & Exports to GDP(%)	7.8	16.6	16.7	15.9
实际利用外资占签订利用外资额比例(%)	Proportion of Foreign Capital for Utilization by Signed Contracts or Agreements(%)	101.7	93.4	90.2	84.0
能源	**Energy**				
能源生产弹性系数	Elasticity Ratio of Energy Production	-1.05	0.01	-0.61	-1.11
能源消费弹性系数	Elasticity Ratio of Energy Consumption	-1.35	0.55	0.41	0.15
单位国内生产总值能耗(吨标准煤/万元)	Energy Consumption per Unit of GDP (ton of SCE/ 10000 yuan)		1.16	0.95	0.91
农业	**Agriculture**				
农业从业者人均农产品产量(千克)	Per Capita Agricultural Output of Agricultural practitioners(kg)				
粮 食	Grain	3420	7363	9002	9497
油 料	Oil-bearing Crops	58.8	40.4	28.5	26.1
亚 麻	Flax	24.2	3.2	0.9	1.1
甜 菜	Beet Roots	342.3	257.0	184.7	62.5
烤 烟	Flue-Cured Tobacco	10.9	12.5	12.2	11.9
水产品	Aquatic Products	51.3	58.7	732.6	781.3
每公顷播种面积农产品产量(公斤)	Output of Farm Crops per Hectare of Sown Area(kg)				
粮 食	Grain	3242	4376	5192	5337
#水 稻	Rice	6489	6659	6993	7023
大 豆	Soybean	1569	1649	1592	1787
亚 麻	Flax	2039	4138	6725	5118
甜 菜	Beetsroots	17482	22476	31932	40098

1-12 续表 CONTINUED

指　标	Item	2000	2010	2013	2014
工业	**Industry**				
总资产贡献率(%)	Ratio of Industrial Output Value(%)		22.1	18.3	15.4
资产负债率(%)	Assets-Liability Ratio(%)	58.1	55.2	57.8	57.0
成本费用利润率(%)	Ratio of Profits to Industrial Cost(%)	31.4	15.2	9.8	8.3
产品销售率(%)	Proportion of Products Sold(%)	98.1	97.2	97.8	97.9
建筑业	**Construction**				
全员劳动生产率(按总产值计算，元/人)	Overall Labor Productivity(in terms of Gross Output Value, yuan/person)	51580	183394	242528	251080
技术装备率(元/人)	Value of Machinery per Laborer(yuan/person)	10478	7771	7555	9968
动力装备率(千瓦/人)	Power of Machines per Laborer(kw/person)	7.1	3.4	2.8	3.9
产值利税率(%)	Ratio of Pre-tax Profit to Gross Output Value(%)	4.0	10.1	5.3	5.3
交通运输业	**Transportation**				
货运量弹性系数	Elasticity of Freight Traffic	0.14	0.96	0.87	0.96
客运量弹性系数	Elasticity of Passenger Traffic	0.32	0.96	0.81	0.98
铁路网密度(公里/万平方公里)	Railway Density(km/10000 sq. km)	120.4	124.3	130.1	130.5
公路网密度(公里/万平方公里)	Highway Density(km/10000 sq. km)	1108	3347	3529	3590
铁路货运密度(万吨公里/公里)	Railway Freight Traffic Density(10000 ton/km)	1315	1821	1572	1313
公路货运密度(万吨公里/公里)	Highway Freight Traffic Density(10000 ton/km)	32.2	50.2	60.7	62.1
电话普及率（部/百人）	Access to Telephones(set/100 persons)	22.0	80.0	98.3	106.9
旅游业	**Tourism**				
每一国际游客花费(美元)	Per Capita Expenditure of International Tourists(USD)	342.7	442.2	395.4	397.6
国内旅游人均花费(元)	Expenditure per Domestic Tourist(yuan)	446.2	529.9	464.8	979.5
金融业	**Finance**				
金融机构存款增加额相当于GDP比例(%)	Increaseing Deposits as Percentage of GDP(%)	10.0	17.5	12.5	7.5
金融机构贷款增加额相当于GDP比例(%)	Increaseing Loans as Percentage of GDP(%)	1.3	12.0	10.1	13.5
百元存款相应的贷款(元)	Loans to Per 100 yuan Deposits(yuan)	94.4	56.3	62.6	69.6
教育	**Education**				
学龄儿童入学率(%)	Rate of School-age Children Enrollment(%)	98.8	99.1	99.9	99.9
小学升学率(%)	Rate of Graduates of Primary Schools Entering Junior Secondary Schools(%)	95.9	99.9	84.6	98.5
学校教师负担系数(%)	Student-teacher Ratio (in percentage)(%)				
高等学校	Colleges and Universities	12.4	16.3	15.5	15.59
中等学校	Secondary Schools	16.9	13.9	10.3	10.0
小　学	Primary Schools	14.7	12.4	12.8	13.0
教育支出相当于GDP比例(%)	Expenditures for Operating Expenses of Education as Percentage of GDP(%)	1.55	2.89	3.47	3.36
科技	**Science and Technology**				
研究与发展经费相当于GDP比例(%)	R&D Expenditures as Percentage of GDP(%)	0.43	1.05	0.80	0.74
卫生	**Health Care**				
每万人拥有卫生技术人员(人)	Number of Doctors per 10000 Persons(person)	45.0	49.3	53.1	54.6
每万人拥有卫生机构床位(张)	Number of Hospital Beds per 10000 Persons(unit)	31.6	41.8	49.4	52.6
医疗机构病床使用率(%)	Beds Utilization Rate of Medical Organizations(%)	48.7	72.4	80.2	77.4
人民生活	**People's Livelihood**				
城镇居民家庭恩格尔系数(%)	Engel's Coefficient of Urban Households(%)	38.4	35.4	35.8	27.5
农村居民家庭恩格尔系数(%)	Engel's Coefficient of Rural Households(%)	44.3	33.8	35.2	28.2
城市市政建设	**Municipal Works**				
城市人口用水普及率(%)	Coverage Rate of Urban Population with Access to Tap Water(%)	74.7	89.1	95.5	96.2
城市燃气普及率(%)	Coverage Rate of Urban Population with Access to Tap Gas(%)	59.3	88.8	85.6	86.2
城市人均公园绿地面积(平方米)	Per Capita Public Green Areas(sq. m)	5.4	11.8	12.1	12.1

1-13 平均每天主要社会经济活动

SELECTED INDICATORS ON AVERAGE DAILY SOCIAL AND ECONOMIC ACTIVITIES

指 标	Item	2000	2005	2010	2013	2014
每天创造的财富	**Daily Production**					
地区生产总值(亿元)	Gross Domestic Product(100 million yuan)	8.63	15.11	28.41	39.60	41.20
第一产业	Primary Industry	1.05	1.88	3.57	6.78	7.15
第二产业	Secondary Industry	4.74	8.14	13.77	16.02	15.19
工 业	Industry	4.29	7.39	12.14	13.95	13.11
建筑业	Construction	0.45	0.75	1.63	2.31	2.32
第三产业	Tertiary Industry	2.84	5.09	11.07	16.81	18.86
公共财政收入(亿元)	General Budgetary Financial Revenue(100 million yuan)	0.51	0.87	2.07	3.50	3.57
公共财政支出(亿元)	General Budgetary Financial Expenditure(100 million yuan)	1.05	2.16	6.17	9.23	9.41
粮豆薯(万吨)	Grain(10000 tons)	6.97	9.86	13.73	16.45	17.10
#水 稻	#Rice	2.86	3.21	5.05	6.08	6.17
玉 米	Corn	2.17	3.78	6.37	8.81	9.16
大 豆	Soja	1.23	2.05	1.60	1.06	1.26
薯 类	Tuber	0.22	0.23	0.35	0.30	0.29
油料(吨)	Oil-bearing Crops(ton)	1200	1660	753	521	470
麻类(吨)	Fiber Crops(ton)	512	989	60	25	68
甜菜(吨)	Beet roots(ton)	6981	4247	4795	3375	1125
烟叶(吨)	Tobacco(ton)	263	203	263	245	231
瓜果类(吨)	Melon and Fruits(ton)	8751	8395	6384	6171	5510
水产品(吨)	Aquatic Products(ton)	1047	1222	1095	1339	1407
原油(万吨)	Crude Oil(10000 tons)	14.54	12.32	10.97	10.96	10.96
天然气(亿立方米)	Natural Gas(100 million cu.m)	0.06	0.07	0.08	0.10	0.10
水泥(万吨)	Cement(10000 tons)	2.48	3.05	9.61	11.04	10.06
粗钢(万吨)	Crude Steel(10000 tons)	0.24	0.68	1.79	2.11	1.30
成品钢材(万吨)	Steel Products(10000 tons)	0.21	0.64	1.55	1.73	1.32
汽车(辆)	Automobile(unit)	367	729	679	336	318
发电量(亿千瓦时)	Electricity(100 million kwh)	1.17	1.63	2.12	2.26	2.39
每天消费量	**Daily National Consumption**					
一次能源消费量(万吨标准煤)	Energy Consumption(10000 tons of SCE)	15.52	20.77	26.48	26.62	25.54
社会消费品零售总额(亿元)	Total Retail Sales of Consumer Goods(100 million yuan)	3.00	4.86	11.07	17.13	19.22

1-13 续表 CONTINUED

指　标	Item	2000	2005	2010	2013	2014
每天其他经济活动	**Other Daily Economic Activities**					
竣工住宅面积(万平方米)	Floor Space Completed of Residential Buildings(10000 sq.m)	7.07	7.35	14.18	9.51	7.46
农村个人住宅竣工面积(万平方米)	Private Buildings Completed in Rural Areas(10000 sq.m)	1.75	1.70	2.66	2.18	1.59
客运量(万人)	Passenger Traffic(10000 persons)	136.5	152.4	130.4	128.1	132.2
货运量(万吨)	Freight Traffic(10000 tons)	156.7	177.0	169.7	176.2	178.6
居民新增储蓄额(亿元)	Outstanding Amount of Savings Deposit(100 million yuan)	0.46	1.35	2.26	2.16	2.19
进出口额(万美元)	Total Value of Imports and Exports(USD 10000)	818	2623	6988	10652	10658
出　口	Total Exports	398	1664	4461	4447	4751
进　口	Total Imports	421	959	2527	6205	5907
实际利用外资额(万美元)	Foreign Capital Actually Used(USD 10000)	302	417	756	1271	1414
国际旅游人数(人)	Number of Tourists from Abroad(person)	1511	2251	4724	4189	3883
国际旅游外汇收入(万美元)	Foreign Exchange Earnings(USD 10000)	51.8	93.3	208.9	165.6	154.4
人口和社会活动	**Population and Social Activities**					
出生人口(人)	Births(person)	982	823	772	721	774
死亡人口(人)	Deaths(person)	573	544	528	639	678
结婚(对)	Marriages(couple)	597	626	846	1032	965
离婚(对)	Divorces(couple)	205	263	383	488	513
发表科技论文(篇)	Scientific and Technological Papers(piece)		56.0	110.2	115.1	121.7
出版科技著作(种)	Scientific and Technological Composing(kind)		2.0	2.5	4.0	2.6
成交技术合同(件)	Number of Technical Contracts Completed(piece)	27.08	5.59	5.44	7.07	5.85
技术市场成交额(万元)	Transaction Value on Technical Market(10000 yuan)	417	391	1462	3073	3321
批准专利(件)	Number of Patent Applications Certified(item)	6.17	7.96	18.64	54.30	42.22
公共图书馆流通人次(万人次)	Circulation of Public Libraries(10000 person-times)	1.67	1.38	1.70	2.25	2.45
印刷图书(万册)	Printed Copies of Books(10000 copies)	27.2	16.3	20.3	18.2	20.3
印刷杂志(万册)	Printed Copies of Magazines(10000 copies)	21.7	9.6	14.4	15.9	14.5
印刷报纸(万份)	Printed Copies of Newspaper(10000 copies)	201.6	195.6	214.3	205.3	189.1
诊疗人次(万人次)	Total Number of Patients Treated(10000 person-times)	12.09	12.02	20.35	32.72	20.41
入院人数(万人)	Hospital Admissions(10000 patients)	0.41	0.55	1.02	1.29	1.32
工业废水排放量(万吨)	Volume of Industry Waste Water Discharged(10000 tons)	144	124	107	131	115
工业废气排放量(亿标立方米)	Total Volume of Waste Gas Emission(100 million cu.m)	11.9	14.4	27.7	29.1	33.1
工业固体废物产生量(万吨)	Volume of Industrial Solid Wastes Produced(10000 tons)	7.38	8.79	14.81	16.70	17.29
生活垃圾清运量(万吨)	Volume of Garbage Disposal(10000 tons)	2.51	3.08	2.14	1.59	1.52
受理劳动争议案件(件)	Number of Labor Dispute Cases Accepted(piece)	7.81	16.81	24.99	19.42	25.78
劳动争议结案案件(件)	Number of Labor Dispute Cases Settled(piece)	7.99	16.63	24.75	19.63	25.43

主要统计指标解释

行政区划 指国家对行政区域的划分。根据有关法规规定，我国的行政区域划分如下：(1)全国分为省、自治区、直辖市；(2)省、自治区分为自治州、县、自治县、市；(3)自治州分为县、自治县、市；(4)县、自治县分为乡、民族乡、镇；(5)直辖市和较大的市分为区、县；(6)国家在必要时设立的特别行政区。

平均增长速度 平均增长速度表明社会经济现象在一个较长的时期内逐期平均增长变化的程度，它不能根据各个环比增长速度直接求得，但与平均发展速度之间存在着一定的数量关系：平均增长速度＝平均发展速度－1。

平均发展速度是一种根据环比发展速度计算的序时平均数，由于各时期对比的基础不同，所以计算平均发展速度不能采用一般的序时平均数的计算方法，计算方法分为水平法和累计法。水平法，又称几何平均法，即将环比发展速度按连乘法用几何平均数公式计算。累计法，也称方程法，根据一段时期内各年发展水平总和与基期水平的关系，列出方程式计算平均发展速度。水平法着重考虑最后一年所达到的发展水平；累计法着重考虑整个时期累计发展水平的总量。

本《年鉴》内所列的平均增长速度，除固定资产投资用“累计法”计算外，其余均用“水平法”计算。从某年到某年平均增长速度的年份，均不包括基期年在内。如建国四十三年以来的平均增长速度是以1949年为基期计算的，则写为1950-1992年平均增长速度，其余类推。

国民经济行业分类 自2012年定期报表开始使用新的《国民经济行业分类》（GB/T4754-2011）。该分类是由国家统计局组织修订，国家质量监督检验检疫总局和中国国家标准化管理委员会于2011年4月29日发布。这次修订是在2002年分类标准的基础上，参照联合国《全部经济活动的国际标准产业分类》（ISIC/Rev.4）进行的。修订后的《国民经济行业分类》（GB/T4754-2012）共有门类20个，大类96个，中类432个，小类1094个。

企业(单位)登记注册类型 是以在工商行政管理机关登记注册的各类企业为划分对象，以工商行政管理部门对企业登记注册的类型为依据，将企业登记注册类型分为内资企业、港澳台商投资企业和外商投资企业三大类。内资企业包括国有企业、集体企业、股份合作企业、联营企业、有限责任公司、股份有限公司、私营企业和其他企业；港澳台商投资企业和外商投资企业分别包括合资经营企业、合作经营企业、独资经营企业和股份有限公司等。对不在工商行政管理部门进行登记注册的行政机关、事业单位和社会团体，主要按其经费来源和管理方式进行划分。

国有企业 指企业全部资产归国家所有，并按《中华人民共和国企业法人登记管理条例》规定登记注册的非公司制的经济组织。不包括有限责任公司中的国有独资公司。

集体企业 指企业资产归集体所有，并按《中华人民共和国企业法人登记管理条例》规定登记注册的经济组织。

股份合作企业 指以合作制为基础，由企业职工共同出资入股，吸收一定比例的社会资产投资组建，实行自主经营，自负盈亏，共同劳动，民主管理，按劳分配与按股分红相结合的一种集体经济组织。

联营企业 指两个及两个以上相同或不同所有制性质的企业法人或事业单位法人，按自愿、平等、互利的原则，共同投资组成的经济组织。联营企业包括国有联营企业、集体联营企业、国有与集体联营企业和其他联营企业。

有限责任公司 指根据《中华人民共和国公司登记管理条例》规定登记注册，由两个以上、五十个以下的股东共同出资，每个股东以其所认缴的出资额对公司承担有限责任，公司以其全部资产对其债务承担责任的经济组织。有限责任公司包括国有独资公司以及其他有限责任公司。

股份有限公司 指根据《中华人民共和国公司登记管理条例》规定登记注册，其全部注册资本由等额股份构成并通过发行股票筹集资本，股东以其认购的股份对公司承担有限责任，公司以其全部资产对其债务承担责任的经济组织。

私营企业 指由自然人投资设立或由自然人控股，以雇佣劳动为基础的营利性经济组织。包括按照《公司法》、《合伙企业法》、《私营企业暂行条例》规定登记注册的私营有限责任公司、私营股份有限公司、私营合伙企业和私营独资企业。

其他企业 指上述企业之外的其他内资经济组织。

合资经营企业（港或澳、台资） 指港澳台地区投资者与内地企业依照《中华人民共和国中外合资经营企业法》及有关法律的规定，按合同规定的比例投资设立、分享利润和分担风险的企业。

合作经营企业（港或澳、台资） 指港澳台地区投资者与内地企业依照《中华人民共和国中外合作经营企业法》及有关法律的规定，依照合作合同的约定进行投资或提供条件设立、分配利润和分担风险的企业。

港澳台商独资经营企业 指依照《中华人民共和国外资企业法》及有关法律的规定，在内地由港澳台地区投资者全额投资设立的企业。

港澳台商投资股份有限公司 指根据国家有关规定，经原外经贸部依法批准设立，其中港、澳、台商的股本占公司注册资本的比例达25%以上的股份有限公司。凡其中港、澳、台商的股本占公司注册资本的比例小于25%的，属于内资企业中的股份有限公司。

其他港澳台商投资企业 指在中国境内参照《外国企业或个人在中国境内设立合伙企业管理办法》和《外商投资合伙企业登记管理规定》，依法设立的港、澳、台商投资合伙企业等。

中外合资经营企业 指外国企业或外国人与中国内地企业依照《中华人民共和国中外合资经营企业法》及有关法律的规定，按合同规定的比例投资设立、分享利润和分担风险的企业。

中外合作经营企业 指外国企业或外国人与中国内地企业依照《中华人民共和国中外合作经营企业法》及有关法律的规定，依照合作合同的约定进行投资或提供条件设立、分配利润和分担风险的企业。

外资企业 指依照《中华人民共和国外资企业法》及有关法律的规定，在中国内地由外国投资者全额投资设立的企外**商投资股份有限公司** 指根据国家有关规定，经原外经贸部依法批准设立，其中外资的股本占公司注册资本的比例达25%以上的股份有限公司。凡其中外资股本占公司注册资本的比例小于25%的，属于内资企业中的股份有限公司。

其他外商投资企业 指在中国境内依照《外国企业或个人在中国境内设立合伙企业管理办法》和《外商投资合伙企业登记管理规定》，依法设立的外商投资合伙企业等。

行政机关、事业单位和社会团体 参照企业登记注册类型，主要按其经费来源和管理方式划分。具体规定如下：

⑴行政机关：包括国家机关和政党机关，原则上均列为“国有”。但有特殊规定的，如供销社等，则列为“集体”。

⑵事业单位：包括经国家机构编制部门和有关业务主管部门批准成立的各类事业单位，不包括实行企业化管理的事业单位。事业单位的划分办法如下：

①由国家财政预算拨款或列入财政预算外资金管理以及经费主要来源于国有主管部门或国有上级单位的事业单位，列为“国有”。

②经费主要来源于集体单位的事业单位，列为“集体”。

③公民个人(或个人合伙)开办的事业单位，列为“私营”。

④上述以外的其他事业单位，如果其经费来源不明确，按管理方式进行归类。

⑶社会团体：包括经民政部门批准成立以及未纳入社会团体管理条例范围的工会、妇联等各类社会团体。社会团体的划分办法如下：

①未纳入民政部社会团体管理条例范围的工会、妇联、共青团、青联、工商联、科协、侨联等社会团体，国家拨款设立的基金会或基金管理组织以及经费主要来源于国有业务主管部门或国有上级单位的社会团体，列为“国有”。

②经费主要来源于集体单位的社会团体，列为“集体”。

③公民个人(或个人合伙)开办的社会团体，划为“私营”。

④上述以外的其他社会团体，如果其经费来源不明确，改按管理方式进行归类。

Explanatory Notes on Main Statistical Indicators

Divisions of Administrative Areas refer to the division of administrative areas by the State. The relative laws stipulate that 1) the whole country is divided into provinces, autonomous regions and municipalities directly under the Central Government; 2) provinces and autonomous regions are further divided into autonomous prefectures, counties, autonomous counties and cities; 3) autonomous prefectures are further divided into counties, autonomous counties and cities; 4) counties and autonomous counties are further divided into townships, ethnic townships and towns; 5) municipalities directly under the Central Government and large cities are divided into districts and counties, 6) the State shall, when necessary, establish special administrative regions.

Average Annual Growth Rate shows the average growth rate of social and economic development during a longer period. It can not be directly calculated by chain based growth rate. The relation is:

Average Annual Growth Rate = Average Speed of Development - 1

Average speed of development is the time series average of speed which calculated by chain based. Because the reference bases during the different periods are not same, average speed of development can not be calculated by the general method. Level approach and accumulative approach for calculating average speed of development rate are applied. The "level approach", or the method of calculating the geometric average, is derived by the formula of geometric average of the chain-based speeds of development, or comparing the level of the last year of the interval with that of the beginning year; the other is called the "accumulative approach" or the "algebraic average", "equation" method, which is derived by the summation of the actual figure of each year in the interval divided by the figure in the base year. The level approach focuses on the level of the last year, while the accumulative approach emphasizes the aggregate development in the duration.

The average annual growth rates listed in the Yearbook are calculated by the level approach except for the growth rate of investment in fixed assets. The base year is not listed in the duration for which average annual growth rates are computed. For instance, the average annual growth rate of the 43 years since 1949 is shown as the average annual growth rate of 1950-1992 without showing the base year 1949. Activities (ISIC/Rev.4) of the United Nations. The new Classification was promulgated by the National Administration of Quality Supervision, Inspection and Quarantine and the Standardization Administration of the People's Republic of China on April 29, 2011. The revised version of the Industrial Classification of the National Economy (GB/T 4754-2012) is composed of 20 sections, 96 divisions, 432 groups and 1094 classes.

Registration Status of Enterprises (Units) Enterprises are classified into 3 categories, namely domestic-funded enterprises, enterprises with investment from Hong Kong, Macao and Taiwan, and enterprises with foreign investment, according to the registration status of an enterprise in industrial and commercial administration agencies. Domestic-funded enterprises include State-owned enterprises, collective-owned enterprises, cooperative enterprises, joint ownership enterprises, limited liability corporations, share-holding corporations Ltd., private enterprises and other enterprises. Included in the enterprises with investment from Hong Kong, Macao and Taiwan and enterprises with foreign investment are joint-venture enterprises, cooperative enterprises, sole investment enterprises and share-holding corporations Ltd. For government agencies, institutions and social organizations which are not registered in industrial and commercial administration agencies, they are classified mainly by their sources of funding and manner of management.

State-owned Enterprises refer to non-corporation economic units where the entire assets are owned by the State and which have been registered in accordance with the Regulation of the People' s Republic of China on the Management of Registration of Corporate Enterprises. Not included from this category are solely State-funded corporations in the limited liability corporations.

Collective-owned Enterprises refer to economic units where the assets are owned collectively and which have been registered in accordance with the Regulation of the People' s Republic of China on the Management of Registration of Corporate Enterprises.

Cooperative Enterprises refer to a form of collective economic units (enterprises) where capitals come mainly from employees as their shares, with certain proportion of capital from the outside, where production is organized on the basis of independent operation, independent accounting for profits and losses, joint work, democratic management, and a distribution system that integrates remuneration according to work with dividend according to capital share.

Joint Ownership Enterprises refer to economic units established by two or more corporate enterprises or corporate institutions of the same or different ownership, through joint investment on the basis of voluntary participation, equality, and mutual benefits. They include State joint ownership enterprises; collective joint ownership enterprises; joint State-collective enterprises; and other joint ownership enterprises.

Limited Liability Corporations refer to economic units established with investment from 2-50 investors and registered in accordance with the Regulation of the People' s Republic of China on the Management of Registration of Corporations, each investor bearing limited liability to the corporation depending on its share of investment, and the corporation bearing liability to its debt to the maximum of its total assets. Limited liability corporations include solely State-funded limited liability corporations and other limited liability corporations.

Share-holding Corporations Ltd. refer to economic units registered in accordance with the Regulation of the People' s Republic of China on the Management of Registration of Corporations, with total registered capital divided into equal shares and raised through issuing stocks. Each investor bears limited liability to the corporation depending on the holding of shares, and the corporation bears liability to its debt to the maximum of its total assets.

Private Enterprises refer to profit-making economic units invested and established by natural persons, or controlled by natural persons using employed labour. Included in this category are private limited liability corporations, private share-holding corporations Ltd., private partnership enterprises and private-funded enterprises registered in accordance with the Company Law, the Law on Partnership Business and Interim Regulations on Private Enterprises.

Other Domestic-funded Enterprises refer to domestic-funded economic units other than those mentioned above.

Joint Venture Enterprises(Funds are from Hong Kong, Macao or Taiwan.) are enterprises established by investors from Hong Kong, Macao and Taiwan with enterprises in the mainland of China in accordance with the Law of the People' s Republic of China on Sino-foreign Equity Joint Ventures and other relevant laws, where the establishment of the investment and the sharing of profits and risks are stipulated under joint venture contracts.

Cooperative Enterprises(Funds are from Hong Kong, Macao or Taiwan.) established by investors from Hong Kong, Macao and Taiwan with enterprises in the mainland of China in accordance with the Law of the People' s Republic of China on Sino-foreign Contractual Joint Venture and other relevant laws, where the investment or provision of facilities and the sharing of profits and risks are stipulated under cooperative contracts.

Enterprises with Sole (exclusive) Investment from Hong Kong, Macao and Taiwan refer to enterprises established in the mainland of China with exclusive investment from investors from Hong Kong, Macao and Taiwan in accordance with the Law of the People' s Republic of China on Wholly Foreign-owned Enterprises and other relevant laws.

Share-holding Corporations Ltd. with Investment from Hong Kong, Macao and Taiwan refer to share-holding corporations Ltd. established with the approval from the former Ministry of Foreign Trade and Economic Relations in line with relevant State regulations, where the share of investment from Hong Kong, Macao or Taiwan businessmen exceeds 25% of the total registered capital of the corporation. In case the share of investment from Hong Kong, Macao or Taiwan is less than 25% of the total registered capital, the enterprise is to be classified as domestic-funded share-holding corporation Ltd.

Other Enterprises with Funds From Hong Kong, Macao and Taiwan refer to partnership enterprises with investments from Hong Kong, Macao and Taiwan established within the territory of China in accordance with Administrative Measures on the Establishment of Partnership Enterprises in China by Foreign Enterprises or Foreign Individuals and Regulations for the Administration of the Registration of Foreign-invested Partnership Enterprises.

Joint Venture Enterprises with Foreign Investment refer to enterprises jointly established by foreign enterprises or foreigners with enterprises in the mainland of China in accordance with the Law of the People' s Republic of China on Sino-foreign Equity Joint Ventures and other relevant laws, where the sharing of investment, profits and risks is stipulated under contract.

Cooperative Enterprises with Foreign Investment refer to enterprises jointly established by foreign enterprises or foreigners with enterprises in the mainland of China in accordance with the Law of the People' s Republic of China on Sino-foreign Contractual Joint Venture and other relevant laws, where the investment or provision of facilities and the sharing of profits and risks are stipulated under cooperative contracts.

Enterprises with Sole (exclusive) Foreign Investment refer to enterprises established in the mainland of China with exclusive investment from foreign investors in accordance with the Law of the People' s Republic of China on Wholly Foreign-owned Enterprises and other relevant laws.

Share-holding Corporations Ltd. with Foreign Investment refer to share-holding corporations Ltd. established with the approval from the former Ministry of Foreign Trade and Economic Relations in line with relevant State regulations, where the share of investment from foreign investors exceeds 25% of the total registered capital of the corporation. In case the share of foreign investment is less than 25% of the total registered capital, the enterprise is to be classified as domestic-funded share-holding corporation Ltd.

Other Enterprises with Foreign Funds refer to partnership enterprises established within the territory of China in accordance with Administrative Measures on the Establishment of Partnership Enterprises in China by Foreign Enterprises or Foreign Individuals and Regulations for the Administration of the Registration of Foreign-invested Partnership Enterprises.

Government Agencies, Institutions and Social Organizations are classified into the following categories by source of funds and manner of management taking reference of the registration status of enterprises:

(1) Government agencies: include State and party agencies, classified in principle as State-owned. There are exceptions, such as supply and marketing cooperatives which are classified as collective-owned.

(2) Institutions: include institutions of various types established with the approval by organization and staffing departments of the government, but exclude institutions where enterprise management system is introduced. Institutions are further classified as follows:

(a) Institutions for which their main budgets are from government budget appropriations or extra-budget funds, or allocated from the budget of their competent government agencies. Such institutions are classified as state-owned.

(b) Institutions for which their budget mainly come from collective units. Such institutions are classified as collective-owned.

(c) Social institutions established by individual or a group of citizens, which are classified as private.

(d) Institutions other than those mentioned above for which their sources of budget are not clear. Such institutions are classified by the manner of management.

(3) Social organizations: include social organizations established with the approval from the Ministry of Civil Affairs, and organizations that are not covered by social organization management regulations such as trade unions, women' s federations etc.. Social organizations are further classified as follows:

(a) Social organizations that are not covered by social organization management regulations of the Ministry of Civil Affairs such as trade unions, women federations, communist youth leagues, youth associations, industrial and commerce associations, scientist associations, overseas Chinese associations, etc., foundations and fund management organizations established with funds from the state, and social organizations whose funds mainly come from the budget of their competent government agencies. Such institutions are classified as State-owned.

(b) Social organizations for which their budget mainly come from collective units. Such institutions are classified as collective-owned.

(c) Social organizations established by individual or a group of citizens, which are classified as private.

(d) Social organizations other than those mentioned above for which their sources of budget are not clear. Such organizations are classified by the manner of management.

第二篇　人口、就业人员和职工工资

CHAPTER 2 POPULATION.EMPLOYMENT AND WAGES

资料整理：董　铠　崔赫男　曹夏茵　魏　瑨

2-1 人口和就业基本情况

POPULATION AND EMPLOYMENT

指　标	Item	2010	2011	2012	2013	2014
人 口	**Population**					
总人口(万人)	Total Population(10000 persons)	3833.4	3834.0	3834.0	3835.0	3833.0
男	Male	1943.6	1936.2	1943.8	1929.6	1925.1
女	Female	1889.8	1897.8	1890.2	1905.4	1907.9
市　镇	Urban	2133.7	2166.2	2181.5	2201.3	2223.5
乡　村	Rural	1699.7	1667.8	1652.5	1633.7	1609.5
性别比(女性=100)	Sex Ratio(Female=100)	102.8	102.0	102.8	101.3	100.9
出生率(‰)	Birth Rate(‰)	7.35	6.99	7.30	6.86	7.37
死亡率(‰)	Death Rate(‰)	5.83	5.92	6.03	6.08	6.46
自然增长率(‰)	Natural Growth Rate(‰)	1.52	1.07	1.27	0.78	0.91
年底总户数(户)	Total Households(household)	1391.2	1433.5	1449.1	1471.4	1490.2
就 业	**Employment**					
城镇非私营单位就业人员(万人)	Urban Employed Persons in Non-private Units(10000 persons)	460.0	466.2	470.9	467.4	450.9
国有单位	State-owned Units	332.4	333.6	335.4	291.9	277.1
集体单位	Collective owned Units	22.0	16.1	15.3	15.8	14.7
其他单位	Units of Other Types of Ownership	105.6	116.5	120.2	159.7	159.1
乡村就业人员(万人)	Rural Employed Persons (10000 persons)	989.4	989.2	988.5	992.8	982.9
灵活就业(万人)	Obtain Employment Flexibly(10000 persons)	188.7	201.9	195.0	208.4	200.5
城镇登记失业人数(万人)	Number of Registered Unemployed Persons in Urban Areas(10000 persons)	36.2	35.0	41.3	41.4	39.9
城镇登记失业率(%)	Registered Unemployment Rate in Urban Areas(%)	4.27	4.38	4.15	4.43	4.47
城镇非私营单位就业人员平均工资(元)	Average Wage of Employed Persons In Urban Non-private Units(yuan)	27735	31302	36406	40794	44036
国有单位	State-owned Units	28374	31693	36814	39072	42794
集体单位	Collective-owned Units	19594	24712	28762	35819	37740
私营单位	Private Units	16924	19429	21753	24750	26960
其他单位	Other Units	27469	31200	36378	44381	46776

2-2 年末人口数

TOTAL POPULATION AT YEAR-END

单位：万人、%　　　　(10000 persons,%)

年 份 Year	总人口 Total Population	按性别分 By Sex				按城乡分 By Residence			
		男 Male		女 Female		城镇 Urban		乡村 Rural	
		人口数 Population	比 重 Proportion	人口数 Population	比 重 Proportion	人口数 Population	比 重 Proportion	人口数 Population	比 重 Proportion
1952	1110.5	599.5	54.0	511.0	46.0	319.8	28.8	790.7	71.2
1953	1189.7	646.4	54.3	543.3	45.7	378.9	31.8	810.8	68.2
1954	1250.2	676.2	54.1	574.0	45.9	416.7	33.3	833.5	66.7
1955	1321.2	714.2	54.1	607.0	45.9	433.8	32.8	887.4	67.2
1956	1418.2	770.9	54.4	647.3	45.6	496.0	35.0	922.2	65.0
1957	1478.5	796.8	53.9	681.7	46.1	545.1	36.9	933.4	63.1
1958	1563.7	842.2	53.9	721.5	46.1	587.1	37.5	976.6	62.5
1959	1682.0	908.1	54.0	773.9	46.0	741.9	44.1	940.1	55.9
1960	1807.1	973.4	53.9	833.7	46.1	877.6	48.6	929.5	51.4
1961	1897.1	1018.4	53.7	878.7	46.3	900.1	47.4	997.0	52.6
1962	1893.5	1001.8	52.9	891.7	47.1	811.2	42.8	1082.3	57.2
1963	1972.0	1041.0	52.8	931.0	47.2	796.0	40.4	1176.0	59.6
1964	2053.3	1078.7	52.5	974.6	47.5	811.5	39.5	1241.8	60.5
1965	2133.9	1116.8	52.3	1017.1	47.7	805.6	37.8	1328.3	62.2
1966	2188.6	1143.9	52.3	1044.7	47.7	822.2	37.6	1366.4	62.4
1967	2258.9	1179.6	52.2	1079.3	47.8	842.0	37.3	1416.9	62.7
1968	2343.4	1218.8	52.0	1124.6	48.0	867.2	37.0	1476.2	63.0
1969	2440.8	1264.7	51.8	1176.1	48.2	865.9	35.5	1574.9	64.5
1970	2522.6	1306.9	51.8	1215.7	48.2	907.3	36.0	1615.3	64.0
1971	2627.2	1361.6	51.8	1265.6	48.2	936.7	35.7	1690.5	64.3
1972	2723.4	1409.7	51.8	1313.7	48.2	1007.3	37.0	1716.1	63.0
1973	2818.6	1459.4	51.8	1359.2	48.2	1034.0	36.7	1784.6	63.3
1974	2894.0	1496.6	51.7	1397.4	48.3	1059.1	36.6	1834.9	63.4
1975	2958.1	1528.7	51.7	1429.4	48.3	1078.8	36.5	1879.3	63.5
1976	3019.4	1558.3	51.6	1461.1	48.4	1093.7	36.2	1925.7	63.8
1977	3072.5	1585.3	51.6	1487.2	48.4	1118.2	36.4	1954.3	63.6
1978	3129.6	1614.2	51.6	1515.4	48.4	1122.9	35.9	2006.7	64.1
1979	3168.7	1629.2	51.4	1539.5	48.6	1181.4	37.3	1987.3	62.7
1980	3203.8	1642.4	51.3	1561.4	48.7	1232.7	38.5	1971.1	61.5
1981	3239.3	1660.3	51.3	1579.0	48.7	1275.3	39.4	1964.0	60.6
1982	3281.1	1677.9	51.1	1603.2	48.9	1309.4	39.9	1971.7	60.1
1983	3306.0	1692.0	51.2	1614.0	48.8	1356.8	41.0	1949.2	59.0
1984	3331.0	1706.0	51.2	1625.0	48.8	1398.0	42.0	1933.0	58.0
1985	3357.0	1718.2	51.2	1638.8	48.8	1440.5	42.9	1916.5	57.1
1986	3385.0	1733.6	51.2	1651.4	48.8	1485.3	43.9	1899.7	56.1
1987	3424.0	1753.0	51.2	1671.0	48.8	1536.0	44.9	1888.0	55.1
1988	3466.0	1774.4	51.2	1691.6	48.8	1589.9	45.9	1876.1	54.1
1989	3510.0	1796.6	51.2	1713.4	48.8	1646.5	46.9	1863.5	53.1
1990	3543.0	1812.0	51.1	1731.0	48.9	1699.2	48.0	1843.8	52.0
1991	3575.0	1827.5	51.1	1747.5	48.9	1753.2	49.0	1821.8	51.0
1992	3608.0	1844.0	51.1	1764.0	48.9	1809.1	50.1	1798.9	49.9
1993	3640.0	1861.1	51.1	1778.9	48.9	1866.2	51.3	1773.8	48.7
1994	3672.0	1873.0	51.0	1799.0	49.0	1924.9	52.4	1747.1	47.6
1995	3701.0	1887.5	51.0	1813.5	49.0	1985.9	53.7	1715.1	46.3
1996	3728.0	1901.3	51.0	1826.7	49.0	2007.5	53.8	1720.5	46.2
1997	3751.0	1912.0	51.0	1839.0	49.0	2021.8	53.9	1729.2	46.1
1998	3773.0	1923.5	51.0	1849.5	49.0	2037.4	54.0	1735.6	46.0
1999	3792.0	1933.2	51.0	1858.8	49.0	2055.3	54.2	1736.7	45.8
2000	3807.0	1945.8	51.1	1861.2	48.9	1977.4	51.9	1829.6	48.1
2001	3811.0	1948.2	51.1	1862.8	48.9	1996.2	52.4	1814.8	47.6
2002	3813.0	1953.0	51.2	1860.0	48.8	2004.5	52.6	1808.5	47.4
2003	3815.0	1940.4	50.9	1874.6	49.1	2006.3	52.6	1808.7	47.4
2004	3816.8	1937.8	50.8	1879.0	49.2	2014.5	52.8	1802.3	47.2
2005	3820.0	1933.1	50.6	1886.9	49.4	2028.4	53.1	1791.6	46.9
2006	3823.0	1942.5	50.8	1880.5	49.2	2045.3	53.5	1777.7	46.5
2007	3824.0	1931.1	50.5	1892.9	49.5	2061.1	53.9	1762.9	46.1
2008	3825.0	1933.2	50.5	1891.8	49.5	2119.0	55.4	1706.0	44.6
2009	3826.0	1943.6	50.8	1882.4	49.2	2123.4	55.5	1702.6	44.5
2010	3833.4	1943.6	50.7	1889.8	48.3	2133.7	55.7	1699.7	44.3
2011	3834.0	1936.2	50.5	1897.8	49.5	2166.2	56.5	1667.8	43.5
2012	3834.0	1943.8	50.7	1890.2	49.3	2181.5	56.9	1652.5	43.1
2013	3835.0	1929.6	50.3	1905.4	49.7	2201.3	57.4	1633.7	42.6
2014	3833.0	1925.1	50.2	1907.9	49.8	2223.5	58.0	1609.5	42.0

2-3 人口出生率、死亡率、自然增长率

BIRTH RATE, DEATH RATE AND NATURAL GROWTH RATE OF POPULATION

单位：‰ (‰)

年 份 Year	全省 Provincial			市 City			县 County		
	出生率 Birth Rate	死亡率 Death Rate	自然增长率 Natural Growth Rate	出生率 Birth Rate	死亡率 Death Rate	自然增长率 Natural Growth Rate	出生率 Birth Rate	死亡率 Death Rate	自然增长率 Natural Growth Rate
1957	36.59	10.45	26.14	48.33	9.50	38.83	33.01	10.74	22.27
1962	35.46	8.62	26.84	38.94	8.08	30.86	33.79	8.87	24.92
1965	40.38	8.00	32.38	40.11	6.08	34.03	40.47	8.67	31.80
1970	34.80	5.81	28.99	30.78	5.21	25.57	36.04	6.00	30.04
1975	21.98	5.43	16.55	16.21	5.11	11.10	23.70	5.53	18.17
1978	16.84	4.68	12.16	14.12	4.91	9.21	17.64	4.61	13.03
1980	13.49	4.86	8.63	11.74	4.77	6.97	14.07	4.89	9.18
1985	15.04	4.76	10.28	13.39	5.22	8.17	16.86	3.86	13.00
1990	18.11	6.35	11.76	15.43	5.92	9.51	20.71	6.79	13.92
1991	15.89	5.70	10.19	12.30	5.42	6.88	17.05	5.73	11.32
1992	16.25	6.12	10.13	12.88	5.40	7.48	17.65	6.55	11.10
1993	15.90	5.52	10.38	15.37	5.88	9.49	16.10	5.65	10.45
1994	15.15	5.47	9.68	14.91	5.06	9.85	15.39	6.18	9.21
1995	13.23	5.33	7.90	12.09	5.30	6.79	13.72	5.34	8.38
1996	12.40	5.05	7.35	12.28	5.02	7.26	12.43	5.06	7.37
1997	12.02	5.17	6.85	11.46	5.02	6.44	12.91	5.35	7.56
1998	11.68	5.32	6.36	10.24	4.67	5.57	13.31	6.07	7.25
1999	10.55	5.49	5.06	9.56	4.68	4.87	11.23	5.86	5.37
2000	9.43	5.50	3.93	8.76	4.94	3.82	10.11	6.10	4.01
2001	8.48	5.49	2.99	7.56	5.31	2.25	9.44	5.82	3.62
2002	7.98	5.44	2.54	7.30	5.29	2.01	9.12	5.61	3.51
2003	7.48	5.45	2.03	5.80	4.60	1.20	9.30	6.40	2.90
2004	7.27	5.45	1.82	5.15	3.97	1.18	9.53	7.02	2.51
2005	7.87	5.20	2.67	5.81	4.74	1.07	10.57	5.80	4.77
2006	7.57	5.18	2.39	5.82	4.86	0.96	9.18	4.90	4.28
2007	7.88	5.39	2.49	6.25	4.89	1.36	9.85	6.02	3.83
2008	7.91	5.68	2.23	6.94	5.77	1.17	9.21	5.55	3.66
2009	7.48	5.42	2.06	6.55	5.40	1.15	8.76	5.54	3.22
2010	7.35	5.83	1.52	6.45	5.36	1.09	7.78	5.98	1.80
2011	6.99	5.92	1.07	6.58	5.57	1.01	7.59	6.33	1.26
2012	7.30	6.03	1.27	6.52	5.21	1.31	8.27	7.06	1.21
2013	6.86	6.08	0.78	5.82	5.21	0.61	7.52	6.49	1.03
2014	7.37	6.46	0.91	6.47	5.51	0.96	7.92	7.11	0.81

2-4 人口年龄构成和抚养比

AGE COMPOSITION AND DEPENDENCY RATIO OF POPULATION

年 份 Year	人口数 (万人) Total Population (10000 persons)	0-14岁 Aged 0-14	15-64岁 Aged 15-64	65岁及以上 Aged 65 and over	总抚养比(%) Gross Dependency Ratio(%)	少年儿童抚养比 Children Dependency Ratio	老年人口抚养比 Old Dependency Ratio
1985	3357.0	1053.8	2175.1	128.0	54.3	48.5	5.9
1986	3385.0	1020.7	2230.6	133.7	51.8	45.8	6.0
1987	3424.0	993.4	2305.5	125.0	48.5	43.1	5.4
1988	3466.0	931.3	2403.4	131.3	44.2	38.7	5.5
1989	3510.0	957.1	2412.1	140.9	45.5	39.7	5.8
1990	3543.0	944.3	2463.7	135.0	43.8	38.3	5.5
1991	3575.0	990.9	2438.9	145.2	46.6	40.6	6.0
1992	3608.0	984.6	2474.0	149.4	45.8	39.8	6.0
1993	3640.0	881.6	2613.3	145.1	39.3	33.8	5.6
1994	3672.0	869.1	2649.9	153.1	38.6	32.8	5.8
1995	3701.0	868.1	2663.5	169.5	38.9	32.6	6.4
1996	3728.0	802.0	2732.5	193.5	36.4	29.4	7.1
1997	3751.0	798.9	2757.0	195.1	36.1	29.0	7.1
1998	3773.0	776.0	2800.5	196.5	34.7	27.7	7.0
1999	3792.0	778.1	2808.5	205.3	35.0	27.7	7.3
2000	3807.0	719.1	2876.0	211.7	32.4	25.0	7.4
2001	3811.0	699.0	2882.0	230.0	32.2	24.3	8.0
2002	3813.0	648.2	2922.3	242.5	30.5	22.2	8.3
2003	3815.0	604.3	2957.1	253.6	29.0	20.4	8.6
2004	3816.8	555.0	3002.6	259.2	27.1	18.5	8.6
2005	3820.0	563.7	2966.5	289.8	28.8	19.0	9.8
2006	3823.0	536.4	2979.3	307.4	28.3	18.0	10.3
2007	3824.0	501.3	2978.5	344.2	28.4	16.8	11.6
2008	3825.0	481.6	2990.4	353.0	27.9	16.1	11.8
2009	3826.0	464.1	2999.2	362.7	27.6	15.5	12.1
2010	3833.4	458.5	3056.0	318.9	25.4	15.0	10.4
2011	3834.0	453.6	3054.2	326.3	25.5	14.9	10.7
2012	3834.0	452.0	3041.1	340.9	26.1	14.9	11.2
2013	3835.0	450.1	3026.0	358.9	26.8	14.9	11.9
2014	3833.0	449.2	2998.2	385.6	27.8	15.0	12.8

2-5 按年龄和性别分人口数

POPULATION BY AGE AND SEX

年 龄	Age	合计 Total			男 Male			女 Female		
		2005	2010	2014	2005	2010	2014	2005	2010	2014
人口数	**Population**									
(万人)	**(10000 persons)**									
总 计	**Total**	**3820.0**	**3833.0**	**3835.0**	**1932.9**	**1943.6**	**1925.3**	**1887.1**	**1889.8**	**1907.9**
0-4岁	Age 0-4	151.3	134.0	138.6	79.5	72.1	67.4	71.8	65.3	66.8
5-9岁	Age 5-9	178.8	150.4	148.6	92.4	77.8	75.1	86.4	71.3	74.4
10-14岁	Age 10-14	233.8	164.8	163.0	121.1	87.8	84.7	112.7	81.3	80.1
15-19岁	Age 15-19	280.4	189.5	193.1	144.8	114.6	96.3	135.6	110.5	91.6
20-24岁	Age 20-24	234.5	221.7	241.0	117.7	166.6	111.7	116.8	165.4	110.7
25-29岁	Age 25-29	276.6	258.8	254.1	140.2	142.0	130.9	136.4	139.7	125.9
30-34岁	Age 30-34	388.9	282.2	297.0	196.6	156.6	144.4	192.3	150.0	139.3
35-39岁	Age 35-39	413.3	297.3	349.1	210.5	202.7	152.1	202.8	192.3	146.9
40-44岁	Age 40-44	391.2	425.7	436.4	197.5	206.3	213.7	193.7	194.3	211.8
45-49岁	Age 45-49	324.3	400.1	405.9	163.9	186.7	202.1	160.4	179.9	196.5
50-54岁	Age 50-54	301.8	356.0	316.0	150.4	153.2	182.9	151.4	149.5	173.6
55-59岁	Age 55-59	212.4	320.1	319.6	103.5	132.9	148.2	108.9	135.2	173.6
60-64岁	Age 60-64	142.9	247.0	213.7	68.8	89.3	129.0	74.1	92.8	116.4
65-69岁	Age 65-69	126.4	151.8	130.1	63.0	55.4	75.1	63.4	60.1	78.2
70-74岁	Age 70-74	87.1	109.4	108.8	44.3	47.7	50.1	42.8	49.8	57.2
75-79岁	Age 75-79	47.4	71.5	69.8	25.2	29.8	34.7	22.2	29.5	38.2
80-84岁	Age 80-84	21.4	35.2	33.7	10.2	15.2	17.3	11.2	14.9	17.2
85-89岁	Age 85-89	5.8	13.5	12.2	2.6	5.3	7.7	3.2	5.7	7.6
90岁及以上	Age 90 and Over	1.7	4.0	4.2	0.7	1.7	1.9	1.0	2.1	1.9
构成(%)	**Composition(%)**									
总 计	**Total**	**100.0**	**100.0**	**100.0**	**100.0**	**100.0**	**100.0**	**100.0**	**100.0**	**100.0**
0-4岁	Age 0-4	4.0	3.5	3.6	4.1	3.7	3.5	3.8	3.5	3.5
5-9岁	Age 5-9	4.7	3.9	3.9	4.8	4.0	3.9	4.6	3.8	3.9
10-14岁	Age 10-14	6.1	4.3	4.3	6.2	4.5	4.4	6.0	4.3	4.2
15-19岁	Age 15-19	7.3	4.9	5.0	7.5	5.9	5.0	7.2	5.8	4.8
20-24岁	Age 20-24	6.1	5.8	6.3	6.1	8.6	5.8	6.2	8.8	5.8
25-29岁	Age 25-29	7.3	6.7	6.6	7.2	7.3	6.8	7.2	7.4	6.6
30-34岁	Age 30-34	10.2	7.4	7.7	10.2	8.1	7.5	10.2	7.9	7.3
35-39岁	Age 35-39	10.8	7.8	9.1	10.9	10.4	7.9	10.7	10.2	7.7
40-44岁	Age 40-44	10.2	11.1	11.4	10.2	10.6	11.1	10.2	10.3	11.1
45-49岁	Age 45-49	8.5	10.4	10.6	8.5	9.6	10.5	8.5	9.5	10.3
50-54岁	Age 50-54	7.9	9.3	8.2	7.8	7.9	9.5	8.0	7.9	9.1
55-59岁	Age 55-59	5.6	8.4	8.3	5.4	6.8	7.7	5.8	7.2	9.1
60-64岁	Age 60-64	3.7	6.4	5.6	3.6	4.6	6.7	3.9	4.9	6.1
65-69岁	Age 65-69	3.3	4.0	3.4	3.3	2.8	3.9	3.4	3.2	4.1
70-74岁	Age 70-74	2.3	2.8	2.8	2.3	2.5	2.6	2.2	2.6	3.0
75-79岁	Age 75-79	1.2	1.9	1.8	1.3	1.5	1.8	1.2	1.6	2.0
80-84岁	Age 80-84	0.6	0.9	0.9	0.5	0.8	0.9	0.6	0.8	0.9
85-89岁	Age 85-89	0.2	0.4	0.3	0.1	0.3	0.4	0.2	0.3	0.4
90岁及以上	Age 90 and Over		0.1	0.1		0.1	0.1	0.1	0.1	0.1

2-6 分地区年末人口数(2014年)

POPULATION AT YEAR-END BY REGION (2014)

单位：万人，% (10000 persons,%)

地区	Region	年底总户数(户) Total Households (household)	总人口 Total Population	按性别分 By Sex 男 Male 人口数 Population	比重 Population	女 Female 人口数 Population	比重 Population	非农业人口 Non-agricultural Population 人口数 Population	比重 Population	农业人口 Agricultural Population 人口数 Population	比重 Population
全省	Total	14901691	3747.0	1891.1	50.5	1855.9	49.5	1841.7	49.2	1905.3	50.8
哈尔滨	Harbin	3893041	987.3	496.0	50.2	491.3	49.8	481.3	48.8	506.0	51.2
齐齐哈尔	Qiqihar	2104355	553.2	280.3	50.7	272.9	49.3	196.5	35.5	356.8	64.5
鸡西	Jixi	770640	183.6	92.2	50.2	91.4	49.8	117.6	64.1	66.0	35.9
鹤岗	Hegang	509782	107.0	53.4	49.9	53.6	50.1	86.6	80.9	20.4	19.1
双鸭山	Shuangyashan	637536	149.0	74.9	50.3	74.0	49.7	95.8	64.3	53.2	35.7
大庆	Daqing	1066271	278.0	139.0	50.0	139.0	50.0	145.7	52.4	132.3	47.6
伊春	Yichun	537975	122.9	61.3	49.8	61.7	50.2	106.9	87.0	16.0	13.0
佳木斯	Jiamusi	935837	232.9	117.7	50.6	115.1	49.4	117.7	50.6	115.1	49.4
七台河	Qitaihe	329961	88.2	45.4	51.4	42.9	48.6	51.9	58.8	36.3	41.2
牡丹江	Mudanjiang	1007739	256.6	128.7	50.2	127.9	49.8	141.9	55.3	114.7	44.7
黑河	Heihe	713373	169.7	85.7	50.5	84.0	49.5	98.3	57.9	71.4	42.1
绥化	Suihua	2126382	553.2	283.1	51.2	270.1	48.8	147.1	26.6	406.1	73.4
大兴安岭	Daxinganling	205455	49.9	25.4	50.9	24.5	49.1	43.2	86.7	6.7	13.3
绥芬河	Suifenhe	28575	7.0	3.5	50.0	3.5	50.0	5.8	83.9	1.1	16.1
抚远	Fuyuan	34769	8.5	4.4	51.1	4.2	48.9	5.3	61.8	3.3	38.2

注：本表根据公安年报计算。
Note: Data in this table are calculated in accordance with police annual report forms.

2-7 分地区城镇登记失业人员及失业率

REGISTERED UNEMPLOYED PERSONS AND UNEMPLOYMENT RATE IN URBAN AREA BY REGION

地区	Region	失业人员(万人) Unemployed Persons (10000 persons)				失业率(%) Unemployment Rate(%)			
		2011	2012	2013	2014	2011	2012	2013	2014
全省	Total	35.03	41.26	41.37	39.85	4.38	4.15	4.43	4.47
哈尔滨	Harbin	7.99	9.57	9.51	8.83	3.02	3.39	3.62	3.72
齐齐哈尔	Qiqihar	3.37	3.51	3.55	3.91	3.73	3.69	3.70	4.10
鸡西	Jixi	1.91	2.23	2.18	1.57	4.29	4.06	4.06	4.09
鹤岗	Hegang	2.03	1.66	1.68	1.44	3.90	3.91	4.11	4.11
双鸭山	Shuangyashan	0.95	1.24	1.05	1.11	3.67	3.72	3.71	4.00
大庆	Daqing	3.13	4.05	3.85	3.98	3.89	4.07	4.08	4.22
伊春	Yichun	2.08	2.23	2.26	2.23	4.10	4.17	4.24	4.19
佳木斯	Jiamusi	1.59	1.87	1.99	1.94	4.16	4.16	4.30	4.17
七台河	Qitaihe	0.67	0.77	0.75	0.80	3.50	3.97	4.00	4.21
牡丹江	Mudanjiang	1.78	1.78	2.10	2.02	3.36	2.98	3.49	3.39
黑河	Heihe	0.75	0.98	1.01	0.96	3.60	3.76	3.70	3.72
绥化	Suihua	1.30	2.13	1.96	1.98	3.50	3.72	3.63	3.69
大兴安岭	Daxinganling	0.45	0.50	0.48	0.59	3.12	3.40	3.24	3.87
绥芬河	Suifenhe	0.14	0.14	0.12	0.06	3.20	3.89	3.14	2.04
抚远	Fuyuan		0.09	0.09	0.09		4.12	4.29	4.30

2-8　分地区年末按登记注册类型分城镇非私营单位就业人数

NUMBER OF EMPLOYMENT IN URBAN NON-PRIVATE UNITS AT YEAR-END BY REGISTRATION STATUS

单位：人 (person)

年份 地区	Year Region	城镇单位就业人数 Number of Urban Employed Persons	国有单位 State-owned Units	集体单位 Urban Collective-owned Units	其他单位 Units of Other Types of Ownership	内资 Domestic Funded Units	股份合作 Cooperative Units
	2012	6296632	3354237	153364	1202233	1090386	83149
	2013	6266144	2919007	158145	1597193	1435236	70516
	2014	4508828	2770991	147269	1590568	1433065	57611
哈尔滨	Harbin	1249375	649761	66812	532802	447600	48964
齐齐哈尔	Qiqihar	316660	167978	16872	131810	119149	591
鸡西	Jixi	178410	86924	4487	86999	82915	180
鹤岗	Hegang	135668	62430	6224	67014	65835	211
双鸭山	Shuangyashan	151355	71969	2862	76524	76140	2197
大庆	Daqing	530564	259834	12101	258629	245468	1930
伊春	Yichun	183800	148832	8020	26948	24073	773
佳木斯	Jiamusi	177677	115664	7103	54910	49507	608
七台河	Qitaihe	126236	39421	4016	82799	81929	17
牡丹江	Mudanjiang	245485	142020	6578	96887	84212	122
黑河	Heihe	122446	96119	2042	24285	22311	206
绥化	Suihua	279675	182376	8549	88750	79863	837
大兴安岭	Daxinganling	83675	73855	554	9266	7964	115
农垦总局	ARB	545201	495713	649	48839	42200	823
绥芬河	Suifenhe	11140	7139	221	3780	3573	29
抚远	Fuyuan	7197	6692	179	326	326	8
哈尔滨铁路局	Haerbin Railway Bureau	164264	164264				

2-8 续表　CONTINUED

单位：人 (person)

年份 地区	Year Region	联营 Joint Ownership Units	有限责任公司 Limited Liability Corporations	股份有限公司 Share-Holding Corporations Ltd.	其他 Others	港澳台商投资 Units of Funds from Hong Kong, Macao & Taiwan	外商投资 Foreign Funded Units
	2012	8336	711175	281302	6424	37373	74474
	2013	4145	1046255	305320	9000	52854	109103
	2014	4354	1059309	304826	6965	51198	106305
哈尔滨	Harbin	4046	301951	91231	1408	25446	59756
齐齐哈尔	Qiqihar	30	85807	32094	627	5695	6966
鸡西	Jixi		73457	9160	118	3763	321
鹤岗	Hegang		61220	3943	461	449	730
双鸭山	Shuangyashan	129	23360	50533	50	384	
大庆	Daqing		198395	44559	584	5807	7354
伊春	Yichun		18539	4613	19	1450	1425
佳木斯	Jiamusi		34283	13925	691	1911	3492
七台河	Qitaihe		76833	5079		820	50
牡丹江	Mudanjiang		61594	22136	360	4209	8466
黑河	Heihe		16105	5818	182	561	1413
绥化	Suihua	63	67334	11295	334	514	8373
大兴安岭	Daxinganling		5584	2265			1302
农垦总局	ARB		32108	7164	2068	181	6458
绥芬河	Suifenhe	37	2550	931	63	8	199
抚远	Fuyuan	49	189	80			
哈尔滨铁路局	Haerbin Railway Bureau						

2-9 分地区年末城镇非私营单位就业人数

NUMBER OF EMPLOYMENT IN URBAN NON-PRIVATE UNITS AT YEAR-END BY REGION

单位：人 (person)

年 份 地 区	Year Region	总 计 Total	农、林、牧、渔业 Agriculture, Forestry, Animal Husbandry and Fishery	采矿业 Mining	制造业 Manufa-cturing	电力、热力、燃气及水的生产和供应业 Production and Supply of Electric, heat, Gas and Water	建筑业 Construction
2012		4709834	932627	413269	633458	157331	356205
2013		4674345	798383	323312	653326	181815	369628
2014		4508828	710984	359280	613082	180839	338497
哈 尔 滨	Harbin	1249375	39564	4719	260303	71473	123073
齐齐哈尔	Qiqihar	316660	4600	245	82109	13886	19411
鸡 西	Jixi	178410	12362	58377	9136	6270	12578
鹤 岗	Hegang	135668	9199	52531	12363	3110	7851
双 鸭 山	Shuangyashan	151355	6169	44448	7929	6836	9224
大 庆	Daqing	530564	3375	119654	69909	30763	53672
伊 春	Yichun	183800	94601	799	23003	4890	4939
佳 木 斯	Jiamusi	177677	20872	500	16484	6466	24370
七 台 河	Qitaihe	126236	4458	67492	7934	2260	3810
牡 丹 江	Mudanjiang	245485	37802	2900	38767	10253	23884
黑 河	Heihe	122446	26850	1312	6704	6082	5297
绥 化	Suihua	279675	13174	3466	47022	8336	26730
大兴安岭	Daxinganling	83675	46361	2306	2062	2520	2767
农垦总局	ARB	545201	389467	531	27395	7064	7033
绥 芬 河	Suifenhe	11140	93		943	459	317
抚 远	Fuyuan	7197	1460		4	171	
哈尔滨铁路局	Haerbin Railway Bureau	164264	577		1015		13541

2-9 续表1 CONTINUED

单位：人 (person)

年 份 地 区	Year Region	批发和零售业 Wholesale and Retail Trades	交通运输仓储和邮政业 Transport, Storage and Post	住宿和餐饮业 Hotels and Catering Services	信息传输、软件和信息技术服务业 Information Transmission, Software and IT Softwares	金融业 Financial Intermediation	房地产业 Real Estate	租赁和商务服务业 Leasing and Business Services
2012		159010	256089	45601	61105	160117	58534	48877
2013		196718	280624	109287	70793	159208	60212	59092
2014		187562	277461	45246	76385	169005	60346	62055
哈 尔 滨	Harbin	87528	50199	28071	35709	54771	25993	33486
齐齐哈尔	Qiqihar	10849	13621	562	5256	18053	5073	5899
鸡 西	Jixi	5313	6724	367	2348	8977	1594	256
鹤 岗	Hegang	3725	3056	358	1199	4558	1398	37
双 鸭 山	Shuangyashan	4109	6852	385	2279	5758	1687	2987
大 庆	Daqing	19243	15259	2723	7383	16230	9268	692
伊 春	Yichun	1828	4005	612	2574	4811	1080	655
佳 木 斯	Jiamusi	10483	8172	981	3235	8238	1618	962
七 台 河	Qitaihe	1219	3094	94	1090	4412	730	511
牡 丹 江	Mudanjiang	10105	7628	1924	3506	18538	3848	7183
黑 河	Heihe	3949	7521	800	2582	5684	1010	682
绥 化	Suihua	13832	12161	889	4362	10148	4567	1518
大兴安岭	Daxinganling	1177	1670	543	1370	2668	377	893
农垦总局	ARB	11811	4825	1930	3248	5053	1382	3599
绥 芬 河	Suifenhe	472	536	133	137	876	513	186
抚 远	Fuyuan	238	318	48		172	101	40
哈尔滨铁路局	Haerbin Railway Bureau	1681	131820	4826	107	58	107	2469

2-9 续表2　CONTINUED

单位：人　　　　(person)

年　份 地　区	Year Region	科学研究和技术服务业 Scientific Research and Technical Service	水利、环境和公共设施管理业 Management of Water Conservancy, Environment and Public Facilities	居民服务、修理和其他服务业 Services to Households Repair and Other Services	教　育 Education	卫生和社会工作 Health and Social Services	文化、体育和娱乐业 Culture, Sports and Entertainment	公共管理、社会保障和社会组织 Public Management Social Security and Social Organization
2012		118926	102162	43857	469553	209837	42390	440886
2013		111528	104330	46290	450369	223051	45595	430784
2014		115422	101503	42642	453708	225950	40981	447880
哈尔滨	Harbin	40250	32299	7396	154509	71810	15795	112427
齐齐哈尔	Qiqihar	6194	11329	645	45997	26804	3609	42518
鸡　西	Jixi	1066	4199	317	16491	6092	1876	24067
鹤　岗	Hegang	512	3085	177	9082	8403	1259	13765
双鸭山	Shuangyashan	1239	4103	240	13969	5513	1582	26046
大　庆	Daqing	47190	5069	25182	41576	21345	5526	36505
伊　春	Yichun	1646	2632	120	12832	7007	1035	14731
佳木斯	Jiamusi	2855	4439	411	24299	12475	1544	29273
七台河	Qitaihe	1387	2150	164	7728	4910	734	12059
牡丹江	Mudanjiang	3014	4284	222	26752	16213	2329	26333
黑　河	Heihe	1574	4324	279	13928	7855	1450	24563
绥　化	Suihua	3595	6657	777	53543	17912	2285	48701
大兴安岭	Daxinganling	1109	1485	19	4650	1915	695	9088
农垦总局	ARB	2327	14563	1020	25003	16177	678	22095
绥芬河	Suifenhe	122	525		1388	804	106	3530
抚　远	Fuyuan	39	360		1506	417	144	2179
哈尔滨铁路局	Haerbin Railway Bureau	1303		5673	455	298	334	

2-10 分地区年末国有单位就业人数

NUMBER OF EMPLOYMENT IN STATE-OWNED UNITS AT YEAR-END BY REGION

单位：人　　　　(person)

年　份 地　区	Year Region	总　计 Total	农、林、牧、渔业 Agriculture, Forestry, Animal Husbandry and Fishery	采矿业 Mining	制造业 Manufacturing	电力、热力、燃气及水的生产和供应业 Production and Supply of Electric, heat, Gas and Water	建筑业 Construction	批发和零售业 Wholesale and Retail Trades
2012		3354237	923644	184829	145416	113756	142808	57246
2013		2919007	790212	11744	70486	89916	96218	53685
2014		2770991	702780	9331	63476	86450	88314	46677
哈尔滨	Harbin	649761	37463	593	40866	17305	40930	14001
齐齐哈尔	Qiqihar	167978	4584		3462	3356	1218	2290
鸡　西	Jixi	86924	12302	67	1244	2731	6811	1912
鹤　岗	Hegang	62430	8882		8035	1615	692	1843
双鸭山	Shuangyashan	71969	6141	3	107	3622	321	1963
大　庆	Daqing	259834	3224	2548	1581	25491	11671	8272
伊　春	Yichun	148832	94430	172	1591	4212	1597	496
佳木斯	Jiamusi	115664	20795	84	439	3459	3698	1867
七台河	Qitaihe	39421	4458	461		1254	106	477
牡丹江	Mudanjiang	142020	37802	166	939	5367	2587	3371
黑　河	Heihe	96119	21850	128	1573	4291	713	1071
绥　化	Suihua	182376	12891	3036	1572	6092	2834	4936
大兴安岭	Daxinganling	73855	46361	2073	124	2204	372	198
农垦总局	ARB	495713	389467		924	5280	1223	2188
绥芬河	Suifenhe	7139	93					94
抚　远	Fuyuan	6692	1460		4	171		17
哈尔滨铁路局	Haerbin Railway Bureau	164264	577		1015		13541	1681

2-10 续表1 CONTINUED

单位：人 (person)

年 份 地 区	Year Region	交通运输仓储和邮政业 Transport, Storage and Post	住宿和餐饮业 Hotels and Catering Services	信息传输、软件和信息技术服务业 Information Transmission, Software and IT Softwares	金融业 Financial Intermediation	房地产业 Real Estate	租赁和商务服务业 Leasing and Business Services	科学研究和技术服务业 Scientific Research and Technical Service
2012		235375	21634	24755	58142	22451	32865	109663
2013		255329	72907	22082	51414	15017	26177	99043
2014		250879	22073	20135	56488	14570	31374	101157
哈尔滨	Harbin	39055	10397	8056	21934	7286	14068	28881
齐齐哈尔	Qiqihar	10409	189	969	5652	1326	1082	5427
鸡 西	Jixi	5756	130	30	1226	638	227	1052
鹤 岗	Hegang	2194	189	198	2771	709	21	512
双鸭山	Shuangyashan	4916	200	308	1368	535	525	1218
大 庆	Daqing	13559	1786	3964	6920	361	338	46368
伊 春	Yichun	3532	283	421	1984	98	308	1542
佳木斯	Jiamusi	6350	267	531	1867	559	703	2837
七台河	Qitaihe	2156	94	63	813	318	143	1355
牡丹江	Mudanjiang	6351	539	343	1496	338	5660	2518
黑 河	Heihe	7393	230	611	3760	304	526	1509
绥 化	Suihua	10799	548	1267	3460	919	1168	3420
大兴安岭	Daxinganling	1497	427	131	906	209	700	1052
农垦总局	ARB	4536	1904	2999	2077	819	3414	2082
绥芬河	Suifenhe	258	16	137	196		9	50
抚 远	Fuyuan	298	48			44	13	31
哈尔滨铁路局	Haerbin Railway Bureau	131820	4826	107	58	107	2469	1303

2-10 续表2 CONTINUED

单位：人 (person)

年 份 地 区	Year Region	水利、环境和公共设施管理业 Management of Water Conservancy, Environment and Public Facilities	居民服务、修理和其他服务业 Services to Households Repair and Other Services	教 育 Education	卫生和社会工作 Health and Social Services	文化、体育和娱乐业 Culture, Sports and Entertainment	公共管理、社会保障和社会组织 Public Management Social Security and Social Organization
2012		94414	40531	463587	202402	40368	440351
2013		97903	37582	445445	213996	39741	430110
2014		92670	36379	447551	217401	35943	447343
哈尔滨	Harbin	27022	1679	148877	66628	12578	112142
齐齐哈尔	Qiqihar	9947	524	45897	25565	3563	42518
鸡 西	Jixi	4199	263	16491	6020	1876	23949
鹤 岗	Hegang	3085	157	8937	7601	1259	13730
双鸭山	Shuangyashan	3417	216	13969	5512	1582	26046
大 庆	Daqing	4927	25109	41565	20615	5030	36505
伊 春	Yichun	2567	86	12832	6964	986	14731
佳木斯	Jiamusi	4439	343	24299	12475	1448	29204
七台河	Qitaihe	2150	142	7728	4910	734	12059
牡丹江	Mudanjiang	4198	222	26593	16024	1203	26303
黑 河	Heihe	4090	274	13928	7855	1450	24563
绥 化	Suihua	6657	678	53495	17621	2282	48701
大兴安岭	Daxinganling	1234	19	4650	1915	695	9088
农垦总局	ARB	13853	994	25003	16177	678	22095
绥芬河	Suifenhe	525		1326	804	101	3530
抚 远	Fuyuan	360		1506	417	144	2179
哈尔滨铁路局	Haerbin Railway Bureau		5673	455	298	334	

2-11 分地区年末城镇集体单位就业人数

NUMBER OF EMPLOYMENT IN URBAN COLLECTIVE-OWNED UNITS AT YEAR-END BY REGION

单位：人　　　　(person)

年份 地区	Year Region	总计 Total	农、林、牧、渔业 Agriculture, Forestry, Animal Husbandry and Fishery	采矿业 Mining	制造业 Manufacturing	电力、热力、燃气及水的生产和供应业 Production and Supply of Electric, heat, Gas and Water	建筑业 Construction
	2012	153364	1678	13859	40565	1189	37494
	2013	158145	1538	13188	46735	829	33110
	2014	147269	881	7840	48279	888	32932
哈尔滨	Harbin	66812	85	2	24068	231	15047
齐齐哈尔	Qiqihar	16872	1	36	7707	279	1675
鸡西	Jixi	4487	32	164	1084		976
鹤岗	Hegang	6224	317	3447	282		149
双鸭山	Shuangyashan	2862	7		702		660
大庆	Daqing	12101		1447	6123		1133
伊春	Yichun	8020	171	47	6149		711
佳木斯	Jiamusi	7103	77	34	351	247	3284
七台河	Qitaihe	4016		2613	63		447
牡丹江	Mudanjiang	6578		50	552		4456
黑河	Heihe	2042			214		1094
绥化	Suihua	8549	191		860	131	2626
大兴安岭	Daxinganling	554			9		545
农垦总局	ARB	649			115		129
绥芬河	Suifenhe	221					
抚远	Fuyuan	179					

2-11 续表1　CONTINUED

单位：人　　　　(person)

年份 地区	Year Region	批发和零售业 Wholesale and Retail Trades	交通运输仓储和邮政业 Transport, Storage and Post	住宿和餐饮业 Hotels and Catering Services	信息传输、软件和信息技术服务业 Information Transmission, Software and IT Softwares	金融业 Financial Intermediation	房地产业 Real Estate	租赁和商务服务业 Leasing and Business Services
	2012	10153	2750	2636	211	20706	1424	4014
	2013	12578	2147	3521	193	19208	1166	6632
	2014	10150	2008	2346	63	19384	929	5160
哈尔滨	Harbin	4670	1026	2003	15	4483	101	3540
齐齐哈尔	Qiqihar	886	399	47		3856	11	97
鸡西	Jixi	316	185	65		1462		10
鹤岗	Hegang	149	161			1023	12	16
双鸭山	Shuangyashan	212	38				416	178
大庆	Daqing	595	64	15		1614	127	228
伊春	Yichun	108	10	83		605		71
佳木斯	Jiamusi	1349	23			1340		245
七台河	Qitaihe	25	30			438	13	365
牡丹江	Mudanjiang	265	16	10		1097	15	8
黑河	Heihe	162	10	33	48	408	15	51
绥化	Suihua	1413		90		2311	219	339
大兴安岭	Daxinganling							
农垦总局	ARB					405		
绥芬河	Suifenhe		46			170		5
抚远	Fuyuan					172		7

2-11 续表2 CONTINUED

单位：人 (person)

年 份 地 区	Year Region	科学研究和技术服务业 Scientific Research and Technical Service	水利、环境和公共设施管理业 Management of Water Conservancy, Environment and Public Facilities	居民服务、修理和其他服务业 Services to Households Repair and Other Services	教 育 Education	卫生和社会工作 Health and Social Services	文化、体育和娱乐业 Culture, Sports and Entertainment	公共管理、社会保障和社会组织 Public Management Social Security and Social Organization
	2012	1656	3835	1411	2674	6233	341	535
	2013	1677	3493	2863	2483	5928	678	178
	2014	1319	3851	2552	2498	5246	665	278
哈尔滨	Harbin	1279	1866	2441	2442	2901	586	26
齐齐哈尔	Qiqihar		1337	23		518		
鸡 西	Jixi	3				72		118
鹤 岗	Hegang					633		35
双鸭山	Shuangyashan		648			1		
大 庆	Daqing			39		716		
伊 春	Yichun			22		43		
佳木斯	Jiamusi	8					76	69
七台河	Qitaihe			22				
牡丹江	Mudanjiang				8	71		30
黑 河	Heihe	2		5				
绥 化	Suihua	27			48	291	3	
大兴安岭	Daxinganling							
农垦总局	ARB							
绥芬河	Suifenhe							
抚 远	Fuyuan							

2-12 分地区年末城镇其他单位就业人数

NUMBER OF EMPLOYMENT IN URBAN OTHER UNITS AT YEAR-END BY REGION

单位：人 (person)

年 份 地 区	Year Region	总 计 Total	农、林、牧、渔业 Agriculture, Forestry, Animal Husbandry and Fishery	采矿业 Mining	制造业 Manufacturing	电力、热力、燃气及水的生产和供应业 Production and Supply of Electric, heat, Gas and Water	建筑业 Construction	批发和零售业 Wholesale and Retail Trades
	2012	1202233	7305	214581	447477	42386	175903	91611
	2013	1597193	6633	298380	536105	91070	240300	130455
	2014	1590568	7323	342109	501327	93501	217251	130735
哈尔滨	Harbin	532802	2016	4124	195369	53937	67096	68857
齐齐哈尔	Qiqihar	131810	15	209	70940	10251	16518	7673
鸡 西	Jixi	86999	28	58146	6808	3539	4791	3085
鹤 岗	Hegang	67014		49084	4046	1495	7010	1733
双鸭山	Shuangyashan	76524	21	44445	7120	3214	8243	1934
大 庆	Daqing	258629	151	115659	62205	5272	40868	10376
伊 春	Yichun	26948		580	15263	678	2631	1224
佳木斯	Jiamusi	54910		382	15694	2760	17388	7267
七台河	Qitaihe	82799		64418	7871	1006	3257	717
牡丹江	Mudanjiang	96887		2684	37276	4886	16841	6469
黑 河	Heihe	24285	5000	1184	4917	1791	3490	2716
绥 化	Suihua	88750	92	430	44590	2113	21270	7483
大兴安岭	Daxinganling	9266		233	1929	316	1850	979
农垦总局	ARB	48839		531	26356	1784	5681	9623
绥芬河	Suifenhe	3780			943	459	317	378
抚 远	Fuyuan	326						221

2-12 续表1　CONTINUED

单位：人　　　　(person)

年　份 地　区	Year Region	交通运输仓储和邮政业 Transport, Storage and Post	住宿和餐饮业 Hotels and Catering Services	信息传输、软件和信息技术服务业 Information Transmission, Software and IT Softwares	金融业 Financial Intermediation	房地产业 Real Estate	租赁和商务服务业 Leasing and Business Services	科学研究和技术服务业 Scientific Research and Technical Service
2012		17964	21331	36139	81269	34659	11998	7607
2013		23148	32859	48518	88586	44029	26283	10808
2014		24574	20827	56187	93133	44847	25521	12946
哈 尔 滨	Harbin	10118	15671	27638	28354	18606	15878	10090
齐齐哈尔	Qiqihar	2813	326	4287	8545	3736	4720	767
鸡　　西	Jixi	783	172	2318	6289	956	19	11
鹤　　岗	Hegang	701	169	1001	764	677		
双 鸭 山	Shuangyashan	1898	185	1971	4390	736	2284	21
大　　庆	Daqing	1636	922	3419	7696	8780	126	822
伊　　春	Yichun	463	246	2153	2222	982	276	104
佳 木 斯	Jiamusi	1799	714	2704	5031	1059	14	10
七 台 河	Qitaihe	908		1027	3161	399	3	32
牡 丹 江	Mudanjiang	1261	1375	3163	15945	3495	1515	496
黑　　河	Heihe	118	537	1923	1516	691	105	63
绥　　化	Suihua	1362	251	3095	4377	3429	11	148
大兴安岭	Daxinganling	173	116	1239	1762	168	193	57
农垦总局	ARB	289	26	249	2571	563	185	245
绥 芬 河	Suifenhe	232	117		510	513	172	72
抚　　远	Fuyuan	20				57	20	8

2-12 续表2　CONTINUED

单位：人　　　　(person)

年　份 地　区	Year Region	水利、环境和公共设施管理业 Management of Water Conservancy, Environment and Public Facilities	居民服务、修理和其他服务业 Services to Households Repair and Other Services	教　育 Education	卫生和社会工作 Health and Social Services	文化、体育和娱乐业 Culture, Sports and Entertainment	公共管理、社会保障和社会组织 Public Management Social Security and Social Organization
2012		3913	1915	3292	1202	1681	
2013		2934	5845	2441	3127	5176	496
2014		4982	3711	3659	3303	4373	259
哈 尔 滨	Harbin	3411	3276	3190	2281	2631	259
齐齐哈尔	Qiqihar	45	98	100	721	46	
鸡　　西	Jixi		54				
鹤　　岗	Hegang		20	145	169		
双 鸭 山	Shuangyashan	38	24				
大　　庆	Daqing	142	34	11	14	496	
伊　　春	Yichun	65	12			49	
佳 木 斯	Jiamusi		68			20	
七 台 河	Qitaihe						
牡 丹 江	Mudanjiang	86		151	118	1126	
黑　　河	Heihe	234					
绥　　化	Suihua		99				
大兴安岭	Daxinganling	251					
农垦总局	ARB	710	26				
绥 芬 河	Suifenhe			62			5
抚　　远	Fuyuan						

2-13 年末分行业女性单位就业人员(2014年，不含私营单位)

NUMBER OF FEMALE EMPLOYED PERSONS AT YEAR-END BY SCTOR (2014，Excluding Private)

行　业	Sectors	女性单位就业人员（万人）Number of Female Employed Persons (10000 persons)	占单位就业人员比重（%）Proportion of Female Employed Persons to Total (%)
总　计	**Total**	**1603359**	**35.6**
农、林、牧、渔业	Agriculture, Forestry, Animal Husbandry and Fishery	255776	36.0
采矿业	Mining	77098	21.5
制造业	Manufacturing	200436	32.7
电力、热力、燃气及水的生产和供应业	Production and Supply of Electric,Heat,Gas and Water	49019	27.1
建筑业	Construction	58295	17.2
批发和零售业	Wholesale and Retail Trade	84722	45.2
交通运输、仓储及邮政业	Transport, Storage and Post	63455	22.9
住宿和餐饮业	Hotels and Catering Services	23069	51.0
信息传输、软件和信息技术服务业	Information Transmission, Software and IT Services	31079	40.7
金融业	Financial Intermediation	76733	45.4
房地产业	Real Estate	21345	35.4
租赁和商务服务业	Leasing and Business Services	21480	34.6
科学研究和技术服务业	Scientific Research and Technical Services	31919	27.7
水利、环境和公共设施管理业	Management of Water Conservancy, Environment and Public Facilities	36270	35.7
居民服务、修理和其他服务业	Services to Households,Repair and Other Services	20130	47.2
教　育	Education	254556	56.1
卫生、社会工作	Health and Social Work	140864	62.3
文化、体育和娱乐业	Culture, Sports and Entertainment	17689	43.2
公共管理、社会保障和社会组织	Public Management,Social Securities and Social Organization	139424	31.1
国际组织	International Organizations		

2-14 按行业分城镇非私营单位就业人员劳动报酬总额

TOTAL LABOR REMUNERATION OF EMPLOYED PERSONS IN URBAN NON-PRIVATE UNITS BY SECTOR

单位：亿元、万元 (100 million yuan, 10000 yuan)

年份 地区	Year Region	总计 Total	农、林、牧、渔业 Agriculture, Forestry, Animal Husbandry and Fishery	采矿业 Mining	制造业 Manufacturing	电力、热力、燃气及水的生产和供应业 Production and Supply of Electric, heat, Gas and Water	建筑业 Construction	批发和零售业 Wholesale and Retail Trades
2012		1732.6	186.8	204.3	235.4	73.1	144.2	52.7
2013		1944.5	188.4	185.1	262.3	99.5	180.3	74.0
2014		2033.1	186.0	200.5	266.4	105.6	167.3	75.8
哈尔滨	Harbin	6362618	94483	19694	1235330	514439	692499	386085
齐齐哈尔	Qiqihar	1262761	11160	847	314959	59381	67895	37053
鸡西	Jixi	721353	33266	260803	28977	25567	39235	18336
鹤岗	Hegang	525314	14836	220018	35308	14802	29280	12680
双鸭山	Shuangyashan	554369	16795	157809	33472	30842	27378	14002
大庆	Daqing	3449968	8247	1064500	449344	192168	264351	75253
伊春	Yichun	489496	158421	4112	69872	14077	19829	6540
佳木斯	Jiamusi	732568	40162	1149	61656	34723	108560	35678
七台河	Qitaihe	463819	9902	228131	22583	12208	12429	6102
牡丹江	Mudanjiang	1024559	89121	12919	134773	63515	124746	47533
黑河	Heihe	449124	49891	5983	20612	32325	15409	12048
绥化	Suihua	931543	20772	20091	147293	26548	95679	37131
大兴安岭	Daxinganling	285489	118375	7965	5848	6436	11873	4749
农垦总局	ARB	1801649	1186409	1049	94408	26383	76968	50321
绥芬河	Suifenhe	50392.1	242		2880	1525	923	2370
抚远	Fuyuan	27780.9	3409		7	554		570
哈尔滨铁路局	Haerbin Railway Bureau	1197861	4145		6527		85832	11773

2-14 续表1 CONTINUED

单位：亿元、万元 (100 million yuan, 10000 yuan)

年份 地区	Year Region	交通运输仓储和邮政业 Transport, Storage and Post	住宿和餐饮业 Hotels and Catering Services	信息传输、软件和信息技术服务业 Information Transmission, Software and IT Softwares	金融业 Financial Intermediation	房地产业 Real Estate	租赁和商务服务业 Leasing and Business Services	科学研究和技术服务业 Scientific Research and Technical Service
2012		113.7	13.9	30.7	87.8	18.4	18.1	66.2
2013		140.0	16.7	39.2	89.3	22.7	23.6	67.7
2014		157.8	17.8	45.3	97.0	24.7	24.4	72.2
哈尔滨	Harbin	222057	115233	232060	361420	127813	149360	230008
齐齐哈尔	Qiqihar	49985	1233	28079	88681	18215	19505	28579
鸡西	Jixi	28037	701	12816	45064	5286	758	4023
鹤岗	Hegang	12405	765	6687	30482	4469	124	2037
双鸭山	Shuangyashan	18814	1008	10594	38348	5450	5308	5694
大庆	Daqing	82314	9747	49107	88780	35453	2288	360575
伊春	Yichun	15137	1456	13689	30618	2889	1429	7210
佳木斯	Jiamusi	25843	2410	16360	46532	5786	3752	14552
七台河	Qitaihe	11103	249	6415	25740	2732	1423	5641
牡丹江	Mudanjiang	37004	5173	20220	86655	12969	18582	15848
黑河	Heihe	23823	1887	12648	35100	4846	2245	6976
绥化	Suihua	39237	2047	19486	40032	13235	4030	12444
大兴安岭	Daxinganling	7019	1386	7989	17321	1051	4403	5294
农垦总局	ARB	13382	5224	15400	26088	3951	14476	12345
绥芬河	Suifenhe	2232.1	495	537	5951	1498	423	471
抚远	Fuyuan	1286.7	94		2157	260	116	151
哈尔滨铁路局	Haerbin Railway Bureau	988243	28643	1143	644	1011	15991	10640

2-14 续表2 CONTINUED

单位：亿元、万元 (100 million yuan, 10000 yuan)

年 份 地 区	Year Region	水利、环境和公共设施管理业 Management of Water Conservancy, Environment and Public Facilities	居民服务、修理和其他服务业 Services to Households Repair and Other Services	教 育 Education	卫生和社会工作 Health and Social Services	文化、体育和娱乐业 Culture, Sports and Entertainment	公共管理、社会保障和社会组织 Public Management Social Security and Social Organization
2012		24.3	19.0	185.9	82.6	15.3	160.2
2013		27.3	23.1	194.5	95.4	17.8	167.5
2014		28.9	23.0	223.7	106.7	17.6	192.4
哈尔滨	Harbin	109380	37912	856170	387772	74624	516281
齐齐哈尔	Qiqihar	30948	2165	205343	112314	12852	173568
鸡 西	Jixi	9523	1193	75890	27926	7259	96693
鹤 岗	Hegang	8273	711	40105	30205	4896	57232
双鸭山	Shuangyashan	10357	941	61729	20434	5975	89419
大 庆	Daqing	21977	144183	236278	129531	24545	211327
伊 春	Yichun	6764	352	50851	24439	4059	57753
佳木斯	Jiamusi	13199	1583	126348	60841	6154	127282
七台河	Qitaihe	5443	422	38835	21180	2927	50355
牡丹江	Mudanjiang	13646	912	133726	72622	8449	126145
黑 河	Heihe	10944	787	68525	32844	6248	105985
绥 化	Suihua	18011	2193	199546	65018	6766	161984
大兴安岭	Daxinganling	3632	78	23097	10227	3160	45586
农垦总局	ARB	24078	2068	102713	63886	3888	78611
绥芬河	Suifenhe	1484.8		7410	4106	528	17318
抚 远	Fuyuan	1049.8		6983	1602	626	8916
哈尔滨铁路局	Haerbin Railway Bureau		34416	3722	2255	2877	

2-15 分地区城镇非私营单位就业人员平均工资

AVERAGE WAGE OF EMPLOYED PERSONS IN URBAN NON-PRIVATE UNITS BY REGION

单位：元 (yuan)

年 份 地 区	Year Region	总 计 Total	农、林、牧、渔业 Agriculture, Forestry, Animal Husbandry and Fishery	采矿业 Mining	制造业 Manufacturing	电力、热力、燃气及水的生产和供应业 Production and Supply of Electric, heat, Gas and Water	建筑业 Construction
2012		36406	20830	49530	36787	46604	32089
2013		40794	23793	58079	39668	54355	36581
2014		44036	25816	56472	43254	58221	37389
哈尔滨	Harbin	49212	25782	35886	47790	71380	39641
齐齐哈尔	Qiqihar	39328	24297	35017	37945	42952	28794
鸡 西	Jixi	39521	26800	42655	30895	40055	29238
鹤 岗	Hegang	38713	16732	42248	28308	49062	34779
双鸭山	Shuangyashan	36527	28227	34212	40469	46220	33556
大 庆	Daqing	64963	24924	89154	64619	62032	47116
伊 春	Yichun	27111	17794	51459	29125	30015	30390
佳木斯	Jiamusi	38731	19381	24092	36168	53199	30794
七台河	Qitaihe	39327	21912	38440	28590	54428	34679
牡丹江	Mudanjiang	39787	27692	46860	34312	61833	29569
黑 河	Heihe	36671	18889	46055	31459	53114	30032
绥 化	Suihua	32911	18543	60045	30741	32254	30144
大兴安岭	Daxinganling	34647	26635	39488	27024	25909	32872
农垦总局	ARB	30884	28389	19504	34053	36751	37109
绥芬河	Suifenhe	45077	25968		30866	33150	24236
抚 远	Fuyuan	38789	23175		18500	32386	
哈尔滨铁路局	Haerbin Railway Bureau	71729	70256		54167		61763

2-15 续表1 CONTINUED

单位：元 (yuan)

年 份 地 区	Year Region	批发和零售业 Wholesale and Retail Trades	交通运输仓储和邮政业 Transport, Storage and Post	住宿和餐饮业 Hotels and Catering Services	信息传输、软件和信息技术服务业 Information Transmission, Software and IT Softwares	金融业 Financial Intermediation	房地产业 Real Estate	租赁和商务服务业 Leasing and Business Services
2012		33028	44616	30504	50042	55849	31379	36599
2013		38346	50817	43308	55780	57385	36849	38722
2014		41480	56406	39387	59055	58112	40002	39918
哈 尔 滨	Harbin	44811	43968	41400	64865	67215	49349	45482
齐齐哈尔	Qiqihar	34481	36574	21947	52839	49297	35562	33945
鸡 西	Jixi	34267	41482	18984	54373	51035	33164	29613
鹤 岗	Hegang	33769	40105	21486	55636	66817	31118	33486
双 鸭 山	Shuangyashan	33577	27889	26387	46362	64985	31962	17345
大 庆	Daqing	44204	53603	37781	66343	57001	36915	33701
伊 春	Yichun	35601	37872	23182	51772	63642	28659	21647
佳 木 斯	Jiamusi	34524	31799	24150	49396	56573	35045	37822
七 台 河	Qitaihe	49976	36037	27656	58423	58474	36572	28063
牡 丹 江	Mudanjiang	46895	47296	27140	57280	47503	32708	28249
黑 河	Heihe	30616	31591	22655	48628	62644	25927	32864
绥 化	Suihua	26916	32212	22346	44528	39475	27893	26673
大兴安岭	Daxinganling	40007	41534	26292	58145	65412	27886	49199
农垦总局	ARB	46893	28358	25359	47662	51670	30648	37406
绥 芬 河	Suifenhe	50000	41721	30906	39161	68243	29718	22615
抚 远	Fuyuan	23767	40462	19625		125395	24790	28925
哈尔滨铁路局	Haerbin Railway Bureau	69334	73967	58694	105861	107250	96305	60593

2-15 续表2 CONTINUED

单位：元 (yuan)

年 份 地 区	Year Region	科学研究和技术服务业 Scientific Research and Technical Service	水利、环境和公共设施管理业 Management of Water Conservancy, Environment and Public Facilities	居民服务、修理和其他服务业 Services to Households Repair and Other Services	教 育 Education	卫生和社会工作 Health and Social Services	文化、体育和娱乐业 Culture, Sports and Entertainment	公共管理、社会保障和社会组织 Public Management Social Security and Social Organization
2012		57107	23666	42918	39994	39712	36117	36472
2013		60617	26855	49320	43379	43194	39726	39335
2014		62073	28993	52333	49503	47659	43083	43143
哈 尔 滨	Harbin	57512	33773	48995	55856	54332	47389	46007
齐齐哈尔	Qiqihar	46081	27473	33409	44619	42253	36846	40848
鸡 西	Jixi	37558	22491	37628	46094	45939	36847	40059
鹤 岗	Hegang	39789	26131	40164	44149	35817	38890	41565
双 鸭 山	Shuangyashan	45051	25777	39204	44158	37632	38427	34584
大 庆	Daqing	74800	41411	55325	56974	62334	45203	58278
伊 春	Yichun	43856	25855	29367	39632	35164	39025	39205
佳 木 斯	Jiamusi	50755	29647	38511	51710	48696	39778	43481
七 台 河	Qitaihe	38773	25282	25701	50226	43312	39392	41743
牡 丹 江	Mudanjiang	53360	31721	41436	49961	45253	36419	48469
黑 河	Heihe	43984	25587	28715	49278	41962	42853	43082
绥 化	Suihua	34064	27080	28258	37347	36345	29598	33564
大兴安岭	Daxinganling	47826	24539	38800	49227	53211	44702	50354
农垦总局	ARB	52825	19372	20452	41914	40606	57345	36340
绥 芬 河	Suifenhe	41325	29114		53503	51717	49764	49004
抚 远	Fuyuan	38821	31620		46182	39156	42842	41372
哈尔滨铁路局	Haerbin Railway Bureau	77440		59791	82168	76687	86654	

2-16 城镇非私营单位就业人员平均工资(2014年)

AVERAGE WAGE OF EMPLOYED PERSONS IN URBAN NON-PRIVATE UNITS (2014)

单位：元 (yuan)

行业	Sectors	全部单位 Total	国有单位 State-owned Units	集体单位 Urban Collective-owned Units	其他单位 Others
总计	**Total**	**44036**	**42794**	**37740**	**46776**
按隶属关系分组	**Grouped by Jurisdiction of Management**				
中央	Central		55045		
省	Provincial		40354		
地区	Prefectural (Cities at Prefectural level)		46169		
县及县以下	County and Under County level		38927		
其他	Others		45570		
按企业、事业、机关分组	**Grouped by Enterprises,Institutions and Agencies**				
企业	Enterprises	43951	41426	37847	46778
#地方	#Local		36906		
事业	Institutions	44424	44502	36387	64651
#地方	#Local		42436		
机关	Agencies & Organizations	43821	43860	32269	19158
#地方	#Local		43369		
按行业分组	Grouped by Sector				
农、林、牧、渔业	Agriculture, Forestry, Animal Husbandry and Fishery	25816	25862	23913	21506
采矿业	Mining	56472	45310	46419	56996
制造业	Manufacturing	43254	51557	36207	42868
电力、热力、燃气及水的生产和供应业	Production and Supply of Electric,Heat,Gas and Water	58221	50904	45483	65089
建筑业	Construction	37389	38150	34562	37677
批发和零售业	Wholesale and Retail Trade	41480	50711	26941	39436
交通运输、仓储及邮政业	Transport, Storage and Post	56406	57840	31064	43606
住宿和餐饮业	Hotels and Catering Services	39387	44781	44848	32995
信息传输、软件和信息技术服务业	Information Transmission, Software and IT Services	59055	57864	31175	59511
金融业	Financial Intermediation	58112	67957	52725	53138
房地产业	Real Estate	40002	40097	25945	40257
租赁和商务服务业	Leasing and Business Services	39918	36521	37392	44550
科学研究和技术服务业	Scientific Research and Technical Services	62073	63643	42978	51601
水利、环境和公共设施管理业	Management of Water Conservancy, Environment and Public Facilities	28993	28936	24479	33216
居民服务、修理和其他服务业	Services to Households,Repair and Other Services	52333	53433	49224	44065
教育	Education	49503	49462	45846	57563
卫生、社会工作	Health and Social Services	47659	48034	40067	35322
文化、体育和娱乐业	Culture, Sports and Entertainment	43083	43258	48922	40831
公共管理、社会保障和社会组织	Public Management,Social Security and Social Organization	43143	43156	29081	35726
国际组织	International Organizations				

2-17 分地区国有单位就业人员平均工资

AVERAGE WAGE OF EMPLOYED PERSONS IN STATE-OWNED UNITS BY REGION

单位：元 (yuan)

年 份 地 区	Year Region	总 计 Total	农、林、牧、渔业 Agriculture, Forestry, Animal Husbandry and Fishery	采矿业 Mining	制造业 Manufacturing	电力、热力、燃气及水的生产和供应业 Production and Supply of Electric, heat, Gas and Water	建筑业 Construction	批发和零售业 Wholesale and Retail Trades
2012		36814	20910	60327	44812	48945	36449	39393
2013		39072	23868	40007	43876	47990	38573	44178
2014		42794	25862	45310	51557	50904	38150	50711
哈尔滨	Harbin	49589	24512	28690	60616	56385	37146	59824
齐齐哈尔	Qiqihar	41593	24353		36472	39693	41505	44167
鸡 西	Jixi	37979	26817	36104	31479	28155	32017	26744
鹤 岗	Hegang	36373	16118		31959	31787	26324	39198
双鸭山	Shuangyashan	36435	28220	21333	23379	33435	22833	38356
大 庆	Daqing	59406	25129	56240	60463	61901	32569	54395
伊 春	Yichun	25644	17800	17596	41350	27717	24842	58586
佳木斯	Jiamusi	41094	19419	18464	45390	61799	29576	50224
七台河	Qitaihe	40504	21912	19882		39992	35444	62721
牡丹江	Mudanjiang	43742	27692	42327	29768	76733	30719	70989
黑 河	Heihe	38138	20702	22961	29970	54805	35616	29194
绥 化	Suihua	33620	18434	51772	25851	30394	22678	33260
大兴安岭	Daxinganling	33975	26635	37929	34667	25024	39382	90352
农垦总局	ARB	29799	28389		20739	33137	30186	26942
绥芬河	Suifenhe	50109	25968					95564
抚 远	Fuyuan	37331	23175		18500	32386		33294
哈尔滨铁路局	Haerbin Railway Bureau	71729	70256		54167		61763	69334

2-17 续表1 CONTINUED

单位：元 (yuan)

年 份 地 区	Year Region	交通运输仓储和邮政业 Transport, Storage and Post	住宿和餐饮业 Hotels and Catering Services	信息传输、软件和信息技术服务业 Information Transmission, Software and IT Softwares	金融业 Financial Intermediation	房地产业 Real Estate	租赁和商务服务业 Leasing and Business Services	科学研究和技术服务业 Scientific Research and Technical Service
2012		45456	34203	47875	65325	33821	38762	58468
2013		51796	47305	54993	65784	36493	37095	61761
2014		57840	44781	57864	67957	40097	36521	63643
哈尔滨	Harbin	39992	48625	65631	71875	44797	35858	61453
齐齐哈尔	Qiqihar	36192	22640	43143	69310	40039	39537	44327
鸡 西	Jixi	44733	22000	46833	66719	35500	30335	37587
鹤 岗	Hegang	42124	20374	42367	68498	36213	44714	39789
双鸭山	Shuangyashan	29131	29314	29474	69518	39461	33144	45111
大 庆	Daqing	55157	43623	71246	68129	42425	33411	74250
伊 春	Yichun	39537	23356	40144	76325	42990	25867	44827
佳木斯	Jiamusi	35123	24054	44476	80151	38774	45003	50962
七台河	Qitaihe	35962	27656	62441	75990	38449	40685	38805
牡丹江	Mudanjiang	50772	26786	46757	72409	43778	29904	55926
黑 河	Heihe	31779	20651	37569	68924	28837	33918	44217
绥 化	Suihua	31897	22040	33234	41432	25273	26402	34170
大兴安岭	Daxinganling	43572	25990	28068	68714	27847	56619	48069
农垦总局	ARB	27568	25307	48774	35439	20641	29911	53206
绥芬河	Suifenhe	54008	32438	39161	80318		27000	59600
抚 远	Fuyuan	41164	19625			29114	38846	41097
哈尔滨铁路局	Haerbin Railway Bureau	73967	58694	105861	107250	96305	60593	77440

2-17 续表2 CONTINUED

单位：元 (yuan)

年份 地区	Year Region	水利、环境和公共设施管理业 Management of Water Conservancy, Environment and Public Facilities	居民服务、修理和其他服务业 Services to Households Repair and Other Services	教育 Education	卫生和社会工作 Health and Social Services	文化、体育和娱乐业 Culture, Sports and Entertainment	公共管理、社会保障和社会组织 Public Management Social Security and Social Organization
	2012	23028	44469	40042	39980	36416	36490
	2013	26760	51217	43377	43489	39770	39364
	2014	28936	53433	49462	48034	43258	43156
哈尔滨	Harbin	33218	53043	55908	55338	47072	46035
齐齐哈尔	Qiqihar	29151	34355	44613	42571	36871	40848
鸡西	Jixi	22491	40030	46094	46075	36847	40185
鹤岗	Hegang	26131	41459	44515	36254	38890	41612
双鸭山	Shuangyashan	27355	39556	44158	37634	38427	34584
大庆	Daqing	41897	55409	56984	63315	46785	58278
伊春	Yichun	26091	30593	39632	35212	40373	39205
佳木斯	Jiamusi	29647	41239	51710	48696	40559	43469
七台河	Qitaihe	25282	24930	50226	43312	39392	41743
牡丹江	Mudanjiang	31822	41436	50086	45518	41879	48463
黑河	Heihe	25321	28327	49278	41962	42853	43082
绥化	Suihua	27080	29056	37357	36392	29595	33564
大兴安岭	Daxinganling	25887	38800	49227	53211	44702	50354
农垦总局	ARB	19248	20406	41914	40606	57345	36340
绥芬河	Suifenhe	29114		54470	51717	50723	49004
抚远	Fuyuan	31620		46182	39156	42842	41372
哈尔滨铁路局	Harbin Railway Bureau		59791	82168	76687	86654	

2-18 分地区城镇集体单位就业人员平均工资

AVERAGE WAGE OF EMPLOYED PERSONS IN URBAN COLLECTIVE-OWNED UNITS BY REGION

单位：元 (yuan)

年份 地区	Year Region	总计 Total	农、林、牧、渔业 Agriculture, Forestry, Animal Husbandry and Fishery	采矿业 Mining	制造业 Manufacturing	电力、热力、燃气及水的生产和供应业 Production and Supply of Electric, heat, Gas and Water	建筑业 Construction
	2012	28762	12565	36227	24237	30908	26995
	2013	35819	15662	37757	36004	54607	31823
	2014	37740	23913	46419	36207	45483	34562
哈尔滨	Harbin	41730	36600	24500	36874	64632	41260
齐齐哈尔	Qiqihar	30272	12000	7917	30376	39194	19499
鸡西	Jixi	35285	29000	15796	29331		33870
鹤岗	Hegang	33762	32917	24896	21580		35052
双鸭山	Shuangyashan	24138	27571		24148		28831
大庆	Daqing	59457		106259	62714		31749
伊春	Yichun	24760	15346	65639	24091		29290
佳木斯	Jiamusi	28568	9130	13971	14006	45835	28172
七台河	Qitaihe	40833		43333	21290		32715
牡丹江	Mudanjiang	26295		16960	26623		21846
黑河	Heihe	30548			6341		27175
绥化	Suihua	27039	18660		19389	23305	26443
大兴安岭	Daxinganling	44717			11613		46018
农垦总局	ARB	25666			8271		19457
绥芬河	Suifenhe	76955					
抚远	Fuyuan	121989					

2-18 续表1　CONTINUED

单位：元　　　　(yuan)

年份 地区	Year Region	批发和零售业 Wholesale and Retail Trades	交通运输仓储和邮政业 Transport, Storage and Post	住宿和餐饮业 Hotels and Catering Services	信息传输、软件和信息技术服务业 Information Transmission, Software and IT Softwares	金融业 Financial Intermediation	房地产业 Real Estate	租赁和商务服务业 Leasing and Business Services
	2012	18964	19816	30409	14275	44901	24210	24488
	2013	26732	29559	43635	25804	49174	26971	35845
	2014	26941	31064	44848	31175	52725	25945	37392
哈尔滨	Harbin	36891	38825	48233	27267	63808	31392	42381
齐齐哈尔	Qiqihar	14682	17722	18766		45056	9909	26667
鸡西	Jixi	22802	17676	18231		51183		20300
鹤岗	Hegang	20195	37752			68834	20500	18750
双鸭山	Shuangyashan	16203	22000				24838	39955
大庆	Daqing	30668	54547	22100		57520	15118	33561
伊春	Yichun	13454		16831		30576		16028
佳木斯	Jiamusi	18979	14435			43931		18406
七台河	Qitaihe	22045	19200			54890	43385	23197
牡丹江	Mudanjiang	23452	13500	45000		57712	45467	42500
黑河	Heihe	15352	12500	20242	32396	58707	13200	42283
绥化	Suihua	15505		40122		36648	31443	27917
大兴安岭	Daxinganling							
农垦总局	ARB					33147		
绥芬河	Suifenhe		14891			95424		20000
抚远	Fuyuan					125395		38286

2-18 续表2　CONTINUED

单位：元　　　　(yuan)

年份 地区	Year Region	科学研究和技术服务业 Scientific Research and Technical Service	水利、环境和公共设施管理业 Management of Water Conservancy, Environment and Public Facilities	居民服务、修理和其他服务业 Services to Households Repair and Other Services	教育 Education	卫生和社会工作 Health and Social Services	文化、体育和娱乐业 Culture, Sports and Entertainment	公共管理、社会保障和社会组织 Public Management Social Security and Social Organization
	2012	16660	21286	38992	32497	31381	21572	
	2013	42813	22201	45573	39942	35905	40800	31017
	2014	42978	24479	49224	45846	40067	48922	29081
哈尔滨	Harbin	43415	34077	50242	46270	45531	52599	28462
齐齐哈尔	Qiqihar		15016	23826		28633		
鸡西	Jixi	12000				34556		14254
鹤岗	Hegang					34448		23400
双鸭山	Shuangyashan		16649			28000		
大庆	Daqing			23229		32587		
伊春	Yichun			27364		27512		
佳木斯	Jiamusi	18000					22368	48754
七台河	Qitaihe			30682				
牡丹江	Mudanjiang				29444	56887		54375
黑河	Heihe	29000		49600				
绥化	Suihua	33926			25771	33550	31667	
大兴安岭	Daxinganling							
农垦总局	ARB							
绥芬河	Suifenhe							
抚远	Fuyuan							

2-19 分地区城镇其他单位就业人员平均工资

AVERAGE WAGE OF EMPLOYED PERSONS IN URBAN OTHER UNITS BY REGION

单位：元 (yuan)

年份 地区	Year Region	总计 Total	农、林、牧、渔业 Agriculture, Forestry, Animal Husbandry and Fishery	采矿业 Mining	制造业 Manufacturing	电力、热力、燃气及水的生产和供应业 Production and Supply of Electric, heat, Gas and Water	建筑业 Construction	批发和零售业 Wholesale and Retail Trades
	2012	36378	13278	41206	35341	40753	30080	30633
	2013	44381	16803	59698	39437	60556	36564	37067
	2014	46776	21506	56996	42868	65089	37677	39436
哈尔滨	Harbin	49872	47983	36892	46413	76283	40439	42333
齐齐哈尔	Qiqihar	37627	8067	39752	38834	44099	27983	33783
鸡西	Jixi	41259	16429	42736	31033	48965	23707	40152
鹤岗	Hegang	41340		43466	21477	66234	35538	29075
双鸭山	Shuangyashan	37086	30500	34213	42346	59660	34531	30869
大庆	Daqing	70754	20693	89660	64920	62671	51565	38943
伊春	Yichun	34824		60146	29762	43638	32453	28196
佳木斯	Jiamusi	35812		26368	36391	43129	31924	33328
七台河	Qitaihe	38624		38379	28648	71956	34937	42519
牡丹江	Mudanjiang	36157		47717	34544	45280	31500	35315
黑河	Heihe	31544	11218	48601	33076	48985	29775	32100
绥化	Suihua	32116	31207	116147	31113	38315	31395	24957
大兴安岭	Daxinganling	38582		47577	26794	31940	27910	29866
农垦总局	ARB	40183		19504	34706	47954	37865	52021
绥芬河	Suifenhe	33911			30866	33150	24236	38729
抚远	Fuyuan	23145						23040

2-19 续表1 CONTINUED

单位：元 (yuan)

年份 地区	Year Region	交通运输仓储和邮政业 Transport, Storage and Post	住宿和餐饮业 Hotels and Catering Services	信息传输、软件和信息技术服务业 Information Transmission, Software and IT Softwares	金融业 Financial Intermediation	房地产业 Real Estate	租赁和商务服务业 Leasing and Business Services	科学研究和技术服务业 Scientific Research and Technical Service
	2012	37328	26724	51756	51717	30150	34605	41152
	2013	41889	34712	56212	54187	37244	41317	52606
	2014	43606	32995	59511	53138	40257	44550	51601
哈尔滨	Harbin	60104	35701	64660	64019	51220	54521	48092
齐齐哈尔	Qiqihar	40572	22003	55001	37900	34060	32797	58659
鸡西	Jixi	23224	17011	54471	47815	31605	25895	41818
鹤岗	Hegang	34165	22716	58268	58012	26243		
双鸭山	Shuangyashan	24579	23034	48993	63418	30913	12026	41476
大庆	Daqing	40457	26871	60628	46564	37001	34662	106138
伊春	Yichun	25928	25011	53906	61307	27115	18441	29330
佳木斯	Jiamusi	20354	24188	50342	51126	33162	32000	18000
七台河	Qitaihe	36776		58158	54446	34940	12000	37344
牡丹江	Mudanjiang	29889	27177	58394	44434	31619	22646	39104
黑河	Heihe	21432	23857	52470	47725	25501	22838	38841
绥化	Suihua	34713	17246	49146	39420	28345	17091	31640
大兴安岭	Daxinganling	25534	27295	61341	63698	27935	22564	41955
农垦总局	ARB	40375	29259	34227	67677	45351	194716	50053
绥芬河	Suifenhe	33342	30736		54331	29718	22462	27047
抚远	Fuyuan	30000				21672	19200	30000

2-19 续表2 CONTINUED

单位：元　　　　(yuan)

年 份 地 区	Year Region	水利、环境和公共设施管理业 Management of Water Conservancy, Environment and Public Facilities	居民服务、修理和其他服务业 Services to Households Repair and Other Services	教　育 Education	卫生和社会工作 Health and Social Services	文化、体育和娱乐业 Culture, Sports and Entertainment	公共管理、社会保障和社会组织 Public Management Social Security and Social Organization
	2012	45819	25439	33966	31931	29838	
	2013	35497	38036	47305	36799	39255	17491
	2014	33216	44065	57563	35322	40831	35726
哈 尔 滨	Harbin	38042	46214	61732	35999	47772	35726
齐齐哈尔	Qiqihar	29111	30571	47470	40900	35000	
鸡　　西	Jixi		25926				
鹤　　岗	Hegang		30000	21586	21465		
双 鸭 山	Shuangyashan	39658	36042				
大　　庆	Daqing	32656	19867	18545	14143	29528	
伊　　春	Yichun	16270	24250			13404	
佳 木 斯	Jiamusi		24750			49300	
七 台 河	Qitaihe						
牡 丹 江	Mudanjiang	28632		29278	21646	30668	
黑　　河	Heihe	29722					
绥　　化	Suihua		22798				
大兴安岭	Daxinganling	17936					
农垦总局	ARB	21144	22000				
绥 芬 河	Suifenhe			32150			30400
抚　　远	Fuyuan						

2-20 分地区城镇私营单位就业人员平均工资

AVERAGE WAGE OF EMPLOYED PERSONS IN URBAN PRIVATE UNITS BY REGION

单位：元　　　　(yuan)

年 份 地 区	Year Region	总 计 Total	农、林、牧、渔业 Agriculture, Forestry, Animal Husbandry and Fishery	采矿业 Mining	制造业 Manufacturing	电力、热力、燃气及水的生产和供应业 Production and Supply of Electric, heat, Gas and Water	建筑业 Construction
	2012	21753	16960	25327	22133	20606	24127
	2013	24750	18992	27912	24899	24063	27687
	2014	26960	22241	27071	26571	27860	30191
哈 尔 滨	Harbin	28209	24920	21559	26497	27723	31882
齐齐哈尔	Qiqihar	24137	18553	20122	25595	22321	26596
鸡　　西	Jixi	26155	20692	32117	25567	27599	27646
鹤　　岗	Hegang	23913		26725	18871		26070
双 鸭 山	Shuangyashan	23645	15113	24835	20052	26131	24795
大　　庆	Daqing	27325	14339	29437	29330	28111	28193
伊　　春	Yichun	22796	17602	24568	20715	17492	38741
佳 木 斯	Jiamusi	26985	23274	23771	26845	26867	24970
七 台 河	Qitaihe	22332	9833	23553	22190	18787	43452
牡 丹 江	Mudanjiang	24857	24248	31047	25412	25293	23997
黑　　河	Heihe	24889	15798	44158	22879	25136	27937
绥　　化	Suihua	24950		34382	24897	35029	26804
大兴安岭	Daxinganling	26112	23255	33115	24822	24885	31577
农垦总局	ARB	34264		27770	33133	36536	36989
绥 芬 河	Suifenhe	27071			29040	22797	25202
抚　　远	Fuyuan	28969			30170	29358	31165

2-20 续表1 CONTINUED

单位：元 (yuan)

年 份 Year 地 区 Region		批发和零售业 Wholesale and Retail Trades	交通运输仓储和邮政业 Transport, Storage and Post	住宿和餐饮业 Hotels and Catering Services	信息传输、软件和信息技术服务业 Information Transmission, Software and IT Softwares	金融业 Financial Intermediation	房地产业 Real Estate	租赁和商务服务业 Leasing and Business Services
	2012	21883	20160	19201	24169	25286	21659	17817
	2013	23335	22793	22768	26667	31006	26322	21201
	2014	26648	27677	24030	28065	31235	28268	23625
哈尔滨	Harbin	29383	29875	25875	29838	40342	29829	23148
齐齐哈尔	Qiqihar	21759	22486	21728	19160	21816	27142	24853
鸡　西	Jixi	22835	22259	20054	16880	19256	18684	20358
鹤　岗	Hegang	23261	17912	19345	19167		24157	14043
双鸭山	Shuangyashan	26167	21092	21638	27339	24182	20469	26858
大　庆	Daqing	26183	23257	24709	25813	27187	28802	24638
伊　春	Yichun	18820	15513	21061	22219	21522	25915	20775
佳木斯	Jiamusi	26489	30639	27691	32982	27900	31766	29760
七台河	Qitaihe	16562	13455	18109	16632	16500	23136	16087
牡丹江	Mudanjiang	23528	30019	23934	22900	50593	26270	21472
黑　河	Heihe	16975	23100	15379	11714	25203	17346	20000
绥　化	Suihua	28790	24875	21931	19493	23600	22833	17096
大兴安岭	Daxinganling	24150	21225	26596		15357	25039	25124
农垦总局	ARB	37252	33139	23106	26000	30000	30945	54000
绥芬河	Suifenhe	27938	28470	23137		24000	24314	19612
抚　远	Fuyuan	23286		25714	20357		29562	19556

2-20 续表2 CONTINUED

单位：元 (yuan)

年 份 Year 地 区 Region		科学研究和技术服务业 Scientific Research and Technical Service	水利、环境和公共设施管理业 Management of Water Conservancy, Environment and Public Facilities	居民服务、修理和其他服务业 Services to Households Repair and Other Services	教 育 Education	卫生和社会工作 Health and Social Services	文化、体育和娱乐业 Culture, Sports and Entertainment	公共管理、社会保障和社会组织 Public Management Social Security and Social Organization
	2012	28047	17068	15659	20862	21135	16878	15000
	2013	29169	19968	18300	24576	22782	19033	20500
	2014	31204	22651	21346	27379	23488	23344	
哈尔滨	Harbin	31506	23945	20424	27941	21683	25806	
齐齐哈尔	Qiqihar	26440	21394	19087	26976	24585	20000	
鸡　西	Jixi	20170	19333	22723	24500	28008	19616	
鹤　岗	Hegang			23395	20188			
双鸭山	Shuangyashan	25196	21765	24512	23660	25346	22610	
大　庆	Daqing	30032	21107	22035	22092	25310	21461	
伊　春	Yichun	24429	22297	17296	22598	20869	18792	
佳木斯	Jiamusi	27992	30009	28202	35647	22790	25010	
七台河	Qitaihe	16400	13377	17544	17500		17382	
牡丹江	Mudanjiang	27498	20167	21865	25838	24130	20841	
黑　河	Heihe	22063	16911	21053	13091	14506		
绥　化	Suihua	22167		21972	37836	40602	15500	
大兴安岭	Daxinganling	25391	30000	29319	26200	23423	20285	
农垦总局	ARB	123435	47077	42479	18571	30000		
绥芬河	Suifenhe	21606	21000	19448	27735		18000	
抚　远	Fuyuan				22587			

主要统计指标解释

人口数　指一定时点、一定地区范围内有生命的个人总和。

年度统计的年末人口数指每年12月31日24时的人口数。年度统计的全国人口总数内未包括香港、澳门特别行政区和台湾省以及海外华侨人数。

城镇人口和乡村人口　城镇人口是指居住在城镇范围内的全部常住人口；乡村人口是除上述人口以外的全部人口。

出生率(又称粗出生率)　指在一定时期内(通常为一年)一定地区的出生人数与同期内平均人数(或期中人数)之比，用千分率表示。本资料中的出生率指年出生率，其计算公式为：

$$出生率=\frac{年出生人数}{年平均人数}\times1000‰$$

式中：出生人数指活产婴儿，即胎儿脱离母体时(不管怀孕月数)，有过呼吸或其他生命现象。年平均人数指年初、年底人口数的平均数，也可用年中人口数代替。

死亡率(又称粗死亡率)　指在一定时期内(通常为一年)一定地区的死亡人数与同期内平均人数(或期中人数)之比，用千分率表示。本资料中的死亡率指年死亡率，其计算公式为：

$$死亡率=\frac{年死亡人数}{年平均人数}\times1000‰$$

人口自然增长率　指在一定时期内(通常为一年)人口自然增加数(出生人数减死亡人数)与该时期内平均人数(或期中人数)之比，用千分率表示。计算公式为：

$$人口自然增长率=\frac{本年出生人数-本年死亡人数}{年平均人数}\times100\%\quad=人口出生率-人口死亡率$$

总抚养比　也称总负担系数。指人口总体中非劳动年龄人口数与劳动年龄人口数之比。通常用百分比表示。说明每100名劳动年龄人口大致要负担多少名非劳动年龄人口。用于从人口角度反映人口与经济发展的基本关系。计算公式为：

$$GDR=\frac{P_{0\sim14}+P_{65^+}}{P_{15\sim64}}\times100\%$$

其中：GDR为总抚养比；

$P_{0\sim14}$为0～14岁少年儿童人口数；

P_{65+}为65岁及65岁以上的老年人口数；

$P_{15\sim64}$为15～64岁劳动年龄人口数。

老年人口抚养比　也称老年人口抚养系数。指某一人口中老年人口数与劳动年龄人口数之比。通常用百分比表示。用以表明每100名劳动年龄人口要负担多少名老年人。老年人口抚养比是从经济角度反映人口老化社会后果的指标之一。计算公式为：

$$ODR=\frac{P_{65^+}}{P_{15\sim64}}\times100\%$$

其中：ODR为老年人口抚养比；

P_{65+}为65岁及65岁以上的老年人口数；

$P_{15\sim64}$为15～64岁的劳动年龄人口数。

少年儿童抚养比　也称少年儿童抚养系数。指某一人口中少年儿童人口数与劳动年龄人口数之比。通常用百分比表示。以反映每100名劳动年龄人口要负担多少名少年儿童。计算公式为：

$$CDR=\frac{P_{0\text{-}14}}{P_{15\text{-}64}}\times100\%$$

其中：CDR为少年儿童抚养比；

$P_{0\sim14}$为0～14岁少年儿童人口数；

$P_{15\sim64}$为15～64岁劳动年龄人口数。

流动人口　是指人户分离人口中不包括市辖区内人户分离的人口。市辖区内人户分离的人口是指一个直辖市或地级市所辖区内和区与区之间，居住地和户口登记地不在同一乡镇街道的人口。

经济活动人口　指在16周岁及以上，有劳动能力，参加或要求参加社会经济活动的人口。包括就业人员和失业人员。

就业人员　指在一定年龄以上，有劳动能力，为取得劳动报酬或经营收入而从事一定社会劳动的人员。具体指年满16周岁，为取得报酬或经营利润，在调查周内从事了1小时（含1小时）以上的劳动或由于学习、休假等原因在调查周内暂时处于未工作状态，但有工作单位或场所的人口。

单位就业人员　指报告期末最后一日24时在本单位中工作，并取得工资或其他形式劳动报酬的人员数。该指标为时点指标，不包括最后一日当天及以前已经与单位解除劳动合同关系的人员，是在岗职工、劳务派遣人员及其他就业人员之和。就业人员不包括：

(1)离开本单位仍保留劳动关系，并定期领取生活费的人员；

(2)利用课余时间打工的学生及在本单位实习的各类在校学生；

(3)本单位因劳务外包而使用的人员。

城镇私营和个体就业人员　城镇私营就业人员指在工商管理部门注册登记，其经营地址设在县城关镇(含县城关镇)以上的私营企业就业人员，包括私营企业投资者和雇工。城镇个体就业人员指在工商管理部门注册登记，并持有城镇户口或在城镇长期居住，经批准从事个体工商经营的就业人员，包括个体经营者和在个体工商户劳动的家庭帮工和雇工。

在岗职工　指在本单位工作且与本单位签订劳动合同，并由单位支付各项工资和社会保险、住房公积金的人员，以及上述人员中由于学习、病伤、产假等原因暂未工作仍由单位支付工资的人员。在岗职工还包括：

(1)应订立劳动合同而未订立劳动合同人员(如使用的农村户籍人员)；

(2)处于试用期人员；

(3)编制外招用的人员；

(4)派往外单位工作，但工资仍由本单位发放的人员(如挂职锻炼、外派工作等情况)。

工资总额　指根据《关于工资总额组成的规定》(1990年1月1日国家统计局发布的一号令)进行修订，在报告期内(季度或年度)直接支付给本单位全部就业人员的劳动报酬总额。包括计时工资、计件工资、奖金、津贴和补贴、加班加点工资、特殊情况下支付的工资，是在岗职工工资总额、劳务派遣人员工资总额和其他就业人员工资总额之和。

工资总额是税前工资，包括单位从个人工资中直接为其代扣或代缴的房费、水费、电费、住房公积金和社会保险基金个人缴纳部分等。

工资总额不论是计入成本的还是不计入成本的，不论是以货币形式支付的还是以实物形式支付的，均应列入工资总额的计算范围。

平均工资　指单位就业人员在一定时期内平均每人所得的工资额。它表明一定时期工资收入的高低程度，是反映就业人员工资水平的主要指标。计算公式为：

$$\text{平均工资}=\frac{\text{报告期就业人员工资总额}}{\text{报告期就业人员平均人数}}$$

城镇登记失业人员　指有非农业户口，在一定的劳动年龄内(16周岁至退休年龄)，有劳动能力，无业而要求就业，并在当地劳动保障部门进行失业登记的人员。

城镇登记失业率　城镇登记失业人员与城镇单位就业人员(扣除使用的农村劳动力、聘用的离退休人员、港澳台及外方人员)、城镇单位中的不在岗职工、城镇私营业主、个体户主、城镇私营企业和个体就业人员、城镇登记失业人员之和的比。

Explanatory Notes on Main Statistical Indicators

Total Population refers to the total number of people alive at a certain point of time within a given area.

The annual statistics on total population is taken at midnight, the 31st of December, not including residents in Taiwan province, Hong Kong SAR and Macao SAR and Chinese national residing abroad.

Urban Population and Rural Population Urban population refers to all people residing in cities and towns, while rural population refers to population other than urban population.

Birth Rate (or Crude Birth Rate) refers to the ratio of the number of births to the average population (or mid-period population) during a certain period of time (usually a year), expressed in ‰. Birth rate in the chapter refers to annual birth rate. The following formula is used:

$$\text{Birth Rate} = \frac{\text{Number of Births}}{\text{Annual Average Population}} \times 1000‰$$

Number of births in the formula refers to live births, i.e. when a baby has breathed or showed any vital phenomena regardless of the length of pregnancy.

Annual average population is the average of the number of population at the beginning of the year and that at the end of the year. Sometimes it is substituted by the mid-year population.

Death Rate (or Crude Death Rate) refers to the ratio of the number of deaths to the average population (or mid-period population) during a certain period of time (usually a year), expressed in ‰. Death rate in the chapter refers to annual death rate. The following formula is used:

$$\text{Death Rate} = \frac{\text{Number of Deaths}}{\text{Annual Average Population}} \times 1000‰$$

Natural Growth Rate of Population refers to the ratio of natural increase in population (number of births minus number of deaths) in a certain period of time (usually a year) to the average population (or mid-period population) of the same period, expressed in ‰. The following formula is applied:

$$\begin{matrix}\text{Natural Growth} \\ \text{Rate of Population}\end{matrix} = \frac{\text{Number of Births - Number of Deaths}}{\text{Annual Average Population}} \times 1000‰$$

Natural Growth Rate of Population = Birth Rate-Death Rate

Gross Dependency Ratio also called gross dependency coefficient, refers to the ratio of non-working-age population to the working-age population, express in %. Describing in general the number of non-working-age population that every100 people at working ages will take care of, this indicator reflects the basic relation between population and economic development from the demographic perspective. The gross dependency ratio is calculated with the following formula:

$$GDR = \frac{P_{0-14} + P_{65^+}}{P_{15-64}} \times 100\%$$

Where: GDR is the gross dependency ratio,

P0-14 is the population of children aged 0-14,

P65+ is the elderly population aged 65 and over, and

P15-64 is the working-age population aged 15-64.

Old Dependency Ratio also called old dependency coefficient, refers to the ratio of the elderly population to the working-age population, express in %. It describes the number of the elderly population that every 100 people at working ages will take care of. Old dependency ratio is one of the indicators reflecting the social implication of population aging from the economic perspective. The old dependency ratio is calculated with the following formula:

$$ODR = \frac{P_{65^+}}{P_{15\sim64}} \times 100\%$$

Where: ODR is the old dependency ratio,

P65+ is the elderly population aged 65 and over, and

P15-64 is the working-age population aged 15-64.

Children Dependency Ratio also called children dependency coefficient, refers to the ratio of the children population to the working-age population, express in %. It describes the number of children population that every 100 people at working ages will take care of. The children dependency ratio is calculated with the following formula:

$$CDR = \frac{P_{0\sim14}}{P_{15\sim64}} \times 100\%$$

Where: CDR is the children dependency ratio,

P0-14 is the children population aged 0-14, and

P15-64 is the working-age population aged 15-64.

Floating Population refer to the population of residence-registration inconsistency excluding those intra-city ones. Population of intra-city residence-registration inconsistency refer to those whose residing streets or towns and registered ones are inconsistent but still in the same municipality or prefecture city either the two are in the same district or different ones.

Economically Active Population refers to the population aged 16 and over who are capable of working, are participating in or willing to participate in economic activities, including employed persons and unemployed persons.

Employed Persons refers to persons above a specified age who had labour capacity and performed some social work for compensation or business gains. Specifically, it refers to all persons, aged 16 and over, who performed some work for compensation or business gains for one hour or more during the reference period; or who had work units or sites but were temporarily not at work during the reference period,

Persons Employed in Various Units refer to the total number of employees who work at his unit and obtain wages or other forms of payment at the end of the reporting period. This indicator is a kind of time point index and it equals to the sum of the number of employed staff and workers, labor dispatch personnel and other employed persons. Employed persons do not include:

1)persons who have left their working units while keeping their labour contract (employment relation) unchanged and receiving regular alimony;

2)students who do part-time jobs in spare time and all kinds of enrolled students who do internship in various units;

3)persons employed due to labor outsourcing;

4)persons who dissolve labor contracts with their units on the last day of reporting period or before.

Persons Employed in Private Enterprises and Self-Employed Individuals in Urban Areas Persons employed in private enterprises refer to the persons employed in the private enterprises which have been registered at the departments of industrial and commercial administration for which the business operation are situated at a county town (i.e. a town where the county government is located), or at urban areas with administrative hierarchy higher than a county town. The self-employed individuals in urban areas refer to persons who hold the certificates of residence in urban areas or have resided in the urban areas for a long time and have been registered at the departments of industrial and commercial administration and approved to be engaged in individual industrial or commercial business, including self-employed persons as well as helpers and hired laborers who work in individual households.

Employed Staff and Workers refer to persons who signed labor contracts with working units and working units would pay wages, social insurance and housing funds for them. Persons who have their work posts but are temporarily absent from work for reasons of study or on sick, injury or maternal leave and still receive wages from their working units are also included. Employed staff and workers also include:

1)Persons who should have signed the labor contracts but not (like people with rural household registration);

2)Employees on probation;

3)Employees beyond the staffing quota;

4)Employees who are sent to other working units but still obtain wages from their original units (situations like on-the-job placement, expatriated assignment, etc.)

1)Employed Staff and Workers do not include: Dispatched personnel who work and are paid directly by the working units; they shall be counted into "labour dispatch personnel" of the working units;

2)Personnel through labor outsourcing, they shall be counted into "employed staff and workers" of the units which contracted them.

Total Wage Bill It is revised according to the "Provision of Composition of Total Wages" (Order No.1 by National Bureau of Statistics on January, 1st, ,1990), total wage bill refers to the total remuneration payment to all employed persons in various units during the reporting period (by quarter or by year), including hourly-paid wages, piece-rate wages, bonuses, allowance and subsidies, overtime wages and wages paid under special circumstances. It equals to the sum of total wages of employed staff and workers, dispatch labors and other employed persons.

Total wage bill is pre-tax wages, including the room charges, utility bills, housing funds and social insurance paid or withheld by employee' s units.

Total wage bill, whether or not included in cost, whether or not paid in money or in kind, shall be included in the calculation of total wage.

Average Wage refers to the average per capita wage during a certain period of time for employed persons. It shows the general level of wage income during a certain period of time, one major indicator to reflect the wage level. It is calculated as follows:

$$\text{Average Wage} = \frac{\text{Total Wage Bill of Employed Persons at Reference Time}}{\text{Average Number of Persons Employed at Reference Time}}$$

Registered Unemployed Persons in Urban Areas refer to the persons with non-agricultural household registration at certain working ages (16 years old to retirement age), who are capable of working, unemployed and willing to work, and have been registered at the local employment service agencies to apply for a job.

Registered Unemployment Rate in Urban Areas refers to the ratio of the number of the registered unemployed persons to the sum of the number of persons employed in various units (minus the employed rural labour force, re-employed retirees, and Hong Kong, Macao, Taiwan or foreign employees), laid-off staff and workers in urban units, owners of private enterprises in urban areas, owners of self-employed individuals in urban areas, employees of private enterprises in urban areas, employee of self-employed individuals in urban areas, and the registered unemployed persons in urban areas.

第三篇　国民经济核算

CHAPTER 3 NATIDNAL ACCOUNTS

资料整理：高晓杰　陆　阳　付鹏鸿　翟　雪
刘　波

3-1 地区生产总值

GROSS DOMESTIC PRODUCT

年 份 Year	地 区 生产总值 (亿元) Gross Domestic Product (100 million yuan)	第一产业 Primary Industry	第二产业 Secondary Industry	工 业 Industry	建筑业 Construction	第三产业 Tertiary Industry	#交通运输仓储邮电通信业 Transport, Post & Telecommunication Services	#批发零售贸易餐饮业 Wholesale, Retail Trade & Catering Services	人均地区生产总值 （元） Per Capita GDP (yuan)
1952	26.0	11.9	7.9	7.0	0.9	6.2	1.6	2.5	238
1953	32.0	12.9	10.7	9.3	1.4	8.4	2.1	3.4	278
1954	36.7	15.0	13.1	11.5	1.6	8.5	2.1	3.1	300
1955	38.2	16.6	12.1	10.6	1.6	9.4	2.3	3.7	297
1956	42.2	18.0	13.2	11.4	1.8	11.1	2.5	4.2	308
1957	44.4	17.2	15.0	13.4	1.6	12.3	2.7	4.4	307
1958	61.6	18.2	29.7	26.9	2.9	13.7	3.5	5.4	405
1959	73.5	17.4	38.1	34.7	3.4	18.0	5.3	6.5	453
1960	80.5	11.7	48.1	43.6	4.5	20.7	6.5	6.6	461
1961	54.2	10.9	25.5	23.3	2.1	17.8	4.7	5.0	292
1962	54.6	14.5	23.1	21.2	1.9	17.0	4.5	4.8	288
1963	61.8	17.9	28.1	25.2	3.0	15.8	3.6	4.1	320
1964	68.2	16.8	33.0	29.4	3.6	18.3	4.4	5.4	339
1965	78.9	19.6	40.1	36.4	3.7	19.1	4.8	5.5	377
1966	92.1	23.3	48.6	44.1	4.5	20.2	5.6	5.6	426
1967	90.9	26.0	45.1	41.0	4.1	19.9	5.3	5.5	409
1968	88.9	25.2	44.5	40.6	3.9	19.2	5.3	5.4	386
1969	101.0	24.4	55.9	51.0	4.9	20.7	6.4	5.7	422
1970	111.2	25.6	64.0	58.5	5.6	21.6	6.9	5.7	448
1971	115.6	25.9	66.7	60.9	5.8	23.0	7.4	5.6	449
1972	115.7	27.5	64.6	59.1	5.5	23.6	7.1	5.5	433
1973	123.5	30.1	69.3	63.9	5.4	24.1	7.2	5.5	446
1974	131.4	32.6	73.6	67.8	5.8	25.3	7.6	5.7	460
1975	141.5	33.4	81.6	74.8	6.8	26.5	8.5	6.2	484
1976	144.2	33.9	85.0	79.2	5.8	25.3	7.6	5.6	482
1977	155.7	38.0	92.1	86.2	5.9	25.7	7.7	5.7	511
1978	174.8	41.0	106.6	100.6	6.1	27.2	9.6	5.0	564
1979	187.2	44.3	113.9	107.3	6.6	29.0	11.0	5.7	594
1980	221.0	55.3	131.1	122.5	8.6	34.7	12.2	6.5	694

注：1. 本表按当年价格计算。
2. 2005-2012年数据执行《国民经济行业分类》（GB/T 4754-2002），第一产业中增加了农、林、牧、渔服务业，交通运输仓储邮电通信业改为交通运输、仓储和邮政业， 批发零售贸易餐饮业调整为批发和零售业、住宿和餐饮业。
3. 2013年开始数据执行《国民经济行业分类》（GB/T 4574-2011）。原第一产业中的农、林、牧、渔服务业，原第二产业工业中的开采辅助活动，金属制品、机械和设备修理业划入第三产业（下同）。
4. 2013年前的数据为全国第二次经济普查衔接修订后的数据（下同）。
5. 按照国家统计局核算制度要求，2010-2012年第二产业中工业增加值以及第三产业增加值最终核实数据进行了衔接和调整。
6. 2013年数据为全国第三次经济普查修订后的数据（下同）。

Note: a) Data in value terms in this table are calculated at current prices.
b) Data of 2005-2012 execution "National Economic Industry Classification" (GB/T4754-2002),the relative service industry is newly added to farming,forestry,annimal husbandry and fishery,transport,storage, post & telecommunication services industry is changed transport,storage and post, the accommadition is changed to wholesale,retail trade & catering services.
c) Since 2013,data execution "National Economic Industry Classification" (GB / T 4754-2011),The first industry of agriculture, forestry, animal husbandry and fishery service industry, the original mining auxiliary activities in the industry, the original mining auxiliary activities in the industry, metal products, machinery and equipment repair included the third industry.
d) Data before 2013 have been adjusted according to the results of the second national economic census (the same as following tables).
e) According to National Bureau of Statistics Accounting System requirements, from 2010 to 2012, the Value-added of Industry in the Secondary Industry and the Tertiary Industry final verification data have been convergence and adjustment.
f) Data of 2013 have been adjusted according to the results of the third national economic census(the same as following tables).

3-1 续表 CONTINUED

年 份 Year	地 区 生产总值 (亿元) Gross Domestic Product (100 million yuan)	第一产业 Primary Industry	第二产业 Secondary Industry	工 业 Industry	建筑业 Construction	第三产业 Tertiary Industry	#交通运输仓储邮电通信业 Transport, Post & Telecommunication Services	#批发零售贸易餐饮业 Wholesale, Retail Trade & Catering Services	人均地区生产总值 (元) Per Capita GDP (yuan)
1981	228.3	57.8	132.4	122.6	9.8	38.1	11.9	8.5	709
1982	248.4	63.8	140.8	127.3	13.5	43.9	13.4	7.2	762
1983	276.9	78.9	150.7	135.4	15.3	47.3	14.9	7.2	841
1984	318.3	86.0	175.0	154.9	20.1	57.3	16.9	9.9	959
1985	355.0	77.1	205.1	180.9	24.2	72.9	20.1	15.3	1062
1986	400.8	92.7	212.6	187.0	25.6	95.5	24.7	17.8	1189
1987	454.6	90.7	261.6	231.9	29.7	102.3	26.4	20.7	1335
1988	552.0	94.3	295.7	258.6	37.1	162.1	36.3	47.4	1602
1989	630.6	93.9	345.5	307.0	38.5	191.2	40.5	50.4	1808
1990	715.2	160.3	362.7	323.9	38.8	192.2	34.5	48.0	2028
1991	822.3	148.3	413.3	369.5	43.8	260.7	46.0	79.9	2310
1992	959.7	167.0	493.1	440.0	53.1	299.6	49.2	97.4	2672
1993	1198.4	198.4	649.7	580.4	69.3	350.2	56.9	113.6	3306
1994	1604.9	305.2	850.4	764.3	86.1	449.3	70.7	144.8	4390
1995	1991.4	371.2	1048.6	949.1	99.5	571.6	86.4	174.6	5402
1996	2370.5	444.2	1270.5	1160.0	110.5	655.8	104.1	197.3	6382
1997	2667.5	460.2	1432.9	1304.9	128.0	774.4	143.2	231.1	7133
1998	2774.4	429.1	1482.3	1332.0	150.3	863.0	160.1	246.6	7375
1999	2866.3	377.2	1556.7	1399.9	156.8	932.4	170.0	255.7	7578
2000	3151.4	383.2	1731.7	1566.4	165.3	1036.6	213.3	317.4	8294
2001	3390.1	435.6	1773.4	1592.0	181.3	1181.2	262.8	344.8	8900
2002	3637.2	474.2	1843.6	1650.8	192.8	1319.4	302.4	377.1	9541
2003	4057.4	504.8	2084.7	1874.8	209.9	1467.9	330.5	412.3	10638
2004	4750.6	593.3	2487.0	2242.3	244.7	1670.3	377.1	462.9	12449
2005	5513.7	684.6	2971.7	2696.3	275.4	1857.4	331.6	509.7	14440
2006	6211.8	750.1	3365.3	3049.0	316.3	2096.4	352.0	561.9	16255
2007	7104.0	915.4	3695.6	3326.9	368.7	2493.0	412.1	635.4	18580
2008	8314.4	1088.9	4319.8	3866.5	453.3	2905.7	434.0	778.4	21740
2009	8587.0	1154.3	4060.7	3549.7	511.0	3372.0	433.6	968.4	22447
2010	10368.6	1302.9	5025.2	4429.3	595.8	4040.6	486.0	1189.7	27076
2011	12582.0	1701.5	5962.4	5234.6	727.8	4918.1	568.8	1508.8	32819
2012	13691.6	2113.7	6037.6	5240.7	797.0	5540.3	598.8	1706.5	35711
2013	14454.9	2474.1	5846.7	5090.3	843.8	6134.1	601.5	1809.4	37697
2014	15039.4	2611.4	5544.4	4783.9	845.2	6883.6	683.1	2023.8	39226

3-2 地区生产总值构成

COMPOSITION OF GROSS DOMESTIC PRODUCT

年 份 Year	地 区 生产总值 Gross Domestic Product	第一产业 Primary Industry	第二产业 Secondary Industry	工 业 Industry	建筑业 Construction	第三产业 Tertiary Industry	#交通运输仓储邮电通信业 Transport, Post & Telecommunication Services	#批发零售贸易餐饮业 Wholesale, Retail Trade & Catering Services
1952	100.0	45.8	30.4	26.9	3.5	23.8	6.2	9.6
1953	100.0	40.3	33.4	29.1	4.4	26.3	6.6	10.6
1954	100.0	40.9	35.7	31.3	4.4	23.2	5.7	8.4
1955	100.0	43.5	31.7	27.7	4.2	24.6	6.0	9.7
1956	100.0	42.7	31.3	27.0	4.3	26.3	5.9	10.0
1957	100.0	38.7	33.8	30.2	3.6	27.7	6.1	9.9
1958	100.0	29.5	48.2	43.7	4.7	22.2	5.7	8.8
1959	100.0	23.7	51.8	47.2	4.6	24.5	7.2	8.8
1960	100.0	14.5	59.8	54.2	5.6	25.7	8.1	8.2
1961	100.0	20.1	47.0	43.0	3.9	32.8	8.7	9.2
1962	100.0	26.6	42.3	38.8	3.5	31.1	8.2	8.8
1963	100.0	29.0	45.5	40.8	4.9	25.6	5.8	6.6
1964	100.0	24.6	48.4	43.1	5.3	26.8	6.5	7.9
1965	100.0	24.8	50.8	46.1	4.7	24.2	6.1	7.0
1966	100.0	25.3	52.8	47.9	4.9	21.9	6.1	6.1
1967	100.0	28.6	49.6	45.1	4.5	21.9	5.8	6.1
1968	100.0	28.3	50.1	45.7	4.4	21.6	6.0	6.1
1969	100.0	24.2	55.3	50.5	4.9	20.5	6.3	5.6
1970	100.0	23.0	57.6	52.6	5.0	19.4	6.2	5.1
1971	100.0	22.4	57.7	52.7	5.0	19.9	6.4	4.8
1972	100.0	23.8	55.8	51.1	4.8	20.4	6.1	4.8
1973	100.0	24.4	56.1	51.7	4.4	19.5	5.8	4.5
1974	100.0	24.8	56.0	51.6	4.4	19.3	5.8	4.3
1975	100.0	23.6	57.7	52.9	4.8	18.7	6.0	4.4
1976	100.0	23.5	58.9	54.9	4.0	17.5	5.3	3.9
1977	100.0	24.4	59.2	55.4	3.8	16.5	4.9	3.7
1978	100.0	23.5	61.0	57.6	3.5	15.6	5.5	2.9
1979	100.0	23.7	60.8	57.3	3.5	15.5	5.9	3.0
1980	100.0	25.0	59.3	55.4	3.9	15.7	5.5	2.9
1981	100.0	25.3	58.0	53.7	4.3	16.7	5.2	3.7
1982	100.0	25.7	56.7	51.2	5.4	17.7	5.4	2.9
1983	100.0	28.5	54.4	48.9	5.5	17.1	5.4	2.6
1984	100.0	27.0	55.0	48.7	6.3	18.0	5.3	3.1
1985	100.0	21.7	57.8	51.0	6.8	20.5	5.7	4.3
1986	100.0	23.1	53.0	46.7	6.4	23.8	6.2	4.4
1987	100.0	20.0	57.5	51.0	6.5	22.5	5.8	4.6
1988	100.0	17.1	53.6	46.8	6.7	29.4	6.6	8.6
1989	100.0	14.9	54.8	48.7	6.1	30.3	6.4	8.0
1990	100.0	22.4	50.7	45.3	5.4	26.9	4.8	6.7

3-2 续表 CONTINUED

单位：% (%)

年 份 Year	地 区 生产总值 Gross Domestic Product	第一产业 Primary Industry	第二产业 Secondary Industry	工 业 Industry	建筑业 Construction	第三产业 Tertiary Industry	#交通运输仓储邮电通信业 Transport, Post & Telecommunication Services	#批发零售贸易餐饮业 Wholesale, Retail Trade & Catering Services
1991	100.0	18.0	50.3	44.9	5.3	31.7	5.6	9.7
1992	100.0	17.4	51.4	45.8	5.5	31.2	5.1	10.1
1993	100.0	16.6	54.2	48.4	5.8	29.2	4.7	9.5
1994	100.0	19.0	53.0	47.6	5.4	28.0	4.4	9.0
1995	100.0	18.6	52.7	47.7	5.0	28.7	4.3	8.8
1996	100.0	18.7	53.6	48.9	4.7	27.7	4.4	8.3
1997	100.0	17.3	53.7	48.9	4.8	29.0	5.4	8.7
1998	100.0	15.5	53.4	48.0	5.4	31.1	5.8	8.9
1999	100.0	13.2	54.3	48.8	5.5	32.5	5.9	8.9
2000	100.0	12.2	55.0	49.7	5.2	32.9	6.8	10.1
2001	100.0	12.8	52.3	47.0	5.3	34.8	7.8	10.2
2002	100.0	13.0	50.7	45.4	5.3	36.3	8.3	10.4
2003	100.0	12.4	51.4	46.2	5.2	36.2	8.1	10.2
2004	100.0	12.5	52.4	47.2	5.2	35.2	7.9	9.7
2005	100.0	12.4	53.9	48.9	5.0	33.7	6.0	9.2
2006	100.0	12.1	54.2	49.1	5.1	33.7	5.7	9.0
2007	100.0	12.9	52.0	46.8	5.2	35.1	5.8	8.9
2008	100.0	13.1	52.0	46.5	5.5	34.9	5.2	9.4
2009	100.0	13.4	47.3	41.3	6.0	39.3	5.0	11.3
2010	100.0	12.6	48.4	42.7	5.7	39.0	4.7	11.5
2011	100.0	13.5	47.4	41.6	5.8	39.1	4.5	12.0
2012	100.0	15.4	44.1	38.3	5.8	40.5	4.4	12.5
2013	100.0	17.1	40.5	35.2	5.8	42.4	4.2	12.5
2014	100.0	17.3	36.9	31.8	5.6	45.8	4.5	13.5

3-3 地区生产总值指数(上年=100)

INDICES OF GROSS DOMESTIC PRODUCT (PRECEDING YEAR=100)

年 份 Year	地区生产总值 Gross Domestic Product	第一产业 Primary Industry	第二产业 Secondary Industry	工 业 Industry	建筑业 Construction	第三产业 Tertiary Industry	人均地区生产总值 Per Capita GDP
1953	110.3	98.4	137.1	133.9	161.4	120.8	104.6
1954	110.4	106.1	128.6	130.3	118.6	102.9	104.1
1955	106.7	111.1	95.9	94.8	103.6	109.0	101.3
1956	106.5	95.8	122.3	122.1	123.6	115.7	100.0
1957	108.5	106.8	110.8	114.7	113.5	109.1	102.6
1958	140.5	133.4	175.9	178.7	153.7	114.1	133.7
1959	119.0	93.3	125.0	126.1	115.0	128.9	104.5
1960	108.2	66.1	123.9	123.3	130.6	113.3	92.6
1961	58.3	74.8	43.4	43.9	38.2	70.4	54.9
1962	98.0	120.6	89.1	101.5	106.5	93.2	102.8
1963	115.2	121.9	117.4	113.6	157.0	103.6	113.0
1964	114.6	100.5	115.4	116.1	109.3	115.2	110.2
1965	115.4	116.7	121.5	123.8	102.9	104.6	110.8
1966	116.6	118.7	121.1	121.1	120.6	105.7	113.1
1967	101.4	111.6	92.6	92.9	91.1	97.9	98.5
1968	97.5	96.9	98.7	98.9	96.5	96.9	94.3
1969	109.5	96.9	125.6	125.7	124.5	107.3	105.3
1970	110.1	110.9	121.4	121.5	120.9	108.5	110.7
1971	102.5	100.3	103.0	102.9	103.6	105.7	98.8
1972	99.1	85.8	106.0	106.3	103.3	108.4	95.4
1973	106.3	109.3	107.4	108.1	99.8	99.4	102.7
1974	106.6	108.2	106.1	106.1	106.6	104.9	103.4
1975	107.6	110.2	109.4	110.3	99.1	98.6	105.0
1976	101.0	94.5	105.5	105.9	100.2	101.3	98.9
1977	108.2	111.9	108.3	108.8	101.3	101.6	106.1
1978	111.1	105.3	118.2	119.1	105.2	100.6	109.2
1979	103.0	92.9	108.6	108.5	110.9	103.7	101.4
1980	110.0	112.1	108.1	107.2	122.8	113.3	108.7
1981	103.8	102.8	103.8	102.9	117.1	105.3	102.7
1982	106.6	107.8	104.8	102.4	135.3	111.0	105.3
1983	108.6	124.5	102.1	101.4	108.1	102.8	107.5
1984	111.1	102.0	116.2	114.5	131.2	113.7	110.3
1985	106.0	87.4	112.3	111.9	115.3	120.0	105.2
1986	103.5	117.9	91.9	91.6	94.1	120.5	102.7
1987	108.6	95.5	114.3	115.2	107.6	112.6	107.5
1988	108.6	97.6	101.6	100.2	112.3	138.5	107.4
1989	106.3	89.6	111.2	112.6	101.4	110.8	105.0
1990	105.8	141.8	97.4	97.7	94.7	97.7	104.6

注：本表按可比价格计算。
Note: The indices in this table are calculated at constant prices.

3-3 续表 CONTINUED

年 份 Year	地区生产总值 Gross Domestic Product	第一产业 Primary Industry	第二产业 Secondary Industry	工 业 Industry	建筑业 Construction	第三产业 Tertiary Industry	人均地区生产总值 Per Capita GDP
1991	106.6	91.9	110.7	111.6	103.7	113.1	105.6
1992	106.5	105.8	106.4	106.4	107.3	107.0	105.5
1993	107.4	104.3	108.7	108.3	111.7	107.6	106.5
1994	108.4	107.2	108.8	109.0	107.7	108.6	107.5
1995	109.2	106.8	110.2	110.0	111.9	109.0	108.3
1996	110.2	110.8	110.5	110.2	112.3	109.3	109.4
1997	110.0	106.2	110.1	109.5	115.0	112.7	109.3
1998	108.3	99.0	110.0	108.6	120.1	111.5	107.6
1999	107.5	103.0	107.6	107.5	107.9	109.9	106.9
2000	108.2	96.8	109.8	110.0	109.0	111.8	107.7
2001	109.3	106.9	110.0	109.8	112.6	108.8	109.0
2002	110.2	107.2	110.9	111.2	108.5	110.2	110.2
2003	110.2	102.4	111.9	112.2	109.2	110.1	110.1
2004	111.7	112.2	112.9	113.0	112.1	109.3	111.6
2005	111.6	108.7	112.6	112.9	110.1	110.8	111.5
2006	112.1	108.5	112.9	112.9	112.4	112.4	112.1
2007	112.0	104.1	112.0	112.2	110.5	114.8	111.9
2008	111.8	108.2	111.9	112.2	109.8	112.6	111.7
2009	111.4	105.2	113.1	112.5	118.9	110.7	111.4
2010	112.7	106.2	114.5	115.0	109.3	111.8	112.6
2011	112.3	106.2	113.0	113.3	111.1	113.4	112.2
2012	110.0	106.5	110.3	110.5	108.4	110.8	110.1
2013	108.0	105.1	106.7	107.0	104.0	110.3	107.9
2014	105.6	105.6	102.8	103.2	100.2	108.9	105.6

3-4 地区生产总值指数 (1978=100)

INDICES OF GROSS DOMESTIC PRODUCT (1978=100)

年 份 Year	地区生产总值 Gross Domestic Product	第一产业 Primary Industry	第二产业 Secondary Industry	工 业 Industry	建筑业 Construction	第三产业 Tertiary Industry	人均地区生产总值 Per Capita GDP
1952	20.2	46.1	8.1	6.6	11.3	30.1	59.6
1953	22.3	45.4	11.1	8.9	18.2	36.3	62.4
1954	24.6	48.1	14.3	11.5	21.6	37.4	64.9
1955	26.3	53.5	13.7	10.9	22.4	40.8	65.8
1956	28.0	51.2	16.8	13.4	27.6	47.2	65.8
1957	30.4	54.7	18.6	15.3	31.4	51.5	67.5
1958	42.7	73.0	32.7	27.4	48.2	58.7	90.2
1959	50.8	68.1	40.9	34.5	55.4	75.7	94.2
1960	55.0	45.0	50.6	42.6	72.4	85.7	87.3
1961	32.0	33.7	22.0	18.7	27.7	60.4	47.9
1962	31.4	40.6	19.6	19.0	29.5	56.3	49.2
1963	36.2	49.5	23.0	21.6	46.2	58.3	55.7
1964	41.5	49.7	26.5	25.0	50.5	67.1	61.3
1965	47.9	58.0	32.2	31.0	52.0	70.2	67.9
1966	55.8	68.9	39.0	37.5	62.7	74.2	76.8
1967	56.6	76.9	36.1	34.9	57.1	72.7	75.7
1968	55.2	74.5	35.7	34.5	55.1	70.4	71.3
1969	60.4	72.2	44.8	43.3	68.7	75.6	75.1
1970	66.5	80.1	54.4	52.7	83.0	82.0	83.1
1971	68.2	80.3	56.0	54.2	86.0	86.7	82.1
1972	67.6	68.9	59.4	57.6	88.8	93.9	78.3
1973	71.8	75.3	63.8	62.3	88.6	93.4	80.4
1974	76.5	81.5	67.7	66.1	94.5	98.0	83.1
1975	82.4	89.8	74.0	72.9	93.6	96.6	87.3
1976	83.2	84.9	78.1	77.2	93.8	97.8	86.3
1977	90.0	95.0	84.6	84.0	95.1	99.4	91.6
1978	100.0	100.0	100.0	100.0	100.0	100.0	100.0
1979	103.0	92.9	108.6	108.5	110.9	103.7	101.4
1980	113.3	104.1	117.4	116.3	136.2	117.5	110.3
1981	117.6	107.1	121.9	119.7	159.5	123.7	113.2
1982	125.4	115.4	127.7	122.6	215.8	137.3	119.2
1983	136.1	143.7	130.4	124.3	233.2	141.2	128.2
1984	151.3	146.6	151.5	142.3	306.0	160.5	141.4
1985	160.3	128.1	170.1	159.2	352.8	192.6	148.8
1986	165.9	151.0	156.4	145.9	332.0	232.1	152.7
1987	180.2	144.2	178.7	168.0	357.3	261.3	164.2
1988	195.7	140.8	181.6	168.4	401.2	362.0	176.3
1989	208.0	126.1	201.9	189.6	406.8	401.1	185.1
1990	220.1	178.8	196.7	185.2	385.3	391.8	193.7

注：本表按可比价格计算。
Note: The indices in this table are calculated at constant prices.

3-4 续表 CONTINUED

年 份 Year	地区生产总 值 Gross Domestic Product	第一产业 Primary Industry	第二产业 Secondary Industry	工 业 Industry	建筑业 Construction	第三产业 Tertiary Industry	人均地区生产总值 Per Capita GDP
1991	234.6	164.3	217.7	206.7	399.5	443.2	206.1
1992	249.8	173.8	231.7	219.9	428.7	474.2	217.3
1993	268.3	181.3	251.8	238.2	478.8	510.2	231.5
1994	290.9	194.4	274.0	259.6	515.7	554.1	248.7
1995	317.5	207.6	301.9	285.6	577.1	604.0	269.2
1996	350.0	230.1	333.6	314.7	648.0	660.1	294.5
1997	385.1	244.3	367.3	344.6	745.2	743.9	321.9
1998	416.8	241.9	404.0	374.2	895.0	829.4	346.3
1999	448.1	249.2	434.7	402.3	965.7	911.5	370.2
2000	484.7	241.2	477.3	442.4	1052.5	1019.1	398.6
2001	529.8	257.8	525.0	485.8	1185.1	1108.8	434.6
2002	583.8	276.4	582.3	540.2	1285.8	1221.9	478.9
2003	643.4	283.0	651.5	606.1	1404.1	1345.3	527.7
2004	718.7	317.5	735.6	684.8	1574.0	1470.4	588.9
2005	802.1	345.2	828.5	773.1	1733.1	1628.6	656.6
2006	899.2	374.5	935.4	872.8	1948.0	1830.5	736.0
2007	1007.1	390.0	1047.8	979.0	2152.5	2101.0	823.9
2008	1125.9	422.0	1172.5	1098.4	2363.4	2365.7	920.3
2009	1254.3	443.8	1325.7	1235.7	2810.1	2619.8	1025.2
2010	1413.6	471.5	1517.6	1421.1	3070.8	2928.2	1154.4
2011	1587.5	500.7	1714.9	1610.1	3411.7	3320.6	1295.2
2012	1746.3	533.2	1891.5	1779.2	3698.3	3679.2	1426.0
2013	1885.1	560.2	2017.5	1904.1	3847.0	4057.8	1539.2
2014	1990.9	591.4	2073.2	1965.6	3856.2	4418.9	1625.7

3-5 第三产业增加值

VALUE-ADDED OF THE TERTIARY INDUSTRY

单位：亿元　　(100 million yuan)

年 份 Year	第三产业 Tertiary Industry	交通运输、仓储和邮政业 Transport, Storage and Post	批发和零售业 Wholesale and Retail Trades	住宿和餐饮业 Hotels and Catering Services	金融业 Financial Intermediation	房地产业 Real Estate	其他 Others
2001	1181.2	262.8	344.8		31.3	109.9	432.4
2002	1319.4	302.4	377.1		31.6	118.7	489.6
2003	1467.9	330.5	412.3		32.2	127.2	565.7
2004	1670.3	377.1	462.9		32.2	137.7	660.4
2005	1857.4	331.6	403.7	106.0	35.0	163.3	817.8
2006	2096.4	352.0	439.9	122.0	74.2	194.7	913.6
2007	2493.0	412.1	494.2	141.2	155.5	225.8	1064.3
2008	2905.7	434.0	610.5	167.9	177.4	244.5	1271.4
2009	3372.0	433.6	757.4	211.0	227.5	301.2	1441.3
2010	4040.6	486.0	935.9	253.8	304.6	391.9	1668.3
2011	4918.1	568.8	1199.8	309.0	370.8	492.1	1977.6
2012	5540.3	598.8	1339.1	367.4	485.1	522.3	2227.7
2013	6134.1	601.5	1421.7	387.7	606.2	552.0	2565.0
2014	6883.6	683.1	1585.0	438.8	707.5	581.3	2887.9

3-6 第三产业增加值指数(上年=100)

INDICES OF VALUE-ADDED OF THE TERTIARY INDUSTRY(PRECEDING YEAR=100)

年 份 Year	第三产业 Tertiary Industry	交通运输、仓储和邮政业 Transport, Storage and Post	批发和零售业 Wholesale and Retail Trades	住宿和餐饮业 Hotels and Catering Services	金融业 Financial Intermediation	房地产业 Real Estate	其他 Others
2001	108.8	109.2	109.0		104.5	102.9	110.5
2002	110.2	110.0	112.0		105.3	106.7	110.3
2003	110.1	109.4	110.4		104.1	105.8	111.8
2004	109.3	109.4	109.9		100.0	104.0	110.8
2005	110.8	103.7	107.7	109.8	102.3	117.4	114.0
2006	112.4	107.5	109.9	112.0	198.4	116.2	111.1
2007	114.8	112.7	108.9	105.5	190.7	110.7	114.7
2008	112.6	104.0	119.5	106.2	106.1	101.8	116.5
2009	110.7	101.7	116.5	113.5	123.6	109.8	109.5
2010	111.8	108.3	112.6	113.0	121.3	117.5	110.1
2011	113.4	107.9	119.8	114.6	114.4	122.6	108.8
2012	110.8	108.6	110.3	112.7	126.6	101.9	110.7
2013	110.3	104.6	108.8	106.4	115.6	106.1	113.2
2014	108.9	105.2	107.4	108.7	115.8	102.7	110.5

3-7 第三产业增加值构成

COMPOSITION OF VALUE-ADDED OF THE TERTIARY INDUSTRY

单位：%　　　　(%)

年 份 Year	第三产业 Tertiary Industry	交通运输、仓储和邮政业 Transport, Storage and Post	批发和零售业 Wholesale and Retail Trades	住宿和餐饮业 Hotels and Catering Services	金融业 Financial Intermediation	房地产业 Real Estate	其他 Others
2001	100.0	22.2	29.2		2.6	9.3	36.6
2002	100.0	22.9	28.6		2.4	9.0	37.1
2003	100.0	22.5	28.1		2.2	8.7	38.5
2004	100.0	22.6	27.7		1.9	8.2	39.5
2005	100.0	17.9	21.7	5.7	1.9	8.8	44.0
2006	100.0	16.8	21.0	5.8	3.5	9.3	43.6
2007	100.0	16.5	19.8	5.7	6.2	9.1	42.7
2008	100.0	14.9	21.0	5.8	6.1	8.4	43.8
2009	100.0	12.9	22.5	6.3	6.7	8.9	42.7
2010	100.0	12.0	23.2	6.3	7.5	9.7	41.3
2011	100.0	11.6	24.4	6.3	7.5	10.0	40.2
2012	100.0	10.8	24.2	6.6	8.8	9.4	40.2
2013	100.0	9.8	23.2	6.3	9.9	9.0	41.8
2014	100.0	9.9	23.0	6.4	10.3	8.4	42.0

3-8 第三产业增加值贡献率

SHARE OF VALUE-ADDED OF THE TERTIARY INDUSTRY

单位：%　　　　(%)

年 份 Year	第三产业 Tertiary Industry	交通运输、仓储和邮政业 Transport, Storage and Post	批发和零售业 Wholesale and Retail Trades	住宿和餐饮业 Hotels and Catering Services	金融业 Financial Intermediation	房地产业 Real Estate	其他 Others
2001	100.0	21.5	31.2		1.5	3.4	42.4
2002	100.0	20.1	35.8		1.5	6.3	36.3
2003	100.0	19.2	32.1		1.1	5.3	42.3
2004	100.0	20.5	33.1			3.8	42.5
2005	100.0	4.5	18.6	5.6	0.5	13.9	56.9
2006	100.0	10.8	17.4	5.6	15.0	11.5	39.6
2007	100.0	14.7	12.8	2.1	20.4	6.6	43.3
2008	100.0	5.3	31.2	2.6	2.7	1.3	57.0
2009	100.0	2.5	32.8	6.2	11.5	7.2	39.9
2010	100.0	10.0	24.1	5.6	10.5	11.7	38.1
2011	100.0	5.2	29.3	9.7	11.1	16.5	28.3
2012	100.0	9.1	23.4	7.5	18.8	1.9	39.3
2013	100.0	4.9	20.3	3.9	12.9	5.5	52.5
2014	100.0	6.0	19.5	6.0	15.8	2.8	49.8

3-9 全省三次产业贡献率

SHARE OF THE CONTRIBUTIONS OF THE THREE STRATA OF INDUSTRY TO THE INCREASE OF THE GDP

单位：%　　(%)

年 份 Year	地区生产总值 Gross Domestic Product	第一产业 Primary Industry	第二产业 Secondary Industry	工业 Industry	建筑业 Construction	第三产业 Tertiary Industry
2000	100.0	-5.1	74.6	66.8	7.8	30.5
2001	100.0	11.7	59.3	50.2	9.1	29.0
2002	100.0	10.9	58.6	52.8	5.8	30.5
2003	100.0	3.6	65.5	59.2	6.3	30.9
2004	100.0	14.4	61.5	54.5	7.0	24.1
2005	100.0	8.3	62.1	57.5	4.6	29.6
2006	100.0	8.7	57.0	51.9	5.1	34.3
2007	100.0	4.1	54.3	49.9	4.4	41.6
2008	100.0	7.8	55.1	51.0	4.1	37.1
2009	100.0	4.9	62.3	54.2	8.1	32.8
2010	100.0	5.0	62.9	59.1	3.8	32.1
2011	100.0	6.3	51.3	46.1	5.2	42.4
2012	100.0	7.6	50.1	45.3	4.8	42.3
2013	100.0	7.2	40.3	38.2	2.8	52.5
2014	100.0	10.9	23.4	24.7	0.2	65.7

注：三次产业贡献率指各产业增加值增量与GDP增量之比。
Share of the contributions of the three strata of industry to the increase of the GDP refers to the proportion of the increment of the value-added of each industry to the increment of GDP.

3-10 三次产业对地区生产总值增长的拉动

CONTRIBUTION OF THE THREE STRATA OF INDUSTRY TO GDP GROWTH

单位：百分点　　(percentage points)

年 份 Year	地区生产总值 Gross Domestic Product	第一产业 Primary Industry	第二产业 Secondary Industry	工业 Industry	建筑业 Construction	第三产业 Tertiary Industry
2000	8.20	-0.42	6.12	5.48	0.64	2.50
2001	9.30	1.09	5.51	4.67	0.85	2.70
2002	10.20	1.11	5.98	5.39	0.59	3.11
2003	10.20	0.37	6.68	6.04	0.64	3.15
2004	11.70	1.68	7.20	6.38	0.82	2.82
2005	11.60	0.96	7.20	6.67	0.53	3.43
2006	12.10	1.05	6.90	6.28	0.62	4.15
2007	12.00	0.50	6.51	5.99	0.53	4.99
2008	11.80	0.92	6.50	6.01	0.49	4.38
2009	11.40	0.56	7.10	6.18	0.92	3.74
2010	12.70	0.64	7.98	7.50	0.48	4.08
2011	12.30	0.78	6.31	5.67	0.64	5.22
2012	10.00	0.76	5.01	4.53	0.48	4.23
2013	8.00	0.58	3.22	3.06	0.22	4.20
2014	5.60	0.61	1.31	1.38	0.01	3.68

注：三次产业拉动指GDP增长速度与各产业贡献率之乘积。
Contribution of the three strata of industry to GDP growth refers to the growth rate of GDP multiplied by the contribution share of every industry.

3-11 分地区生产总值和指数

GROSS REGIONAL PRODUCT AND INDICES BY REGION

地 区 Region	地区生产总值(亿元) Gross Regional Product (100 million yuan)					指 数(上年=100) Indices (preceding year=100)				
	2010	2011	2012	2013	2014	2010	2011	2012	2013	2014
哈尔滨 Harbin	3664.9	4242.2	4550.2	5017.0	5340.1	114.0	112.3	110.0	109.0	106.9
齐齐哈尔 Qiqihar	880.5	1065.7	1176.1	1169.4	1209.3	118.5	113.1	108.0	107.4	105.1
鸡 西 Jixi	419.5	507.8	582.3	546.3	516.0	116.1	114.0	113.6	100.9	101.0
鹤 岗 Hegang	251.0	313.1	358.2	304.0	259.5	116.1	114.1	113.5	90.5	90.3
双鸭山 Shuangyashan	396.4	502.9	565.4	510.1	432.7	125.1	115.8	113.5	101.6	88.5
大 庆 Daqing	2900.1	3741.5	4001.1	4100.0	4077.5	112.0	112.1	110.0	107.0	104.5
伊 春 Yichun	202.4	229.7	260.0	274.6	256.0	115.7	108.0	112.7	110.2	90.6
佳木斯 Jiamusi	512.5	625.3	668.3	720.7	766.0	118.9	114.2	113.8	110.2	106.8
七台河 Qitaihe	305.2	308.1	298.9	228.6	214.3	125.1	105.3	108.3	85.8	102.4
牡丹江 Mudanjiang	765.0	940.3	981.1	1057.1	1130.3	116.2	115.5	114.1	112.0	107.2
黑 河 Heihe	261.1	316.0	366.1	389.5	421.4	112.1	110.7	113.0	107.5	108.0
绥 化 Suihua	733.4	912.1	1063.5	1116.3	1190.2	114.8	113.8	112.3	111.6	106.7
大兴安岭 Daxinganling	99.2	124.7	147.7	121.6	128.4	116.1	115.5	113.9	108.4	104.1
绥芬河 Suifenhe			111.7	113.9	125.6			119.2	111.6	109.9
抚 远 Fuyuan			47.2	44.6	47.9			112.7	94.3	105.9

注：1.本表绝对数按当年价格计算，指数按不变价格计算。
2.2013年各地生产总值绝对数为第三次经济普查修订后数据，2013年指数为第三次经济普查修订前数据。
Note:a)Level data in this table are calculated at current prices while indices at constant prices.
b)Gross Regional Product of 2013 have been adjusted according to the results of the third national economic census. Indices of 2013 have been unadjusted .

3-12 分地区人均地区生产总值和指数

PER CAPITA GROSS REGIONAL PRODUCT AND INDICES BY REGION

地 区 Region	人均地区生产总值(元) Per Capita Gross Regional Product(yuan)					指 数(上年=100) Indices (preceding year=100)				
	2010	2011	2012	2013	2014	2010	2011	2012	2013	2014
哈尔滨 Harbin	36951	42736	45810	50498	53872	113.9	112.2	109.9	109.2	107.1
齐齐哈尔 Qiqihar	16309	19903	22139	22219	23099	119.2	114.0	108.9	108.4	105.7
鸡 西 Jixi	22083	26864	31076	29332	27881	116.6	114.6	114.6	101.5	101.4
鹤 岗 Hegang	23044	28768	32968	29594	24154	116.5	114.2	113.7	91.0	90.9
双鸭山 Shuangyashan	26215	33215	37490	33985	28964	124.6	115.6	114.0	102.1	88.9
大 庆 Daqing	103576	133301	142067	148209	146518	111.4	111.8	109.7	106.8	105.2
伊 春 Yichun	15924	18142	20686	22113	20885	116.0	108.5	113.5	111.5	90.6
佳木斯 Jiamusi	20254	24853	27774	30494	32864	118.4	114.9	114.7	112.2	108.3
七台河 Qitaihe	32891	33209	32308	25598	25123	123.4	104.2	108.5	87.6	102.9
牡丹江 Mudanjiang	27545	33675	37001	39910	42792	116.1	114.9	114.5	112.2	107.5
黑 河 Heihe	14994	18103	18892	22713	24731	112.0	114.5	113.0	108.1	108.8
绥 化 Suihua	12576	15617	18474	20465	21467	114.0	113.6	113.2	115.4	108.9
大兴安岭 Daxinganling	18964	24050	28739	23862	25509	117.0	116.6	115.0	109.3	105.4
绥芬河 Suifenhe			96158	104874	119148			131.4	112.5	113.2
抚 远 Fuyuan			40030	38075	40466			112.0	94.2	105.7

注：1.本表绝对数按当年价格计算，指数按不变价格计算。
2.2013年各地人均地区生产总值绝对数为第三次经济普查修订后数据，2013年指数为第三次经济普查修订前数据。
Note:a)Level data in this table are calculated at current prices while indices at constant prices.
b)Per Capita Gross Regional Product of 2013 have been adjusted according to the results of the third national economic census. Indices of 2013 have been unadjusted .

3-13 分地区三次产业增加值(2014年)

GROSS REGIONAL PRODUCT BY THREE STRATA OF INDUSTRY BY REGIONG(2014)

单位：亿元 (100 million yuan)

地　区　Region	地　区 生产总值 (亿元) Gross Regional Product (100 million yuan)	第一产业 Primary Industry	第二产业 Secondary Industry	工　业 Industry	建筑业 Construction	第三产业 Tertiary Industry
哈 尔 滨 Harbin	5340.1	626.5	1784.0	1239.4	545.9	2929.5
齐齐哈尔 Qiqihar	1209.3	289.9	396.4	369.2	27.3	522.9
鸡　西 Jixi	516.0	177.4	153.5	145.2	8.5	185.1
鹤　岗 Hegang	259.5	92.9	81.4	76.0	5.4	85.1
双 鸭 山 Shuangyashan	432.7	164.3	113.2	98.7	14.5	155.2
大　庆 Daqing	4077.5	191.8	3079.9	3059.1	73.8	805.8
伊　春 Yichun	256.0	106.5	60.1	45.6	14.5	89.4
佳 木 斯 Jiamusi	766.0	249.1	174.7	145.9	28.8	342.2
七 台 河 Qitaihe	214.3	31.2	87.2	85.2	2.9	95.8
牡 丹 江 Mudanjiang	1130.3	202.9	453.8	404.4	49.9	473.6
黑　河 Heihe	421.4	202.5	67.8	54.5	13.3	151.0
绥　化 Suihua	1190.2	474.3	319.0	298.8	40.7	397.0
大兴安岭 Daxinganling	128.4	62.8	12.8	7.7	5.1	52.8
绥 芬 河 Suifenhe	125.6	0.9	15.5	14.5	1.0	109.1
抚　远 Fuyuan	47.9	33.6	3.1	2.2	1.0	11.2

注：本表绝对数按当年价格计算，指数按不变价格计算。
Level data in this table are calculated at current prices while indices at constant prices.

3-13 续表1 CONTINUED

单位：亿元 (100 million yuan)

地　区　Region	交通运输、仓储和邮政业 Transport, Storage and Post	批发和零售业 Wholesale and Retail Trades	住宿和餐饮业 Hotels and Catering Services	金融业 Financial Intermediation	房地产业 Real Estate	其　他 Others
哈 尔 滨 Harbin	275.0	632.5	198.9	327.6	174.4	1321.2
齐齐哈尔 Qiqihar	95.1	156.6	17.6	44.1	54.2	155.2
鸡　西 Jixi	29.0	40.8	8.8	16.8	16.0	73.6
鹤　岗 Hegang	7.3	14.6	6.3	9.8	5.8	41.4
双 鸭 山 Shuangyashan	12.4	26.3	10.1	32.7	9.5	64.1
大　庆 Daqing	33.4	222.3	37.9	37.1	157.2	317.9
伊　春 Yichun	8.7	13.2	7.0	9.7	9.6	41.1
佳 木 斯 Jiamusi	68.6	68.0	18.0	25.3	33.1	129.1
七 台 河 Qitaihe	12.7	20.8	3.7	12.1	10.9	35.6
牡 丹 江 Mudanjiang	35.8	122.6	21.5	34.6	48.3	210.9
黑　河 Heihe	8.3	21.6	8.1	14.6	15.0	83.5
绥　化 Suihua	62.2	92.1	33.7	7.8	38.3	162.9
大兴安岭 Daxinganling	5.5	9.7	3.4	4.5	3.7	26.0
绥 芬 河 Suifenhe	9.3	71.6	3.1	3.8	3.8	17.5
抚　远 Fuyuan	0.8	3.1	0.6	0.8	2.5	3.5

3-13 续表2 CONTINUED

地　区　Region	构　成（地区生产总值=100） Composition (GDP=100)			指　数(上年=100) Indices (preceding year=100)			
	第一产业 Primary Industry	第二产业 Secondary Industry	第三产业 Tertiary Industry	地区生产总　值 Gross Regional Product	第一产业 Primary Industry	第二产业 Secondary Industry	第三产业 Tertiary Industry
哈尔滨 Harbin	11.7	33.4	54.9	106.9	106.8	105.1	108.3
齐齐哈尔 Qiqihar	24.0	32.8	43.2	105.1	106.8	103.5	105.8
鸡　西 Jixi	34.4	29.7	35.9	101.0	108.2	94.3	104.0
鹤　岗 Hegang	35.8	31.4	32.8	90.3	101.0	81.2	97.4
双鸭山 Shuangyashan	38.0	26.2	35.8	88.5	102.0	72.1	94.0
大　庆 Daqing	4.7	75.5	19.8	104.5	108.5	103.6	108.0
伊　春 Yichun	41.6	23.5	34.9	90.6	102.3	76.3	93.6
佳木斯 Jiamusi	32.5	22.8	44.7	106.8	107.1	106.3	106.9
七台河 Qitaihe	14.6	40.7	44.7	102.4	107.6	101.9	101.6
牡丹江 Mudanjiang	17.9	40.2	41.9	107.2	106.6	109.2	105.5
黑　河 Heihe	48.1	16.1	35.8	108.0	110.5	104.8	106.4
绥　化 Suihua	39.8	26.8	33.4	106.7	106.6	108.1	105.6
大兴安岭 Daxinganling	48.9	10.0	41.1	104.1	110.1	86.9	102.8
绥芬河 Suifenhe	0.7	12.4	86.9	109.9	107.2	110.0	109.9
抚　远 Fuyuan	70.1	6.6	23.3	105.9	107.1	101.6	103.8

3-14 全省非公有制经济主要指标

PRINCIPAL GROSS INDICES OF NON-PUBLIC ECONOMIC

单位：亿元、个、人　　(100 million yuan, unit,person)

地　区	Region	总产出 Total Output	增加值 Value Added	第一产业 Primary Industry	第二产业 Secondary Industry	第三产业 Tertiary Industry	单位数 Number of Units	从业人员数 Employed Persons
2004		4395.9	1600.0	242.0	644.3	713.7	1813730	5695972
2005		5649.1	1948.0	267.4	751.1	929.5	1786275	5506066
2006		6652.4	2340.0	288.8	929.0	1122.2	1772938	5228549
2007		8512.8	2841.8	303.0	1148.1	1390.7	1833059	5682662
2008		10140.1	3481.3	401.9	1476.5	1602.9	1856218	5968151
2009		10356.9	4019.0	463.8	1625.2	1930.0	1937617	6875095
2010		14294.4	4972.2	545.9	2230.0	2196.3	2076690	7154627
2011		17534.3	6303.3	696.4	2861.6	2745.3	2082299	7415800
2012		19726.1	7026.0	781.2	3208.3	3036.5	2077592	7456429
2013		21380.4	7508.6	857.3	3367.6	3283.7	1964767	7332642
2014		22096.7	7861.9	904.9	3189.0	3768.0	1916481	7383195
哈尔滨	Harbin	7833.6	2908.6	193.7	1144.9	1570.0	360046	2054258
齐齐哈尔	Qiqihar	1757.1	669.3	107.6	279.1	282.6	225861	737364
鸡　西	Jixi	585.0	196.4	19.5	87.8	89.1	92517	276744
鹤　岗	Hegang	217.9	77.4	2.4	48.8	26.2	28660	164167
双鸭山	Shuangyashan	460.7	167.1	7.9	104.5	54.7	46964	146395
大　庆	Daqing	2684.3	1064.9	64.8	450.3	549.8	196786	850428
伊　春	Yichun	300.7	111.4	43.3	32.8	35.3	80172	312053
佳木斯	Jiamusi	1334.4	373.4	67.4	106.6	199.4	193532	608182
七台河	Qitaihe	312.0	126.9	10.2	50.4	66.3	36852	126221
牡丹江	Mudanjiang	2703.7	790.8	37.2	373.4	380.2	159952	659467
黑　河	Heihe	295.0	109.8	12.7	39.2	57.9	108192	201766
绥　化	Suihua	2046.5	717.1	214.1	278.9	224.1	262337	952564
大兴安岭	Daxinganling	180.8	56.2	4.3	16.2	35.7	16674	54722
农垦总局	ARB	1385.0	492.6	119.8	176.1	196.7	107936	238864
绥芬河	Suifenhe	525.5	111.7	0.3	16.3	95.1	12660	39828
抚　远	Fuyuan	36.3	12.3	4.3	2.8	5.2	4974	15002

注:1. 非公有制统计范围为私营企业、个体经营户、非国有和非国有控股及非集体经济的各类企业、公司，以及港澳台商投资企业和外商投资企业。

2. 佳木斯市数据中包含抚远县，牡丹江市数据中包含绥芬河市。

Note:a)Non-public ownership system statistics scope for private enterprise, individual dealer, non-state-owned and non-state-owned holding and non-collective economy each kind of enterprise, company, as well as Hong-Kong,Macao and Taiwan business investment enterprise and foreign investment enterprise.

b)The data of Mudanjiang include Suifenhe, Jia Musi data include Fuyuan.

3-15 2012年投入产出基本流量表(中间使用部分)
(按当年生产者价格计算)

单位：万元

	农林牧渔产品和服务 Forestry, Animal Husbandry & Fishery	煤炭采选产品 Mining and Washing Products of Coal	石油和天然气开采产品 Extraction Products of Petroleum and Natural Gas	金属矿采选产品 Mining and Processing Products of Metal Ores	非金属矿和其他矿采选产品 Mining and Processing Products of Non-metal Ores and Others
总投入 Total Inputs	**39523011**	**7945390**	**21626361**	**745021**	**3839318**
中间投入合计 Total Intermediate Inputs	**18386411**	**5206470**	**2495315**	**604220**	**1783683**
农林牧渔产品和服务 Forestry,Animal Husbandry & Fishery Products and Services	3872263	2564	2801	51	5966
煤炭采选产品 Mining and Washing Products of Coal	66189	2168323	4704	17671	2122
石油和天然气开采产品 Extraction Products of Petroleum and Natural Gas	300	6357	82587	11	5116
金属矿采选产品 Mining and Processing Products of Metal Ores		4060	145	85085	8
非金属矿和其他矿采选产品 Mining and Processing Products of Non-metal Ores and Others	6661	3902	4156		230715
食品和烟草 Manufacture of Foods and Tobacco	5738212	372	469	72	318
纺织品 Manufacture of Tobacco	24366	29673	4317	60	4061
纺织服装鞋帽皮革羽绒及其制品 Manufacture of Textile Wearing Apparel,Caps,Leather, Fur, Feather & Its Products	41713	6652	21651	1405	9249
木材加工品和家具 Processing of Timbers, Manufacture of Furniture	70862	13197	9328	8223	2081
造纸印刷和文教体育用品 Manufacture of Paper,Articles for Culture,Educationand Sport Activities ,Printing	116715	6455	20581	354	6702
石油、炼焦产品和核燃料加工品 Processing of Petroleum, Coking, Processing of Nuclear Fuel	1312361	307358	407425	15369	188312
化学产品 Chemical Industry	3237333	92053	281931	138128	198975
非金属矿物制品 Manufacture of Nonmetallic Mineral Products	86720	17270	10315	3758	69411
金属冶炼和压延加工品 Manufacture and Processing of Metals	32097	62479	56648	95648	239492
金属制品 Manufacture of Metal Products	178363	24234	15870	17201	24659
通用设备 Manufacture of General Purpose Machinery	47520	120619	45811	25560	33768
专用设备 Manufacture of Special Purpose Machinery	113120	44110	176725	6875	231536
交通运输设备 Manufacture of Transport Equipment	16753	4642	11893	265	20400
电气机械和器材 Manufacture of Electrical Machinery & Equipment	45965	59959	36951	4007	18471
通信设备、计算机和其他电子设备 Manufacture of Communication Equipment,Computer and Other Electronic Equipment	39237	8603	5645	70	3156
仪器仪表 Manufacture of Measuring Instruments	3504	3276	46067	1	40730
其他制造产品 Other Manufacturing	1795	506	13459	1	3387
废品废料 Comprehensive Utilization of Waste Resources Industry	15913				

INTERMEDIATE USE PART OF 2012 INPUT-OUTPUT TABLE
(Data are calculated at producers'prices in 2012)

(10000 yuan)

食品和烟草 Manufacture of Foods and Tobacco	纺织品 Manufacture of Tobacco	纺织服装鞋帽皮革羽绒及其制品 Manufacture of Textile Wearing Apparel, Caps, Leather, Fur, Feather & Its Products	木材加工品和家具 Processing of Timbers, Manufacture of Furniture	造纸印刷和文教体育用品 Manufacture of Paper, Articles for Culture Educationand Sport Activities , Printing	石油、炼焦产品和核燃料加工品 Processing of Petroleum, Coking, Processing of Nuclear Fuel	化学产品 Chemical Industry	非金属矿物制品 Manufacture of Nonmetallic Mineral Products
35666510	**759678**	**481216**	**4839247**	**1371686**	**13548289**	**14657609**	**5741075**
25989575	**502794**	**327263**	**3848800**	**947698**	**11404382**	**10499212**	**4070209**
15409091	3629		623393	78431	92	154542	90
298078	4414	257	55639	27042	1149244	78081	293686
14527	107		22	174	8076787	1181085	13283
42				3904		17	5979
5966	41	1	4330	1383	649	26181	353996
3230220	1698	87345	2461	7144	464	338248	742
23164	249471	77466	900	27079	28333	7177	4106
9612	803	90024	1530	12854	4707	12557	6377
6208	382	7	1762578	48808	9581	5201	10334
391893	7180	2271	50380	404210	11012	95537	28614
313095	2459	273	29328	8088	624666	1305361	192328
622158	100694	15753	457910	77642	298043	5047402	333682
67191	1724		8228	5838	1772	37861	1247731
9864	13445		85668	24419	1846	39208	138551
70165	518	83	70232	2062	13808	54878	22524
39765	2250	912	40358	6188	13091	58497	45368
13197	1332	924	48699	2602	4962	8739	12157
1686	114	3	28430	73	257	6552	383
11836	172	2	22858	1173	1157	20802	7530
8529	340	27	19019	2143	693	1691	1266
6857	3		196	75	9998	2626	1380
897	50	383	17	51	3547	560	62
7		148		1525	2	51685	183275

3-15 续表1

单位：万元

	农林牧渔产品和服务 Forestry, Animal Husbandry & Fishery	煤炭采选产品 Mining and Washing Products of Coal	石油和天然气开采产品 Extraction Products of Petroleum and Natural Gas	金属矿采选产品 Mining and Processing Products of Metal Ores	非金属矿和其他矿采选产品 Mining and Processing Products of Non-metal Ores and Others
金属制品、机械和设备修理服务 Metal Products, Machinery and Equipment Repair Industry		17482	2	101	524
电力、热力的生产和供应 Production and Supply of Electric Power and Heat Power	290011	494162	274514	82455	68232
燃气生产和供应 Production and Supply of Gas	3825			98	545
水的生产和供应 Production and Supply of Water	5842	19475	27554	5163	1934
建筑 Construction	53006	10491	6415	335	
批发和零售 Wholesale and Retail Trades	1922840	138193		14205	62948
交通运输、仓储和邮政 Traffic, Transport, Storage and Post	769706	458577	27698	52319	69533
住宿和餐饮 Hotels and Catering Services	39496	8070	12123	1528	5328
信息传输、软件和信息技术服务 Information Transmission, Computer Services and Software	34853	329550	23396	1950	73494
金融 Financial Intermediation	106980	94170	472498	13382	8236
房地产 Real Estate	2261	168126	148	4506	47491
租赁和商务服务 Leasing and Business Services	8585	55729	366456	4593	17499
科学研究和技术服务 Scientific Research and Technical Services	7636	76679	1074	419	15016
水利、环境和公共设施管理 Management of Water Conservancy, Environment and Public Facilities	14030	43386	178	263	9413
居民服务、修理和其他服务 Services to Households and Other Services	24451	174724	20096	1970	38210
教育 Education	26306	1983	2347	44	454
卫生和社会工作 Health and Social Work	6454	8645		48	1856
文化、体育和娱乐 Culture, Sports and Entertainment	2167	119980	1296	925	24305
公共管理、社会保障和社会组织 Public Management and Social Organization		384	41	101	30
增加值合计 Total Value-added	**21136600**	**2738920**	**19131046**	**140801**	**2055635**
劳动者报酬 Compensation of Employees	18848300	1599038	1602106	22044	207014
生产税净额 Net Taxes on Production	-1576900	617487	6160127	39248	145438
固定资产折旧 Depreciation of Fixed Assets	845500	309403	2297086	15961	182550
营业盈余 Operating Surplus	3019700	212992	9071727	63548	1520633

CONTINUED

(10000 yuan)

食品和烟草 Manufacture of Foods and Tobacco	纺织品 Manufacture of Tobacco	纺织服装鞋帽皮革羽绒及其制品 Manufacture of Textile Wearing Apparel, Caps, Leather, Fur, Feather & Its Products	木材加工品和家具 Processing of Timbers, Manufacture of Furniture	造纸印刷和文教体育用品 Manufacture of Paper, Articles for Culture Educationand Sport Activities ,Printing	石油、炼焦产品和核燃料加工品 Processing of Petroleum, Coking, Processing of Nuclear Fuel	化学产品 Chemical Industry	非金属矿物制品 Manufacture of Nonmetallic Mineral Products
12986	159	178	781	448		3641	2094
560155	30646	5237	122421	35584	158310	319090	269387
1238	1071		7	19	3789	345	2644
71122	2016	410	3037	1631	7057	14131	6543
35678	444	17	322	1589	2156	22898	491
2069329	34078	31960	120162	64414	516839	689071	392966
1458194	16972	9232	188975	47603	242774	477403	351956
79166	3534	400	12079	4977	6591	32900	11437
153269	3923	577	14547	9316	12228	49367	20668
296857	5808	368	24831	13062	62013	76837	37477
87923	5447	975	7485	4667	5400	30539	12210
280449	1174	585	17981	8175	28656	151634	21464
38239	1402	195	3135	2145	27988	35475	6149
17274	509	77	1874	1135	10277	5785	2635
212663	2837	779	9445	5894	35532	34324	19856
4358	352	4	200	555	1648	3281	961
3295	89	14	352	208	2029	1071	492
51105	1314	362	8798	3062	26230	15792	6850
2227	193	14	192	306	154	1140	485
9676935	**256884**	**153953**	**990447**	**423988**	**2143907**	**4158397**	**1670866**
1646876	126402	25910	246861	127253	738467	898639	312349
3883146	49571	20442	288697	111205	642050	1189764	343314
882168	35957	19708	149632	91337	336946	444501	208936
3264745	44954	87893	305257	94193	426444	1625493	806267

3-15 续表2

单位：万元

	金属冶炼和压延加工品 Manufacture and Processing of Metals	金属制品 Manufacture of Metal Products	通用设备 Manufacture of Special Purpose Machinery	专用设备 Manufacture of Special Purpose Machinery	交通运输设备 Manufacture of Transport Equipment	电气机械和器材 Manufacture of Electrical Machinery & Equipment
总投入 Total Inputs	**4473894**	**1351449**	**6040135**	**3902491**	**3599008**	**2438377**
中间投入合计 Total Intermediate Inputs	**3584157**	**1143636**	**4653014**	**2778565**	**2710676**	**1633160**
农林牧渔产品和服务 Forestry,Animal Husbandry & Fishery Products and Services	107	25	143	45	364	168
煤炭采选产品 Mining and Washing Products of Coal	154649	2837	23934	74050	14096	2504
石油和天然气开采产品 Extraction Products of Petroleum and Natural Gas	19710	307	3085	2251	2951	18
金属矿采选产品 Mining and Processing Products of Metal Ores	944047	299		7714	174	
非金属矿和其他矿采选产品 Mining and Processing Products of Non-metal Ores and Others	19044	691	453	2255	2627	401
食品和烟草 Manufacture of Foods and Tobacco	498	242	902	723	458	418
纺织品 Manufacture of Tobacco	1494	44	2613	98	4613	3271
纺织服装鞋帽皮革羽绒及其制品 Manufacture of Textile Wearing Apparel,Caps,Leather, Fur, Feather & Its Products	1243	190	7186	5765	6686	1969
木材加工品和家具 Processing of Timbers, Manufacture of Furniture	1323	423	14208	15961	3515	2215
造纸印刷和文教体育用品 Manufacture of Paper,Articles for Culture,Educationand Sport Activities ,Printing	2104	3362	16840	6578	10652	10460
石油、炼焦产品和核燃料加工品 Processing of Petroleum, Coking, Processing of Nuclear Fuel	492782	13831	21380	33081	8560	9131
化学产品 Chemical Industry	15879	36982	90187	55418	71867	123834
非金属矿物制品 Manufacture of Nonmetallic Mineral Products	22065	8852	23286	69374	74057	17770
金属冶炼和压延加工品 Manufacture and Processing of Metals	791374	598156	1620403	967618	451731	685954
金属制品 Manufacture of Metal Products	7366	149056	320747	98344	31890	69593
通用设备 Manufacture of General Purpose Machinery	30378	70991	1152367	356527	182915	41547
专用设备 Manufacture of Special Purpose Machinery	5220	4921	135974	260388	6069	20408
交通运输设备 Manufacture of Transport Equipment	143	1221	32888	319	1029089	125
电气机械和器材 Manufacture of Electrical Machinery & Equipment	5878	7283	76923	47489	116662	258132
通信设备、计算机和其他电子设备 Manufacture of Communication Equipment,Computer and Other Electronic Equipment	914	505	38332	14508	92667	23249
仪器仪表 Manufacture of Measuring Instruments	1452	46	30150	11119	89402	20888
其他制造产品 Other Manufacturing	9	656	3500	1	2056	34
废品废料 Comprehensive Utilization of Waste Resources Industry	143646	433	67109	318	8445	

CONTINUED

(10000 yuan)

通信设备、计算机和其他电子设备 Manufacture of Communication Equipment, Computer and Other Electronic Equipment	仪器仪表 Manufacture of Measuring Instruments	其他制造产品 Other Manufacturing	废品废料 Comprehensive Utilization of Waste Resources Industry	金属制品、机械和设备修理服务 Metal Products, Machinery and Equipment Repair Industry	电力、热力的生产和供应 Production and Supply of Electric Power and Heat Power	燃气生产和供应 Production and Supply of Gas	水的生产和供应 Production and Supply of Water	建筑 Construction
183675	**191866**	**487744**	**510138**	**24117**	**10891346**	**932771**	**759788**	**29299702**
111871	**111343**	**404819**	**79846**	**21124**	**8196333**	**665938**	**412230**	**21330102**
	5	140		2	1419	10	11	69555
2	101	56278	275		3406136	16405	1871	57106
5	6			371	59754	18481	1	
				15	2846	42		
		17			1851			823648
132	27	263	91	26	774	50	98	3037
189	7		6	9	649		31	891
45	125	1340	836	192	8529	178	461	84141
56	90	4	184	11	357	21	11	129132
1183	1176	1806	1817	149	10130	397	389	22060
340	359	2568	7458	239	913613	9723	3119	193434
1481	13206	59741	11604	346	39095	781	33907	784670
	455	1	67	16	38964	91	22	7023851
2025	18454	82577	113	5484	61550	126155	2275	5485259
2457	326	12880	351	448	6389	18	84	682345
710	715	660	1632	1157	294325	89277	3411	116037
2	1	2492			5919	28	155	127648
106	41	322	95	5	1554	38	2084	3398
4469	3590		197	113	547639	22	422	677471
72653	26762	586	87	24	5491	52	245	20468
176	19282	10	64		26062	49119	679	435
	1	23062	2	1	20523		13	794
	12		33184		274			

3-15 续表3

单位：万元

	金属冶炼和压延加工品 Manufacture and Processing of Metals	金属制品 Manufacture of Metal Products	通用设备 Manufacture of Special Purpose Machinery	专用设备 Manufacture of Special Purpose Machinery	交通运输设备 Manufacture of Transport Equipment	电气机械和器材 Manufacture of Electrical Machinery & Equipment
金属制品、机械和设备修理服务 Metal Products, Machinery and Equipment Repair Industry	2777	579	1744	611	2208	322
电力、热力的生产和供应 Production and Supply of Electric Power and Heat Power	321047	31927	115419	101610	64677	44268
燃气生产和供应 Production and Supply of Gas	9080	3243	1396	210	1042	2393
水的生产和供应 Production and Supply of Water	2908	2650	3714	3251	2342	2342
建筑 Construction	2294	902	24949	1859	5514	4494
批发和零售 Wholesale and Retail Trades	84512	69497	135317	185655	107092	80154
交通运输、仓储和邮政 Traffic, Transport, Storage and Post	206131	77542	201003	144009	132531	83282
住宿和餐饮 Hotels and Catering Services	7320	3994	25118	17275	12549	18395
信息传输、软件和信息技术服务 Information Transmission, Computer Services and Software	18516	7072	109736	34936	22420	21030
金融 Financial Intermediation	215425	14090	70673	139183	42576	19856
房地产 Real Estate	9945	4408	63134	26232	6313	6470
租赁和商务服务 Leasing and Business Services	3983	13017	46699	30189	29037	20833
科学研究和技术服务 Scientific Research and Technical Services	5016	4783	26525	14827	7779	5710
水利、环境和公共设施管理 Management of Water Conservancy, Environment and Public Facilities	2476	727	14543	4283	2882	2754
居民服务、修理和其他服务 Services to Households and Other Services	19000	3685	58291	21985	44374	14643
教育 Education	349	208	1760	1552	1665	499
卫生和社会工作 Health and Social Work	469	134	2846	795	544	521
文化、体育和娱乐 Culture, Sports and Entertainment	11473	3441	67230	19877	13360	12805
公共管理、社会保障和社会组织 Public Management and Social Organization	111	384	307	282	225	300
增加值合计 Total Value-added	**889737**	**207813**	**1387121**	**1123926**	**888332**	**805217**
劳动者报酬 Compensation of Employees	336833	69207	586471	452310	594575	237559
生产税净额 Net Taxes on Production	297733	35374	456505	173185	135021	218241
固定资产折旧 Depreciation of Fixed Assets	424490	66470	123148	192108	242143	80840
营业盈余 Operating Surplus	-169319	36762	220997	306323	-83407	268577

CONTINUED

(10000 yuan)

通信设备、计算机和其他电子设备 Manufacture of Communication Equipment, Computer and Other Electronic Equipment	仪器仪表 Manufacture of Measuring Instruments	其他制造产品 Other Manufacturing	废品废料 Comprehensive Utilization of Waste Resources Industry	金属制品、机械和设备修理服务 Metal Products, Machinery and Equipment Repair Industry	电力、热力的生产和供应 Production and Supply of Electric Power and Heat Power	燃气生产和供应 Production and Supply of Gas	水的生产和供应 Production and Supply of Water	建筑 Construction
71	9	63	94	8634	8043			**16050**
1839	3013	5950	9851	1065	949737	**5831**	**42984**	**213064**
124	1		1		459	310121	3	889
220	606	3498	98	116	47657	763	40440	51739
408	119	180	442	105	9090	565	54	1381150
6112	8205	24794	569	195	150908	6980	2734	552571
6453	5490	22492	3726	541	253584	22177	5230	1347680
4209	898	8326	1482	443	17333	1206	2079	38630
803	477	28510	24	93	153824	28	71077	7283
1760	4130	10535	1809	788	835550	3518	44300	43227
245	299	12112	1755	191	23287	40	30227	591939
1804	1667	495	16	63	43634	2949	21988	609391
205	523	6282	16	61	53635	149	16032	119387
128	48	3844	36	10	19832	19	9347	783
619	820	12413	319	112	76782	353	31231	34781
153	29	1448	1295	38	2487	219	249	10128
14	7	747			3919		1862	
615	226	17727	218	56	91815	98	43016	4544
58	35	656	32	5	914	34	88	1486
71804	**80523**	**82925**	**430292**	**2993**	**2695013**	**266833**	**347558**	**7969600**
28106	40970	32157	1623	1735	1601788	34556	42255	3791500
3900	19397	8268	6362	428	594611	17310	59680	1857400
6279	9454	26945	678	363	787441	28551	81709	630800
33519	10702	15555	421629	467	-288827	186416	163914	1689900

3-15 续表4

单位：万元

	批发和零售 Wholesale and Retail Trades	交通运输、仓储和邮政 Traffic, Transport, Storage and Post	住宿和餐饮 Hotels and Catering Services	信息传输、软件和信息技术服务 Information Transmission, Computer Services and Software	金融 Financial Intermediation	房地产 Real Estate
总投入 Total Inputs	**18719798**	**15523345**	**7150301**	**3892398**	**8031842**	**8520397**
中间投入合计 Total Intermediate Inputs	**5329298**	**9535545**	**3476301**	**1676698**	**3180742**	**3297697**
农林牧渔产品和服务 Forestry,Animal Husbandry & Fishery Products and Services	3374	1141	881950	231	964	138
煤炭采选产品 Mining and Washing Products of Coal		117227	7655			
石油和天然气开采产品 Extraction Products of Petroleum and Natural Gas		94	24680			
金属矿采选产品 Mining and Processing Products of Metal Ores						
非金属矿和其他矿采选产品 Mining and Processing Products of Non-metal Ores and Others		5779				17050
食品和烟草 Manufacture of Foods and Tobacco	25239	23699	1060207	4839	10039	6712
纺织品 Manufacture of Tobacco	9128	8504	16086	407	2163	180
纺织服装鞋帽皮革羽绒及其制品 Manufacture of Textile Wearing Apparel,Caps,Leather, Fur, Feather & Its Products	16838	29383	8554	1607	20589	2977
木材加工品和家具 Processing of Timbers, Manufacture of Furniture	5644	11866	6492	1421	11541	925
造纸印刷和文教体育用品 Manufacture of Paper,Articles for Culture,Educationand Sport Activities ,Printing	68932	98053	22536	34302	388490	74598
石油、炼焦产品和核燃料加工品 Processing of Petroleum, Coking, Processing of Nuclear Fuel	367385	2963998	139542	20377	214301	683998
化学产品 Chemical Industry	31505	45100	45475	940	10204	11248
非金属矿物制品 Manufacture of Nonmetallic Mineral Products	456	43543	4470	3717	17	112
金属冶炼和压延加工品 Manufacture and Processing of Metals	261	102436				8507
金属制品 Manufacture of Metal Products	14186	17228	16005	266	2376	124701
通用设备 Manufacture of General Purpose Machinery	12430	28004	26146	3145	74285	6437
专用设备 Manufacture of Special Purpose Machinery	367	11453	2552	393	19905	74
交通运输设备 Manufacture of Transport Equipment	9442	163351	2114	96	8983	1167
电气机械和器材 Manufacture of Electrical Machinery & Equipment	6981	15465	1092	43058	1320	7172
通信设备、计算机和其他电子设备 Manufacture of Communication Equipment,Computer and Other Electronic Equipment	17521	34921	3948	417373	31678	8239
仪器仪表 Manufacture of Measuring Instruments		5675	55	6666		192
其他制造产品 Other Manufacturing		2164	231445	2037	1151	207
废品废料 Comprehensive Utilization of Waste Resources Industry						

CONTINUED

(10000 yuan)

租赁和商务服务 Leasing and Business Services	科学研究和技术服务 Scientific Research and Technical Services	水利、环境和公共设施管理 Management of Water Conservancy, Environment and Public Facilities	居民服务、修理和其他服务 Services to Households and Other Services	教育 Education	卫生和社会工作 Health and Social Work	文化、体育和娱乐 Culture, Sports and Entertainment	公共管理、社会保障和社会组织 Public Management and Social Organization	中间使用合计 Total Intermediate Use
3056097	**2349897**	**1007895**	**4359500**	**6182796**	**5415098**	**1776745**	**7564301**	**309381322**
1458597	**992297**	**409795**	**1594400**	**1122696**	**2857198**	**677345**	**2538701**	**172050156**
46	1		101			3		21112856
	532	5479	41990	71603	25068	5879	29613	8280740
								9512070
								1054377
	65			1		33		1511896
920	1009	1112	1317	1049	981	1097	15165	10568889
674	128	74	70651	1	946	44	3949	607023
2004	3117		4685	1540	2275	726		432315
4026	1574		1237	63		2		2159092
51871	93355	8629	10446	38378	49442	297534	575665	3043238
239902	73029	31127	404970	20618	26706	29479	291487	11922960
15793	44154	34040	84334	37351	1854259	27952	16806	14499863
	34	41		6422	352	204		8896058
						3		11809700
444	3822	26382	245441	1509		18		2329269
14246	3144	12	13776	2243	104	28	87	3006443
216	59		83	794	346301	1		1616401
85587	554	297	333		1368	47		1436218
73740	2954	88640	62159	259	16817	24		2296854
8975	19946	1687	8277	1765	1910	517	10114	953833
	55711	188	51	9213	436	17		441801
341	6612	3767	15274	17				338382
								505976

3-15 续 表5

单位：万元

	批发和零售 Wholesale and Retail Trades	交通运输、仓储和邮政 Traffic, Transport, Storage and Post	住宿和餐饮 Hotels and Catering Services	信息传输、软件和信息技术服务 Information Transmission, Computer Services and Software	金融 Financial Intermediation	房地产 Real Estate
金属制品、机械和设备修理服务 Metal Products, Machinery and Equipment Repair Industry	622	239752		25766	1328	16559
电力、热力的生产和供应 Production and Supply of Electric Power and Heat Power	536672	311963	142696	155076	470163	177114
燃气生产和供应 Production and Supply of Gas	6822	54582	145816			253
水的生产和供应 Production and Supply of Water	30726	17077	25372	10978	34101	22860
建筑 Construction	510723	24131	5519	33556	55736	25480
批发和零售 Wholesale and Retail Trades	457845	397212	229366	126195	44729	102620
交通运输、仓储和邮政 Traffic, Transport, Storage and Post	355733	2635589	86588	38656	129538	135769
住宿和餐饮 Hotels and Catering Services	217016	168258	14735	20632	219966	86206
信息传输、软件和信息技术服务 Information Transmission, Computer Services and Software	48881	32164	10863	340852	284945	8241
金融 Financial Intermediation	1048167	1134410	72464	47392	156634	1515669
房地产 Real Estate	585299	96057	176693	181925	593561	141620
租赁和商务服务 Leasing and Business Services	671707	269576	12813	94718	230223	69264
科学研究和技术服务 Scientific Research and Technical Services	16207	28449	1766	1107	122	135
水利、环境和公共设施管理 Management of Water Conservancy, Environment and Public Facilities	3270	1849	222	1733	3625	1386
居民服务、修理和其他服务 Services to Households and Other Services	137237	340444	38599	10519	76630	11014
教育 Education	51770	27459	4942	5702	52014	2896
卫生和社会工作 Health and Social Work	6186	1082	1083	10		
文化、体育和娱乐 Culture, Sports and Entertainment	22274	24342	4946	6782	19999	22051
公共管理、社会保障和社会组织 Public Management and Social Organization	32452	2065	814	34224	9422	3926
增加值合计 Total Value-added	**13390500**	**5987800**	**3674000**	**2215700**	**4851100**	**5222700**
劳动者报酬 Compensation of Employees	1723400	2280200	294100	474000	1660600	1099500
生产税净额 Net Taxes on Production	2591600	333900	96300	118200	644500	1009100
固定资产折旧 Depreciation of Fixed Assets	675800	650200	134800	821900	211300	2242800
营业盈余 Operating Surplus	8399700	2723500	3148800	801600	2334700	871300

CONTINUED

(10000 yuan)

租赁和商务服务 Leasing and Business Services	科学研究和技术服务 Scientific Research and Technical Services	水利、环境和公共设施管理 Management of Water Conservancy, Environment and Public Facilities	居民服务、修理和其他服务 Services to Households and Other Services	教育 Education	卫生和社会工作 Health and Social Work	文化、体育和娱乐 Culture, Sports and Entertainment	公共管理、社会保障和社会组织 Public Management and Social Organization	中间使用合计 Total Intermediate Use
1399		1465		3197	5	212		369906
34892	59808	33932	124021	121770	71468	44912	21948	6928921
956			40971					591943
2798	2212	1467	36137	44735	12386	5404	1269	575781
1593	44663		35944	72631	10846	5737		2392526
164216	85739	11365	45878	66801	89209	13856	137813	9445144
274368	203553	20402	54607	68148	70243	25228	350821	11132056
27444	44362	23613	22245	19050	24488	11042	559213	1835156
8104	5292	4963	6750	4029	2984	3642	62463	2027140
142901	16403	21658	8883	39098	53988	4213	36047	6957866
62783	139794	6114	167992	87552	52509	11768	94013	3551455
88445	18539	13004	11220	7883	72195	60472	53273	3462077
194	16261			6	35	16	5847	546627
384	395	5977	349	132	336	174	6478	194858
99039	41824	59074	66424	353080	38963	122321	164805	2460162
1012	898	1902	1925	40191	25480	1415	47055	329233
					755			45527
2682	2262	3002	2724	1477	2439	2844	44217	710728
46602	492	382	3205	90	1904	481	10553	156796
1597500	**1357600**	**598100**	**2765100**	**5060100**	**2557900**	**1099400**	**5025600**	**137331166**
474900	832700	429200	462200	3813800	1658900	376500	4346300	54179204
182600	62800	17600	111400	13000	13600	43800	37800	21073204
331700	182700	63100	113000	540400	261200	177500	563100	15490604
608300	279400	88200	2078500	692900	624200	501600	78400	46588154

3-16 2012年42个部门投入产出基本流量表(最终使用部分)(按当年生产者价格计算)

单位：万元

	最终消费合计 Total Consumption Expenditures	居民消费小计 Subtotal Household Consumption	农村居民消费 Rural Household Expenditures	城镇居民消费 Urban Household Expenditures	政府消费 Government Consumption Expenditures
中间投入合计 Total Intermediate Inputs	**72604503**	**44477403**	**10700201**	**33777202**	**28127100**
农林牧渔产品和服务 Forestry,Animal Husbandry & Fishery Products and Services	5442388	5061464	1106241	3955223	380924
煤炭采选产品 Mining and Washing Products of Coal	415821	415821	293632	122189	
石油和天然气开采产品 Extraction Products of Petroleum and Natural Gas					
金属矿采选产品 Mining and Processing Products of Metal Ores					
非金属矿和其他矿采选产品 Mining and Processing Products of Non-metal Ores and Others					
食品和烟草 Manufacture of Foods and Tobacco	4624362	4624362	1494800	3129562	
纺织品 Manufacture of Tobacco	751940	751940	28644	723296	
纺织服装鞋帽皮革羽绒及其制品 Manufacture of Textile Wearing Apparel, Caps,Leather, Fur, Feather & Its Products	3475354	3475354	635169	2840185	
木材加工品和家具 Processing of Timbers, Manufacture of Furniture	208331	208331	47822	160509	
造纸印刷和文教体育用品 Manufacture of Paper,Articles for Culture, Educationand Sport Activities ,Printing	729271	729271	176955	552316	
石油、炼焦产品和核燃料加工品 Processing of Petroleum, Coking, Processing of Nuclear Fuel	392337	392337	124853	267484	
化学产品 Chemical Industry	1598119	1598119	306244	1291875	
非金属矿物制品 Manufacture of Nonmetallic Mineral Products	276450	276450	130276	146174	
金属冶炼和压延加工品 Manufacture and Processing of Metals					
金属制品 Manufacture of Metal Products	128778	128778	42577	86201	
通用设备 Manufacture of General Purpose Machinery	53553	53553	33930	19623	
专用设备 Manufacture of Special Purpose Machinery	41402	41402	4807	36595	
交通运输设备 Manufacture of Transport Equipment	934887	934887	221295	713592	
电气机械和器材 Manufacture of Electrical Machinery & Equipment	706372	706372	176033	530339	
通信设备、计算机和其他电子设备 Manufacture of Communication Equipment,Computer and Other Electronic Equipment	799403	799403	251961	547442	

FINAL USE PART OF 2012 INPUT-OUTPUT TABLE
(Data are calculated at producers' prices in 2012)

(10000 yuan)

资本形成总额小计 Subtotal Gross Capital Formation	固定资本形成总额 Gross Fixed Capital Formation	存货增加 Change in Inventories	净调出 Exports	最终使用合 计 Total of Final Uses	总产出 Total Output
81437299	**78240897**	**3196402**	**-16710636**	**137331166**	**309381322**
2727176	1720059	1007117	10240591	18410155	39523011
115111		115111	-866282	-335350	7945390
1151		1151	12113140	12114291	21626361
23017		23017	-332373	-309356	745021
30424		30424	2296998	2327422	3839318
545633		545633	19927626	25097621	35666510
4012		4012	-603297	152655	759678
37571		37571	-3464024	48901	481216
506154	446806	59348	1965670	2680155	4839247
35887		35887	-2436710	-1671552	1371686
67202		67202	1165790	1625329	13548289
70983		70983	-1511356	157746	14657609
175465		175465	-3606898	-3154983	5741075
362268		362268	-7698074	-7335806	4473894
1213893	1167150	46743	-2320491	-977820	1351449
7501325	7410501	90824	-4521186	3033692	6040135
8711821	8689162	22659	-6467133	2286090	3902491
1150537	1159394	-8857	77366	2162790	3599008
2500561	2423175	77386	-3065410	141523	2438377
1416188	1400308	15880	-2985749	-770158	183675

3-16 续表1

单位：万元

	最终消费合计 Total Consumption Expenditures	居民消费小计 Subtotal Household Consumption	农村居民消费 Rural Household Expenditures	城镇居民消费 Urban Household Expenditures	政府消费 Government Consumption Expenditures
仪器仪表 Manufacture of Measuring Instruments	46374	46374	3875	42499	
其他制造产品 Other Manufacturing	113164	113164	18576	94588	
废品废料 Comprehensive Utilization of Waste Resources Industry					
金属制品、机械和设备修理服务 Metal Products, Machinery and Equipment Repair Industry	4258	4258	540	3718	
电力、热力的生产和供应 Production and Supply of Electric Power and Heat Power	2570242	2570242	423128	2147114	
燃气生产和供应 Production and Supply of Gas	263218	263218	40651	222567	
水的生产和供应 Production and Supply of Water	159027	159027	11268	147759	
建筑 Construction	496332	496332	192297	304035	
批发和零售 Wholesale and Retail Trades	3142249	3142249	714597	2427652	
交通运输、仓储和邮政 Traffic,Transport,Storage and Post	2372505	1640207	372812	1267395	732298
住宿和餐饮 Hotels and Catering Services	2677476	2677476	563757	2113719	
信息传输、软件和信息技术服务 Information Transmission,Computer Services and Software	1118042	1118042	216282	901760	
金融 Financial Intermediation	2313533	2287400	344488	1942912	26133
房地产 Real Estate	3317940	3317940	854559	2463381	
租赁和商务服务 Leasing and Business Services	308527	144210	19048	125162	164317
科学研究和技术服务 Scientific Research and Technical Services	1924872	44930	12925	32005	1879942
水利、环境和公共设施管理 Management of Water Conservancy, Environment and Public Facilities	1331670	132468	10160	122308	1199202
居民服务、修理和其他服务 Services to Households and Other Services	885623	885623	366618	519005	
教育 Education	6670829	1981270	592615	1388655	4689559
卫生和社会工作 Health and Social Work	5919638	2619506	796386	1823120	3300132
文化、体育和娱乐 Culture,Sports and Entertainment	1149067	575713	60708	515005	573354
公共管理、社会保障和社会组织 Public Management and Social Organization	15241149	59910	9672	50238	15181239

CONTINUED

(10000 yuan)

资本形成总额小计 Subtotal Gross Capital Formation	固定资本形成总额 Gross Fixed Capital Formation	存货增加 Change in Inventories	净调出 Exports	最终使用合　计 Total of Final Uses	总产出 Total Output
273039	262397	10642	-569348	-249935	191866
-2050		-2050	38248	149362	487744
7931		7931	-3769	4162	510138
			-350047	-345789	24117
			1392183	3962425	10891346
			77610	340828	932771
			24980	184007	759788
48572500	48572500		-22161656	26907176	29299702
2740540	2432458	308082	3391865	9274654	18719798
717160	625187	91973	1301624	4391289	15523345
			2637669	5315145	7150301
396000	396000		351216	1865258	3892398
			-1239557	1073976	8031842
1083800	1083800		567202	4968942	8520397
			-714507	-405980	3056097
452000	452000		-573602	1803270	2349897
			-518633	813037	1007895
			1013715	1899338	4359500
			-817266	5853563	6182796
			-550067	5369571	5415098
			-83050	1066017	1776745
			-7833644	7407505	7564301

3-17 42个部门投入产出直接消耗系数表(2012年)

单位：万元

	农林牧渔产品和服务 Forestry, Animal Husbandry & Fishery	煤炭采选产品 Mining and Washing Products of Coal	石油和天然气开采产品 Extraction Products of Petroleum and Natural Gas	金属矿采选产品 Mining and Processing Products of Metal Ores	非金属矿和其他矿采选产品 Mining and Processing Products of Non-metal Ores and Others
总投入 Total Inputs	**1.00000**	**1.00000**	**1.00000**	**1.00000**	**1.00000**
中间投入合计 Total Intermediate Inputs	**0.46521**	**0.65528**	**0.11538**	**0.81101**	**0.46458**
农林牧渔产品和服务 Forestry, Animal Husbandry & Fishery Products and Services	0.09797	0.00032	0.00013	0.00007	0.00155
煤炭采选产品 Mining and Washing Products of Coal	0.00167	0.27290	0.00022	0.02372	0.00055
石油和天然气开采产品 Extraction Products of Petroleum and Natural Gas	0.00001	0.00080	0.00382	0.00001	0.00133
金属矿采选产品 Mining and Processing Products of Metal Ores		0.00051	0.00001	0.11420	0.00000
非金属矿和其他矿采选产品 Mining and Processing Products of Non-metal Ores and Others	0.00017	0.00049	0.00019		0.06009
食品和烟草 Manufacture of Foods and Tobacco	0.14519	0.00005	0.00002	0.00010	0.00008
纺织品 Manufacture of Tobacco	0.00062	0.00373	0.00020	0.00008	0.00106
纺织服装鞋帽皮革羽绒及其制品 Manufacture of Textile Wearing Apparel, Caps, Leather, Fur, Feather & Its Products	0.00106	0.00084	0.00100	0.00189	0.00241
木材加工品和家具 Processing of Timbers, Manufacture of Furniture	0.00179	0.00166	0.00043	0.01104	0.00054
造纸印刷和文教体育用品 Manufacture of Paper, Articles for Culture, Educationand Sport Activities , Printing	0.00295	0.00081	0.00095	0.00048	0.00175
石油、炼焦产品和核燃料加工品 Processing of Petroleum, Coking, Processing of Nuclear Fuel	0.03320	0.03868	0.01884	0.02063	0.04905
化学产品 Chemical Industry	0.08191	0.01159	0.01304	0.18540	0.05183
非金属矿物制品 Manufacture of Nonmetallic Mineral Products	0.00219	0.00217	0.00048	0.00504	0.01808
金属冶炼和压延加工品 Manufacture and Processing of Metals	0.00081	0.00786	0.00262	0.12838	0.06238
金属制品 Manufacture of Metal Products	0.00451	0.00305	0.00073	0.02309	0.00642
通用设备 Manufacture of General Purpose Machinery	0.00120	0.01518	0.00212	0.03431	0.00880
专用设备 Manufacture of Special Purpose Machinery	0.00286	0.00555	0.00817	0.00923	0.06031
交通运输设备 Manufacture of Transport Equipment	0.00042	0.00058	0.00055	0.00036	0.00531
电气机械和器材 Manufacture of Electrical Machinery & Equipment	0.00116	0.00755	0.00171	0.00538	0.00481
通信设备、计算机和其他电子设备 Manufacture of Communication Equipment, Computer and Other Electronic Equipment	0.00099	0.00108	0.00026	0.00009	0.00082
仪器仪表 Manufacture of Measuring Instruments	0.00009	0.00041	0.00213	0.00000	0.01061
其他制造产品 Other Manufacturing	0.00005	0.00006	0.00062	0.00000	0.00088
废品废料 Comprehensive Utilization of Waste Resources Industry	0.00040				

DIRECT INPUT COEFFICIENT OF 42 DEPARTMENTS INPUT-OUTPUT TABLE(2012)

(10000 yuan)

食品和烟草 Manufacture of Foods and Tobacco	纺织品 Manufacture of Tobacco	纺织服装鞋帽皮革羽绒及其制品 Manufacture of Textile Wearing Apparel, Caps, Leather, Fur, Feather & Its Products	木材加工品和家具 Processing of Timbers, Manufacture of Furniture	造纸印刷和文教体育用品 Manufacture of Paper, Articles for Culture Educationand Sport Activities , Printing	石油、炼焦产品和核燃料加工品 Processing of Petroleum, Coking, Processing of Nuclear Fuel	化学产品 Chemical Industry	非金属矿物制品 Manufacture of Nonmetallic Mineral Products
1.00000	**1.00000**	**1.00000**	**1.00000**	**1.00000**	**1.00000**	**1.00000**	**1.00000**
0.72868	**0.66185**	**0.68008**	**0.79533**	**0.69090**	**0.84176**	**0.71630**	**0.70896**
0.43203	0.00478		0.12882	0.05718	0.00001	0.01054	0.00002
0.00836	0.00581	0.00053	0.01150	0.01971	0.08483	0.00533	0.05116
0.00041	0.00014		0.00000	0.00013	0.59615	0.08058	0.00231
0.00000				0.00285		0.00000	0.00104
0.00017	0.00005	0.00000	0.00089	0.00101	0.00005	0.00179	0.06166
0.09057	0.00224	0.18151	0.00051	0.00521	0.00003	0.02308	0.00013
0.00065	0.32839	0.16098	0.00019	0.01974	0.00209	0.00049	0.00072
0.00027	0.00106	0.18708	0.00032	0.00937	0.00035	0.00086	0.00111
0.00017	0.00050	0.00001	0.36423	0.03558	0.00071	0.00035	0.00180
0.01099	0.00945	0.00472	0.01041	0.29468	0.00081	0.00652	0.00498
0.00878	0.00324	0.00057	0.00606	0.00590	0.04611	0.08906	0.03350
0.01744	0.13255	0.03274	0.09462	0.05660	0.02200	0.34435	0.05812
0.00188	0.00227		0.00170	0.00426	0.00013	0.00258	0.21733
0.00028	0.01770		0.01770	0.01780	0.00014	0.00267	0.02413
0.00197	0.00068	0.00017	0.01451	0.00150	0.00102	0.00374	0.00392
0.00111	0.00296	0.00190	0.00834	0.00451	0.00097	0.00399	0.00790
0.00037	0.00175	0.00192	0.01006	0.00190	0.00037	0.00060	0.00212
0.00005	0.00015	0.00001	0.00587	0.00005	0.00002	0.00045	0.00007
0.00033	0.00023	0.00000	0.00472	0.00086	0.00009	0.00142	0.00131
0.00024	0.00045	0.00006	0.00393	0.00156	0.00005	0.00012	0.00022
0.00019	0.00000		0.00004	0.00005	0.00074	0.00018	0.00024
0.00003	0.00007	0.00080	0.00000	0.00004	0.00026	0.00004	0.00001
0.00000		0.00031		0.00111	0.00000	0.00353	0.03192

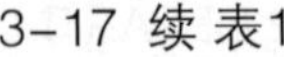

3-17 续表1

单位：万元

	农林牧渔产品和服务 Forestry, Animal Husbandry & Fishery	煤炭采选产品 Mining and Washing Products of Coal	石油和天然气开采产品 Extraction Products of Petroleum and Natural Gas	金属矿采选产品 Mining and Processing Products of Metal Ores	非金属矿和其他矿采选产品 Mining and Processing Products of Non-metal Ores and Others
金属制品、机械和设备修理服务 Metal Products, Machinery and Equipment Repair Industry		0.00220	0.00000	0.00014	0.00014
电力、热力的生产和供应 Production and Supply of Electric Power and Heat Power	0.00734	0.06219	0.01269	0.11067	0.01777
燃气生产和供应 Production and Supply of Gas	0.00010			0.00013	0.00014
水的生产和供应 Production and Supply of Water	0.00015	0.00245	0.00127	0.00693	0.00050
建筑 Construction	0.00134	0.00132	0.00030	0.00045	
批发和零售 Wholesale and Retail Trades	0.04865	0.01739		0.01907	0.01640
交通运输、仓储和邮政 Traffic,Transport,Storage and Post	0.01947	0.05772	0.00128	0.07022	0.01811
住宿和餐饮 Hotels and Catering Services	0.00100	0.00102	0.00056	0.00205	0.00139
信息传输、软件和信息技术服务 Information Transmission,Computer Services and Software	0.00088	0.04148	0.00108	0.00262	0.01914
金融 Financial Intermediation	0.00271	0.01185	0.02185	0.01796	0.00215
房地产 Real Estate	0.00006	0.02116	0.00001	0.00605	0.01237
租赁和商务服务 Leasing and Business Services	0.00022	0.00701	0.01694	0.00616	0.00456
科学研究和技术服务 Scientific Research and Technical Services	0.00019	0.00965	0.00005	0.00056	0.00391
水利、环境和公共设施管理 Management of Water Conservancy, Environment and Public Facilities	0.00035	0.00546	0.00001	0.00035	0.00245
居民服务、修理和其他服务 Services to Households and Other Services	0.00062	0.02199	0.00093	0.00264	0.00995
教育 Education	0.00067	0.00025	0.00011	0.00006	0.00012
卫生和社会工作 Health and Social Work	0.00016	0.00109		0.00006	0.00048
文化、体育和娱乐 Culture,Sports and Entertainment	0.00005	0.01510	0.00006	0.00124	0.00633
公共管理、社会保障和社会组织 Public Management and Social Organization		0.00005	0.00000	0.00014	0.00001
增加值合计 Total Value-added	**0.53479**	**0.34472**	**0.88462**	**0.18899**	**0.53542**
劳动者报酬 Compensation of Employees	0.47689	0.20125	0.07408	0.02959	0.05392
生产税净额 Net Taxes on Production	-0.03990	0.07772	0.28484	0.05268	0.03788
固定资产折旧 Depreciation of Fixed Assets	0.02139	0.03894	0.10622	0.02142	0.04755
营业盈余 Operating Surplus	0.07640	0.02681	0.41948	0.08530	0.39607

CONTINUED

(10000 yuan)

食品和烟草 Manufacture of Foods and Tobacco	纺织品 Manufacture of Tobacco	纺织服装鞋帽皮革羽绒及其制品 Manufacture of Textile Wearing Apparel, Caps, Leather, Fur, Feather & Its Products	木材加工品和家具 Processing of Timbers, Manufacture of Furniture	造纸印刷和文教体育用品 Manufacture of Paper, Articles for Culture Educationand Sport Activities ,Printing	石油、炼焦产品和核燃料加工品 Processing of Petroleum, Coking, Processing of Nuclear Fuel	化学产品 Chemical Industry	非金属矿物制品 Manufacture of Nonmetallic Mineral Products
0.00036	0.00021	0.00037	0.00016	0.00033		0.00025	0.00036
0.01571	0.04034	0.01088	0.02530	0.02594	0.01168	0.02177	0.04692
0.00003	0.00141		0.00000	0.00001	0.00028	0.00002	0.00046
0.00199	0.00265	0.00085	0.00063	0.00119	0.00052	0.00096	0.00114
0.00100	0.00058	0.00004	0.00007	0.00116	0.00016	0.00156	0.00009
0.05802	0.04486	0.06642	0.02483	0.04696	0.03815	0.04701	0.06845
0.04088	0.02234	0.01918	0.03905	0.03470	0.01792	0.03257	0.06130
0.00222	0.00465	0.00083	0.00250	0.00363	0.00049	0.00224	0.00199
0.00430	0.00516	0.00120	0.00301	0.00679	0.00090	0.00337	0.00360
0.00832	0.00765	0.00076	0.00513	0.00952	0.00458	0.00524	0.00653
0.00247	0.00717	0.00203	0.00155	0.00340	0.00040	0.00208	0.00213
0.00786	0.00155	0.00122	0.00372	0.00596	0.00212	0.01035	0.00374
0.00107	0.00185	0.00041	0.00065	0.00156	0.00207	0.00242	0.00107
0.00048	0.00067	0.00016	0.00039	0.00083	0.00076	0.00039	0.00046
0.00596	0.00373	0.00162	0.00195	0.00430	0.00262	0.00234	0.00346
0.00012	0.00046	0.00001	0.00004	0.00040	0.00012	0.00022	0.00017
0.00009	0.00012	0.00003	0.00007	0.00015	0.00015	0.00007	0.00009
0.00143	0.00173	0.00075	0.00182	0.00223	0.00194	0.00108	0.00119
0.00006	0.00025	0.00003	0.00004	0.00022	0.00001	0.00008	0.00008
0.27132	**0.33815**	**0.31992**	**0.20467**	**0.30910**	**0.15824**	**0.28370**	**0.29104**
0.04617	0.16639	0.05384	0.05101	0.09277	0.05451	0.06131	0.05441
0.10887	0.06525	0.04248	0.05966	0.08107	0.04739	0.08117	0.05980
0.02473	0.04733	0.04095	0.03092	0.06659	0.02487	0.03033	0.03639
0.09154	0.05918	0.18265	0.06308	0.06867	0.03148	0.11090	0.14044

3-17 续表2

单位：万元

	金属冶炼和压延加工品 Manufacture and Processing of Metals	金属制品 Manufacture of Metal Products	通用设备 Manufacture of Special Purpose Machinery	专用设备 Manufacture of Special Purpose Machinery	交通运输设备 Manufacture of Transport Equipment	电气机械和器材 Manufacture of Electrical Machinery & Equipment
总投入 **Total Inputs**	**1.00000**	**1.00000**	**1.00000**	**1.00000**	**1.00000**	**1.00000**
中间投入合计 **Total Intermediate Inputs**	**0.80113**	**0.84623**	**0.77035**	**0.71200**	**0.75317**	**0.66977**
农林牧渔产品和服务 Forestry,Animal Husbandry & Fishery Products and Services	0.00002	0.00002	0.00002	0.00001	0.00010	0.00007
煤炭采选产品 Mining and Washing Products of Coal	0.03457	0.00210	0.00396	0.01898	0.00392	0.00103
石油和天然气开采产品 Extraction Products of Petroleum and Natural Gas	0.00441	0.00023	0.00051	0.00058	0.00082	0.00001
金属矿采选产品 Mining and Processing Products of Metal Ores	0.21101	0.00022		0.00198	0.00005	
非金属矿和其他矿采选产品 Mining and Processing Products of Non-metal Ores and Others	0.00426	0.00051	0.00007	0.00058	0.00073	0.00016
食品和烟草 Manufacture of Foods and Tobacco	0.00011	0.00018	0.00015	0.00019	0.00013	0.00017
纺织品 Manufacture of Tobacco	0.00033	0.00003	0.00043	0.00003	0.00128	0.00134
纺织服装鞋帽皮革羽绒及其制品 Manufacture of Textile Wearing Apparel,Caps,Leather, Fur, Feather & Its Products	0.00028	0.00014	0.00119	0.00148	0.00186	0.00081
木材加工品和家具 Processing of Timbers, Manufacture of Furniture	0.00030	0.00031	0.00235	0.00409	0.00098	0.00091
造纸印刷和文教体育用品 Manufacture of Paper,Articles for Culture,Educationand Sport Activities ,Printing	0.00047	0.00249	0.00279	0.00169	0.00296	0.00429
石油、炼焦产品和核燃料加工品 Processing of Petroleum, Coking, Processing of Nuclear Fuel	0.11015	0.01023	0.00354	0.00848	0.00238	0.00374
化学产品 Chemical Industry	0.00355	0.02736	0.01493	0.01420	0.01997	0.05079
非金属矿物制品 Manufacture of Nonmetallic Mineral Products	0.00493	0.00655	0.00386	0.01778	0.02058	0.00729
金属冶炼和压延加工品 Manufacture and Processing of Metals	0.17689	0.44260	0.26827	0.24795	0.12552	0.28132
金属制品 Manufacture of Metal Products	0.00165	0.11029	0.05310	0.02520	0.00886	0.02854
通用设备 Manufacture of General Purpose Machinery	0.00679	0.05253	0.19078	0.09136	0.05082	0.01704
专用设备 Manufacture of Special Purpose Machinery	0.00117	0.00364	0.02251	0.06672	0.00169	0.00837
交通运输设备 Manufacture of Transport Equipment	0.00003	0.00090	0.00544	0.00008	0.28594	0.00005
电气机械和器材 Manufacture of Electrical Machinery & Equipment	0.00131	0.00539	0.01274	0.01217	0.03242	0.10586
通信设备、计算机和其他电子设备 Manufacture of Communication Equipment,Computer and Other Electronic Equipment	0.00020	0.00037	0.00635	0.00372	0.02575	0.00953
仪器仪表 Manufacture of Measuring Instruments	0.00032	0.00003	0.00499	0.00285	0.02484	0.00857
其他制造产品 Other Manufacturing	0.00000	0.00049	0.00058	0.00000	0.00057	0.00001
废品废料 Comprehensive Utilization of Waste Resources Industry	0.03211	0.00032	0.01111	0.00008	0.00235	

CONTINUED

(10000 yuan)

通信设备、计算机和其他电子设备 Manufacture of Communication Equipment, Computer and Other Electronic Equipment	仪器仪表 Manufacture of Measuring Instruments	其他制造产品 Other Manufacturing	废品废料 Comprehensive Utilization of Waste Resources Industry	金属制品、机械和设备修理服务 Metal Products, Machinery and Equipment Repair Industry	电力、热力的生产和供应 Production and Supply of Electric Power and Heat Power	燃气生产和供应 Production and Supply of Gas	水的生产和供应 Production and Supply of Water	建筑 Construction
1.00000	**1.00000**	**1.00000**	**1.00000**	**1.00000**	**1.00000**	**1.00000**	**1.00000**	**1.00000**
0.60907	**0.58032**	**0.82998**	**0.15652**	**0.87590**	**0.75255**	**0.71394**	**0.54256**	**0.72800**
	0.00003	0.00029		0.00008	0.00013	0.00001	0.00001	0.00237
0.00001	0.00053	0.11538	0.00054		0.31274	0.01759	0.00246	0.00195
0.00003	0.00003			0.01538	0.00549	0.01981	0.00000	
				0.00062	0.00026	0.00005		
		0.00003			0.00017			0.02811
0.00072	0.00014	0.00054	0.00018	0.00108	0.00007	0.00005	0.00013	0.00010
0.00103	0.00004		0.00001	0.00037	0.00006		0.00004	0.00003
0.00024	0.00065	0.00275	0.00164	0.00796	0.00078	0.00019	0.00061	0.00287
0.00030	0.00047	0.00001	0.00036	0.00046	0.00003	0.00002	0.00001	0.00441
0.00644	0.00613	0.00370	0.00356	0.00618	0.00093	0.00043	0.00051	0.00075
0.00185	0.00187	0.00527	0.01462	0.00991	0.08388	0.01042	0.00411	0.00660
0.00806	0.06883	0.12248	0.02275	0.01435	0.00359	0.00084	0.04463	0.02678
	0.00237	0.00000	0.00013	0.00066	0.00358	0.00010	0.00003	0.23972
0.01102	0.09618	0.16930	0.00022	0.22739	0.00565	0.13525	0.00299	0.18721
0.01338	0.00170	0.02641	0.00069	0.01858	0.00059	0.00002	0.00011	0.02329
0.00387	0.00373	0.00135	0.00320	0.04797	0.02702	0.09571	0.00449	0.00396
0.00001	0.00001	0.00511			0.00054	0.00003	0.00020	0.00436
0.00058	0.00021	0.00066	0.00019	0.00021	0.00014	0.00004	0.00274	0.00012
0.02433	0.01871		0.00039	0.00469	0.05028	0.00002	0.00056	0.02312
0.39555	0.13948	0.00120	0.00017	0.00100	0.00050	0.00006	0.00032	0.00070
0.00096	0.10050	0.00002	0.00013		0.00239	0.05266	0.00089	0.00001
	0.00001	0.04728	0.00000	0.00004	0.00188		0.00002	0.00003
	0.00006		0.06505		0.00003			

3-17 续 表3

单位：万元

	金属冶炼和压延加工品 Manufacture and Processing of Metals	金属制品 Manufacture of Metal Products	通用设备 Manufacture of Special Purpose Machinery	专用设备 Manufacture of Special Purpose Machinery	交通运输设备 Manufacture of Transport Equipment	电气机械和器材 Manufacture of Electrical Machinery & Equipment
金属制品、机械和设备修理服务 Metal Products, Machinery and Equipment Repair Industry	0.00062	0.00043	0.00029	0.00016	0.00061	0.00013
电力、热力的生产和供应 Production and Supply of Electric Power and Heat Power	0.07176	0.02362	0.01911	0.02604	0.01797	0.01815
燃气生产和供应 Production and Supply of Gas	0.00203	0.00240	0.00023	0.00005	0.00029	0.00098
水的生产和供应 Production and Supply of Water	0.00065	0.00196	0.00061	0.00083	0.00065	0.00096
建筑 Construction	0.00051	0.00067	0.00413	0.00048	0.00153	0.00184
批发和零售 Wholesale and Retail Trades	0.01889	0.05142	0.02240	0.04757	0.02976	0.03287
交通运输、仓储和邮政 Traffic, Transport, Storage and Post	0.04607	0.05738	0.03328	0.03690	0.03682	0.03415
住宿和餐饮 Hotels and Catering Services	0.00164	0.00296	0.00416	0.00443	0.00349	0.00754
信息传输、软件和信息技术服务 Information Transmission, Computer Services and Software	0.00414	0.00523	0.01817	0.00895	0.00623	0.00862
金融 Financial Intermediation	0.04815	0.01043	0.01170	0.03567	0.01183	0.00814
房地产 Real Estate	0.00222	0.00326	0.01045	0.00672	0.00175	0.00265
租赁和商务服务 Leasing and Business Services	0.00089	0.00963	0.00773	0.00774	0.00807	0.00854
科学研究和技术服务 Scientific Research and Technical Services	0.00112	0.00354	0.00439	0.00380	0.00216	0.00234
水利、环境和公共设施管理 Management of Water Conservancy, Environment and Public Facilities	0.00055	0.00054	0.00241	0.00110	0.00080	0.00113
居民服务、修理和其他服务 Services to Households and Other Services	0.00425	0.00273	0.00965	0.00563	0.01233	0.00601
教育 Education	0.00008	0.00015	0.00029	0.00040	0.00046	0.00020
卫生和社会工作 Health and Social Work	0.00010	0.00010	0.00047	0.00020	0.00015	0.00021
文化、体育和娱乐 Culture, Sports and Entertainment	0.00256	0.00255	0.01113	0.00509	0.00371	0.00525
公共管理、社会保障和社会组织 Public Management and Social Organization	0.00002	0.00028	0.00005	0.00007	0.00006	0.00012
增加值合计 Total Value-added	**0.19887**	**0.15377**	**0.22965**	**0.28800**	**0.24683**	**0.33023**
劳动者报酬 Compensation of Employees	0.07529	0.05121	0.09710	0.11590	0.16521	0.09743
生产税净额 Net Taxes on Production	0.06655	0.02617	0.07558	0.04438	0.03752	0.08950
固定资产折旧 Depreciation of Fixed Assets	0.09488	0.04918	0.02039	0.04923	0.06728	0.03315
营业盈余 Operating Surplus	-0.03785	0.02720	0.03659	0.07849	-0.02317	0.11015

CONTINUED

(10000 yuan)

通信设备、计算机和其他电子设备 Manufacture of Communication Equipment, Computer and Other Electronic Equipment	仪器仪表 Manufacture of Measuring Instruments	其他制造产品 Other Manufacturing	废品废料 Comprehensive Utilization of Waste Resources Industry	金属制品、机械和设备修理服务 Metal Products, Machinery and Equipment Repair Industry	电力、热力的生产和供应 Production and Supply of Electric Power and Heat Power	燃气生产和供应 Production and Supply of Gas	水的生产和供应 Production and Supply of Water	建筑 Construction
0.00039	0.00005	0.00013	0.00018	0.35800	0.00074			0.00055
0.01001	0.01570	0.01220	0.01931	0.04416	0.08720	0.00625	0.05657	0.00727
0.00068	0.00001		0.00000		0.00004	0.33247	0.00000	0.00003
0.00120	0.00316	0.00717	0.00019	0.00481	0.00438	0.00082	0.05323	0.00177
0.00222	0.00062	0.00037	0.00087	0.00435	0.00083	0.00061	0.00007	0.04714
0.03328	0.04276	0.05083	0.00112	0.00809	0.01386	0.00748	0.00360	0.01886
0.03513	0.02861	0.04611	0.00730	0.02243	0.02328	0.02378	0.00688	0.04600
0.02292	0.00468	0.01707	0.00291	0.01837	0.00159	0.00129	0.00274	0.00132
0.00437	0.00249	0.05845	0.00005	0.00386	0.01412	0.00003	0.09355	0.00025
0.00958	0.02153	0.02160	0.00355	0.03267	0.07672	0.00377	0.05831	0.00148
0.00133	0.00156	0.02483	0.00344	0.00792	0.00214	0.00004	0.03978	0.02020
0.00982	0.00869	0.00101	0.00003	0.00261	0.00401	0.00316	0.02894	0.02080
0.00112	0.00273	0.01288	0.00003	0.00253	0.00492	0.00016	0.02110	0.00407
0.00070	0.00025	0.00788	0.00007	0.00041	0.00182	0.00002	0.01230	0.00003
0.00337	0.00427	0.02545	0.00063	0.00464	0.00705	0.00038	0.04110	0.00119
0.00083	0.00015	0.00297	0.00254	0.00158	0.00023	0.00023	0.00033	0.00035
0.00008	0.00004	0.00153			0.00036		0.00245	
0.00335	0.00118	0.03634	0.00043	0.00232	0.00843	0.00011	0.05662	0.00016
0.00032	0.00018	0.00134	0.00006	0.00021	0.00008	0.00004	0.00012	0.00005
0.39093	**0.41968**	**0.17002**	**0.84348**	**0.12410**	**0.24745**	**0.28606**	**0.45744**	**0.27200**
0.15302	0.21353	0.06593	0.00318	0.07194	0.14707	0.03705	0.05561	0.12940
0.02123	0.10110	0.01695	0.01247	0.01775	0.05459	0.01856	0.07855	0.06339
0.03419	0.04927	0.05524	0.00133	0.01505	0.07230	0.03061	0.10754	0.02153
0.18249	0.05578	0.03189	0.82650	0.01936	-0.02652	0.19985	0.21574	0.05768

3-17 续 表4

单位：万元

	批发和零售 Wholesale and Retail Trades	交通运输、仓储和邮政 Traffic, Transport, Storage and Post	住宿和餐饮 Hotels and Catering Services	信息传输、软件和信息技术服务 Information Transmission, Computer Services and Software	金融 Financial Intermediation	房地产 Real Estate
总投入 Total Inputs	**1.00000**	**1.00000**	**1.00000**	**1.00000**	**1.00000**	**1.00000**
中间投入合计 Total Intermediate Inputs	**0.28469**	**0.61427**	**0.48618**	**0.43076**	**0.39602**	**0.38704**
农林牧渔产品和服务 Forestry, Animal Husbandry & Fishery Products and Services	0.00018	0.00007	0.12334	0.00006	0.00012	0.00002
煤炭采选产品 Mining and Washing Products of Coal		0.00755	0.00107			
石油和天然气开采产品 Extraction Products of Petroleum and Natural Gas		0.00001	0.00345			
金属矿采选产品 Mining and Processing Products of Metal Ores						
非金属矿和其他矿采选产品 Mining and Processing Products of Non-metal Ores and Others		0.00037				0.00200
食品和烟草 Manufacture of Foods and Tobacco	0.00135	0.00153	0.14827	0.00124	0.00125	0.00079
纺织品 Manufacture of Tobacco	0.00049	0.00055	0.00225	0.00010	0.00027	0.00002
纺织服装鞋帽皮革羽绒及其制品 Manufacture of Textile Wearing Apparel, Caps, Leather, Fur, Feather & Its Products	0.00090	0.00189	0.00120	0.00041	0.00256	0.00035
木材加工品和家具 Processing of Timbers, Manufacture of Furniture	0.00030	0.00076	0.00091	0.00037	0.00144	0.00011
造纸印刷和文教体育用品 Manufacture of Paper, Articles for Culture, Educationand Sport Activities, Printing	0.00368	0.00632	0.00315	0.00881	0.04837	0.00876
石油、炼焦产品和核燃料加工品 Processing of Petroleum, Coking, Processing of Nuclear Fuel	0.01963	0.19094	0.01952	0.00524	0.02668	0.08028
化学产品 Chemical Industry	0.00168	0.00291	0.00636	0.00024	0.00127	0.00132
非金属矿物制品 Manufacture of Nonmetallic Mineral Products	0.00002	0.00281	0.00063	0.00095	0.00000	0.00001
金属冶炼和压延加工品 Manufacture and Processing of Metals	0.00001	0.00660				0.00100
金属制品 Manufacture of Metal Products	0.00076	0.00111	0.00224	0.00007	0.00030	0.01464
通用设备 Manufacture of General Purpose Machinery	0.00066	0.00180	0.00366	0.00081	0.00925	0.00076
专用设备 Manufacture of Special Purpose Machinery	0.00002	0.00074	0.00036	0.00010	0.00248	0.00001
交通运输设备 Manufacture of Transport Equipment	0.00050	0.01052	0.00030	0.00002	0.00112	0.00014
电气机械和器材 Manufacture of Electrical Machinery & Equipment	0.00037	0.00100	0.00015	0.01106	0.00016	0.00084
通信设备、计算机和其他电子设备 Manufacture of Communication Equipment, Computer and Other Electronic Equipment	0.00094	0.00225	0.00055	0.10723	0.00394	0.00097
仪器仪表 Manufacture of Measuring Instruments		0.00037	0.00001	0.00171		0.00002
其他制造产品 Other Manufacturing		0.00014	0.03237	0.00052	0.00014	0.00002
废品废料 Comprehensive Utilization of Waste Resources Industry						

CONTINUED

(10000 yuan)

租赁和商务服务 Leasing and Business Services	科学研究和技术服务 Scientific Research and Technical Services	水利、环境和公共设施管理 Management of Water Conservancy, Environment and Public Facilities	居民服务、修理和其他服务 Services to Households and Other Services	教育 Education	卫生和社会工作 Health and Social Work	文化、体育和娱乐 Culture, Sports and Entertainment	公共管理、社会保障和社会组织 Public Management and Social Organization	中间使用合计 Total Intermediate Use
1.00000	**1.00000**	**1.00000**	**1.00000**	**1.00000**	**1.00000**	**1.00000**	**1.00000**	**1.00000**
0.47727	**0.42227**	**0.40659**	**0.36573**	**0.18158**	**0.52764**	**0.38123**	**0.33562**	**0.55611**
0.00002	0.00000		0.00002			0.00000		0.06824
	0.00023	0.00544	0.00963	0.01158	0.00463	0.00331	0.00391	0.02677
								0.03075
								0.00341
	0.00003			0.00000002		0.00002		0.00489
0.00030	0.00043	0.00110	0.00030	0.00017	0.00018	0.00062	0.00200	0.03416
0.00022	0.00005	0.00007	0.01621	0.00000	0.00017	0.00002	0.00052	0.00196
0.00066	0.00133		0.00107	0.00025	0.00042	0.00041		0.00140
0.00132	0.00067		0.00028	0.00001		0.00000		0.00698
0.01697	0.03973	0.00856	0.00240	0.00621	0.00913	0.16746	0.07610	0.00984
0.07850	0.03108	0.03088	0.09289	0.00333	0.00493	0.01659	0.03853	0.03854
0.00517	0.01879	0.03377	0.01934	0.00604	0.34242	0.01573	0.00222	0.04687
	0.00001	0.00004		0.00104	0.00007	0.00011		0.02875
						0.00000		0.03817
0.00015	0.00163	0.02618	0.05630	0.00024		0.00001		0.00753
0.00466	0.00134	0.00001	0.00316	0.00036	0.00002	0.00002	0.00001	0.00972
0.00007	0.00003		0.00002	0.00013	0.06395	0.00000		0.00522
0.02801	0.00024	0.00029	0.00008		0.00025	0.00003		0.00464
0.02413	0.00126	0.08795	0.01426	0.00004	0.00311	0.00001		0.00742
0.00294	0.00849	0.00167	0.00190	0.00029	0.00035	0.00029	0.00134	0.00308
	0.02371	0.00019	0.00001	0.00149	0.00008	0.00001		0.00143
0.00011	0.00281	0.00374	0.00350	0.00000				0.00109
								0.00164

3-17 续 表5

单位：万元

	批发和零售 Wholesale and Retail Trades	交通运输、仓储和邮政 Traffic, Transport, Storage and Post	住宿和餐饮 Hotels and Catering Services	信息传输、软件和信息技术服务 Information Transmission, Computer Services and Software	金融 Financial Intermediation	房地产 Real Estate
金属制品、机械和设备修理服务 Metal Products, Machinery and Equipment Repair Industry	0.00003	0.01544		0.00662	0.00017	0.00194
电力、热力的生产和供应 Production and Supply of Electric Power and Heat Power	0.02867	0.02010	0.01996	0.03984	0.05854	0.02079
燃气生产和供应 Production and Supply of Gas	0.00036	0.00352	0.02039			0.00003
水的生产和供应 Production and Supply of Water	0.00164	0.00110	0.00355	0.00282	0.00425	0.00268
建筑 Construction	0.02728	0.00155	0.00077	0.00862	0.00694	0.00299
批发和零售 Wholesale and Retail Trades	0.02446	0.02559	0.03208	0.03242	0.00557	0.01204
交通运输、仓储和邮政 Traffic, Transport, Storage and Post	0.01900	0.16978	0.01211	0.00993	0.01613	0.01593
住宿和餐饮 Hotels and Catering Services	0.01159	0.01084	0.00206	0.00530	0.02739	0.01012
信息传输、软件和信息技术服务 Information Transmission, Computer Services and Software	0.00261	0.00207	0.00152	0.08757	0.03548	0.00097
金融 Financial Intermediation	0.05599	0.07308	0.01013	0.01218	0.01950	0.17789
房地产 Real Estate	0.03127	0.00619	0.02471	0.04674	0.07390	0.01662
租赁和商务服务 Leasing and Business Services	0.03588	0.01737	0.00179	0.02433	0.02866	0.00813
科学研究和技术服务 Scientific Research and Technical Services	0.00087	0.00183	0.00025	0.00028	0.00002	0.00002
水利、环境和公共设施管理 Management of Water Conservancy, Environment and Public Facilities	0.00017	0.00012	0.00003	0.00045	0.00045	0.00016
居民服务、修理和其他服务 Services to Households and Other Services	0.00733	0.02193	0.00540	0.00270	0.00954	0.00129
教育 Education	0.00277	0.00177	0.00069	0.00146	0.00648	0.00034
卫生和社会工作 Health and Social Work	0.00033	0.00007	0.00015	0.00000		
文化、体育和娱乐 Culture, Sports and Entertainment	0.00119	0.00157	0.00069	0.00174	0.00249	0.00259
公共管理、社会保障和社会组织 Public Management and Social Organization	0.00173	0.00013	0.00011	0.00879	0.00117	0.00046
增加值合计 Total Value-added	**0.71531**	**0.38573**	**0.51382**	**0.56924**	**0.60398**	**0.61296**
劳动者报酬 Compensation of Employees	0.09206	0.14689	0.04113	0.12178	0.20675	0.12904
生产税净额 Net Taxes on Production	0.13844	0.02151	0.01347	0.03037	0.08024	0.11843
固定资产折旧 Depreciation of Fixed Assets	0.03610	0.04189	0.01885	0.21116	0.02631	0.26323
营业盈余 Operating Surplus	0.44871	0.17545	0.44037	0.20594	0.29068	0.10226

CONTINUED

(10000 yuan)

租赁和商务服务 Leasing and Business Services	科学研究和技术服务 Scientific Research and Technical Services	水利、环境和公共设施管理 Management of Water Conservancy, Environment and Public Facilities	居民服务、修理和其他服务 Services to Households and Other Services	教育 Education	卫生和社会工作 Health and Social Work	文化、体育和娱乐 Culture, Sports and Entertainment	公共管理、社会保障和社会组织 Public Management and Social Organization	中间使用合计 Total Intermediate Use
0.00046		0.00145		0.00052	0.00000	0.00012		0.00120
0.01142	0.02545	0.03367	0.02845	0.01969	0.01320	0.02528	0.00290	0.02240
0.00031			0.00940					0.00191
0.00092	0.00094	0.00146	0.00829	0.00724	0.00229	0.00304	0.00017	0.00186
0.00052	0.01901		0.00824	0.01175	0.00200	0.00323		0.00773
0.05373	0.03649	0.01128	0.01052	0.01080	0.01647	0.00780	0.01822	0.03053
0.08978	0.08662	0.02024	0.01253	0.01102	0.01297	0.01420	0.04638	0.03598
0.00898	0.01888	0.02343	0.00510	0.00308	0.00452	0.00621	0.07393	0.00593
0.00265	0.00225	0.00492	0.00155	0.00065	0.00055	0.00205	0.00826	0.00655
0.04676	0.00698	0.02149	0.00204	0.00632	0.00997	0.00237	0.00477	0.02249
0.02054	0.05949	0.00607	0.03853	0.01416	0.00970	0.00662	0.01243	0.01148
0.02894	0.00789	0.01290	0.00257	0.00127	0.01333	0.03404	0.00704	0.01119
0.00006	0.00692			0.000001	0.00001	0.00001	0.00077	0.00177
0.00013	0.00017	0.00593	0.00008	0.00002	0.00006	0.00010	0.00086	0.00063
0.03241	0.01780	0.05861	0.01524	0.05711	0.00720	0.06885	0.02179	0.00795
0.00033	0.00038	0.00189	0.00044	0.00650	0.00471	0.00080	0.00622	0.00106
					0.00014			0.00015
0.00088	0.00096	0.00298	0.00062	0.00024	0.00045	0.00160	0.00585	0.00230
0.01525	0.00021	0.00038	0.00074	0.00001	0.00035	0.00027	0.00140	0.00051
0.52273	**0.57773**	**0.59341**	**0.63427**	**0.81842**	**0.47236**	**0.61877**	**0.66438**	**0.44389**
0.15539	0.35436	0.42584	0.10602	0.61684	0.30635	0.21190	0.57458	0.17512
0.05975	0.02672	0.01746	0.02555	0.00210	0.00251	0.02465	0.00500	0.06811
0.10854	0.07775	0.06261	0.02592	0.08740	0.04824	0.09990	0.07444	0.05007
0.19904	0.11890	0.08751	0.47677	0.11207	0.11527	0.28231	0.01036	0.15058

3-18 42个部门投入产出完全消耗系数表(2012年)

	农林牧渔产品和服务 Forestry, Anima l Husbandry & Fishery	煤炭采选产品 Mining and Washing Products of Coal	石油和天然气开采产品 Extraction Products of Petroleum and Natural Gas	金属矿采选产品 Mining and Processing Products of Metal Ores	非金属矿和其他矿采选产品 Mining and Processing Products of Non-metal Ores and Others	食品和烟草 Manufacture of Foods and Tobacco
农林牧渔产品和服务 Forestry,Animal Husbandry & Fishery Products and Services	0.20840	0.00737	0.00225	0.01898	0.00902	0.57883
煤炭采选产品 Mining and Washing Products of Coal	0.03356	0.45503	0.01571	0.17175	0.05557	0.05116
石油和天然气开采产品 Extraction Products of Petroleum and Natural Gas	0.06538	0.08345	0.02612	0.13445	0.08171	0.05971
金属矿采选产品 Mining and Processing Products of Metal Ores	0.00454	0.01504	0.00332	0.19148	0.03387	0.00512
非金属矿和其他矿采选产品 Mining and Processing Products of Non-metal Ores and Others	0.00142	0.00219	0.00052	0.00357	0.06712	0.00158
食品和烟草 Manufacture of Foods and Tobacco	0.19904	0.00559	0.00191	0.01659	0.00707	0.19762
纺织品 Manufacture of Tobacco	0.00333	0.01135	0.00122	0.00495	0.00478	0.00447
纺织服装鞋帽皮革羽绒及其制品 Manufacture of Textile Wearing Apparel,Caps, Leather, Fur, Feather & Its Products	0.00264	0.00317	0.00164	0.00538	0.00460	0.00253
木材加工品和家具 Processing of Timbers, Manufacture of Furniture	0.00504	0.00627	0.00140	0.02405	0.00375	0.00455
造纸印刷和文教体育用品 Manufacture of Paper,Articles for Culture, Educationand Sport Activities ,Printing	0.01439	0.01914	0.00515	0.01968	0.01312	0.02951
石油、炼焦产品和核燃料加工品 Processing of Petroleum, Coking, Processing of Nuclear Fuel	0.08555	0.12798	0.03326	0.16952	0.11615	0.08175
化学产品 Chemical Industry	0.16934	0.05468	0.02652	0.37342	0.11774	0.12039
非金属矿物制品 Manufacture of Nonmetallic Mineral Products	0.00730	0.00916	0.00178	0.01664	0.03046	0.00858
金属冶炼和压延加工品 Manufacture and Processing of Metals	0.01865	0.05898	0.01367	0.26131	0.14091	0.02079
金属制品 Manufacture of Metal Products	0.00980	0.01462	0.00250	0.04329	0.01681	0.00963
通用设备 Manufacture of General Purpose Machinery	0.00795	0.03947	0.00633	0.07466	0.03030	0.00964
专用设备 Manufacture of Special Purpose Machinery	0.00545	0.01178	0.00956	0.01807	0.07203	0.00413
交通运输设备 Manufacture of Transport Equipment	0.00252	0.00489	0.00194	0.00601	0.01020	0.00323
电气机械和器材 Manufacture of Electrical Machinery & Equipment	0.00567	0.02541	0.00464	0.02643	0.01478	0.00695
通信设备、计算机和其他电子设备 Manufacture of Communication Equipment,Computer and Other Electronic Equipment	0.00479	0.01952	0.00262	0.00973	0.01303	0.00585

TOTAL INPUT COEFFICIENTS OF 42 DEPARTMENTS INPUT-OUTPUT TABLE (2012)

纺织品 Manufacture of Tobacco	纺织服装鞋帽皮革羽绒及其制品 Manufacture of Textile Wearing Apparel, Caps, Leather, Fur, Feather & Its Products	木材加工品和家具 Processing of Timbers, Manufacture of Furniture	造纸印刷和文教体育用品 Manufacture of Paper, Articles for Culture, Educationand Sport Activities ,Printing	石油、炼焦产品和核燃料加工品 Processing of Petroleum, Coking, Processing of Nuclear Fuel	化学产品 Chemical Industry	非金属矿物制品 Manufacture of Nonmetallic Mineral Products	金属冶炼和压延加工品 Manufacture and Processing of Metals	金属制品 Manufacture of Metal Products
0.02565	0.13827	0.25802	0.12541	0.00452	0.04528	0.01004	0.00984	0.01049
0.07485	0.04365	0.08909	0.09420	0.15178	0.06767	0.16367	0.18575	0.13285
0.07778	0.04927	0.08901	0.06593	0.66219	0.24212	0.09592	0.16175	0.12333
0.01392	0.00604	0.02217	0.01976	0.00493	0.00740	0.02131	0.31224	0.16690
0.00199	0.00122	0.00366	0.00356	0.00088	0.00417	0.08544	0.00773	0.00596
0.01957	0.27472	0.05269	0.03914	0.00391	0.04945	0.00882	0.00839	0.00915
0.49246	0.29758	0.00443	0.04832	0.00576	0.00435	0.00541	0.00493	0.00433
0.00374	0.23208	0.00304	0.01813	0.00215	0.00324	0.00397	0.00345	0.00314
0.00439	0.00302	0.57757	0.08205	0.00314	0.00360	0.00682	0.00901	0.00702
0.03205	0.02512	0.03764	0.43199	0.00948	0.02369	0.02147	0.01859	0.02194
0.08373	0.05950	0.10755	0.08350	0.09722	0.19288	0.13250	0.24076	0.18081
0.32569	0.15949	0.28946	0.18224	0.06193	0.55724	0.15088	0.12814	0.12882
0.00956	0.00571	0.01071	0.01359	0.00333	0.00952	0.28521	0.01579	0.02115
0.05755	0.02472	0.09190	0.06313	0.02001	0.03037	0.08214	0.30959	0.69838
0.00739	0.00582	0.03533	0.01056	0.00541	0.01122	0.01362	0.01879	0.14157
0.01712	0.01163	0.03331	0.02027	0.01102	0.01637	0.02839	0.04214	0.10212
0.00560	0.00533	0.02155	0.00713	0.00797	0.00508	0.01215	0.01003	0.01287
0.00297	0.00249	0.01683	0.00403	0.00255	0.00420	0.00457	0.00440	0.00695
0.00992	0.00620	0.01923	0.01082	0.00739	0.00992	0.01377	0.01976	0.02347
0.00697	0.00455	0.01760	0.01093	0.00493	0.00546	0.00799	0.00948	0.01100

3-18 续表1

	农林牧渔产品和服务 Forestry, Anima 1 Husbandry & Fishery	煤炭采选产品 Mining and Washing Products of Coal	石油和天然气开采产品 Extraction Products of Petroleum and Natural Gas	金属矿采选产品 Mining and Processing Products of Metal Ores	非金属矿和其他矿采选产品 Mining and Processing Products of Non-metal Ores and Others	食品和烟草 Manufacture of Foods and Tobacco
仪器仪表 Manufacture of Measuring Instruments	0.00089	0.00280	0.00276	0.00272	0.01435	0.00120
其他制造产品 Other Manufacturing	0.00046	0.00112	0.00084	0.00125	0.00162	0.00064
废品废料 Comprehensive Utilization of Waste Resources Industry	0.00217	0.00306	0.00072	0.01191	0.00674	0.00187
金属制品、机械和设备修理服务 Metal Products, Machinery and Equipment Repair Industry	0.00195	0.00949	0.00048	0.00624	0.00277	0.00360
电力、热力的生产和供应 Production and Supply of Electric Power and Heat Power	0.03271	0.13137	0.02232	0.21367	0.06109	0.04947
燃气生产和供应 Production and Supply of Gas	0.00099	0.00205	0.00028	0.00304	0.00173	0.00139
水的生产和供应 Production and Supply of Water	0.00182	0.00650	0.00192	0.01258	0.00272	0.00423
建筑 Construction	0.00554	0.00657	0.00106	0.00631	0.00332	0.00690
批发和零售 Wholesale and Retail Trades	0.09151	0.05449	0.00753	0.08007	0.04987	0.12078
交通运输、仓储和邮政 Traffic, Transport, Storage and Post	0.05984	0.13340	0.01154	0.17514	0.06464	0.09776
住宿和餐饮 Hotels and Catering Services	0.00543	0.00927	0.00236	0.01225	0.00689	0.00856
信息传输、软件和信息技术服务 Information Transmission, Computer Services and Software	0.00726	0.07460	0.00442	0.02588	0.03156	0.01348
金融 Financial Intermediation	0.02478	0.06100	0.02984	0.08833	0.03664	0.03940
房地产 Real Estate	0.00868	0.04782	0.00430	0.02892	0.02504	0.01496
租赁和商务服务 Leasing and Business Services	0.01169	0.02497	0.02049	0.02931	0.01648	0.02196
科学研究和技术服务 Scientific Research and Technical Services	0.00199	0.01625	0.00067	0.00646	0.00669	0.00327
水利、环境和公共设施管理 Management of Water Conservancy, Environment and Public Facilities	0.00105	0.00880	0.00028	0.00278	0.00362	0.00150
居民服务、修理和其他服务 Services to Households and Other Services	0.00725	0.04351	0.00351	0.02098	0.01935	0.01530
教育 Education	0.00150	0.00154	0.00041	0.00165	0.00092	0.00148
卫生和社会工作 Health and Social Work	0.00034	0.00175	0.00005	0.00056	0.00072	0.00038
文化、体育和娱乐 Culture, Sports and Entertainment	0.00226	0.02569	0.00110	0.01026	0.01055	0.00440
公共管理、社会保障和社会组织 Public Management and Social Organization	0.00049	0.00141	0.00042	0.00124	0.00077	0.00086
影响力系数 Influence coefficient	**0.84831**	**1.05473**	**0.51063**	**1.32970**	**0.88250**	**1.04548**

CONTINUED

纺织品 Manufacture of Tobacco	纺织服装鞋帽皮革羽绒及其制品 Manufacture of Textile Wearing Apparel, Caps, Leather, Fur, Feather & Its Products	木材加工品和家具 Processing of Timbers, Manufacture of Furniture	造纸印刷和文教体育用品 Manufacture of Paper, Articles for Culture, Educationand Sport Activities ,Printing	石油、炼焦产品和核燃料加工品 Processing of Petroleum, Coking, Processing of Nuclear Fuel	化学产品 Chemical Industry	非金属矿物制品 Manufacture of Nonmetallic Mineral Products	金属冶炼和压延加工品 Manufacture and Processing of Metals	金属制品 Manufacture of Metal Products
0.00148	0.00093	0.00207	0.00140	0.00317	0.00196	0.00301	0.00297	0.00319
0.00098	0.00161	0.00086	0.00088	0.00110	0.00084	0.00094	0.00117	0.00176
0.00380	0.00229	0.00523	0.00534	0.00119	0.00750	0.04766	0.04655	0.02685
0.00338	0.00339	0.00455	0.00428	0.00205	0.00346	0.00540	0.00625	0.00695
0.10210	0.05729	0.08954	0.08189	0.04671	0.06563	0.11269	0.18457	0.14577
0.00456	0.00174	0.00191	0.00172	0.00119	0.00133	0.00272	0.00578	0.00822
0.00653	0.00412	0.00371	0.00430	0.00291	0.00361	0.00434	0.00655	0.00713
0.00598	0.00603	0.00546	0.00701	0.00326	0.00693	0.00587	0.00574	0.00754
0.10412	0.14065	0.09475	0.10938	0.05694	0.10098	0.12369	0.06875	0.11335
0.08146	0.07830	0.12992	0.10608	0.04978	0.09140	0.14177	0.14565	0.17654
0.01312	0.00830	0.01145	0.01211	0.00469	0.00888	0.00997	0.01155	0.01428
0.01940	0.01167	0.01790	0.02232	0.01274	0.01443	0.02198	0.02686	0.02790
0.04724	0.03389	0.04927	0.05019	0.03838	0.04148	0.05287	0.11614	0.09729
0.02465	0.01697	0.01715	0.02015	0.01158	0.01546	0.02120	0.02641	0.02803
0.01749	0.01665	0.02275	0.02353	0.02147	0.03084	0.02185	0.02165	0.03237
0.00575	0.00322	0.00451	0.00518	0.00462	0.00594	0.00549	0.00621	0.00903
0.00212	0.00126	0.00199	0.00241	0.00197	0.00155	0.00242	0.00285	0.00283
0.01504	0.01193	0.01496	0.01690	0.01144	0.01264	0.01844	0.02142	0.02189
0.00173	0.00120	0.00137	0.00177	0.00086	0.00131	0.00157	0.00179	0.00192
0.00042	0.00029	0.00043	0.00050	0.00040	0.00033	0.00050	0.00057	0.00057
0.00666	0.00444	0.00761	0.00748	0.00583	0.00498	0.00775	0.01084	0.01155
0.00115	0.00084	0.00091	0.00123	0.00065	0.00101	0.00102	0.00102	0.00154
1.09445	**1.10298**	**1.30480**	**1.12584**	**0.93932**	**1.08392**	**1.10450**	**1.29390**	**1.42039**

3-18 续 表2

	通用设备 Manufacture of General Purpose Machinery	专用设备 Manufacture of Special Purpose Machinery	交通运输设备 Manufacture of Transport Equipment	电气机械和器材 Manufacture of Electrical Machinery & Equipment	通信设备、计算机和其他电子设备 Manufacture of Communication Equipment, Computer and Other Electronic Equipment
农林牧渔产品和服务 Forestry, Animal Husbandry & Fishery Products and Services	0.01049	0.01025	0.01029	0.01138	0.01482
煤炭采选产品 Mining and Washing Products of Coal	0.10940	0.12523	0.08866	0.09309	0.03384
石油和天然气开采产品 Extraction Products of Petroleum and Natural Gas	0.09376	0.08853	0.07694	0.09043	0.03644
金属矿采选产品 Mining and Processing Products of Metal Ores	0.12297	0.10663	0.07652	0.11003	0.01756
非金属矿和其他矿采选产品 Mining and Processing Products of Non-metal Ores and Others	0.00448	0.00553	0.00623	0.00432	0.00115
食品和烟草 Manufacture of Foods and Tobacco	0.00861	0.00828	0.00895	0.00998	0.01289
纺织品 Manufacture of Tobacco	0.00509	0.00421	0.00720	0.00588	0.00497
纺织服装鞋帽皮革羽绒及其制品 Manufacture of Textile Wearing Apparel, Caps, Leather, Fur, Feather & Its Products	0.00430	0.00442	0.00549	0.00332	0.00185
木材加工品和家具 Processing of Timbers, Manufacture of Furniture	0.01001	0.01210	0.00670	0.00642	0.00342
造纸印刷和文教体育用品 Manufacture of Paper, Articles for Culture, Educationand Sport Activities ,Printing	0.02353	0.02044	0.02199	0.02161	0.02484
石油、炼焦产品和核燃料加工品 Processing of Petroleum, Coking, Processing of Nuclear Fuel	0.13666	0.12991	0.10857	0.12618	0.05312
化学产品 Chemical Industry	0.09856	0.08777	0.10351	0.14698	0.04525
非金属矿物制品 Manufacture of Nonmetallic Mineral Products	0.01794	0.03368	0.04561	0.01957	0.00507
金属冶炼和压延加工品 Manufacture and Processing of Metals	0.51496	0.43654	0.31988	0.46092	0.07315
金属制品 Manufacture of Metal Products	0.08717	0.04835	0.03133	0.04767	0.03087
通用设备 Manufacture of General Purpose Machinery	0.26695	0.14482	0.10834	0.04697	0.01782
专用设备 Manufacture of Special Purpose Machinery	0.03575	0.07987	0.00947	0.01555	0.00242
交通运输设备 Manufacture of Transport Equipment	0.01359	0.00501	0.40509	0.00398	0.00437
电气机械和器材 Manufacture of Electrical Machinery & Equipment	0.03287	0.02956	0.06589	0.13137	0.05092
通信设备、计算机和其他电子设备 Manufacture of Communication Equipment, Computer and Other Electronic Equipment	0.02669	0.01815	0.07836	0.02818	0.66043

CONTINUED

仪器仪表 Manufacture of Measuring Instruments	其他制造产品 Other Manufacturing	废品废料 Comprehensive Utilization of Waste Resources Industry	金属制品、机械和设备修理服务 Metal Products, Machinery and Equipment Repair Industry	电力、热力的生产和供应 Production and Supply of Electric Power and Heat Power	燃气生产和供应 Production and Supply of Gas	水的生产和供应 Production and Supply of Water	建筑 Construction	批发和零售 Wholesale and Retail Trades
0.01112	0.01838	0.00329	0.01932	0.00761	0.00612	0.00857	0.01301	0.00735
0.05150	0.24700	0.01842	0.13160	0.53374	0.10777	0.05948	0.10343	0.03154
0.05887	0.10177	0.02193	0.13255	0.11836	0.10299	0.04490	0.09094	0.03395
0.04145	0.06679	0.00174	0.13051	0.01971	0.08567	0.00680	0.07716	0.00468
0.00199	0.00301	0.00031	0.00432	0.00213	0.00264	0.00098	0.05519	0.00193
0.00996	0.01692	0.00314	0.01880	0.00602	0.00525	0.00710	0.00910	0.00669
0.00323	0.00627	0.00122	0.00906	0.00648	0.00291	0.00386	0.00457	0.00265
0.00256	0.00622	0.00253	0.01821	0.00350	0.00234	0.00240	0.00632	0.00218
0.00405	0.00515	0.00132	0.00763	0.00449	0.00428	0.00292	0.01209	0.00233
0.02326	0.03316	0.00772	0.03367	0.02247	0.01281	0.03069	0.01666	0.01538
0.07560	0.13245	0.03046	0.15985	0.17836	0.11019	0.06074	0.12988	0.05358
0.15100	0.24972	0.04263	0.11025	0.05117	0.06013	0.09483	0.12531	0.01662
0.00877	0.00867	0.00135	0.01375	0.01182	0.00794	0.00386	0.32996	0.01078
0.17338	0.27898	0.00711	0.54204	0.07951	0.35862	0.02778	0.32149	0.01923
0.01285	0.04367	0.00222	0.05046	0.01382	0.01861	0.00882	0.03930	0.00493
0.01808	0.02475	0.00676	0.12104	0.05843	0.19456	0.01597	0.02889	0.00682
0.00304	0.01128	0.00071	0.00867	0.00831	0.00851	0.00253	0.01375	0.00157
0.00351	0.00511	0.00080	0.00523	0.00416	0.00450	0.00715	0.00521	0.00351
0.03754	0.01491	0.00287	0.02652	0.07553	0.01412	0.01388	0.03887	0.00673
0.26200	0.02232	0.00133	0.01334	0.01669	0.02808	0.02529	0.00840	0.00521

3-18 续表3

	通用设备 Manufacture of General Purpose Machinery	专用设备 Manufacture of Special Purpose Machinery	交通运输设备 Manufacture of Transport Equipment	电气机械和器材 Manufacture of Electrical Machinery & Equipment	通信设备、计算机和其他电子设备 Manufacture of Communication Equipment, Computer and Other Electronic Equipment
仪器仪表 Manufacture of Measuring Instruments	0.00948	0.00615	0.04146	0.01269	0.00323
其他制造产品 Other Manufacturing	0.00190	0.00114	0.00194	0.00112	0.00175
废品废料 Comprehensive Utilization of Waste Resources Industry	0.03383	0.01835	0.01780	0.01767	0.00313
金属制品、机械和设备修理服务 Metal Products, Machinery and Equipment Repair Industry	0.00562	0.00500	0.00589	0.00459	0.00396
电力、热力的生产和供应 Production and Supply of Electric Power and Heat Power	0.11935	0.11774	0.09856	0.10480	0.04598
燃气生产和供应 Production and Supply of Gas	0.00414	0.00333	0.00371	0.00490	0.00424
水的生产和供应 Production and Supply of Water	0.00502	0.00492	0.00455	0.00477	0.00388
建筑 Construction	0.01076	0.00676	0.00792	0.00717	0.00762
批发和零售 Wholesale and Retail Trades	0.07793	0.09793	0.08863	0.08228	0.07878
交通运输、仓储和邮政 Traffic, Transport, Storage and Post	0.13367	0.12697	0.13224	0.12018	0.09892
住宿和餐饮 Hotels and Catering Services	0.01503	0.01480	0.01533	0.01697	0.04346
信息传输、软件和信息技术服务 Information Transmission, Computer Services and Software	0.04197	0.03049	0.02577	0.02576	0.01521
金融 Financial Intermediation	0.08393	0.10316	0.07211	0.06953	0.04408
房地产 Real Estate	0.03436	0.03041	0.02172	0.02105	0.01422
租赁和商务服务 Leasing and Business Services	0.02836	0.02737	0.02920	0.02635	0.02719
科学研究和技术服务 Scientific Research and Technical Services	0.00968	0.00852	0.00693	0.00638	0.00357
水利、环境和公共设施管理 Management of Water Conservancy, Environment and Public Facilities	0.00476	0.00318	0.00280	0.00283	0.00183
居民服务、修理和其他服务 Services to Households and Other Services	0.02813	0.02224	0.03196	0.02051	0.01389
教育 Education	0.00187	0.00203	0.00205	0.00152	0.00229
卫生和社会工作 Health and Social Work	0.00094	0.00063	0.00055	0.00056	0.00028
文化、体育和娱乐 Culture, Sports and Entertainment	0.02066	0.01327	0.01185	0.01192	0.00831
公共管理、社会保障和社会组织 Public Management and Social Organization	0.00128	0.00121	0.00117	0.00114	0.00135
影响力系数 Influence coefficient	**1.31570**	**1.21530**	**1.28086**	**1.17684**	**1.00676**

CONTINUED

仪器仪表 Manufacture of Measuring Instruments	其他制造产品 Other Manufacturing	废品废料 Comprehensive Utilization of Waste Resources Industry	金属制品、机械和设备修理服务 Metal Products, Machinery and Equipment Repair Industry	电力、热力的生产和供应 Production and Supply of Electric Power and Heat Power	燃气生产和供应 Production and Supply of Gas	水的生产和供应 Production and Supply of Water	建筑 Construction	批发和零售 Wholesale and Retail Trades
0.11345	0.00239	0.00047	0.00300	0.00567	0.09021	0.00300	0.00274	0.00072
0.00093	0.05135	0.00026	0.00222	0.00316	0.00083	0.00112	0.00091	0.00081
0.00716	0.01119	0.07012	0.02103	0.00410	0.01517	0.00170	0.02318	0.00121
0.00319	0.00613	0.00091	0.56275	0.00660	0.00386	0.00306	0.00587	0.00167
0.06490	0.09825	0.02924	0.17704	0.17047	0.07955	0.10019	0.09264	0.05024
0.00225	0.00352	0.00033	0.00438	0.00199	0.50052	0.00167	0.00295	0.00167
0.00625	0.01248	0.00074	0.01277	0.00914	0.00447	0.05924	0.00550	0.00326
0.00565	0.00779	0.00164	0.01283	0.00644	0.00512	0.00494	0.05427	0.03118
0.08600	0.10668	0.00809	0.06613	0.05568	0.04993	0.03163	0.08318	0.03995
0.09014	0.13682	0.01715	0.13241	0.10390	0.10767	0.04485	0.14542	0.04457
0.01738	0.02878	0.00424	0.03948	0.01150	0.00958	0.01146	0.01012	0.01674
0.01421	0.09014	0.00252	0.02986	0.05269	0.01664	0.11922	0.01674	0.00991
0.06249	0.08580	0.01115	0.12806	0.12886	0.05675	0.09794	0.06082	0.08071
0.01600	0.05507	0.00625	0.03823	0.03396	0.01587	0.06524	0.03944	0.04403
0.02523	0.02464	0.00262	0.02457	0.02457	0.01941	0.04675	0.03950	0.04509
0.00566	0.01896	0.00068	0.00909	0.01278	0.00424	0.02445	0.00835	0.00209
0.00139	0.01075	0.00033	0.00295	0.00585	0.00182	0.01400	0.00177	0.00069
0.01482	0.04799	0.00275	0.02515	0.03066	0.01378	0.05766	0.01631	0.01372
0.00143	0.00485	0.00292	0.00422	0.00191	0.00141	0.00166	0.00166	0.00367
0.00027	0.00210	0.00005	0.00046	0.00115	0.00036	0.00276	0.00036	0.00044
0.00582	0.04667	0.00140	0.01270	0.02138	0.00719	0.06356	0.00645	0.00327
0.00111	0.00307	0.00018	0.00141	0.00133	0.00078	0.00221	0.00118	0.00274
0.99762	**1.25803**	**0.52761**	**1.54366**	**1.16390**	**1.25455**	**0.87284**	**1.21690**	**0.65299**

3-18 续表4

	交通运输、仓储和邮政 Traffic, Transport, Storage and Post	住宿和餐饮 Hotels and Catering Services	信息传输、软件和信息技术服务 Information Transmission, Computer Services and Software	金融 Financial Intermediation	房地产 Real Estate	租赁和商务服务 Leasing and Business Services
农林牧渔产品和服务 Forestry,Animal Husbandry & Fishery Products and Services	0.20840	0.00737	0.00225	0.01898	0.00902	0.57883
煤炭采选产品 Mining and Washing Products of Coal	0.03356	0.45503	0.01571	0.17175	0.05557	0.05116
石油和天然气开采产品 Extraction Products of Petroleum and Natural Gas	0.06538	0.08345	0.02612	0.13445	0.08171	0.05971
金属矿采选产品 Mining and Processing Products of Metal Ores	0.00454	0.01504	0.00332	0.19148	0.03387	0.00512
非金属矿和其他矿采选产品 Mining and Processing Products of Non-metal Ores and Others	0.00142	0.00219	0.00052	0.00357	0.06712	0.00158
食品和烟草 Manufacture of Foods and Tobacco	0.19904	0.00559	0.00191	0.01659	0.00707	0.19762
纺织品 Manufacture of Tobacco	0.00333	0.01135	0.00122	0.00495	0.00478	0.00447
纺织服装鞋帽皮革羽绒及其制品 Manufacture of Textile Wearing Apparel,Caps, Leather, Fur, Feather & Its Products	0.00264	0.00317	0.00164	0.00538	0.00460	0.00253
木材加工品和家具 Processing of Timbers, Manufacture of Furniture	0.00504	0.00627	0.00140	0.02405	0.00375	0.00455
造纸印刷和文教体育用品 Manufacture of Paper,Articles for Culture, Educationand Sport Activities ,Printing	0.01439	0.01914	0.00515	0.01968	0.01312	0.02951
石油、炼焦产品和核燃料加工品 Processing of Petroleum, Coking, Processing of Nuclear Fuel	0.08555	0.12798	0.03326	0.16952	0.11615	0.08175
化学产品 Chemical Industry	0.16934	0.05468	0.02652	0.37342	0.11774	0.12039
非金属矿物制品 Manufacture of Nonmetallic Mineral Products	0.00730	0.00916	0.00178	0.01664	0.03046	0.00858
金属冶炼和压延加工品 Manufacture and Processing of Metals	0.01865	0.05898	0.01367	0.26131	0.14091	0.02079
金属制品 Manufacture of Metal Products	0.00980	0.01462	0.00250	0.04329	0.01681	0.00963
通用设备 Manufacture of General Purpose Machinery	0.00795	0.03947	0.00633	0.07466	0.03030	0.00964
专用设备 Manufacture of Special Purpose Machinery	0.00545	0.01178	0.00956	0.01807	0.07203	0.00413
交通运输设备 Manufacture of Transport Equipment	0.00252	0.00489	0.00194	0.00601	0.01020	0.00323
电气机械和器材 Manufacture of Electrical Machinery & Equipment	0.00567	0.02541	0.00464	0.02643	0.01478	0.00695
通信设备、计算机和其他电子设备 Manufacture of Communication Equipment,Computer and Other Electronic Equipment	0.00479	0.01952	0.00262	0.00973	0.01303	0.00585

CONTINUED

科学研究和技术服务 Scientific Research and Technical Services	水利、环境和公共设施管理 Management of Water Conservancy, Environment and Public Facilities	居民服务、修理和其他服务 Services to Households and Other Services	教育 Education	卫生和社会工作 Health and Social Work	文化、体育和娱乐 Culture, Sports and Entertainment	公共管理、社会保障和社会组织 Public Management and Social Organization	感应度系数 Sensitivity coefficient
0.01414	0.01205	0.00579	0.00323	0.01952	0.02507	0.02998	1.19974
0.04201	0.05603	0.06299	0.03713	0.05121	0.04628	0.03144	2.05389
0.06008	0.05929	0.09041	0.01835	0.10127	0.04272	0.04894	1.99356
0.00708	0.01769	0.01547	0.00321	0.01107	0.00606	0.00366	1.12073
0.00195	0.00108	0.00139	0.00105	0.00212	0.00115	0.00063	0.52034
0.00997	0.01084	0.00524	0.00253	0.01987	0.01066	0.02192	0.93949
0.00452	0.00392	0.02668	0.00251	0.00328	0.01083	0.00630	0.81807
0.00362	0.00142	0.00242	0.00096	0.00242	0.00416	0.00216	0.55680
0.00594	0.00258	0.00228	0.00124	0.00325	0.01456	0.00726	0.75415
0.06630	0.02213	0.01091	0.01252	0.02569	0.24466	0.11550	1.09494
0.09163	0.08605	0.14117	0.02734	0.09430	0.06157	0.07665	2.23038
0.05621	0.08387	0.05980	0.02001	0.54551	0.06514	0.03020	2.51214
0.00953	0.00416	0.00603	0.00648	0.00713	0.00493	0.00262	0.81539
0.02855	0.07364	0.06444	0.01311	0.04521	0.02191	0.01367	2.77822
0.00841	0.04079	0.06953	0.00604	0.00872	0.00809	0.00442	0.79539
0.00933	0.01309	0.01759	0.00458	0.01744	0.00794	0.00526	1.06703
0.00216	0.00314	0.00290	0.00108	0.07141	0.00215	0.00159	0.60432
0.00357	0.00274	0.00187	0.00083	0.00329	0.00297	0.00209	0.65537
0.00892	0.10692	0.02274	0.00440	0.01131	0.00743	0.00380	0.79983
0.02441	0.00933	0.00724	0.00283	0.00509	0.00474	0.00654	1.05389

3-18 续 表5

	交通运输、仓储和邮政 Traffic, Transport, Storage and Post	住宿和餐饮 Hotels and Catering Services	信息传输、软件和信息技术服务 Information Transmission, Computer Services and Software	金融 Financial Intermediation	房地产 Real Estate	租赁和商务服务 Leasing and Business Services
仪器仪表 Manufacture of Measuring Instruments	0.00281	0.00262	0.00320	0.00112	0.00087	0.00245
其他制造产品 Other Manufacturing	0.00142	0.03450	0.00140	0.00167	0.00095	0.00116
废品废料 Comprehensive Utilization of Waste Resources Industry	0.00224	0.00180	0.00155	0.00149	0.00124	0.00195
金属制品、机械和设备修理服务 Metal Products, Machinery and Equipment Repair Industry	0.03062	0.00196	0.01314	0.00267	0.00468	0.00472
电力、热力的生产和供应 Production and Supply of Electric Power and Heat Power	0.06288	0.04836	0.07029	0.08998	0.05217	0.04309
燃气生产和供应 Production and Supply of Gas	0.00807	0.03154	0.00133	0.00176	0.00122	0.00273
水的生产和供应 Production and Supply of Water	0.00406	0.00590	0.00513	0.00666	0.00498	0.00319
建筑 Construction	0.00606	0.00471	0.01337	0.01025	0.00635	0.00499
批发和零售 Wholesale and Retail Trades	0.06028	0.07415	0.05900	0.02972	0.03042	0.08129
交通运输、仓储和邮政 Traffic, Transport, Storage and Post	0.24049	0.05324	0.04528	0.04892	0.04301	0.13977
住宿和餐饮 Hotels and Catering Services	0.02047	0.00752	0.01584	0.03330	0.01838	0.01764
信息传输、软件和信息技术服务 Information Transmission, Computer Services and Software	0.01502	0.01161	0.10406	0.04809	0.01383	0.01221
金融 Financial Intermediation	0.11928	0.03830	0.04623	0.05718	0.20436	0.08312
房地产 Real Estate	0.02575	0.03592	0.06251	0.08844	0.03754	0.03683
租赁和商务服务 Leasing and Business Services	0.03525	0.01252	0.03756	0.03924	0.02062	0.04325
科学研究和技术服务 Scientific Research and Technical Services	0.00468	0.00249	0.00204	0.00194	0.00151	0.00199
水利、环境和公共设施管理 Management of Water Conservancy, Environment and Public Facilities	0.00125	0.00112	0.00129	0.00135	0.00088	0.00092
居民服务、修理和其他服务 Services to Households and Other Services	0.03601	0.01351	0.01049	0.01783	0.00855	0.04333
教育 Education	0.00346	0.00169	0.00257	0.00738	0.00201	0.00169
卫生和社会工作 Health and Social Work	0.00031	0.00040	0.00016	0.00018	0.00013	0.00017
文化、体育和娱乐 Culture, Sports and Entertainment	0.00581	0.00471	0.00528	0.00604	0.00544	0.00410
公共管理、社会保障和社会组织 Public Management and Social Organization	0.00117	0.00071	0.01059	0.00243	0.00126	0.01639
影响力系数 Influence coefficient	**0.98140**	**0.86818**	**0.79213**	**0.76751**	**0.73984**	**0.83566**

CONTINUED

科学研究和技术服务 Scientific Research and Technical Services	水利、环境和公共设施管理 Management of Water Conservancy, Environment and Public Facilities	居民服务、修理和其他服务 Services to Households and Other Services	教育 Education	卫生和社会工作 Health and Social Work	文化、体育和娱乐 Culture, Sports and Entertainment	公共管理、社会保障和社会组织 Public Management and Social Organization	感应度系数 Sensitivity coefficient
0.02750	0.00217	0.00200	0.00210	0.00147	0.00080	0.00075	0.55456
0.00418	0.00547	0.00439	0.00053	0.00070	0.00087	0.00292	0.45728
0.00173	0.00321	0.00290	0.00082	0.00412	0.00158	0.00089	0.57636
0.00392	0.00443	0.00188	0.00179	0.00233	0.00205	0.00237	0.70245
0.05449	0.06875	0.05995	0.03434	0.05240	0.05427	0.02366	1.78027
0.00213	0.00280	0.01558	0.00128	0.00122	0.00191	0.00336	0.65983
0.00310	0.00400	0.01070	0.00896	0.00463	0.00537	0.00187	0.51029
0.02364	0.00325	0.01110	0.01407	0.00616	0.00636	0.00261	0.54543
0.06327	0.03866	0.03549	0.01991	0.06412	0.03811	0.04159	1.55887
0.13325	0.05959	0.04698	0.02584	0.06392	0.05078	0.07755	1.99833
0.02553	0.02927	0.00946	0.00536	0.01042	0.01088	0.07811	0.66899
0.01014	0.01501	0.01068	0.00552	0.01052	0.01021	0.01445	0.84011
0.04631	0.04892	0.03193	0.01965	0.04112	0.02534	0.02564	1.46860
0.07265	0.01935	0.04860	0.02165	0.02163	0.01798	0.02252	0.90145
0.01984	0.02343	0.01205	0.00564	0.02930	0.04345	0.01504	0.82282
0.00892	0.00226	0.00239	0.00109	0.00319	0.00189	0.00206	0.49616
0.00090	0.00692	0.00108	0.00051	0.00107	0.00094	0.00141	0.44384
0.02653	0.06785	0.02229	0.06170	0.01612	0.07726	0.02881	0.80800
0.00135	0.00272	0.00107	0.00689	0.00563	0.00146	0.00694	0.43879
0.00016	0.00020	0.00020	0.00010	0.00035	0.00017	0.00013	0.40766
0.00392	0.00674	0.00442	0.00213	0.00408	0.00453	0.00785	0.56711
0.00090	0.00114	0.00123	0.00029	0.00116	0.00128	0.00196	0.42914
0.79533	**0.80911**	**0.77961**	**0.56262**	**0.95582**	**0.77849**	**0.70930**	

主要统计指标解释

国内生产总值(GDP) 指按市场价格计算的一个国家（或地区）所有常住单位在一定时期内生产活动的最终成果。国内生产总值有三种表现形态，即价值形态、收入形态和产品形态。从价值形态看，它是所有常住单位在一定时期内生产的全部货物和服务价值与同期投入的全部非固定资产货物和服务价值的差额，即所有常住单位的增加值之和；从收入形态看，它是所有常住单位在一定时期内创造并分配给常住单位和非常住单位的初次收入之和；从产品形态看，它是所有常住单位在一定时期内最终使用的货物和服务价值与货物和服务净出口价值之和。在实际核算中，国内生产总值有三种计算方法，即生产法、收入法和支出法。三种方法分别从不同的方面反映国内生产总值及其构成。

对于一个地区来说，称为地区生产总值或地区GDP。

三次产业 三产业的划分是世界上较为常用的产业结构分类，但各国的划分不尽一致。根据《国民经济行业分类》（GB/T 4754—2011），我国的三次产业划分是：

第一产业是指农、林、牧、渔业（不含农、林、牧、渔服务业）。

第二产业是指采矿业（不含开采辅助活动），制造业（不含金属制品、机械和设备修理业），电力、热力、燃气及水生产和供应业，建筑业。

第三产业即服务业，是指除第一产业、第二产业以外的其他行业。

劳动者报酬 指劳动者因从事生产活动所获得的全部报酬。包括劳动者获得的各种形式的工资、奖金和津贴，既包括货币形式的，也包括实物形式的，还包括劳动者所享受的公费医疗和医药卫生费、上下班交通补贴、单位支付的社会保险费、住房公积金等。

生产税净额 指生产税减生产补贴后的余额。生产税指政府对生产单位从事生产、销售和经营活动以及因从事生产活动使用某些生产要素(如固定资产、土地、劳动力)所征收的各种税、附加费和规费。生产补贴与生产税相反，指政府对生产单位的单方面转移支出，因此视为负生产税，包括政策亏损补贴、价格补贴等。

固定资产折旧 指一定时期内为弥补固定资产损耗按照规定的固定资产折旧率提取的固定资产折旧，或按国民经济核算统一规定的折旧率虚拟计算的固定资产折旧。它反映了固定资产在当期生产中的转移价值。各类企业和企业化管理的事业单位的固定资产折旧是指实际计提的折旧费；不计提折旧的政府机关、非企业化管理的事业单位和居民住房的固定资产折旧是按照统一规定的折旧率和固定资产原值计算的虚拟折旧。原则上，固定资产折旧应按固定资产的重置价值计算，但是目前我国尚不具备对全社会固定资产进行重估价的基础，所以暂时只能采用上述办法。

营业盈余 指常住单位创造的增加值扣除劳动者报酬、生产税净额和固定资产折旧后的余额。它相当于企业的营业利润加上生产补贴，但要扣除从利润中开支的工资和福利等。

支出法国内生产总值 是从最终使用的角度反映一个国家(或地区)一定时期内生产活动最终成果的一种方法，包括最终消费支出、资本形成总额及货物和服务净出口三部分。计算公式为：

支出法国内生产总值=最终消费支出+资本形成总额+货物和服务净出口

最终消费支出 指常住单位为满足物质、文化和精神生活的需要，从本国经济领土和国外购买的货物和服务的支出。它不包括非常住单位在本国经济领土内的消费支出。最终消费支出分为居民消费支出和政府消费支出。

居民消费支出 指常住住户在一定时期内对于货物和服务的全部最终消费支出。居民消费支出除了直接以货币形式购买的货物和服务的消费支出外，还包括以其他方式获得的货物和服务的消费支出，即所谓的虚拟消费支出。居民虚拟消费支出包括如下几种类型：单位以实物报酬及实物转移的形式提供给劳动者的货物和服务；住户生产并由本住户消费了的货物和服务，其中的服务仅指住户的自有住房服务和付酬的家庭雇员提供的家庭和个人服务；金融机构提供的金融媒介服务。

政府消费支出　指政府部门为全社会提供的公共服务的消费支出和免费或以较低的价格向居民住户提供的货物和服务的净支出，前者等于政府服务的产出价值减去政府单位所获得的经营收入的价值，后者等于政府部门免费或以较低价格向居民住户提供的货物和服务的市场价值减去向住户收取的价值。

资本形成总额　指常住单位在一定时期内获得减去处置的固定资产和存货的净额，包括固定资本形成总额和存货变动两部分。

固定资本形成总额　指常住单位在一定时期内获得的固定资产减处置的固定资产的价值总额。固定资产是通过生产活动生产出来的，且其使用年限在一年以上、单位价值在规定标准以上的资产，不包括自然资产。可分为有形固定资本形成总额和无形固定资本形成总额。有形固定资本形成总额包括一定时期内完成的建筑工程、安装工程和设备工器具购置(减处置)价值，以及土地改良、新增役、种、奶、毛、娱乐用牲畜和新增经济林木价值。无形固定资本形成总额包括矿藏的勘探、计算机软件等获得减处置。

存货变动　指常住单位在一定时期内存货实物量变动的市场价值，即期末价值减期初价值的差额，再扣除当期由于价格变动而产生的持有收益。存货变动可以是正值，也可以是负值，正值表示存货上升，负值表示存货下降。存货包括生产单位购进的原材料、燃料和储备物资等存货，以及生产单位生产的产成品、在制品和半成品等存货。

货物和服务净出口　指货物和服务出口减货物和服务进口的差额。出口包括常住单位向非常住单位出售或无偿转让的各种货物和服务的价值；进口包括常住单位从非常住单位购买或无偿得到的各种货物和服务的价值。由于服务活动的提供与使用同时发生，一般把常住单位从非常住单位得到的服务作为进口，非常住单位从常住单位得到的服务作为出口。货物的出口和进口都按离岸价格计算。

直接消耗系数　也称为投入系数，记为aij(i，j=1，2，…，n)它是指在生产经营过程中第 j 产品(或产业)部门的单位总产出所直接消耗的第 i 产品部门货物或服务的价值量，将各产品(或产业)部门的直接消耗系数用表的形式表现出来，就是直接消耗系数表或直接消耗系数矩阵，通常用字母A表示。

完全消耗系数　指第 j 产品部门每提供一个单位最终使用时，对第 i 产品部门货物或服务的直接消耗和间接消耗之和。将各产品部门的完全消耗系数用表的形式表现，就是完全消耗系数表或完全消耗系数矩阵，通常用字母B表示。

Explanatory Notes on Main Statistical Indicators

Gross Domestic Product (GDP) refers to the final products at market prices produced by all resident units in a country during a certain period of time. Gross domestic product is expressed in three different perspectives, namely value, income, and products respectively. GDP in its value perspective refers to the balance of total value of all goods and services produced by all resident units during a certain period of time, minus the total value of input of goods and services of the nature of non-fixed assets; in other words, it is the sum of the value-added of all resident units. GDP from the perspective of income includes the primary income created by all resident units and distributed to resident and non-resident units. GDP from the perspective of products refers to the value of all goods and services for final demand by all resident units plus the net exports of goods and services during a given period of time. In the practice of national accounting, gross domestic product is calculated from three approaches, namely production approach, income approach and expenditure approach, which reflect gross domestic product and its composition from different angles.

For a region, it is called as Gross Regional Product(GRP) or regional GDP.

Three Strata of Industry Classification of economic activities into three strata of industry is a common practice in the world, although the grouping varies to some extent from country to country. In China, according to Industrial classification for National Economic Activities (GB/T 4754—2011), economic activities are categorized into the following three strata of industry:

Primary industry refers to agriculture, forestry, animal husbandry and fishery industries (not including services in support of agriculture, forestry, animal husbandry and fishery industries).

Secondary industry refers to mining and quarrying(not including support activities for mining), manufacturing(not including repair service of metal products, machinery and equipment), production and supply of electricity, heat, gas and water, and construction.

Tertiary industry refers to all other economic activities not included in the primary or secondary industries.

Compensation of Employees refers to the total payment of various forms to employees for the productive activities they are engaged in. It includes wages, bonuses and allowances, which the employees earn in cash or in kind. It also includes the free medical services provided to the employees and the medicine expenses, transport subsidies and social insurance, and housing fund paid by the employers.

Net Taxes on Production refers to taxes on production less subsidies on production. The taxes on production refers to the various taxes, extra charges and fees levied on the production units on their production, sale and business activities as well as on the use of some factors of production, such as fixed assets, land and labour in the production activities they are engaged in. In contrast to taxes on production, subsidies on production refer to the unilateral government transfer to the production units and are therefore regarded as negative taxes on production. They include subsidies on the loss due to implementation of government policies, price subsidies, etc.

Depreciation of Fixed Assets refers to the depreciation of fixed assets in a given period, drawn in accordance with the stipulated depreciation rate for the purpose of compensating the wear-and-tear loss of the fixed assets or the depreciation of fixed assets imputed in accordance with the stipulated unified depreciation rate in the national economic accounting system. It reflects the value of transfer of the fixed assets in the production of the current period. The depreciation of fixed assets in various enterprises and institutions managed as enterprises refers to the depreciation expenses actually drawn. In government agencies and institutions not managed as enterprises which do not draw the depreciation expenses, as well as for the houses of residents, the depreciation of fixed assets is the imputed depreciation, which is calculated in accordance with the stipulated unified depreciation rate. In principle, the depreciation of fixed assets should be calculated on the basis of the re-purchased value of the fixed assets. However, currently the conditions in China do not facilitate the revaluation of all the fixed assets. Therefore, only the above-mentioned methods can be adopted at present.

Operating Surplus refers to the balance of the value added created by the resident units after deducting the labourers remuneration, net taxes on production and the depreciation of fixed assets. It is equivalent to the business profit of the enterprises plus subsidies to production, but the wages and welfare expenses paid from the profits should be deducted.

GDP by Expenditure Approach refers to the method of measuring the final results of production activities of a country (region) during a given period from the perspective of final uses. It includes final consumption expenditure, gross capital formation and net export of goods and services. The formula for computation is.:

GDP by expenditure approach = final consumption expenditure + gross capital formation + net export of goods and services

Final Consumption Expenditure refers to the total expenditure of resident units for purchases of goods and services from both the domestic economic territory and abroad to meet the needs of material, cultural and spiritual life. It does not include the expenditure of non-resident units on consumption in the economic territory of the country. The final consumption expenditure is broken down into household consumption expenditure and government consumption expenditure.

Household Consumption Expenditure refers to the total expenditure of resident households on the final consumption of goods and services. In addition to the consumption of goods and services bought by the households directly with money, the household consumption expenditure also includes expenditure on goods and services obtained by the households in other ways, i.e. the so-called imputed consumption expenditure, which includes the following: (a) the goods and services provided to households by employers in the form of payment in kind and transfer in kind; (b) goods and services produced and consumed by the households themselves, in which the services refer to the owner-occupied housing and services offered by paid family employees; (c) financial intermediate services provided by financial institution.

Government Consumption Expenditure refers to the consumption expenditure spent for the provision of public services provided by the government to the whole country and the net expenditure on the goods and services provided by the government to households free of charge or at reduced prices. The former equals to the output value of the government services minus the value of operating income obtained by the government departments. The latter equals to the market value of the goods and services provided by the government free of charge or at reduced prices to the households minus the value received by the government from the households.

Gross Capital Formation refers to the fixed assets acquired less disposals and the net value of inventory, thus including gross fixed capital formation and changes in inventories.

Gross Fixed Capital Formation refers to the value of acquisitions less those disposals of fixed assets during a given period. Fixed assets are the assets produced through production activities with unit value above a specified amount and which could be used for over one year. Natural assets are not included. Gross fixed capital formation can be categorized into total tangible fixed capital formation and total intangible fixed capital formation. Total tangible fixed capital formation includes the value of the construction projects and installation projects completed and the equipment, apparatus and instruments purchased (less those disposed) as well as the value of land improved, the value of draught animals, breeding stock and animals for milk, for wool and for recreational purposes and the newly increased forest with economic value. Total intangible fixed capital formation includes the prospecting of minerals and the acquisition of computer software minus the disposal of them.

Changes in Inventories refers to the market value of the change in the physical volume of inventory of resident units during a given period, i.e. the difference between the values at the beginning and at the end of the period minus the gains due to the change in prices. The changes in inventories can have a positive or a negative value. A positive value indicates an increase in inventory while a negative value indicates a decrease in inventory. The inventory includes raw materials, fuels and reserve materials purchased by the production units as well as the inventory of finished products, semi-finished products and work-in-progress.

Net Export of Goods and Services refers to the exports of goods and services subtracting the imports of goods and services. Exports include the value of various goods and services sold or gratuitously transferred by resident units to non-resident units. Imports include the value of various goods and services purchased or gratuitously acquired resident units from non-resident units. Because the provision of services and the use of them happen simultaneously, the acquisition of services by resident units from abroad is usually treated as import while the acquisition of services by non-resident units in this country is usually treated as export. The exports and imports of goods are calculated at FOB.

Direct Input Coefficient refers to the volume of products and services of industry i, which is consumed directly by industry j in the course of its production or business, recorded as aij (i, j=1, 2, …, n). The table of direct input coefficients, or the direct input coefficients matrix, usually denoted as A, is a table that presents direct input coefficients of all industries.

Total Input Coefficient refers to the volume of products and services of industry i which is consumed directly and indirectly by industry j in producing each unit of final use. The table of total input coefficients, or total input coefficients matrix, usually denoted as B, is a table that presents total input coefficients of all industries.

第四篇　价格指数

CHAPTER 4 PRICE INDICES

资料整理：赵伟志　代传奎　张红艳　王　彦
朱剑锋

4-1 各种价格指数

PRICE INDICES

上年=100　　(preceding year=100)

年 份 Year	商品零售价格指数 Retail Price Index	居民消费价格指数 Consumer Price Index			建筑安装工程价格指数 Construction and Installation	固定资产投资价格指数 Price Index for Investment In Fixed Assets	农业生产资料价格指数 Price Index for Means of Agricultural Production	工业生产者购进价格指数 Purchasing Price Index for Industrial Producers	工业生产者出厂价格指数 Producer Price Index for Industrial Products
			城市 Urban Areas	农村 Rural Areas					
1978	100.2	100.5	100.5						
1979	101.8	102.5	102.5						
1980	105.6	107.3	107.3						
1981	102.1	102.1	102.1						
1982	102.8	103.0	103.0						
1983	102.2	102.5	102.5						
1984	104.4	104.3	104.4	103.1					
1985	111.7	111.8	111.9	110.0					
1986	105.9	106.2	106.0	107.5					
1987	109.6	109.4	109.7	106.6					
1988	117.8	118.0	118.6	116.1			114.9		
1989	114.0	114.6	114.6	114.6			111.9		
1990	104.9	105.7	105.6	106.3	103.4		104.3		
1991	106.5	107.4	108.2	105.3	109.0	107.5	105.4		
1992	108.5	109.2	109.7	105.9	112.0	113.5	109.6	112.9	111.6
1993	114.6	114.8	115.2	113.7	132.9	128.0	124.6	139.6	141.3
1994	120.7	121.9	122.0	121.3	107.2	109.0	125.9	119.3	129.0
1995	114.3	116.1	115.9	116.2	104.8	106.5	123.1	112.7	116.1
1996	105.1	107.1	107.6	105.8	103.3	103.4	110.3	103.4	104.6
1997	102.2	104.4	104.5	103.8	103.8	102.7	100.6	104.4	102.3
1998	98.4	100.4	100.9	99.7	101.6	100.8	96.0	97.7	97.8
1999	96.1	96.8	97.0	96.3	99.7	99.7	96.5	98.2	107.4
2000	97.8	98.3	98.7	97.2	103.1	101.5	98.6	108.6	122.9
2001	100.4	100.8	100.8	100.4	100.6	100.1	98.9	99.5	96.0
2002	98.5	99.3	99.3	99.5	101.1	100.2	99.7	99.3	97.8
2003	99.7	100.9	100.8	101.2	102.7	102.3	101.8	107.6	111.9
2004	102.8	103.8	103.5	105.2	106.1	104.6	112.0	115.2	113.1
2005	100.4	101.2	100.8	102.3	102.2	102.2	108.6	111.8	116.7
2006	101.5	101.9	101.8	102.4	102.2	102.1	101.9	105.6	109.9
2007	105.6	105.4	105.4	105.4	105.5	104.5	109.4	105.0	105.3
2008	105.8	105.6	105.0	107.2	111.9	109.0	122.7	114.1	114.0
2009	98.9	100.2	99.8	101.2	94.8	97.6	94.2	93.4	87.4
2010	103.1	103.9	103.6	104.9	106.7	105.2	105.6	114.5	115.0
2011	104.5	105.8	105.6	106.4	109.9	107.5	110.2	111.1	112.0
2012	102.2	103.2	103.3	102.9	101.0	100.8	107.8	98.8	100.0
2013	101.1	102.2	102.0	103.1	100.4	100.1	104.1	98.7	98.0
2014	100.8	101.5	101.4	101.6	99.9	100.0	100.3	97.6	97.1

注：1. 1994年后商品零售价格指数不包括农业生产资料。
　　2. 从2011年起工业品出厂价格指数改为工业生产者出厂价格指数，原材料、燃料、动力购进价格指数改为工业生产者购进价格指数(下同)。

Note: a) Since 1994, Retail Price Indices Exclude Agricultural Means of Production.
b) From 2011, the producer price index for manufactured goods and the purchasing price index for raw materials, fuel and power changed to the producer price index for industrial products and the purchasing price index for industrial producers. The same applies to the tables following.

4-2 各种价格定基指数

EIXED-BASE PRICE INDICES

年 份 Year	商品零售价格指数 Retail Price Index	居民消费价格指数 Consumer Price Index	城市 Urban Areas	农村 Rural Areas	建筑安装工程价格指数 Construction and Installation	固定资产投资价格指数 Price Index for Investment In Fixed Assets	农业生产资料价格指数 Price Index for Means of Agricultural Production	工业生产者购进价格指数 Purchasing Price Index for Industrial Producers	工业生产者出厂价格指数 Producer Price Index for Industrial Products
1978=100									
1979	101.8	102.5	102.5						
1980	107.5	110.0	110.0						
1981	109.7	112.3	112.3						
1982	112.8	115.7	115.7						
1983	115.3	118.6	118.6						
1984	120.4	123.7	123.8						
1985	134.6	100.0	138.6	100.0					
1986	142.5	106.2	146.9	107.5					
1987	156.2	116.2	161.1	114.6					
1988	184.0	137.1	191.1	133.1					
1989	209.8	157.1	219.0	152.5					
1990	220.1	166.1	231.3	162.1	100.0	100.0	100.0		
1991	234.4	178.4	250.3	170.7	109.0	107.5	105.4		
1992	254.3	194.8	274.6	180.8	122.1	122.0	115.5		
1993	291.5	223.6	316.3	205.6	162.2	156.2	143.9		
1994	351.8	272.6	385.9	249.4	173.9	170.2	181.2		
1995	402.1	316.5	447.3	289.8	182.3	181.3	223.1	100.0	100.0
1996	422.6	339.0	481.3	306.6	188.3	187.5	246.1	103.4	104.6
1997	431.9	353.9	503.0	318.3	195.4	192.5	247.5	107.9	107.0
1998	425.0	355.3	507.5	317.3	198.6	194.1	237.6	105.5	104.7
1999	408.0	343.8	491.8	305.4	198.0	193.5	229.3	103.6	112.4
2000	399.0	337.9	485.4	296.8	204.1	196.4	226.1	112.5	138.1
2001	400.6	340.6	489.3	298.0	205.3	196.6	223.6	111.9	132.6
2002	394.6	338.2	485.9	296.5	207.6	197.0	222.9	111.1	129.7
2003	393.4	341.2	489.8	300.1	213.2	201.5	226.9	119.5	145.1
2004	404.4	354.2	506.9	315.7	226.2	210.8	254.1	137.7	164.1
2005	406.0	358.5	510.9	322.9	231.2	215.4	276.0	153.9	191.5
2006	412.1	365.3	520.1	330.6	236.3	219.9	281.2	162.5	210.5
2007	435.2	385.0	548.2	348.5	249.3	229.8	307.6	170.6	221.7
2008	460.4	406.6	575.6	373.6	279.0	250.5	377.4	194.7	252.7
2009	455.3	407.4	574.4	378.1	264.5	244.5	355.5	181.8	220.9
2010	469.4	423.3	595.1	396.6	282.2	257.2	375.4	208.2	254.0
2011	490.5	447.8	628.4	422.0	310.2	276.5	413.7	231.3	284.5
2012	501.3	462.1	649.1	434.2	313.3	278.7	446.0	228.5	284.5
2013	506.8	472.3	662.1	447.7	314.6	279.0	464.3	225.5	278.8
2014	510.9	479.4	671.4	454.9	314.3	279.0	465.7	220.1	270.7

注:居民消费价格总指数及农村居民消费价格指数以1985年为基期，农业生产资料、建筑安装工程价格指数和固定资产投资价格指数以1990年为基期，工业生产者出厂价格指数和工业生产者购进价格指数以1995年为基期。

Note:The index of year 1985 is defined as 100 in Consumer Price Index and Rural Consumer Price Index,the index of year 1990 is defined as 100 in Price Index for Means of Agricultural Production, Build-in Project Price Index and Price Index of Investment In Fixed Assets, the index of year 1995 is defined as 100 in Purchasing Price Index for Industrial Producers and Producer Price Index forIndustrial Products.

4-3 商品零售价格分类指数(上年=100)

RETAIL PRICE INDICES BY CATEGORY OF COMMODITIES(PRECEDING YEAR=100)

类别	Category	全省 Total		城市 Urban		农村 Rural	
		2013	2014	2013	2014	2013	2014
商品零售价格总指数	**Retail Price Index**	**101.1**	**100.8**	**100.9**	**100.8**	**101.7**	**100.7**
食品类	**Food**	**104.3**	**102.2**	**103.9**	**102.5**	**106.1**	**100.8**
粮　食	Grain	104.5	103.3	104.3	103.5	104.8	102.8
淀粉及薯类	Starches and Tubers	101.2	100.9	100.1	99.6	106.5	106.3
干豆类及豆制品	Bean and Its Products	105.5	102.3	105.2	101.4	106.5	105.4
油　脂	Oil or Fat	96.1	93.7	97.1	94.6	93.8	91.6
肉禽及其制品	Meal, Poultry and Their Products	106.7	99.3	106.3	99.4	109.3	98.7
蛋	Eggs	102.8	110.1	103.1	111.5	101.8	104.6
水产品	Aquatic Products	102.3	108.5	101.7	109.7	106.2	100.5
菜	Vegetables	107.4	93.2	106.8	93.7	110.2	91.2
调味品	Flavoring	103.0	102.6	101.6	103.4	107.3	100.4
糖	Sugar	102.3	100.1	100.5	100.3	109.4	99.3
干鲜瓜果	Dried and Fresh Melons and Fruits	102.9	111.9	101.7	111.9	109.7	112.3
糕点饼干面包	Cake, Biscuit and Bread	104.3	101.2	102.4	100.7	113.8	103.6
奶及奶制品	Milk and Its Products	104.2	107.8	104.0	107.6	105.7	109.5
在外用膳食品	Outward Dinner Food	103.6	102.4	103.3	102.3	105.3	102.8
其它食品	Other Foods	100.5	101.1	99.7	100.6	102.9	102.7
饮料、烟酒	**Beverage, Tobacco and Liquor**	**101.1**	**100.3**	**101.0**	**100.1**	**101.5**	**101.2**
茶及饮料	Tea and Beverages	101.5	101.0	101.1	100.9	102.5	101.3
烟　草	Tobacco	100.4	100.1	100.4	100.0	100.8	100.9
酒	Liquor	101.5	100.2	101.5	99.9	101.4	101.3
服装、鞋帽类	**Garments, Shoes and Hats**	**102.5**	**102.9**	**102.5**	**102.6**	**102.5**	**104.0**
服　装	Garments	102.4	102.4	102.6	102.4	100.8	102.5
鞋袜帽	Footgear and Hats	103.0	104.1	102.2	103.4	105.6	106.5
其　它	Others	99.5	100.4	99.3	99.3	100.5	105.8
纺织品类	**Textiles**	**99.3**	**101.8**	**98.9**	**101.9**	**100.5**	**101.5**
衣着材料	Cotton Cloth	101.2	102.6	101.3	102.6	101.0	102.6
床上用品	Blend Cloth	97.8	101.2	97.3	101.4	100.1	100.4

4-3 续表 CONTINUED

类　别	Category	全省 Total		城市 Urban		农村 Rural	
		2013	2014	2013	2014	2013	2014
家用电器及音像器材	**Household Appliances and Music and Video Equipment**	**96.5**	**98.4**	**96.1**	**98.1**	**98.7**	**100.0**
家庭设备	Household Facilities	98.8	99.3	98.6	99.1	99.5	100.2
文娱用耐用消费品	Durable Consumer Goods for Recreational Use	92.3	96.8	90.9	96.0	97.4	99.7
音像器材类	Sound and Video Equipment	100.4	99.2	100.5	99.1	100.0	100.2
文化办公用品	**Cultural and Official Appliances**	**96.3**	**99.4**	**95.8**	**98.8**	**98.4**	**101.7**
日用品	**Articles for Daily Use**	**100.5**	**100.1**	**100.4**	**99.9**	**101.1**	**100.9**
日用百货	General Merchandise for Daily Use	100.7	99.6	100.5	99.4	101.7	100.8
日用杂品	Sundries for Daily Use	99.7	100.6	99.5	100.5	100.4	101.2
洗涤用品	Articles for Washing	101.1	100.2	101.1	100.1	100.9	100.9
其它日用品	Others	100.2	100.3	99.8	100.1	101.1	100.8
体育娱乐用品	**Sports and Recreation Articles**	**101.7**	**99.6**	**102.0**	**99.4**	**100.1**	**100.3**
体育用品	Sports Goods	105.6	100.8	106.9	100.9	100.1	100.6
娱乐用品	Amusement Goods	98.7	98.5	98.5	98.4	100.2	99.8
交通、通信用品	**Transportation and Communication Articles**	**95.4**	**97.6**	**95.6**	**97.0**	**94.5**	**100.2**
交通运输机械	Transportation Facility	97.9	97.0	97.8	96.8	99.4	98.6
通讯器材类	Communication Facility	91.1	98.6	90.9	97.4	91.6	101.2
家　具	**Furniture**	**99.5**	**105.3**	**99.6**	**106.0**	**99.2**	**101.9**
化妆品类	**Cosmetics**	**102.0**	**100.8**	**102.3**	**100.8**	**100.1**	**100.3**
金银珠宝类	**Gold,Silver and Jewelry**	**98.3**	**87.1**	**99.8**	**86.1**	**90.5**	**92.5**
中西药品及医疗保健用品	**Medicines and Health Cares Articles**	**101.3**	**101.6**	**101.6**	**101.7**	**99.8**	**101.2**
医疗器具及用品	Medical Treatment Appliance Articals	101.2	101.3	100.2	101.7	104.3	100.1
中药材及中成药	Chinese Traditional Medicines	101.2	101.5	102.9	101.5	96.9	101.6
西　药	Western Medicine	100.6	101.5	100.7	101.6	100.6	101.0
保健器具及用品	Health Care Appliances and Articles	106.9	102.7	108.1	103.2	103.6	101.4
书报杂志及电子出版物	**Newspapers，Magazines and E-journal**	**100.1**	**101.2**	**99.7**	**101.5**	**101.8**	**100.0**
教材及参考书	Teaching Materials and Reference Books	101.9	101.7	101.6	102.1	103.4	100.0
书报杂志	Newspapers and Magazines	98.3	99.7	98.0	99.6	100.7	100.4
电子音像制品	E-journal	99.9	103.3	99.8	104.0	100.0	99.6
燃料类	**Fuels**	**99.1**	**98.6**	**98.4**	**98.9**	**101.6**	**97.6**
煤炭及制品类	Coal and Their Products	94.2	96.9	90.4	98.2	102.3	94.6
石油及制品类	Oil and Their Products	101.4	99.3	101.4	99.1	101.1	100.0
建筑材料及五金电料类	**Building Materials, Hardware and Electric Materials**	**99.1**	**101.0**	**99.2**	**101.2**	**98.9**	**100.4**
建筑装潢材料	Building Decoration Materials	98.2	100.9	98.2	101.1	98.1	100.2
五金电料类	Hardware and Electric Materials	102.3	101.2	102.7	101.3	101.1	100.9

4-4 居民消费价格分类指数(上年=100)

CONSUMER PRICE INDICES BY CATEGORY(PRECEDING YEAR=100)

类 别	Category	全省 Total		城市 Urban		农村 Rural	
		2013	2014	2013	2014	2013	2014
居民消费价格总指数	**General Consumer Price Index**	**102.2**	**101.5**	**102.0**	**101.4**	**103.1**	**101.6**
食 品	**Food**	**104.3**	**102.0**	**103.8**	**102.1**	**105.8**	**101.8**
粮 食	Grain	104.6	103.2	104.4	103.7	104.8	102.4
#大米	#Rice	103.8	101.7	104.9	101.6	102.3	102.0
面粉	Flour	107.0	102.8	105.1	102.6	109.4	103.0
淀粉及制品	Starches and Tubers	101.3	101.5	99.6	99.7	107.1	106.9
干豆类及豆制品	Bean and Its Products	104.9	102.4	104.8	101.6	105.0	105.4
油 脂	Oil or Fat	95.5	93.3	96.5	94.3	94.0	91.8
肉禽及其制品	Meal, Poultry and Their Products	106.8	99.0	106.1	99.2	109.1	98.3
蛋	Eggs	102.8	109.7	103.0	110.8	101.9	104.4
水产品	Aquatic Products	101.8	107.0	101.1	108.7	105.1	99.4
菜	Vegetables	107.6	93.3	107.1	93.7	110.4	90.9
#鲜菜	#Fresh Vegetables	107.5	92.2	107.1	92.6	110.0	89.1
调味品	Flavoring	103.4	102.5	101.7	103.2	107.7	100.7
糖	Carbohydrate	101.1	100.1	100.1	100.1	110.0	99.8
茶及饮料	Tea and Beverages	101.6	101.2	101.5	100.9	101.8	101.9
干鲜瓜果	Dried and Fresh Melons and Fruits	103.9	112.3	101.5	111.8	109.2	113.1
#鲜果	#Fresh Fruits	104.1	114.6	101.3	115.0	109.4	113.8
糕点饼干面包	Cake, Biscuit and Bread	104.0	101.4	102.4	101.0	113.4	103.6
液态乳及乳制品	Milk and Its Products	103.8	107.2	103.7	107.0	105.6	109.5
在外用膳食品	Dining Out	103.6	102.2	103.2	102.1	105.7	103.0
其它食品及食品加工服务	Other Foods	101.7	101.4	100.3	100.1	102.1	101.9
烟酒及用品	**Tobacco,Liquor and Articles**	**101.6**	**100.9**	**101.1**	**100.0**	**102.4**	**102.4**
烟 草	Tobacco	101.1	101.0	100.4	100.0	102.4	102.7
酒	Liquor	102.0	100.9	101.8	100.1	102.3	102.1
衣 着	**Clothing**	**102.2**	**102.9**	**102.2**	**102.8**	**102.1**	**103.4**
服 装	Garments	102.0	102.4	102.3	102.4	100.8	102.3
衣着材料	Clothing Material	101.4	102.3	101.5	102.1	100.8	102.9
鞋袜帽	Footgear, Hats	102.5	104.4	101.8	104.0	104.9	105.6
衣着加工服务	Clothing Manufacturing Services	103.8	101.2	103.5	100.8	109.9	106.9
家庭设备用品及维修服务	**Household Facilities, Articles and Services**	**100.0**	**100.8**	**100.0**	**100.7**	**100.0**	**101.1**
耐用消费品	Durable Consumer Goods	98.6	100.3	98.5	100.3	98.8	100.3
家 具	Furniture	99.5	104.0	99.7	104.8	99.1	101.7
家庭设备	Household Facilities	98.2	99.0	98.1	98.7	98.7	99.8
室内装饰品	Interior Decorations	99.8	99.9	99.6	99.9	100.3	100.0
床上用品	Bed Articles	97.4	99.9	96.9	99.9	100.1	100.1
家庭日用杂品	Daily Use Household Articles	101.0	100.8	101.1	100.7	100.6	101.5
家庭服务及加工维修服务	Other Household Service and Maintenance and Renovation	105.5	104.2	105.0	103.5	111.6	112.4

4-4 续表 CONTINUED

类　别	Category	全 省 Total		城市 Urban		农村 Rural	
		2013	2014	2013	2014	2013	2014
医疗保健和个人用品	**Health Cares & Personal Articles**	**101.4**	**102.2**	**101.5**	**102.2**	**101.0**	**102.4**
医疗保健	Health Care	101.4	103.0	101.7	103.1	100.7	102.6
医疗器具及用品	Medical Instrument and Articles	101.0	101.3	100.3	101.6	104.1	100.1
中药材及中成药	Traditional Chinese Medicine	102.3	102.1	103.5	102.2	97.7	101.8
西药	Western Medicine	100.7	101.5	100.7	101.6	100.6	101.0
保健器具及用品	Health Care Appliances and Articles	105.0	102.7	105.1	102.7	101.5	101.2
医疗保健服务	Health Care Services	101.3	105.5	101.1	106.9	101.6	103.9
个人用品及服务	Personal Articles and Services	101.2	100.2	100.9	99.8	102.2	101.5
化妆美容用品	Cosmetics	100.8	100.8	100.7	100.6	101.5	101.5
清洁化妆用品	Sanitation Articles	102.2	103.0	103.0	102.9	99.6	103.1
个人饰品	Personal Ornaments	97.4	92.7	97.6	91.7	97.0	96.1
个人服务	Personal Services	103.8	103.8	102.3	103.5	110.6	105.1
交通和通信	**Transportation and Communication**	**98.7**	**99.6**	**98.2**	**99.5**	**100.0**	**99.7**
交　通	Transportation	100.0	99.5	99.1	99.5	101.5	99.4
交通工具	Transportation Facility	99.5	96.2	98.3	95.6	100.2	96.5
车用燃料及零配件	Fuels and Parts	98.7	98.8	99.2	98.8	98.4	98.8
车辆使用及维修费	Fees for Vehicles Use and Maintenance	102.7	102.0	103.1	102.1	100.4	101.0
市区公共交通费	Incity Traffic Fare	99.5	99.7	99.5	99.7	100.0	100.0
城市间交通费	Intercity Traffic Fare	100.9	101.7	97.5	100.7	105.8	103.0
通　信	Communication	97.3	99.7	97.2	99.5	97.5	100.3
通信工具	Communication Facility	87.4	98.7	84.0	96.4	91.3	101.1
通信服务	Communication Service	99.2	99.9	98.9	99.9	100.0	100.0
娱乐教育文化用品及服务	**Recreation, Education and Culture Articles and Services**	**100.7**	**100.9**	**100.6**	**100.9**	**101.5**	**101.4**
文娱用耐用消费品及服务	Durable Consumer Goods for Cultural and Recreational Use and Services	93.3	99.5	91.9	98.1	97.4	103.5
教　育	Education	102.7	101.5	103.0	101.7	101.6	100.5
教材及参考书	Teaching Materials and Reference Books	101.6	101.7	101.6	101.8	101.6	100.0
教育服务	Education Services	102.9	101.5	103.2	101.7	101.6	100.5
文化娱乐	Cultural and Recreational Articles	98.8	99.8	98.8	99.8	100.7	100.7
文化娱乐用品	Cultural Articles	99.6	98.6	99.5	98.5	102.5	101.4
书报杂志	Newspapers and Magazines	98.7	99.8	98.7	99.8	100.5	100.4
文娱费	Expenditure on Culture and Recreation	98.3	100.9	98.3	100.9	99.1	100.2
旅　游	Touring and Outing	101.6	101.0	100.0	100.7	120.4	104.1
居　住	**Residence**	**102.4**	**100.6**	**102.0**	**100.4**	**103.4**	**101.2**
建房及装修材料	Building and Building Decoration Materials	98.7	101.5	99.5	102.7	97.8	100.2
住房租金	Renting	103.1	101.1	103.2	100.9	102.3	103.9
自有住房	Private Housing	103.8	100.7	101.9	99.7	107.4	102.7
水电燃料	Water, Electricity and Fuels	102.7	99.9	102.8	100.1	102.1	98.3

4-5 农业生产资料价格分类指数(上年=100)

PRICE INDICES FOR MEANS OF AGRICULTURAL PRODUCTION BY CATEGORY (PRECEDING YEAR=100)

指　标	Item	2010	2011	2012	2013	2014
总指数	**General Indice**	**105.6**	**110.2**	**107.8**	**104.1**	**100.3**
农用手工工具	Farm Handtools	100.9	108.3	102.5	102.1	102.0
饲　料	Forage	107.0	105.4	104.8	103.9	101.2
产品畜	Commodity Animals	101.9	135.5	113.6	104.3	100.2
半机械化农具	Semi-mechanized Farm Tools	101.0	103.6	100.9	100.4	100.0
机械化农具	Mechanized Farm Machinery	100.8	108.5	101.9	100.4	100.9
化学肥料	Chemical Fertilizer	97.7	114.8	108.3	98.8	93.8
农药及农药械	Pesticide & Its Appliances	98.5	102.4	100.9	100.6	101.1
化学农药	Chemical Pesticide	98.4	102.4	100.9	100.7	101.2
农药械	Pesticide Appliances	99.5	102.1	101.0	100.0	100.0
农机用油	Oil for Farm Machinery	110.2	110.7	103.0	99.0	98.3
其他农业生产资料	Others Means of Agricultural Production	126.0	103.4	113.6	108.8	102.6
农业生产服务	Service for Agricultural Production	117.4	110.1	111.5	113.1	106.4

4-6 农产品生产价格指数(上年＝100)

PRODUCER PRICE INDICES FOR FARM PRODUCTS (PRECEDING YEAR=100)

指　标	Item	2010	2011	2012	2013	2014
总指数	**General Indice**	**110.0**	**116.5**	**105.9**	**101.0**	**100.7**
农业产品	Agricultural Products	109.6	114.3	107.0	100.2	101.8
林业产品	Forestry Products		130.5	93.5	80.9	96.3
畜牧业产品	Animal Husbandry Products	105.7	118.2	100.4	105.7	95.2
渔业产品	Fishery Products	108.6	104.4	100.2	93.4	98.0

4-7 按工业部门分工业生产者出厂价格指数(上年=100)

PRODUCER PRICE INDICES FOR INDUSTRIAL PRODUCTS BY SECTOR (PRECEDING YEAR=100)

指　标	Item	2010	2011	2012	2013	2014
总指数	**General Indice**	**115.0**	**112.0**	**100.0**	**98.0**	**97.1**
轻工业	Light Industry	106.4	110.6	102.5	100.8	99.5
以农产品为原料	Using Farm Products as Raw Materials	107.3	110.7	101.6	101.4	99.5
以非农产品为原料	Using Non-Farm Products as Raw Materials	103.8	109.4	110.0	96.0	99.9
重工业	Heavy Industry	117.9	112.4	99.3	97.2	96.4
采掘工业	Mining & Quarrying Industry	130.9	129.1	98.3	95.4	94.7
原料工业	Raw Materials Industry	113.1	107.5	100.2	98.2	95.7
加工工业	Manufacturing Industry	101.3	103.6	98.9	97.5	98.5
生产资料	Means of Production	116.9	112.9	99.5	97.2	96.4
采　掘	Mining & Quarrying Industry	129.7	129.1	98.3	95.4	94.7
原　料	Raw Materials Industry	113.2	108.4	100.7	97.9	95.8
加　工	Manufacturing Industry	102.2	104.5	98.8	97.9	98.4
生活资料	Consumer Goods	106.7	108.4	102.1	101.0	99.8
食　品	Food	107.7	110.6	102.2	101.2	99.6
衣　着	Clothing	108.7	110.6	102.8	104.1	99.3
一般日用品	Articles for Daily Use	100.9	99.5	101.6	100.9	100.4
耐用消费品	Durable Consumer Goods	100.1	96.9	101.0	97.5	100.8
冶金工业	Metallurgical Industry	105.0	112.0	91.9	92.8	93.0
电力工业	Power Industry	103.9	97.4	103.1	100.7	99.8
煤炭及炼焦工业	Coal and coking Industry	109.7	107.1	100.1	94.1	86.9
石油工业	Petroleum Industry	130.8	126.9	99.6	96.2	96.1
化学工业	Chemical Industry	109.9	106.9	98.1	100.1	98.5
机械工业	Machine Building Industry	101.0	100.4	99.2	97.8	99.8
建筑材料工业	Building Materials Industry	107.5	111.6	103.4	98.0	98.0
森林工业	Timber Industry	101.1	105.9	104.8	100.0	101.6
食品工业	Food Industry	108.5	111.1	102.0	101.4	99.5
纺织工业	Textile Industry	102.3	108.9	101.3	100.5	104.7
缝纫工业	Tailoring Industry	101.2	103.7	102.8	100.7	100.1
皮革工业	Leather Industry	123.6	109.8	109.3	112.7	95.2
造纸工业	Paper Industry	101.9	105.5	96.5	98.1	97.9
文教艺术用品工业	Cultural,Educational & Handicrafts Articles	101.4	103.4	104.4	101.2	98.2
其他工业	Others	106.0	103.7	101.8	101.4	101.9

4-8 按工业行业分工业生产者出厂价格指数(上年=100)

PRODUCER PRICE INDICES FOR INDUSTRIAL PRODUCTS BY SECTOR (PRECEDING YEAR=100)

指　标	Item	2010	2011	2012	2013	2014
采矿业	**Mining**					
煤炭开采和洗选业	Mining and Washing of Coal	108.2	105.0	101.0	97.0	87.9
石油和天然气开采业	Extraction of Petroleum and Natural Gas	135.1	132.8	97.6	95.2	95.2
黑色金属矿采选业	Mining of Ferrous Metal Ores	111.3	108.8	94.3	97.2	88.7
有色金属矿采选业	Mining of Non-ferrous Metal Ores	124.1	115.2	93.0	92.7	99.6
非金属矿采选业	Mining and Processing of Nonmetal Ores	97.9	107.8	100.5	96.9	103.0
其他采矿业	Mining of Other Ores n.e.c					
制造业	**Manufacturing**					
农副食品加工业	Processing of Food from Agricultural Products	109.7	114.3	101.2	101.2	98.3
食品制造业	Manufacture of Foods	109.9	106.4	100.8	102.4	102.3
饮料制造业	Manufacture of Beverage	103.0	108.0	102.8	100.5	99.5
烟草制品业	Manufacture of Tobacco	98.1	99.6	111.6	102.0	100.0
纺织业	Manufacture of Textile	102.3	109.0	101.3	100.5	104.7
纺织服装、鞋、帽制造业	Manufacture of Textile Wearing Apparel, Footware, and Caps	101.1	103.4	102.7	100.7	100.1
皮革、毛皮、羽毛（绒）及其制品业	Manufacture of Leather, Fur, feather and Its Products	120.8	109.4	109.7	112.6	95.4
木材加工及木、竹、藤、棕草制品业	Processing of Timbers, Manufacture of Wood, Bamboo, Rattan, Palm, and Straw Products	101.6	106.9	105.7	99.8	101.4
家具制造业	Manufacture of Furniture	99.2	101.2	101.1	100.3	102.3
造纸及纸制品业	Manufacture of Paper and Paper Products	101.9	105.5	96.5	98.1	97.9
印刷业和记录媒介的复制	Printing,Reproduction of Recording Media	102.1	99.7	100.9	104.0	99.2
文教体育用品制造业	Manufacture of Articles for Culture,Education and Sport Activity	100.5	110.3	110.2	100.0	97.5
石油加工、炼焦及核燃料加工业	Processing of Petroleum ,Coking,Processing of Nucleus Fuel	121.0	114.1	100.5	96.1	94.5
化学原料及化学制品制造业	Manufacture of Chemical Raw Material and Chemical Products	116.8	109.5	96.1	99.1	97.7
医药制造业	Manufacture of Medicines	100.0	98.3	100.9	101.4	100.9
化学纤维制造业	Manufacture of Chemical Fiber	116.6	107.4	76.4	99.1	99.8
橡胶制品业	Manufacture of Rubber	108.3	112.2	93.6	95.3	87.8
塑料制品业	Manufacture of Plastic	100.6	101.2	105.5	100.0	100.2
非金属矿物制品业	Manufacture of Non-metallic Mineral Products	109.0	110.7	102.6	98.3	98.3
黑色金属冶炼及压延加工业	Manufacture and Processing of Ferrous Metals	105.8	114.2	88.0	90.7	91.2
有色金属冶炼及压延加工业	Manufacture and Processing of Non-ferrous Metals	98.8	109.6	101.7	92.0	92.1
金属制品业	Manufacture of Metal Products	100.4	105.2	101.9	98.8	100.4
通用设备制造业	Manufacture of General Purpose Machinery	101.6	101.3	100.4	97.0	99.5
专用设备制造业	Manufacture of Dpecial Purpose Machinery	102.0	100.1	100.8	99.3	100.5
交通运输设备制造业	Manufacture of Transport Equipment	99.2	98.7	97.4	98.3	99.6
电气机械及器材制造业	Manufacture of Electrical Machinery and Equipment	102.7	101.4	97.1	97.0	100.0
通信设备、计算机及其他电子设备制造业	Manufacture of Communication Equipment ,Computer and Other Electronic Equipment	94.5	105.2	100.8	99.6	100.2
仪器仪表及文化、办公用机械制造业	Manufacture of Measuring Instrument and Machinery for Cultural Activity and Office Work	99.2	99.6	99.5	97.8	100.6
工艺品及其他制造业	Manufacture of Artwork and Other Manufacturing	113.9	124.1	121.2	90.6	98.1
废弃资源和废旧材料回收加工业	Recycling and Disposal of Waste	106.4	102.3	100.8	100.0	100.0
电力、燃气及水的生产和供应业	**Production and Distribution of Electricity,Gas and Water**					
电力、热力的生产和供应业	Recycling and Supply of Electric Power and Heat Power	103.9	97.4	103.1	100.7	99.8
燃气生产和供应业	Production and Distribution of Gas	107.8	112.1	108.5	104.3	101.7
水的生产和供应业	Production and Distribution of Water	107.5	99.9	102.0	103.4	100.2

4-9 工业生产者购进价格指数(上年=100)

PURCHASING PRICE INDICES FOR INDUSTRIAL PRODUCERS (PRECEDING YEAR=100)

指　标	Item	2010	2011	2012	2013	2014
总指数	**General Indice**	**114.5**	**111.1**	**98.8**	**98.7**	**97.6**
燃料、动力类	Fuels and Motive Power	119.0	113.8	99.5	98.0	95.6
黑色金属材料类	Ferrous Metals Materials	103.8	110.4	95.7	95.7	96.7
#钢　材	#Steel Products	102.9	110.5	95.9	94.9	96.5
其　他	Others	109.5	110.1	94.7	98.6	97.6
有色金属材料和电线类	Nonferrous Metals Materials and Electric Wire	108.4	104.4	99.1	99.3	98.8
化工原料类	Chemical Raw Materials	121.5	104.3	93.3	99.4	101.2
木材及纸浆类	Logging and Paper Pulp	106.7	107.3	99.7	98.7	101.3
建筑材料类及非金属矿类	Building Materials and Nonmetal Minerals	105.5	103.9	106.5	102.1	101.0
其他工业原料及半成品	Others Industry Materials & Semi Finished Articles	105.3	105.8	99.4	99.9	100.9
农副产品类	Farm Products	115.1	113.0	101.8	103.9	100.4
纺织原料类	Textile Raw Materials	107.5	122.4	104.6	96.6	100.4

4-10 固定资产投资价格指数(上年=100)

PRICE INDICES FOR INVESTMENT IN FIXED ASSETS(PRECEDING YEAR=100)

年　份 Year	总指数 General Index	建筑安装工程 Construction and Installation	设备、工器具购置 Purchase of Equipments and Instruments	其他费用 Other Expenses
1995	106.5	106.7	108.3	101.3
1996	103.4	103.3	105.0	101.3
1997	102.7	103.8	100.2	100.2
1998	100.8	101.6	98.9	100.9
1999	99.7	99.7	99.8	99.4
2000	101.5	103.1	97.3	100.7
2001	100.1	100.6	98.6	100.2
2002	100.2	101.1	96.9	101.5
2003	102.3	102.7	100.8	103.0
2004	104.6	106.1	101.4	102.0
2005	102.2	102.2	101.8	102.9
2006	102.1	102.2	101.3	103.4
2007	104.5	105.5	99.9	109.1
2008	109.0	111.9	100.6	110.9
2009	97.6	94.8	97.8	112.0
2010	105.2	106.7	100.4	107.6
2011	107.5	109.9	101.1	107.2
2012	100.8	101.0	99.3	102.8
2013	100.1	100.4	98.7	101.8
2014	100.0	99.9	99.7	101.4

4-11 建筑安装工程价格指数(上年=100)

BUILD-IN PROJECT PRICE INDEX(PRECEDING YEAR=100)

年 份 Year	总指数 General Index	人工费 Manpower Cost Price Index	材料费 Material Price Index	钢 材 Steel Products	木 材 Timber
1995	104.8	111.0	103.4	92.7	98.0
1996	103.3	115.0	102.8	98.9	100.0
1997	103.8	107.5	99.5	98.1	102.6
1998	101.6	103.4	101.4	99.0	100.0
1999	99.7	103.3	99.0	97.4	100.7
2000	103.1	104.1	103.0	104.6	101.5
2001	100.6	105.2	99.1	98.9	101.0
2002	101.1	101.5	101.2	99.2	107.9
2003	102.7	103.6	102.8	109.1	100.8
2004	106.1	104.0	107.4	114.7	103.6
2005	102.2	105.6	101.5	101.4	105.8
2006	102.2	108.7	100.6	98.5	103.7
2007	105.5	113.3	103.5	104.2	107.7
2008	111.9	115.5	110.7	116.5	112.7
2009	94.8	111.7	90.8	82.5	104.8
2010	106.7	111.1	105.1	105.0	107.8
2011	109.9	113.7	109.0	111.5	110.6
2012	101.0	107.3	97.6	93.2	102.4
2013	100.4	102.7	98.8	94.7	100.1
2014	99.9	101.5	98.9	97.3	100.4

4-11 续表 CONTINUED

年 份 Year	水 泥 Cement	地方材料 Local Materials	化工材料 Chemical Materials	电 料 Electrical Materials	其它材料 Other Material	机械使用费 Machinery Price Index
1995	106.2	111.6				
1996	102.5	104.8				107.6
1997	102.2	102.0	105.7	100.5		131.5
1998	103.4	103.8	100.1	98.0		99.6
1999	99.4	99.6	101.9	99.4		100.5
2000	102.3	103.1	109.6	103.9		102.2
2001	99.6	99.1	98.5	98.7		99.0
2002	101.1	102.8	99.3	100.1		100.1
2003	99.1	99.6	100.2	100.3	101.5	100.8
2004	99.5	103.8	102.8	102.5	103.8	100.5
2005	100.5	101.8	104.5	102.1	101.4	101.5
2006	100.2	104.1	102.0	101.4	99.9	102.6
2007	102.4	102.9	101.8	103.6	103.5	102.9
2008	102.6	106.7	107.1	106.5	105.2	106.5
2009	102.4	103.4	100.8	100.6	93.2	105.3
2010	104.7	105.8	103.5	102.2	104.2	103.7
2011	107.9	108.5	104.3	111.1	103.6	105.3
2012	103.0	100.3	101.2	99.2	102.1	102.4
2013	100.0	100.9	102.1	100.7	100.2	102.1
2014	98.9	100.7	101.4	100.0	99.8	100.7

注：从2003年起建筑安装工程价格指数取消了直接费用价格指数和间接费用价格指数的分组，在材料费中新增加了“其它材料”指标。
Note:Since 2003, the build-in project price index no longger be classified the direct cost price index and indirect cost price index, the other material priceindex is added to material price index.

主要统计指标解释

居民消费价格指数 是反映一定时期内城乡居民所购买的生活消费品和服务项目价格变动趋势和程度的相对数，是对城市居民消费价格指数和农村居民消费价格指数进行综合汇总计算的结果。通过该指数可以观察和分析消费品的零售价格和服务项目价格变动对城乡居民实际生活费支出的影响程度。

城市居民消费价格指数 是反映一定时期内城市居民家庭所购买的生活消费品价格和服务项目价格变动趋势和程度的相对数。通过该指数可以观察和分析消费品的零售价格和服务项目价格变动对城镇居民收入和消费支出的影响。

农村居民消费价格指数 是反映一定时期内农村居民家庭所购买的生活消费品价格和服务项目价格变动趋势和程度的相对数。该指数可以观察农村消费品的零售价格和服务项目价格变动对农村居民收入和生活消费支出的影响。

商品零售价格指数 是反映一定时期内城乡商品零售价格变动趋势和程度的相对数。商品零售价格的变动与国家的财政收入、市场供需的平衡、消费与积累的比例关系有关。因此，该指数可以从一个侧面对上述经济活动进行观察和分析。

农业生产资料价格指数 指反映一定时期内农业生产资料价格变动趋势和程度的相对数。其编制目的是了解农业生产中投入物质资料价格的变动状况，服务于国民经济核算。1994年以前，农业生产资料价格指数仅仅是商品零售价格指数的一个类别，此后，从商品零售价格指数中分离出来，单独编制。

农产品生产价格指数 是反映一定时期内，农产品生产者出售农产品价格水平变动趋势及幅度的相对数。该指数可以客观反映全国农产品生产价格水平和结构变动情况，满足农业与国民经济核算需要。其中某代表品生产价格指数是通过对全部有出售该产品行为的调查单位的个体指数进行几何平均求得的，类价格指数是通过对其所属的类（或代表品）的价格指数进行加权平均求得的。季度累计价格指数的计算方法与分季指数的计算方法相同。

工业生产者出厂价格指数 是反映一定时期内全部工业产品出厂价格总水平的变动趋势和程度的相对数，包括工业企业售给本企业以外所有单位的各种产品和直接售给居民用于生活消费的产品。该指数可以观察出厂价格变动对工业总产值及增加值的影响。

工业生产者购进价格指数 是反映工业企业作为生产投入，而从物资交易市场和能源、原材料生产企业购买原材料、燃料和动力产品时，所支付的价格水平变动趋势和程度的统计指标，是扣除工业企业物质消耗成本中的价格变动影响的重要依据。

目前，我国编制的工业生产者购进价格指数所调查的产品包括燃料动力、黑色金属、有色金属、化工、建材等九大类。

固定资产投资价格指数 是反映一定时期内固定资产投资品及取费项目的价格变动趋势和程度的相对数。固定资产投资额是由建筑安装工程投资完成额、设备工器具购置投资完成额和其他费用投资完成额三部分组成的。编制固定资产投资价格指数应首先分别编制上述三部分投资的价格指数，然后采用加权算术平均法求出固定资产投资价格总指数。

该指数可以准确地反映固定资产投资中涉及的各类投资品和取费项目价格变动趋势和变动幅度，消除按现价计算的固定资产投资指标中的价格变动因素，真实地反映固定资产投资的规模、速度、结构和效益，为国家科学地制定、检查固定资产投资计划并提高宏观调控水平，为完善国民经济核算体系提供科学的、可靠的依据。

Explanatory Notes on Main Statistical Indicators

Consumer Price Indices reflect the trend and degree of changes in prices of consumer goods and services purchased by urban and rural households during a given period. They are obtained by combining Consumer Price Indices of Urban Household and Consumer Price Indices of Rural Household. The Indices enable the observation and analysis of the degree of impact of the changes in the prices of retailed goods and services on the actual living expenses of urban and rural residents.

Consumer Price Indices of Urban Household reflect the trend and degree of changes in prices of consumer goods and services purchased by urban households during a given period. It can be used to observe and analyze the impact of price changes in consumer goods and services on urban household income and consumption expenditure.

Consumer Price Indices of Rural Household reflect the trend and degree of changes in prices of consumer goods and services purchased by rural households during a given period. It can be used to observe the impact of change in retail prices of consumer goods and service prices on rural household income and consumption expenditure on living.

Retail Price Indices reflect the trend and degree of change in retail prices of commodities during a given period. The change in retail prices of commodities is related to government revenue, the equilibrium of market supply and demand, and the ratio of consumption to accumulation. Therefore, the retail price indices are useful from an oblique perspective for observing and analyzing the changes of the above economic activities.

Price Indices for Means of Agricultural Production reflect the trend and degree of changes in the prices of the means of agricultural production during a given period. Compilation of these indices helps to understand the price changes of material input in agricultural production and facilitate the compilation of national accounts. Before 1994, price indices for means of agricultural production were a sub-category in the retail price indices for commodities, and it has been compiled separately since 1994.

Producer Prices Indices for Farm Products reflect the trend and degree of changes in producers' prices received by farmers when they sell farm products during a given period. These indices depict the change in the level and structure of producer prices for farm products of the country and meet the needs of agricultural statistics and national accounts statistics. The producer price index for a given product is calculated as the geometrical mean of individual indices for all surveyed units which sell such product, and the indices for a product category is obtained as the weighted mean of price indices for all products in the category. Method for calculating accumulative quarterly indices is the same as for calculating the individual quarterly indices.

Producer Price Indices for Industrial Products reflect the trend and degree of changes in general ex-factory prices of all manufactured goods during a given period, including sales of manufactured goods by an industrial enterprise to all units outside the enterprise, as well as sales of consumer goods to residents. It can be used to analyze the impact of ex-factory prices on gross output value and value-added of the industrial sector.

Purchasing Price Indices for Industrial Producers reflect changes in the level and degree of prices paid by industrial enterprises when they purchase production input such as raw materials, fuels and power from the market or from other energy or raw materials producing enterprises. These indices provide an important basis for measuring the material consumption of industrial enterprises after removing the influence of price changes.

At present, products in 9 categories, including fuels and power, ferrous metals, non-ferrous metals, chemicals, building materials, are covered in China for the survey to produce indices for purchasing' prices for industrial producers.

Price Indices for Investment in Fixed Assets reflect the trend and degree of changes in prices of investment goods and projects in fixed assets during a given period. The investment in fixed assets consists of three components, namely the investment in construction and installation, the investment in purchases of equipment and instrument, and the investment in other items. Price indices for investment in fixed assets are calculated as the weighted arithmetic mean of the price indices for the three components of investment in fixed assets.

Removing the factor of price change in the aggregates of investment at current prices, this indicator shows the changes in the prices of commodities and fees involved in the investment of fixed assets, and can be used to observe the actual size, growth, structure, and efficiency of investment in fixed assets and provides reliable and scientific data for government planning, management, decision-making, and further improving the current national accounting system.

第五篇 人民生活

CHAPTER 5 PEOPLE'S LIVING CONDITION

资料整理：林松娟 刘丽娜 周雪林 李 娜
杨 洋

5-1 人民生活基本情况

BASIC STATISTICS ON PEOPLE'S LIVING CONDITIONS

项 目	Item	2010	2011	2012	2013	2014
就 业	**Employment**					
每一农村劳动力负担人数(人)	Number of Dependents per Rural Laborer(person)	1.4	1.3	1.3	1.4	1.3
每一城镇就业者负担人数(人)	Number of Dependents per Urban Employee(person)	2.1	2.1	2.1	1.9	1.9
城镇登记失业率(%)	Urban Registered Unemployment Rate(%)	4.27	4.38	4.15	4.43	4.47
收 入	**Income** of Rural and Urban Residents					
全省居民人均可支配收入(元)	Annual Per Capita Disposable Income of the Province Households(yuan)					17404
农村常住居民人均可支配收入(元)	Annual Per Capita Disposable Income of Rural Households(yuan)	6211	7591	8604	9634	10453
城镇常住居民人均可支配收入(元)	Annual Per Capita Disposable Income of Urban Households(yuan)	13857	15696	17760	19597	22609
城镇非私营单位就业人员平均工资(元)	Average Wages of Employed persons In Urban Non-private Units(yuan)	27735	31302	36406	40794	44036
消 费	**Consumption**					
全省居民人均消费支出(元)	Per Capita Annual Living Expenditure of the Province Households(yuan)					12769
农村常住居民人均消费支出(元)	Per Capita Annual Living Expenditure of Rural Households(yuan)	4391	5334	5718	6814	7830
农村居民恩格尔系数(%)	Engel's Coefficient of Rural Households(%)	33.8	35.1	37.9	35.2	28.2
城镇常住居民人均消费支出(元)	Per Capita Annual Living Expenditure of Urban Households(yuan)	10684	12054	12984	14162	16467
城镇居民恩格尔系数(%)	Engel's Coefficient of Urban Households(%)	35.4	36.1	36.1	35.8	27.5
储 蓄	**Savings**					
城乡居民年底储蓄存款余额(亿元)	Balance of Savings Deposit of Rural and Urban Residents at Year-end(100 million yuan)	7255	8147	9269	10059	10857
平均每人储蓄存款余额(元)	Per Capita Balance of Saving Deposit(yuan)	18944	21252	24176	26231	28317
城市公用事业	**Public Utilities in Urban Areas**					
城市人口用水普及率(%)	Coverage Rate of Urban Population with Access to Tap Water(%)	89.1	90.8	94.1	95.5	96.2
燃气普及率(%)	Coverage Rate of Urban Population with Access to Tap Gas(%)	88.8	81.4	83.4	85.6	86.2
每万人拥有公共交通车辆(标台)	Number of Public Transportation Vehicles Per 10000 Population(unit)	13.1	12.3	14.0	15.2	15.3
人均公园绿地面积(平方米)	Per Capita Public Green Areas(sq.m)	11.8	11.5	11.8	12.1	12.1
教育、文化、卫生	**Education,Culture and Public Health**					
学龄儿童入学率(%)	Enrollment Ratio of School-Age Children(%)	99.1	99.8	99.8	99.9	99.9
每万人口在校大学生数(人)	Number of University Students per 10000 Persons(person)	257.1	255.4	258.3	266.3	270.4
城镇每百户拥有彩色电视机(台)	Number of Color TV Sets per 100 Households in Urban Areas(unit)	109	108	108	102	103
农村每百户拥有彩色电视机(台)	Number of TV Sets per 100 Households in Rural Areas(unit)	109	111	109	107	107
每万人拥有卫生机构病床数(张)	Number of Hospital Beds per 10000 Persons(unit)	41.8	43.1	46.5	49.4	52.6
每万人拥有卫生技术人员数(人)	Number of Medical Personnel per 10000 Persons (person)	49.3	49.9	51.4	53.1	54.6

注：2014年居民收支调查数据为新口径汇总数据，与以前年份不可比。

Note: The 2014 Income and Expenditure Survey data for the new residents caliber aggregate data is not comparable with previous years.

5-2 城乡居民家庭人均收入和恩格尔系数

PER CAPITA ANNUAL INCOME AND ENGEL 'S COEFFICIENT OF URBAN AND RURAL HOUSEHOLDS

年份 Year	农村居民人均纯收入 Per Capital Annual Net Income of Rural Households		城镇居民人均可支配收入 Per Capital Annual Disposable Income of Urban Households		农村居民家庭恩格尔系数（%） Engel's Coefficient of Rural Households (%)	城镇居民家庭恩格尔系数（%） Engel's Coefficient of Urban Households (%)
	绝对数（元） Value (yuan)	指数 Index (1985=100)	绝对数（元） Value (yuan)	指数 Index (1985=100)		
1978	172	56.3	455		61.8	42.9
1979	191	59.8	458		57.0	
1980	205	61.7	420		57.7	56.7
1981	224	62.7	424		58.2	57.4
1982	252	67.3	460		57.7	58.6
1983	388	102.4	518		55.0	58.2
1984	432	112.1	580		53.4	56.9
1985	398	100.0	742	100.0	57.7	52.8
1986	476	115.6	830	105.5	56.4	51.7
1987	474	112.3	889	103.0	55.2	52.6
1988	553	128.9	1004	98.1	55.5	50.3
1989	535	112.4	1138	97.0	55.0	51.8
1990	760	144.3	1211	97.7	56.6	51.1
1991	735	135.5	1389	103.6	57.7	50.6
1992	949	160.5	1630	110.9	62.0	49.9
1993	1028	163.8	1960	115.7	61.0	49.2
1994	1394	175.6	2597	125.6	64.4	50.8
1995	1766	199.9	3375	140.9	55.0	48.2
1996	2182	213.1	3768	146.2	55.5	46.2
1997	2308	219.1	4091	151.9	54.8	45.9
1998	2253	217.1	4269	157.1	55.0	43.5
1999	2166	211.9	4595	174.2	52.8	40.5
2000	2148	213.6	4913	188.9	44.3	38.4
2001	2280	226.2	5426	207.0	42.7	37.2
2002	2405	239.3	6101	241.8	41.6	35.5
2003	2509	248.9	6679	255.0	40.7	35.6
2004	3005	287.0	7471	275.7	40.9	35.4
2005	3221	299.9	8273	303.0	36.3	33.5
2006	3552	325.4	9182	330.4	35.3	33.3
2007	4132	357.0	10245	349.8	34.6	35.0
2008	4856	391.3	11581	375.2	33.0	36.3
2009	5207	414.8	12566	408.2	31.4	35.3
2010	6211	471.7	13857	434.3	33.8	35.4
2011	7591	541.5	15696	466.0	35.1	36.1
2012	8604	596.5	17760	510.4	37.9	36.1
2013	9634	647.8	19597	552.2	35.2	35.8
2014	10453		22609		28.2	27.5

注：2014年居民收支调查数据为新口径汇总数据，与以前年份不可比（下同）。

Note: The 2014 Income and Expenditure Survey data for the new residents caliber aggregate data is not comparable with previous years.(the same as following tables).

5-3 城镇居民家庭基本情况

BASIC CONDITIONS OF URBAN HOUSEHOLDS

单位：元 (yuan)

项　目	Item	2014
调查户数(户)	**Number of Households Surveyed (household)**	**3053**
期内户均常住成员数(人)	Average Household Size(person)	2.6
平均每户就业人口(人)	Average Number of Employed Persons per Household(person)	1.3
平均每户就业面(%)	Percentage of Employment per Household(%)	51.4
平均每一就业者负担人数	Number of Dependents Per Employee	1.9
人均可支配收入	**Per Capita Disposable Income**	**22609**
工资性收入	Income from Wage and Salaries	13741
经营净收入	Net Business Income	2421
财产净收入	Income from Properties	1318
转移净收入	Income from Transfer	5129
消费支出	**Total Living Expenditures**	**16467**
食品烟酒	Tobacco and Food	4532
衣着	Clothing	1813
居住	Residence	3504
生活用品及服务	Daily Necessities and Services	913
交通通信	Transportation and Communication	2054
教育文化娱乐	Education and Culture and Entertainment	1723
医疗保健	Medicine and Medical Services	1458
其他用品和服务	Other Commodities and Services	470
恩格尔系数(%)	**Engel's Coefficient**(%)	**27.5**

5-4 农村居民家庭基本情况

BASIC CONDITIONS OF RURAL HOUSEHOLDS

项　目	Item	2014
调查户数（户）	**Number of Households Surveyed (household)**	**2098**
期内住户常住成员数（人）	Number of Permanent Residents in the Households Surveyed	6566
平均每户整、半劳动力	Average Number of Full/Semi Labour Force	2.4
	(including the laborer himself or herself)	
平均每个劳动力负担人口	Average Number of Dependents per Laborer Force	1.3
人均可支配收入	**Per Capita Disposable Income**	**10453**
工资性收入	Income from Wage and Salaries	2188
经营净收入	Net Business Income	6597
财产净收入	Income from Properties	512
转移净收入	Income from Transfer	1156
消费支出	**Total Living Expenditures**	**7830**
食品烟酒	Tobacco and Food	2210
衣着	Clothing	597
居住	Residence	1602
生活用品及服务	Daily Necessities and Services	348
交通通信	Transportation and Communication	966
教育文化娱乐	Education and Culture and Entertainment	984
医疗保健	Medicine and Medical Services	992
其他用品和服务	Other Commodities and Services	130
恩格尔系数(%)	**Engel's Coefficient**(%)	**28.2**

5-5 城镇家庭居住户耐用消费品百户拥有情况

NUMBER OF DURABLE CONSUMER GOODS OWNED PER 100 URBAN HOUSEHOLDS

项　目	Item	2010	2011	2012	2013	2014
摩托车(辆)	Motorcycle(unit)	8	9	9	9	12
家用汽车(辆)	Automobile(unit)	4	5	7	8	10
洗衣机(台)	Washing Machine(set)	94	94	94	91	92
电冰箱 (柜)(台)	Refrigerator(set)	86	87	89	87	89
彩色电视机(台)	Color TV Set(set)	109	108	108	102	103
计算机(台)	Computer(set)	47	55	61	53	58
照相机(台)	Camera(set)	25	25	27	24	23
微波炉(台)	Microwave Oven(set)	36	37	38	37	36
空调(台)	Air Conditioner(set)	9	9	10	12	11
热水器(台)	Shower(set)	36	43	46	43	45
移动电话(部)	Mobile Telephone(unit)	171	186	192	182	194

5-6 农村家庭居住户耐用消费品百户拥有情况

NUMBER OF DURABLE CONSUMER GOODS OWNED PER 100 RURAL HOUSEHOLDS

项　目	Item	2010	2011	2012	2013	2014
洗衣机(台)	Washing Machine(unit)	82.6	81.4	83.2	86.2	86.7
电冰箱(柜)(台)	Refrigerator(unit)	54.0	72.9	76.2	82.0	83.3
排油烟机(台)	Smoke Absorber(unit)	9.0	9.0	9.8	10.2	10.9
微波炉(台)	Microwave Oven(unit)	5.2	3.3	3.9	5.1	4.6
热水器(台)	Shower(unit)	5.0	4.1	4.5	5.9	6.4
摩托车(辆)	Motorcycle(unit)	52.9	54.4	56.4	59.1	59.4
固定电话(线)	Telephone(unit)	58.8	36.7	35.8	36.3	39.8
移动电话(部)	Mobile Telephone(unit)	140.4	182.1	186.3	190.8	199.0
彩色电视机(台)	Color TV Set(unit)	109.4	110.7	108.8	107.0	106.5
计算机(台)	Computer(unit)					22.1
照相机(台)	Camera(unit)	2.5	2.5	3.3	3.3	3.1

5-7 城乡居民人民币储蓄存款(年底余额)

SAVINGS DEPOSIT OF URBAN AND RURAL HOUSEHOLDS AT YEAR-END

年份 Year	城乡储蓄存款余额（亿元） Balance of Savings Deposit of Rural and Urban Residents (100 million yuan)	全省人均储蓄存款（元） Per Capita Balance of Saving Deposit (yuan)	年份 Year	城乡储蓄存款余额（亿元） Balance of Savings Deposit of Rural and Urban Residents (100 million yuan)	全省人均储蓄存款（元） Per Capita Balance of Saving Deposit (yuan)
1978	9.2	30	2001	2578.4	6766
1980	18.8	59	2002	2915.7	7649
1985	70.1	209	2003	3342.4	8761
1990	308.8	872	2004	3585.7	9395
1991	388.8	1088	2005	4078.6	10677
1992	475.9	1319	2006	4373.6	11440
1993	582.9	1602	2007	4478.2	11711
1994	790.5	2153	2008	5545.1	14497
1995	1091.1	2948	2009	6430.1	16806
1996	1418.9	3806	2010	7254.7	18944
1997	1689.7	4505	2011	8147.0	21252
1998	1906.7	5054	2012	9269.0	24176
1999	2119.2	5589	2013	10058.6	26231
2000	2285.5	6003	2014	10856.9	28317

5-8 分地区城乡常住居民人均可支配收入(2014年)

ANNUAL PER CAPITAL DISPOSABLE INCOME OF URBAN AND RURAL HOUSEHOLDS(2014)

单位：元 (yuan)

地区	Region	城镇常住居民人均可支配收入 Annual Per Capital Disposable Income of Urban Households	农村常住居民人均可支配收入 Annual Per Capital Disposable Income of Rural Households
全省	**Average**	**22609**	**10453**
哈尔滨	Harbin	28816	12546
齐齐哈尔	Qiqihar	21283	11310
鸡西	Jixi	19375	13449
鹤岗	Hegang	18116	11463
双鸭山	Shuangyashan	19965	11533
大庆	Daqing	32307	12443
伊春	Yichun	19091	11368
佳木斯	Jiamusi	21518	12326
七台河	Qitaihe	20068	10088
牡丹江	Mudanjiang	24735	13784
黑河	Heihe	21092	11401
绥化	Suihua	19111	10543
大兴安岭	Daxinganling	18941	9994
绥芬河	Suifenhe	28203	15444
抚远	Fuyuan	19473	3468

主要统计指标解释

一、城乡一体化住户收支与生活状况调查指标解释

从2012年四季度起，国家统计局对分别进行的城乡住户调查实施了一体化改革，规范了城乡划分范围，统一了城乡居民收入指标名称、分类和统计标准，建立了城乡统一的一体化住户调查，并据此采集全国居民有关数据。

（一）居民可支配收入

居民可支配收入指居民可用于最终消费支出和储蓄的总和，即居民可用于自由支配的收入。既包括现金收入，也包括实物收入。按照收入的来源，可支配收入包含四项，分别为：工资性收入、经营性净收入、财产性净收入和转移性净收入。

工资性收入 指就业人员通过各种途径得到的全部劳动报酬和各种福利，包括受雇于单位或个人、从事各种自由职业、兼职和零星劳动得到的全部劳动报酬和福利。

经营净收入 指住户或住户成员从事生产经营活动所获得的净收入，是全部经营收入中扣除经营费用、生产性固定资产折旧和生产税之后得到的净收入。计算公式为：

经营净收入=经营收入-经营费用-生产性固定资产折旧-生产税

财产净收入 指住户或住户成员将其所拥有的金融资产、住房等非金融资产和自然资源交由其他机构单位、住户或个人支配而获得的回报并扣除相关的费用之后得到的净收入。财产净收入包括利息净收入、红利收入、储蓄性保险净收益、转让承包土地经营权租金净收入、出租房屋净收入、出租其他资产净收入和自有住房折算净租金等。财产净收入不包括转让资产所有权的溢价所得。

转移净收入 计算公式为：转移净收入=转移性收入-转移性支出

转移性收入 指国家、单位、社会团体对住户的各种经常性转移支付和住户之间的经常性收入转移。包括养老金或退休金、社会救济和补助、政策性生产补贴、政策性生活补贴、救灾款、经常性捐赠和赔偿、报销医疗费、住户之间的赡养收入，本住户非常住成员寄回带回的收入等。转移性收入不包括住户之间的实物馈赠。

转移性支出 指调查户对国家、单位、住户或个人的经常性或义务性转移支付。包括缴纳的税款、各项社会保障支出、赡养支出、经常性捐赠和赔偿支出以及其他经常转移支出等。

（二）居民消费支出

居民消费支出是指居民用于满足家庭日常生活消费需要的全部支出，既包括现金消费支出，也包括实物消费支出。消费支出可划分为食品烟酒、衣着、居住、生活用品及服务、交通通信、教育文化娱乐、医疗保健以及其他用品及服务八大类。

食品烟酒 指用于各种食品和烟草、酒类的支出。

衣着 指与居民穿着有关的支出，包括服装、服装材料、鞋类、其他衣类及配件、衣着相关加工服务的支出。

居住 指与居住有关的支出，包括房租、水、电、燃料、物业管理等方面的支出，也包括自有住房折算租金。

生活用品及服务 指家庭及个人的各类生活品及家庭服务。包括家具及室内装饰品、家用器具、家用纺织品、家庭日用杂品、个人用品和家庭服务。

交通通信 指用于交通和通信工具及相关的各种服务费、维修费和车辆保险等支出。

教育文化娱乐 指用于教育、文化和娱乐方面的支出。

医疗保健 指用于医疗和保健的药品、用品和服务的总费用。包括医疗器具及药品，以及医疗服务。

其他用品及服务 指无法直接归入上述各类支出的其他用品与服务支出。

二、城镇住户调查和农村住户调查指标解释

2012年及以前年份，中国的住户调查一直分城乡分别开展。城镇与农村居民收入、支出等指标的统计口径有所不同，数据不完全可比，城镇调查城镇居民可支配收入，农村调查农村居民纯收入。为了保持历史数据的可比，本年鉴中2012年及以前年份的数据和指标解释仍保持了原城镇住户调查和农村住户调查方案的原貌。

（一）城镇住户调查

城镇家庭人口　指居住在一起，经济上合在一起共同生活的家庭成员。凡计算为家庭人口的成员其全部收支都包括在本家庭中。

城镇就业面　指就业人口占家庭人口的百分比。

城镇就业者负担人数　指家庭人口与就业人口之比。

城镇家庭总收入　指家庭成员得到的工资性收入、经营净收入、财产性收入、转移性收入之和，不包括出售财物收入和借贷收入。

城镇居民家庭可支配收入　指家庭成员得到可用于最终消费支出和其他非义务性支出以及储蓄的总和，即居民家庭可以用来自由支配的收入。它是家庭总收入扣除交纳的个人所得税、个人交纳的社会保障支出以及记账补贴后的收入。计算公式为：

城镇居民家庭可支配收入=家庭总收入-交纳个人所得税-个人交纳的社会保障支出-记账补贴

城镇家庭总支出　指家庭除借贷支出以外的全部实际支出。包括现金消费支出、财产性支出、转移性支出、社会保障支出、购房与建房支出。

城镇家庭现金消费支出　指家庭用于日常生活的全部现金支出，包括食品、衣着、居住、家庭设备及用品、交通通信、文教娱乐、医疗保健、其他等八大类支出。

城镇家庭服务性消费支出　指家庭用于支付社会提供的各种文化和生活方面的非商品性服务费用。

城镇家庭收入分组方法　是将所有调查户按户人均可支配收入由低到高排队，按20%、20%、20%、20%、20%的比例依次分成：低收入户、中等偏下收入户、中等收入户、中等偏上收入户、高收入户五组。

（二）农村住户调查

农村住户　指农村常住户。农村常住户指长期(一年以上)居住在乡镇(不包括城关镇)行政管理区域内的住户，以及长期居住在城关镇所辖行政村范围内的农村住户。户口不在本地而在本地居住一年及以上的住户也包括在本地农村常住户范围内；有本地户口，但举家外出谋生一年以上的住户，无论是否保留承包耕地都不包括在本地农村住户范围内。

常住人口　指全年经常在家或在家居住6个月以上，而且经济和生活与本户连成一体的人口。外出从业人员在外居住时间虽然在6个月以上，但收入主要带回家中，经济与本户连为一体，仍视为家庭常住人口；在家居住，生活和本户连成一体的国家职工、退休人员也为家庭常住人口。但是现役军人、中专及以上(走读生除外)的在校学生、以及常年在外(不包括探亲、看病等)且已有稳定的职业与居住场所的外出从业人员，不算家庭常住人口。家庭常住人口主要作为计算农村住户平均每人收入、消费和积累水平及分析家庭人口状况的依据。

总收入　指调查期内农村住户和住户成员从各种来源渠道得到的收入总和。按收入的性质划分为工资性收入、家庭经营收入、财产性收入和转移性收入。

工资性收入　指农村住户成员受雇于单位或个人，靠出卖劳动而获得的收入。

家庭经营收入　指农村住户以家庭为生产经营单位进行生产筹划和管理而获得的收入。农村住户家庭经营活动按行业划分为农业、林业、牧业、渔业、工业、建筑业、交通运输业邮电业、批发和零售贸易餐饮业、社会服务业、文教卫生业和其他家庭经营。

财产性收入　指金融资产或有形非生产性资产的所有者向其他机构单位提供资金或将有形非生产性资产供其支配，作为回报而从中获得的收入。

转移性收入　指农村住户和住户成员无须付出任何对应物而获得的货物、服务、资金或资产所有权等，不包括无偿提供的用于固定资本形成的资金。一般情况下，指农村住户在二次分配中的所有收入。

现金收入　指农村住户和住户成员在调查期内得到以现金形态表现的收入。按来源分成工资性收入、家庭经营现金收入、财产性收入、转移性收入。

农村居民家庭纯收入　指农村住户当年从各个来源得到的总收入相应地扣除所发生的费用后的收入总和。计算公式为：

农村居民家庭纯收入=总收入-家庭经营费用支出-税费支出-生产性固定资产折旧-赠送农村内部亲友

纯收入主要用于再生产投入和当年生活消费支出，也可用于储蓄和各种非义务性支出。“农民人均纯收入”是按人口平均的纯收入水平，反映的是一个地区农村居民的平均收入水平。

总支出　指农村住户用于生产、生活和再分配的全部支出。包括家庭经营费用支出、购置生产性固定资产支出、税费支出、消费支出、财产性支出和转移性支出。

Explanatory Notes on Main Statistical Indicators

Ⅰ. Integrated Urban and Rural Households Survey on Income and Expenditures and Living Conditions

Since the fourth quarter of 2012, the NBS has launched its reform on the household survey programme, to form an integrated survey, instead of the two separate urban and rural household surveys. The reform regulates the division of urban and rural areas, integrates the concepts, classifications and standards, conducts the integrated household survey, and collects household data in the whole country thereafter.

1. Disposable Income of Households

Disposable Income of Households refers to the income of households for purpose of final expenditure and savings. It includes income both in cash and in kind. By sources of income, disposable income includes four categories: income from wages and salaries, net business income, net income from properties and net income from transfer.

Income from Wages and Salaries refers to remuneration of labour and salaries from all kinds of sources, including those employed by other units or individuals, freelance work, part-time jobs, and sporadic labour.

Net Business Income refers to net income earned by households and their members engaged in production and business activities. It refers to the net income of operating revenue minus operating costs, depreciation of productive fixed assets, and production tax. The formula is:

Net Business Income=Operating Revenue-Operating Costs-Depreciation of Productive Fixed Assets-Production Tax

Net Income from Properties refers to the net income received as returns by households or members of financial assets, non-financial assets such as housing, to other institutions, households or individuals, and minus relevant costs. Net income from properties includes net income of interest, bonus income, net income of saving insurance, net income of rents of transferring management right of contract land, income of renting housing, income of renting other assets, net converted rents of self-owned housing. Net income from properties do not include premium of transferring ownership of assets.

Net Income from Transfer The formula is:

Net Income from Transfer=Income from Transfers-Expenditure from Transfer

Income from Transfer refers to the regular transfer from country, institutions, social communities to households and between households. It includes old-age and retirement pension, disaster relief funds, regular donation and compensation, applying for medical fees, supporting income between households, income from non-usual-residing members of households, etc. Income from transfer do not include presents in kinds between households.

Expenditure from Transfer refers to regular or deontic gs. transfer from households to country, institutions, households or individuals. It includes taxes paid, expenditure of all kinds of social security, supporting expenditure, regular donation and compensation and other regular transfer expenditure, etc.

2. Consumption Expenditure of Households

Consumption Expenditure of Households refers to all expenditure of households for living expenditure to satisfy family daily living. It includes expenditure in cash and in kind. It includes eight categories: food, tobacco and liquor; clothing; residence; household facilities, articles and services; transport and communications; education, cultural and recreational activities; health care and medical services, and miscellaneous goods and services.

Food, Tobacco and Liquor refers to expenditure for food, tobacco and liquor of all kinds.

Clothing refers to expenditure related to clothing, including clothes, clothing materials, footwear, other clothing and accessories, processing services related to clothing.

Residence refers to expenditure related to residence, including housing rents, water, electricity, fuel, property management, and including converted self-owned housing rents.

Household Facilities, Articles and Services refers to expenditure for family and individual articles for living purpose and family services. It includes furniture and interior decoration, home appliances, home textiles, household miscellaneous daily articles, personal articles, and family services.

Transport and Communications refers to expenditure for transport and communication and related services, maintenance and repairs, and vehicle insurance.

Education, Cultural and Recreational Activities refers to expenditure on education, cultural and recreational activities.

Health Care and Medical Services refers to expenditure on drugs, supplies and services of medical and health care. It includes medical appliances and drugs, and medical services.

Miscellaneous Goods and Services refers to expenditure of all kinds of expenditure of other articles and services that can not divided into the category above.

II. Urban and Rural Households Survey

Prior to 2012, household surveys in China were conducted separately in urban and rural areas. Statistical coverage of indicators of household income and expenditure of urban and rural households were different, data were not comparable completely. Disposable income was surveyed in urban households, and net income was surveyed in rural households. For comparable reason, data prior to 2012 in this yearbook were still original urban households and rural households survey.

1. Urban Household Survey

Population of Urban Households refer to members of households living and sharing economically together in the urban areas. All the income and expenditure of all the members of such households are included in the income and expenditure of the household.

Proportion of Urban Employment refers to the proportion of employed population to the population of urban households.

Number of Dependents per Urban Employee refers to the ratio between number of persons in an urban household and the number of employed persons.

Total Income of Urban Households refers to the sum of wage income; net business income; income from properties; and income from transfers of members of the households. Income from selling of properties and income from borrowing are not included.

Disposable Income of Urban Households refers to the actual income at the disposal of members of the households which can be used for final consumption, other non-compulsory expenditure and savings. This equals to total income minus income tax, personal contribution to social security and subsidy for keeping diaries in being a sample household. The following formula is used:

Disposable Income of Urban Households= total household income - income tax - personal contribution to social security - subsidy for keeping diaries for a sampled household

Total Expenditure of Urban Households refers to all actual expenditure of households except expenditure on lending. It includes cash expenditure; property expenditure, transfer expenditure, social insurance expenditure and expenditure on house purchasing or house building.

Consumption Expenditure of Urban Households in Cash refers to total cash expenditure of households for consumption in daily life, including expenditure on the eight categories of food; clothing; housing; household appliances; transport and communications; education, cultural and recreational activities and medical care.

Consumption Expenditure of Urban Households on Services refers to non-commodity service expenditure of households on various kinds of cultural and living activities provided by society.

Urban Households by Income Group All households in the sample are grouped, by per capita disposable income of the household, into groups of low income, lower middle income, middle income, upper middle income, high income, each group consisting of 20%, 20%, 20%, 20%, and 20% of all households respectively.

2. Rural Households

Rural Households refer to usual resident households in rural areas. Usual resident households in rural areas are households residing on a long term basis(for more than one year) in the areas under the administration of township governments (not including county towns), and in the areas under the administration of villages in county towns. Households residing in the current addresses for over one year with their household registration in other places are still considered as resident households of the locality. For households with their household registration in one place but all members of the households having moved away to make a living in another place for over one year, they will not be included in the rural households of the area where they are registered, irrespective of whether they still keep their contracted land.

Usual Resident Population refers to persons staying at home regularly or for over 6 months during a year and integrated with the household economically and in terms of living. Members of the household staying away from the household for over 6 months but keeping a close economic relation with the household by sending the majority of income to the household are regarded as usual resident of the household. Government staff and workers or retirees living as close members of the household are also considered as usual resident. However, servicemen, students of secondary technical schools or schools of higher education and persons with stable jobs and residence outside the household (excluding those visiting relatives or seeking medical service) are not included as resident population of the household. Resident population is used in calculating income, consumption, accumulation on per capita basis of rural households and in analyzing composition of rural households.

Total Income refers to the sum of income earned from various sources by the rural households and their members during the reference period, and is classified as income from wages and salaries, income from household operations, income from properties and income from transfers.

Income from Wages and Salaries refers to income from labour earned by the members of rural households employed by other units or individuals.

Income from Household Operations refers to income by the rural households as units of production and operation. Operations by rural households are classified according to their economic activities namely agriculture, forestry, animal husbandry, fishery, manufacturing, construction, transportation, post and telecommunications, wholesale, retail and catering, social service, culture, education, health, and other household operations.

Income from Properties refers to the income received as returns by owners of financial assets or tangible non-productive assets by providing capitals or tangible non-productive assets to other institutional units.

Income from Transfers refers to the receipt by rural households and their members of goods, services, capital or rights of assets without giving or repaying accordingly, excluding capital provided to them for the formation of fixed assets. In general, it refers to all income received by rural households through redistribution.

Cash Income refers to income received by rural households and their members in the form of cash during the reference period. It is classified, by source of income, into income from wages and salaries, cash income from household operations, income from properties and income from transfers.

Net Income of Rural Households refers to the total income of rural households from all sources minus all corresponding expenses. The formula for calculation is as follows:

Net income of rural households = total income - household operation expenses - taxes and fees-depreciation of fixed assets for production - gifts to rural relatives.

Net income is mainly used as input for reinvestment in production and as consumption expenditure of the year, and also used for savings and non-compulsory expenses of various forms. "Per capita net income of farmers" is the level of net income averaged by population, reflecting the average income level of rural population in a given area.

Total Expenditure refers to total expenses of rural households on production, consumption and redistribution, including expenditure on household operations; purchase of productive fixed assets; taxes and fees; consumption expenditure; expenses on properties; and expenses on transfers.

第六篇　　财政、金融和保险

CHAPTER 6 FINANCE, BANKING AND INSURANCE

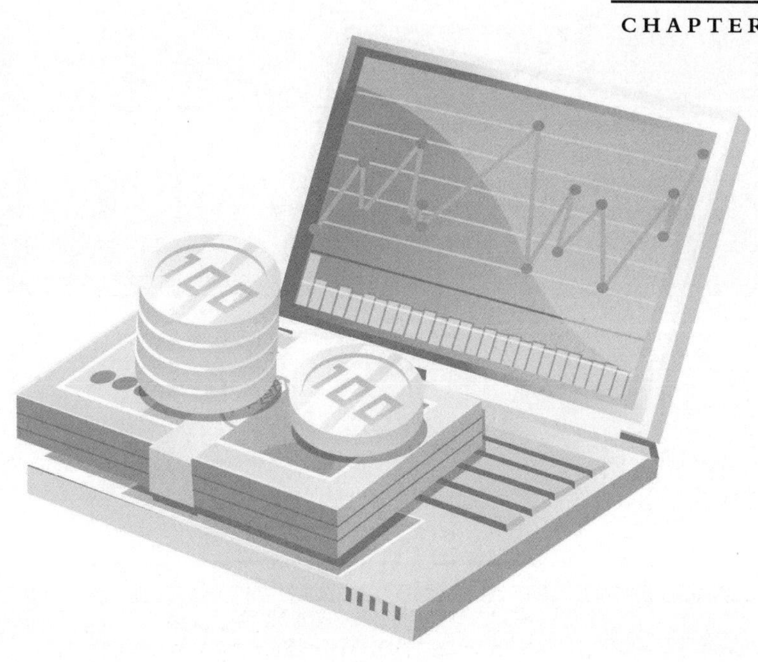

资料整理：于占占　安　静

6-1 财政、金融和保险

FINANCE, BANKING AND INSURANCE

单位：亿元 (100 million yuan)

年 份 Year	公共财政收入 Public Financial Revenue	公共财政支出 Public Financial Expenditure	金融机构人民币存款余额 RMB Deposits	金融机构人民币贷款余额 RMB Loans	各项保费收入 All Premium Income
1978	63.3	31.5	81.9	84.6	
1979	54.1	28.3	76.7	97.2	
1980	17.1	25.8	98.5	123.3	
1981	15.6	25.9	105.8	138.0	
1982	17.3	28.0	112.0	159.0	
1983	21.6	30.7	118.6	178.6	
1984	26.7	36.1	162.6	245.4	
1985	37.4	44.6	145.1	276.8	
1986	47.4	61.3	183.3	342.2	
1987	53.8	66.0	232.5	368.2	
1988	62.6	74.1	294.0	456.4	
1989	72.3	85.4	356.9	519.5	
1990	76.6	92.7	413.8	697.5	
1991	94.7	110.1	553.0	814.7	
1992	84.6	102.5	690.0	953.6	
1993	108.1	124.9	761.4	1247.3	
1994	84.7	142.4	1012.8	1507.1	
1995	101.3	174.6	1555.9	1776.4	
1996	126.9	208.9	2021.3	2102.1	
1997	150.6	233.6	2409.5	2524.4	
1998	179.3	280.8	2713.2	2854.9	
1999	170.1	339.0	3017.0	3103.9	35.3
2000	185.3	381.9	3333.4	3145.1	40.8
2001	213.6	478.3	3742.1	3358.6	53.3
2002	231.9	531.9	4236.7	3624.0	85.6
2003	248.9	564.9	4810.0	3981.3	118.7
2004	289.4	697.6	5313.9	4038.9	127.6
2005	318.2	787.8	6135.1	3658.5	139.6
2006	386.6	968.5	6923.4	3971.9	157.2
2007	440.2	1187.3	7559.7	4256.4	155.5
2008	578.4	1542.3	8993.8	4532.7	251.2
2009	641.6	1877.7	11022.8	5988.3	278.4
2010	755.6	2253.3	12835.7	7230.5	343.2
2011	997.5	2794.1	14328.4	8548.7	317.8
2012	1163.2	3171.5	16326.6	9906.7	344.1
2013	1277.4	3369.2	18131.8	11359.4	384.3
2014	1301.3	3434.2	19254.8	13391.7	507.1

注：2011年开始，原指标“地方一般预算收入”和“地方一般预算支出”更名为“地方公共财政收入”和“地方公共财政支出”（下同）。

Note:From 2011,local financial revenue and local financial expenditure is renamed local public financial budgetary revenue and local financial budgetary expenditure(similarly following tables).

6-2 地方公共财政收入

LOCAL PUBLIC FINANCIAL REVENUE

单位：万元 (10000 yuan)

项　目	Item	2011	2012	2013	2014
收入合计	**Total Revenue**	**9975479**	**11631708**	**12773951**	**13013120**
税收收入	Tax Revenue	7418528	8378027	9128175	9773960
增值税	Value-added Tax	1454799	1448683	1517325	1688927
营业税	Sales Tax	2189203	2440455	2679947	2505051
企业所得税	Enterprises' Income Tax	808705	978876	988078	1032194
个人所得税	Individual Income Tax	340453	283936	356270	369810
资源税	Resources Tax	237315	684703	752722	1083296
城市维护建设税	Tax on Urban Maintenance and Construction	615301	589577	600059	593763
房产税	Tax on Real Estates	207371	215031	240715	276172
印花税	Stamp Tax	88990	108908	102951	124959
城镇土地使用税	Tax on the Use of Urban Land	439669	474172	476480	496470
土地增值税	Land Value Added Tax	225880	415255	493715	653954
车船税	Tax on Vehicles and Ships	83351	108096	124057	139995
耕地占用税	Tax on The Occupancy of Cultivated Land	178014	179092	206366	227411
契税	Contract Tax	527702	424180	551660	550545
烟叶税	Tax on Tobacco Leaf	21769	27063	35307	31413
其他税收收入	Others	6		2523	
非税收入	Non-Tax Revenue	2556951	3253681	3645776	3239160
专项收入	Expert Project Income	455311	499143	736143	479080
行政事业性收费收入	Income from Adiministrative Fees	846046	941086	842221	782256
罚没收入	Penalty and Confiscator Income	325936	426953	459604	429761
国有资本经营收入	Stated-owned Assets Profit	488525	490969	465105	342666
国有资源(资产)有偿使用收入	Revenue from using Stated-owned Assets Profit	366008	724173	948940	1001673
其他收入	Other	75125	171357	193763	203724

6-3 各级地方公共财政收入(2014年)

LOCAL PUBLIC FINANCIAL REVENUE BY RATING (2014)

单位：万元 (10000 yuan)

项　目	Item	合计 Total	省级 Province	地级 City	县级 County	乡镇级 Town & Township
收入合计	**Total Revenue**	**13013120**	**3302244**	**4985916**	**4591843**	**133117**
税收收入	Tax Revenue	9773960	2845448	3699164	3146704	82644
增值税	Value-added Tax	1688927	768161	473391	438922	8453
营业税	Sales Tax	2505051	671731	990914	829242	13164
企业所得税	Enterprises' Income Tax	1032194	133094	442335	450826	5939
企业所得税退税	Drawback of Enterprise Income Tax					
个人所得税	Individual Income Tax	369810	3248	172448	191108	3006
资源税	Resources Tax	1083296	952288	21884	108561	563
城市维护建设税	Tax on Urban Maintenance and Construction	593763	7747	415094	161698	9224
房产税	Tax on Real Estates	276172	2030	98857	173561	1724
印花税	Stamp Tax	124959	1171	40474	82329	985
城镇土地使用税	Tax on the Use of Urban Land	496470	151173	186853	154951	3493
土地增值税	Land Value Added Tax	653954	149605	372108	129399	2842
车船税	Tax on Vehicles and Ships	139995	778	47589	91616	12
耕地占用税	Tax on The Occupancy of Cultivated Land	227411	2144	72529	129037	23701
契税	Contract Tax	550545	2278	364673	177091	6503
烟叶税	Tax on Tobacco Leaf	31413		15	28363	3035
其他税收收入	Others					
非税收入	Non-Tax Revenue	3239160	456796	1286752	1445139	50473
专项收入	Expert Project Income	479080	130663	230015	114209	4193
行政事业性收费收入	Income from Adiministrative Fees	782256	87631	424209	268757	1659
罚没收入	Penalty and Confiscator Income	429761	69282	154283	206059	137
国有资本经营收入	Stated-owned Assets Profit	342666		139523	178706	24437
国有资源(资产)有偿使用收入	Revenue from using Stated-owned Assets Profit	1001673	143946	202643	636446	18638
其他收入	Other	203724	25274	136079	40962	1409

6-4 地方公共财政支出

LOCAL PUBLIC FINANCIAL EXPENDITURE

单位：万元 (10000 yuan)

项　目	Item	2011	2012	2013	2014
支出合计	**Total Expenditure**	**27940768**	**31715236**	**33691827**	**34342184**
一般公共服务	General Public Services	2563689	2712624	2787957	2561959
外交	Foreign Affairs	896	356	270	
国防	National Defense	51270	49950	55780	48777
公共安全	Public Security	1412244	1684036	1733455	1707654
教育	Education	3738328	5447877	5012788	5059364
科学技术	Science and Technology	332286	376423	386146	394571
文化体育与传媒	Culture, Sport and Media	449356	472688	523705	456292
社会保障和就业	Social Safety Net and Employment Effort	3920537	4582007	5423259	6026792
医疗卫生	Medical and Health Care	1707757	1733286	1904950	2353133
环境保护	Environment Protection	922726	1048634	1157524	1115668
城乡社区事务	Urban and Rural Area Community Affairs	1797089	2056038	3010704	3321053
农林水事务	Agriculture, Forestry and Water Conservancy	3559778	4303941	4616956	4876670
交通运输	Transportation	2498789	2265099	2441954	2369728
资源勘探电力信息等事务	Affairs of Exploration, Power and Information	1086692	946791	950326	913369
商业服务业等事务	Affairs of Commerce and Services	287208	284332	225385	214496
金融监管等事务支出	Affairs of Financial Supervision	25572	26133	16658	11542
地震灾后恢复重建支出	Postearthquake Recovery and Reconstruction	522			
援助其他地区支出	Other Regional Assistance			24124	27464
国土资源气象等事务	Affairs of Land and Weather	344096	321893	455967	328086
住房保障支出	Affairs of Housing Security	1831657	2187777	1809806	1471889
粮油物资储备管理事务	Affairs of Management of Grain & Oil Reserves	674287	658112	667539	716440
预备事物	Reserve Funds				
国债还本付息支出	Interest Payment for Domestic and Foreign Debts	31419	53631	84241	131048
其他支出	Other Expenditure	688870	503608	402333	236189

6-5 各级地方公共财政支出(2014年)

LOCAL PUBLIC FINANCIAL EXPENDITURE BY RATING (2014)

单位：万元　　　　(10000 yuan)

项　　目	Item	合计 Total	省级 Province	地级 City	县级 County	乡镇级 Town & Township
支出合计	**Total Expenditure**	**34342184**	**7267560**	**9696135**	**16072373**	**1306116**
一般公共服务	General Public Services	2561959	385025	675914	1172409	328611
外交	Foreign Affairs					
国防	National Defense	48777	21930	20676	6171	
公共安全	Public Security	1707654	365100	567476	774524	554
教育	Education	5059364	1105699	924391	3009338	19936
科学技术	Science and Technology	394571	204724	83567	106260	20
文化体育与传媒	Culture, Sport and Media	456292	87800	191863	167578	9051
社会保障和就业	Social Safety Net and Employment Effort	6026792	1312208	2246286	2360071	108227
医疗卫生	Medical and Health Care	2353133	203493	555857	1565741	28042
环境保护	Environment Protection	1115668	480179	272456	348135	14898
城乡社区事务	Urban and Rural Area Community Affairs	3321053	54555	1785480	1344562	136456
农林水事务	Agriculture, Forestry and Water Conservancy	4876670	848031	521955	2946337	560347
交通运输	Transportation	2369728	1372024	432495	559837	5372
资源勘探电力信息等事务	Affairs of Exploration, Power and Information	913369	138957	433929	329875	10608
商业服务业等事务	Affairs of Commerce and Services	214496	30782	60309	120820	2585
金融监管等事务支出	Affairs of Financial Supervision	11542	50	8414	3078	
地震灾后恢复重建支出	Postearthquake Recovery and Reconstruction					
援助其他地区支出	Other Regional Assistance	27464	26624	600	240	
国土资源气象等事务	Affairs of Land and Weather	328086	133260	96771	96356	1699
住房保障支出	Affairs of Housing Security	1471889	282368	566896	591741	30884
粮油物资储备管理事务	Affairs of Management of Grain & Oil Reserves	716440	132512	55595	487516	40817
预备事物	Reserve Funds					
国债还本付息支出	Interest Payment for Domestic and Foreign Debts	131048	51961	77675	1412	
其他支出	Other Expenditure	236189	30278	117530	80372	8009

6-6 分地区公共财政收入(2014年)

LOCAL PUBLIC FINANCIAL REVENUE BY REGION (2014)

单位：万元 (10000 yuan)

地 区	Region	公共财政收入 General Budgetary Financial Revenue	税收收入 Tax Revenue	#增值税 Value-added Tax	#营业税 Operation Tax	#企业所得税 Corporate Income Tax	#个人所得税 Individual Income Tax
哈尔滨	Harbin	4235203	3460543	435575	1219950	427307	161313
齐齐哈尔	Qiqihar	746300	449278	62117	101985	74451	21421
鸡 西	Jixi	337234	193960	39484	40294	26240	12500
鹤 岗	Hegang	168062	105981	23555	23454	12079	10112
双鸭山	Shuangyashan	184569	127070	20701	29409	13093	7808
大 庆	Daqing	1410421	1094332	144757	137408	125187	50804
伊 春	Yichun	146429	102112	7321	22173	11624	3653
佳木斯	Jiamusi	420123	252564	27645	53367	32545	13155
七台河	Qitaihe	180043	119953	33134	17813	11508	4884
牡丹江	Mudanjiang	824729	394729	48617	55982	61282	32453
黑 河	Heihe	263606	137010	15402	34560	29315	8031
绥 化	Suihua	615412	368983	48012	63677	53140	29427
大兴安岭	Daxinganling	103599	73628	7709	22132	12281	8942
绥芬河	Suifenhe	56714	37253	5855	6628	7578	1618
抚 远	Fuyuan	18432	11116	882	4488	1470	441

6-6 续表 CONTINUED

单位：万元 (10000 yuan)

地 区	Region	#城市维护建设税 Tax on Town Maintenance and Construction	#耕地占用税 Tax on Occupation of Cultivated Land	#契 税 Deed Tax	非税收入 Non-Tax Revenue	#专项收入 Expert Project Income	#行政事业性收费收入 Income from Adiministrative Fees	基金收入 Fund Income
哈尔滨	Harbin	201656	40506	278866	774660	105531	249791	2049238
齐齐哈尔	Qiqihar	29554	4927	47571	297022	20535	110880	214351
鸡 西	Jixi	15447	7908	9377	143274	20701	24692	92073
鹤 岗	Hegang	7965	345	5533	62081	6088	24603	38221
双鸭山	Shuangyashan	9504	2644	10887	57499	7810	17757	41506
大 庆	Daqing	218261	15524	72385	316089	103528	55947	552887
伊 春	Yichun	5463	21445	9040	44317	5224	15488	56724
佳木斯	Jiamusi	13334	28853	26886	167559	11008	43498	84597
七台河	Qitaihe	9912	6194	6497	60090	8304	12251	33538
牡丹江	Mudanjiang	31396	67724	26148	430000	19866	62052	218418
黑 河	Heihe	7624	1465	9737	126596	15085	18724	54838
绥 化	Suihua	27873	22608	38731	246429	19025	38513	243584
大兴安岭	Daxinganling	4926	3797	2013	29971	3412	14669	12628
绥芬河	Suifenhe	2660	620	3727	19461	1380	3758	24270
抚 远	Fuyuan	441	707	869	7316	920	2002	4210

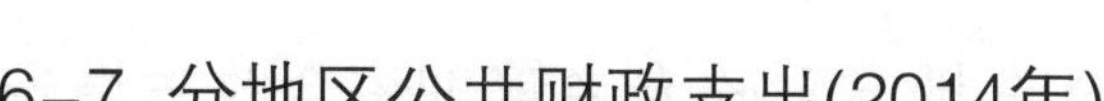

6-7 分地区公共财政支出(2014年)

LOCAL PUBLIC FINANCIAL EXPENDITURE BY REGION (2014)

单位：万元 (10000 yuan)

地 区	Region	公共财政支出 General Budgetary Finamcial Expenditwre	一般公共服务 Commonly Public servings	公共安全 Public security	教育 Education	科学技术 Technology	文化体育与传媒 Culture Sport and Medium	社会保障和就业 Social Security and Obtain employment
哈尔滨	Harbin	7400780	549627	308347	1115150	100276	124237	1175773
齐齐哈尔	Qiqihar	3136822	247128	153937	493776	12913	31686	571964
鸡 西	Jixi	1362001	99750	72124	179893	7198	12680	300386
鹤 岗	Hegang	746562	63360	40739	117541	5061	13323	120873
双鸭山	Shuangyashan	1034518	76712	62155	180289	6013	16810	215286
大 庆	Daqing	2362648	196347	172789	405609	12099	30897	394113
伊 春	Yichun	1029241	69135	57445	88660	4182	24601	297415
佳木斯	Jiamusi	1875138	124175	85494	266619	3379	17581	425527
七台河	Qitaihe	620773	56071	53285	81311	2160	8238	132015
牡丹江	Mudanjiang	2171800	265721	109049	307001	13980	22509	288573
黑 河	Heihe	1413336	137397	53969	177440	8189	20521	212088
绥 化	Suihua	2903292	204117	119906	472096	8315	28523	418295
大兴安岭	Daxinganling	597902	58982	36479	37614	1280	9349	129278
绥芬河	Suifenhe	220874	20972	10420	14894	3837	5338	15963
抚 远	Fuyuan	198937	7440	6416	15772	965	2199	17035

6-7 续表 CONTINUED

单位：万元 (10000 yuan)

地 区	Region	医疗卫生与计划生育 Medical Treatment and Public Health	节能环保 Environment Protection	城乡社区事务 Urban and Rural Area Community Operating	农林水事务 Farming Forestry and Water Conservancy Operating	其他支出 Other Expenditure	政府性基金支出 Government Fund Income
哈尔滨	Harbin	524555	109581	1749169	668188	803	1952369
齐齐哈尔	Qiqihar	285999	82665	188114	605554	6395	268443
鸡 西	Jixi	98802	69256	90050	216157	2507	127441
鹤 岗	Hegang	62763	19682	30580	110554	3681	27622
双鸭山	Shuangyashan	93301	15340	79610	134496	1670	53057
大 庆	Daqing	205409	36725	259728	253838	52902	553805
伊 春	Yichun	58276	26801	78933	162336	4501	71648
佳木斯	Jiamusi	141820	51292	118025	339929	46370	112578
七台河	Qitaihe	52011	16924	35014	66788	595	45733
牡丹江	Mudanjiang	158849	61542	251150	310801	12842	206351
黑 河	Heihe	110077	40297	78344	349731	13728	105544
绥 化	Suihua	299227	72082	209723	633767	4278	358230
大兴安岭	Daxinganling	34874	22144	64354	80805	6625	20926
绥芬河	Suifenhe	12021	2564	20603	8898	47433	24280
抚 远	Fuyuan	11656	8594	13101	86797	1581	8776

6-8 地方财政专户管理资金收支情况

BALANCE OF THE LOCAL FISCAL ACCOUNTS IN FUNDS UNDER MANAGEMENT

单位：万元 (10000 yuan)

指　标	Item	2011	2012	2013	2014
地方财政预算外收入	**Local Financial Extra-budgetary Revenue**	**666860**	**607333**	**587739**	**560137**
行政事业性收费收入	Charges of Administrative and Institutional Units	603239	597897	576967	545832
国有资源(资产)有偿使用收入	State-owned Resources (Assets) Paid Income				
其他收入	Others Revenue	63621	9436	10772	14305
#主管部门集中收入	#Revenue of Governing Departments				
彩票发行机构和彩票销售机构的业务费用	Lottery Ticket Sales Agencies and Institutions Operating Expenses	7124	8362	8682	14187
地方财政预算外支出	**Local Financial Extra-budgetary Expenditure**	**711898**	**545524**	**614467**	**549555**
一般公共服务	Expenditure for General Public Services	629			196
外交	Expenditure for Foreign Affairs				
国防	Expenditure for National Defense				
公共安全	Expenditure for Public Security	1477	66		41
教育	Expenditure for Education	677754	536839	553719	536809
科学技术	Expenditure for Science and Technology		20		
文化体育与传媒	Expenditure for Culture, Sport and Media	866			39
社会保障和就业	Expenditure for Social Safety Net and Employment Effort	1765		3	119
医疗卫生	Expenditure for Medical and Health Care	4622	67	193	137
节能环保	Expenditure for Environment Protection				
城乡社区事务	Expenditure for Urban and Rural Community Affairs	1470		1629	16
农林水事务	Expenditure for Agriculture, Forestry and Water Conservancy	2447	209		
交通运输	Expenditure for Transportation	992			
资源勘探电力信息等事务	Expenditure for Mining the Power of Information and Other Matters	1244			
商业服务业等事务	Expenditure for Commercial Services	97			
金融监管等事务	Expenditure for Financial Regulatory Services				
地震灾后恢复重建支出	Expenditure for Earthquake Recovery and Reconstruction				
国土资源气象等事务	Expenditure for Land and Resources and Meteorological Affairs	513			
住房保障支出	Expenditure for Housing Security Spending	9670	196	196	
粮油物资储备管理等事务	Expenditure for Grain Material Reserve Management Services				1224
金融监管支出	Expenditure for Financial Regulation				
地震灾后恢复重建支出	Expenditure for Post-earthquake Reconstruction				
国债还本付息支出	Expenditure for Debt Service				
其他支出	Other Expenditure	8352	8127	58727	10974

注：1.财政专户管理资金即原预算外管理资金。
2.主管部门集中收入、乡镇自筹和统筹收入已纳入预算管理。

Note:a)The fiscal accounts in funds under management is the former extra-budgetary funds under management.
b)The competent departments concentrated income, income by township and co-ordination has been included in the budget management.

6-9 金融机构人民币信贷资金平衡表(年底余额)

BALANCE SHEET OF CREDIT FUNDS OF FINANCIAL INSTITUTIONS AT YEAR-END

单位：亿元 (100 million yuan)

指　标	Item	2011	2012	2013	2014
资金来源合计	**Sources of Funds**	**14068.9**	**14674.9**	**16655.6**	
各项存款	Total Deposits	14328.4	16326.6	18131.8	19254.8
单位存款	Corporate Deposits	5718.9	6491.5	6947.1	6839.2
#活期存款	#Demand Deposits	3693.7	3890.2	3996.4	3828.1
定期存款	Time Deposits	1142.7	1538.0	1640.6	1558.2
通知存款	Notice Deposits	51.5	86.5	52.3	67.5
保证金存款	Margin Deposits	380.8	409.8	444.7	390.1
个人存款	Personal Deposits	8189.8	9361.1	10350.8	11249.1
储蓄存款	Savings Deposits	8147.4	9269.2	10058.6	10856.9
#活期存款	#Demand Deposits	3280.6	3647.7	3999.9	4197.2
定期存款	Time Deposits	4697.2	5436.1	5899.6	6385.6
定活两便存款	Fixed-will Deposits	0.1	0.2	0.3	16.6
通知存款	Notice Deposits	169.5	185.3	156.8	136.9
保证金存款	Margin Deposits	6.4	11.5	1.9	3.1
结构性存款	Structured Deposits	36.0	80.4	290.3	389.2
财政性存款	Fiscal Deposits	264.1	349.4	644.9	996.3
临时性存款	Temporary Deposits	37.4	22.9	22.3	10.7
委托存款	Designated Deposits	41.1	12.7	45.2	14.8
其他存款	Other Deposits	77.1	89.0	121.5	144.5
资金运用合计	**Uses of Funds**	**14068.9**	**14674.9**	**16655.6**	
各项贷款	Total Loans	8548.7	9906.7	11359.4	13391.7
境内贷款	Domestic loans	8548.5	9906.5	11359.2	13391.5
短期贷款	Short-term Loans	3439.0	4057.1	4770.9	5891.3
个人贷款及透支	Personal Loans and Overdrafts	893.0	1009.1	1110.1	1269.8
#个人消费贷款	#Consumer Loans	44.9	66.7	107.8	176.7
单位普通贷款及透支	General Loans and Overdrafts of Units	2380.3	2851.8	3432.2	4444.7
#经营性贷款	#Business Loans	2345.2	2800.2	3424.8	4433.6
固定资产贷款	Fixed Asset Loans	32.9	51.4	6.6	8.3
普通并购贷款	General M & Loans				
银团贷款	Syndicated Loans	2.7	12.6	2.8	1.7
贸易融资	Trade Finance	163.0	183.6	225.8	175.1
境外筹资转贷款	Overseas Financing transferred loans				
中长期贷款	Medium & Long-term Loans	4818.3	5441.3	6161.5	6892.7
个人贷款	Personal Loans	1649.9	1907.6	2252.8	2455.7
#个人消费贷款	#Consumer Loans	1034.5	1193.4	1460.6	1693.0
单位普通贷款	General Loans of Units	2818.1	3143.5	3483.1	3960.7
#经营性贷款	#Business Loans	407.4	379.6	417.8	515.0
固定资产贷款	Fixed Asset Loans	2410.7	2763.9	3065.3	3415.7
普通并购贷款	General M & Loans	1.7	2.5	10.5	8.6
银团贷款	Syndicated Loans	300.1	325.2	346.4	415.8
贸易融资	Trade Finance	48.4	62.5	68.7	51.8
境外筹资转贷款	Overseas Financing transferred loans				
融资租赁	Finance Lease				42.0
票据融资	Bill Financing	290.4	403.8	420.9	550.1
#贴现	#Discount	290.4	268.6	420.9	545.7
各项垫款	Advances	0.8	4.4	5.9	15.3
境外贷款	Overseas Loans	0.2	0.2	0.2	0.2

注：1. 2011年起，《金融机构人民币信贷收支》分类项目调整，部分数据与2010年以前不可比(以下相关表同)。
2. 2011年企业存款改为“单位存款”，居民储蓄存款改为“个人存款”，与上年统计口径一致(以下相关表同)。

Note: a) Since 2011, classification in Sources & Uses of Credit Funds of Financial Institutions has been adjusted. Some data are not comparable with that before 2010. The same applies to the tables following.
b) In 2011, coporate deposits changes to corporate deposits; savings deposits changes to personal deposits. The statistical scopes keep the same as the previous year, The same applies to the tables following.

6-10 分地区金融机构存贷款年底余额(2014年)

DEPOSITS AND LOANS OF FINANCIAL INSTITUTIONS BY REGION(2014)

单位：亿元 (100 million yuan)

地 区	Region	本外币存款余额 RMB and Foreign currency Deposits	人民币存款余额 RMB Deposits	#单位存款 Corporate Deposits	#个人存款 Personal Deposits	#储蓄存款 Savings Deposits	#财政性存款 Fiscal Deposits
全 省	**Total**	**19423.2**	**19254.8**	**6839.2**	**11249.1**	**10856.9**	**996.3**
哈尔滨	Harbin	9012.1	8884.0	4019.7	4013.5	3768.8	712.3
齐齐哈尔	Qiqihar	1434.7	1425.6	391.9	973.0	960.3	58.0
鸡 西	Jixi	857.4	855.7	200.2	627.3	617.5	22.1
鹤 岗	Hegang	487.1	486.0	122.0	358.3	352.0	10.5
双鸭山	Shuangyashan	626.3	622.7	152.2	457.1	452.4	13.2
大 庆	Daqing	2046.6	2037.0	714.3	1286.0	1223.7	34.0
伊 春	Yichun	522.6	521.7	133.5	370.3	368.8	7.9
佳木斯	Jiamusi	1026.0	1022.9	277.5	714.8	703.4	30.5
七台河	Qitaihe	353.2	352.6	95.1	238.2	233.2	19.1
牡丹江	Mudanjiang	1205.4	1197.4	269.5	892.9	873.1	27.6
黑 河	Heihe	597.2	596.1	173.6	401.5	398.8	21.4
绥 化	Suihua	975.8	974.7	188.1	749.6	739.7	30.0
大兴安岭	Daxinganling	278.7	278.2	101.6	166.8	164.9	9.7
绥芬河	Suifenhe	111.5	111.0	21.5	88.4	86.9	1.1
抚 远	Fuyuan	44.4	44.4	15.7	23.7	23.7	4.9

6-10 续表 CONTINUED

单位：亿元 (100 million yuan)

地 区	Region	本外币存款余额 RMB and Foreign currency Deposits	人民币存款余额 RMB Deposits	境内贷款 Domestic Loans	#短期贷款 Short-term Loans	#中长期贷款 Medium & Long-term Loans	境外贷款 Overseas Loans
全 省	**Total**	**13791.5**	**13391.7**	**13391.5**	**5891.3**	**6892.7**	**0.1555**
哈尔滨	Harbin	7642.7	7257.5	7257.3	2264.5	4573.5	0.1461
齐齐哈尔	Qiqihar	1164.3	1163.8	1163.8	687.6	453.8	0.0042
鸡 西	Jixi	453.5	453.5	453.5	281.7	156.3	
鹤 岗	Hegang	353.6	353.5	353.5	253.0	93.5	
双鸭山	Shuangyashan	528.0	527.4	527.4	358.4	161.1	
大 庆	Daqing	875.7	875.1	875.1	389.5	456.4	0.0052
伊 春	Yichun	140.7	140.5	140.5	46.8	84.1	
佳木斯	Jiamusi	789.7	788.5	788.5	596.0	186.8	
七台河	Qitaihe	203.8	203.8	203.8	89.7	94.7	
牡丹江	Mudanjiang	600.4	588.9	588.9	287.3	287.6	
黑 河	Heihe	331.8	331.6	331.6	216.2	98.2	
绥 化	Suihua	624.3	624.3	624.3	382.4	205.0	
大兴安岭	Daxinganling	83.3	83.3	83.3	38.3	41.6	
绥芬河	Suifenhe	62.1	55.7	55.7	25.7	29.3	
抚 远	Fuyuan	20.6	20.6	20.6	6.1	14.4	

6-11 金融机构人员数(2014年)

INSTITUTIONS OF FINANCIAL INSTITUTIONS AND STUFF (2014)

项　目	Item	机构总数(个) Number of Institutions (unit)	从业人员数(人) Number of Employees (person)
金融机构合计	**Total**	**6574**	**124506**
国有大型商业银行	**State－owned Commercial Bank**	**2065**	**55053**
中国工商银行黑龙江省分行	Industrial and Commercial Bank	578	16298
中国农业银行黑龙江省分行	Agriculture Bank	675	17964
中国银行黑龙江省分行	Bank of China	270	7087
中国建设银行黑龙江省分行	Bank of Construction	451	11271
交通银行黑龙江省分行	Bank of Communication	91	2433
政策性银行及国家开发银行	**Policy Bank**	**90**	**2631**
国家开发银行黑龙江省分行	The Bank of State Development	1	165
中国进出口银行黑龙江省分行	Export-Import Bank	1	62
中国农业发展银行黑龙江省分行	The Bank of Agricultural Development	88	2404
股份制商业银行	**Shareholding System Bank**	**147**	**4268**
中国光大银行黑龙江分行	Ever Bright Bank	35	935
招商银行哈尔滨分行	Merchants Bank	30	850
上海浦东发展银行哈尔滨分行	Pudong Development Bank	22	510
兴业银行哈尔滨分行	Industrial Bank	25	794
中信银行哈尔滨分行	China Citic Bank	16	524
广东发展银行大庆支行	Development Bank of Guangdong	18	546
中国民生银行	China MinSheng Bank	1	109
城市商业银行	**City Commercial Bank**	**532**	**13531**
农村中小金融机构	**Rural Small and Medium-sized Financial Institutions**	**2036**	**28695**
农村信用社	Rural Credit Coorpertive	1762	24684
农村商业银行	Rural Commercial Bank	219	3162
村镇银行	Village Bank	49	795
农村资金互助社	Rural Credit Union Funds	6	54
非银行金融机构	**Non-bank Financial Institutions**	**5**	**2110**
企业集团财务公司	Finance Company of Enterprise Group	3	94
信托公司	International Trust in the Financial	1	1980
金融租赁公司	Financial Leasing Company	1	36
外资银行	**Foreign-funded Banks**	**7**	**133**
国民银行（中国）有限公司哈尔滨分行	Kookmin Bank Harbin Branch	1	23
韩亚银行（中国）有限公司哈尔滨分行	Hana Bank Harbin Branch	1	31
东亚银行（中国）有限公司哈尔滨分行	East Asia Bank Harbin Branch	1	36
汇丰银行（中国）有限公司哈尔滨分行	The Hongkong and Shanghai Banking Corporation Limited, Harbin	1	19
摩根大通银行（中国）有限公司哈尔滨分行	JPMorgan Chase Bank Harbin branch	1	9
法兴银行（中国）有限公司哈尔滨分行	Societe Generale Bank (China) co., LTD. Harbin Branch	1	12
奥地利奥合国际银行哈尔滨代表处	Austrian International Bank Co., Ltd. Harbin Representative Office	1	3
邮政储蓄银行	**Postal Deposit and Remittance**	**1688**	**17876**
资产管理公司	**Asset Management**	**4**	**209**
东方资产管理公司哈尔滨办事处	Orient Asset Management Corporation	1	32
长城资产管理公司哈尔滨办事处	Great Wall Asset Management Corporation	1	76
信达资产管理公司哈尔滨办事处	Cinda Asset Management Corporation	1	53
华融资产管理公司哈尔滨办事处	HuaRong Assets Management Corporation	1	48

6-12 保险公司机构数(2014年)

NUMBER OF INSTITUTION OF INSURANCE COMPANY (2014)

单位:个 (unit)

机构名称	Organization Name	合计 Total	机构类别 Organization Type 总公司 Company	分公司 Branch	中心支公司 Center Support Company
全省合计	**Total**	**2684**	**1**	**40**	**282**
寿险公司小计	**Life Insurance Companies Subtotal**	**1381**		**22**	**144**
中国人寿保险股份有限公司	China Life Insurance Co., Ltd.	620		1	14
中国太平洋人寿保险股份有限公司	China Pacific Life Insurance Co., Ltd.	114		1	13
中国平安人寿保险股份有限公司	China Ping An Life Insurance Co., Ltd.	121		1	11
新华人寿保险股份有限公司	China Life Insurance Co., Ltd.	68		1	12
泰康人寿保险股份有限公司	Tai Kang Life Insurance Co., Ltd.	114		1	11
太平人寿保险有限公司	Taiping Life Insurance Co., Ltd.	73		1	11
民生人寿保险股份有限公司	Minsheng Life Insurance Co., Ltd.	18		1	6
生命人寿保险股份有限公司	Life Insurance Co., Ltd.	43		1	11
平安养老保险股份有限公司	Ping An Annuity Insurance Company	2		1	1
合众人寿保险股份有限公司	Union Life Insurance Co.	24		1	9
正德人寿保险股份有限公司	Masanori Life Insurance Co., Ltd.	9		1	8
信泰人寿保险股份有限公司	Xintai Life Insurance Co., Ltd.	17		1	5
中国人民人寿保险股份有限公司	Chinese People's Life Insurance Co., Ltd.	75		1	13
阳光人寿保险股份有限公司	Sun Life Insurance Co., Ltd.	46		1	8
百年人寿保险股份有限公司	Century Life Insurance Co., Ltd.	20		1	7
安邦人寿保险股份有限公司	Ampang Life Insurance Co., Ltd.	2		1	1
中意人寿保险有限公司	Generali China Life Insurance Co., Ltd.	2		1	1
中英人寿保险有限公司	England Life Insurance Co., Ltd.	7		1	
光大永明人寿保险有限公司	Sun Life Everbright Life Insurance Company Limited	3		1	2
太平养老保险股份有限公司	Taiping Pension Insurance Co., Ltd.	1		1	
中邮人寿保险股份有限公司	China Post Life Insurance Co., Ltd	1		1	
泰康养老保险股份有限公司	Tai Kang Pension Insurance Co., Ltd.	1		1	
财险公司小计	**Insurance Company Subtotal**	**1303**	**1**	**18**	**138**
中国人民财产保险股份有限公司	China PICC	670		1	13
中国大地财产保险股份有限公司	China Continent Property & Casualty Insurance Co., Ltd.	59		1	12
中国出口信用保险公司	China Export & Credit Insurance Corporation	1		1	
中国太平洋财产保险股份有限公司	China Pacific Property Insurance Co., Ltd.	55		1	12
中国平安财产保险股份有限公司	China Ping An Insurance Company	51		1	13
天安保险股份有限公司	Tian An Insurance Co., Ltd.	23		1	9
华安财产保险股份有限公司	Hua An Property Insurance Co., Ltd.	35		1	12
太平财产保险有限公司	Pacific Property Insurance Co., Ltd.	4		1	3
永诚财产保险股份有限公司	Yongcheng Property Insurance Co., Ltd.	10		1	7
安邦财产保险股份有限公司	Anbang Property Insurance Co., Ltd.	56		1	12
阳光财产保险股份有限公司	Sunshine Property and Casualty Insurance Co., Ltd.	62		1	12
阳光农业相互保险公司	Sunshine Agriculture Mutual Insurance Company	178	1		12
都邦财产保险股份有限公司	Du Bang Property Insurance Company	8		1	5
中国人寿财产保险股份有限公司	China Life Insurance Company	75		1	13
中意财产保险有限公司	China Insurance Co., Ltd.	1		1	
英大泰和财产保险股份有限公司	Yingda Taihe Property Insurance Co., Ltd.	3		1	2
华泰财产保险有限公司	Huatai Insurance Group	2		1	1
中航安盟财产保险有限公司	Groupama AVIC Property Insurance Co., Ltd.	9		1	
中银保险有限公司	BOC Insurance Co., Ltd.	1		1	

6-12 续表 CONTINUED

单位:个　　(unit)

机构名称	Organization Name	支公司 Support Company	营业部 Sales Department	营销服务部 Marketing Services Division
全省合计	**Total**	**851**	**43**	**1467**
寿险公司小计	**Life Insurance Companies Subtotal**	**378**	**2**	**835**
中国人寿保险股份有限公司	China Life Insurance Co., Ltd.	91	2	512
中国太平洋人寿保险股份有限公司	China Pacific Life Insurance Co., Ltd.	83		17
中国平安人寿保险股份有限公司	China Ping An Life Insurance Co., Ltd.	16		93
新华人寿保险股份有限公司	China Life Insurance Co., Ltd.	16		39
泰康人寿保险股份有限公司	Tai Kang Life Insurance Co., Ltd.	50		52
太平人寿保险有限公司	Taiping Life Insurance Co., Ltd.			61
民生人寿保险股份有限公司	Minsheng Life Insurance Co., Ltd.	6		5
生命人寿保险股份有限公司	Life Insurance Co., Ltd.	12		19
平安养老保险股份有限公司	Ping An Annuity Insurance Company			
合众人寿保险股份有限公司	Union Life Insurance Co.	3		11
正德人寿保险股份有限公司	Masanori Life Insurance Co., Ltd.			
信泰人寿保险股份有限公司	Xintai Life Insurance Co., Ltd.	7		4
中国人民人寿保险股份有限公司	Chinese People's Life Insurance Co., Ltd.	61		
阳光人寿保险股份有限公司	Sun Life Insurance Co., Ltd.	28		9
百年人寿保险股份有限公司	Century Life Insurance Co., Ltd.	5		7
安邦人寿保险股份有限公司	Ampang Life Insurance Co., Ltd.			
中意人寿保险有限公司	Generali China Life Insurance Co., Ltd.			
中英人寿保险有限公司	England Life Insurance Co., Ltd.			6
光大永明人寿保险有限公司	Sun Life Everbright Life Insurance Company Limited			
太平养老保险股份有限公司	Taiping Pension Insurance Co., Ltd.			
中邮人寿保险股份有限公司	China Post Life Insurance Co., Ltd			
泰康养老保险股份有限公司	Tai Kang Pension Insurance Co., Ltd.			
财险公司小计	**Insurance Company Subtotal**	**473**	**41**	**632**
中国人民财产保险股份有限公司	China PICC	145	41	470
中国大地财产保险股份有限公司	China Continent Property & Casualty Insurance Co., Ltd.	33		13
中国出口信用保险公司	China Export & Credit Insurance Corporation			
中国太平洋财产保险股份有限公司	China Pacific Property Insurance Co., Ltd.	42		
中国平安财产保险股份有限公司	China Ping An Insurance Company	11		26
天安保险股份有限公司	Tian An Insurance Co., Ltd.			13
华安财产保险股份有限公司	Hua An Property Insurance Co., Ltd.	7		15
太平财产保险有限公司	Pacific Property Insurance Co., Ltd.			
永诚财产保险股份有限公司	Yongcheng Property Insurance Co., Ltd.	1		1
安邦财产保险股份有限公司	Anbang Property Insurance Co., Ltd.	28		15
阳光财产保险股份有限公司	Sunshine Property and Casualty Insurance Co., Ltd.	43		6
阳光农业相互保险公司	Sunshine Agriculture Mutual Insurance Company	142		23
都邦财产保险股份有限公司	Du Bang Property Insurance Company			2
中国人寿财产保险股份有限公司	China Life Insurance Company	13		48
中意财产保险有限公司	China Insurance Co., Ltd.			
英大泰和财产保险股份有限公司	Yingda Taihe Property Insurance Co., Ltd.			
华泰财产保险有限公司	Huatai Insurance Group			
中航安盟财产保险有限公司	Groupama AVIC Property Insurance Co., Ltd.	8		
中银保险有限公司	BOC Insurance Co., Ltd.			

6-13 保险业务情况

MAJOR INDICATORS OF INSURANCE BUSINESS

单位：万元 (10000 yuan)

指　标	Item	2009	2010	2011	2012	2013	2014
保费收入	**Premium Income**	**2783743**	**3432220**	**3177867**	**3441498**	**3843235**	**5070910**
企业财产险	Enterprise Property Insurance	33147	42647	49259	45634	50023	50404
家庭财产险	Family Property Insurance	4197	3330	4143	5136	5995	6254
机动车辆险	Motor Vehicle Insurance	363341	488430	572081	628968	696826	780339
船舶险	Ships Insurance	65	90	98	116	222	96
货物运输险	Freight Transport Insurance	5517	7948	9135	8817	7127	6645
及责任保险	Insurance						
责任险	Liability Insurance	14351	16094	18477	22411	27539	28452
保证保险	Guarantee Insurance	2960	4507	14446	18807	28417	39677
农业险	Agriculture Insurance	129176	139893	164073	221590	283295	260574
其他保险	Other Insurance	14468	15635	12690	41059	1267	47867
寿　险	Life Insurance	2074353	2544900	2124334	2195987	2404736	3467932
健康险	Health Insurance	102900	119460	147914	182919	226541	295908
人身意外伤害险	Person Accident Insurance	39266	49287	60703	70054	75726	86761
赔款及给付	**Claim and Payment**	**966555**	**775511**	**868100**	**983294**	**1544111**	**1547548**
企业财产险	Enterprise Property Insurance	20032	13472	15473	19394	34744	25612
家庭财产险	Family Property Insurance	2629	1273	1089	1535	2314	3534
机动车辆险	Motor Vehicle Insurance	221861	220272	270499	345638	394206	407110
船舶险	Ships Insurance	7.37	9.11	1.00	3.00	0.15	0.39
货物运输险	Freight Transport Insurance	4070	3142	4242	4534	4657	7539
及责任保险	Insurance						
责任险	Liability Insurance	11783	8034	8235	11570	12423	18279
保证保险	Guarantee Insurance	2572	912	1935	1819	8613	5394
农业险	Agriculture Insurance	106393	82376	48571	109937	327959	180441
其他保险	Other Insurance	6813	992	3909	3301	292	6126
寿　险	Life Insurance	537474	388290	441562	406725	648058	770700
健康险	Health Insurance	41180	43910	53363	62496	84392	105953
人身意外伤害险	Person Accident Insurance	11742	12831	14955	16342	18301	16860

注：其他保险=建筑安装工程保险及责任保险+出口信用险+其他险

Note: Other Insurance = construction and installation insurance and export credit insurance liability insurance + insurance + other

6-14 黑龙江股票发行情况

ISSUANCE OF SHARES

公司名称	Company Name	证券代码 Securities Code	上市时间 Listed Time	募集资金总额(万元) Floated Raised Funds(10000 yuan)				2014年末股本(万股) Stock Capital by 2014(10000 share)	
				首发 Initial Issue	配股 Rationed Shares	增发 Issue Additional	可转债 Transferable Bond	总股本 Total Capital Stock	流通股本 Circulating Capital Stock
金叶珠宝股份有限公司	Goldleaf Jewelry Co., Ltd	000587.SZ	1996.04.25					55713	39027
黑龙江京蓝科技股份有限公司	Heilongjiang Kingland Technology Co.,Ltd.	000711.SZ	1997.04.11					16090	16090
航天科技控股集团股份有限公司	Aerospace Hi-Tech Holding GroupCo.,Ltd.	000901.SZ	1999.04.01		48721			32362	32362
哈尔滨电气集团佳木斯电机股份有限公司	Harbin Electric Corporation Jiamusi Electric Machine Co.,Ltd.	000922.SZ	1999.06.18			79695		59587	29844
大庆华科股份有限公司	Daqing Huake Co.,Ltd.	000985.SZ	2000.07.26					12964	12964
哈尔滨誉衡药业股份有限公司	Gloria Pharmaceuticals	002437.SZ	2010.06.23					73189	70000
哈尔滨博实自动化股份有限公司	Harbin Boshi Automation Co.,Ltd.	002698.SZ	2012.09.11					40100	10693
葵花药业集团股份有限公司	Sunflower Pharmaceutical Group Co.,Ltd.	002737.SZ	2014.12.30	133334.5				14600	3650
哈尔滨九洲电气股份有限公司	JZE,Inc	300040.SZ	2010.01.08					27780	19845
中航直升飞机股份有限公司	AVIC Helicopter Co., Ltd.	600038.SH	2000.12.18					58948	39265
哈尔滨高科技（集团）股份有限公司	Harbin High-Tech Group Co.,Ltd.	600095.SH	1997.07.08					36126	36126
哈尔滨东安汽车动力股份有限公司	Harbin Dongan Automotive Powertrain Co., Ltd.	600178.SH	1998.10.14					46208	46208
黑龙江黑化股份有限公司	Heilongjiang Heihua Holding Co.,Ltd.	600179.SH	1998.11.04					39000	39000
佳通轮胎股份有限公司	Jiatong Tyre Holding Co.,Ltd.	600182.SH	1999.05.07					34000	17000
黑龙江国中水务股份有限公司	Interchina Water Treatment Co.,Ltd.	600187.SH	1998.11.11					145562	145562
哈尔滨空调股份有限公司	Harbin Air Conditioning Co.,Ltd.	600202.SH	1999.06.03					38334	38334
亿阳信通股份有限公司	Bright Oceans Co.,Ltd.	600289.SH	2000.07.20					56738	56738
牡丹江恒丰纸业股份有限公司	Mudanjiang Hengfeng Paper Co.,Ltd	600356.SH	2001.04.19					25266	25266
万向德农股份有限公司	Wan Xiang Doneed Co.,Ltd.	600371.SH	2002.09.16					20460	20460
黑龙江北大荒农业股份有限公司	Heilongjiang Bei Da Huang Agriculture Co., Ltd	600598.SH	2002.03.29					177768	177768
哈药集团股份有限公司	Harbin Pharmaceutical Group Holding Co.,Ltd.	600664.SH	1993.06.29					191748	105339
哈尔滨工大高新技术产业开发股份有限公司	Harbin Industry University High-tech Industry Development Holding Co.,Ltd.	600701.SH	1996.05.28					49878	49878
中航资本控股股份有限公司	Avic Capital Co.,Ltd.	600705.SH	1996.05.16			500000		373270	148928
华电能源股份有限公司	Huadian Energy Co.,Ltd.	600726.SH	1996.07.01					196668	115258
东方集团股份有限公司	Orient Group Co.,Ltd.	600811.SH	1994.01.06					166681	166681
哈药集团三精制药股份有限公司	Hpgc Renmintongtai Pharmaceutical Corporation	600829.SH	1994.02.24					57989	57989
龙建路桥股份有限公司	Long Jian Holding Co.,Ltd.	600853.SH	1994.04.04					53681	53681
哈尔滨哈投投资股份有限公司	Harbin Investment Co.,Ltd.	600864.SH	1994.08.09					54638	54638
哈尔滨秋林集团股份有限公司	Qiulin Group	600891.SH	1996.09.25					32553	32390
七台河宝泰隆煤化工股份有限公司	Bao Tyrone	601011.SH	2011.03.09					38700	38700
中国第一重型机械股份公司	China First Heavy Industries	601106.SH	2010.02.09					653800	653800
黑龙江交通发展股份有限公司	HTDC	601188.SH	2010.03.19					131588	121320

主要统计指标解释

一般公共预算收入　指国家财政参与社会产品分配所取得的收入，是实现国家职能的财力保证。主要包括：（1）各项税收：包括国内增值税、国内消费税、进口货物增值税和消费税、出口货物退增值税和消费税、营业税、企业所得税、个人所得税、资源税、城市维护建设税、房产税、印花税、城镇土地使用税、土地增值税、车船税、船舶吨税、车辆购置税、关税、耕地占用税、契税、烟叶税等。（2）非税收入：包括专项收入、行政事业性收费、罚没收入和其他收入。财政收入按现行分税制财政体制划分为中央本级收入和地方本级收入。

一般公共预算支出　指国家财政将筹集起来的资金进行分配使用，以满足经济建设和各项事业的需要。主要包括：一般公共服务、外交、国防、公共安全、教育、科学技术、文化体育与传媒、社会保障和就业、医疗卫生与计划生育、节能环保、城乡社区、农林水、交通运输、资源勘探信息等、商业服务业等、金融、援助其他地区、国土海洋气象等、住房保障、粮油物资储备、政府债务付息等方面的支出。财政支出根据政府在经济和社会活动中的不同职权，划分为中央财政支出和地方财政支出。

中央一般公共预算收入和地方一般公共预算收入　属于中央一般公共预算的收入包括关税，进口货物增值税和消费税，出口货物退增值税和消费税，消费税，铁道部门、各银行总行、各保险公司总公司等集中缴纳的营业税和城市维护建设税，增值税75%部分，纳入共享范围的企业所得税60%部分，未纳入共享范围的中央企业所得税、中央企业上交的利润，个人所得税60%部分，车辆购置税，船舶吨税，证券交易印花税97%部分，海洋石油资源税，中央非税收入等。属于地方一般公共预算的收入包括营业税（不含铁道部门、各银行总行、各保险公司总公司集中缴纳的营业税），地方企业上交利润，城市维护建设税（不含铁道部门、各银行总行、各保险公司总公司集中缴纳的部分），房产税，城镇土地使用税，土地增值税，车船税，耕地占用税，契税，烟叶税，印花税，增值税25%部分，纳入共享范围的企业所得税40%部分，个人所得税40%部分，证券交易印花税3%部分，海洋石油资源税以外的其他资源税，地方非税收入等。

中央一般公共预算支出和地方一般公共预算支出　指根据政府在经济和社会活动中的不同职责，划分中央和地方政府的责权，按照政府的责权划分确定的支出。中央一般公共预算支出包括一般公共服务，外交支出，国防支出，公共安全支出，以及中央政府调整国民经济结构、协调地区发展、实施宏观调控的支出等。地方一般公共预算支出包括一般公共服务，公共安全支出，地方统筹的各项社会事业支出等。

信贷资金　指金融机构以信用方式积聚和分配的货币资金。金融机构信贷资金的来源有各项存款、金融债券、对国际金融机构负债、流通中现金、其他项目等；信贷资金的运用有各项贷款、有价证券及投资、金银占款、外汇占款、财政借款及在国际金融机构中的资产等。

存款　指企业、机关、团体或居民根据资金必须收回的原则，把货币资金存入银行或其他信贷机构保管并取得一定利息的一种信用活动形式。根据存款对象或性质的不同可划分为单位存款、个人存款、财政性存款、临时性存款、委托存款、其他存款等科目。它是银行信贷资金的主要来源。

贷款　指银行或其他信贷机构根据资金必须归还的原则，按一定利率，为企业、个人等提供资金的一种信用活动形式。我国银行贷款分为短期贷款、中长期贷款、融资租赁、票据融资、各项垫款、境外贷款等。

保险公司　在中国境内的、经过保险监督管理部门批准设立，并依法登记注册的各类商业保险公司。

保险金额　指保险人承担赔偿或者给付保险金责任的最高限额。

保费　指投保人为取得保险人在约定范围内所承担赔偿责任而支付给保险人的费用。

赔款　指保险人根据保险合同的规定，向被保险人支付的赔偿保险责任损失的金额。

给付　包括死伤医疗给付和满期给付。死伤医疗给付是指保险人根据人寿保险及长期健康保险合同的规定，因被保险人在保险期内发生保险责任范围内的保险事故支付给被保险人(或受益人)的金额。满期给付是指被保险人生存期满，保险人按人寿保险合同规定支付给被保险人的满期保险金额。

股票及其他股权　指股票购买者及直接投资者对其投资企业净资产所拥有的权益。股票是股份公司签发的证明股东投资并按其所持股份享有权益和承担义务的权益性证券。其他股权是机构单位以直接投资的方式用除股票、债权性证券以外的土地、房屋及建筑物、机器设备、存货、资源资产等实物资产，商标、专利权、土地使用权、特许使用权、商誉等无形资产及货币资金直接向其他单位进行的投资。通常以股权证、出资证明书、参与证或类似的单据为凭证。

Explanatory Notes on Main Statistical Indicators

General Public Budget Revenue refers to income for the government finance through participating in the distribution of social products. It is the financial guarantee to ensure government functioning. The government revenue includes the following main items: (1) Various tax revenues including domestic value added tax (VAT), domestic consumption tax, VAT and consumption tax from imports, VAT and consumption tax rebate for exports, business tax, corporate income tax, individual income tax, resource tax, city maintenance and construction tax, house property tax, stamp tax, urban land use tax, land appreciation tax, tax on vehicles and boat operation, ship tonnage tax, vehicle purchase tax, tariffs, farm land occupation tax, deed tax, and tobacco tax, etc. (2) Non-tax revenue, including special program receipts, charge of administrative and institutional units, penalty receipts and others non-tax receipts.

General Public Budget Expenditure refers to the distribution and use of the funds which the government finance has raised, so as to meet the needs of economic construction and various undertakings. It includes the following main items: expenditure for general public services, expenditure for foreign affairs, expenditure for national defence expenditure for public security, expenditure for education, expenditure for science and technology, expenditure for culture, sport and media, expenditure for social safety net and employment effort, expenditure for medical and health care and family planning, expenditure for energy conservation and environment protection, expenditure for urban and rural community affairs, expenditure for agriculture, forestry and water conservancy, expenditure for transportation, expenditure for resource exploration and information, expenditure for affairs of commerce and services, expenditure for finance, aid to other regions, expenditure for land, ocean and weather, expenditure for housing security, expenditure for grain & oil reserves, interest payment for public debts. General public budget expenditure is divided into general public budget expenditure of central government and general public budget expenditure of local government according to the different functions of the governments played in economic and social activities, central enterprises, 60% of individual income tax, vehicle purchase tax, ship tonnage tax, 97% of stamp tax on securities transactions, resource tax on the offshore petroleum resources. The general public budget revenue of the local governments includes business tax (excluding the part of the Ministry of Railways, head offices of banks, head offices of insurance company, which are handed over to the government in a centralized way), profit handed in by the local enterprises, city maintenance and construct tax (excluding the part of the Ministry of Railways, head offices of banks, head offices of insurance company, which are handed over to the government in a centralized way), house property tax, urban land use tax, land appreciation tax, tax on vehicles and boat operation, farm land occupation tax, deed tax, and tobacco leaf tax, stamp tax, 25% of the value added tax, 40% the share part of the corporate income tax, 40% of individual income tax, 3% of stamp tax on securities transactions, resource tax other than the tax on offshore petroleum resources, local non-tax revenue, etc.

General Public Budget Expenditure of the Central Government and Local Governments according to the different functions of the Central Government and local governments in economic and social activities, the rights of administration are demarcated between those of the Central Government and those of local governments; and the classification of the expenditure between the Central Government and local governments are made on the basis of the classification of the rights administration between them. The general public budget expenditure of the Central Government includes the expenditure for general public services, expenditure for foreign affairs, expenditure for public security, and the general public budget expenditure of the Central Government for adjusting the national economic structure; coordinating the development among different regions; and exercising macroeconomic regulation. The general public budget expenditure of the local governments includes mainly the expenditure for general public services, expenditure for public security, and expenditures for social development which are planed by local governments, etc.

Credit Funds refer to the monetary funds accumulated and distributed in the means of credit by the financial institutions. The sources of credit funds include various deposits, financial bonds, liabilities to international financial institutions, currency in circulation, other items. The uses of credit funds include loans, securities and investment, position for bullion and silver purchase, position for foreign exchange purchase, advances to treasury, and assets with international financial institutions.

Deposit is a form of credit by which enterprises, institutions, organizations or households can put money into banks and other credit institutions for safekeeping and interest earning under the principle of free withdrawal. According to different depositors, deposits are divided into unit deposits, personal deposits, fiscal deposits, temporary deposits, entrusted deposits and other deposits. Deposits are major sources of the credit funds of banks.

Loan is a form of credit by which banks and other credit institutions provide funds at certain interest rate to enterprises and individuals in the light of the principle of unconditional repayment. Loans from Chinese banks include short-term loan, medium-term and long-term loans, financial lease, bill financing, various money advanced, foreign loans.

Insurance Companies refer to commercial insurance companies of various forms registered by law and established in China with the approval of insurance regulatory agencies.

Amount Insured refers to the maximum that the insurant will get for the claim of the case insured.

Premium is the fee paid by the insurant to the insurer to obtain the obligation of compensation from the insurance within the agreed terms.

Settled Claim is the compensation paid by the insurer to the insurant in accordance with the insurance contract.

Payment includes payment for death, injury or medical treatment and payment at maturity. Payment for death, injury or medical treatment refers to the money paid to the insurant (or the beneficiary) in accordance with the life or health insurance contract when the insurant encounters accidents within the insured period covered in the contract. Payment at maturity refers to the payment to the insurant in accordance with the life insurance contract at the end of the insured period.

Shares and Other Holding Rights refer to the rights of stockholders and direct investors on the net assets of corporations they have invested in. Shares refer to negotiable securities on creditor' s rights, issued by share companies certifying the investment by stockholders and their rights and duties in accordance with the amount of stocks that they hold. Other holding rights refer to the direct investment by institutional units in other units with currency capital or with assets, in forms other than shares and negotiable securities on creditor' s rights, including such tangible assets such as land, buildings, machines and equipment, inventory, resources, etc., and such intangible assets as trade marks, patents, monopolies, rights on land use, licenses, commercial reputation, etc.. Documents of proof of holding rights usually include certificates on creditor' s right, certificates on investment or on participation, etc.

第七篇　资源与环境

CHAPTER 7 RESOURCES AND ENVIRONMENT

资料整理：安　静　张雅楠

7-1 土地状况

LAND CHARACTERISTICS

项 目	Item	面 积 (万公顷) Area (10000 hectares)	占总面积(%) Percentage to Total Area(%)
总面积	**Total Land Area**	**4525.4**	**100.0**
耕地	Cultivated Land	1586.6	35.1
园地	Garden Land	4.5	0.1
林地	Forests Land	2183.7	48.3
草地	Area of Grassland	206.3	4.6
城镇村及工矿用地	Land for Inhabitation, Mining and Manufacturing	116.6	2.6
交通运输用地	Land for Transport Facilities	57.3	1.3
水域及水利设施用地	Land for Water Conservancy Facilities	217.8	4.8
其他用地	Land	152.6	3.4

注：1.本表数据来源于黑龙江省国土资源厅，为第二次土地调查数据(7-3表同)。
2.本表不包含加格达奇、松岭区面积共计1.82万平方公里。

Note:a)Figures in this table were obtained from the Heilongjiang Provincial Department of Land and Resources and the second land survey data (the same as 7-3 table).
b)This table does not include Jiagedaqi and Songling area total of 18,200 square kilometers.

7-2 主要河流基本情况(2014年)

MAJOR RIVERS (2014)

名 称	River	流域面积(平方公里) Drainage Area(sq.km)	河长(公里) Length(km)
呼玛河	Humahe River	31197	524
逊毕拉河	Xunbilahe River	15739	279
穆棱河	Mulinghe River	18136	834
挠力河	Naolihe River	22495	596
呼兰河	Hulanhe River	31424	523
蚂蚁河	Ant River	10547	341
汤旺河	Tangwanghe River	20557	509

注：水利数据来源于黑龙江省水文局。

Note:Figures of water resources were obtained from the Hydrographic Department of Herlongjiang Province,

7-3 分地区土地面积
LAND AREA IN THE REGION

地区	Region	总面积(平方公里) Total Land Area(sq. km)
全 省	**Total**	**452538**
哈尔滨	Harbin	53076
齐齐哈尔	Qiqihar	42255
鸡 西	Jixi	22494
鹤 岗	Hegang	14665
双鸭山	Shuangyashan	22051
大 庆	Daqing	21205
伊 春	Yichun	32800
佳木斯	Jiamusi	32470
七台河	Qitaihe	6190
牡丹江	Mudanjiang	38827
黑 河	Heihe	66862
绥 化	Suihua	34873
大兴安岭	Daxinganling	64768

7-4 分地区水资源状况(2014年)
WATER RESOURCES BY DIVISIONS OF ADMINISTRATIVE AREAS(2014)

单位：亿万立方米 (10000 cu. m)

地区	Region	水资源总量 Total Water Resources Volume	地下水资源与地表水资源不重复量 Unduplicated Measurement Volume of Surface Water and Ground Water	地下水资源量 Total Ground Water Resources Volume
全 省	**Total**	**807.9**	**130.0**	**937.9**
哈尔滨	Harbin	121.6	14.5	136.0
齐齐哈尔	Qiqihar	24.9	27.0	51.9
鸡 西	Jixi	51.7	9.8	61.5
鹤 岗	Hegang	38.3	7.6	45.9
双鸭山	Shuangyashan	43.9	7.4	51.3
大 庆	Daqing	3.2	11.6	14.8
伊 春	Yichun	112.5	1.1	113.7
佳木斯	Jiamusi	41.4	19.0	60.4
七台河	Qitaihe	10.2	0.8	11.0
牡丹江	Mudanjiang	116.8	0.6	117.4
黑 河	Heihe	107.6	12.0	119.6
绥 化	Suihua	47.3	17.6	64.9
大兴安岭	Daxinganling	88.5	1.1	89.6

7-5 主要矿产资源储量

MAJOR MINERAL RESOURCES

指　标	Item	2010	2011	2012	2013	2014
煤炭(亿吨)	Coal(100 million tons)	217.8	195.2	197.5	204.1	202.9
铁矿(矿石亿吨)	Iron(Ore, 100 million tons)	3.72	3.58	3.57	3.55	4.02
铜矿(铜万吨)	Copper(Metal, 10000 tons)	379.2	424.2	424.3	422.6	424.9
铅矿(万吨)	Lead(Metal, 10000 tons)	57.9	56.0	57.6	58.7	55.5
锌矿(万吨)	Zinc(Metal, 10000 tons)	180.1	189.6	191.0	189.3	186.0
镁矿(万吨)	Magnesium(10000 tons)	891.3	891.3	891.3	891.3	891.3
镍矿(吨)	Nickel(ton)	20319	21612	21612	21612	21612
钨矿(WO3)(万吨)	Tungsten(WO3, 10000 tons)	19.46	18.90	18.90	18.90	18.90
金矿(岩金)(千克)	Gold ore(rock gold) (kg)			141753	146368	146215
矽线石(万吨)	Fibrolite(100 million tons)	757.7	755.7	757.4	757.3	757.3
熔剂用灰岩(万吨)	Limestone for Flux(10000 tons)	2719.6	2719.6	2649.9	2590.9	2590.9
冶金用白云岩(万吨)	Dolomite for Metallurgy(10000 tons)	3653	3653	3653	3653	3653
铸型用砂(万吨)	Placer for Mould(10000 tons)	1039.9	1039.9	1039.9	1039.9	1039.9
耐火粘土(万吨)	Refractory Clay(10000 tons)	1533.7	1533.7	1533.7	1533.7	1533.7
硫铁矿(万吨)	Pyrite Ore(10000 tons)	325.1	305.7	251.4	251.4	251.4
化肥用蛇纹岩(万吨)	Serpentinite for Chemical Fertilizer(10000 tons)	7880.3	7880.3	7880.3	7880.3	7880.3
泥炭(万吨)	Peat(10000 tons)	2877.3	2877.3	2877.3	2877.3	2877.3
磷矿石(万吨)	Phosphorite(10000 tons)	4305	4255	4255	4255	4255
长石(万吨)	Feldspar(10000 tons)	17558	17558	17558	17558	17558
陶瓷土(万吨)	Pottery Clay(10000 tons)	3612	3612	3612	3612	3612
玻璃用砂(万吨)	Gritstone for Glass(10000 tons)	1591	1591	1591	1591	1591
玻璃用脉石英(万吨)	Vein Quartz for Glass(10000 tons)	709.6	709.6	799.5	799.5	799.5
玻璃用大理岩(万吨)	Marble for Glass(10000 tons)	2820	2820	2820	2820	2820
水泥配料用粘土(万吨)	Clay forCement Industry (10000 tons)	11212.5	11212.5	11212.5	11211.9	11211.4
水泥用大理岩(亿吨)	Marble for Cement(100 million tons)	15.6	15.3	15.2	15.1	15.7
膨润土(万吨)	Bentonite(10000 tons)	14595	14595	14595	14594	14594
饰面用花岗岩(万立方米)	Granite for Facing(10000 cu.m)	5284	5279	5271	5271	5265
火山灰(万吨)	Pozzolana(10000 tons)	4948	4948	4948	4948	4948
饰面用大理岩(万立方米)	Marble for Facing(10000 cu.m)	668	668	668	668	668
石墨(万吨)	Graphite(10000 tons)	11356.6	11225.0	11218.7	11609.1	11615.6
沸石(万吨)	Zeolite(10000 tons)	11908	11908	11908	11908	11908
颜料黄土(万吨)	Sienna(10000 tons)	192	192	192	192	192
铸石用玄武岩(万吨)	Basalt for Casting(10000 tons)	11112	11112	11112	11110	11110
岩棉用玄武岩(万吨)	Basalt for Artificial Asbestos(10000 tons)	7274	7274	7274	7274	7274
珍珠岩(万吨)	Perlite(10000 tons)	2938	2938	2938	3331	3325

7-6 主要城市(区)平均气压(2014年)

MONTHLY AVERAGE ATMOSPHERIC PRESSURE OF MAJOR CITIES(2014)

单位：百帕 (hPa)

月份	Month	哈尔滨 Harbin	齐齐哈尔 Qiqihar	北林 Beilin	大庆 Daqing	加格达奇 Jiagedaqi	爱辉 Aihui	伊春 Yichun	佳木斯 Jiamusi	鸡西 Jixi	牡丹江 Mudan-jiang	鹤岗 Hegang	双鸭山 Shuang-yashan	七台河 Qitaihe
年平均	**Annual Average**	**1000.8**	**997.2**	**993.3**	**996.9**	**969.5**	**994.0**	**983.3**	**1004.2**	**981.7**	**978.4**	**991.8**	**992.6**	**987.2**
1月	Jan.	1008.7	1004.4	1000.4	1004.4	973.9	1000.7	989.0	1011.5	987.1	984.1	997.7	998.5	993.0
2月	Feb.	1013.8	1009.9	1005.7	1009.6	979.8	1006.6	994.7	1016.9	992.6	989.2	1003.3	1004.1	998.5
3月	Mar.	1003.9	1000.7	996.3	1000.2	971.9	996.8	985.6	1007.0	983.7	980.4	994.2	995.0	989.4
4月	Apr.	1000.9	997.3	993.6	997.3	969.8	993.7	983.6	1004.1	982.0	978.7	991.9	992.8	987.4
5月	May	991.0	988.1	983.9	987.7	962.4	985.8	974.7	994.7	973.1	969.7	983.3	983.8	978.4
6月	June	991.6	988.8	985.0	988.2	964.6	987.5	976.8	996.5	975.1	971.2	985.4	985.9	980.4
7月	July	989.3	985.0	982.3	985.3	959.1	982.1	973.1	993.1	972.8	969.6	981.8	982.8	977.8
8月	Aug.	994.6	991.1	987.9	991.0	965.6	989.1	979.4	999.2	977.9	974.1	988.1	988.6	983.2
9月	Sept.	999.6	996.2	992.4	996.0	969.3	993.1	982.9	1003.1	981.7	978.3	991.3	992.1	986.9
10月	Oct.	1004.6	1000.6	997.1	1000.6	972.2	997.1	987.0	1008.2	986.2	982.7	995.8	996.7	991.5
11月	Nov.	1004.4	1000.4	996.6	1000.3	971.4	996.7	985.9	1007.6	984.8	981.9	994.7	995.5	990.2
12月	Dec.	1006.6	1003.4	998.2	1002.7	973.4	998.7	986.5	1008.3	983.8	981.2	994.4	995.2	989.7
春季	Spring	998.6	995.4	991.3	995.1	968.0	992.1	981.3	1001.9	979.6	976.3	989.8	990.5	985.1
夏季	Summer	991.8	988.3	985.1	988.2	963.1	986.2	976.4	996.3	975.3	971.6	985.1	985.8	980.5
秋季	Fall	1002.9	999.1	995.4	999.0	971.0	995.6	985.3	1006.3	984.2	981.0	993.9	994.8	989.5
冬季	Winter	1009.7	1005.9	1001.4	1005.6	975.7	1002.0	990.1	1012.2	987.8	984.8	998.5	999.3	993.7
最高	Highest	1003.4	999.8	995.9	999.6	972.0	996.6	986.0	1006.8	984.3	981.1	994.4	995.2	989.8
最低	Lowest	997.8	994.2	990.4	994.0	966.7	991.4	980.4	1001.3	978.9	975.6	989.1	989.9	984.5

注：气象数据来源于黑龙江省气象信息中心。

Note:Figures of climate were obtained from Heilongjiang Province Meteorological Information Center.

7-7 主要城市(区)平均气温(2014年)

MONTHLY AVERAGE TEMPERATURE OF MAJOR CITIES (2014)

单位：摄氏度 (℃)

月份	Month	哈尔滨 Harbin	齐齐哈尔 Qiqihar	北林 Beilin	大庆 Daqing	加格达奇 Jiagedaqi	爱辉 Aihui	伊春 Yichun	佳木斯 Jiamusi	鸡西 Jixi	牡丹江 Mudan-jiang	鹤岗 Hegang	双鸭山 Shuang-yashan	七台河 Qitaihe
年平均	**Annual Average**	**5.1**	**5.1**	**4.6**	**5.8**	**0.0**	**1.3**	**1.8**	**3.7**	**4.7**	**4.4**	**1.9**	**4.9**	**4.5**
1 月	Jan.	-18.3	-17.1	-19.3	-16.3	-23.2	-24.0	-22.2	-20.5	-16.6	-17.5	-22.2	-17.3	-18.1
2 月	Feb.	-15.5	-14.3	-15.2	-13.0	-21.5	-20.5	-18.4	-16.5	-13.4	-14.6	-18.4	-13.1	-14.2
3 月	Mar.	-1.0	-1.6	-1.3	0.0	-6.5	-5.6	-4.4	-2.4	-1.8	-2.4	-5.2	-1.8	-2.1
4 月	Apr.	10.3	10.8	10.2	11.2	6.9	8.2	7.6	9.1	8.9	8.5	6.5	9.7	8.8
5 月	May	14.3	14.4	13.8	14.6	10.9	12.6	12.0	13.5	13.4	13.2	11.5	13.5	13.4
6 月	June	22.9	23.0	23.0	23.3	18.9	20.8	19.6	21.5	20.4	20.2	19.4	21.3	20.6
7 月	July	23.1	22.7	22.4	23.3	19.4	21.2	20.4	22.4	22.3	22.3	20.9	22.9	22.6
8 月	Aug.	21.9	21.8	21.4	22.0	17.7	20.4	19.1	20.8	20.7	20.5	20.0	21.4	20.9
9 月	Sept.	15.5	15.0	14.8	15.6	10.1	12.5	12.3	14.1	14.3	13.7	13.5	15.3	14.6
10月	Oct.	6.4	5.6	5.4	6.3	0.1	0.9	2.8	4.6	5.9	6.1	3.2	5.9	5.8
11月	Nov.	-1.9	-3.4	-3.1	-2.3	-10.8	-9.4	-6.9	-4.5	-1.9	-1.7	-7.2	-2.5	-2.1
12月	Dec.	-16.9	-16.1	-17.4	-15.2	-21.5	-21.6	-20.4	-17.8	-15.6	-15.5	-19.4	-16.0	-16.5
春季	Spring	7.9	7.9	7.6	8.6	3.8	5.1	5.1	6.7	6.8	6.4	4.3	7.1	6.7
夏季	Summer	22.6	22.5	22.3	22.9	18.7	20.8	19.7	21.6	21.1	21.0	20.1	21.9	21.4
秋季	Fall	6.7	5.7	5.7	6.5	-0.2	1.3	2.7	4.7	6.1	6.0	3.2	6.2	6.1
冬季	Winter	-16.9	-15.8	-17.3	-14.8	-22.1	-22.0	-20.3	-18.3	-15.2	-15.9	-20.0	-15.5	-16.3
最高	Highest	10.9	10.6	9.9	11.1	8.0	8.0	8.6	9.7	10.2	11.2	8.3	9.8	10.0
最低	Lowest	-0.2	0.0	-0.2	1.0	-6.5	-4.5	-4.3	-2.2	0.0	-1.1	-4.3	0.8	-0.5

7-8 主要城市(区)平均相对湿度(2014年)

MONTHLY AVERAGE RELATIVE HUMIDITY OF MAJOR CITIES (2014)

单位：% (%)

月份	Month	哈尔滨 Harbin	齐齐哈尔 Qiqihar	北林 Beilin	大庆 Daqing	加格达奇 Jiagedaqi	爱辉 Aihui	伊春 Yichun	佳木斯 Jiamusi	鸡西 Jixi	牡丹江 Mudan-jiang	鹤岗 Hegang	双鸭山 Shuang-yashan	七台河 Qitaihe
年平均	**Annual Average**	**63**	**62**	**64**	**59**	**66**	**66**	**70**	**68**	**68**	**65**	**67**	**63**	**72**
1月	Jan.	65	65	70	66	61	68	71	69	67	64	64	62	74
2月	Feb.	65	61	64	58	59	65	66	67	61	62	60	54	68
3月	Mar.	58	52	57	47	53	61	61	64	61	63	58	55	65
4月	Apr.	42	37	40	35	35	40	47	46	46	47	45	40	50
5月	May	66	61	67	59	65	68	74	71	74	70	73	70	76
6月	June	63	62	60	59	70	64	76	71	79	72	76	73	80
7月	July	73	76	77	70	80	77	83	78	81	73	82	77	81
8月	Aug.	74	76	75	72	86	78	83	80	83	76	82	78	85
9月	Sept.	67	67	67	63	78	72	78	76	78	75	75	70	79
10月	Oct.	55	55	56	53	64	62	63	62	58	57	61	52	61
11月	Nov.	54	58	57	53	71	69	68	65	60	57	64	56	63
12月	Dec.	69	68	72	68	66	68	73	72	70	66	66	67	79
春季	Spring	55	50	55	47	51	56	61	60	60	60	59	55	64
夏季	Summer	70	71	71	67	79	73	81	76	81	74	80	76	82
秋季	Fall	59	60	60	56	71	68	70	68	65	63	67	59	68
冬季	Winter	66	65	69	64	62	67	70	69	66	64	63	61	74

7-9 主要城市(区)降水量(2014年)

MONTHLY PRECIPITATION OF MAJOR CITIES (2014)

单位：毫米　　　　(millimeters)

月份	Month	哈尔滨 Harbin	齐齐哈尔 Qiqihar	北林 Beilin	大庆 Daqing	加格达奇 Jiagedaqi	爱辉 Aihui	伊春 Yichun	佳木斯 Jiamusi	鸡西 Jixi	牡丹江 Mudan-jiang	鹤岗 Hegang	双鸭山 Shuang-yashan	七台河 Qitaihe
合计	**Total**	**415.8**	**427.5**	**660.8**	**380.8**	**579.6**	**430.5**	**730.7**	**596.8**	**539.4**	**514.4**	**734.3**	**685.8**	**568.5**
1 月	Jan.	0.8	2.4	4.6	0.5	5.1	6.7	8.0	3.6	1.7	0.2	4.8	2.4	3.5
2 月	Feb.	1.2	2.3	6.6	0.5	12.0	12.5	13.9	2.6	0.5	0.6	8.0	1.3	0.5
3 月	Mar.	1.3	6.1	0.1	1.2	0.2	0.1	1.7	0.7	18.5	14.1	0.0	1.0	11.9
4 月	Apr.	6.1	6.1	4.5	2.0	0.8	0.0	4.2	10.8	6.2	20.9	9.8	6.3	6.1
5 月	May	91.4	55.8	136.6	69.7	90.1	77.1	110.8	142.2	107.1	121.5	186.4	105.4	117.8
6 月	June	56.8	27.6	75.5	104.6	43.7	18.4	140.1	78.8	75.8	48.5	144.0	115.6	53.4
7 月	July	115.5	114.4	154.6	59.6	164.5	140.3	251.7	99.0	85.4	92.7	195.3	155.7	168.7
8 月	Aug.	83.8	126.1	168.5	60.4	140.1	23.8	53.9	75.9	83.7	50.4	60.3	124.7	101.9
9 月	Sept.	32.2	58.6	75.9	60.5	76.6	104.0	97.8	100.7	91.9	66.7	71.7	90.9	42.3
10月	Oct.	14.1	21.3	14.1	12.7	21.6	26.7	19.8	41.9	32.5	78.0	24.1	44.4	30.4
11月	Nov.	1.2	2.7	6.5	1.5	21.2	10.2	10.1	10.9	8.7	7.0	13.7	9.8	7.0
12月	Dec.	11.4	4.1	13.3	7.6	3.7	10.7	18.7	29.7	27.4	13.8	16.2	28.3	25.0
春季	Spring	98.8	68.0	141.2	72.9	91.1	77.2	116.7	153.7	131.8	156.5	196.2	112.7	135.8
夏季	Summer	256.1	268.1	398.6	224.6	348.3	182.5	445.7	253.7	244.9	191.6	399.6	396.0	324.0
秋季	Fall	47.5	82.6	96.5	74.7	119.4	140.9	127.7	153.5	133.1	151.7	109.5	145.1	79.7
冬季	Winter	13.4	8.8	24.5	8.6	20.8	29.9	40.6	35.9	29.6	14.6	29.0	32.0	29.0

7-10 主要城市(区)平均风速(2014年)

MONTHLY AVERAGE WIND VELOCITY OF MAJOR CITIES(2014)

单位：m/s (m/s)

月份	Month	哈尔滨 Harbin	齐齐哈尔 Qiqihar	北林 Beilin	大庆 Daqing	加格达奇 Jiagedaqi	爱辉 Aihui	伊春 Yichun	佳木斯 Jiamusi	鸡西 Jixi	牡丹江 Mudan-jiang	鹤岗 Hegang	双鸭山 Shuang-yashan	七台河 Qitaihe
年平均	**Annual Average**	**2.5**	**2.1**	**2.1**	**1.5**	**1.9**	**2.4**	**2.0**	**2.3**	**3.8**	**2.7**	**2.3**	**1.6**	**1.7**
1 月	Jan.	2.4	1.9	1.6	1.4	1.5	2.2	1.8	2.0	4.2	2.5	2.2	1.7	1.8
2 月	Feb.	2.1	2.0	1.9	1.4	1.4	2.0	1.7	1.9	3.9	2.0	2.0	1.5	2.0
3 月	Mar.	2.3	1.9	2.6	1.4	1.9	2.5	2.0	2.5	3.9	2.4	2.3	1.7	2.0
4 月	Apr.	3.3	2.9	2.7	1.8	2.2	3.2	2.2	2.9	4.4	3.2	2.5	1.9	2.0
5 月	May	3.0	2.5	2.8	1.6	2.5	2.7	2.4	2.9	4.0	3.2	2.5	1.7	1.8
6 月	June	2.5	1.8	2.0	1.3	2.0	2.0	1.8	2.0	2.8	2.5	1.9	1.2	1.1
7 月	July	2.6	2.3	2.1	1.6	1.9	2.3	1.7	2.1	3.3	2.9	2.0	1.5	1.0
8 月	Aug.	1.8	1.5	2.0	1.0	1.6	1.7	1.5	1.6	2.6	2.1	1.9	1.1	1.0
9 月	Sept.	2.3	2.1	2.0	1.4	2.0	2.3	1.6	2.0	3.1	2.3	2.1	1.4	1.8
10月	Oct.	2.8	2.3	1.9	1.7	2.0	2.2	2.4	2.6	4.0	3.0	2.5	1.7	2.0
11月	Nov.	3.0	2.3	2.3	1.5	1.7	2.5	2.3	2.4	4.5	3.2	2.6	2.0	2.0
12月	Dec.	2.4	2.1	1.5	1.4	1.8	2.6	2.0	2.2	5.3	3.4	2.7	1.8	2.1
春季	Spring	2.9	2.4	2.7	1.6	2.2	2.8	2.2	2.8	4.1	2.9	2.4	1.8	1.9
夏季	Summer	2.3	1.9	2.0	1.3	1.8	2.0	1.7	1.9	2.9	2.5	1.9	1.3	1.0
秋季	Fall	2.7	2.2	2.1	1.5	1.9	2.3	2.1	2.3	3.9	2.8	2.4	1.7	1.9
冬季	Winter	2.3	2.0	1.7	1.4	1.6	2.3	1.8	2.0	4.5	2.6	2.3	1.7	2.0
最大	Maximum	12.8	9.2	9.1	6.6	9.9	11.8	13.3	12.1	18.7	15.9	12.8	9.4	9.3
风向	Wind direction	NE	NW/SSW	WSW	SSW/W	NNW	SW	NW	SW	WNW	WNW	NW	WSW	W

7-11 主要城市(区)日照时数(2014年)

SUNSHINE HOURS OF MAJOR CITIES (2014)

单位：小时 (hours)

月份	Month	哈尔滨 Harbin	齐齐哈尔 Qiqihar	北林 Beilin	大庆 Daqing	加格达奇 Jiagedaqi	爱辉 Aihui	伊春 Yichun	佳木斯 Jiamusi	鸡西 Jixi	牡丹江 Mudan-jiang	鹤岗 Hegang	双鸭山 Shuang-yashan	七台河 Qitaihe
合计	**Total**	**2055.9**	**2719.7**	**2248.4**	**2297.8**	**2739.2**	**2439.6**	**2304.1**	**2208.6**	**2510.8**	**2302.7**	**2192.9**	**2526.4**	**2065.5**
1 月	Jan.	129.6	195.9	156.2	172.9	190.6	163.0	153.7	137.4	191.0	177.7	178.1	179.1	119.3
2 月	Feb.	164.1	206.8	163.7	181.2	209.2	214.1	184.0	194.9	212.1	206.4	216.0	197.7	187.0
3 月	Mar.	228.7	274.9	237.9	234.7	301.4	297.7	286.0	261.9	251.4	205.1	285.8	281.5	243.2
4 月	Apr.	267.0	316.0	253.3	275.0	327.0	315.4	285.3	253.7	270.0	249.3	248.7	300.8	241.9
5 月	May	127.5	209.8	158.1	152.0	212.2	141.6	150.6	125.3	184.8	162.2	106.9	179.5	150.9
6 月	June	216.8	284.2	251.6	218.8	288.1	227.4	229.4	182.1	201.1	187.3	173.3	211.5	194.2
7 月	July	159.9	191.5	132.2	147.2	207.1	142.7	157.5	155.2	247.1	223.5	96.6	225.8	208.5
8 月	Aug.	208.1	250.7	237.3	221.8	211.4	236.4	199.8	202.3	230.5	210.9	208.8	250.0	204.0
9 月	Sept.	184.4	242.9	224.2	222.5	227.9	216.5	199.6	206.0	215.9	199.0	200.1	206.9	170.7
10月	Oct.	120.4	208.0	178.0	188.8	227.3	210.3	180.7	196.2	195.0	182.6	186.1	179.8	141.9
11月	Nov.	149.5	189.0	156.5	180.0	169.6	150.7	164.5	167.9	171.9	171.4	153.4	175.0	119.8
12月	Dec.	99.9	150.0	99.1	102.9	167.4	123.8	113.0	125.7	140.0	127.3	139.1	138.8	84.1
春季	Spring	623.2	800.7	649.3	661.7	840.6	754.7	721.9	640.9	706.2	616.6	641.4	761.8	636.0
夏季	Summer	584.8	726.4	621.1	587.8	706.6	606.5	586.7	539.6	678.7	621.7	478.7	687.3	606.7
秋季	Fall	454.3	639.9	558.7	591.3	624.8	577.5	544.8	570.1	582.8	553.0	539.6	561.7	432.4
冬季	Winter	393.6	552.7	419.3	457.0	567.2	500.9	450.7	458.0	543.1	511.4	533.2	515.6	390.4

7-12 “三废” 排放治理情况

DISCHARGE AND TREATMENT OF WASTE WATER, WASTE GAS AND SOLID WASTES

项　目	Item	2011	2012	2013	2014
工业废水	**Industrial Waste Water**				
工业废水排放量(万吨)	Volume of Industrial Waste Water Discharged(10000 tons)	44072	58350	47796	41984
直接排入环境的	Directly Into the Environment	33055	52921	41219	35888
排入污水处理厂的	Discharged Into the Sewage Treatment Plant	11017	5429	6578	6097
化学需氧量COD排放量(万吨)	Chemical Oxygen Demand COD Emissions(10000 tons)	10.2	9.8	9.6	9.4
氨氮排放量(万吨)	Ammonia - Nitrogen Emissions(10000 tons)	0.6	0.6	0.6	0.6
工业废气	**Waste Gas**				
工业废气排放量(亿立方米)	Emission Volume of Industrial Waste Gas(100 million cu.m)	10377	10445	10622	12091
二氧化硫排放量(万吨)	Emission Volume of Sulphur Dioxide(10000 tons)	41.5	39.7	35.3	31.7
氮氧化物排放量(万吨)	Emission Volume of Nitrogen Oxide(10000 tons)	48.5	48.1	44.2	42.9
烟（粉）尘排放量(万吨)	Emission Volume of Smoke(powder) Dust(10000 tons)	42.0	45.0	52.0	53.5
工业固体废物	**Industrial Solid Wastes**				
工业固体废物产生量(万吨)	Volume of Industrial Solid Wastes Produced(10000 tons)	6017	6313	6094	6312
工业固体废物综合利用量(万吨)	Volume of Industrial Solid Wastes Utilized(10000 tons)	4139	4642	4145	4069
工业固体废物处置量(万吨)	Volume of Industrial Solid Wastes Treated(10000 tons)	643	810	419	1558
工业固体废物贮存量(万吨)	Volume of Industrial Solid Wastes Accumulated(10000 tons)	1308	920	1557	776
危险废物产生量(万吨)	Hazardous Waste Generated Volume(10000 tons)	19.6	21.3	22.6	31.4
危险废物综合利用量(万吨)	Comprehensive Utilization Amount of Hazardous Waste(10000 tons)	3.7	4.3	4.4	8.5
危险废物处置量(万吨)	Hazardous Waste Disposal Volume(10000 tons)	15.2	17.0	17.7	22.5
危险废物贮存量(吨)	Hazardous Waste Storage Capacity(ton)	5999.0	1392.3	5679.4	5253.7
工业污染治理	**Pollution Treatment**				
投资来源总额(万元)	Total Funds Grouped by Source(10000 yuan)	114979	39287	206988	177572
排污费补助	Subsidy of Pollution Charges	106	12	416	599
政府其他补助	Other Government Subsidy	4167	2177	2612	1214
企业自筹	Enterprise Self-provides	110706	37098	203959	175758
#银行贷款	#Bank loan	4111	227	2550	7700
投资完成总额(万元)	Total Funds by Use(10000 yuan)	115787	39287	206988	177572
治理废水	Treatment of Waste Water	24086	7350	17509	5544
治理废气	Treatment of Waste Gas	87452	27661	184619	160834
治理固体废物	Treatment of Solid Wastes	694	2501	1193	1290
治理噪声	Noise Abatement				
治理其他	Others	3555	1776	3668	9903
本年竣工项目数(个)	Number of Complwted Projects in The Year(unit)	64	56	80	53

注：环保数据来源于黑龙江省环境保护厅。

Note:Figures of climate were obtained from the Environmental Protection of Herlongjiang Province.

7-13 分地区污染物排放总量情况

TOTAL EMISSION VOLUME OF POLLUTANTS BY REGION

项 目	Item	废水排放量（万吨）Volume of Waste Water Discharged (10000 tons)	化学需氧量COD排放量（吨）Chemical Oxygen Demand COD Emissions (ton)	氨氮排放量（吨）Ammonia-Nitrogen Emissions (ton)	二氧化硫排放量（吨）Emission Volume of Sulphur Dioxide(ton)	氮氧化物排放量（吨）Emission Volume of Nitrogen Oxide(ton)	烟（粉）尘排放量（吨）Emission Volume of Smoke(powder) Dust(ton)
	2011	150661.0	1576530.6	96471.6	521896.2	783753.0	655869.3
	2012	162589.2	1498750.7	92754.4	514299.7	780612.6	699273.9
	2013	153089.6	1447318.0	87746.2	489093.8	751573.6	722454.0
	2014	149643.7	1423851.6	84937.5	472248.4	730592.1	793548.6
哈尔滨	Harbin	39673.4	294365.1	19759.0	120111.0	146343.0	235684.5
齐齐哈尔	Qiqihar	17686.7	223198.9	11472.3	69530.3	103460.0	117442.1
鸡　西	Jixi	7171.2	38205.0	3325.0	24734.0	30649.3	41415.6
鹤　岗	Hegang	6529.8	25538.8	2258.0	17208.5	30307.9	26605.2
双鸭山	Shuangyashan	6270.5	47466.6	3241.6	26522.2	48927.5	50768.6
大　庆	Daqing	13450.3	138945.0	5443.0	40522.0	95728.8	47271.4
伊　春	Yichun	6051.0	40800.0	3810.0	18678.0	18897.7	26002.6
佳木斯	Jiamusi	6862.6	60294.0	4602.0	21455.0	38270.0	57593.8
七台河	Qitaihe	4618.1	16407.2	1825.4	16948.2	41197.7	24446.6
牡丹江	Mudanjiang	8512.8	48565.2	4893.3	33157.0	54885.0	69001.6
黑　河	Heihe	4735.9	39667.0	2478.0	24600.0	15691.0	16093.6
绥　化	Suihua	15768.5	262497.0	11265.0	22630.0	68400.0	27315.2
大兴安岭	Daxinganling	3805.6	15087.0	1157.3	16510.0	11335.5	18282.5
农垦总局	ARB	7529.3	166779.5	8927.7	15948.1	24681.8	29087.9
绥芬河	Suifenhe	224.9	4280.0	257.1	1294.0	455.0	2578.8
抚　远	Fuyuan	753.0	1755.4	222.8	2400.1	1362.0	3958.7

7-14 工业污染排放和处理利用情况(2014年)

类 别	Category	汇总工业企业数（个）Number of Industrial Enterprises (unit)	工业废水排放量（万吨）Volume of Industrial Waste Water Discharged (10000 tons)	直接排入环境的 Directly Into the Environment	排入污水处理厂的 Discharged Into the Sewage Treatment Plant
重点调查企业	**Key Survey Enterprises**	**1914**	**39636.4**	**33839.5**	**5797.0**
农、林、牧、渔服务业	Agricultural, Forestry, Animal Husbandry and Fishery Services	7	0.68	0.68	
煤炭开采和洗选业	Mining and Washing of Coal	191	8875.5	8875.5	
石油和天然气开采业	Extraction of Petroleum and Natural Gas	18	211.3	211.3	
黑色金属矿采选业	Mining and Processing of Ferrous Metal Ores	9	131.2	131.2	
有色金属矿采选业	Mining and Processing of Non-Ferrous Metal Ores	13	228.4	228.4	
非金属矿采选业	Mining and Processing of Nonmetal Ores	32	1.49	1.49	
开采辅助活动	Mining Support Activities	7	0.14	0.14	
农副食品加工业	Processing of Food from Agricultural Products	341	5917.5	5686.1	231.4
食品制造业	Manufacture of Foods	119	3714.9	3144.6	570.3
酒、饮料和精制茶制造业	Manufacture of Wine, Soft Drinks and Refined Tea	113	2924.8	2166.3	758.5
烟草制品业	Manufacture of Tobacco	5	81.3	72.1	9.20
纺织业	Manufacture of Textile	20	257.5	158.3	99.2
纺织服装、服饰业	Manufacture of Textile, Wearing Apparel and Accessories	1			
皮革、毛皮、羽毛及其制品和制鞋业	Leather, Fur, Feathers and Its Process and System Footwear	2	10.4	10.4	
木材加工和木、竹、藤、棕、草制品业	Processing of Timber, Manufacture of Wood, Bamboo, Rattan, Palm, and Straw Products	72	106.6	68.0	38.6
家具制造业	Manufacture of Furniture	9	8.38	8.38	
造纸和纸制品业	Manufacture of Paper and Paper Products	47	3466.0	3464.3	1.67
印刷和记录媒介复制业	Printing, Reproduction of Recording Media	7	4.59	1.77	2.82
文教、工美、体育和娱乐用品制造业	Manufacture of Culture and Education, Arts and Crafts, Sports and Recreation Supplies	2	0.02	0.02	
石油加工、炼焦和核燃料加工业	Processing of Petroleum, Coking, Processing of Nuclear Fuel	36	3522.9	3020.3	502.6

DISCHARGE AND TREATMENT OF INDUSTRIAL POLLUTION (2014)

工业废水中化学需氧量排放量(吨) Emission Volume of Industrial Waste Water Chemical Oxygen Demand COD (ton)	工业废水中氨氮排放量(吨) Emission Volume of Industrial Waste Water Ammonia - Nitrogen (ton)	工业废气排放量(亿立方米) Emission Volume of Industrial Waste Gas (100 million cu. m)	工业废气中二氧化硫产生量(吨) Volume of Industrial Waste Gas Sulphur Dioxide Produced (ton)	工业废气中二氧化硫排放量(吨) Emission Volume of Industrial Waste Gas Sulphur Dioxide (ton)	工业废气中氮氧化物产生量(吨) Volume of Industrial Waste Gas Nitrogen Oxide Produced (ton)	工业废气中氮氧化物排放量(吨) Emission Volume of Industrial Waste Gas Nitrogen Oxide (ton)
84138.1	**5365.9**	**12091.2**	**490632.8**	**284100.2**	**446701.7**	**396209.9**
3.38	1.2	2.0	100.8	100.8	171.1	171.1
9856.6	57.7	125.3	5222.9	5048.1	2519.7	2519.7
1202.9	57.1	107.5	581.9	581.9	1505.3	1505.3
125.1	7.51	52.1	196.0	196.0	100.3	100.3
109.7	19.2	6.25	494.5	494.5	185.2	185.2
6.40	1.28	16.5	919.0	919.0	367.7	367.7
0.13	0.01	22.4	139.3	139.3	330.7	330.7
24360.1	1727.8	527.7	7434.5	5928.4	4325.7	4325.7
5274.5	503.1	68.3	4330.5	4207.4	2387.3	2387.3
13657.0	422.4	79.1	4495.2	3090.5	1757.6	1757.6
83.6	11.4	3.03	176.3	176.3	93.2	93.2
306.0	31.8	5.69	363.5	363.5	175.3	175.3
		0.004	0.26	0.26	0.30	0.30
50.9	13.0	0.186	16.8	16.8	5.69	5.69
1183.6	55.1	28.0	1111.6	1111.6	542.2	542.2
6.59	1.65	1.03	71.47	71.47	58.92	58.92
13096.0	172.1	95.5	4917.3	2831.9	4120.6	4120.6
4.53	0.31	0.57	30.8	30.8	16.8	16.8
0.04		0.05	2.55	2.55	1.47	1.47
2476.0	768.1	721.1	27326.0	17493.7	15240.8	14685.5

7-14 续表1

类 别	Category	汇总工业企业数（个）Number of Industrial Enterprises (unit)	工业废水排放量（万吨）Volume of Industrial Waste Water Discharged (10000 tons)	直接排入环境的 Directly Into the Environment	排入污水处理厂的 Discharged Into the Sewage Treatment Plant
化学原料和化学制品制造业	Manufacture of Raw Chemical Materials and Chemical Products	72	4331.1	2534.5	1796.5
医药制造业	Manufacture of Medicines	74	1671.2	868.5	802.6
化学纤维制造业	Manufacture of Chemical Fibers	2			
橡胶和塑料制品业	Manufacture of Rubber and Plastic Products	9	97.6	97.3	0.3
非金属矿物制品业	Manufacture of Non-metallic Mineral Products	137	38.5	33.3	5.2
黑色金属冶炼和压延加工业	Smelting and Pressing of Ferrous Metals	9	477.1	362.7	114.4
有色金属冶炼和压延加工业	Smelting and Pressing of Non-ferrous Metals	7	194.4	8.1	186.3
金属制品业	Manufacture of Metal Products	35	20.8	8.8	11.9
通用设备制造业	Manufacture of General Purpose Machinery	17	81.0	16.7	64.3
专用设备制造业	Manufacture of Special Purpose Machinery	27	532.6	437.2	95.4
汽车制造业	Manufacture of Automotive	8	62.2	3.0	59.2
铁路、船舶、航空航天和其他运输设备制造业	Manufacture of Railways, Shipbuilding, Aerospace and Other Transportation Equipment	12	240.8	115.6	125.2
电气机械和器材制造业	Manufacture of Electrical Machinery and Equipment	6	23.7	0.74	22.95
计算机、通信和其他电子设备制造业	Manufacture of Computer, Communications and Other Electronic Equipment	1			
仪器仪表制造业	Manufacture of Instrument	2	1.28		1.28
其他制造业	Other Manufacture	8	87.1	78.8	8.26
金属制品、机械和设备修理业	Metal Products, Machinery and Equipment Repair Industry	2	0.15	0.15	
电力、热力生产和供应业	Production and Supply of Electric Power and Heat Power	2	6.7		6.7
燃气生产和供应业	Production and Supply of Gas	433	2306.7	2024.7	282.0

CONTINUED

工业废水中化学需氧量排放量(吨) Emission Volume of Industrial Waste Water Chemical Oxygen Demand COD (ton)	工业废水中氨氮排放量(吨) Emission Volume of Industrial Waste Water Ammonia - Nitrogen (ton)	工业废气排放量(亿立方米) Emission Volume of Industrial Waste Gas (100 million cu. m)	工业废气中二氧化硫产生量(吨) Volume of Industrial Waste Gas Sulphur Dioxide Produced (ton)	工业废气中二氧化硫排放量(吨) Emission Volume of Industrial Waste Gas Sulphur Dioxide (ton)	工业废气中氮氧化物产生量(吨) Volume of Industrial Waste Gas Nitrogen Oxide Produced (ton)	工业废气中氮氧化物排放量(吨) Emission Volume of Industrial Waste Gas Nitrogen Oxide (ton)
4891.3	754.4	608.2	17828.6	15993.1	13654.0	13654.0
3178.1	244.7	66.5	4447.8	4185.4	2654.9	2654.9
		0.38	6.43	6.43	7.34	7.34
21.0	0.28	32.5	482.0	161.7	256.3	256.3
60.4	3.04	1365.4	6463.2	6463.2	28041.4	25524.5
459.5	271.4	1146.5	16655.6	16115.8	4943.9	4943.9
92.1	8.89	53.3	180.7	68.0	252.1	175.8
31.9	0.54	2.75	103.3	103.3	50.8	50.8
147.8	10.0	1.40	83.8	83.8	127.7	127.7
378.2	38.6	47.5	1135.6	1135.6	763.0	763.0
27.4	1.03	5.91	251.6	81.5	745.9	745.9
203.0	44.0	30.8	1476.7	906.8	1221.2	1121.2
20.2	1.36	10.0	374.9	374.9	199.8	199.8
0.93	0.11	0.07	3.63	3.63	1.98	1.98
145.0	13.33	3.80	193.6	192.4	228.3	228.3
0.20		0.72	4.00	4.00	6.77	6.77
3.23	0.24	6.77	60.0	60.0	98.4	98.4
2674.6	123.2	6846.3	382950.4	195356.1	359542.0	312298.8

7-14 续表2

类 别	Category	工业废气中烟（粉）尘产生量(吨) Produced Volume of Industrial Waste Gas Smoke (powder) Dust (ton)	工业废气中烟（粉）尘排放量(吨) Emission Volume of Industrial Waste Gas Smoke(powder) Dust (ton)	一般工业固体废物产生量(万吨) Volume of Industrial Solid Wastes Produced (10000 tons)
重点调查企业	**Key Survey Enterprises**	**16592819.1**	**434808.1**	**5934.9**
农、林、牧、渔服务业	Agricultural, Forestry, Animal Husbandry and Fishery Services	336.7	285.7	0.99
煤炭开采和洗选业	Mining and Washing of Coal	37902.7	7735.1	1265.1
石油和天然气开采业	Extraction of Petroleum and Natural Gas	863.4	355.7	0.27
黑色金属矿采选业	Mining and Processing of Ferrous Metal Ores	3372.1	370.1	210.5
有色金属矿采选业	Mining and Processing of Non-Ferrous Metal Ores	820.1	234.1	1016.9
非金属矿采选业	Mining and Processing of Nonmetal Ores	2740.6	203.2	339.3
开采辅助活动	Mining Support Activities	288.2	197.0	92.1
农副食品加工业	Processing of Food from Agricultural Products	49805.1	9963.0	71.3
食品制造业	Manufacture of Foods	23790.4	5018.2	22.8
酒、饮料和精制茶制造业	Manufacture of Wine, Soft Drinks and Refined Tea	20708.8	2629.2	25.3
烟草制品业	Manufacture of Tobacco	1122.9	358.4	0.97
纺织业	Manufacture of Textile	2079.1	435.6	1.58
纺织服装、服饰业	Manufacture of Textile, Wearing Apparel and Accessories	1.04	0.27	0.001
皮革、毛皮、羽毛及其制品和制鞋业	Leather, Fur, Feathers and Its Process and System Footwear	98.0	16.5	0.09
木材加工和木、竹、藤、棕、草制品业	Processing of Timber, Manufacture of Wood, Bamboo, Rattan, Palm, and Straw Products	10347.2	1962.1	5.1
家具制造业	Manufacture of Furniture	393.2	82.8	0.16
造纸和纸制品业	Manufacture of Paper and Paper Products	22798.4	3046.9	17.2
印刷和记录媒介复制业	Printing, Reproduction of Recording Media	189.8	27.3	0.15
文教、工美、体育和娱乐用品制造业	Manufacture of Culture and Education, Arts and Crafts, Sports and Recreation Supplies	17.4	17.4	0.02
石油加工、炼焦和核燃料加工业	Processing of Petroleum, Coking, Processing of Nuclear Fuel	368644.1	28011.7	204.9

CONTINUED

一般工业固体废物综合利用量(万吨) Volume of Industrial Solid Wastes Utilized (10000 tons)	一般工业固体废物处置量(万吨) Volume of Industrial Solid Wastes Treated (10000 tons)	一般工业固体废物贮存量(万吨) Volume of Industrial Solid Wastes Accumulated (10000 tons)	一般工业固体废物倾倒丢弃量(万吨) Volume of Industrial Solid Wastes Discarded (10000 tons)	危险废物产生量(吨) Hazardous Waste Generated Volume (ton)	危险废物综合利用量(吨) Comprehensive Utilization Amount of Hazardous Waste (ton)	危险废物处置量(吨) Hazardous Waste Disposal Volume (ton)	危险废物贮存量(吨) Hazardous Waste Storage Capacity (ton)
3738.4	**1540.7**	**747.0**	**3.107**	**313806.5**	**84968.5**	**225145.3**	**5253.7**
0.99							
958.6	152.2	154.1	0.20	147.0	147.0		
0.27				42572	42567	4.3	
120.7	2.33	87.4		0.01		0.01	
12.3	949.6	55.0					
124.3	0.09	214.9					
6.89	85.2						
68.7	2.21		0.46	4.86	3.69	1.2	
21.9	0.89		0.06	19.2	2.88	16.3	
25.5	3.41			11.8	0.35	10.97	0.5
0.97							
1.58	0.0003						
0.001							
0.09				2.33		2.33	
5.1							
0.14	0.03						
16.5	2.79	0.003		6.12	0.20	5.92	
0.15				0.15	0.15		
0.015							
194.2	10.5	0.219		11261.7	2943.8	8315.2	2.77

7-14 续表3

类 别	Category	工业废气中烟（粉）尘产生量(吨) Produced Volume of Industrial Waste Gas Smoke (powder) Dust (ton)	工业废气中烟（粉）尘排放量(吨) Emission Volume of Industrial Waste Gas Smoke(powder) Dust (ton)	一般工业固体废物产生量(万吨) Volume of Industrial Solid Wastes Produced (10000 tons)
化学原料和化学制品制造业	Manufacture of Raw Chemical Materials and Chemical Products	566624.9	33302.1	195.1
医药制造业	Manufacture of Medicines	66350.6	5510.5	15.7
化学纤维制造业	Manufacture of Chemical Fibers	10.0	10.0	0.03
橡胶和塑料制品业	Manufacture of Rubber and Plastic Products	10391.4	3214.8	1.77
非金属矿物制品业	Manufacture of Non-metallic Mineral Products	2209638.0	35135.8	81.2
黑色金属冶炼和压延加工业	Smelting and Pressing of Ferrous Metals	400438.8	19853.8	219.0
有色金属冶炼和压延加工业	Smelting and Pressing of Non-ferrous Metals	19325.2	1095.0	2.55
金属制品业	Manufacture of Metal Products	1139.3	144.8	0.70
通用设备制造业	Manufacture of General Purpose Machinery	705.2	84.7	0.75
专用设备制造业	Manufacture of Special Purpose Machinery	7004.0	796.3	26.2
汽车制造业	Manufacture of Automotive	6573.4	349.0	2.40
铁路、船舶、航空航天和其他运输设备制造业	Manufacture of Railways, Shipbuilding, Aerospace and Other Transportation Equipment	18706.9	2416.7	10.5
电气机械和器材制造业	Manufacture of Electrical Machinery and Equipment	2448.9	146.0	0.54
计算机、通信和其他电子设备制造业	Manufacture of Computer, Communications and Other Electronic Equipment			
仪器仪表制造业	Manufacture of Instrument	19.1	6.81	0.02
其他制造业	Other Manufacture	1531.3	300.7	1.3
金属制品、机械和设备修理业	Metal Products, Machinery and Equipment Repair Industry	3.79	1.10	2.49
电力、热力生产和供应业	Production and Supply of Electric Power and Heat Power	670.4	196.2	0.38
燃气生产和供应业	Production and Supply of Gas	12734918.7	271293.3	2099.7

CONTINUED

一般工业固体废物综合利用量(万吨) Volume of Industrial Solid Wastes Utilized (10000 tons)	一般工业固体废物处置量(万吨) Volume of Industrial Solid Wastes Treated (10000 tons)	一般工业固体废物贮存量(万吨) Volume of Industrial Solid Wastes Accumulated (10000 tons)	一般工业固体废物倾倒丢弃量(万吨) Volume of Industrial Solid Wastes Discarded (10000 tons)	危险废物产生量(吨) Hazardous Waste Generated Volume (ton)	危险废物综合利用量(吨) Comprehensive Utilization Amount of Hazardous Waste (ton)	危险废物处置量(吨) Hazardous Waste Disposal Volume (ton)	危险废物贮存量(吨) Hazardous Waste Storage Capacity (ton)
194.1	0.24	0.691		206845.9	17231.3	189622.4	3.78
15.2	0.47			14257.6	13712.6	547.7	
0.03							
0.14	1.63	0.0007					
81.1	0.31		0.006	0.87		0.87	
217.0	1.95			229.5	169.9	63.7	1.75
2.13	0.41			221.1	215.0	6.1	
0.70				32.4	1.7	32.1	0.13
0.62	0.13			1874.8	68.8	1801.6	4.30
20.8	84.4	5.0		3754.0	323.0	437.6	2996.5
2.38	0.019			545.0	0.15	544.8	
10.5	0.003			1335.6	89.5	1246.1	
0.54		0.00001		2687.2	2662.4	25.9	1.80
0.01	0.005			0.17		0.17	
0.97	0.294			12.47	9.66	2.81	
0.95		0.6	1.4	15059.6	3399.8	10964.2	2228.9
0.38				13.06		13.06	
1632.1	241.6	229.1	0.97	12912.7	1419.4	11480.0	13.29

主要统计指标解释

耕地 指种植农作物的土地，包括熟地，新开发、复垦、整理地，休闲地（含轮歇地、轮作地）；以种植农作物（含蔬菜）为主，间有零星果树、桑树或其他树木的土地；平均每年能保证收获一季的已垦滩地和海涂。耕地中包括南方宽度<1.0米，北方宽度<2.0米固定的沟、渠、路和地坎（埂）；临时种植药材、草皮、花卉、苗木等的耕地，以及其他临时改变用途的耕地。

园地 指种植以采集果、叶、根、茎、汁等为主的集约经营的多年生木本和草本作物，覆盖度大于50%和每亩株数大于合理株数70%的土地。包括用于育苗的土地。

林地 指生长乔木、竹类、灌木的土地，及沿海生长红树林的土地。包括迹地，不包括居民点内部的绿化林木用地，铁路、公路征地范围内的林木，以及河流、沟渠的护堤林。

草地 指生长草本植物为主的土地。

径流量 指在一定时段内通过河流某一过水断面的水量，用以反映一个国家或地区水资源的丰歉程度。计算公式为：

径流量=降水量-蒸发量

流域 每条河流都有自己的干流和支流，干支流共同组成这条河流的水系。每条河流都有自己的集水区域，这个集水区域就称为该河流的流域。

外流河 指直接或间接流入海洋的河流。供给外流河河水的区域称为外流区域。

内陆河 指在陆地内部干燥地区，河水沿途消失于沙漠或注入内陆湖泊的河流。供给内陆河河水的区域称为内陆区域。

矿产资源 矿产资源指由地质作用形成的，具有利用价值的，呈固态、液态、气态的自然资源，是社会生产发展的重要物质基础。目前我国已发现矿种有170多种，按其特点和用途，可分为能源矿产(如煤炭、石油、天然气、地热)、金属矿产(如铁矿、锰矿、铜矿、铅矿、铝土矿)、非金属矿产(如金刚石、石灰岩、粘土)和水气矿产(如地下水、矿泉水、二氧化碳气)四大类。其中：金属矿产按其物质成份和性质又可分为：黑色金属矿产、有色金属矿产、贵金属矿产、稀有金属矿产、稀土金属矿产、分散元素金属矿产六类。

矿产基础储量 基础储量是查明矿产资源的一部分。它能满足现行采矿和生产所需的指标要求，是控制的、探明的并通过可行性或预可行性研究认为属于经济的、边界经济的部分，用未扣除设计、采矿损失的数量表示。

平均气温 气温指空气的温度，我国一般以摄氏度为单位表示。气象观测的温度表是放在离地面约1.5米处通风良好的百叶箱里测量的，因此，通常说的气温指的是离地面1.5米处百叶箱中的温度。计算方法：月平均气温是将全月各日的平均气温相加，除以该月的天数而得。年平均气温是将12个月的月平均气温累加后除以12而得。

年平均相对湿度 指空气中实际水气压与当时气温下的饱和水气压之比。其统计方法与气温相同。

降水量 指从天空降落到地面的液态或固态(经融化后)水，未经蒸发、渗透、流失而在地面上积聚的深度。计算方法：月降水量是将全月各日的降水量累加而得。年降水量是将12个月的月降水量累加而得。

全年日照时数 指太阳实际照射地面的时数，通常以小时为单位表示。其统计方法与降水量相同。

水资源总量 指当地降水形成的地表和地下产水总量，即地表径流量与降水入渗补给量之和。

地表水资源量 指河流、湖泊以及冰川等地表水体中可以逐年更新的动态水量，即天然河川径流量。

地下水资源量 指地下饱和含水层逐年更新的动态水量，即降水和地表水入渗对地下水的补给量。

地表水与地下水重复计算量 指地表水和地下水相互转化的部分，即天然河川径流量中的地下水排泄量和地下水补给量中来源于地表水的入渗补给量。

供水总量　指各种水源为用水户提供的包括输水损失在内的毛水量。

地表水源供水量　指地表水体工程的取水量，按蓄、引、提、调四种形式统计。从水库、塘坝中引水或提水，均属蓄水工程供水量；从河道或湖泊中自流引水的，无论有闸或无闸，均属引水工程供水量；利用扬水站从河道或湖泊中直接取水的，属提水工程供水量；跨流域调水指水资源一级区或独立流域之间的跨流域调配水量，不包括在蓄、引、提水量中。

地下水源供水量　指水井工程的开采量，按浅层淡水、深层承压水和微咸水分别统计。城市地下水源供水量包括自来水厂的开采量和工矿企业自备井的开采量。

其他水源供水量　包括污水处理再利用、集雨工程、海水淡化等水源工程的供水量。

用水总量　指各类用水户取用的包括输水损失在内的毛水量。

农业用水　包括农田灌溉用水、林果地灌溉用水、草地灌溉用水、鱼塘补水和畜禽用水。

工业用水　指工矿企业在生产过程中用于制造、加工、冷却、空调、净化、洗涤等方面的用水，按新水取用量计，不包括企业内部的重复利用水量。

生活用水　包括城镇生活用水和农村生活用水。城镇生活用水由居民用水和公共用水（含第三产业及建筑业等用水）组成；农村生活用水指居民生活用水。

生态环境补水　仅包括人为措施供给的城镇环境用水和部分河湖、湿地补水，而不包括降水、径流自然满足的水量。

一般工业固体废物产生量　指未被列入《国家危险废物名录》或者根据国家规定的危险废物鉴别标准（GB5085）、固体废物浸出毒性浸出方法（GB5086）及固体废物浸出毒性测定方法（GB / T 15555）鉴别方法判定不具有危险特性的工业固体废物。计算公式是：

一般工业固体废物产生量=（一般工业固体废物综合利用量－其中：综合利用往年贮存量）+一般工业固体废物贮存量+（一般工业固体废物处置量－其中：处置往年贮存量）+一般工业固体废物倾倒丢弃量

一般工业固体废物综合利用量　指报告期内企业通过回收、加工、循环、交换等方式，从固体废物中提取或者使其转化为可以利用的资源、能源和其他原材料的固体废物量（包括当年利用的往年工业固体废物累计贮存量）。如用作农业肥料、生产建筑材料、筑路等。综合利用量由原产生固体废物的单位统计。

一般工业固体废物处置量　指报告期内企业将工业固体废物焚烧和用其他改变工业固体废物的物理、化学、生物特性的方法，达到减少或者消除其危险成分的活动，或者将工业固体废物最终置于符合环境保护规定要求的填埋场的活动中，所消纳固体废物的量。

一般工业固体废物贮存量　指报告期内企业以综合利用或处置为目的，将固体废物暂时贮存或堆存在专设的贮存设施或专设的集中堆存场所内的量。专设的固体废物贮存场所或贮存设施必须有防扩散、防流失、防渗漏、防止污染大气、水体的措施。

一般工业固体废物倾倒丢弃量　指报告期内企业将所产生的固体废物倾倒或者丢弃到固体废物污染防治设施、场所以外的量。

危险废物产生量　指当年全年调查对象实际产生的危险废物的量。危险废物指列入国家危险废物名录或者根据国家规定的危险废物鉴别标准和鉴别方法认定的，具有爆炸性、易燃性、易氧化性、毒性、腐蚀性、易传染性疾病等危险特性之一的废物。按《国家危险废物名录》（环境保护部、国家发展和改革委员会2008部令第1号）填报。

危险废物综合利用量　指当年全年调查对象从危险废物中提取物质作为原材料或者燃料的活动中消纳危险废物的量。包括本单位利用或委托、提供给外单位利用的量。

危险废物处置量　指报告期内企业将危险废物焚烧和用其他改变工业固体废物的物理、化学、生物特性的方法，达到减少或者消除其危险成分的活动，或者将危险废物最终置于符合环境保护规定要求的填埋场的活动中，所消纳危险废物的量。处置量包括处置本单位或委托给外单位处置的量。

危险废物贮存量　指将危险废物以一定包装方式暂时存放在专设的贮存设施内的量。专设的贮存设施指对危险废物的包装、选址、设计、安全防护、监测和关闭等符合《危险废物贮存污染控制标准》（GB18597-2001）等相关环保法律法规要求，具有防扩散、防流失、防渗漏、防止污染大气和水体措施的设施。

生活垃圾清运量　指报告期收集和运送到各生活垃圾处理厂(场)和生活垃圾最终消纳点的生活垃圾数量。生活垃圾指城市日常生活或为城市日常生活提供服务的活动中产生的固体废物以及法律行政规定的视为城市生活垃圾的固体废物。包括：居民生活垃圾、商业垃圾、集市贸易市场垃圾、街道清扫垃圾、公共场所垃圾和机关、学校、厂矿等单位的生活垃圾。

生活垃圾无害化处理率　指报告期生活垃圾无害化处理量与生活垃圾产生量的比率。在统计上，由于生活垃圾产生量不易取得，可用清运量代替。计算公式为：

$$\begin{matrix}\text{生活垃圾无}\\\text{害化处理率}\end{matrix}=\frac{\text{生活垃圾无害化处理量}}{\text{生活垃圾产生量}}\times 100\%$$

森林面积　包括郁闭度0.2以上的乔木林地面积和竹林面积，国家特别规定的灌木林地面积，农田林网以及村旁、路旁、水旁、宅旁林木的覆盖面积。

森林覆盖率　以行政区域为单位的森林面积占区域土地总面积的百分比。计算公式为：

$$\text{森林覆盖率}(\%)=\frac{\text{森林面积}}{\text{土地总面积}}\times 100\%$$

活立木总蓄积量　指一定范围土地上全部树木蓄积的总量，包括森林蓄积、疏林蓄积、散生木蓄积和四旁树蓄积。

森林蓄积量　指一定森林面积上存在着的林木树干部分的总材积。

湿地　指天然或人工、长久或暂时性的沼泽地、泥炭地或水域地带，包括静止或流动、淡水、半咸水、咸水体，低潮时水深不超过6米的水域以及海岸地带地区的珊瑚滩和海草床、滩涂、红树林、河口、河流、淡水沼泽、沼泽森林、湖泊、盐沼及盐湖。

自然保护区　指为了保护自然环境和自然资源，促进国民经济的持续发展，将一定面积的陆地和水体划分出来，并经各级人民政府批准而进行特殊保护和管理的区域个数。根据保护对象，自然保护区分为自然生态系统类、野生生物类、自然遗迹类。风景名胜区、文物保护区不计在内。

Explanatory Notes on Main Statistical Indicators

Cultivated Land refers to land mainly for the regular cultivation of farm crops (including vegetables), with some fruit trees, mulberry trees and others, covers cultivated land, newly-developed land, reclaimed land, consolidated land, fallow, beach land that can guarantee one harvest per year on average. It also covers fixed ditch, canal, road and sill (ridge) with width less than 1 meter in the South and 2 meters in the North, lands planted temporarily with herbs, grass, flowers and nursery stocks, and other cultivated land with temporary change of use.

Garden Land refers to land for intensive cultivation of perennial woody plants and herbs to collect fruits, leaves, roots, stems and juice, with a covering rate over 50% and plant number per mu over 70% of rational plant number. Land for nursery is included.

Forestland refers to land for planting arbor, bamboo, bush shrub and land in coastal zones for planting mangrove. It includes slash, but not the green belts in residential area, forests requested for railway and highway, and the dike protection forest around rivers and ditches.

Pastureland refers to land mainly for the growth of herbs.

Volume of Runoff refers to the total volume of water running through a certain cross section of a river during a certain period of time, reflecting the water resource condition in a country or a region. The formula for calculating volume of runoff is as follows:

Runoff =Precipitation-Evaporation

Drainage Area Each river has its own main stream and branches to form the water system of the river. Each river has its own catchment' s area, which is also called as the drainage area of the river.

Out-flowing Rivers refer to rivers directly or indirectly flowing into the sea. The area providing water to the out-flowing rivers is called as out-flowing area.

Inland Rivers refer to rivers in inland dry areas that die away in desert on the way or infuse into inland lakes. The area providing water to the inland rivers is called as inland area.

Mineral Resources refer to useful minerals, with solid state, liquid state, gaseity, due to the geological process. Minerals are important natural resources, and important material base for social development. At present, there are more than 170 types of minerals discovered in China. They can be categorized into four groups: energy producing minerals (including coal, petroleum, natural gas and terrestrial heat), metallic minerals (including iron, manganese, copper, lead and bauxite), non metallic minerals (including diamond, limestone and clay), and water/gas related minerals (including ground water, mineral water and carbon dioxide). Metallic minerals can be further classified as ferrous, non-ferrous, noble metal, rare metal, rare earth metal and dispersed metals.

Ensured Mineral Reserves refer to the actual mineral reserves, which equal to the proven mineral reserves (including industrial reserves and prospective reserves) minus extracted parts and underground losses.

Average Temperature refers to the air temperature. China uses centigrade as the unit. The thermometry used for weather observation is put in a breezy shutter, which is 1.5 meters high from the ground. Therefore, the commonly used temperature refers to the temperature in the breezy shutter 1.5 meters away from the ground. The calculation method is as follows:

Monthly average temperature is the summation of average daily temperature of one month divided by the actual days of that particular month.

Annual average temperature is the summation of monthly average of a year divided by 12 months.

Average Annual Relative Humidity refers to the ratio of actual water vapour pressure to the saturation water vapour pressure under the current temperature. The calculation method is the same as that of temperature.

Volume of Precipitation refers to the deepness of liquid state or solid state (thawed) water falling from the sky to the ground that has not been evaporated, infiltrated or run off. The calculation method is as follows:

Monthly precipitation is the summation of daily precipitation of a month.

Annual precipitation is the summation of 12 months precipitation of a year.

Annual Sunshine Hours refer to the actual hours of sun irradiating the earth, usually expressed in hours. The calculation method is the same as that of the precipitation.

Total Water Resources refers to total volume of surface water and groundwater and is measured as run-off for surface water and replenishment of groundwater with rainfall in local area.

Surface Water Resources refers to total volume of year by year renewable dynamic resources which exist in rivers, lakes, glaciers and other surface water and are the natural run-off of rivers.

Groundwater Resources refers to total volume of year by year renewable dynamic resources which exist in saturation acquifers of groundwater and are measured as replenishment of groundwater with rainfall and surface water.

Duplicated Measurement between Surface Water and Groundwater refers to mutual exchange between surface water and groundwater, i.e. run-off of rivers includes some depletion into groundwater while groundwater includes some replenishment from surface water.

Water Supply refers to gross water of various sources supplied to consumers, including losses during distribution.

Surface Water Supply refers to withdrawals by surface water supply system, broken down with storage, flow, pumping and transfer. Supply from storage projects includes withdrawals from reservoirs; supply from flow includes withdrawals from rivers and lakes with natural flows no matter if there are locks or not; supply from pumping projects includes withdrawals from rivers or lakes with pumping stations; and supply from transfer refers to water supplies transferred from first-level regions of water resources or independent river drainage areas to others, and should not be covered under supplies of storage, flow and pumping.

Groundwater Supply refers to withdrawals from supplying wells, broken down with shallow layer freshwater, deep layer freshwater and slightly brackish water. Groundwater supply for urban areas includes water mining by both waterworks and own wells of enterprises.

Other Water Supply Sources include supplies by waste-water treatment, rain collection, seawater desalinization and other water projects.

Water Use refers to gross water used by various water users, including losses during distribution.

Water Use by Agriculture includes uses of water by irrigation of farming fields, forestry and orchards, irrigation of grassland, replenishment of fishing farms and water used by animal husbandry.

Water Use by Industry refers to new withdrawals of water, excluding reuse of water within enterprises.

Water Use by Living Consumption includes use of water for living consumption in both urban and rural areas. Urban water use by living consumption is composed of household use and public use (including tertiary industry and construction). Rural water use by living consumption includes water used by households.

Water Use by Ecological and Environmental Protection includes replenishment of rivers and lakes and use for urban environment.

Common Industrial Solid Wastes Produced refers to the industrial solid wastes that are not listed in the 《National Catalogue of Hazardous Wastes》, or not regarded as hazardous according to the national hazardous waste identification standards (GB5085), solid waste-Extraction procedure for leaching toxicity (GB5086) and solid waste-Extraction procedure for leaching toxicity (GB/T 15555). The calculation formula is as followed:

Common Industrial Solid Wastes Produced = (common industrial solid wastes utilized - the proportion of utilized stock of previous years) + common industrial solid waste stock + (common industrial solid wastes disposed - the proportion of disposed stock of previous years) + common industrial solid wastes discharged.

Common Industrial Solid Wastes Comprehensively Utilized refers to volume of solid wastes from which useful materials can be extracted or which can be converted into usable resources, energy or other materials by means of reclamation, processing, recycling and exchange (including utilizing in the year the stocks of industrial solid wastes of the previous year) during the report period, e.g. being used as agricultural fertilizers, building materials or as material for paving road. Examples of such utilizations include fertilizers, building materials and road materials. The information shall be collected by the producing units of the wastes.

Common Industrial Solid Wastes Disposed refers to the quantity of industrial solid wastes which are burnt or specially disposed using other methods to alter the physical, chemical and biological properties and thus to reduce or eliminate the hazard, or placed ultimately in the sites meeting the requirements for environmental protection during the report period.

Stock of Common Industrial Solid Wastes refers to the volume of solid wastes placed in special facilities or special sites by enterprises for purposes of utilization or disposal during the report period. The sites or facilities should take measures against dispersion, loss, seepage, and air and water contamination.

Common Industrial Solid Wastes Discharged refers to the volume of industrial solid wastes dumped or discharged by producing enterprises to disposal facilities or to other sites.

Hazardous Wastes Produced refers to the volume of actual hazardous wastes produced by surveyed samples throughout the year of the survey. Hazardous waste refers to those included in the national hazardous wastes catalogue or specified as any one of the following properties in light of the national hazardous wastes identification standards and methods: explosive, ignitable, oxidizable, toxic, corrosive or liable to cause infectious diseases or lead to other dangers. The report of this indicator should follow the 《National Catalogue of Hazardous Wastes》 (the NO.1 Ministry Order in 2008 by the Ministry of Environment Protection and National Development and Reform Commission).

Hazardous Wastes Utilized refers to the volume of hazardous wastes that are used to extract materials for raw materials or fuel throughout the year of the survey, including those utilized by the producing enterprise and those provided to other enterprises for utilization.

Hazardous Wastes Disposed refers to the quantity of hazardous wastes which are burnt or specially disposed using other methods to alter the physical, chemical and biological properties and thus to reduce or eliminate the hazard, or placed ultimately in the sites meeting the requirements for environmental protection during the report period.

Stock of Hazardous Wastes refers to the volume of hazardous wastes specially packaged and placed in special facilities or special sites by enterprises. The special stock facilities should meet the requirements set in relevant environment protection laws and regulations such as "Pollution Control Standards for Hazardous Waste Stock" (GB18597-2001) in regard to package of hazardous waste, location, design, safety, monitoring and shutdown, and take measures against dispersion, loss, seepage, and air and water contamination.

Consumption Wastes Transported refers to volume of consumption wastes collected and transported to disposal factories or sites during the reference period. Consumption wastes are solid wastes produced from urban households or from service activities for urban households, and solid wastes regarded by laws and regulations as urban consumption wastes, including those from households, commercial activities, markets, cleaning of streets, public sites, offices, schools, factories, mining units and other sources.

Ratio of Consumption Wastes Treated refers to consumption wastes treated over that produced. In practical statistics, as it is difficult to estimate, the volume of consumption wastes produced is replaced with that transported. It is calculated as:

$$\text{Ratio of consumption wastes treated} = \frac{\text{consumption wastes treated}}{\text{consumption wastes produced}} \times 100\%$$

Forest Area refers to the area of trees and bamboo grow with a canopy density above 0.2 degree, the area of shrubby tree according to regulations of the government, the area of forest land inside farm land and the area of trees planted by the side of villages, farm houses and along roads and rivers.

Forest Coverage Rate Taking the administrative jurisdiction as the unit, the percentage of area of afforested land to the area of total land. The formula for calculating forest coverage rate is as follows:

$$\text{Forestry coverage rate} = \frac{\text{Area of Afforested Land}}{\text{Area of Total Land}} \times 100\%$$

Total Standing Stock Volume refers to the total stock volume of trees growing in land, including trees in forest, trees in sparse forest, scattered trees and trees planted by the side of villages, farm houses and along roads and rivers.

Stock Volume of Forest refers to total stock volume of wood growing in forest area, which shows the total size and level of forest resources of a country or a region.

Wetlands refer to marshland and peat bog, whether natural or man-made, permanent or temporary; water covered areas, whether stagnant or flowing, with fresh or semi-fresh or salty water that is less than 6 meters deep at low tide; as well as coral beach, weed beach, mud beach, mangrove, river outlet, rivers, fresh-water marshland, marshland forests, lakes, salty bog and salt lakes along the coastal areas.

Natural Reserves refer to number of certain areas of land, or waters that have been set aside and put under special protection and management in order to protect natural environment and natural resources, and promote the sustainable development of national economy. They are subject to formal approval from governments of various levels. According to the protected targets, natural reserves can be divided into three categories: reserves of natural ecological system, natural reserves of wildlife species, and natural heritage of historical significance. Scenic spots and cultural preservation zones are not included.

第八篇　能　源

CHAPTER 8 ENERGY

资料整理：胡　萍　苗立辉　毛维佳　王志博
张雅楠　鄢杰明

8-1 一次能源生产总量和构成

TOTAL PRODUCTION OF PRIMARY ENERGY AND ITS COMPOSITION

年 份 Year	能源生产总量 Total Energy Production	原 煤 Coal	原 油 Crude Oil	天然气 Natural Gas	水 电 Hydro-power	风 电 Wind Power
绝对数(万吨标准煤) **Aggregate Data** **(10000 tons of SCE)**						
1952	443.1	439.1			4.0	
1957	957.1	946.7			10.4	
1962	1917.6	1367.3	508.0	31.9	10.4	
1965	2748.3	1462.9	1192.2	82.5	10.8	
1970	5116.0	1877.8	3026.6	203.5	8.1	
1975	9009.6	2094.2	6610.6	293.9	10.9	
1978	10286.5	2648.9	7198.6	434.9	4.1	
1980	10855.9	3030.9	7359.3	452.2	13.5	
1985	12708.8	4459.6	7900.9	332.5	15.8	
1990	13615.8	5357.9	7946.2	290.5	21.2	
1995	14014.0	5669.8	8002.6	314.6	27.0	
1996	14163.6	5855.7	8002.6	283.1	22.2	
1997	12803.0	4473.2	8001.0	285.0	43.8	
1998	13389.4	5061.1	7966.7	308.0	53.6	
1999	12572.0	4450.5	7782.1	289.1	50.3	
2000	11494.0	3551.6	7586.0	310.3	46.1	
2001	11374.8	3657.6	7373.1	293.0	51.1	
2002	11716.6	4201.9	7185.0	268.7	61.0	
2003	11991.3	4751.9	6914.4	279.3	45.7	
2004	13625.0	6635.9	6666.6	270.0	52.5	
2005	13755.6	6955.3	6421.6	324.6	54.1	
2006	13922.4	7344.4	6200.8	326.2	51.0	
2007	13542.2	7189.5	5957.0	339.2	56.5	
2008	13058.4	6911.6	5743.6	361.7	41.5	
2009	13139.9	6954.3	5715.4	399.5	70.7	
2010	12959.7	6618.3	5721.4	399.0	87.3	133.7
2011	12640.5	6271.6	5723.0	412.0	60.2	173.7
2012	12640.1	6202.6	5716.5	448.2	69.8	203.0
2013	11990.7	5461.5	5715.8	462.4	103.5	247.5
2014	11244.5	4779.1	5714.4	471.9	65.3	213.8
构成(%) **Composition (%)**						
1952	100.0	99.1	0.0	0.0	0.9	
1957	100.0	98.9	0.0	0.0	1.1	
1962	100.0	71.3	26.5	1.7	0.5	
1965	100.0	53.2	43.4	3.0	0.4	
1970	100.0	36.7	59.2	4.0	0.2	
1975	100.0	23.2	73.4	3.3	0.1	
1978	100.0	25.8	70.0	4.2	0.0	
1980	100.0	27.9	67.8	4.2	0.1	
1985	100.0	35.1	62.2	2.6	0.1	
1990	100.0	39.4	58.4	2.1	0.2	
1995	100.0	40.5	57.2	2.2	0.1	
1996	100.0	41.3	56.6	2.0	0.1	
1997	100.0	35.2	62.5	2.0	0.3	
1998	100.0	37.8	59.5	2.3	0.4	
1999	100.0	35.4	61.9	2.3	0.4	
2000	100.0	30.9	66.0	2.7	0.4	
2001	100.0	32.2	64.8	2.6	0.4	
2002	100.0	35.9	61.3	2.3	0.5	
2003	100.0	39.6	57.7	2.3	0.4	
2004	100.0	48.7	48.9	2.0	0.4	
2005	100.0	50.6	46.7	2.3	0.4	
2006	100.0	52.8	44.5	2.3	0.4	
2007	100.0	53.1	44.0	2.5	0.4	
2008	100.0	52.9	44.0	2.8	0.3	
2009	100.0	52.9	43.6	3.0	0.5	
2010	100.0	51.1	44.1	3.1	0.6	1.1
2011	100.0	52.4	42.8	3.1	0.4	1.3
2012	100.0	49.1	45.2	3.5	0.6	1.6
2013	100.0	45.5	47.6	3.9	0.9	2.1
2014	100.0	42.5	50.8	4.2	0.6	1.9

8-2 一次能源消费总量和构成

TOTAL CONSUMPTION OF PRIMARY ENERGY AND ITS COMPOSITION

年　份 Year	能源消费总　量 Total Energy Consumption	原　煤 Coal	原　油 Crude Oil	天然气 Natural Gas	水　电 Hydro-power	风　电 Wind Power
绝对数(万吨标准煤) **Aggregate Data** **(10000 tons of SCE)**						
1952	374.9	370.9			4.0	
1957	641.6	631.2			10.4	
1962	1050.8	979.6	28.9	31.9	10.4	
1965	1354.4	1002.8	258.3	82.5	10.8	
1970	2047.0	1102.6	732.8	203.5	8.1	
1975	2611.6	1454.1	852.7	293.9	10.9	
1978	3338.7	1843.1	1056.6	434.9	4.1	
1980	3716.4	2005.8	1244.9	452.2	13.5	
1985	4581.0	2936.6	1296.1	332.5	15.8	
1990	5539.7	3803.5	1424.5	290.5	21.2	
1995	6261.3	4213.4	1706.3	314.6	27.0	
1996	6270.5	4205.2	1729.7	313.4	22.2	
1997	6635.5	4402.9	1931.8	257.0	43.8	
1998	6702.1	4298.4	2062.2	287.9	53.6	
1999	6390.0	3967.1	2079.2	293.4	50.3	
2000	5663.1	3276.1	2097.2	243.7	46.1	
2001	5830.8	3294.1	2219.6	266.0	51.1	
2002	6204.2	3715.8	2180.0	247.4	61.0	
2003	6309.8	3800.0	2230.0	234.1	45.7	
2004	7515.0	4931.5	2294.3	236.7	52.5	
2005	7619.6	4909.7	2340.6	315.2	54.1	
2006	7657.3	4991.9	2297.3	317.1	51.0	
2007	7957.9	5250.5	2340.5	328.5	38.4	
2008	8347.8	5734.3	2234.2	337.8	41.5	
2009	8465.2	5672.2	2357.9	364.4	70.7	
2010	9666.8	6513.7	2533.1	399.0	87.3	133.7
2011	10061.8	6841.3	2574.6	412.0	60.2	173.7
2012	10041.7	6871.7	2534.4	362.8	69.8	203.0
2013	9715.0	6491.3	2483.0	371.1	112.3	257.3
2014	9322.0	6202.0	2392.5	364.0	81.4	282.5
构成(%) **Composition (%)**						
1952	100.0	98.5			1.5	
1957	100.0	98.4			1.6	
1962	100.0	93.2	2.8	3.0	1.0	
1965	100.0	74.1	19.1	6.1	0.7	
1970	100.0	53.9	35.8	9.9	0.3	
1975	100.0	55.7	32.7	11.3	0.3	
1978	100.0	55.2	31.7	13.0	0.1	
1980	100.0	54.0	33.5	12.2	0.3	
1985	100.0	64.1	28.3	7.3	0.3	
1990	100.0	68.7	25.7	5.2	0.4	
1995	100.0	67.4	27.2	5.0	0.4	
1996	100.0	67.2	27.5	5.0	0.4	
1997	100.0	66.5	29.1	3.8	0.6	
1998	100.0	64.1	30.8	4.3	0.8	
1999	100.0	62.1	32.5	4.6	0.8	
2000	100.0	57.8	37.0	4.3	0.9	
2001	100.0	56.5	38.1	4.6	0.8	
2002	100.0	59.9	35.1	4.0	1.0	
2003	100.0	60.2	35.3	3.7	0.8	
2004	100.0	65.6	30.5	3.1	0.8	
2005	100.0	64.4	30.7	4.2	0.7	
2006	100.0	65.2	30.0	4.1	0.7	
2007	100.0	66.0	29.4	4.1	0.5	
2008	100.0	68.7	26.8	4.0	0.5	
2009	100.0	67.0	27.9	4.3	0.8	
2010	100.0	67.4	26.2	4.1	0.9	1.4
2011	100.0	68.0	25.6	4.1	0.6	1.7
2012	100.0	68.4	25.2	3.6	0.7	2.0
2013	100.0	66.8	25.6	3.8	1.2	2.6
2014	100.0	66.5	25.7	3.9	0.9	3.0

8-3 综合能源平衡表

OVERALL ENERGY BALANCE SHEET

单位：万吨标准煤　　(10000 tons of SCE)

指　标	Item	2011	2012	2013	2014
可供消费的能源总量	**Total Energy Available for Consumption**	**12118.5**	**12730.6**	**13178.3**	**11954.9**
一次能源生产量	Primary Energy Output	13437.2	12838.7	12209.9	11244.5
外省(区、市)调入量	Inflow from Other Provinces(Regions,Cities)	5008.5	5156.3	5908.7	6210.5
进口量	Imports	2711.2	3562.9	3703.6	3508.4
本省(区、市）调出量(-)	Outflow to Other Provinces(Regions,Cities)(-)	8811.2	8825.5	8473.7	8951.3
出口量(-)	Exports(-)	134.7	18.9	19.5	43.2
年初年末库存差额	Stock Changes in the Year	-92.4	17.1	-150.7	-14.0
年初库存量	Stocks	794.2	846.2	828.7	986.6
年末库存量(-)	Stock Changes in the Year(-)	886.6	829.1	979.4	1000.7
能源消费总量	**Total Energy Consumption**	**12118.5**	**12757.8**	**13178.3**	**11954.9**
在总量中：	Consumption by Sector				
农、林、牧、渔、水利业	Agriculture,Forestry,Animal Husbandry,Fishery and Water Conservancy	419.9	539.2	537.4	537.9
工　业	Industry	7689.0	7850.5	7569.9	6980.4
建筑业	Construction	50.9	54.6	58.2	54.8
交通运输、仓储和邮政业	Transport, Storage and Post	922.3	972.7	1177.8	1079.9
批发、零售业和住宿、餐饮业	Wholesale and Retail Trade , Hotels and Catering Services	606.4	734.7	966.0	847.3
其他	Others	419.3	495.6	738.8	645.8
生活消费	Household Consumption	2010.7	2110.5	2130.2	1808.8
在总量中：	Consumption by Usage				
终端消费	End-use Consumption	10038.0	10720.8	11541.9	10446.0
#工业	#Industry	5608.4	5813.5	5933.5	5471.5
加工转换损失量	Losses During the Process of Energy Conversion	1933.8	1759.6	1362.0	1262.1
火力发电	Fuel Power Generation	2221.4	2073.0		
供热	Heating	587.2	678.4	438.0	469.6
洗选煤	Coal Washing and Dressing	1108.7	812.1	721.9	544.2
炼焦	Coking	125.4	82.6	62.0	111.5
炼油	Petroleum Refining	32.4	160.3	126.9	173.7
制气	Gas Production	45.4	82.4	13.1	24.0
损失量	Energy Losses	146.6	277.4	274.4	246.8

注：电力、热力按等价热值折算。
Note: Electric power and heat are converted by the equivalent calorific value.

8-4 能源加工转换效率

EFFICIENCY OF ENERGY CONVERSION

单位：%　　(%)

年　份 Year	总效率 Total Efficiency	发电及电站供热 Electricity Generation and Heating by Power Stations	炼　焦 Coking	炼　油 Petroleum Refining
2004	66.18	35.62	80.65	98.72
2005	65.88	35.13	70.04	98.73
2006	65.21	35.14	78.89	98.74
2007	67.44	35.70	77.72	98.13
2008	66.26	35.91	74.79	98.17
2009	69.84	38.09	80.06	99.91
2010	71.67	40.35	86.68	98.08
2011	70.63	39.07	90.23	94.87
2012	72.41	40.79	93.10	93.73
2013	73.70	47.37	94.00	94.93
2014	73.80	50.84	89.56	92.89

8-5 能源平衡表 (2014年)

项　目	Item	煤合计（万吨） Total Coal (10000 tons)	原煤（万吨） Raw Coal (10000 tons)
可供本地区消费的能源量	**Total Energy Available for Consumption**	**13595.53**	**14632.22**
年初库存量	Stock at The Early Year	1254.32	1133.69
一次能源生产量	Primary Energy Output	7059.27	7059.27
外省（区、市）调入量	Inflow from Other Provinces (Regions,Cities)	9307.06	9283.02
进口量	Imports	198.56	198.56
本省（区、市）调出量(-)	Outflow to Other Provinces (Regions,Cities)(-)	-2940.42	-1866.19
出口量(-)	Exports(-)	-0.50	-0.50
年末库存量(-)	Stock at The Year-end(-)	-1282.76	-1175.63
加工转换投入(-)产出(+)量	**Input(-) or Output(+) in Processing and Transformation**	**-8929.20**	**-11038.91**
火力发电	Fuel Power Generation	-4062.23	-3941.98
供　热	Heating	-2277.33	-2148.46
煤炭洗选	Coal Washing and Dressing	-1359.43	-4857.27
炼　焦	Coking	-1151.97	-33.06
炼　油	Petroleum Refining		
制　气	Gas Production	-78.24	-58.14
#焦炭再投入量(-)	#Reinputs of Coke(-)		
煤制品加工	Coal Products processing		
损失量	**Losses**		
#运输和输配损失	#Losses for Transport		
终端消费量	**Total End-use Energy Consumption**	**4666.33**	**3593.31**
第一产业	Primary Industry	271.50	271.50
农、林、牧、渔业	Agriculture,Forestry,Animal Husbandry,Fishery and Water Conservancy	271.50	271.50
第二产业	Secondary Industry	2473.36	1400.34
工　业	Industry	2473.36	1400.34
#用作原料、材料	#for Raw and Processed Materials		
建筑业	Construction		
第三产业	Tertiary Industry	1496.00	1496.00
交通运输、仓储和邮政业	Transport, Storage and Post	403.00	403.00
批发、零售业和住宿、餐饮业	Wholesale and Retail Trade , Hotels and Catering Services	607.00	607.00
其　他	Others	486.00	486.00
生活消费	Household Consumption	425.47	425.47
城　镇	Urban	307.47	307.47
乡　村	Rural	118.00	118.00
消费量合计	**Total Consumption**	**13595.53**	**14632.22**

ENERGY BALANCE SHEET (2014)

无烟煤（万吨）Anthracite Coal (10000 tons)	烟煤（万吨）Bituminous Coal (10000 tons)		褐煤（万吨）Brown Coal (10000 tons)	洗精煤（万吨）Fancy Coal (10000 tons)	其它洗煤（万吨）Other Washed Coal (10000 tons)	煤制品（万吨）Coal Products (10000 tons)	煤矸石（万吨）Gangue (10000 tons)	焦炭（万吨）Coke (10000 tons)
	炼焦烟煤 Coking	一般烟煤 General						
272.43	**81.19**	**12096.08**	**2182.52**	**-628.54**	**-432.19**	**24.04**		**-608.73**
5.24	5.69	981.22	141.54	92.98	27.65			13.53
80.88		6261.71	716.68					
149.18		7660.99	1472.85			24.04		
45.80	78.76	67.50	6.50					
		-1866.19		-625.34	-448.89			-616.89
	-0.50							
-8.67	-2.76	-1009.15	-155.05	-96.18	-10.95			-5.37
-4.23	**-61.69**	**-9771.19**	**-1201.80**	**1041.52**	**1079.19**	**-11.00**	**434.62**	**802.80**
		-3179.48	-762.50		-119.06	-1.19	-436.97	
-4.23		-1722.06	-422.17		-119.06	-9.81	-162.84	
	-30.02	-4810.12	-17.13	2174.22	1323.62		1034.43	
	-31.67	-1.39		-1118.91				802.80
		-58.14		-13.79	-6.31			
268.20	**19.50**	**2324.89**	**980.72**	**412.98**	**647.00**	**13.04**	**434.62**	**194.07**
15.00		158.00	98.50					
15.00		158.00	98.50					
28.20	19.50	966.42	386.22	412.98	647.00	13.04	434.62	194.07
28.20	19.50	966.42	386.22	412.98	647.00	13.04	434.62	194.07
225.00		955.00	316.00					
		258.00	145.00					
121.00		397.00	89.00					
104.00		300.00	82.00					
		245.47	180.00					
		147.47	160.00					
		98.00	20.00					
272.43	**81.19**	**12096.08**	**2182.52**	**1545.68**	**891.43**	**24.04**	**1034.43**	**194.07**

8-5 续表1

项　　目	Item	焦炉煤气（亿立方米）Coking Gas (100 million cu. m)	转炉煤气（亿立方米）Converter Gas (100 million cu. m)
可供本地区消费的能源量	**Total Energy Available for Consumption**		
年初库存量	Stock at The Early Year		
一次能源生产量	Primary Energy Output		
外省（区、市）调入量	Inflow from Other Provinces (Regions, Cities)		
进口量	Imports		
本省（区、市）调出量(-)	Outflow to Other Provinces (Regions, Cities) (-)		
出口量(-)	Exports (-)		
年末库存量(-)	Stock at The Year-end (-)		
加工转换投入(-)产出(+)量	**Input(-) or Output(+) in Processing and Transformation**	**16.69**	**2.66**
火力发电	Fuel Power Generation	-1.39	
供　热	Heating	-0.20	
煤炭洗选	Coal Washing and Dressing		
炼　焦	Coking	18.28	
炼　油	Petroleum Refining		2.66
制　气	Gas Production		
#焦炭再投入量(-)	#Reinputs of Coke(-)		
煤制品加工	Coal Products processing		
损失量	**Losses**		
#运输和输配损失	#Losses for Transport		
终端消费量	**Total End-use Energy Consumption**	**16.69**	**2.66**
第一产业	Primary Industry		
农、林、牧、渔业	Agriculture, Forestry, Animal Husbandry, Fishery and Water Conservancy		
第二产业	Secondary Industry	16.69	2.66
工　业	Industry	16.69	2.66
#用作原料、材料	#for Raw and Processed Materials		
建筑业	Construction		
第三产业	Tertiary Industry		
交通运输、仓储和邮政业	Transport, Storage and Post		
批发、零售业和住宿、餐饮业	Wholesale and Retail Trade , Hotels and Catering Services		
其　他	Others		
生活消费	Household Consumption		
城　镇	Urban		
乡　村	Rural		
消费量合计	**Total Consumption**	**18.28**	**2.66**

CONTINUED

其它煤气（亿立方米） Others Gas (100 million cu.m)	石油合计（万吨） Total Oil (10000 tons)	原油（万吨） Crude Oil (10000 tons)	汽油（万吨） Gasoline (10000 tons)	煤油（万吨） Kerosene (10000 tons)	柴油（万吨） Diesel Oil (10000 tons)	石脑油（万吨） Naphtha (10000 tons)	润滑油（万吨） Lubricating Oil (10000 tons)	石蜡（万吨） Paraffin (10000 tons)	溶剂油（万吨） Solvent oil (10000 tons)
	2000.31	**2141.97**	**-115.24**		**-64.35**			**-3.30**	
	82.06	74.21	0.08		6.95				
	4000.00	4000.00							
	2041.30	1971.60			8.40				
	-4016.49	-3829.16	-115.24		-72.09				
	-23.93				-0.02				
	-82.63	-74.68	-0.08		-7.59				
11.01	**-242.97**	**-1579.60**	**429.52**	**73.98**	**530.08**	**0.89**	**16.37**	**31.98**	
	-17.41				-0.30				
	-61.46				-0.08				
	-41.75	-1579.60	429.52	73.98	530.46	0.89	16.37	31.98	
11.01	48.00								
11.01	**1709.34**	**514.37**	**314.28**	**73.98**	**465.73**	**0.89**	**16.37**	**28.68**	
	156.49		7.60		148.89				
	156.49		7.60		148.89				
11.01	834.95	514.37	11.16	0.08	45.77	0.89	16.37	28.68	
11.01	826.45	514.37	11.16	0.08	37.27	0.89	16.37	28.68	
	8.50				8.50				
	637.60		295.52	73.90	260.07				
	501.33		228.52	73.90	190.80				
	136.27		67.00		69.27				
	80.30				11.00				
	80.30				11.00				
11.01	**2000.31**	**2141.97**	**314.28**	**73.98**	**466.11**	**0.89**	**16.37**	**28.68**	

8-5 续表2

项　目	Item	石油沥青（万吨） Petroleum Pitch (10000 tons)	石油焦（万吨） Petroleum Coke (10000 tons)
可供本地区消费的能源量	**Total Energy Available for Consumption**		
年初库存量	Stock at The Early Year		
一次能源生产量	Primary Energy Output		
外省（区、市）调入量	Inflow from Other Provinces (Regions, Cities)		
进口量	Imports		
本省（区、市）调出量(-)	Outflow to Other Provinces (Regions, Cities) (-)		-20.61
出口量(-)	Exports (-)		
年末库存量(-)	Stock at The Year-end (-)		
加工转换投入(-)产出(+)量	**Input(-) or Output(+) in Processing and Transformation**	**8.21**	**20.61**
火力发电	Fuel Power Generation		
供　热	Heating		
煤炭洗选	Coal Washing and Dressing		
炼　焦	Coking		
炼　油	Petroleum Refining	8.21	20.61
制　气	Gas Production		
#焦炭再投入量(-)	#Reinputs of Coke(-)		
煤制品加工	Coal Products processing		
损失量	**Losses**		
#运输和输配损失	#Losses for Transport		
终端消费量	**Total End-use Energy Consumption**	**8.21**	
第一产业	Primary Industry		
农、林、牧、渔业	Agriculture, Forestry, Animal Husbandry, Fishery and Water Conservancy		
第二产业	Secondary Industry	0.15	
工　业	Industry	0.15	
#用作原料、材料	#for Raw and Processed Materials		
建筑业	Construction		
第三产业	Tertiary Industry	8.06	
交通运输、仓储和邮政业	Transport, Storage and Post	8.06	
批发、零售业和住宿、餐饮业	Wholesale and Retail Trade , Hotels and Catering Services		
其　他	Others		
生活消费	Household Consumption		
城　镇	Urban		
乡　村	Rural		
消费量合计	**Total Consumption**	**8.21**	

CONTINUED

液化石油气 （万吨） Liquefied Petroleum Gas (10000 tons)	炼厂干气 （万吨） Net Gas of Plant (10000 tons)	天然气 （亿立方米） Natural Gas (100 million cu.m)	其它石油制品 （万吨） Other Oil Products (10000 tons)	其它焦化产品 （万吨） Other Coked Products (10000 tons)	热力 （万百万千焦） Heat Power (10 billion kilo-joule)	电力 （亿千瓦时） Electricity (100 million kwh)	其它能源 （万吨标煤） Others (10000 tons of SCE)
0.12		**35.48**				**50.47**	**45.52**
		35.48				85.00	
						0.14	45.52
0.12						130.26	
						-160.14	
						-4.79	
147.06	**34.97**	**-5.33**	**50.39**	**55.60**	**34799.40**	**782.40**	**-22.76**
	-13.29	-1.66				782.40	-14.07
	-56.78	-3.67			34799.40		-8.69
				55.60			
147.06	105.04		120.03				
			-69.64				
		1.13				50.18	
147.18	**34.97**	**29.02**	**50.39**	**55.60**	**34799.40**	**782.69**	**22.76**
						38.38	
						38.38	
77.83	34.97	20.66	50.39	55.60	7705.91	474.45	22.76
77.83	34.97	20.66	50.39	55.60	7625.91	462.37	22.76
					80.00	12.08	
0.05					5107.49	106.01	
0.05					899.65	13.80	
					2196.00	30.65	
					2011.84	61.56	
69.30		8.36			21986.00	163.85	
69.30		8.36			21986.00	102.92	
						60.93	
147.18	**105.04**	**35.48**	**120.03**	**55.60**	**34799.40**	**832.87**	**45.52**

8-6 石油平衡表

PETROLEUM BALANCE SHEET

单位：万吨 (10000 tons)

指 标	Item	2010	2011	2012	2013	2014
可供量	**Total Energy Available for Consumption**	**1891.9**	**2128.1**	**2252.2**	**2199.2**	**2000.3**
生产量	Output	4004.9	4006.0	4000.0	4001.0	4000.0
进口量	Imports	725.0	1804.1	2066.5	1966.1	2041.3
出口量(-)	Exports(-)	-0.02	80.23	1.10	0.18	23.93
年初年末库存差额	Stock Changes in the Year	-9.6	-14.8	-11.5		-0.6
消费量	**Total Energy Consumption**	**1891.9**	**2128.1**	**2252.2**	**2199.2**	**2000.3**
在消费量中:	Consumption by Sector					
农、林、牧、渔、水利业	Agriculture, Forestry, Animal Husbandry, Fishery and Water Conservancy	171.0	176.0	154.9	145.8	156.5
工 业	Industry	875.5	989.5	1077.0	1013.4	1117.4
建筑业	Construction	3.6	5.7	6.7	8.00	8.50
交通运输、仓储和邮政业	Transport, Storage and Post	302.2	377.6	460.2	471.1	501.3
批发、零售业和住宿、餐饮业	Wholesale and Retail Trade , Hotels and Catering Services	145.5	181.2	183.0	185.0	136.3
其 他	Others	14.0	56.0	56.6	61.4	
生活消费	Household Consumption	380.2	342.2	313.9	314.6	80.3
在消费量中:	Consumption by Usage					
终端消费	End-use Consumption	1683.2	1850.6	1957.7	1928.0	1709.3
#工 业	#Industry	666.8	712.0	782.4	742.2	826.5
中间消费(用于加工转换)	Intermediate Consumption (Consumed in Conversion)	160.7	229.5	246.6	223.2	243.0
发 电	Power Generation	7.7	10.8	10.6	11.2	17.4
供 热	Heating	70.7	64.7	67.4	67.4	61.5
制 气	Gas Production					
炼油损失量	Losses in Petroleum Refining	82.4	154.1	168.5	144.6	164.1
损失量	Other Losses	48.0	48.0	48.0	48.0	48.0

注：1.生产量为原油产量。

2.进口量包括我国飞机、轮船在国外加油量;出口量包括外国飞机、轮船在我国加油量。

Note: a) Data on output refer to the output of crude oil.

b) The refueling by Chinese ships and airplanes abroad is included in imports. The refueling by foreign ships and airplanes in China is included in exports.

8-7 煤炭平衡表

COAL BALANCE SHEET

单位：万吨 (10000 tons)

指 标	Item	2010	2011	2012	2013	2014
可供量	**Total Energy Available for Consumption**	**12202.2**	**13098.6**	**13964.9**	**13266.8**	**13595.5**
生产量	Output	9706.6	9820.0	9129.5	7987.9	7059.3
进口量	Imports	35.3	96.8	211.0	434.2	198.6
出口量(—)	Exports(—)	0.3		0.4		0.5
年初年末库存差额	Stock Changes in the Year	166.2	-89.7	77.7	-239.0	-28.4
消费量	**Total Energy Consumption**	**12198.9**	**13098.6**	**13964.9**	**13266.8**	**13595.5**
在消费量中:	Consumption by Sector					
农、林、牧、渔、水利业	Agriculture, Forestry, Animal Husbandry, Fishery and Water Conservancy	25.7	51.6	204.8	259.9	271.5
工 业	Industry	11831.5	11970.0	12333.7	10975.8	11402.6
建筑业	Construction					
交通运输、仓储和邮政业	Transport, Storage and Post	78.8	371.6	277.7	370.8	403.0
批发、零售业和住宿、餐饮业	Wholesale and Retail Trade , Hotels and Catering Services	20.0	225.0	360.0	580.0	607.0
其 他	Others		94.0	385.0	560.4	486.0
生活消费	Household Consumption	242.9	386.4	403.7	519.9	425.5
在消费量中:	Consumption by Usage					
终端消费	End-use Consumption	2668.5	3313.0	4046.1	4587.9	4666.3
#工 业	#Industry	2301.1	2184.3	2414.9	2296.9	2473.4
中间消费(用于加工转换)	Intermediate Consumption (Consumed in Conversion)	9530.4	9785.7	9918.8	8678.9	8929.2
发 电	Power Generation	4117.4	4458.0	4365.4	3437.9	4062.2
供 热	Heating	1697.4	1859.6	2071.5	2171.8	2277.3
炼 焦	Coking	1538.8	1438.8	1333.4	1148.7	1152.0
制 气	Gas Production	153.4	134.0	169.1	169.0	78.2

注：生产量为原煤产量。
Note: Data on output refer to the output of raw coal.

8-8 电力平衡表

ELECTRICITY BALANCE SHEET

单位：亿千瓦小时 (100 million kwh)

指 标	Item	2010	2011	2012	2013	2014
可供量	**Total Energy Available for Consumption**	**762.6**	**816.8**	**827.9**	**854.4**	**832.9**
生产量	Output	785.7	849.4	841.7	853.5	867.4
水 电	Hydropower	61.1	74.6	69.4	118.7	85.0
火 电	Thermal Power	724.7	774.8	772.3	734.9	782.4
核 电	Nuclear Power					
进口量	Imports	9.8	12.4	120.1	134.0	130.3
出口量(—)	Exports(—)		-4.2	4.4	5.1	4.8
消费量	**Total Energy Consumption**	**762.6**	**816.8**	**827.9**	**854.4**	**832.9**
在消费量中:	Consumption by Sector					
农、林、牧、渔、水利业	Agriculture, Forestry, Animal Husbandry, Fishery and Water Conservancy	25.0	28.4	36.7	36.9	38.4
工 业	Industry	522.6	548.1	581.4	587.9	512.6
建筑业	Construction	6.9	9.7	10.8	11.5	12.1
交通运输、仓储和邮政业	Transport, Storage and Post	10.0	11.2	11.8	13.4	13.8
批发、零售业和住宿、餐饮业	Wholesale and Retail Trade , Hotels and Catering Services	21.0	23.7	25.8	28.5	30.7
其 他	Others	46.3	50.1	5.1	16.8	61.6
生活消费	Household Consumption	130.8	145.7	156.3	159.3	163.9
在消费量中:	Consumption by Usage					
终端消费	End-use Consumption	747.8	801.9	779.4	804.3	782.7
#工 业	#Industry	507.8	533.2	533.0	537.8	462.4
输配电损失量	Losses in Transmission	14.8	15.0	48.5	50.2	50.2

8-9 分行业能源终端消费量(2014年)

行　业	Sector	煤合计（万吨） Total coal (10000 tons)
消费总计	**Total Consumption**	**4666.33**
农、林、牧、渔业	**Agriculture, Forestry, Animal Husbandry and Fishery**	**271.50**
工业合计	**Industry**	**2473.36**
轻工业	Light Industry	310.92
重工业	Heavy Industry	2162.44
采矿业	**Mining**	**371.51**
煤炭开采和洗选业	Mining and Washing of Coal	357.52
石油和天然气开采业	Extraction of Petroleum and Natural Gas	1.57
黑色金属矿采选业	Mining of Ferrous Metal Ores	2.79
有色金属矿采选业	Mining of Non-ferrous Metal Ores	4.09
非金属矿采选业	Mining and Processing of Nonmetal Ores	5.54
开采辅助活动	Mining of Other Ores	
其他采矿业	Mining of Other Ores	
制造业	**Manufacturing**	**1713.08**
农副食品加工业	Processing of Food from Agricultural Products	73.40
食品制造业	Manufacture of Foods	55.72
酒、饮料和精制茶制造业	Manufacture of Wine, soft drinks and refined tea	16.19
烟草制品业	Manufacture of Tobacco	3.62
纺织业	Manufacture of Textile	10.63
纺织服装、服饰业	Manufacture of Textile、Clothing and Apparel	0.42
皮革毛皮羽毛及其制品和制鞋业	Manufacture of Leather, Fur, feather and Its Products and Footwear	0.31
木材加工和木竹藤棕草制品业	Processing of Timbers, Manufacture of Wood, Bamboo, Rattan, Palm, and Straw Products	20.44
家具制造业	Manufacture of Furniture	3.05
造纸及纸制品业	Manufacture of Paper and Paper Products	57.50
印刷和记录媒介的复制业	Printing, Reproduction of Recording Media	1.12
文教工美体育和娱乐用品制造业	Manufacture of Culture, Art, Sports and Entertainment Goods	3.44
石油加工、炼焦及核燃料加工业	Processing of Petroleum, Coking, Processing of Nuclear Fuel	624.38
化学原料及化学制品制造业	Manufacture of Chemical Raw Material and Chemical Products	268.63
医药制造业	Manufacture of Medicines	81.71
化学纤维制造业	Manufacture of Chemical Fiber	3.78
橡胶和塑料制品业	Manufacture of Rubber and Plastic	12.43
非金属矿物制品业	Manufacture of Non-metallic Mineral Products	93.98
黑色金属冶炼及压延加工业	Manufacture and Processing of Ferrous Metals	223.62

CONSUMPTION OF ENERGY BY SECTOR (2014)

原煤（万吨） Raw coal (10000 tons)	无烟煤（万吨） Anthracite Coal (10000 tons)	烟煤（万吨） Bituminous Coal (10000 tons)		褐煤（万吨） Brown Coal (10000 tons)	洗精煤（万吨） Fancy Coal (10000 tons)	其它洗煤（万吨） Other Washed Coal (10000 tons)	煤制品（万吨） Coal Products (10000 tons)
		炼焦烟煤 Coking	一般烟煤 General				
3593.31	**268.20**	**19.50**	**2324.89**	**980.72**	**412.98**	**647.00**	**13.04**
271.50	**15.00**		**158.00**	**98.50**			
1400.34	**28.20**	**19.50**	**966.42**	**386.22**	**412.98**	**647.00**	**13.04**
295.75	11.97	0.53	239.68	43.58	3.90	11.16	0.11
1104.59	16.24	18.97	726.74	342.64	409.08	635.83	12.93
214.81	**0.31**	**13.37**	**110.53**	**90.60**	**56.40**	**98.15**	**2.14**
202.97		13.37	99.00	90.60	56.40	98.15	
1.57			1.57				
2.79			2.79				
4.09			4.09				
3.40	0.31		3.09				2.14
927.61	**23.17**	**6.07**	**709.94**	**188.42**	**347.20**	**427.41**	**10.87**
72.96	1.14	0.31	41.30	30.21	0.40	0.014	0.022
42.88	2.29	0.21	40.26	0.12	3.50	9.34	0.0007
16.19	8.52			7.67			
3.62			3.62				
10.63	0.02	0.01	10.60	0.01			
0.42			0.42				
0.31			0.31				
20.41	0.02		20.30		0.02		
3.03			3.03				0.02
57.21			57.00	0.21		0.29	
1.12			1.12				
3.44			3.44				
216.64	10.00	5.40	103.92	97.32	240.00	157.59	10.15
85.12	0.11		85.00	0.01	24.50	159.00	0.003
80.17			78.27	1.90		1.52	0.02
3.73			0.27	3.46			0.05
12.43			12.43				
93.24	0.88	0.03	86.00	6.33		0.55	0.19
65.18	0.07	0.06	45.00	20.05	59.67	98.77	

8-9 续表1

行　业	Sector	焦炭（万吨） Coke (10000 tons)
消费总计	**Total Consumption**	**194.07**
农、林、牧、渔业	**Agriculture, Forestry, Animal Husbandry and Fishery**	
工业合计	**Industry**	**194.07**
轻工业	Light Industry	1.08
重工业	Heavy Industry	192.98
采矿业	**Mining**	**0.97**
煤炭开采和洗选业	Mining and Washing of Coal	
石油和天然气开采业	Extraction of Petroleum and Natural Gas	
黑色金属矿采选业	Mining of Ferrous Metal Ores	
有色金属矿采选业	Mining of Non-ferrous Metal Ores	0.0003
非金属矿采选业	Mining and Processing of Nonmetal Ores	0.97
开采辅助活动	Mining of Other Ores	
其他采矿业	Mining of Other Ores	
制造业	**Manufacturing**	**193.10**
农副食品加工业	Processing of Food from Agricultural Products	1.08
食品制造业	Manufacture of Foods	
酒、饮料和精制茶制造业	Manufacture of Wine, soft drinks and refined tea	
烟草制品业	Manufacture of Tobacco	
纺织业	Manufacture of Textile	
纺织服装、服饰业	Manufacture of Textile、Clothing and Apparel	
皮革毛皮羽毛及其制品和制鞋业	Manufacture of Leather, Fur, feather and Its Products and Footwear	
木材加工和木竹藤棕草制品业	Processing of Timbers, Manufacture of Wood, Bamboo, Rattan, Palm, and Straw Products	
家具制造业	Manufacture of Furniture	
造纸及纸制品业	Manufacture of Paper and Paper Products	
印刷和记录媒介的复制业	Printing, Reproduction of Recording Media	
文教工美体育和娱乐用品制造业	Manufacture of Culture,Art,Sports and Entertainment Goods	
石油加工、炼焦及核燃料加工业	Processing of Petroleum, Coking, Processing of Nuclear Fuel	
化学原料及化学制品制造业	Manufacture of Chemical Raw Material and Chemical Products	0.0695
医药制造业	Manufacture of Medicines	
化学纤维制造业	Manufacture of Chemical Fiber	
橡胶和塑料制品业	Manufacture of Rubber and Plastic	
非金属矿物制品业	Manufacture of Non-metallic Mineral Products	0.26
黑色金属冶炼及压延加工业	Manufacture and Processing of Ferrous Metals	190.48

CONTINUED

焦炉煤气（亿立方米） Coking Gas (100 million cu. m)	其它煤气（亿立方米） Others Gas (100 million cu. m)	石油合计（万吨） Total Oil (10000 tons)	原油（万吨） Crude Oil (10000 tons)	汽油（万吨） Gasoline (10000 tons)	煤油（吨） Kerosene (ton)	柴油（万吨） Diesel Oil (10000 tons)
16.69	**11.01**	**1709.33**	**514.37**	**314.28**	**74.0**	**465.73**
		156.49		**7.60**		**148.89**
16.69	**11.01**	**826.44**	**514.37**	**11.16**	**0.08**	**37.27**
		4.81	0.0022	1.57	0.007	2.07
16.69	11.01	821.63	514.36	9.59	0.07	35.20
		91.20	**69.39**	**4.77**		**17.01**
		7.14		0.88		6.23
		79.99	69.39	3.61		6.98
		0.13		0.007		0.13
		0.66		0.02		0.65
		0.56		0.05		0.50
		2.72		0.21		2.51
16.69	**11.01**	**719.46**	**444.98**	**5.20**	**0.08**	**9.17**
		1.75	0.0002	0.82	0.002	0.80
		1.54		0.28	0.0003	0.24
		0.26	0.0004	0.12		0.14
		0.45		0.01		0.44
		0.06		0.02	0.003	0.03
		0.02		0.016		0.005
		0.0002		0.0002		
		1 48		0.58		0.90
		0.13		0.068	0.0003	0.06
		0.19		0.06		0.13
		0.08		0.04		0.03
		0.04	0.002	0.03		0.01
6.10	5.94	595.30	367.46	0.16		1.14
5.26		110.43	77.51	0.66		0.86
		0.28		0.10	0.0004	0.18
		0.003		0.001		0.002
		0.65		0.35		0.30
0.93		2.74	0.0002	0.42		2.21
4.25	1.66	0.88		0.04		0.65

8-9 续表2

行　业	Sector	煤合计（万吨） Total coal (10000 tons)
有色金属冶炼及压延加工业	Manufacture & Processing of Non-ferrous Metals	2.57
金属制品业	Manufacture of Metal Products	28.33
通用设备制造业	Manufacture of General Purpose Machinery	13.59
专用设备制造业	Manufacture of Special Purpose Machinery	25.15
汽车制造业	Manufacture of Automobile	10.36
铁路、船舶、航空航天和其他运输设备制造业	Manufacture of Railroads, Ships, Aerospace and Other Transport Equipment	22.60
电气机械及器材制造业	Manufacture of Electrical Machinery & Equipment	4.06
计算机、通信和其他电子设备制造业	Manufacture of Computer,Communication and Other Electronic Equipment	0.04
仪器仪表制造业	Manufacture of Instrument	0.04
其他制造业	Other Manufacture	51.86
废弃资源综合利用业	Recycling and Disposal of Waste	0.03
金属制品、机械和设备修理业	Metal Products, Machinery and Equipment Repair	0.07
电力、燃气及水的生产和供应业	**Production and Distribution of Electricity,Gas and Water**	**388.78**
电力、热力的生产和供应业	Production and Supply of Electric Power and Heat Power	377.37
燃气生产和供应业	Production and Distribution of Gas	9.42
水的生产和供应业	Production and Distribution of Water	1.99
建筑业	**Construction**	
房屋建筑业	Housing Building Construction	
土木工程建筑业	Civil Engineering Construction	
建筑安装业	Construction Installation	
建筑装饰和其他建筑业	Construction Decoration and Other Construction	
批发、零售业和住宿、餐饮业	**Wholesale, Retail Trades and Hotels ,Catering Services**	**403.00**
交通运输、仓储和邮政业	**Traffic, Transport, Storage and Postt**	**262.48**
铁路运输业	Transport Via Railway	70.00
道路运输业	Transport Via Road	70.52
水上运输业	Water Transport	
航空运输业	Air Transport	
管道运输业	Transport Via Pipeline	
装卸搬运和运输代理业	Loading, Unloading, Portage and Other Transport Services	
仓储业	Storage	
邮政业	Post	607.00
其他行业	**Others**	**486.00**
城乡居民生活	**Household Consumption**	**425.47**

CONTINUED

原煤（万吨） Raw coal (10000 tons)	无烟煤（万吨） Anthracite Coal (10000 tons)	烟煤（万吨） Bituminous Coal (10000 tons)：炼焦烟煤 Coking	烟煤（万吨） Bituminous Coal (10000 tons)：一般烟煤 General	褐煤（万吨） Brown Coal (10000 tons)	洗精煤（万吨） Fancy Coal (10000 tons)	其它洗煤（万吨） Other Washed Coal (10000 tons)	煤制品（万吨） Coal Products (10000 tons)
2.57			2.57				
28.31		0.005	8.28	20.03		0.008	0.01
13.41		0.047	12.70	0.67	0.02		0.16
5.80	0.13	0.002	5.38	0.29	19.08	0.20	0.06
10.36			10.36				
22.60			22.56	0.04			
3.76	0.0001	0.0001	3.76			0.13	0.17
0.04			0.04				
0.04			0.04				
51.86			51.86				
0.03			0.03				
0.07			0.07				
257.92	**4.72**	**0.06**	**145.94**	**107.20**	**9.38**	**121.44**	**0.04**
255.93	4.36	0.06	144.97	106.54		121.44	
0.04			0.04		9.38		
1.95	0.36		0.93	0.66			0.04
403.00			**258.00**	**145.00**			
262.48			**117.48**	**145.00**			
70.00			70.00				
70.52			70.52				
607.00	121.00		397.00	89.00			
486.00	**104.00**		**300.00**	**82.00**			
425.47			**245.47**	**180.00**			

8-9 续表3

行　业	Sector	焦炭（万吨）Coke (10000 tons)
有色金属冶炼及压延加工业	Manufacture & Processing of Non-ferrous Metals	0.006
金属制品业	Manufacture of Metal Products	0.003
通用设备制造业	Manufacture of General Purpose Machinery	0.68
专用设备制造业	Manufacture of Special Purpose Machinery	0.06
汽车制造业	Manufacture of Automobile	0.06
铁路、船舶、航空航天和其他运输设备制造业	Manufacture of Railroads, Ships, Aerospace and Other Transport Equipment	0.08
电气机械及器材制造业	Manufacture of Electrical Machinery & Equipment	0.23
计算机、通信和其他电子设备制造业	Manufacture of Computer,Communication and Other Electronic Equipment	
仪器仪表制造业	Manufacture of Instrument	0.0004
其他制造业	Other Manufacture	
废弃资源综合利用业	Recycling and Disposal of Waste	
金属制品、机械和设备修理业	Metal Products, Machinery and Equipment Repair	0.09
电力、燃气及水的生产和供应业	**Production and Distribution of Electricity,Gas and Water**	
电力、热力的生产和供应业	Production and Supply of Electric Power and Heat Power	
燃气生产和供应业	Production and Distribution of Gas	
水的生产和供应业	Production and Distribution of Water	
建筑业	**Construction**	
房屋建筑业	Housing Building Construction	
土木工程建筑业	Civil Engineering Construction	
建筑安装业	Construction Installation	
建筑装饰和其他建筑业	Construction Decoration and Other Construction	
批发、零售业和住宿、餐饮业	**Wholesale, Retail Trades and Hotels ,Catering Services**	
交通运输、仓储和邮政业	**Traffic, Transport, Storage and Postt**	
铁路运输业	Transport Via Railway	
道路运输业	Transport Via Road	
水上运输业	Water Transport	
航空运输业	Air Transport	
管道运输业	Transport Via Pipeline	
装卸搬运和运输代理业	Loading, Unloading, Portage and Other Transport Services	
仓储业	Storage	
邮政业	Post	
其他行业	**Others**	
城乡居民生活	**Household Consumption**	

CONTINUED

焦炉煤气（亿立方米） Coking Gas (100 million cu. m)	其它煤气（亿立方米） Others Gas (100 million cu. m)	石油合计（万吨） Total Oil (10000 tons)	原油（万吨） Crude Oil (10000 tons)	汽油（万吨） Gasoline (10000 tons)	煤油（吨） Kerosene (ton)	柴油（万吨） Diesel Oil (10000 tons)
0.14		0.21		0.03		0.04
		0.33	0.001	0.19	0.001	0.14
		0.43	0.002	0.29		0.13
0.01	3.41	0.56	0.0008	0.26	0.001	0.30
		0.31		0.22	0.002	0.08
		0.45		0.12	0.070	0.07
		0.65	0.0002	0.23	0.001	0.14
		0.02		0.02		0.0002
		0.05		0.04	0.0004	0.015
		0.03		0.01	0.0004	0.008
		0.005		0.0045		
		0.14		0.02		0.12
		15.78		**1.18**		**11.10**
		15.50		1.00		11.00
		0.16		0.095		0.06
		0.12		0.09		0.03
		8.50				**8.50**
		3.00				3.00
		2.50				2.50
		2.00				2.00
		1.00				1.00
		501.33		**228.52**	**73.9**	**190.80**
		95.29		**38.60**		**52.64**
		111.06		59.00		48.00
		70.54		35.98		34.56
		45.60		45.60		
		89.90		16.00	73.9	
		18.60		18.60		
		37.81		5.81		32.00
		32.53		8.93		23.60
		136.27		67.00		69.27
		80.30				**11.00**

8-9 续表4

行　业	Sector	燃料油（万吨）Fuel Oil (10000 tons)
消费总计	**Total Consumption**	**54.29**
农、林、牧、渔业	**Agriculture, Forestry, Animal Husbandry and Fishery**	
工业合计	**Industry**	**54.29**
轻工业	Light Industry	1.15
重工业	Heavy Industry	53.14
采矿业	**Mining**	**0.01**
煤炭开采和洗选业	Mining and Washing of Coal	
石油和天然气开采业	Extraction of Petroleum and Natural Gas	0.01
黑色金属矿采选业	Mining of Ferrous Metal Ores	
有色金属矿采选业	Mining of Non-ferrous Metal Ores	
非金属矿采选业	Mining and Processing of Nonmetal Ores	
开采辅助活动	Mining of Other Ores	
其他采矿业	Mining of Other Ores	
制造业	**Manufacturing**	**50.78**
农副食品加工业	Processing of Food from Agricultural Products	0.13
食品制造业	Manufacture of Foods	1.01
酒、饮料和精制茶制造业	Manufacture of Wine, soft drinks and refined tea	
烟草制品业	Manufacture of Tobacco	
纺织业	Manufacture of Textile	
纺织服装、服饰业	Manufacture of Textile、Clothing and Apparel	
皮革毛皮羽毛及其制品和制鞋业	Manufacture of Leather, Fur, feather and Its Products and Footwear	
木材加工和木竹藤棕草制品业	Processing of Timbers, Manufacture of Wood, Bamboo, Rattan, Palm, and Straw Products	
家具制造业	Manufacture of Furniture	
造纸及纸制品业	Manufacture of Paper and Paper Products	
印刷和记录媒介的复制业	Printing, Reproduction of Recording Media	
文教工美体育和娱乐用品制造业	Manufacture of Culture,Art,Sports and Entertainment Goods	
石油加工、炼焦及核燃料加工业	Processing of Petroleum, Coking, Processing of Nuclear Fuel	44.32
化学原料及化学制品制造业	Manufacture of Chemical Raw Material and Chemical Products	5.17
医药制造业	Manufacture of Medicines	
化学纤维制造业	Manufacture of Chemical Fiber	
橡胶和塑料制品业	Manufacture of Rubber and Plastic	
非金属矿物制品业	Manufacture of Non-metallic Mineral Products	
黑色金属冶炼及压延加工业	Manufacture and Processing of Ferrous Metals	0.0035

CONTINUED

液化石油气 （万吨） Liquefied Petroleum Gas (10000 tons)	炼厂干气 （万吨） Net Gas of Plant (10000 tons)	天然气 （亿立方米） Natural Gas (100 million cu.m)	其它石油制品 （万吨） Other Oil Products (10000 tons)	其它焦化产品 （万吨） Other Coked Products (10000 tons)	热力 （万百万千焦） Heat Power (10 billion kilo-joule)	电力 （亿千瓦时） Electricity (100 million kwh)	其它能源 （万吨标煤） Others (10000 tons of SCE)
147.18	**34.97**	**29.02**	**50.39**	**55.60**	**34799.40**	**782.69**	**22.76**
						38.38	
77.83	**34.97**	**20.66**	**50.39**	**55.60**	**7625.91**	**462.37**	**22.76**
0.01		0.92			681.34	44.35	0.20
77.81	34.97	19.74	50.39	55.60	6944.56	418.02	22.56
		12.54	**0.02**			**148.76**	
		0.11	0.02			30.44	
		11.99				109.71	
						0.46	
						5.69	
						2.05	
		0.43				0.42	
77.83	**34.97**	**6.15**	**50.36**	**55.60**	**7026.82**	**193.06**	**4.08**
0.00009		0.70			376.62	12.00	0.02
0.0003		0.04			97.09	9.70	
					49.55	2.00	0.009
					0.88	2.16	
		0.006				2.96	
		0.001			0.51	0.40	
						0.42	
						7.85	
		0.001			0.63	1.10	0.14
		0.02			129.37	5.35	
0.01					5.83	1.07	0.03
					0.29	0.28	0.01
72.89	26.67	0.26	36.75		5774.27	18.73	3.80
4.63	8.30	2.45	13.29	55.11	83.12	28.42	
0.0005		0.16			20.57	6.51	
						0.07	
		0.003				4.73	
0.10		0.25		0.49	7.92	27.98	0.014
		0.46	0.03		104.13	31.50	

8-9 续表5

行　业	Sector	燃料油 (万吨) Fuel Oil (10000 tons)
有色金属冶炼及压延加工业	Manufacture & Processing of Non-ferrous Metals	0.14
金属制品业	Manufacture of Metal Products	
通用设备制造业	Manufacture of General Purpose Machinery	
专用设备制造业	Manufacture of Special Purpose Machinery	
汽车制造业	Manufacture of Automobile	
铁路、船舶、航空航天和其他运输设备制造业	Manufacture of Railroads, Ships, Aerospace and Other Transport Equipment	
电气机械及器材制造业	Manufacture of Electrical Machinery & Equipment	
计算机、通信和其他电子设备制造业	Manufacture of Computer,Communication and Other Electronic Equipment	
仪器仪表制造业	Manufacture of Instrument	
其他制造业	Other Manufacture	0.00009
废弃资源综合利用业	Recycling and Disposal of Waste	
金属制品、机械和设备修理业	Metal Products, Machinery and Equipment Repair	
电力、燃气及水的生产和供应业	**Production and Distribution of Electricity,Gas and Water**	**3.50**
电力、热力的生产和供应业	Production and Supply of Electric Power and Heat Power	3.50
燃气生产和供应业	Production and Distribution of Gas	
水的生产和供应业	Production and Distribution of Water	
建筑业	**Construction**	
房屋建筑业	Housing Building Construction	
土木工程建筑业	Civil Engineering Construction	
建筑安装业	Construction Installation	
建筑装饰和其他建筑业	Construction Decoration and Other Construction	
批发、零售业和住宿、餐饮业	**Wholesale, Retail Trades and Hotels ,Catering Services**	
交通运输、仓储和邮政业	**Traffic, Transport, Storage and Postt**	
铁路运输业	Transport Via Railway	
道路运输业	Transport Via Road	
水上运输业	Water Transport	
航空运输业	Air Transport	
管道运输业	Transport Via Pipeline	
装卸搬运和运输代理业	Loading, Unloading, Portage and Other Transport Services	
仓储业	Storage	
邮政业	Post	
其他行业	**Others**	
城乡居民生活	**Household Consumption**	

CONTINUED

液化石油气（万吨） Liquefied Petroleum Gas (10000 tons)	炼厂干气（万吨） Net Gas of Plant (10000 tons)	天然气（亿立方米） Natural Gas (100 million cu. m)	其它石油制品（万吨） Other Oil Products (10000 tons)	其它焦化产品（万吨） Other Coked Products (10000 tons)	热力（万百万千焦） Heat Power (10 billion kilo-joule)	电力（亿千瓦时） Electricity (100 million kwh)	其它能源（万吨标煤） Others (10000 tons of SCE)
		0.13			23.63	3.40	
		0.003			12.82	6.29	0.002
0.00004		0.16	0.001		82.61	0.07	0.03
		1.23	0.002		128.87	4.00	0.02
		0.11			44.58	5.89	
0.19		0.08			39.99	5.95	
	0.0003	0.07	0.28		29.42	2.43	0.001
					14.11	0.56	
		0.03				0.40	
		0.0009	0.009			0.51	0.012
						0.33	
		0.002					
		1.97			**599.08**	**120.55**	**18.68**
		1.94			596.40	111.41	18.68
		0.03				2.55	
					2.68	6.59	
					80.00	**12.08**	
					80.00	5.54	
						3.54	
						2.00	
						1.00	
0.05					**899.65**	**13.80**	
0.05					**308.26**	**8.73**	
					130.18	0.24	
						1.00	
						1.00	
						0.75	
					50.00	0.20	
					201.21	0.83	
					210.00	1.05	
					2196.00	30.65	
					2011.84	**61.56**	
69.30		**8.36**			**21986.00**	**163.85**	

8-10 能源生产和消费弹性系数

ELASTICITY RATIO OF ENERGY PRODUCTION AND CONSUMPTION

年 份 Year	能源生产比上年增长（%） Growth Rate of Energy Production over Preceding Year (%)	能源消费比上年增长（%） Growth Rate of Energy Consumption over Preceding Year (%)	地区生产总值比上年增长（%） Growth Rate of Gross Domestic Product over Preceding Year (%)	能源生产弹性系数 Elasticity Ratio of Energy Production	能源消费弹性系数 Elasticity Ratio of Energy Consumption
1957	20.60	7.30	8.50	2.42	0.86
1962	-1.70	-18.80	-2.00	0.85	9.40
1965	15.80	-6.60	15.40	1.03	-0.43
1970	26.80	28.90	10.10	2.65	2.86
1975	11.60	3.00	7.60	1.53	0.39
1978	4.30	9.30	11.10	0.39	0.83
1980	1.50	4.30	10.00	0.15	0.43
1985	5.10	0.50	6.00	0.85	0.08
1990	2.70	3.10	5.80	0.47	0.53
1995	1.30	8.50	9.20	0.14	0.92
1996	1.10	0.10	10.20	0.11	0.01
1997	-9.60	5.90	10.00	-0.96	0.59
1998	4.50	0.90	8.30	0.54	0.11
1999	-6.10	-4.70	7.50	-0.81	-0.63
2000	-8.60	-11.10	8.20	-1.05	-1.35
2001	-1.00	2.90	9.30	-0.11	0.31
2002	3.00	6.40	10.30	0.29	0.62
2003	2.30	12.40	10.30	0.22	1.20
2004	13.60	11.90	11.70	1.16	1.02
2005	0.90	9.30	11.60	0.08	0.80
2006	1.20	8.60	12.00	0.10	0.72
2007	-2.70	7.50	12.00	-0.23	0.63
2008	-3.60	6.50	11.80	-0.31	0.55
2009	0.62	4.60	11.10	0.05	0.41
2010	0.02	6.98	12.60	0.01	0.55
2011	1.29	8.23	12.20	0.11	0.67
2012	-0.04	5.28	10.00	持平	0.53
2013	-4.90	3.30	8.00	-0.61	0.41
2014	-6.20	0.86	5.60	-1.11	0.15

8-11 工业企业水消费(2014年)

WATER CONSUMPTION OF INDUSTRY ENTERPRISE(2014)

项 目	Item	取水量（万立方米） Quantity of Water (10000 cu.m)	外供水量（万立方米） External Water Supply (10000 cu.m)	用水量（万立方米） Water Consumption (10000 cu.m)
总 计	**Total**	**154299.2**	**81371.7**	**72927.5**
地表淡水	Surface Water	87776.1	15673.9	72102.2
地下淡水	Ground Water	38513.4	6919.8	31593.6
自来水	Tap Water	23441.3	57321.9	-33880.6
陆地苦咸水	Land Brackish	3.8		3.8
矿井水	Mine Water	3.6		3.6
雨水	Rainwater	20.9		20.9
再生水（中水）	Recycled Water	1959.5		1959.5
其他水	Other Water	2580.6	1456.1	1124.6
外排水量	External Displacement	23653.5		
重复用水量	Duplicated Use	379411.3		
直流冷却水量（河湖水）	DC Cooling Water (river water)	83243.9		
污水处理企业污水处理量	Treatment Capacity Of Sewage Treatment Enterprises	3748.3		

8-12 规模以上工业企业分品种能源购进、消费及库存(2014年)

PURCHASE, CONSUME, AND STOCK OF ENERGY IN ABOVE DESIGNATED SIZE INDUSTRIAL ENTERPRISES BY CATALOG(2014)

指 标	Item	年初库存 Stock of Year Beginning	购进量 Purchase Capacity 实物量 Material Object Capacity	金额(亿元) Amount of Money (10000 yuan)	消费量 Total Energy Consump-tion	工业生产消费 Consump-tin of Industry Production	非工业生产消费 Consumptin of Industry Nonindustry Production	年末库存 Stock of Year End
原煤(万吨)	Clean Coal(10000 tons)	1131.10	8472.65	295.77	12200.3	12112.8	87.49	1175.63
无烟煤	Anthracite Coal	6.19	21.70	1.05	18.29	17.99	0.29	8.67
炼焦烟煤	Coking Bituminous Coal	7.89	63.30	2.96	68.60	68.01	0.59	2.76
一般烟煤	General Bituminous Coal	975.10	7165.98	256.83	10876.9	10792.1	84.87	1009.15
褐煤	Brown Coal	141.92	1221.67	34.93	1236.45	1234.71	1.74	155.05
洗精煤(万吨)	Clean Coal(10000 tons)	95.80	834.05	59.85	1140.61	1137.25	3.35	96.18
其它洗煤(万吨)	Other Clean Coal(10000 tons)	25.73	143.46	3.79	273.52	238.05	35.47	10.95
煤制品(万吨)	Coal Products(10000 tons)	0.24	13.94	0.97	13.80	13.67	0.13	0.38
焦炭(万吨)	Coke(10000 tons)	10.95	169.68	18.07	194.07	193.28	0.80	5.37
其他焦化产品(万吨)	Other Coking Products(10000 tons)	0.18	9.83	1.84	9.64	9.64		0.36
焦炉煤气(亿立方米)	Coking Gas(100 million cu.m)		9.42	5.64	16.69	16.69	0.001	
高炉煤气(亿立方米)	Blast furnace Gas(100 million cu.m)		6.89	0.69	41.96	41.96		
转炉煤气(亿立方米)	Converter Gas(100 million cu.m)				2.66	2.66		
发生炉煤气(亿立方米)	Producer Gas(100 million cu.m)				10.09	10.09		
天然气(亿立方米)	Natural Gas(100 million cu.m)	0.0019	14.66	23.86	27.37	27.27	0.11	0.0003
液化天然气(吨)	Liquefied Gas(ton)	0.39	199.17	0.014	197.26	194.98	2.28	2.15
煤层气(亿立方米)	Coalbed Methane(100 million cu.m)				0.38	0.38	0.0007	
原油(万吨)	Crude Oil(10000 tons)	20.78	1600.40	781.88	1674.7	1674.7	0.0007	15.42
汽油(万吨)	Gasoline(10000 tons)	0.08	10.89	8.82	11.16	7.87	3.29	0.08
煤油(吨)	Kerosene(ton)	181.16	698.47	0.06	752.72	706.63	46.09	25.64
柴油(万吨)	Diesel Fuel Oil(10000 tons)	0.75	36.97	25.21	37.27	34.12	3.14	0.60
燃料油(万吨)	Fuel Oil(10000 tons)	0.33	38.29	17.83	54.29	54.29	0.004	0.28
液化石油气(万吨)	Liquefied Petroleum Gas(10000 tons)	0.0002	28.47	14.17	77.83	77.83	0.003	0.001
炼厂干气(万吨)	Net Gas of Plant(10000 tons)		0.01	0.002	101.39	101.39		
石脑油(万吨)	Naphtha(10000 tons)		31.18	15.70	31.18	31.18		
润滑油(吨)	Lubricating Oil(ton)	22.26	234.38	0.03	238.42	236.90	1.52	17.96
石腊(吨)	Paraffin(ton)	47.36	564.00	0.05	571.75	571.75		39.61
溶剂油(吨)	Solvent Oil(ton)	732.83	1398.02	0.10	1482.68	1463.68	19.00	604.87
石油焦(吨)	Petroleum Coke(ton)	279.00						279.00
石油沥青(万吨)	Petroleum Pitch(10000 tons)	0.47	0.10	0.038	0.15	0.15		0.420
其他石油制品(万吨)	Other Petroleum Products(10000 tons)	0.005	147.93	78.80	147.92	147.92	0.002	0.01
热力(万百万千焦)	Heat(10 billion kilo-joule)		1619.75	8.01	7625.91	7412.54	213.38	
电力(亿千瓦时)	Power(100 millin kwh)		397.01	262.45	556.46	547.48	8.98	
煤矸石用于燃料(万吨)	Coal Waste for Fuel(10000 tons)	25.49	422.84	6.07	618.16	617.32	0.84	11.09
生物质废料用于燃料(万吨)	Biomass Waste for Fuel(10000 tons)	12.14	259.34	7.47	262.73	262.73		13.15
余热余压(百万千焦)	Residual Heat and Pressure(millin kilo-joule)				76.57	76.57		
其它工业废料用于燃料(万吨)	Other Industrial Wastes for Fuel(10000 tons)		6.09	0.07	6.76	6.76		
其他燃料(万吨标准煤)	Other Fuel(10000 tons of SCE)	3.35	112.95	1.13	23.25	23.19	0.07	3.19
能源合计(万吨标准煤)	Total Energy(10000 tons of SCE)				13701.8	13591.0	110.71	

8-13 全社会用电量

ELECTRICITY CONSUMPTION

单位：亿千瓦时 (100 millin kwh)

行 业	Sector	2010	2011	2012	2013	2014
全社会用电量	**Electricity Consumption**	**747.84**	**801.88**	**827.91**	**845.20**	**859.42**
居民生活用电	**Electricity Consumption for Households**	**130.79**	**145.65**	**156.32**	**159.29**	**163.85**
城镇居民	Urban	84.75	91.61	95.92	97.88	102.92
乡村居民	Rural	46.04	54.04	60.40	61.42	60.93
行业用电	**Electricity Consumption for Sector**	**617.05**	**656.23**	**671.59**	**685.90**	**695.57**
第一产业	Primary Industry	25.04	28.35	36.67	36.92	38.38
第二产业	Secondary Industry	514.74	542.89	543.78	549.31	551.18
工业	Industry	507.83	533.18	532.95	537.77	539.11
轻工业	Light Industry	46.74	47.01	46.83	50.58	56.60
重工业	Heavy Industry	461.09	486.16	486.12	487.20	482.51
建筑业	Construction	6.91	9.71	10.83	11.54	12.08
第三产业	Tertiary Industry	77.28	84.98	91.13	99.67	106.01
批发和零售业	Wholesale and Retail Trade	13.97	15.91	17.15	19.24	21.24
交通运输、仓储和邮政业	Traffic, Transport, Storage and Post	10.04	11.19	11.76	13.43	13.80
住宿和餐饮业	Accommodation and Restaurants	7.02	7.82	8.65	9.21	9.41
信息传输、软件和信息技术服务业	Information Transmission, Software and s IT Service	6.24	6.84	7.85	8.12	8.20
金融业	Finance	1.89	2.01	2.02	1.99	2.23
房地产业	Real estate	5.52	5.97	6.44	7.24	7.81
租赁和商务服务业、居民服务修理和其他服务业	Leasing and Business Services, Services to Households, Repair and Other Services	9.96	10.72	11.57	12.93	14.24
科学研究和技术服务业	Scientific Research and Technical Service	0.93	1.02	1.07	1.24	1.41
水利、环境和公共管理业	Management of Water Conservancy, Environment and Public Establishment	3.48	4.00	4.57	5.13	5.62
教育	Education	4.86	5.56	6.43	7.36	7.28
卫生和社会工作	Health and Social Work	3.06	3.39	3.72	4.13	4.54
文化、体育和娱乐业	Culture, Sports and Entertainment	1.87	1.83	1.87	1.95	2.40
公共管理、社会保障和社会组织	Public Management, Social Securities and Social Organization	8.43	8.72	8.04	7.70	7.83

8-14 工业用电量

ELECTRICITY CONSUMPTION OF INDUSTRY

单位：亿千瓦时　　(100 millin kwh)

行　业	Sector	2010	2011	2012	2013	2014
工业合计	**Total**	**507.83**	**533.18**	**532.95**	**537.77**	**539.11**
采矿业	**Mining**	**171.73**	**181.47**	**185.15**	**188.76**	**191.95**
煤炭开采和洗选业	Mining and Washing of Coal	47.50	50.29	49.00	50.44	47.01
石油和天然气开采业	Extraction of Petroleum and Natural Gas	118.60	125.17	129.61	129.71	134.23
黑色金属矿采选业	Mining of Ferrous Metal Ores	0.30	0.25	0.27	0.46	0.97
有色金属矿采选业	Mining of Non-ferrous Metal Ores	2.89	2.80	3.55	5.69	6.78
非金属矿采选业	Mining and Processing of Nonmetal Ores	2.06	2.40	2.20	2.05	2.18
其他采矿业	Mining of Other Ores n. e. c	0.38	0.56	0.52	0.42	0.79
制造业	**Manufaturing**	**200.46**	**210.64**	**204.56**	**203.23**	**193.85**
食品、饮料和烟草制造业	Manufacture of Foods, Beverage and Tobacco	23.59	23.51	24.19	25.86	29.16
纺织业	Manufacture of Textile	3.00	3.31	3.01	2.96	2.87
服装鞋帽、皮革羽绒及其制品业	Manufacture of Textile Wearing Apparel, Footware, Caps and Leather	0.58	0.59	0.49	0.82	0.83
木材加工及制品和家具制品业	Processing of Timbers, Manufacture of Furniture	8.72	8.95	8.73	8.95	6.73
造纸及纸制品业	Manufacture of Paper and Paper Products	5.12	5.11	4.94	5.35	5.35
印刷业和记录媒介的复制	Printing, Reproduction of Recording Media	1.05	1.04	1.21	1.07	1.01
文体用品制造业	Manufacture of Articles for Culture, Education and Sport Activity	0.18	0.24	0.27	0.28	0.28
石油加工、炼焦及核燃料加工业	Processing of Petroleum , Coking, Processing of Nucleus Fuel	10.55	11.89	15.89	18.73	19.76
化学原料及化学制品制造业	Manufacture of Chemical Raw Material and Chemical Products	28.07	30.22	30.59	28.42	23.67
医药制造业	Manufacture of Medicines	6.84	6.44	6.13	6.51	6.45
化学纤维制造业	Manufacture of Chemical Fiber	0.05	0.08	0.09	0.07	0.09
橡胶和塑料制品业	Manufacture of Rubber and Plastic	4.20	4.49	4.35	4.73	4.49
非金属矿物制品业	Manufacture of Non-metallic Mineral Products	45.37	48.33	38.56	37.79	35.59
黑色金属冶炼及压延加工业	Manufacture and Processing of Ferrous Metals	28.52	30.41	33.42	31.86	26.14
有色金属冶炼及压延加工业	Manufacture and Processing of Non-ferrous Metals	3.68	3.39	3.83	3.44	3.42
金属制品业	Manufacture of Metal Products	6.94	8.16	6.77	6.29	5.85
通用及专用设备制造业	Manufacture of General Purpose Machinery and Special Purpose Machinery	10.71	11.17	10.44	9.96	9.41
交通运输、电气、电子设备制造业	Manufacture of Transport Equipment and Electronic Equipment	12.47	12.09	10.33	8.94	8.55
工艺品及其他制造业	Manufacture of Artwork, Other Manufacture n. e. c	0.60	0.80	0.82	0.91	3.81
废弃资源和废旧材料回收加工业	Recycling and Disposal of Waste	0.22	0.38	0.49	0.33	0.39
电力、热力、燃气及水的生产和供应业	**Production and Distribution of Electricity, Heat, Gas and Water**	**135.64**	**141.08**	**143.24**	**145.78**	**153.31**
电力、热力的生产和供应业	Production and Supply of Electric Power and Heat Power	126.43	131.82	134.44	136.64	143.13
煤气生产和供应业	Production and Distribution of Gas	3.95	3.77	3.08	2.55	4.25
水的生产和供应业	Production and Distribution of Water	5.26	5.48	5.71	6.59	5.93

8-15 分地区单位地区生产总值电耗

ELECTRICITY CONSUMPTION PER UNIT OF GDP BY REGION

单位：千瓦时/万元 (kw.h/10000 yuan)

地　区	Region	2008	2009	2010	2011	2012	2013	2014
全　省	**Total**	**865.9**	**801.1**	**772.7**	**689.6**	**646.6**	**611.2**	**588.5**
哈尔滨	Harbin	706.3	633.9	614.9	477.9	422.9	400.7	380.4
齐齐哈尔	Qiqihar	952.5	945.9	880.5	693.9	670.8	633.7	605.3
鸡　西	Jixi	1086.5	1137.9	1050.3	943.9	841.3	844.4	790.5
鹤　岗	Hegang	733.8	691.9	677.9	1313.7	1130.9	1269.1	1362.6
双鸭山	Shuangyashan	1206.8	1011.4	917.3	946.5	873.9	884.6	991.9
大　庆	Daqing	1431.7	1323.5	1226.9	690.3	636.6	601.6	579.4
伊　春	Yichun	1192.8	1270.9	1154.0	1025.2	935.5	839.3	827.0
佳木斯	Jiamusi	1057.6	891.6	823.9	522.0	520.7	546.4	504.9
七台河	Qitaihe	1085.4	1103.8	992.5	992.9	888.9	984.2	956.4
牡丹江	Mudanjiang	1100.7	894.6	794.5	588.2	497.4	441.9	399.5
黑　河	Heihe	651.4	535.7	613.3	1018.0	973.9	990.5	961.1
绥　化	Suihua	1158.4	1219.6	1219.6	450.0	455.0	463.5	479.9
大兴安岭	Daxinganling	585.1	599.9	569.3	375.6	406.4	423.8	376.8
绥芬河	Suifenhe					342.5	302.4	278.0
抚　远	Fuyuan					233.5	274.9	297.6

8-16 分地区规模以上工业企业综合能源消费量

ENERGY CONSUMPTION OF INDUSTRY ENTERPRISE ABOVE DESIGNATED SIZE BY REGION

单位：万吨标准煤 (10000 tons of SCE)

地　区	Region	2008	2009	2010	2011	2012	2013	2014
全　省	**Total**	**5444.4**	**5356.7**	**5791.0**	**5815.0**	**5883.2**	**5575.9**	**5272.5**
哈尔滨	Harbin	878.1	752.2	765.8	787.0	850.7	829.8	713.8
齐齐哈尔	Qiqihar	561.6	528.1	556.9	603.9	568.8	515.6	503.7
鸡　西	Jixi	458.5	401.5	456.5	488.1	495.6	410.0	305.6
鹤　岗	Hegang	311.3	338.8	387.8	339.7	339.6	265.7	199.0
双鸭山	Shuangyashan	433.9	416.6	474.0	454.3	461.8	436.2	392.8
大　庆	Daqing	1335.0	1353.9	1393.8	1478.1	1536.4	1600.6	1749.5
伊　春	Yichun	139.9	173.3	177.5	173.4	175.4	211.5	134.2
佳木斯	Jiamusi	175.5	169.1	178.4	182.2	183.0	166.6	153.1
七台河	Qitaihe	486.8	548.5	645.5	529.6	534.5	427.1	442.8
牡丹江	Mudanjiang	299.1	296.6	300.6	308.0	298.7	260.2	203.2
黑　河	Heihe	58.9	62.4	69.5	80.7	86.7	89.5	87.6
绥　化	Suihua	118.6	129.6	141.6	152.2	159.6	181.9	191.1
大兴安岭	Daxinganling	19.9	23.0	24.7	23.4	28.5	25.7	21.6
农垦总局	ARB	111.1	107.9	160.2	155.5	152.4	144.4	99.8
绥芬河	Suifenhe					8.8	9.1	9.3
抚　远	Fuyuan					2.5	2.1	2.1

8-17 分地区单位地区生产总值能耗

UNIT GDP ENERGY CONSUMPTION PER UNIT OF GDP BY REGION

单位：吨标准煤/万元 (ton of SCE/10000 yuan)

地 区	Region	2008	2009	2010	2011	2012	2013	2014
全 省	**Total**	**1.29**	**1.22**	**1.16**	**1.04**	**1.00**	**0.95**	**0.91**
哈尔滨	Harbin	1.32	1.24	1.18	1.04	1.01	0.96	0.91
齐齐哈尔	Qiqihar	1.59	1.48	1.39	1.13	1.08	1.01	0.93
鸡 西	Jixi	2.14	1.96	1.84	1.54	1.46	1.38	1.32
鹤 岗	Hegang	2.34	2.14	1.99	1.55	1.48	1.42	1.36
双鸭山	Shuangyashan	1.81	1.70	1.59	1.22	1.16	1.10	1.06
大 庆	Daqing	1.38	1.31	1.26	1.20	1.16	1.12	1.08
伊 春	Yichun	2.00	1.92	1.77	1.57	1.51	1.46	1.41
佳木斯	Jiamusi	1.28	1.21	1.15	1.04	1.03	0.99	0.96
七台河	Qitaihe	2.94	2.73	2.55	1.80	1.72	1.64	1.57
牡丹江	Mudanjiang	1.33	1.26	1.18	0.98	0.97	0.94	0.90
黑 河	Heihe	1.13	1.06	1.02	0.83	0.81	0.78	0.75
绥 化	Suihua	0.99	0.96	0.93	0.81	0.78	0.76	0.73
大兴安岭	Daxinganling	1.28	1.21	1.16	0.91	0.88	0.85	0.82
绥芬河	Suifenhe					0.61	0.56	0.54
抚 远	Fuyuan					0.50	0.49	0.47

8-18 分地区单位地区生产总值能耗下降率

DECLINE RATE OF ENERGY CONSUMPTION PER UNIT OF GDP BY REGION

单位：% (%)

地 区	Region	2008	2009	2010	2011	2012	2013	2014
全 省	**Total**	**-4.75**	**-5.61**	**-5.00**	**-3.50**	**-4.25**	**-4.31**	**-4.50**
哈尔滨	Harbin	-5.05	-5.72	-5.20	-3.53	-3.69	-4.60	-4.84
齐齐哈尔	Qiqihar	-6.20	-7.20	-5.80	-4.39	-4.17	-6.07	-8.78
鸡 西	Jixi	-5.40	-8.30	-6.30	-4.35	-5.26	-5.35	-4.69
鹤 岗	Hegang	-7.20	-8.50	-7.10	-4.57	-4.56	-4.21	-4.36
双鸭山	Shuangyashan	-5.40	-5.81	-6.60	-5.10	-5.23	-4.52	-4.06
大 庆	Daqing	-5.04	-4.90	-4.50	-4.01	-3.90	-3.52	-3.30
伊 春	Yichun	-4.85	-4.00	-7.70	-3.12	-3.67	-3.25	-3.95
佳木斯	Jiamusi	-5.47	-5.23	-4.80	-3.61	-4.24	-3.83	-3.52
七台河	Qitaihe	-7.30	-7.13	-6.80	-4.21	-4.75	-4.50	-4.30
牡丹江	Mudanjiang	-5.85	-5.82	-6.10	-4.03	-3.82	-3.81	-3.79
黑 河	Heihe	-3.73	-6.04	-4.50	-3.12	-4.35	-3.42	-3.42
绥 化	Suihua	-3.60	-3.17	-3.00	-3.20	-3.23	-3.23	-3.45
大兴安岭	Daxinganling	-5.69	-5.09	-4.50	-3.51	-3.31	-3.51	-3.21
绥芬河	Suifenhe					-3.60	-3.62	-4.19
抚 远	Fuyuan					-3.02	-3.25	-3.56

8-19 分地区单位工业增加值能耗下降率

DECLINE RATE OF ENERGY CONSUMPTION PER UNIT OF INDUSTRIAL VALUE-ADDED BY REGION

单位：%　　(%)

地　区	Region	2008	2009	2010	2011	2012	2013	2014
全　省	**Total**	**-6.63**	**-9.60**	**-6.35**	**-5.17**	**-8.24**	**-11.31**	**-7.57**
哈尔滨	Harbin	-10.72	-11.00	-7.40	-6.08	-8.18	-13.32	-12.19
齐齐哈尔	Qiqihar	-11.06	-19.45	-18.26	-4.64	-10.07	-16.79	-3.74
鸡　西	Jixi	-8.33	-25.00	-14.72	-10.42	-16.57	-11.04	-15.85
鹤　岗	Hegang	-11.19	-17.48	-21.63	-14.35	-25.35	7.77	24.96
双鸭山	Shuangyashan	-8.22	-8.39	-17.50	-13.63	-15.51	-2.60	74.75
大　庆	Daqing	-13.72	-8.90	-6.71	-2.38	-5.10	-0.65	8.48
伊　春	Yichun	-7.77	4.16	-23.90	-5.89	-11.35	5.47	-6.63
佳木斯	Jiamusi	-16.92	-11.85	-19.36	-12.98	-17.17	-21.69	-11.95
七台河	Qitaihe	-10.20	-9.98	-17.90	-7.96	-7.91	10.72	3.99
牡丹江	Mudanjiang	-19.70	-15.41	-23.20	-15.76	-18.33	-24.95	-27.80
黑　河	Heihe	-21.06	-9.90	-16.10	2.38	-10.22	-11.66	-5.30
绥　化	Suihua	-7.96	-14.15	-10.97	-15.00	-19.80	-13.32	-9.67
大兴安岭	Daxinganling	-10.79	-18.79	-17.85	-9.06	-5.00	-16.66	35.09
绥芬河	Suifenhe					-11.63	-8.89	-9.17
抚　远	Fuyuan					-6.44	-21.29	-6.57

主要统计指标解释

能源生产总量 指一定时期内，全国一次能源生产量的总和。该指标是观察全国能源生产水平、规模、构成和发展速度的总量指标。一次能源生产量包括原煤、原油、天然气、水电、核能及其他动力能(如风能、地热能等)发电量，不包括低热值燃料生产量、太阳热能等的利用和由一次能源加工转换而成的二次能源产量。

能源消费总量 是指一定地域内，国民经济各行业和居民家庭在一定时间消费的各种能源的总和。包括：原煤、原油、天然气、水能、核能、风能、太阳能、地热能、生物质能等一次能源；一次能源通过加工转换产生的洗煤、焦炭、煤气、电力、热力、成品油等二次能源和同时产生的其他产品；其他化石能源、可再生能源和新能源。其中水能、风能、太阳能、地热能、生物质能等可再生能源，是指人们通过一定技术手段获得的，并作为商品能源使用的部分。在核算过程中，一次能源、二次能源消费不能重复计算。能源消费总量分为终端能源消费量、能源加工转换损失量和能源损失量三部分。

(1)终端能源消费量：指一定时期内，全国生产和生活消费的各种能源在扣除了用于加工转换二次能源消费量和损失量以后的数量。

(2)能源加工转换损失量：指一定时期内，全国投入加工转换的各种能源数量之和与产出各种能源产品之和的差额。该指标是观察能源在加工转换过程中损失量变化的指标。

(3)能源损失量：指一定时期内，能源在输送、分配、储存过程中发生的损失和由客观原因造成的各种损失量，不包括各种气体能源放空、放散量。

能源生产弹性系数 是研究能源生产增长速度与国民经济增长速度之间关系的指标。计算公式：

$$\text{能源生产弹性系数}=\frac{\text{能源生产总量年平均增长速度}}{\text{国民经济年平均增长速度}}$$

国民经济年平均增长速度，可根据不同的目的或需要用国民生产总值、国内生产总值等指标来计算，本年鉴是采用国内生产总值指标计算的。

电力生产弹性系数 是研究电力生产增长速度与国民经济增长速度之间关系的指标。一般来说，电力的发展应当快于国民经济的发展，也就是说电力应超前发展。计算公式为：

$$\text{电力生产弹性系数}=\frac{\text{电力生产量年平均增长速度}}{\text{国民经济年平均增长速度}}$$

能源消费弹性系数 反映能源消费增长速度与国民经济增长速度之间比例关系的指标。计算公式为：

$$\text{能源消费弹性系数}=\frac{\text{能源消费量年平均增长速度}}{\text{国民经济年平均增长速度}}$$

电力消费弹性系数 反映电力消费增长速度与国民经济增长速度之间比例关系的指标。计算公式为：

$$\text{电力消费弹性系数}=\frac{\text{电力消费量年平均增长速度}}{\text{国民经济年平均增长速度}}$$

能源加工转换效率 指一定时期内，能源经过加工、转换后，产出的各种能源产品的数量与同期内投入加工转换的各种能源数量的比率。该指标是观察能源加工转换装置和生产工艺先进与落后、管理水平高低等的重要指标。计算公式为：

$$\text{能源加工转换效率}=\frac{\text{能源加工转换产出量}}{\text{能源加工转换投入量}}\times 100\%$$

单位地区生产总值能耗　指一定时期内，一个国家或地区每生产一个单位的地区生产总值所消耗的能源。计算公式为：

$$单位地区生产总值能源=\frac{能源消费总量}{地区生产总值}$$

单位地区生产总值电耗　指一定时期内，一个国家或地区每生产一个单位的国内生产总值所消耗的电力。计算公式为：

$$单位地区生产总值电耗=\frac{全社会用电量}{地区生产总值}$$

Explanatory Notes on Main Statistical Indicators

Total Energy Production refers to the total production of primary energy by all energy producing enterprises in the country in a given period of time. It is a comprehensive indicator to show the level, scale, composition and pace of development of energy production of the country. The production of primary energy includes that of coal, crude oil, natural gas, hydro-power and electricity generated by nuclear energy and other means such as wind power and geothermal power. However, it does not include the production of fuels of low calorific value, solar thermal and secondary energy converted from primary energy.

Total Energy Consumption refers to the total consumption of energy of various kinds by the production sectors of the economy and the households in a given period of time. It includes the primary kinds of energy such as coal, crude oil, natural gas, hydro-power, nuclear power, wind power, solar power, geothermal power and bio-energy; the secondary kinds of energy and their products which are transformed from the primary energy such as washed coal, coke, coal gas, electricity, heating, and petroleum products; and other kinds of fossil energy, renewable energy and new energy. The renewable energy, including hydro-power, wind power, solar power, geothermal power and bio-energy, refers to the part attained with some given technical means and used for commercial purposes. Total energy consumption can be divided into three parts: end-use energy consumption; loss during the process of energy conversion; and energy loss.

(1) End-use Energy Consumption: It refers to the total energy consumption by the production sectors and the households in the country (region) in a given period of time. It does not include the consumption during the conversion of primary energy into secondary energy and the loss in the process of energy conversion.

(2) Loss During the Process of Energy Conversion: It refers to the total input of various kinds of energy for conversion, minus the total output of various kinds of energy in the country in a given period of time. It is an indicator to show the loss that occurs during the process of energy conversion.

(3) Energy Loss: It refers to the total of the loss of energy during the course of energy transport, distribution and storage and the loss caused by any objective reason in a given period of time. The loss of various kinds of gas due to gas discharges and stocktaking is not included.

Elasticity Ratio of Energy Production is an indicator to show the relationship between the growth rate of energy production and the growth rate of the national economy. The formula is:

$$\text{Elasticity Ratio of Energy Production} = \frac{\text{Average Annual Growth Rate of Energy Production}}{\text{Average Annual Growth Rate of National Economy}}$$

The average annual growth rate of the national economy can be measured by indicators such as the Gross National Product and the Gross Domestic Product, depending on the purposes or needs. The Gross Domestic Product has been used in the calculation of the ratio in this Yearbook.

Elasticity Ratio of Electricity Production is an indicator to show the relationship between the growth rate of electricity production and the growth rate of the national economy. Generally speaking, the growth rate of electricity production should be higher than that of the national economy.

Its formula is:

$$\text{Elasticity Ratio of Electricity Production} = \frac{\text{Average Annual Growth Rate of Electricity Production}}{\text{Average Annual Growth Rate of National Economy}}$$

Elasticity Ratio of Energy Consumption is an indicator to show the relationship between the growth rate of energy consumption and the growth rate of the national economy. The formula is:

$$\text{Elasticity Ratio of Energy Consumption} = \frac{\text{Average Annual Growth Rate of Energy Consumption}}{\text{Average Annual Growth Rate of National Economy}}$$

Elasticity Ratio of Electricity Consumption is an indicator to show the relationship between the growth rate of electricity consumption and the growth rate of the national economy. The formula is:

$$\text{Elasticity Ratio of Electricity Consumption} = \frac{\text{Average Annual Growth Rate of Electricity Consumption}}{\text{Average Annual Growth Rate of National Economy}}$$

Efficiency of Energy Processing and Conversion refers to the ratio of the total output of energy products of various kinds after processing and conversion to the total input of energy of various kinds for processing and conversion in the same reference period. It is an important indicator to show the current conditions of energy processing and conversion equipment, production technique and management. The formula is:

$$\text{Efficiency of Energy Processing \& Conversion} = \frac{\text{Output of Energy After Processing \& Conversion}}{\text{Input of Energy for Processing \& Conversion}} \times 100\%$$

Energy Consumption per Unit of GDP refers to the energy consumption per unit of Gross Domestic Product in a country or the Gross Regional Product in a region in the same reference period. The formula is:

$$\text{Energy Consumption per Unit of GDP} = \frac{\text{Total Energy Consumption}}{\text{Gross Domestic Product}}$$

Electricity Consumption per Unit of GDP refers to the electricity consumption per unit of Gross Domestic Product in a country or the Gross Regional Product in a region in the same reference period. The formula is:

$$\text{Energy Consumption per Unit of GDP} = \frac{\text{Total Energy Consumption}}{\text{Gross Domestic Product}}$$

第九篇　固定资产投资

CHAPTER 9 INVESTMENT IN FIXED ASSETS

资料整理：赵春贵　王小溪

9-1 全社会固定资产投资

TOTAL INVESTMENT IN FIXED ASSETS

单位：亿元　　　　　　　　　　　　　　　　　　　　　　　　　　　　(100 million yuan)

年 份 Year	投资总额 Total Investment	国有经济 State-owned Units	集体经济 Collective-owned Units	个体经济 Self-employed Individual	其他经济 Others	城镇投资 Urban Investment	#房地产开发 Real Estate Development	农村投资 Rural Investment
1978	27.0	25.5	0.2	1.3		27.0		
1979	26.9	26.6	0.3			26.9		
1980	38.5	37.9	0.6			38.5		
"六五"时期合计 The Period of Sixth Five-Year Plan	**382.1**	**321.3**	**23.2**	**37.7**		**338.2**		**43.9**
1981	47.0	39.3	3.6	4.2		42.6		4.4
1982	62.9	53.5	5.8	3.6		56.2		6.7
1983	71.9	65.4	4.6	1.9		68.7		3.2
1984	88.5	73.9	3.5	11.1		76.7		11.8
1985	111.8	89.2	5.7	16.9		94.0		17.8
"七五"时期合计 The Period of Seventh Five-Year Plan	**745.4**	**612.9**	**34.2**	**98.1**		**652.8**		**92.6**
1986	123.6	101.5	7.2	14.8		107.6		16.0
1987	140.3	115.5	7.9	16.9		123.2		17.1
1988	160.6	132.1	8.0	20.4		142.1		18.5
1989	158.0	129.2	5.6	23.2		138.7		19.3
1990	162.9	134.6	5.5	22.8		141.2	6.3	21.7
"八五"时期合计 The Period of Eighth Five-Year Plan	**1655.2**	**1384.3**	**52.8**	**142.2**	**76.0**	**1513.2**	**113.7**	**142.0**
1991	189.6	162.6	5.9	21.2		168.2	8.9	21.4
1992	244.2	215.9	6.8	21.6		223.3	19.9	20.9
1993	328.6	290.7	9.3	19.8	8.7	308.1	31.5	20.5
1994	405.3	335.2	14.7	29.3	26.1	374.1	26.3	31.2
1995	487.5	379.9	16.1	50.3	41.2	439.5	27.1	48.0
"九五"时期合计 The Period of Ninth Five-Year Plan	**3685.2**	**2577.8**	**150.9**	**404.0**	**552.6**	**3292.0**	**319.3**	**393.2**
1996	568.6	427.6	32.3	59.5	49.3	501.7	29.3	66.9
1997	669.9	531.0	23.3	69.0	46.6	601.1	45.2	68.8
1998	801.6	606.5	28.1	95.2	71.8	712.8	58.7	88.8
1999	785.9	562.9	31.3	89.5	102.2	702.1	82.0	83.8
2000	859.2	449.8	35.9	90.8	282.7	774.3	104.1	84.9
"十五"时期合计 The Period of Tenth Five-Year Plan	**6415.9**	**2983.7**	**216.8**	**838.0**	**2377.4**	**5716.9**	**937.9**	**699.0**
2001	972.9	524.7	42.1	110.1	296.0	881.9	147.1	91.0
2002	1055.7	531.2	47.7	99.7	377.1	928.2	145.8	127.5
2003	1190.7	563.0	49.9	125.2	452.6	1055.0	163.3	135.7
2004	1464.7	610.2	56.0	214.4	584.1	1275.9	214.1	188.8
2005	1731.9	754.6	21.1	288.6	667.6	1575.9	267.6	156.0
"十一五"时期合计 The Period of Eleventh Five-Year Plan	**20586.6**	**8339.3**	**263.3**	**1687.2**	**10296.8**	**18994.4**	**2550.5**	**1592.2**
2006	2235.9	910.5	20.5	216.8	1088.1	2040.3	321.3	195.6
2007	2864.2	1177.6	34.5	277.4	1374.7	2621.8	382.3	242.4
2008	3656.0	1521.7	45.3	347.7	1741.3	3354.8	439.9	301.2
2009	5028.8	2068.9	47.9	390.6	2521.4	4695.8	563.9	333.0
2010	6801.7	2660.6	115.1	454.7	3571.3	6281.7	843.1	520.0
"十二五"时期合计 The Period of Twelfth Five-Year Plan								
2011	7475.4	2831.5	57.9	357.3	3404.7	6981.7	1227.6	493.7
2012	9780.2	3121.5	77.9	373.1	6207.7	9111.4	1535.8	669.2
2013	11453.1	3404.9	109.6	400.0	7538.6	10394.0	1604.8	1059.1

注：1995-1996年，除房地产投资、农村集体投资、个人投资以外，投资统计的起点为5万元；自1997年起，除房地产投资、农村集体投资、个人投资以外，投资统计的起点由5万元提高到50万元；自2011年起，除房地产投资、农村个人投资外，固定资产投资的统计起点由50万元提高至500万元；城镇固定资产投资数据发布口径改为固定资产投资（不含农户），固定资产投资（不含农户）等于原口径的城镇固定资产投资加上农村企事业组织的项目投资（以下有关各表同）。

Note: From 1995 to 1996, the cut-off point of projects of investment was 50 000 yuan, except statistics on real estate, rural collective and individual investment;Since 1997, the cut-off point had changed from 50 000 yuan to 500 000 yuan, except real estate, rural collective and personal investment; Since 2011, the cut-off point has changed from 500 000 yuan to 5 million yuan, published coverage of investment in fixed assets in urban area changed into investmentin fixed assets(excluding rural households) which included investment in urban area and investment in rural enterprises(units). The same applies to the tables following.

9-2 固定资产投资和房屋建筑面积

TOTAL INVESTMENT IN FIXED ASSETS AND FLOOR SPACE OF BUILDINGS

指 标	Item	2012	2013
全社会固定资产投资总额(亿元)	**Total Investment(100 million yuan)**	**9780.2**	**11453.1**
#住 宅	#Residential Buildings	1469.6	1419.8
固定资产投资总额(不含农户)(亿元)	**Total Investment(ExcLuding Famn Households) (100 million yuan)**	**9375.4**	**11121.3**
按登记注册类型分	**Grouped by Registration Status**		
内 资	Domestic Capital	9157.4	10938.9
国 有	State-Owned Units	3121.5	3404.9
集 体	Collective-Owned Units	77.9	109.6
股份合作	Cooperative	31.2	40.7
联 营	Joint	41.3	48.3
国有独资公司	State-owned Companies	222.4	148.4
其他有限责任公司	Limited Liability	2688.1	3354.7
股份有限公司	Share-holding	622.9	420.6
私 营	Private	1860.2	2811.4
其 他	Others	491.7	600.3
港澳台商投资	Funds from Hong Kong, Macao and Taiwan	53.0	39.1
外商投资	Foreign Funded	111.3	75.0
个体经营	Self-employed	53.8	68.2
按隶属关系分	**Grouped By Jurisdiction of Management**		
中 央	Central Investment	810.2	861.2
地 方	Local Investment	8565.2	10260.0
按控股情况分	**By Situation of Holdings**		
国有控股	State-holding	3688.8	3846.2
集体控股	Collective-holding	275.6	289.2
私人控股	Private-holding	4539.7	5717.2
港澳台商控股	Hong Kong, Macao and Taiwan-holding	45.3	30.7
外商控股	Foreign-holding	60.6	73.5
其他	Others	765.4	1164.4
按构成分	**Grouped by Compositipon of Funds**		
建筑安装工程	Construction and Installation	6577.0	7960.4
设备工器具购置	Purchase of Equipment and Instruments	2040.1	2538.5
其他费用	Others	758.3	622.4
按产业分	**Grouped by Sector**		
第一产业	Primary Industry	545.8	764.2
第二产业	#Industry	4317.5	4938.4
#工 业	Secondary Industry	4141.6	4603.7
第三产业	Tertiary Industry	4512.1	5418.7
按建设性质分	**Grouped by Type of Construction**		
#新 建	#New Construction	3695.2	5091.5
扩 建	Expansion	1589.6	1626.0
改建和技术改造	Reconstruction	1804.7	1783.4
本年新增固定资产(亿元)	**Newly Increased Fixed Assets(100 million yuan)**	**6455.1**	**7784.0**
固定资产交付使用率(%)	**Rate of Projects of Fixed Assets Completed and Put Into Use(%)**	**68.9**	**70.0**
房屋施工面积(万平方米)	**Floor Space of Buildings under Construction(10000 sq.m)**	**24223.9**	**27748.4**
#住 宅	#Residential Buildings	13323.1	12123.7
房屋竣工面积(万平方米)	**Floor Space of Buildings Completed(10000 sq.m)**	**7279.7**	**9777.1**
#住 宅	#Residential Buildings	4096.3	3472.1
房屋竣工价值(亿元)	**Cost of Buildings Completed(100 million yuan)**	**1460.0**	**1897.9**
#住 宅	#Residential Buildings	703.3	679.0
到位资金(亿元)	**Funds Available(100 million yuan)**	**10087.1**	**11955.0**
施工项目个数(个)	**Number of Projects Under Construction(unit)**	**12109**	**16080**
#本年新开工	#Started This Year	9710	13100

9-3 固定资产投资资金来源(不含农户)

FUNDS SOURCES OF INVESTMENT IN FIXED ASSETS(Excluding Rural Households)

单位：亿元 (100 million yuan)

年份 Year 地区 Region	合计 Total	按资金来源分 By Sources of Funds					
		国家预算内资金 State Budget	国内贷款 Domestic Loans	债券 Bond	利用外资 Foreign Investment	自筹资金 Self-raising Funds	其他资金 Others
2011	8023.1	412.8	510.3	9.1	22.9	6145.3	922.7
2012	10434.9	476.2	453.7	27.2	28.5	8141.0	1308.3
2013	12440.4	417.7	385.9	26.5	10.4	10228.8	1371.0
2014	10630.7	370.1	213.3	26.4	31.4	8826.3	1163.1
哈尔滨 Harbin	5006.0	61.8	86.0	0.3	3.3	4126.4	692.3
齐齐哈尔 Qiqihar	796.4	23.2	16.0		2.5	622.8	131.9
鸡西 Jixi	219.1	21.5	3.4			174.1	20.1
鹤岗 Hegang	92.1	4.2	9.3			62.8	15.8
双鸭山 Shuangyashan	160.4	14.1	2.1			130.5	13.7
大庆 Daqing	993.5	38.1	12.5		24.7	774.0	144.2
伊春 Yichun	143.6	21.8	0.1			112.7	9.0
佳木斯 Jiamusi	537.7	30.2	4.2			487.8	15.5
七台河 Qitaihe	117.4	3.4				112.9	1.1
牡丹江 Mudanjiang	933.9	24.6	24.9		1.0	829.2	54.1
黑河 Heihe	246.9	18.5				224.7	3.7
绥化 Suihua	658.6	19.2	0.2			627.6	11.5
大兴安岭 Daxinganling	53.0	9.5	0.8			36.2	6.5
绥芬河 Suifenhe	127.0	17.8	0.1			106.7	2.3
抚远 Fuyuan	17.9	13.9				4.0	
不分地区 Not Classified by Region	527.2	48.3	53.7	26.1		357.8	41.4

9-4 按行业分固定资产投资及新增固定资产(不含农户)(2014年)

INVESTMENT IN FIXED ASSETS AND NEWLY INCREASED FIXED ASSETS BY SECTOR (Excluding Farm Households) (2014)

单位：万元 (10000 yuan)

指 标	Item	投资额 Investment	新增固定资产 Newly Increased Fixed Assets	固定资产交付使用率(%) Rate of Projects of Fixed Assets Completed and Put into Use(%)
农、林、牧、渔业	**Agriculture, Forestry, Animal Husbandry and Fishery**	**6829137**	**5632218**	**82.5**
农业	Farming	2525889	2243581	88.8
林业	Forestry	105391	93595	88.8
畜牧业	Animal Husbandry	2039644	1526191	74.8
渔业	Fishery	87621	98754	112.7
农、林、牧、渔服务业	Services in Support of Agriculture	2070592	1670097	80.7
采矿业	**Mining and Quarrying**	**5084197**	**4409298**	**86.7**
煤炭开采和洗选业	Mining and Washing of Coal	1010686	649927	64.3
石油和天然气开采业	Extraction of Petroleum and Natural Gas	3069750	3035800	98.9
黑色金属矿采选业	Mining and Processing of Ferrous Metals Ores	168497	103997	61.7
有色金属矿采选业	Mining and Processing of Non-ferrous Metal Ores	131428	41620	31.7
非金属矿采选业	Mining and Processing of Nonmetal Ores	360022	352340	97.9
开采辅助活动	Mining Auxiliary Activities	338214	225314	66.6
其他采矿业	Mining of Other Ores	5600	300	5.4
制造业	**Manufacturing**	**26109244**	**19851455**	**76.0**
农副食品加工业	Processing of Food from Agricultural Products	7041139	4984722	70.8
食品制造业	Manufacture of Foods	1033609	514861	49.8
酒、饮料和精制茶制造业	Manufacture of Wine, soft drinks and refined tea	1426823	1014597	71.1
烟草制品业	Manufacture of Tobacco	52384	41204	78.7
纺织业	Manufacture of Textile	160500	133879	83.4
纺织服装和服饰业	Manufacture of Textile and Apparel	54718	19601	35.8
皮革毛皮羽毛(绒)及其制品业	Manufacture of Leather, Furs, Feather and Related Products and Footwear	448693	403910	90.0
木材加工及木竹藤棕草制品业	Processing of Timber, Manufacture of Wood, Bamboo, Rattan, Palm and Straw Products	1758140	1697318	96.5
家具制造业	Manufacture of Furniture	413877	346325	83.7
造纸及纸制品业	Manufacture of Paper and Paper Products	424613	382277	90.0
印刷业和记录媒介的复制	Manufacture of Printing and Record Medium Reproduction	314775	265700	84.4
文教体育用品制造业	Manufacture of Articles for Culture, Education and Sports Activities	117831	111206	94.4
石油加工、炼焦及核燃料加工业	Processing of Petoleum, Coking, Processing of Nuclear Fuel	321053	249841	77.8
化学原料及化学制品制造业	Manufacture of Raw Chemical Materials and Chemical Products	1266992	849213	67.0
医药制造业	Manufacture of Medicines	764852	569210	74.4
化学纤维制造业	Manufacture of Chemical Fibers	57315	40085	69.9
橡胶和塑料制品业	Manufacture of Rubber and Plastics	763855	560676	73.4
非金属矿物制品业	Manufacture of Non-metallic Mineral Products	2089271	1813293	86.8
黑色金属冶炼及压延加工业	Smelting and Pressing of Ferrous Metals	224624	156560	69.7
有色金属冶炼及压延加工业	Smelting and Pressing of Non-ferrous Metals	361694	95542	26.4
金属制品业	Manufacture of Metal Products	912129	733294	80.4
通用设备制造业	Manufacture of General Purpose Machinery	2197581	1751157	79.7
专用设备制造业	Manufacture of Special Purpose Machinery	1385604	943018	68.1
汽车制造业	Manufacture of Automotive	649294	567488	87.4
铁路、船舶、航空航天等制造业	Manufacture of Railroad, Marine, Aerospace and Other Transportation Equipment	221143	148853	67.3
电气机械及器材制造业	Manufacture of Electrical Machinery and Equipment	881101	729708	82.8
计算机、通信和其他电子设备制造业	Manufacture of Computers, Communication and Other Electronic Equipment	265983	309385	116.3
仪器仪表制造业	Manufacture of Measuring Instruments	136013	74806	55.0
其他制造业	Other Manufacturing	268978	236622	88.0
废弃资源综合利用业	Comprehensive Utilization of Waste Resources Industry	60668	66704	109.9
金属制品、机械和设备修理业	Metal Products, Machinery and Equipment Repair Industry	33992	40400	118.9
电力、热力、燃气及水的生产和供应业	**Production and Supply of Electric Power,heat,Gas and Water**	**4440880**	**2990039**	**67.3**
电力、热力的生产和供应业	Production and Supply of Electric Power and Heat Power	3416996	2169625	63.5
燃气生产和供应业	Production and Supply of Gas	534338	441040	82.5
水的生产和供应业	Production and Supply of Water	489546	379374	77.5
建筑业	**Construction**	**2659170**	**2285651**	**86.0**
房屋建筑业	Housing Building Construction	667220	532631	79.8
土木工程建筑业	Civil Engineering Construction	1731442	1446106	83.5
建筑安装业	Construction Installation	37838	47559	125.7
建筑装饰和其他建筑业	Construction Decoration and Other Construction	222670	259355	116.5

9-4 续表 CONTINUED

单位：万元 (10000 yuan)

指 标	Item	投资额 Investment	新增固定资产 Newly Increased Fixed Assets	固定资产交付使用率(%) Rate of Projects of Fixed Assets Completed and Put into Use(%)
批发和零售业	**Wholesale and Retail Trades**	**4827648**	**4087159**	**84.7**
批发业	Wholesale Trade	2772169	2504461	90.3
零售业	Retail Trade	2055479	1582698	77.0
交通运输、仓储和邮政业	**Traffic, Transport, Storage and Post**	**7072927**	**3749190**	**53.0**
铁路运输业	Transport Via Railway	1941995	117454	6.0
道路运输业	Transport Via Road	1993727	1421618	71.3
水上运输业	Water Transport	40073	24140	60.2
航空运输业	Air Transport	38056	13361	35.1
管道运输业	Transport Via Pipeline	32334	805	2.5
装卸搬运和运输代理业	Loading, Unloading, Portage and Other Transport Services	177738	109961	61.9
仓储业	Storage	2817742	2030330	72.1
邮政业	Post	31262	31521	100.8
住宿和餐饮业	**Hotels and Catering Services**	**2018695**	**1842694**	**91.3**
住宿业	Hotels	1194855	990469	82.9
餐饮业	Catering Services	823840	852225	103.4
信息传输、软件和信息技术服务业	**Information Transmission, Computer Services and Software**	**1694433**	**831189**	**49.1**
电信、广播电视和卫星传输服务业	Telecom & Other Information Transmission Services	1119805	393041	35.1
互联网和相关服务业	Computer Services	39879	14181	35.6
软件和信息技术服务业	Software Industry	534749	423967	79.3
金融业	**Financial Intermediation**	**289690**	**298830**	**103.2**
货币金融业	Monetary and Financial Industry	194238	211539	108.9
资本市场业	Capital Markets Industry	34421	38471	111.8
保险业	Insurance	3946	35840	908.3
其他金融业	Others	57085	12980	22.7
房地产业	**Real Estate**	**16003558**	**10327980**	**64.5**
租赁和商务服务业	**Leasing and Business Services**	**1532110**	**1191339**	**77.8**
租赁业	Leasing	98875	91855	92.9
商务服务业	Business Services	1433235	1099484	76.7
科学研究和技术服务业	**Scientific Research and Technical Services**	**922912**	**828241**	**89.7**
研究与试验发展	Research and Experimental Development	253348	213550	84.3
专业技术服务业	Professional Technical Services	371010	335713	90.5
科技交流和推广服务业	Services of Science and Technology Exchanges and Promotion	298554	278978	93.4
水利、环境和公共设施管理业	**Management of Water Conservancy, Environment and Public Facilities**	**9261166**	**6639669**	**71.7**
水利管理业	Management of Water Conservancy	2599439	579090	22.3
生态保护和环境治理业	Ecological Protection and Environmental Management Industry	192299	174771	90.9
公共设施管理业	Management of Public Facilities	6469428	5885808	91.0
居民服务和其他服务业	**Services to Households and Other Services**	**599455**	**521499**	**87.0**
居民服务业	Services to Households	256826	228534	89.0
机动车、电子产品和日用产品修理业	Motor Vehicles, Electronics and Household Goods Repair Industry	229310	200376	87.4
其他服务业	Other Services	113319	92589	81.7
教育	**Education**	**1358115**	**1096388**	**80.7**
卫生和社会工作	**Health and Social Work**	**1418014**	**1337486**	**94.3**
卫生	Health	1083180	1035064	95.6
社会工作	Social Work	334834	302422	90.3
文化、体育和娱乐业	**Culture, Sports and Entertainment**	**1077813**	**646542**	**60.0**
新闻出版业	Journalism and Publishing Activities	51829	10493	20.2
广播、电视、电影和影视录音制作业	Broadcasting, Movies, Television and Video Recording Production Industry	36525	27810	76.1
文化艺术业	Cultural and Art Activities	266874	173898	65.2
体育	Sports Activities	107559	143911	133.8
娱乐业	Entertainment	615026	290430	47.2
公共管理和社会组织	**Public Management and Social Organization**		**1841781**	
中国共产党机关	Organs of Communist Party of China		5781	
国家机构	Government Agencies		1645564	
人民政协和民主党派	People's Political Consultative Conference and Democratic Parties			
社会保障	Social Security		37500	
群众团体、社会团体和其他成员组织	Non-Governmental Organizations, Social Organizations and Other Members Organizations		67423	
基层群众自治组织	Grass Roots Self-governing Organizations		85513	
国际组织	**International Organizations**			

9-5 按行业、建设性质和构成分固定资产投资及施工、投产项目个数(不含农户)(2014年)

单位：万元

指标	Item	投资额 Investment	#新建 New Construction	#扩建 Expansion
农、林、牧、渔业	**Agriculture, Forestry, Animal Husbandry and Fishery**	**6829137**	**5405245**	**855303**
农业	Farming	2525889	2038298	130227
林业	Forestry	105391	79738	5290
畜牧业	Animal Husbandry	2039644	1746166	248237
渔业	Fishery	87621	39621	46200
农、林、牧、渔服务业	Services in Support of Agriculture	2070592	1501422	425349
采矿业	**Mining and Quarrying**	**5084197**	**1006731**	**470977**
煤炭开采和洗选业	Mining and Washing of Coal	1010686	472113	263896
石油和天然气开采业	Extraction of Petroleum and Natural Gas	3069750	25600	20000
黑色金属矿采选业	Mining and Processing of Ferrous Metals Ores	168497	126800	33197
有色金属矿采选业	Mining and Processing of Non-ferrous Metal Ores	131428	49110	23520
非金属矿采选业	Mining and Processing of Nonmetal Ores	360022	69411	125657
开采辅助活动	Mining Auxiliary Activities	338214	258097	4707
其他采矿业	Mining of Other Ores	5600	5600	
制造业	**Manufacturing**	**26109244**	**15175445**	**4120979**
农副食品加工业	Processing of Food from Agricultural Products	7041139	5199152	1084316
食品制造业	Manufacture of Foods	1033609	715940	200302
酒、饮料和精制茶制造业	Manufacture of Wine, soft drinks and refined tea	1426823	959539	278737
烟草制品业	Manufacture of Tobacco	52384	35324	
纺织业	Manufacture of Textile	160500	66846	10000
纺织服装和服饰业	Manufacture of Textile and Apparel	54718	15990	31237
皮革毛皮羽毛(绒)及其制品业	Manufacture of Leather, Furs, Feather and Related Products and Footwear	448693	393233	43590
木材加工及木竹藤棕草制品业	Processing of Timber, Manufacture of Wood, Bamboo, Rattan, Palm and Straw Products	1758140	987860	611601
家具制造业	Manufacture of Furniture	413877	278597	55697
造纸及纸制品业	Manufacture of Paper and Paper Products	424613	275874	65651
印刷业和记录媒介的复制	Manufacture of Printing and Record Medium Reproduction	314775	92378	31750
文教体育用品制造业	Manufacture of Articles for Culture, Education and Sports Activities	117831	57632	26390
石油加工、炼焦及核燃料加工业	Processing of Petoleum, Coking, Processing of Nuclear Fuel	321053	226838	31621
化学原料及化学制品制造业	Manufacture of Raw Chemical Materials and Chemical Products	1266992	786800	274657
医药制造业	Manufacture of Medicines	764852	412254	108330
化学纤维制造业	Manufacture of Chemical Fibers	57315	39315	
橡胶和塑料制品业	Manufacture of Rubber and Plastics	763855	397787	177133
非金属矿物制品业	Manufacture of Non-metallic Mineral Products	2089271	1262542	317889
黑色金属冶炼及压延加工业	Smelting and Pressing of Ferrous Metals	224624	105062	24652
有色金属冶炼及压延加工业	Smelting and Pressing of Non-ferrous Metals	361694	204421	68849
金属制品业	Manufacture of Metal Products	912129	408868	158242
通用设备制造业	Manufacture of General Purpose Machinery	2197581	629933	126102
专用设备制造业	Manufacture of Special Purpose Machinery	1385604	670883	155853
汽车制造业	Manufacture of Automotive	649294	329690	30599
铁路、船舶、航空航天等制造业	Manufacture of Railroad, Marine, Aerospace and Other Transportation Equipment	221143	110492	13544
电气机械及器材制造业	Manufacture of Electrical Machinery and Equipment	881101	302185	88813
计算机、通信和其他电子设备制造业	Manufacture of Computers, Communication and Other Electronic Equipment	265983	25080	27902
仪器仪表制造业	Manufacture of Measuring Instruments	136013	75189	13670
其他制造业	Other Manufacturing	268978	61683	29500
废弃资源综合利用业	Comprehensive Utilization of Waste Resources Industry	60668	33796	24172
金属制品、机械和设备修理业	Metal Products, Machinery and Equipment Repair Industry	33992	14262	10180
电力、热力、燃气及水的生产和供应业	**Production and Supply of Electric Power, heat, Gas and Water**	**4440880**	**3247292**	**451913**
电力、热力的生产和供应业	Production and Supply of Electric Power and Heat Power	3416996	2514631	316043
燃气生产和供应业	Production and Supply of Gas	534338	414571	40631
水的生产和供应业	Production and Supply of Water	489546	318090	95239
建筑业	**Construction**	**2659170**	**1486267**	**399098**
房屋建筑业	Housing Building Construction	667220	519862	53903
土木工程建筑业	Civil Engineering Construction	1731442	893036	337448
建筑安装业	Construction Installation	37838	24249	3470
建筑装饰和其他建筑业	Construction Decoration and Other Construction	222670	49120	4277

INVESTMENT IN FIXED ASSETS BY SECTOR,TYPE OF CONSTRUCTION AND COMPOSITION OF FUNDS NUMBER OF CONSTRUCTION PROJECTS AND UNDER CONSTRUCTION AND PUT INTO USE (Excluding Rural Households)(2014)

(10000 yuan)

#改　建 Reconstruction	建筑安装工程投资 Construction and Installation	设备工器具购置 Purchase of Equipment and Instruments	其他费用 Others	施工项目(个) Number of Projects under Construction (unit)	#新开工 Number of Projects Started This Year	全部建成投产项目(个) Number of Projects Completed and Put into Use(unit)	项目建成投产率(%) Rate of Construction Projects Completed and Put into Use(%)
394593	**5036393**	**1024632**	**768112**	**1697**	**1428**	**1352**	**79.7**
241191	1750228	286501	489160	634	538	529	83.4
16163	59277	8270	37844	40	32	34	85.0
40561	1698911	226451	114282	450	386	360	80.0
1800	75024	6805	5792	26	17	22	84.6
94878	1452953	496605	121034	547	455	407	74.4
3538978	**4526022**	**457797**	**100378**	**298**	**186**	**213**	**71.5**
270677	805677	186499	18510	168	94	110	65.5
3024150	3048400	12768	8582	7	4	4	57.1
8500	151601	16296	600	11	7	7	63.6
58798	69250	40150	22028	13	9	7	53.8
101443	142963	178725	38334	82	57	75	91.5
75410	302531	23359	12324	15	15	8	53.3
	5600			2		2	100.0
4746930	**16063823**	**9209698**	**835723**	**4365**	**2922**	**2820**	**64.6**
639594	4954101	1932357	154681	1109	781	764	68.9
72010	717846	276998	38765	180	106	97	53.9
91607	959209	373745	93869	200	113	106	53.0
11000	37051	14850	483	10	8	9	90.0
46354	83608	73123	3769	31	18	19	61.3
2500	37250	16468	1000	16	6	5	31.3
11870	433356	6062	9275	26	22	20	76.9
90056	1350067	376688	31385	327	173	270	82.6
46415	282719	123942	7216	79	47	48	60.8
53212	225461	190849	8303	50	26	33	66.0
130705	166639	146530	1606	49	34	39	79.6
11681	77077	40575	179	32	26	19	59.4
61394	185915	117343	17795	32	20	22	68.8
179795	813759	397842	55391	186	131	123	66.1
149831	529365	220397	15090	107	52	52	48.6
	34090	23140	85	5	2	3	60.0
127197	510648	237062	16145	147	93	93	63.3
351602	1175461	781994	131816	385	248	283	73.5
77281	108131	112411	4082	42	26	22	52.4
62929	187455	149842	24397	27	18	12	44.4
164798	505355	361458	45316	175	129	118	67.4
933716	663346	1474747	59488	418	344	243	58.1
414645	751071	601731	32802	278	194	158	56.8
209432	248299	383514	17481	114	83	48	42.1
90874	116231	83863	21049	38	16	16	42.1
337403	544658	311922	24521	140	93	84	60.0
173040	64735	197871	3377	65	50	42	64.6
43854	94164	41849		19	15	10	52.6
152585	133585	121993	13400	50	31	39	78.0
	45794	12627	2247	15	8	11	73.3
9550	27377	5905	710	13	9	12	92.3
696059	**2924221**	**1350141**	**166518**	**546**	**371**	**365**	**66.9**
547095	2192238	1107316	117442	311	220	203	65.3
78695	345691	157554	31093	84	52	58	69.0
70269	386292	85271	17983	151	99	104	68.9
615130	**2387060**	**239059**	**33051**	**555**	**437**	**441**	**79.5**
22946	575107	74368	17745	162	117	127	78.4
482741	1634289	82787	14366	336	273	268	79.8
10119	31442	6396		14	14	12	85.7
99324	146222	75508	940	43	33	34	79.1

9-5 续表

单位：万元

指　标	Item	投资额 Investment	#新　建 New Construction	#扩　建 Expansion
批发和零售业	**Wholesale and Retail Trades**	**4827648**	**2572355**	**709377**
批发业	Wholesale Trade	2772169	1340036	438625
零售业	Retail Trade	2055479	1232319	270752
交通运输、仓储和邮政业	**Traffic, Transport, Storage and Post**	**7072927**	**4740970**	**1170280**
铁路运输业	Transport Via Railway	1941995	1384772	142900
道路运输业	Transport Via Road	1993727	1043981	491942
水上运输业	Water Transport	40073	31563	
航空运输业	Air Transport	38056	32256	
管道运输业	Transport Via Pipeline	32334	17234	15100
装卸搬运和运输代理业	Loading, Unloading, Portage and Other Transport Services	177738	86733	59938
仓储业	Storage	2817742	2135687	460300
邮政业	Post	31262	8744	100
住宿和餐饮业	**Hotels and Catering Services**	**2018695**	**607949**	**441863**
住宿业	Hotels	1194855	524037	168632
餐饮业	Catering Services	823840	83912	273231
信息传输、软件和信息技术服务业	**Information Transmission, Computer Services and Software**	**1694433**	**860130**	**122965**
电信、广播电视和卫星传输服务业	Telecom & Other Information Transmission Services	1119805	691032	94317
互联网和相关服务业	Computer Services	39879	24644	
软件和信息技术服务业	Software Industry	534749	144454	28648
金融业	**Financial Intermediation**	**289690**	**79617**	**18496**
货币金融业	Monetary and Financial Industry	194238	35662	7130
资本市场业	Capital Markets Industry	34421	350	6726
保险业	Insurance	3946		3690
其他金融业	Others	57085	43605	950
房地产业	**Real Estate**	**16003558**	**2056409**	**140632**
租赁和商务服务业	**Leasing and Business Services**	**1532110**	**796732**	**169247**
租赁业	Leasing	98875	33660	5130
商务服务业	Business Services	1433235	763072	164117
科学研究和技术服务业	**Scientific Research and Technical Services**	**922912**	**298622**	**101563**
研究与试验发展	Research and Experimental Development	253348	80262	63699
专业技术服务业	Professional Technical Services	371010	112524	22924
科技交流和推广服务业	Services of Science and Technology Exchanges and Promotion	298554	105836	14940
水利、环境和公共设施管理业	**Management of Water Conservancy, Environment and Public Facilities**	**9261166**	**4342700**	**1707352**
水利管理业	Management of Water Conservancy	2599439	948519	845412
生态保护和环境治理业	Ecological Protection and Environmental Management Industry	192299	123203	12331
公共设施管理业	Management of Public Facilities	6469428	3270978	849609
居民服务和其他服务业	**Services to Households and Other Services**	**599455**	**202563**	**78629**
居民服务业	Services to Households	256826	62699	63751
机动车、电子产品和日用产品修理业	Motor Vehicles, Electronics and Household Goods Repair Industry	229310	92084	14198
其他服务业	Other Services	113319	47780	680
教育	**Education**	**1358115**	**704625**	**195921**
卫生和社会工作	**Health and Social Work**	**1418014**	**570079**	**178316**
卫生	Health	1083180	296946	151730
社会工作	Social Work	334834	273133	26586
文化、体育和娱乐业	**Culture, Sports and Entertainment**	**1077813**	**674635**	**149985**
新闻出版业	Journalism and Publishing Activities	51829	37215	3050
广播、电视、电影和影视录音制作业	Broadcasting, Movies, Television and Video Recording Production Industry	36525	6970	4250
文化艺术业	Cultural and Art Activities	266874	133786	32969
体育	Sports Activities	107559	66275	25680
娱乐业	Entertainment	615026	430389	84036
公共管理和社会组织	**Public Management and Social Organization**		**1438277**	**267444**
中国共产党机关	Organs of Communist Party of China			
国家机构	Government Agencies		1287335	227570
人民政协和民主党派	People's Political Consultative Conference and Democratic Parties			
社会保障	Social Security		27976	
群众团体、社会团体和其他成员组织	Non-Governmental Organizations, Social Organizations and Other Members Organizations		46493	39874
基层群众自治组织	Grass Roots Self-governing Organizations		76473	
国际组织	**International Organizations**			

CONTINUED

(10000 yuan)

#改　建 Reconstruction	建筑安装工程投资 Construction and Installation	设备工器具购置 Purchase of Equipment and Instruments	其他费用 Others	施工项目(个) Number of Projects under Construction (unit)	#新开工 Number of Projects Started This Year	全部建成投产项目(个) Number of Projects Completed and Put into Use(unit)	项目建成投产率(%) Rate of Construction Projects Completed and Put into Use(%)
982515	**3736147**	**941533**	**149968**	**754**	**613**	**578**	**76.7**
563678	2046236	645119	80814	449	370	351	78.2
418837	1689911	296414	69154	305	243	227	74.4
878911	**5488847**	**776270**	**807810**	**809**	**649**	**562**	**69.5**
373644	1234794	150080	557121	32	23	5	15.6
336672	1718099	159405	116223	186	138	129	69.4
3000	36658	2968	447	8	6	5	62.5
5800	26326	11730		5	4	3	60.0
	29577	2757		3	3	1	33.3
26097	143756	27826	6156	31	15	18	58.1
123942	2287687	402192	127863	537	453	396	73.7
9756	11950	19312		7	7	5	71.4
814911	**1681714**	**286560**	**50421**	**403**	**359**	**346**	**85.9**
416789	990894	164151	39810	205	169	155	75.6
398122	690820	122409	10611	198	190	191	96.5
396605	**924558**	**737562**	**32313**	**113**	**83**	**69**	**61.1**
275683	658005	455869	5931	46	37	30	65.2
10631	23275	8704	7900	7	6	4	57.1
110291	243278	272989	18482	60	40	35	58.3
134010	**201511**	**80679**	**7500**	**53**	**47**	**42**	**79.2**
101379	114781	71957	7500	33	29	31	93.9
23345	29239	5182		9	9	7	77.8
256	3906	40		3	3	1	33.3
9030	53585	3500		8	6	3	37.5
371241	**13543658**	**375199**	**2084701**	**327**	**228**	**206**	**63.0**
287094	**1060414**	**318902**	**152794**	**181**	**144**	**130**	**71.8**
18044	48139	47796	2940	21	21	16	76.2
269050	1012275	271106	149854	160	123	114	71.3
277725	**560079**	**351523**	**11310**	**137**	**117**	**104**	**75.9**
54693	154564	96554	2230	27	16	16	59.3
153281	251621	112140	7249	72	66	58	80.6
69751	153894	142829	1831	38	35	30	78.9
2655375	**8288925**	**537114**	**435127**	**1431**	**1127**	**1074**	**75.1**
690779	2474967	67817	56655	232	180	154	66.4
23802	136135	51978	4186	58	32	37	63.8
1940794	5677823	417319	374286	1141	915	883	77.4
220155	**434817**	**157267**	**7371**	**128**	**107**	**106**	**82.8**
107225	201254	51641	3931	76	66	64	84.2
58028	146901	80469	1940	37	31	32	86.5
54902	86662	25157	1500	15	10	10	66.7
255417	**1052760**	**254466**	**50889**	**319**	**261**	**257**	**80.6**
282361	**919106**	**460539**	**38369**	**219**	**166**	**160**	**73.1**
247246	628902	433209	21069	164	119	117	71.3
35115	290204	27330	17300	55	47	43	78.2
211005	**851771**	**178871**	**47171**	**183**	**137**	**123**	**67.2**
11564	44414	7179	236	7	5	4	57.1
21505	22175	12520	1830	12	9	8	66.7
89968	206710	47744	12420	62	43	43	69.4
15604	101245	5354	960	34	26	22	64.7
72364	477227	106074	31725	68	54	46	67.6
292783	**1908339**	**232580**		**346**	**290**	**281**	**81.2**
5781	1621	4160		3	3	3	100.0
241952	1688666	199476		288	238	235	81.6
29900	55726	2000		6	5	3	50.0
9190	78863	15934		23	21	16	69.6
5960	83463	11010		26	23	24	92.3

9-6 按行业、隶属关系、登记注册类型和控股情况分固定资产投资(不含农户)(2014年)

单位：万元

指　标	Item	投资额 Investment
农、林、牧、渔业	**Agriculture, Forestry, Animal Husbandry and Fishery**	**6829137**
农业	Farming	2525889
林业	Forestry	105391
畜牧业	Animal Husbandry	2039644
渔业	Fishery	87621
农、林、牧、渔服务业	Services in Support of Agriculture	2070592
采矿业	**Mining and Quarrying**	**5084197**
煤炭开采和洗选业	Mining and Washing of Coal	1010686
石油和天然气开采业	Extraction of Petroleum and Natural Gas	3069750
黑色金属矿采选业	Mining and Processing of Ferrous Metals Ores	168497
有色金属矿采选业	Mining and Processing of Non-ferrous Metal Ores	131428
非金属矿采选业	Mining and Processing of Nonmetal Ores	360022
开采辅助活动	Mining Auxiliary Activities	338214
其他采矿业	Mining of Other Ores	5600
制造业	**Manufacturing**	**26109244**
农副食品加工业	Processing of Food from Agricultural Products	7041139
食品制造业	Manufacture of Foods	1033609
酒、饮料和精制茶制造业	Manufacture of Wine, soft drinks and refined tea	1426823
烟草制品业	Manufacture of Tobacco	52384
纺织业	Manufacture of Textile	160500
纺织服装和服饰业	Manufacture of Textile and Apparel	54718
皮革毛皮羽毛(绒)及其制品业	Manufacture of Leather, Furs, Feather and Related Products and Footwear	448693
木材加工及木竹藤棕草制品业	Processing of Timber, Manufacture of Wood, Bamboo, Rattan, Palm and Straw Products	1758140
家具制造业	Manufacture of Furniture	413877
造纸及纸制品业	Manufacture of Paper and Paper Products	424613
印刷业和记录媒介的复制	Manufacture of Printing and Record Medium Reproduction	314775
文教体育用品制造业	Manufacture of Articles for Culture, Education and Sports Activities	117831
石油加工、炼焦及核燃料加工业	Processing of Petoleum, Coking, Processing of Nuclear Fuel	321053
化学原料及化学制品制造业	Manufacture of Raw Chemical Materials and Chemical Products	1266992
医药制造业	Manufacture of Medicines	764852
化学纤维制造业	Manufacture of Chemical Fibers	57315
橡胶和塑料制品业	Manufacture of Rubber and Plastics	763855
非金属矿物制品业	Manufacture of Non-metallic Mineral Products	2089271
黑色金属冶炼及压延加工业	Smelting and Pressing of Ferrous Metals	224624
有色金属冶炼及压延加工业	Smelting and Pressing of Non-ferrous Metals	361694
金属制品业	Manufacture of Metal Products	912129
通用设备制造业	Manufacture of General Purpose Machinery	2197581
专用设备制造业	Manufacture of Special Purpose Machinery	1385604
汽车制造业	Manufacture of Automotive	649294
铁路、船舶、航空航天等制造业	Manufacture of Railroad, Marine, Aerospace and Other Transportation Equipment	221143
电气机械及器材制造业	Manufacture of Electrical Machinery and Equipment	881101
计算机、通信和其他电子设备制造业	Manufacture of Computers, Communication and Other Electronic Equipment	265983
仪器仪表制造业	Manufacture of Measuring Instruments	136013
其他制造业	Other Manufacturing	268978
废弃资源综合利用业	Comprehensive Utilization of Waste Resources Industry	60668
金属制品、机械和设备修理业	Metal Products, Machinery and Equipment Repair Industry	33992
电力、热力、燃气及水的生产和供应业	**Production and Supply of Electric Power, heat, Gas and Water**	**4440880**
电力、热力的生产和供应业	Production and Supply of Electric Power and Heat Power	3416996
燃气生产和供应业	Production and Supply of Gas	534338
水的生产和供应业	Production and Supply of Water	489546
建筑业	**Construction**	**2659170**
房屋建筑业	Housing Building Construction	667220
土木工程建筑业	Civil Engineering Construction	1731442
建筑安装业	Construction Installation	37838
建筑装饰和其他建筑业	Construction Decoration and Other Construction	222670

INVESTMENT IN FIXED ASSETS BY SECTOR ,JURISDICTION OF MANAGEMENT AND REGISTRATION STATUS (Excluding Farm Households) (2014)

(10000 yuan)

中　央 Central Investment	地　方 Local Investment	内　资 Domestic Funds	港澳台商投资 Funds from Hong Kong, Macao and Taiwan	外商投资 Foreign Funded	个体经营 Individuals Economy	#国有控股 State-holding	#集体控股 Collective-holding
11615	**6817522**	**6569795**	**8834**	**29430**	**221078**	**2422398**	**344737**
4700	2521189	2459737			66152	1359398	89508
	105391	105391				88463	8680
3915	2035729	1950328	8834	29430	51052	373622	136539
	87621	81151			6470	4156	
3000	2067592	1973188			97404	596759	110010
3165322	**1918875**	**4852701**	**212999**		**18497**	**3563027**	**33720**
71655	939031	1007886			2800	382739	33220
3019800	49950	3069750				3027300	
	168497	168497					
	131428	131428				41723	
1517	358505	344325			15697	1517	500
72350	265864	125215	212999			109748	
	5600	5600					
372774	**25736470**	**25373793**	**251852**	**293027**	**190572**	**1921679**	**291832**
59605	6981534	6767005	86980	73785	113369	481358	52000
	1033609	993701	20000	18272	1636	22415	12100
	1426823	1350608	22290	49725	4200	6644	7600
6060	46324	52384				38194	3000
	160500	160500				250	
	54718	54718					
	448693	448693				3800	
	1758140	1754685			3455	93968	7535
	413877	413157			720	2000	
160	424453	335943	14360	74310		17973	600
	314775	312506			2269	6300	34184
	117831	117831				3800	
66561	254492	321053				164017	
	1266992	1250902		7520	8570	107819	
	764852	755201	9651			128502	40551
	57315	57315					
	763855	710900	35685	1490	15780	14880	5760
500	2088771	2014500	29138	15930	29703	88154	17721
	224624	220350		4274		21317	
21099	340595	361694				25899	
	912129	906221			5908	33730	7445
123215	2074366	2177801	19780			225830	31882
12687	1372917	1369597	2107	13900		40563	33385
10160	639134	627344	4340	17600	10	67271	
57007	164136	207114	1683	12346		100216	100
4500	876601	871826	3000	3775	2500	175771	22779
6940	259043	263145	2838			19522	9800
4280	131733	135913		100		5160	
	268978	267466			1512	3650	4890
	60668	60668				22504	
	33992	33052			940	172	500
486541	**3954339**	**4321645**	**67863**	**51372**		**2105676**	**191322**
482711	2934285	3344722	46702	25572		1688599	180122
	534338	510052	9986	14300		72209	4950
3830	485716	466871	11175	11500		344868	6250
15122	**2644048**	**2642550**			**16620**	**2019823**	**35225**
14400	652820	656500			10720	385609	12325
722	1730720	1726592			4850	1548125	18000
	37838	37838				24737	3800
	222670	221620			1050	61352	1100

9-6 续表

单位：万元

指　标	Item	投资额 Investment
批发和零售业	**Wholesale and Retail Trades**	**4827648**
批发业	Wholesale Trade	2772169
零售业	Retail Trade	2055479
交通运输、仓储和邮政业	**Traffic, Transport, Storage and Post**	**7072927**
铁路运输业	Transport Via Railway	1941995
道路运输业	Transport Via Road	1993727
水上运输业	Water Transport	40073
航空运输业	Air Transport	38056
管道运输业	Transport Via Pipeline	32334
装卸搬运和运输代理业	Loading, Unloading, Portage and Other Transport Services	177738
仓储业	Storage	2817742
邮政业	Post	31262
住宿和餐饮业	**Hotels and Catering Services**	**2018695**
住宿业	Hotels	1194855
餐饮业	Catering Services	823840
信息传输、软件和信息技术服务业	**Information Transmission, Computer Services and Software**	1694433
电信、广播电视和卫星传输服务业	Telecom & Other Information Transmission Services	1119805
互联网和相关服务业	Computer Services	39879
软件和信息技术服务业	Software Industry	534749
金融业	**Financial Intermediation**	**289690**
货币金融业	Monetary and Financial Industry	194238
资本市场业	Capital Markets Industry	34421
保险业	Insurance	3946
其他金融业	Others	57085
房地产业	**Real Estate**	**16003558**
租赁和商务服务业	**Leasing and Business Services**	**1532110**
租赁业	Leasing	98875
商务服务业	Business Services	1433235
科学研究和技术服务业	**Scientific Research and Technical Services**	**922912**
研究与试验发展	Research and Experimental Development	253348
专业技术服务业	Professional Technical Services	371010
科技交流和推广服务业	Services of Science and Technology Exchanges and Promotion	298554
水利、环境和公共设施管理业	**Management of Water Conservancy, Environment and Public Facilities**	**9261166**
水利管理业	Management of Water Conservancy	2599439
生态保护和环境治理业	Ecological Protection and Environmental Management Industry	192299
公共设施管理业	Management of Public Facilities	6469428
居民服务和其他服务业	**Services to Households and Other Services**	**599455**
居民服务业	Services to Households	256826
机动车、电子产品和日用产品修理业	Motor Vehicles, Electronics and Household Goods Repair Industry	229310
其他服务业	Other Services	113319
教育	**Education**	**1358115**
卫生和社会工作	**Health and Social Work**	**1418014**
卫生	Health	1083180
社会工作	Social Work	334834
文化、体育和娱乐业	**Culture, Sports and Entertainment**	**1077813**
新闻出版业	Journalism and Publishing Activities	51829
广播、电视、电影和影视录音制作业	Broadcasting, Movies, Television and Video Recording Production Industry	36525
文化艺术业	Cultural and Art Activities	266874
体育	Sports Activities	107559
娱乐业	Entertainment	615026
公共管理和社会组织	**Public Management and Social Organization**	
中国共产党机关	Organs of Communist Party of China	
国家机构	Government Agencies	
人民政协和民主党派	People's Political Consultative Conference and Democratic Parties	
社会保障	Social Security	
群众团体、社会团体和其他成员组织	Non-Governmental Organizations, Social Organizations and Other Members Organizations	
基层群众自治组织	Grass Roots Self-governing Organizations	
国际组织	**International Organizations**	

CONTINUED

(10000 yuan)

中　央 Central Investment	地　方 Local Investment	内　资 Domestic Funds	港澳台商投资 Funds from Hong Kong, Macao and Taiwan	外商投资 Foreign Funded	个体经营 Individuals Economy	#国有控股 State-holding	#集体控股 Collective-holding
4900	**4822748**	**4689215**	**67870**		**70563**	**363386**	**69910**
	2772169	2729944	4870		37355	201215	37860
4900	2050579	1959271	63000		33208	162171	32050
1937273	**5135654**	**7056662**	**60**	**5700**	**10505**	**3926887**	**102127**
1809492	132503	1941995				1878530	
77928	1915799	1993727				1458620	4700
	40073	38783			1290	38728	
1500	36556	38056				27756	
	32334	32334				32334	
	177738	177738				5000	1100
48353	2769389	2802767	60	5700	9215	485319	96327
	31262	31262				600	
1518	**2017177**	**1828563**	**14721**		**175411**	**178883**	**33460**
1518	1193337	1066784	10521		117550	132471	30460
	823840	761779	4200		57861	46412	3000
629825	1064608	1603692	19349	71302	90	1096699	14246
627825	491980	1108988	4515	6302		1064393	4928
	39879	39879				9631	
2000	532749	454825	14834	65000	90	22675	9318
15249	**274441**	**250096**	**39439**	**155**		**190620**	**11**
15249	178989	154799	39439			147520	11
	34421	34421					
	3946	3946					
	57085	56930		155		43100	
196932	**15806626**	**15842326**	**139132**	**22100**		**3714198**	**432316**
12101	**1520009**	**1503104**	**29006**			**246739**	**122800**
	98875	98875					
12101	1421134	1404229	29006			246739	122800
44184	**878728**	**914472**		**7910**	**530**	**296281**	**18059**
35140	218208	253348				111059	9113
9044	361966	362570		7910	530	151323	8946
	298554	298554				33899	
453188	**8807978**	**9236634**	**21**		**24511**	**7633616**	**63447**
16676	2582763	2599439				2565831	13160
2000	190299	192278	21			94627	
434512	6034916	6444917			24511	4973158	50287
10030	**589425**	**555012**			**44443**	**105181**	**1480**
10030	246796	220896			35930	54794	1480
	229310	220797			8513	13717	
	113319	113319				36670	
90018	**1268097**	**1329245**		**22120**	**6750**	**918162**	**17090**
21398	**1396616**	**1388064**	**4290**	**4820**	**20840**	**833929**	**2633**
21398	1061782	1058850	4290	4820	15220	748627	1833
	334834	329214			5620	85302	800
23444	**1054369**	**1063166**			**14647**	**370095**	**4741**
2864	48965	51829				44579	
	36525	36525				22565	
20580	246294	266874				185359	1250
	107559	106819			740	74417	3441
	615026	601119			13907	43175	50
	2033611					**1821356**	**15232**
	5781					1311	
	1772924					1660741	5532
	57876					52876	5000
	102557					51967	
	94473					54461	4700

9-7 按构成和建设性质分固定资产投资(不含农户)

INVESTMENT IN FIXED ASSETS BY COMPOSITION OF FUNDS AND TYPE OF CONSTRUCTION (Excluding Farm Households)

单位：亿元 (100 million yuan)

年 份 Year 地 区 Region	投 资 额 Total Investment	按构成分 By Composition of Funds 建筑安装工 程 Construction and Installation	设备、工器具购置 Purchase of Equipment and Instruments	其他费用 Others	按建设性质分 By Type of Construction #新 建 New Construction	#扩 建 Expansion	#改 建 Reconstruction
2011	7157.9	5024.4	1386.0	747.5	2614.1	1221.3	1632.1
2012	9375.4	6577.0	2040.1	758.3	3695.2	1589.6	1804.7
2013	11121.3	7960.4	2538.5	622.4	5091.5	1626.0	1783.4
2014					4626.7	1175.0	1805.2
哈 尔 滨 Harbin	4126.8	2777.9	1038.2	310.6	1495.6	464.6	980.2
齐齐哈尔 Qiqihar	755.1	603.4	119.8	31.9	507.7	81.8	30.4
鸡 西 Jixi	207.8	169.3	23.3	15.2	138.5	21.4	19.9
鹤 岗 Hegang	86.0	63.4	18.5	4.1	66.1	5.2	7.4
双 鸭 山 Shuangyashan	150.0	116.6	26.6	6.8	107.7	20.2	4.3
大 庆 Daqing	919.5	819.1	60.4	40.0	273.3	46.0	427.5
伊 春 Yichun	132.6	120.0	10.0	2.6	101.1	7.6	12.2
佳 木 斯 Jiamusi	483.1	379.5	90.4	13.2	321.8	49.9	34.9
七 台 河 Qitaihe	105.6	91.3	10.8	3.5	82.8	1.5	16.2
牡 丹 江 Mudanjiang	923.3	700.6	188.8	33.8	486.5	171.7	122.7
黑 河 Heihe	244.7	169.1	34.9	40.7	191.9	14.6	7.1
绥 化 Suihua	633.3	519.2	99.6	14.5	406.6	133.1	18.7
大兴安岭 Daxinganling	64.3	54.7	7.3	2.3	34.5	7.1	15.5
绥 芬 河 Suifenhe	125.3	113.2	10.6	1.5	64.2	53.2	
抚 远 Fuyuan	18.1	15.1		3.0	17.9	0.1	

9-8 分地区按行业分固定资产投资(不含农户)

INVESTMENT IN FIXED ASSETS BY REGION AND SECTOR (Excluding Farm Households)

单位：万元　　(10000 yuan)

年份 Year 地区 Region	农、林、牧、渔业 Agriculture, Forestry, Animal Husbandry and Fishery	采矿业 Mining	制造业 Manufacturing	电力、热力、燃气及水的生产和供应业 Production and Supply of Electric, heat, Gas and Water	建筑业 Construction	批发和零售业 Wholesale and Retail Trades
2012	5463575	6019715	30218138	5172429	1759540	3295527
2013	7641963	6341039	35183236	4512782	3406346	6158217
2014	6829137	5084197	26109244	4440880	2659170	4827648
哈尔滨 Harbin	1705454	354757	12148377	2015733	839517	2511419
齐齐哈尔 Qiqihar	1156803	26900	2642845	229744	156506	603578
鸡西 Jixi	102272	470321	444028	67128		49737
鹤岗 Hegang	43043	86371	252890	75188	39527	60193
双鸭山 Shuangyashan	64121	121571	297364	83455	112702	190120
大庆 Daqing	981248	3355047	745903	269580		95687
伊春 Yichun	74348		290111	190883	207751	12000
佳木斯 Jiamusi	412874	26507	1840568	217563	2400	390649
七台河 Qitaihe	34869	132908	301465	131874	31713	17200
牡丹江 Mudanjiang	643697	338677	2974203	382518	894715	265672
黑河 Heihe	536032	120209	655811	126257	120910	84900
绥化 Suihua	542126	3000	2680054	194787	163461	343056
大兴安岭 Daxinganling	34271	45393	80648	46451	82507	10393
绥芬河 Suifenhe		1936	648093	25937		175944
抚远 Fuyuan	4976		1279	340		

9-8 续表1 CONTINUED

单位：万元　　(10000 yuan)

年份 Year 地区 Region	交通运输仓储和邮政业 Transport, Storage and Post	住宿和餐饮业 Hotels and Catering Services	信息传输、软件和信息技术服务业 Information Transmission, Software and IT Softwares	金融业 Financial Intermediation	房地产业 Real Estate	租赁和商务服务业 Leasing and Business Services	科学研究和技术服务业 Scientific Research and Technical Service
2012	4986195	915207	1245876	316281	19268699	841930	834711
2013	5425235	1375614	1360414	262195	20457530	1623121	1226352
2014	7072927	2018695	1694433	289690	16003558	1532110	922912
哈尔滨 Harbin	1671928	1463812	714355	213576	7851518	1167447	731471
齐齐哈尔 Qiqihar	618617	63481	13440		1325059	56702	31300
鸡西 Jixi	239053	6500	1420		443521	5450	1920
鹤岗 Hegang	30959	100	200		240976		6429
双鸭山 Shuangyashan	238800	8900			219107	1324	23216
大庆 Daqing	158622	31100	204375	72445	1619232	88992	9290
伊春 Yichun	12028	118920	6244		224715	16250	1960
佳木斯 Jiamusi	511382	143637	2850		584708	36192	2870
七台河 Qitaihe	35472	6650	23800		196811	34500	
牡丹江 Mudanjiang	384505	102328	86368	2870	1214747	60403	62866
黑河 Heihe	256538		11000		329797		15808
绥化 Suihua	431664	39309	14000		1337117	53585	32180
大兴安岭 Daxinganling	80275	10958		799	147987	2760	502
绥芬河 Suifenhe	7850				129616	5000	3100
抚远 Fuyuan	92136				1200	2815	

9-8 续表2 CONTINUED

单位：万元 (10000 yuan)

年 份 地 区	Year Region	水利、环境和公共设施管理业 Management of Water Conservancy, Environment and Public Facilities	居民服务、修理和其他服务业 Services to Households Repair and Other Services	教 育 Education	卫生和社会工作 Health and Social Work	文化、体育和娱乐业 Culture, Sports and Entertainment	公共管理、社会保障和社会组织 Public Management Social Securities and Social Organization
	2012	7887384	456053	1033727	785696	1357254	1892010
	2013	9498964	764800	1566984	1308792	1146063	1953195
	2014	9261166	599455	1358115	1418014	1077813	
哈尔滨	Harbin	3801203	379285	897789	998515	637619	1163900
齐齐哈尔	Qiqihar	222756	23045	28089	123731	26050	202373
鸡 西	Jixi	195000	4160	26636	8634	510	11761
鹤 岗	Hegang	16873	2961		4000		260
双鸭山	Shuangyashan	99013	5394	8380	5838	19955	839
大 庆	Daqing	1246346	35880	104215	18209	11790	147204
伊 春	Yichun	56240	2000	2977	3742	33663	72280
佳木斯	Jiamusi	396611	65800	24566	34125	38480	99381
七台河	Qitaihe	69677	3600	19100	10044	1500	4951
牡丹江	Mudanjiang	1070588	26125	159914	150261	251577	160968
黑 河	Heihe	66302	150	11011	1500	6260	104505
绥 化	Suihua	304430	47366	56002	32199	17000	41644
大兴安岭	Daxinganling	75103	200	2162	7079	9730	5720
绥芬河	Suifenhe	91685			1559	4225	158550
抚 远	Fuyuan	73461				1100	3539

9-9 分地区固定资产投资建设总规模(不含农户)

TOTAL INVESTMENT IN FIXED ASSETS OF CONSTRUCTION BY REGION (Excluding Rural Households)

单位：亿元 (100 million yuan)

地 区	Region	建设总规模 Total Investment in Construction	在建总规模 Total Investment in Projects under Construction	在建净规模 Net Investment in Projects under Construction
	2012	21478.2	14191.1	6973.6
	2013	24006.9	17444.5	6804.9
	2014	24073.8	18479.3	7046.4
哈尔滨	Harbin	9650.1	7169.5	2733.4
齐齐哈尔	Qiqihar	1624.4	1084.7	347.0
鸡 西	Jixi	770.2	660.8	216.9
鹤 岗	Hegang	544.2	509.0	218.3
双鸭山	Shuangyashan	559.5	438.9	172.4
大 庆	Daqing	2004.9	1347.3	448.9
伊 春	Yichun	472.5	285.6	154.4
佳木斯	Jiamusi	1226.2	867.8	338.1
七台河	Qitaihe	256.8	210.2	112.3
牡丹江	Mudanjiang	2241.8	1447.3	699.9
黑 河	Heihe	489.6	363.9	108.0
绥 化	Suihua	1288.1	875.3	323.0
大兴安岭	Daxinganling	222.3	165.6	50.6
绥芬河	Suifenhe	227.0	107.1	25.9
抚 远	Fuyuan	96.3	87.0	28.1
不分地区	Not Classified by Region	2399.9	2859.3	1069.2

9-10 国有单位固定资产投资

INVESTMENT IN FIXED ASSETS OF STATE-OWNED UNITS

指　标	Item	2010	2011	2012	2013	2014
投资总额(亿元)	**Total Investment (100 million yuan)**	**2637.9**	**2831.5**	**3121.5**	**3404.9**	**2997.3**
#住　宅	#Residential Buildings	237.3	376.7	340.0	263.1	87.9
按构成分	**Grouped by Compositipon of Funds**					
建筑安装工程	Construction and Installation	1938.1	2235.3	2449.3	2902.8	2487.3
设备、工器具购置	Purchase of Equipment and Instruments	360.2	339.7	428.9	366.7	326.3
其他费用	Others	339.6	256.5	243.3	135.4	183.7
按隶属关系分	**Grouped By Jurisdiction of Management**					
中　央	Central Investment	543.3	658.3	773.5	835.5	732.6
地　方	Local Investment	2094.6	2173.2	2348.0	2569.4	2264.6
按建设性质分	**Grouped by Type of Construction**					
#新　建	#New Construction	817.6	1177.6	1393.7	1728.0	1590.5
扩　建	Expansion	422.5	363.4	465.9	435.0	373.4
改　建	Reconstruction	1136.1	1036.0	930.0	920.0	865.9
按行业分	**Grouped by Sector**					
农、林、牧、渔业	Agriculture, Forestry, Animal Husbandry and Fishery	137.7	273.5	288.6	337.1	239.5
采矿业	Mining	352.5	390.8	344.9	394.2	355.0
制造业	Manufacturing	183.3	185.5	234.0	170.3	120.7
电力、热力、燃气及水的生产和供应业	Production and Supply of Electric, heat, Gas and Water	225.8	165.6	245.5	191.7	198.8
建筑业	Construction	77.7	139.6	88.9	183.3	195.0
批发和零售业	Wholesale and Retail Trade	8.5	14.3	18.4	18.2	32.1
交通运输、仓储及邮政业	Transport, Storage and Post	528.9	398.5	366.7	305.0	379.9
住宿和餐饮业	Hotels and Catering Services	4.8	15.2	22.3	19.5	14.7
信息传输、软件和信息技术服务业	Information Transmission, Software and IT Services	46.7	63.1	73.9	76.4	104.3
金融业	Financial Intermediation	2.8	1.4	14.4	13.6	14.6
房地产业	Real Estate	229.4	415.4	356.5	394.4	166.6
租赁和商务服务业	Leasing and Business Services	22.8	38.4	26.7	36.8	22.7
科学研究和技术服务业	Scientific Research and Technical Services	17.3	15.0	32.6	41.5	25.2
水利、环境和公共设施管理业	Management of Water Conservancy, Environment and Public Facilities	491.8	436.2	588.3	766.9	726.4
居民服务、修理和其他服务业	Services to Households, Repair and Other Services	4.0	4.6	21.1	19.8	10.3
教　育	Education	59.6	63.6	84.2	124.3	90.9
卫生、社会工作	Health and Social Work	51.1	54.2	67.9	95.4	83.1
文化、体育和娱乐业	Culture, Sports and Entertainment	13.9	38.0	75.3	48.5	37.0
公共管理、社会保障和社会组织	Public Management, Social Securities and Social Organization	179.3	118.6	171.0	167.9	180.6
国际组织	International Organizations					
新增固定资产(亿元)	**Newly Increased Fixed Assets (100 million yuan)**	**1659.7**	**1935.5**	**2198.4**	**2511.0**	**2095.5**
固定资产交付使用率(%)	**Rate of Projects of Fixed Assets Completed and Put Into Use** (%)	**62.9**	**68.4**	**70.4**	**73.7**	**69.9**
房屋建筑面积(万平方米)	**Floor Space of Buildings (10000 sq.m)**					
施工面积	Floor Space under Construction	5117.6	6035.2	5740.8	5474.9	2085.2
竣工面积	Floor Space Completed	1989.0	2615.5	2226.8	2478.7	1028.2
#住　宅	#Residential Buildings	1068.1	1854.3	1466.8	1109.1	533.2

9-11 按构成和建设性质分的国有单位固定资产投资

INVESTMENT IN FIXED ASSETS OF STATE-OWNED UNITS BY COMPOSITION OF FUNDS AND TYPE OF CONSTRUCTION

单位：亿元 (100 million yuan)

年份 地区	Year Region	投资总额 Total Investment	按构成分 By Compositipon of Funds #住宅 Residential Buildings	建筑安装工程 Construction and Installation	设备、工器具购置 Purchase of Equipment and Instruments	其他费用 Others	按建设性质分 By Type of Construction #新建 New Construction	#扩建 Expansion	#改建 Reconstruction
	1981	40.6	7.9	29.1	10.2	1.3	14.3	13.4	11.9
	1982	53.5	9.0	39.0	11.5	3.0	13.0	16.3	23.7
	1983	65.4	8.7	43.8	17.2	4.4	20.4	27.3	17.1
	1984	72.7	8.5	48.9	19.6	4.2	17.0	39.3	12.4
	1985	89.2	12.4	58.8	25.1	5.3	18.6	52.2	10.5
	1986	101.1	11.6	63.0	30.2	7.9	24.3	55.6	14.9
	1987	115.5	11.4	72.1	34.0	9.5	28.7	15.4	64.5
	1988	132.1	11.8	82.2	37.4	12.5	29.0	76.5	20.7
	1989	129.2	12.0	85.0	35.3	8.9	23.4	81.0	18.3
	1990	134.6	14.8	93.2	32.3	9.1	19.7	85.7	17.7
	1991	162.6	19.9	109.2	39.0	14.4	20.3	104.1	22.9
	1992	215.9	33.9	144.2	49.9	21.8	38.5	121.6	27.6
	1993	290.7	54.9	209.1	53.1	28.6	52.5	164.0	30.9
	1994	335.2	56.0	233.5	69.8	32.0	60.7	199.8	32.5
	1995	379.9	59.9	249.2	99.5	31.2	72.1	226.5	37.6
	1996	427.6	57.6	280.6	107.1	39.8	91.9	239.3	39.9
	1997	531.0	63.9	355.4	127.0	48.6	143.5	299.4	38.4
	1998	606.5	91.9	399.3	154.8	52.4	137.6	354.7	41.2
	1999	562.9	90.4	397.8	118.9	46.2	128.9	296.9	53.1
	2000	449.8	98.1	311.2	92.3	46.3	186.0	142.5	45.2
	2001	524.7	88.6	380.4	87.0	57.3	169.7	220.1	60.8
	2002	531.2	46.7	341.4	134.5	55.2	208.0	180.7	65.9
	2003	563.0	56.1	371.0	129.5	62.5	243.5	186.2	60.6
	2004	610.2	50.3	400.9	130.9	78.4	235.2	209.1	84.3
	2005	754.6	52.7	458.3	189.0	107.3	289.4	182.8	187.5
	2006	910.5	40.3	592.0	205.9	112.6	370.9	240.2	190.8
	2007	1177.6	87.1	783.7	255.1	138.8	372.4	271.2	360.9
	2008	1521.7	156.5	1023.6	291.5	206.6	401.6	231.5	371.0
	2009	2062.5	253.7	1503.9	318.7	239.8	711.0	412.0	713.8
	2010	2637.9	237.3	1938.1	360.2	339.6	817.6	422.5	1136.1
	2011	2831.5	376.8	2235.3	339.7	256.5	1177.6	363.4	1036.0
	2012	3121.5	340.0	2449.3	428.9	243.3	1393.7	465.9	930.0
	2013	3404.9	263.1	2902.8	366.7	135.4	1728.0	435.0	920.0
	2014	2997.3	87.9	2487.3	326.3	183.7	1590.5	373.4	865.9
哈尔滨	Harbin	913.2	38.5	687.5	169.6	56.2	459.3	118.4	229.2
齐齐哈尔	Qiqihar	110.0	3.7	102.5	6.7	0.8	82.2	18.8	4.6
鸡西	Jixi	61.8	4.7	49.0	8.4	4.4	49.0	5.0	6.8
鹤岗	Hegang	30.9	1.8	27.8	2.1	0.9	29.3	1.0	
双鸭山	Shuangyashan	28.0	1.4	25.4	2.1	0.5	23.5	0.2	2.9
大庆	Daqing	587.9	1.9	550.2	18.4	19.3	123.5	31.3	420.8
伊春	Yichun	62.8	8.7	59.8	2.4	0.7	49.5	4.7	5.5
佳木斯	Jiamusi	102.3	2.3	95.7	4.8	1.8	70.8	15.2	4.4
七台河	Qitaihe	30.7		30.6	0.1		21.4	0.2	9.2
牡丹江	Mudanjiang	275.7	8.0	225.1	45.1	5.4	161.6	50.7	51.9
黑河	Heihe	95.3		57.0	8.0	30.2	89.5	1.4	2.4
绥化	Suihua	94.6	11.8	89.6	3.0	2.1	59.9	25.0	8.9
大兴安岭	Daxinganling	39.4	2.1	36.2	2.4	0.8	18.4	5.8	12.4
绥芬河	Suifenhe	27.9		26.9	0.1	0.8	27.9		
抚远	Fuyuan	15.5		13.6		1.9	15.4	0.1	
不分地区	Not Classified by Region	521.4	3.0	410.4	53.1	57.9	309.6	95.5	106.8

9-12 城镇集体单位固定资产投资
INVESTMENT IN FIXED ASSETS OF URBAN COLLECTIVE-OWNED UNITS

指　标	Item	2010	2011	2012	2013	2014
投资总额(万元)	**Total Investment (10000 yuan)**	**422206**	**578962**	**778802**	**822390**	**504480**
#住　宅	#Residential Buildings	91221	97441	72114	56808	10030
按构成分	**Grouped by Compositipon of Funds**					
建筑安装工程	Construction and Installation	313016	397190	494814	549086	347801
设备、工器具购置	Purchase of Equipment and Instruments	83883	163172	251021	233030	136502
其他费用	Others	25307	18600	32967	40274	20177
按建设性质分	**Grouped by Type of Construction**					
#新　建	#New Construction	43043	178764	132602	405955	298592
扩　建	Expansion	113269	154276	222160	191297	75696
改　建	Reconstruction	154326	91432	237976	71042	53679
按行业分	**Grouped by Sector**					
农、林、牧、渔业	Agriculture, Forestry, Animal Husbandry and Fishery	64272	98728	169688	134035	90964
采矿业	Mining	22380	8718	4600	4788	
制造业	Manufacturing	98478	158332	179935	255921	120014
电力、热力、燃气及水的生产和供应业	Production and Supply of Electric, heat, Gas and Water	20343	16153	19740	22923	15980
建筑业	Construction	18044	39696	37442	13770	21770
批发和零售业	Wholesale and Retail Trade	8100	31390	77877	27893	27040
交通运输、仓储及邮政业	Transport, Storage and Post	49147	19810	24148	30360	34120
住宿和餐饮业	Hotels and Catering Services		2500	19050		17660
信息传输、软件和信息技术服务业	Information Transmission, Software and IT Services	5640	2920		1300	9313
金融业	Financial Intermediation	2255		5329	2796	
房地产业	Real Estate	93445	110017	87289	57788	64950
租赁和商务服务业	Leasing and Business Services			41920	53106	23201
科学研究和技术服务业	Scientific Research and Technical Services		4600		3900	18059
水利、环境和公共设施管理业	Management of Water Conservancy, Environment and Public Facilities	17960	20049	63592	61541	40782
居民服务、修理和其他服务业	Services to Households, Repair and Other Services	3870	5500	13009	102195	
教　育	Education	4218	372	4300		6321
卫生、社会工作	Health and Social Work			7640	3335	1315
文化、体育和娱乐业	Culture, Sports and Entertainment	736		2600	1759	3291
公共管理、社会保障和社会组织	Public Management, Social Securities and Social Organization	13318	60177	20643	44980	9700
国际组织	International Organizations					
新增固定资产(万元)	**Newly Increased Fixed Assets (100 million yuan)**	**341886**	**568362**	**710219**	**697050**	**450946**
固定资产交付使用率(%)	**Rate of Projects of Fixed Assets Completed and Put Into Use**(%)	**81.0**	**98.2**	**91.2**	**84.8**	**89.4**
房屋建筑面积(万平方米)	**Floor Space of Buildings (10000 sq.m)**					
施工面积	Floor Space under Construction	103.6	124.4	110.4	149.7	30.0
竣工面积	Floor Space Completed	40.3	86.8	48.5	99.5	19.8
#住　宅	#Residential Buildings	15.9	101.3	6.4	7.6	7.6

9-13 城镇集体单位固定资产投资和房屋建筑面积

INVESTMENT IN FIXED ASSETS OF URBAN COLLECTIVE-OWNED UNITS AND FLOOR SPACE OF BUILDINGS

年份 Year 地区 Region	投资总额（万元）Total Investment (10000 yuan)	#住宅 Residential Buildings	按构成分 By Compositipon of Funds			房屋建筑面积（万平方米）Floor Space of Buildings(10000 sq. m)			
			建筑安装工程 Construction and Installation	设备、工器具购置 Purchase of Equipment and Instruments	其他费用 Others	施工面积 Floor Space under Construction	#住宅 Residential Buildings	竣工面积 Floor Space Completed	#住宅 Residential Buildings
1985	24422	3624	14081	9734	607	84.4		49.1	17.2
1986	26286	4844	13478	11347	1461	69.6		48.5	21.6
1987	31009	3478	16844	12961	1204	71.3		42.1	14.6
1988	38470	4295	23509	13610	1351	77.3		50.7	14.5
1989	27443	3215	16000	10383	1060	48.7		36.4	8.0
1990	14901	3355	9200	5050	651	32.2		23.4	9.6
1991	19644	4326	13226	5628	790	33.2		23.2	7.7
1992	27348	3809	18066	7725	1557	39.2		12.4	8.4
1993	36234	8505	25263	9270	1701	45.9	16.8	30.6	12.4
1994	37943	9674	24876	11235	1832	46.1	23.0	22.2	12.2
1995	80383	42731	69568	7811	3004	110.4	75.9	48.7	33.4
1996	153184	26079	89305	46887	16992	117.0	64.9	58.8	31.6
1997	71734	32817	52749	9503	9482	112.1	63.5	59.2	38.8
1998	73167	27470	59595	8791	4781	114.7	65.1	58.2	38.0
1999	94523	41077	65603	17196	11724	118.5	79.3	67.5	46.6
2000	123128	56958	97651	12918	12559	177.4	111.4	112.3	70.7
2001	170679	101806	137620	11670	21389	177.9	123.7	59.8	38.9
2002	74493	25653	59986	9416	5091	80.7	42.9	66.6	35.4
2003	70587	33098	50088	12004	8495	89.1	43.3	68.0	45.1
2004	65462	22744	57315	5372	2775	64.9	38.0	35.9	19.9
2005	58472	9614	39072	16380	3020	37.0	13.9	21.0	8.0
2006	71040	14750	50788	14093	6159	46.7	22.1	30.6	14.8
2007	192067	82785	140448	34904	16715	88.5	77.1	68.6	59.8
2008	275238	43097	179763	81853	13622	67.8	38.0	51.0	25.4
2009	479053	73830	317242	138840	22971	119.1	60.3	85.0	41.6
2010	422206	91221	313016	83883	25307	103.6	71.5	40.3	15.9
2011	578962	97441	397190	163172	18600	124.3	83.0	108.1	79.2
2012	778802	72114	494814	251021	32967	110.4	8.9	48.5	6.4
2013	822390	56808	549086	233030	40274	149.7	42.5	99.5	7.6
2014	504480	10030	347801	136502	20177	30.0	9.6	19.8	7.6
哈尔滨 Harbin	286684	10030	188934	89400	8350	21.4	9.6	13.2	7.6
齐齐哈尔 Qiqihar	60264		57264	3000		1.9		1.2	
鸡西 Jixi									
鹤岗 Hegang	1750		250	550	950	0.1			
双鸭山 Shuangyashan									
大庆 Daqing	3534		3534						
伊春 Yichun	1730		1700		30				
佳木斯 Jiamusi	61670		32707	21563	7400	2.1		2.1	
七台河 Qitaihe									
牡丹江 Mudanjiang	78033		53792	20794	3447	4.5		3.4	
黑河 Heihe	570		570						
绥化 Suihua	8750		8750						
大兴安岭 Daxinganling	300		300						
绥芬河 Suifenhe									
抚远 Fuyuan									
不分地区 Not Classified by Region	1195			1195					

9-14 农村非农户固定资产投资

NON-FARM HOUSEHOLDS INVESTMENT IN FIXED ASSETS IN RURAL

单位：万元　　(10000 yuan)

指　标	Item	2012	2013	2014
投资额	**Total Investment**	**3499359**	**7272424**	**7481103**
按行业分类	**Grouped by Sector**			
农、林、牧、渔业	Agriculture, Forestry, Animal Husbandry and Fishery	1193817	2078007	2715669
采矿业	Mining	159840	272092	445197
制造业	Manufacturing	1028315	2285042	2114717
电力、热力、燃气及水的生产和供应业	Production and Supply of Electric, heat, Gas and Water	255247	513159	245105
建筑业	Construction	57845	201115	220460
批发和零售业	Wholesale and Retail Trade	73127	160223	245509
交通运输、仓储和邮政业	Transport, Storage and Post	85900	358044	425557
住宿和餐饮业	Hotels and Catering Services	17081	58755	48450
信息传输、软件和信息技术服务业	Information Transmission, Software and IT Services	4584	2050	4882
金融业	Financial Intermediation			
房地产业	Real Estate	274563	475671	259294
租赁和商务服务业	Leasing and Business Services	14098	35664	53552
科学研究和技术服务业	Scientific Research and Technical Services	4989	29374	26152
水利、环境和公共设施管理业	Management of Water Conservancy, Environment and Public Facilities	220610	511282	493648
居民服务、修理和其他服务业	Services to Households, Repair and Other Services	9680	69405	16445
教育	Education	29815	27338	24374
卫生和社会工作	Health and Social Work	8498	62940	28714
文化、体育和娱乐业	Culture, Sports and Entertainment	10464	23280	21802
公共管理、社会保障和社会组织	Public Management, Social Securities and Social Organization	50886	108983	91576
国际组织	International Organizations			
新增固定资产	**Newly Increased Fixed Assets**	**2862963**	**5883159**	**5639403**
房屋建筑面积(万平方米)	**Floor Space of Buildings (10000 sq.m)**			
施工面积	Floor Space under Construction	607.2	1335.0	621.0
竣工面积	Floor Space Completed	301.0	964.0	388.0
#住宅	#Residential Buildings	146.1	127.0	2.0

9-15 农村农户固定资产投资和建房情况

INDIVIDUAL INVESTMENT IN FIXED ASSETS AND BUILDINGS CONSTRUCTION IN RURAL PEASANT HOUSEHOLDS

年 份 Year	投资额（万元） Total Investment (10000 yuan)	#竣工房屋投资 Investment in Buildings Completed	#住 宅 Residential Buildings	#购置生产性固定资产投资 Investment In Productive Fixed Assets	竣工房屋建筑面积（万平方米） Floor Space of Buildings Completed (10000 sq. m)	#住 宅 Residential Buildings	竣工房屋造 价（元/平方米） Cost of Buildings Completed (yuan/sq. m)	#住 宅 Residential Buildings
1985	145350	58235	58209	87115	865.3	865.3	67.3	67.3
1986	113848	49658	24832	64190	684.0	570.3	72.6	43.5
1987	123706	46499	37711	77207	633.5	549.0	73.4	68.7
1988	143122	56196	44660	86926	670.6	527.9	83.8	84.6
1989	164362	59644	54720	104718	625.2	570.0	95.6	96.0
1990	176780	107240	99670	69540	1006.0	931.5	106.6	107.0
1991	175187	106282	78296	68905	1043.0	689.0	101.9	113.6
1992	168431	73315	68145	95116	613.0	501.0	119.6	136.0
1993	147695	48258	43922	99437	314.0	259.0	153.7	169.6
1994	241567	83780	75021	143886	496.6	391.7	168.7	191.5
1995	400000	141183	137985	237412	819.4	646.3	172.3	213.5
1996	499293	321333	317260	144447	1078.3	969.9	298.0	327.1
1997	526784	270961	267301	163526	826.1	719.4	328.0	371.6
1998	680000	349770	345046	211088	982.5	795.4	356.0	433.8
1999	620000	318908	314109	192462	816.8	675.2	390.4	465.2
2000	613000	315407	297884	259000	801.6	637.6	393.8	497.2
2001	660000	320000	305000	260000	803.1	638.2	398.5	477.9
2002	873000	423000	403000	344000	998.2	790.1	396.6	488.2
2003	929000	429000	405000	367000	1000.2	810.1	428.9	499.9
2004	1393000	445389	414680	450870	1038.2	819.5	429.0	506.0
2005	1407874	300538	293445	637090	788.7	620.1	381.1	473.2
2006	1821789	524740	471127	817732	756.1	673.4	694.0	699.6
2007	2270526	645255	574562	865642	892.0	720.0	723.0	798.0
2008	2833858	811558	747667	969793	1052.1	937.4	771.0	798.0
2009	3165470	861177	767915	1300581	1076.9	955.9	799.7	803.3
2010	3167097	892971	818479	1365179	1086.0	969.6	822.3	844.1
2011	3174647	917505	806478	1202375	1055.0	945.0	869.7	853.4
2012	3193014	846586	673273	1452329	951.0	879.0	890.2	766.0
2013	3317971	975060	908798	2263403	865.0	797.0	1062.0	1077.0
2014	2911168	753543	647272	1362262	747.6	579.0	1008.0	1117.0

9-16 新增主要产品生产能力

NEWLY INCREASED PRODUCTION CAPACITY OF MAJOR PRODUCTION

指　标	Item	2011	2012	2013	2014
原煤开采(万吨/年)	Coal Mining(10000 tons/year)	1310.5	2466.0	949.9	429.8
洗煤(万吨/年)	Coal Washing(10000 tons/year)	1287	1397	2739	336
焦炭(万吨/年)	Coke(10000 tons/year)	203	119	147	30
天然原油开采(万吨/年)	Petroleum Extraction(10000 tons/year)	387.3	394.6	383.3	379.8
天然气开采(亿立方米/年)	Extraction of Petroleum and Natural Gas(100 million cu.m/year)	1.0	2.0		1.2
石油加工:	Oil processing				
蒸馏设备能力(处理万吨/年)	Power of Distillation Equipment(treatment 10000 tons/year)		210.0	52.4	51.5
裂化设备能力(处理万吨/年)	Power of Cracking Equipment((treatment 10000 tons/year)	10.0	25.0	102.8	42.2
催化重整设备能力(万吨/年)	Power of Catalytic Reforming Equipment(10000 tons/year)	6.0			
加氢精制设备能力(处理万吨/年)	Power of Hydrotreating Equipment((treatment 10000 tons/year)	0.3			
铁矿开采(原矿)(万吨/年)	Iron Ore Mining(10000 tons/year)	261.2	255.3	112.2	88.6
炼钢(万吨/年)	Steel-making(10000 tons/year)		35.0	64.3	8.2
铁合金(折标万吨/年)	Iron Alloy(standard 10000 tons/year)		1.1	1.0	
铜采矿(原矿)(万吨/年)	Copper Ore Mining(10000 tons/year)	0.7	0.5		6.5
铜冶炼(吨/年)	Copper Smelting(ton/year)		202	5300	
铅锌采矿(原矿)(万吨/年)	Plumbum/Zinc Ore Mining(10000 tons/year)			7.5	3.2
黄金(公斤/年)	Gold(kg/year)	308.0	1089.1	608.0	257.0
发电机组容量(万千瓦)	Dynamotor Capacities(10000 kw)	164.3	189.4	107.9	50.3
水力发电(万千瓦)	Hydraulic Power(10000 kw)	12.8	82.3	64.2	20.7
火力发电(万千瓦)	Fire Power(10000 kw)	86.1	46.8	27.2	7.0
其他发电(万千瓦)	Other Power(10000 kw)	65.4	60.3	16.5	22.6
输电线路长度(11万伏及以上)(公里)	Length of Transmission Line(110000 volts and over)(km)	419.2	443.2	222.6	380.0
水泥(万吨/年)	Cement(10000 tons/year)	554.6	383.4	499.6	164.6
平板玻璃(万重量箱/年)	Plate Glass(10000 Weight-box/year)	20	67	39	10
石墨及炭素制品(吨/年)	Graphite and Carbon Products(ton/year)	920	32550		40
木材(万立方米/年)	Wood(10000 cu.m/year)	20.0			

9-16 续表 CONTINUED

指　标	Item	2011	2012	2013	2014
农用氮、磷、钾化学肥料(吨/年)	Nitrogen, Phosphate and Potash Fertilizer(ton/year)	240756	540237	546745	181807
氮肥(吨/年)	Nitrogen Fertilizer(ton/year)	222450	367743	467697	147591
磷肥(吨/年)	Phosphate Fertilizer(ton/year)	12205	91331	62948	19804
钾肥(吨/年)	Potash Fertilizer(ton/year)	6101	81163	16100	14412
化学农药原药(吨/年)	Chemical Pesticides(ton/year)	3590	11850		
塑料树脂及共聚物(吨/年)	Plastic Colophony and Polymer(ton/year)	65969	259950	231721	117639
#合成纤维	#Synthesis Fiber	1			
酒(万吨/年)	Liquor(10000 tons/year)	24.22	52.73	41.9	27.3
啤　酒	Beer	6.9	34.0	9.6	22.0
白　酒	Distilled Spirit	16.91	18.65	30.80	4.10
其他酒	Other Alcohols	0.41	0.08	1.5	1.2
卷烟(万箱/年)	Cigarettes(10000 boxes/year)			1.4	
机制纸浆(万吨/年)	Machine-made Pulp(10000tons/year)	3.0	2.0	16.8	27.3
新建铁路主线正线交付运营里程(公里)	Main Line Length of Newly-built and Operating Railway(km)	201.9	75.0	44.5	11.9
新建公路(公里)	Length of New Highways(km)	1976.2	1514.0	4304.2	196.9
#高速公路	#Expressway	586.8	107.3	18.0	16.0
改建公路(公里)	Length of Reconstructed Highways(km)	1878.0	2022.4	2872.9	1253.6
#高速公路	#Expressway	97.0		76.0	39.0
新建独立公路桥梁(延长米)	Newly-built Highway Bridge(meter)	5003.0	13425.7	11374.3	1686.9
新建独立公路桥梁(座)	Newly-built Highway Bridge(unit)	4	30	23	6
新(扩)建港口码头(年吞吐量:万吨)	Newly-built or Expanded Ports(Annual Handling Capacity:10000tons)	110	20		
新(扩)建客、货运站(个)	Newly-built or expanded conveyance station(unit)	14	8	13	8
新(扩)建客、货运站(平方米)	Newly-built or expanded conveyance station(sq.m)	69554	24563	35386	27100
城市自来水供水能力(万吨/日)	Tap Water Supply Capacity(10000 tons/day)	15.7	9.4	40.8	13.6
城市污水处理能力(万吨/日)	Sewage Treatment Capacity(10000 tons/day)	34.4	34.3	122.9	11.1

9-17 四大主导产业建设施工项目个数(2014年)

NUMBER OF CONSTRUCTION PROJECTS UNDER CONSTRUCTION OF FOUR LEADING INDUSTRY (2014)

单位：个 (unit)

指 标	Item	合计 Total	国有 State-Owned Units	外资 Foreign Funded Enterprises	其他 Others
总 计	**Total**	**3704**	**238**	**16**	**3450**
装备工业	**Equipment Industry**	**1260**	**34**	**3**	**1223**
金属制品业	Manufacture of Metal Products	175	7		168
金属制品、机械和设备修理业	Metal Products, Machinery and Equipment Repair Industry	13	1		12
通用设备制造业	Manufacture of General Purpose Machinery	418	6		412
专用设备制造业	Manufacture of Special Purpose Machinery	278	2	1	275
汽车制造业	Manufacture of Automotive	114	1	1	112
铁路、船舶、航空航天和其他运输设备制造业	Manufacture of Railroad, Marine, Aerospace and Other Transportation Equipment	38	1	1	36
电气机械及器材制造业	Manufacture of Electrical Machinery and Equipment	140	11		129
计算机、通信和其他电子设备制造业	Manufacture of Computers, Communication and Other Electronic Equipment	65	3		62
仪器仪表制造业	Manufacture of Measuring Instrument	19	2		17
石化工业	**Petrochemical Industry**	**370**	**10**	**2**	**358**
石油加工、炼焦及核燃料加工业	Processing of Petroleum, Coking, Processing of Nuclear Fuel	32	3		29
化学原料及化学制品制造业	Manufacture of Chemical Raw Material and Chemical Products	186	6	2	178
化学纤维制造业	Manufacture of Chemical Fiber	5			5
橡胶和塑料制品业	Manufacture of Rubber and Plastics	147	1		146
能源工业	**Energy Industry**	**585**	**142**	**8**	**435**
煤炭开采和洗选业	Mining and Washing of Coal	168	12		156
石油和天然气开采业	Extraction of Petroleum and Natural Gas	7	2		5
电力、热力的生产和供应业	Production and Supply of Electric Power and Heat Power	311	115	1	195
燃气生产和供应业	Production and Distribution of Gas	84	8	1	75
开采辅助活动	Mining Auxiliary Activities	15	5	6	4
食品工业	**Food Industry**	**1489**	**52**	**3**	**1434**
农副食品加工业	Processing of Food from Agricultural Products	1109	46	1	1062
食品制造业	Manufacture of Foods	180	4		176
酒、饮料和精制茶制造业	Manufacture of Beverage	200	2	2	196

9-18 四大主导产业建设投产项目个数(2014年)

NUMBER OF CONSTRUCTION PROJECTS PUT INTO USE OF FOUR LEADING INDUSTRY(2014)

单位：个 (unit)

指　标	Item	合计 Total	国有 State-Owned Units	外资 Foreign Funded Enterprises	其他 Others
总　计	**Total**	**2322**	**237**	**15**	**2070**
装备工业	**Equipment Industry**	**731**	**36**	**3**	**692**
金属制品业	Manufacture of Metal Products	118	7		111
金属制品、机械和设备修理业	Metal Products, Machinery and Equipment Repair Industry	12			12
通用设备制造业	Manufacture of General Purpose Machinery	243	7		236
专用设备制造业	Manufacture of Special Purpose Machinery	158	4	1	153
汽车制造业	Manufacture of Automotive	48	2	1	45
铁路、船舶、航空航天和其他运输设备制造业	Manufacture of Railroad, Marine, Aerospace and Other Transportation Equipment	16	4	1	11
电气机械及器材制造业	Manufacture of Electrical Machinery and Equipment	84	9		75
计算机、通信和其他电子设备制造业	Manufacture of Computers, Communication and Other Electronic Equipment	42	2		40
仪器仪表制造业	Manufacture of Measuring Instrument	10	1		9
石化工业	**Petrochemical Industry**	**241**	**10**	**3**	**228**
石油加工、炼焦及核燃料加工业	Processing of Petroleum, Coking, Processing of Nuclear Fuel	22	4		18
化学原料及化学制品制造业	Manufacture of Chemical Raw Material and Chemical Products	123	4	1	118
化学纤维制造业	Manufacture of Chemical Fiber	3			3
橡胶和塑料制品业	Manufacture of Rubber and Plastics	93	2	2	89
能源工业	**Energy Industry**	**383**	**142**	**5**	**236**
煤炭开采和洗选业	Mining and Washing of Coal	110	10		100
石油和天然气开采业	Extraction of Petroleum and Natural Gas	4	3		1
电力、热力的生产和供应业	Production and Supply of Electric Power and Heat Power	203	118	1	84
燃气生产和供应业	Production and Distribution of Gas	58	10		48
开采辅助活动	Mining Auxiliary Activities	8	1	4	3
食品工业	**Food Industry**	**967**	**49**	**4**	**914**
农副食品加工业	Processing of Food from Agricultural Products	764	41	2	721
食品制造业	Manufacture of Foods	97	6		91
酒、饮料和精制茶制造业	Manufacture of Beverage	106	2	2	102

9-19 四大主导产业建设完成投资(2014年)

ACTUALLY COMPLETED INVESTMENT OF FOUR LEADING INDUSTRY(2014)

单位：万元 (10000 yuan)

指 标	Item	合计 Total	国有 State-Owned Units	外资 Foreign Funded Enterprises	其他 Others
总 计	**Total**	**26963610**	**6745963**	**423514**	**19794133**
装备工业	**Equipment Industry**	**6682840**	**668235**	**32013**	**5982592**
金属制品业	Manufacture of Metal Products	912129	33730		878399
金属制品、机械和设备修理业	Metal Products, Machinery and Equipment Repair Industry	33992	172		33820
通用设备制造业	Manufacture of General Purpose Machinery	2197581	225830		1971751
专用设备制造业	Manufacture of Special Purpose Machinery	1385604	40563	13900	1331141
汽车制造业	Manufacture of Automotive	649294	67271	13000	569023
铁路、船舶、航空航天和其他运输设备制造业	Manufacture of Railroad, Marine, Aerospace and Other Transportation Equipment	221143	100216	1238	119689
电气机械及器材制造业	Manufacture of Electrical Machinery and Equipment	881101	175771	3775	701555
计算机、通信和其他电子设备制造业	Manufacture of Computers, Communication and Other Electronic Equipment	265983	19522		246461
仪器仪表制造业	Manufacture of Measuring Instrument	136013	5160	100	130753
石化工业	**Petrochemical Industry**	**2409215**	**286716**	**9010**	**2113489**
石油加工、炼焦及核燃料加工业	Processing of Petroleum, Coking, Processing of Nuclear Fuel	321053	164017		157036
化学原料及化学制品制造业	Manufacture of Chemical Raw Material and Chemical Products	1266992	107819	7520	1151653
化学纤维制造业	Manufacture of Chemical Fiber	57315			57315
橡胶和塑料制品业	Manufacture of Rubber and Plastics	763855	14880	1490	747485
能源工业	**Energy Industry**	**8369984**	**5280595**	**248973**	**2840416**
煤炭开采和洗选业	Mining and Washing of Coal	1010686	382739		627947
石油和天然气开采业	Extraction of Petroleum and Natural Gas	3069750	3027300		42450
电力、热力的生产和供应业	Production and Supply of Electric Power and Heat Power	3416996	1688599	21674	1706723
燃气生产和供应业	Production and Distribution of Gas	534338	72209	14300	447829
开采辅助活动	Mining Auxiliary Activities	338214	109748	212999	15467
食品工业	**Food Industry**	**9501571**	**510417**	**133518**	**8857636**
农副食品加工业	Processing of Food from Agricultural Products	7041139	481358	73785	6485996
食品制造业	Manufacture of Foods	1033609	22415	10008	1001186
酒、饮料和精制茶制造业	Manufacture of Beverage	1426823	6644	49725	1370454

9-20 四大主导产业新增固定资产(2014年)
NEWLY INCREASED FIXED ASSETS OF FOUR LEADING INDUSTRY(2014)

单位：万元 (10000 yuan)

指标	Item	合计 Total	国有 State-Owned Units	外资 Foreign Funded Enterprises	其他 Others
总计	**Total**	**20033810**	**5184664**	**306551**	**14542595**
装备工业	**Equipment Industry**	**5298109**	**386172**	**24338**	**4887599**
金属制品业	Manufacture of Metal Products	733294	33730		699564
金属制品、机械和设备修理业	Metal Products, Machinery and Equipment Repair Industry	40400			40400
通用设备制造业	Manufacture of General Purpose Machinery	1751157	45480		1705677
专用设备制造业	Manufacture of Special Purpose Machinery	943018	26600	10000	906418
汽车制造业	Manufacture of Automotive	567488	44095	13000	510393
铁路、船舶、航空航天和其他运输设备制造业	Manufacture of Railroad, Marine, Aerospace and Other Transportation Equipment	148853	42400	1238	105215
电气机械及器材制造业	Manufacture of Electrical Machinery and Equipment	729708	172725		556983
计算机、通信和其他电子设备制造业	Manufacture of Computers, Communication and Other Electronic Equipment	309385	16862		292523
仪器仪表制造业	Manufacture of Measuring Instrument	74806	4280	100	70426
石化工业	**Petrochemical Industry**	**1699815**	**148682**	**7350**	**1543783**
石油加工、炼焦及核燃料加工业	Processing of Petroleum, Coking, Processing of Nuclear Fuel	249841	84232		165609
化学原料及化学制品制造业	Manufacture of Chemical Raw Material and Chemical Products	849213	45970	3520	799723
化学纤维制造业	Manufacture of Chemical Fiber	40085			40085
橡胶和塑料制品业	Manufacture of Rubber and Plastics	560676	18480	3830	538366
能源工业	**Energy Industry**	**6521706**	**4331299**	**185122**	**2005285**
煤炭开采和洗选业	Mining and Washing of Coal	649927	159204		490723
石油和天然气开采业	Extraction of Petroleum and Natural Gas	3035800	3031300		4500
电力、热力的生产和供应业	Production and Supply of Electric Power and Heat Power	2169625	1043710	2700	1123215
燃气生产和供应业	Production and Distribution of Gas	441040	69460		371580
开采辅助活动	Mining Auxiliary Activities	225314	27625	182422	15267
食品工业	**Food Industry**	**6514180**	**318511**	**89741**	**6105928**
农副食品加工业	Processing of Food from Agricultural Products	4984722	286287	75650	4622785
食品制造业	Manufacture of Foods	514861	25424		489437
酒、饮料和精制茶制造业	Manufacture of Beverage	1014597	6800	14091	993706

主要统计指标解释

全社会固定资产投资　是以货币形式表现的在一定时期内全社会建造和购置固定资产的工作量以及与此有关的费用的总称。该指标是反映固定资产投资规模、结构和发展速度的综合性指标,又是观察工程进度和考核投资效果的重要依据。全社会固定资产投资按登记注册类型可分为国有、集体、联营、股份制、私营和个体、港澳台商、外商、其他等。

固定资产投资（不含农户）　指城镇和农村各种登记注册类型的企业、事业、行政单位及城镇个体户进行的计划总投资500万元及500万元以上的建设项目投资和房地产开发投资，包含原口径的城镇固定资产投资加上农村企事业组织项目投资，该口径自2011年起开始使用。

房地产开发投资　指各种登记注册类型的房地产开发法人单位统一开发的包括统代建、拆迁还建的住宅、厂房、仓库、饭店、宾馆、度假村、写字楼、办公楼等房屋建筑物，配套的服务设施，土地开发工程（如道路、给水、排水、供电、供热、通讯、平整场地等基础设施工程）和土地购置的投资；不包括单纯的土地开发和交易活动。

固定资产投资的实际到位资金　根据固定资产投资的资金来源不同，分为国家预算资金、国内贷款、利用外资、自筹资金和其他资金。

(1)国家预算资金　国家预算包括一般预算、政府性基金预算、国有资本经营预算和社保基金预算。各类预算中用于固定资产投资的资金全部作为国家预算资金填报，其中一般预算中用于固定资产投资的部分包括基建投资、车购税、灾后恢复重建基金和其他财政投资。各级政府债券也应归入国家预算资金。

(2)国内贷款　指报告期固定资产项目投资单位向银行及非银行金融机构借入用于固定资产投资的各种国内借款，包括银行利用自有资金及吸收存款发放的贷款、上级主管部门拨入的国内贷款、国家专项贷款（包括煤代油贷款、劳改煤矿专项贷款等），地方财政专项资金安排的贷款、国内储备贷款、周转贷款等。

(3)利用外资　指报告期收到的境外（包括外国及港澳台地区）资金(包括设备、材料、技术在内)。包括对外借款(外国政府贷款、国际金融组织贷款、出口信贷、外国银行商业贷款、对外发行债券和股票)、外商直接投资、外商其他投资(包括利用外商投资收益在国内进行固定资产再投资活动的资金)。不包括我国自有外汇资金(国家外汇、地方外汇、留成外汇、调剂外汇和国内银行自有资金发放的外汇贷款等)。各类外资按报告期末的外汇牌价（中间价）折成人民币计算。

(4)自筹资金　指固定资产投资单位在报告期收到的，由各企、事业单位筹集用于固定资产投资的资金，包括各类企事业单位的自有资金和从其他单位筹集的用于固定资产投资的资金，但不包括各类财政性资金、从各类金融机构借入资金和国外资金。

(5)其他资金　指在报告期收到的除以上各种资金之外的用于固定资产投资的资金，包括社会集资、个人资金、无偿捐赠的资金及其他单位拨入的资金等。

固定资产投资按国民经济行业分　指根据其从事的社会经济活动性质对各类单位进行的分类。应根据建设项目建成投产后的主要产品种类或主要用途及社会经济活动种类来划分，不能根据项目单位本身的行业类别来划分。如果项目投产后有几种产品，应根据主要产品来确定行业类别。一般情况下，一个建设项目只能属于一种国民经济行业。

固定资产投资按隶属关系分　是按建设单位或企业、事业、行政单位的主管上级机关确定的。

(1)中央　是指中共中央、人大常委会和国务院各部、委、局、总公司以及直属机构直接领导的建设项目和企业、事业、行政单位。这些单位的固定资产投资计划由国务院各部门直接编制和下达，统一组织或委托下级实施。包括有中央垂直管理的部门（如国家统计局各级调查队）和中央直属企业、事业单位（如工商银行、中国电信、中国石油）等。

(2)地方　是由省（自治区、直辖市）、地（区、市、州、盟）、县（区、市、旗）三级政府及业务主管部门直接领导和管理的建设项目、企业、事业、行政单位。地方项目还包括不隶属以上各级政府及主管部门的建设项目和企业、事业单位，如外商投资企业和无主管部门的企业等。

固定资产投资按建设性质分 按整个建设项目情况来确定。建设项目的性质一般分为新建、扩建、改建和技术改造、单纯建造生活设施、迁建、恢复、单纯购置。房地产开发单位、农户投资不划分建设性质。

(1)新建 指从无到有“平地起家”开始建设的项目。现有企业、事业、行政单位投资的项目一般不属于新建。但如有的单位原有基础很小，经过建设后新增的固定资产价值超过该企业、事业、行政单位原有固定资产价值（原值）三倍以上的，也应作为新建。

(2)扩建 指在厂内或其他地点，为扩大原有产品的生产能力(或效益)或增加新的产品生产能力，而增建的生产车间(或主要工程)、分厂、独立的生产线的企业、事业单位。行政、事业单位在原单位增建业务性用房(如学校增建教学用房、医院增建门诊部、病房等)也作为扩建。

现有企、事业单位为扩大原有主要产品生产能力或增加新的产品生产能力，增建一个或几个主要生产车间(或主要工程)、分厂，同时进行一些更新改造工程的，也应作为扩建。

(3)改建和技术改造 指现有企业、事业单位对原有设施进行技术改造或更新(包括相应配套的辅助性生产、生活福利设施) 的建设项目。改建项目包括现有企业、事业单位为适应市场变化的需要，而改变企业的主要产品种类(如军工企业转民产品等) 的建设项目，原有产品生产作业线由于各工序(车间)之间能力不平衡，为填平补齐充分发挥原有生产能力而增建不增加本企业主要产品设计能力的车间的建设项目。技术改造是指企业、事业单位在现有基础上，用先进的技术代替落后的技术，用先进的工艺和装备代替落后的工艺和装备，以改变企业落后的技术经济面貌，实现以内涵为主的扩大再生产，达到提高产品质量、促进产品更新换代、节约能源、降低消耗、扩大生产规模、全面提高社会经济效益的目的。技术改造具体包括以下内容：机器设备和工具的更新改造；生产工艺改革、节约能源和原材料的改造；厂房建筑和公共设施的改造；保护环境进行的“三废”治理改造；劳动条件和生产环境的改造等。

固定资产投资按构成分

(1)建筑工程 指各种房屋、建筑物的建造工程，又称建筑工作量。这部分投资额必须兴工动料，通过施工活动才能实现，是固定资产投资额的重要组成部分。

(2)安装工程 指各种设备、装置的安装工程，又称安装工作量。

在安装工程中，不包括被安装设备本身价值。

(3)设备工具器具购置 指报告期内购置或自制的，达到固定资产标准的设备、工具、器具的价值。新建单位及扩建单位的新建车间，按照设计或计划要求购置或自制的全部设备、工具、器具，不论是否达到固定资产标准均计入“设备工具器具购置”中。

(4)其他费用 指在固定资产建造和购置过程中发生的，除建筑安装工程和设备、工器具购置投资完成额以外的应当分摊计入固定资产投资的费用，不指经营中财务上的其他费用。

施工项目个数 是指本年正式进行过建筑或安装施工活动的建设项目个数。包括本年新开工项目，以前年度开工跨入本年继续施工项目，本年全部建成投产项目、以前年度全部停缓建在本年恢复施工的项目，本年进行过施工又在本年内全部停缓建的项目。施工项目个数可以反映一定时期固定资产投资的实际规模，与同期全部建成投产项目个数相比，可以从建设速度的角度反映固定资产投资的效果。

本年投产项目个数 指报告期内按设计文件规定建成主体工程和相应配套的辅助设施，形成生产能力或工程效益，经过验收合格，并且已正式投入生产或交付使用的建设项目。

新增生产能力(或工程效益) 指通过固定资产投资活动而增加的设计能力(或工程效益)。主要指标包括建设规模、本年施工规模、自开始建设累计新增生产能力(或工程效益)、本年新增生产能力(或工程效益)等。

建设规模 指建设项目或工程设计文件中规定的全部设计能力(或工程效益)。包括已经建成投产和尚未建成投产的工程的生产能力(或工程效益)。

本年施工规模　指报告期内施工的单项工程（或更新改造项目）的设计能力(或工程效益)，包括报告期以前已开工跨入本年继续施工的工程的设计能力和报告期新开工工程的设计能力。也包括报告期内建成投产或报告期施工后又停缓建的单项工程设计能力。不包括在报告期以前建成投产或已经停、缓建的工程，以及报告期内尚未正式开工的工程的设计能力。

自开始建设累计新增生产能力(或工程效益)　指自开始建设至本年底止建成投产的全部单项工程累计新增生产能力(或工程效益)。

本年新增生产能力(或工程效益)　指在本年度内按照新增生产能力(或工程效益)的计算条件和标准，实际建成投入生产或交付使用的生产能力(或工程效益)。

新增固定资产　是指已经完成建造和购置过程，并已交付生产或使用单位的固定资产的价值，包括已经建成投入生产或交付使用的工程投资和达到固定资产标准的设备、工具、器具的投资及有关应摊入的费用。该指标是表示固定资产投资成果的价值指标，也是反映建设进度，计算固定资产投资效果的重要指标。

项目建成投产率　指一定时期内全部建成投产项目个数与同期施工项目个数的比率。该指标从建设单位建设速度的角度反映投资效果。

固定资产交付使用率　指一定时期新增固定资产与同期完成投资额的比率。该指标是反映固定资产动用速度，衡量建设过程中宏观投资效果的综合指标。由于新增固定资产是较长时期内形成的结果，而投资额则是当年完成的，因此，该指标一般适宜于反映较长时期内固定资产的动用情况。

Explanatory Notes on Main Statistical Indicators

Total Investment in Fixed Assets in the Whole Country refers to the volume of activities in construction and purchases of fixed assets of the whole country and related fees, expressed in monetary terms during the reference period. It is a comprehensive indicator which shows the size, structure and growth of the investment in fixed assets, providing a basis for observing the progress of construction projects and evaluating results of investment. Total investment in fixed assets in the whole country includes, by type of ownership, the investment by State-owned units, collective-owned units, joint ownership units, share-holding units, private units, individuals as well as investments by entrepreneurs from Hong Kong, Macao and Taiwan, foreign investors and others.

Investment in Fixed Assets (Excluding Rural Households) refers to the investment in construction projects with a total planned investment of 5 million yuan and over by enterprises of various ownerships, institutions, administrative units and urban self-employed individuals, and the investment in real estate development in both urban and rural areas. Since 2011, it covers the urban investment in fixed assets under the previous statistical coverage plus project investments by rural enterprises and institutions.

Investment in Real Estate Development refers to investment by real estate development companies, commercialized buildings construction companies and other real estate development units of various types of ownership in the construction of buildings, such as residential buildings, factory buildings, warehouses, hotels, guesthouses, holiday villages, office buildings, the complementary service facilities and land development projects, such as roads, water supply, water drainage, power supply, heating supply, telecommunications, land leveling and other infrastructural projects. It does not include activities in pure land transactions.

Actual Funds in Place for Investment in Fixed Assets are categorized as funds from the State budget, domestic loans, foreign investment, self-raised funds, and others, depending on the sources of investment.

(1) Fund from the State budget: State budget consists of general budget, government fund budget, operation budget of state-owned assets and social security fund budget. Funds for investment in fixed assets from various budgets are reported as fund from the state budget, of which, the general budget utilized on fixed assets investment includes investment on infrastructure construction, vehicle purchase tax, post-disaster restoration and reconstruction funds and other financial investment. Government bonds at all levels should also be included.

(2) Domestic loans refer to loans of various forms borrowed by investing units from banks and non-bank financial institutions during the reference period for the purpose of investment in fixed assets, including loans issued by banks from their self-owned funds and deposit, loans appropriated by higher responsible authorities, special loans by government (including loan for substituting petroleum with coal, special loans for reform-through-labour coal mines), loans arranged by local government from special funds, domestic reserve loan, and revolving loan, etc.

(3) Foreign investment refers to overseas (including foreign countries, Hongkong, Macao and Taiwan)

funds received during the reference period (covering equipment, materials and technology), including foreign borrowings (loans from foreign governments and international financial institutions, export credit, commercial loans from foreign banks, issue of bonds and stocks overseas), foreign direct investment and other foreign investments (including funds from foreign direct investment income that are reinvested in fixed assets domestically). Excluded from this category is capital in foreign exchanges owned by China (foreign exchanges owned by the central and local governments, foreign exchanges retained by enterprises, foreign exchanges by enterprises through the regulating mechanism, loans in foreign exchanges issued by the Bank of China with its own fund, etc.). In calculating the utilization of foreign capital, foreign currencies are converted into Chinese Renminbi applying the exchange rate (central parity rate) at the end of the reference period.

(4) Self-raised funds refer to funds for investment in fixed assets received during the reference period by investing units, including investment in fixed assets using own funds of various enterprises and institutions or funds raised from other units other than financial funds, funds borrowed from financial institutions and overseas funds.

(5) Others refer to funds for investment in fixed assets received from sources other than those listed above, including funds raised from individuals and through donations, and funds transferred from other units.

Investment in Fixed Assets by Sector refers to the classification of investment by the nature of social economic activities the investing units are engaged in. The classification of construction projects by sector is determined by the major products or the purpose of the projects when they are put into production or use, and by the nature of their social economic activities, instead of being determined by industrial classification of the project enterprises. The project will be classified according to major product if there are several kinds of products yielded. In general, one project can only be classified into one sector.

Investment in Fixed Assets by Jurisdiction of Management refers to the classification of investment by the competent authorities under which investment is made by construction units, enterprises, institutions or administrative units.

(1) Central investment refers to the investment in projects or by enterprises, institutions or administrative units which are under the direct leadership and management of the State Council and of the national commissions, ministries, agencies and State-owned large corporations. Various ministries and departments of the State Council prepare and implement plans through unified organization or lower-level commissions, which include departments direct under central government (i.e. survey offices at all level of the National Bureau of Statistics) and enterprises and institutions directly under central government (like the Industrial and Commercial Bank of China, China Telecom and China National Petroleum Corporation)..

(2) Local investment refers to the investment in projects or by enterprises, institutions or administrative units which are under the direct leadership and management of competent departments and governments at the level of province (autonomous regions and municipalities directly under the Central Government), prefecture (prefectures, cities and leagues) and county (districts, cities and banners). Also included are projects by foreign-invested enterprises and enterprises without competent managing

authorities.

Investment in Fixed Assets by Type of Construction Construction projects in general can be classified, by the type of construction, into new construction, expansion, reconstruction and technical transformation, purely construction of living facilities, moving, restoration and purely purchasing. However, investment by type of construction is not applied to investment by real-estate development units and investment by rural households.

(1) New construction in general refers to construction projects, which start from scratch. The existing projects invested by enterprises, institutions and administrative agencies cannot be classified as new construction. In case the size of the existing unit is quite small, and the value of newly added fixed assets is more than three times of the original value, the expansion will be considered as new construction.

(2) Expansion refers to construction of new production workshop, branch factory or independent production line within a factory or in other locations, for the purpose of increasing the production capacity (or improving efficiency) or adding new production capacity by enterprises and institutions. Newly constructed accommodation for the operation of institutions and administrative organizations (such as newly constructed buildings for teaching in schools, buildings for clinics or wards in hospitals, etc.) are also classified as expansion.

Also included in expansion are investments by existing enterprises or institutions in building major production line(s) or branch factory (ies) along with some work on innovation, for the purpose of expanding the production capacity of original products or producing new products.

(3) Reconstruction and technical transformation refers to construction projects by existing enterprises or institutions in innovation or technical transformation of the old facilities (including auxiliary production equipment and welfare facilities). Also considered as reconstruction is the construction of new workshops by the existing enterprises or institutions to change the variety of products to meet the market demand (such as the production of civil products by defence industries), or to bring the designed production capacity into full play through a more balanced production process on production lines. Technical transformation refers to replacement of old technology or equipment by new technology or equipment, in order to expand the reproduction through improvement of technology contents in production, to improve product quality, to promote new products, to save energy, to reduce consumption, to expand the production scale and to improve overall social-economic efficiency. Contents of technical transformation include: updating of machinery, equipment and tools; reforming production process by using energy or materials saving technology; construction of factory workshops and transformation of public facilities; treatment transformation of “three wastes” (waste gas, waste water and industrial residue) aiming at environmental protection; improvement of working conditions and environment, etc.

Investment in Fixed Assets by Structure

(1) Construction refers to the construction of houses and buildings, also known as work volume of construction. This part of investment can only be achieved through construction activities, it is the major component of the total investment in fixed assets.

(2) Installation refers to the installation of various kinds of equipment and instruments, also known

as work volume of installation.

The value of equipment installed itself is not included in the value of installation projects.

(3) Purchase of equipment and instruments refers to the total value of equipment, tools, and instruments purchased or self-produced which come up to the cut-off point for fixed assets during the reference period. Equipment, tools and instruments purchased or self-produced for new workshops by newly established or expanded units are categorized as "purchase of equipment and instruments" no matter whether they come up to the cut-off point for fixed assets.

(4) Other expenses refer to expenses arising during the construction or purchase of fixed assets other than those expenses on construction, installation and purchase of equipment and instruments. Other financial expenses arising in operation are not included.

Number of Projects under Construction refers to number of all projects with actual construction or installation activities in current year, including newly started projects, projects started previously and extended into the current year, projects completed and put into operation in current year, projects suspended previously and resumed in current year, and projects started this year but suspended or postponed in current year. The number of projects under construction can reflect the actual size of investment in fixed assets during a given period, and when compared with the number of projects completed and put into use during the same period, it demonstrates the results of investment in fixed assets from the angle of the speed of the construction.

Number of Projects Put into Use This Year refer to projects have completed the main construction and correspondent auxiliary facilities in accordance with the design documents, resulting in forming production capacity (efficiency) and have been checked and accepted after relevant tests, and have been formally delivered for use.

Newly Increased Production Capacity (or Project Efficiency) refers to the increase in design capacity (or project efficiency) through investment in fixed assets. The main indicators include: construction scale, scale of projects under construction in current year, the accumulated newly increased production capacity (project efficiency) since the start of the projects and the newly increased production capacity (project efficiency) of current year.

Construction Scale refers to the total designed production capacity (project efficiency) of the construction projects in accordance with the design document, including those have been put into operation and those that have not been completed.

Scale of Projects under Construction in Current Year refers to the designed production capacity (project efficiency) of a single project (or renovation project) under construction in the reference period, including the designed production capacity of projects that have been started previously and still under construction in the current year, the newly started projects, and projects that have been completed and put into operation in the reference period or those have been started but suspended or postponed in the reference period. Projects that have been completed and put into operation, suspended or postponed before the reference period, and projects that have not been officially started in the reference period are not included.

The Accumulated Newly Increased Production Capacity (project efficiency) since the Start of the Projects

refers to the accumulated newly increased production capacity of all the single projects which have been put into use from the beginning of the projects till the end of current year.

The Newly Increased Production Capacity (project efficiency) of Current Year refers to the production capacity (project efficiency) that has been completed and put into operation in current year according to the calculation conditions and standards on newly increased production capacity (project efficiency).

Newly Increased Fixed Assets refer to the value of fixed assets that has completed the construction and purchase, and has been delivered to the production or owner units, including investment in projects that have been completed and put into operation in current year and the investment in equipment, tools and appliance that meet the standard of fixed assets and fees that should be apportioned. This is an indicator that demonstrates the results of investment in fixed assets in monetary terms, and an important indicator to reflect the speed of construction and to calculate the efficiency of investment.

Rate of Construction Projects Completed and Put into Use refers to the ratio of the number of construction projects completed and put into use in a certain period of time to the number of projects under construction in the same period. This reflects the investment efficiency from the perspective of the speed of projects construction.

Rate of Projects of Fixed Assets Completed and Put into Operation refers to the ratio of the newly increased fixed assets to the total investment made in the same period. This is a comprehensive indicator reflecting the speed of the employment of fixed assets and the investment efficiency at the macro-level. As the newly increase fixed assets is the result of a long period while the investment is completed in the current year, this indicator is expected to be used to reflect the employment of fixed assets over a long period of time.

第十篇　对外经济贸易

CHAPTER 10　FOREIGN TRADE AND ECONOMIC COOPERATION

资料整理：张莹娣

10-1 对外经济贸易基本情况

FOREIGN TRADE ECONOMIC COOPERATION

指　标	Item	2010	2011	2012	2013	2014
货物进出口总额(人民币亿元)	**Total Value of Imports and Exports (RMB 100 million yuan)**	**1726.2**	**2487.3**	**2442.7**	**2407.9**	**2389.9**
出口总额	Total Exports	1102.1	1141.3	932.7	1005.2	1065.6
进口总额	Total Imports	624.1	1346.0	1510.7	1402.8	1324.3
进出口差额	Balance	477.9	-204.7	-578.1	-397.0	-258.7
货物进出口总额(亿美元)	**Total Value of Imports and Exports (USD 100 million)**	**255.0**	**385.1**	**378.2**	**388.8**	**389.0**
出口总额	Total Exports	162.8	176.7	144.4	162.3	173.4
初级产品	Primary Goods	9.1	10.0	8.8	9.6	9.7
工业制成品	Manufactured Goods	153.8	166.7	135.5	152.7	163.7
进口总额	Total Imports	92.2	208.4	233.9	226.5	215.6
初级产品	Primary Goods	57.9	183.2	190.9	182.2	175.4
工业制成品	Manufactured Goods	34.3	25.2	42.9	44.3	40.2
进出口差额	Balance	70.6	-31.7	-89.5	-64.1	42.2
实际使用外资额(亿美元)	**Total Amount of Foreign Investment Actually Utilized (USD 100 million)**	**27.6**	**34.6**	**39.9**	**46.4**	**51.6**
#对外借款	#Foreign Loans	1.0	2.1	0.9	0.3	0.7
外商直接投资	Foreign Direct Investments	26.6	32.5	39.0	46.1	50.9
外商直接投资合同项目(个)	**Number of Projects for Contracted Foreign Direct Investment (unit)**	**147**	**131**	**98**	**86**	**102**
外商直接投资合同金额(亿美元)	**Contract Value of Projects for Contracted Foreign Direct Investment (USD 100 million)**	**28.7**	**35.2**	**39.0**	**51.5**	**61.4**
外资企业基本情况	**Registered Foreign-funded Enterprises**					
年底登记户数(户)	Number of Registered Enterprises (household)	5814	5426	5039	4924	5016
投资总额(亿美元)	Total Investment (USD 100 million)	196.2	209.4	222.5	227.9	239.8
注册资本(亿美元)	Registered Capital (USD 100 million)	120.5	122.5	127.9	131.1	143.4
#外方	Capital from Foreign Investors	90.7	92.3	94.5	96.1	109.5

注：进出口总额1993年以前为对外贸易经济合作厅数据，1993年起为哈尔滨海关数据，未包括石油出口业务（下同）。

Note: The data of total value of imports and exports were provided by Department of Foreign Trade and Economic Cooperation prior to 1993. Since 1994, the data were provided by Harbin CIQ expecting exports of petroleum. The same as following tables.

10-2 货物进出口总额

TOTAL VALUE OF IMPORTS AND EXPORT

年 份 Year	人民币(亿元) (RMB 100 million yuan)				美元(亿元) (USD 100 million)			
	进出口总额 Total Value of Imports and Exports	出口总额 Total Exports	进口总额 Total Imports	进出口差额 Balance	进出口总额 Total Value of Imports and Exports	出口总额 Total Exports	进口总额 Total Imports	进出口差额 Balance
1957	2.6	2.6			0.8	0.8		
1965	0.6	0.6			0.2	0.2		
1970	0.5	0.5			0.2	0.2		
1975	1.3	1.3			0.7	0.7		
1978	0.8	0.8			0.5	0.5		
1979	1.2	1.2			0.7	0.7		
1980	1.9	1.5	0.5	1.0	1.3	1.0	0.3	0.7
1981	2.7	2.3	0.4	1.8	1.6	1.3	0.3	1.1
1982	3.8	3.3	0.5	2.9	2.0	1.7	0.2	1.5
1983	6.5	5.4	1.1	4.3	3.3	2.7	0.5	2.2
1984	10.0	7.9	2.1	5.8	4.3	3.4	0.9	2.5
1985	15.0	12.1	2.9	9.3	5.1	4.1	1.0	3.2
1986	28.0	21.2	6.7	14.5	8.1	6.2	2.0	4.2
1987	35.8	30.2	5.6	24.6	9.6	8.1	1.5	6.6
1988	46.2	34.9	11.3	23.6	12.4	9.4	3.0	6.3
1989	53.2	38.7	14.5	24.2	14.1	10.3	3.9	6.4
1990	71.4	52.0	19.4	32.6	14.9	10.9	4.1	6.8
1991	107.4	73.3	34.1	39.2	20.2	13.8	6.4	7.4
1992	158.9	101.0	57.9	43.1	28.8	18.3	10.5	7.8
1993	190.1	97.2	92.9	4.3	33.0	16.9	16.1	0.7
1994	209.1	107.0	102.1	4.9	24.3	12.4	11.8	0.6
1995	199.3	97.4	101.9	-4.5	23.9	11.7	12.2	-0.5
1996	203.6	90.0	113.7	-23.7	24.5	10.8	13.7	-2.9
1997	204.2	108.4	95.8	12.6	24.6	13.1	11.6	1.5
1998	166.4	75.0	91.4	-16.4	20.1	9.1	11.0	-2.0
1999	181.4	78.7	102.7	-24.1	21.9	9.5	12.4	-2.9
2000	247.2	120.1	127.1	-7.0	29.9	14.5	15.4	-0.8
2001	280.2	133.4	146.7	-13.2	33.9	16.1	17.7	-1.6
2002	360.1	164.7	195.3	-30.6	43.5	19.9	23.6	-3.7
2003	441.2	237.5	203.6	33.9	53.3	28.7	24.6	4.1
2004	562.0	304.6	257.4	47.2	67.9	36.8	31.1	5.7
2005	783.9	497.2	286.7	210.5	95.7	60.7	35.0	25.7
2006	1025.2	672.8	352.4	320.5	128.6	84.4	44.2	40.2
2007	1315.5	933.0	382.5	550.5	173.0	122.7	50.3	72.4
2008	1590.4	1150.8	438.9	711.9	229.0	165.7	63.2	102.5
2009	1108.0	688.6	419.4	268.5	162.2	100.8	61.4	39.3
2010	1726.2	1102.1	624.1	477.9	255.0	162.8	92.2	70.6
2011	2487.3	1141.3	1346.0	-204.7	385.1	176.7	208.4	-31.7
2012	2442.7	932.7	1510.7	-578.1	378.2	144.4	233.9	-89.5
2013	2407.9	1005.2	1402.8	-397.0	388.8	162.3	226.5	-64.1
2014	2389.9	1065.6	1324.3	-258.7	389.0	173.4	215.6	-42.2

10-3 海关货物进出口总额

TOTAL VALUE OF IMPORTS AND EXPORTS (CUSTOMS STATISTICS)

单位：万美元　(USD 10000)

指　标	Item	进出口总额 Total Value of Imports and Exports				
		2010	2011	2012	2013	2014
总　额	**Total**	**2550382**	**3851290**	**3782146**	**3887785**	**3890037**
一般贸易	General Trade	1780608	2958313	2747141	2797929	2813390
国家间、国际组织无偿援助和赠送	Donation of Countries and International	9	19	17	2	123
其他境外捐赠物资	Others Donation of Overseas Chinese	28	1	3		
补偿贸易	Compensation Trade					
来料加工装配贸易	Processing and Assembling with Customer's Materials	32072	23585	21673	22185	28306
进料加工贸易	Processing and Assembling with Import Materials	40446	43759	55153	58434	57050
边境小额贸易	Little Amount Trade on the Borders	501833	644626	781881	788680	733550
对外承包工程出口货物	Export Goods of Contracted Projects with Foreign Countries or Territories	83382	92021	38646	34771	46632
外商投资企业作为投资进口的设备、物品	Import Equipments and Goods of Foreign-Funded Enterprises	2008	1286	2888	3763	858
易货贸易	Barter Trade	7	2			
保税监管场所进出境货物	Inbound and Outbound Goods in Bonded Supervision Places	39815	23603	43094	16110	23578
其　他	Others	70175	64075	91650	165912	186550

10-3 续表 CONTINUED

单位：万美元　(USD 10000)

指　标	Item	出口总额 Total Exports				
		2010	2011	2012	2013	2014
总　额	**Total**	**1628176**	**1767264**	**1443614**	**1623159**	**1734041**
一般贸易	General Trade	1108255	1250601	886248	901301	961859
国家间、国际组织无偿援助和赠送	Donation of Countries and International		19	17	2	119
其他境外捐赠物资	Others Donation of Overseas Chinese	6	1	2		
补偿贸易	Compensation Trade					
来料加工装配贸易	Processing and Assembling with Customer's Materials	19310	13441	12951	12414	12431
进料加工贸易	Processing and Assembling with Import Materials	32658	32335	41464	47376	43796
边境小额贸易	Little Amount Trade on the Borders	309978	311731	366719	460230	479782
对外承包工程出口货物	Export Goods of Contracted Projects with Foreign Countries or Territories	83382	92021	38646	34771	46632
外商投资企业作为投资进口的设备、物品	Import Equipments and Goods of Foreign-Funded Enterprises					
易货贸易	Barter Trade	7	2			
保税监管场所进出境货物	Inbound and Outbound Goods in Bonded Supervision Places	5017	3912	7265	2056	4843
其　他	Others	69563	63200	90302	165009	184579

10-4 海关分国家(地区)货物进出口总额

TOTAL VALUE OF IMPORTS AND EXPORTS BY COUNTRIES AND TERRITORIES (CUSTOMS STATISTICS)

单位：万美元 (USD 10000)

国家（地区）	Countries(Territories)	进出口总额 Total Value of Imports and Exports		出口总额 Total Exports		进口总额 Total Imports	
		2013	2014	2013	2014	2013	2014
总　额	**Total**	**3887785**	**3890037**	**1623159**	**1734041**	**2264626**	**2155996**
亚　洲	**Asia**	**738069**	**631236**	**508852**	**469690**	**229216**	**161545**
阿富汗	Afghanistian	48	39	48	39		
巴　林	Bahrain	2725	1107	2725	1107		
孟加拉国	Bangladesh	5507	4653	5507	4653		
不　丹	Bhutan	26	16	26	16		
文　莱	Brunei	4007	5354	4007	5354		
缅　甸	Myanmar	1552	10243	1552	5204		5038
柬埔寨	Cambodia	1483	846	1483	595		251
塞浦路斯	Cyprus	725	483	725	483		
中国香港	Hong Kong, China	58627	22641	58447	21979	180	662
印　度	India	60617	49915	60389	48889	228	1025
印度尼西亚	Indonesia	41648	41640	34962	41168	6686	472
伊　朗	Iran	6799	7111	6451	6969	349	143
伊拉克	Iraq	73982	43576	16977	6135	57005	37442
以色列	Israel	5350	2934	4376	2641	975	293
日　本	Japan	43368	37177	28362	22545	15006	14633
约　旦	Jordan	2542	2401	2542	2401		
科威特	Kuwait	12118	15669	1972	1599	10145	14071
老　挝	Laos	820	37	820	37		
黎巴嫩	Lebanon	4946	1641	4946	1641		
中国澳门	Macao, China	1880	59	1880	59		
马来西亚	Malaysia	61195	55396	57377	53808	3818	1588
马尔代夫	Maldives	132	82	132	82		
蒙　古	Mongolia	8746	13722	8637	9552	108	4170
尼泊尔	Nepal	8	36	3	32	5	4
阿　曼	Oman	30222	21626	4335	796	25887	20830
巴基斯坦	Pakistan	9112	4983	9083	4954	29	29
巴勒斯坦	Palestine	234	53	234	53		
菲律宾	Philippines	8366	6065	7890	5242	476	823
卡塔尔	Qatar	2396	1732	2352	1725	45	6
沙特阿拉伯	Saudi Arabia	71179	51476	15135	16158	56044	35318
新加坡	Singapore	37375	42332	33106	40956	4268	1376
韩　国	Republic of Korea	43782	43816	32747	28046	11035	15770
斯里兰卡	Sri Lanka	2392	1894	2392	1894		
叙利亚	Syria	1158	1163	1158	1163		
泰　国	Thailand	13675	30706	11139	28090	2536	2615
土耳其	Turkey	6886	14027	6771	13601	115	426
阿拉伯联合酋长国	United Arab Emirates	43061	12430	26857	12430	16204	
也门共和国	Arab Republic of Yemen	13138	683	1761	683	11377	
越　南	Viet Nam	16381	44348	16151	43902	231	446
中国台湾	Taiwan, China	13556	14529	11162	13115	2394	1415
东帝汶	East Timor	15		15			
哈萨克斯坦	Kazakhstan	7820	6140	5871	5362	1949	778
吉尔吉斯	Kirghizia	128	97	128	97		
塔吉克斯坦	Tadzhikistan	96	39	96	39		
土库曼斯坦	Turkmenistan	1177	755	1177	555		200
乌兹别克斯坦	Uzbekistan	1559	1926	1559	1926		

注：亚洲差额部分为政策性进出口。
Note: The part balance of Asian is policy imports and exports.

10-4 续表1 CONTINUED

单位：万美元 (USD 10000)

国家（地区）	Countries(Territories)	进出口总额 Total Value of Imports and Exports		出口总额 Total Exports		进口总额 Total Imports	
		2013	2014	2013	2014	2013	2014
非 洲	**Africa**	**181368**	**252286**	**73534**	**71854**	**107833**	**180432**
阿尔及利亚	Algeria	2686	984	2686	984		
安哥拉	Angola	98360	99671	3158	10090	95202	89581
贝 宁	Benin	1871	1270	1871	1270		
博茨瓦那	Botswana	75	61	75	61		
布隆迪	Burundi	143		143			
喀麦隆	Cameroon	822	10266	822	894		9372
佛得角	Cape Verde	48	16	48	16		
中 非	Central Africa	3				3	
乍 得	Chad	949	85	949	85		
科摩罗	Comoro	16	125	16	125		
刚 果	Congo	11753	36038	110	173	11643	35865
吉布提	Djibouti	2137	368	2137	368		
埃 及	Egypt	5710	4571	5709	4561	1	9
赤道几内亚	Eq. Guinea	78	41686	78	71		41616
埃塞俄比亚	Ethiopia	184	415	180	415	3	
加 蓬	Gabon	129	121	129	118		3
冈比亚	Gambian	68	6	67	6	1	
加 纳	Ghana	2881	2734	2881	2734		
几内亚	Guinea	1190	526	1190	526		
几内亚(比绍)	Guinea	2		2			
科特迪瓦	Cote D' Ivoir	347	868	347	867		1
肯尼亚	Kenya	4002	3272	3952	3223	50	50
利比里亚	Liberia	66	17	66	16		1
利比亚	Libya	762	569	762	569		
马达加斯加	Madagascar	781	577	714	428	67	149
马拉维	Malawi	571	104	571	104		
马 里	Mali	257	68	257	68		
毛里塔尼亚	Mauritania	88	1896	88	136		1760
毛里求斯	Mauritius	376	602	376	602		
摩洛哥	Morocco	2386	1015	2385	1014		
莫桑比克	Mozambique	1997	6726	1826	6726	171	
纳米比亚	Namibia	148	134	148	134		
尼日尔	Niger	87	311	87	15		296
尼日利亚	Nigeria	9017	14591	9017	14591		
留尼汪	Reunion	25		25			
卢旺达	Rwanda	10	5	10	5		
圣多美和普林西比	Sao Tome and Purin	2		2			
塞内加尔	Senegal	693	2693	693	2693		
塞舌尔	Seychelles	12	20	12	20		
塞拉利昂	Sierra Leone	39	19	39	19		
索马里	Somalia	13	965	13	17		948
南 非	South Africa	16007	5678	15828	5624	179	54
苏 丹	Sudan	7370	5671	6903	4949	467	722
坦桑尼亚	Tanzania	1694	4118	1674	4114	20	4
多 哥	Togo	3147	2500	3147	2500		1
突尼斯	Tunisia	982	299	962	298	20	2
乌干达	Uganda	670	57	670	57		
布基纳法索	Burkina Faso	11	6	11	6		
刚果(金)	Congo	130	344	126	344	4	
赞比亚	Zambia	205	81	205	81		
津巴布韦	Zimbabwe	54	27	54	27	1	
莱索托	Lesotho	33	45	33	45		
斯威士兰	Swaziland		13		13		
厄立特里亚	Eritrea		1		1		
马约特岛	Ma Yuete Island	282		282			
南苏丹共和国	Republic of South Sultan	185	51	185	51		

10-4 续表2 CONTINUED

单位：万美元 (USD 10000)

国家（地区）	Countries(Territories)	进出口总额 Total Value of Imports and Exports		出口总额 Total Exports		进口总额 Total Imports	
		2013	2014	2013	2014	2013	2014
欧　洲	**Europe**	**2477993**	**2523720**	**835924**	**1006760**	**1642069**	**1516960**
比利时	Belgium	9046	11833	7640	9447	1406	2386
丹　麦	Denmark	3040	3635	2218	2361	822	1274
英　国	United Kingdom	28305	23451	22223	17140	6082	6311
德　国	Germany	54375	52069	24742	22475	29633	29594
法　国	France	32147	21350	11023	6860	21124	14490
爱尔兰	Ireland	9243	4942	256	158	8987	4783
意大利	Italy	18915	13680	12324	6219	6591	7461
卢森堡	Luxemburg	465	324	92	14	373	310
荷　兰	Netherlands	27739	18228	25784	15292	1955	2936
希　腊	Greece	1126	2218	1123	2217	3	2
葡萄牙	Portugal	1791	1695	1631	1597	160	99
西班牙	Spain	12344	12733	7697	7501	4647	5232
阿尔巴尼亚	Albania	141	90	141	89		1
奥地利	Austria	1773	959	455	150	1317	809
保加利亚	Bulgaria	1035	662	1035	625		37
芬　兰	Finland	1538	1089	1459	977	79	112
匈牙利	Hungary	429	462	271	118	158	345
冰　岛	Iceland	35	3	16	3	18	
马耳他	Malta	2629	1059	2629	1059		
摩纳哥	Monaco	20	4	20	3		1
挪　威	Norway	829	1371	739	1106	90	265
波　兰	Poland	10384	4290	7702	2926	2682	1363
罗马尼亚	Romania	1197	824	1000	637	197	186
瑞　典	Sweden	6633	6510	4275	1432	2358	5078
瑞　士	Switzerland	4768	2296	423	144	4345	2152
爱沙尼亚	Estonia	149	72	144	36	6	37
拉脱维亚	Latvia	591	424	591	424		1
立陶宛	Lithuania	606	476	597	403	9	73
格鲁吉亚	Georgia	354	162	352	162	1	
亚美尼亚	Armenia	55	64	37	64	17	
阿塞拜疆	Azerbaijan	443	883	146	162	297	721
白俄罗斯	Byelorussia	3107	3564	550	2101	2557	1462
摩尔多瓦	Moldova	66	47	20	3	46	43
俄罗斯联邦	Russia	2236452	2328318	690904	900346	1545548	1427972
乌克兰	Ukraine	2803	1871	2648	1182	155	689
斯洛文尼亚共和国	Republic of Slovenia	1720	614	1712	562	8	52
克罗地亚共和国	Republic of Croatia	551	267	537	266	14	
捷克共和国	Republic of Czech	698	871	388	270	311	601
斯洛伐克共和国	Republic of Slovakia	298	207	227	126	71	81
前南马其顿	FYROM	1		1			
波斯尼亚--黑塞哥维那	Bosnia and Herzegovina	5	2	2		2	2
塞尔维亚	Serbia	74	42	74	42		
黑山	Montenegro	75	60	75	60		

10-4 续表3 CONTINUED

单位：万美元 (USD 10000)

国家（地区）	Countries(Territories)	进出口总额 Total Value of Imports and Exports		出口总额 Total Exports		进口总额 Total Imports	
		2013	2014	2013	2014	2013	2014
拉丁美洲	**Latin America**	**191673**	**174858**	**58850**	**50403**	**132823**	**124455**
安提瓜和巴布达	Antigua and Barbuda		1		1		
阿根廷	Argentina	10210	24749	3837	1518	6374	23231
阿鲁巴岛	Arubaisland	5	15	5	15		
巴哈马	Bahamas	62	104	62	104		
巴巴多斯	Barbados	1	3	1	3		
伯利兹	Belize	6	30	6	30		
多民族玻利维亚国	Bolivia	42	4	42	4		
巴　西	Brazil	138236	94714	15488	10012	122748	84702
智　利	Chile	9096	8515	8759	8258	337	257
哥伦比亚	Colombia	1907	11441	1903	2327	4	9114
多米尼克	Dominica		15		15		
哥斯达黎加	Costa Rica	228	325	228	325		
古　巴	Cuba	271	950	271	950		
库腊索岛	Curacao	3		3			
多米尼加共和国	Dominican Republic	199	96	196	96	2	
厄瓜多尔	Ecuador	4662	10127	4662	10127		
格林纳达	Grenada	1		1			
瓜德罗普岛	Guadeloupe	2		2			
危地马拉	Guatemala	283	872	283	872		
圭亚那	Guyana	1212	807	1115	296	96	511
海　地	Haiti	49	71	49	71		
洪都拉斯	Honduras	1269	34	1269	34		
牙买加	Jamaica	756	469	756	469		
马提尼克岛	Martinique	8		8			
墨西哥	Mexico	6213	7028	5891	5960	322	1068
尼加拉瓜	Nicaragua	53	354	53	354		
巴拿马	Panama	4895	2453	4895	2453		
巴拉圭	Paraguay	309	223	309	223		
秘　鲁	Peru	6426	3966	6050	3966	376	
波多黎各	Puerto Rico	39	61	39	61		
圣卢西亚	Saint Lucia	9	73	9	73		
圣文森特和格林纳丁斯	Saint Vincent and the Grenadines	8		8			
萨尔瓦多	El Salvador	108	197	108	197		
苏里南	Surinam	127	66	127	44		22
特立尼达和多巴哥	Trinidad and Tobago	61	66	61	66		
乌拉圭	Uruguay	3431	6119	868	572	2563	5547
委内瑞拉	Venezuela	1488	893	1488	892		1
荷属安地列斯群岛	Netherlands Antilles		15		15		
圣其茨-尼维斯	St. Its Heights - Nevis	1				1	
北美洲	**North America**	**222038**	**238703**	**100577**	**100562**	**121461**	**138142**
加拿大	Canada	26242	23744	15058	11508	11184	12236
美　国	United States	195746	214959	85519	89054	110227	125905
格陵兰	Kalaallit Nunaat	49				49	
大洋洲	**Oceania**	**76436**	**69194**	**45236**	**34775**	**31200**	**34420**
澳大利亚	Australia	56642	45924	43298	32478	13343	13445
斐　济	Fiji	204	65	204	65		
新喀里多尼亚	New Gredonia	16	5	16	5		
瓦努阿图	Venoato	16	1	16	1		
新西兰	New Zealand	19272	22948	1421	1975	17851	20974
巴布亚新几内亚	Papua New Guinea	222	230	222	230		
所罗门群岛	Solomon Islands	22	2	22	2		
汤　加	Tonga	17	18	17	18		
萨摩亚	Samoa	17		17			
帕劳共和国	Republic of Palau	2	1	1		1	1
法属波利尼西亚	French Polynesia	5		1		4	

10-5 海关主要商品出口数量和金额

MAIN EXPORT COMMODITIES IN VOLUME AND VALUE (CUSTOMS STATISTICS)

指 标	Item	数 量 Volume		金额（万美元） Value (USD 10000)	
		2013	2014	2013	2014
肉及杂碎(吨)	Meat and Offal (ton)		4234		2954
猪肉(吨)	Pork(ton)	1475	2003	492	789
水海产品(吨)	Aquatic Products(ton)	16451	7066	2096	938
谷物及谷物粉(万吨)	Cereals and Cereals Flour(10000 tons)	5	4	3620	3202
#稻谷和大米	#Paddy and Rice	5	4	3588	3102
蔬菜(万吨)	Vegetables(10000 tons)	26	31	15923	20667
鲜、干水果及坚果(万吨)	Fruits and Nuts(10000 tons)	13	12	14833	15225
食用油籽(万吨)	Seeds of Edible Oil(10000 tons)	6	4	8248	4246
食用植物油(吨)	Edible Vegetable Oil(ton)	5411	17538	872	2472
烘焙花生(吨)	Baked Peanuts (ton)	335	94	63	17
辣椒干(吨)	Dried Capsicum(ton)	1901	3119	485	885
番茄酱(吨)	Ketchup(ton)	6	14	1	3
蘑菇罐头(吨)	Canned Mushroom(ton)	1827	1237	763	450
啤酒(万升)	Beer(10000 liters)	294	320	251	266
肠衣(吨)	Casings(ton)	1975	1966	2127	2114
填充用羽毛、羽绒(吨)	Feathers and Dawn for Stuffing(ton)	18		72	
中药材及中式成药(吨)	Medical Materials(ton)	5507	1406	3621	1130
烤烟(吨)	Flue-cured Tobacco(ton)	3660	2976	1534	1080
肥料(吨)	Chemical Fertilizers,Manufactured(Actual Weight)(ton)	550615	112201	16574	31928
锯材(立方米)	Wood Sawn (cu.m)	30654	27669	2670	2154
胶合板及类似多层板(立方米)	Plywood and Similar Products(cu.m)	39096	38245	4208	4756
印刷品(吨)	Printed Matter(ton)	4533	2944	3672	2277
生丝(吨)	Raw Silk(ton)	1	1	4	8
黏土及其他耐火矿物(吨)	Saggars and Other Fire-resistant Mineral(ton)	387510	95553	5894	1895
煤及褐煤(万吨)	Coal and Lignite(10000 tons)	0.0007	0.5	0.2	68
成品油(吨)	Refined Oil(ton)	888	210	213	97
石蜡(吨)	Paraffin Wax(ton)	34949	33444	4729	4438
医药品(吨)	Medical and Pharmaceutical Products(ton)	4295	4727	8927	8306
新的充气橡胶轮胎(万条)	Rubber Tyres(10000 units)	45	86	1513	2898
家用或装饰用木制品(吨)	Wood for Household Use or Decorate(ton)	54870	56657	4324	4354
纸及纸板(吨)	Paper and Paperboard(ton)	20799	18773	6419	6740
纺织纱线、织物及制品	Yarns, Fabrics and Products			123894	118164
棉纱线(吨)	Cotton Yarn(ton)	1648	1577	282	284
丝织物	Silk Fabrics			32	11
毛纺机织物(万米)	Wool Textile(10000 meters)			49	23
棉机织物(万米)	Cotton Textile(10000 meters)			428	1655
亚麻及苎麻机织物(万米)	Textile of Flax and Ramee(10000 meters)	1533	1888	4464	5684
地 毯(万平方米)	Carpets (10000 sq.m)	125	125	1045	1200
塑料编织袋(万条)	Bags of PP or PE Strip(10000 items)	48438	47076	8001	7680
水泥及水泥熟料(吨)	Cement and Cement Clinker(ton)	102066	112195	745	1138
花岗岩石材及制品(吨)	Granite Material and Products(ton)	48780	34532	3095	2005
平板玻璃(万平方米)	Plate Glass(10000 sq.m)	792	309	2367	1004
玻璃制品	Glass Products			11733	7562
生铁及镜铁(吨)	Pig Iron and Spiegeleisen(ton)	0.08		0.02	
钢材(吨)	Rolled Steel(ton)	436904	388356	38384	35822
未锻造的铜及铜材(吨)	Unwrought Copper and Copper(ton)	442	172	377	238
未锻造的铝及铝材(吨)	Unwrought Aluminum and Aluminous Material(ton)	5471	4885	2120	2053
钢铁或铜制标准紧固件(吨)	Iron and Steel Nails, Bolts, etc.(ton)	20360	5543	3192	1891
不锈钢厨具、餐具等家用器皿(吨)	Household Utensils Made of Stainless Steel(ton)	414	4435	147	5469

10-5 续表 CONTINUED

指 标	Item	数 量 Volume 2013	数 量 Volume 2014	金额（万美元）Value (USD 10000) 2013	金额（万美元）Value (USD 10000) 2014
餐桌、厨房及其他家用搪瓷(吨)	Enamelware (Table, Kitchen, etc.)(ton)	444	94	89	146
手用或机用工具(吨)	Hand Tools and Tools for Machines(ton)	6959	4508	4198	5469
电扇(万台)	Fans(10000 sets)	24	46	990	1366
纺织机械及零件	Textile Machinery			721	1417
电子计算器(万台)	Electric Calculator(10000 sets)	297	212	1057	937
自动数据处理设备及其部件(万台)	ADP Equipments(10000 units)	530	299	3207	1524
自动数据处理设备的零件(吨)	Hardwares of ADP Equipments(ton)	412	247	648	421
轴承(万套)	Axletrees(10000 units)	1118	1578	2029	2795
电动机及发电机(万台)	Electric Motors and Generators(10000 sets)	3	69	697	1500
静止式变流器(万个)	Static Converters(10000 units)	2161	1598	7237	5828
蓄电池(万个)	Electric Accumulators(10000 units)	51	663	8941	6983
扬声器(万个)	Loudspeakers(10000 units)	18	221	365	1853
录、放像机(万台)	Video Tape Recorders(10000 sets)	25	48	765	1427
声音录制或重放设备(万台)	Sound Recording Apparatus(10000 sets)	8	85	91	1997
收音设备(万台)	Radio Equipment(10000 sets)	543	207	5414	1808
录放音、像机及唱机的零附件(吨)	Parts of Tape Recorders and Phonograph(ton)			449	238
印刷电路(万块)	Printed Circuits(10000 sets)	251	433	353	301
通断保护电路装置及零件(吨)	Electrical Apparatus for Switching or Protecting Electrical Circuits(ton)			4005	5942
二极管及类似半导体器件(万个)	Diodes and Hardwares Resembled Semiconductors(10000 units)	5724	85004	1566	4876
集成电路(万个)	Integrated Circuits(10000 sets)	1992	1705	253	166
电线和电缆(吨)	Electrical wires and Cables(ton)	2354	3960	2789	4216
汽车(包括整套散件)(辆)	Vehicles(including complete Spare Parts)(cars)	11293	2777	16278	8831
汽车零件	Parts of Motor Vehicles			13150	18090
摩托车及自行车的零件	Parts of Motorcycles and Bicycles			4931	5278
手表(万只)	Wrist Watches(10000 units)	749	844	1344	1677
医疗仪器及器械	Medical Instruments and Appliances			1245	1395
日用钟(万只)	Clocks(10000 units)	529	257	4070	2235
家具及其零件	Furniture			72017	58088
床垫、寝具及类似品	Mattresses, Bedclothing and Similar Articles			3955	2820
灯具、照明装置及类似品	Lamps and Lanterns, Lighting Sets and Similar Articles			42890	117498
箱包及类似容器	Bags and similar containers			74172	50973
服装及衣着附件	Garments and Affix of Clothing			324367	342497
#织物制服装	#Knitted and Crocheted Garments			242741	256201
皮革服装(万件)	Leather Garments(10000 pairs)	43	90	1732	5599
裘皮服装(吨)	Furry Garments(ton)	46	15	2927	540
皮革手套(万双)	Leather Gloves(10000 pairs)	462	733	2074	4944
织物制手套(万双)	Knitted and Crocheted Gloves(10000 pairs)	4211	6988	2368	4414
织物制袜子(万双)	Knitted and Crocheted Stockings(10000 pairs)	8815	5341	6718	4209
帽类(万个)	Headgear(10000 units)	8002	6813	23777	23326
鞋类	Footwear			107410	120482
#鞋(万双)	#Shoes(10000 pairs)	7289	6081	69078	97225
塑料制品(吨)	Plastic Articles(ton)	52117	40152	49079	41387
玩具	Toys			227	219
游戏机及零件(吨)	Game Machines and Parts(ton)		1151		2263
圣诞用品(吨)	Articles for Christmas Day(ton)	4466	5462	4866	10863
足球、篮球、排球(万个)	Footballs, Basketballs and Volleyballs(10000 units)	182	132	1053	871
伞(万把)	Umbrellas(10000 units)	436	741	2859	5771
柳编结品(吨)	Wickerwork(ton)	314	420	121	141
农产品	Farm Produce			89773	95879
机电产品	Mechanical and Electrical Products			479407	562115
高新技术产品	High and New-tech Products			29554	33637

10-6 海关主要商品进口数量和金额

MAIN IMPORT COMMODITIES IN VOLUME AND VALUE (CUSTOMS STATISTICS)

指　标	Item	数　量 Volume		金额（万美元） Value (USD 10000)	
		2013	2014	2013	2014
冻鱼(吨)	Frozen Fishes(ton)	3273	259	458	53
鲜、干水果及坚果(吨)	Fresh, Dried Fruit and Nuts(ton)	3477	9535	547	1834
粮食(万吨)	Grain(10000 tons)	299	357	174786	196299
谷物及谷物粉(吨)	Cereals and Cereal Powder(ton)	77820	110734	3123	3908
大麦(吨)	Barley(ton)	29530		999	
大豆(吨)	Soybean(ton)	2907805	3458842	171620	192333
酒类(万升)	Alcohol(10000 liters)	352	537	577	654
啤酒(万升)	Beer(10000 liters)	288	458	225	293
葡萄酒(万升)	Wine(10000 liters)	50	49	283	219
饲料用鱼粉(吨)	Feeding Fishmeal(ton)	2155		376	
天然橡胶(包括胶乳)(吨)	Caoutchouc(ton)	2036	2218	567	465
合成橡胶(包括胶乳)(吨)	Synthetic Rubber(ton)	19705	12891	5640	3270
原木(万立方米)	Logs(10000 cu. m)	457	521	64830	73291
锯材(万立方米)	Wood Sawn(10000 cu. m)	157	151	31776	31020
纸浆(吨)	Paper Pulp(ton)	306585	350381	19056	22411
铁矿砂及其精矿(万吨)	Iron Ore and Concentrates(10000 tons)	497	419	61458	41326
锰矿砂及其精矿(吨)	Manganese Ores(ton)	101		1	
煤及褐煤(万吨)	Coal and Lignite(10000 tons)	434	327	35884	21204
原油(万吨)	Crude Oil(10000 tons)	1934	1972	1536109	1483492
成品油(万吨)	Petroleum Products Refined(10000 tons)	21	8	15638	7675
苯乙烯(吨)	Styrene(ton)	5925	6834	940	1033
医药品(吨)	Pharmaceutical Products(ton)	74	65	285	323
肥料(万吨)	Manufactured Fertilizers(10000 tons)	127	86	47095	26335
聚合物油漆及清漆(吨)	Polymer Paint or Varnish(ton)	92	328	64	148
初级形状的塑料(吨)	Plastic in Primary Form(ton)	23872	26829	3571	4108
纸及纸板(吨)	Paper and Paperboard(ton)	50594	50339	3278	3406
涂布纸(吨)	Coated paper(ton)	306	197	101	105
棉机织物(万米)	Cotton Textiles(10000 meters)			9	
合成纤维长丝机织物(万米)	Synthetic Fibers Silk Knit Goods(10000 meters)	101	2	111	2
服装及衣着附件	Apparel and Clothing Accessories			935	483
玻璃纤维(吨)	Fiberglass(ton)	589	5	155	87
废钢(吨)	Scrap Steel(ton)	2365		151	
钢坯及粗锻件(吨)	Billet and Crude Forgings(ton)	1		5	
钢材(吨)	Rolled Steel(ton)	27817	18105	8639	13971
钢铁制标准坚固件(吨)	Steely Nails, Bolts, etc. (ton)	311	213	454	267
未锻造的铜及铜材(吨)	Unwrought Copper and Copper(ton)	670	464	685	600
未锻造的铜(吨)	Unwrought Copper(ton)	183	4	64	2
铜材(吨)	Rolled Copper(ton)	487	460	622	598

10-6 续表 CONTINUED

指　标	Item	数　量 Volume		金额（万美元）Value (USD 10000)	
		2013	2014	2013	2014
未锻造的铝及铝材(吨)	Unwrought Aluminum and Aluminum(ton)	321	100	150	98
未锻造的铝(吨)	Unwrought Aluminum(ton)	216		38	
铝材(吨)	Aluminum(ton)	104	100	112	98
钢铁或铝制结构及其部件(吨)	Steel and Aluminum Structure or Parts(ton)	124	53	63	10
活塞式内燃机的零件(吨)	Parts of Gas Engine with Piston(ton)	187	23	339	179
液泵及液体提升机(台)	Liquid Pumps and Machines with Liquid Exaltation(set)	3872	3453	878	330
非家用型水的过滤、净化机(台)	Depurative Machineries or Filters for Water(set)	67	200	146	99
机械提升搬运设备及零件	Portage, Load and Unload Equipment and Accessories with Machine Exaltation			661	371
建筑及采矿用机械及零件	Construction and Mining Machinery and Parts			693	848
食品加工机械及零件	Food Processing Machinery and Parts			528	1220
制造纸及制品用机械及零件	Paper and Related Products Manufacturing Machinery and Parts			19	220
印刷、装订机械及零件	Printing, Bookbinding Machinery and Parts			50	5
纺织机械及零件	Textile Machinery and Parts			369	239
金属加工机床(台)	Machine Tools for Processing Metals(set)	330	266	5788	2881
金属轧机及零件	Metal Rolling Mill and Accessories			255	283
橡胶或塑料加工机械及零件	Rubber or Plastic Processing Machinery and Parts			519	689
型模及金属铸造用型箱(吨)	Models and Patterns(ton)			575	818
阀门(万套)	Valves(10000 sets)	3	3	6730	7496
自动数据处理设备及其部件(台)	ADP Equipments(set)	1388	4324	425	251
自动数据处理设备的零件(吨)	Parts of ADP Equipments(ton)	0.1	0.1	2	11
电动机及发电机(台)	Electric Motors and Generators(set)	7659	4699	2584	2191
变压、整流、电感器及零件	Transformers, Rectifiers, Inductances and Accessories			1623	815
无线电导航雷达及遥控设备(台)	Radio Navigation Radar and Remote Control Equipment	26	32	52	34
电容器(吨)	Capacitors(ton)	70	14	133	44
电阻器(吨)	Resistors(ton)	8	3	45	30
印刷电路(块)	Printed Circuit(unit)	33777	380336	3	3
通断保护电路装置及零件(吨)	On-off Protection Circuit Devices and Components(ton)			712	751
二极管及类似半导体器件(万个)	Diode and Similar Semiconductor Devices(10000 units)	100	270	221	1055
集成电路(万个)	Integrated Circuit (10000 units)	22	30	567	421
电缆和电线(吨)	Electrical wires and Cables(ton)	186	144	565	1138
汽车(包括整套散件)(辆)	Vehicles (including the package parts)(car)	5	20	35	203
汽车零件	Parts of Motor Vehicles			2185	8976
航空器零件(吨)	Parts of Aircraft(ton)	28	26	2561	1690
医疗仪器及器械	Medical Instruments and Equipments			6375	4475
计量检测分析自控仪器具	Detection and Analysis of the Measurement Apparatus with Automatic Control			11750	11365
塑料制品(吨)	Plastic Articles(ton)	250	219	261	210
农产品	Farm Produce			217921	252160
机电产品	Mechanical and Electrical Products			158927	114989
高新技术产品	High and New-tech Products			66438	33937

10-7 分地区进出口总额

TOTAL VALUE OF IMPORT AND EXPORT BY REGION

单位：万美元 (USD 10000)

地 区	Region	进出口总额 Total Value of Imports and Exports		出口总额 Total Exports		进口总额 Total Imports		进出口差额 Balance	
		2013	2014	2013	2014	2013	2014	2013	2014
全　省	**Total**	**3887785**	**3890037**	**1623159**	**1734041**	**2264626**	**2155996**	**-641467**	**-421955**
省直企业	Enterprises Directly under Province	550146	886733	47484	48703	502662	838030	-455178	-789327
哈尔滨	harbin	482393	551696	163194	265732	319199	285964	-156005	-20232
齐齐哈尔	Qiqihar	82459	90643	66759	74533	15700	16110	51059	58423
鸡　西	Jixi	120141	82324	106826	65443	13315	16881	93511	48562
鹤　岗	Hegang	8158	13924	8138	13588	20	337	8118	13251
双鸭山	Shuangyashan	119994	106957	114548	100312	5445	6645	109103	93667
大　庆	Daqing	337285	405395	40749	37800	296536	367595	-255787	-329795
伊　春	Yichun	21226	27650	10424	13300	10803	14350	-379	-1050
佳木斯	Jiamusi	227121	254388	116931	194226	110190	60163	6741	134063
七台河	Qitaihe	2445	2009	2079	1766	366	244	1713	1522
牡丹江	Mudanjiang	383519	441364	324433	408788	59085	32576	265348	376212
黑　河	Heihe	419375	178254	313823	154455	105552	23799	208271	130656
绥　化	Suihua	26022	31884	11271	13721	14751	18163	-3480	-4442
大兴安岭	Daxinganling	195239	2955	1334	1187	193905	1768	-192571	-581
绥芬河	Suifenhe	834000	758877	224164	290104	609835	468772	-385671	-178668
抚　远	Fuyuan	78262	54983	71002	50384	7261	4599	63741	45785

10-8 分地区外商直接投资情况

DIRECT FOREIGN INVESTMENT BY REGION

地 区	Region	项　目（个） Number of Projects (unit)			合同外资（万美元） Contract Value (USD 10000)			实际外资（万美元） Used Value (USD 10000)		
		2012	2013	2014	2012	2013	2014	2012	2013	2014
全　省	**Total**	**98**	**85**	**98**	**390017**	**499830**	**586327**	**389996**	**461331**	**508791**
省直企业	Enterprises Directly under Province				-672					
哈尔滨	harbin	55	52	64	212530	230266	288318	190002	226243	253631
齐齐哈尔	Qiqihar	4	4	10	23153	46460	78635	34832	41550	45705
鸡　西	Jixi	1	1		5705	14675	12159	10100	11921	13333
鹤　岗	Hegang	2	1	2	5944	6739	7327	5201	6000	6823
双鸭山	Shuangyashan	3	1		4429	5045	2669	3939	4568	2669
大　庆	Daqing	6	7	3	48715	67696	65394	50307	60032	67889
伊　春	Yichun	5	1	1	4694	6450	10375	5676	6530	948
佳木斯	Jiamusi	5	3	5	17085	23683	20228	18228	21000	23100
七台河	Qitaihe	1	0	1	2314	403	1365	2826	655	747
牡丹江	Mudanjiang	4	3	6	35218	40074	47270	33963	40461	45015
黑　河	Heihe	3	3	1	14796	17305	18531	13843	16183	18131
绥　化	Suihua	8	6	4	11166	33768	25313	15101	19300	23109
大兴安岭	Daxinganling		1		2346	3021	2974	2346	2700	3000
绥芬河	Suifenhe	1	2		2594	4260	4690	3632	4187	4692
抚　远	Fuyuan			1			1080			

10-9 利用外资概况

UTILIZATION OF FOREIGN CAPITAL

单位：个、万美元　　　　(unit, USD 10000)

年　份 Year	总　计　Total			对外借款　Foreign Loans		
	项　目 Number of Projects	合同金额 Contracted Value	实际使用额 Used Value	项　目 Number of Projects	合同金额 Contracted Value	实际使用额 Used Value
1985	53	9169	1747	8	4951	249
1986	52	4389	4987	5	2641	2409
1987	46	11291	4558	5	3332	2597
1988	97	15949	9860	11	5328	3553
1989	90	9952	15347	4	861	11050
1990	89	4100	11777	2	788	7102
1991	256	16517	6462	6	3484	4148
1992	928	56177	10516	5	1655	99
1993	1727	121653	29969	13	22317	7007
1994	726	106265	49054	13	47281	14241
1995	867	160160	74994	18	54693	23458
1996	545	77627	78725	12	5988	22034
1997	407	88757	103537	27	30052	30052
1998	278	89866	87009	28	34370	34370
1999	331	122651	111309	18	29414	29414
2000	281	108557	110359	21	27274	27274
2001	269	118800	115114	27	29000	29000
2002	199	141404	123656		29100	29100
2003	258	165283	128772	28	25800	25800
2004	286	197366	144546	6	20907	20907
2005	272	215776	152202	6	18252	7512
2006	251	261030	174901	11	39800	4100
2007	242	295757	216908	2	22800	8400
2008	170	402686	265642	10	66700	10900
2009	169	331852	250900	11	76700	14700
2010	149	307439	275851	2	20329	9700
2011	131	352006	345694			20890
2012	98	390017	399140			9144
2013	86	514830	464232	1	15000	2901
2014	102	614462	515551	4	28135	6760

10-9 续表　CONTINUED

单位：个、万美元　　　　(unit, USD 10000)

年　份 Year	外商直接投资　Direct Foreign Investment			外商其他投资　Other Foreign Investment		
	项　目 Number of Projects	合同金额 Contracted Value	实际使用额 Used Value	项　目 Number of Projects	合同金额 Contracted Value	实际使用额 Used Value
1985	36	2946	226	9	1272	1272
1986	22	900	1730	25	848	848
1987	28	6646	1192	13	1313	769
1988	49	5836	3913	37	4785	2394
1989	60	4723	2312	26	4368	1985
1990	79	2869	2534	8	443	2141
1991	245	11841	1905	5	1192	409
1992	920	54355	10250	3	167	167
1993	1710	99000	22626	4	336	336
1994	708	58401	34230	5	583	583
1995	843	98799	44868	6	6668	6668
1996	531	69789	54841	2	1850	1850
1997	380	58705	73485			
1998	250	55496	52639			
1999	313	93237	81895			
2000	260	81283	83085			
2001	242	89800	86114			
2002	199	112304	94556			
2003	230	139483	102972			
2004	280	176459	123639			
2005	266	197524	144690			
2006	240	221230	170801			
2007	240	272957	208508			
2008	160	335986	254742			
2009	158	255152	236200			
2010	147	287110	266151			
2011	131	352006	324804			
2012	98	390017	389996			
2013	85	499830	461331			
2014	98	586327	508791			

10-10 按行业分外商直接投资情况(2014年)

FOREIGN DIRECT INVESTMENT BY SECTOR (2014)

单位：万美元 (USD 10000)

行　业	Sector	项目数（个）Number of Projects (unit)	外商直接投资额 Direct Foreign Investment	#合资经营 Joint Ventures Enterprises	#合作经营 Cooperative Operation Enterprises	#外资企业 Foreign Investment Enterprises	#外资股份制 Share-holding
总　计	**Total**	**98**	**508791**	**16499**	**398**	**52458**	**2841**
农、林、牧、渔业	Farming, Forestry, Animal Husbandry and Fishery	2	11100	150		3903	
采矿业	Mining		55263				
制造业	Manufacturing	23	209781	15047		18405	2841
电力、燃气及水的生产和供应业	Production and Distribution of Electricity,Gas and Water	3	17292			1007	
建筑业	Construction	2					
交通运输、仓储和邮政业	Traffic,Transport, Storage and Post	1	2316			1660	
信息传输、计算机服务和软件业	Information Transfer, Computer Services and Software	1	1902	8		1539	
批发零售业	Wholesale and Retail Trade	34	23151	50		5890	
住宿和餐饮业	Accommodation and Restaurants	5	2939			2546	
金融业	Banking business	3	99391			6322	
房地产业	Real Estate	2	68193	1238		893	
租赁和商务服务业	Tenancy and Business Services	13	10021	6		10015	
科学研究、技术服务和地质勘查业	Scientific Research, Technical Service and Geologic Perambulation	2	420		398	22	
水利、环境和公共设施管理业	Management of Water Conservancy, Environment and Public Establishment		6765				
居民服务和其他服务业	Resident Services and Other Services	3					
教育	Education						
卫生、社会保障和社会福利业	Sanitation, Social Security and Social Welfare						
文化、体育和娱乐业	Culture, Sports and Entertainment	4	256			256	

10-11 按国别(地区)分外商直接投资额(2014年)

DIRECT FOREIGN INVESTMENT BY COUNTRY (TERRITORY)(2014)

单位：个、万美元 (unit, USD 10000)

国别（地区）	Country (Territory)	外商直接投资合计 Direct Foreign Investment		#合资经营 Joint Ventures Enterprises		#合作经营 Cooperative Operation Enterprises		#外资企业 Foreign Investment Enterprises	
		项目 Number of Projects	投资额 Investment	项目 Number of Projects	投资额 Investment	项目 Number of Projects	投资额 Investment	项目 Number of Projects	投资额 Investment
总计	**Total**	**98**	**508791**	**36**	**16499**	**3**	**398**	**59**	**52458**
亚洲	**Asia**	**71**	**428581**	**26**	**10712**	**2**	**398**	**43**	**40055**
中国香港	Hong Kong, China	44	387512	22	10408		398	22	35144
中国澳门	Macao	1		1					
中国台湾	Taiwan, China	1	1925					1	
马来西亚	Malaysia		49						
新加坡	Singapore	2	26760		296			2	2246
日本	Japan	1	6252	1					2632
韩国	Korea	21	6076	2		2		17	33
印度	India	1						1	
以色列	Israel		8		8				
非洲	**Africa**		**5986**						**392**
塞舌尔	Seychelles		1625						
毛里求斯	Mauritius		4361						392
欧洲	**Europe**	**11**	**36560**	**4**	**2428**	**1**		**6**	**181**
英国	United Kingdom		9993						
法国	France		1814						54
意大利	Italy		4528		2428				
比利时	Belgium		3936						
丹麦	Denmark	1		1					
瑞士	Switzerland		9093						
俄罗斯	Russia	8	7196	3		1		4	127
哈萨克斯坦	Kazakhstan	1						1	
斯洛文尼亚共和国	The Republic of Slovenia	1						1	
拉丁美洲	**Latin America**	**1**	**16728**		**130**			**1**	**6527**
巴巴多斯	Barbados		2300						
开曼群岛	Cayman Islands	1	2054		130			1	700
维尔京群岛	Virgin Is.		12374						5827
北美洲	**North America**	**4**	**10138**	**3**	**50**			**1**	**3292**
加拿大	Canada		195						50
美国	United States	4	6701	3	50			1	
百慕大	Bermuda		3242						3242
大洋洲	**Oceania**	**4**	**148**	**2**	**148**			**2**	
澳大利亚	Australia	2						2	
新西兰	New Zealand	1		1					
萨摩亚	Samoa	1	148	1	148				
投资性公司投资	**Investment Company**	**8**	**10649**	**1**	**3031**			**7**	**2011**

10-12 外商投资企业个数和投资额(2014年)

NUMBER OF ENTERPRISE AND INVESTMENT OF FOREIGN-FUNDED (2014)

项　目	Item	企业数(个) Number of Enterprise (unit)	投资总额(万美元) Total Investment (USD 10000)	注册资本(万美元) Registered Capital (USD 10000)	#外方 Foreign Partner
全 省	**Total**	**5016**	**2398346**	**1434313**	**1095037**
按企业类别分组	**Grouped by Status**				
中外合资	Equity Joint Venture	771	1072737	611792	339668
中外合作(法人)	Contractural Joint Venture	107	123824	76466	61467
外资企业	Foreign Companies	974	1109383	655598	655598
外商投资股份有限公司	Foreign Investment Co., Ltd.	20	92402	90440	38295
其他外商投资企业	Other Foreign-invested Enterprises	3		17	10
外商投资企业分支机构	Branches of Foreign-invested Enterprises	3141			
按行业分组	**Grouped by Sector**				
农林牧渔业	Agriculture, Forestry, Animal Husbandry and Fishery	99	128202	85224	67325
采矿业	Mining	12	13105	11194	10787
制造业	Manufacturing	1021	1185186	700550	523439
电力、燃气及水的生产和供应业	Production and Supply of Electricity, Gas and Water	72	245110	119692	60758
建筑业	Construction	74	19566	15460	10818
交通运输、仓储和邮政业	Transport, Storage and Post	41	32788	15172	12291
信息传输、计算机服务和软件业	Information Transmission, Computer Services and Software	1767	17254	8173	7202
批发和零售业	Wholesale and Retail Trades	746	150942	99661	92812
住宿和餐饮业	Hotels and Catering Services	390	84671	40368	32571
金融业	Financial Intermediation	143	24187	17829	14354
房地产业	Real Estate	95	217813	133244	93059
租赁和商务服务业	Leasing and Business Services	309	108527	80033	74407
科学研究和技术服务业	Scientific Research, Technical Services and Geologic Prospecting	136	84615	59858	54813
水利、环境和公共设施管理业	Management of Water Conservancy, Environment and Public Facilities	16	16709	7222	6563
居民服务和其他服务业	Services to Households and Other Services	53	16103	13300	10837
教　育	Education	2	12	12	11
卫生、社会保障和社会福利业	Health, Social Security and Social Welfare	5	12609	5353	3443
文化、体育和娱乐业	Culture, Sports and Entertainment	35	40946	21967	19546
其　他	Othere				

主要统计指标解释

货物进出口总额 指实际进出我国国境的货物总金额。包括对外贸易实际进出口货物，来料加工装配进出口货物，国家间、联合国及国际组织无偿援助物资和赠送品，华侨、港澳台同胞和外籍华人捐赠品，租赁期满归承租人所有的租赁货物，进料加工进出口货物，边境地方贸易及边境地区小额贸易进出口货物(边民互市贸易除外)，中外合资企业、中外合作经营企业、外商独资经营企业进出口货物和公用物品，到、离岸价格在规定限额以上的进出口货样和广告品(无商业价值、无使用价值和免费提供出口的除外)，从保税仓库提取在中国境内销售的进口货物，以及其他进出口货物。该指标可以观察一个国家在对外贸易方面的总规模。我国规定出口货物按离岸价格统计，进口货物按到岸价格统计。

商品经营单位所在地进、出口额 指在所在地海关注册登记的有进出口经营权的企业实际进、出口额。

商品目的地进口额和商品货源地出口额 目的地进口额指进口货物的消费、使用或最终抵运地的实际进口额；货源地出口额指出口货物的产地或原始发货地的实际出口额。

服务进出口 指常住单位与非常住单位之间相互提供的服务。包括运输服务、旅游服务、通信服务、建筑服务、保险服务、金融服务、计算机和信息服务、咨询服务、广告宣传服务、电影音像服务、专有权利使用费和特许费、其他商务服务。不包括政府服务。

外商直接投资 是指外国投资者在我国境内通过设立外商投资企业、合伙企业、与中方投资者共同进行石油资源的合作勘探开发以及设立外国公司分支机构等方式进行投资。外国投资者可以用现金、实物、无形资产、股权等投资，还可以用从外商投资企业获得的利润进行再投资。

外商其他投资 指除对外借款和外商直接投资以外的各种利用外资的形式。包括企业在境内外股票市场公开发行的以外币计价的股票发行价总额，国际租赁进口设备的应付款，补偿贸易中外商提供的进口设备、技术、物料的价款，加工装配贸易中外商提供的进口设备、物料的价款。

对外直接投资 指我国企业、团体等(简称境内投资主体) 在国外及港澳台地区以现金、实物、无形资产等方式投资，并以控制国(境)外企业的经营管理权为核心的经济活动。对外直接投资的内涵主要体现在一经济体通过投资于另一经济体而实现其持久利益的目标。

对外承包工程 根据《对外承包工程管理条例》，对外承包工程是指中国的企业或者其他单位承包境外建设工程项目的活动。

对外劳务合作 指组织劳务人员赴其他国家或地区为国外的企业或机构工作的经营性活动。

Explanatory Notes on Main Statistical Indicators

Total Import and Export of Goods refer to the real value of commodities imported and exported across the border of China. They include the actual imports and exports through foreign trade, imported and exported goods under the processing and assembling trades and materials, supplies and gifts as aid given gratis between governments and by the United Nations and other international organizations, and contributions donated by overseas Chinese, compatriots in Hong Kong and Macao and Chinese with foreign citizenship, leasing commodities owned by tenant at the expiration of leasing period, the imported and exported commodities processed with imported materials, commodities trading in border areas (excluding mutual exchange goods), the imported and exported commodities and articles for public use of the Sino-foreign joint ventures, cooperative enterprises and ventures with sole foreign investment. Also included is import or export of samples and advertising goods for which CIF or FOB value are beyond the permitted ceiling (excluding goods of no trading or use value and free commodities for export), imported goods sold in China from bonded warehouses and other imported or exported goods. The indicator of the total imports and exports at customs can be used to observe the total size of external trade in a country. In accordance with the stipulation of the Chinese government, imports are calculated at CIF, while exports are calculated at FOB.

Import or Export Value by Location of China' s Foreign Trade Managing Units refers to actual value of imports and exports carried out by corporations which have been registered by the local Customs house and are vested with right to run import export business.

Import Value of Commodities by Place of Destination and Export Value of Commodities by Place of Origin in China The former indicator refers to the value of import commodities of the places of their consumption, utilization or the places of their final destination. The latter indicator refers to the value of export commodities of the places of their origin or the places of the commodities dispatched.

Import and Export of Services refers to services provided between resident and non-resident units, including services on transportation, tourism, communications, construction, insurance, banking, computer and information, consultancy, advertising and publicity, as well as film, audio and video services, royalty for patents, trade marks and other special rights, other commercial services, but excluding government services.

Foreign Direct Investment refers to foreign investment in China through the establishment of foreign invested enterprises, cooperative exploration and development of petroleum resources with domestic investors and the establishment of branch organizations of foreign enterprises. Foreign investment can be made in forms of cash, physical investment, intangible assets and equity, in addition with reinvestment of the foreign enterprises with the profits gained from the investment.

Other Foreign Investment refers to all forms of utilization of foreign capitals other than foreign borrowings and foreign direct investment. It includes the total value of stock shares in foreign currencies issued by enterprises at domestic or foreign stock exchanges, rent payable for the imported equipment through international leasing arrangement, cost of imported equipment, technology and materials provided by foreign counterparts in compensation trade and processing and assembly trade.

Overseas Direct Investment refers to investment made by domestic enterprises and organizations (referred to as domestic investors) in foreign countries and Hong Kong SAR, Macao SAR and Taiwan province in forms of cash, physical investment and intangible assets, and the economic activities centring on operation and management of those enterprises are under the control of domestic investors. The content of overseas direct investment mainly reflects one economic entity by investing in another economic entity to achieve its goal of lasting interest.

Overseas Contracted Projects refer to activities of contracting overseas construction projects by Chinese enterprises or any other units, which are stipulated in the Regulations on Administration of Foreign Contracted Project.

Overseas Labour Services refer to operational activities of organizing labour force to go abroad providing services to foreign enterprises or agencies.

第十一篇 农 业

CHAPTER 11 AGRICULTURE

资料整理：魏书慧 孙崇智 赵秋梅 接广军
燕慧军 吕后中

11-1 农业生产条件
CONDITION FOR AGRICULTURAL PRODUCTION

指 标	Item	2010	2011	2012	2013	2014
农村基层单位(个)	Basic Unit in Rural(unit)					
乡镇数	Township and Towns	866	863	863	859	882
#镇数	Towns	446	449	460	466	499
村民委员会	Villagers Committee	8991	8997	8997	8997	8994
化肥施用量(万吨)	Consumption of Chemical Fertilizers(10000 tons)	214.9	228.4	240.3	245.0	251.9
氮 肥	Nitrogenous Fertilizer	77.4	81.9	86.0	86.8	89.0
磷 肥	Phosphate Fertilizer	47.4	49.1	51.1	50.9	52.4
钾 肥	Potash Fertilizer	30.8	34.1	35.7	37.0	37.9
复合肥	Compound Fertilizer	59.4	63.3	67.5	70.4	72.7
农村用电量(亿千瓦时)	Electricity Consumed in Rural Areas(10000 million kwh)	52.7	58.2	64.3	67.0	69.6
乡村办水电站(个)	Hydropower Station in Rural Areas(unit)	12	12	12	13	13
装机容量(万千瓦)	Capacity of Power Generating Sets(10000 kw)	1.3	1.3	1.3	1.5	1.6
发电量(万千瓦时)	Generating Capacity(10000 kwh)	4880	4820	4820	4905	4970
农用塑料簿膜使用量(万吨)	Consumption of Agricultural Films(10000 tons)	6.9	7.6	8.5	8.5	8.4
#地膜使用量	#Consumption of Ground Films	2.8	3.0	3.3	3.3	3.4
地膜覆盖面积(千公顷)	Ground Film Covered Areas(1000 hectares)	315.9	324.6	353.1	340.2	338.8
农用柴油使用量(万吨)	Consumption of Agricultural Diesel Oil(10000 tons)	127.9	133.6	139.2	140.3	145.0
农药使用量(万吨)	Consumption of Pesticide(10000 tons)	7.4	7.8	8.1	8.4	8.7
有效灌溉面积(万公顷)	Effective Irrigated Area(10000 hectares)	387.5	434.2	488.9	534.2	530.5
666.7公顷(万亩)以上灌区(处)	Number of Irrigated region 666.7 hectares and over(unit)	335	337	386	386	386
666.7公顷以上灌区	Irrigated Area of Irrigated Region					
有效灌溉面积(万公顷)	Region 666.7 hectares and over(10000 hectares)	72.4	74.2	93.0	93.0	91.3
水库(座)	Number of Reservoirs(unit)	913	922	1140	1144	1144
大型水库(1亿立方米以上)	Large(above 100 million cu.m)	26	26	28	29	29
中型水库(1千万-1亿立方米)	Medium-sized(10 million-100 million cu.m)	97	97	97	100	100
小型水库(10万-1千万立方米)	Small(100000-10 million cu.m)	790	799	1015	1015	1015
水库库容量(亿立方米)	Capacity of Reservoirs(100 million cu.m)	178.7	178.6	268.1	271.4	271.4
大型水库	Large	129.5	129.5	219.5	221.0	221.0
中型水库	Medium-sized	32.5	32.5	31.2	33.0	33.0
小型水库	Small	16.7	16.6	17.4	17.4	17.4
机电井数(万眼)	Number of Electrical and Mechanical Well(10000 unit)	32.2	34.8	24.2	24.1	25.4
易涝面积(万公顷)	Area Liable to Flooding or Water Logging(10000 hectares)	446.4	446.4	446.6	446.6	446.6
除涝面积(万公顷)	Area with Flood Prevention Measures(10000 hectares)	333.5	335.0	336.6	337.8	338.2
占易涝面积比重(%)	Proportion to Flooding or Water Logging(%)	74.7	75.0	75.3	75.6	75.7
水土流失面积(万公顷)	Area of Soil Erosion(10000 hectares)	1378.3	1378.3	1085.0	1085.0	1085.0
治理水土流失面积(万公顷)	Area of Soil Erosion under Control(10000 hectares)	469.1	483.9	284.0	361.0	370.8
占流失面积比重(%)	Proportion to Area of Soil Erosion (%)	34.0	35.1	26.0	33.2	34.2
堤防长度(公里)	Total Length of Dikes(km)	12585	12674	12471	12677	14134
堤防保护面积(万公顷)	Area of Land Protected by Dikes(10000 hectares)	330.3	305.4	308.2	343.9	361.8

11-2 乡村户数和劳动力

NUMBER OF RURAL HOUSEHOLDS AND LABOR FORCE

单位：万人、人 (10000 persons, person)

年份 地区	Year Region	乡村户数（万户、户） Number of Rural Households (10000 housholds, houshold)	乡村劳动力 Number of Rural Laborers	男 Male	女 Female	#农业从业人员 Agriculture Employees
	2005	493.5	950.1	545.1	405.1	696.7
	2006	498.3	944.3	541.3	403.0	689.6
	2007	493.9	949.4	543.1	406.3	675.1
	2008	504.9	966.3	554.0	412.4	678.0
	2009	509.5	978.2	557.7	420.5	684.1
	2010	509.1	989.4	564.2	425.3	677.5
	2011	512.5	989.2	553.4	435.8	677.7
	2012	514.1	988.5	552.1	436.4	667.3
	2013	517.7	992.8	554.6	438.2	666.7
	2014	520.5	982.8	548.9	433.9	647.9
哈尔滨	Harbin	1373509	2477007	1383433	1093574	1445945
齐齐哈尔	Qiqihar	974927	1849801	1003124	846677	1236365
鸡西	Jixi	200031	349098	197253	151845	233567
鹤岗	Hegang	67868	113903	65320	48583	90443
双鸭山	Shuangyashan	139739	268184	150728	117456	169357
大庆	Daqing	369064	709637	388387	321250	475708
伊春	Yichun	50817	91183	52349	38834	62898
佳木斯	Jiamusi	340744	643352	372621	270731	469357
七台河	Qitaihe	95066	142223	83294	58929	111770
牡丹江	Mudanjiang	314216	690412	372866	317546	403374
黑河	Heihe	228761	353242	192849	160393	243952
绥化	Suihua	1006899	2057795	1182472	875323	1471397
大兴安岭	Daxinganling	17915	27912	15768	12144	18403
绥芬河	Suifenhe	2904	5669	3061	2608	1306
抚远	Fuyuan	22345	49063	25478	23585	44893

11-3 农林牧渔业总产值和指数

GROSS OUTPUT VALUE OF FARMING, FORESTRY, ANIMAL HUSBANDRY AND FISHERY AND RELATED INDICES

年份 Year 地区 Region	绝对数（亿元、万元）Gross Output Value of Farming, Forestry, Animal Husbandry and Fishery (100 million yuan, 10000 yuan)					指数（上年=100）Indices (preceding year=100)				
	总产值 Total	#农业 Farming	#林业 Forestry	#牧业 Animal Husbandry	#渔业 Fishery	总产值 Total	#农业 Farming	#林业 Forestry	#牧业 Animal Husbandry	#渔业 Fishery
1978	60.9	51.0	2.6	7.2	0.1	120.2	126.3	81.3	99.0	90.0
1980	85.6	69.6	3.5	12.2	0.3	108.6	110.5	113.6	94.8	119.0
1985	114.3	84.6	7.0	21.5	1.2	92.7	91.1	89.0	110.4	137.3
1990	245.4	183.7	7.6	49.3	4.7	125.1	127.6	101.2	121.1	106.5
1991	244.3	175.0	8.2	55.9	5.2	99.5	93.6	100.7	122.0	110.9
1992	278.0	204.3	10.3	57.1	6.3	105.6	108.6	107.8	95.2	108.8
1993	318.0	235.4	10.2	64.5	7.9	102.2	100.9	98.0	106.5	103.9
1994	509.6	381.5	12.4	106.0	9.7	112.5	109.7	113.8	121.7	115.2
1995	623.6	462.2	14.7	134.3	12.4	106.3	100.7	118.9	125.0	124.1
1996	740.8	558.7	16.8	151.5	13.8	110.6	111.0	110.0	109.3	115.8
1997	772.3	571.1	17.1	168.7	15.4	107.1	107.9	101.9	105.3	111.6
1998	736.3	517.6	17.7	184.5	16.5	100.1	96.1	97.8	109.9	115.7
1999	660.5	459.9	18.3	165.9	16.4	103.0	102.6	107.0	103.0	106.3
2000	625.1	414.4	18.3	175.7	16.8	99.3	95.3	100.0	108.2	103.2
2001	711.0	450.6	15.7	224.6	20.1	106.5	106.5	97.9	109.9	105.0
2002	776.7	487.5	16.2	252.1	20.9	108.1	107.5	102.2	110.5	104.0
2003	903.3	502.9	59.1	294.2	23.1	103.0	96.5	102.5	115.4	106.0
2004	1136.6	620.2	65.8	400.7	25.0	119.3	122.7	111.4	117.7	103.5
2005	1294.4	718.6	67.3	461.2	27.4	110.2	109.0	100.6	115.8	105.6
2006	1391.1	817.5	68.0	448.7	21.1	106.4	106.5	101.0	106.8	108.8
2007	1700.6	971.9	79.1	585.0	25.1	103.9	103.1	105.9	104.7	106.4
2008	2123.4	1143.3	89.6	813.1	35.0	109.5	107.5	108.0	113.0	115.2
2009	2251.1	1206.8	85.2	870.2	45.2	105.4	103.0	100.7	109.2	115.2
2010	2536.3	1369.2	95.5	965.8	53.7	105.8	107.2	109.3	103.2	106.2
2011	3223.5	1801.8	110.2	1189.9	58.9	106.0	108.3	104.8	101.7	105.0
2012	3952.3	2315.6	134.5	1350.7	77.9	106.7	105.8	106.7	107.9	107.8
2013	4633.3	2856.3	180.6	1430.1	82.5	104.7	105.9	106.9	102.2	108.1
2014	4894.8	3015.6	195.7	1486.1	102.7	105.5	106.0	100.2	104.4	114.3
哈尔滨 Harbin	11714720	6471421	299920	4523423	196203	107.1	107.4	106.1	106.7	105.8
齐齐哈尔 Qiqihar	5498649	3184395	57444	2145466	91275	106.9	103.6	99.8	112.1	108.3
鸡西 Jixi	1842317	1142059	137226	470710	77329	108.0	106.9	109.8	109.1	114.7
鹤岗 Hegang	518895	349852	21215	123005	17200	103.1	112.6	72.1	89.1	103.4
双鸭山 Shuangyashan	1496549	860277	32410	576900	20314	102.0	106.4	101.9	95.6	104.9
大庆 Daqing	3980024	1681916	34574	2136950	114556	108.4	108.7	114.1	107.4	121.9
伊春 Yichun	1635510	934045	288390	403965	5094	103.2	107.0	89.6	104.1	119.5
佳木斯 Jiamusi	4437404	2960075	56934	1240829	171865	107.3	107.2	73.7	109.2	109.0
七台河 Qitaihe	461417	247713	16000	178503	5201	103.0	98.4	93.9	110.0	134.1
牡丹江 Mudanjiang	3482662	2614815	56355	669168	33002	106.8	107.3	92.9	107.2	102.9
黑河 Heihe	2467647	1919966	144711	334731	27681	111.0	109.8	118.3	112.2	122.8
绥化 Suihua	8476189	4405973	67365	3795137	166295	105.2	103.4	108.9	106.9	110.0
大兴安岭 Daxinganling	1167399	532154	447111	112329	19952	110.2	119.5	101.1	109.8	117.1
农垦总局 ARB	9976470	7482788	90530	2016693	65394	102.9	105.2	103.7	94.8	107.5
绥芬河 Suifenhe	16486	9634	89	6320	371	107.5	107.2	43.7	110.1	106.4
抚远 Fuyuan	354469	276964	2800	35525	38100	120.9	128.3	106.8	103.5	96.2

注：1. 2003年起执行新的国民经济行业分类标准，农林牧渔业新增加了农林牧渔服务业，林业中新增加了林木采伐（下同）。
2. 2006、2007年数据是与第二次农业普查衔接后数据。

Note: a) Since 2003, the new category standard of national economy industry is implemented, the relative service industry is newly added to farming, forestry, annimal husbandry and fishery, forest-cutting is newly added to forestry .
b) Data from 2006 to 2007 on national accounts have been adjusted according to the results of the second national agricultural census.

11-4 农林牧渔业增加值

VALUE-ADDED OF FARMING,FORESTRY,ANIMAL HUSBANDRY AND FISHERY

单位：亿元、万元　　(100 million yuan,10000 yuan)

年份 Year 地区 Region	增加值 Value-added	农业 Farming	林业 Forestry	牧业 Animal Husbandry	渔业 Fishery	农林牧渔服务业 Svice Industry of Farming,Forestry, Animal Husbandry and Fishery
1990	160.3	128.1	4.8	23.7	3.7	
1995	371.2	308.7	7.4	49.2	5.9	
1996	444.1	378.9	7.9	50.7	6.6	
1997	460.2	387.1	8.1	57.5	7.5	
1998	429.1	351.9	7.8	62.4	7.0	
1999	377.2	304.8	7.6	57.9	6.9	
2000	353.6	271.6	7.7	67.0	7.3	
2001	409.3	306.8	5.9	88.0	8.6	
2002	447.0	331.0	6.1	101.0	8.9	
2003	512.8	340.2	30.3	120.1	10.2	12.0
2004	600.2	405.1	30.9	140.7	11.0	12.5
2005	684.6	472.4	30.3	160.2	11.7	10.0
2006	750.1	542.1	32.0	148.7	9.1	18.3
2007	915.4	650.7	36.9	194.9	12.7	20.2
2008	1089.1	738.1	41.8	274.4	13.1	21.6
2009	1154.3	772.9	39.8	302.5	16.9	22.3
2010	1302.9	876.3	44.3	335.7	20.2	26.5
2011	1701.5	1150.2	51.1	446.2	22.1	31.9
2012	2113.7	1478.2	62.3	506.5	29.2	37.5
2013	2516.8	1823.3	83.6	536.3	30.9	42.7
2014	2659.6	1925.0	90.5	557.3	38.5	48.3
哈尔滨 Harbin	6398401	3710343	178034	2267290	109446	133288
齐齐哈尔 Qiqihar	2673376	1597781	41263	954825	61166	18341
鸡西 Jixi	1075258	725593	81965	220687	38082	8931
鹤岗 Hegang	268636	194085	8797	54396	6021	5337
双鸭山 Shuangyashan	782373	475688	18729	270497	11931	5528
大庆 Daqing	1850989	800721	18850	953727	69346	8345
伊春 Yichun	1050981	637601	210731	197189	2903	2557
佳木斯 Jiamusi	2247299	1570050	35022	541212	95547	5468
七台河 Qitaihe	259640	138967	8977	100139	2917	8640
牡丹江 Mudanjiang	2055212	1658743	27869	275278	19012	74310
黑河 Heihe	1349077	1071225	83836	154732	17029	22255
绥化 Suihua	4675184	2538647	41685	1963480	95061	36311
大兴安岭 Daxinganling	760079	303895	330202	56872	13257	55853
农垦总局 ARB	5622382	4386589	51539	962026	36430	185798
绥芬河 Suifenhe	9407	6216	54	2876	221	40
抚远 Fuyuan	185305	139128	2237	17567	25526	847

注:2006、2007年数据是与第二次农业普查衔接后数据。
Note:Data from 2006 to 2007 on national accounts have been adjusted according to the results of the second national agricultural census.

11-5 主要农业机械拥有量(年底数)

MAJOR AGRICULTURAL MACHINERY AT YEAR-END

年份 Year 地区 Region	农业机械总动力（万千瓦）Total Power of Agriculture Machinery (10000 kw)	农用大中型拖拉机 Large and Medium Agriculture Tractors		小型拖拉机 Mini-Tractors		大中型拖拉机配套农具（万台、台）Number of Large and Medium Tractor Towing Farm Machinery (10000 units ,unit)	小型拖拉机配套农具（万台、台）Number of Mini-Tractor Towing Farm Machinery (10000 units ,unit)
		台 unit	万千瓦 10000 kw	万台、台 10000 units, unit	万千瓦 10000 kw		
1980	709.3	68473	272.1	3.1	28.7	24.6	0.8
1981	760.4	78268	316.5	4.2	38.5	27.2	1.8
1982	814.1	82895	332.6	4.9	43.2	28.6	2.5
1983	861.6	88485	349.9	7.9	70.0	27.7	3.4
1984	901.7	92080	350.7	11.8	104.6	24.5	4.6
1985	949.5	90306	354.0	15.0	134.0	26.9	6.3
1986	935.2	91590	334.0	19.8	185.0	21.2	8.6
1987	1093.5	82159	371.0	27.0	243.0	25.4	14.0
1988	1105.2	90106	366.2	31.7	286.5	19.3	18.2
1989	1162.8	91770	367.8	35.7	320.0	21.8	24.2
1990	1173.4	88942	359.6	36.8	324.4	20.1	26.6
1991	1179.5	88602	357.1	37.7	333.1	19.8	29.4
1992	1172.6	87634	352.3	37.8	334.5	19.7	29.6
1993	1185.3	84816	348.3	38.7	337.0	19.6	31.4
1994	1190.0	82028	341.6	40.5	359.5	17.5	33.9
1995	1226.1	79356	332.6	44.4	395.7	17.1	38.1
1996	1254.8	73000	308.1	44.4	408.1	18.6	40.1
1997	1285.4	71440	303.9	45.0	422.5	19.2	49.3
1998	1454.5	69905	304.7	63.3	583.8	17.2	51.4
1999	1559.7	74801	326.8	65.1	610.5	18.2	58.9
2000	1613.8	75553	322.8	65.2	624.6	19.2	62.8
2001	1648.3	78177	324.9	65.3	627.8	18.9	64.6
2002	1741.8	85266	330.3	68.0	668.9	19.4	69.4
2003	1807.7	99462	351.8	69.5	691.3	20.1	76.3
2004	1952.2	127795	415.5	71.6	734.7	22.2	83.6
2005	2234.0	217275	578.9	74.4	790.6	31.9	87.7
2006	2570.6	323087	797.1	75.5	815.0	40.9	104.5
2007	2785.3	381813	927.3	75.7	820.3	47.2	110.3
2008	3018.4	481795	1145.9	71.4	771.4	59.3	113.2
2009	3401.3	583015	1416.0	71.1	766.1	67.4	117.0
2010	3736.3	654789	1623.3	69.3	740.9	75.9	118.1
2011	4097.8	732577	1903.5	68.8	745.6	92.7	120.2
2012	4549.3	808875	2135.4	66.5	721.2	104.5	119.6
2013	4848.7	873322	2345.7	64.5	693.2	118.0	118.5
2014	5155.5	922067	2516.4	62.4	667.8	130.3	114.9
哈尔滨 Harbin	977.3	136131	386.4	206465	208.9	156168	276044
齐齐哈尔 Qiqihar	779.0	188988	427.3	98636	106.4	223999	264494
鸡西 Jixi	217.9	34256	88.4	27794	27.8	55507	72095
鹤岗 Hegang	102.5	19092	54.2	6671	8.1	34598	15534
双鸭山 Shuangyashan	176.7	49199	110.2	13663	15.5	69084	28076
大庆 Daqing	324.9	73494	149.7	61797	66.1	74707	98608
伊春 Yichun	77.2	17392	46.8	8264	8.6	15061	4354
佳木斯 Jiamusi	387.7	92907	216.4	20894	25.5	120904	22824
七台河 Qitaihe	64.2	10284	30.2	6542	7.3	12906	9172
牡丹江 Mudanjiang	256.9	44985	138.8	59079	49.3	57096	86464
黑河 Heihe	272.5	50630	146.5	37273	46.4	62774	112827
绥化 Suihua	541.6	99953	265.4	65545	84.4	177129	107623
大兴安岭 Daxinganling	48.6	9250	31.9	3417	3.8	15299	4085
农垦总局 ARB	865.4	86854	396.5	6384	7.6	218971	44790
绥芬河 Suifenhe	3.9	982	2.6	425	0.6	166	1235
抚远 Fuyuan	59.2	7670	25.1	1114	1.5	9115	1114

11-5 续表1 CONTINUED

年份 地区	Year Region	农用排灌动力机械 Draining Machinery for Agricultural Use					
		柴油机 Diesel Engines		电动机 Electromotors		农用水泵 Pumps	节水灌溉机械 Irrigation Equipment
		台 unit	万千瓦 10000 kw	台 unit	万千瓦 10000 kw	万台、台 10000 units, unit	台（套） unit
	1980	30523	37.7	32501	36.9	5.8	
	1981	29337	36.8	30317	36.3	6.9	
	1982	32011	41.2	31347	37.5	6.2	
	1983	31711	44.7	33081	40.2	5.1	
	1984	27421	40.4	35165	36.3	4.5	
	1985	27067	36.8	28180	32.5	4.2	
	1986	41562	47.7	28384	39.8	5.4	
	1987	54629	55.9	27234	34.5	6.9	
	1988	52232	51.8	33333	38.9	6.8	
	1989	81375	71.3	34407	37.8	9.5	
	1990	117600	100.3	33700	34.2	12.8	
	1991	122000	105.4	33000	34.3	13.0	
	1992	122400	94.8	38000	36.1	13.0	
	1993	120305	100.0	32371	32.5	14.2	
	1994	122805	102.7	31140	31.3	14.5	
	1995	123370	103.7	31961	31.8	13.8	
	1996	136712	111.2	33984	35.0	16.6	
	1997	147558	123.3	43676	38.3	18.6	
	1998	139453	116.7	37645	31.9	29.3	
	1999	152488	136.3	41924	39.5	29.1	
	2000	166961	149.1	44471	41.6	29.7	
	2001	171142	156.4	49918	42.4	30.8	
	2002	185881	170.5	51443	45.5	31.6	
	2003	188788	171.6	51363	44.9	32.3	15307
	2004	189953	171.5	53727	45.2	32.0	16733
	2005	196996	174.3	57032	46.9	32.9	15722
	2006	202461	189.5	62582	54.7	33.7	14871
	2007	202567	193.2	70376	61.9	34.7	16082
	2008	207032	195.3	77105	68.3	35.6	18010
	2009	216162	219.4	84614	75.6	40.8	23818
	2010	224920	237.9	97177	84.8	43.3	30065
	2011	250990	250.7	114372	100.3	45.1	33272
	2012	260349	264.8	122990	108.7	46.5	36221
	2013	250817	253.8	131236	114.1	47.9	36912
	2014	248787	256.0	141309	123.6	48.2	38443
哈尔滨	Harbin	65629	62.74	26591	22.57	99938	1645
齐齐哈尔	Qiqihar	33749	30.75	19573	15.52	108839	9035
鸡西	Jixi	9732	9.36	6154	3.87	15787	602
鹤岗	Hegang	2580	2.19	2941	2.84	9169	2016
双鸭山	Shuangyashan	3957	4.37	1112	1.11	7594	52
大庆	Daqing	19344	21.25	6751	5.90	38382	3387
伊春	Yichun	4119	4.22	1043	0.81	3902	354
佳木斯	Jiamusi	14125	16.94	8036	7.29	22414	259
七台河	Qitaihe	1253	1.08	981	0.51	1983	85
牡丹江	Mudanjiang	7202	6.19	5618	4.64	17117	2475
黑河	Heihe	2127	2.54	363	0.32	2948	444
绥化	Suihua	28884	26.32	17689	12.47	54011	770
大兴安岭	Daxinganling	120	0.13	179	0.15	281	177
农垦总局	ARB	53600	66.15	42008	41.44	95479	17125
绥芬河	Suifenhe	16	0.01	20	0.01	49	16
抚远	Fuyuan	2350	1.76	2250	4.14	4600	1

11-5 续表2 CONTINUED

年 份 Year 地 区 Region	联合收割机 Combine Harvester		机动脱粒机（台） Motorized Threshing Machines (unit)	农用运输车 Tracks for Agricultural Use	
	台 unit	万千瓦 10000 kw		台 unit	万千瓦 10000 kw
1980	14081	61.8	3807		
1981	17924	89.9			
1982	19483	99.9	20346		
1983	20740	99.4	22776		
1984	21130	103.2	30257		
1985	20311	105.6	36802		
1986	16970	83.6	53367		
1987	18853	107.4	63057	150	0.5
1988	17442	100.8	60045	455	1.3
1989	16930	103.5	67189	587	1.1
1990	15910	104.0	73581	2874	4.3
1991	15191	106.7	77447	2279	4.1
1992	14818	108.8	76417	2393	3.6
1993	14564	108.1	77440	3735	13.9
1994	13679	105.6	81273	4618	17.1
1995	13366	105.2	82268	11821	13.1
1996	12430	102.0	77604	15625	19.7
1997	11920	97.5	83052	12177	19.4
1998	15005	104.3	112459	29491	45.2
1999	12889	102.5	115579	31612	51.8
2000	13306	107.9	119231	31837	53.8
2001	12615	76.7	125170	137188	154.0
2002	16835	123.2	128232	144299	160.6
2003	17756	128.0	133809	153215	175.7
2004	20171	144.6	140969	165948	197.8
2005	25823	170.9	148068	178318	225.6
2006	31591	207.2	150713	188023	239.8
2007	36968	239.0	149530	190534	247.9
2008	42187	282.1	160221	186672	255.0
2009	48780	336.5	163616	185679	262.3
2010	60276	429.4	164679	184568	263.0
2011	61109	440.7	165082	164246	250.7
2012	76155	596.7	168804	158281	230.8
2013	91330	686.6	168739	158895	231.8
2014	108647	798.4	172509	158509	232.2
哈尔滨 Harbin	17368	116.6	45758	61078	76.8
齐齐哈尔 Qiqihar	12816	90.5	27492	19862	45.2
鸡 西 Jixi	7350	36.2	7153	12827	19.6
鹤 岗 Hegang	2869	22.7	2052	500	1.0
双鸭山 Shuangyashan	2699	23.4	3212	5141	5.9
大 庆 Daqing	3195	27.4	16756	22122	28.1
伊 春 Yichun	822	4.8	3457	1214	1.9
佳木斯 Jiamusi	9597	78.0	8109	2269	2.6
七台河 Qitaihe	1181	9.8	2040	5410	9.1
牡丹江 Mudanjiang	2445	15.2	10947	7904	13.8
黑 河 Heihe	2684	33.4	12358	2172	6.2
绥 化 Suihua	10130	78.8	30742	16404	18.4
大兴安岭 Daxinganling	763	6.3	143	1441	3.2
农垦总局 ARB	32316	238.4	2142		
绥芬河 Suifenhe	8	0.04	103	135	0.33
抚 远 Fuyuan	2404	17.03	45	30	0.03

11-6 分地区农用化肥施用量、农村水电站和用电量(2014年)

CONSUMPTION OF CHEMICAL FERTILIZERS AND RURAL HYDROPOWER STATIONS AND ELECTRICITY CONSUMPTION IN RURAL AREAS BY REGION(2014)

地区 Region	化肥施用量（实物量，吨）Consumption of Chemical Fertilizers (ton)	化肥施用折纯量(吨) Consumption of Chemical Fertilizers (ton Converting the Gross Weight into Weight Containing 100% Efficacious Component)					农村用电量（万千瓦时）Electricity Consumed in Rural Areas (10000 kwh)
		合计 Total	氮肥 Nitrogenous Fertilizer	磷肥 Phosphate Fertilizer	钾肥 Potash Fertilizer	复合肥 Compound Fertilizer	
全省 Total	**5901989**	**2519295**	**889463**	**524068**	**378520**	**727244**	**695625**
哈尔滨 Harbin	1185500	489878	176520	71571	81955	159832	180641
齐齐哈尔 Qiqihar	805603	296210	105478	56075	35057	99600	74348
鸡西 Jixi	112640	48447	16733	13162	6691	11861	33624
鹤岗 Hegang	96077	42100	13826	9676	6884	11714	5484
双鸭山 Shuangyashan	141167	66268	21016	10890	9144	25218	22141
大庆 Daqing	329457	119719	51817	17757	9504	40641	40884
伊春 Yichun	66895	25325	5949	8042	4450	6884	7282
佳木斯 Jiamusi	454890	216833	77096	50140	29986	59611	55405
七台河 Qitaihe	77925	32948	17888	8163	4553	2344	11456
牡丹江 Mudanjiang	192048	87660	28899	11850	11559	35352	48595
黑河 Heihe	251921	129568	29115	39306	15652	45495	24494
绥化 Suihua	908257	353607	120553	77326	41468	114260	124956
大兴安岭 Daxinganling	13375	6810	2400	1624	847	1939	1895
农垦总局 ARB	1240284	593272	220291	146448	118611	107922	58102
绥芬河 Suifenhe	669	369	86	28	33	222	270
抚远 Fuyuan	25281	10281	1796	2010	2126	4349	6048

11-7 分地区除涝和农田水利情况(2014年)

FLOOD PREVENTION AND WATER CONSERVANCY FACILITIES BY REGION(2014)

地区	Region	有效灌溉面积（千公顷）Irrigated Area (1000 hectares)	水库数（座）Number of Reservoirs (unit)	水库库容量（万立方米）Capacity of Reservoirs (10000 cu.m)	除涝面积（万公顷）Area with Flood Prevention Measures (10000 hectares)	除涝面积占易涝面积(%) Percentage of Area with Flood Prevention Measures (%)
全省	**Total**	**5305.2**	**1144**	**2713743**	**338.2**	**75.6**
哈尔滨	Harbin	738.7	291	221361	33.3	82.7
齐齐哈尔	Qiqihar	612.9	144	968028	33.4	74.1
鸡西	Jixi	161.9	54	77550	3.5	50.9
鹤岗	Hegang	146.0	15	15420	9.0	80.7
双鸭山	Shuangyashan	88.5	13	76939	14.8	75.4
大庆	Daqing	433.6	25	88934	14.1	77.7
伊春	Yichun	50.4	16	20860	2.7	81.7
佳木斯	Jiamusi	462.8	33	25454	23.9	52.0
七台河	Qitaihe	19.2	20	69580	1.9	61.7
牡丹江	Mudanjiang	84.2	53	649336	5.1	62.3
黑河	Heihe	66.6	104	250450	8.1	45.3
绥化	Suihua	483.1	135	99408	41.2	80.5
大兴安岭	Daxinganling	2.0	10	16353	1.0	57.6
农垦总局	ARB	1826.5	193	112299	144.2	86.7
省直	Directly under Province		37	21186		
绥芬河	Suifenhe	0.8	1	585		
抚远	Fuyuan	127.9			2.0	41.2

11-8 主要农作物播种面积

SOWN AREAS OF MAJOR FARM CROPS

单位：万公顷、公顷 (10000 hectares, hectare)

年份 Year 地区 Region	农作物总播种面积 Total Sown Areas of Farm Crops	粮食作物播种面积 Total Sown Areas of Grain crops	谷物 Cereal	#水稻 Rice	#小麦 Wheat	#玉米 Corn	#谷子 Millet	#高粱 Jowar
1980	872.4	731.8		21.0	210.5	188.4	76.9	27.1
1981	872.7	728.2		22.4	219.0	157.7	76.9	29.5
1982	847.9	708.9		23.9	190.4	136.3	72.3	29.0
1983	860.7	723.5		24.6	209.6	164.2	74.8	31.4
1984	862.2	735.5		27.8	198.0	192.0	63.3	29.3
1985	858.2	721.6		39.0	203.8	157.7	49.3	14.5
1986	846.3	571.5		50.7	196.9	168.9	41.0	17.5
1987	851.5	741.2		58.1	158.7	197.6	30.8	17.3
1988	823.3	688.6		55.3	123.9	182.8	24.5	17.2
1989	845.3	726.2		60.4	168.2	190.4	21.3	17.5
1990	855.9	742.0		67.4	178.1	216.9	17.5	15.9
1991	861.5	742.7	507.0	74.7	173.7	223.0	14.0	13.6
1992	848.0	734.8	491.3	77.8	161.5	216.6	13.2	14.1
1993	864.7	755.8	425.1	73.6	133.7	177.7	12.6	16.6
1994	867.0	750.1	433.1	74.8	119.5	196.4	10.8	16.2
1995	864.7	750.0	467.6	83.5	111.6	241.1	8.8	13.4
1996	888.4	779.6	534.0	110.9	123.7	266.6	7.3	17.1
1997	903.5	799.5	529.9	139.7	107.4	254.5	6.7	13.5
1998	919.4	808.3	526.8	156.3	95.9	248.6	7.0	11.7
1999	926.2	809.9	549.1	161.5	95.3	265.2	7.1	12.4
2000	932.9	785.2	427.9	160.6	59.0	180.1	8.2	11.6
2001	941.2	795.7	434.9	157.7	38.3	211.0	7.0	11.0
2002	940.0	783.3	439.4	157.1	24.5	223.7	7.4	11.6
2003	955.1	786.3	381.4	129.5	21.4	203.5	5.6	9.2
2004	964.7	821.6	423.3	167.5	24.7	214.2	4.1	6.3
2005	1132.2	988.9	503.3	185.0	25.9	273.0	4.2	7.9
2006	1167.8	1052.6	577.2	199.2	24.4	330.5	3.5	7.3
2007	1189.9	1082.1	650.6	225.3	23.3	388.4	2.9	4.9
2008	1208.7	1098.8	649.3	245.2	26.6	364.7	2.5	5.1
2009	1387.1	1313.3	788.4	263.6	33.7	485.4	1.5	3.3
2010	1425.0	1354.9	863.3	297.5	37.8	523.2	1.4	2.9
2011	1448.6	1375.9	980.8	344.8	41.5	590.4	1.2	2.3
2012	1466.0	1394.2	1087.8	382.0	40.2	661.5	0.9	2.6
2013	1467.8	1403.7	1133.2	403.1	17.1	709.9	0.7	2.2
2014	1477.5	1422.7	1079.7	399.7	12.3	664.2	0.7	2.7
哈尔滨 Harbin	2043959	1945812	1745727	638101		1104808	992	798
齐齐哈尔 Qiqihar	2294284	2243585	1621252	320635	172	1294108	1362	4640
鸡西 Jixi	492891	482422	421961	173382	35	249775	9	
鹤岗 Hegang	203786	201965	163453	117413		46025		15
双鸭山 Shuangyashan	420906	404517	331151	85160	1	245988	2	
大庆 Daqing	757398	692010	659444	103673	2217	534142	3091	16099
伊春 Yichun	239491	229279	83831	38383	18	45430		
佳木斯 Jiamusi	1125833	1093046	830881	450842	871	377253		1381
七台河 Qitaihe	177885	164375	141522	18460		122952	70	40
牡丹江 Mudanjiang	646819	546963	348541	46426	1050	300893	87	85
黑河 Heihe	1232329	1212583	454308	25225	100509	327582	260	632
绥化 Suihua	1908431	1870626	1510993	350665		1157252	990	2007
大兴安岭 Daxinganling	177874	168800	14272		10409	3863		
农垦总局 ARB	2862471	2821273	2338476	1500396	7601	829098	118	1263
绥芬河 Suifenhe	3486	3091	692		1	687	4	
抚远 Fuyuan	178667	178601	130610	127877		2733		

注:2006、2007年数据是与第二次农业普查衔接后数据。

Note:Data from 2006 to 2007 on national accounts have been adjusted according to the results of the second national agricultural census.

11-8 续表1 CONTINUED

单位：万公顷、公顷 (10000 hectares, hectare)

年份 Year 地区 Region	豆类 Soybean	#大豆 Soja	薯类 Tuber	油料 Oil-bearing Crops	#油菜籽 Rapeseeds	#葵花籽 Helianthus	#白瓜籽 Pumpkin Seeds	甜菜 Beetsroots
1980	173.6	163.0	23.7	24.4	0.4	19.2		24.3
1981	190.4	180.0	21.9	31.5	0.2	26.7		23.4
1982	224.0	213.6	22.6	26.5	0.7	21.7		24.4
1983	181.1	169.3	26.1	22.5	0.8	19.0		33.7
1984	182.1	179.5	23.5	22.4	0.9	20.7		30.5
1985	226.0	216.7	22.2	39.2	2.0	33.8		29.2
1986	220.7	219.7	20.9	18.3	3.0	13.8		30.6
1987	240.9	240.0	21.4	16.9	5.4	10.6		26.3
1988	244.9	242.9	24.7	16.5	8.1	7.4		42.7
1989	229.1	226.4	23.3	13.4	5.8	6.2		31.4
1990	216.2	207.9	21.8	14.2	6.6	6.5		35.8
1991	215.4	209.4	20.3	13.7	6.5	6.5		41.6
1992	221.2	216.0	22.3	18.3	9.8	7.4		33.2
1993	307.2	297.9	23.5	15.5	6.6	7.3		28.4
1994	294.8	279.6	22.2	17.4	5.5	7.4		34.4
1995	258.9	251.3	23.5	14.7	4.5	6.8		32.8
1996	221.9	216.1	23.7	12.8	3.1	7.6		29.1
1997	245.4	239.4	24.2	14.2	2.1	8.8		25.1
1998	254.7	246.0	26.8	20.9	3.4	11.2		23.1
1999	229.2	215.3	31.6	29.3	7.2	13.9		12.4
2000	317.8	286.8	39.5	36.3	8.0	18.3		14.6
2001	319.6	287.4	41.2	30.2	1.3	18.0		18.2
2002	300.6	263.1	43.3	37.4	0.4	23.4	10.7	19.9
2003	366.1	324.2	38.8	46.3	0.2	25.7	15.1	11.9
2004	367.4	340.1	30.9	41.1	0.3	17.1	13.0	7.6
2005	452.4	421.5	33.2	41.0	0.2	20.7	16.0	8.0
2006	454.8	424.6	20.3	33.9	0.1	20.3	10.0	5.8
2007	409.9	380.9	21.5	27.7	0.1	14.1	10.0	7.9
2008	419.8	397.2	29.1	21.9	0.4	10.7	6.9	9.0
2009	502.9	486.3	22.0	20.3	0.2	8.7	7.9	6.4
2010	467.5	447.9	24.0	16.7	0.1	5.7	8.6	7.8
2011	366.5	346.2	28.6	14.9	0.1	4.0	8.4	8.2
2012	275.0	260.0	31.4	11.7	0.1	3.0	6.1	7.3
2013	244.3	230.2	26.2	9.8	0.009	2.0	5.1	3.9
2014	326.2	314.6	16.8	8.7	0.002	1.7	5.2	1.0
哈尔滨 Harbin	181076	178497	19659	6109	21	778	2186	10
齐齐哈尔 Qiqihar	539795	525700	82538	7781		1238	256	9146
鸡西 Jixi	58217	56025	1004	2720		140	2526	2
鹤岗 Hegang	38243	37415	269	46		46		
双鸭山 Shuangyashan	72689	69530	677	3907		172	3735	488
大庆 Daqing	30702	20493	1865	10953		2650		488
伊春 Yichun	144735	142576	713	214		16	147	
佳木斯 Jiamusi	255153	252777	7012	1756		170	1578	89
七台河 Qitaihe	21123	20098	1730	2666		306	2349	
牡丹江 Mudanjiang	192766	189997	5656	44979		9817	35047	16
黑河 Heihe	750575	706485	7700	330		217	113	
绥化 Suihua	343561	343197	16072	501		471	30	
大兴安岭 Daxinganling	151014	148038	3514	73		73		
农垦总局 ARB	462823	436264	19974	4915		467	3514	
绥芬河 Suifenhe	2362	2335	37	299		15	284	
抚远 Fuyuan	47991	47824						

11-8 续表2 CONTINUED

单位：万公顷、公顷 (10000 hectares, hectare)

年 份 Year 地 区 Region	麻 类 Fiber Crops	#亚麻 Flax	药 材 Herb	烟 叶 Tobacco	#烤烟 Flue-cured	蔬菜、食用菌 Vegetables Mushroom	瓜果类 Melon	饲料作物 Feed Crops
1980	13.7	8.9		1.0		33.0	6.6	
1981	11.4	8.0			1.7	29.5	7.8	
1982	7.8	5.3			4.0	31.0	5.8	
1983	6.2	5.3		3.2	2.8	29.6	6.0	
1984	7.1	6.5		3.4	3.1	27.3	5.9	
1985	7.8	7.4		5.0	4.3	24.9	7.7	
1986	8.2	7.9		5.0	4.2	25.1	7.7	
1987	12.3	12.1		5.9	5.1	22.8	7.6	
1988	14.1	13.9		8.3	7.6	24.8	7.1	
1989	8.9	8.8		13.8	13.0	24.5	7.6	
1990	8.2	8.1		12.5	11.6	23.0	3.4	
1991	9.8	9.7		13.2	12.3	21.8	3.1	
1992	7.1	7.0		9.7	9.2	23.4	3.8	
1993	6.5	6.4		8.4	7.8	26.3	5.0	
1994	8.3	8.2		7.1	6.6	26.3	5.0	
1995	10.1	10.0		6.8	6.5	29.3	5.0	
1996	8.5	8.4		10.2	9.8	29.4	5.0	
1997	5.5	5.4		10.8	10.3	29.9	6.0	
1998	3.6	3.5		5.9	5.4	35.4	7.8	
1999	5.0	4.9		6.4	6.1	44.6	8.2	
2000	9.5	8.8		4.9	4.5	44.6	12.6	
2001	12.9	12.4		4.6	4.1	42.7	13.0	
2002	10.3	10.1	2.4	4.5	4.0	43.2	14.1	14.9
2003	11.3	11.1	3.3	3.7	3.3	40.0	13.4	29.7
2004	9.8	8.9	3.5	3.2	2.8	29.2	9.5	29.9
2005	8.5	8.2	4.8	4.2	4.0	33.3	11.0	22.6
2006	5.6	4.8	2.6	1.9	1.7	31.3	12.2	23.4
2007	5.1	4.1	5.5	3.2	2.8	29.1	10.6	18.9
2008	4.1	3.6	5.2	3.3	3.3	28.8	10.1	19.4
2009	1.2	1.1	3.1	3.7	3.2	18.8	7.4	10.3
2010	0.5	0.5	3.7	3.7	3.2	18.4	6.9	8.4
2011	0.3	0.3	5.1	3.5	3.2	22.3	6.2	7.8
2012	0.2	0.2	4.7	3.8	3.4	25.0	5.8	6.5
2013	0.13	0.09	3.9	3.6	3.2	26.6	6.4	5.6
2014	0.33	0.14	3.0	3.3	3.1	26.9	5.7	4.3
哈尔滨 Harbin	7	7	2366	3669	3406	63852	11296	1267
齐齐哈尔 Qiqihar			269	35		23426	5047	4427
鸡 西 Jixi			67	2400	2362	3706	664	253
鹤 岗 Hegang			205	644	644	768	126	20
双鸭山 Shuangyashan			63	2138	2138	5769	3841	11
大 庆 Daqing	20		4228	1827	1827	24835	11437	11361
伊 春 Yichun			2404			5885	737	81
佳木斯 Jiamusi			398	4390	4390	22002	2702	940
七台河 Qitaihe			192	2674	2674	3835	2075	
牡丹江 Mudanjiang	30	30	2283	10929	9200	30212	7078	1312
黑 河 Heihe	1280	160	8728	67		6376	628	1428
绥 化 Suihua			1383	3675	3566	22122	6291	748
大兴安岭 Daxinganling	1000	1000	5175			2176	510	82
农垦总局 ARB	899	99	2072	707	667	3594	4277	20831
绥芬河 Suifenhe						89	3	
抚 远 Fuyuan						60		

11-9 主要农产品产量

YIELD OF MAJOR FARM CROPS

单位：万吨、吨　　　　(10000 tons, tons)

年份 Year 地区 Region	粮食 Grain	谷物 Cereal	#水稻 Rice	#小麦 Wheat	#玉米 Corn	#谷子 Millet	#高粱 Jowar
1980	1462.4	1085.9	79.6	394.6	520.0	103.6	63.1
1981	1250.0	969.7	55.7	314.1	455.0	99.7	64.9
1982	1150.0	819.2	70.9	268.2	352.6	87.6	54.2
1983	1549.0	1228.8	91.5	451.0	463.5	125.7	76.9
1984	1757.5	1402.0	124.0	382.5	642.0	115.5	100.5
1985	1405.0	1035.6	162.9	376.8	386.8	63.2	34.0
1986	1776.3	1169.5	220.8	355.9	632.0	60.1	55.1
1987	1737.6	1373.3	225.7	299.8	646.1	40.2	48.0
1988	1768.0	1282.1	243.5	250.4	700.6	35.5	55.2
1989	1668.9	1292.2	231.7	367.3	615.2	22.7	43.8
1990	2312.5	1901.0	314.4	474.8	1008.3	31.3	53.3
1991	2164.3	1789.6	316.2	381.1	1007.5	23.7	45.8
1992	2366.3	1936.6	376.6	424.8	1042.8	24.3	51.4
1993	2390.8	1799.5	388.3	340.0	956.6	27.2	73.3
1994	2578.7	1971.3	410.4	275.3	1146.4	24.3	86.4
1995	2592.5	2062.8	469.9	293.4	1219.1	20.9	47.9
1996	3046.5	2512.4	636.0	329.5	1445.0	21.5	65.5
1997	3104.5	2434.9	860.9	328.4	1165.9	14.4	48.3
1998	3008.5	2483.4	925.8	285.2	1199.7	9.0	51.7
1999	3074.6	2524.8	944.3	284.2	1228.4	13.6	39.6
2000	2545.5	1974.1	1042.2	95.8	790.8	8.7	26.0
2001	2651.7	1989.1	1016.3	93.8	819.5	10.3	28.5
2002	2941.2	2195.5	921.0	89.4	1070.5	16.2	52.3
2003	2512.3	1792.0	842.8	39.7	830.9	12.9	39.8
2004	3135.0	2302.5	1120.0	83.0	1050.0	8.6	24.7
2005	3600.0	2714.0	1172.5	97.0	1379.5	7.4	25.6
2006	3780.0	2986.7	1360.0	93.0	1453.5	7.3	24.5
2007	3965.5	3349.3	1658.5	77.0	1568.5	4.9	15.9
2008	4225.0	3502.0	1518.0	89.5	1822.0	5.0	17.0
2009	4353.0	3641.7	1574.5	116.3	1920.2	4.5	21.6
2010	5012.8	4284.8	1843.9	92.5	2324.4	4.1	17.8
2011	5570.6	4858.2	2062.1	103.8	2675.8	3.5	11.1
2012	5761.3	5147.9	2171.2	70.0	2887.9	3.0	14.6
2013	6004.1	5495.9	2220.6	38.9	3216.4	2.4	16.4
2014	6242.2	5665.5	2251.0	46.6	3343.4	2.6	21.3
哈尔滨 Harbin	14271730	13824589	4309638		9509592	1408	1450
齐齐哈尔 Qiqihar	11497760	10021209	1489221	7032	8475099	3474	26542
鸡西 Jixi	3062877	2919159	1144434	78	1774640	7	
鹤岗 Hegang	1001556	959238	647729		311453		56
双鸭山 Shuangyashan	2787498	2698559	493438		2205115	6	
大庆 Daqing	5334144	5276077	655657	5737	4511722	8786	93676
伊春 Yichun	763650	535826	278381	256	257189		
佳木斯 Jiamusi	7013279	6532038	3436499		3092944		2013
七台河 Qitaihe	905356	856352	90212		766140		
牡丹江 Mudanjiang	2723092	2357923	290916	2305	2064613	62	27
黑河 Heihe	3308563	1847392	155384	461653	1225675	1300	3080
绥化 Suihua	13392664	12746540	2059109		10672880	946	13589
大兴安岭 Daxinganling	372946	135815		94952	40863		
农垦总局 ARB	21806900	20572000	13703400	39300	6817800	400	11100
绥芬河 Suifenhe	8145	3408			3398	8	
抚远 Fuyuan	908199	833825	737172		93690		2963

注：大兴安岭地区粮食产量数据不包含驻扎在大杨树镇的大兴安岭农工商联合公司生产粮食产量。

Note: Grain output data of Daxinganling is not included data of Daxinganling Agricultural Industrial and Commercial Company .

11-9 续表1 CONTINUED

单位：万吨、吨 (10000 tons, tons)

年 份 Year 地 区 Region	豆 类 Soybean	#大豆 Mung Bean	薯 类 Tuber	油 料 Oil-bearing Crops	#油菜籽 Rapeseeds	#葵花籽 Helianthus	#白瓜籽 Pumpkin Seeds
1980	325.5	220.5	51.0	23.9		22.6	
1981	235.4	188.3	44.9	37.4		40.0	
1982	330.8	245.5	43.3	34.4		41.3	
1983	258.7	238.5	61.5	32.2		28.9	
1984	293.0	290.5	62.5	26.0		24.6	
1985	325.6	313.7	43.8	28.4		25.2	
1986	306.0	378.0	47.5	19.0		16.4	
1987	397.1	383.5	67.2	12.6		6.5	
1988	285.7	384.4	71.0	13.0		7.0	
1989	303.3	291.8	73.4	13.1		6.5	
1990	337.4	325.8	74.1	17.2	7.00	8.1	
1991	317.4	309.8	57.3	15.2	7.00	6.6	
1992	354.0	349.1	75.7	21.9	9.90	10.3	
1993	505.3	491.5	86.0	16.1	4.30	9.5	
1994	532.8	513.6	74.6	15.6	4.00	9.4	
1995	448.2	438.8	81.5	20.1	5.30	9.0	
1996	435.6	413.5	98.5	16.8	3.30	10.5	
1997	588.7	576.2	80.9	18.2	2.90	11.6	
1998	458.6	444.6	66.5	16.9	3.20	7.6	
1999	474.1	446.6	75.7	39.3	7.70	22.6	
2000	489.6	450.1	81.8	43.8	6.80	26.0	
2001	537.5	496.2	125.1	36.3	1.47	20.8	
2002	610.7	556.3	135.0	52.8	0.48	36.8	10.9
2003	616.1	560.8	104.1	44.7	0.30	21.0	15.2
2004	727.5	675.0	105.0	46.0	0.40	24.2	15.1
2005	800.7	748.0	85.3	60.6	0.30	33.2	20.0
2006	689.3	652.5	104.0	63.1	0.10	32.1	23.6
2007	527.3	491.0	89.0	50.1	0.10	24.4	18.3
2008	667.0	620.5	56.5	28.5	0.10	12.8	9.5
2009	618.5	591.9	92.9	28.2	0.30	11.8	9.8
2010	601.9	585.0	126.2	27.5	0.18	10.5	11.2
2011	577.8	541.3	134.7	23.3	0.10	6.9	10.5
2012	479.6	463.4	134.0	22.5	0.10	6.0	9.2
2013	400.2	386.7	108.0	19.0	0.05	4.3	7.4
2014	469.6	460.4	107.1	17.2	0.06	3.6	8.2
哈尔滨 Harbin	312727	305901	134414	24670	630	1968	7538
齐齐哈尔 Qiqihar	1138509	966912	338042	15321		2201	356
鸡 西 Jixi	134490	103950	9228	3905		311	3432
鹤 岗 Hegang	37082	35742	5236	82		82	
双鸭山 Shuangyashan	86128	82056	2811	6000		329	5671
大 庆 Daqing	50134	35235	7933	29609		6899	
伊 春 Yichun	225686	223979	2138	154		23	131
佳木斯 Jiamusi	343221	338120	138020	2704		429	2236
七台河 Qitaihe	40751	35989	8253	2988		836	2133
牡丹江 Mudanjiang	350644	348304	14525	75668		20210	55256
黑 河 Heihe	1434191	1369865	26980	805		656	149
绥 化 Suihua	493680	493666	152444	739		703	36
大兴安岭 Daxinganling	213812	202995	23319	121		121	
农垦总局 ARB	1147200	1093100	87700	8414		1028	4911
绥芬河 Suifenhe	4569	4525	168	277		15	262
抚 远 Fuyuan	74374	73123					

11-9 续表2 CONTINUED

单位：万吨、吨 (10000 tons, tons)

年份 Year 地区 Region	麻类 Fiber Crops	#亚麻 Flax	甜菜 Beetsroots	烟叶 Tobacco	#烤烟 Flue-cured Tobacco	蔬菜、食用菌 Vegetables Mushroom	瓜果类 Melon
1980	19.0	17.5	287.6	2.8	2.2	523.6	
1981	19.2	18.3	312.7	4.4	3.4		
1982	6.5	5.9	274.3	8.0	6.9		
1983	13.5	13.1	515.2	5.7	4.4		
1984	19.0	18.6	422.8	7.1	6.1		
1985	15.0	14.8	315.2	8.9	7.0	485.1	
1986	20.7	20.4	389.8	10.5	8.1	585.0	
1987	31.2	31.1	330.4	10.4	8.8	463.9	
1988	35.4	35.5	555.1	14.0	12.4	526.5	
1989	22.4	22.3	397.5	23.1	12.4	526.1	
1990	22.4	22.3	632.0	21.9	19.3	563.7	76.5
1991	26.8	26.7	620.3	18.5	16.8	484.0	46.5
1992	19.6	19.5	539.8	13.6	12.6	578.1	72.4
1993	17.2	17.0	298.7	13.1	11.6	672.3	94.9
1994	21.7	21.7	322.7	10.0	8.9	679.6	104.0
1995	32.2	32.0	500.8	11.2	10.1	883.6	126.6
1996	23.7	23.6	491.9	18.1	16.9	916.7	129.1
1997	13.3	13.1	447.7	17.5	16.3	990.0	158.7
1998	9.1	9.0	310.2	9.4	8.3	998.5	160.0
1999	14.8	14.6	203.6	11.2	10.3	1187.3	221.9
2000	18.7	18.0	254.8	9.6	8.1	1325.6	319.4
2001	29.8	28.1	329.8	8.4	7.3	1250.2	335.9
2002	36.2	35.7	437.6	7.4	6.3	1324.7	353.2
2003	28.3	26.7	71.4	4.6	4.5	1198.3	316.5
2004	39.3	31.0	96.0	5.6	5.6	1061.6	273.1
2005	36.1	34.5	155.0	7.4	7.4	1153.5	306.4
2006	29.4	20.5	205.0	5.6	5.6	1135.6	366.6
2007	18.0	15.4	237.2	6.9	6.9	1058.5	321.5
2008	16.5	15.0	260.0	7.8	7.8	1057.9	308.2
2009	4.5	4.4	110.0	8.3	7.3	701.2	218.3
2010	2.2	2.2	175.0	9.6	8.5	723.8	233.0
2011	1.2	1.2	275.0	8.5	7.8	789.9	225.6
2012	1.0	0.9	273.0	9.7	8.8	866.4	211.8
2013	0.9	0.6	123.2	8.9	8.1	946.1	225.3
2014	2.5	0.7	41.1	8.4	7.8	985.6	201.1
哈尔滨 Harbin	42	42	260	11575	10545	2150352	349954
齐齐哈尔 Qiqihar			370543	80		960869	215126
鸡西 Jixi			5	4650	4320	184000	19459
鹤岗 Hegang				1397	1397	44234	4179
双鸭山 Shuangyashan			17083	5412	5412	229559	138622
大庆 Daqing	105		19881	6999	6999	1115850	442455
伊春 Yichun						320413	16399
佳木斯 Jiamusi			2210	9196	9196	603267	79823
七台河 Qitaihe				6666	6666	177567	48961
牡丹江 Mudanjiang	90	90	589	26551	22593	1810858	255955
黑河 Heihe	12217	1600		176		188379	22936
绥化 Suihua				10095	9825	927092	212812
大兴安岭 Daxinganling	4500	4500				103900	21307
农垦总局 ARB	7676	476		1640	1500	197557	182961
绥芬河 Suifenhe						4999	104
抚远 Fuyuan						2359	

11-10 主要农产品单位面积产量

YIELD OF MAJOR FARM CROPS PER HECTARE

单位：千克/公顷 (kg/hectare)

年份 地区	Year Region	粮食 Grain	水稻 Rice	小麦 Wheat	玉米 Corn	大豆 Soybean	薯类 Tuber	亚麻 Flax	甜菜 Beetsroots	烤烟 Flue-cured Tobacco
	1980	1998	3803	1868	2768	1350	2160	1980	11813	2678
	1981	1717	2498	1440	2453	1058	2048	2273	13343	2003
	1982	1622	2970	1418	2183	1148	1913		11228	1755
	1983	2141	3713	2138	2835	1418	2363	2475	15278	1598
	1984	2390	4478	1935	2533	1620	2655	1148	13860	2025
	1985	1947	4185	1845	2610	1463	1980	2003	10800	1598
	1986	3108	4343	1823	3758	1733	2273	2565	12713	1913
	1987	2344	3893	1890	3780	1598	3128	2588	12578	1733
	1988	2568	4410	2025	3848	1643	2880	2543	13028	1643
	1989	2298	3825	2183	3218	1283	3150	2543	12668	1643
	1990	3117	4658	2678	4658	1575	3398	2745	17663	1665
	1991	2914	4230	2183	4523	1485	2835	2768	14918	1373
	1992	3220	4838	2631	4815	1616	3690	2790	16268	1373
	1993	3163	5279	2543	5384	1650	3646	2676	10512	1500
	1994	3438	5485	2304	5836	1837	3679	2634	9390	1354
	1995	3457	5626	2628	5056	1746	3468	3205	15246	1567
	1996	3908	5739	2665	5421	1914	4155	3557	16922	1735
	1997	3883	6163	3075	4581	2408	3345	2447	17808	1583
	1998	3722	5909	2967	4823	1808	2479	2558	13450	1550
	1999	3796	5851	2982	4632	2074	2396	3013	16421	1696
	2000	3242	6489	1623	4390	1569	2071	2039	17482	1810
	2001	3333	6444	2450	3884	1726	3039	2262	18112	1769
	2002	3755	5861	3643	4785	2115	3116	3516	21999	1585
	2003	3195	6510	1854	4083	1730	2685	2416	6011	1379
	2004	3816	6687	3360	4902	1985	3398	3478	12710	2019
	2005	3640	6338	3744	5053	1775	2567	4190	19264	1850
	2006	3714	6511	3750	4908	1657	3128	4852	18457	2201
	2007	3790	7020	3244	4508	1390	2555	3734	26359	2429
	2008	3845	6191	3365	4496	1562	1942	4167	28889	2364
	2009	3821	6313	3969	4685	1477	4220	3915	17222	2265
	2010	4376	6659	3303	5321	1649	5163	4138	22476	2622
	2011	4843	7001	3485	5833	1691	5379	4507	33526	2440
	2012	5001	7072	3334	5564	1740	5461	5807	37439	2551
	2013	5192	6993	2923	5904	1592	4034	6725	31932	2511
	2014	5337	7023	3199	6146	1787	4440	5118	40098	2541
哈尔滨	Harbin	7842	7785		8788	2024	4778	6000	26000	3096
齐齐哈尔	Qiqihar	5393	6495	1978	7316	1800	4304		40514	
鸡西	Jixi	6715	7177	2600	7897	1889	4278		2500	1829
鹤岗	Hegang	5394	6012		6174	1456	2338			2169
双鸭山	Shuangyashan	7255	7210		8252	1883	3595		35006	2531
大庆	Daqing	8235	7231	2588	8864	1860	5205		40740	3831
伊春	Yichun	3730	7516	3012	6483	1767	6126			
佳木斯	Jiamusi	7039	7577		8725	2139	5205		24831	2095
七台河	Qitaihe	5997	6476		7063	1703	3573			2493
牡丹江	Mudanjiang	5228	7138	3037	7115	1890	4693	3000	36813	2456
黑河	Heihe	3153	6329	3935	7219	1988	2681	10000		
绥化	Suihua	7681	7787		8818	2082	5196			2755
大兴安岭	Daxinganling	2396		4675	6970	1684	5281	4500		
农垦总局	ARB	7982	8860	5038	9527	2632	4320	4808		2249
绥芬河	Suifenhe	2741			5552	1973	4541			
抚远	Fuyuan	5851	6798		7973	2148				

11-11 水果生产情况

YIELD OF FRUITS

年份 Year / 地区 Region	果园面积（公顷）Area of Orchards (hectare) 总计 Total	#苹果 Apples	#梨 Pears	#葡萄 Grapes	水果产量（吨）Yield of Fruits (ton) 总计 Total	#苹果 Apples	#梨 Pears	#葡萄 Grapes
2005	39488	15488	5345	1708	461974	177432	48422	20720
2006	37593	13334	4919	1632	471209	159759	49124	22728
2007	40901	13166	5128	1781	517659	150534	46524	21847
2008	40960	11950	5250	2730	593539	138330	47078	45062
2009	35340	12000	4230	2480	493241	140670	41164	42206
2010	36153	11419	4836	2991	466371	117019	37648	56732
2011	34976	10854	4556	2965	542336	113984	40224	62120
2012	35330	11640	3984	3961	567404	150661	37259	83443
2013	34242	11648	3458	3870	491133	140649	28238	81441
2014	34710	12198	3819	4867	576390	148900	33830	118016
哈尔滨 Harbin	7078	1142	353	817	97750	11614	5242	8750
齐齐哈尔 Qiqihar	3367	279	82	269	29239	3895	998	4253
鸡西 Jixi	2367	666	303	134	66206	16476	7276	1193
鹤岗 Hegang	34	17		9	1064	544		386
双鸭山 Shuangyashan	702	265	141	129	5772	1900	680	1931
大庆 Daqing	3365	70		2640	160475	900		85389
伊春 Yichun	429	1		4	1756	127		37
佳木斯 Jiamusi	760	92	65	42	5346	1944	1097	904
七台河 Qitaihe	197	20	28	19	2069	92	118	267
牡丹江 Mudanjiang	12167	7575	2820	497	132118	95360	18100	4883
黑河 Heihe	36				1478			
绥化 Suihua	968	20		253	27464	284		9107
大兴安岭 Daxinganling	510				21307			
农垦总局 ARB	2715	2051	27	54	24099	15764	319	916
绥芬河 Suifenhe	10				80			
抚远 Fuyuan	5				167			

11-12 蔬菜、食用菌生产情况

YIELD OF VEGETABLE AND MUSHROOM

年份 Year / 地区 Region	播种面积（公顷）Sown Area (hectare) 总计 Total	#白菜 Chinese Cabbage	#黄瓜 Cucumber	#萝卜 Radish	产量（吨）Yield (ton) 总计 Total	#白菜 Chinese Cabbage	#黄瓜 Cucumber	#萝卜 Radish
2005	333390	111305	23399	9078	11535465	4961917	777779	501397
2006	331094	113435	21731	14886	11327103	4888475	695098	487233
2007	291100	90206	20486	14041	10187924	3981792	698375	487481
2008	287700	86730	20330	14490	10578998	4094636	714842	492696
2009	187580	57040	15250	10590	7011518	2583124	589175	353666
2010	184480	53888	14407	9531	7238268	2647390	566848	357713
2011	223130	76560	17405	13742	7899314	3113831	618806	496705
2012	249850	68620	19280	13946	8664146	2887730	666798	495756
2013	265670	74193	20449	14077	9461458	3138127	783589	488111
2014	268850	73820	21086	11277	9856073	3311552	867131	424008
哈尔滨 Harbin	63852	16300	5883	3907	2150352	791842	192686	122346
齐齐哈尔 Qiqihar	23426	7499	1256	958	960869	378048	50117	30763
鸡西 Jixi	3706	836	327	299	184000	60082	20292	10097
鹤岗 Hegang	768	181	75	57	44234	13547	6116	2035
双鸭山 Shuangyashan	5769	1893	423	435	229559	84915	18309	17665
大庆 Daqing	24835	5848	2353	1244	1115850	325797	114011	71484
伊春 Yichun	5885	1723	349	314	320413	108598	22371	12388
佳木斯 Jiamusi	22002	9161	1375	1347	603267	328959	40154	41932
七台河 Qitaihe	3835	1619	245	132	177567	78776	20269	5404
牡丹江 Mudanjiang	30212	2632	2554	787	1810858	142863	153211	38554
黑河 Heihe	6376	3135	489	488	188379	112617	18709	7297
绥化 Suihua	22122	9337	1723	1076	927092	436711	86119	53101
大兴安岭 Daxinganling	2176	992	114	116	103900	42958	5026	5649
农垦总局 ARB	3594	841	537	113	197557	48549	26004	5122
绥芬河 Suifenhe	89	35	5	3	4999	2286	238	142
抚远 Fuyuan	60	5	11	1	2359	195	592	29

11-13 畜牧业生产情况

NUMBER OF LIVESTOCK

单位：万头、头 (10000 heads, head)

年份 Year 地区 Region	大牲畜数量 Large Animals	黄牛及肉牛 Oxes	奶牛 Milk Cow	马 Horses	驴 Donkeys	骡 Mules
1978	286.9	105.1	6.2	164.5	4.8	6.3
1980	257.8	95.6	7.8	143.6	4.6	6.2
1985	305.5	149.9	25.8	117.9	6.4	5.5
1986	314.0	156.7	31.9	113.3	6.5	5.6
1987	314.6	155.9	40.3	106.5	6.4	5.5
1988	318.1	157.7	47.0	101.3	6.6	5.5
1989	324.1	165.0	49.2	98.0	6.2	5.7
1990	348.2	182.8	54.0	99.2	6.3	5.9
1991	358.7	192.4	57.9	95.7	6.4	6.3
1992	365.3	200.6	61.1	90.1	7.0	6.5
1993	376.4	221.2	55.1	86.7	7.2	6.3
1994	420.2	265.9	56.4	83.4	8.2	6.5
1995	485.7	326.6	61.7	81.9	8.9	6.8
1996	540.6	376.7	65.8	81.2	9.8	7.1
1997	545.3	383.1	67.2	78.7	9.3	6.9
1998	549.5	388.1	68.5	77.8	8.9	6.3
1999	549.0	389.6	68.6	76.6	8.3	5.9
2000	547.7	391.5	69.8	72.8	7.9	5.6
2001	558.3	400.4	77.8	66.6	8.1	5.3
2002	598.3	432.3	93.3	60.0	7.6	5.1
2003	690.3	506.8	117.6	53.0	7.7	5.1
2004	773.0	573.9	141.0	45.5	7.7	4.8
2005	840.2	622.3	164.3	41.2	7.6	4.8
2006	541.2	343.1	161.7	26.6	6.4	3.3
2007	587.7	367.0	181.4	28.5	7.5	3.2
2008	776.5	378.8	221.5	28.2	8.1	3.7
2009	567.4	354.2	197.0	26.8	8.3	3.7
2010	573.3	328.3	205.4	27.6	8.8	3.5
2011	557.7	326.1	192.7	26.7	8.7	3.4
2012	557.6	326.3	202.2	25.9	8.7	3.2
2013	531.7	303.7	191.7	24.6	8.4	3.3
2014	536.6	305.0	197.2	23.6	7.7	3.1
哈尔滨 Harbin	2204741	1666586	452656	56041	19166	10292
齐齐哈尔 Qiqihar	1769526	1010022	684531	42082	28053	4838
鸡西 Jixi	153032	120400	26370	4238	1258	766
鹤岗 Hegang	20402	13735	6559	88		
双鸭山 Shuangyashan	188079	182341	4926	517	204	91
大庆 Daqing	945619	363178	550425	22298	8681	1037
伊春 Yichun	136207	87697	44680	3202	569	59
佳木斯 Jiamusi	673783	611411	53757	6995	817	803
七台河 Qitaihe	50815	49089	1441	255	30	
牡丹江 Mudanjiang	438270	406577	2563	18555	1447	9128
黑河 Heihe	573331	461039	97394	13951	713	234
绥化 Suihua	2163359	1588061	494570	61029	15650	4049
大兴安岭 Daxinganling	37605	30342	2020	4968	275	
农垦总局 ARB	197304	45100	151317	761	125	1
绥芬河 Suifenhe	1422	1174	103	71	70	4
抚远 Fuyuan	14210	13622	82	506		

注:1.2006、2007年数据是与第二次农业普查衔接后数据。
2.2009年起，全省畜牧业数据为国家统计局反馈数据。

Note:a) Data from 2006 to 2007 on national accounts have been adjusted according to the results of the second national agricultural census.
b) In 2009, entire province animal husbandry data was State Statistical Bureau feedback data.

11-13 续表 CONTINUED

年 份 Year / 地 区 Region		肉猪出栏数量（万头、头） Slaughtered Fattened Hogs (10000 heads, head)	猪年末数 量（万头、头） Hogs (10000 heads, head)	羊年末数 量（万只、只） Sheep and Goats (10000 heads, head)	山 羊 Goats	绵 羊 Sheep	家 禽（万只、只） Poultry (10000 heads, head)
	1978	403.7	835.0	218.7	11.7	207.0	1899.7
	1980	446.0	716.7	303.0	32.6	270.4	2238.7
	1985	383.5	592.9	229.6	30.8	198.8	5947.5
	1986	392.4	564.8	210.4	25.1	185.3	5081.9
	1987	371.6	438.4	218.5	23.5	195.0	5507.4
	1988	334.8	486.8	236.7	24.5	212.2	6531.4
	1989	350.5	548.7	264.3	28.1	236.2	7027.2
	1990	458.6	654.9	283.3	34.2	249.1	7791.1
	1991	511.7	683.7	291.0	35.8	255.2	9398.4
	1992	524.4	678.6	281.7	35.6	246.1	10280.4
	1993	509.4	665.0	279.8	45.0	234.8	11284.4
	1994	573.8	719.0	326.0	61.3	264.7	13302.5
	1995	672.4	855.9	389.2	94.7	294.5	16530.6
	1996	882.4	900.7	431.6	124.0	307.6	18297.3
	1997	936.5	932.2	440.5	122.1	318.4	18580.7
	1998	1063.1	958.1	462.8	121.5	341.3	12028.6
	1999	1123.2	1014.4	481.1	120.2	360.9	12878.2
	2000	1206.6	1085.4	507.4	123.8	383.6	13144.5
	2001	1300.2	1123.0	567.8	147.3	420.4	13739.4
	2002	1395.4	1163.0	749.1	228.7	520.4	14783.4
	2003	1599.6	1326.4	1029.5	403.0	626.5	15987.7
	2004	1905.4	1532.1	1153.6	448.2	705.4	16691.5
	2005	2238.0	1670.4	1180.3	408.9	771.4	16680.8
	2006	1670.1	1209.8	777.6	298.8	478.7	11985.9
	2007	1868.6	1318.2	820.0	316.2	503.8	12515.5
	2008	2350.2	1788.1	1010.8	352.9	657.9	16625.2
	2009	1512.6	1356.7	897.7	338.3	559.4	12886.5
	2010	1601.8	1360.8	893.4	331.6	561.6	13079.8
	2011	1635.9	1367.9	915.7	337.3	578.4	13715.9
	2012	1765.2	1381.6	898.3	323.0	575.3	14658.9
	2013	1821.6	1356.7	817.8	247.1	570.7	14158.5
	2014	1921.0	1360.3	856.8	228.1	628.7	13940.1
哈尔滨	Harbin	5809778	3834896	802513	380866	421647	65773024
齐齐哈尔	Qiqihar	4049334	3069351	2807035	420111	2386924	26306222
鸡 西	Jixi	1010948	660134	317018	140501	176517	5575406
鹤 岗	Hegang	458900	329565	55032	15937	39095	1432745
双鸭山	Shuangyashan	1260956	845424	376655	173584	203071	5530658
大 庆	Daqing	2350229	1698172	1392423	105391	1287032	16875235
伊 春	Yichun	611124	390257	178521	151699	26822	7155036
佳木斯	Jiamusi	4304104	2724411	935955	288887	647068	12696557
七台河	Qitaihe	427711	262234	181728	26003	155725	2747100
牡丹江	Mudanjiang	1911391	1168511	492223	163826	328397	7416046
黑 河	Heihe	838780	775213	984666	480460	504206	2487729
绥 化	Suihua	6376354	4728001	2046867	309891	1736976	61265462
大兴安岭	Daxinganling	118490	104924	149968	109279	40689	878375
农垦总局	ARB	2646493	997513	278340	72073	206267	4666377
绥芬河	Suifenhe	30600	20295	2010	487	1523	118259
抚 远	Fuyuan	81738	39021	18866	11288	7578	250100

11-14 畜产品产量

OUTPUT OF LIVESTOCK PRODUCTS

单位：万吨、吨 (10000 tons, ton)

年 份 地 区	Year Region	肉类产量 Output of Meat	#猪牛羊肉产量 Output of Pork, Beef and Mutton	猪 肉 Pork	牛 肉 Beef	羊 肉 Mutton	#禽 肉 Meat of Poultry	奶 类 Milk	#牛 奶 Cow Milk
	1978		31.9						
	1980		37.1	34.8	1.6	0.7		13.9	12.4
	1985	34.9	31.5	29.7	1.0	0.8	3.4	45.5	43.0
	1986	36.4	33.1	31.1	1.5	0.5	3.3	56.3	53.8
	1987	36.3	32.1	29.1	2.4	0.6	4.2	68.1	66.3
	1988	37.9	32.0	28.6	2.7	0.7	5.9	83.1	81.8
	1989	40.9	33.2	29.5	2.9	0.7	7.4	88.2	87.1
	1990	55.9	46.0	39.5	5.2	1.3	9.7	102.7	101.7
	1991	62.7	50.9	43.4	6.1	1.4	11.3	114.2	112.6
	1992	66.3	53.2	44.4	7.3	1.5	12.4	122.5	120.4
	1993	65.4	52.4	42.6	8.4	1.4	12.3	113.3	111.6
	1994	77.7	61.7	47.5	12.4	1.8	14.9	113.1	110.8
	1995	90.3	70.3	53.4	15.0	1.9	18.8	121.2	121.2
	1996	116.0	93.2	68.9	21.9	2.5	21.4	136.2	133.3
	1997	125.9	100.1	74.1	23.5	2.6	25.9	143.0	140.5
	1998	142.7	112.2	83.5	25.7	3.0	29.0	144.5	142.1
	1999	150.9	119.5	89.0	27.3	3.2	30.0	145.0	142.8
	2000	159.9	125.9	95.4	27.1	3.5	32.4	156.5	154.3
	2001	171.2	134.4	101.4	29.0	3.9	34.5	192.4	189.0
	2002	190.0	147.9	110.9	32.3	4.7	40.0	239.8	235.8
	2003	217.2	167.5	125.0	35.8	6.7	47.7	304.0	300.5
	2004	260.5	203.4	149.5	44.9	9.0	54.7	378.1	374.5
	2005	306.3	242.5	177.1	54.1	11.3	61.4	444.2	440.2
	2006	218.5	172.8	131.1	32.0	9.7	43.0	438.3	432.6
	2007	234.2	188.8	144.5	34.4	9.9	42.8	478.4	473.6
	2008	303.3	242.2	182.7	47.5	12.0	58.7	585.1	580.6
	2009	187.6	156.6	108.2	36.8	11.6	28.9	649.5	528.7
	2010	197.9	165.6	114.5	39.0	12.1	30.1	558.8	552.5
	2011	201.2	168.0	116.9	39.3	11.8	31.0	550.4	543.1
	2012	216.2	180.2	128.4	39.7	12.1	33.7	565.0	559.9
	2013	221.2	184.9	133.4	39.7	11.8	34.1	522.5	518.2
	2014	230.2	195.0	142.6	40.6	11.8	33.2	560.2	556.6
哈尔滨	Harbin	944375	642153	444048	189177	8928	298356	1546577	1534094
齐齐哈尔	Qiqihar	555282	453252	310085	113188	29979	99215	1793633	1790469
鸡 西	Jixi	122127	102434	74000	21716	6718	18274	65973	65125
鹤 岗	Hegang	40656	37237	34418	2042	777	3417	18271	18271
双鸭山	Shuangyashan	135691	124355	96720	22360	5275	10939	12145	12145
大 庆	Daqing	353097	256196	185054	55877	15265	94115	1655763	1655763
伊 春	Yichun	120202	61996	47748	10520	3728	56307	89936	81122
佳木斯	Jiamusi	414035	373386	322333	40942	10111	40369	115522	114452
七台河	Qitaihe	64753	39374	31502	5684	2188	25379	5060	5060
牡丹江	Mudanjiang	204907	181151	144610	30878	5663	21842	7922	7430
黑 河	Heihe	109716	103927	62516	32252	9159	5654	236671	233501
绥 化	Suihua	904737	685109	488695	169953	26461	217320	1371321	1365796
大兴安岭	Daxinganling	17847	14901	10559	2401	1941	2341	4615	4615
农垦总局	ARB	324022	276184	204954	58412	12818	46321	466407	466405
绥芬河	Suifenhe	2734	2457	2297	129	31	194	340	294
抚 远	Fuyuan	10743	10348	6130	3412	806	395	204	204

注:2006、2007年数据是与第二次农业普查衔接后数据。

Note:Data from 2006 to 2007 on national accounts have been adjusted according to the results of the second national agricultural census.

11-14 续表 CONTINUED

单位：吨 (ton)

年份 Year 地区 Region	绵羊毛 Sheep Wool	#细羊毛 Fine Wool	#半细羊毛 Semi-Fine Wool	山羊毛 Goat Wool	羊绒（吨、公斤）Cashmere (ton, kg)	禽蛋（万吨、吨）Poultry Eggs (10000 tons, ton)	蜂蜜（吨、公斤）Honey (ton, kg)	蚕茧（吨、公斤）Silkworm Cocoons (ton, kg)
1978							4770	2079
1980	9635	4409	5043	102	4		5290	2469
1985	7564	3476	3992	57	5	20.5	5458	1069
1986	6542	2830	3593	30	11	18.6	3932	1197
1987	7086	3019	4002	26	19	20.5	4933	683
1988	7474	3295	4067	68	15	23.8	4529	779
1989	8503	3390	4942	125	11	24.3	4012	1052
1990	9614	3672	5852	93	4	30.9	3052	1451
1991	9737	3980	5757	75	4	36.8	2640	1427
1992	9330	3503	5827	92	2	37.8	2600	1069
1993	8329	3192	5137	112	1	36.8	2899	1021
1994	8817	3399	5418	99	2	40.8	2801	1052
1995	9751	3114	6637	96	6	48.6	3038	863
1996	11847	4004	7843	115	12	62.4	2964	879
1997	13014	3820	9194	91	18	67.5	2934	843
1998	12921	3956	8965	91	19	71.2	2678	1049
1999	12793	3548	9245	108	17	74.9	2956	1395
2000	13550	4365	9185	62	22	75.3	3765	1382
2001	14540	4423	10117	182	58	80.3	7331	1923
2002	17505	4576	12212	251	181	84.6	7781	2670
2003	20606	6107	13154	713	393	90.3	7016	3112
2004	24391	6297	16817	712	691	98.3	11884	3270
2005	25734	5296	17769	874	793	102.7	11286	3370
2006	19691	6022	13224	921	732	90.4	12716	3030
2007	20862	6064	12632	1044	772	94.8	10751	3365
2008	23449	4222	17366	1350	688	109.3	12281	3564
2009	25309	4611	20689	1152	770	101.9	15168	3018
2010	27058	5574	19399	1724	819	105.3	16402	3062
2011	29013	5532	21136	1852	687	105.4	20370	5308
2012	31755	5453	23404	1479	707	108.2	19691	5051
2013	32129	5281	23790	2089	494	102.7	18023	5276
2014	28375	5434	22941	1819	332	98.2	19004	5470
哈尔滨 Harbin	1251	377	874	82	2973	415906	1648802	23914
齐齐哈尔 Qiqihar	9664	3636	6028	32	14502	145234	169741	300000
鸡西 Jixi	927	84	28	146	38620	57297	1473105	240080
鹤岗 Hegang	184		155		2158	13933	126850	
双鸭山 Shuangyashan	663		663		21013	15597	3920364	84800
大庆 Daqing	5833	797	4908	308	2334	113222	5000	
伊春 Yichun	75	4	15	59	34720	49165	4429917	
佳木斯 Jiamusi	1695	262	1431	385	26615	81097	146124	754635
七台河 Qitaihe	357			135	907	13011	4320	
牡丹江 Mudanjiang	1347		1347	127	13369	41394	5010317	3356654
黑河 Heihe	1766		1687	13	100706	17947	369912	620000
绥化 Suihua	5515	16	5499	117	20	424601	19725	
大兴安岭 Daxinganling	60		29	60	25898	6323	485070	90120
农垦总局 ARB	1043	258	785	23	38578	42626	1182887	
绥芬河 Suifenhe	6		6			885	11410	
抚远 Fuyuan					9364	1667		

11-15 水产品产量

OUTPUT OF AQUATIC PRODUCTS

单位：吨 (ton)

年 份 地 区	Year Region	总产量 Total	#鱼 类 Fish	#虾蟹类 Shrimps	#贝 类 Shell-fish	#淡水捕捞 Fresh Water Fishing	#人工养殖 Artificially Cultured	#鱼 类 Fish
1980		20172	20122	31	19		8953	8953
1985		66389	65527	759	103		38205	38205
1990		147869	146916	892	52		99929	99929
1995		252900	251536	1253	108		200688	200676
1996		290209	287973	2164	67		238313	238281
1997		323450	321708	1419	71		274878	274588
1998		357033	351773	5221	37		283922	281916
1999		364998	362808	2151	37		312753	312418
2000		382153	380586	1522	43		324516	324230
2001		401892	399823	2019	47		364882	364586
2002		417786	416256	1121	48		365589	365031
2003		418915	415578	3229	99		371105	368678
2004		430066	425003	4637	397		376498	372885
2005		445970	438486	5936	451		395208	389532
2006		330852	324237	5308	390		292050	286638
2007		342505	335676	5525	372		303769	298143
2008		355800	350628	4784	367	41795	314005	309927
2009		380700	375354	4943	377	43149	337551	333096
2010		399700	394052	5323	284	46885	352815	347952
2011		356720	353781	2927	512	54203	314998	314998
2012		452840	447524	4914	356	51946	400894	396431
2013		488615	483859	4346	358	51560	437055	432997
2014		513534	508805	4359	319	54138	459396	455313
哈尔滨	Harbin	94166	93777	319	19	4683	89483	89125
齐齐哈尔	Qiqihar	57477	56188	1289		17929	39548	38309
鸡　西	Jixi	38979	38449	530		2996	35983	35513
鹤　岗	Hegang	9484	9448	36		490	8994	8963
双鸭山	Shuangyashan	9714	9711	3		799	8915	8912
大　庆	Daqing	81294	80120	874	300	16877	64417	63743
伊　春	Yichun	3370	3370				3370	3370
佳木斯	Jiamusi	56985	56798	187		2472	54513	54326
七台河	Qitaihe	4684	4684				4684	4684
牡丹江	Mudanjiang	16459	16439	20		1000	15459	15439
黑　河	Heihe	12467	12429	38		1119	11348	11310
绥　化	Suihua	125838	124775	1063		3998	121840	120777
大兴安岭	Daxinganling	932	932			350	582	582
绥芬河	Suifenhe	203	203				203	203
抚　远	Fuyuan	1482	1482			1425	57	57

注:2006、2007年数据是与第二次农业普查衔接后数据。

Note:Data from 2006 to 2007 on national accounts have been adjusted according to the results of the second national agricultural census.

11-16 特种作物生产情况

PRODUCTION OF SPECIAL CROPS

指　标	Item	播种面积（公顷） Sown Area(hectare)				产量（吨） Yield(ton)			
		2011	2012	2013	2014	2011	2012	2013	2014
药　材	Herb	50658	47073	38510	29870				
#人　参	#Panax	1345	1487	2064	1270	2326	2495	4454	2393
甘　草	Liquorice	2026	2158	2126	980	972	957	1036	449
枸　杞	Medlar	570	482	819	2110	1328	1759	2095	707
龙胆草	Gentian	24	1	18	1018	19	2		1250
月苋草	Evening Primrose	1408	1538	946	618	2291	2609	1839	618
白瓜籽	Pumpkin seeds	78632	61037	48995	51092	101438	89182	73820	78954
万寿菊	Marigold	3445	7518	4265	912	59532	133862	78730	23632
甜叶菊	Stevia Rebaudiana	1860	1867	846	1070	5727	5409	3452	3543
甜葫芦	Sweet Calabash	5538	496	673	690	4081	1274	1699	2067
花　卉	Flower	1351	2128	3500	3531				

11-16 续表　CONTINUED

指　标	Item	产量（吨） Yield(ton)				
		2010	2011	2012	2013	2014
食用菌(吨)	Edible Mushroom(ton)	491123	505974	640163	671338	747069
黑木耳(干品)	Jew's-ear(dry)	169604	213331	248156	293785	366139
香菇(干品)	Lentinus Eddoes(dry)	13159	11582	10692	16457	12265
蘑菇类(鲜品)	Others(fresh)	308360	281060	381315	361096	368665
鲜切花(万枝)	Fresh Flower and Ikebana(10000 branch)	270	131	179	198	161
盆栽观赏植物(包括盆景)(万盆)	Potted Ornamental(include bonsai)(10000 basin)	336	393	439	927	998

11-17 特色养殖生产情况

PRODUCTION OF CHARACTERISTIC BREEDING

指　标	Item	年末存栏 Stock at Year-end			指　标	Item	出栏数量和产量 Output		
		2012	2013	2014			2012	2013	2014
熊(只)	Beer(head)	3546	3408	3548	熊胆汁(千克)	Beer Bile(kg)	22917	27959	39843
鹿(只)	Deer(head)	77192	67636	54642	鹿茸(千克)	Deer horn(kg)	70355	68704	60002
鸵鸟(只)	Ostrich(head)	584	595	1088	出栏山鸡(只)	Wild Chicken(head)	266437	287427	226465
山鸡(只)	Wild Chicken(head)	218251	207766	142857	出栏笨鸡(万只)	Domestic Chicken (10000 heads)	2990	2858	2555
貉子(只)	Racoon Dog(head)	984651	1075654	1183706					
鹧鸪(只)	Francolin(head)	13152	12227	13525	出栏肉犬(只)	Slaughtered Dog(head)	345257	375182	346796
狐(只)	Fox(head)	773604	772430	763848	林蛙(千克)	Rana Japonoca Guenlher(kg)	487769	519960	589096
笨鸡(万只)	Domestic Chicken (10000 heads)	2790	2676	2586	蚕茧(吨)	Pod(ton)	5151	5276	5470

11–18 绿色食品种植业和山特产品情况(2014年)

BASIC STATISTICS ON GREEN FOOD AND SPECIAL MOUNTAIN–PRODUCTS (2014)

单位：万公顷、万吨 (10000 hectares，10000 tons)

指 标	Item	A级 Grade A		有机食品 Organic Food	
		面积	产量	面积	产量
种植业合计	**Total Crops**	**474.94**		**3.56**	
水 稻	Rice	181.59	1062.30	0.57	3.40
小 麦	Wheat	7.33	13.20	0.02	0.04
玉 米	Corn	115.57	684.70	0.21	1.00
谷 子	Millet	2.87	10.40	0.05	0.15
大 豆	Soja	128.00	193.30	0.15	0.30
绿 豆	Mung bean	3.80	5.90	0.02	0.10
马铃薯	Tubers	8.67	37.70		
甜 菜	Beetroots	5.00	187.50		
蔬 菜	Vegetables	1.73	59.80		
其 它	Others	20.39	73.50	2.53	9.30
山特产品合计	**Total Special Mountain–Product**	**2.10**	**17.10**		**0.30**
山野菜	Potherb		0.50		
食用菌	Edible Mushroom	2.10	15.80		
其 它	Others		0.80		0.30

11–19 绿色食品养殖业情况

BREED AQUATICS OF GREEN FOOD

指 标	Item	2010	2011	2012	2013	2014
牵动农户(户)	Number of Affected Households(household)	144556	145149	146000	151600	156200
生猪存栏(头)	Hogs in Stock(head)	17520	12327	13000	39522	60700
生猪出栏(头)	Slaughtered Fattened Hogs(head)	22450	20861	22000	46456	62600
猪肉产量(吨)	Output of Porks(ton)	1527	1408	1539	3275	4900
肉牛存栏(头)	Oxes in Stock(head)	51200	52300	51000	66500	56300
肉牛出栏(头)	Slaughtered Fattened Beef(head)	87650	74200	72000	76600	58000
牛肉产量(吨)	Output of Beef(ton)	13586	11493	11027	12225	9256
奶牛存栏(头)	Milch Cow in Stock(head)	557600	514000	483000	596330	430000
牛奶产量(吨)	Output of Milk(ton)	1728560	1595620	1499000	1947500	1404297
鹅存栏(只)	Goose in Stock(head)	431800	606000	786000	1016800	873200
鹅出栏(只)	Slaughtered Fattened Goose(head)	854300	978060	1073000	1543200	1375000

11-20 绿色食品加工企业情况

BASIC STATISTICS ON GREEN FOOD PROCESSING

指　标	Item	2010	2011	2012	2013	2014
企业个数(个)	Number of Enterprises(unit)	521	530	550	561	580
职工人数(万人)	Number of Staff and Workers(10000 persons)	15.9	17.3	19.1	19.8	20.5
#技术人员	#Technicians	1.4	1.8	2.1	2.2	2.4
#中级职称以上	#the Secondary Title and Above	0.7	0.9	0.9	0.9	0.9
资产总额(亿元)	Total Assets(100 million yuan)	331.2	335.5	338.9	346.5	355.2
流动资产(亿元)	Circulating Funds(100 million yuan)	163.0	161.8	162.5	165.2	166.1
固定资产(亿元)	Fixed Assets(100 million yuan)	135.3	160.4	164.7	168.9	173.6
投资额度(亿元)	Investment Amount(100 million yuan)	91.7	134.9	162.4	175.3	150.7
国家预算内投资	State Budgetary Approriation	3.5	1.7	1.4	2.5	0.2
国内贷款	Domestic Loans	11.0	5.9	6.3	8.7	40.5
利用外资	Foreign Investment	8.4	28.0	32.9	38.7	3.0
自筹资金	Fundraising	62.6	95.9	118.2	121.3	105.1
其他投资	Others	6.1	3.5	3.6	4.1	1.9
产品产量(万吨)	Yield of Products(10000 tons)	800.0	910.0	1040.0	1090.0	1290.0
产值(亿元)	Output Value(100 million yuan)	300.4	435.0	650.0	810.0	1120.0
利税(亿元)	Profit and Revenue(100 million yuan)	35.3	42.9	45.3	62.1	85.7
定单数量(万吨)	Amount of Orders(10000 tons)	310.4	380.7	409.6	510.5	592.6
#省　内	#Inside the Province	100.1	121.7	125.6	147.6	168.2
省　外	Outside the Province	205.7	241.8	263.9	331.3	385.9
国　外	at Abroad	4.6	17.2	20.1	31.6	38.5

11-21 林业生产情况

BASIC STATISTICS ON FORESTRY

指　标	Item	2010	2011	2012	2013	2014
营林情况(千公顷)	**Area of Afforestation (1000 hectares)**					
造林面积	Afforestation Area	235.2	124.2	157.0	124.1	101.1
#人工造林	#Artifical Afforestation	167.9	72.4	103.7	81.5	49.3
按用途分	Grouped by Use					
用材林	Timber Forest	16.1	1.7	13.9	13.5	7.1
经济林	Economic Forest	0.8	2.0	4.0	1.4	1.8
防护林	Shelter-forest	210.7	101.0	137.5	106.8	91.6
薪炭林	Charcoal Forest		0.30	0.05	0.04	0.07
特种用途林	Special Use Forest	6.8	2.5	1.6	2.4	0.5
更新面积	Reforestation Areas	8.8	8.3	26.4	26.6	
育苗面积	Grow Seedlings Areas	12.1	12.9	13.2	11.0	11.0
幼林抚育作业面积(千公顷次)	Working Area of Tending Young Forest (1000 hectare-times)	766.2	678.7	587.8	794.1	374.6
零星植树(万株)	Oddly Tree Planting(10000 roots)	2246.2	1833.3	1371.0	1115.8	973.9
林木采伐(万立方米)	**Forest Cutting (10000 cu.m)**	**770.0**	**422.4**	**371.7**	**281.0**	**237.6**

11-22 农垦系统农牧场基本情况

BASIC STATISTICS ON LAND RECLAMATION SYSTEM

指　标	Item	2010	2011	2012	2013	2014
农牧场数(个)	Number of Farms and Pastures(unit)	113	113	113	113	113
职工人数(万人)	Number of Staff and Workers(10000 persons)	46.4	46.1	45.1	37.5	39.6
耕地面积(万公顷)	Cultivated Area(10000 hectares)	280.1	285.4	288.0	288.5	289.2
农业机械总动力(万千瓦)	Total Power of Agricultural Machinery(10000 kw)	671.6	745.6	818.6	895.3	930.9
大中型农用拖拉机(万台)	Large and Medium Agricultural Tractors(10000 units)	5.3	5.8	6.2	6.8	7.3
小型拖拉机(万台)	Mini Tractors(10000 units)	7.0	6.8	6.5	6.2	5.6
联合收割机(台)	Combine Harvesters(unit)	19802	21888	26352	28402	30362
农用载重汽车(辆)	Trucks for Agricultural Use(unit)	775	872	900	879	1166
农用化肥施用折纯量(万吨)	Consumption of Chemical Fertilizers(10000 tons, Converting the gross weight into weight containing 100% effective component)	48.4	52.8	58.0	58.0	59.3
农业总产值(亿元)	Gross Agricultural Output Value(100 million yuan)	634.6	782.7	892.3	946.9	997.6
农林牧渔业增加值(亿元)	Value-added of Farming, Forestry, Animal Husbandry and Fishery(100 million yuan)	337.7	422.6	488.6	521.5	543.7
农林牧渔业商品产值(亿元)	Commodity Output Value of Farming, Forestry, Animal Husbandry and Fishery(100 million yuan)	580.3	719.4	829.5	869.8	887.0
商品率(%)	Commodity Ratio(%)	93.2	94.0	94.1	94.2	94.3
粮食交售量(万吨)	Sale Amount of Grain(10000 tons)	1702.1	1903.3	2034.3	2032.4	2056.4
肥猪交售量(万吨)	Sale Amount of Hogs(10000 tons)	31.8	35.4	36.4	32.4	20.6
农作物总播种面积(千公顷)	Sown Area of Farm Crops(1000 hectares)	2801.2	2842.8	2870.6	2879.9	2872.5
#粮　食	#Grain	2702.9	2744.1	2797.8	2803.4	2831.3
甜　菜	Beetroots	12.4	17.9	15.3	16.7	
油　料	Oil-bearing Crops	14.5	20.8	10.6	5.5	4.9
烤烟(公顷)	Flue-cured Tobacco(hectare)	239.0	467.0	705.0	744.0	707.0
亚麻(公顷)	Flax(hectare)	1250	854	551	200	99
主要农产品产量	Yield of Major Farm Crops					
粮食(万吨)	Grain(10000 tons)	1829.4	2050.4	2141.1	2150.4	2180.7
#大　豆	#Soja	163.1	128.7	85.9	56.5	114.8
油料(万吨)	Oil-bearing Crops(10000 tons)	2.2	2.9	1.7	1.0	0.8
甜菜(万吨)	Beetroots(10000 tons)	53.4	83.4	75.9	43.6	
亚麻(吨)	Flax(ton)	5258	5135	2840	772	476
烤烟(吨)	Flue-cured Tobacco(ton)	817	1525	2085	1701	1500
畜牧业生产情况	Production of Animal Husbandry					
大牲畜年底头数(万头)	Number of Large Animals at the Year-end(10000 heads)	67.8	58.2	49.2	30.7	19.7
猪年底头数(万头)	Number of Hogs(10000 heads)	212.7	202.6	181.6	148.5	99.8
羊年底只数(万只)	Number of Sheep and Goats(10000 heads)	141.6	139.0	134.7	57.4	27.8
#绵　羊	#Sheep	61.1	60.0	62.7	40.5	20.6
猪牛羊肉产量(万吨)	Pork, Beef and Mutton(10000 tons)	46.1	47.4	45.7	46.8	27.6
#猪肉产量	#Pork	34.6	35.7	33.7	32.8	20.5
牛奶产量(万吨)	Milk(10000 tons)	89.3	88.4	87.6	85.1	46.6
禽蛋产量(万吨)	Poultry Eggs(10000 tons)	6.6	7.4	8.0	6.7	4.3
绵羊毛产量(吨)	Sheep Wool(ton)	2149	2114	2301	2088	1043
水产品产量(吨)	Output of Aquatic Products(ton)	25805	28535	34500	36633	38903

主要统计指标解释

农林牧渔业总产值 指以货币表现的农、林、牧、渔业全部产品和对农林牧渔业生产活动进行的各种支持性服务活动的价值总量，它反映一定时期内农林牧渔业生产总规模和总成果。1957年以前的农林牧渔业总产值中包括了厩肥和农民自给性手工业(如农民自制衣服、鞋、袜，自己从事粮食初步加工等)。1958年及以后，林业中增加了村及村以下竹木采伐产值；牧业中取消了厩肥产值；副业中取消了农民自给性手工业产值，增加了村及村以下办的工业产值； 渔业中增加了海洋捕捞水产品产值。1980年及以后，在副业中增加了农民家庭兼营工业商品部分的产值。从1984年起村及村以下工业产值划归工业。从1993年起取消副业，将野生动物的捕猎划入牧业，野生植物采集和农民家庭兼营商品性工业划归农业。从2003年起，执行新的国民经济行业分类标准，农林牧渔业总产值中包括了农林牧渔服务业产值。林业中增加了森林采运业产值。农业中取消了家庭兼营商品性工业产值，将野生林产品的采集划归林业。第一次农业普查以后，由于畜牧业产品年报数据与普查数据之间存在一定的差距，根据农业普查结果，对畜牧业年报数据和畜牧业产值进行了修正。2010年执行《统计用产品分类目录》，对2009年的农业、林业产值做了相应调整。

农林牧渔业总产值的计算方法通常是按农、林、牧、渔业产品及其副产品的产量分别乘以各自单位产品价格求得；少数生产周期较长，当年没有产品或产品产量不易统计的，则采用间接方法匡算其产值；然后将四业产品产值及农林牧渔服务业产值相加即为农林牧渔业总产值。

粮食产量 指农业生产经营者日历年度内生产的全部粮食数量。按收获季节包括夏收粮食、早稻和秋收粮食，按作物品种包括谷物、薯类和豆类。其产量计算方法：谷物按脱粒后的原粮计算，豆类按去豆荚后的干豆计算；薯类(包括甘薯和马铃薯，不包括芋头和木薯)1963年以前按每4公斤鲜薯折1公斤粮食计算，从1964年开始改为按5公斤鲜薯折1公斤粮食计算，2014年开始按鲜薯计算；城市郊区作为蔬菜的薯类(如马铃薯等)按鲜品计算，并且不作粮食统计。1989年以前全国粮食产量数据主要靠全面报表取得，1989年开始使用抽样调查数据。

油料产量 指全部油料作物的生产量。包括花生、油菜籽、芝麻、向日葵籽、胡麻籽（亚麻籽）和其他油料。不包括大豆、木本油料和野生油料。花生以带壳干花生计算。

水产品产量 指渔业（捕捞和养殖）生产活动的最终有效成果，包括全部海水和淡水鱼类、甲壳类（虾、蟹）、贝类、头足类、藻类和其他类渔业产品的最终产量。水产品产量是通过各级水产和统计部门逐级上报取得数据。1995年及以前，贝类中牡蛎按鲜肉计算；蚶、蛤、蛏按 5 斤鲜品折 1 斤计算。1996年以后则统一按鲜品计算。

猪、牛、羊肉产量 指当年出栏并已屠宰、除去头蹄下水后带骨肉(即胴体重)的重量。包括全社会范围内的产量。1996年以前为全面统计并逐级上报数据。1996年第一次农业普查以后，根据普查结果，对畜牧业主要年报数据进行了修正。1999年以后，国家统计局在部分地区开展了猪、牛、羊、禽等主要畜禽品种的抽样调查，并用抽样数据作为国家定案数据使用。未开展抽样调查的地区和品种，仍使用各级统计部门逐级上报数据。2007年，根据第二次农业普查结果，对2000—2006年畜牧业主要年报数据进行了修正。2008年，建立了主要畜禽监测调查制度，猪、牛、羊、禽等主要畜禽数据均以抽样调查数为法定数据。

期初(末)畜禽存栏头(只)数 指报告期初(末)农村各种合作经济组织和国营农场、农民个人、机关、团体、学校、工矿企业、部队等单位以及城镇居民饲养的大牲畜、猪、羊、家禽等畜禽的数量。数据上报方式及数据调整情况同猪、牛、羊肉产量。

农作物播种面积 指农业生产经营者应在日历年度内收获农作物在全部土地（耕地或非耕地）上的播种或移植面积。凡是本年内收获的农作物，无论是本年还是上年播种，都算为播种面积，但不包括本年播种，下年收获的农作物面积。

有效灌溉面积 指具有一定的水源，地块比较平整，灌溉工程或设备已经配套，在一般年景下能够进行正常灌溉的耕地面积。在一般情况下，有效灌溉面积应等于灌溉工程或设备已经配套，能够进行正常灌溉的水田和水浇地面积之和。它是反映我国农田水利建设的重要指标。

农用化肥施用量 指本年内实际用于农业生产的化肥数量，包括氮肥、磷肥、钾肥和复合肥。化肥施用量要求按折纯量计算数量。折纯量是指把氮肥、磷肥、钾肥分别按含氮、含五氧化二磷、含氧化钾的百分之百成份进行折算后的数量。复合肥按其所含主要成分折算。公式为：

折纯量=实物量×某种化肥有效成份含量的百分比

农业机械总动力 指全部农业机械动力的额定功率之和。农业机械是指用于种植业、畜牧业、渔业、农产品初加工、农用运输和农田基本建设等活动的机械及设备。农机总动力按使用能源不同分为以下四部分：

柴油发动机动力：指全部柴油发动机额定功率之和；

汽油发动机动力：指全部汽油发动机额定功率之和；

电动机动力：指全部电动机（含潜水电泵的电动机）额定功率之和；

其他机械动力：指采用柴油、汽油、电力之外的其他能源，如水力、风力、煤炭、太阳能等动力机械功率之和。

这个指标的统计数据主要来源于农机部门。

乡村户数 指长期(一年以上)居住在乡镇(不包括城关镇)行政管理区域内的住户，还包括居住在城关镇所辖行政村范围内的农村住户。户口不在本地而在本地居住一年及以上的住户也包括在本地农村住户内；有本地户口，但举家外出谋生一年以上的住户，无论是否保留承包耕地都不包括在本地农村住户范围内。不包括乡村地区内的国有经济的机关、团体、学校、企业、事业单位的集体户。

乡村人口 指乡村地区常住居民户数中的常住人口数，即全年经常在家或在家居住6个月以上，而且经济和生活与本户连成一体的人口。外出从业人员在外居住时间虽然在6个月以上，但收入主要带回家中，经济与本户连为一体，仍视为家庭常住人口；在家居住，生活和本户连成一体的国家职工、退休人员也为家庭常住人口。但是现役军人、中专及以上(走读生除外)的在校学生、以及常年在外(不包括探亲、看病等)且已有稳定的职业与居住场所的外出从业人员，不应当作家庭常住人口。

乡村从业人员 指乡村人口中16周岁以上实际参加生产经营活动并取得实物或货币收入的人员，即包括劳动年龄内经常参加劳动的人员，也包括超过劳动年龄但经常参加劳动的人员，但不包括户口在家的在外学生、现役军人和丧失劳动能力的人，也不包括待业人员和家务劳动者。从业人员按从事主业时间最长（时间相同按收入）分为农林牧渔业从业人员、工业从业人员、建筑业从业人员、交通运输业、仓储及邮电通讯业从业人员、批零贸易及餐饮业从业人员、其他非农行业从业人员。

Explanatory Notes on Main Statistical Indicators

Gross Output Value of Agriculture, Forestry, Animal Husbandry and Fishery refers to the total value of products of agriculture, forestry, animal husbandry and fishery, and total value of services in support of agriculture, forestry, animal husbandry and fishery activities. It reflects the total scale and results of agricultural production during a given period. Prior to 1957, China' s gross agricultural output value included barnyard manure and handicraft products for self-consumption (clothes, shoes, stockings, and initial grain processing undertaken by peasants). Since 1958, cutting and felling of bamboo and trees by villages and other cooperative organizations under villages have been included in forestry; value of barnyard manure has been excluded from animal husbandry; self consumed handicrafts have not been included from sideline occupations, while the output value of industries run by villages and cooperative organizations under village has been included in sideline occupations; and the output value of fish catches by motor fishing boats has been added to fishery. Since 1980, the value of handicraft products made for sale by individuals in households has been added to sideline occupations. Since 1984, industries run by villages and under villages have been included in the sector of industry. Since 1993, the subdivision of sideline occupations has been cancelled, and the hunting of wild animals has been classified into animal husbandry, and the gathering of wild plants and commodity industry run by rural household have been included in farming. A new industrial classification of economic activities was introduced in 2003. Under the new classification, value of services to agriculture, forestry, animal husbandry and fishery is included in the gross output value of agriculture, value of wood felling and transport is included in forestry, value of industrial output by rural households is not included in agriculture. The First Agriculture Census of China revealed some discrepancy between the production of animal products from the annual reports and that from the census. According to the result of the First Agriculture census, efforts were made to adjust the annual reports of animal husbandry output and the output value of animal husbandry to make the figures from the annual reports consistent with the census data. "The Classification of Products for Statistical Purposes" implemented in 2010 made relevant revision on the output value of agriculture and forestry in 2009.

Gross output value of agriculture is obtained by multiplying the output of each product or by-product by its price, resulting in the output value of each single item. For a small number of products, annual output of which is not available or difficult to get due to the long production (growing) process involved, the output value is estimated through an indirect approach. The sum of output values of all products of agriculture, forestry, animal husbandry and fishery and services in support to those industries is then equal to the gross output value of agriculture.

Grain Output refers to the total output of grains produced by agricultural producers within a calendar year. It includes summer grain, early rice and autumn grain if classified by harvest seasons; it covers cereal, tubers and beans if classified by type of crops. Output of cereal should be limited to husked grain only. Output of beans refers to dry beans without pods. The output of tubers (sweet potatoes and potatoes, not including taros and cassava) are converted into that of grain at the ratio 4:1, i.e. 4 kilograms of fresh tubers were equivalent to 1 kilogram of grain up to 1963. Since 1964 the ratio for conversion has been 5:1, and Starting from 2014, the ratio for conversion has been 1:1. Tubers supplied as vegetables (such as potatoes) in cities and suburbs are calculated as fresh vegetables and their output is not included in the output of grain. Data on grain production before 1989 were obtained through the Comprehensive Statistical Reporting System. Since 1989, data from sample surveys are used.

Cotton Output refers to cotton production in the whole country including cotton planted in spring and in autumn. Output is measured as the weight of ginned cotton. Ceiba is not included.

Output of Oil-bearing Crops refers to the total production of oil-bearing crops of various kinds, including peanuts (dry, in shell), rapeseeds, sesame, sunflower seeds, flax seeds, and other oil-bearing crops. Soybeans, oil-bearing woody plants, and wild oil-bearing crops are not included.

Output of Aquatic Products refers to final output actually yielded from fishing production (fishery and breeding), including all output of marine and freshwater fish, crustaceans (shrimps, crabs), shellfish, cephalopod, seaweed and other fishery products. Data on output of aquatic products are reported by aquatic product and statistical agencies level by level. Before 1995, among the shellfish, oyster was counted as fresh meat; 5 kilograms of ark shell, clams and frogs are equivalent to 1 kilogram of fresh aquatic products; they have all been counted as fresh aquatic products since 1996.

Output of Pork, Beef, and Mutton refers to the meat of slaughtered hogs, cattle, sheep and goats with head, feet, and offal taken away. Data refers to the production of the whole country. Before 1996, it was a comprehensive reporting from the lower level to the upper one. The First Agricultural Census of China in 1996 revealed some discrepancy between the production of animal products from the annual reports and that from the census. Efforts were made to adjust the output value of animal husbandry to make the figures from the annual reports consistent with the census data. Since 1999, the NBS conducted sample surveys for the major animal husbandry products, such as hogs, cattle, sheep and goats and fowls, and the data from sample surveys are used as national finalized data. Those products, which are not covered by the sample survey, are still reported by statistical agencies level by level. In 2007, the data on animal husbandry from 2000 to 2006 were revised according to the results of the Second Agriculture Census of China. In 2008, A Monitoring and Survey Program was set up on main livestock, the data on the main livestock such as hog, cattle, sheep and poultry became the official data based on the sampling survey.

Number of Livestock or Poultry in Stock at Beginning (or End) of Period refers to the total number of large animals, pigs, sheep, fowls, etc. raised by rural cooperative organizations, State farms, rural individuals, government agencies, schools, industrial and mining enterprises, army, and urban residents at the beginning (or end) of the reference period. Data reporting system and data adjustment are the same as that in the output of pork, beef and mutton.

Sown Area of Crops refers to area of all land (cultivated or non-cultivated area) sown or transplanted with crops that are harvested within the calendar year by agricultural producers. All crops harvested within the year are counted as sown area, regardless of being sown in this year or the previous year. Crops sown this year but will be harvested in the coming year are excluded.

Effective Irrigated Area refers to area of land that are effectively irrigated, i.e. relatively level land, where there are water sources or complete sets of irrigation facilities to lift and move adequate water for irrigation purpose under normal conditions. Under normal situations, irrigated area is the sum of watered fields and irrigated fields where irrigation systems or equipment have been installed for regular irrigation purpose. It is an important indicator to reflect the farmland water conservancy construction in China.

Consumption of Chemical Fertilizers in Agriculture refers to the quantity of chemical fertilizers applied in agriculture in the year, including nitrogenous fertilizer, phosphate fertilizer, potash fertilizer, and compound fertilizer. The consumption of chemical fertilizers is calculated in terms of volume of effective components by means of converting the gross weight of the respective fertilizers into weight containing effective component (e.g. nitrogen content in nitrogenous fertilizer, phosphorous pentoxide contents in phosphate fertilizer, and potassium oxide contents in potash fertilizer). Compound fertilizer is converted in regard to its major components. The formula is:

Volume of effective component= physical quantity× effective component of certain chemical fertilizer (%)

Total Power of Agricultural Machinery refers to the total rated capacity of all agricultural machinery. Agricultural machinery refers to the machineries and equipments which are used for activities of planting, animal husbandry, fishery, primary processing of agricultural products, agricultural transport and infrastructure construction of farmland. Total power of agricultural machinery is grouped into four parts according to the energy used:

Diesel engine power refers to the total rated capacity of all diesel engines.

Gasoline engine power refers to the total rated capacity of all gasoline engines.

Motor power refers to the total rated capacity of all motors (include submersible pump motors).

Other mechanical powers refer to the total mechanical capacity of the sources of energy besides diesel, gasoline and motor power, such as hydro power, wind power, coal and solar energy.

Data are mainly from agricultural machinery agencies.

Number of Households in Villages refers to households resident on a long term basis (i.e. 1 year or more) in administrative districts in townships (not including urban townships), including rural households resident in areas under the jurisdiction of urban townships. Households whose household registration is not in the locality yet resident for one year or more are included among the rural households. Households having local household registration yet the whole household having left for somewhere else for work for one year or more, whether still retaining contracted farmland, are not included among the local rural households. Also not included are collective households associated with institutions of the State economy, organizations, schools and enterprises.

Number of Residents of Villages refers to the number of usual residents in usual resident households in rural areas. These are persons who are regularly at home or are at home for 6 months or more and economically and socially integrated with the household. For persons who are away from home for employment for more than 6 months yet the main income is brought back home and thus economically integrated with the household, the person is still considered as a usual resident of the household. National employee and retired personnel who reside at home and whose living is integrated with the household are also considered as usual residents. However, serving military personnel, students at secondary technical level or above (

unless commuting between school and home), employed persons who are regularly elsewhere the year round (except visiting relatives or receiving medical attention) and having a stable job and residence should not be considered as usual resident of the household.

Rural Persons Engaged refer to persons in the rural labour force aged over 16 years who are engaged in actual production and management activities and receive payment in kind or wages, including those covered within the labour force age bracket and regularly participating in production activities, and those who are out of the labour force age bracket yet also participating in production activities regularly. Students studying in other places with their permanent residence registered in local areas, servicemen and persons incapable of working are not included. Also not included are those who are waiting for jobs and those engaged in housework. Persons employed are classified as persons engaged in agriculture, forestry, animal husbandry or fishery activities; persons engaged in industrial activities; persons engaged in construction activities; persons engaged in transport, storage and telecommunications activities; persons engaged in wholesale and retail trade and catering activities; and persons engaged in other non-agriculture activities. In case the person is engaged in more than one type of work, classification is according to the industry in which he works most of the time (where time is the same income would be the criterion).

第十二篇　工　业

CHAPTER 13 INDUSTRY

资料整理：高松凡　来　超　杨　阳　尹　波
　　　　　鄢杰明

12-1 工业企业单位数

NUMBER OF INDUSTRY ENTERPRISES

单位：个 (unit)

类 别	Category	2010	2011	2012	2013	2014
总 计	**Total**	**4596**	**3377**	**3911**	**4398**	**4305**
#亏损企业	#Loss-making Enterprises	673	459	623	698	760
#国有及国有控股企业	#State-owned and State-holding Enterprises	517	425	457	460	457
#农村工业	#County Enterprises	70	18	35	32	29
按登记注册类型分	**Grouped by Status of Registration**					
内资企业	Domestic Funded	4298	3148	3677	4168	4085
国有企业	State-owned Enterprises	261	215	223	153	134
#中央企业	#Central Industry	38	42	41	27	23
集体企业	Collective-owned Enterprises	154	89	95	80	49
股份合作企业	Cooperative Enterprises	78	40	49	23	19
联营企业	Joint Ownership Enterprises	4	4	3	3	1
有限责任公司	Limited Liability Corporations	1207	1025	1247	1530	1565
股份有限公司	Share Holding Enterprises	228	201	197	223	218
私营企业	Private Enterprises	2366	1503	1758	2126	2080
私营独资企业	Private-funded Enterprises	392	238	290	125	82
私营合伙企业	Private Partnership	28	22	27	10	5
私营有限责任公司	Private Limited Liability Corporations	1814	1160	1357	1866	1874
私营股份有限公司	Private Share-holding Enterprises	132	83	84	125	119
其他企业	Other Enterprises		71	105	30	19
港、澳、台商投资企业	Enterprises with Funds from Hong Kong, Macao and Taiwan	95	65	66	70	67
外商投资企业	Foreign Funded Enterprises	203	164	168	160	153
按轻重工业分	**Grouped by Light and Heavy Industry**					
轻工业	Light Industry	1729	1367	1620	1903	1985
重工业	Heavy Industry	2867	2010	2291	2495	2320
按企业规模分	**Grouped by Size of Enterprises**					
大 型	Large Enterprises	64	122	132	134	117
中 型	Medium-sized Enterprises	507	501	503	514	511
小 型	Smal Enterprises	4025	2599	3082	3406	3330
微 型	Micro type		155	194	344	347
按行业分	**Grouped by Sector**					
采矿业	Mining and Quarrying	430	330	364	364	246
#煤炭开采和洗选业	#Mining and Washing of Coal	335	244	267	267	154
石油和天然气开采业	Extraction of Petroleum and Natural Gas	22	19	4	4	2
制造业	Manufacturing	3860	2795	3280	3741	3748
电力、热力、燃气及水的生产和供应业	Production and Supply of Electric, heat, Gas and Water	306	252	267	293	311

注：2011年起，规模以上工业企业统计范围由年主营业务收入500万元提高到2000万元以上。

Note: Since 2011, industrial enterprises above designated size range from statistics the main business income in 5 increase to 20 million yuan of above.

12-2 工业总产值

GROSS INDUSTRIAL OUTPUT VALUE

单位：亿元 (100 million yuan)

类 别	Category	2010	2011	2012	2013	2014
总 计	**Total**	**9535.1**	**11514.6**	**12565.6**	**13719.3**	**13423.5**
#亏损企业	#Loss-making Enterprises	887.0	986.7	2288.6	2852.5	2419.1
#国有及国有控股企业	#State-owned and State-holding Enterprises	5517.1	6482.6	6458.7	6470.8	6325.6
#农村工业	#County Enterprises	66.7	55.3	88.9	83.0	79.6
按登记注册类型分	**Grouped by Status of Registration**					
内资企业	Domestic Funded	8690.9	10557.4	11480.0	12510.6	12191.3
国有企业	State-owned Enterprises	1405.4	1344.1	1337.9	698.5	898.7
#中央企业	#Central Industry	947.9	515.1	736.3	469.1	641.8
集体企业	Collective-owned Enterprises	128.3	144.4	141.9	93.6	68.3
股份合作企业	Cooperative Enterprises	60.4	80.2	82.7	12.6	13.4
联营企业	Joint Ownership Enterprises	5.1	11.9	12.9	18.0	0.2
有限责任公司	Limited Liability Corporations	3930.4	5016.1	5643.2	6632.8	6331.4
股份有限公司	Share Holding Enterprises	1356.4	1855.2	1598.4	1628.0	1623.8
私营企业	Private Enterprises	1805.1	2038.5	2564.7	3402.7	3231.9
私营独资企业	Private-funded Enterprises	257.5	318.8	406.8	144.3	116.9
私营合伙企业	Private Partnership	9.3	12.3	32.0	5.8	5.7
私营有限责任公司	Private Limited Liability Corporations	1408.6	1572.0	1969.7	3025.5	2920.0
私营股份有限公司	Private Share-holding Enterprises	129.7	135.4	156.1	227.1	189.3
其他企业	Other Enterprises		67.1	98.2	24.3	23.6
港、澳、台商投资企业	Enterprises with Funds from Hong Kong, Macao and Taiwan	159.2	205.9	290.5	323.5	317.1
外商投资企业	Foreign Funded Enterprises	685.1	751.3	795.0	885.2	915.1
按轻重工业分	**Grouped by Light and Heavy Industry**					
轻工业	Light Industry	2421.5	3125.8	3787.4	4724.6	4774.9
重工业	Heavy Industry	7113.6	8388.7	8778.2	8994.7	8648.6
按企业规模分	**Grouped by Size of Enterprises**					
大 型	Large Enterprises	4719.2	6246.7	6492.2	6404.8	6101.0
中 型	Medium-sized Enterprises	2165.6	1761.6	1904.5	2103.3	2377.4
小 型	Smal Enterprises	2650.4	3074.0	4065.8	5054.2	4779.2
微 型	Micro type		432.2	103.1	157.1	166.0
按行业分	**Grouped by Sector**					
采矿业	Mining and Quarrying	2303.9	2960.9	2982.2	2754.0	2495.7
#煤炭开采和洗选业	#Mining and Washing of Coal	638.4	712.4	732.8	566.8	360.8
石油和天然气开采业	Extraction of Petroleum and Natural Gas	1609.5	2174.5	1980.9	1893.2	1835.1
制造业	Manufacturing	6267.1	7468.3	8397.9	9667.9	9588.1
电力、热力、燃气及水的生产和供应业	Production and Supply of Electric, heat, Gas and Water	964.1	1085.4	1185.4	1297.4	1339.8

12-3 分地区工业企业单位数

MUMBER OF INDUSTRIAL ENTERPRISES BY REGION

单位：个 (unit)

年份 Year 地区 Region	总计 Total	#国有及国有控股 State-owned and State	#集体 Collective-owned	大型 Large	中型 Medium	小型 Small	微型 Micro type	轻工业 Light Industry	重工业 Heavy Industry
2011	3377	425	89	122	501	2599	155	1367	2010
2012	3911	457	95	132	503	3082	194	1620	2291
2013	4398	460	80	134	514	3406	344	1903	2495
2014	4305	457	49	117	511	3330	347	1985	2320
哈尔滨 Harbin	1388	150	7	42	136	1116	94	708	680
齐齐哈尔 Qiqihar	341	44	8	17	54	249	21	159	182
鸡西 Jixi	114	26	3	4	21	69	20	34	80
鹤岗 Hegang	99	13	4	1	17	71	10	38	61
双鸭山 Shuangyashan	149	13	1	3	16	92	38	71	78
大庆 Daqing	452	44	15	15	49	330	58	163	289
伊春 Yichun	120	15		1	19	86	14	63	57
佳木斯 Jiamusi	363	31	2	3	21	319	20	157	206
七台河 Qitaihe	95	11	1	6	19	61	9	25	70
牡丹江 Mudanjiang	484	27	8	8	60	401	15	177	307
黑河 Heihe	92	14			14	68	10	35	57
绥化 Suihua	366	31		11	67	278	10	197	169
大兴安岭 Daxinganling	28	9		1	3	22	2	9	19
农垦总局 ARB	185	26		4	14	144	23	146	39
绥芬河 Suifenhe	23				1	20	2	1	22
抚远 Fuyuan	5	2				4	1	2	3

注：分地市资料中不含省电力有限公司所属工业企业，所以合计不等于全省数（下同）。
Note: The data by region exclude industrial enterprises belong to Electric Power Ltd. of Heilongjiang Province. Therefore, the total unequal to province. The same as following tables.

12-4 分地区工业总产值

GROSS INDUSTRIAL OUTPUT VALUE BY REGION

单位：亿元 (100 million yuan)

年份 Year 地区 Region	总计 Total	#国有及国有控股 State-owned and State	#集体 Collective-owned	大型 Large	中型 Medium	小型 Small	微型 Micro type	轻工业 Light Industry	重工业 Heavy Industry
2011	11514.6	6482.6	144.4	6246.7	1761.6	3074.0	432.2	3125.8	8388.7
2012	12565.6	6458.7	141.9	6492.2	1904.5	4065.8	103.1	3787.4	8778.2
2013	13719.3	6470.8	93.6	6404.8	2103.3	5054.2	157.1	4724.6	8994.7
2014	13423.5	6325.6	68.3	6100.9	2377.4	4779.2	166.0	4774.9	8648.6
哈尔滨 Harbin	3224.6	1111.6	3.4	1094.6	547.6	1538.6	43.9	1575.5	1649.1
齐齐哈尔 Qiqihar	987.2	293.4	12.3	283.5	267.0	427.9	8.9	481.3	506.0
鸡西 Jixi	250.4	118.7	1.1	71.2	80.7	73.4	25.1	66.4	184.0
鹤岗 Hegang	142.3	68.1	0.6	45.4	53.4	39.6	3.8	50.5	91.7
双鸭山 Shuangyashan	296.2	73.9	0.8	108.9	50.9	121.4	15.0	106.3	189.9
大庆 Daqing	4506.2	3366.6	39.8	3202.6	594.9	688.9	19.8	573.5	3932.7
伊春 Yichun	128.5	16.7		43.2	29.7	50.7	5.1	40.9	87.6
佳木斯 Jiamusi	659.2	78.2	2.7	46.7	91.6	511.4	9.5	335.1	324.1
七台河 Qitaihe	188.2	93.0	0.3	93.1	54.6	38.6	2.0	13.7	174.5
牡丹江 Mudanjiang	941.9	77.7	7.3	78.7	214.1	643.7	5.4	345.1	596.8
黑河 Heihe	132.2	28.7			46.2	81.4	4.6	43.4	88.8
绥化 Suihua	870.6	114.3		190.5	296.7	377.8	5.7	528.2	342.4
大兴安岭 Daxinganling	28.9	12.0		4.7	6.6	17.4	0.2	10.0	19.0
农垦总局 ARB	638.1	484.9		451.1	37.7	137.5	11.8	600.8	37.3
绥芬河 Suifenhe	36.9				5.8	26.2	5.0	0.5	36.4
抚远 Fuyuan	5.0	0.8				4.6	0.4	3.5	1.5

12-5 工业企业主要经济指标(2014年)

单位：万元

类　别	Category	单位数（个） Number of Enterprises (unit)	#亏损企业 Loss-making Enterprises	工业总产值 Gross Industrial Output Value
总　计	**Total**	**4305**	**760**	**134235479**
#亏损企业	#Loss-making Enterprises	760	760	24191134
#国有及国有控股企业	#State-owned and State-holding Enterprises	457	172	63255643
#农村工业	#County Enterprises	29	3	795549
按登记注册类型分	**Grouped by Status of Registration**			
内资企业	Domestic Funded	4085	702	121913478
国有企业	State-owned Enterprises	134	71	8987485
#中央企业	#Central Industry	23	8	6417729
集体企业	Collective-owned Enterprises	49	22	682672
股份合作企业	Cooperative Enterprises	19	2	133789
联营企业	Joint Ownership Enterprises	1		2156
有限责任公司	Limited Liability Corporations	1565	323	63314068
国有独资公司	Sole State-funded Corporations	61	24	7372866
其他有限责任公司	Other Limited Liability Corporations	1504	299	55941202
股份有限公司	Share Holding Enterprises	218	39	16238221
私营企业	Private Enterprises	2080	244	32318804
私营独资企业	Private-funded Enterprises	82	9	1168677
私营合伙企业	Private Partnership	5		57391
私营有限责任公司	Private Limited Liability Corporations	1874	215	29200054
私营股份有限公司	Private Share-holding Enterprises	119	20	1892682
其他企业	Other Enterprises	19	1	236283
港、澳、台商投资企业	Proprietorship from Hong Kong, Macao and Taiwan	67	17	3171486
外商投资企业	Foreign Funded Enterprises	153	41	9150515
按经济组织类型分	**Grouped by Medium-sized Enterprises**			
独资企业	Proprietorship	364	136	15679336
国有企业	State-owned Enterprises	134	71	8987485
集体企业	Collective-owned Enterprises	49	22	682672
私营独资企业	Private-funded Enterprises	82	9	1168677
港澳台商独资经营企业	Proprietorship from Hong Kong, Macao and Taiwan	29	8	1135574
外资企业	Foreign Funded Enterprises	70	26	3704928
合作、合伙企业	Cooperative Enterprises and Partnership	56	6	1691157
股份合作企业	Cooperative Enterprises	19	2	133789
国有联营企业	State Joint Ownership Enterprises			
集体联营企业	Collective Joint Ownership Enterprises			
国有与集体联营企业	State and Collective Joint Ownership Enterprises	1		2156
其他联营企业	Other Joint Ownership Enterprises			
私营合伙企业	Private Partnership	5		57391
港或澳、台资合作经营企业	Cooperative Enterprises with Funds from Hong Kong, Macao and Taiwan	4	2	1035658
中外合作经营企业	Sino-foreign Cooperative Enterprises	4		138875
其他企业(内资)	Other Enterprises (Domestic Funded)	19	1	236283
股份有限公司	Share Holding Enterprises	344	61	18621028
股份有限公司(内资)	Share Holding Enterprises (Domestic Funded)	218	39	16238221
私营股份有限公司	Private Share Holding Enterprises	119	20	1892682
港澳台商投资股份有限公司	Share Holding Enterprises with Funds from Hong Kong, Macao and Taiwan	1	1	40869
外商投资股份有限公司	Foreign Funded Share Holding Enterprises	6	1	449256
有限责任公司	Limited Liability Corporations	3541	557	98243960
国有独资公司	Sole State-funded Corporations	61	24	7372866
私营有限责任公司	Private Limited Liability Corporations	1874	215	29200054
港澳台合资经营企业	Joint Venture Enterprises of Hong Kong, Macao and Taiwan	31	6	882318
中外合资经营企业	Sino-foreign Cooperative joint venture Enterprises	71	13	4847520
其他有限责任公司	Other Limited Liability Corporations	1504	299	55941202

MAJOR INDICATORS OF INDUSTRIAL ENTERPRISES (2014)

(10000 yuan)

工业销售产值 Sale Output Value of Industry	应收帐款 Receivables	产成品 Finished Goods	流动资产合计 Total Working Capitals	固定资产原价 Original Value of Fixed Assets	固定资产合计 Total of Fixed Assets	资产合计 Total Assets	负债合计 Total Liabilities	主营业务收入 Revenue from Principal Business
131393829	**12750187**	**4806495**	**62294591**	**124869625**	**68229582**	**149951906**	**85409467**	**134070897**
23679949	3133712	1352251	14478399	30983638	18678795	38777157	31581156	25048067
62040152	6293713.1	2272282	35408333	93772421	47798644	94894085.5	53808159	65554357
796855	118346.7	25425	353228	155402	121134	521753.6	262176	712030
119205696	11192706.8	4202685	55433923	113965079	61496744	134534074.6	75825472	121051809
8811608	1032704.3	221166	4902670	12206775	5046520	11236025.1	7273765	9532975
6325564	851094.3	201913	4068054	5270988	2726034	7964102.7	5035894	6966869
679531	190849.6	19189	504803	292111	143565	673550.8	573188	655857
131505	44764.1	6654	98723	36106	26323	130972.5	67326	170996
1902	356.2	202	772	101	96	889.3	1	2121
62010113	5608326.2	2416956	33051248	78367946	43493076	88243547.9	49838251	63425356
7143279	482728	156362	3215073	12821508	7810969	14257091	10879165	7552231
54866833	5125598	2260594	29836175	65546438	35682106	73986457	38959086	55873125
15745749	2200543	689216	7877592	11844338	6223537	16720571	8891682	15867600
31588435	2110235.3	828285	8927066	11152809	6508405	17391318.8	9109699	31145353
1144417	66148	23385	225722	518455	227671	483299.9	249594	1106938
57187	541.9	357	2623	4891	3719	7893.3	4663	58187
28532422	1884564.7	734943	8117706	9811882	5812955	15615288.8	8187611	28162612
1854410	158980.7	69600	581016	817581	464059	1284836.8	667832	1817616
236854	4928	21016	71049	64893	55223	137199	71562	251553
3077929	271479	85289	1536463	3083950	1951726	4108414	2166011	3163524
9110205	1286001	518521	5324205	7820596	4781112	11309418	7417983	9855564
15507335	1867431	565727	8277098	15763277	7265338	17431688	11339601	16265067
8811608	1032704	221166	4902670	12206775	5046520	11236025	7273765	9532975
679531	190850	19189	504803	292111	143565	673551	573188	655857
1144417	66148	23385	225722	518455	227671	483299.9	249594	1106938
1046843	147251	51800	801452	641364	466979	1507217	1015750	1037300
3824936	430478	250186	1842452	2104571	1380602	3531595	2227304	3931997
1689055	65124	34419	279878	1843422	936112	1321441	344207	1742210
131505	44764	6654	98723	36106	26323	130973	67326	170996
1902	356	202	772	101	96	889	1	2121
57187	542	357	2623	4891	3719	7893	4663	58187
1033086	6098	4819	26036	1522122	692440	796565	47206	1033095
138424	5229	550	32680	84818	54364	93079	57331	138424
236854	4928	21016	71049	64893	55223	137199	71562	251553
18107082	2373188	811443	8691710	12993813	6919660	18547621	9982397	18265088
15745749	2200543	689216	7877592	11844338	6223537	16720571	8891682	15867600
1854410	158981	69600	581016	817581	464059	1284837	667832	1817616
65203	1635	735	22837	25948	25948	50024	41986	64630
441721	12029	51891	210265	305946	206116	492188	380898	515242
96090357	8444444	3394907	45045904	94269114	53108472	112651158	63743262	97798531
7143279	482728	156362	3215073	12821508	7810969	14257091	10879165	7552231
28532422	1884565	734943	8117706	9811882	5812955	15615289	8187611	28162612
852635	116370	27114	652219	858679	742526	1693977	1031154	950599
4695188	835182	215893	3224732	5230607	3059915	7098344	4686246	5259964
54866833	5125598	2260594	29836175	65546438	35682106	73986457	38959086	55873125

12-5 续表1

单位：万元

类　别	Category	单位数（个）Number of Enterprises (unit)	#亏损企业 Loss-making Enterprises	工　业总产值 Gross Industrial Output Value
按轻重工业分	**Grouped by Light and Heavy Industry**			
轻工业	Light Industry	1985	249	47749255
重工业	Heavy Industry	2320	511	86486224
按行业分	**Grouped by Industry**			
采矿业	Mining and Quarrying	246	82	24956686
煤炭开采和洗选业	Mining and Washing of Coal	154	71	3607942
石油和天然气开采业	Extraction of Petroleum and Natural Gas	2		18350842
黑色金属矿采选业	Mining and Processing of Ferrous Metal Ores	17	1	503387
有色金属矿采选业	Mining and Processing of Non-ferrous Metal Ores	15	6	253990
非金属矿采选业	Mining and Processing of Non-metal Ores	43	4	407495
开采辅助活动	Support Activities For Mining	15		1833029
其他采矿业	Mining of Other Ores			
制造业	Manufacturing	3748	561	95880675
农副食品加工业	Processing of Food from Agricultural Products	1090	121	26880823
食品制造业	Manufacture of Foods	165	25	5797056
酒、饮料和精制茶制造业	Manufacture of Liquor, Beverages and Refined Tea	174	26	3307190
烟草制品业	Manufacture of Tobacco	4		1062836
纺织业	Manufacture of Textile	53	7	953106
纺织服装、服饰业	Manufacture of Textile, Wearing Apparel and Accessories	18	1	313872
皮革、毛皮、羽毛及其制品和制鞋业	Manufacture of Leather, Fur, Feather and Related Products and Footwear	25	5	681452
木材加工及木、竹、藤、棕、草制品业	Processing of Timber,Manufacture of Wood,Bamboo,Rattan,Palm and Straw Products	269	20	4957478
家具制造业	Manufacture of Furniture	66	6	787443
造纸及纸制品业	Manufacture of Paper and Paper Products	54	11	845071
印刷和记录媒介复制业	Printing and Reproduction of Recording Media	35	7	298234
文教、工美、体育和娱乐用品制造业	Manufacture of Articles for Culture, Education, Arts and Crafts, Sport and Entertainment Activities	46	1	640236
石油加工、炼焦及核燃料加工业	Processing of Petoleum,Coking,Processing of Nuclear Fuel	52	21	13601933
化学原料及化学制品制造业	Manufacture of Raw Chemical Materials and Chemical Products	220	37	5638363
医药制造业	Manufacture of Medicines	114	16	3580336
化学纤维制造业	Manufacture of Chemical Fibers	3	1	18304
橡胶和塑料制品业	Manufacture of Rubber and Plastics Products	133	17	2047196
非金属矿物制品业	Manufacture of Non-metallic Mineral Products	380	72	5474270
黑色金属冶炼及压延加工业	Smelting and Pressing of Ferrous Metals	47	13	2131538
有色金属冶炼及压延加工业	Smelting and Pressing of Non-ferrous Metals	17	8	383722
金属制品业	Manufacture of Metal Products	124	18	1926022
通用设备制造业	Manufacture of General Purpose Machinery	200	42	4516001
专用设备制造业	Manufacture of Special Purpose Machinery	215	34	2862673
汽车制造业	Manufacture of Automobiles	45	17	1726164
铁路、船舶、航空航天和其他运输设备制造业	Manufacture of Railway, Ship, Aerospace and Other Transport Equipments	32	8	2166670
电气机械及器材制造业	Manufacture of Electrical Machinery and Apparatus	95	15	2423786
计算机、通信和其他电子设备制造业	Manufacture of Computers,Communication and Other Electronic Equipment	20		234843
仪器仪表制造业	Manufacture of Measuring Instruments and Machinery	25	6	252535
其他制造业	Other Manufacture	16	4	300723
废弃资源综合利用业	Utilization of Waste Resources	5		23007
金属制品、机械和设备修理业	Repair Industry of Metal Products, Machinery and Equipment	6	2	47792
电力、热力、燃气及水的生产和供应业	Production and Supply of Electric Power,heat,Gas and Water	311	117	13398119
电力、热力的生产和供应业	Production and Supply of Electric Power and Heat Power	272	101	12036763
燃气生产和供应业	Production and Supply of Gas	21	8	1199887
水的生产和供应业	Production and Supply of Water	18	8	161469

CONTINUED

(10000 yuan)

工业销售产值 Sale Output Value of Industry	应收帐款 Receivables	产成品 Finished Goods	流动资产合计 Total Working Capitals	固定资产原价 Original Value of Fixed Assets	固定资产合计 Total of Fixed Assets	资产合计 Total Assets	负债合计 Total Liabilities	主营业务收入 Revenue from Principal Business
46975832	3078300	2000490	19201273	18153091	11033696	33899580	18886405	48061583
84417997	9671887	2806005	43093318	106716534	57195887	116052326	66523061	86009314
24339148	809871	489694	10047807	55432734	25589388	40580543	15199205	24432219
3355919	539581	209859	2825193	6642890	3739923	8097953	6645926	3355793
18013369	72251	250636	6389124	41306785	19324083	28656611	6967639	18149427
489629	10237	5105	59606	344836	240692	401915	200036	490714
252213	11582	11096	209414	630669	632494	995445	697361	247809
395015	28771	12244	111753	138743	119243	245814	120371	392636
1833004	147448	753	452717	6368812	1532953	2182805	567871	1795839
93909031	10644998	4191708	46082766	44387826	27050457	83672412	51987933	95604287
26864279	1090836	1197588	9538420	7592856	4567030	15611506	9745172	27553347
5527786	490384	162742	2063253	2126086	1306016	3817152	2018308	5384442
3199662	156694	131485	1101092	1990442	1440385	2813262	1583764	3192581
1054651	145355	13923	529504	436685	249589	893039	138665	1053941
971370	46066	68773	302970	352863	187893	578679	269772	892934
312766	20070	1566	69542	147817	66163	162811	46612	316337
673107	36067	9857	113032	32185	18421	133453	69368	679848
4802758	159526	138645	801531	1875087	1000524	1923176	793994	4613031
773345	54735	104860	378507	533384	271736	679694	434686	760232
820337	104192	47343	413780	696619	460794	944382	477334	852340
291827	36128	6889	153475	149269	74448	257870	120335	291084
627231	12470	8979	62114	230214	85530	152441	59522	622453
13356818	270847	522524	2365941	7934626	3869400	6930205	4656164	13765783
5509248	382068	183391	1946305	2493100	1610621	4078513	2359165	5600466
3370519	608202	185148	2815844	2230417	1370696	4808494	2152857	4010983
17148	774	1816	8602	16518	14763	30876	12168	17426
1918767	171002	51291	818350	765053	502204	1441050	833977	1910533
5297574	731447	126488	2574660	2722365	1904348	5632929	3486646	5223950
2211399	404292	340247	2195809	2161087	1560790	4907149	4546939	2420962
377198	44371	17486	240363	221552	571466	833169	585729	378367
1796537	211229	40326	681406	798262	430760	1208834	704072	1824788
4354201	2824366	324248	8216450	2820485	1958597	11179088	7222785	4307762
2777825	980930	216592	2133334	1162186	825897	3349366	1953834	2589148
1718327	350927	63772	1191407	1880498	939365	2633011	2669282	1705987
1999424	356023	48454	2002378	1240769	737555	3555692	2195936	2340366
2433985	699742	111764	2609189	1013713	587172	3691482	2036438	2418624
236440	76048	10380	228698	100799	80128	387516	183552	249048
245140	76467	36395	288334	145392	85637	476007	203494	247334
299597	63350	9987	144277	467773	232381	417315	335011	295454
21974	23938	5882	39173	13279	17701	60063	33772	33899
47792	16453	2867	55029	36447	22447	84191	58581	50840
13145650	1295318	125093	6164018	25049065	15589737	25698951	18222329	14034391
11785121	1222179	118595	5247627	24161337	15003716	23762008	16995545	12625310
1199098	41478	6099	305690	413802	334924	679877	378663	1241681
161431	31661	3995	610702	473926	251097	1257066	848122	167401

12-5 续表2

单位：万元

类　别	Category	主营业务成本 Cost of Principal Business	主营业务税金及附加 Taxes and Other Charges on Principal Business	销售费用 Selling Expenses
总　计	**Total**	**107325636**	**6097400**	**3084525**
#亏损企业	#Loss-making Enterprises	24261201	637220	357211
#国有及国有控股企业	#State-owned and State-holding Enterprises	48185874	5695276	991327
#农村工业	#County Enterprises	607080	2101	20744
按登记注册类型分	**Grouped by Status of Registration**			
内资企业	Domestic Funded	96996760	5975919	2097303
国有企业	State-owned Enterprises	8595357	357625	60445
#中央企业	#Central Industry	6274896	325085	41603
集体企业	Collective-owned Enterprises	584675	9566	5148
股份合作企业	Cooperative Enterprises	151421	528	4830
联营企业	Joint Ownership Enterprises	2023		21
有限责任公司	Limited Liability Corporations	46706236	4384739	1022429
国有独资公司	Sole State-funded Corporations	7281345	36551	53798
其他有限责任公司	Other Limited Liability Corporations	39424891	4348188	968631
股份有限公司	Share Holding Enterprises	13263923	1070744	362787
私营企业	Private Enterprises	27467526	151167	638885
私营独资企业	Private-funded Enterprises	962388	7600	19420
私营合伙企业	Private Partnership	50816	315	1438
私营有限责任公司	Private Limited Liability Corporations	24898843	133948	569812
私营股份有限公司	Private Share-holding Enterprises	1555480	9303	48215
其他企业	Other Enterprises	225598	1551	2758
港、澳、台商投资企业	Proprietorship from Hong Kong,Macao and Taiwan	2501026	25122	144252
外商投资企业	Foreign Funded Enterprises	7827850	96359	842971
按经济组织类型分	**Grouped by Medium-sized Enterprises**			
独资企业	Proprietorship	14235116	428767	393549
国有企业	State-owned Enterprises	8595357	357625	60445
集体企业	Collective-owned Enterprises	584675	9566	5148
私营独资企业	Private-funded Enterprises	962388	7600	19420
港澳台商独资经营企业	Proprietorship from Hong Kong,Macao and Taiwan	882628	2155	28886
外资企业	Foreign Funded Enterprises	3210069	51821	279650
合作、合伙企业	Cooperative Enterprises and Partnership	1386949	22440	41121
股份合作企业	Cooperative Enterprises	151421	528	4830
国有联营企业	State Joint Ownership Enterprises			
集体联营企业	Collective Joint Ownership Enterprises			
国有与集体联营企业	State and Collective Joint Ownership Enterprises	2023		21
其他联营企业	Other Joint Ownership Enterprises			
私营合伙企业	Private Partnership	50816	315	1438
港或澳、台资合作经营企业	Cooperative Enterprises with Funds from Hong Kong,Macao and Taiwan	794025	14395	2999
中外合作经营企业	Sino-foreign Cooperative Enterprises	124802	276	1356
其他企业(内资)	Other Enterprises (Domestic Funded)	225598	1551	2758
股份有限公司	Share Holding Enterprises	15279252	1089645	475767
股份有限公司(内资)	Share Holding Enterprises (Domestic Funded)	13263923	1070744	362787
私营股份有限公司	Private Share Holding Enterprises	1555480	9303	48215
港澳台商投资股份有限公司	Share Holding Enterprises with Funds from Hong Kong,Macao and Taiwan	60418	0	2620
外商投资股份有限公司	Foreign Funded Share Holding Enterprises	399430	9597	62146
有限责任公司	Limited Liability Corporations	76424319	4556549	2174088
国有独资公司	Sole State-funded Corporations	7281345	36551	53798
私营有限责任公司	Private Limited Liability Corporations	24898843	133948	569812
港澳台合资经营企业	Joint Venture Enterprises of Hong Kong,Macao and Taiwan	732048	3197	82027
中外合资经营企业	Sino-foreign Cooperative joint venture Enterprises	4087193	34665	499819
其他有限责任公司	Other Limited Liability Corporations	39424891	4348188	968631

CONTINUED

(10000 yuan)

管理费用 Overhead Expenses	财务费用 Financial Expenses	利息支出 Expenditure for Interests	利润总额 Total Profits	亏损企业亏损额 Total Losses Made by Enterprises -in-red	利税总额 Total Profits	应交增值税 Value-added Tax Payable	从业人员平均人数(人) Average Employed Persons (person)
6194322	**1578053**	**1811386**	**10070814**	**2358695**	**21735330**	**5545141**	**1302148**
1495960	683907	658465	-2358695	2358695	-847445	859532	477826
3756991	878095	1199871	6324800	1639005	16062764	4024836	707601
14636	2358	1137	80596	362	102204	19508	3984
5445428	1404994	1616730	9356680	2201656	20511293	5157759	1191870
365033	108207	106526	81243	165947	841978	402582	88439
252641	59884	62288	-6599	111546	644553	325883	46355
43478	1631	1776	10252	15717	49291	29282	15940
6225	457	467	8417	4805	11723	2779	1329
24	5		38		55	13	100
3210577	807017	1062858	7346461	1391950	15266225	3520878	686972
395076	244155	238224	-294379	409169	60261	311329	181308
2815501	562862	824634	7640840	982781	15205964	3209549	505664
925063	259216	259121	191101	442507	1856966	589566	152233
891632	226550	184194	1709062	179947	2472771	612032	245092
36945	8355	5820	69511	4211	99095	21985	10845
2473	232	231	2914		5340	2111	529
765695	189437	154934	1539451	140100	2204162	530275	216499
86520	28526	23210	97187	35636	164175	57662	17219
3396	1911	1787	10107	783	12285	627	1765
238561	44984	46599	242458	43280	340138	71521	26007
510332	128075	148058	471676	113760	883900	315862	84271
679939	174055	173846	395461	297056	1387692	562735	152772
365033	108207	106526	81243	165947	841978	402582	88439
43478	1631	1776	10252	15717	49291	29282	15940
36945	8355	5820	69511	4211	99095	21985	10845
53095	22450	26651	63617	11069	82304	16522	8200
	33412	33072	170839	100112	315024	92364	29348
181387	8779	9275	133110	7257	190039	34485	7441
144376	457	467	8417	4805	11723	2779	1329
6225							
	5		38		55	13	100
24							
	232	231	2914		5340	2111	529
2473	2627	2630	98015	1457	135849	23439	1231
119842							
	1054	993	8291		9840	1273	1611
4104	1911	1787	10107	783	12285	627	1765
3396	294985	289741	307867	478791	2069855	666767	177176
1035149	259216	259121	191101	442507	1856966	589566	152233
925063	28526	23210	97187	35636	164175	57662	17219
86520	826	823	-145	145	-145		235
1429							
22138	6417	6587	19723	504	48859	19538	7489
4334858	1100234	1338526	9234377	1575591	18087744	4281154	964759
395076	244155	238224	-294379	409169	60261	311329	181308
765695	189437	154934	1539451	140100	2204162	530275	216499
55883	19721	16494	76095	30609	108017	27699	15508
302704	84058	104239	272370	12932	509341	202303	45780
2815501	562862	824634	7640840	982781	15205964	3209549	505664

12-5 续表3

单位：万元

类 别	Category	主营业务成 本 Cost of Principal Business	主营业务税金及附加 Taxes and Other Charges on Principal Business	销售费用 Selling Expenses
按轻重工业分	**Grouped by Light and Heavy Industry**			
轻工业	Light Industry	40915213	757625	1874046
重工业	Heavy Industry	66410423	5339775	1210479
按行业分	**Grouped by Industry**			
采矿业	Mining and Quarrying	11817203	3791277	209629
煤炭开采和洗选业	Mining and Washing of Coal	3345844	61482	50741
石油和天然气开采业	Extraction of Petroleum and Natural Gas	6256442	3653358	114890
黑色金属矿采选业	Mining and Processing of Ferrous Metal Ores	414085	3583	12546
有色金属矿采选业	Mining and Processing of Non-ferrous Metal Ores	176278	9225	4738
非金属矿采选业	Mining and Processing of Non-metal Ores	303579	2369	25752
开采辅助活动	Support Activities For Mining	1320976	61261	961
其他采矿业	Mining of Other Ores			
制造业	Manufacturing	82296296	2247348	2780022
农副食品加工业	Processing of Food from Agricultural Products	25110509	144827	481457
食品制造业	Manufacture of Foods	4158095	20711	538243
酒、饮料和精制茶制造业	Manufacture of Liquor, Beverages and Refined Tea	2555133	105690	187939
烟草制品业	Manufacture of Tobacco	428973	431362	12841
纺织业	Manufacture of Textile	791458	1733	16109
纺织服装、服饰业	Manufacture of Textile, Wearing Apparel and Accessories	281216	573	4170
皮革、毛皮、羽毛及其制品和制鞋业	Manufacture of Leather, Fur, Feather and Related Products and Footwear	628663	840	1365
木材加工及木、竹、藤、棕、草制品业	Processing of Timber,Manufacture of Wood,Bamboo,Rattan,Palm and Straw Products	4035802	15267	126452
家具制造业	Manufacture of Furniture	645837	2949	29527
造纸及纸制品业	Manufacture of Paper and Paper Products	734847	3385	30898
印刷和记录媒介复制业	Printing and Reproduction of Recording Media	250145	597	2879
文教、工美、体育和娱乐用品制造业	Manufacture of Articles for Culture, Education, Arts and Crafts, Sport and Entertainment Activities	535433	1890	9601
石油加工、炼焦及核燃料加工业	Processing of Petoleum,Coking,Processing of Nuclear Fuel	11943887	1332292	117491
化学原料及化学制品制造业	Manufacture of Raw Chemical Materials and Chemical Products	4879594	29639	81726
医药制造业	Manufacture of Medicines	2721536	30129	498967
化学纤维制造业	Manufacture of Chemical Fibers	13541	84	1050
橡胶和塑料制品业	Manufacture of Rubber and Plastics Products	1679936	6866	32589
非金属矿物制品业	Manufacture of Non-metallic Mineral Products	4400087	30007	131036
黑色金属冶炼及压延加工业	Smelting and Pressing of Ferrous Metals	2281672	3472	68296
有色金属冶炼及压延加工业	Smelting and Pressing of Non-ferrous Metals	315761	1473	7807
金属制品业	Manufacture of Metal Products	1598569	9559	21451
通用设备制造业	Manufacture of General Purpose Machinery	3783542	18306	111716
专用设备制造业	Manufacture of Special Purpose Machinery	2198709	11404	90502
汽车制造业	Manufacture of Automobiles	1539547	19261	32209
铁路、船舶、航空航天和其他运输设备制造业	Manufacture of Railway, Ship, Aerospace and Other Transport Equipments	2019955	6130	42334
电气机械及器材制造业	Manufacture of Electrical Machinery and Apparatus	2054647	12152	71000
计算机、通信和其他电子设备制造业	Manufacture of Computers,Communication and Other Electronic Equipment	183628	2097	8929
仪器仪表制造业	Manufacture of Measuring Instruments and Machinery	193900	1475	12890
其他制造业	Other Manufacture	260707	2502	7584
废弃资源综合利用业	Utilization of Waste Resources	25041	273	580
金属制品、机械和设备修理业	Repair Industry of Metal Products, Machinery and Equipment	45927	407	386
电力、热力、燃气及水的生产和供应业	Production and Supply of Electric Power,heat,Gas and Water	13212137	58775	94875
电力、热力的生产和供应业	Production and Supply of Electric Power and Heat Power	11947398	56011	36503
燃气生产和供应业	Production and Supply of Gas	1149343	1879	48608
水的生产和供应业	Production and Supply of Water	115396	885	97642

CONTINUED

(10000 yuan)

管理费用 Overhead Expenses	财务费用 Financial Expenses	利息支出 Expenditure for Interests	利润总额 Total Profits	亏损企业亏损额 Total Losses Made by Enterprises -in-red	利税总额 Total Profits	应交增值税 Value-added Tax Payable	从业人员平均人数(人) Average Employed Persons (person)
1559007	345581	376803	2729129	223028	4514117	1024280	372552
4635315	1232472	1434584	7341686	2135668	17221213	4520861	929596
1956084	91813	350436	6458487	632322	12939789	2680609	378718
423414	136693	146933	-535719	624557	-202586	263465	242080
1307083	-79607	170166	6709075		12640390	2276780	113171
17817	4068	3884	42339	82	77111	31189	3636
24118	20982	19720	24203	5934	46308	12880	3370
24981	1519	1508	25840	1750	48374	20165	5268
158671	8159	8225	192749		330192	76130	11193
3896775	977446	969959	3453114	1491480	7974250	2269456	779404
514302	207554	227068	1121028	105394	1562162	293856	141354
168067	21622	24313	518675	38983	694268	154857	41529
155603	27129	26296	166954	28675	360999	88235	31756
80469	-1695	224	103386		651415	116668	5745
27525	5052	4610	47445	2321	73668	24487	28387
5005	963	862	22548	42	28257	5134	3376
4037	211	124	41691	1269	52389	9857	2055
107182	15568	14620	262497	2910	407095	129002	35670
38628	7246	5481	34677	2825	59765	22128	14868
36121	18025	17880	34060	15611	58473	21025	10461
14691	2271	1322	21063	1337	30664	9000	4208
10091	1561	1522	45268	42	63005	15848	7456
536751	141572	135562	-347705	432295	1404335	419719	52073
198239	54475	50594	337083	74468	484777	117913	38353
359276	18640	29440	414181	7811	665361	221040	49721
1710	565	564	538	37	1158	535	274
71459	17876	19026	104100	15966	155659	44666	19039
226252	91057	79747	375919	55235	559527	153271	50581
79268	100076	74874	-147864	184739	-120067	24325	24496
38222	11663	11480	5728	11226	13011	5734	7692
87655	12204	9614	90951	16375	130620	29890	21593
333462	90838	93250	18727	171007	159121	121923	60074
192029	33693	32387	57207	89087	122296	53568	33567
150808	35189	46605	-114404	194251	-59311	35804	20295
231375	31130	33153	63949	10375	114547	44308	30584
137495	19758	18986	123368	10813	212756	77233	26611
28032	3885	3395	27931		40436	10408	3953
30176	5847	3721	14680	3725	26936	10752	5802
24719	2308	2114	618	13978	9457	6316	5937
1667	920	907	8029		8815	513	777
6462	245	219	787	685	2654	1443	1117
341463	508793	490991	159213	234893	821291	595076	144026
274147	489205	466829	124359	219980	765266	578216	129572
29110	-2327	2449	36318	7224	51265	11683	6723
38206	21915	21713	-1464	7690	4760	5177	7731

12-6 大中型工业企业主要经济指标(2014年)

单位：万元

类别	Category	单位数(个) Number of Enterprises (unit)	#亏损企业 Loss-making Enterprises	工业总产值 Gross Industrial Output Value
总计	**Total**	**628**	**166**	**84783496**
#亏损企业	#Loss-making Enterprises	166	166	20443058
#国有及国有控股企业	#State-owned and State-holding Enterprises	198	80	60343504
#大型	#Large-sized Enterprises	117	36	61009480
按登记注册类型分	**Grouped by Status of Registration**			
内资企业	Domestic Funded	547	150	75036053
国有企业	State-owned Enterprises	64	35	8315447
#中央企业	#Central Industry	14	5	6248247
集体企业	Collective-owned Enterprises	18	11	464665
股份合作企业	Cooperative Enterprises			
联营企业	Joint Ownership Enterprises			
有限责任公司	Limited Liability Corporations	260	70	46778040
国有独资公司	Sole State-funded Corporations	29	15	6866901
其他有限责任公司	Other Limited Liability Corporations	231	55	39911140
股份有限公司	Share Holding Enterprises	61	15	13784522
私营企业	Private Enterprises	142	18	5662196
私营独资企业	Private-funded Enterprises	8	1	137191
私营合伙企业	Private Partnership			
私营有限责任公司	Private Limited Liability Corporations	124	15	5155484
私营股份有限公司	Private Share-holding Enterprises	10	2	369521
其他企业	Other Enterprises	2	1	31182
港、澳、台商投资企业	Proprietorship from Hong Kong, Macao and Taiwan	23	6	2480433
外商投资企业	Foreign Funded Enterprises	58	10	7267010
按经济组织类型分	**Grouped by Medium-sized Enterprises**			
独资企业	Proprietorship	126	54	12354150
国有企业	State-owned Enterprises	64	35	8315447
集体企业	Collective-owned Enterprises	18	11	464665
私营独资企业	Private-funded Enterprises	8	1	137191
港澳台商独资经营企业	Proprietorship from Hong Kong, Macao and Taiwan	8	2	780630
外资企业	Foreign Funded Enterprises	28	5	2656216
合作、合伙企业	Cooperative Enterprises and Partnership	6	1	1143792
股份合作企业	Cooperative Enterprises			
国有联营企业	State Joint Ownership Enterprises			
集体联营企业	Collective Joint Ownership Enterprises			
国有与集体联营企业	State and Collective Joint Ownership Enterprises			
其他联营企业	Other Joint Ownership Enterprises			
私营合伙企业	Private Partnership			
港或澳、台资合作经营企业	Cooperative Enterprises with Funds from Hong Kong, Macao and Taiwan	1		999384
中外合作经营企业	Sino-foreign Cooperative Enterprises	2		47560
其他企业(内资)	Other Enterprises (Domestic Funded)	2	1	31182
股份有限公司	Share Holding Enterprises	75	18	14577539
股份有限公司(内资)	Share Holding Enterprises (Domestic Funded)	61	15	13784522
私营股份有限公司	Private Share Holding Enterprises	10	2	369521
港澳台商投资股份有限公司	Share Holding Enterprises with Funds from Hong Kong, Macao and Taiwan			
外商投资股份有限公司	Foreign Funded Share Holding Enterprises	4	1	423496
有限责任公司	Limited Liability Corporations	421	93	56708015
国有独资公司	Sole State-funded Corporations	29	15	6866901
私营有限责任公司	Private Limited Liability Corporations	124	15	5155484
港澳台合资经营企业	Joint Venture Enterprises of Hong Kong, Macao and Taiwan	13	4	634753
中外合资经营企业	Sino-foreign Cooperative joint venture Enterprises	24	4	4139738
其他有限责任公司	Other Limited Liability Corporations	231	55	39911140

MAJOR INDICATORS OF LARGE AND MEDIUM-SIZED INDUSTRIAL ENTERPRISES (2014)

(10000 yuan)

工业销售产值 Sale Output Value of Industry	应收帐款 Receivables	产成品 Finished Goods	流动资产合计 Total Working Capitals	固定资产原价 Original Value of Fixed Assets	固定资产合计 Total of Fixed Assets	资产合计 Total Assets	负债合计 Total Liabilities	主营业务收入 Revenue from Principal Business
83051778	**8703301**	**3495592**	**45843572**	**103584377**	**52967159**	**113433264**	**65283619**	**86553337**
19949516	2395895	996663	10735073	26446234	15147184	30392844	25481115	21418664
59137730	5679559	2146406	33059310	87538895	42980527	86362463	48493199	62642514
59948270	5972530	2318156	34737596	84703080	41559842	88024558	49464780	62847227
73483860	7423419	3052369	40313923	94545446	47641700	101211300	57697354	76089099
8150689	980128	208204	4601920	10943637	4201614	10041271	6294443	8859562
6153730	826721	194828	3958546	4900230	2481993	7600970	4796603	6793463
461976	151842	16315	346371	193685	81785	449297	394246	438382
46056358	3856525	1900615	26194507	69410858	36406945	72084856	40464355	47682113
6633684	405481	148767	2936384	11709948	6841739	12699173	9707988	7053118
39422674	3451044	1751848	23258123	57700910	29565206	59385683	30756368	40628995
13331880	2002543	623118	6965190	10606262	5335165	14258307	7915137	13483538
5450672	432000	286775	2166681	3344974	1578963	4290864	2583125	5571371
135320	9391	2207	42294	107093	57836	106517	76255	132338
4957881	384932	266855	1969361	2974754	1392629	3803361	2279239	5085286
357471	37678	17713	155026	263127	128499	380986	227631	353746
32286	380	17343	39253	46030	37227	86705	46048	54134
2373252	207195	49160	1127324	2669463	1570359	2960817	1388699	2470652
7194666	1072687	394063	4402326	6369469	3755100	9261147	6197565	7993586
12167330	1590997	431349	7020911	13254751	5603363	14233960	9107280	12960080
8150689	980128	208204	4601920	10943637	4201614	10041271	6294443	8859562
461976	151842	16315	346371	193685	81785	449297	394246	438382
135320	9391	2207	42294	107093	57836	106517	76255	132338
694463	109383	27613	633060	472296	280491	1013212	680404	694693
2724883	340254	177011	1397266	1538039	981636	2623663	1661931	2835104
1147538	7763	18406	104700	1648002	788921	981686	163664	1169397
999384	4184		10002	1504398	684526	769134	43591	999384
47108	3075	268	22175	63023	43698	67511	46561	47108
32286	380	17343	39253	46030	37227	86705	46048	54134
14109451	2047345	684102	7313403	11168296	5662740	15107345	8512116	14336478
13331880	2002543	623118	6965190	10606262	5335165	14258307	7915137	13483538
357471	37678	17713	155026	263127	128499	380986	227631	353746
420099	7124	43271	193188	298906	199077	468053	369349	499194
55627459	5057197	2361734	31404557	77513330	40912136	83110272	47500558	58087383
6633684	405481	148767	2936384	11709948	6841739	12699173	9707988	7053118
4957881	384932	266855	1969361	2974754	1392629	3803361	2279239	5085286
610645	93505	20752	450992	658218	581872	1120135	637240	707804
4002576	722235	173513	2789697	4469501	2530690	6101921	4119724	4612179
39422674	3451044	1751848	23258123	57700910	29565206	59385683	30756368	40628995

12-6 续表1

单位：万元

类别	Category	单位数（个）Number of Enterprises (unit)	#亏损企业 Loss-making Enterprises	工业总产值 Gross Industrial Output Value
按轻重工业分	**Grouped by Light and Heavy Industry**			
轻工业	Light Industry	263	36	22178015
重工业	Heavy Industry	365	130	62605482
按行业分	**Grouped by Industry**			
采矿业	Mining and Quarrying	62	21	23127395
煤炭开采和洗选业	Mining and Washing of Coal	41	20	2680245
石油和天然气开采业	Extraction of Petroleum and Natural Gas	1		18225416
黑色金属矿采选业	Mining and Processing of Ferrous Metals Ores	5		255304
有色金属矿采选业	Mining and Processing of Non-ferrous Metal Ores	4	1	159311
非金属矿采选业	Mining and Processing of Nonmetal Ores	1		19046
开采辅助活动	Mining Auxiliary Activities	10		1788072
其他采矿业	Mining of Other Ores			
制造业	Manufacturing	477	105	50880961
农副食品加工业	Processing of Food from Agricultural Products	95	11	10770258
食品制造业	Manufacture of Foods	33	1	3775269
酒、饮料和精制茶制造业	Manufacture of Wine, soft drinks and refined tea	25	5	1530904
烟草制品业	Manufacture of Tobacco	3		1033837
纺织业	Manufacture of Textile	30	5	689308
纺织服装、服饰业	Manufacture of Textile and Apparel	4		127723
皮革、毛皮、羽毛及其制品和制鞋业	Manufacture of Leather, Furs, Feather and Related Products and Footwear			
木材加工及木、竹、藤、棕、草制品业	Processing of Timber, Manufacture of Wood, Bamboo, Rattan, Palm and Straw Products	24	2	879865
家具制造业	Manufacture of Furniture	11	2	213245
造纸及纸制品业	Manufacture of Paper and Paper Products	7	3	382268
印刷和记录媒介复制业	Manufacture of Printing and Record Medium Reproduction	3		35802
文教、工美、体育和娱乐用品制造业	Manufacture of Articles for Culture, Education and Sports Activities	6	1	172505
石油加工、炼焦及核燃料加工业	Processing of Petoleum, Coking, Processing of Nuclear Fuel	25	17	13163665
化学原料及化学制品制造业	Manufacture of Raw Chemical Materials and Chemical Products	24	9	2736313
医药制造业	Manufacture of Medicines	26	1	2371945
化学纤维制造业	Manufacture of Chemical Fibers			
橡胶和塑料制品业	Manufacture of Rubber and Plastics	9	1	728385
非金属矿物制品业	Manufacture of Non-metallic Mineral Products	31	5	1318792
黑色金属冶炼及压延加工业	Smelting and Pressing of Ferrous Metals	9	5	1578751
有色金属冶炼及压延加工业	Smelting and Pressing of Non-ferrous Metals	2	2	193202
金属制品业	Manufacture of Metal Products	10	4	475005
通用设备制造业	Manufacture of General Purpose Machinery	26	7	2793838
专用设备制造业	Manufacture of Special Purpose Machinery	22	7	910472
汽车制造业	Manufacture of Automotive	10	4	1396459
铁路、船舶、航空航天和其他运输设备制造业	Manufacture of Railroad, Marine, Aerospace and Other Transportation Equipment	12	4	1985146
电气机械及器材制造业	Manufacture of Electrical Machinery and Equipment	17	5	1203258
计算机、通信和其他电子设备制造业	Manufacture of Computers, Communication and Other Electronic Equipment	5		140211
仪器仪表制造业	Manufacture of Measuring Instruments	3	1	84294
其他制造业	Other Manufacturing	2	1	148628
废弃资源综合利用业	Comprehensive Utilization of Waste Resources Industry	1		18766
金属制品、机械和设备修理业	Metal Products, Machinery and Equipment Repair Industry	2	2	22850
电力、热力、燃气及水的生产和供应业	Production and Supply of Electric Power, heat, Gas and Water	89	40	10775140
电力、热力的生产和供应业	Production and Supply of Electric Power and Heat Power	79	34	9732461
燃气生产和供应业	Production and Supply of Gas	4	2	951368
水的生产和供应业	Production and Supply of Water	6	4	91312

CONTINUED

(10000 yuan)

工业销售产值 Sale Output Value of Industry	应收帐款 Receivables	产成品 Finished Goods	流动资产合计 Total Working Capitals	固定资产原价 Original Value of Fixed Assets	固定资产合计 Total of Fixed Assets	资产合计 Total Assets	负债合计 Total Liabilities	主营业务收入 Revenue from Principal Business
21886035	1784245	1429447	12566074	10564842	6162071	20751033	12472393	23365442
61165744	6919057	2066144	33277499	93019535	46805087	92682231	52811226	63187895
22700396	581586	369474	8884664	54730819	25086222	38691898	14045423	22827926
2586600	373683	106067	2004054	6353244	3523949	6936518	5820396	2612211
17887943	72251	250636	6373855	41287114	19314011	28631269	6966577	18024001
255985	4065	2664	17273	292669	193464	254658	110219	256985
163098	6927	8365	73793	500203	558689	764885	620692	161089
18699	8343	989	14400	9816	7373	21773	19745	21249
1788072	116317	753	401290	6287774	1488736	2082796	507795	1752392
49811505	7175434	3007935	32630994	30479312	17724780	57647878	38616089	52301361
10995735	392096	859875	5490316	3922712	2095212	8153601	6176211	11814289
3600489	354972	105352	1451896	1249112	726625	2442677	1284303	3554735
1482209	78196	81723	615161	1183191	875446	1580342	926605	1541767
1026555	145010	13857	527703	433358	247483	889132	138262	1025844
715316	27284	59488	253537	211149	144248	482500	211170	642898
128815	14049	204	22937	79592	42590	85903	9113	128521
858691	35175	22089	220555	691858	274636	523988	215969	861036
197548	18190	95750	226833	203460	134540	376899	272840	197151
359745	66529	32986	287664	475753	343243	676426	321126	403557
35912	8488	641	23909	42360	13931	41882	14017	35912
171199	3739	1639	17028	121066	32961	54057	29791	169826
12922977	251163	473260	2173613	7818005	3792070	6604139	4425200	13413952
2660568	168702	51206	987226	1409703	818356	1933373	1321246	2731649
2172433	504939	147181	2334823	1532538	972180	3757098	1656603	2847839
652790	68637	13260	484217	374301	215381	751810	508114	656792
1210129	239702	35824	989660	1177610	717277	2501746	1583278	1211734
1661489	353245	320998	2002736	2074440	1485215	4565287	4341477	1847365
191954	14831	10315	149178	147527	483743	640453	479569	198515
373738	92690	20262	323250	421245	226731	568865	350460	451048
2665554	2498206	273774	7391569	2216664	1516266	9798350	6470329	2664077
897312	627254	158944	1265695	558997	411428	1881835	1160130	788639
1386671	307964	47342	1058759	1695322	836372	2360671	2523067	1373362
1802251	278620	43267	1783240	1092923	649919	3222358	2078388	2134937
1233568	510327	91426	2117080	753824	370584	2869508	1592538	1192821
139448	35196	6959	136010	53334	36060	213380	101609	141458
80662	24809	30883	162150	91354	43995	292752	94322	78005
147630	33575	5180	85042	424398	200789	305196	283507	149923
17269	17771	2108	27807	8074	6593	36955	23680	17908
22850	4075	2141	21401	15442	10907	36696	23168	25801
10539877	946281	118183	4327915	18374247	10156157	17093488	12622106	11424050
9497211	921942	115793	3689495	17737232	9821675	15966370	11959614	10320896
951368	12102	1993	200571	296565	204087	411885	204550	1005991
91299	12237	397	437849	340450	130395	715233	457942	97162

12-6 续表2

单位：万元

类　别	Category	主营业务成　本 Cost of Principal Business	主营业务税金及附加 Taxes and Other Charges on Principal Business	销售费用 Selling Expenses
总　计	**Total**	**65304930**	**5882832**	**2104747**
#亏损企业	#Loss-making Enterprises	20778539	605736	260683
#国有及国有控股企业	#State-owned and State-holding Enterprises	45693420	5678234	934167
#大型	#Large-sized Enterprises	45576337	5671336	1238831
按登记注册类型分	**Grouped by Status of Registration**			
内资企业	Domestic Funded	57202129	5769857	1190285
国有企业	State-owned Enterprises	7973480	354576	54515
#中央企业	#Central Industry	6141101	323881	41588
集体企业	Collective-owned Enterprises	393979	7416	2856
股份合作企业	Cooperative Enterprises			
联营企业	Joint Ownership Enterprises			
有限责任公司	Limited Liability Corporations	32887077	4309813	684264
国有独资公司	Sole State-funded Corporations	6879116	34445	43194
其他有限责任公司	Other Limited Liability Corporations	26007961	4275368	641070
股份有限公司	Share Holding Enterprises	11186186	1058235	301674
私营企业	Private Enterprises	4710379	39813	145732
私营独资企业	Private-funded Enterprises	100964	4124	3903
私营合伙企业	Private Partnership			
私营有限责任公司	Private Limited Liability Corporations	4328945	34298	122768
私营股份有限公司	Private Share-holding Enterprises	280470	1391	19062
其他企业	Other Enterprises	51028	4	1245
港、澳、台商投资企业	Proprietorship from Hong Kong, Macao and Taiwan	1909373	23491	123968
外商投资企业	Foreign Funded Enterprises	6193428	89484	790494
按经济组织类型分	**Grouped by Medium-sized Enterprises**			
独资企业	Proprietorship	11284398	414959	336432
国有企业	State-owned Enterprises	7973480	354576	54515
集体企业	Collective-owned Enterprises	393979	7416	2856
私营独资企业	Private-funded Enterprises	100964	4124	3903
港澳台商独资经营企业	Proprietorship from Hong Kong, Macao and Taiwan	585209	1300	18926
外资企业	Foreign Funded Enterprises	2230766	47543	256231
合作、合伙企业	Cooperative Enterprises and Partnership	880773	19784	30292
股份合作企业	Cooperative Enterprises			
国有联营企业	State Joint Ownership Enterprises			
集体联营企业	Collective Joint Ownership Enterprises			
国有与集体联营企业	State and Collective Joint Ownership Enterprises			
其他联营企业	Other Joint Ownership Enterprises			
私营合伙企业	Private Partnership			
港或澳、台资合作经营企业	Cooperative Enterprises with Funds from Hong Kong, Macao and Taiwan	768662	14213	421
中外合作经营企业	Sino-foreign Cooperative Enterprises	37877	192	1130
其他企业(内资)	Other Enterprises (Domestic Funded)	51028	4	1245
股份有限公司	Share Holding Enterprises	11853425	1069212	382340
股份有限公司(内资)	Share Holding Enterprises (Domestic Funded)	11186186	1058235	301674
私营股份有限公司	Private Share Holding Enterprises	280470	1391	19062
港澳台商投资股份有限公司	Share Holding Enterprises with Funds from Hong Kong, Macao and Taiwan			
外商投资股份有限公司	Foreign Funded Share Holding Enterprises	386769	9586	61605
有限责任公司	Limited Liability Corporations	41286334	4378878	1355684
国有独资公司	Sole State-funded Corporations	6879116	34445	43194
私营有限责任公司	Private Limited Liability Corporations	4328945	34298	122768
港澳台合资经营企业	Joint Venture Enterprises of Hong Kong, Macao and Taiwan	532297	2603	77125
中外合资经营企业	Sino-foreign Cooperative joint venture Enterprises	3538015	32163	471528
其他有限责任公司	Other Limited Liability Corporations	26007961	4275368	641070

CONTINUED

(10000 yuan)

管理费用 Overhead Expenses	财务费用 Financial Expenses	利息支出 Expenditure for Interests	利润总额 Total Profits	亏损企业亏损额 Total Losses Made by Enterprises -in-red	利税总额 Total Profits	应交增值税 Value-added Tax Payable	从业人员平均人数(人) Average Employed Persons (person)
4778869	**1076585**	**1396879**	**7629698**	**2048449**	**18157956**	**4627244**	**964644**
1236800	547269	542094	-2048449	2048449	-626462	802013	423220
3596894	696473	1041914	6205666	1546907	15838915	3937359	674199
3571690	669677	1000548	6123196	1638025	15679314	3868324	669352
4135760	958970	1253142	7018702	1940530	17091942	4286154	870169
329132	79366	82080	63966	152464	799684	380696	76566
241144	51151	53813	-29872	110895	610325	316171	44764
26968	939	1022	2520	13791	31370	21261	12980
2709215	565252	860673	6572453	1238910	14078001	3184658	565999
376449	195625	195542	-311688	392221	24625	295108	177896
2332765	369627	665130	6884141	846689	14053377	2889550	388103
832650	237680	239910	27838	427523	1628786	537184	135137
236449	74544	68310	352486	107060	554633	162330	78635
12475	640	739	11139	3190	19459	4196	4727
192884	54360	50193	339780	78345	516508	142427	66713
31091	19544	17378	1567	25525	18666	15708	7195
1347	1189	1148	-561	783	-532	25	852
205057	24196	27881	214609	33316	296921	57871	21036
438053	93419	115856	396387	74603	769093	283219	73439
541143	118761	125775	263533	242677	1172529	493418	124559
329132	79366	82080	63966	152464	799684	380696	76566
26968	939	1022	2520	13791	31370	21261	12980
12475	640	739	11139	3190	19459	4196	4727
38056	16508	19160	49718	7525	60321	9302	6122
134512	21308	22775	136190	65708	261695	77963	24164
127000	4100	4626	107174	783	153319	26361	3898
114268	2630	2630	98003		134043	21828	901
3201	921	848	4928		5768	648	1455
1347	1189	1148	-561	783	-532	25	852
885173	263407	263741	47328	453552	1693780	571711	149516
832650	237680	239910	27838	427523	1628786	537184	135137
31091	19544	17378	1567	25525	18666	15708	7195
21433	6183	6452	17923	504	46328	18819	7184
3225554	690318	1002737	7211663	1351437	15138329	3535754	686671
376449	195625	195542	-311688	392221	24625	295108	177896
192884	54360	50193	339780	78345	516508	142427	66713
44549	5698	6090	62084	25791	88518	22881	13323
278907	65007	85781	237346	8391	455301	185789	40636
2332765	369627	665130	6884141	846689	14053377	2889550	388103

12-6 续表3

单位：万元

类　别	Category	主营业务成　本 Cost of Principal Business	主营业务税金及附加 Taxes and Other Charges on Principal Business	销售费用 Selling Expenses
按轻重工业分	**Grouped by Light and Heavy Industry**			
轻工业	Light Industry	18913899	655554	1349971
重工业	Heavy Industry	46391031	5227278	754776
按行业分	**Grouped by Industry**			
采矿业	Mining and Quarrying	10460351	3764080	146305
煤炭开采和洗选业	Mining and Washing of Coal	2676690	43450	22827
石油和天然气开采业	Extraction of Petroleum and Natural Gas	6152520	3652675	110160
黑色金属矿采选业	Mining and Processing of Ferrous Metals Ores	217955	1956	5499
有色金属矿采选业	Mining and Processing of Non-ferrous Metal Ores	109539	8390	3962
非金属矿采选业	Mining and Processing of Nonmetal Ores	11883	207	2906
开采辅助活动	Mining Auxiliary Activities	1291765	57403	952
其他采矿业	Mining of Other Ores			
制造业	Manufacturing	43911542	2069566	1884926
农副食品加工业	Processing of Food from Agricultural Products	10894644	101351	221669
食品制造业	Manufacture of Foods	2553239	15189	467058
酒、饮料和精制茶制造业	Manufacture of Wine, soft drinks and refined tea	1119414	71787	145169
烟草制品业	Manufacture of Tobacco	403839	431362	11919
纺织业	Manufacture of Textile	565877	1135	11732
纺织服装、服饰业	Manufacture of Textile and Apparel	118036	50	779
皮革、毛皮、羽毛及其制品和制鞋业	Manufacture of Leather, Furs, Feather and Related Products and Footwear			
木材加工及木、竹、藤、棕、草制品业	Processing of Timber, Manufacture of Wood, Bamboo, Rattan, Palm and Straw Products	722446	4236	36809
家具制造业	Manufacture of Furniture	157698	840	9283
造纸及纸制品业	Manufacture of Paper and Paper Products	326874	1603	23021
印刷和记录媒介复制业	Manufacture of Printing and Record Medium Reproduction	30104	54	967
文教、工美、体育和娱乐用品制造业	Manufacture of Articles for Culture, Education and Sports Activities	145445	965	4108
石油加工、炼焦及核燃料加工业	Processing of Petoleum, Coking, Processing of Nuclear Fuel	11611981	1330791	110764
化学原料及化学制品制造业	Manufacture of Raw Chemical Materials and Chemical Products	2372287	22618	25440
医药制造业	Manufacture of Medicines	1791486	23181	418700
化学纤维制造业	Manufacture of Chemical Fibers			
橡胶和塑料制品业	Manufacture of Rubber and Plastics	566991	1037	14676
非金属矿物制品业	Manufacture of Non-metallic Mineral Products	900242	10485	34347
黑色金属冶炼及压延加工业	Smelting and Pressing of Ferrous Metals	1765034	2041	62449
有色金属冶炼及压延加工业	Smelting and Pressing of Non-ferrous Metals	164529	918	6125
金属制品业	Manufacture of Metal Products	385730	1138	4332
通用设备制造业	Manufacture of General Purpose Machinery	2332057	12789	84708
专用设备制造业	Manufacture of Special Purpose Machinery	604161	4112	54835
汽车制造业	Manufacture of Automotive	1238190	17783	24074
铁路、船舶、航空航天和其他运输设备制造业	Manufacture of Railroad, Marine, Aerospace and Other Transportation Equipment	1858869	5076	36921
电气机械及器材制造业	Manufacture of Electrical Machinery and Equipment	955880	5530	56127
计算机、通信和其他电子设备制造业	Manufacture of Computers, Communication and Other Electronic Equipment	104163	811	5277
仪器仪表制造业	Manufacture of Measuring Instruments	58088	620	7942
其他制造业	Other Manufacturing	128005	1954	5260
废弃资源综合利用业	Comprehensive Utilization of Waste Resources Industry	12975	62	125
金属制品、机械和设备修理业	Metal Products, Machinery and Equipment Repair Industry	23261	51	308
电力、热力、燃气及水的生产和供应业	Production and Supply of Electric Power, heat, Gas and Water	10933036	49185	73516
电力、热力的生产和供应业	Production and Supply of Electric Power and Heat Power	9919833	47447	23145
燃气生产和供应业	Production and Supply of Gas	946532	1005	41813
水的生产和供应业	Production and Supply of Water	66672	733	8558

CONTINUED

(10000 yuan)

管理费用 Overhead Expenses	财务费用 Financial Expenses	利息支出 Expenditure for Interests	利润总额 Total Profits	亏损企业亏损额 Total Losses Made by Enterprises -in-red	利税总额 Total Profits	应交增值税 Value-added Tax Payable	从业人员平均人数(人) Average Employed Persons (person)
960504	185276	245793	1457419	102125	2742262	629108	211877
3818365	891309	1151086	6172279	1946324	15415695	3998136	752767
1871823	73461	336768	6401786	598903	12778853	2603573	362274
391846	123667	137714	-528643	598827	-238066	238941	233400
1302371	-79607	170166	6697696		12617476	2265928	113043
8762	3735	3649	22408		36791	12427	2456
14360	18969	17702	17857	76	38357	12109	1848
2638	97	98	1083		3010	1720	1079
151847	6599	7439	191386		321285	72449	10448
2679176	684228	735203	1203020	1269529	4755557	1482167	485108
208710	108451	146798	349193	59688	535280	84734	60743
109074	9810	14803	439857	1038	582228	127182	26704
88733	11268	13951	94591	11144	217424	51046	16476
80144	-1736	184	102475		649451	115614	5528
18754	3887	3636	37754	1083	59983	21094	25315
1138	8	9	8469		9236	717	1448
39168	4403	4331	54403	1187	89373	30668	11072
19406	2945	2302	7710	754	16859	8309	8218
22728	12817	12879	18280	13993	33411	13529	5913
3409	-39		1553		2030	423	1145
3860	883	911	14449	42	20325	4911	3562
528988	135533	132965	-346451	422699	1401626	417257	50415
108074	32619	32738	151935	67986	257140	82456	22939
300059	8076	19285	321182	1211	526411	182046	37890
38622	11945	14511	29470	13287	45564	15056	8051
87608	55605	52224	161420	17013	229305	57234	18514
65476	92371	69313	-175780	182853	-156529	17210	21623
30917	8288	8191	-9205	9205	-7404	883	6060
49704	6444	4737	7315	15015	17754	9261	13225
265753	77395	85700	-67122	162603	34563	88814	45870
106448	18853	18647	-9607	74385	17950	23372	18193
131537	31595	43296	-114601	183900	-67239	29551	16558
212856	29979	32156	44190	9066	87792	38395	27953
103267	13149	14182	61587	8162	111571	44455	19193
12802	2371	2086	20318		28704	7575	2750
17734	5270	3326	-2542	3426	2784	4692	3830
20243	993	998	-2941	9106	3777	4743	4923
657	883	878	5801		6376	513	294
3309	164	164	-685	685	-188	429	703
227870	318896	324908	24892	180017	623547	541504	117262
180669	314157	315120	3996	172703	587209	529339	106307
19945	-4189	691	21723	4150	32060	7948	4830
27256	8928	9097	-827	3164	4279	4217	6125

12-7 国有及国有控股工业企业主要经济指标(2014年)

单位：万元

类　别	Category	单位数（个）Number of Enterprises (unit)	#亏损企业 Loss-making Enterprises	工　业总产值 Gross Industrial Output Value
总　计	**Total**	**457**	**172**	**63255643**
#亏损企业	#Loss-making Enterprises	172	172	18218514
#大中型企业	#Large and Medium-sized Enterprises	198	80	60343504
按轻重工业分	**Grouped by Light and Heavy Industry**			
轻工业	Light Industry	85	25	8397761
重工业	Heavy Industry	372	147	54857881
按行业分	**Grouped by Industry**			
采矿业	Mining and Quarrying	26	13	21296870
煤炭开采和洗选业	Mining and Washing of Coal	14	11	2306170
石油和天然气开采业	Extraction of Petroleum and Natural Gas	2		18350842
黑色金属矿采选业	Mining and Processing of Ferrous Metals Ores			
有色金属矿采选业	Mining and Processing of Non-ferrous Metal Ores	3	1	32354
非金属矿采选业	Mining and Processing of Nonmetal Ores	3	1	9915
开采辅助活动	Mining Auxiliary Activities	4		597590
其他采矿业	Mining of Other Ores			
制造业	Manufacturing	246	78	30302196
农副食品加工业	Processing of Food from Agricultural Products	25	7	4677826
食品制造业	Manufacture of Foods	12	3	858900
酒、饮料和精制茶制造业	Manufacture of Wine, soft drinks and refined tea	6	3	123192
烟草制品业	Manufacture of Tobacco	2		983367
纺织业	Manufacture of Textile	2	1	619
纺织服装、服饰业	Manufacture of Textile and Apparel			
皮革、毛皮、羽毛及其制品和制鞋业	Manufacture of Leather, Furs, Feather and Related Products and Footwear	1		15131
木材加工及木、竹、藤、棕、草制品业	Processing of Timber, Manufacture of Wood, Bamboo, Rattan, Palm and Straw Products	9	2	31893
家具制造业	Manufacture of Furniture	1		2214
造纸及纸制品业	Manufacture of Paper and Paper Products	1		158512
印刷和记录媒介复制业	Manufacture of Printing and Record Medium Reproduction	8	1	50576
文教、工美、体育和娱乐用品制造业	Manufacture of Articles for Culture, Education and Sports Activities	1		5084
石油加工、炼焦及核燃料加工业	Processing of Petoleum, Coking, Processing of Nuclear Fuel	9	3	12121017
化学原料及化学制品制造业	Manufacture of Raw Chemical Materials and Chemical Products	17	8	1674437
医药制造业	Manufacture of Medicines	10	2	1243954
化学纤维制造业	Manufacture of Chemical Fibers			
橡胶和塑料制品业	Manufacture of Rubber and Plastics	5	1	52416
非金属矿物制品业	Manufacture of Non-metallic Mineral Products	38	14	820778
黑色金属冶炼及压延加工业	Smelting and Pressing of Ferrous Metals	3	1	343342
有色金属冶炼及压延加工业	Smelting and Pressing of Non-ferrous Metals	4	2	204776
金属制品业	Manufacture of Metal Products	8	4	209889
通用设备制造业	Manufacture of General Purpose Machinery	27	8	2662497
专用设备制造业	Manufacture of Special Purpose Machinery	12	5	265924
汽车制造业	Manufacture of Automotive	10	5	723023
铁路、船舶、航空航天和其他运输设备制造业	Manufacture of Railroad, Marine, Aerospace and Other Transportation Equipment	15	3	1944402
电气机械及器材制造业	Manufacture of Electrical Machinery and Equipment	12	3	846949
计算机、通信和其他电子设备制造业	Manufacture of Computers, Communication and Other Electronic Equipment	2		26177
仪器仪表制造业	Manufacture of Measuring Instruments	2	1	74910
其他制造业	Other Manufacturing	3	1	161625
废弃资源综合利用业	Comprehensive Utilization of Waste Resources Industry	1		18766
金属制品、机械和设备修理业	Metal Products, Machinery and Equipment Repair Industry			
电力、热力、燃气及水的生产和供应业	Production and Supply of Electric Power, heat, Gas and Water	185	81	11656576
电力、热力的生产和供应业	Production and Supply of Electric Power and Heat Power	170	72	10631585
燃气生产和供应业	Production and Supply of Gas	3	1	902882
水的生产和供应业	Production and Supply of Water	12	8	122109

MAJOR INDICATORS OF STATE-OWNED AND STATE-HOLDING INDUSTRIAL ENTERPRISES (2014)

(10000 yuan)

工业销售产值 Sale Output Value of Industry	应收帐款 Receivables	产成品 Finished Goods	流动资产合计 Total Working Capitals	固定资产原价 Original Value of Fixed Assets	固定资产合计 Total of Fixed Assets	资产合计 Total Assets	负债合计 Total Liabilities	主营业务收入 Revenue from Principal Business
62040152	**6293713**	**2272282**	**35408333**	**93772421**	**47798644**	**94894086**	**53808159**	**65554357**
17876308	1705387	539019	7970721	25527942	14300002	26360066	21373403	19063475
59137730	5679559	2146406	33059310	87538895	42980527	86362463	48493199	62642514
8425347	788373	816797	6938323	4220409	2408672	10059397	6943680	10155803
53614805	5505340	1455485	28470011	89552011	45389972	84834689	46864479	55398554
20859150	387830	344156	8137455	52058987	23655295	35973675	12736510	21018580
2207665	281951	90901	1556733	5788846	3125525	5805481	5085367	2243459
18013369	72251	250636	6389124	41306785	19324083	28656611	6967639	18149427
30364	1588	1683	19879	361001	444168	470932	450994	31699
10162	1032	506	8859	3747	2637	11594	9012	10162
597590	31008	429	162860	4598608	758882	1029058	223498	583833
29765456	4804938	1813369	22278736	19052170	10512055	36788858	25428309	32260779
4874153	85164	615239	3825382	1014322	779839	4786379	4139330	5791575
852581	92724	46414	366551	527962	239885	675721	517705	914215
113560	4668	8191	37917	81634	54358	107839	89331	111377
972482	141130	4346	485445	413370	240209	838356	127361	971618
594	1163	250	4155	375	375	4530	3899	6348
15131	339		833	2	1	851	697	15131
28456	5508	16708	35943	53726	39383	76367	55252	28521
2214		237	2358	2157	2525	4883	2525	2214
151270	38573	15339	173509	262695	122307	322016	141936	155018
48049	13589	3395	78908	73398	28444	112810	55315	47131
5314	1642	1607	7791	5095	5635	13426	4723	4081
11941159	64651	255436	975123	7007011	3099084	4194568	2694419	12196005
1654513	40941	29672	697148	1350152	779331	1647853	972797	1675057
1107708	344201	106496	1360971	976647	528305	2058222	1044223	1847661
58319	8272	12060	39090	34013	11536	55205	31595	55077
763819	139383	41010	689341	830401	574870	1631738	1066950	755612
337159	73780	168007	907806	401070	262511	1695608	1537825	527385
203414	23371	11479	163847	152519	485845	657311	490139	210033
202757	47029	16884	221749	311553	191854	430718	265619	207143
2524985	2488388	196860	7193410	1958775	1374042	9434362	6317844	2523981
258228	235791	70730	463101	227902	143367	638355	474720	243094
717996	104228	50262	696697	1176519	355996	1265635	1653795	723059
1763770	303897	39229	1795450	1149906	681662	3266957	2031647	2099353
891870	446784	62053	1750693	506311	251962	2194586	1305870	875453
27910	13303	654	27178	12562	9564	42715	10389	25674
70150	17013	30883	141854	89032	41673	263723	75728	67493
160628	51637	7822	108680	424988	200902	331171	292996	163565
17269	17771	2108	27807	8074	6593	36955	23680	17908
11415546	1100945	114757	4992143	22661264	13631294	22131552	15643340	12274997
10390580	1068661	114296	4215350	21958592	13226536	20615569	14650915	11190493
902882	10111	61	185328	246830	176545	363809	184306	956713
122084	22173	400	591465	455841	228213	1152174	808120	127792

12-7 续表

单位：万元

类　别	Category	主营业务成　本 Cost of Principal Business	主营业务税金及附加 Taxes and Other Charges on Principal Business	销售费用 Selling Expenses
总　计	**Total**	**48185874**	**5695276**	**991327**
#亏损企业	#Loss-making Enterprises	18494599	576955	143607
#大中型企业	#Large and Medium-sized Enterprises	45693420	5678234	934167
按轻重工业分	**Grouped by Light and Heavy Industry**			
轻工业	Light Industry	8490945	541252	456236
重工业	Heavy Industry	39694929	5154024	535091
按行业分	**Grouped by Industry**			
采矿业	Mining and Quarrying	9089707	3730157	129603
煤炭开采和洗选业	Mining and Washing of Coal	2410508	34267	13712
石油和天然气开采业	Extraction of Petroleum and Natural Gas	6256442	3653358	114890
黑色金属矿采选业	Mining and Processing of Ferrous Metals Ores			
有色金属矿采选业	Mining and Processing of Non-ferrous Metal Ores	28655	2314	217
非金属矿采选业	Mining and Processing of Nonmetal Ores	8564	150	253
开采辅助活动	Mining Auxiliary Activities	385539	40069	531
其他采矿业	Mining of Other Ores			
制造业	Manufacturing	27473370	1912284	789177
农副食品加工业	Processing of Food from Agricultural Products	5548389	86263	71208
食品制造业	Manufacture of Foods	749053	2644	89865
酒、饮料和精制茶制造业	Manufacture of Wine, soft drinks and refined tea	105155	4924	1577
烟草制品业	Manufacture of Tobacco	366913	430934	8160
纺织业	Manufacture of Textile	5940	10	234
纺织服装、服饰业	Manufacture of Textile and Apparel			
皮革、毛皮、羽毛及其制品和制鞋业	Manufacture of Leather, Furs, Feather and Related Products and Footwear	15079	11	
木材加工及木、竹、藤、棕、草制品业	Processing of Timber,Manufacture of Wood,Bamboo,Rattan,Palm and Straw Products	26495	24	195
家具制造业	Manufacture of Furniture	1880	17	90
造纸及纸制品业	Manufacture of Paper and Paper Products	108007	1047	12161
印刷和记录媒介复制业	Manufacture of Printing and Record Medium Reproduction	35924	178	468
文教、工美、体育和娱乐用品制造业	Manufacture of Articles for Culture,Education and Sports Activities	2989	51	180
石油加工、炼焦及核燃料加工业	Processing of Petoleum,Coking,Processing of Nuclear Fuel	10434108	1319491	51059
化学原料及化学制品制造业	Manufacture of Raw Chemical Materials and Chemical Products	1464369	9367	20099
医药制造业	Manufacture of Medicines	1324251	12178	256793
化学纤维制造业	Manufacture of Chemical Fibers			
橡胶和塑料制品业	Manufacture of Rubber and Plastics	43543	517	3058
非金属矿物制品业	Manufacture of Non-metallic Mineral Products	561240	6986	29054
黑色金属冶炼及压延加工业	Smelting and Pressing of Ferrous Metals	471228	232	29155
有色金属冶炼及压延加工业	Smelting and Pressing of Non-ferrous Metals	173862	938	6413
金属制品业	Manufacture of Metal Products	190050	587	3705
通用设备制造业	Manufacture of General Purpose Machinery	2225144	11275	71864
专用设备制造业	Manufacture of Special Purpose Machinery	197036	1616	21961
汽车制造业	Manufacture of Automotive	680992	10638	20822
铁路、船舶、航空航天和其他运输设备制造业	Manufacture of Railroad, Marine, Aerospace and Other Transportation Equipment	1819570	5012	37320
电气机械及器材制造业	Manufacture of Electrical Machinery and Equipment	704395	4571	39859
计算机、通信和其他电子设备制造业	Manufacture of Computers,Communication and Other Electronic Equipment	17482	115	976
仪器仪表制造业	Manufacture of Measuring Instruments	49245	544	7304
其他制造业	Other Manufacturing	138060	2054	5477
废弃资源综合利用业	Comprehensive Utilization of Waste Resources Industry	12975	62	125
金属制品、机械和设备修理业	Metal Products, Machinery and Equipment Repair Industry			
电力、热力、燃气及水的生产和供应业	Production and Supply of Electric Power,heat,Gas and Water	11622797	52835	72548
电力、热力的生产和供应业	Production and Supply of Electric Power and Heat Power	10631536	51365	26549
燃气生产和供应业	Production and Supply of Gas	903088	700	38666
水的生产和供应业	Production and Supply of Water	88174	771	7333

CONTINUED

(10000 yuan)

管理费用 Overhead Expenses	财务费用 Financial Expenses	利息支出 Expenditure for Interests	利润总额 Total Profits	亏损企业亏损额 Total Losses Made by Enterprises -in-red	利税总额 Total Profits	应交增值税 Value-added Tax Payable	从业人员平均人数(人) Average Employed Persons (person)
3756991	**878095**	**1199871**	**6324800**	**1639005**	**16062764**	**4024836**	**707601**
1083550	461537	474302	-1639005	1639005	-293735	754176	371642
3596894	696473	1041914	6205666	1546907	15838915	3937359	674199
459875	62914	117991	240134	77940	1059208	277756	71605
3297116	815182	1081880	6084666	1561065	15003556	3747080	635996
1667733	28580	294996	6256640	552132	12519743	2523567	330995
336530	95712	112043	-535079	548862	-293706	198928	211084
1307083	-79607	170166	6709075		12640390	2276780	113171
3464	11302	10767	-2722	2995	-407		498
744	49	49	397	276	1126	579	351
19911	1124	1972	84969		172341	47281	5891
1841150	390707	462304	-25757	873136	2815716	928690	256162
75744	43147	88414	30731	43248	130382	13388	13381
28908	6861	6408	38132	13376	69919	29143	10252
6890	1890	1676	-2691	5915	3686	1453	1381
74895	-1922		94288		637547	112325	5121
284	-0.6		-120	120	-5	104	316
15			26		58	22	51
2742	181	115	14	1145	624	520	1276
167	12	12	49		66		202
10842	6584	6581	17661		29166	10458	2401
6864	441	402	3572	586	5321	1571	1977
894	-14		332		677	293	199
492861	89633	91996	-242978	316739	1456199	379657	38699
87242	31048	32328	47355	65308	96265	39539	14155
200420	-2670	5471	59812	1232	170516	98525	24100
6676	740	720	779	1106	5194	3897	1895
62759	27829	26429	103397	18463	152580	42188	10933
18890	22475	22463	-920	1353	282	970	6098
32130	8486	8398	-8687	9205	-6700	1049	6308
34436	5052	3330	-13408	15015	-9186	3606	10987
238576	76054	83746	-69681	153718	19778	78062	38737
27303	9683	8941	-14732	18309	-4362	8681	7580
98928	25197	34722	-150536	181888	-122120	17749	13378
204571	30991	31033	46242	7382	87200	35843	24830
83924	2036	4236	31001	6494	74593	39021	12846
5676	111	103	2474		3583	994	269
17010	4789	2686	-3190	3426	1608	4242	3538
20847	1195	1218	-480	9106	6472	4877	4958
657	883	878	5801		6376	513	294
248108	458808	442571	93918	213737	727305	572579	120444
200065	445263	424116	75074	204465	695321	562338	109875
15337	-4531	372	24291	1582	32301	5926	3900
32706	18076	18083	-5447	7690	-318	4315	6669

12-8 集体工业企业主要经济指标(2014年)

单位：万元

类　别	Category	单位数（个）Number of Enterprises (unit)	#亏损企业 Loss-making Enterprises	工业总产值 Gross Industrial Output Value
总　计	**Total**	**49**	**22**	**682672**
#亏损企业	#Loss-making Enterprises	22	22	266597
#大中型企业	#Large and Medium-sized Enterprises	18	11	464665
按轻重工业分	**Grouped by Light and Heavy Industry**			
轻工业	Light Industry	7	1	90280
重工业	Heavy Industry	42	21	592392
按行业分	**Grouped by Industry**			
采矿业	Mining and Quarrying	11	3	48031
煤炭开采和洗选业	Mining and Washing of Coal	6	3	7771
石油和天然气开采业	Extraction of Petroleum and Natural Gas			
黑色金属矿采选业	Mining and Processing of Ferrous Metals Ores			
有色金属矿采选业	Mining and Processing of Non-ferrous Metal Ores			
非金属矿采选业	Mining and Processing of Nonmetal Ores	2		7406
开采辅助活动	Mining Auxiliary Activities	3		32854
其他采矿业	Mining of Other Ores			
制造业	Manufacturing	36	18	617646
农副食品加工业	Processing of Food from Agricultural Products			
食品制造业	Manufacture of Foods	1		36786
酒、饮料和精制茶制造业	Manufacture of Wine, soft drinks and refined tea			
烟草制品业	Manufacture of Tobacco	1		29000
纺织业	Manufacture of Textile			
纺织服装、服饰业	Manufacture of Textile and Apparel			
皮革、毛皮、羽毛及其制品和制鞋业	Manufacture of Leather, Furs, Feather and Related Products and Footwear			
木材加工及木、竹、藤、棕、草制品业	Processing of Timber, Manufacture of Wood, Bamboo, Rattan, Palm and Straw Products			
家具制造业	Manufacture of Furniture			
造纸及纸制品业	Manufacture of Paper and Paper Products	5	1	24494
印刷和记录媒介复制业	Manufacture of Printing and Record Medium Reproduction			
文教、工美、体育和娱乐用品制造业	Manufacture of Articles for Culture, Education and Sports Activities			
石油加工、炼焦及核燃料加工业	Processing of Petoleum, Coking, Processing of Nuclear Fuel			
化学原料及化学制品制造业	Manufacture of Raw Chemical Materials and Chemical Products	8	3	302691
医药制造业	Manufacture of Medicines			
化学纤维制造业	Manufacture of Chemical Fibers			
橡胶和塑料制品业	Manufacture of Rubber and Plastics	1		3096
非金属矿物制品业	Manufacture of Non-metallic Mineral Products	2		13879
黑色金属冶炼及压延加工业	Smelting and Pressing of Ferrous Metals	1	1	11631
有色金属冶炼及压延加工业	Smelting and Pressing of Non-ferrous Metals	1		15287
金属制品业	Manufacture of Metal Products	2	2	31461
通用设备制造业	Manufacture of General Purpose Machinery	7	6	25084
专用设备制造业	Manufacture of Special Purpose Machinery	1		2816
汽车制造业	Manufacture of Automotive	1	1	17629
铁路、船舶、航空航天和其他运输设备制造业	Manufacture of Railroad, Marine, Aerospace and Other Transportation Equipment	2	2	58136
电气机械及器材制造业	Manufacture of Electrical Machinery and Equipment	1	1	12760
计算机、通信和其他电子设备制造业	Manufacture of Computers, Communication and Other Electronic Equipment			
仪器仪表制造业	Manufacture of Measuring Instruments			
其他制造业	Other Manufacturing			
废弃资源综合利用业	Comprehensive Utilization of Waste Resources Industry			
金属制品、机械和设备修理业	Metal Products, Machinery and Equipment Repair Industry	2	1	32895
电力、热力、燃气及水的生产和供应业	Production and Supply of Electric Power, heat, Gas and Water	2	1	16996
电力、热力的生产和供应业	Production and Supply of Electric Power and Heat Power	2	1	16996
燃气生产和供应业	Production and Supply of Gas			
水的生产和供应业	Production and Supply of Water			

MAJOR INDICATORS OF COLLECTIVE-OWNED INDUSTRIAL ENTERPRISES (2014)

(10000 yuan)

工业销售产值 Sale Output Value of Industry	应收帐款 Receivables	产成品 Finished Goods	流动资产合计 Total Working Capitals	固定资产原价 Original Value of Fixed Assets	固定资产合计 Total of Fixed Assets	资产合计 Total Assets	负债合计 Total Liabilities	主营业务收入 Revenue from Principal Business
679531	**190850**	**19189**	**504803**	**292111**	**143565**	**673551**	**573188**	**655857**
266929	67891	7200	180875	105975	49040	241173	252529	241065
461976	151842	16315	346371	193685	81785	449297	394246	438382
89793	22340	1584	57868	27784	14510	72378	17643	89961
589738	168510	17605	446935	264327	129055	601173	555546	565896
48668	15011	1055	64591	69719	33467	110000	118364	52631
8407	3615	680	30105	17178	13868	47645	26510	8324
7406	230	52	846	4898	3888	4734	874	7406
32854	11166	324	33641	47643	15712	57621	90981	36900
613868	175689	18134	436963	205930	102147	552164	444848	586231
36733	16945	553	44541	16444	7614	52155	8524	36733
28097	346	66	1800	3327	2106	3906	403	28097
24964	5049	965	11527	8013	4790	16317	8716	25132
299199	110220	8813	248041	98091	45795	296484	233741	298303
3146	477	99	2898	2488	1608	4527	2469	2979
13879	490	210	2061	3804	3009	5070	911	13879
11631	461		6468	6878	3363	9832	13342	11548
15287	123		402	1632	1437	1876	710	15260
31461	6476		8474	4352	4231	12705	10796	16278
25370	8440	6594	41499	22425	10584	55114	72396	23060
1820	634		3134	274	52	3456	3191	2010
17629	5940		8595			8595	23151	3899
58999	8698	24	15168	9522	4878	23228	19880	63588
12760	618		2745	1411	563	3307	2830	12760
32895	10774	811	39612	27269	12116	55593	43787	32707
16996	149		3248	16462	7951	11387	9976	16996
16996	149		3248	16462	7951	11387	9976	16996

12-8 续表

单位：万元

类　别	Category	主营业务成本 Cost of Principal Business	主营业务税金及附加 Taxes and Other Charges on Principal Business	销售费用 Selling Expenses
总　计	**Total**	**584675**	**9566**	**5148**
#亏损企业	#Loss-making Enterprises	235437	1257	1506
#大中型企业	#Large and Medium-sized Enterprises	393979	7416	2856
按轻重工业分	**Grouped by Light and Heavy Industry**			
轻工业	Light Industry	80763	139	1573
重工业	Heavy Industry	503912	9427	3575
按行业分	**Grouped by Industry**			
采矿业	Mining and Quarrying	38784	632	217
煤炭开采和洗选业	Mining and Washing of Coal	7272	114	20
石油和天然气开采业	Extraction of Petroleum and Natural Gas			
黑色金属矿采选业	Mining and Processing of Ferrous Metals Ores			
有色金属矿采选业	Mining and Processing of Non-ferrous Metal Ores			
非金属矿采选业	Mining and Processing of Nonmetal Ores	5392	22	197
开采辅助活动	Mining Auxiliary Activities	26120	496	
其他采矿业	Mining of Other Ores			
制造业	Manufacturing	533038	8888	4931
农副食品加工业	Processing of Food from Agricultural Products			
食品制造业	Manufacture of Foods	33006		253
酒、饮料和精制茶制造业	Manufacture of Wine, soft drinks and refined tea			
烟草制品业	Manufacture of Tobacco	25134		922
纺织业	Manufacture of Textile			
纺织服装、服饰业	Manufacture of Textile and Apparel			
皮革、毛皮、羽毛及其制品和制鞋业	Manufacture of Leather, Furs, Feather and Related Products and Footwear			
木材加工及木、竹、藤、棕、草制品业	Processing of Timber, Manufacture of Wood, Bamboo, Rattan, Palm and Straw Products			
家具制造业	Manufacture of Furniture			
造纸及纸制品业	Manufacture of Paper and Paper Products	22623	139	397
印刷和记录媒介复制业	Manufacture of Printing and Record Medium Reproduction			
文教、工美、体育和娱乐用品制造业	Manufacture of Articles for Culture, Education and Sports Activities			
石油加工、炼焦及核燃料加工业	Processing of Petoleum, Coking, Processing of Nuclear Fuel			
化学原料及化学制品制造业	Manufacture of Raw Chemical Materials and Chemical Products	261325	6614	2757
医药制造业	Manufacture of Medicines			
化学纤维制造业	Manufacture of Chemical Fibers			
橡胶和塑料制品业	Manufacture of Rubber and Plastics	2680	22	27
非金属矿物制品业	Manufacture of Non-metallic Mineral Products	10511	1234	361
黑色金属冶炼及压延加工业	Smelting and Pressing of Ferrous Metals	12284	96	
有色金属冶炼及压延加工业	Smelting and Pressing of Non-ferrous Metals	14536		
金属制品业	Manufacture of Metal Products	16238	0.3	7
通用设备制造业	Manufacture of General Purpose Machinery	22099	148	131
专用设备制造业	Manufacture of Special Purpose Machinery	1820	9	
汽车制造业	Manufacture of Automotive	7117	26	35
铁路、船舶、航空航天和其他运输设备制造业	Manufacture of Railroad, Marine, Aerospace and Other Transportation Equipment	60854	280	35
电气机械及器材制造业	Manufacture of Electrical Machinery and Equipment	12718	5	6
计算机、通信和其他电子设备制造业	Manufacture of Computers, Communication and Other Electronic Equipment			
仪器仪表制造业	Manufacture of Measuring Instruments			
其他制造业	Other Manufacturing			
废弃资源综合利用业	Comprehensive Utilization of Waste Resources Industry			
金属制品、机械和设备修理业	Metal Products, Machinery and Equipment Repair Industry	30094	316	
电力、热力、燃气及水的生产和供应业	Production and Supply of Electric Power, heat, Gas and Water	12853	46	
电力、热力的生产和供应业	Production and Supply of Electric Power and Heat Power	12853	46	
燃气生产和供应业	Production and Supply of Gas			
水的生产和供应业	Production and Supply of Water			

CONTINUED

(10000 yuan)

管理费用 Overhead Expenses	财务费用 Financial Expenses	利息支出 Expenditure for Interests	利润总额 Total Profits	亏损企业亏损额 Total Losses Made by Enterprises -in-red	利税总额 Total Profits	应交增值税 Value-added Tax Payable	从业人员平均人数(人) Average Employed Persons (person)
43478	**1631**	**1776**	**10252**	**15717**	**49291**	**29282**	**15940**
21146	1250	1254	-15717	15717	-5898	8465	8147
26968	939	1022	2520	13791	31370	21261	12980
2152	414	414	4936	211	7658	2583	1309
41327	1217	1362	5316	15507	41633	26700	14631
7501	261	260	5042	417	10569	4869	2618
238	258	257	437	417	1109	559	1022
482			1313		1972	637	105
6782	3	3	3293		7488	3674	1491
32238	1055	1201	5172	15282	38256	24031	13075
279	239	239	2956		3048	92	398
325	41	41	911		1964	1053	217
1548	135	135	1069	211	2646	1438	694
13774	79	294	8392	3308	30059	14922	5582
212	10	11	12		104	54	135
212	25	25	1536		4324	1554	133
840	-1		-1409	1409	-512	801	872
32			692		692		95
154	0.3	0.3	-122	122	-121		84
4111	265	194	-3574	3726	-2260	1166	1147
153	6	6	23		94	62	41
645	255	255	-4178	4178	-4152		302
4976	-1		-1842	1842	465	2027	2802
219	-0.5		-188	188	-183		39
4760	3	1	894	298	2088	862	534
3739	316	316	38	19	466	382	247
3739	316	316	38	19	466	382	247

12-9 按行业分私营工业企业主要指标(2014年)

单位：万元

行　业	Sector
总　计	**Total**
采矿业	Mining and Quarrying
煤炭开采和洗选业	Mining and Washing of Coal
石油和天然气开采业	Extraction of Petroleum and Natural Gas
黑色金属矿采选业	Mining and Processing of Ferrous Metals Ores
有色金属矿采选业	Mining and Processing of Non-ferrous Metal Ores
非金属矿采选业	Mining and Processing of Nonmetal Ores
开采辅助活动	Mining Auxiliary Activities
其他采矿业	Mining of Other Ores
制造业	Manufacturing
农副食品加工业	Processing of Food from Agricultural Products
食品制造业	Manufacture of Foods
酒、饮料和精制茶制造业	Manufacture of Wine, soft drinks and refined tea
烟草制品业	Manufacture of Tobacco
纺织业	Manufacture of Textile
纺织服装、服饰业	Manufacture of Textile and Apparel
皮革、毛皮、羽毛及其制品和制鞋业	Manufacture of Leather, Furs, Feather and Related Products and Footwear
木材加工及木、竹、藤、棕、草制品业	Processing of Timber,Manufacture of Wood,Bamboo,Rattan,Palm and Straw Products
家具制造业	Manufacture of Furniture
造纸及纸制品业	Manufacture of Paper and Paper Products
印刷和记录媒介复制业	Manufacture of Printing and Record Medium Reproduction
文教、工美、体育和娱乐用品制造业	Manufacture of Articles for Culture,Education and Sports Activities
石油加工、炼焦及核燃料加工业	Processing of Petoleum,Coking,Processing of Nuclear Fuel
化学原料及化学制品制造业	Manufacture of Raw Chemical Materials and Chemical Products
医药制造业	Manufacture of Medicines
化学纤维制造业	Manufacture of Chemical Fibers
橡胶和塑料制品业	Manufacture of Rubber and Plastics
非金属矿物制品业	Manufacture of Non-metallic Mineral Products
黑色金属冶炼及压延加工业	Smelting and Pressing of Ferrous Metals
有色金属冶炼及压延加工业	Smelting and Pressing of Non-ferrous Metals
金属制品业	Manufacture of Metal Products
通用设备制造业	Manufacture of General Purpose Machinery
专用设备制造业	Manufacture of Special Purpose Machinery
汽车制造业	Manufacture of Automotive
铁路、船舶、航空航天和其他运输设备制造业	Manufacture of Railroad, Marine, Aerospace and Other Transportation Equipment
电气机械及器材制造业	Manufacture of Electrical Machinery and Equipment
计算机、通信和其他电子设备制造业	Manufacture of Computers,Communication and Other Electronic Equipment
仪器仪表制造业	Manufacture of Measuring Instruments
其他制造业	Other Manufacturing
废弃资源综合利用业	Comprehensive Utilization of Waste Resources Industry
金属制品、机械和设备修理业	Metal Products, Machinery and Equipment Repair Industry
电力、热力、燃气及水的生产和供应业	Production and Supply of Electric Power,heat,Gas and Water
电力、热力的生产和供应业	Production and Supply of Electric Power and Heat Power
燃气生产和供应业	Production and Supply of Gas
水的生产和供应业	Production and Supply of Water

MAIN INDICATORS OF PRIVATE ENTERPRISES BY INDUSTRIAL SECTOR (2014)

(10000 yuan)

企业单位数 (个) Number of Enterprises (unit)	工 业 总产值 Gross Industrial Output Value	资 产 总 计 Total Assets	流动资产 合 计 Total Working Capitals	固定资产 原 价 Original Value of Fixed Assets	固定资产 合 计 Total of Fixed Assets	负债合计 Total Liabilities
2080	**32318804**	**17391319**	**8927066**	**11152809**	**6508405**	**9109699**
129	1171675	1550076	835669	719707	464154	880628
87	574850	1077515	600712	373231	238592	727026
10	251291	121978	22736	133919	96162	23198
5	41927	154921	117818	73624	32660	40606
23	221287	110536	44931	74439	64715	49375
4	82320	85126	49473	64495	32026	40424
1905	30670015	15007908	7710820	10004467	5642554	7609370
629	12253644	4550670	2512075	3487668	1503690	2042526
69	777914	563394	258217	328658	207844	252925
67	1003266	577999	227807	445561	289380	314222
25	531551	236614	142178	205118	93384	91076
10	80921	46727	33125	54311	11371	25111
4	205996	34345	27507	12346	6838	13102
166	2937556	932505	382609	936253	498460	318917
40	560888	388233	225551	224556	152198	237024
29	317050	191877	97390	97612	77665	103997
14	74616	62777	30759	34034	21602	35241
27	405112	64874	22877	90945	38991	22096
27	546266	1032052	549081	403078	355363	895167
110	2004176	1113344	495430	623467	461982	628153
38	472927	404158	159404	312224	186361	192800
3	18304	30876	8602	16518	14763	12168
69	784169	376982	167464	238163	179305	178466
178	2671800	1442023	656428	891624	624668	793278
26	473732	176454	103861	45809	43346	93934
6	93423	66399	42376	20717	19158	34018
63	866371	354813	187147	287336	136015	203018
91	1047164	575423	268779	376898	259767	305214
122	1406709	829474	514915	458649	223033	349373
11	98878	70794	42762	30543	17926	42125
8	88869	167341	115357	54636	32017	103794
43	685338	384080	220569	259307	129060	163919
9	141578	231544	144832	46215	38427	106162
13	50980	66399	51092	13385	10867	39490
4	61337	19091	10531	6331	4693	5138
2	2155	8314	4840	410	3474	3632
2	7326	8335	7258	2095	907	3284
46	477114	833335	380577	428634	401698	619701
37	374591	735748	339892	396756	359367	570150
8	86685	80232	36327	31182	29334	44427
1	158382	173549	43584	6972	129965	51240

12-9 续表

单位：万元

行　业	Sector
总　计	**Total**
采矿业	Mining and Quarrying
煤炭开采和洗选业	Mining and Washing of Coal
石油和天然气开采业	Extraction of Petroleum and Natural Gas
黑色金属矿采选业	Mining and Processing of Ferrous Metals Ores
有色金属矿采选业	Mining and Processing of Non-ferrous Metal Ores
非金属矿采选业	Mining and Processing of Nonmetal Ores
开采辅助活动	Mining Auxiliary Activities
其他采矿业	Mining of Other Ores
制造业	Manufacturing
农副食品加工业	Processing of Food from Agricultural Products
食品制造业	Manufacture of Foods
酒、饮料和精制茶制造业	Manufacture of Wine, soft drinks and refined tea
烟草制品业	Manufacture of Tobacco
纺织业	Manufacture of Textile
纺织服装、服饰业	Manufacture of Textile and Apparel
皮革、毛皮、羽毛及其制品和制鞋业	Manufacture of Leather, Furs, Feather and Related Products and Footwear
木材加工及木、竹、藤、棕、草制品业	Processing of Timber, Manufacture of Wood, Bamboo, Rattan, Palm and Straw Products
家具制造业	Manufacture of Furniture
造纸及纸制品业	Manufacture of Paper and Paper Products
印刷和记录媒介复制业	Manufacture of Printing and Record Medium Reproduction
文教、工美、体育和娱乐用品制造业	Manufacture of Articles for Culture, Education and Sports Activities
石油加工、炼焦及核燃料加工业	Processing of Petoleum, Coking, Processing of Nuclear Fuel
化学原料及化学制品制造业	Manufacture of Raw Chemical Materials and Chemical Products
医药制造业	Manufacture of Medicines
化学纤维制造业	Manufacture of Chemical Fibers
橡胶和塑料制品业	Manufacture of Rubber and Plastics
非金属矿物制品业	Manufacture of Non-metallic Mineral Products
黑色金属冶炼及压延加工业	Smelting and Pressing of Ferrous Metals
有色金属冶炼及压延加工业	Smelting and Pressing of Non-ferrous Metals
金属制品业	Manufacture of Metal Products
通用设备制造业	Manufacture of General Purpose Machinery
专用设备制造业	Manufacture of Special Purpose Machinery
汽车制造业	Manufacture of Automotive
铁路、船舶、航空航天和其他运输设备制造业	Manufacture of Railroad, Marine, Aerospace and Other Transportation Equipment
电气机械及器材制造业	Manufacture of Electrical Machinery and Equipment
计算机、通信和其他电子设备制造业	Manufacture of Computers, Communication and Other Electronic Equipment
仪器仪表制造业	Manufacture of Measuring Instruments
其他制造业	Other Manufacturing
废弃资源综合利用业	Comprehensive Utilization of Waste Resources Industry
金属制品、机械和设备修理业	Metal Products, Machinery and Equipment Repair Industry
电力、热力、燃气及水的生产和供应业	Production and Supply of Electric Power, heat, Gas and Water
电力、热力的生产和供应业	Production and Supply of Electric Power and Heat Power
燃气生产和供应业	Production and Supply of Gas
水的生产和供应业	Production and Supply of Water

CONTINUED

(10000 yuan)

流动负债合计 Total Working Liabilities	所有者权益 Owners' Equities	主营业务收入 Revenue from Principal Business	主营业务成本 Cost of Principal Business	主营业务税金及附加 Taxes and Other Charges on Principal Business	利润总额 Total Profits	本年应交增值税 Value Added Tax Payable	从业人员平均人数(人) Average Employed Persons (person)
7014028	**8115977**	**31145353**	**27467526**	**151167**	**1709062**	**612032**	**245092**
653377	661791	1087670	904878	25734	21025	54251	20837
542893	343479	495090	419669	21856	-24153	28705	14583
17128	98779	249097	201124	2039	27559	13733	1829
27079	114257	45903	36969	828	-1216	2272	1169
27757	60610	221354	181988	741	15194	8196	2562
38520	44666	76227	65129	270	3642	1345	694
5867093	7240552	29576463	26125390	124279	1668100	552365	218653
1569070	2419076	11968940	10714017	40380	676738	150281	62618
176165	309263	728957	612269	2997	49935	15542	9618
228668	252834	914183	801011	14928	43967	16364	7471
76576	145026	501411	447483	955	24106	15560	14800
24701	21539	79670	69618	485	3999	2929	1667
11155	21243	209725	190445	280	13735	6520	665
190721	606615	2793527	2478860	7468	144922	75395	19129
200374	150333	539305	462742	1787	27270	13086	9571
86574	86605	306435	276308	1121	14382	3641	3320
30640	25996	74961	66383	156	2852	2242	1113
21048	42626	382981	322547	664	33950	8185	2714
817714	135611	603086	599936	3386	-61567	12163	5840
348376	462515	1998260	1741964	10913	150997	43500	9312
141518	210047	451906	378400	2450	25285	14087	5490
7843	18708	17426	13541	84	538	535	274
136734	195180	750438	656146	2013	50321	19844	7009
630195	640501	2529599	2188773	9259	164073	55904	18598
79112	81753	468558	429300	1152	22500	5506	2211
29565	32380	81455	67630	492	6798	2993	556
150185	150673	849052	751969	4335	50257	13715	5885
223734	266659	975112	859781	3683	56994	18079	7760
316526	477211	1217525	1044890	6174	80588	20786	11109
33312	28669	97425	82540	573	3359	2434	1020
101097	63547	91903	63106	710	16917	4517	1860
124978	219964	671596	584539	5418	43179	17411	5117
63507	125382	140604	104570	1559	16999	7024	2642
38028	26909	55920	46343	312	2198	2591	812
2063	13953	61921	58183	362	1817	952	200
3630	4682	7257	5596	111	884		214
3284	5051	7326	6501	70	109	581	58
493559	213633	481220	437258	1154	19938	5416	5602
448261	165598	390710	363295	913	13992	4479	4949
40173	35805	74672	63299	226	5471	937	602
51240	122309	158382	106651	148	4741		51

12-10 按行业分“三资”工业企业主要指标(2014年)

单位：万元

行业	Sector
总计	**Total**
采矿业	Mining and Quarrying
煤炭开采和洗选业	Mining and Washing of Coal
石油和天然气开采业	Extraction of Petroleum and Natural Gas
黑色金属矿采选业	Mining and Processing of Ferrous Metals Ores
有色金属矿采选业	Mining and Processing of Non-ferrous Metal Ores
非金属矿采选业	Mining and Processing of Nonmetal Ores
开采辅助活动	Mining Auxiliary Activities
其他采矿业	Mining of Other Ores
制造业	Manufacturing
农副食品加工业	Processing of Food from Agricultural Products
食品制造业	Manufacture of Foods
酒、饮料和精制茶制造业	Manufacture of Wine, soft drinks and refined tea
烟草制品业	Manufacture of Tobacco
纺织业	Manufacture of Textile
纺织服装、服饰业	Manufacture of Textile and Apparel
皮革、毛皮、羽毛及其制品和制鞋业	Manufacture of Leather, Furs, Feather and Related Products and Footwear
木材加工及木、竹、藤、棕、草制品业	Processing of Timber,Manufacture of Wood,Bamboo,Rattan,Palm and Straw Products
家具制造业	Manufacture of Furniture
造纸及纸制品业	Manufacture of Paper and Paper Products
印刷和记录媒介复制业	Manufacture of Printing and Record Medium Reproduction
文教、工美、体育和娱乐用品制造业	Manufacture of Articles for Culture,Education and Sports Activities
石油加工、炼焦及核燃料加工业	Processing of Petoleum,Coking,Processing of Nuclear Fuel
化学原料及化学制品制造业	Manufacture of Raw Chemical Materials and Chemical Products
医药制造业	Manufacture of Medicines
化学纤维制造业	Manufacture of Chemical Fibers
橡胶和塑料制品业	Manufacture of Rubber and Plastics
非金属矿物制品业	Manufacture of Non-metallic Mineral Products
黑色金属冶炼及压延加工业	Smelting and Pressing of Ferrous Metals
有色金属冶炼及压延加工业	Smelting and Pressing of Non-ferrous Metals
金属制品业	Manufacture of Metal Products
通用设备制造业	Manufacture of General Purpose Machinery
专用设备制造业	Manufacture of Special Purpose Machinery
汽车制造业	Manufacture of Automotive
铁路、船舶、航空航天和其他运输设备制造业	Manufacture of Railroad, Marine, Aerospace and Other Transportation Equipment
电气机械及器材制造业	Manufacture of Electrical Machinery and Equipment
计算机、通信和其他电子设备制造业	Manufacture of Computers,Communication and Other Electronic Equipment
仪器仪表制造业	Manufacture of Measuring Instruments
其他制造业	Other Manufacturing
废弃资源综合利用业	Comprehensive Utilization of Waste Resources Industry
金属制品、机械和设备修理业	Metal Products, Machinery and Equipment Repair Industry
电力、热力、燃气及水的生产和供应业	Production and Supply of Electric Power,heat,Gas and Water
电力、热力的生产和供应业	Production and Supply of Electric Power and Heat Power
燃气生产和供应业	Production and Supply of Gas
水的生产和供应业	Production and Supply of Water

MAIN INDICATORS OF INDUSTRIAL ENTERPRISES WITH HONGKONG,MACAO,TAIWAN AND FOREIGN FUNDS BY INDUSTRIAL SECTOR (2014)

(10000 yuan)

企业单位数 (个) Number of Enterprises (unit)	工业总产值 Gross Industrial Output Value	资产总计 Total Assets	流动资产合计 Total Working Capitals	固定资产原价 Original Value of Fixed Assets	固定资产合计 Total of Fixed Assets	负债合计 Total Liabilities
220	**12322001**	**15417832**	**6860668**	**10904546**	**6732838**	**9583994**
5	1032183	828098	43032	1533557	705151	77435
1	2980	10355	6157	5878	3801	6938
3	29819	48610	26872	23281	16824	26906
1	999384	769134	10002	1504398	684526	43591
189	10478223	11755816	6317560	6054840	3996056	7179966
41	2102991	1822835	996766	1082412	619853	1316103
19	2338543	1840256	1063641	866555	585844	1030394
28	1153757	1196713	469076	883416	640983	706697
4	158517	125588	41985	37562	22045	39340
1	102578	69644	17664	66491	31924	2893
1	52632	2518	1016	2525	1378	22
10	310131	192614	75429	157159	113775	50085
4	45223	113711	59071	55521	48545	101368
4	136676	223059	42460	126966	177834	115107
1	4450	9864	6499	4877	2730	2204
5	94323	31270	7145	109821	24125	9310
2	26597	162315	96218	56212	47016	130519
10	494108	155688	48330	124513	100685	74482
11	1254439	2012829	1308171	964469	534032	1078761
4	542217	685377	459926	292026	170983	487701
12	136585	238384	108210	112553	67782	140119
1	40686	30617	5028	27147	23762	19241
4	72736	26179	14980	16108	9670	9096
3	25360	48821	35054	18042	13400	19695
11	299655	762394	440820	181446	228641	516437
7	881095	1458884	697072	755820	459805	1084306
1	24274	60757	56176	9747	4157	24157
2	164282	456882	250469	86168	55496	210729
2	14282	22792	15495	12648	7264	7559
1	2087	5823	860	4636	4329	3642
26	811596	2833917	500077	3316150	2031631	2326594
21	671221	2226110	266579	3061068	1865184	1910583
3	120418	284654	110721	242230	160764	154180
2	199570	3231540	1227763	128511	56828	2618301

12-10 续表

单位：万元

行　　业	Sector
总　计	**Total**
采矿业	Mining and Quarrying
煤炭开采和洗选业	Mining and Washing of Coal
石油和天然气开采业	Extraction of Petroleum and Natural Gas
黑色金属矿采选业	Mining and Processing of Ferrous Metals Ores
有色金属矿采选业	Mining and Processing of Non-ferrous Metal Ores
非金属矿采选业	Mining and Processing of Nonmetal Ores
开采辅助活动	Mining Auxiliary Activities
其他采矿业	Mining of Other Ores
制造业	Manufacturing
农副食品加工业	Processing of Food from Agricultural Products
食品制造业	Manufacture of Foods
酒、饮料和精制茶制造业	Manufacture of Wine, soft drinks and refined tea
烟草制品业	Manufacture of Tobacco
纺织业	Manufacture of Textile
纺织服装、服饰业	Manufacture of Textile and Apparel
皮革、毛皮、羽毛及其制品和制鞋业	Manufacture of Leather, Furs, Feather and Related Products and Footwear
木材加工及木、竹、藤、棕、草制品业	Processing of Timber, Manufacture of Wood, Bamboo, Rattan, Palm and Straw Products
家具制造业	Manufacture of Furniture
造纸及纸制品业	Manufacture of Paper and Paper Products
印刷和记录媒介复制业	Manufacture of Printing and Record Medium Reproduction
文教、工美、体育和娱乐用品制造业	Manufacture of Articles for Culture, Education and Sports Activities
石油加工、炼焦及核燃料加工业	Processing of Petoleum, Coking, Processing of Nuclear Fuel
化学原料及化学制品制造业	Manufacture of Raw Chemical Materials and Chemical Products
医药制造业	Manufacture of Medicines
化学纤维制造业	Manufacture of Chemical Fibers
橡胶和塑料制品业	Manufacture of Rubber and Plastics
非金属矿物制品业	Manufacture of Non-metallic Mineral Products
黑色金属冶炼及压延加工业	Smelting and Pressing of Ferrous Metals
有色金属冶炼及压延加工业	Smelting and Pressing of Non-ferrous Metals
金属制品业	Manufacture of Metal Products
通用设备制造业	Manufacture of General Purpose Machinery
专用设备制造业	Manufacture of Special Purpose Machinery
汽车制造业	Manufacture of Automotive
铁路、船舶、航空航天和其他运输设备制造业	Manufacture of Railroad, Marine, Aerospace and Other Transportation Equipment
电气机械及器材制造业	Manufacture of Electrical Machinery and Equipment
计算机、通信和其他电子设备制造业	Manufacture of Computers, Communication and Other Electronic Equipment
仪器仪表制造业	Manufacture of Measuring Instruments
其他制造业	Other Manufacturing
废弃资源综合利用业	Comprehensive Utilization of Waste Resources Industry
金属制品、机械和设备修理业	Metal Products, Machinery and Equipment Repair Industry
电力、热力、燃气及水的生产和供应业	Production and Supply of Electric Power, heat, Gas and Water
电力、热力的生产和供应业	Production and Supply of Electric Power and Heat Power
燃气生产和供应业	Production and Supply of Gas
水的生产和供应业	Production and Supply of Water

CONTINUED

(10000 yuan)

流动负债合计 Total Working Liabilities	所有者权益 Owners' Equities	主营业务收入 Revenue from Principal Business	主营业务成本 Cost of Principal Business	主营业务税金及附加 Taxes and Other Charges on Principal Business	利润总额 Total Profits	本年应交增值税 Value Added Tax Payable	从业人员平均人数(人) Average Employed Persons (person)
7966467	**5810974**	**13019088**	**10328876**	**121481**	**714134**	**387382**	**110278**
45435	750664	1032813	788570	14641	97766	24758	2366
6938	3417	2306	1698	25	-194	322	160
26906	21704	31123	18210	403	-43	2608	1305
11591	725543	999384	768662	14213	98003	21828	901
6467849	4552987	11118496	8863327	101452	558901	320218	96585
1207483	501965	2184750	1979813	2640	62821	28654	13158
927514	809862	2254278	1565381	12410	226647	84609	14083
680154	490016	1203765	839737	61393	77826	49763	12546
19751	73086	130057	108874	146	13428	2205	3601
2893	66751	102578	94762		7768		510
22	2293	52171	50264		1193	636	60
33417	142486	302056	268972	1410	13680	10027	2966
90757	12343	37498	28409	65	-125	3534	1308
89904	107952	166479	164787	230	-8865	1946	1195
2204	7660	3671	2736	37	20	307	60
8966	21960	94335	79813	397	5699	3827	2417
130519	31796	27084	32623		-14365	6	339
40798	80407	460367	391993	286	58239	1944	839
1010833	934068	1890307	1362818	12365	65879	99472	24259
462131	196541	466752	407231	431	21082	2756	4332
109786	97863	142172	124602	372	7764	1429	1550
15047	11376	43691	37340		4586	1669	277
6361	16039	82935	78728	196	2158	629	399
19695	27803	52013	47467	93	770	592	373
459489	245958	337169	292058	791	-58273	5030	4445
912928	374578	871624	728701	7892	53773	19395	4655
24157	36600	36118	34780		-1071	0.4	207
203218	246153	159675	128114	241	16958	1332	2717
6379	15233	14082	11241	56	1047	457	204
3441	2181	2868	2086	1	263		85
1453184	507323	867779	676979	5389	57467	42407	11327
1204073	315526	673779	545945	4233	38031	33227	7359
142974	130473	175401	120503	1128	22006	8962	3665
1061375	613239	185987	105305	280	-25704	2181	303

12-11 分地区工业企业主要经济指标
MAJOR INDICATORS OF INDUSTRIAL ENTERPRISES BY REGION

单位：万元 (10000 yuan)

地 区	Region	工业销售产值 Sales Value of Industry	应收帐款 Receivables	产成品 Finished Goods	流动资产合计 Total Working Capitals	固定资产合计 Total of Fixed Assets	资产合计 Total Assets	负债总计 Total Liabilities
	2011	111917554	8689086	4238772	51808599	55517385	119188305	67035890
	2012	122533357	10961107	4131580	55643420	60883972	132231419	75850807
	2013	134158911	11753611	4593806	59161644	65315274	142157738	82129564
	2014	131393829	12750187	4806495	62294591	68229582	149951906	85409467
哈尔滨	Harbin	31317852	4961165	1061714	20547897	12030282	37798200	24375585
齐齐哈尔	Qiqihar	9384077	2169559	666589	7805816	4859332	14442837	8973300
鸡 西	Jixi	2298107	475743	153333	1833300	2139397	4577753	3462833
鹤 岗	Hegang	1390745	101348	71586	1098176	1233233	2851772	2360086
双鸭山	Shuangyashan	2984345	278050	115959	1551552	2310769	4947876	3263954
大 庆	Daqing	44227635	2183400	928953	14029358	27202696	45621305	16853015
伊 春	Yichun	1249190	266256	97103	1084229	1651397	2939877	2789677
佳木斯	Jiamusi	6447484	547402	165300	2121606	2001202	4920857	2848481
七台河	Qitaihe	1824929	333511	242548	1701894	2063679	4592969	3155713
牡丹江	Mudanjiang	9306702	525798	222812	2237615	3840505	6692791	3340103
黑 河	Heihe	1281626	108824	39575	643918	870790	1873737	1213755
绥 化	Suihua	8528248	440595	238696	2435629	3189995	6356508	3223703
大兴安岭	Daxinganling	255578	56479	80504	344223	243955	624786	460120
农垦总局	ARB	6650554	188768	685606	4376578	1486330	6199067	5194020
绥芬河	Suifenhe	328227	30933	33199	112032	51846	201126	180881
抚 远	Fuyuan	49015	2151	3020	23147	43872	70480	49963

12-11 续表1 CONTINUED

单位：万元 (10000 yuan)

地 区	Region	主营业务收入 Revenue from Principal Business	主营业务成本 Cost of Principal Business	主营业务税金及附加 Taxes and Other Charges on Principal Business	销售费用 Selling Expenses	管理费用 Overhead Expenses	财务费用 Financial Expenses
	2011	114545985	84988688	7118966	2464447	5484787	954779
	2012	125261436	95639742	6972594	2726616	6099105	1254569
	2013	137010647	107693689	6734573	3032544	6356665	1524873
	2014	134070897	107325636	6097400	3084525	6194322	1578053
哈尔滨	Harbin	32276806	26892745	918219	1192008	1721200	365243
齐齐哈尔	Qiqihar	9331426	7713261	52755	405767	522428	246652
鸡 西	Jixi	2267155	2107076	19310	59757	174161	77141
鹤 岗	Hegang	1477057	1445832	13563	22441	93164	64736
双鸭山	Shuangyashan	2980868	2696198	22213	88821	158622	104929
大 庆	Daqing	45004955	30031031	4766585	353937	2255925	125862
伊 春	Yichun	1244114	1193791	7538	33041	53122	72713
佳木斯	Jiamusi	6410091	5711741	21333	131998	177227	74860
七台河	Qitaihe	1940598	1854469	28051	37168	162218	103382
牡丹江	Mudanjiang	9507146	8024925	40674	346343	377581	108614
黑 河	Heihe	1208013	992468	15082	24663	71146	36621
绥 化	Suihua	8387620	7133085	86134	204581	225429	72233
大兴安岭	Daxinganling	256011	216890	2684	10021	17440	6652
农垦总局	ARB	7622988	7194954	90024	155991	178925	63306
绥芬河	Suifenhe	238292	202828	629	17640	4803	1119
抚 远	Fuyuan	49073	42837	69	351	932	1794

12-11 续表2 CONTINUED

单位：万元 (10000 yuan)

地　区	Region	利息支出 Expenditure for Interests	利润总额 Total Profits	亏损企业亏损额 Total Losses Made by Enterprises -in-red	利税总额 Total Profits and Taxes	应交增值税 Value-added Tax Payable	从业人员平均人数(人) Average Employed Persons (person)
	2011	1174441	14466514	736812	27543197	5858532	1342300
	2012	1517969	13385582	1223349	26662910	6184241	1413500
	2013	1693017	11854868	1781047	24618239	6002370	1382219
	2014	1811386	10070814	2358695	21735330	5545141	1302148
哈尔滨	Harbin	387063	1316537	516585	3104001	867377	305945
齐齐哈尔	Qiqihar	223193	492054	181772	875877	325911	115896
鸡　西	Jixi	82616	-118576	213278	9974	106952	78145
鹤　岗	Hegang	61964	-129081	167023	-47488	67641	61331
双鸭山	Shuangyashan	85560	-30832	156385	126125	131682	68507
大　庆	Daqing	375274	7205268	401524	14954398	2980565	243009
伊　春	Yichun	54626	-136422	181189	-110374	18487	29775
佳木斯	Jiamusi	68731	292732	95292	456297	141949	46156
七台河	Qitaihe	100266	-180437	236785	-30816	115324	80626
牡丹江	Mudanjiang	108352	527447	53808	950525	382188	94107
黑　河	Heihe	32671	93395	14149	152034	43515	15471
绥　化	Suihua	65468	662013	39986	944854	196698	90364
大兴安岭	Daxinganling	6252	2950	7152	19846	14212	7614
农垦总局	ARB	105038	66971	75271	201049	44028	36850
绥芬河	Suifenhe	963	19856	1992	21681	1196	1688
抚　远	Fuyuan	1246	3445		5759	2244	413

12-12 分地区大中型工业企业主要经济指标

MAJOR INDICATORS OF LARGE AND MEDIUM-SIZED INDUSTRIAL ENTERPRISES BY REGION

单位：万元 (10000 yuan)

地　区	Region	工业销售产值 Sales Value of Industry	应收帐款 Receivables	产成品 Finished Goods	流动资产合计 Total Working Capitals	固定资产合计 Total of Fixed Assets	资产合计 Total Assets
	2011	77847969	6204318	3035023	40501807	42947019	92908613
	2012	82067804	7978959	2923702	42740270	49044226	104188084
	2013	83558177	7840825	3317515	43329930	51018561	108281515
	2014	83051778	8703301	3495592	45843572	52967159	113433264
哈尔滨	Harbin	15816955	3330795	706924	14665076	7893874	25778554
齐齐哈尔	Qiqihar	5136030	1897813	551683	6541387	2790658	10639072
鸡　西	Jixi	1490564	339645	65769	1258814	1651072	3418933
鹤　岗	Hegang	959643	36984	43687	560650	901994	1880470
双鸭山	Shuangyashan	1643889	139751	79219	940937	1801252	3621675
大　庆	Daqing	37249140	1504671	723051	11618479	25391299	40817829
伊　春	Yichun	717162	206268	74965	786438	1215391	2166668
佳木斯	Jiamusi	1336762	286016	117873	1121872	832275	2307130
七台河	Qitaihe	1414316	248156	179042	1293079	1803274	3790934
牡丹江	Mudanjiang	2913814	250775	116936	1156102	1793266	3476026
黑　河	Heihe	431441	36064	16626	261949	396994	897857
绥　化	Suihua	4762944	216566	151299	1330183	2207329	3875499
大兴安岭	Daxinganling	109119	37467	27861	127204	87575	228054
农垦总局	ARB	5148647	90267	639748	3811517	1188375	5264036
绥芬河	Suifenhe	51837	1859	909	22265	2227	30559
抚　远	Fuyuan						

注：从2003年起，大中型企业划分按新标准执行。
Note: The partition of large and medium-sized industrial enterprises use new cirterion from 2003.

12-12 续表1 CONTINUED

单位：万元 (10000 yuan)

地区 Region	负债总计 Total Liabilities	主营业务收入 Revenue from Principal Business	主营业务成本 Cost of Principal Business	主营业务税金及附加 Taxes and Other Charges on Principal Business	销售费用 Selling Expenses	管理费用 Overhead Expenses
2011	52212528	80407306	55214187	6968815	1894994	4576730
2012	60229441	85351633	60880620	6698186	1975821	4879226
2013	62880257	86754028	63514344	6432294	2107647	4881586
2014	65283619	86553337	65304930	5882832	2104747	4778869
哈尔滨 Harbin	17755507	16850314	13129306	838011	915016	1241402
齐齐哈尔 Qiqihar	7213977	5378671	4376890	31632	306633	365401
鸡西 Jixi	2639057	1480633	1394264	15947	30424	144667
鹤岗 Hegang	1668978	1017464	1024829	9915	14702	73484
双鸭山 Shuangyashan	2542219	1630233	1514196	11525	41245	102548
大庆 Daqing	14046123	38248816	23988403	4745105	276319	2093283
伊春 Yichun	2328001	720981	734207	3727	21825	40298
佳木斯 Jiamusi	1450806	1379694	1178014	8022	59055	89915
七台河 Qitaihe	2719208	1476623	1432043	13002	23916	142723
牡丹江 Mudanjiang	2113396	3079520	2480416	22216	140297	176343
黑河 Heihe	517045	411980	291413	11884	12919	34961
绥化 Suihua	1784057	4738638	3951906	70876	130044	126385
大兴安岭 Daxinganling	204111	109118	91777	1359	4745	9315
农垦总局 ARB	4615950	6101978	5792605	87017	121102	137801
绥芬河 Suifenhe	20908	59991	53155	58	6507	342
抚远 Fuyuan						

12-12 续表2 CONTINUED

单位：万元 (10000 yuan)

地区 Region	财务费用 Financial Expenses	利息支出 Expenditure for Interests	利润总额 Total Profits	亏损企业亏损额 Total Losses Made by Enterprises -in-red	利税总额 Total Profits and Taxes	应交增值税 Value-added Tax Payable	从业人员平均人数(人) Average Employed Persons (person)
2011	616620	877827	12415263	578870	24336492	4858136	1050200
2012	875876	1187976	10969876	976178	22780464	4994651	1075600
2013	1057903	1275456	8946365	1461782	20090610	4689535	1016411
2014	1076585	1396879	7629698	2048449	18157956	4627244	964644
哈尔滨 Harbin	240794	282816	558494	419290	2059087	661349	199995
齐齐哈尔 Qiqihar	177140	174520	229137	148192	465842	199945	87052
鸡西 Jixi	56414	70246	-110881	189250	2204	94878	72367
鹤岗 Hegang	51325	50393	-131686	149994	-62856	58778	54376
双鸭山 Shuangyashan	83237	72404	-84590	147130	12582	85112	60176
大庆 Daqing	55664	309138	6818989	376512	14473970	2907966	211624
伊春 Yichun	58786	39732	-157414	175053	-146378	7309	18630
佳木斯 Jiamusi	30089	31531	3647	84870	48033	36234	18871
七台河 Qitaihe	88610	88590	-176793	219810	-51738	105806	75291
牡丹江 Mudanjiang	70403	71300	207203	38974	381747	152111	43990
黑河 Heihe	20378	18878	47111	10331	90527	31533	8425
绥化 Suihua	38677	38603	420785	6455	630311	138650	59300
大兴安岭 Daxinganling	3477	3084	-2697	3595	6795	8133	4331
农垦总局 ARB	49051	93238	23188	62486	143828	33623	23645
绥芬河 Suifenhe	345	302	1711		2415	646	320
抚远 Fuyuan							

12-13 分地区国有及国有控股工业企业主要经济指标

MAJOR INDICATORS OF STATE-OWNED AND STATE-HOLDING INDUSTRIAL ENTERPRISES BY REGION

单位：万元 (10000 yuan)

地 区	Region	工业销售产值 Sales Value of Industry	应收帐款 Receivables	产成品 Finished Goods	流动资产合计 Total Working Capitals	固定资产合计 Total of Fixed Assets	资产合计 Total Assets	负债总计 Total Liabilities
	2011	63396546	4752373	1876994	31873380	42053017	81113775	45531599
	2012	63482393	5862326	1814187	32137395	44328075	86597401	49460132
	2013	63871568	5889768	2130414	33314228	46201384	90956939	52740809
	2014	62040152	6293713	2272282	35408333	47798644	94894086	53808159
哈尔滨	Harbin	10728812	2725394	419448	11748882	6386865	21101583	14720189
齐齐哈尔	Qiqihar	2720510	1559644	347918	5108536	3144848	9426691	6256062
鸡 西	Jixi	1163127	189046	57702	828918	1713111	3042372	2477136
鹤 岗	Hegang	620495	38807	15625	353792	910467	1610008	1562245
双鸭山	Shuangyashan	674542	67843	2182	492058	1233611	1925928	1534805
大 庆	Daqing	33097715	927663	599637	10304664	24258803	38013815	12821077
伊 春	Yichun	161703	58870	4999	170738	882255	1114666	952385
佳木斯	Jiamusi	725886	161671	53251	646563	930498	1932205	1267177
七台河	Qitaihe	928962	133722	51787	515074	1417738	2158166	1591666
牡丹江	Mudanjiang	767603	112529	27577	369772	1132772	1558819	1041213
黑 河	Heihe	305028	45429	6260	145038	318799	532671	393327
绥 化	Suihua	1112334	61519	16603	373484	1140724	1664881	639797
大兴安岭	Daxinganling	111455	41136	27713	146662	125429	293154	246258
农垦总局	ARB	5044926	88520	641580	3849314	1162813	5242334	4616600
绥芬河	Suifenhe							
抚 远	Fuyuan	7537	1717		7219	29608	36827	23947

13-13 续表1 CONTINUED

单位：万元 (10000 yuan)

地 区	Region	主营业务收入 Revenue from Principal Business	主营业务成本 Cost of Principal Business	主营业务税金及附加 Taxes and Other Charges on Principal Business	销售费用 Selling Expenses	管理费用 Overhead Expenses	财务费用 Financial Expenses
	2011	66078279	44156805	6807979	1017888	3627692	490337
	2012	67050869	45785237	6513423	1066930	3897781	697198
	2013	67081951	47592928	6240254	1073122	3991270	845508
	2014	65554357	48185874	5695276	991327	3756991	878095
哈尔滨	Harbin	11920685	9505233	781208	456431	959637	200714
齐齐哈尔	Qiqihar	2974125	2609105	16017	107731	254711	172803
鸡 西	Jixi	1150862	1151626	13650	14820	115418	54380
鹤 岗	Hegang	666970	704634	9646	1112	68813	45100
双鸭山	Shuangyashan	714335	690534	8021	4447	62666	53635
大 庆	Daqing	34106811	20467292	4699166	217741	1875283	52045
伊 春	Yichun	161296	131243	3447	2871	23280	26362
佳木斯	Jiamusi	746014	581594	2923	26644	39774	47675
七台河	Qitaihe	962981	960650	7953	3981	104766	46398
牡丹江	Mudanjiang	778499	615638	4686	18439	46692	42622
黑 河	Heihe	283672	249427	1199	2833	17207	14239
绥 化	Suihua	1102085	842183	47036	14621	42345	14362
大兴安岭	Daxinganling	111454	99207	1191	1654	8588	4529
农垦总局	ARB	5998345	5700662	86555	118005	137813	49989
绥芬河	Suifenhe						
抚 远	Fuyuan	7537	5339	40			1047

12-13 续表2 CONTINUED

单位：万元 (10000 yuan)

地 区	Region	利息支出 Expenditure for Interests	利润总额 Total Profits	亏损企业亏损额 Total Losses Made by Enterprises -in-red	利税总额 Total Profits and Taxes	应交增值税 Value-added Tax Payable	从业人员平均人数(人) Average Employed Persons (person)
	2011	788267	11092925	465306	22333015	4355768	759900
	2012	1033985	9850133	734569	20827267	4347763	790100
	2013	1058994	7574071	1327490	17822443	3990101	733208
	2014	1199871	6324800	1639005	16062764	4024836	707601
哈尔滨	Harbin	228796	81349	396778	1351426	487563	137606
齐齐哈尔	Qiqihar	171024	-50120	141959	99186	128217	56810
鸡 西	Jixi	64097	-154151	172455	-62710	75651	66853
鹤 岗	Hegang	43902	-132245	143078	-63379	59088	49553
双鸭山	Shuangyashan	49808	-88033	123752	-20979	58443	47127
大 庆	Daqing	302300	6538320	364024	14085296	2846082	187888
伊 春	Yichun	26503	9705	9553	20358	7204	5596
佳木斯	Jiamusi	43749	64147	10196	99625	32425	10845
七台河	Qitaihe	47129	-121394	156063	-36583	70615	59917
牡丹江	Mudanjiang	42748	64651	8720	113758	44322	14592
黑 河	Heihe	12969	14962	3711	26206	10023	3958
绥 化	Suihua	13722	102121	19530	207842	58683	13215
大兴安岭	Daxinganling	4139	-4988	6590	4474	8272	4618
农垦总局	ARB	96207	15557	66094	134417	32306	22659
绥芬河	Suifenhe						
抚 远	Fuyuan	674	1426		2238	772	113

12-14 分地区集体工业企业主要经济指标

MAJOR INDICATORS OF COLLECTIVE-OWNED INDUSTRIAL ENTERPRISES BY REGION

单位：万元 (10000 yuan)

地 区	Region	工业销售产值 Sales Value of Industry	应收帐款 Receivables	产成品 Finished Goods	流动资产合计 Total Working Capitals	固定资产合计 Total of Fixed Assets	资产合计 Total Assets
	2011	1422657	201803	46958	668304	250916	989502
	2012	1389929	317860	48750	836212	261676	1183553
	2013	938028	227565	33913	565493	185897	803278
	2014	679531	190850	19189	504803	143565	673551
哈尔滨	Harbin	35051	8669	6428	38862	11913	53692
齐齐哈尔	Qiqihar	123242	29903	690	76795	19455	99723
鸡 西	Jixi	11775	4215	485	15231	2531	17786
鹤 岗	Hegang	6201	2807	592	22341	12121	38115
双鸭山	Shuangyashan	7520	315		864	212	1075
大 庆	Daqing	394108	135779	9265	311351	69057	393180
伊 春	Yichun						
佳木斯	Jiamusi	26725	618		4433	8130	12750
七台河	Qitaihe	2373	214	322	1439	780	2219
牡丹江	Mudanjiang	72535	8330	1409	33488	19366	55009
黑 河	Heihe						
绥 化	Suihua						
大兴安岭	Daxinganling						
农垦总局	ARB						
绥芬河	Suifenhe						
抚 远	Fuyuan						

12-14 续表1 CONTINUED

单位：万元 (10000 yuan)

地 区	Region	负债总计 Total Liabilities	主营业务收入 Revenue from Principal Business	主营业务成本 Cost of Principal Business	主营业务税金及附加 Taxes and Other Charges on Principal Business	销售费用 Selling Expenses	管理费用 Overhead Expenses
	2011	723369	1210899	1050708	12257	15584	73998
	2012	897275	1292245	1131393	18767	16206	93709
	2013	641805	890517	790238	12596	5843	55364
	2014	573188	655857	584675	9566	5148	43478
哈尔滨	Harbin	66761	34211	32578	108	91	3928
齐齐哈尔	Qiqihar	54756	127919	121123	516	361	8157
鸡　西	Jixi	10270	10321	8912	142	330	839
鹤　岗	Hegang	23310	6118	5500	35	14	139
双鸭山	Shuangyashan	370	7520	5832	1224	281	63
大　庆	Daqing	372021	368076	322503	7141	2798	22884
伊　春	Yichun						
佳木斯	Jiamusi	12318	26725	23329	48	6	3284
七台河	Qitaihe	1814	2325	2183	0.2	15	49
牡丹江	Mudanjiang	31569	72641	62715	352	1252	4136
黑　河	Heihe						
绥　化	Suihua						
大兴安岭	Daxinganling						
农垦总局	ARB						
绥芬河	Suifenhe						
抚　远	Fuyuan						

12-14 续表2 CONTINUED

单位：万元 (10000 yuan)

地 区	Region	财务费用 Financial Expenses	利息支出 Expenditure for Interests	利润总额 Total Profits	亏损企业亏损额 Total Losses Made by Enterprises -in-red	利税总额 Total Profits and Taxes	应交增值税 Value-added Tax Payable	从业人员平均人数(人) Average Employed Persons (person)
	2011	5387	4561	50551	4624	114515	51274	34583
	2012	7278	5897	43280	12346	118046	55699	34395
	2013	1801	1896	28015	6026	79351	38538	24054
	2014	1631	1776	10252	15717	49291	29282	15940
哈尔滨	Harbin	219	219	-2281	3111	-1421	751	1006
齐齐哈尔	Qiqihar	305	309	-1493	4483	2968	3928	5213
鸡　西	Jixi	208	136	260	123	1273	871	351
鹤　岗	Hegang	208	207	222	294	571	314	885
双鸭山	Shuangyashan	25	25	95		2411	1093	60
大　庆	Daqing	307	523	7493	7500	33408	18600	7353
伊　春	Yichun							
佳木斯	Jiamusi	261	261	-206	206	171	330	248
七台河	Qitaihe			78		114	35	62
牡丹江	Mudanjiang	98	96	6084		9796	3361	762
黑　河	Heihe							
绥　化	Suihua							
大兴安岭	Daxinganling							
农垦总局	ARB							
绥芬河	Suifenhe							
抚　远	Fuyuan							

12-15 工业企业主要经济效益指标(2014年)

MAJOR INDICATORS ON ECONOMIC BENEFIT OF INDUSTRIAL ENTERPRISES (2014)

类　别	Category	总资产贡献率(%) Ratio of Total Assets to Industrial Output Value (%)	资产负债率(%) Assets-Liability Ratio (%)
总　计	**Total**	**15.4**	**57.0**
按轻重工业分	**Grouped by Light and Heavy Industry**		
轻工业	Light Industry	14.1	55.7
重工业	Heavy Industry	15.8	57.3
按行业分	**Grouped by Sector**		
采矿业	Mining and Quarrying	32.1	37.5
煤炭开采和洗选业	Mining and Washing of Coal	-0.9	82.1
石油和天然气开采业	Extraction of Petroleum and Natural Gas	43.8	24.3
黑色金属矿采选业	Mining and Processing of Ferrous Metals Ores	20.2	49.8
有色金属矿采选业	Mining and Processing of Non-ferrous Metal Ores	6.6	70.1
非金属矿采选业	Mining and Processing of Nonmetal Ores	20.3	49.0
开采辅助活动	Mining Auxiliary Activities	15.5	26.0
其他采矿业	Mining of Other Ores		
制造业	Manufacturing	10.5	62.1
农副食品加工业	Processing of Food from Agricultural Products	11.0	62.4
食品制造业	Manufacture of Foods	18.7	52.9
酒、饮料和精制茶制造业	Manufacture of Wine, soft drinks and refined tea	13.6	56.3
烟草制品业	Manufacture of Tobacco	72.8	15.5
纺织业	Manufacture of Textile	13.6	46.6
纺织服装、服饰业	Manufacture of Textile and Apparel	17.9	28.6
皮革、毛皮、羽毛及其制品和制鞋业	Manufacture of Leather, Furs, Feather and Related Products and Footwear	39.4	52.0
木材加工及木、竹、藤、棕、草制品业	Processing of Timber, Manufacture of Wood, Bamboo, Rattan, Palm and Straw Products	21.9	41.3
家具制造业	Manufacture of Furniture	9.6	64.0
造纸及纸制品业	Manufacture of Paper and Paper Products	8.1	50.5
印刷和记录媒介复制业	Manufacture of Printing and Record Medium Reproduction	12.4	46.7
文教、工美、体育和娱乐用品制造业	Manufacture of Articles for Culture, Education and Sports Activities	42.3	39.1
石油加工、炼焦及核燃料加工业	Processing of Petoleum, Coking, Processing of Nuclear Fuel	22.2	67.2
化学原料及化学制品制造业	Manufacture of Raw Chemical Materials and Chemical Products	13.1	57.8
医药制造业	Manufacture of Medicines	14.2	44.8
化学纤维制造业	Manufacture of Chemical Fibers	5.6	39.4
橡胶和塑料制品业	Manufacture of Rubber and Plastics	11.8	57.9
非金属矿物制品业	Manufacture of Non-metallic Mineral Products	11.3	61.9
黑色金属冶炼及压延加工业	Smelting and Pressing of Ferrous Metals	-1.1	92.7
有色金属冶炼及压延加工业	Smelting and Pressing of Non-ferrous Metals	2.9	70.3
金属制品业	Manufacture of Metal Products	11.6	58.2
通用设备制造业	Manufacture of General Purpose Machinery	2.1	64.6
专用设备制造业	Manufacture of Special Purpose Machinery	4.5	58.3
汽车制造业	Manufacture of Automotive	-0.9	101.4
铁路、船舶、航空航天和其他运输设备制造业	Manufacture of Railroad, Marine, Aerospace and Other Transportation Equipment	4.0	61.8
电气机械及器材制造业	Manufacture of Electrical Machinery and Equipment	6.2	55.2
计算机、通信和其他电子设备制造业	Manufacture of Computers, Communication and Other Electronic Equipment	11.3	47.4
仪器仪表制造业	Manufacture of Measuring Instruments	6.4	42.8
其他制造业	Other Manufacturing	2.8	80.3
废弃资源综合利用业	Comprehensive Utilization of Waste Resources Industry	16.2	56.2
金属制品、机械和设备修理业	Metal Products, Machinery and Equipment Repair Industry	3.4	69.6
电力、热力、燃气及水的生产和供应业	Production and Supply of Electric Power, heat, Gas and Water	5.1	70.9
电力、热力的生产和供应业	Production and Supply of Electric Power and Heat Power	5.1	71.5
燃气生产和供应业	Production and Supply of Gas	7.6	55.7
水的生产和供应业	Production and Supply of Water	2.1	67.5

12-15 续表 CONTINUED

类　别	Category	成本费用利润率（%）Ratio of Profits to Industrial Cost (%)	产品销售率（%）Proportion of Products (%)
总　计	**Total**	**8.3**	**97.9**
按轻重工业分	**Grouped by Light and Heavy Industry**		
轻工业	Light Industry	6.0	98.4
重工业	Heavy Industry	9.7	97.6
按行业分	**Grouped by Sector**		
采矿业	Mining and Quarrying	43.8	97.5
煤炭开采和洗选业	Mining and Washing of Coal	-12.4	93.0
石油和天然气开采业	Extraction of Petroleum and Natural Gas	84.9	98.2
黑色金属矿采选业	Mining and Processing of Ferrous Metals Ores	9.4	97.3
有色金属矿采选业	Mining and Processing of Non-ferrous Metal Ores	10.7	99.3
非金属矿采选业	Mining and Processing of Nonmetal Ores	7.3	96.9
开采辅助活动	Mining Auxiliary Activities	12.9	100.0
其他采矿业	Mining of Other Ores		
制造业	Manufacturing	3.8	97.9
农副食品加工业	Processing of Food from Agricultural Products	4.2	99.9
食品制造业	Manufacture of Foods	10.3	95.4
酒、饮料和精制茶制造业	Manufacture of Wine, soft drinks and refined tea	5.6	96.8
烟草制品业	Manufacture of Tobacco	19.6	99.2
纺织业	Manufacture of Textile	5.6	101.9
纺织服装、服饰业	Manufacture of Textile and Apparel	7.7	99.7
皮革、毛皮、羽毛及其制品和制鞋业	Manufacture of Leather, Furs, Feather and Related Products and Footwear	6.6	98.8
木材加工及木、竹、藤、棕、草制品业	Processing of Timber, Manufacture of Wood, Bamboo, Rattan, Palm and Straw Products	6.1	96.9
家具制造业	Manufacture of Furniture	4.8	98.2
造纸及纸制品业	Manufacture of Paper and Paper Products	4.2	97.1
印刷和记录媒介复制业	Manufacture of Printing and Record Medium Reproduction	7.8	97.9
文教、工美、体育和娱乐用品制造业	Manufacture of Articles for Culture, Education and Sports Activities	7.9	98.0
石油加工、炼焦及核燃料加工业	Processing of Petoleum, Coking, Processing of Nuclear Fuel	-2.7	98.2
化学原料及化学制品制造业	Manufacture of Raw Chemical Materials and Chemical Products	6.5	97.7
医药制造业	Manufacture of Medicines	11.5	94.1
化学纤维制造业	Manufacture of Chemical Fibers	3.2	93.7
橡胶和塑料制品业	Manufacture of Rubber and Plastics	5.6	93.7
非金属矿物制品业	Manufacture of Non-metallic Mineral Products	7.7	96.8
黑色金属冶炼及压延加工业	Smelting and Pressing of Ferrous Metals	-5.3	103.8
有色金属冶炼及压延加工业	Smelting and Pressing of Non-ferrous Metals	1.5	98.3
金属制品业	Manufacture of Metal Products	5.3	93.3
通用设备制造业	Manufacture of General Purpose Machinery	0.4	96.4
专用设备制造业	Manufacture of Special Purpose Machinery	2.3	97.0
汽车制造业	Manufacture of Automotive	-6.4	99.6
铁路、船舶、航空航天和其他运输设备制造业	Manufacture of Railroad, Marine, Aerospace and Other Transportation Equipment	2.6	92.3
电气机械及器材制造业	Manufacture of Electrical Machinery and Equipment	5.4	100.4
计算机、通信和其他电子设备制造业	Manufacture of Computers, Communication and Other Electronic Equipment	12.4	100.7
仪器仪表制造业	Manufacture of Measuring Instruments	5.9	97.1
其他制造业	Other Manufacturing	0.2	99.6
废弃资源综合利用业	Comprehensive Utilization of Waste Resources Industry	28.5	95.5
金属制品、机械和设备修理业	Metal Products, Machinery and Equipment Repair Industry	1.5	100.0
电力、热力、燃气及水的生产和供应业	Production and Supply of Electric Power, heat, Gas and Water	1.1	98.1
电力、热力的生产和供应业	Production and Supply of Electric Power and Heat Power	1.0	97.9
燃气生产和供应业	Production and Supply of Gas	2.9	99.9
水的生产和供应业	Production and Supply of Water	-0.8	100.0

12-16 大中型工业企业主要经济效益指标(2014年)

MAJOR INDICATORS ON ECONOMIC BENEFIT OF LARGE AND MEDIUM-SIZED INDUSTRIAL ENTERPRISES (2014)

类　别	Category	总资产贡献率(%) Ratio of Total Assets to Industrial Output Value (%)	资　产负债率(%) Assets-Liability Ratio (%)
总　计	**Total**	**16.9**	**57.6**
按轻重工业分	**Grouped by Light and Heavy Industry**		
轻工业	Light Industry	13.9	60.1
重工业	Heavy Industry	17.5	57.0
按行业分	**Grouped by Sector**		
采矿业	Mining and Quarrying	33.2	36.3
煤炭开采和洗选业	Mining and Washing of Coal	-1.7	83.9
石油和天然气开采业	Extraction of Petroleum and Natural Gas	43.8	24.3
黑色金属矿采选业	Mining and Processing of Ferrous Metals Ores	15.9	43.3
有色金属矿采选业	Mining and Processing of Non-ferrous Metal Ores	7.3	81.2
非金属矿采选业	Mining and Processing of Nonmetal Ores	14.3	90.7
开采辅助活动	Mining Auxiliary Activities	15.7	24.4
其他采矿业	Mining of Other Ores		
制造业	Manufacturing	9.3	67.0
农副食品加工业	Processing of Food from Agricultural Products	7.5	75.8
食品制造业	Manufacture of Foods	24.3	52.6
酒、饮料和精制茶制造业	Manufacture of Wine, soft drinks and refined tea	14.5	58.6
烟草制品业	Manufacture of Tobacco	72.9	15.6
纺织业	Manufacture of Textile	13.2	43.8
纺织服装、服饰业	Manufacture of Textile and Apparel	10.8	10.6
皮革、毛皮、羽毛及其制品和制鞋业	Manufacture of Leather, Furs, Feather and Related Products and Footwear		
木材加工及木、竹、藤、棕、草制品业	Processing of Timber, Manufacture of Wood, Bamboo, Rattan, Palm and Straw Products	17.9	41.2
家具制造业	Manufacture of Furniture	5.1	72.4
造纸及纸制品业	Manufacture of Paper and Paper Products	6.8	47.5
印刷和记录媒介复制业	Manufacture of Printing and Record Medium Reproduction	4.8	33.5
文教、工美、体育和娱乐用品制造业	Manufacture of Articles for Culture, Education and Sports Activities	39.2	55.1
石油加工、炼焦及核燃料加工业	Processing of Petoleum, Coking, Processing of Nuclear Fuel	23.2	67.0
化学原料及化学制品制造业	Manufacture of Raw Chemical Materials and Chemical Products	14.9	68.3
医药制造业	Manufacture of Medicines	14.2	44.1
化学纤维制造业	Manufacture of Chemical Fibers		
橡胶和塑料制品业	Manufacture of Rubber and Plastics	7.3	67.6
非金属矿物制品业	Manufacture of Non-metallic Mineral Products	11.2	63.3
黑色金属冶炼及压延加工业	Smelting and Pressing of Ferrous Metals	-2.1	95.1
有色金属冶炼及压延加工业	Smelting and Pressing of Non-ferrous Metals	0.1	74.9
金属制品业	Manufacture of Metal Products	3.9	61.6
通用设备制造业	Manufacture of General Purpose Machinery	1.1	66.0
专用设备制造业	Manufacture of Special Purpose Machinery	1.8	61.7
汽车制造业	Manufacture of Automotive	-1.5	106.9
铁路、船舶、航空航天和其他运输设备制造业	Manufacture of Railroad, Marine, Aerospace and Other Transportation Equipment	3.6	64.5
电气机械及器材制造业	Manufacture of Electrical Machinery and Equipment	4.2	55.5
计算机、通信和其他电子设备制造业	Manufacture of Computers, Communication and Other Electronic Equipment	14.4	47.6
仪器仪表制造业	Manufacture of Measuring Instruments	2.1	32.2
其他制造业	Other Manufacturing	1.6	92.9
废弃资源综合利用业	Comprehensive Utilization of Waste Resources Industry	19.6	64.1
金属制品、机械和设备修理业	Metal Products, Machinery and Equipment Repair Industry	-0.1	63.1
电力、热力、燃气及水的生产和供应业	Production and Supply of Electric Power, heat, Gas and Water	5.5	73.8
电力、热力的生产和供应业	Production and Supply of Electric Power and Heat Power	5.6	74.9
燃气生产和供应业	Production and Supply of Gas	7.5	49.7
水的生产和供应业	Production and Supply of Water	1.8	64.0

12-16 续表 CONTINUED

类 别	Category	成本费用利润率(%) Ratio of Profits to Industrial Cost(%)	产品销售率(%) Proportion of Products (%)
总 计	**Total**	**10.1**	**98.0**
按轻重工业分	**Grouped by Light and Heavy Industry**		
轻工业	Light Industry	6.7	98.7
重工业	Heavy Industry	11.5	97.7
按行业分	**Grouped by Sector**		
采矿业	Mining and Quarrying	48.4	98.2
煤炭开采和洗选业	Mining and Washing of Coal	-14.8	96.5
石油和天然气开采业	Extraction of Petroleum and Natural Gas	86.0	98.2
黑色金属矿采选业	Mining and Processing of Ferrous Metals Ores	9.5	100.3
有色金属矿采选业	Mining and Processing of Non-ferrous Metal Ores	12.2	102.4
非金属矿采选业	Mining and Processing of Nonmetal Ores	6.0	98.2
开采辅助活动	Mining Auxiliary Activities	13.2	100.0
其他采矿业	Mining of Other Ores		
制造业	Manufacturing	2.4	97.9
农副食品加工业	Processing of Food from Agricultural Products	3.0	102.1
食品制造业	Manufacture of Foods	13.6	95.4
酒、饮料和精制茶制造业	Manufacture of Wine, soft drinks and refined tea	6.7	96.8
烟草制品业	Manufacture of Tobacco	20.4	99.3
纺织业	Manufacture of Textile	6.2	103.8
纺织服装、服饰业	Manufacture of Textile and Apparel	7.1	100.9
皮革、毛皮、羽毛及其制品和制鞋业	Manufacture of Leather, Furs, Feather and Related Products and Footwear		
木材加工及木、竹、藤、棕、草制品业	Processing of Timber, Manufacture of Wood, Bamboo, Rattan, Palm and Straw Products	6.8	97.6
家具制造业	Manufacture of Furniture	4.1	92.6
造纸及纸制品业	Manufacture of Paper and Paper Products	4.7	94.1
印刷和记录媒介复制业	Manufacture of Printing and Record Medium Reproduction	4.5	100.3
文教、工美、体育和娱乐用品制造业	Manufacture of Articles for Culture, Education and Sports Activities	9.4	99.2
石油加工、炼焦及核燃料加工业	Processing of Petoleum, Coking, Processing of Nuclear Fuel	-2.8	98.2
化学原料及化学制品制造业	Manufacture of Raw Chemical Materials and Chemical Products	6.0	97.2
医药制造业	Manufacture of Medicines	12.7	91.6
化学纤维制造业	Manufacture of Chemical Fibers		
橡胶和塑料制品业	Manufacture of Rubber and Plastics	4.2	89.6
非金属矿物制品业	Manufacture of Non-metallic Mineral Products	14.7	91.8
黑色金属冶炼及压延加工业	Smelting and Pressing of Ferrous Metals	-7.8	105.2
有色金属冶炼及压延加工业	Smelting and Pressing of Non-ferrous Metals	-4.1	99.4
金属制品业	Manufacture of Metal Products	1.6	78.7
通用设备制造业	Manufacture of General Purpose Machinery	-2.1	95.4
专用设备制造业	Manufacture of Special Purpose Machinery	-1.2	98.6
汽车制造业	Manufacture of Automotive	-7.9	99.3
铁路、船舶、航空航天和其他运输设备制造业	Manufacture of Railroad, Marine, Aerospace and Other Transportation Equipment	1.9	90.8
电气机械及器材制造业	Manufacture of Electrical Machinery and Equipment	5.4	102.5
计算机、通信和其他电子设备制造业	Manufacture of Computers, Communication and Other Electronic Equipment	16.3	99.5
仪器仪表制造业	Manufacture of Measuring Instruments	-2.8	95.7
其他制造业	Other Manufacturing	-1.8	99.3
废弃资源综合利用业	Comprehensive Utilization of Waste Resources Industry	39.6	92.0
金属制品、机械和设备修理业	Metal Products, Machinery and Equipment Repair Industry	-2.5	100.0
电力、热力、燃气及水的生产和供应业	Production and Supply of Electric Power, heat, Gas and Water	0.2	97.8
电力、热力的生产和供应业	Production and Supply of Electric Power and Heat Power	0.04	97.6
燃气生产和供应业	Production and Supply of Gas	2.1	100.0
水的生产和供应业	Production and Supply of Water	-0.7	100.0

12-17 国有及国有控股工业企业主要经济效益指标(2014年)

MAJOR INDICATORS ON ECONOMIC BENEFIT OF STATE-OWNED AND STATE-HOLDING INDUSTRIAL ENTERPRISES (2014)

类 别	Category	总资产贡献率(%) Ratio of Total Assets to Industrial Output Value (%)	资产负债率(%) Assets-Liability Ratio (%)
总 计	**Total**	**17.8**	**56.7**
按轻重工业分	**Grouped by Light and Heavy Industry**		
轻工业	Light Industry	10.9	69.0
重工业	Heavy Industry	18.6	55.2
按行业分	**Grouped by Sector**		
采矿业	Mining and Quarrying	34.9	35.4
煤炭开采和洗选业	Mining and Washing of Coal	-3.4	87.6
石油和天然气开采业	Extraction of Petroleum and Natural Gas	43.8	24.3
黑色金属矿采选业	Mining and Processing of Ferrous Metals Ores		
有色金属矿采选业	Mining and Processing of Non-ferrous Metal Ores	2.2	95.8
非金属矿采选业	Mining and Processing of Nonmetal Ores	10.1	77.7
开采辅助活动	Mining Auxiliary Activities	16.9	21.7
其他采矿业	Mining of Other Ores		
制造业	Manufacturing	8.6	69.1
农副食品加工业	Processing of Food from Agricultural Products	3.1	86.5
食品制造业	Manufacture of Foods	11.2	76.6
酒、饮料和精制茶制造业	Manufacture of Wine, soft drinks and refined tea	5.0	82.8
烟草制品业	Manufacture of Tobacco	75.8	15.2
纺织业	Manufacture of Textile	-0.1	86.1
纺织服装、服饰业	Manufacture of Textile and Apparel		
皮革、毛皮、羽毛及其制品和制鞋业	Manufacture of Leather, Furs, Feather and Related Products and Footwear	6.9	81.8
木材加工及木、竹、藤、棕、草制品业	Processing of Timber, Manufacture of Wood, Bamboo, Rattan, Palm and Straw Products	0.9	72.4
家具制造业	Manufacture of Furniture	1.6	51.7
造纸及纸制品业	Manufacture of Paper and Paper Products	11.1	44.1
印刷和记录媒介复制业	Manufacture of Printing and Record Medium Reproduction	5.0	49.0
文教、工美、体育和娱乐用品制造业	Manufacture of Articles for Culture, Education and Sports Activities	4.9	35.2
石油加工、炼焦及核燃料加工业	Processing of Petoleum, Coking, Processing of Nuclear Fuel	36.9	64.2
化学原料及化学制品制造业	Manufacture of Raw Chemical Materials and Chemical Products	7.7	59.0
医药制造业	Manufacture of Medicines	8.2	50.7
化学纤维制造业	Manufacture of Chemical Fibers		
橡胶和塑料制品业	Manufacture of Rubber and Plastics	10.7	57.2
非金属矿物制品业	Manufacture of Non-metallic Mineral Products	11.0	65.4
黑色金属冶炼及压延加工业	Smelting and Pressing of Ferrous Metals	1.0	90.7
有色金属冶炼及压延加工业	Smelting and Pressing of Non-ferrous Metals	0.2	74.6
金属制品业	Manufacture of Metal Products	-1.4	61.7
通用设备制造业	Manufacture of General Purpose Machinery	0.9	67.0
专用设备制造业	Manufacture of Special Purpose Machinery	0.7	74.4
汽车制造业	Manufacture of Automotive	-7.7	130.7
铁路、船舶、航空航天和其他运输设备制造业	Manufacture of Railroad, Marine, Aerospace and Other Transportation Equipment	3.5	62.2
电气机械及器材制造业	Manufacture of Electrical Machinery and Equipment	3.4	59.5
计算机、通信和其他电子设备制造业	Manufacture of Computers, Communication and Other Electronic Equipment	8.6	24.3
仪器仪表制造业	Manufacture of Measuring Instruments	1.6	28.7
其他制造业	Other Manufacturing	2.3	88.5
废弃资源综合利用业	Comprehensive Utilization of Waste Resources Industry	19.6	64.1
金属制品、机械和设备修理业	Metal Products, Machinery and Equipment Repair Industry		
电力、热力、燃气及水的生产和供应业	Production and Supply of Electric Power, heat, Gas and Water	5.2	70.7
电力、热力的生产和供应业	Production and Supply of Electric Power and Heat Power	5.4	71.1
燃气生产和供应业	Production and Supply of Gas	8.5	50.7
水的生产和供应业	Production and Supply of Water	1.5	70.1

12-17 续表 CONTINUED

类 别	Category	成本费用利润率（%）Ratio of Profits to Industrial Cost (%)	产品销售率（%）Proportion of Products (%)
总 计	**Total**	**11.4**	**98.1**
按轻重工业分	**Grouped by Light and Heavy Industry**		
轻工业	Light Industry	2.5	100.3
重工业	Heavy Industry	13.2	97.7
按行业分	**Grouped by Sector**		
采矿业	Mining and Quarrying	54.0	97.9
煤炭开采和洗选业	Mining and Washing of Coal	-16.6	95.7
石油和天然气开采业	Extraction of Petroleum and Natural Gas	84.9	98.2
黑色金属矿采选业	Mining and Processing of Ferrous Metals Ores		
有色金属矿采选业	Mining and Processing of Non-ferrous Metal Ores	-6.2	93.9
非金属矿采选业	Mining and Processing of Nonmetal Ores	4.1	102.5
开采辅助活动	Mining Auxiliary Activities	20.8	100.0
其他采矿业	Mining of Other Ores		
制造业	Manufacturing	-0.1	98.2
农副食品加工业	Processing of Food from Agricultural Products	0.5	104.2
食品制造业	Manufacture of Foods	4.1	99.3
酒、饮料和精制茶制造业	Manufacture of Wine, soft drinks and refined tea	-2.3	92.2
烟草制品业	Manufacture of Tobacco	20.7	98.9
纺织业	Manufacture of Textile	-1.9	96.0
纺织服装、服饰业	Manufacture of Textile and Apparel		
皮革、毛皮、羽毛及其制品和制鞋业	Manufacture of Leather, Furs, Feather and Related Products and Footwear	0.2	100.0
木材加工及木、竹、藤、棕、草制品业	Processing of Timber, Manufacture of Wood, Bamboo, Rattan, Palm and Straw Products	0.1	89.2
家具制造业	Manufacture of Furniture	2.3	100.0
造纸及纸制品业	Manufacture of Paper and Paper Products	12.8	95.4
印刷和记录媒介复制业	Manufacture of Printing and Record Medium Reproduction	7.9	95.0
文教、工美、体育和娱乐用品制造业	Manufacture of Articles for Culture, Education and Sports Activities	8.2	104.5
石油加工、炼焦及核燃料加工业	Processing of Petoleum, Coking, Processing of Nuclear Fuel	-2.2	98.5
化学原料及化学制品制造业	Manufacture of Raw Chemical Materials and Chemical Products	2.9	98.8
医药制造业	Manufacture of Medicines	3.4	89.1
化学纤维制造业	Manufacture of Chemical Fibers		
橡胶和塑料制品业	Manufacture of Rubber and Plastics	1.4	111.3
非金属矿物制品业	Manufacture of Non-metallic Mineral Products	14.9	93.1
黑色金属冶炼及压延加工业	Smelting and Pressing of Ferrous Metals	-0.1	98.2
有色金属冶炼及压延加工业	Smelting and Pressing of Non-ferrous Metals	-3.7	99.3
金属制品业	Manufacture of Metal Products	-5.6	96.6
通用设备制造业	Manufacture of General Purpose Machinery	-2.3	94.8
专用设备制造业	Manufacture of Special Purpose Machinery	-5.4	97.1
汽车制造业	Manufacture of Automotive	-18.0	99.3
铁路、船舶、航空航天和其他运输设备制造业	Manufacture of Railroad, Marine, Aerospace and Other Transportation Equipment	2.1	90.7
电气机械及器材制造业	Manufacture of Electrical Machinery and Equipment	3.7	105.3
计算机、通信和其他电子设备制造业	Manufacture of Computers, Communication and Other Electronic Equipment	9.7	106.6
仪器仪表制造业	Manufacture of Measuring Instruments	-4.0	93.7
其他制造业	Other Manufacturing	-0.3	99.4
废弃资源综合利用业	Comprehensive Utilization of Waste Resources Industry	39.6	92.0
金属制品、机械和设备修理业	Metal Products, Machinery and Equipment Repair Industry		
电力、热力、燃气及水的生产和供应业	Production and Supply of Electric Power, heat, Gas and Water	0.8	97.9
电力、热力的生产和供应业	Production and Supply of Electric Power and Heat Power	0.7	97.7
燃气生产和供应业	Production and Supply of Gas	2.5	100.0
水的生产和供应业	Production and Supply of Water	-3.7	100.0

12-18 集体工业企业主要经济效益指标(2014年)

MAJOR INDICATORS ON ECONOMIC BENEFIT OF COLLECTIVE-OWNED INDUSTIAL ENTERPRISES (2014)

类　别	Category	总资产贡献率(%) Ratio of Total Assets to Industrial Output Value (%)	资　产负债率(%) Assets-Liability Ratio (%)
总　计	**Total**	**7.6**	**85.1**
按轻重工业分	**Grouped by Light and Heavy Industry**		
轻工业	Light Industry	11.2	24.4
重工业	Heavy Industry	7.2	92.4
按行业分	**Grouped by Sector**		
采矿业	Mining and Quarrying	9.8	107.6
煤炭开采和洗选业	Mining and Washing of Coal	2.9	55.6
石油和天然气开采业	Extraction of Petroleum and Natural Gas		
黑色金属矿采选业	Mining and Processing of Ferrous Metals Ores		
有色金属矿采选业	Mining and Processing of Non-ferrous Metal Ores		
非金属矿采选业	Mining and Processing of Nonmetal Ores	41.7	18.5
开采辅助活动	Mining Auxiliary Activities	13.0	157.9
其他采矿业	Mining of Other Ores		
制造业	Manufacturing	7.2	80.6
农副食品加工业	Processing of Food from Agricultural Products		
食品制造业	Manufacture of Foods	6.3	16.3
酒、饮料和精制茶制造业	Manufacture of Wine, soft drinks and refined tea		
烟草制品业	Manufacture of Tobacco	51.3	10.3
纺织业	Manufacture of Textile		
纺织服装、服饰业	Manufacture of Textile and Apparel		
皮革、毛皮、羽毛及其制品和制鞋业	Manufacture of Leather, Furs, Feather and Related Products and Footwear		
木材加工及木、竹、藤、棕、草制品业	Processing of Timber, Manufacture of Wood, Bamboo, Rattan, Palm and Straw Products		
家具制造业	Manufacture of Furniture		
造纸及纸制品业	Manufacture of Paper and Paper Products	17.0	53.4
印刷和记录媒介复制业	Manufacture of Printing and Record Medium Reproduction		
文教、工美、体育和娱乐用品制造业	Manufacture of Articles for Culture, Education and Sports Activities		
石油加工、炼焦及核燃料加工业	Processing of Petoleum, Coking, Processing of Nuclear Fuel		
化学原料及化学制品制造业	Manufacture of Raw Chemical Materials and Chemical Products	10.3	78.8
医药制造业	Manufacture of Medicines		
化学纤维制造业	Manufacture of Chemical Fibers		
橡胶和塑料制品业	Manufacture of Rubber and Plastics	2.5	54.5
非金属矿物制品业	Manufacture of Non-metallic Mineral Products	85.8	18.0
黑色金属冶炼及压延加工业	Smelting and Pressing of Ferrous Metals	-5.2	135.7
有色金属冶炼及压延加工业	Smelting and Pressing of Non-ferrous Metals	36.9	37.9
金属制品业	Manufacture of Metal Products	-1.0	85.0
通用设备制造业	Manufacture of General Purpose Machinery	-3.8	131.4
专用设备制造业	Manufacture of Special Purpose Machinery	2.9	92.4
汽车制造业	Manufacture of Automotive	-45.4	269.4
铁路、船舶、航空航天和其他运输设备制造业	Manufacture of Railroad, Marine, Aerospace and Other Transportation Equipment	2.0	85.6
电气机械及器材制造业	Manufacture of Electrical Machinery and Equipment	-5.5	85.6
计算机、通信和其他电子设备制造业	Manufacture of Computers, Communication and Other Electronic Equipment		
仪器仪表制造业	Manufacture of Measuring Instruments		
其他制造业	Other Manufacturing		
废弃资源综合利用业	Comprehensive Utilization of Waste Resources Industry		
金属制品、机械和设备修理业	Metal Products, Machinery and Equipment Repair Industry	3.8	78.8
电力、热力、燃气及水的生产和供应业	Production and Supply of Electric Power, heat, Gas and Water	6.9	87.6
电力、热力的生产和供应业	Production and Supply of Electric Power and Heat Power	6.9	87.6
燃气生产和供应业	Production and Supply of Gas		
水的生产和供应业	Production and Supply of Water		

12-18 续表 CONTINUED

类 别	Category	成本费用利润率(%) Ratio of Profits to Industrial Cost(%)	产品销售率(%) Proportion of Products (%)
总 计	**Total**	**1.6**	**99.5**
按轻重工业分	**Grouped by Light and Heavy Industry**		
轻工业	Light Industry	5.8	99.5
重工业	Heavy Industry	1.0	99.6
按行业分	**Grouped by Sector**		
采矿业	Mining and Quarrying	10.8	101.3
煤炭开采和洗选业	Mining and Washing of Coal	5.6	108.2
石油和天然气开采业	Extraction of Petroleum and Natural Gas		
黑色金属矿采选业	Mining and Processing of Ferrous Metals Ores		
有色金属矿采选业	Mining and Processing of Non-ferrous Metal Ores		
非金属矿采选业	Mining and Processing of Nonmetal Ores	21.6	100.0
开采辅助活动	Mining Auxiliary Activities	10.0	100.0
其他采矿业	Mining of Other Ores		
制造业	Manufacturing	0.9	99.4
农副食品加工业	Processing of Food from Agricultural Products		
食品制造业	Manufacture of Foods	8.8	99.9
酒、饮料和精制茶制造业	Manufacture of Wine, soft drinks and refined tea		
烟草制品业	Manufacture of Tobacco	3.5	96.9
纺织业	Manufacture of Textile		
纺织服装、服饰业	Manufacture of Textile and Apparel		
皮革、毛皮、羽毛及其制品和制鞋业	Manufacture of Leather, Furs, Feather and Related Products and Footwear		
木材加工及木、竹、藤、棕、草制品业	Processing of Timber, Manufacture of Wood, Bamboo, Rattan, Palm and Straw Products		
家具制造业	Manufacture of Furniture		
造纸及纸制品业	Manufacture of Paper and Paper Products	4.3	101.9
印刷和记录媒介复制业	Manufacture of Printing and Record Medium Reproduction		
文教、工美、体育和娱乐用品制造业	Manufacture of Articles for Culture, Education and Sports Activities		
石油加工、炼焦及核燃料加工业	Processing of Petoleum, Coking, Processing of Nuclear Fuel		
化学原料及化学制品制造业	Manufacture of Raw Chemical Materials and Chemical Products	3.0	98.9
医药制造业	Manufacture of Medicines		
化学纤维制造业	Manufacture of Chemical Fibers		
橡胶和塑料制品业	Manufacture of Rubber and Plastics	0.4	101.6
非金属矿物制品业	Manufacture of Non-metallic Mineral Products	13.8	100.0
黑色金属冶炼及压延加工业	Smelting and Pressing of Ferrous Metals	-10.7	100.0
有色金属冶炼及压延加工业	Smelting and Pressing of Non-ferrous Metals	4.8	100.0
金属制品业	Manufacture of Metal Products	-0.7	100.0
通用设备制造业	Manufacture of General Purpose Machinery	-13.3	101.1
专用设备制造业	Manufacture of Special Purpose Machinery	1.1	64.6
汽车制造业	Manufacture of Automotive	-51.9	100.0
铁路、船舶、航空航天和其他运输设备制造业	Manufacture of Railroad, Marine, Aerospace and Other Transportation Equipment	-2.8	101.5
电气机械及器材制造业	Manufacture of Electrical Machinery and Equipment	-1.5	100.0
计算机、通信和其他电子设备制造业	Manufacture of Computers, Communication and Other Electronic Equipment		
仪器仪表制造业	Manufacture of Measuring Instruments		
其他制造业	Other Manufacturing		
废弃资源综合利用业	Comprehensive Utilization of Waste Resources Industry		
金属制品、机械和设备修理业	Metal Products, Machinery and Equipment Repair Industry	2.6	100.0
电力、热力、燃气及水的生产和供应业	Production and Supply of Electric Power, heat, Gas and Water	0.2	100.0
电力、热力的生产和供应业	Production and Supply of Electric Power and Heat Power	0.2	100.0
燃气生产和供应业	Production and Supply of Gas		
水的生产和供应业	Production and Supply of Water		

12-19 按行业分私营工业企业主要经济效益指标(2014年)

MAIN INDICATORS ON ECONOMIC BENEFIT OF PRIVATE INDUSTRIAL ENYERPRISES BY INDUSTRIAL SECTOR (2014)

类 别	Category	总资产贡献率(%) Ratio of Total Assets to Industrial Output Value (%)	资产负债率(%) Assets-Liability Ratio (%)
总 计	**Total**	**15.3**	**52.4**
采矿业	Mining and Quarrying	8.1	56.8
煤炭开采和洗选业	Mining and Washing of Coal	4.5	67.5
石油和天然气开采业	Extraction of Petroleum and Natural Gas		
黑色金属矿采选业	Mining and Processing of Ferrous Metals Ores	36.3	19.0
有色金属矿采选业	Mining and Processing of Non-ferrous Metal Ores	1.5	26.2
非金属矿采选业	Mining and Processing of Nonmetal Ores	22.2	44.7
开采辅助活动	Mining Auxiliary Activities	7.3	47.5
其他采矿业	Mining of Other Ores		
制造业	Manufacturing	16.6	50.7
农副食品加工业	Processing of Food from Agricultural Products	20.2	44.9
食品制造业	Manufacture of Foods	13.2	44.9
酒、饮料和精制茶制造业	Manufacture of Wine, soft drinks and refined tea	14.4	54.4
烟草制品业	Manufacture of Tobacco		
纺织业	Manufacture of Textile	18.1	38.5
纺织服装、服饰业	Manufacture of Textile and Apparel	17.5	53.7
皮革、毛皮、羽毛及其制品和制鞋业	Manufacture of Leather, Furs, Feather and Related Products and Footwear	60.1	38.2
木材加工及木、竹、藤、棕、草制品业	Processing of Timber, Manufacture of Wood, Bamboo, Rattan, Palm and Straw Products	25.2	34.2
家具制造业	Manufacture of Furniture	11.8	61.1
造纸及纸制品业	Manufacture of Paper and Paper Products	11.8	54.2
印刷和记录媒介复制业	Manufacture of Printing and Record Medium Reproduction	8.8	56.1
文教、工美、体育和娱乐用品制造业	Manufacture of Articles for Culture, Education and Sports Activities	66.5	34.1
石油加工、炼焦及核燃料加工业	Processing of Petoleum, Coking, Processing of Nuclear Fuel	-2.9	86.7
化学原料及化学制品制造业	Manufacture of Raw Chemical Materials and Chemical Products	18.9	56.4
医药制造业	Manufacture of Medicines	11.1	47.7
化学纤维制造业	Manufacture of Chemical Fibers	5.6	39.4
橡胶和塑料制品业	Manufacture of Rubber and Plastics	20.0	47.3
非金属矿物制品业	Manufacture of Non-metallic Mineral Products	16.7	55.0
黑色金属冶炼及压延加工业	Smelting and Pressing of Ferrous Metals	17.7	53.2
有色金属冶炼及压延加工业	Smelting and Pressing of Non-ferrous Metals	17.7	51.2
金属制品业	Manufacture of Metal Products	20.2	57.2
通用设备制造业	Manufacture of General Purpose Machinery	14.5	53.0
专用设备制造业	Manufacture of Special Purpose Machinery	13.7	42.1
汽车制造业	Manufacture of Automotive	10.9	59.5
铁路、船舶、航空航天和其他运输设备制造业	Manufacture of Railroad, Marine, Aerospace and Other Transportation Equipment	12.9	62.0
电气机械及器材制造业	Manufacture of Electrical Machinery and Equipment	18.0	42.7
计算机、通信和其他电子设备制造业	Manufacture of Computers, Communication and Other Electronic Equipment	12.0	45.9
仪器仪表制造业	Manufacture of Measuring Instruments	8.0	59.5
其他制造业	Other Manufacturing	17.8	26.9
废弃资源综合利用业	Comprehensive Utilization of Waste Resources Industry	11.9	43.7
金属制品、机械和设备修理业	Metal Products, Machinery and Equipment Repair Industry	9.1	39.4
电力、热力、燃气及水的生产和供应业	Production and Supply of Electric Power, heat, Gas and Water	4.2	74.4
电力、热力的生产和供应业	Production and Supply of Electric Power and Heat Power	3.5	77.5
燃气生产和供应业	Production and Supply of Gas	9.2	55.4
水的生产和供应业	Production and Supply of Water	12.2	29.5

12-19 续表 CONTINUED

类 别	Category	成本费用利润率(%) Ratio of Profits to Industrial Cost(%)	产品销售率(%) Proportion of Products (%)
总 计	**Total**	5.8	97.7
采矿业	Mining and Quarrying	2.0	95.5
煤炭开采和洗选业	Mining and Washing of Coal	-4.7	91.1
石油和天然气开采业	Extraction of Petroleum and Natural Gas		
黑色金属矿采选业	Mining and Processing of Ferrous Metals Ores	12.5	99.0
有色金属矿采选业	Mining and Processing of Non-ferrous Metal Ores	-2.6	100.6
非金属矿采选业	Mining and Processing of Nonmetal Ores	7.5	100.3
开采辅助活动	Mining Auxiliary Activities	5.0	100.0
其他采矿业	Mining of Other Ores		
制造业	Manufacturing	6.0	97.8
农副食品加工业	Processing of Food from Agricultural Products	6.0	98.3
食品制造业	Manufacture of Foods	7.1	98.1
酒、饮料和精制茶制造业	Manufacture of Wine, soft drinks and refined tea	5.0	95.4
烟草制品业	Manufacture of Tobacco		
纺织业	Manufacture of Textile	5.0	96.5
纺织服装、服饰业	Manufacture of Textile and Apparel	5.3	99.4
皮革、毛皮、羽毛及其制品和制鞋业	Manufacture of Leather, Furs, Feather and Related Products and Footwear	7.1	99.8
木材加工及木、竹、藤、棕、草制品业	Processing of Timber, Manufacture of Wood, Bamboo, Rattan, Palm and Straw Products	5.6	97.3
家具制造业	Manufacture of Furniture	5.4	98.0
造纸及纸制品业	Manufacture of Paper and Paper Products	4.9	99.4
印刷和记录媒介复制业	Manufacture of Printing and Record Medium Reproduction	4.0	100.4
文教、工美、体育和娱乐用品制造业	Manufacture of Articles for Culture, Education and Sports Activities	9.9	96.4
石油加工、炼焦及核燃料加工业	Processing of Petoleum, Coking, Processing of Nuclear Fuel	-9.2	97.1
化学原料及化学制品制造业	Manufacture of Raw Chemical Materials and Chemical Products	8.2	97.8
医药制造业	Manufacture of Medicines	5.8	98.1
化学纤维制造业	Manufacture of Chemical Fibers	3.2	93.7
橡胶和塑料制品业	Manufacture of Rubber and Plastics	7.3	95.5
非金属矿物制品业	Manufacture of Non-metallic Mineral Products	7.0	97.4
黑色金属冶炼及压延加工业	Smelting and Pressing of Ferrous Metals	5.1	99.5
有色金属冶炼及压延加工业	Smelting and Pressing of Non-ferrous Metals	9.3	94.0
金属制品业	Manufacture of Metal Products	6.3	96.9
通用设备制造业	Manufacture of General Purpose Machinery	6.1	97.8
专用设备制造业	Manufacture of Special Purpose Machinery	7.2	97.5
汽车制造业	Manufacture of Automotive	3.6	97.8
铁路、船舶、航空航天和其他运输设备制造业	Manufacture of Railroad, Marine, Aerospace and Other Transportation Equipment	20.6	100.4
电气机械及器材制造业	Manufacture of Electrical Machinery and Equipment	7.0	99.4
计算机、通信和其他电子设备制造业	Manufacture of Computers, Communication and Other Electronic Equipment	13.7	99.3
仪器仪表制造业	Manufacture of Measuring Instruments	3.9	100.6
其他制造业	Other Manufacturing	3.1	100.0
废弃资源综合利用业	Comprehensive Utilization of Waste Resources Industry	14.1	85.3
金属制品、机械和设备修理业	Metal Products, Machinery and Equipment Repair Industry	1.5	100.0
电力、热力、燃气及水的生产和供应业	Production and Supply of Electric Power, heat, Gas and Water	4.2	99.0
电力、热力的生产和供应业	Production and Supply of Electric Power and Heat Power	3.5	98.6
燃气生产和供应业	Production and Supply of Gas	7.9	100.4
水的生产和供应业	Production and Supply of Water	3.1	100.0

12-20 按行业分“三资”工业企业主要经济效益指标(2014年)

类　别	Category
总　计	**Total**
采矿业	Mining and Quarrying
煤炭开采和洗选业	Mining and Washing of Coal
石油和天然气开采业	Extraction of Petroleum and Natural Gas
黑色金属矿采选业	Mining and Processing of Ferrous Metals Ores
有色金属矿采选业	Mining and Processing of Non-ferrous Metal Ores
非金属矿采选业	Mining and Processing of Nonmetal Ores
开采辅助活动	Mining Auxiliary Activities
其他采矿业	Mining of Other Ores
制造业	Manufacturing
农副食品加工业	Processing of Food from Agricultural Products
食品制造业	Manufacture of Foods
酒、饮料和精制茶制造业	Manufacture of Wine, soft drinks and refined tea
烟草制品业	Manufacture of Tobacco
纺织业	Manufacture of Textile
纺织服装、服饰业	Manufacture of Textile and Apparel
皮革、毛皮、羽毛及其制品和制鞋业	Manufacture of Leather, Furs, Feather and Related Products and Footwear
木材加工及木、竹、藤、棕、草制品业	Processing of Timber, Manufacture of Wood, Bamboo, Rattan, Palm and Straw Products
家具制造业	Manufacture of Furniture
造纸及纸制品业	Manufacture of Paper and Paper Products
印刷和记录媒介复制业	Manufacture of Printing and Record Medium Reproduction
文教、工美、体育和娱乐用品制造业	Manufacture of Articles for Culture, Education and Sports Activities
石油加工、炼焦及核燃料加工业	Processing of Petoleum, Coking, Processing of Nuclear Fuel
化学原料及化学制品制造业	Manufacture of Raw Chemical Materials and Chemical Products
医药制造业	Manufacture of Medicines
化学纤维制造业	Manufacture of Chemical Fibers
橡胶和塑料制品业	Manufacture of Rubber and Plastics
非金属矿物制品业	Manufacture of Non-metallic Mineral Products
黑色金属冶炼及压延加工业	Smelting and Pressing of Ferrous Metals
有色金属冶炼及压延加工业	Smelting and Pressing of Non-ferrous Metals
金属制品业	Manufacture of Metal Products
通用设备制造业	Manufacture of General Purpose Machinery
专用设备制造业	Manufacture of Special Purpose Machinery
汽车制造业	Manufacture of Automotive
铁路、船舶、航空航天和其他运输设备制造业	Manufacture of Railroad, Marine, Aerospace and Other Transportation Equipment
电气机械及器材制造业	Manufacture of Electrical Machinery and Equipment
计算机、通信和其他电子设备制造业	Manufacture of Computers, Communication and Other Electronic Equipment
仪器仪表制造业	Manufacture of Measuring Instruments
其他制造业	Other Manufacturing
废弃资源综合利用业	Comprehensive Utilization of Waste Resources Industry
金属制品、机械和设备修理业	Metal Products, Machinery and Equipment Repair Industry
电力、热力、燃气及水的生产和供应业	Production and Supply of Electric Power, heat, Gas and Water
电力、热力的生产和供应业	Production and Supply of Electric Power and Heat Power
燃气生产和供应业	Production and Supply of Gas
水的生产和供应业	Production and Supply of Water

MAIN INDICATORS ON ECONOMIC BENEFIT OF INDUSTRIAL ENTERPRISES WITH HONGKONG,MACAO,TAIWAN AND FOREIGN FUNDS BY INDUSTRIAL SECTOR (2014)

总资产 贡献率 (%) Ratio of Total Assets to Industrial Output Value (%)	资 产 负债率 (%) Assets- Liability Ratio (%)	成本费用 利 润 率 (%) Ratio of Profits to Industrial Cost (%)	产 品 销售率 (%) Proportion of Products (%)
9.0	**62.2**	**5.7**	**98.9**
16.9	9.4	10.7	99.8
3.2	67.0	-7.8	74.2
6.3	55.4	-0.2	94.4
17.8	5.7	11.1	100.0
8.9	61.1	5.2	98.8
6.8	72.2	2.9	102.4
18.0	56.0	11.0	98.9
16.2	59.1	7.1	98.1
13.4	31.3	11.5	125.0
11.2	4.2	8.2	100.0
72.8	0.9	2.3	99.1
13.5	26.0	4.8	98.2
3.3	89.2	-0.3	83.0
-1.7	51.6	-5.1	100.4
4.7	22.4	0.6	100.0
33.7	29.8	6.5	99.5
-8.6	80.4	-34.2	80.8
40.5	47.8	14.5	97.1
8.7	53.6	3.6	89.6
4.8	71.2	4.1	87.0
4.2	58.8	5.7	99.1
24.2	62.8	11.8	102.0
12.1	34.8	2.6	110.8
3.4	40.3	1.5	100.4
-6.2	67.7	-15.1	119.1
5.4	74.3	6.6	99.5
-2.1	39.8	-2.8	148.8
5.6	46.1	11.1	93.6
7.7	33.2	8.1	100.0
4.9	62.6	10.0	137.5
6.8	82.1	6.64	99.8
6.9	85.8	5.8	99.8
11.3	54.2	11.8	99.8
1.8	81.0	-11.3	100.0

12-21 四大主导产业主要经济指标 (2014年)

单位：亿元

类 别	Category	工业总产值 Gross Industrial Output Value	资产合计 Total Assets	负债合计 Total Liabilities
总 计	**Total**	**11047.6**	**12466.7**	**6999.2**
装备工业	Equipment Industry	1615.7	2656.5	1722.8
金属制品业	Manufacture of Metal Products	192.6	120.9	70.4
金属制品、机械和设备修理业	Metal Products, Machinery and Equipment Repair Industry	4.8	8.4	5.9
通用设备制造业	Manufacture of General Purpose Machinery	451.6	1117.9	722.3
专用设备制造业	Manufacture of Special Purpose Machinery	286.3	334.9	195.4
汽车制造业	Manufacture of Automotive	172.6	263.3	266.9
铁路、船舶、航空航天和其他运输设备制造业	Manufacture of Railroad, Marine, Aerospace and Other Transportation Equipment	216.7	355.6	219.6
电气机械及器材制造业	Manufacture of Electrical Machinery and Equipment	242.4	369.2	203.6
计算机、通信和其他电子设备制造业	Manufacture of Computers, Communication and Other Electronic Equipment	23.5	38.8	18.4
仪器仪表制造业	Manufacture of Measuring Instrument	25.3	47.6	20.4
石化工业	Petrochemical Industry	2130.6	1248.1	786.2
石油加工、炼焦及核燃料加工业	Processing of Petroleum, Coking, Processing of Nuclear Fuel	1360.2	693.0	465.6
化学原料及化学制品制造业	Manufacture of Chemical Raw Material and Chemical Products	563.8	407.9	235.9
化学纤维制造业	Manufacture of Chemical Fiber	1.83	3.09	1.22
橡胶和塑料制品业	Manufacture of Rubber and Plastics	204.7	144.1	83.4
能源工业	Energy Industry	3702.9	6337.9	3155.6
煤炭开采和洗选业	Mining and Washing of Coal	360.8	809.8	664.6
石油和天然气开采业	Extraction of Petroleum and Natural Gas	1835.1	2865.7	696.8
电力、热力的生产和供应业	Production and Supply of Electric Power and Heat Power	1203.7	2376.2	1699.6
燃气生产和供应业	Production and Distribution of Gas	120.0	68.0	37.9
开采辅助活动	Mining Auxiliary Activities	183.3	218.3	56.8
食品工业	Food Industry	3598.5	2224.2	1334.7
农副食品加工业	Processing of Food from Agricultural Products	2688.1	1561.2	974.5
食品制造业	Manufacture of Foods	579.7	381.7	201.8
酒、饮料和精制茶制造业	Manufacture of Beverage	330.7	281.3	158.4

MAIN ECONOMIC INDICATORS OF FOUR LEADING INDUSTRY (2014)

(100 million yuan)

主营业务收入 Main Camp Service Income	主营业务成本 Main Camp Service Cost	主营业务税金及附加 Main Camp Service Tax and Addition	销售费用 Selling Expenses	管理费用 Overhead Expenses	财务费用 Financial Expenses	利润总额 Total Profits	应交增值税 Value-added Tax Payable	从业人员平均人数(人) Average Employed Persons (person)
11032.7	**8797.9**	**555.5**	**208.4**	**503.6**	**125.6**	**871.1**	**471.1**	**1030713**
1573.4	1361.8	8.1	39.1	119.8	23.3	28.3	38.5	203596
182.5	159.9	1.0	2.2	8.8	1.2	9.1	3.0	21593
5.1	4.6	0.0	0.0	0.7	0.0	0.1	0.1	1117
430.8	378.4	1.8	11.2	33.4	9.1	1.9	12.2	60074
258.9	219.9	1.1	9.1	19.2	3.4	5.7	5.4	33567
170.6	154.0	1.9	3.2	15.1	3.5	-11.4	3.6	20295
234.0	202.0	0.6	4.2	23.1	3.1	6.4	4.4	30584
241.9	205.5	1.2	7.1	13.8	2.0	12.3	7.7	26611
24.9	18.4	0.2	0.9	2.8	0.4	2.8	1.0	3953
24.7	19.4	0.2	1.3	3.0	0.6	1.5	1.1	5802
2129.4	1851.7	136.9	23.3	80.8	21.5	9.4	58.3	109739
1376.6	1194.4	133.2	11.8	53.7	14.2	-34.8	42.0	52073
560.1	488.0	3.0	8.2	19.8	5.5	33.7	11.8	38353
1.74	1.35	0.01	0.11	0.17	0.06	0.05	0.05	274
191.1	168.0	0.7	3.3	7.2	1.8	10.4	4.5	19039
3716.8	2402.0	383.4	25.2	219.2	55.2	652.7	320.6	502739
335.6	334.6	6.2	5.1	42.3	13.7	-53.6	26.4	242080
1814.9	625.6	365.3	11.5	130.7	-8.0	670.9	227.7	113171
1262.5	1194.7	5.6	3.7	27.4	48.9	12.4	57.8	129572
124.2	114.9	0.2	4.9	2.9	-0.2	3.6	1.2	6723
179.6	132.1	6.1	0.1	15.9	0.8	19.3	7.6	11193
3613.0	3182.4	27.1	120.8	83.8	25.6	180.7	53.7	214639
2755.3	2511.1	14.5	48.2	51.4	20.8	112.1	29.4	141354
538.4	415.8	2.1	53.8	16.8	2.2	51.9	15.5	41529
319.3	255.5	10.6	18.8	15.6	2.7	16.7	8.8	31756

12-22 主要工业产品产量

OUTPUT OF MAJOR INDUSTRIAL PRODUCTS

指　标	Item	2010	2011	2012	2013	2014
原油(万吨)	Crude Oil(10000 tons)	4004.9	4006.0	4001.5	4001.0	4000.0
天然气(亿立方米)	Natural Gas(100 million cu.m)	30.0	31.0	33.7	34.8	35.1
大米(万吨)	Rice(10000 tons)	782.6	932.1	1503.8	1619.9	1504.1
铁矿石原矿量(万吨)	Original Ironstone Reserves(10000 tons)	227.1	226.9	472.5	585.9	539.9
精制食用植物油(万吨)	Purifier Edible Vegetable Oil(10000 tons)	210.0	288.8	304.8	352.9	313.0
成品糖(万吨)	Finished Product Sugar(10000 tons)	18.7	21.2	26.5	14.9	5.4
乳制品(万吨)	Dairy Products(10000 tons)	183.9	178.3	185.7	213.7	195.4
#液体乳	#Liguid Milk	116.9	103.6	134.1	150.3	141.1
白酒(万千升)	Liquor(10000 kiloliter)	16.5	20.9	38.0	50.1	57.0
啤酒(万千升)	Beer(10000 kiloliter)	186.8	222.4	209.1	218.9	203.7
卷烟(亿支)	Cigarettes(100 million pieces)	431.0	436.1	437.0	439.5	450.0
亚麻布(万米)	Linen(10000 m)	4926.9	4625.2	5784.4	5514.9	6401.6
人造板(万立方米)	Man-made Board(10000 cu.m)	289.3	253.1	306.5	433.9	460.8
机制纸及纸板(万吨)	Machine-made Paper and Paperboards(10000 tons)	89.4	65.0	61.6	75.1	59.5
原油加工量(万吨)	Crude Oil Processed(10000 tons)	1671.1	1707.6	1676.7	1645.4	1579.6
汽油(万吨)	Gasolene(10000 tons)	462.9	481.7	463.5	480.7	429.5
柴油(万吨)	Diesel oil(10000 tons)	615.5	609.1	573	584.5	530.5
焦炭(万吨)	Coke(10000 tons)	1094.1	1000.2	957.2	815.2	802.8
硫酸(折100%,万吨)	Sulfuric Acid(convert into 100%, 10000 tons)	10.8	7.3	9.3	4.2	2.8
盐酸(万吨)	Muriatic Acid(10000 tons)	4.9	10.7	9.4	10.7	8.7
烧碱(万吨)	Caustic Soda(10000 tons)	4.4	11.3	12.8	12.7	11.4
合成氨(万吨)	Synthetic Ammonia(10000 tons)	74.5	78.6	85.2	73.8	68.9
农用化肥(折100%,万吨)	Chemical Fertilizer for Agricultural Use (convert into 100%,10000 tons)	64.9	67.6	71.6	60.4	49.0
化学农药(折100%,吨)	Chemical Presticide(convert into100%,ton)	5893	3483	3129	11065	3164
乙烯(万吨)	Ethylene(10000 tons)	54.4	61.6	67.2	76.0	103.9
化学原料药(吨)	Chemical Raw Medicine(ton)	6294.1	5221.9	4896.3	4889.2	10679.4
中成药(万吨)	Proprietary Chinese Medicine	9.2	15.0	14.0	5.2	4.2
化学纤维(万吨)	Chemical Fiber(10000 tons)	8.2	13.3	10.7	7.1	7.7
轮胎外胎(万条)	Tires(10000 units)	447.1	441	424.1	484.2	496.3
塑料制品(万吨)	Plastic Products(10000 tons)	46.1	54.8	63.8	47.1	41.3
水泥(万吨)	Cement(10000 tons)	3507.2	4213.9	3872.9	4028.5	3672.1
平板玻璃(万重量箱)	Plate Glass(10000 weight cases)	691.5	557.9	399.9	416.0	415.5
石墨及碳素制品(吨)	Graphite and Related Products(ton)	35421	16459	92865	88369	88781
生铁(万吨)	Pig Iron(10000 tons)	555.7	588.9	674.7	716.3	456.7
粗钢(万吨)	Crude Steel(10000 tons)	652.7	667.5	697.6	768.7	476.3
成品钢材(万吨)	End Product Steel Products(10000 tons)	566.0	596.6	610.2	631.0	483.5
铝材(万吨)	Aluminous Material(10000 tons)	7.2	10.7	6.1	7.0	9.1
电站锅炉(蒸发量吨)	Power Plant Boiler(vaporing ton)	128955	114022	201471	171801	161107
电站汽轮机(500千瓦以上)(万千瓦)	Power Plant Turbine(≥500 kw, 10000 kw)	2082.8	2025.7	1404.5	1018.5	1757.9
金属切削机床(台)	Metal-cutting Machine Tools(unit)	5267.0	8109.0	4578.0	3980.0	990.0
发电设备(万千瓦)	Power Generating Equipment(10000 kw)	2158.3	2186.7	2329.8	1916.3	2181.0
矿山设备(吨)	Mining Equipment(ton)	47328	68875	125486	101860	70502
冶炼设备(吨)	Smelting Equipment(ton)	13292	31231	200	3612	6671
金属轧制设备(吨)	Metal-rolling Equipment(ton)	74365	111566	99343	107610	58573
大中型拖拉机(台)	Large and Medium Tractors(unit)	2116	3688	15793	13153	9854
小型拖拉机(台)	Small-sized Tractors(unit)	12054	6373	3464	1619	527
铁路货车(辆)	Railway Passenger Engines(unit)	11140	15892	14009	11290	7940
汽车(辆)	Motor Vehicles(unit)	247716	181703	97989	122496	116003
改装汽车(辆)	Special Automobile(unit)	2331	2073	1487	1505	1686
发电量(亿千瓦时)	Electricity(100 million kwh)	774.5	823.8	843.1	826.4	874.1
微型电子计算机(万台)	Mini-computers(10000 units)	3.0	3.5	3.6	3.5	3.5

12-23 分地区主要工业产品产量(2014年)

OUTPUT OF MAJOR INDUSTRIAL PRODUCTS BY REGION (2014)

地 区	Region	原 油 (万吨) Crude Oil (10000 tons)	大 米 (万吨) Rice (10000 tons)	精制食用植物油 (万吨) Purifier Edible Vegetable Oil (10000 tons)	成品糖 (吨) Finished Product Sugar (ton)	乳制品 (吨) Dairy Products (ton)
全 省	**Total**	**4000.0**	**1504.1**	**313.0**	**54144**	**1953758**
哈尔滨	Harbin		404.5	26.5	21636	260932
齐齐哈尔	Qiqihar		74.6	17.4	32508	667705
鸡 西	Jixi		58.6			968
鹤 岗	Hegang		96.5	3.7		
双鸭山	Shuangyashan		71.3	25.9		
大 庆	Daqing	4000.0	33.8	20.9		310586
伊 春	Yichun		15.0			
佳木斯	Jiamusi		337.3	21.1		6852
七台河	Qitaihe		3.1	0.4		
牡丹江	Mudanjiang		59.5	7.7		
黑 河	Heihe			5.6		34678
绥 化	Suihua		103.0	5.6		398291
大兴安岭	Daxinganling					
农垦总局	ARB		238.9	178.3		273747
绥芬河	Suifenhe					
抚 远	Fuyuan		7.9			

12-23 续表1 CONTINUED

地 区	Region	卷 烟 (万支) Cigarettes (10000 pieces)	白 酒 (千升) Liquor (1000 litre)	啤 酒 (千升) Beer (1000 litre)	亚麻布 (万米) Linen (10000 m)	机制纸及纸板 (吨) Machine-made Paper and Paperboards (ton)	汽 油 (万吨) Gasolene (10000 tons)
全 省	**Total**	**4500000**	**570329**	**2036578**	**6401.6**	**594804**	**430**
哈尔滨	Harbin	4500000	339074	1167582	924.0	106696	105
齐齐哈尔	Qiqihar		37442	179041	1483.6	68710	
鸡 西	Jixi			45493		18000	
鹤 岗	Hegang		1211	36701		3511	
双鸭山	Shuangyashan		9829				
大 庆	Daqing		16211	146981		82434	324
伊 春	Yichun		1952	42700		26172	
佳木斯	Jiamusi		63179	134244		93969	
七台河	Qitaihe						
牡丹江	Mudanjiang		46972	242527		185914	
黑 河	Heihe		502	10139			
绥 化	Suihua		12926	31170	3994.0	9398	
大兴安岭	Daxinganling						
农垦总局	ARB		41031				
绥芬河	Suifenhe						
抚 远	Fuyuan						

12-23 续表2 CONTINUED

地区	Region	柴油（万吨）Diesel Oil (10000 tons)	农用化肥（吨）Chemical Fertilizer for Agricultural Use (10000 tons)	化学农药（吨）Chemical Presticide (ton)	化学原料药（吨）Chemical Raw Medicine (ton)	水泥（万吨）Cement (10000 tons)	平板玻璃（万重量箱）Plate Glass (10000 weight cases)
全省	**Total**	**530.5**	**489870**	**3164**	**10679**	**3672.1**	**415.5**
哈尔滨	Harbin	107.6	12467	1168	1750	1047.6	
齐齐哈尔	Qiqihar		119874			665.6	
鸡西	Jixi					141.1	
鹤岗	Hegang			917		18.4	
双鸭山	Shuangyashan					112.6	
大庆	Daqing	422.9	324270			333.0	
伊春	Yichun				377	75.6	
佳木斯	Jiamusi		6663	1079		313.7	415.5
七台河	Qitaihe					25.3	
牡丹江	Mudanjiang				7330	261.6	
黑河	Heihe					201.2	
绥化	Suihua		11408			375.4	
大兴安岭	Daxinganling					25.4	
农垦总局	ARB		15188		1222	69.0	
绥芬河	Suifenhe					6.6	
抚远	Fuyuan						

12-23 续表3 CONTINUED

地区	Region	汽车（辆）Motor Vehicles (unit)	粗钢（万吨）Crude Steel (10000 tons)	金属切削机床（台）Metal-cutting Machine Tools (unit)	金属轧制设备（吨）Metal-rolling Equipment (ton)	小型拖拉机（台）Small-sized Tractors (unit)	发电量（亿千瓦小时）Electricity (100 million kwh)
全省	**Total**	**116003**	**476**	**990**	**58573**	**527**	**874.1**
哈尔滨	Harbin	85912	40	45	1867	3	169.3
齐齐哈尔	Qiqihar		99	752	56706		111.8
鸡西	Jixi						56.0
鹤岗	Hegang						62.5
双鸭山	Shuangyashan		169				95.6
大庆	Daqing	30091					129.4
伊春	Yichun		163				12.0
佳木斯	Jiamusi					524	49.0
七台河	Qitaihe						85.8
牡丹江	Mudanjiang		5	193			60.0
黑河	Heihe						17.6
绥化	Suihua						12.8
大兴安岭	Daxinganling						5.7
农垦总局	ARB						5.5
绥芬河	Suifenhe						
抚远	Fuyuan						1.2

主要统计指标解释

工业 指从事自然资源的开采，对采掘品和农产品进行加工和再加工的物质生产部门。具体包括：(1)对自然资源的开采，如采矿、晒盐等(但不包括禽兽捕猎和水产捕捞)；(2)对农副产品的加工、再加工，如粮油加工、食品加工、缫丝、纺织、制革等；(3)对采掘品的加工、再加工，如炼铁、炼钢、化工生产、石油加工、机器制造、木材加工等，以及电力、燃气及水的生产和供应等；(4)对工业品的修理、翻新，如机器设备的修理等。

工业统计调查单位为工业法人单位。

工业法人单位指从事工业生产经营活动的法人单位。工业法人单位应同时具备以下条件：①依法成立，有自己的名称、组织机构和场所，能够独立承担民事责任；②独立拥有（或授权）使用资产，承担负债，有权与其他单位签订合同；③具有包括资产负债表在内的帐户，或者能够根据需要编制帐户。

国有控股企业 即原来的国有及国有控股企业，根据企业实收资本中国有经济成分的出资人的实际投资情况，或国有经济成分的出资人对企业资产的实际控制、支配程度进行分类。以下情况为国有控股：（1）在企业的全部实收资本中，国有经济成分的出资人拥有的实收资本（股本）所占企业全部实收资本（股本）的比例大于50%的国有绝对控股。（2）在企业的全部实收资本中，国有经济成分的出资人拥有的实收资本（股本）所占比例虽未大于50%，但相对大于其他任何一方经济成分的出资人所占比例的国有相对控股；或者虽不大于其他经济成分，但根据协议规定拥有企业实际控制权的国有协议控股。（3）投资双方各占50%，且未明确由谁绝对控股的企业，若其中一方为国有经济成分的，一律按国有控股处理。

本篇涉及的企业登记注册类型的解释详见综合篇。

资产总计 指企业过去的交易或者事项形成的、由企业拥有或者控制的、预期会给企业带来经济利益的资源。资产一般按流动性分为流动资产和非流动资产。其中流动资产可分为货币资金、交易性金融资产、应收票据、应收账款、预付款项、其他应收款、存货等；非流动资产可分为长期股权投资、固定资产、无形资产及其他非流动资产等。来源于会计“资产负债表”中“资产总计”项目的期末余额数。

流动资产合计 资产满足以下条件之一应归为流动资产：（1）预计在一个正常营业周期中变现、出售或耗用，主要包括存货、应收账款等；（2）主要为交易目的而持有；（3）预计在资产负债表日起一年内（含一年）变现；（4）自资产负债日起一年内，交换其他资产或清偿负债的能力不受限制的现金或现金等价物。包括货币资金、应收票据、应收账款、存货等项目。来源于会计“资产负债表”中“流动资产合计”项目的期末余额数。

负债合计 指企业过去的交易或者事项形成的，预期会导致经济利益流出企业的现时义务。负债一般按偿还期长短分为流动负债和非流动负债。来源于会计“资产负债表”中“负债合计”项目的期末余额数。

所有者权益合计 指企业资产扣除负债后由所有者享有的剩余权益。公司的所有者权益又称股东权益。包括实收资本、资本公积、盈余公积、未分配利润等。来源于会计“资产负债表”中“所有者权益合计”项目的期末余额数。

主营业务收入 指企业确认的销售商品、提供劳务等主营业务的收入。来源于会计“主营业务收入”科目的期末贷方余额（结转前）。

主营业务成本 指企业经营主要业务所发生的成本总额。来源于会计“主营业务成本”科目的期末借方余额（结转前）。

主营业务税金及附加 指企业经营主要业务应负担的营业税、消费税、城市维护建设税、教育费附加等。来源于会计“主营业务税金及附加”科目的期末借方余额（结转前）。

利润总额 指企业在一定会计期间的经营成果，是生产经营过程中各种收入扣除各种耗费后的盈余，反映企业在报告期内实现的盈亏总额。来源于会计“利润表”中“利润总额”项目的本期金额数。

应交增值税 指企业按税法规定，从事货物销售或提供加工、修理修配劳务等增加货物价值的活动本期应交纳的税金。计算公式为：

应交增值税=销项税额-（进项税额-进项税额转出）-出口抵减内销产品应纳税额-减免税款+出口退税

进项税额指企业在报告期内购入货物或接受应税劳务而支付的、准予从销项税额中抵扣的增值税额。

销项税额指企业在报告期内销售货物或提供应税劳务应收取的增值税额。

总资产贡献率 反映企业全部资产的获利能力，是企业经营业绩和管理水平的集中体现，是评价和考核企业盈利能力的核心指标。计算公式为：

$$\text{总资产贡献率}(\%)=\frac{\text{利润总额}+\text{税金总额}+\text{利息支出}}{\text{平均资产总额}}\times 100\%$$

公式中：税金总额为主营业务税金及附加与应交增值税之和；平均资产总额为期初期末资产之和的算术平均值。

资产负债率 该指标既反映企业经营风险的大小，也反映企业利用债权人提供的资金从事经营活动的能力。计算公式为：

$$\text{资产负债率}(\%)=\frac{\text{负债总额}}{\text{资产总额}}\times 100\%$$

资产与负债均为报告期期末数。

流动资产周转次数 指一定时期内流动资产完成的周转次数，反映投入工业企业流动资金的周转速度。计算公式为：

$$\text{流动资产周转次数}=\frac{\text{主营业务收入}}{\text{全部流动资产平均余额}}$$

公式中：全部流动资产平均余额为期初和期末的流动资产之和的算术平均值。

成本费用利润率 反映企业投入的生产成本及费用的经济效益，同时也反映企业降低成本所取得的经济效益。计算公式为：

$$\text{成本费用利润率}(\%)=\frac{\text{利润总额}}{\text{成本费用总额}}\times 100\%$$

公式中：成本费用总额为主营业务成本、销售费用、管理费用、财务费用之和。

人均主营业务收入 该指标反映企业劳动投入的产出效率。计算公式为：

$$\text{人均主营业务收入}=\frac{\text{主营业务收入}}{\text{平均用工人数}}$$

Explanatory Notes on Main Statistical Indicators

Industry refers to the material production sector which is engaged in the extraction of natural resources and processing and reprocessing of minerals and agricultural products, including (1) extraction of natural resources, such as mining, salt production (but not including hunting and fishing); (2) processing and reprocessing of farm and sideline produces, such as grain and oil processing, food processing, silk reeling, spinning and weaving and leather making; (3) processing and reprocessing of mineral products, such as steel making, iron smelting, chemicals manufacturing, petroleum processing, machine building, timber processing, and production and supply of electricity, gas and water; (4) repairing and renovating of industrial products such as the machinery.

In industrial surveys, the units of enquiry are industrial corporate units.

Industrial corporate units refer to corporate units engaging in industrial production and operation activities, which meet the following requirements: (1) They are established legally, having their own names, organizations, location, and are able to take civil liability independently; (2) They possess (or are authorized to use) assets independently, assume liabilities and are entitled to sign contracts with other units; (3) They have accounts including the balance sheets or can compile the accounts according to the need.

State-holding Enterprises cover the original state-owned enterprises and state-holding enterprises. They are classified according to the actual investment made by the contribor of state-owned part in the paid-in capital of the enterprises, or the degree of control or dominance of the contributor on the assets of the enterprises. The following cases are regarded as state-holding: (1) Absolute state-holding in which the contribors of state-owned parts possess more than 50% of all the paid-in capital (stocks) of the enterprises; (2) Relative state-holding in which the contribors of state-owned parts possess no more than 50% of the paid-in capital (stocks) of the enterprises, but more than that of any other contributors; or Agreed state-holding in which the contribors of state-owned parts possess no more than other contributors but have actual control over the enterprises according to agreements; (3) In the case both contributors possess 50% and it is not clear which one is in absolute holding position, the enterprise is regarded as state-holding enterprise if one of the contributor has state-owned elements.

For explanation of types of registration covered in this chapter, please refer to General Survey.

Total Assets refer to all resources that are owned or controlled by enterprises through previous trades or transactions with expectation of making economic profits. Classified by the degree of liquidity, total assets include current assets and non-current assets. Current assets can be classified into monetary capital, trading financial assets, notes receivable, accounts receivable, advanced payments, other receivables and inventories. Non-current assets can be divided into long-term equity investment, fixed assets, intangible assets and other non-current assets. Data on this indicator can be obtained from the year-end figures of total assets in the Balance Sheet of accounting records.

Total Current Assets refer to the assets that meet one of the following requirements: (1) expected to be cashed, sold or used in a normal operation cycle, mainly including inventory and accounts receivable; (2) be owned for trading purpose mainly; (3) expected to be cashed in one year (including one year) from the day of the Balance Sheet; (4) unlimited cash or cash equivalents that can be exchanged with other assets or being capable of settling debts during one year since the day of the Balance Sheet. Included are monetary capital, notes receivable, accounts receivable and inventories. Data on this indicator can be obtained from the year-end figures of total current assets in the Balance Sheet of accounting records.

Total Liabilities refer to payable liabilities of enterprises that accumulated from previous trades or transactions with expectation of economic profits leaking out. In terms of payment, it can be divided into liquid liabilities and long-term liabilities. Data on this indicator can be obtained from the year-end figures of total liabilities in the Balance Sheet of accounting records.

Total Equity refers to the residual ownership of enterprise investors by deducting total liabilities from the total assets, including the paid-in capital, accumulation of capital, operating surplus and non-distributed profits. Data can be obtained from the year-end figures of total equity in the Balance Sheet of accounting records.

Revenue from Principal Business refers to the income confirmed of an enterprise from the principal business of selling products and providing labor services. Data on this indicator can be obtained from the year-end credit balance of “revenue from principal business” in the accounting record of enterprise (before carryover).

Cost of Principal Business refers to the total cost occurred from the principal business of the enterprise. Data can be obtained from the year-end debit balance of “cost of principal business” in the accounting record of enterprise (before carryover).

Tax and Extra Charges from Principal Business refer to the sales tax, consumption tax, urban maintenance and construction tax and education expenses shouldered by the enterprise from its principal business. Data are obtained from the year-end debit balance of “tax and extra charges from principal business” in the accounting record of enterprise (before carryover).

Total Profits refers to the operation results in a certain accounting period, and it is the balance of various incomes minus various spendings in the course of operation, reflecting the total profits and losses of enterprises in reference period. Data are obtained from the amount of total profits in the profit statement of the accounting record of enterprise.

Value-added Tax Payable refers to the payable tax according to Tax Law of enterprises which engaged in selling goods or providing services that bring added value to the goods, such as processing, repairing, fitting and other activities. The formula is as follows:

Value-added Tax Payable = tax on sales-(tax on purchase-transferred tax on purchase)-exports deduct tax payable on domestic sales-tax relief+the export tax rebate.

Tax on Purchase refers to the value-added tax payable by enterprises that purchase goods or receive taxable services during the reference period and this part of the tax is allowed to be deducted from the tax on sales.

Tax on Sales refers to the value-added tax chargeable by enterprises that sell goods or provide taxable services during the reference period.

Ratio of Profits, Taxes and Interests to Average Assets reflects the profit-making capability of all assets, manifests the performance and management of the enterprise, and is a key indicator for evaluating the profit-making potential of the enterprise. It is calculated as follows:

$$\text{Ratio of Profits, Taxes and Interests to Average Assets (\%)} = \frac{\text{total profits + total taxes + interest payment}}{\text{average assets}} \times 100\%$$

In the above formula, total taxes is the sum of tax and extra charges on the principal business and value-added tax payable; and average assets is the arithmetic mean of the sum of beginning assets and ending assets.

Ratio of Debts to Assets reflects both the operation risk and the capability of the enterprise in making use of the capital from the creditors. It is calculated as follows:

$$\text{Ratio of Debts to Assets (\%)} = \frac{\text{total debts}}{\text{total assets}} \times 100\%$$

Both assets and debts are figures at the end of the reference period.

Turnover of Current Assets refers to the number of times of turnover of current assets in a given period of time, which reflects the speed of the turnover of current assets of industrial enterprises, and is calculated as follows:

$$\text{Turnover of Current Assets} = \frac{\text{revenue from principal business}}{\text{average balance of total current assets}}$$

In the above formula, average balance of total current assets refers to the arithmetic mean of the sum of current assets at the beginning and at the end of the reference period.

Ratio of Profits to Total Industrial Costs reflects the economic efficiency of input cost and cost reduction. It is calculated as follows:

$$\text{Ratio of Profits to Total Industrial Cost (\%)} = \frac{\text{total profits}}{\text{total costs}} \times 100\%$$

Total costs in the above formula are the sum of cost of principal business, marketing cost, management cost and financial cost.

Per Capita Revenue from Principal Business reflects the output efficiency of labour input of enterprises. It is calculated as follows:

$$\text{Per Capita Revenue from Principal Business} = \frac{\text{revenue from principal business}}{\text{average number of workers}} \times 100\%$$

第十三篇　建筑业

CHAPTER 13 CONSTRUCTION

资料整理：戚　萍

13-1 建筑业企业基本情况

BISIC CONDITIONS OF CONSTRUCTION ENTERPRISES

指　标	Item	2010	2011	2012	2013	2014
施工企业单位数(个)	Number of Construction Enterprises(unit)	1945	2020	2038	2008	1825
年平均人数(万人)	Average Number of Employed Persons(10000 persons)	96.5	92.1	87.2	101.9	85.7
固定资产原价(亿元)	Original Value of Fixed Assets(100 million yuan)	301.2	310.1	321.8	310.1	300.2
固定资产净值(亿元)	Net Value of Fixed Assets(100 million yuan)	188.4	193.8	199.5	185.5	174.5
自有机械设备台数(万台)	Number of Machinery and Equipment Owned(10000 units)	14.3	15.6	13.5	13.5	15.3
自有机械设备净值(亿元)	Net Value of Machinery and Equipment Owned(10000 yuan)	75.0	78.4	80.5	77.0	85.4
自有机械设备总功率(万千瓦)	Total Power of Machinery and Equipment Owned(10000 kw)	327.8	364.4	312.5	283.5	330.0
总产值(亿元)	Gross Output Value of Construction(100 million yuan)	1769.7	2029.2	2374.0	2471.9	2150.7
#建筑工程	#Construction Projects	1435.1	1711.0	1945.5	2006.3	1739.9
安装工程	Installation Projects	273.1	265.0	345.1	394.2	358.8
竣工产值(亿元)	Output Value of Buildings Completed(100 million yuan)	887.5	1143.7	1226.0	1260.3	1037.4
产值竣工率(%)	Ratio of Output Value of Buildings Completed to Gross Output Value(%)	50.2	56.4	51.6	51.0	48.2
签订的合同金额(亿元)	Contracted Fund(100 million yuan)	2623.8	3191.6	3446.3	3303.0	3245.7
#本年新签合同金额	#New singed Contracted Fund at Current year	1880.0	2022.5	2056.0	2214.6	2035.2
房屋建筑施工面积(万平方米)	Floor Space of Buildings under Construction(10000 sq.m)	7171.0	8905.0	8563.0	8174.8	7034.6
房屋建筑竣工面积(万平方米)	Floor Space of Buildings Completed(10000 sq.m)	3620.0	4438.0	4341.0	4390.1	3884.6
房屋建筑面积竣工率(%)	Rate of Floor Space of Buildings Completed(%)	50.5	49.8	50.7	53.7	55.2
利润总额(亿元)	Total Profits(100 million yuan)	56.5	58.9	61.8	67.0	50.9
利税总额(亿元)	Total Tax(100 million yuan)	178.1	132.2	133.9	132.0	113.9
按总产值计算全员劳动生产率(元/人)	Overall Labor ProductivityIn Terms of Gross Output Value(yuan/person)	183394	220377	272229	242528	251080
技术装备率(元/人)	Value of Machines per Laborer(yuan/person)	7771	8514	9228	7555	9968
动力装备率(千瓦/人)	Power of Machines per Laborer(kw/person)	3.4	4.0	3.6	2.8	3.9
产值利润率(%)	Ratio of Profit to Gross Output Value(%)	3.2	2.9	2.6	2.7	2.4
产值利税率(%)	Ratio of Pre-tax Profit to Gross Output Value(%)	10.1	6.5	5.6	5.3	5.3

13-2 建筑业企业生产情况 (2014年)

类 别	Item	企业单位数（个） Number of Enterprises (unit)	签定的合同额（万元） Value of Newly Signed Contracts (10000 yuan)
总 计	**Total**	**1825**	**32457483**
#国有及国有控股	#State-owned and State-holding Enterprises	234	16488573
按登记注册类型分组	**Grouped by Status of Registration**		
内资企业	Domestic Funded Enterprises	1820	32314922
国有企业	State-owned Enterprises	125	4520369
集体企业	Collective-owned Enterprises	108	2086589
股份合作企业	Cooperative Enterprises	2	42195
联营企业	Joint Ownership Enterprises	1	66
有限责任公司	Limited Liability Corporations	793	19830022
股份有限公司	Share Holding Enterprises	76	1263740
私营企业	Private Enterprises	712	4547669
港、澳、台商投资企业	Enterprises with Funds from Hong Kong, Macao and Taiwan	1	1374
外商投资企业	Foreign Funded Enterprises	4	141188
按经济组织类型分组	**Grouped by Type of Economic Organizations**		
独资企业	Proprietorship	235	6619731
合作、合伙企业	Cooperative Enterprises and Partnership	7	69294
股份有限公司	Share Holding Enterprises	128	1710000
有限责任公司	Limited Liability Corporations	1455	24058459
按国民经济行业分组	**Grouped by Sector**		
房屋建筑业	Housing Building Construction	852	13569775
土木工程建筑业	Civil Engineering Construction	352	9223823
铁路、道路、隧道和桥梁	Railway, Road, Tunnel and Bridge	200	4294786
铁路工程建筑	Railway Engineering	8	44893
公路工程建筑	Highway Engineering	50	1941410
市政道路工程建筑	Municipal Road Engineering	89	1650445
其他道路、隧道和桥梁工程建筑	Other	53	658038
水利和内河港口工程建筑	Water Conservancy and Inland Port Engineering Construction	52	753212
水源及供水设施工程建筑	Water Supply and Water Supply Facilities	29	402977
河湖治理及防洪设施工程建筑	Governance of Lakes and Flood Control Facilities	16	332113
港口及航运设施工程建筑	Port and Shipping Facilities	7	18123
工矿工程	Mining Engineering	14	2725372
架线和管道工程建筑	Line Putting-up and Pipeline Engineering	61	1395729
架线及设备工程建筑	Wiring and Equipment Engineering	38	1115929
管道工程建筑	Pipeline Engineering	23	279800
其他土木工程	Other Civil Engineering	25	54723
建筑安装业	Construction Installation	316	3958706
电气安装	Electrical Installation	86	953647
管道和设备安装	Piping and Equipment Installation	76	357245
其他建筑安装业	Other	154	2647813
建筑装饰和其他建筑业	Construction Decoration and Other Construction	305	5705180
建筑装饰业	Construction Decoration	184	1202565
工程准备活动	Project Preparation Activities	64	389901
提供施工设备服务	Provide Construction Equipment Service	9	5379
其他未列明建筑业	Other Construction Not listed	48	4107335
按隶属关系分组	**Grouped by Administration**		
#中 央	#Central	25	7594402
省	Provincial	119	7413761
地 市	Prefectural	314	4966941
按企业资质等级分组	**Grouped by Quality and Grade**		
施工总承包	Overall Contracted Construction	1193	28890189
特 级	Special Grade	3	3128269
一 级	First Grade	119	11991232
二 级	Second Grade	485	9092640
三 级	Third Grade	586	4678049
专业承包	Specialized Contraction	632	3567294
#一 级	#First Grade	83	873158
二 级	Second Grade	238	1167909
三 级	Third Grade	311	1526227

PRODUCTION OF CONSTRUCTION ENTERPRISES(2014)

#本年新签定 This Year	总产值 (万元) Gross Output Value (10000 yuan)	建筑工程 Construction Projects	安装工程 Installation Projects	其　他 Others	在总产值中(万元) in Gross Output Value(10000 yuan) 在外省完成的产值 Completed outside the Province	装修装饰产值 Building Decoration
20352383	**21507487**	**17399103**	**3587946**	**520438**	**2142216**	**1109679**
8750444	8990582	6745121	2182209	63251	1047223	29266
20257081	21376577	17269731	3586408	520438	2142216	1107114
3266694	3469687	2218005	1219213	32469	312405	8483
1673323	1800056	1538583	225859	35614	860	106847
42195	42195	42195				
	66	66				
10893968	11448988	9500962	1669479	278547	1552676	669461
1016178	983431	835170	135524	12737	102844	19004
3354231	3619865	3122722	336073	161070	173430	303319
1374	1374	1374				1374
93929	129537	127999	1538			1192
4952791	5282519	3769365	1445072	68083	313265	115331
55446	57309	57049	260			
1300140	1295160	1124785	149035	21341	102844	25988
14044006	14872498	12447905	1993580	431014	1726107	968361
8728579	10217715	9884269	188558	144888	418525	337714
6548386	6443145	4435425	1925764	81956	1112782	21195
3157331	3356135	3300936	22560	32639	582445	15712
39743	34423	33321		1102	20386	
1581994	1666477	1664625	460	1392	170991	
1012429	1248697	1208975	19374	20348	337145	15712
523166	406537	394014	2726	9797	53922	
554736	491577	442125	35322	14130	23066	183
331164	287947	244712	35322	7914	17075	183
213661	193924	188454		5470	5694	
9910	9706	8959		747	297	
1985292	1706664	346193	1346850	13620	378936	161
799653	844442	305357	517716	21369	127733	1000
528565	612474	120978	478511	12984	125723	1000
271088	231968	184378	39205	8385	2010	
51373	44328	40814	3317	197	603	4140
2537117	2793015	1324543	1297876	170596	287579	34593
406605	430622	208966	219890	1766	32043	9778
312665	313412	74422	225465	13525	33003	11807
1817847	2048981	1041155	852521	155305	222533	13008
2538302	2053612	1754866	175748	122998	323330	716177
919299	1119136	912372	99654	107111	292889	715087
386007	385098	374616	6973	3509	1268	
5379	5079	900	3664	516	706	
1227616	544299	466979	65457	11863	28466	1090
3275971	2398195	1241176	1133307	23712	463127	8700
4130348	5179895	4426727	742925	10243	598535	15338
3080661	3581962	3015810	504349	61803	58291	311735
17413719	18328702	15251988	2728057	348657	1609606	370154
1855237	1910777	1236766	674011		339687	
6294991	7817682	6296069	1495881	25733	1089156	183437
4928556	4421682	4040682	173432	207568	94927	107101
4334935	4178560	3678471	384734	115356	85836	79616
2938664	3178785	2147116	859888	171781	532610	739526
704145	717053	558064	128764	30225	16530	118713
927727	1025998	718177	291618	16203	336093	411005
1306792	1435734	870875	439506	125353	179987	209807

13-2 续表1

类 别	Item	竣工产值（万元） Output Value of Buildings Completed (10000 yuan)
总 计	**Total**	**10373673**
#国有及国有控股	#State-owned and State-holding Enterprises	3343145
按登记注册类型分组	**Grouped by Status of Registration**	
内资企业	Domestic Funded Enterprises	10366483
国有企业	State-owned Enterprises	1451800
集体企业	Collective-owned Enterprises	887688
股份合作企业	Cooperative Enterprises	37034
联营企业	Joint Ownership Enterprises	
有限责任公司	Limited Liability Corporations	5237302
股份有限公司	Share Holding Enterprises	474787
私营企业	Private Enterprises	2271649
港、澳、台商投资企业	Enterprises with Funds from Hong Kong, Macao and Taiwan	1200
外商投资企业	Foreign Funded Enterprises	5990
按经济组织类型分组	**Grouped by Type of Economic Organizations**	
独资企业	Proprietorship	2352264
合作、合伙企业	Cooperative Enterprises and Partnership	46018
股份有限公司	Share Holding Enterprises	621355
有限责任公司	Limited Liability Corporations	7354036
按国民经济行业分组	**Grouped by Sector**	
房屋建筑业	Housing Building Construction	6482229
土木工程建筑业	Civil Engineering Construction	2633673
铁路、道路、隧道和桥梁	Railway, Road, Tunnel and Bridge	986590
铁路工程建筑	Railway Engineering	18440
公路工程建筑	Highway Engineering	392551
市政道路工程建筑	Municipal Road Engineering	361583
其他道路、隧道和桥梁工程建筑	Other	214016
水利和内河港口工程建筑	Water Conservancy and Inland Port Engineering Construction	282089
水源及供水设施工程建筑	Water Supply and Water Supply Facilities	208547
河湖治理及防洪设施工程建筑	Governance of Lakes and Flood Control Facilities	67107
港口及航运设施工程建筑	Port and Shipping Facilities	6436
工矿工程	Mining Engineering	849714
架线和管道工程建筑	Line Putting-up and Pipeline Engineering	478955
架线及设备工程建筑	Wiring and Equipment Engineering	444791
管道工程建筑	Pipeline Engineering	34163
其他土木工程	Other Civil Engineering	36325
建筑安装业	Construction Installation	787103
电气安装	Electrical Installation	150392
管道和设备安装	Piping and Equipment Installation	100016
其他建筑安装业	Other	536695
建筑装饰和其他建筑业	Construction Decoration and Other Construction	470667
建筑装饰业	Construction Decoration	173193
工程准备活动	Project Preparation Activities	241619
提供施工设备服务	Provide Construction Equipment Service	2535
其他未列明建筑业	Other Construction Not listed	53321
按隶属关系分组	**Grouped by Administration**	
#中 央	#Central	1131410
省	Provincial	1552022
地 市	Prefectural	1477783
按企业资质等级分组	**Grouped by Quality and Grade**	
施工总承包	Overall Contracted Construction	9383079
特 级	Special Grade	892866
一 级	First Grade	2805859
二 级	Second Grade	2629890
三 级	Third Grade	3054465
专业承包	Specialized Contraction	990593
#一 级	#First Grade	130012
二 级	Second Grade	325892
三 级	Third Grade	534689

CONTINUED

产值竣工率 (%) Ratio of Output Value of Buildings Completed to Gross Output Value (%)	房屋建筑施工面积 (万平方米) Floor Space of Buildings under Construction (10000 sq. m)	#本年新开工 Starting Working at Current Year	#实行招标承包面积 Contract through Dublic Bidding	房屋建筑竣工面积 (万平方米) Floor Space of Buildings Completed (10000 sq. m)	#住宅 Residence	房屋建筑面积竣工率 (%) Rate of Floor Space of Buildings (%)
48.2	**7034.6**	**4285.1**	**5570.8**	**3884.6**	**3025.6**	**55.2**
37.2	1910.3	906.3	1612.5	767.7	560.2	40.2
48.5	7032.5	4283.0	5568.7	3882.5	3025.6	55.2
41.8	478.9	342.1	401.1	281.5	187.0	58.8
49.3	526.5	411.5	376.5	321.2	272.3	61.0
87.8	30.8	30.8	30.7	30.8	30.7	100.0
45.7	4120.4	2211.4	3335.6	2090.2	1725.8	50.7
48.3	283.0	221.0	229.1	135.0	113.9	47.7
62.8	1582.2	1060.3	1184.9	1019.0	691.1	64.4
87.3						
4.6	2.1	2.1	2.1	2.1		100.0
44.5	1007.5	755.9	779.8	604.9	461.5	60.0
80.3	43.0	38.2	42.9	37.1	35.5	86.3
48.0	496.1	325.9	414.1	213.2	168.8	43.0
49.4	5487.9	3165.2	4334.0	3029.4	2359.8	55.2
63.4	6734.0	4133.8	5362.9	3699.9	2917.6	54.9
40.9	94.7	63.4	91.4	61.9	26.7	65.4
29.4	33.3	18.1	32.8	15.3	12.0	45.8
53.6	2.0	1.2	2.0			
23.6	13.0	2.2	13.0	2.2	2.2	16.9
29.0	1.7	1.2	1.2	0.5		28.1
52.6	16.6	13.5	16.6	12.6	9.8	75.7
57.4	12.4	12.4	12.4	12.4	4.6	100.0
72.4	8.6	8.6	8.6	8.6	4.6	100.0
34.6	3.8	3.8	3.8	3.8		100.0
66.3						
49.8	15.9	14.9	14.6	14.7		91.9
56.7	21.4	10.2	21.4	9.5		44.3
72.6	21.4	10.2	21.4	9.5		44.3
14.7						
81.9	11.6	7.7	10.1	10.1	10.1	87.1
28.2	203.4	85.3	116.5	120.2	78.8	59.1
34.9	29.6	24.6	20.0	21.9	15.2	73.9
31.9	6.0	6.0		6.0	6.0	100.0
26.2	167.8	54.7	96.5	92.3	57.6	55.0
22.9	2.5	2.5		2.5	2.5	100.0
15.5						
62.7	0.026	0.026		0.026		100.0
49.9						
9.8	2.5	2.5		2.5	2.5	100.0
47.2	76.2	36.2	65.7	27.9	3.9	36.6
30.0	1441.8	516.6	1314.1	521.9	388.5	36.2
41.3	1454.4	715.2	1173.1	662.7	565.9	45.6
51.2	7003.2	4254.1	5556.1	3878.9	3020.0	55.4
46.7	703.5	220.3	703.5	142.4	116.7	20.2
35.9	2275.8	889.9	1881.4	947.0	750.4	41.6
59.5	2023.2	1447.9	1502.1	1238.0	952.5	61.2
73.1	2000.8	1696.0	1469.2	1551.5	1200.4	77.5
31.2	31.3	31.0	14.7	5.7	5.6	18.2
18.1						
31.8	15.5	15.4	13.8	4.0	4.0	25.9
37.2	15.8	15.6	0.8	1.7	1.6	10.6

13-2 续表2

类　别	Item	自有机械设备数量（台）Number of Machinery and Equipment Owned (unit)	自有机械设备功率（万千瓦）Total Power of Machinery and Equipment Owned (10000 kw)
总 计	**Total**	**153448**	**330.0**
#国有及国有控股	#State-owned and State-holding Enterprises	74189	133.0
按登记注册类型分组	**Grouped by Status of Registration**		
内资企业	Domestic Funded Enterprises	153277	329.3
国有企业	State-owned Enterprises	26075	51.5
集体企业	Collective-owned Enterprises	6525	13.4
股份合作企业	Cooperative Enterprises	79	0.4
联营企业	Joint Ownership Enterprises		
有限责任公司	Limited Liability Corporations	87659	180.6
股份有限公司	Share Holding Enterprises	5918	23.8
私营企业	Private Enterprises	26331	59.2
港、澳、台商投资企业	Enterprises with Funds from Hong Kong, Macao and Taiwan	10	0.0035
外商投资企业	Foreign Funded Enterprises	161	0.7
按经济组织类型分组	**Grouped by Type of Economic Organizations**		
独资企业	Proprietorship	32697	65.0
合作、合伙企业	Cooperative Enterprises and Partnership	1009	0.8
股份有限公司	Share Holding Enterprises	8612	29.7
有限责任公司	Limited Liability Corporations	111130	234.4
按国民经济行业分组	**Grouped by Sector**		
房屋建筑业	Housing Building Construction	65950	138.2
土木工程建筑业	Civil Engineering Construction	58244	160.4
铁路、道路、隧道和桥梁	Railway, Road, Tunnel and Bridge	13768	70.8
铁路工程建筑	Railway Engineering	423	0.9
公路工程建筑	Highway Engineering	6898	36.2
市政道路工程建筑	Municipal Road Engineering	3678	16.8
其他道路、隧道和桥梁工程建筑	Other	2769	16.8
水利和内河港口工程建筑	Water Conservancy and Inland Port Engineering Construction	4409	19.3
水源及供水设施工程建筑	Water Supply and Water Supply Facilities	3006	12.3
河湖治理及防洪设施工程建筑	Governance of Lakes and Flood Control Facilities	1245	6.7
港口及航运设施工程建筑	Port and Shipping Facilities	158	0.2
工矿工程	Mining Engineering	29186	57.7
架线和管道工程建筑	Line Putting-up and Pipeline Engineering	10442	11.5
架线及设备工程建筑	Wiring and Equipment Engineering	7732	7.7
管道工程建筑	Pipeline Engineering	2710	3.7
其他土木工程	Other Civil Engineering	439	1.2
建筑安装业	Construction Installation	26048	25.5
电气安装	Electrical Installation	17052	6.5
管道和设备安装	Piping and Equipment Installation	1099	2.6
其他建筑安装业	Other	7897	16.4
建筑装饰和其他建筑业	Construction Decoration and Other Construction	3206	5.8
建筑装饰业	Construction Decoration	2420	3.6
工程准备活动	Project Preparation Activities	438	0.8
提供施工设备服务	Provide Construction Equipment Service	71	0.2
其他未列明建筑业	Other Construction Not listed	277	1.3
按隶属关系分组	**Grouped by Administration**		
#中 央	#Central	32999	60.3
省	Provincial	14009	57.0
地 市	Prefectural	37349	51.5
按企业资质等级分组	**Grouped by Quality and Grade**		
施工总承包	Overall Contracted Construction	128248	307.3
特 级	Special Grade	22440	48.5
一 级	First Grade	41541	101.5
二 级	Second Grade	36618	92.5
三 级	Third Grade	27649	64.8
专业承包	Specialized Contraction	25200	22.7
#一 级	#First Grade	4383	6.8
二 级	Second Grade	17873	8.1
三 级	Third Grade	2944	7.9

CONTINUED

自有机械设备净值（万元）Net Value of Machinery and Equipment Owned (10000 yuan)	技术装备率（元/人）Value of Machinery per Laborer (yuan/person)	动力装备率（千瓦/人）Power of Machinery per Laborer (kw/person)	劳动生产率（元/人，按总产值计算）Overall Labor Productivity (yuan/person)	年末从业人员（人）Number of Persons Employed (person)	#工程技术人员 Engineering Technicians
853835	**9968**	**3.9**	**251080**	**363016**	**100854**
293371	9296	4.2	284875	116423	28352
851869	9998	3.9	250886	362597	100683
84064	6756	4.1	278860	43955	14171
44129	6516	2.0	265809	26169	6314
2915	19435	2.4	281301	336	152
			220000	3	3
465592	10231	4.0	251585	195397	55415
54156	13415	5.9	243605	17677	4867
199560	12293	3.6	222983	78804	19522
900	100000	0.4	152611	35	10
1066	2386	1.5	289921	384	161
130176	6756	3.4	274173	70381	20561
4919	21641	3.6	252130	752	424
72920	13620	5.5	241905	24531	7025
645820	10620	3.9	244567	267352	72844
366150	8355	3.2	233165	196281	58452
420891	18383	7.0	281407	105138	29978
204636	16060	5.6	263396	40505	16216
9137	43632	4.5	164390	1637	451
89971	15286	6.1	283130	13650	6036
58672	12562	3.6	267353	16293	6993
46857	23714	8.5	205748	8925	2736
43192	18807	8.4	214046	11363	2786
27978	22558	9.9	232160	6377	1803
14183	14325	6.8	195863	4599	864
1031	15570	3.7	146615	387	119
149456	33883	13.1	386920	40724	6993
17942	5579	3.6	262551	11351	3492
15773	6771	3.3	262898	8771	2798
2169	2446	4.2	261638	2580	694
5664	24564	5.2	192229	1195	491
47215	4422	2.4	261575	33572	8239
10938	6277	3.7	247115	9188	2805
6529	4588	1.8	220247	5172	1368
29748	3960	2.2	272757	19212	4066
19579	2369	0.7	248492	28025	4185
7925	1710	0.8	241459	13149	2188
8163	5924	0.6	279462	10983	510
566	26679	8.7	239590	132	54
2926	1312	0.6	244058	3761	1433
140793	20496	8.8	349123	37284	5803
109241	5609	2.9	265962	66545	21228
136465	9335	3.5	245029	55596	26530
796244	11009	4.2	253423	310649	91827
131543	22424	8.3	325727	39198	3887
207816	7303	3.6	274739	90005	41445
288243	14969	4.8	229633	93956	28707
168642	8995	3.5	222880	87490	17788
57591	4319	1.7	238370	52367	9027
15149	5547	2.5	262551	8627	2254
14007	2930	1.7	214586	18162	3748
28435	4883	1.4	246558	25578	3025

13-3 建筑业企业财务状况(2014年)

单位：万元

类 别	Item	资产合计 Total Assets	#流动资产 Circulating Funds	#在建工程 Progress Under Construction
总 计	**Total**	**17958140**	**14590965**	**145449**
#国有及国有控股	#State-owned and State-holding Enterprises	7484732	6431228	31561
按登记注册类型分组	**Grouped by Status of Registration**			
内资企业	Domestic Funded Enterprises	17849996	14528817	145449
国有企业	State-owned Enterprises	1910318	1568260	11961
集体企业	Collective-owned Enterprises	870888	709862	773
股份合作企业	Cooperative Enterprises	10285	5432	
联营企业	Joint Ownership Enterprises	4154	3525	
有限责任公司	Limited Liability Corporations	10251171	8397830	65432
股份有限公司	Share Holding Enterprises	1338448	1018069	3508
私营企业	Private Enterprises	3456547	2819909	63350
港、澳、台商投资企业	Enterprises with Funds from Hong Kong,Macao and Taiwan	5085	3796	
外商投资企业	Foreign Funded Enterprises	103060	58353	
按经济组织类型分组	**Grouped by Type of Economic Organizations**			
独资企业	Proprietorship	2794981	2289749	12733
合作、合伙企业	Cooperative Enterprises and Partnership	23625	15168	426
股份有限公司	Share Holding Enterprises	1598614	1232242	10560
有限责任公司	Limited Liability Corporations	13540921	11053806	121731
按国民经济行业分组	**Grouped by Sector**			
房屋建筑业	Housing Building Construction	8069224	6486846	73185
土木工程建筑业	Civil Engineering Construction	6632392	5495862	41494
铁路、道路、隧道和桥梁	Railway,Road, Tunnel and Bridge	3082464	2432959	25705
铁路工程建筑	Railway Engineering	41848	27941	3909
公路工程建筑	Highway Engineering	1007318	772893	10772
市政道路工程建筑	Municipal Road Engineering	1440151	1149568	8942
其他道路、隧道和桥梁工程建筑	Other	593147	482556	2083
水利和内河港口工程建筑	Water Conservancy and Inland Port Engineering Construction	422826	307361	5685
水源及供水设施工程建筑	Water Supply and Water Supply Facilities	237064	170151	1643
河湖治理及防洪设施工程建筑	Governance of Lakes and Flood Control Facilities	166503	124080	4042
港口及航运设施工程建筑	Port and Shipping Facilities	19258	13130	
工矿工程	Mining Engineering	2218913	1972022	3611
架线和管道工程建筑	Line Putting-up and Pipeline Engineering	846103	736911	6473
架线及设备工程建筑	Wiring and Equipment Engineering	663945	582713	5673
管道工程建筑	Pipeline Engineering	182158	154198	799
其他土木工程	Other Civil Engineering	62086	46609	20
建筑安装业	Construction Installation	1643092	1326666	15189
电气安装	Electrical Installation	515394	422443	7934
管道和设备安装	Piping and Equipment Installation	293586	251866	380
其他建筑安装业	Other	834112	652356	6876
建筑装饰和其他建筑业	Construction Decoration and Other Construction	1613432	1281592	15580
建筑装饰业	Construction Decoration	439277	306657	3121
工程准备活动	Project Preparation Activities	116981	92466	
提供施工设备服务	Provide Construction Equipment Service	8741	5934	
其他未列明建筑业	Other Construction Not listed	1048433	876535	12460
按隶属关系分组	**Grouped by Administration**			
#中 央	#Central	2823947	2504907	7989
省	Provincial	3494330	3017746	7501
地 市	Prefectural	3643931	2948324	36398
按企业资质等级分组	**Grouped by Quality and Grade**			
施工总承包	Overall Contracted Construction	15631298	12751416	127241
特 级	Special Grade	2400166	2105948	
一 级	First Grade	6054495	5097146	31797
二 级	Second Grade	4948519	3935098	58711
三 级	Third Grade	2228119	1613224	36733
专业承包	Specialized Contraction	2326842	1839550	18208
#一 级	#First Grade	355019	291856	3469
二 级	Second Grade	1182042	935524	11363
三 级	Third Grade	789782	612170	3376

FINANCIAL STATUS OF CONSTRUCTION ENTERPRISES (2014)

(10000 yuan)

		负债合计 Total Liabilities			所有者权益 Total Owners Rights and Interests		
#固定资产 Fixed Assets	#固定资产累计折旧 Accumulated Depreciation of Fixed Assets	负债合计 Total Liabilities	#流动负债 Circulating Liabilities	#非流动负债 Non-current Liabilities	所有者权益 Total Owners Rights and Interests	#实收资本 Actual Received Capital	#国家资本 State Capital
2015898	**1256926**	**12499104**	**11678502**	**475628**	**5459037**	**4745830**	**701706**
621316	564222	6294360	5922660	255632	1190372	1060164	659356
2013699	1254275	12406621	11592118	469529	5443375	4731997	701067
256042	203117	1582788	1428616	66547	327530	339097	296203
125136	52243	684297	671794	1072	186591	134181	6698
4840	2432	6239	6239		4047	4404	
119	93	3690	3690		464	464	
1055632	732919	7442966	7007546	306406	2808204	2223963	368579
125098	48574	817324	725646	57755	521123	321621	26404
444805	214036	1867718	1747023	37714	1588830	1702865	3034
905	443	2605	2605		2480	1660	
1294	2209	89878	83779	6098	13182	12173	639
383326	256113	2268282	2101607	67619	526699	476910	302901
7535	3506	11766	11731	35	11859	10882	150
165500	68165	957888	865038	57973	640726	408868	26404
1459536	929142	9261168	8700127	350001	4279753	3849170	372251
939275	415602	5356581	4955727	201113	2712644	2123711	234017
768650	669816	5156119	4875001	229366	1476273	1302530	346618
354373	272768	2141145	1915127	180030	941319	732134	179805
13589	12757	19497	19497		22350	17016	8594
107939	80412	696031	631402	60750	311287	238117	55926
164214	124306	1049975	925762	104492	390176	313370	77590
68631	55293	375642	338466	14787	217505	163631	37695
99493	49895	240975	239890	543	181851	149487	64429
57943	35360	125469	124980	407	111595	89242	25658
35422	12786	109076	108530	86	57427	48595	32200
6128	1749	6430	6380	50	12829	11650	6572
219273	270914	2077462	2042687	31515	141451	251719	49033
81782	69346	668216	649080	17176	177887	138448	46786
59493	57561	539258	521472	16130	124687	99755	34786
22289	11786	128958	127609	1046	53199	38693	12000
13729	6892	28321	28217	103	33766	30742	6565
185959	119190	1012782	929534	9028	630310	453997	61872
55557	30956	330200	312432	1915	185193	128529	12374
31728	20138	170633	116313	299	122954	97637	12597
98674	68096	511949	500789	6814	322163	227831	36902
122015	52318	973622	918240	36120	639811	865592	59199
29014	14703	242221	205187	34855	197056	662363	2297
17478	8606	53280	35190	1242	63701	29679	6420
1514	1600	3767	3744	22	4974	4935	
74010	27410	674354	674118		374079	168615	50483
245625	301587	2575167	2522917	42793	248780	338040	126224
207566	150256	2799988	2623945	138407	694342	494883	270438
412018	273293	2739641	2454986	149068	904290	806356	218590
1783061	1116423	11161538	10411316	435235	4469761	3640458	653887
144047	204521	2106363	2017485	88877	293803	277114	61230
534003	432513	4666843	4322748	246363	1387652	1130821	310085
660138	315499	3161774	2939416	67539	1786744	1427865	179145
444873	163890	1226558	1131666	32456	1001561	804658	103427
232837	140504	1337566	1267186	40393	989276	1105372	47819
43806	41061	168048	162995	1484	186971	137564	16946
82357	50378	844011	803934	36643	338031	255202	18029
106674	49064	325507	300257	2266	464274	712606	12844

13-3 续表1

单位：万元

类　别	Item	#集体资本 Collective-Owned Capital	#法人资本 Corporation Capital	总收入 Total Income
总 计	**Total**	**375033**	**1712694**	**17365202**
#国有及国有控股	#State-owned and State-holding Enterprises	7588	314618	7025751
按登记注册类型分组	**Grouped by Status of Registration**			
内资企业	Domestic Funded Enterprises	375033	1711291	17302937
国有企业	State-owned Enterprises	3003	13397	2303928
集体企业	Collective-owned Enterprises	117360	6023	1458796
股份合作企业	Cooperative Enterprises	4004		32354
联营企业	Joint Ownership Enterprises		464	60
有限责任公司	Limited Liability Corporations	131007	808085	9569225
股份有限公司	Share Holding Enterprises	95550	64480	1033445
私营企业	Private Enterprises	21555	818243	2892710
港、澳、台商投资企业	Enterprises with Funds from Hong Kong, Macao and Taiwan		664	2902
外商投资企业	Foreign Funded Enterprises		740	59362
按经济组织类型分组	**Grouped by Type of Economic Organizations**			
独资企业	Proprietorship	120363	22419	3775500
合作、合伙企业	Cooperative Enterprises and Partnership	6558	1674	47593
股份有限公司	Share Holding Enterprises	97565	71874	1253472
有限责任公司	Limited Liability Corporations	150547	1616727	12288636
按国民经济行业分组	**Grouped by Sector**			
房屋建筑业	Housing Building Construction	261194	513680	8441288
土木工程建筑业	Civil Engineering Construction	70902	425063	5402708
铁路、道路、隧道和桥梁	Railway, Road, Tunnel and Bridge	32289	195029	2097804
铁路工程建筑	Railway Engineering	1410	590	36908
公路工程建筑	Highway Engineering	10524	45598	718571
市政道路工程建筑	Municipal Road Engineering	15653	124777	990467
其他道路、隧道和桥梁工程建筑	Other	4701	24064	351858
水利和内河港口工程建筑	Water Conservancy and Inland Port Engineering Construction	2600	19013	515388
水源及供水设施工程建筑	Water Supply and Water Supply Facilities	2600	12769	304875
河湖治理及防洪设施工程建筑	Governance of Lakes and Flood Control Facilities		4900	200743
港口及航运设施工程建筑	Port and Shipping Facilities		1345	9770
工矿工程	Mining Engineering	2016	197300	1980314
架线和管道工程建筑	Line Putting-up and Pipeline Engineering	32972	10191	763133
架线及设备工程建筑	Wiring and Equipment Engineering	26355	5173	566701
管道工程建筑	Pipeline Engineering	6617	5018	196433
其他土木工程	Other Civil Engineering	1025	3530	46070
建筑安装业	Construction Installation	39705	157691	2004064
电气安装	Electrical Installation	32598	35512	523069
管道和设备安装	Piping and Equipment Installation	4587	36216	190625
其他建筑安装业	Other	2519	85963	1290371
建筑装饰和其他建筑业	Construction Decoration and Other Construction	3233	616260	1517141
建筑装饰业	Construction Decoration	2302	570161	786783
工程准备活动	Project Preparation Activities	822	11518	108060
提供施工设备服务	Provide Construction Equipment Service		988	5889
其他未列明建筑业	Other Construction Not listed	109	33593	616410
按隶属关系分组	**Grouped by Administration**			
#中　央	#Central	1937	209878	2783236
省	Provincial	55212	65149	3406995
地　市	Prefectural	166298	162063	2691581
按企业资质等级分组	**Grouped by Quality and Grade**			
施工总承包	Overall Contracted Construction	332447	1021596	15133271
特　级	Special Grade	449	180800	1887965
一　级	First Grade	119132	271033	5797534
二　级	Second Grade	131119	382119	3858298
三　级	Third Grade	81747	187644	3589474
专业承包	Specialized Contraction	42586	691098	2231931
#一　级	#First Grade	9	36822	473768
二　级	Second Grade	29019	86418	1009488
三　级	Third Grade	13558	567858	748675

CONTINUED

(10000 yuan)

工程结算收入 Revenue of Project Settlement Accounts	工程结算成本 Costs of Project Settlement Accounts	工程结算税金及附加 Taxes and Extra Charges on Project Settlement Accounts	营业外收入 Other Revenue from Business	管理费用 Management Expenses	财务费用 Financial Expenses	营业利润 Business Profit	利润总额 Total Profits	利税总额 Total Pre-tax Profits
17275257	**15362251**	**592359**	**75327**	**714312**	**74929**	**460553**	**508883**	**1139144**
6955922	6461586	175766	61016	242696	33137	34834	76508	265902
17212993	15306425	590260	75327	712584	72674	460317	508652	1136775
2294931	2066768	71236	9038	109057	12881	28135	25451	99734
1458115	1281252	60356	679	74805	-1129	39189	39549	101989
32354	26384	4862		113	23	959	718	5602
62	59	2		1		39	39	41
9499719	8608207	298733	59516	323914	37521	201905	249282	570052
1028304	860125	32804	3498	60183	8671	49516	52551	87770
2887089	2452403	121841	2596	143925	14707	140395	140883	270983
2902	2650	87		165				87
59362	53176	2012		1563	2255	236	231	2281
3765822	3359285	132438	9717	184315	11757	67532	65207	202779
47595	39839	5314		810	24	1631	1391	6734
1248154	1051613	40018	3585	70151	11635	55496	58608	101547
12213686	10911515	414589	62026	459036	51513	335893	383676	828084
8432118	7431907	355398	6479	281643	34909	278433	280268	652768
5339607	4864525	140558	62627	252213	34857	39194	80920	236473
2090315	1842221	72460	7211	90584	20218	58016	62046	138202
36803	32621	856	105	1917	-9	1066	1159	2467
717383	630756	27707	1189	27812	7390	22517	23271	51944
984848	875575	30438	5619	42590	9053	24175	27246	59288
351282	303269	13459	298	18265	3783	10259	10371	24504
514740	452605	18594	648	17321	1535	19547	19773	39687
304498	261886	11702	377	10291	1254	14667	14911	27790
200472	182344	6241	271	6424	281	4829	4812	11193
9770	8376	652		605		52	50	704
1934624	1882629	25438	45538	75168	3306	-48868	-10340	22786
753916	649659	21853	9171	66604	9394	7915	6809	30704
562304	478089	15615	4360	54102	4245	10665	4789	22077
191613	171570	6238	4811	12502	5149	-2750	2020	8627
46011	37411	2214	59	2537	405	2583	2631	5094
1999292	1767855	62756	3274	108892	8116	50422	52595	118162
521678	448614	16082	1416	42150	2928	11569	12572	29582
190106	158172	6707	514	14177	880	8911	9212	16309
1287508	1161069	39967	1344	52566	4308	29942	30811	72271
1504240	1297964	33646	2947	71564	-2953	92504	95101	131741
785928	691532	25083	103	29538	1338	37540	37402	63638
108057	93623	3767	4	5822	571	3906	3814	8264
5889	4724	498		459	7	243	243	799
604366	508086	4298	2841	35746	-4869	50815	53643	59040
2729951	2610181	38095	44417	95360	3892	-15846	13896	59675
3398639	3108465	112920	8478	112480	22713	33522	39478	157098
2677325	2401696	87297	14244	118518	11070	48097	57961	151209
15050532	13490485	520367	68881	548300	67087	361881	405270	957626
1847774	1791851	32110	40191	52443	4309	-29288	7630	47209
5779827	5298644	176425	15595	199045	37377	63135	60834	244827
3840701	3341874	143153	6046	171878	8784	146125	149439	300358
3582230	3058116	168679	7050	124935	16616	181909	187367	365232
2224725	1871766	71992	6446	166012	7842	98671	103613	181518
472654	418054	14942	1094	27222	2231	9043	9788	25930
1006508	863132	33206	2213	63837	2602	47170	48985	84881
745564	590580	23843	3139	74954	3009	42459	44839	70707

13-4 分地区建筑业企业基本情况

BASIC CONDITIONS OF CONSTRUCTION ENTERPRISES BY REGION

年 份 地 区	Year Region	企业单位数（个）Number of Enterprises (unit)	年末从业人员（人）Number of Persons Employed (person)	自有机械设备数量（台）Number of Machinery and Equipment Owned(unit)	自有机械设备功率（万千瓦）Total Power of Machinery and Equipment Owned (10000 kw)	自有机械设备净值（万元）Net Value of Machinery and Equipment Owned (10000 yuan)
2005		1948	430971	165903	341.9	679666
2006		1781	432016	157684	334.1	711059
2007		1733	471335	157949	366.3	748550
2008		1971	479114	161174	372.3	798106
2009		1919	674884	159810	358.9	762805
2010		1945	561857	143340	327.8	749900
2011		2020	490761	156112	364.4	783975
2012		2038	490884	134579	312.5	804716
2013		2008	440100	134516	283.5	770020
2014		1825	363016	153448	330.0	853835
哈尔滨	Harbin	833	143628	52199	110.3	291700
齐齐哈尔	Qiqihar	102	17001	6395	15.8	51338
鸡 西	Jixi	91	17000	4209	9.4	34400
鹤 岗	Hegang	58	9603	4348	8.6	16485
双鸭山	Shuangyashan	46	10810	4328	12.3	11198
大 庆	Daqing	218	50426	49548	76.1	197737
伊 春	Yichun	45	5792	2008	6.7	17034
佳木斯	Jiamusi	71	29197	9869	20.6	38167
七台河	Qitaihe	33	4335	862	3.7	12798
牡丹江	Mudanjiang	134	37934	6335	19.0	58187
黑 河	Heihe	60	7157	3486	6.5	19374
绥 化	Suihua	102	25809	6599	24.8	82783
大兴安岭	Daxinganling	24	4032	2616	14.7	17675
绥芬河	Suifenhe	8	292	646	1.3	4959
抚 远	Fuyuan					

13-4 续表1 CONTINUED

年 份 地 区	Year Region	劳动生产率（元/人，按总产值计算）Overall Labor Productivity (yuan/person)	产值竣工率(%) Ratio of Output Value of Buildings Completed to Gross Output Value(%)	房屋建筑面积竣工率(%) Rate of Floor Space of Buildings Completed(%)	技术装备率（元/人）Value of Machinery per Laborer (yuan/person)	动力装备率（千瓦/人）Power of Machinery per Laborer (kw/person)
2005		91345	78.1	50.4	10837	5.5
2006		109543	70.7	49.1	11130	5.2
2007		139136	58.2	54.7	11891	5.8
2008		127267	60.8	44.1	9797	4.6
2009		146124	57.1	68.4	8303	3.9
2010		183395	50.2	50.5	7771	3.4
2011		220377	56.4	49.8	8514	4.0
2012		272229	51.6	50.7	9228	3.6
2013		242528	51.0	53.7	7555	2.8
2014		251080	48.2	55.2	9968	3.9
哈尔滨	Harbin	263893	34.7	46.1	5574	2.1
齐齐哈尔	Qiqihar	179044	65.3	64.3	15514	4.8
鸡 西	Jixi	197985	58.3	58.5	18454	5.1
鹤 岗	Hegang	143997	94.0	53.0	12078	6.3
双鸭山	Shuangyashan	144358	66.3	45.3	11021	12.1
大 庆	Daqing	349567	59.5	89.0	37174	14.3
伊 春	Yichun	192813	90.5	86.7	17736	7.0
佳木斯	Jiamusi	214296	81.4	59.7	8511	4.6
七台河	Qitaihe	174642	59.2	57.2	25403	7.4
牡丹江	Mudanjiang	238644	64.0	58.4	7741	2.5
黑 河	Heihe	235903	96.2	76.2	7319	2.4
绥 化	Suihua	193111	99.6	99.0	23109	6.9
大兴安岭	Daxinganling	251296	82.8	53.7	25432	21.2
绥芬河	Suifenhe	222938	55.6	8.5	75480	19.7
抚 远	Fuyuan					

13-4 续表2 CONTINUED

年份 地区	Year Region	资产合计（万元） Total Assets (10000 yuan)	负债合计（万元） Total Liabilities (10000 yuan)	所有者权益（万元） owner's equity (10000 yuan)	#实收资本 #Paid-up capital	总收入（万元） Total Income (10000 yuan)	利润总额（万元） Total Profits (10000 yuan)	利税总额（万元） Total Pre-tax Profits (10000 yuan)
	2005	7038066	4261973	2776123	2585760	5664967	52342	245187
	2006	8203440	5278702	2924738	2700632	6840358	76641	305123
	2007	9142571	6054731	3087840	2699169	8508795	98029	343990
	2008	10397027	6964890	3432138	3132750	10913499	457660	1520636
	2009	10829222	7133558	3695664	3232330	13078488	558203	1332707
	2010	11951907	8195121	3756786	3289940	16082766	564931	1781420
	2011	14595943	10040174	4555769	3587785	19446063	589187	1321917
	2012	16398329	11079601	5293964	4010791	21053609	617830	1338823
	2013	18019776	12563726	5456050	4061503	18358995	670536	1321228
	2014	17958140	12499104	5459037	4745830	17365202	508883	1139144
哈尔滨	Harbin	9580191	6768701	2811490	2024463	9509130	209867	524616
齐齐哈尔	Qiqihar	714132	425652	288480	228521	701848	23788	45428
鸡西	Jixi	445493	283429	162063	131025	362715	8684	22649
鹤岗	Hegang	279371	168158	111214	576519	186024	2726	10389
双鸭山	Shuangyashan	339471	209228	130243	155146	154498	6497	12631
大庆	Daqing	3459715	2813063	646652	644759	2350901	16290	71102
伊春	Yichun	270639	186385	84254	59006	190739	8445	20270
佳木斯	Jiamusi	734110	467400	266710	195537	995951	48083	99234
七台河	Qitaihe	200978	114949	86029	67573	87665	876	5981
牡丹江	Mudanjiang	1006390	630102	376288	287118	1279905	104082	165347
黑河	Heihe	202184	95591	106593	85751	662994	41827	84322
绥化	Suihua	472700	183235	289465	208697	676746	32146	64055
大兴安岭	Daxinganling	218534	138724	79811	68973	182329	4875	11397
绥芬河	Suifenhe	34233	14487	19746	12741	23756	699	1723
抚远	Fuyuan							

13-4 续表3 CONTINUED

年份 地区	Year Region	产值利润率(%) Profit Rate Value (%)	产值利税率(%) Gross Output Value (%)	资本利润率(%) profit ratio of capital (%)	资本利税率(%) Profits to Assets (%)	人均利润(元/人) per capita profit (yuan/person)	人均利税(元/人) Per capita taxes (yuan/person)	资产负债率(%) Assets-Liability Ratio(%)
	2005	0.9	4.3	2.0	10.5	835	3909	60.6
	2006	1.1	4.4	2.0	8.9	1200	4776	64.3
	2007	1.1	3.9	3.6	7.8	1557	5464	66.2
	2008	2.5	14.7	14.6	2.1	5618	18667	67.0
	2009	4.2	9.9	17.3	2.4	6076	14507	65.9
	2010	3.2	10.1	17.2	1.8	5854	18461	68.6
	2011	2.9	6.5	16.4	2.7	6399	14357	68.8
	2012	2.6	5.6	15.4	3.0	7085	15353	67.6
	2013	2.7	5.3	16.5	3.1	6579	12963	69.7
	2014	2.4	5.3	10.7	24.0	5941	13298	69.6
哈尔滨	Harbin	1.5	3.8	10.4	25.9	4010	10025	70.7
齐齐哈尔	Qiqihar	4.0	7.7	10.4	19.9	7188	13728	59.6
鸡西	Jixi	2.4	6.1	6.6	17.3	4658	12150	63.6
鹤岗	Hegang	1.4	5.3	0.5	1.8	1997	7612	60.2
双鸭山	Shuangyashan	4.4	8.6	4.2	8.1	6394	12431	61.6
大庆	Daqing	0.9	3.8	2.5	11.0	3062	13367	81.3
伊春	Yichun	4.6	10.9	14.3	34.4	8793	21106	68.9
佳木斯	Jiamusi	5.0	10.3	24.6	50.7	10722	22127	63.7
七台河	Qitaihe	1.0	6.8	1.3	8.9	1739	11871	57.2
牡丹江	Mudanjiang	5.8	9.2	36.3	57.6	13846	21996	62.6
黑河	Heihe	6.7	13.5	48.8	98.3	15802	31856	47.3
绥化	Suihua	4.6	9.3	15.4	30.7	8974	17881	38.8
大兴安岭	Daxinganling	2.8	6.5	7.1	16.5	7014	16398	63.5
绥芬河	Suifenhe	4.8	11.8	5.5	13.5	10638	26230	42.3
抚远	Fuyuan							

主要统计指标解释

建筑业统计单位 指从事房屋、构筑物建造和设备安装活动的法人企业。建筑业法人企业应具有建筑业资质并能够独立核算，同时还应具备以下条件：①依法成立，有自己的名称、组织机构和场所，能够承担民事责任；②独立拥有和使用资产，承担负债，有权与其他单位签订合同；③独立核算盈亏，能够编制资产负债表。

建筑业总产值 是以货币形式表现的建筑业企业在一定时期内生产的建筑业产品和提供服务的总和。建筑业总产值包括：

⑴建筑工程产值：指列入建筑工程预算内的各种工程价值。

⑵安装工程产值：指设备安装工程价值，不包括被安装设备本身的价值。

⑶其他产值：建筑业总产值中除建筑工程、安装工程以外的产值。包括房屋构筑物修理产值、非标准设备制造产值、总包企业向分包企业收取的管理费以及不能明确划分的施工活动所完成的产值。

a.房屋构筑物修理产值：指房屋和构筑物修理所完成的产值，但不包括被修理房屋、构筑物本身价值和生产设备的修理价值。

b.非标准设备制造产值：指加工制造没有定型的非标准生产设备的加工费和原材料价值(如化工厂、炼油厂用的各种罐、槽，矿井生产统一使用的各种漏斗、三角槽、阀门等)以及附属加工厂为本企业承建工程制作的非标准设备的价值。

建筑业增加值 指建筑业企业在报告期内以货币形式表现的建筑业生产经营活动的最终成果。

从2004年第一次全国经济普查开始，建筑业现价增加值按生产法和分配法(收入法)两种方法计算，以收入法的计算结果为准，即从收入的角度出发，根据生产要素在生产过程中应得的收入份额计算。具体计算方法：经济普查年度建筑业增加值按照《经济普查年度GDP核算方案》计算，非经济普查年度建筑业增加值按照《非经济普查年度GDP核算方案》计算。

房屋施工面积 指报告期内施工的全部房屋建筑面积，包括本期新开工的房屋建筑面积、上期跨入本期继续施工的房屋建筑面积、上期停缓建在本期恢复施工的房屋建筑面积、本期竣工的房屋建筑面积及本期施工后又停缓建的房屋建筑面积。

房屋竣工面积 指报告期内房屋建筑按照设计要求已全部完工，达到住人和使用条件，经验收鉴定合格或达到竣工验收标准，可正式移交使用的各栋房屋建筑面积的总和。

Explanatory Notes on Main Statistical Indicators

Statistical Unit in the Construction Industry refers to a corporate enterprise engaged in the construction of buildings and structures and in the installation of equipment. A corporate construction enterprise should have qualification certificates with independent accounting system, and should meet the following 3 requirements: a) being set up in line with relevant legal basis, having its full name, organization and location, and capable of taking civil liabilities; b) independently possessing and using its assets and assuming its liabilities, and entitled to sign contracts with other institutions; and c) making independent accounts of its profits and losses, and capable of compiling its own balance sheet.

Gross Output Value of Construction refers to total of construction products and services, expressed in money terms, produced or rendered by construction and installation enterprises during a given period of time. It includes:

(1) Output value of construction projects: the value of projects covered by the project budgets;

(2) Output value of installation projects: the value of the installation of equipment, (excluding the value of the equipment to be installed);

(3) Other output values: the output value of construction industry apart from that of construction projects and installation projects. It includes: output value of repair of buildings and structures; output value of non-standard equipment manufacturing; overhead expenses received by contracted enterprises from the sub-contracted enterprises and the completed output value of construction activities for which there is no clear definition.

a. Output value of repair of buildings and structures: the value created through the repairs of buildings or structures. It does not include the value of buildings or structures being repaired and the value of the repair of production equipment;

b. Output value of manufactured non-standard equipment: the value of non-standard production equipment, including raw materials and manufacturing cost, made for the construction project (i.e., chemical plant; kettles or tanks used by refineries; various fillers, triangle tanks, valves used by mines). It also includes the output value of equipment manufactured by subsidiary workshops.

Value-added of Construction refers to the final result of the activities of production and operation of enterprises of the construction industry in monetary terms during the reference period.

Starting from the 2004 economic census, value-added of construction is calculated by both production approach and income approach, with the figures from the income approach as the final figures. Under the income approach, calculation starts from the perspective of income and is based on the share of income derived from the production process by the relevant factors of production. Specifically, value-added of construction for the Census years is calculated in accordance with the Programme of Compilation of GDP and National Accounts for the Year of Economic Census, and value-added of construction for other years is calculated in accordance with the Programme of Compilation of GDP and National Accounts for the Non Economic Census Years.

Floor Space of Buildings refers to floor space of buildings under construction in the reference period, including the space of buildings for which construction has newly started; buildings for which construction has started earlier and is continuing during the reference period; and buildings for which construction has been suspended earlier but has restarted during the reference period; buildings completed during the reference period; and buildings under construction but construction has subsequently been during the reference period.

Floor Space of Buildings Completed refers to the total floor space of each building that has been completed in the reference period in accordance with the requirements of the design, up to the standard for being resided in and put into use, or has been checked and accepted by departments concerned as qualified ones or up to the standard of buildings completed and can be handed over for putting into use.

第十四篇　住房和房地产

CHAPTER 14 HOUSING AND REAL ESTATE

资料整理：冯　瑞　刘　妍

14-1 房地产开发企业主要指标

MAIN INdICATORS OF ENTERPRISES FOR REAL ESTATE DEVELOPMENT

类　别	Category	2010	2011	2012	2013	2014
企业个数(个)	**Number of Enterprises(unit)**	**1890**	**2157**	**2134**	**2118**	**2154**
内资	Domestic Funded	1848	2113	2092	2081	2119
#国有	#State-owned Enterprises	97	88	78	49	47
集体	Collective-owned Enterprises	9	6	4	1	1
港、澳、台投资	Enterprises with Funds from Hong Kong, Macao and Taiwan	23	25	23	23	24
外商投资	Foreign Funded	19	19	17	13	11
从业人员期末人数(万人)	**Final Number of Employed Persons (10000 persons)**	**4.03**	**4.77**	**4.64**	**4.50**	**4.43**
内资企业	Domestic Funded	3.94	4.68	4.56	4.42	4.34
#国有	#State-owned Enterprises	0.34	0.46	0.26	0.10	0.11
集体	Collective-owned Enterprises	0.04	0.01	0.03		
港、澳、台投资企业	Enterprises with Funds from Hong Kong, Macao and Taiwan	0.04	0.05	0.05	0.06	0.07
外商投资企业	Foreign Funded	0.05	0.04	0.03	0.03	0.02
本年土地购置面积(万平方米)	**Land Space Purchased This Year(10000 sq.m)**	**1174.3**	**1860.7**	**929.9**	**655.7**	**416.6**
本年完成投资(亿元)	**Investment Completed This Year(100 million yuan)**	**843.1**	**1227.6**	**1535.8**	**1604.8**	**1324.1**
#住宅	#Residential Buildings	657.5	947.9	1122.5	1124.7	946.0
资金来源小计(亿元)	**Sources of Funds(100 million yuan)**	**1050.4**	**1601.1**	**1711.0**	**1833.6**	**1408.4**
#国内贷款	#Domestic Loans	48.9	62.0	87.6	130.2	97.8
自筹资金	Self-raising Fund	651.4	1087.1	1104.1	1102.6	909.9
其他资金	Others	348.6	448.6	519.3	600.8	397.9
房屋建筑面积(万平方米)	**Floor Space of Buildings(10000 sq.m)**					
施工面积	Floor Space under Construction	7532.9	12122.9	13485.0	13567.4	14218.1
#住宅	#Residential Buildings	6107.4	9662.9	10472.0	10241.4	10424.1
#本年新开工	#Floor Space Started This Year	5021.4	7274.2	5074.3	4030.4	3281.4
竣工面积	Floor Space Completed	2645.8	3231.3	3245.7	2932.7	3000.9
商品房销售面积(万平方米)	**Floor Space of Commercialized Buildings Sold (10000 sq.m)**	**2720.9**	**3397.8**	**3806.8**	**3340.0**	**2475.7**
#住宅	#Residential Buildings	2385.7	2919.1	3226.2	2944.2	2131.5
实收资本合计(亿元)	**Total Capital Held(100 million yuan)**	**547.0**	**808.7**	**892.5**	**973.5**	**1025.1**
资产负债率(%)	**Ratio of Liabilities to Assets(%)**	**71.1**	**72.4**	**60.9**	**62.4**	**60.7**
主营业务收入(亿元)	**Revenue from Principle Business (100 million yuan)**	**675.6**	**841.9**	**986.4**	**995.3**	**891.9**

14-2 房地产开发企业个数

NUMBER OF ENTERPRISES FOR REAL ESTATE DEVELOPMENT

单位：个 (unit)

年份 地区	Year Region	合计 Total	国有 State-owned Enterprises	集体 Collective-owned Enterprises	股份有限公司 Share-holding Corporations Ltd.	港澳台商投资 Enterprises with Funds from Hong Kong, Macao and Taiwan	外商投资 Foreign Funded Enterprises	其他 Others
	1995	295	183	24	44	30	9	5
	2000	439	170	32	71	25	9	132
	2001	483	152	32	79	23	8	189
	2002	606	142	24	111	23	18	288
	2003	776	144	21	131	25	17	438
	2004	1009	118	15	137	23	12	704
	2005	1050	124	7	170	21	17	711
	2006	1214	127	6	144	24	18	895
	2007	1320	117	7	137	25	18	1016
	2008	1589	102	11	145	23	19	1289
	2009	1576	101	7	133	25	17	1293
	2010	1890	97	9	164	23	19	1578
	2011	2157	88	6	165	25	19	1854
	2012	2134	78	4	144	23	17	1868
	2013	2118	49	1	137	23	13	1894
	2014	2154	47	1	124	24	11	1947
哈尔滨	Harbin	861	31	1	27	15	9	778
齐齐哈尔	Qiqihar	172	6		9	1		156
鸡西	Jixi	124	3		5			116
鹤岗	Hegang	82	1		5			76
双鸭山	Shuangyashan	54			4	1		49
大庆	Daqing	153			3	1	1	148
伊春	Yichun	42			1			41
佳木斯	Jiamusi	94	3		1		1	89
七台河	Qitaihe	32			1			31
牡丹江	Mudanjiang	201	2		16	5		178
黑河	Heihe	82			9	1		72
绥化	Suihua	172	1		24			147
大兴安岭	Daxinganling	24			3			21
绥芬河	Suifenhe	26			15			11
抚远	Fuyuan	6						6

14-3 房地产开发企业从业人员数

NUMBER OF EMPLOYED PERSONS IN ENTERPRISES FOR REAL ESTATE DEVELOPMENT

单位：人 (person)

年份 地区	Year Region	合计 Total	国有 State-owned Enterprises	集体 Collective-owned Enterprises	股份有限公司 Share-holding Corporations Ltd.	港澳台商投资 Enterprises with Funds from Hong Kong, Macao and Taiwan	外商投资 Foreign Funded Enterprises	其他 Others
1995		15473	11541	724	1005	785	320	1098
2000		23058	10756	858	5055	504	229	5656
2001		23792	9752	997	3624	521	198	8700
2002		25486	4710	623	5085	568	457	14043
2003		27465	4029	679	4302	307	385	17763
2004		33076	4199	403	5489	379	472	22134
2005		30169	4253	90	4278	318	611	20619
2006		29933	3554	151	3323	389	597	21919
2007		33353	3258	153	3097	414	562	25869
2008		35664	3195	211	3098	313	533	28314
2009		33929	2932	354	3402	366	388	26487
2010		40308	3420	398	3223	359	463	32445
2011		47678	4588	137	4633	490	434	37396
2012		46396	2639	325	2840	466	308	39818
2013		45004	1278	5	3043	566	257	39855
2014		44332	1077	5	2613	666	192	39779
哈尔滨	Harbin	18723	712	5	485	348	130	17043
齐齐哈尔	Qiqihar	3199	118		266	65		2750
鸡西	Jixi	1497	54		40			1403
鹤岗	Hegang	1439	65		44			1330
双鸭山	Shuangyashan	1078			116	70		892
大庆	Daqing	4597			394	11	44	4148
伊春	Yichun	960			9			951
佳木斯	Jiamusi	1963	91		8		18	1846
七台河	Qitaihe	651			17			634
牡丹江	Mudanjiang	3911	32		448	162		3269
黑河	Heihe	1180			118	10		1052
绥化	Suihua	3801	5		385			3411
大兴安岭	Daxinganling	199			15			184
绥芬河	Suifenhe	473			262			211
抚远	Fuyuan	125						125

14-4 房地产开发企业的土地开发、购置及投资规模

LAND DEVELOPMENT,PURCHASE AND INVESTMENT SCALE OF ENTERPRISES FOR REAL ESTATE DEVELOPMENT

年 份 地 区	Year Region	本年购置土地面积（平方米）Land Space Purchased This Year (sq. m)	实际需要的总投资（万元）Total Investment Actually Needed (10000 yuan)	开始建设累计完成投资（万元）Accumulative Investment Actually Completed Since Starting of Construction (10000 yuan)	全部建成尚需投资（万元）Further Investment Required for the Completion of Construction (10000 yuan)
	1995	2064	1366222	754008	612214
	2000	2564674	2202002	1575893	626109
	2001	2177103	2861880	2024592	837288
	2002	3892116	3543170	2102119	1441051
	2003	4943627	3903147	2447840	1455307
	2004	5691027	5892072	3350300	2541772
	2005	6925485	6823703	4089993	2733710
	2006	6197941	8014573	5415257	2599316
	2007	7043255	9580358	6590127	2990231
	2008	8709744	11266041	7434679	3831362
	2009	8333122	15162888	10451311	4711577
	2010	11743040	23411233	14348207	9063026
	2011	18606548	40598254	21536691	19061563
	2012	9299142	51698029	31809107	19888922
	2013	6556746	57810218	39909895	17900323
	2014	4165769	64563657	45766253	18797404
哈尔滨	Harbin	1282010	35334408	25619871	9714537
齐齐哈尔	Qiqihar	366625	3870591	2866925	1003666
鸡 西	Jixi	48124	1603237	1117539	485698
鹤 岗	Hegang	105994	528018	392864	135154
双鸭山	Shuangyashan	86235	1176721	579842	596879
大 庆	Daqing	897655	8018079	6583750	1434329
伊 春	Yichun	47857	694760	290969	403791
佳木斯	Jiamusi	196251	2352674	1473805	878869
七台河	Qitaihe	15255	436869	297960	138909
牡丹江	Mudanjiang	448191	6131068	3557995	2573073
黑 河	Heihe	294106	722102	483482	238620
绥 化	Suihua	140018	1742880	1408604	334276
大兴安岭	Daxinganling	58533	276522	199501	77021
绥芬河	Suifenhe	172856	530359	411975	118384
抚 远	Fuyuan		17754	12848	4906

14-5 房地产开发完成投资额

ACTUALLY COMPLETED INVESTMENT OF ENTERPRISES FOR REAL ESTATE

单位：万元 (10000 yuan)

年 份 地 区	Year Region	本年完成投资额 Investment Completed This Year	按构成分 By Use of Funds 建筑安装工程 Construction and Installation	设备、工器具购置 Purchase of Equipment and Instrument	其他费用 Others	#土地购置 Land Purchase
1995		473651	417508	8318	47825	30988
2000		1040979	782764	14412	243803	83939
2001		1470839	1173669	25869	271301	109197
2002		1457937	1021700	23967	412270	238993
2003		1632806	1140727		461438	265734
2004		2140702	1589430	66980	484292	302887
2005		2676332	2106481	47981	521870	324360
2006		3213152	2607672	32091	573389	220157
2007		3823651	2838824	56278	928549	466463
2008		4398563	3041451	57241	1299871	896126
2009		5639170	4272536	63859	1302775	743112
2010		8431198	6752877	88864	1589457	906816
2011		12275672	10060375	106728	2108569	1530448
2012		15358438	12635375	124052	2599011	1509508
2013		16048330	13418518	214380	2415432	1253332
2014		13240875	11013966	249453	1977456	1671406
哈尔滨	Harbin	6735677	5143032	155453	1437192	1269219
齐齐哈尔	Qiqihar	1299771	1090195	5581	203995	174365
鸡西	Jixi	272849	262848	3795	6206	4611
鹤岗	Hegang	67815	60925	1451	5439	2642
双鸭山	Shuangyashan	164120	136377	3660	24083	18443
大庆	Daqing	1573794	1421000	39064	113730	97572
伊春	Yichun	86048	84008	40	2000	
佳木斯	Jiamusi	548408	523038		25370	16063
七台河	Qitaihe	51211	43433	1370	6408	5408
牡丹江	Mudanjiang	1144147	1023202	21647	99298	46975
黑河	Heihe	291092	262208	8030	20854	13801
绥化	Suihua	745894	719069	2141	24684	20738
大兴安岭	Daxinganling	42586	36158	4021	2407	1001
绥芬河	Suifenhe	78816	71129	3200	4487	
抚远	Fuyuan	1200	1000		200	200

14-6 房地产开发建设按工程用途分的投资和新增固定资产

ACTUALLY COMPLETED INVESTMENT OF ENTERPRISES FOR REAL ESTATE BY USE AND NEWLY INCREASED FIXED ASSETS

单位：万元 (10000 yuan)

年份 地区	Year Region	按工程用途分的投资额 by Use of Projects				新增固定资产 Newly Increased Fixed Assets
		住宅 Residential Buildings	办公楼 Office Buildings	商品营业用房 House for Business Use	其他 Others	
	1999	532679	49827	145167	91880	679863
	2000	712644	35691	162186	130458	961671
	2001	1016457	42330	254384	157668	1274384
	2002	771661	76021	276203	334052	904095
	2003	886210	63710	351126	331760	1067546
	2004	1397332	80734	451728	262031	1351368
	2005	1748422	82290	461665	383955	1572296
	2006	2476493	59546	472631	204482	1907823
	2007	2796442	64450	505361	457398	2426086
	2008	3065870	35325	566332	731036	2052819
	2009	4425157	91569	699868	422576	3657239
	2010	6575367	109197	1053409	693225	5517655
	2011	9478981	166726	1446218	1183747	6769528
	2012	11225245	269161	2183563	1680469	8246658
	2013	11247187	311156	2763097	1726890	8353877
	2014	9460270	252529	2368761	1159315	9527092
哈尔滨	Harbin	4892971	187621	1009479	645606	5297101
齐齐哈尔	Qiqihar	975651	2169	208387	113564	971057
鸡西	Jixi	154963	10471	85974	21441	161331
鹤岗	Hegang	59564	253	4615	3383	45303
双鸭山	Shuangyashan	117984	1030	41337	3769	126534
大庆	Daqing	1107852	5454	264560	195928	905822
伊春	Yichun	69026		12877	4145	93294
佳木斯	Jiamusi	295725	14897	211580	26206	338966
七台河	Qitaihe	36172	539	12104	2396	52513
牡丹江	Mudanjiang	832164	12901	218736	80346	603397
黑河	Heihe	194315	11477	73105	12195	109605
绥化	Suihua	597805	950	112521	34618	577247
大兴安岭	Daxinganling	18635	2248	17745	3958	43338
绥芬河	Suifenhe	57557	2	11098	10159	58000
抚远	Fuyuan	600		400	200	

14-7 房地产开发企业的资金来源

CAPITAL SOURCE OF ENTERPRISES FOR REAL ESTATE DEVELOPMENT

单位：万元 (10000 yuan)

年份 地区	Year Region	本年资金来源合计 Total Funds the Year	上年末结余资金 A Balance at End of Previous Year	本年资金来源小计 Sources of Funds	国家预算内资金 State Budget	国内贷款 Domestic Loans	利用外资 Foreign Investment	自筹资金 Self-raising Fund	其他资金 Others
	1999	752630	39319	713311	4021	147930	3010	276685	281665
	2000	957753	38734	919019	1000	182528	10543	362915	362033
	2001	1385794	60016	1325778		159546	420	566232	599580
	2002	1415734	97988	1317746	4570	236117	6233	618710	452116
	2003	1721670	113689	1607981	350	260166	4050	870635	472780
	2004	2246559	151780	2094779	2300	183776	54912	1092193	761598
	2005	2844133	163416	2680717		178057	35300	1362272	1105088
	2006	3585481	148891	3436590		331881	39073	1859085	1206551
	2007	4288367	220609	4067758		261860	18718	2436261	1350919
	2008	5009858	385031	4624827		294758	13771	3145679	1170619
	2009	7271208	480773	6790435		737899	25877	3605959	2420700
	2010	11430442	926816	10503626		488956	15000	6513529	3486141
	2011	17685735	1675059	16010676		619884	33500	10870814	4486478
	2012	19633386	2522968	17110418		876365	165	11040675	5193213
	2013	20920924	2584488	18336436		1301852		11026235	6008349
	2014	16956270	2872261	14084009		978225	27000	9099429	3979355
哈尔滨	Harbin	9558253	2104366	7453887		701298	27000	4162058	2563531
齐齐哈尔	Qiqihar	1313908	104589	1209319		42080		694085	473154
鸡西	Jixi	322738	48867	273871		10300		188464	75107
鹤岗	Hegang	98559	16646	81913		600		60213	21100
双鸭山	Shuangyashan	182142	11701	170441				129523	40918
大庆	Daqing	1957139	352728	1604411		48800		1259313	296298
伊春	Yichun	87175	1470	85705		1000		80110	4595
佳木斯	Jiamusi	562598	1346	561252		39500		471620	50132
七台河	Qitaihe	59547	3504	56043				49633	6410
牡丹江	Mudanjiang	1324941	97241	1227700		133059		836212	258429
黑河	Heihe	307664	10561	297103				272085	25018
绥化	Suihua	796371	8274	788097				755989	32108
大兴安岭	Daxinganling	49703	1235	48468				46057	2411
绥芬河	Suifenhe	86086	2100	83986		1050		68203	14733
抚远	Fuyuan								

14-8 房地产开发建设房屋施工面积

FLOOR SPACE OF BUILDINGS UNDER CONSTRUCTION OF REAL ESTATE DEVELOPMENT

单位：平方米 (sq. m)

年份 地区	Year Region	施工房屋建筑面积 Floor Space of Buildings Under Construction	#新开工 Started This Year	住宅 Residential Buildings	办公楼 Office Buildings	商业营业用房 House for Business Use	其他 Others
	1999	11187155	7273868	8268285	630728	2065737	222405
	2000	14513563	8473110	10995283	535182	2640151	342947
	2001	17685892	9172691	13612689	611730	3164906	296567
	2002	15895856	8685336	11647486	812504	2924268	511598
	2003	19000320	11104078	13111334	792962	4154636	941388
	2004	22550629	11931656	15830527	800083	5014827	905192
	2005	26304651	14851141	19226052	934958	4894991	1248650
	2006	31064526	17477365	24271325	711888	4622027	1459286
	2007	33017345	18340732	26363154	437141	4780785	1436265
	2008	36111387	22410734	29066535	401381	4528881	2114590
	2009	45213490	29955500	36926884	586070	5078374	2622162
	2010	75328812	50214326	61074452	752647	8622671	4879042
	2011	121229416	72742236	96628625	1220343	13710366	9670082
	2012	134849706	50743456	104719594	1776618	15699880	12653614
	2013	135673668	40304430	102413971	1993260	18778597	12487840
	2014	142180884	32813806	104241125	2505387	20862869	14571503
哈尔滨	Harbin	59631110	10536114	41472027	1905108	8920205	7333770
齐齐哈尔	Qiqihar	11360973	4417199	8763124	32742	1456937	1108170
鸡西	Jixi	6433933	1049760	5026770	155964	692321	558878
鹤岗	Hegang	1690806	375601	1537108	3148	80439	70111
双鸭山	Shuangyashan	2528772	317404	1907670	6733	438587	175782
大庆	Daqing	17501955	3246386	13604516	45912	2237527	1614000
伊春	Yichun	1349040	538971	1223145		80693	45202
佳木斯	Jiamusi	6182290	1405869	4642450	138800	987504	413536
七台河	Qitaihe	1406249	387424	1025794	21002	281613	77840
牡丹江	Mudanjiang	17481751	3637617	13112817	78474	2272641	2017819
黑河	Heihe	3022513	1817370	2080479	40923	704928	196183
绥化	Suihua	9548123	4525500	7259266	9055	1893998	385804
大兴安岭	Daxinganling	720091	154304	492640	12176	164011	51264
绥芬河	Suifenhe	1881746	173769	1219907	2000	300693	359146
抚远	Fuyuan	91534	40000	70482		10042	11010

14-9 房地产开发建设房屋竣工面积和造价

FLOOR SPACE OF BUILDINGS COMPLETED AND THEIR COST IN REAL ESTATE DEVELOPMENT

年 份 地 区	Year Region	竣工房屋建筑面积（平方米）Floor Space of Buildings Completed (sq. m)	住 宅 Residential Buildings	办公楼 Office Buildings	商业营业用房 House for Bussiness Use	其 他 Others	竣工房屋造价（元/平方米）Cost of Buildings Completed (yuan/sq. m)	#住 宅 Residential Buildings
	1999	5474196	4288778	195416	889600	100402	897	820
	2000	8278630	6293041	365015	1428150	192424	905	819
	2001	10138189	8283706	218061	1472774	163648	944	914
	2002	8035908	6398979	229070	1209003	198856	929	873
	2003	8834762	6590471	257897	1573139	413255	984	906
	2004	11132574	8323312	231200	2222841	355221	1051	956
	2005	13050250	10394472	272514	1847289	535975	1089	1044
	2006	13981158	11535031	305411	1619101	521615	1230	1184
	2007	15956174	12448764	272726	2540478	694206	1404	1034
	2008	14047031	11600798	126015	1773934	546284	1195	1122
	2009	18882802	15754595	181325	1942761	1004121	1548	1495
	2010	26458267	21989911	242769	3032968	1192619	1718	1677
	2011	32313443	25979788	219545	4344276	1769834	1661	1650
	2012	32457265	26462053	285203	3402487	2307522	1977	1942
	2013	29327010	23444092	320683	3398376	2163859	2190	2160
	2014	30009026	22957015	534876	3607919	2909216	2433	2287
哈尔滨	Harbin	13339112	9726429	498589	1472185	1641909	3030	2735
齐齐哈尔	Qiqihar	3360019	2678819	7291	445325	228584	1942	1943
鸡 西	Jixi	633002	484932	6500	107575	33995	1881	1779
鹤 岗	Hegang	183107	155121	1526	25960	500	1988	2154
双鸭山	Shuangyashan	391696	304718		74577	12401	2222	2213
大 庆	Daqing	2687055	2130000		179897	377158	2551	2520
伊 春	Yichun	310282	274482		17743	18057	2399	2442
佳木斯	Jiamusi	2237047	1895320	6926	270414	64387	1408	1384
七台河	Qitaihe	264213	218306		44347	1560	1971	1863
牡丹江	Mudanjiang	2124252	1684618	1707	180337	257590	2542	2558
黑 河	Heihe	543436	369175	1325	112785	60151	1796	1807
绥 化	Suihua	3173155	2419566	9055	548192	196342	1185	1219
大兴安岭	Daxinganling	172412	129500	1349	36595	4968	2282	2045
绥芬河	Suifenhe	135049	78111		50303	6635	2953	3062
抚 远	Fuyuan							

14-10 按用途分商品房屋销售面积

FLOOR SPACE OF COMMERCIALIZED BUILDINGS SOLD BY USE

单位：平方米 (sq. m)

年份 地区	Year Region	商品房屋销售面积 Floor Space of Commercialized Buildings Sold	住宅 Residential Buildings	#别墅、高档公寓 Villas, High-grade Apartments	办公楼 Office Buildings	商业营业用房 Houses for Business Use	其他 Others
	1999	3513834	2946888	11621	94633	430949	41364
	2000	4998452	4244271	156915	106813	585997	61371
	2001	5946410	4906264	84552	182549	763290	94307
	2002	6924691	5743325	99919	131366	968783	81217
	2003	8146447	6731129	22275	146593	1154425	114300
	2004	9846508	7900508	46261	127929	1562776	255295
	2005	12428124	10482603	72356	290082	1382206	273233
	2006	14827148	12985068	180519	204711	1411379	225990
	2007	17092455	15185671	837951	114405	1436368	356011
	2008	14865665	12866198	258154	89502	1593543	316422
	2009	20169765	17512157	575101	194221	1922128	541259
	2010	27209459	23856799	518243	83786	2347388	921486
	2011	33977745	29191147	198249	79085	3603816	1103697
	2012	38068231	32262165	229540	242575	4108684	1454807
	2013	33399501	29442296	158394	248432	2562090	1146683
	2014	24757412	21314633	212268	153360	2395608	893811
哈尔滨	Harbin	10213509	9006730	127118	124235	900060	182484
齐齐哈尔	Qiqihar	2251008	1827645		6559	249008	167796
鸡西	Jixi	673350	575838	275		61435	36077
鹤岗	Hegang	153743	125562			24061	4120
双鸭山	Shuangyashan	369652	331066	1143		33419	5167
大庆	Daqing	3660394	3265481	76360	16083	219779	159051
伊春	Yichun	240707	219559			21148	
佳木斯	Jiamusi	1068629	968771			91915	7943
七台河	Qitaihe	142118	133937	1596		5717	2464
牡丹江	Mudanjiang	1598149	1414790	1502		113674	69685
黑河	Heihe	589792	450673		1325	103577	34217
绥化	Suihua	3358652	2604690	534	4550	548510	200902
大兴安岭	Daxinganling	43011	32098	2441		4152	6761
绥芬河	Suifenhe	148488	139922			2630	5936
抚远	Fuyuan						

14-11 按用途分商品房屋销售额

TOTAL SALE OF COMMERCIALIZED BUILDINGS BY USE

单位：万元 (10000 yuan)

年份 地区	Year Region	商品房屋销售额 Total Sale of Commercialized Buildings	住宅 Residential Buildings	#别墅、高档公寓 Villas, High-grade Apartments	办公楼 Office Buildings	商业营业用房 Houses for Business Use	其他 Others
2004		1873625	1315782	12204	36577	450912	70354
2005		2608815	1963185	30667	119489	452856	73285
2006		3255377	2642682	58552	70609	473964	68122
2007		4224086	3575076	143480	29895	511022	108093
2008		4209652	3399086	139762	25092	689934	95540
2009		6536890	5370482	323094	80446	875396	210566
2010		10119482	8330469	318940	35809	1367963	385241
2011		13573379	10819917	162007	38358	2238139	476965
2012		15482979	12019303	214318	138229	2645351	680096
2013		15823382	13059034	104195	176126	1968866	619356
2014		12085441	9626924	252725	119604	1919667	419246
哈尔滨	Harbin	6326925	5188170	197333	103759	934685	100311
齐齐哈尔	Qiqihar	938786	695206		5998	164649	72933
鸡西	Jixi	262050	187925	82		63333	10792
鹤岗	Hegang	53575	38423			13428	1724
双鸭山	Shuangyashan	102363	83563	580		16514	2286
大庆	Daqing	1767207	1462428	51173	8042	227269	69468
伊春	Yichun	65363	56310			9053	
佳木斯	Jiamusi	343966	285200			55228	3538
七台河	Qitaihe	46826	43545	1117		2422	859
牡丹江	Mudanjiang	611730	495747	646		84519	31464
黑河	Heihe	198412	119920		331	62294	15867
绥化	Suihua	1178676	802340	375	1290	271377	103669
大兴安岭	Daxinganling	12854	9050	1036		1934	1870
绥芬河	Suifenhe	55494	51641			1241	2612
抚远	Fuyuan						

14-12 按不同分组分房地产开发企业投资完成情况(2014年)

单位：万元

项 目	Item	计划总投资 Total Investment Planed	累计完成投资 Accumulated Investment Completed	本年完成投资 Investment Completed This Year
总 计	**Total**	**64563657**	**45766253**	**13240875**
按登记注册类型分组	**By Status of Registration**			
内资企业	Domestic Funded	62453627	44615323	13079643
#国有企业	#State-owned Enterprises	1365118	814008	215837
集体企业	Collective-owned Enterprises	4000	3950	50
股份合作企业	Cooperative Enterprises	20999	5725	5725
国有联营企业	State Joint Ownership Enterprises			
国有独资公司	State Sole funded Corporations	4423028	4089526	374405
其他有限责任公司	Other Limited Liability Corporations	34578012	24036582	7936499
股份有限公司	Share-holding Corporations Limited	2820859	2098070	557887
私营独资企业	Private-funded Enterprises	83187	57897	55877
私营合伙企业	Private Partnership Enterprises	13500	13185	7500
私营有限责任公司	Private Limited Liability Corporations	17720585	12528313	3674178
私营股份有限公司	Private Share-holding Corporations Limited	1182491	733622	195227
其他企业	Other Enterprises	241848	234445	56458
港澳台商投资企业	Enterprises with Funds from Hong Kong, Macao and Taiwan	1021201	606475	139132
与港澳台商合资经营企业	Joint-ventures Enterprises	541221	374379	95362
与港澳台商合资合作经营企业	Cooperative Enterprises	60000	19317	19317
港澳台商独资经营企业	Enterprises with Sole Investment	419980	212779	24453
港澳台商投资股份有限公司	Share-holding Corporations Ltd.			
外商投资企业	Foreign Funded Enterprises	1088829	544455	22100
中外合资经营企业	Joint-venture Enterprises	58829	69579	
中外合作经营企业	Cooperation Enterprises			
外资企业	Enterprises with Sole Funds	1030000	474876	22100
外商投资股份有限公司	Share-holding Corporations Ltd.			
按控股情况分组	**By Share-holding**			
国有控股	State-owned Enterprises	13844962	10980226	2199673
集体控股	Collective-owned Enterprises	1177428	1012255	336671
私人控股	Private Share-holding	36261798	25267129	8142024
港澳台商控股	Enterprise swith Funds from Hong Kong, Macao and Taiwan	788741	460297	84615
外商控股	Foreign Funded Enterprises	1598829	1027253	123000
其他	Others	10891899	7019093	2354892
按资质等级分组	**By Qualification Grade**	64563657	45766253	13240875
一级	First Grade	4637448	3895702	354545
二级	Second Grade	16630515	12472184	2550956
三级	Third Grade	23105539	17776620	5291118
四级	Fourth Grade	1062259	802809	373029
暂定	Interim	17093304	9398194	4051662
其他	Others	2034592	1420744	619565
按隶属关系分组	**By Jurisdiction of Management**			
中央	Central	2411498	2265246	159451
省	Province	3825474	1965310	481775
地区	District	11500795	9281422	2348087
县及县以下	County and Under County Level	8552990	6465994	2248591
其他	Others	38272900	25788281	8002971

INVESTMENT ACTUALLY COMPLETED BY ENTERPRISES FOR REAL ESTATE DEVELOPMENT BY DIFFERENT GROUPING(2014)

(10000 yuan)

住宅 Residential Buildings	#别墅、高档公寓 Villas, High-grade Apartments	办公楼 Office Buildings	商业营业用房 Houses for Business Use	其他 Others	本年新增固定资产 Newly Increased Fixed Assets This Year	本年资金来源小计 Sources of Funds
9460270	**317875**	**252529**	**2368761**	**1159315**	**9527092**	**14084009**
9338176	308625	241529	2358879	1141059	9492993	13769888
179085		2738	23640	10374	415188	228160
30			20			50
4445		50	880	350		5800
286918	5600	4	30887	56596	1512040	423114
5673957	214484	126675	1433008	702859	3830866	8099396
388995	584	17180	116211	35501	516570	573307
45022			9826	1029	12000	56881
5500			2000		1500	7000
2566819	70637	82959	709651	314749	2813626	4113380
162533	17320	1317	18506	12871	391203	206102
24872		10606	14250	6730		56698
99994		11000	9882	18256	34099	250867
59887		11000	7049	17426	34099	179909
17286			1711	320		45000
22821			1122	510		25958
22100	9250					63254
						29522
22100	9250					33732
1793563	25355	27938	174422	203750	3112867	2351842
246077	339	1210	48461	40923	272645	346829
5676136	166092	200710	1536297	728881	5391033	8725654
56508		2000	8171	17936	34099	117651
112550	10050		3001	7449		201259
1575436	116039	20671	598409	160376	716448	2340774
9460270	317875	252529	2368761	1159315	9527092	14084009
272089	17943	4000	19730	58726	107804	443874
1814454	19463	30129	455259	251114	3558188	2800283
3991823	125698	119278	804658	375359	4191612	5454322
272046		3432	82333	15218	299527	388682
2624004	154771	90580	932500	404578	1016209	4439916
485854		5110	74281	54320	353752	556932
113704			7665	38082	61745	210867
315902	54206	13548	116701	35624	568743	592118
1729709	25361	28491	413692	176195	3133176	2448502
1620192	12484	31074	429364	167961	1201889	2298928
5680763	225824	179416	1401339	741453	4561539	8533594

14-13 按不同分组分房地产开发企业商品房销售情况(2014年)

项 目	Item	商品房销售面积（平方米）Floor Space of Commercialized Buildings Sold (sq. m)	住宅 Residential Buildings
总 计	**Total**	**24757412**	**21314633**
按登记注册类型分组	**By Status of Registration**		
内资企业	Domestic Funded	24279247	20880735
#国有企业	#State-owned Enterprises	573457	537591
集体企业	Collective-owned Enterprises		
股份合作企业	Cooperative Enterprises	5137	5137
国有联营企业	State Joint Ownership Enterprises		
国有独资公司	State Sole funded Corporations	1254294	1215600
其他有限责任公司	Other Limited Liability Corporations	13775908	11507579
股份有限公司	Share-holding Corporations Limited	1384724	1164777
私营独资企业	Private-funded Enterprises	22925	22925
私营合伙企业	Private Partnership Enterprises		
私营有限责任公司	Private Limited Liability Corporations	6719516	5977412
私营股份有限公司	Private Share-holding Corporations Limited	468142	393078
其他企业	Other Enterprises	75144	56636
港澳台商投资企业	Enterprises with Funds from Hong Kong, Macao and Taiwan	345359	304980
与港澳台商合资经营企业	Joint-ventures Enterprises	262970	229228
与港澳台商合资合作经营企业	Cooperative Enterprises		
港澳台商独资经营企业	Enterprises with Sole Investment	82389	75752
港澳台商投资股份有限公司	Share-holding Corporations Ltd.		
外商投资企业	Foreign Funded Enterprises	132806	128918
中外合资经营企业	Joint-venture Enterprises	40992	37349
中外合作经营企业	Cooperation Enterprises		
外资企业	Enterprises with Sole Funds	91814	91569
外商投资股份有限公司	Share-holding Corporations Ltd.		
按控股情况分组	**By Share-holding**		
国有控股	State-owned Enterprises	4535853	4212962
集体控股	Collective-owned Enterprises	533936	428064
私人控股	Private Share-holding	16190856	13823016
港澳台商控股	Enterprise swith Funds from Hong Kong, Macao and Taiwan	251676	227464
外商控股	Foreign Funded Enterprises	332045	298633
其他	Others	2913046	2324494
按资质等级分组	**By Qualification Grade**	24757412	21314633
一级	First Grade	877016	831089
二级	Second Grade	7201882	6433098
三级	Third Grade	9826139	8421987
四级	Fourth Grade	1397893	1144963
暂定	Interim	4877355	4037918
其他	Others	577127	445578
按隶属关系分组	**By Jurisdiction of Management**		
中央	Central	352088	352088
省	Province	1141971	1049220
地区	District	3496213	3038132
县及县以下	County and Under County Level	6903690	5767676
其他	Others	12863450	11107517

SALE OF COMMERCIALIZED BUILDINGS BY ENTERPRISES FOR REAL ESTATE DEVELOPMENT BY DIFFERENT GROUPING(2014)

办公楼 Office Buildings	商业营业用房 Houses for Business Use	其他 Others	商品房销售额（万元）Total Sale of Commercialized Buildings Sold (10000 yuan)	住宅 Residential Buildings	办公楼 Office Buildings	商业营业用房 Houses for Business Use	其他 Others
153360	**2395608**	**893811**	**12085441**	**9626924**	**119604**	**1919667**	**419246**
122347	2385025	891140	11776758	9371939	80759	1906607	417453
2391	22035	11440	314624	295239	741	13421	5223
			1643	1643			
300	33144	5250	684158	653511	150	27466	3031
72472	1596738	599119	6799505	5216621	51479	1236202	295203
1709	164108	54130	572783	407516	1892	140205	23170
			7805	7805			
43043	489927	209134	3099745	2609047	25328	379743	85627
2432	60565	12067	228801	147118	1169	75315	5199
	18508		67694	33439		34255	
28285	9423	2671	237669	187501	36799	11576	1793
28285	5457		208248	161972	36799	9477	
	3966	2671	29421	25529		2099	1793
2728	1160		71014	67484	2046	1484	
2728	915		27090	23987	2046	1057	
	245		43924	43497		427	
2691	168050	152150	2442449	2196378	891	182017	63163
	77460	28412	226183	147079		65147	13957
130927	1625597	611316	7074103	5429001	100396	1261723	282983
13582	7959	2671	163286	140339	12946	8208	1793
2728	1160	29524	260538	232928	2046	1484	24080
3432	515382	69738	1918882	1481199	3325	401088	33270
153360	2395608	893811	12085441	9626924	119604	1919667	419246
	27242	18685	432766	376014		41746	15006
22710	474414	271660	3935167	3265488	10941	521174	137564
51319	986184	366649	4364288	3530103	34600	638536	161049
6483	180414	66033	481657	361038	1805	92899	25915
72848	617731	148858	2584022	1915478	72258	526159	70127
	109623	21926	287541	178803		99153	9585
			136616	136616			
3028	52560	37163	732971	669581	2196	48091	13103
21717	310190	126174	1856217	1480525	14174	297947	63571
6941	794155	334918	2770582	2095813	2031	519548	153190
121674	1238703	395556	6589055	5244389	101203	1054081	189382

14-14 按不同分组分房地产开发企业主要财务指标(2014年)

单位：万元

项 目	Item	资产总计 Total Assets	流动资产合计 Total Working Capitals	固定资产原价 Original Value of Fixed Assets	累计折旧 Accumulated depreciation
总 计	**Total**	**101241094**	**67991055**	**2059154**	**409813**
按登记注册类型分组	**By Status of Registration**				
内资企业	Domestic Funded	99241234	66329591	1975464	375970
#国有企业	#State-owned Enterprises	1042286	647767	266728	23569
集体企业	Collective-owned Enterprises	5957	4410	951	951
股份合作企业	Cooperative Enterprises	2249	2190	62	3
国有联营企业	State Joint Ownership Enterprises				
国有独资公司	State Sole funded Corporations	27496963	9840229	233887	42013
其他有限责任公司	Other Limited Liability Corporations	44849497	32943867	883673	144224
股份有限公司	Share-holding Corporations Limited	3412503	2869014	97044	31864
私营独资企业	Private-funded Enterprises	16673	16635	54	15
私营合伙企业	Private Partnership Enterprises	2135	2134	1	
私营有限责任公司	Private Limited Liability Corporations	21158263	18931574	450552	123030
私营股份有限公司	Private Share-holding Corporations Limited	1231612	1050328	41562	9771
其他企业	Other Enterprises	23096	21442	950	530
港澳台商投资企业	Enterprises with Funds from Hong Kong, Macao and Taiwan	1275694	1105336	59929	24352
与港澳台商合资经营企业	Joint-ventures Enterprises	852503	758150	34058	17727
与港澳台商合资合作经营企业	Cooperative Enterprises	43004	4292	70	9
港澳台商独资经营企业	Enterprises with Sole Investment	346761	334900	3428	2066
港澳台商投资股份有限公司	Share-holding Corporations Ltd.	33426	7995	22372	4550
外商投资企业	Foreign Funded Enterprises	724167	556128	23761	9492
中外合资经营企业	Joint-venture Enterprises	302399	296208	5868	2026
中外合作经营企业	Cooperation Enterprises	16852	15366	597	112
外资企业	Enterprises with Sole Funds	404916	244554	17296	7354
外商投资股份有限公司	Share-holding Corporations Ltd.				
按控股情况分组	**By Share-holding**				
国有控股	State-owned Enterprises	47660135	20913744	918131	106421
集体控股	Collective-owned Enterprises	2002340	1685610	50530	18397
私人控股	Private Share-holding	37776073	33507431	894826	218775
港澳台商控股	Enterprise swith Funds from Hong Kong, Macao and Taiwan	1015118	884161	59844	24342
外商控股	Foreign Funded Enterprises	1570867	1402557	24635	10168
其他	Others	11216561	9597553	111189	31711
按资质等级分组	**By Qualification Grade**				
一级	First Grade	3829305	3502155	59975	26724
二级	Second Grade	27170383	23852896	485108	144198
三级	Third Grade	51528791	30885513	1110605	198230
四级	Fourth Grade	724863	624566	31755	5555
暂定	Interim	16245281	7696473	148590	22216
其他	Others	1742472	1429452	223121	12889
按隶属关系分组	**By Jurisdiction of Management**				
中央	Central	1220830	1170969	43099	11557
省	Province	3360136	2895491	31824	11874
地区	District	46609678	19930600	603689	118083
县及县以下	County and Under County Level	8414317	6895841	365908	50147
其他	Others	41636133	37098154	1014633	218153

MAIN FINANCIAL INDICATORS BY ENTERPRISES OF REAL ESTATE DEVELOPMENT BY DIFFERENT GROUPING(2014)

(10000 yuan)

负债合计 Total Liabilities	实收资本 Paidin Capital	主营业务收入 Revenue from Principal Business	土地转让收入 Land Transferred Revenue	商品房屋销售收入 Sales Revenue of Commercial Houses	房屋出租收入 Revenue from Houses Leasing	其他收入 Other Revenue	主营业务成本 Cost of Principal Business	主营业务税金及附加 Taxes and Other Charges on Principal Business	主营业务利润 Profits of Principal Business	利润总额 Total Profits
61424461	**10250866**	**8919262**	**52206**	**8525899**	**88805**	**252353**	**6929111**	**767684**	**150689**	**257089**
60015892	9697185	8535873	52206	8149461	83768	250439	6650301	727788	118957	219492
635694	115728	79320	12	43833	29634	5841	55607	8933	-919	-354
4410	200								-11	-11
28	2000	4000		4000			3472	132	360	360
8789449	998037	1044850		1032101	7125	5625	1047394	64288	-86610	-52995
29607621	5077627	4178439	5121	3978900	24751	169667	3151583	366319	38689	104198
2764925	442070	702954	168	692213	1428	9145	485766	52413	99644	100282
13108	4080	1232		1232			1121	154	-201	-201
166	2000								-31	-31
17184953	2882988	2462426	34070	2348085	20685	59586	1860270	225051	75861	76999
999433	165456	62653	12834	49097	146	576	45087	10499	-7793	-8721
16107	7000								-33	-33
866383	405260	242895		237595	5037	263	164597	24526	34816	32341
558828	277473	180456		177282	3174		125942	18838	26264	26161
8553	35000								-548	-548
275108	76042	62358		60307	1788	263	38651	5686	10880	8508
23893	16745	81		6	75		4	2	-1779	-1779
542186	148421	140494		138843		1651	114213	15371	-3084	5256
267137	33500	28281		28281			20595	2733	-388	-364
5102	5000	15		15			11	21	-245	-229
269948	109921	112199		110548		1651	93607	12616	-2452	5849
18191212	2507353	1873749	12	1739914	37661	96163	1677417	148025	-64225	-3396
1733127	254000	354678	100	352648	1136	795	265273	32782	-712	6397
30085256	5452460	5230151	47192	4996014	42361	144585	3940588	462790	186842	185660
712237	296260	242895		237595	5037	263	164597	24526	36711	34232
1425243	183113	146417		144766		1651	117331	17452	-69554	-61268
9277386	1557680	1071372	4902	1054963	2610	8897	763905	82110	61628	95465
3679203	415805	962070		950551	968	10551	1029008	56283	-172441	-174374
20424985	2670991	2855209	621	2830534	8731	15323	2030865	248501	232475	271750
28595077	4837293	4112738	44823	3847230	53620	167065	3135200	356400	179961	243591
505597	144197	238575	16	231831	897	5831	187899	28279	7978	11090
7283961	1371068	669496	5594	593216	18820	51867	486309	68486	-103088	-106740
935638	811513	81175	1152	72538	5769	1716	59830	9737	5803	11773
1340969	62273	845109		843111		1997	895512	49794	-119562	-119675
2694308	325345	486766		484155	1437	1175	310614	41099	88948	87189
16864732	2695752	1506361	129	1369876	8328	128028	1191179	132589	16464	88599
6628280	1164202	1298875	5056	1248006	19414	26399	1018014	125343	-9627	-1797
33896171	6003294	4782152	47021	4580751	59626	94754	3513793	418860	174466	202773

14-15 按不同分组分房地产开发企业土地购置及建设房屋面积(2014年)

单位：平方米

项 目	Item	企业数（个）Number of Enterprises (unit)	本年购置土地面积 Land Space Pending Development
总 计	**Total**	2154	4165769
按登记注册类型分组	**By Status of Registration**		
内资企业	Domestic Funded	2119	4018464
#国有企业	#State-owned Enterprises	47	183093
集体企业	Collective-owned Enterprises	1	
股份合作企业	Cooperative Enterprises	1	
国有联营企业	State Joint Ownership Enterprises		
国有独资公司	State Sole funded Corporations	27	68153
其他有限责任公司	Other Limited Liability Corporations	1045	2352163
股份有限公司	Share-holding Corporations Limited	124	268717
私营独资企业	Private-funded Enterprises	2	
私营合伙企业	Private Partnership Enterprises	1	
私营有限责任公司	Private Limited Liability Corporations	788	988781
私营股份有限公司	Private Share-holding Corporations Limited	81	157557
其他企业	Other Enterprises	2	
港澳台商投资企业	Enterprises with Funds from Hong Kong, Macao and Taiwan	24	147305
与港澳台商合资经营企业	Joint-ventures Enterprises	11	
与港澳台商合资合作经营企业	Cooperative Enterprises	1	147305
港澳台商独资经营企业	Enterprises with Sole Investment	10	
港澳台商投资股份有限公司	Share-holding Corporations Ltd.	2	
外商投资企业	Foreign Funded Enterprises	11	
中外合资经营企业	Joint-venture Enterprises	5	
中外合作经营企业	Cooperation Enterprises	1	
外资企业	Enterprises with Sole Funds	5	
外商投资股份有限公司	Share-holding Corporations Ltd.		
按控股情况分组	**By Share-holding**		
国有控股	State-owned Enterprises	153	737521
集体控股	Collective-owned Enterprises	65	137793
私人控股	Private Share-holding	1694	2850360
港澳台商控股	Enterprise swith Funds from Hong Kong, Macao and Taiwan	22	
外商控股	Foreign Funded Enterprises	13	
其他	Others	207	440095
按资质等级分组	**By Qualification Grade**		4165769
一级	First Grade	18	
二级	Second Grade	322	601757
三级	Third Grade	1206	968943
四级	Fourth Grade	170	209476
暂定	Interim	389	1958030
其他	Others	49	427563
按隶属关系分组	**By Jurisdiction of Management**		
中央	Central	10	183093
省	Province	77	171552
地区	District	293	655912
县及县以下	County and Under County Level	399	1073875
其他	Others	1375	2081337

LAND PURCHASE AND FLOOR SPACE OF BUIDINGS DEVELOPED BY ENTERPRISES FOR REAL ESTATE DEVELOPMENT BY DIFFERENT GROUPING(2014)

(sq. m)

施工房屋面积 Floor Space of Buildings under Construction	本年新开工面积 Floor Space Started This Year	竣工房屋面积 Floor Space of Buildings Completed	竣工房屋价值（万元） Value of Buildings Completed (10000 yuan)	从业人员期末人数(人) Final Number of Employed Persons (person)
142180884	32813806	30009026	7300060	44332
139675273	32499225	29708208	7265961	43474
3528949	715818	1802380	379175	1077
22000				5
83916	83916			5
10629783	536770	3150693	1462338	1629
73472797	18165170	13814806	2965666	22629
8043964	1992438	1753969	408079	2613
317457	315457	27846	5609	18
89796	27642			4
40113163	9790809	8435099	1897376	14258
2778844	496114	723415	147718	1169
594604	375091			67
2082380	314581	300818	34099	666
1199850	270622	300818	34099	252
43959	43959			53
838571				349
				12
423231				192
				70
				11
423231				111
28252415	3595721	8625611	2851270	5857
3797833	1047644	891356	188932	1858
90555012	24710975	18326635	3748796	30486
1776546	270622	300818	34099	613
1331908	490584			357
16467170	2698260	1864606	476963	5161
142180884	32813806	30009026	7300060	
9551227	274508	466476	107804	1737
32770573	6770085	8998373	2754739	10045
59622988	12893464	14056974	3065478	22212
4428677	1367272	1488041	242451	2513
31654334	10360022	3701881	806558	6574
4153085	1148455	1297281	323030	1251
5991348	95061	112486	61745	781
6312509	1871261	1786657	500321	1641
27163985	4241198	8990528	2822318	7599
25700999	6934643	5978193	938988	7835
77012043	19671643	13141162	2976688	26476

14-16 分地区房地产开发企业主要经济指标

MAIN INDICATORS OF REAL ESTATE DEVELOPMENT BY REGION

单位：万元 (10000 yuan)

年份 地区	Year Region	资产总计 Total Assets	负债合计 Total Liabilities	所有者权益合计 Owners' Equity	主营业务收入 Revenue from Principal Business	主营业务成本 Cost of Principal Business	利润总额 Total Profits
	2005	7638744	5708433	1930311	1935485	1653916	31628
	2006	9346277	6663943	2682334	2519647	2013278	320243
	2007	11532354	8641649	2890705	3224432	2563256	259949
	2008	14624206	9494495	5129711	3439803	2739794	258924
	2009	18613889	12677221	5936668	5149500	4093066	453941
	2010	25874201	18398317	7475884	6755674	5322608	649961
	2011	43470000	31489751	11980249	8419015	6287589	890654
	2012	71072452	43317095	27755357	9863946	7787222	610619
	2013	84893771	52968613	31925157	9953489	7603988	623345
	2014	101241094	61424461	39816633	8919262	6929111	257089
哈尔滨	Harbin	72169114	41237916	30931198	4122745	3043715	113552
齐齐哈尔	Qiqihar	4402685	3198307	1204379	652255	487941	36150
鸡西	Jixi	1373254	942361	430892	127025	107395	-16083
鹤岗	Hegang	629036	357019	272017	79510	56994	15100
双鸭山	Shuangyashan	868495	716847	151648	72717	57031	-8435
大庆	Daqing	12143934	8020231	4123702	1905023	1673512	16533
伊春	Yichun	358678	250306	108372	47262	39020	-3104
佳木斯	Jiamusi	1905317	1364939	540378	357333	257316	17692
七台河	Qitaihe	501791	370959	130833	54360	46477	-1874
牡丹江	Mudanjiang	3654053	2805924	848129	531362	391159	25830
黑河	Heihe	610282	314998	295284	220844	175058	18299
绥化	Suihua	1031587	640593	390995	544189	451954	20383
大兴安岭	Daxinganling	76071	50783	25289	7340	5851	-2694
绥芬河	Suifenhe	620745	502886	117860	71355	54258	5710
抚远	Fuyuan	6888	3187	3702	2017	1520	-66

主要统计指标解释

待开发土地面积 指房地产开发企业经有关部门批准，通过各种方式获得土地使用权，但尚未开工建设的土地面积。

本年土地购置面积 指房地产开发企业本年通过各种方式获得土地使用权的土地面积。

本年土地成交价款 指房地产开发企业本年进行土地使用权交易活动的最终金额。在土地一级市场，是指土地最后的划拨款、“招拍挂”价格和出让价；在土地二级市场是指土地转让、出租、抵押等最后确定的合同价格。土地成交价款与土地购置面积同口径。

土地购置费 指房地产开发企业通过各种方式取得土地使用权而支付的费用。土地购置费按本年实际发生额计入投资。土地购置费为分期付款的，分期计入房地产开发投资。

计划总投资 指房地产开发企业在建的建设工程按照总体设计（或按设计概算或预算）规定的内容全部建成计划需要的总投资。

自开始建设累计完成投资 指房地产开发企业在建的房屋建设工程或正在开发的土地开发工程从开始建设到本年末止累计完成的全部投资。

房地产开发投资 指房地产开发企业本年完成的全部用于房屋建设工程、土地开发工程的投资额以及公益性建筑和土地购置费等的投资。

本年实际到位资金小计 指房地产开发企业本年实际到位，可用于房地产开发的各种货币资金及来源渠道。具体细分为国内贷款、利用外资、自筹资金和其他资金。

房屋施工面积 指房地产开发企业本年施工的全部房屋建筑面积。包括本年新开工的房屋建筑面积、上年跨入本年继续施工的房屋建筑面积、上年停缓建在本年恢复施工的房屋建筑面积、本年竣工的房屋建筑面积以及本年施工后又停缓建的房屋建筑面积。多层建筑应填各层建筑面积之和。

房屋新开工面积 指房地产开发企业本年新开工建设的房屋建筑面积，以单位工程为核算对象。不包括在上年开工跨入本年继续施工的房屋建筑面积和上年停缓建而在本年恢复施工的房屋建筑面积。房屋的开工应以房屋正式开始破土刨槽（地基处理或打永久桩）的日期为准。房屋新开工面积指整栋房屋的全部建筑面积，不能分割计算。

房屋竣工面积 指房地产开发企业本年按照设计要求已全部完工，达到住人和使用条件，经验收鉴定合格或达到竣工验收标准，可正式移交使用的各栋房屋建筑面积的总和。

商品房销售面积 指房地产开发企业本年出售商品房屋的合同总面积(即双方签署的正式买卖合同中所确定的建筑面积)。

商品房销售额 指房地产开发企业本年出售商品房屋的合同总价款(即双方签署的正式买卖合同中所确定的合同总价)。该指标与商品房销售面积同口径。

Explanatory Notes on Main Statistical Indicators

Land Space Pending Development refers to the area of land with its use rights already approved by authorities and obtained by real estate development companies but the land development not yet starts.

Land Space Purchased in the Year refers to the area of land with its use rights already obtained in the year by real estate development companies.

Transaction Value of Land in the Year refers to the final amount of transactions made by real estate development companies to obtain the land use rights in the year. At the primary land market, it refers to the amount of final assignment, or the amount reached and transferred as a result of bidding, auction or listing procedures. In the secondary land market, it refers to the final amount on contracts with land transfer, lease and mortgage. The transaction value of land and the land space purchased have the same scope.

Value of Land Purchased refers to the payment made by real estate development companies for land use rights. The actual payment incurred in the year is included in the investment. The payment by installment when occurring is included in the investment.

Total Investment Planned refers to the total amount required for the completion of the activities according to the planned design or budget for the project under construction by real estate development companies.

Accumulative Investment Actually Completed Since Starting of Construction refers to all the investment accompalished by real estate development companies in the construction of building or the development of land from the beginning to the end of the year.

Investment in Real Estate Development refers to the investment made by real estate development companies in the construction of housing, development of land, nonprofit buildings and value of land purchased.

Total Actual Funds in Place This Year refers to the total amount available for real estate development regardless of kinds of currencies or sources of the funds which are further classified as domestic loans, foreign investment, self-raising funds and others.

Floor Space of Buildings under Construction refers to the total space area of the buildings under construction in the year by real estate development companies. It includes buildings started in the year, continued from the previous year, suspended in earlier years but restarted in the year, completed in the year, and started in the year but suspended in the year as well. The floor space of a multi-storied building should be the sum of floor space of all the stories.

Floor Space of Buildings Started This Year refers to the total floor space area of the buildings started in the year by real estate development companies. It excludes the buildings started in previous years and continued in the year, and the buildings suspended in previous years but restarted in the year. The start of a construction is defined by the date of ground breaking or pile driving. The floor space of the building includes that of the entire building.

Floor Space of Buildings Completed refers to the total floor space area of the buildings completed in the year by real estate development companies, which meet the requirements as designed, reach the criteria set for people to live in or use, have passed the acceptance checks, and are ready for delivery or use.

Area of Commercialized Housing Sold refers to total contracted area of commercialized housing (i.e. area of floor space as designated in the formal contracts signed by both sides) sold by real estate development companies during the reference time. It constitutes floor space of completed housing and floor space of future housing.

Value of Commercialized Housing Sold refers to the total contracted value (i.e. value of sales/purchase for selling/purchase of commercialized housing as designated in the contract signed by both sides) received from the sales of the buildings by real estate development companies during the reference time. This indicator has the same coverage as the area of commercialized housing sold, which constitutes floor space of completed housing and floor space of housing yet to be completed.

第十五篇　国内贸易和旅游业

CHAPTER 15 DOMESTIC TRADE AND TOURISM

资料整理：王占先　李明武　张莹娣

15-1 国内贸易和旅游基本情况

BASIC CONDITIONS OF DOMESTIC TRADE AND TOURISM

单位：亿元　　(100 million yuan)

指　标	Item	2010	2011	2012	2013	2014
社会消费品零售总额	**Total Retail Sales of Consumer Goods**	**4039.2**	**4750.1**	**5491.0**	**6251.2**	**7015.3**
按地区分	By Region					
城　镇	City	3585.9	4218.8	4815.5	5480.7	6148.8
#城　区	#County	2866.3	3382.0	3844.9	4401.6	4941.1
乡　村	Under County Level	453.3	531.3	675.5	770.5	866.5
按行业分	By Sector					
批发零售贸易业	Wholesale and Retail Trade	3542.6	4162.2	4801.3	5508.1	6204.7
住宿和餐饮业	Hotels and Catering Services	496.6	587.9	689.7	743.1	809.1
限上批发零售业企业情况	**Indicators of Enterprise above Designated Size in Wholesale and Retail Trade**					
企业数(个)	Number of Enterprises(unit)	1547	1638	1929	2037	2059
从业人数(万人)	Employee(10000 persons)	15.5	13.2	14.8	15.0	14.8
商品销售总额	Total Sales	3034.2	4454.2	4965.4	5698.2	5498.0
限上住宿餐饮业企业情况	**Indicators of Enterprise above Designated Size in Hotels and Catering Services**					
企业数(个)	Number of Enterprises(unit)	479	492	488	444	402
从业人数(万人)	Employee (10000 persons)	4.7	4.1	4.5	3.8	3.1
营业额	Business Revenue	62.7	58.5	67.0	58.7	52.9
个体工商业情况	**Indicators of Private Industry and Commerce**					
户数(万户)	Family Households(10000 households)	101.4	109.2	119.4	133.9	152.4
从业人员(万人)	Employee(10000 persons)	203.4	249.7	287.1	314.0	297.2
限上连锁店情况	**Indicators of Branch Chain Store above Designated Size**					
连锁门店数(个)	Number of Branch Chain Store(unit)	1163	1598	1866	1831	1956
营业面积(万平方米)	Business Areas(sq. m)	62.9	64.6	70.0	76.7	80.8
从业人员(人)	Number of Person Employed(person)	21369	23963	22966	25520	23897
销售总额	Total Sales	174.3	248.0	232.4	238.3	239.5
旅　游	**Tourism**					
国际旅游人数(万人)	Number of International Tourists(10000 person)	172.4	206.5	207.6	152.9	141.7
外国人	Foreigners	164.8	197.8	194.7	145.0	132.3
港、澳、台合计	Tourists from Hong Kong, Macao and Taiwan	7.6	8.7	12.9	7.8	9.4
香港同胞	Chinese Compatriots From Hong Kong	3.3	3.3	4.5	1.9	2.2
澳门同胞	Chinese Compatriots From Macao	0.7	0.8	0.5	0.3	0.5
台湾同胞	Chinese Compatriots FromTaiwan Province	3.6	4.6	7.9	5.7	6.7
旅游外汇收入总额(亿美元)	Total of Foreign Exchange Earnings(USD 100 million)	7.6	9.2	8.4	6.0	5.6
国内旅游人数(亿人次)	Number of Domestic Tourists (10000 million person-times)	1.6	2.0	2.5	2.9	1.1
国内旅游收入(亿元)	Receipts of Domestic Tourism (100 million yuan)	832	1032	1248	1348	1031

15-2 社会消费品零售总额(1978-2009年)

TOTAL RETAIL SALE OF CONSUMER GOODS (1978-2009)

单位：亿元 (100 million yuan)

年 份 Year	社会消费品零售总额 Total Retail Sale of Consumer Goods	按地区分 By Region			按行业分 By Sector				
		市 City	县 County	县以下 Under County Level	批发零售贸易业 Wholesale and Retail Trade	餐饮业 Catering Trade	制造业 Manufacturing	农业生产者 Farm Producers	其他 Others
1978	61.8	23.3	23.8	14.7	53.2	2.4	2.9		3.3
1980	81.0	37.1	23.9	20.0	68.6	3.7	4.4		4.3
1985	156.7	86.2	46.7	23.8	119.8	9.0	11.3		16.6
1990	341.0	199.5	74.6	66.9	271.4	17.9	19.6	19.1	13.0
1991	352.2	231.7	82.9	37.6	276.2	19.1	21.7		35.2
1992	403.0	269.9	84.3	48.8	313.9	20.8	24.0		44.3
1993	459.5	323.2	83.4	52.9	363.1	24.2	24.8	31.2	16.2
1994	551.7	388.3	96.7	66.7	420.5	35.6	30.7	47.8	17.1
1995	682.7	476.7	116.0	90.0	524.3	41.8	29.7	61.5	25.4
1996	782.2	554.2	124.1	103.9	600.9	54.3	37.6	73.0	16.4
1997	880.2	623.2	139.6	117.4	683.5	63.4	37.9	80.9	14.5
1998	949.7	679.9	138.0	131.8	734.1	77.2	36.9	87.2	14.3
1999	1016.2	725.8	150.5	139.8	778.4	86.9	41.6	91.1	18.3
2000	1094.0	785.2	160.6	148.3	848.7	98.5	39.7	88.2	19.0
2001	1198.9	867.4	171.5	159.7	929.1	115.9	46.0	85.3	22.7
2002	1320.0	959.6	186.6	173.8	1030.0	135.7	44.0	86.4	23.9
2003	1376.4	1019.4	186.6	170.4	1191.9	152.3			32.2
2004	1557.3	1160.7	206.1	190.5	1343.0	178.3			35.9
2005	1773.8	1323.0	226.3	210.7	1518.0	204.1			37.9
2006	2029.0	1524.7	237.8	235.2	1718.6	241.2			37.9
2007	2386.2	1799.9	273.0	258.2	2008.5	284.4			38.2
2008	2928.3	2201.5	325.2	311.9	2445.7	351.4			41.5
2009	3401.8	2640.0	386.1	375.7	2927.0	429.4			45.4

注：1. 2000及以后商品购进、销售和库存总额为限额以上企业统计口径。
2. 2003年起社会消费品零售总额不再包括“制造业”企业的科、室对居民及社会集团的零售额和“农业生产者”对非农业居民的零售额。
3. 2005年及以前社会消费品零售总额不包括住宿业统计，所以住宿和餐饮业数据中不含住宿业(下同)。
4. 2005年-2008年全省社会消费品零售总额为普查衔接后的数据，其他分项数据未做衔接，因此加总后不等于总额（下同）。

Note: a) The total purchases, sales and inventory only include enterprises above designated size from 2000.
b) The total retail sales of consumer goods do not include the retail sales of residents and social groups sold by unit of manufacturing and the retail sales sold by farmers to non-agricultural residents.
c) The total retail sales of consumer goods before 2005 do not include the statistics of hotel, so the number of hotel and food services do not include hotel (the same as next table).
d) Total Retail Sales of Consumer Goods from 2005 to 2008 are adjusted according to the Second National Economic Census in 2008, the other sub-data unadjusted (the same as next table).

15-3 社会消费品零售总额

TOTAL RETAIL SALE OF CONSUMER GOODS

单位：亿元　　(100 million yuan)

年份 Year 地区 Region		社会消费品零售总额 Total Retail Sale of Consumer Goods	按地区分 By Region			按行业分 By Sector	
			城镇 City	#城区 County	乡村 Under County Level	批发零售贸易业 Wholesale and Retail Trade	住宿和餐饮业 Hotels and Catering Services
2010		4039.2	3585.9	2866.3	453.3	3542.6	496.6
2011		4750.1	4218.8	3382.0	531.3	4162.2	587.9
2012		5491.0	4815.5	3844.9	675.5	4801.3	689.7
2013		6251.2	5480.7	4401.6	770.5	5508.1	743.1
2014		7015.3	6148.8	4941.1	866.5	6204.7	809.1
哈尔滨	Harbin	3070.9	2766.3	2209.6	304.6	2671.3	399.6
齐齐哈尔	Qiqihar	618.4	532.4	446.4	86.0	569.5	48.9
鸡西	Jixi	204.3	170.7	141.7	33.6	170.1	33.8
鹤岗	Hegang	108.5	100.9	91.2	7.6	94.5	13.9
双鸭山	Shuangyashan	109.7	100.1	56.7	9.6	94.1	13.8
大庆	Daqing	1010.9	935.4	864.4	75.5	930.5	80.4
伊春	Yichun	97.9	93.4	75.1	4.5	70.8	26.9
佳木斯	Jiamusi	361.2	318.0	270.9	43.2	316.6	44.6
七台河	Qitaihe	89.1	73.7	58.8	15.4	71.8	17.3
牡丹江	Mudanjiang	452.7	380.6	280.6	72.1	382.5	69.4
黑河	Heihe	95.2	71.3	42.9	23.9	75.5	19.4
绥化	Suihua	462.7	407.3	178.8	55.4	408.0	49.0
大兴安岭	Daxinganling	55.1	52.4	49.1	2.7	41.3	13.5
农垦总局	ARB	198.1	154.6	130.5	43.5	177.6	20.5
绥芬河	Suifenhe	22.9	19.8	14.5	3.1	20.1	2.8
抚远	Fuyuan	8.8	7.2	5.1	1.6	7.2	1.6

15-4 限额以上批发零售业企业商品销售情况(2014年)

单位：万元

类　别	Category	企业数（个）Number of Enterprises (unit)
总　计	**Total**	**2059**
批发业	**Wholesale Trade**	**825**
按登记注册类型分组	**Grouped by Status of Registration**	
内资企业	Domestic Funded Enterprises	822
国有企业	State-owned Enterprises	79
集体企业	Collective-owned Enterprises	13
股份合作企业	Cooperative Enterprises	
联营企业	Joint Ownership Enterprises	
有限责任公司	Limited Liability Corporations	326
国有独资企业	Sole State-funded Corporations	26
其他有限责任公司	Others Limited Liability Corporations	300
股份有限公司	Share-holding Corporations Ltd.	49
私营企业	Private Enterprises	348
私营独资企业	Private-funded Enterprises	2
私营合伙企业	Private Partnership Enterprises	
私营有限责任公司	Private Limited Liability Corporations	329
私营股份有限公司	Private Share-holding Corporations Ltd.	17
其他企业	Other Enterprises	7
港、澳、台商投资企业	Enterprises with Funds from Hong Kong, Macao and Taiwan	3
外商投资企业	Foreign Funded Enterprises	
按国民经济行业分组	**Grouped by Sector**	
农、林、牧产品批发业	Wholesale of Agriculture,Forestry and Livestock Products	209
食品、饮料及烟草制品批发业	Wholesale of Foods, Beverages and Tobaccos	81
#米、面制品及食用油批发	#Wholesale of Rice,Flour and Edible Oil	21
烟草制品批发	Wholesale of Tobaccos	18
纺织、服装及家庭用品批发业	Wholesale of Textile,Wearing Apparel and Household Articles	47
#服装批发	#Wholesale of Garments	13
文化、体育用品及器材批发业	Wholesale of Culture, Sports Appliances and Equipments	11
医药及医疗器材批发业	Wholesale of Medicines and Medical Appliances	82
矿产品、建材及化工产品批发业	Wholesale of Mineral Products, Building Materials and Chemical Products	263
#煤炭及制品批发	#Wholesale of Coal and Related Products	27
石油及制品批发	Wholesale of Petroleum and Related Products	35
金属及金属矿批发	Wholesale of Metal Materials	46
建材批发	Wholesale of Building Materials	45
化肥批发	Wholesale of Chemical Fertilizer	37
机械设备五金产品及电子产品批发	Wholesale of Machinery, Hardware and Electronics	109
汽车批发	Wholesale of Automobiles	25
摩托车及零配件	Wholesale of Motorcycles and Their Accessories	1
五金产品批发	Wholesale of Hardware Products	3
计算机、软件及辅助设备批发	Wholesale of Computer, Software and Assistant Appliances	16
贸易经纪与代理	Trade Broker and Agency	8
其他批发业	Other Wholesale not Classified Elsewhere	15

SALES STATISTICS OF ENTERPRISE ABOVE DESIGNATED SIZE IN WHOLESALE AND RETAIL TRADE (2014)

(10000 yuan)

商　品 购进额 Total Purchases	从业人数 （人） Employment (person)	商品销售总额　Total Sales		
		合　计 Total	批　发 Wholesale Trade	零　售 Retail Trade
47764315	**147843**	**54980178**	**34315477**	**20659617**
34766875	**47571**	**38688539**	**33331223**	**5352687**
34720079	46910	38640090	33283949	5351511
5461524	9682	6092747	5707765	384982
214424	560	232394	217463	14931
18584043	18557	20737942	19507268	1230674
1001256	2326	958009	931310	26699
17582787	16231	19779933	18575959	1203974
5372262	10297	5856311	3269272	2587039
5038733	7731	5660176	4547182	1108364
33152	58	35622	19216	16406
4873558	7229	5488046	4400727	1082690
132024	444	136508	127239	9268
49092	83	60521	34999	25522
46796	661	48449	47274	1175
3715137	11555	3476492	2727285	748847
5024479	9498	7144096	6339093	805003
786687	1172	1489288	1484529	4759
1937590	4926	2752060	2687340	64719
1331533	1916	1606669	1511405	95264
104447	359	217744	156172	61572
70772	402	135464	125607	9857
2133835	4344	2777507	2440589	336918
20559158	15916	21432324	18486159	2941896
502869	1132	532424	511785	20639
14929123	11503	15405481	12694720	2706491
547629	528	602948	534638	68310
495004	513	504666	488781	15885
3196957	1486	3404533	3362623	41910
1488491	3260	1611800	1242291	369510
495350	531	465295	265517	199778
2542	8	3509	2806	703
19996	98	20085	20085	
297	104067	130272	121210	9062
37673	70	39875	38192	1684
405796	610	464311	420603	43708

15-4 续表

单位：万元

类 别	Category	企业数（个）Number of Enterprises (unit)
零售业	**Retail Trade**	**1234**
按登记注册类型分组	**Grouped by Status of Registration**	
内资企业	Domestic Funded Enterprises	1216
国有企业	State-owned Enterprises	100
集体企业	Collective-owned Enterprises	33
股份合作企业	Cooperative Enterprises	16
联营企业	Joint Ownership Enterprises	3
有限责任公司	Limited Liability Corporations	444
国有独资企业	Sole State-funded Corporations	4
其他有限责任公司	Others Limited Liability Corporations	440
股份有限公司	Share-holding Corporations Ltd.	72
私营企业	Private Enterprises	528
私营独资企业	Private-funded Enterprises	36
私营合伙企业	Private Partnership Enterprises	5
私营有限责任公司	Private Limited Liability Corporations	462
私营股份有限公司	Private Share-holding Corporations Ltd.	25
其他企业	Other Enterprises	20
港、澳、台商投资企业	Enterprises with Funds from Hong Kong, Macao and Taiwan	11
外商投资企业	Foreign Funded Enterprises	7
按国民经济行业分组	**Grouped by Sector**	
综合零售业	Integrated Retail	260
#百货零售	#Retail of General Merchandise	178
超级市场零售	Retail of Supermarkets	57
食品、饮料及烟草制品专门零售业	Special Retail of Food, Beverages and Tobaccos	49
纺织、服装及日用品专门零售业	Special Retail of Textiles, Garments and Daily Consumer Articles	84
#服装零售	#Retail of Garments	63
文化、体育用品及器材专门零售业	Special Retail of Culture, Sports Appliances and Equipments	78
#体育用品及器材零售	#Retail of Sports Appliances and Equipment	7
图书、报刊零售	Retail of Books, Newspapers and Magazines	54
医药及医疗器材专门零售业	Special Retail of Medicines and Medical Appliances	116
#药品零售	#Retail of Medicines	109
汽车、摩托车、燃料及零配件专门零售业	Special Retail of Motor Vehicles, Motorcycles, Fueland Parts	395
#汽车零售	#Retail of Motor Vehicles	269
机动车燃料零售	Retail of Fuel of Motor Vehicles	98
家用电器及电子产品专门零售业	Special Retail of Household Electric Appliances and Electronic Products	143
家用视听设备零售	Retail of Household Electric Appliances	13
计算机、软件及辅助设备零售	Retail of Computer, Software and Assistant Appliances	37
通讯设备零售	Retail of Communication Equipments	15
五金、家具及室内装修材料专门零售业	Special Retail of Hardware, Furniture and Interior Decoration Materials	40
货摊、无店铺及其他零售业	Stalls, Non-shop and Other Retails	69
#邮购及电视、电话零售	#Mail Order,Television and Telephone Selling	1

CONTINUED

(10000 yuan)

商　品 购进额 Total Purchases	从业人数 （人） Employment (person)	商品销售总额　Total Sales		
		合　计 Total	批　发 Wholesale Trade	零　售 Retail Trade
12997440	**100272**	**16291639**	**984254**	**15306930**
12279869	93621	15499343	984254	14514634
533704	4940	742929	38841	704088
139171	1572	146358	35419	110939
40812	855	42746	1964	40782
41828	73	41378		41378
5335308	41056	6715484	348457	6366572
58979	377	57513		57513
5276329	40679	6657971	348457	6309059
2204214	13660	3260278	392406	2867872
3885020	30484	4408039	153592	4254447
100644	1230	115769	2953	112816
22835	359	22549		22549
3459933	24987	3910078	150036	3760042
301608	3908	359643	603	359041
99813	981	142132	13577	128556
405882	3697	467622		467622
311689	2954	324674		324674
4029262	44182	5905877	91890	5813532
3035342	30333	4832804	81470	4750879
906721	12973	977186	81	977106
348810	2493	375979	43413	332565
583003	11027	708515	16711	691805
425867	9963	517678	4510	513168
309316	4730	436785	56446	380339
98069	1696	183907		183907
138616	2587	169939	36812	133128
1400941	12379	1648121	388687	1259434
1384349	12139	1586092	384736	1201357
4353794	15403	4981604	122436	4859168
3704361	12703	4157992	109685	4048307
562066	2303	724220	10469	713751
1285066	7044	1504377	81495	1422882
93795	1378	86149	53	86096
245817	1065	350646	2511	348135
148274	648	152996	29100	123896
224805	1492	262022	53600	208422
462444	1522	468358	129576	338783
10399	295	14114		14114

15-5 限额以上批发零售贸易业商品分类销售额(2014年)

TOTAL SALES OF ENTERPRISE ABOVE DESIGNATED SIZE IN WHOLESALE AND RETAIL TRADE BY CATEGORY OF COMMODITIES (2014)

单位：万元 (10000 yuan)

类别	Category	销售合计 Total	批发 Wholesale Trade	零售 Retail Trade
合计	**Total**	**59340432**	**35641247**	**23699185**
食品、饮料、烟酒类	Food, Beverages, Tobacco and Liquor	13718863	10199386	3519477
#食品类	#Food	9421766	6668850	2752917
#粮油类	#Grain and Oil	5182889	4483176	699714
肉禽蛋类	Meat, Poultry and Eggs	682649	231361	451289
饮料类	Beverages	513554	240415	273140
烟酒类	Tobacco and Liquor	3783543	3290122	493421
服装鞋帽、针、纺织品类	Clothing, Shoes, Hats and Textiles	4674620	613559	4061061
服装类	Clothing	3137709	194150	2943560
鞋帽类	Shoes and Hats	1126314	302450	823864
针、纺织品类	Knitwear and Textiles	410597	116959	293638
化妆品类	Cosmetics	390215	88783	301432
金银珠宝类	Gold, Silver and Jewelry	548228	19589	528639
日用品类	Articles for Daily Use	1393254	747988	645266
#洗涤用品类	#Washing Articles	165084	8718	156366
五金、电料类	Hardware and Electrical Materials	219956	14087	205869
体育、娱乐用品类	Sports and Recreation Articles	90898	18	90879
书报、杂志类	Newspapers and Magazines	240203	82048	158156
电子出版物及音像制品类	E-journal and Video Products	279369	259959	19410
家用电器及音像器材类	Household Appliances and Video Appliances	1440697	160175	1280522
中西药品类	Traditional Chinese and Western Medicines	4555678	2788710	1766969
文化办公用品类	Cultural and Official Goods	873380	160787	712592
家俱类	Furniture	547302	8313	538988
通讯器材类	Communication Appliances	589923	156283	433640
煤炭及制品类	Coal and Related Product	835963	642847	193116
木材及制品类	Wood and Wooden Product	268355	268355	
石油及制品类	Petroleum Related Product	16374032	12795287	3578745
化工材料类	Raw Chemical Materials	2636068	2636068	
#化肥类	#Fertilizer	2182748	2182748	
金属材料类	Metal Materials	1704643	1704643	
建筑及装潢材料类	Building and Decoration Materials	1001749	249545	752204
机电产品及设备类	Mechanical and Electrical Products	817423	708401	109022
汽车类	Automobiles	4543457	319071	4224386
种子饲料类	Seed and Feedstuff	326736	326736	
棉麻类	Cotton and Hemp	15258	9747	5510
其他类	Others	1254164	680860	573304

15-6 分地区限额以上批零贸易业商品销售情况(2014年)

SALES STATISTICS OF ENTERPRISE ABOVE DESIGNATED SIZE IN WHOLESALE AND RETAIL TRADE BY REGION (2014)

地　区	Region	企业数（个）Number of Enterprises (unit)	产业活动单位数（个）Number of Establishments (unit)	从业人数（人）Employment (person)
全　省	**Total**	**2059**	**6046**	**147843**
哈尔滨	Harbin	864	2425	52178
齐齐哈尔	Qiqihar	120	333	8752
鸡　西	Jixi	89	279	5300
鹤　岗	Hegang	76	304	6592
双鸭山	Shuangyashan	52	168	6544
大　庆	Daqing	284	548	18671
伊　春	Yichun	29	132	1371
佳木斯	Jiamusi	51	245	12394
七台河	Qitaihe	19	54	1285
牡丹江	Mudanjiang	225	406	12193
黑　河	Heihe	50	197	3329
绥　化	Suihua	86	517	10475
大兴安岭	Daxinganling	19	83	1156
农垦总局	ARB	28	288	6519
绥芬河	Suifenhe	64	64	860
抚　远	Fuyuan	3	3	224

15-6 续表 CONTINUED

地　区	Region	商品销售总额(万元) Total Sales (10000 yuan)		
		合　计 Total	批　发 Wholesale Trade	零　售 Retail Trade
全　省	**Total**	**54980178**	**34315477**	**20659617**
哈尔滨	Harbin	21878869	11666987	10211882
齐齐哈尔	Qiqihar	2508345	1248815	1259530
鸡　西	Jixi	1375418	711609	663810
鹤　岗	Hegang	425385	254101	171284
双鸭山	Shuangyashan	590499	323691	266352
大　庆	Daqing	14876710	11589694	3282386
伊　春	Yichun	368724	242389	126335
佳木斯	Jiamusi	1221800	248453	973346
七台河	Qitaihe	319193	80620	238574
牡丹江	Mudanjiang	3774920	2393116	1381804
黑　河	Heihe	548743	237180	311563
绥　化	Suihua	1993216	626989	1366227
大兴安岭	Daxinganling	159984	75973	84011
农垦总局	ARB	2617362	2346937	270426
绥芬河	Suifenhe	2315177	2267562	47616
抚　远	Fuyuan	5835	1362	4473

15-7 限额以上住宿和餐饮业企业经营状况(2014年)

SALES STATISTICS OF ACCOMADATION AND RESTAURANTS ABOVE DESIGNATED SIZE (2014)

项 目	Item	企业数（个） Number of Enterprises (unit)	从业人数（人） Employment (person)	营业额（万元） Business Revenue (10000 yuan)	#客房收入 Guest Room Revenue	#餐费收入 Food Revenue
总 计	**Total**	**402**	**31177**	**528887**	**196721**	**274048**
住宿业	**Accommodation**	**227**	**20011**	**329372**	**181187**	**112057**
按登记注册类型分组	**Grouped by Status of Registration**					
内资企业	Domestic Funded Enterprises	213	18301	278549	151574	95782
国有企业	State-owned Enterprises	53	5589	71637	34297	30393
集体企业	Collective-owned Enterprises	5	295	5978	4585	657
股份合作企业	Cooperative Enterprises	2	333	9463	1825	2591
联营企业	Joint Ownership Enterprises					
有限责任公司	Limited Liability Corporations	78	7126	96272	55759	30714
国有独资企业	Sole State-funded Corporations	2	210	1623	311	940
其他有限责任公司	Others Limited Liability Corporations	76	6916	94649	55449	29773
股份有限公司	Share-holding Corporations Ltd.	11	1292	20367	15037	3202
私营企业	Private Enterprises	61	3586	73745	39282	27927
私营独资企业	Private-funded Enterprises	10	324	7127	3021	3214
私营合伙企业	Private Partnership Enterprises	1	20	594	471	86
私营有限责任公司	Private Limited Liability Corporations	45	2889	62657	33728	23337
私营股份有限公司	Private Share-holding Corporations Ltd.	5	353	3368	2062	1290
其他企业	Other Enterprises	3	80	1087	788	299
港、澳、台商投资企业	Enterprises with Funds from Hong Kong, Macao and Taiwan	9	935	23732	13228	7981
合资经营企业	Joint-venture Enterprises	4	306	7802	5204	1921
合作经营企业	Cooperative Enterprises					
独资经营企业	Enterprises with Sole Investment	4	533	14469	7343	5479
投资股份有限公司	Share-holding Corporations Ltd. With Investment	1	96	1461	681	582
其他港澳台投资企业	Other Enterprisess					
外商投资企业	Foreign Funded Enterprises	5	775	27091	16385	8294
中外合资经营企业	Joint-venture Enterprises	1	91	3517	2838	643
中外合作经营企业	Cooperative Enterprises	1	31	1558	1428	131
外资企业	Enterprises with Sole Foreign Investment	2	623	21507	11719	7454
外商投资股份有限公司	Share-holding Corporations Ltd. With Foreign Investment	1	30	508.2	401.4	66
其他外商投资企业	Other foreign investment enterprise					
按国民经济行业分组	**Grouped by Sector**					
旅游饭店	Tourist Hotel	163	16109	254346	132908	90149
一般旅馆	General Hotel	55	3210	62917	42729	16973
其他住宿服务	Others	9	692	12109	5551	4935
按星级分组	**Grouped by Star**					
五 星	Five-star hotel	9	1795	51330	27017	17200
四 星	Four-star hotel	45	6609	94583	44558	36477
三 星	Three-star hotel	60	3583	48492	26507	17288
二 星	Two-star hotel	16	575	11077	6014	3965
一 星	One-star hotel	4	99	1699	841	525
其 他	Others	93	7350	122191	76251	36603

15-7 续表 CONTINUED

项 目	Item	企业数（个）Number of Enterprises (unit)	从业人数（人）Employment (person)	营业额（万元）Business Revenue (10000 yuan)	#客房收入 Guest Room Revenue	#餐费收入 Food Revenue
餐饮业	**Restaurants**	**175**	**11166**	**199515**	**15533**	**161991**
按登记注册类型分组	**Grouped by Status of Registration**					
内资企业	Domestic Funded Enterprises	148	8235	152447	15533	119375
国有企业	State-owned Enterprises	15	684	14131	3702	9843
集体企业	Collective-owned Enterprises	2	57	539		539
股份合作企业	Cooperative Enterprises	1	25	207		165
联营企业	Joint Ownership Enterprises					
有限责任公司	Limited Liability Corporations	41	2355	55990	7710	41376
国有独资企业	Sole State-funded Corporations					
其他有限责任公司	Others Limited Liability Corporations	41	2355	55990	7710	41376
股份有限公司	Share-holding Corporations Ltd.	6	324	3393	146	3055
私营企业	Private Enterprises	79	4590	75909	3621	62913
私营独资企业	Private-funded Enterprises	20	746	12589	646	11170
私营合伙企业	Private Partnership Enterprises	2	142	1285	413	844
私营有限责任公司	Private Limited Liability Corporations	54	3571	60141	2563	49104
私营股份有限公司	Private Share-holding Corporations Ltd.	3	131	1894		1795
其他企业	Other Enterprises	4	200	2279	353	1485
港、澳、台商投资企业	Enterprises with Funds from Hong Kong, Macao and Taiwan	12	923	19893		18801
合资经营企业	Joint-venture Enterprises	5	241	6788		6025
合作经营企业	Cooperative Enterprises					
独资经营企业	Enterprises with Sole Investment	6	656	11328		11000
投资股份有限公司	Share-holding Corporations Ltd. With Investment	1	26	1776		1776
其他港澳台投资企业	Other Enterprisess					
外商投资企业	Foreign Funded Enterprises	15	2008	27176		23815
中外合资经营企业	Joint-venture Enterprises	5	1577	16693		15453
中外合作经营企业	Cooperative Enterprises	1	8	280		280
外资企业	Enterprises with Sole Foreign Investment	9	423	10203		8082
外商投资股份有限公司	Share-holding Corporations Ltd. With Foreign Investment					
其他外商投资企业	Other foreign investment enterprise					
按国民经济行业分组	**Grouped by Sector**					
正餐服务业	Dinner Service	168	9627	168262	15533	135323
快餐服务业	Snack Service	6	1513	25901		25816
饮料及冷饮服务业	Beverage and Cold Drink Service	1	26	5352		852
其他餐饮服务业	Other Food and Beverage Services					

15-8 分地区限额以上住宿和餐饮业经营状况(2014年)

SALES STATISTICS OF ACCOMADATION AND RESTAURANTS ABOVE DESIGNATED SIZE BY REGION (2014)

地区	Region	住宿业 Accommodation				
		企业数(个) Number of Enterprises(unit)	从业人数(人) Employment (person)	营业额(万元) Business Revenue (10000 yuan)	#客房收入 Guest Room Revenue	#餐费收入 Food Revenue
全省	**Total**	**227**	**20011**	**329372**	**181187**	**112057**
哈尔滨	Harbin	114	10972	196846	117703	58125
齐齐哈尔	Qiqihar	8	431	7501	5733	1146
鸡西	Jixi	8	271	1419	685	135
鹤岗	Hegang	10	553	4339	2586	1469
双鸭山	Shuangyashan	2	163	2417	697	831
大庆	Daqing	13	1409	17954	8001	6751
伊春	Yichun	16	1087	20855	7479	11342
佳木斯	Jiamusi	5	227	2630	1845	627
七台河	Qitaihe	3	181	1263	857	309
牡丹江	Mudanjiang	23	2520	50005	23645	20786
黑河	Heihe	5	468	4550	2595	1896
绥化	Suihua	7	319	4539	2172	1953
大兴安岭	Daxinganling	5	605	4472	2236	2043
农垦总局	ARB	6	740	9710	4190	4581
绥芬河	Suifenhe	2	65	872	764	66
抚远	Fuyuan					

15-8 续表 CONTINUED

地区	Region	餐饮业 Restaurants				
		企业数(个) Number of Enterprises(unit)	从业人数(人) Employment (person)	营业额(万元) Business Revenue (10000 yuan)	#客房收入 Guest Room Revenue	#餐费收入 Food Revenue
全省	**Total**	**175**	**11156**	**199515**	**15533**	**161991**
哈尔滨	Harbin	93	6825	122960	2781	104634
齐齐哈尔	Qiqihar	9	269	5408	182	4166
鸡西	Jixi	6	201	2172	459	1487
鹤岗	Hegang	2	27	356	46	281
双鸭山	Shuangyashan	6	328	2993	821	1943
大庆	Daqing	15	554	19380	3767	14779
伊春	Yichun	8	224	7600	1775	5199
佳木斯	Jiamusi	11	795	7919	941	6154
七台河	Qitaihe	2	37	242		208
牡丹江	Mudanjiang	12	1136	19560	3473	13929
黑河	Heihe	4	306	2426	567	1724
绥化	Suihua	3	100	856	269	453
大兴安岭	Daxinganling					
农垦总局	ARB	3	306	7208	453	6596
绥芬河	Suifenhe					
抚远	Fuyuan	1	48	437		437

15-9 限额以上批发零售贸易业商品销售数量(2014年)

TOTAL SALES NUMBER OF ENTERPRISE ABOVE DESIGNATED SIZE IN WHOLESALE AND RETAIL TRADE BY COMMODITIES (2014)

品 名	Item	购进量 Total Purchases volume	销售量 Total Sales volume
大米(稻米)(万吨)	Rice(rice)(10000 tons)	471.1	311.5
面粉(小麦面)(万吨)	Flour(wheat flour)(10000 tons)	1.5	1.5
杂粮(万吨)	Grains(10000 tons)	315.8	183.6
食用植物油(吨)	Edible Vegetable Oil(ton)	42417.3	41516.6
猪肉(吨)	Pork(ton)	16757.9	17154.5
牛肉(吨)	Beef(ton)	3688.5	3402.2
羊肉(吨)	Lamb(ton)	923.6	1157.9
禽肉(吨)	Meat of Poultry(ton)	3088.0	3973.7
鲜蛋(吨)	Fresh Eggs(ton)	191454.7	187773.1
彩色电视机(台)	Color TV(unit)	1271269	1277603
家用电冰箱(台)	Household Refrigerator(unit)	535351	538626
房间空调器(台)	Household Air Conditioner(unit)	161948	159259
电脑(微型计算机)(台)	Computer (microcomputer)(unit)	580435	572451
煤炭(万吨)	Coal(10000 tons)	1.4	1.3
汽油(吨)	Gasoline(ton)	4107826	3977773
柴油(吨)	Diesel Oil(ton)	6001951	5883194
钢材(吨)	Steel Products(ton)	2643329	2708841
铝(吨)	Aluminum(ton)	6159	6013
水泥(吨)	Cement(ton)	148193	148453
化学肥料(吨)	Chemical Fertilizers(ton)	9484254	9115888
化学农药(吨)	Chemical Pesticide(ton)	48382	47796
汽车(辆)	Motor Vehicles(unit)	643697	667044
#轿车(辆)	#Car	245743	243856

15-10 限额以上批发零售贸易企业财务状况(2014年)

单位：万元

项目	Item	企业数(个) Numbers of Enterprises (unit)	流动资产小计 Circulating Funds
总计	**Total**	**2059**	**22315705**
批发企业	**Wholesale Trade**	**825**	**17926247**
按登记注册类型分组	**Grouped by Status of Registration**		
内资企业	Domestic Funded Enterprises	822	17916582
国有企业	State-owned Enterprises	79	3798262
集体企业	Collective-owned Enterprises	13	21243
股份合作企业	Cooperative Enterprises		
联营企业	Joint Ownership Enterprises		
有限责任公司	Limited Liability Corporations	326	8456485
国有独资企业	Sole State-funded Corporations	26	878252
其他有限责任公司	Others Limited Liability Corporations	300	7578233
股份有限公司	Share-holding Corporations Ltd.	49	3590109
私营企业	Private Enterprises	348	2044998
其他企业	Other Enterprises	7	5485
港、澳、台商投资企业	Enterprises with Funds from Hong Kong, Macao and Taiwan	3	9665
外商投资企业	Foreign Funded Enterprises		
按国民经济行业分组	**Grouped by Sector**		
农、林、牧产品批发业	Wholesale of Agriculture, Forestry and Livestock Products	209	4923586
食品、饮料及烟草制品批发业	Wholesale of Foods, Beverages and Tobaccos	81	2904590
#米、面制品及食用油批发	#Wholesale of Rice, Flour and Edible Oil	21	1342995
烟草制品批发	Wholesale of Tobaccos	18	1019364
纺织、服装及家庭用品批发业	Wholesale of Textile, Wearing Apparel and Household Articles	47	162495
#服装批发	#Wholesale of Garments	13	51770
文化、体育用品及器材批发业	Wholesale of Culture, Sports Appliances and Equipments	11	65830
医药及医疗器材批发业	Wholesale of Medicines and Medical Appliances	82	482183
矿产品、建材及化工产品批发业	Wholesale of Mineral Products, Building Materials and Chemical Products	263	8497122
#煤炭及制品批发	#Wholesale of Coal and Related Products	27	299622
石油及制品批发	Wholesale of Petroleum and Related Products	35	3990283
金属及金属矿批发	Wholesale of Metal Materials	46	526928
建材批发	Wholesale of Building Materials	45	341279
化肥批发	Wholesale of Chemical Fertilizer	37	3093561
机械设备五金交电及电子产品批发	Wholesale of Machinery, Hardware and Electronics	109	700708
#汽车摩托车及零配件批发	#Wholesale of Automobiles, Motorcycles and Their Accessories	25	68113
五金产品批发	Wholesale of Hardware Products	3	9795
计算机软件及辅助设备批发	Wholesale of Computer, Software and Assistant Appliances	16	18374
贸易经纪与代理	Trade Broker and Agency	8	14856
其他批发业	Other Wholesale not Classified Elsewhere	15	174878

注：本表中数据按照批发零售住宿餐饮业财务报表填报，企业个数是指有财务活动的企业个数。
Note: Data in this table according to wholesale and retail hotels and catering provided financial statements, enterprise number refers to the number of enterprise financial activities.

FINANCIAL INDICATORS OF ENTERPRISE ABOVE DESIGNATED SIZE IN WHOLESALE AND RETAIL TRADE (2014)

(10000 yuan)

资产合计 Total Assets	负债合计 Total Liabilities	实收资本 Paicl-up Capital	固定资产原价 Original Value of Fixed Assets	累计折旧 Total Depreciation	主营业务收入 Revenue in Major Business	主营业务成本 Cost in Major Business	主营业务税金及附加 Tax and Extra Changes in Major Business
27850433	**22691894**	**6325301**	**3825940**	**1250502**	**50301538**	**45866036**	**402290**
20598358	**17285029**	**3974115**	**1663530**	**630018**	**36543897**	**33734299**	**285658**
20588455	17275647	3973615	1662949	629676	36500697	33693007	285620
4176419	3125619	150298	476131	216794	5329771	4641695	125555
33466	25670	8491	9208	3180	219085	212613	543
9746691	8403603	3180292	587251	160517	20267979	19106127	63282
1013185	1069424	76874	103541	37729	954721	923353	7504
8733506	7334180	3103419	483709	122788	19313258	18182775	55779
4207913	3772634	355372	376400	187026	5241461	4911918	15039
2415399	1942050	276668	211442	61185	5381350	4769110	78867
8568	6070	2493	2517	975	61052	51545	2334
9903	9382	500	580	342	43200	41292	38
5461906	4731294	669486	359325	97088	3263587	2829195	32021
3644538	2225335	423732	399253	174561	6691351	5525905	199449
1507211	1385136	155682	49395	17290	1426172	1359175	746
1152342	304129	27612	202635	109444	2455806	1784082	128852
289714	198689	41765	56190	8999	1539681	1369777	7890
60152	39749	5107	5326	1186	203350	177352	1007
80696	65864	5940	9549	4518	117090	105604	41
662360	453538	174920	26746	9723	2626728	2431651	8423
9334816	8698013	2532479	728845	307247	20286809	19759570	16578
345524	243330	79415	39532	12250	464433	433760	6616
4425533	4222994	222971	460519	233949	14373457	14131165	4283
565497	546497	2044296	31877	9913	604660	583988	259
420189	329366	70543	36023	10534	492073	465957	1233
3312582	3101866	78880	149073	36281	3389840	3208092	3482
883285	687594	102153	75524	24973	1567080	1296679	13176
146693	98539	18288	20013	8536	456509	304759	9658
9979	8818	652	494	310	20085	18837	27
20621	14113	5859	2286	1167	121548	114675	239
16417	13503	2916	2244	929	40020	38052	24
224627	211199	20724	5855	1981	411551	377866	8057

15-10 续表1

单位：万元

项　目	Item	企业数(个) Numbers of Enterprises (unit)	流动资产小计 Circulating Funds
零售企业	**Retail Trade**	**1234**	**4389458**
按登记注册类型分组	**Grouped by Status of Registration**		
内资企业	Domestic Funded Enterprises	1216	4193670
国有企业	State-owned Enterprises	100	106054
集体企业	Collective-owned Enterprises	33	20991
股份合作企业	Cooperative Enterprises	16	17396
联营企业	Joint Ownership Enterprises	3	2169
有限责任公司	Limited Liability Corporations	444	1959025
国有独资企业	Sole State-funded Corporations	4	2681
其他有限责任公司	Others Limited Liability Corporations	440	1956344
股份有限公司	Share-holding Corporations Ltd.	72	885570
私营企业	Private Enterprises	528	1184569
其他企业	Other Enterprises	20	17896
港、澳、台商投资企业	Enterprises with Funds from Hong Kong, Macao and Taiwan	11	132189
外商投资企业	Foreign Funded Enterprises	7	63599
按国民经济行业分组	**Grouped by Sector**		
综合零售业	Integrated Retail	260	1366911
#百货零售	#Retail of General Merchandise	178	1078261
超级市场零售	Retail of Supermarkets	57	278044
食品、饮料及烟草制品专门零售业	Special Retail of Food, Beverages and Tobaccos	49	75729
纺织、服装及日用品专门零售业	Special Retail of Textiles, Garments and Daily Consumer Articles	84	197030
#服装零售	#Retail of Garments	63	166862
文化、体育用品及器材专门零售业	Special Retail of Culture, Sports Appliances and Equipments	78	217386
#体育用品及器材零售	#Retail of Sports Appliances and Equipment	7	127535
图书、报刊零售	Retail of Books, Newspapers and Magazines	54	70116
医药及医疗器材专门零售业	Special Retail of Medicines and Medical Appliances	116	530315
#药品零售	#Retail of Medicines	109	507415
汽车、摩托车、燃料及零配件专门零售业	Special Retail of Motor Vehicles, Motorcycles, Fueland Parts	395	1563897
#汽车零售	#Retail of Motor Vehicles	269	1392889
机动车燃料零售	Retail of Fuel of Motor Vehicles	98	142547
家用电器及电子产品专门零售业	Special Retail of Household Electric Appliances and Electronic Products	143	311924
#家用视听设备零售	#Retail of Home Audio-visual Equipment	13	13019
计算机、软件及辅助设备零售	Retail of Computer, Software and Assistant Appliances	37	35829
通讯设备零售	Retail of Communication Equipments	15	24701
五金、家具及室内装修材料专门零售业	Special Retail of Hardware, Furniture and Interior Decoration Materials	40	52788
货摊、无店铺及其他零售业	Stalls, Non-shop and Other Retails	69	73479
#邮购及电视、电话零售	#Mail Order,Television and Telephone Selling	1	8167

CONTINUED

(10000 yuan)

资产合计 Total Assets	负债合计 Total Liabilities	实收资本 Paicl-up Capital	固定资产原价 Original Value of Fixed Assets	累计折旧 Total Depreciation	主营业务收入 Revenue in Major Business	主营业务成本 Cost in Major Business	主营业务税金及附加 Tax and Extra Changes in Major Business
7252075	**5406865**	**2351185**	**2162411**	**620483**	**13757641**	**12131738**	**116632**
6840316	4985217	2275147	1909546	530366	13052307	11528138	113904
528672	409477	98423	356606	31338	604588	517773	10596
46350	30051	6882	28853	4293	137467	123329	1248
27801	22267	5013	15082	5145	41041	34844	89
8430	7856	407	1377	755	40936	40029	19
3044667	2159388	647616	759230	222447	5733244	5133795	41034
43938	21295	20138	16636	3855	44439	43492	88
3000728	2138094	627477	742594	218593	5688805	5090303	40947
1246979	809981	148335	368096	157609	2346216	2032168	17234
1897033	1530297	1346312	367509	102323	4041165	3550614	41690
40385	15900	22161	12794	6456	107650	95587	1994
297876	262347	50866	163435	39719	412013	357246	2291
113883	159301	25172	89429	50398	293321	246354	438
2637967	1951437	420512	1258959	339070	4201090	3613526	42719
2173814	1574696	334154	1073240	269054	3229383	2788536	35895
449311	362853	80927	180882	67954	880375	750733	6226
96879	71077	11995	20984	5444	351412	300347	4346
396984	259603	88185	187623	58201	631267	512549	11128
333647	225676	79311	134517	30225	461373	358205	9696
253160	135234	22989	41185	18895	425649	363196	1870
136858	62015	6947	2664	1033	183882	152082	1012
94930	62282	9546	36445	16764	164448	140938	216
626490	470977	104210	99330	27738	1492720	1301082	10439
593681	447086	95197	92038	26930	1437690	1251211	10291
2369815	2012551	1370437	346222	119238	4669454	4281258	26462
2008669	1771473	1251319	276328	94787	3951095	3617101	16982
320035	215830	103979	63731	22577	623406	580765	6732
459562	361664	80798	132944	27538	1340973	1202276	9797
61022	54138	16039	50622	7179	84519	62851	1596
52840	28173	22016	14000	1661	275714	239757	3559
28018	16858	10516	3995	1131	158102	149573	364
102687	77848	20588	33146	4075	224109	186683	4204
308531	66475	231472	42018	20285	420967	370819	5668
9264	7085	1000	1370	757	12158	8247	86

15-10 续表2

单位：万元

项目	Item	其他业务利润 Other Business Profit	营业费用 Business Expenses
总计	**Total**	**152757**	**1304389**
批发企业	**Wholesale Trade**	**18589**	**744027**
按登记注册类型分组	**Grouped by Status of Registration**		
内资企业	Domestic Funded Enterprises	18419	740389
国有企业	State-owned Enterprises	1487	140118
集体企业	Collective-owned Enterprises	630	2054
股份合作企业	Cooperative Enterprises		
联营企业	Joint Ownership Enterprises		
有限责任公司	Limited Liability Corporations	10311	302346
国有独资企业	Sole State-funded Corporations	910	17981
其他有限责任公司	Others Limited Liability Corporations	9401	284366
股份有限公司	Share-holding Corporations Ltd.	1667	170921
私营企业	Private Enterprises	4324	124598
其他企业	Other Enterprises		351
港、澳、台商投资企业	Enterprises with Funds from Hong Kong, Macao and Taiwan	170	3637
外商投资企业	Foreign Funded Enterprises		
按国民经济行业分组	**Grouped by Sector**		
农、林、牧产品批发业	Wholesale of Agriculture,Forestry and Livestock Products	5899	103375
食品、饮料及烟草制品批发业	Wholesale of Foods, Beverages and Tobaccos	1071	173343
#米、面制品及食用油批发	#Wholesale of Rice,Flour and Edible Oil	382	21353
烟草制品批发	Wholesale of Tobaccos	141	64546
纺织、服装及家庭用品批发业	Wholesale of Textile,Wearing Apparel and Household Articles	1716	34589
#服装批发	#Wholesale of Garments	76	4241
文化、体育用品及器材批发业	Wholesale of Culture, Sports Appliances and Equipments	33	2487
医药及医疗器材批发业	Wholesale of Medicines and Medical Appliances	2377	42154
矿产品、建材及化工产品批发业	Wholesale of Mineral Products, Building Materials and Chemical Products	6491	333284
#煤炭及制品批发	#Wholesale of Coal and Related Products	306	5449
石油及制品批发	Wholesale of Petroleum and Related Products	2890	190743
金属及金属矿批发	Wholesale of Metal Materials	-272	29310
建材批发	Wholesale of Building Materials	401	20106
化肥批发	Wholesale of Chemical Fertilizer	2523	72195
机械设备五金交电及电子产品批发	Wholesale of Machinery, Hardware and Electronics	1455	47304
#汽车摩托车及零配件批发	#Wholesale of Automobiles, Motorcycles and Their Accessories	574	2764
五金产品批发	Wholesale of Hardware Products	17	430
计算机软件及辅助设备批发	Wholesale of Computer, Software and Assistant Appliances	47	918
贸易经纪与代理	Trade Broker and Agency	0.3	1473
其他批发业	Other Wholesale not Classified Elsewhere	-452	6017

CONTINUED

(10000 yuan)

管理费用 Management Expenses	财务费用 Financial Expenses	营业利润 Business Profits	利润总额 Total Profits	应交所得税 Payable Income Tax	应付工资 Total Wage Payable	本年应交增值税 Value-added Tax Payable
961835	**373766**	**1603259**	**2380607**	**198755**	**921887**	**661349**
495135	**267467**	**1034711**	**946051**	**142286**	**492738**	**488529**
495010	267450	1036587	947758	142282	490771	488400
163496	53472	210507	330908	82295	140632	121297
1635	646	1556	1814	11	16140	584
252312	189702	354615	254908	35265	111227	63626
23864	18918	-78663	-44787	3926	13902	2151
228448	170785	433277	299695	31339	97325	61475
19925	-1928	130569	24240	11979	163262	279084
57436	25520	332804	335866	12732	59293	23458
206	38	6538	22		217	350
125	17	-1877	-1707	4	1967	129
66694	139606	113198	268934	5961	67176	3294
176262	26902	588556	498756	88535	206290	103259
12541	43362	-13908	-9954	425	5389	346
127295	-25772	375085	290461	71584	99497	79986
92653	3969	36069	22953	6247	8732	38584
14362	427	6032	3057	997	1242	2981
3670	420	4904	914	31	1609	129
30115	3657	111716	17334	2897	15644	11038
72007	81599	16612	12163	32126	149263	327133
8012	2279	8171	7482	1101	5143	166
22893	-12365	13239	-33762	16932	109599	313561
5508	4406	-18744	-13358	297	2797	8724
6709	5849	-5341	-154	2940	2118	2267
22563	77190	20177	27221	10883	27139	423
41675	7239	159784	149847	5913	22625	4905
11891	1015	125260	124957	87	1576	591
580	90	137	137	36	180	206
1342	13	4324	111	25	9373	344
807	67	-416	-216	39	242	87
11252	4008	4258		238	21157	100

15-10 续表3

单位：万元

项　目	Item	其他业务利　润 Other Business Profit	营业费用 Business Expenses
零售企业	**Retail Trade**	**134167**	**560363**
按登记注册类型分组	**Grouped by Status of Registration**		
内资企业	Domestic Funded Enterprises	113051	479772
国有企业	State-owned Enterprises	5797	18265
集体企业	Collective-owned Enterprises	150	4325
股份合作企业	Cooperative Enterprises	673	2559
联营企业	Joint Ownership Enterprises		159
有限责任公司	Limited Liability Corporations	59411	237816
国有独资企业	Sole State-funded Corporations	2	583
其他有限责任公司	Others Limited Liability Corporations	59409	237234
股份有限公司	Share-holding Corporations Ltd.	38300	80695
私营企业	Private Enterprises	6026	131034
其他企业	Other Enterprises	2694	4919
港、澳、台商投资企业	Enterprises with Funds from Hong Kong, Macao and Taiwan	10656	33346
外商投资企业	Foreign Funded Enterprises	10460	47245
按国民经济行业分组	**Grouped by Sector**		
综合零售业	Integrated Retail	93077	247659
#百货零售	#Retail of General Merchandise	87324	141056
超级市场零售	Retail of Supermarkets	5582	99693
食品、饮料及烟草制品专门零售业	Special Retail of Food, Beverages and Tobaccos	888	18058
纺织、服装及日用品专门零售业	Special Retail of Textiles, Garments and Daily Consumer Articles	10431	35105
#服装零售	#Retail of Garments	10264	29212
文化、体育用品及器材专门零售业	Special Retail of Culture, Sports Appliances and Equipments	3146	29786
#体育用品及器材零售	#Retail of Sports Appliances and Equipment		17752
图书、报刊零售	Retail of Books, Newspapers and Magazines	3015	10093
医药及医疗器材专门零售业	Special Retail of Medicines and Medical Appliances	1547	42161
#药品零售	#Retail of Medicines	1521	40893
汽车、摩托车、燃料及零配件专门零售业	Special Retail of Motor Vehicles, Motorcycles, Fueland Parts	12910	118410
#汽车零售	#Retail of Motor Vehicles	12203	100291
机动车燃料零售	Retail of Fuel of Motor Vehicles	686	16562
家用电器及电子产品专门零售业	Special Retail of Household Electric Appliances and Electronic Products	11608	50817
#家用电器零售	#Retail of Household Electric Appliances	316	2780
计算机、软件及辅助设备零售	Retail of Computer, Software and Assistant Appliances	321	6345
通讯设备零售	Retail of Communication Equipments	5802	3069
五金、家具及室内装修材料专门零售业	Special Retail of Hardware, Furniture and Interior Decoration Materials	550	9879
货摊、无店铺及其他零售业	Stalls, Non-shop and Other Retails	11	8487
#邮购及电视、电话零售	#Mail Order,Television and Telephone Selling		1077

CONTINUED

(10000 yuan)

管理费用 Management Expenses	财务费用 Financial Expenses	营业利润 Business Profits	利润总额 Total Profits	应交所得税 Payable Income Tax	应付工资 Total Wage Payable	本年应交增值税 Value-added Tax Payable
466700	**106299**	**568548**	**1434557**	**56469**	**429149**	**172820**
431686	98468	563083	1428285	54455	399699	164000
26613	3577	29873	1071543	489	81708	3808
2665	920	4019	1080	251	4099	534
2926	250	482	253	16	2301	337
429	147	132	132	25	194	50
191269	52355	166927	87351	23452	135087	102373
507	37	-267	20	19	1052	783
190762	52318	167194	87331	23433	134036	101590
95488	4036	177084	173222	25704	64000	26805
109050	36859	180929	93064	4110	106699	29188
3246	324	3638	1640	408	5611	905
27849	6044	3476	4404	1500	15167	5849
7165	1788	1989	1868	514	14283	2970
204007	35602	206952	190556	38487	163477	63233
176527	30108	188752	166845	35588	128752	51534
22854	5199	12869	19306	1927	32359	11006
5821	1269	21522	5459	653	7348	2630
32415	5307	36332	27945	1649	26369	5177
27275	4301	33390	25746	1229	22730	3782
16938	1600	14975	13085	1146	65736	5485
2799	1307	8931	7018	923	3061	4952
12447	-128	2672	3660	124	61514	101
61475	6736	71190	37661	8457	36450	28834
60127	6604	68913	36997	8413	35854	7604
91759	47778	111875	57686	3065	100845	48985
84633	45856	95006	53020	3074	65888	42921
4926	1463	12695	2026	-229	34070	4505
36310	4301	48818	29651	2751	16537	10273
8047	1726	9441	-5498	10	1582	201
2995	656	22658	21410	443	2955	878
5124	481	1865	1684	350	1949	631
8108	1272	15850	1372	162	3082	892
9866	2434	41035	1071142	100	9305	7309
2553	-99	295	328		1796	562

15-11 限额以上住宿业财务指标(2014年)

单位：万元

项　目	Item	企业数(个) Numbers of Enterprises (unit)	流动资产小计 Circulating Funds
总 计	**Total**	**227**	**250636**
按登记注册类型分组	**Grouped by Status of Registration**		
内资企业	Domestic Funded Enterprises	213	205786
国有企业	State-owned Enterprises	53	26313
集体企业	Collective-owned Enterprises	5	2389
股份合作企业	Cooperative Enterprises	2	86
联营企业	Joint Ownership Enterprises		
有限责任公司	Limited Liability Corporations	78	127918
国有独资企业	Sole State-funded Corporations	2	2028
其他有限责任公司	Others Limited Liability Corporations	76	125890
股份有限公司	Share-holding Corporations Ltd.	11	10471
私营企业	Private Enterprises	61	38301
私营独资企业	Private-funded Enterprises	10	895
私营合伙企业	Private Partnership Enterprises	1	
私营有限责任公司	Private Limited Liability Corporations	45	26116
私营股份有限公司	Private Share-holding Corporations Ltd.	5	11291
其他企业	Other Enterprises	3	308
港、澳、台商投资企业	Enterprises with Funds from Hong Kong, Macao and Taiwan	9	24212
合资经营企业	Joint-venture Enterprises	4	7762
合作经营企业	Cooperative Enterprises		
独资经营企业	Enterprises with Sole Investment	4	8916
投资股份有限公司	Share-holding Corporations Ltd. With Investment	1	7534
其他港澳台投资企业	Other Enterprisess		
外商投资企业	Foreign Funded Enterprises	5	20638
中外合资经营企业	Joint-venture Enterprises	1	1014
中外合作经营企业	Cooperative Enterprises	1	1539
外资企业	Enterprises with Sole Foreign Investment	2	17922
外商投资股份有限公司	Share-holding Corporations Ltd. With Foreign Investment	1	163
其他外商投资企业	Other foreign investment enterprise		
按国民经济行业分组	**Grouped by Sector**		
旅游饭店	Restaurant for Tourism	163	219857
一般旅馆	Ordinary Hotels	55	28480
其他住宿服务	Others	9	2299

注：本表中数据按照批发零售住宿餐饮业财务报表填报，企业个数是指有财务活动的企业个数。
Note: Data in this table according to wholesale and retail hotels and catering provided financial statements, enterprise number refers to the number of enterprise financial activities.

FINANCIAL INDICATORS OF ENTERPRISE ABOVE DESIGNATED SIZE IN HOTELS SERVICES (2014)

(10000 yuan)

资产合计 Total Assets	负债合计 Total Liabilities	实收资本 Paicl-up Capital	固定资产原价 Original Value of Fixed Assets	累计折旧 Total Depreciation	主营业务收入 Revenue in Major Business	主营业务成本 Cost in Major Business	主营业务税金及附加 Tax and Extra Changes in Major Business
953005	**610832**	**515874**	**883666**	**311420**	**325650**	**124736**	**22059**
728289	463349	351508	617126	196254	275203	112523	19179
188413	77383	114402	213236	72706	71692	31209	8824
6328	7873	2061	7447	4064	5829	3050	210
22958	23620	4493	21489	7700	9463	3098	329
314945	227188	143402	220050	69953	94875	32275	5312
2284	914	1825	753	529	1623	737	92
312661	226274	141577	219297	69424	93253	31538	5220
69708	46540	24870	67925	16901	20630	4664	1157
125228	80317	62110	86356	24528	71612	37686	3284
8393	1642	6527	8512	1074	7021	5320	125
46	10	30	39	16	594	305	22
103004	63522	54701	73126	20678	60666	31048	2952
13786	15143	852	4679	2761	3331	1013	186
708	429	170	624	402	1102	540	62
149704	113499	133509	184583	77116	23373	8246	1396
46569	58068	23092	87619	50418	7556	1810	413
86394	50595	100817	84971	22124	14148	5585	904
16741	4836	9600	11994	4575	1669	851	80
75012	33985	30857	81957	38050	27074	3968	1484
3962	3116	800	7872	6616	3517	357	231
2283	352	1440	1568	825	1558	1032	84
68604	28718	28466	72517	30609	21507	2489	1140
163	1799	152			492	91	29
831112	508134	466431	756701	259411	253740	91858	18245
81225	48833	37259	56406	15467	60381	27760	3228
40668	53865	12184	70560	36542	11529	5119	585

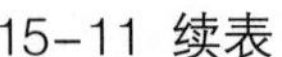

15-11 续表

单位：万元

项　目	Item	营业费用 Business Expenses	主营业务利润 Profit in Major Business
总 计	**Total**	**88248**	**-21586**
按登记注册类型分组	**Grouped by Status of Registration**		
内资企业	Domestic Funded Enterprises	71802	-16980
国有企业	State-owned Enterprises	17763	-11986
集体企业	Collective-owned Enterprises	948	-208
股份合作企业	Cooperative Enterprises	2354	-160
联营企业	Joint Ownership Enterprises		
有限责任公司	Limited Liability Corporations	26928	-4607
国有独资企业	Sole State-funded Corporations	242	
其他有限责任公司	Others Limited Liability Corporations	26686	-4359
股份有限公司	Share-holding Corporations Ltd.	8319	397
私营企业	Private Enterprises	15257	-514
私营独资企业	Private-funded Enterprises	499	
私营合伙企业	Private Partnership Enterprises		
私营有限责任公司	Private Limited Liability Corporations	13952	-1097
私营股份有限公司	Private Share-holding Corporations Ltd.	806	-242
其他企业	Other Enterprises	234	
港、澳、台商投资企业	Enterprises with Funds from Hong Kong, Macao and Taiwan	8742	
合资经营企业	Joint-venture Enterprises	1982	
合作经营企业	Cooperative Enterprises		
独资经营企业	Enterprises with Sole Investment	6308	
投资股份有限公司	Share-holding Corporations Ltd. With Investment	452	
其他港澳台投资企业	Other Enterprisess		
外商投资企业	Foreign Funded Enterprises	7704	3181
中外合资经营企业	Joint-venture Enterprises	2391	
中外合作经营企业	Cooperative Enterprises	142	
外资企业	Enterprises with Sole Foreign Investment	5081	
外商投资股份有限公司	Share-holding Corporations Ltd. With Foreign Investment	91	-52
其他外商投资企业	Other foreign investment enterprise		
按国民经济行业分组	**Grouped by Sector**		
旅游饭店	Restaurant for Tourism	70933	-20326
一般旅馆	Ordinary Hotels	14620	308
其他住宿服务	Others	2694	-1567

CONTINUED

（10000 yuan）

其他业务利润 Other Business Profit	管理费用 Management Expenses	财务费用 Financial Expenses	营业利润 Business Profits	利润总额 Total Profits	应交所得税 Payable Income Tax	应付工资 Total Wage Payable
6168	**95629**	**12078**	**-15418**	**-187955**	**2725**	**63109**
6151	73842	9669	-10829	-183686	1500	56539
3612	21703	1001	-8374	-7184	136	20466
16	1824	10	-192	-156	35	738
587	2740	514	428	1350	365	2090
1231	31412	1847	-3376	-6884	557	20832
	794	6	-247	-247		819
1231	30619	1841	-3129	-6637	557	20013
8	6003	112	405	123	177	3824
698	10013	6164	184	-171027	230	8437
	356	137	567	750		641
	2	6	259	259	1	53
575	8648	5582	-522	-1630	229	6821
122	1007	439	-120	-170407		922
	147	21	97	93		152
	10622	2744	-7787	-8242		2546
	6922	183	-3506	-3505		871
	3474	2559	-4338	-4856		1559
	227	2	57	119		116
17	11165	-335	3198	3972	1225	4025
	1184	29	-674			274
	284	4	13	13	8	73
	9271	-367	3894	3923	1217	3657
17	426		-36	36		21
5404	77911	11440	-14923	-185442	2453	53248
560	13236	627	868	627	236	8416
205	4483	11	-1363	-3139	36	1445

15-12 限额以上餐饮业财务指标(2014年)

单位：万元

项　　目	Item	企业数(个) Numbers of Enterprises (unit)	流动资产小计 Circulating Funds
总　计	**Total**	**176**	**63181**
按登记注册类型分组	**Grouped by Status of Registration**		
内资企业	Domestic Funded Enterprises	149	47291
国有企业	State-owned Enterprises	15	-901
集体企业	Collective-owned Enterprises	2	61
股份合作企业	Cooperative Enterprises	1	328
联营企业	Joint Ownership Enterprises		
有限责任公司	Limited Liability Corporations	41	24121
国有独资企业	Sole State-funded Corporations		
其他有限责任公司	Others Limited Liability Corporations	41	24121
股份有限公司	Share-holding Corporations Ltd.	6	1093
私营企业	Private Enterprises	80	22201
私营独资企业	Private-funded Enterprises	20	2103
私营合伙企业	Private Partnership Enterprises	3	115
私营有限责任公司	Private Limited Liability Corporations	54	19056
私营股份有限公司	Private Share-holding Corporations Ltd.	3	927
其他企业	Other Enterprises	4	389
港、澳、台商投资企业	Enterprises with Funds from Hong Kong, Macao and Taiwan	12	11525
合资经营企业	Joint-venture Enterprises	5	4157
合作经营企业	Cooperative Enterprises		
独资经营企业	Enterprises with Sole Investment	6	6803
投资股份有限公司	Share-holding Corporations Ltd. With Investment	1	566
其他港澳台投资企业	Other Enterprisess		
外商投资企业	Foreign Funded Enterprises	15	4365
中外合资经营企业	Joint-venture Enterprises	5	2255
中外合作经营企业	Cooperative Enterprises	1	112
外资企业	Enterprises with Sole Foreign Investment	9	1998
外商投资股份有限公司	Share-holding Corporations Ltd. With Foreign Investment		
其他外商投资企业	Other foreign investment enterprise		
按国民经济行业分组	**Grouped by Sector**		
正餐服务业	Dinner Service	169	56482
快餐服务业	Snack Service	6	6173
饮料及冷饮服务业	Beverage and Cold Drink Service	1	527
其他餐饮服务业	Other Food and Beverage Services		

FINANCIAL INDICATORS OF ENTERPRISE ABOVE DESIGNATED SIZE IN CATERING SERVICES (2014)

(10000 yuan)

资产合计 Total Assets	负债合计 Total Liabilities	实收资本 Paicl-up Capital	固定资产原价 Original Value of Fixed Assets	累计折旧 Total Depreciation	主营业务收入 Revenue in Major Business	主营业务成本 Cost in Major Business	主营业务税金及附加 Tax and Extra Changes in Major Business
187505	**108082**	**64280**	**118919**	**31331**	**185787**	**99733**	**11365**
149648	94376	48259	107159	23793	138724	75461	8389
20860	22760	3684	27371	6864	13593	8345	524
227	142	55	84	17	541	318	43
363	1.2	360	42	7.9	207	107	25
56303	33342	21716	32542	9470	50650	25052	2885
56303	33342	21716	32542	9470	50650	25052	2885
3776	2540	226	2043	289	3339	1943	312
65975	34768	20894	43406	7053	68180	38150	4502
8154	3666	2995	6690	1418	12589	8738	563
432	61	175	296	29	1285	727	55
56286	30352	17364	36012	5375	52462	27803	3679
1104	688	360	409	232	1845	882	205
2144	823	1325	1672	92	2215	1546	98
12968	5334	8134	4368	3132	20225	12025	1181
4992	2894	3111	2631	1848	7120	4912	450
7236	2022	4966	1182	786	11328	6049	672
740	419	57	555	498	1776	1064	59
24889	8371	7887	7392	4406	26838	12247	1796
21696	7604	6525	6004	3379	16347	6103	1088
117	13	220	15	12	280	83	17
3077	754	1142	1374	1015	10211	6061	691
170320	93723	59508	113854	30753	159423	87957	10437
16434	13966	4382	4736	473	25512	11412	874
752	392	390	330	105	852	363	55

15-12 续表

单位：万元

项　目	Item	营业费用 Business Expenses	主营业务利润 Profit in Major Business
总 计	**Total**	**42794.6**	**2434.1**
按登记注册类型分组	**Grouped by Status of Registration**		
内资企业	Domestic Funded Enterprises	28589.9	5796.9
国有企业	State-owned Enterprises	2743.8	-175.0
集体企业	Collective-owned Enterprises	0.2	
股份合作企业	Cooperative Enterprises	71.9	
联营企业	Joint Ownership Enterprises		
有限责任公司	Limited Liability Corporations	9262.8	4046.2
国有独资企业	Sole State-funded Corporations		
其他有限责任公司	Others Limited Liability Corporations	9262.8	4046.2
股份有限公司	Share-holding Corporations Ltd.	615.2	-41.1
私营企业	Private Enterprises	15682.4	2067.1
私营独资企业	Private-funded Enterprises	983.6	1227.1
私营合伙企业	Private Partnership Enterprises	41.0	
私营有限责任公司	Private Limited Liability Corporations	14018.8	419.1
私营股份有限公司	Private Share-holding Corporations Ltd.	639.0	
其他企业	Other Enterprises	213.6	
港、澳、台商投资企业	Enterprises with Funds from Hong Kong, Macao and Taiwan	5206.1	-3529.1
合资经营企业	Joint-venture Enterprises	2029.9	-1403.2
合作经营企业	Cooperative Enterprises		
独资经营企业	Enterprises with Sole Investment	3047.3	-2532.1
投资股份有限公司	Share-holding Corporations Ltd. With Investment	128.9	
其他港澳台投资企业	Other Enterprisess		
外商投资企业	Foreign Funded Enterprises	8998.6	166.3
中外合资经营企业	Joint-venture Enterprises	7033.7	-465.9
中外合作经营企业	Cooperative Enterprises	154.5	
外资企业	Enterprises with Sole Foreign Investment	1810.4	
外商投资股份有限公司	Share-holding Corporations Ltd. With Foreign Investment		
其他外商投资企业	Other foreign investment enterprise		
按国民经济行业分组	**Grouped by Sector**		
正餐服务业	Dinner Service	33794.0	1269.6
快餐服务业	Snack Service	8682.5	1547.1
饮料及冷饮服务业	Beverage and Cold Drink Service	318.1	
其他餐饮服务业	Other Food and Beverage Services		

CONTINUED

(10000 yuan)

其他业务利润 Other Business Profit	管理费用 Management Expenses	财务费用 Financial Expenses	营业利润 Business Profits	利润总额 Total Profits	应交所得税 Payable Income Tax	应付工资 Total Wage Payable
8991.8	**19552.1**	**1783.8**	**11425.9**	**5201.6**	**2943.7**	**52463.6**
5650.4	14156.2	1488.0	11447.3	5333.3	2246.7	44953.5
205.3	2093.1	35.9	30.3	-456.3	0.1	3129.5
	106.1	0.1	73.8	73.8		96.5
	0.6		1.8	1.8		45.5
4251.6	5321.0	324.1	8297.8	1200.0	832.0	29623.6
4251.6	5321.0	324.1	8297.8	1200.0	832.0	29623.6
143.5	365.3	0.8	102.4	93.4	47.6	1004.1
1050.0	5846.7	1089.8	3117.1	4614.2	1367.0	10519.2
28.0	950.8	101.7	1255.1	1049.8	76.3	1667.2
	40.0	1.8	394.7	395.0	78.8	288.8
1022.0	4776.4	974.1	1441.1	3143.2	1211.7	8332.8
	79.5	12.2	26.2	26.2	0.2	230.4
	423.4	37.3	-175.9	-193.6		535.1
2793.7	2539.5	8.8	-735.4	-1193.7	324.2	2095.9
411.9	756.5	-37.5	-991.3	-860.3	96.5	458.2
2381.8	1666.0	44.6	-150.3	-333.4	227.7	1531.7
	117.0	1.7	406.2			106.0
547.7	2856.4	287.0	714.0	1062.0	372.8	5414.2
547.7	1848.4	252.6	81.8	381.8	21.1	4193.6
	10.4		15.2	15.7	11.2	22.0
	997.6	34.4	617.0	664.5	340.5	1198.6
7578.7	18087.4	1167.1	8848.3	2906.4	2017.2	48680.0
1413.1	990.3	592.8	2960.2	-1185.4	56.4	3514.3
	474.4	23.9	-382.6	3480.6	870.1	269.3

15-13 个体工商业发展情况(2014年)

DEVELOPMENT OF INDIVIDUAL INDUSTRY AND COMMERCE(2014)

项　目	Item	总 计 Total	#城 镇 Urban Areas
户数(户)	**Family Households (household)**	**1523851**	**1142463**
农、林、牧、渔业	Farming, Forestry, Animal Husbandry and Fishery	46891	19277
采矿业	Mining	1393	569
制造业	Manufacturing	75282	50948
电力、热力、燃气及水的生产和供应业	Production and Distribution of Electricity, Gas and Water	244	120
建筑业	Construction	2620	1858
批发和零售业	Wholesale and Retail Trade	832733	628763
交通运输、仓储及邮政业	Traffic, Transport, Storage and Post	81468	61131
住宿和餐饮业	Accommodation and Restaurants	191638	155057
信息传输、软件和信息技术服务业	Information Transfer, Computer Services and Software	11310	7807
房地产业	Real Estate	2184	1951
租赁和商务服务业	Tenancy and Business Services	19383	15498
居民服务、修理和其他服务业	Resident Services and Other Services	232779	178590
卫生和社会工作	Sanitation, Social Security and Social Welfare	2694	2248
文化、体育和娱乐业	Culture, Sports and Entertainment	9577	7943
其他行业	Others	9671	7430
从业人员(人)	**Employed Persons(person)**	**2972220**	**2239834**
农、林、牧、渔业	Farming, Forestry, Animal Husbandry and Fishery	104783	45479
采矿业	Mining	5718	2242
制造业	Manufacturing	208524	140256
电力、热力、燃气及水的生产和供应业	Production and Distribution of Electricity, Gas and Water	506	309
建筑业	Construction	10294	7237
批发和零售业	Wholesale and Retail Trade	1499531	1147107
交通运输、仓储及邮政业	Traffic, Transport, Storage and Post	118877	91470
住宿和餐饮业	Accommodation and Restaurants	484880	387137
信息传输、软件和信息技术服务业	Information Transfer, Computer Services and Software	21258	13939
房地产业	Real Estate	4071	3716
租赁和商务服务业	Tenancy and Business Services	40488	29718
居民服务、修理和其他服务业	Resident Services and Other Services	420121	328167
卫生和社会工作	Sanitation, Social Security and Social Welfare	6051	5195
文化、体育和娱乐业	Culture, Sports and Entertainment	23346	19020
其他行业	Others	17052	13152

15-14 限额以上批发和零售连锁经营情况(2014年)

CONDITIONS OF CHAIN WHOLESALE AND RETAIL ENTERPRISES ABOVE DESIGNATED SIZE(2014)

指　标	Item	合 计 Totul	直营店 Manufacturer Outlet Store	加盟店 Leagued Store
门店总数(个)	Number of Stores(unit)	1857	1473	384
年末从业人员数(人)	Employed Persons at Year_end(person)	20239	19292	947
年末零售营业面积(平方米)	Operating Area of Retail Enterprises at Year_end(sq.m)	770761	752125	18636
连锁门店商品购进额(万元)	Total Purchases Value(10000yuan)	2044766	2004210	40556
#统一配送商品购进额	#Centralized Purchase and Delivery	1845025	1844219	806
连锁门店商品销售额(万元)	Total Sales of Commodities(10000yuan)	2347343	2285294	62049
#零售额	#Retail Sales	2038394	1976344	62049

15-15 限额以上住宿和餐饮业连锁经营情况(2014年)

CONDITIONS OF CHAIN HOTELS AND CATERING ENTERPRISES ABOVE DESIGNATED SIZE(2014)

指　标	Item	合 计 Totul	直营店 Manufacturer Outlet Store	加盟店 Leagued Store
门店总数(个)	Number of Stores(unit)	99	95	4
年末从业人员数(人)	Employed Persons at Year_end(person)	3658	3557	101
年末餐饮营业面积(平方米)	Operating Area of Catering Enterprises at Year_end(sq.m)	37133	36936	197
客房数(间)	Number of Room(room)	2439	2045	394
床位数(个)	Number of Beds(bed)	3216	2696	520
餐位数(位)	Number of Dining-seats(unit)	12874	12780	94
连锁门店商品购进(采购)额(万元)	Total Purchases Value(10000 yuan)	17708	17694	14
#统一配送商品购进(采购)额	#Ceubralized Purchase and Delivery	17095	17081	14
连锁门店营业额(万元)	Business Revenue(10000 yuan)	47435	46046	1389
#餐费收入	#From Meals	35590	35536	54
商品销售额	Sales	1333	1333	

15-16 亿元以上商品交易市场基本情况(2014年)

BASIC STATISTICS ON COMMODITY EXCHANGE MARKETS OF TRANSACTION VALUE OVER 100 MILLION YUAN(2014)

类　　别	Type	摊位数量(个) Numberof Booths (Unit)	总成交额(亿元) Total Turnover (100 million yuan)
总 计	**Total**	**55264**	**1104.01**
粮油、食品类	Grain, Edible Oil, Food	14075	562.47
#粮油类	#Grain, Edible Oil	1528	70.77
肉禽蛋类	Meat, Poultry and Eggs	2539	54.97
水产品类	Aquatic Products	2256	91.73
蔬菜类	Vegetables	4804	207.48
干鲜果品类	Dried and Fresh Melons and Fruits	2661	136.34
饮料类	Beverages	675	40.86
烟酒类	Tobacco and Liquor	809	63.40
服装、鞋帽、针纺织品类	Garments, Footwears, Hats, Kintwear and Textiles	23089	137.33
服装类	Clothing	11421	88.22
鞋帽类	Shoes and Hats	3974	14.30
针纺织品类	Knitwear and Textiles	7694	34.82
化妆品类	Cosmetics	599	1.80
金银珠宝类	Gold, Silver and Fewelry	52	0.43
日用品类	Articles for Daily Use	1411	7.34
#儿童玩具类	#Childern toys	334	2.69
五金、电料类	Hardware and Electrical Materials	428	4.13
体育、娱乐用品类	Sports & Recreation Articles	89	0.84
#照相器材类	#Photography Equipment	2	0.01
书报杂志类	Newspapers and Magazines	35	0.04
电子出版物及音像制品类	E-journals and Video Products	58	0.15
家用电器和音像器材类	Household Appliances and Video Appliances	207	12.31
中西药品类	Traditional Chinese and Western Medicines	22	1.10
#西药类	#Western Medicines	10	0.58
中草药及中成药类	Traditional Chinese l Medicines	9	0.48
文化办公用品类	Cultural and Official Appliances	2643	39.42
#计算机及其配套产品	#Computers and Related Products	2464	38.02
家具类	Furniture	970	16.53
通讯器材类	Communication Appliances	119	1.52
煤炭及制品类	Coal and Related Products		
木材及制品类	Wood and Wooden Products	112	2.28
石油及制品类	Petroleum and Related Products		
化工材料及制品类	Chemical Materials and Related Products	51	2.32
#化肥类	#Fertilizers	51	2.32
金属材料类	Metals Materials	992	128.01
建筑及装潢材料类	Building and Decoration Materials	4916	42.26
机电产品及设备类	Mechanical & Electrical Products	39	0.07
#农机类	#Agricultural Machineries		
汽车类	Automobiles	1267	3.76
种子饲料类	Seeds and Feedstuff	102	3.16
棉麻类	Cotton and Hemp	8	0.03
其他类	Others	2496	32.45

15-17 旅游发展情况
DEVELOPMENT OF TOURISM

指　标	Item	2010	2011	2012	2013	2014
国际旅游人数总计(人次)	International Tourists(person-times)	1724238	2065195	2076165	1528554	1417227
外国人	Foreigners	1648303	1978434	1947335	1450170	1322891
港、澳、台合计	Tourists form Hong Kong, Macao and Taiwan	75935	86761	128830	78384	94336
香港同胞	Chinese Compatriots From Hong Kong	32604	33110	44747	18730	22413
澳门同胞	Chinese Compatriots FromMacao	7326	7831	5428	2760	4575
台湾同胞	Chinese Compatriots FromTaiwan Province	36005	45820	78655	56894	67348
国际旅游外汇收入总额(万美元)	Foreign Exchange Earnings from International Tourism (USD 10000)	76250	91762	83548	60436	56356
国内旅游人数(万人次)	Number of Domestic Visitors (10000 person-times)	15702	20237	25174	29004	10531
国内旅游收入(亿元)	Earnings from Domestic Tourism (100 million yuan)	832	1032	1248	1348	1031

注：2014年国内旅游人数及收入按照“住宿+景点”口径统计，与以前年份不可比。
Number of domestic tourism and Earnings from Domestic Tourism in accordance with the "accommodation +spots" caliber statistics.

15-18 按国别分外国入境游客
NUMBER OF OVERSEA VISITOR ARRIVALS BY COUNTRY/REGION

单位：人次　(person-times)

国　家	Countries	2007	2008	2009	2010	2011	2012	2013	2014
总 计	**Total**	**1343778**	**1933370**	**1350307**	**1648303**	**1978434**	**1947335**	**1450170**	**1322891**
#日 本	#Japan	51405	49208	45731	59237	116956	47969	23879	21536
菲律宾	Philippines	646	1057	2051	1384	7904	1475	2877	983
新加坡	Singapore	5117	8881	10544	9027	3261	9516	12880	7839
泰 国	Thailand	2280	3983	4351	5932	11387	2052	2625	2594
印度尼西亚	Indonesia	1192	1596	2229	1424	161	1272	1581	1590
马来西亚	Malaysia	4695	5447	4448	3643	2511	5987	3739	4871
韩 国	Republic of Korea	34203	76944	117248	146172	210803	194201	185742	178980
蒙 古	Mongolia	391	445	818	625	15857	657	550	304
印 度	India	902	1252	1784	1701	4558	2517	1787	1593
美 国	United States	10622	16350	23200	22900	38673	43369	33010	33083
加拿大	Canada	3093	4936	4735	4958	10263	9638	16713	10209
英 国	United Kingdom	2792	4306	4436	4538	5966	9178	8780	7896
法 国	France	3479	12212	19792	20461	17477	13639	14076	12291
德 国	Germany	2909	6820	5852	5729	8035	6719	5987	5116
意大利	Italy	823	1764	2180	2304	4832	8973	10347	9354
瑞 士	Switzerland	354	597	637	522	758	1315	812	787
瑞 典	Sweden	479	751	601	797	2080	549	246	502
荷 兰	Netherlands	149	125	144	2	150	81	10	19
俄罗斯	Russia	1194966	1713821	1070994	1317308	1463368	1527864	972879	919053
西班牙	Spain	400	944	2929	2261	12072	6321	12884	11288
澳大利亚	Australia	3056	4034	5440	5525	7568	8524	9039	8637
新西兰	New Zealand	480	739	780	632	1295	1525	1008	1031

主要统计指标解释

批发业 指向其他批发或零售单位（含个体经营者）及其他企事业单位、机关团体等批量销售生活用品、生产资料的活动，以及从事进出口贸易和贸易经纪与代理的活动，包括拥有货物所有权，并以本单位(公司)的名义进行交易活动,也包括不拥有货物的所有权，收取佣金的商品代理、商品代售活动；还包括各类商品批发市场中固定摊位的批发活动，以及以销售为目的的收购活动。

零售业 指百货商店、超级市场、专门零售商店、品牌专卖店、售货摊等主要面向最终消费者（如居民等）的销售活动，以互联网、邮政、电话、售货机等方式的销售活动，还包括在同一地点，后面加工生产，前面销售的店铺（如面包房）；谷物、种子、饲料、牲畜、矿产品、生产用原料、化工原料、农用化工产品、机械设备（乘用车、计算机及通信设备除外）等生产资料的销售不作为零售活动；多数零售商对其销售的货物拥有所有权，但有些则是充当委托人的代理人，进行委托销售或以收取佣金的方式进行销售。

批发和零售业商品购进、销售、库存额 指各种登记注册类型的批发和零售业企业(单位)以本企业(单位)为总体的，从国内、国外市场购进的商品总量，销售和出口的商品总量，库存的商品总量等情况。该指标可以反映商品流转过程中商品的购进、销售、库存之间的比例关系和存在的问题。

商品购进额 指从本企业以外的单位和个人购进（包括从国外直接进口）作为转卖或加工后转卖的商品金额（含增值税）。商品购进包括：（1）从工农业生产者、批发和零售业企业、住宿和餐饮业企业、出版社或报社的出版发行部门和其他服务业企业购进的商品；（2）从机关团体、事业单位购进的商品；（3）从海关、市场管理部门购进的缉私和没收的商品；（4）从居民收购的废旧商品等。不包括：（1）企业为本单位自身经营用，不是作为转卖而购进的商品，如材料物资、包装物、低值易耗品、办公用品等；（2）未通过买卖行为而收入的商品，如接受其他部门移交的商品、借入的商品、收入代其他单位保管的商品、其他单位赠送的样品、加工回收的成品等；（3）经本单位介绍，由买卖双方直接结算，本单位只收取手续费的业务；（4）销售退回和买方拒付货款的商品；（5）商品溢余。

商品销售额 指对本单位以外的单位和个人出售的商品金额（包括售给本单位消费用的商品，含增值税）。商品销售包括（1）售给城乡居民和社会集团消费用的商品；（2）售给农业、工业、建筑业、服务业等国民经济各行业用于生产、经营用的商品，包括售予批发和零售业作为转卖或加工后转卖的商品；（3）对国（境）外直接出口的商品。不包括：（1）未通过买卖行为付出的商品，如随机构变动移交给其他企业单位的商品、借出的商品、归还受其他单位委托代保管的商品、付出的加工原料和赠送给其他单位的样品等；（2）经本单位介绍，由买卖双方直接结算，本单位只收取手续费的业务；（3）购货退回的商品；（4）商品损耗和损失；（5）出售本单位自用的废旧物资。

商品库存额 对于批发和零售业法人单位和个体经营户，是指报告期末取得所有权的全部商品金额（含增值税）；对于批发和零售业产业活动单位，是指报告期末实际在库且归属法人具有所有权的全部商品金额（含增值税）。库存商品包括：(1)存放在本单位(如门市部、批发站、采购站、经营处)的仓库、货场、货柜和货架中的商品；(2)挑选、整理、包装中的商品；(3)已记入购进而尚未运到本单位的商品，即发货单或银行承兑凭证已到而货未到的商品；(4)寄放他处的商品，如因购货方拒绝付款而暂时存在购货方的商品；(5)委托其他单位代销(未作销售或调出)尚未售出的商品；(6)代其他单位购进尚未交付的商品。不包括：所有权不属于本单位的商品；委托外单位加工的商品；外贸企业代理其他单位从国外进口，尚未付给订货单位的商品；代国家储备部门保管的商品。

连锁总店（总部） 指负责连锁企业资源（商号、商誉、经营模式、服务标准、管理模式等等）的开发、配置、控制或使用等功能的企业核心管理机构。连锁经营是指经营同类商品或服务，使用统一商号的若干店铺，在同一总店（总部）的管理下，采取统一采购或特许经营等方式，实现规模效益的组织形式，包括直营连锁、特许连锁和自愿连锁三种形式。

其中，直营连锁是指连锁店铺由连锁公司全资或控股开设，在总部的直接控制下，开展统一经营的连锁经营形式；特许连锁是指拥有注册商标、企业标志、专利、专有技术等经营资源的企业（特许人），以合同形式将其拥有的经营资源许可其他经营者（被特许人）使用，被特许人按合同约定在统一的经营模式下开展经营，并向特许人支付特许经营费用的连锁经营形式；自愿连锁是指若干个店铺或企业自愿组合起来，在不改变各自资产所有权关系的情况下，以同一个品牌形象面对消费者，以共同进货为纽带开展的连锁经营形式。

亿元以上商品交易市场　指年成交额在亿元及以上的商品交易市场。商品交易市场是指经有关部门和组织批准设立，有固定场所、设施，有经营管理部门和监管人员，若干市场经营者入内，常年或实际开业三个月以上，集中、公开、独立地进行生活消费品、生产资料等现货商品交易以及提供相关服务的交易场所，包括各类消费品市场、生产资料市场等。

社会消费品零售总额　指企业（单位、个体户）通过交易直接售给个人、社会集团非生产、非经营用的实物商品金额，以及提供餐饮服务所取得的收入金额。个人包括城乡居民和入境人员，社会集团包括机关、社会团体、部队、学校、企事业单位、居委会或村委会等。

住宿业　指为旅行者提供短期留宿场所的活动，有些单位只提供住宿，也有些单位提供住宿、饮食、商务、娱乐一体的服务，不包括主要按月或按年长期出租房屋住所的活动。

餐饮业　指通过即时制作加工、商业销售和服务性劳动等，向消费者提供食品和消费场所及设施的服务。

营业额　指住宿和餐饮业单位在经营活动中因提供服务或销售商品等取得的收入。包括：客房收入、餐费收入、商品销售额（含增值税）和其他收入。其中，客房收入指住宿和餐饮业单位在经营活动中因提供住宿服务取得的收入。餐费收入指本单位为顾客提供就餐服务取得的收入，包括：经烹饪、调制加工后出售的各种食品，如主食、炒菜、凉拌菜等的收入。

入境游客　指报告期内来中国（大陆）观光、度假、探亲访友、就医疗养、购物、参加会议或从事经济、文化、体育、宗教活动的外国人、港澳台同胞等游客（即入境旅游人数）。统计时，入境游客按每入境一次统计1人次。入境旅游人数包括入境过夜游客和入境一日游游客。

出境人数（出境游客）　指中国（大陆）居民因公或因私出境前往其他国家、中国香港特别行政区、澳门特别行政区和台湾省观光、度假、探亲访友、就医疗养、购物、参加会议或从事经济、文化、体育、宗教活动的人数（即出境游客）。统计时，出境游客按每出境一次统计1人次。

国内游客　指报告期内在中国（大陆）观光游览、度假、探亲访友、就医疗养、购物、参加会议或从事经济、文化、体育、宗教活动的中国（大陆）居民人数，其出游的目的不是通过所从事的活动谋取报酬。统计时，国内游客按每出游一次统计1人次。

国际旅游(外汇)收入　指入境游客在中国（大陆）境内旅行、游览过程中用于交通、参观游览、住宿、餐饮、购物、娱乐等全部花费。

国内旅游收入(旅游总花费)　指国内游客在国内旅行、游览过程中用于交通、参观游览、住宿、餐饮、购物、娱乐等全部花费。

星级饭店　指设备、设施、服务符合《旅游饭店星级的划分与评定》（GB/T14308-2003），通过相关旅游管理部门评定，并取得星级饭店称号的饭店（含预备星级饭店）。

Explanatory Notes on Main Statistical Indicators

Wholesale Trade refers to the activities of selling wholesale commodities for daily use and capital goods to enterprises of wholesale and retail trades (including self-employed individuals) and other enterprises, institutions and government organs and organizations, and the activities of engaging in import and export and acting as a trade agent. The wholesaler may have the ownership of the commodities for wholesale and trade in the name of its own (a company), and the wholesaler can act as commission agent or commodity broker without the ownership of commodities. Also included are the wholesale activities at the fixed stalls in wholesale market and the acquisition for sales purpose.

Retail Trade refers to the activities of department store, supermarket, franchised store, brand store, retail stall and on-the-spot-making-selling store selling commodities to the final consumers (residents) by any means including internet, post, telephone, sales machine. It also includes shops with sales and production localted in the same places (such as bakeries). Retail trade excludes the activities of sales of capital goods such as grain, seed, feed, livestock, mineral products, raw material for production, industrial chemicals, chemical products for agricultural use, machine and equipment (excluding vehicles, computers and communication equipment). Most retailers have the ownership of commodities to sell, but some are acting as agents or brokers to make transactions for a commission.

Purchase, Sales and Stock of Commodities by Wholesale and Retail Trades refer to the total volume of commodities purchased, total volume of sales and exports, and the stock of commodities by wholesale and retail enterprises (establishments) of different status of registration from domestic and overseas markets. This indicator reflects the relationship among purchase, sales and stock of commodities in the circulation of goods and reveals the existing problems.

Total Purchases of Commodities refer to the total value of purchases of commodities by enterprises (establishments) from other establishments or individuals (including direct import from abroad) for the purpose of re-selling, either with or without further processing of the commodities purchased. The commodities include: (1) commodities purchased from agricultural and industrial producer, wholesaler, retailer, publishing house and other service business; (2) commodities purchased from institutions and government departments; (3) confiscated goods purchased from the customs authorities or market management agencies; (4) second-hand goods and wastes purchased from residents; The commodities exclude (1) commodities purchased by enterprises (establishments) for use in their own business operation, commodities obtained without buying or selling procedures such as materials, consumable goods of low value, office appliance, etc. (2) received goods without trading, such as goods handed over from others, borrowed goods, preserved goods for others, donated goods from others, processed and retrieved goods, etc. (3) goods of direct settlement between buyer and seller with handling fees introduced by others, (4) goods returned or refused to pay by the buyer, (5) excessive goods.

Total Sales of Commodities refer to value of commodities sold by the establishments to other establishments and individuals (including goods sold for self consumption, including the value-added tax).

The commodities include: (1) commodities sold to urban and rural residents and social groups for their consumption; (2) commodities sold to establishments in all industries for their production and operation, including agriculture, industry, construction, and catering services including commodities sold to wholesale and retail establishments for re-selling, with or without further processing; and (3) commodities for direct export to abroad. Excluded are (1) extended commodities without trading, such as goods handed over to other enterprises and institutions because of the change of organizations, lent goods, returned goods preserved for others, extended processing materials and samples donated to others, (2) goods of direct settlement between buyer and seller with handling fees introduced by others, (3) goods returned after purchase, (4) damaged and spoiled goods, (5) waste and used goods of self use,

Total Stock of Commodities For the legal entities and self-employed individuals engaged in wholesale and retail trade, it refers to total value (including VAT) of commodities possessed at the end of the reference period; and for wholesale and retail establishments, it refers to the value (including VAT) of all commodities actually in stock and owned by their legal persons at the end of reference period. The commodities in stock includes: (1) commodities located in storage, garages, counters, and shelves of operating places of wholesale and retail trades (such as sale stores, wholesale centres, procurement stations and operating offices); (2) commodities in the process of being selected, sorted, and packed; (3) commodities not arrived but recorded as purchase in the account, i.e. commodities not arrived but payment receipts for the commodities from the sellers or the banks arrived; (4) commodities deposited in other places rather than places mentioned above, for instance: commodities in the hold of purchasers temporarily due to the refusal of payment; (5) commodities entrusted to other units to sell but not sold yet; (6) commodities purchased for other units but not delivered yet. Commodities not included as stock are those not owned by the enterprises (units), commodities on commission for processing, imported commodities of agency of foreign trade enterprise but not yet delivered to ordering units and finally those put in stock on behalf of the state reserves units.

Chain Head Stores (headquarter) refer to the core leading stores responsible for development, allocation, administration and utilization of resources (name of stores, brand of stores, operation model, service standard, management way, etc.) of chain stores. Chain stores refers to the stores engaged in providing homogeneous commodities or services, with the central leadership of head store (headquarters) and guided by common policies, conduct centralized purchase and distributed selling of commodities, in order to gain better efficiency through standardized operation. The chain stores include regular chain stores, franchise chain stores and voluntary chain stores.

Regular Chain store refers to chain stores that are invested or controlled by the headquarters. They operate under direct and unified management from the headquarters.

Franchise chain store refers to the chain stores (franchisees) which are franchised with operation resources such as trade marks, names, patent and operation know-how by the franchisors in form of contract and pay the operation fees to the franchisors.

Voluntary chain store refers to the stores operate jointly on the voluntary bases while maintaining their status of independent legal entities with full ownership of their assets. They sell goods of same brand from same channel of resource to the consumers.

Large Commodity Markets with Transaction Value over 100 Million Yuan refers to the commodity markets with an annual transaction at and above 100 million. The commodity market refers to the markets approved and managed by related departments, where there are fixed sites, facilities, managers and administration offices, where there are a certain number of traders to operate for three month and above or all the year, where the commodities including the articles for daily consumption and capital goods and services are traded in a centralized, independent and open way. Such market includes markets of daily goods and market of capital goods, etc.

Total Retail Sales of Consumer Goods refer to the amount obtained by enterprises (units, self-employed individuals) through direct sales of non-production and non-business physical commodity to individuals, social institutions, and revenue from providing catering services. Individuals include rural and urban households, population from abroad, social institutions include government agencies, social organizations, military units, schools, institutions, neighbourhood (village) committees.

Hotel Services refer to the accommodation services provided to visitors. Some units may provide only accommodation while others provide a combination of accommodation, meals, business services and/or recreational facilities. It excludes activities related to the provision of long-term primary residences in facilities such as apartments typically leased on a monthly or annual basis.

Catering Services refer to the activities of providing foods, serving locations and facilities to customers through instant processing, commercial sales and service-type labor.

Business Revenue refers to revenue of hotels and catering services received from providing services or selling commodities through business activities, including income from hotels, from catering services, from selling of commodities (including VAT) and from other services. Income from hotels refers to income of hotels and catering services by providing lodging services through business activities. Income from catering services refers to income from providing catering services, including selling of cooked or prepared foods, such as staple food, cooked dishes, or cold dishes.

Overseas Visitor Arrivals refer to the number of tourists of foreigners, Chinese compatriots from Hong Kong, Macao and Taiwan who come to China (mainland) within the reference period for sight-seeing, vacation, visiting relatives, medical treatment, shopping, attending conference, or to engage in economic, cultural, sports and religious activities (namely the number of overseas visitor arrivals). In compiling statistics, each arrival is counted as one person-time. The number of overseas visitor arrivals includes inbound overnight tourists and one-day tourists.

Number of Chinese Residents Going Abroad (Chinese Outbound Visitors) refers to the number of Chinese (mainland) residents going to other countries, Hong Kong Special Administrative region, Macao Special Administrative region and Taiwan for on official or private purposes, for sight-seeing, vacation, visiting relatives, medical treatment, shopping, attending conference, or to engage in economic, cultural, sports and religious activities (namely the Chinese outbound visitors). In compiling statistics, each time of leaving is counted as one person-time.

Number of Domestic Tourists refers to the number of Chinese (mainland) residents who travel within China (mainland) for sight-seeing, vacation, visiting relatives, medical treatment, shopping, attending conference, or to engage in economic, cultural, sports and religious activities. In compiling statistics, each time of travelling is counted as one person-time.

Foreign Exchange Earnings from International Tourism refer to the total expenditure of foreigners, overseas Chinese, Chinese compatriots from Hong Kong, Macao and Taiwan during their stay in the mainland of China on transportation, sighting, accommodation, food, shopping and entertainment.

Income from Domestic Tourism refer to expenditure of domestic tourists on transportation, sighting, accommodation, food, shopping and entertainment while they travel.

Star-rated Hotels refer to hotels rated with stars as assessed by the relevant tourism authorities according to GB/T14308-2003 standard with reference to their infrastructure, facilities and service levels.

第十六篇　运输邮电软件业

CHAPTER 16 TRANSPORT, POSTS AND SOFTWARE INPUSTRY

资料整理：韩　姝　陆　阳

16-1 交通运输业基本情况

BASIC CONDITIONS OF TRANSPORT

类　别	Category	2010	2011	2012	2013	2014
运输线路长度(公里)	**Length of Transport Routes (km)**					
铁路营业里程	Railways in Operation	5673	5832	6022	5906	5906
#地方铁路	#Local Railways	752	751	751	748	748
铁路正线延展里程	Extension Length of the Trunk Lines	7535	7652	7881	7873	7882
公路线路里程	Length of Highways	151945	155592	159063	160206	162464
内河通航里程	Length of Navigable Inland Waterways	5495	5495	5495	5495	5495
定期航班航线里程	Length of Civil Aviation Routes	203249	236674	267537	319043	398576
管道输油(气)里程	Petroleum and Gas Pipelines	6938	7313	7675	8413	8467
客运量(万人)	**Total Passenger Traffic (10000 persons)**	**47612**	**51262**	**53353**	**46761**	**48258**
铁　路	Railways	10468	10604	10380	10056	10041
公　路	Highways	36001	39424	41551	35102	36379
水　运	Waterways	292	312	329	357	366
民　航	Civil Aviation	851	923	1093	1246	1472
旅客周转量(亿人公里)	**Total Passenger-Kilometers (100 million passenger-km)**	**627.8**	**678.3**	**733.9**	**679.2**	**736.5**
铁　路	Railways	252.3	259.7	254.7	250.2	254.1
公　路	Highways	243.2	273.9	296.8	216.1	231.2
水　运	Waterways	0.3	0.4	0.4	0.4	0.4
民　航	Civil Aviation	132.0	144.3	182.0	212.5	250.7
货运量(万吨)	**Total Freight Traffic (10000 tons)**	**61950**	**66449**	**68450**	**64317**	**65195**
铁　路	Railways	17463	17378	16170	14101	11442
公　路	Highways	40582	44420	47465	45288	47173
水　运	Waterways	1015	1118	1175	1245	1262
民　航	Civil Aviation	7.6	8.2	9.2	9.9	11.3
管　道	Petroleum and Gas Pipelines	2883	3525	3631	3673	5306
货物周转量(亿吨公里)	**Total Freight Ton-kilometers (100 million ton-km)**	**1852.1**	**1984.7**	**2020.8**	**2098.4**	**1979.5**
铁　路	Railways	1032.9	1092.3	1041.1	928.3	775.4
公　路	Highways	762.4	843.5	929.0	972.9	1008.5
水　运	Waterways	7.0	7.4	7.6	7.9	7.9
民　航	Civil Aviation	1.4	1.6	1.8	2.0	2.2
管　道	Petroleum and Gas Pipelines	48.4	40.0	41.3	41.6	185.4
民用汽车拥有量(万辆)	**Number of Civil Motor Vehicles (10000 units)**	**207.8**	**242.3**	**269.3**	**296.4**	**327.1**
#载客汽车	#Number of Buses and Cars	143.7	173.4	201.4	228.9	258.3
载货汽车	Number of Trucks	49.0	55.3	55.9	58.1	61.8
#普通载货汽车	#Ordinary Trucks	28.8	31.4	31.4	32.6	33.9
#私人汽车	#Number of Private-owned Motor Vehicles	152.0	182.7	210.2	237.2	269.0
民用运输船舶拥有量(艘)	**Number of Civil Transport Vessels (unit)**	**1564**	**1592**	**1592**	**1590**	**1585**
机动船	Motor Vessels	1205	1233	1238	1239	1234
驳　船	Barges	359	359	354	351	351
私人运输船舶拥有量(艘)	**Number of Private-owned Transport Vessels (unit)**	**1001**	**1023**	**1026**	**1020**	**1016**
机动船	Motor Vessels	848	861	864	859	855
驳　船	Barges	153	162	162	161	161

注：根据交通部2013年专项调查，对2013年公路、水路客（货）运量进行了修订(下同)。
Note:According to Ministry of Transportation special investigation in 2013, ,the 2013 highway and waterway passenger (cargo) traffic has been revised (the same below).

16-2 运输线路长度

LENGTH OF TRANSPORTATION ROUTES

单位：公里 (km)

年 份 Year	铁 路 营业里程 Length of Railways in Operation	#地方铁路 Local Railways	铁路正线 延展里程 Extension Length of the Trunk Lines	公路线路 里 程 Length of Highways	内河通航 里 程 Length of Navigable Inland Waterways	定期航班 航线里程 Length of Civil Aviation Routes	管道输油 (气)里程 Petroleum and Gas Pipelines
1952	3669		4099	8919	3871		
1957	3740		4153	16892	4095		
1965	3750		4644	26256	5912		20.9
1975	4595		5506	40117	6810		148.2
1978	4594		5538	44797	6595	1261	182.2
1979	4796		5693	42191	5137	1261	182.2
1980	4796		5707	44590	5137	1261	240.2
1981	4819		5771	44749	4776	1261	240.2
1982	4818		5701	44965	4776	6693	240.2
1983	4861		5825	45295	4776	6693	240.2
1984	4917		6026	45396	4776	6705	240.2
1985	4681		6096	45487	4776	6705	302.2
1986	4956		6096	45659	4776	6705	302.2
1987	5020		6096	46090	4776	6705	302.2
1988	5121		6506	46617	4696	14274	302.2
1989	5124	187	6363	47045	4696	14274	302.2
1990	5316	428	6363	47203	4696	14274	422.5
1991	5316	428	6396	47188	4696	14274	474.2
1992	5307	428	6419	47882	4696	14274	737.4
1993	5262	428	6398	48023	4696	14274	746.6
1994	5262	428	6447	48356	5057	14274	746.6
1995	5262	428	6474	48819	5057	14274	749.4
1996	5295	428	6481	48986	5057	72000	749.4
1997	5336	428	6974	49631	5057	69000	802.4
1998	5336	428	7046	49766	5057	90000	802.4
1999	5464	490	7047	49928	5057	114000	985.4
2000	5465	491	7130	50284	5057	112000	985.4
2001	5464	490	7125	62979	5057	123416	985.4
2002	5464	490	7123	63046	5057	117406	985.4
2003	5373	490	7088	65123	5528	108716	985.4
2004	5432	650	7095	66821	5528	127486	985.4
2005	5499	718	7260	67077	5528	116624	985.4
2006	5503	723	7250	139335	5528	138845	985.4
2007	5563	723	7340	140909	5528	208119	985.4
2008	5563	723	7422	150846	5528	159587	985.4
2009	5644	724	7501	151470	5528	182243	6143.1
2010	5673	752	7535	151945	5495	203249	6938.0
2011	5832	751	7652	155592	5495	236674	7313.2
2012	6022	751	7881	159063	5495	267537	7674.6
2013	5906	748	7873	160206	5495	319043	8413.0
2014	5906	748	7882	162464	5495	398576	8467.1

注：2009年起，输油（气）管道里程包括液化气、天然气、人工煤气和输油管道里程。

Note:Since 2009, Length of Petroleum and Gas Pipelines included length of liquefied gas, natural gas, artificial gas and oil pipeline mileage.

16-3 公路里程

LENGTH OF HIGHWAYS

单位：公里 (km)

年份 Year	总计 Total	等级公路 Expressway and Class I to IV Highway	高速 Expressway	一级 First Class	二级 Second Class	三级 Third Class	四级 Fourth Class	等外公路 Highway Below Class IV
1979	42191	39966		14	490	8027	31435	2225
1980	44590	42567		18	597	8494	33458	2023
1981	44749	42762		18	623	8606	33515	1987
1982	44965	42989		18	623	8746	33602	1976
1983	45295	43361		18	652	9384	33307	1934
1984	45396	43558		18	697	9859	32984	1838
1985	45487	43649		18	716	9776	33139	1838
1986	45659	43821		32	758	9964	33067	1838
1987	46090	44343		162	780	10361	33040	1747
1988	46617	44715		160	573	12485	31497	1902
1989	47045	45186		189	806	13276	30915	1859
1990	47203	45495		191	891	14158	30255	1708
1991	47188	45568		192	939	14880	29557	1620
1992	47880	46264		213	1124	15662	29265	1616
1993	48023	46527		213	1302	16953	28059	1496
1994	48356	46919		214	1466	17979	27260	1437
1995	48819	47626	36	230	1977	18574	26809	1193
1996	48986	47787	36	271	2503	18547	26430	1199
1997	49631	48956	147	345	3135	22811	22518	675
1998	49766	49098	176	356	3616	22572	22378	668
1999	49928	49263	176	356	4113	22630	21988	665
2000	50284	49623	285	387	4643	22757	21551	661
2001	62979	57762	414	548	5638	33320	17842	5217
2002	63046	57882	413	707	5821	33132	17809	5164
2003	65123	59599	413	925	6623	33083	18555	5524
2004	66821	61303	722	1040	7034	33169	19339	5518
2005	67077	61691	958	1118	7140	32806	19669	5386
2006	139335	83546	958	1325	7279	33611	40373	55789
2007	140909	93850	1044	1453	7443	33027	50883	47059
2008	150846	104102	1044	1534	7743	32621	61160	46744
2009	151470	114511	1219	1576	8599	32186	70931	36960
2010	151945	118918	1358	1451	9063	32128	74918	33028
2011	155592	124132	3708	1289	8849	32298	77989	31460
2012	159063	129260	4084	1521	9623	32182	81850	29803
2013	160206	131778	4084	1593	9853	33108	83140	28429
2014	162464	135033	4084	1771	10598	34030	84550	27431

注：2006年全省农村公路普查核实后，公路线路里程统计口径调整，增加了“农村公路里程”(下同)。
Note:After the general survey of countryside road in April 2006,the item of length of highways add″ length of countryside road″.(the same as following tabales)

16-4 分地区运输线路长度(2014年底)

LENGTH OF TRANSPORT ROUTES AT YEAR-END BY REGION (2014)

地 区	Region	公路里程 Total Length of Highways	等级公路 Expressway and Class I to IV Highways	#高速 Express way	#一级 First Class	#二级 Second Class	等外公路 Highways Below Class IV
全 省	**Total**	**162463.8**	**135032.9**	**4083.5**	**1771.1**	**10598.5**	**27430.9**
哈尔滨	Harbin	24819.5	22093.2	879.1	318.3	1201.6	2726.3
齐齐哈尔	Qiqihar	22901.5	19913.1	445.2	128.3	1175.7	2988.4
鸡 西	Jixi	9272.9	7525.5	302.0	105.5	560.6	1747.4
鹤 岗	Hegang	5977.4	4192.4	10.6	117.2	325.9	1785.0
双鸭山	Shuangyashan	9021.8	5981.6	162.1	43.0	870.0	3040.2
大 庆	Daqing	8749.9	6950.9	265.2	278.9	616.6	1799.0
伊 春	Yichun	6997.3	6683.2	132.4	64.9	991.8	314.2
佳木斯	Jiamusi	13498.9	8964.1	388.9	101.0	896.3	4534.8
七台河	Qitaihe	2559.8	2077.5	115.9	57.1	172.4	482.3
牡丹江	Mudanjiang	12232.2	11351.8	436.8	112.7	816.4	880.4
黑 河	Heihe	15948.6	12693.2	514.6	57.9	1052.4	3255.4
绥 化	Suihua	21315.1	18351.3	422.5	234.4	957.8	2963.8
大兴安岭	Daxinganling	6964.4	6909.9		116.8	759.2	54.4
绥芬河	Suifenhe	234.6	192.3	8.2	21.8	18.3	42.3
抚 远	Fuyuan	1969.9	1152.8		13.2	183.5	817.1

16-5 运输线路质量

QUALITY OF TRANSPORT ROUTES

指 标	Item	2010	2011	2012	2013	2014
铁路营业里程(公里)	**Length of Railways in Operation(km)**	**4921**	**5081**	**5158**	**5158**	**5158**
#复线里程(公里)	#Double-Tracking Length(km)	1632	1632	1639	1709	1711
复线里程比重(%)	Proportion(%)	33.2	32.1	31.8	33.1	33.2
#自动闭塞里程(公里)	#Automatic Blocking Length(km)	2108	2108	2206	2206	1641
自动闭塞里程比重(%)	Proportion(%)	42.8	41.5	42.8	42.8	31.8
公路线路里程(公里)	**Length of Highways(km)**	**151945**	**155592**	**159063**	**160206**	**162464**
#有路面里程(公里)	#Paved Highways(km)	120317	125455	129260	133053	135096
有路面里程比重(%)	Proportion(%)	79.2	80.6	81.3	83.1	83.2
内河航道里程(公里)	**Length of Navigable Inland Waterways(km)**	**5562**	**5562**	**5562**	**5562**	**5562**
#水深一米以上(公里)	#Upwards of one meter(km)	3347	3347	3347	3347	3347
水深一米以上比重(%)	Proportion(%)	60.1	60.1	60.1	60.1	60.1

注：铁路里程为哈尔滨铁路局在黑龙江省境内数据。
Note:Length of Railways in Operation is data of Harbin Railway Bureau in churchyard of Heilongjiang Province.

16-6 客运量

PASSENGER TRAFFIC

单位：万人　(10000 persons)

年 份 Year	合 计 Total	铁 路 Railways	公 路 Highways	水 运 Waterways	民 航 Civil Aviation
1978	13369	7707	5560	99	3
1979	14236	8329	5756	84	4
1980	14946	8963	5896	84	3
1981	15997	9806	6076	111	4
1982	17503	10566	6843	89	5
1983	18826	11281	7411	130	4
1984	20605	12111	8362	126	6
1985	20338	11625	8562	142	9
1986	21118	11413	9566	124	15
1987	26247	11697	14404	130	16
1988	26109	12689	13268	133	19
1989	25144	11999	13021	103	21
1990	22799	9855	12840	81	23
1991	23791	9938	13754	66	33
1992	23726	10573	13058	58	37
1993	22810	11658	11026	51	75
1994	23143	12231	10819	34	59
1995	23499	11881	11506	37	75
1996	38631	9515	29000	41	75
1997	45731	9604	36008	45	74
1998	47628	10070	37439	45	74
1999	48516	9847	38562	41	66
2000	49806	9819	39864	45	78
2001	50712	9692	40900	39	81
2002	51026	9188	41490	137	211
2003	47961	8207	39347	176	231
2004	51425	8724	42170	233	298
2005	55619	8251	46808	240	320
2006	60470	8801	51023	253	393
2007	64820	9495	54592	257	476
2008	41969	9872	31379	176	542
2009	43971	10000	32947	285	739
2010	47612	10468	36001	292	851
2011	51262	10604	39424	312	923
2012	53353	10380	41551	329	1093
2013	46761	10056	35102	357	1246
2014	48258	10041	36379	366	1472

注：2008年，交通运输部组织开展了全国公路水路运输量专项调查。统计口径发生较大变化，公路、水运数据不宜进行历史对比（下同）。
Note:In 2008, the Department of Transportation organized special investigation on national highway and waterway traffic. Changes in statistical large-caliber, highways, waterways historical data should not be compared (the same below).

16-7 旅客周转量

PASSENGER-KILOMETERS

单位：亿人公里 (100 million passenger-km)

年 份 Year	合 计 Total	铁 路 Railways	公 路 Highways	水 运 Waterways	民 航 Civil Aviation
1978	90.8	72.2	17.5	0.7	0.3
1979	97.5	78.7	17.9	0.6	0.2
1980	102.6	83.5	18.4	0.6	0.2
1981	110.7	90.8	18.9	0.9	0.1
1982	119.7	97.2	21.8	0.6	0.2
1983	130.8	106.1	23.8	0.9	0.1
1984	146.4	118.2	27.2	0.8	0.2
1985	162.6	132.0	29.5	0.9	0.2
1986	176.5	140.1	35.4	0.7	0.2
1987	209.2	151.8	56.3	0.7	0.4
1988	227.9	174.0	52.9	0.7	0.4
1989	215.5	162.4	52.1	0.5	0.5
1990	183.6	131.6	50.3	0.4	1.3
1991	195.4	138.5	54.7	0.4	1.9
1992	212.1	155.7	50.9	0.3	5.2
1993	225.5	169.3	43.0	0.3	13.0
1994	225.3	171.8	42.9	0.2	10.4
1995	228.8	169.2	47.8	0.2	11.6
1996	280.3	141.9	126.8	0.2	11.4
1997	336.7	151.9	173.0	0.2	11.6
1998	355.5	156.0	186.9	0.1	12.5
1999	376.6	158.5	206.7	0.1	11.0
2000	388.8	160.9	214.5	0.1	13.3
2001	396.2	163.3	219.0	0.1	13.8
2002	400.3	163.2	221.8	0.1	15.2
2003	389.9	149.2	203.3	0.3	36.9
2004	444.7	171.0	225.8	0.3	47.6
2005	478.6	175.2	254.3	0.3	48.8
2006	536.5	192.5	280.6	0.3	63.1
2007	603.8	210.6	313.9	0.3	79.0
2008	524.1	220.7	213.6	0.3	89.5
2009	577.1	232.3	226.9	0.3	117.6
2010	627.8	252.3	243.2	0.3	132.0
2011	678.3	259.7	273.9	0.4	144.3
2012	733.9	254.7	296.8	0.4	182.0
2013	679.2	250.2	216.1	0.4	212.5
2014	736.5	254.1	231.2	0.4	250.7

16-8 货运量

FREIGHT TRAFFIC

单位：万吨 (10000 tons)

年　份 Year	合　计 Total	铁　路 Railways	公　路 Highways	水　运 Waterways	民　航 Civil Aviation	管　道 Pipelines
1978	20659	8592	7888	314	0.1	3865
1979	20882	9101	7562	296	0.1	3923
1980	20600	9387	6897	287	0.1	4029
1981	20025	9321	6329	288	0.1	4087
1982	20096	9952	5720	314	0.1	4110
1983	19780	10436	4825	358	0.1	4161
1984	19185	10731	3752	383	0.2	4319
1985	22999	11341	6735	415	0.3	4508
1986	29926	11627	13386	442	0.3	4471
1987	33254	11722	16552	509	0.4	4471
1988	35899	11709	19180	539	0.5	4471
1989	37268	12389	20009	524	0.6	4345
1990	40062	12920	22239	516	1.0	4386
1991	38148	13108	20164	505	0.6	4371
1992	38392	13069	20416	556	0.5	4350
1993	37429	12947	19518	628	1.0	4335
1994	37221	13248	18857	699	1.0	4416
1995	37739	13607	19281	626	1.0	4224
1996	55568	13659	37000	650	1.0	4258
1997	59250	14290	40023	753	1.0	4183
1998	55336	12248	38291	651	1.1	4145
1999	56565	12877	38685	825	1.2	4177
2000	57213	12959	39685	788	1.7	3779
2001	58050	13671	39900	750	1.3	3728
2002	58006	13258	40317	708	4.1	3719
2003	57491	14118	39031	1052	4.7	3285
2004	59968	14975	40712	1156	5.5	3119
2005	64612	15959	44376	1301	4.2	2972
2006	68880	15859	48389	1389	4.6	3238
2007	73122	16599	51996	1250	5.4	3272
2008	56805	17511	35424	757	6.0	3107
2009	57046	16558	36486	978	6.8	3017
2010	61950	17463	40582	1015	7.6	2883
2011	66449	17378	44420	1118	8.2	3525
2012	68450	16170	47465	1175	9.2	3631
2013	64317	14101	45288	1245	9.9	3673
2014	65195	11442	47173	1262	11.3	5306

注:2014年管道货运统计口径调整，与往年不可比。

Note: Pipelines freight statistical standards of 2014 were adjusted, not comparable with previous years.

16-9 货物周转量

FREIGHT TON-KILOMETERS

单位：亿吨公里 (100 million ton-km)

年份 Year	合计 Total	铁路 Railways	公路 Highways	水运 Waterways	民航 Civil Aviation	管道 Pipelines
1978	441.1	376.9	11.1	7.8		45.3
1979	461.9	398.4	10.1	7.5		46.0
1980	486.3	419.2	12.2	7.6		47.3
1981	504.4	420.7	27.5	8.3		47.9
1982	524.3	455.2	12.4	8.5		48.2
1983	564.2	494.4	10.3	10.7		48.8
1984	581.4	509.4	9.7	11.6		50.7
1985	633.9	559.9	18.2	13.9		41.9
1986	697.7	598.1	34.3	13.8		51.5
1987	739.8	629.1	44.1	15.1		51.5
1988	758.3	639.4	51.1	15.8		52.0
1989	810.8	689.6	54.9	16.0		50.3
1990	832.5	706.5	59.6	16.4		50.0
1991	836.5	713.0	57.7	16.2		49.6
1992	842.3	717.0	59.8	16.1		49.3
1993	846.1	724.9	55.9	16.1		49.1
1994	856.6	731.3	57.0	18.5		49.8
1995	867.9	748.3	55.9	16.1		47.6
1996	950.6	754.3	129.0	19.5	0.1	47.7
1997	1005.5	801.3	136.0	21.4	0.1	46.7
1998	889.5	684.7	140.4	18.5	0.1	45.8
1999	937.1	715.2	156.7	20.5	0.2	44.5
2000	943.0	718.5	161.9	19.5	0.3	42.8
2001	975.0	747.2	166.0	17.5	0.3	44.0
2002	976.2	748.3	167.5	16.2	0.3	43.9
2003	1015.1	788.6	163.1	19.3	1.0	43.1
2004	1122.0	856.9	203.8	18.9	1.1	41.3
2005	1180.6	898.7	227.6	20.0	0.8	33.5
2006	1228.6	917.8	252.1	21.2	1.0	36.5
2007	1297.7	956.1	289.9	13.6	1.1	37.0
2008	1704.3	1006.5	653.2	8.5	1.2	34.9
2009	1655.8	956.6	657.1	6.8	1.3	34.0
2010	1852.1	1032.9	762.4	7.0	1.4	48.4
2011	1984.8	1092.3	843.5	7.4	1.6	40.0
2012	2020.8	1041.1	929.0	7.6	1.8	41.3
2013	1952.7	928.3	972.9	7.9	2.0	41.6
2014	1979.5	775.4	1008.5	7.9	2.2	185.4

16-10 铁路按货物种类分的货运量和货物周转量

RAILWAY FREIGHT TRAFFIC AND FREIGHT TON-KILOMETERS BY CATEGORY OF CARGO

指标	Item	货运量（万吨）Freight Traffic (10000 tons)		货物周转量（百万吨公里）Freight Ton-km (million ton-km)		平均运距（公里）Average Transport Distance (km)	
		2013	2014	2013	2014	2013	2014
总计	**Total**	**25193**	**22072**	**127016**	**109686**	**504**	**497**
煤	Coal	11078	10371	71468	65087	645	628
焦炭	Coke	678	780	3717	4719	548	605
石油	Petroleum	1266	1195	4045	4113	320	344
钢铁	Steel and Iron	894	641	3080	2234	345	349
金属矿石	Metal Ores	977	635	7817	5147	800	810
非金属矿石	Nonmetal Ores	706	652	1755	1474	249	226
矿建材料	Mineral Building Materials	2533	1833	5765	4067	228	222
水泥	Cement	630	619	1594	1456	253	235
木材	Timber	1621	1495	4876	4584	301	307
化肥和农药	Chemical Fertilizers and Pesticides	1002	908	4788	4255	478	469
粮食	Grain	2623	1859	13366	8968	510	482
其他	Others	1185	1084	4745	3582	400	330

注：本表为哈尔滨铁路局数据。
Note:Figures in this table are the data of Harbin Railway Bureau.

16-11 公路按货物种类分的货运量和货物周转量

HIGHWAY FREIGHT TRAFFIC AND FREIGHT TON-KILOMETERS BY CATEGORY OF CARGO

指标	Item	货运量（万吨）Freight Traffic (10000 tons)		货物周转量（百万吨公里）Freight Ton-km (million ton-km)		平均运距（公里）Average Transport Distance (km)	
		2013	2014	2013	2014	2013	2014
总计	**Total**	**45288**	**47173**	**97292**	**100846**	**214.8**	**213.8**
煤炭及制品	Coal and Products	5426	6096	8348	9860	153.9	161.7
石油、天然气及制品	Petroleum, Natural Gas and Products	906	1783	1119	4079	123.5	228.8
金属矿石	Metal Ores	448	482	506	512	112.8	106.2
有色金属	Non-ferrous metal	54	82	243	162	447.6	197.6
钢铁	Steel and Iron	1241	1373	4670	3887	376.3	283.1
矿建材料	Mineral Building Materials	5561	5198	4378	4696	78.7	90.3
水泥	Cement	2921	2505	2929	2979	100.3	118.9
木材	Timber	1852	2185	5954	4732	321.5	216.6
非金属矿石	Nonmetal Ores	779	1030	769	1100	98.7	106.8
化肥和农药	Chemical Fertilizers and Pesticides	276	946	876	1803	317.0	190.6
盐	Salt	263	736	486	2204	185.2	299.5
粮食	Grain	6204	6486	19303	15782	311.1	243.3
机械、设备、电器	Machinery, Equipment and Household Appliances	3025	1717	11442	6525	378.2	380.0
化工原料及制品	Raw Chemical Material and products	652	857	2500	3604	383.4	420.5
轻工、医药产品	Light Industry, Medical and Pharmaceutical Products	2518	1800	6548	3060	260.0	170.0
农林牧渔业产品	Faming, Forestry, Animal Husbandry and Fishery Products	3578	2116	9467	4933	264.6	233.1
#棉花	#Cotton	188	50	303	16	161.0	32.0
其他	Others	9583	11781	17756	30928	185.3	262.5

16-12 铁路运输技术经济主要指标

PRINCIPLE ECONOMIC AND TECHNICAL INDICATORS OF RAILWAY TRANSPORT

指 标	Item	2010	2011	2012	2013	2014
货运机车日产量(万吨公里)	Average Daily Ton-kilometers of Freight Locomotives(10000 ton-km)	135.0	142.3	146.5	147.1	153.6
内燃机车	Diesel Locomotives	127.9	135.7	140.8	140.8	146.8
电力机车	Electric Locomotives	240.9	240.7	237.5	248.9	270.2
货运机车平均牵引总重(吨)	Average Total Tonnage of Freight Locomotives(ton)	2965	3029	3056	3089	3119
内燃机车	Diesel Locomotives	2875	2943	2985	3022	3053
电力机车	Electric Locomotives	3972	4061	3969	3893	3924
货运机车日车公里(公里)	Daily Distance per Freight Locomotive(km)	530	535	548	538	554
客运机车日车公里(公里)	Daily Distance per Passenger Locomotive(km)	802	820	815	781	785
内燃机车每万吨公里耗油(公斤)	Oil Consumption of Diesel Locomotives(kg/10000 ton-km)	24.5	23.9	24.0	24.0	23.7
电力机车每万吨公里耗电(千瓦小时)	Electricity Consumption of Electric Locomotives (kwh/10000 ton-km)	84.2	87.5	92.6	96.5	104.4
货物列车出发正点率(%)	Punctuality Rate of Freight Trains at Departure(%)	99.7	99.5	99.5	99.5	99.5
货物列车运行正点率(%)	Punctuality Rate of Freight Trains in Running(%)	99.6	99.5	99.5	99.5	99.5
旅客列车出发正点率(%)	Punctuality Rate of Passenger Trains at Departure(%)	100.0	100.0	100.0	100.0	100.0
旅客列车运行正点率(%)	Punctuality Rate of Passenger Trains in Running(%)	98.9	99.9	99.9	99.9	99.9
货物列车技术速度(公里/小时)	Technical Speed of Freight Trains(km/hour)	49.4	49.6	48.8	48.2	50.6
货物列车运行速度(公里/小时)	Running Speed of Freight Trains(km/hour)	39.1	39.0	38.5	38.1	40.2
货运密度(万吨/公里)	Density of Freight Transport(10000s ton/km)	1934	1992	1972	1781	1545
旅客列车技术速度(公里/小时)	Technical Speed of Passenger Trains(km/hour)	67.0	68.5	68.9	69.1	69.5
旅客列车运行速度(公里/小时)	Running Speed of Passenger Trains(km/hour)	59.5	61.4	61.3	61.4	61.4
客运密度(公里/小时)	Density of Passenger Transport(10000 passengers/km)	405.0	409.6	398.4	401.4	399.2
每万吨货运量拥有货车数(辆)	Number of Freight Cars per 10000 Tons(coach)	442.8	539.5	709.8	806.8	1027.6
每百万货物吨公里拥有货车数(辆)	Number of Freight Cars per million Ton-km(unit)	90.4	108.8	123.1	139.6	179.9
货车周转时间(天)	Turning Around Time of Freight Cars(day)	2.7	2.6	2.9	2.9	2.9
一次货物作业时间(小时)	Handling Time of Freight(hour)	15.4	14.9	18.2	24.0	18.6
每车中转停留时间(小时)	Transfer Waiting Time per Car(hour)	5.0	4.9	5.8	6.2	6.5
货车净载重(准轨)(吨)	Static Load of Freight Cars(Standard Gauge)(ton)	61.2	61.7	62.2	62.6	63.2

注：本表为哈尔滨铁路局数据。

Note:Figures in this table are the data of Harbin Railway Bureau.

16-13 主要交通运输工具拥有量

NUMBER OF MAJOR MEANS OF TRANSPORTATION

指 标	Item	2010	2011	2012	2013	2014
铁路机车(台)	**Railway Locomotives(unit)**	**1188**	**1172**	**1196**	**1128**	**1130**
#内燃机车	#Diesel Locomotives	1186	1170	1194	1126	1128
电力机车	Electric Locomotives	2	2	2	2	2
铁路客车(辆)	**Railway Passenger Coaches(coach)**	**3631**	**3959**	**4195**	**4040**	**4573**
#软卧车	#Soft Berth Coaches	329	334	336	342	373
硬卧车	Hard Berth Coaches	1240	1328	1365	1374	1640
软座车	Soft Seat Coaches	106	108	324	388	446
硬座车	Hard Seat Coaches	1652	1520	1524	1446	1511
载货汽车(辆)	**Trucks(coach)**	**489801**	**552744**	**558566**	**581362**	**617730**
普通载货汽车	Ordinary Trucks	288346	314313	313937	326007	339170
专用载货汽车	Special Trucks	201455	238431	244629	255355	278560
#集装箱	#Containers	42	41	30	25	24
#私 人	#Private-owned	290158	341965	363553	387630	416650
特种汽车(辆)	**Special Motor Vehicles(unit)**	**19383**	**22059**	**23398**	**24685**	**25269**
载客汽车(辆)	**Passenger Vehicles(coach)**	**1436592**	**1733658**	**2014178**	**2289447**	**2583428**
#私 人	#Private-owned	1102441	1372949	1644174	1916680	2227067
民用轮驳船(艘)	**Civil Transport Vessels(unit)**	**359**	**359**	**354**	**351**	**351**
民用飞机(架)	**Civil Aircrafts(unit)**	**138**	**153**	**152**	**167**	**170**

16-14 民用车辆拥有量(2014年)

NUMBER OF CIVIL MOTOR VEHICLES OWNED (2014)

单位：辆 (coach)

指标名称	Item	总计 Total	#个人 Individual	营运 Working	非营运 non-Working	校车 Schoolbus	#特种 Special
合 计	**Total**	**5447871**	**3256501**	**779206**	**3119568**	**3067**	**25269**
汽 车	**Automobile**	**3271168**	**2689574**	**660649**	**2607452**	**3067**	**24912**
载客汽车	Passenger Vehicles	2583428	2227067	156543	2423818	3067	20863
大 型	Large-sized	49312	8264	32424	14451	2437	376
中 型	Medium-sized	28013	11992	4258	23166	589	968
小 型	Small-sized	2428763	2140475	119025	2309698	40	18858
微 型	Mini-sized	77340	66336	836	76503	1	661
#轿 车	#Car	1631400	1458085	108988	1522412		11456
载货汽车	Trucks	617730	416650	462227	155503		2310
重 型	Heavy-sized	196397	86616	189558	6839		270
中 型	Medium-sized	61964	43374	56731	5233		347
轻 型	Light-sized	357153	284844	215158	141995		1691
微 型	Mini-sized	2216	1816	780	1436		2
#普通载货	#Accommodation Trucks	339170	265004	212472	126698		2041
其它汽车	Others	70010	45857	41879	28131		1739
摩托车	**Motorcycle**	**549021**	**546960**	**39067**	**509954**		**318**
普 通	Ordinary	535825	533804	39030	496795		312
轻 便	Light	13196	13156	37	13159		6
拖拉机	**Tractor**	**1546030**					
大中型	Large and Medium-sized	922067					
小 型	Small-sized	623963					
挂 车	**Trailer**	**79974**	**19220**	**79012**	**962**		**9**
其它类型车	**Others**	**1678**	**747**	**478**	**1200**		**30**

16-15 民用运输船舶拥有量

NUMBER OF TRANSPORT VESSELS OWNED

指　标	Item	总　计 Total			#私人 Private		
		2012	2013	2014	2012	2013	2014
合 计	**Total**	**1592**	**1590**	**1585**	**1026**	**1020**	**1016**
机动船(艘)	**Motor Vessels(unit)**	**1238**	**1239**	**1234**	**864**	**859**	**855**
载客量(客位)	Passenger Capacity(seat)	22578	22186	21821	9669	9654	9635
净载重量(吨位)	Dead Weight Tonnage(ton)	25776	25572	25390	16079	15961	15819
总功率(千瓦)	Total Power(kw)	121952	121404	121100	57876	57507	57150
客船(艘)	Passenger Vessels(unit)	632	641	642	451	450	449
载客量(客位)	Passenger Capacity(seat)	20015	19623	19258	7106	7091	7072
净载重量(吨位)	Dead Weight Tonnage(ton)	6114	6188	6170	3068	3060	3048
功率(千瓦)	Power(kw)	52454	52910	52898	20480	20460	20415
客货船(艘)	Passenger- Cargo Vessels(unit)	64	64	64	64	64	64
载客量(客位)	Passenger Capacity(seat)	2563	2563	2563	2563	2563	2563
净载重量(吨位)	Dead Weight Tonnage(ton)	1886	1886	1886	1886	1886	1886
功率(千瓦)	Power(kw)	7298	7298	7298	7298	7298	7298
货船(艘)	Cargo Vessels(unit)	362	356	351	250	247	245
净载重量(吨位)	Dead Weight Tonnage(ton)	17776	17498	17334	11125	11015	10885
功率(千瓦)	Power(kw)	20159	19743	19723	10979	10850	10810
拖船(艘)	Towages(unit)	180	178	177	99	98	97
功率(千瓦)	Power(kw)	42041	41453	41181	19119	18899	18627
驳船(艘)	**Barges(unit)**	**354**	**351**	**351**	**162**	**161**	**161**
净载重量(吨位)	Dead Weight Tonnage(ton)	212343	211038	211038	41236	40976	40976

16-16 民用航空航线和飞机数量

NUMBER OF MAJOR MEANS OF TRANSPORTATION

指　标	Item	2010	2011	2012	2013	2014
民用航空航线数量(条)	**Number of Civil Aviation Routes(unit)**	**93**	**104**	**117**	**137**	**157**
国际航线	International Routes	9	10	15	15	17
国内航线	Domestic Routes	82	92	100	120	139
地区航线	Regional Routes	2	2	2	2	1
民用航空航线里程(公里)	**Length of Civil Aviation Routes(km)**	**203249**	**236674**	**267537**	**319043**	**398576**
国际航线	International Routes	9325	11948	23218	24388	33220
国内航线	Domestic Routes	188714	219516	239109	289445	362780
地区航线	Regional Routes	5210	5210	5210	5210	2576
民用飞机数量(架)	**Number of Civil Aircrafts(unit)**	**138**	**153**	**152**	**167**	**170**
运输飞机	Aerotransport	15	25	29	34	40
通用飞机	General Aircraft	123	128	123	133	130
通用飞行时间(小时)	**Flying Time of General Aviation(hour)**	**22025**	**24466**	**23411**	**26181**	**28003**
农林业航空作业	Flight for Agriculture and Forestry	8281	7647	8033	7809	8590
航空护林	Forest Protection Service	1280	3135	2117	1224	1518
其　他	Others	12464	13684	13261	17148	17893

16-17 信息传输基本情况

BASIC CONDITIONS OF INFORMATION TRANSFER

指　　标	Item	2010	2011	2012	2013	2014
电信业务总量(亿元)	Business Volume of Telecommunications Service (100 million yuan)	776.4	277.6	296.8	337.8	386.0
固定电话用户(万户)	Number of Fixed Telephone Subscribers at Year-end (10000 subscribers)	813.5	793.5	776.1	747.8	640.5
城市电话用户(万户)	Urban Fixed Telephones Subscribers(10000 subscribers)	620.4	608.0	594.3	602.0	536.6
#住宅电话用户	#Household Fixed Telephones Subscribers	464.2	448.3	442.3	452.4	451.6
农村电话用户(万户)	Rural Fixed Telephones Subscribers(10000 subscribers)	193.1	185.4	181.7	145.8	103.9
#住宅电话用户	#Household Fixed Telephones Subscribers	177.0	170.1	167.1	142.7	100.9
公用电话用户(万户)	Public Telephone(10000 subscribers)	60.9	57.4	50.7	48.3	43.5
移动电话用户(万户)	Number of Mobile Telephones Subscribers(10000 subscribers)	2243.0	2566.0	2663.9	3020.4	3457.8
#3G移动电话用户	#3G Mobile Phone Subscribers	90.4	268.8	471.7	837.4	1144.2
移动电话通话时长(亿分钟)	Time of Mobile Telephones Conversation(100 million minutes)	1197.0	1370.1	1487.3	1562.1	1567.0
移动短信业务量(亿条)	Business Volume of Shot Message(100 million messages)	177.6	179.7	164.4	137.3	100.1
固定互联网络用户(万户)	Number of Subscribers of Internet Service(10000 subscribers)	346.6	398.4	453.7	469.7	492.5
拨号用户	The Digit Dialing Subscribers of Internet Service	20.0	11.7	17.8	10.1	7.9
宽带接入用户	ADSL Subscribers of Internet Service	326.6	386.7	435.8	459.6	484.6
IP电话通话时间(亿分钟)	Time of IP Telephones(100 million minutes)	11.9	7.4	7.1		
长途光缆线路长度(公里)	Length of Long-distance Optical Cable Lines(km)	39872	40070	40496	45054	45619

16-18 邮电业务量

地　区　Region	邮电业务总　量(亿元) Business Volume of Postal and Telecommunication Services (100 million yuan)	邮政业务总　量 Business Volume of Postal Services	电信业务总　量 Business Volume of Telecommunication Services	函　件(万件) Number of Letters (10000 pcs)	包　裹(万件) Package (10000 pcs)	特快专递(万件) EMS (10000 pcs)	报　刊期发数(万份) Issue of Newspapers and Magazines (10000 copies)
2009	697.3	39.7	657.6	8667.7	232.1	866.0	377.0
2010	811.0	34.6	776.4	9305.1	237.6	902.9	367.7
2011	303.1	25.5	277.6	7772.0	253.4	456.0	446.3
2012	325.0	28.2	296.8	7057.5	234.4	496.3	607.0
2013	367.7	29.9	337.8	8681.0	240.5	459.9	323.8
2014	417.3	31.3	386.0	6842.1	117.5	349.0	312.3
哈尔滨　Harbin	150.0	9.2	140.8	3996.7	34.7	81.9	81.1
齐齐哈尔　Qiqihar	42.1	2.9	39.2	386.2	9.9	35.5	22.5
鸡　西　Jixi	19.2	2.4	16.8	239.9	2.4	17.7	18.9
鹤　岗　Hegang	12.2	1.0	11.2	38.2	0.9	13.6	8.6
双鸭山　Shuangyashan	15.0	1.3	13.7	99.9	3.0	15.2	10.6
大　庆　Daqing	41.0	2.8	38.2	491.1	7.7	23.0	51.4
伊　春　Yichun	11.8	1.1	10.8	73.8	5.5	18.0	8.6
佳木斯　Jiamusi	27.7	2.0	25.6	240.6	3.4	21.9	18.1
七台河　Qitaihe	9.9	0.5	9.4	114.1	1.3	9.5	4.4
牡丹江　Mudanjiang	29.6	2.9	26.8	596.6	20.2	23.7	33.9
黑　河　Heihe	16.3	1.1	15.1	102.5	13.0	18.0	16.5
绥　化　Suihua	35.3	2.4	32.9	433.4	3.9	22.9	27.1
大兴安岭　Daxinganling	6.1	0.7	5.4	27.7	11.6	12.3	4.8

注：自2011年起邮电业务总量是按照2010年的不变单价计算，与往年数据不可比。

Note: Business Volume of Postal and Telecommunication Services since 2011 based on the 2010 re-calculated the average unit price of the same calculation, not comparable with previous years.

BUSINESS VOLUME OF POSTALI AND TELECOMMUNICATION SERVICES

汇票（万笔） Postal Order (10 000 times)	集邮业务（万枚） Stamps for Collection (10 000 pieces)	邮路及农村投递线路长度（万公里） Length of Post Routes and Rural Delivery Routes (10000 km)	邮政局所数（处） Number of Post and Telecomm-unications Offices (unit)	#设在农村 in Rural	移动电话用户（万户） Number of Mobile Telephone Subscribers at Year-end (10 000 subscribers)	#3G移动电话用户 3G Mobile Phone Subscribers	固定电话用户（万户） Number of Fixed Telephone Subscribers at Year-end (10000 subscribers)	宽带接入用户（万户） ADSL Subscribers of Internet Service (10000 subscribers)
502.9	3637.0	26.9	1513	979	1865.9	19.2	870.2	277.2
534.1	3477.5	16.9	1552	925	2243.0	90.4	813.5	326.6
487.5	4090.0	16.4	1963	976	2566.0	268.8	793.5	386.7
411.6	3838.3	17.2	1963	976	2663.9	471.7	776.1	435.8
307.1	4105.9	22.1	1978	962	3020.4	837.4	747.8	459.6
186.9	5389.8	22.9	1626	1041	3457.8	1144.2	640.5	484.6
51.9	2270.6	4.4	293	175	1092.9	410.3	238.7	159.2
26.9	179.4	3.2	222	142	370.4	120.7	65.2	51.9
14.9	189.4	1.3	123	65	172.9	52.0	32.5	23.6
4.2	66.4	0.5	49	31	117.2	34.5	13.1	14.2
4.9	216.0	0.8	84	64	139.5	43.1	24.6	21.1
16.3	46.4	2.3	136	57	318.8	115.6	34.1	31.8
3.0	194.9	0.5	54	26	95.2	29.3	18.2	16.9
7.8	314.3	1.4	116	93	252.2	78.5	43.4	34.1
2.5	110.1	0.2	41	20	83.5	31.3	10.5	12.6
19.0	462.3	1.5	154	72	242.8	78.0	48.4	44.1
10.4	186.2	1.3	109	98	144.9	48.1	25.7	20.2
21.3	215.8	2.5	189	161	386.1	87.5	75.8	45.6
2.7	347.8	0.2	56	37	41.4	15.1	10.2	9.1

16-19 企业信息化及电子商务情况

INFORMATIZATION AND E-COMMERCE OF ENTERPRISES

指　标	Item	2013	2014
企业数(个)	Number of Enterprises(unit)	11528	11628
期末使用计算机数(台)	Computers Used at the End of Period(unit)	447855	479821
每百家企业使用计算机数(台)	Computers Used Per 100 Enterprises(unit)		4126
企业拥有网站数(个)	Websites of Enterprises(unit)	4374	5383
每百家企业拥有网站数(个)	Websites Per 100 Enterprises(unit)	38	46
有电子商务交易活动	With E-Commerce Transactions		
企业数(个)	Enterprises(unit)	173	334
比重(%)	Proportion(%)	1.5	2.9
电子商务销售额(亿元)	Sales of E-Commerce(100 million yuan)	364.4	210.6
销售给单位金额	(B2B)	319.0	181.6
销售给个人金额	(B2C)	45.5	28.3
电子商务采购额(亿元)	Purchases of E-Commerce(100 million yuan)	612.6	643.9

主要统计指标解释

铁路营业里程　又称营业长度，指投入客货运输营业或临时营业的线路长度。

电气化里程　指具备了电力机车牵引条件，并已交付运营的线路里程。

公路里程　指报告期末公路的实际长度。统计范围：包括城间、城乡间、乡（村）间能行驶汽车的公共道路，公路通过城镇街道的里程，公路桥梁长度、隧道长度、渡口宽度。不包括城市街道里程，断头路里程，农（林）业生产用道路里程，工（矿）企业等内部道路里程。统计原则：按已竣工验收或交付使用的实际里程计算；两条或多条公路共同经由同一路段的重复里程，只计算一次。

内河航道里程　指在一定时期内，能通航运输船舶及排筏的天然河流、湖泊水库、运河及通航渠道的长度。包括全年季节性通航累计三个月以上的航道，不包括仅供零散流放竹、木排的河道。两省以河为界的航道里程，双方均按一半计算，以免重复。

定期航班航线里程　指定期航班营运里程的总长度，以万公里为计算单位。航线里程的统计分为按重复距离计算和按不重复距离计算两种形式。“按重复距离计算”是指不同航线的相同航段距离可以重复累加；“按不重复距离计算”则不同航线相同航段只统计一次。

管道输油(气)里程　指油、气、成品油等各类介质实际输送距离，是反映运输管线长度的指标，也是计算周转量的依据。对于有复线和备用线的地段，原则上按单线计算管输里程。双线同时输送又不能分开计量的情况下，管输里程为双线长度之和除以2。

货(客)运量　指在一定时期内，各种运输工具实际运送的货物重量(旅客数量）。该指标是反映运输业为国民经济和人民生活服务的数量指标，也是制定和检查运输生产计划、研究运输发展规模和速度的重要指标。货运按吨计算，客运按人计算。货物不论运输距离长短、货物类别，均按实际重量统计。旅客不论行程远近或票价多少，均按一人一次客运量统计；半价票、小孩票也按一人统计。

货(客)运密度　指在一定时期内某种运输方式在营运线路的某一区段平均每公里线路通过的货物(旅客)运输周转量。计算公式为：

$$货(客)运密度=\frac{货物(旅客)周转量}{营业线路长度}$$

该指标可以反映交通运输线路上的货物(旅客)运输量运输繁忙程度，是平衡运输线路运输能力和通过能力，规划线路建设及改造、配备技术设备，研究运输网布局的重要依据。

货物(旅客)周转量　指在一定时期内，由各种运输工具运送的货物(旅客)数量与其相应运输距离的乘积之总和。该指标可以反映运输业生产的总成果，也是编制和检查运输生产计划，计算运输效率、劳动生产率以及核算运输单位成本的主要基础资料。计算货物周转量通常按发出站与到达站之间的最短距离，也就是计费距离计算。计算公式为：

货物（旅客）周转量=Σ（货物（旅客）运输量×运输距离）

铁路货车平均静载重　指货物在装车时的静止装载重量。计算公式为：

货车平均静载重(吨)=货物发送吨数 / 装车数

铁路货运机车日产量　指在一定时期内，平均每台货运机车在一昼夜内所完成的总重吨公里数，包括载运货物的重量和车辆本身的自重。该指标从时间和牵引能力两方面反映了机车运用效率。计算公式为：

$$货运机车平均日产量=\frac{货运总重吨公里数}{货运机车台日数}$$

港口货物吞吐量 指经由水路进、出港区范围，并经过装卸的货物数量。按货物流向分为进港吞吐量和出港吞吐量，按货物的贸易性质分为内贸和外贸吞吐量。货物类别根据现行的交通行业《运输货物分类和代码》标准分类。

民用运输船舶拥有量 指报告期末在水路运输管理部门注册登记的从事水上客、货运输活动的我国企业或私人拥有的营业性运输船舶（含我国企业或私人拥有的悬挂外国旗的船舶）数量。不包括非运输船舶及农业、渔业生产船舶。

民用汽车拥有量 指报告期末，在公安交通管理部门按照《机动车注册登记工作规范》，已注册登记领有民用车辆牌照的全部汽车数量。汽车拥有量统计的主要分类：根据汽车结构分为载客汽车、载货汽车及其他汽车；根据汽车所有者不同分为个人(私人)汽车、单位汽车；根据汽车的使用性质分为营运汽车、非营运汽车；根据汽车大小规格不同，载客汽车分为大型、中型、小型和微型，载货汽车分为重型、中型、轻型和微型。

邮电业务总量 指以货币形式表现的邮电企业为社会提供各类邮电通信服务的总数量。该指标是用于观察邮电业务发展变化总趋势的综合性总量指标，分别按邮政业务总量和电信业务总量统计。邮电业务总量是以各类业务的实物量分别乘以相应的不变单价，求出各类业务的货币量加总求得。不变单价是一定时期内计算业务总量的同度量因素，是根据基年各类邮电业务量与相对应的邮电业务收入测算的平均单价。

移动电话用户 指在电信运营企业营业网点办理开户登记手续，通过移动电话交换机进入移动电话网，占用移动电话号码的各类电话用户。包括各类签约用户、智能网预付费用户、无线上网卡用户。

互联网上网人数 指过去半年内使用过互联网的6周岁及以上中国居民人数。

固定电话用户 指在电信企业营业网点办理开户登记手续并已接入固定电话网上的全部电话用户。包括普通电话用户、无线市话用户、公用电话用户、窄带综合业务数字网（N—ISDN）用户、智能网专用接入终端用户等。

城市电话用户 指按行政区划属于中央直辖市、省辖市、地级市、县级市的市区、市郊区及县城区范围内的电话用户数。包括分布在农村地区但以县团级以上建制的独立工矿区、林区、驻军的电话用户。

农村电话用户 指按行政区划属于城市范围以外的乡（镇）、村电话用户。

住宅电话用户 指私人付费或安装在居民住宅并按照私人或住宅电话用户登记注册和收费的各类电话用户。

互联网宽带接入端口 指用于接入互联网用户的各类实际安装运行的接入端口的数量，包括xDSL用户接入端口、LAN接入端口、其他类型接入端口等，不包括窄带拨号接入端口。

Explanatory Notes on Main Statistical Indicators

Length of Railways in Operation refers to the total length of the trunk line for passenger and freight transportation in full operation or temporary operation.

Length of Electrified Trunk Line refers to the length of the trunk line capable for the running of electrified locomotives and having been put into operation.

Length of Highways refers to the actual length of highways at the end of reference period. It covers public roads running vehicles among cities, city and rural areas, township (villages), highways passing through streets at small cities and towns, length of bridges and tunnels, width of ferry piers. It does not include the length of streets in cities, dead end highways, the length of streets built for agricultural (forest) production and inside factories (mines). It can only be calculated with the actual mileage having been completed, checked and accepted or put into operation. If two or more highways go the same section of the way, the length of the section is only calculated for once.

Length of Navigable Inland Waterways refers to the length of natural rivers, lakes, reservoirs and canals that are open to navigation for ships and rafts during a given period. It includes the channels with annual seasonal navigation for more than three months other than the waterways only for scattered bamboo and wooden rafts. If two provinces share one river as the border, the length of waterways will be half divided for each province to avoid duplication.

Length of Routes with Scheduled Flights refers to the total length of all routes for scheduled flights, which is calculated using million kilometres as the unit. There are usually two ways to calculate the route length: duplicated calculation and non-duplicated calculation. Duplicated calculation means that the same segment of different routes can be added duplicately, while the non-duplicated calculation allows the same segment of different routes be counted once only.

Length of Oil (Gas) Pipelines refers to the actual transport distance of oil, gas and oil products, an indicator reflecting the length of transportation routes and a reference to calculate the freight-kilometers. For those sections with double pipelines and alternate pipeline, the length will be calculated according to the length of single pipeline in principle. If the double pipelines perform the transportation at the same time and unable to be counted separately, the length of pipelines will be the length of double pipelines divided by 2.

Freight (Passenger) Traffic refers to the weight of freight (number of passenger) transported with various means within a specific period of time. This indicator reflects the service of the transport industry towards the national economy and people' s living conditions, as well as an important indicator used in formulating and monitoring transport production plans and research into the scale and pace of transport development.Freight transport is calculated in tons and passenger traffic is calculated in terms of number of persons. Freight transport is calculated in terms of the actual weight of the goods and takes no account of the type of freight and distance of travel. Passenger traffic is calculated by the principle that one person can be counted only once in one trip and takes no account of the travelling distance and ticket price. The passengers who travel with a half price ticket or a child' s ticket is also calculated as one person.

Freight (Passenger) Traffic Density refers to the freight (passenger) traffic volume carried by a particular means of transportation during a given period through one kilometre of a specific section of transportation route. The formula is as follows:

$$\begin{matrix}\text{Freight (Passenger)}\\ \text{traffic density}\end{matrix} = \frac{\begin{matrix}\text{freight ton-kilometres}\\ \text{(passenger-kilometres)}\end{matrix}}{\begin{matrix}\text{length of route}\\ \text{in operation}\end{matrix}}$$

Freight (passenger) traffic density reflects how busy freight (passenger) traffic is on transportation routes. It provides an important basis for balancing transport capability and throughput capability, planning construction and upgrading of transport routes, installing technical facilities and studying the distribution of transport networks.

Freight Ton-kilometres (Passenger-kilometres) refers to the sum of the product of the volume of transported cargo (passengers) multiplied by the transport distance. It is an important indicator to reflect the achievement of the transportation industry. This is an important indicator to show the total results of the transport industry; to prepare and examine the transport plan; and to serve as the main basic data for calculating the efficiency, labour productivity and unit cost of transport. Normally, the shortest distance between the departure station and the destination station (i.e., the payable distance) is the basis in calculating the freight ton-kilometres. The formula is as follows:

$$\begin{matrix}\text{Freight ton-kilometres}\\ \text{(passenger-kilometres)}\end{matrix} = \sum \begin{matrix}\text{freight}\\ \text{(passenger)traffic}\end{matrix} \times \begin{matrix}\text{distance of}\\ \text{transportation}\end{matrix}$$

Average Static Load of Freight Cars refers to the average cargo weight when loaded onto each freight car under the static condition. For its calculation, the following formula is applied:

$$\begin{matrix}\text{Averagestatic}\\ \text{load of freight cars}\end{matrix}\text{(tons)} = \frac{\text{Tonnage of goods dispatched}}{\text{Number of freight carsloaded}}$$

Average Daily Haul of Freight Locomotives refers to the average total ton-kilometres accomplished by each freight transport locomotive over one day and night during a given period of time. It includes both the weight of the goods carried and the dead weight of the train itself. It is a comprehensive indicator reflecting the locomotive efficiency in terms of both time and the pulling force.

$$\begin{matrix}\text{Average daily haul of}\\ \text{freight transport locomotive}\\ \text{(ton-kilometre)}\end{matrix} = \frac{\begin{matrix}\text{Total ton-kilometres}\\ \text{of freight}\end{matrix}}{\begin{matrix}\text{Daily number of freight}\\ \text{transport locomotive}\end{matrix}}$$

Volume of Freight Handled in Coastal Ports above Designated Size refers to the volume of cargo passing in and out of the harbour area of the major coastal ports and having been loaded and unloaded. The volume of freight handled may be classified by direction of cargo flow as in-port freight and out-port freight, or by nature of cargo as freight for domestic trade and freight for foreign trade. It can also be classified by type of freight based on the existing standard classification for transportation industry "Classification and Coding for Freight".

Possession of Civil Transport Vessels refers to the total number at the end of reference period of operating transport vessels owned by Chinese enterprises or privately that are registered in the water transportation management institutions and permitted to perform cargo transport activities (including vessels with foreign flags but owned by Chinese enterprises or citizens). Non-transport vessels and vessels used for agriculture and fishery are not included.

Possession of Civil Motor Vehicles refer to the total numbers of vehicles that are registered and received vehicles license tags according to the Work Standard for Motor Vehicles Registration formulated by the Transport Management Office under the department of public security at the end of the reference period. They are divided into categories. According to the structure of motor vehicles, they are divided into passenger vehicles, trucks and others; according to ownership into private vehicles and vehicles for the unit' s use; according to kind of usage into working vehicles and non-working vehicles; and according to size of vehicles into large passenger vehicles, medium-sized passenger vehicles, small passenger vehicles and mini passenger vehicles, heavy trucks, light-heavy trucks, light trucks and mini-trucks.

Business Volume of Post and Telecommunications refers to the total amount of postal and telecommunication services, expressed in value terms, provided by the post and telecommunications departments for society. This indicator reflects the overall results of development of postal and telecommunication services. It can be classificated as postal services and telecommunication services. Business volume of post and telecommunications is the sum of each service in kind multiplying with its correspondent unit price (constant price).

Mobile Telephone Subscribers refer to persons who have gone through registration procedures in the operation points of enterprises engaged in telecommunications and are hence connected with the mobile telephone communication network through the mobile telephone switchboards and occupy mobile phone numbers. Included are various types of subscriber, prepaid users for intelligent network and wireless network card users.

Internet Users refer to the number of Chinese citizens aged 6 and over who use the Internet in the past six months.

Local Telephone Subscribers refer to all subscribers who have gone through registration procedures in the operation points of enterprises engaged in telecommunications and are hence connected to the local telecommunications service provider through fixed line network. Included are general subscribers, wireless local telephone subscribers, public telephones subscribers, N-ISDN subscribers and intelligent network terminal subscribers.

Urban Telephone Subscribers refer to the number of telephone subscribers, located at the municipalities directly under the Central Government, cities under the jurisdiction of province, cities at prefecture level, downtown and suburb of city at county level town and county towns according to the administrative division, including subscribers in rural mineral area, forest area, military area that are at or above county level.

Rural Telephone Subscribers refer to telephone subscribers, located at the towns and villages outside the coverage of urban areas according to the administrative division.

Household Telephone Subscribers refer to all kinds of subscribers with telephone sets paid privately or installed in the dwelling units of residents, and registered as private subscribers or residence subscribers for payment.

Broadband Connection Terminals refer to the connection terminals to internet users actually installed and put into operation, including connection terminals for XDSL, connection terminals for LAN, and other types of connection terminals. N-ISDN connection terminals are not included.

第十七篇 教育与科技

CHAPTER 17 EDUCATION, SCIENCE AND TECHNOIOGY

资料整理：孙 冰 杨 卓

17-1 教育事业基本情况

BASIC STATISTICS ON EDUCATION

项　目	Item	2010	2011	2012	2013	2014
学校数(所)	**Number of Schools (unit)**					
普通高等学校	Regular Institutions of Higher Education	79	78	79	80	80
成人高等学校	Adult Institutions of Higher Education	19	19	26	22	22
中等专业学校	Specialized Secondary Schools	72	75	73	73	74
成人中等专业学校	Adult Specialized Secondary Schools	162	163	163	156	154
普通中学	Regular Secondary Schools	2174	2092	2043	1965	1946
#高　中	#Senior Secondary Schools	416	411	398	379	378
职业中学	Vocational Secondary Schools	180	161	154	145	134
技工学校	Technical Schools	133	133	134	134	133
小　学	Primary Schools	6490	5620	4834	3261	3115
专任教师数(万人)	**Number of Full-time Teachers(10000 persons)**					
普通高等学校	Regular Institutions of Higher Education	4.4	4.5	4.5	4.6	4.7
成人高等学校	Adult Institutions of Higher Education	0.2	0.2	0.2	0.3	0.2
中等专业学校	Specialized Secondary Schools	0.4	0.4	0.4	0.4	0.5
成人中等专业学校	Adult Specialized Secondary Schools	0.5	0.5	0.5	0.5	0.5
普通中学	Regular Secondary Schools	14.2	15.5	15.8	15.5	15.5
#高　中	#Senior Secondary Schools	4.1	5.0	5.0	4.9	5.0
职业中学	Vocational Secondary Schools	0.9	0.8	0.8	0.8	0.8
技工学校	Technical Schools	0.8	0.8	0.9	0.8	0.8
小　学	Primary Schools	15.1	13.4	12.9	12.0	11.5
招生数(万人)	**New Student Enrollment(10000 persons)**					
普通高等学校	Regular Institutions of Higher Education	19.5	19.9	20.3	20.3	20.3
成人高等学校	Adult Institutions of Higher Education	1.0	1.1	1.1	1.2	1.1
中等专业学校	Specialized Secondary Schools	4.0	4.3	4.2	4.1	3.9
成人中等专业学校	Secondary Schools for Adults	3.7	2.7	2.5	1.6	1.7
技工学校	Vestibule Schools	8.3	10.1	9.5	4.5	3.0
普通中学	Regular Secondary Schools	57.1	54.3	54.7	47.3	44.5
#高　中	#Senior Secondary Schools	20.7	20.8	20.2	19.4	18.2
职业中学	Vocational Secondary Schools	3.9	3.9	3.3	2.7	2.3
小　学	Primary Schools	34.1	33.4	32.9	27.4	22.7
在校学生数(万人)	**Student Enrollment(10000 persons)**					
普通高等学校	Regular Institutions of Higher Education	71.9	71.1	70.5	71.8	73.1
成人高等学校	Adult Institutions of Higher Education	2.5	2.4	2.5	2.6	2.6
中等专业学校	Specialized Secondary Schools	11.9	11.9	12.1	11.9	11.7
成人中等专业学校	Adult Specialized Secondary Schools	10.9	8.1	6.4	6.1	5.3
普通中学	Regular Secondary Schools	190.8	184.5	181.7	152.2	148.3
#高　中	#Senior Secondary Schools	61.7	62.2	61.3	58.9	56.7
职业中学	Vocational Secondary Schools	13.3	12.3	10.9	9.4	7.3
技工学校	Technical Schools	14.2	19.5	22.6	14.4	9.6
小　学	Primary Schools	188.0	187.5	186.8	154.0	148.6
毕业生数(万人)	**Graduates(10000 persons)**					
普通高等学校	Regular Institutions of Higher Education	18.1	19.6	20.4	18.4	18.5
成人高等学校	Adult Institutions of Higher Education	1.0	1.0	0.9	1.0	1.0
中等专业学校	Specialized Secondary Schools	3.1	3.5	3.7	3.7	3.7
成人中等专业学校	Adult Specialized Secondary Schools	4.5	4.6	4.2	1.5	2.7
普通中学	Regular Secondary Schools	60.1	60.2	60.0	57.9	46.8
#高　中	#Senior Secondary Schools	19.6	20.4	20.6	20.6	19.9
职业中学	Vocational Secondary Schools	4.7	4.2	4.5	3.9	3.6
技工学校	Technical Schools	4.0	3.1	5.5	9.1	7.2
小　学	Primary Schools	36.4	33.6	34.7	33.0	26.7
每一教师负担学生(人)	**Student-teacher Ratio(person)**					
普通高等学校	Regular Institutions of Higher Education	16.3	15.9	15.5	15.5	15.6
中等学校	Secondary Schools	13.9	12.4	12.0	10.3	10.0
小　学	Primary Schools	12.4	13.9	14.5	12.8	13.0

17-2 各级各类学校数

NUMBER OF SCHOOLS BY LEVEL AND TYPE OF SCHOOL

单位：所 (unit)

年 份 Year	普通高等学校 Regular Institutions of Higher Education	中等学校 Secondary Schools	中等专业学校 Specialized Secondary Schools	中等技术学校 Technical Secondary Schools	中等师范学校 Teacher Secondary Schools	职业中学 Vocational Secondary Schools
1978	24	4140	75	55	20	
1980	28	3522	93	68	25	89
1985	40	3403	99	71	28	400
1990	42	3338	107	77	30	413
1995	38	3190	111	81	30	398
1996	38	3199	113	83	30	361
1997	37	3202	114	84	30	336
1998	38	3123	114	84	30	297
1999	39	3080	112	83	29	269
2000	36	3023	109	83	26	240
2001	41	3034	96	74	22	163
2002	48	3003	75	58	17	182
2003	55	2937	51	40	11	167
2004	59	2907	44	35	9	166
2005	62	2799	56	47	9	156
2006	65	2758	63	55	8	179
2007	68	2677	66	60	6	197
2008	70	2617	66	62	4	196
2009	78	2504	70	66	4	186
2010	79	2426	72	68	4	180
2011	78	2328	75	71	4	161
2012	79	2270	73	69	4	154
2013	80	2183	73	70	3	145
2014	80	2154	74	71	3	134

17-2 续表 CONTINUED

年 份 Year	普通中学 Regular Secondary Schools	高中 Senior Secondary Schools	初中 Junior Secondary Schools	小学 Primary Schools	幼儿园 Kindergartens	盲聋哑学校 Blind, Deaf, Deaf-mute Schools
1978	4065	2119	1946	26425	1654	62
1980	3340	1480	1860	25879	2594	58
1985	2904	828	2076	18157	3216	61
1990	2818	600	2218	17092	1826	64
1995	2681	475	2206	16163	3918	68
1996	2725	470	2255	15902	3993	67
1997	2752	474	2278	15377	4168	67
1998	2712	461	2251	15193	4506	66
1999	2699	467	2232	14754	4830	70
2000	2674	463	2211	13995	4503	65
2001	2775	462	2313	12636	2089	72
2002	2746	447	2299	11990	2100	71
2003	2719	481	2238	11400	2181	71
2004	2697	479	2218	10791	3179	73
2005	2587	475	2112	9995	4156	72
2006	2516	475	2041	9288	4287	71
2007	2414	463	1951	8738	4135	71
2008	2355	445	1910	8142	4466	71
2009	2248	430	1818	7202	4092	72
2010	2174	416	1758	6490	3942	74
2011	2092	411	1681	5620	4504	73
2012	2043	398	1645	4834	4796	74
2013	1965	379	1586	3261	5571	74
2014	1946	378	1568	3115	5853	74

17-3 各级各类学校教职工数

NUMBER OF TEACHERS AND STAFF BY LEVEL AND TYPE OF SCHOOL

单位：人 (person)

年 份 Year	普 通 高等学校 Regular Institutions of Higher Education	中等学校 Secondary Schools	中等专业学校 Specialized Secondary Schools	中等技术学校 Technical Secondary Schools	中等师范学校 Teacher Secondary Schools
1978	23867	188718	12062	9445	2617
1980	29070	192575	13057	10013	3044
1985	36949	194053	15991	13067	2924
1990	42418	214098	17483	13843	3640
1995	43324	208562	18075	14087	3988
1996	43204	208805	18387	14486	3901
1997	41212	209992	18282	14321	3961
1998	40564	211976	18013	14117	3896
1999	42608	213841	17440	13686	3754
2000	43120	210698	16443	12971	3472
2001	46163	210046	13433	10352	3081
2002	52140	207103	10221	7890	2331
2003	60609	203403	6592	4970	1622
2004	64831	201713	6055	4602	1453
2005	65640	193714	6648	5322	1326
2006	68252	193053	6969	5714	1255
2007	72316	192299	7519	6609	910
2008	74480	192253	7519	7002	517
2009	75062	192092	7880	7378	502
2010	75741	189957	7418	6810	608
2011	76205	204497	7462	6873	589
2012	77510	207351	7302	6935	367
2013	77234	201949	7263	6906	357
2014	77000	200828	7541	7361	180

17-3 续表 CONTINUED

年 份 Year	普通中学 Regular Secondary Schools	职业中学 Vocational Secondary Schools	小 学 Primary Schools	幼儿园 Kindergartens	盲聋哑学校 Blind, Deaf, Deaf-mute Schools
1978	176656		217179	13176	1064
1980	176247	3271	219967	23478	1197
1985	163216	14846	239660	32172	1562
1990	176687	19928	250064	40631	2164
1995	173311	17176	247894	42219	2779
1996	174556	15862	246032	40868	2577
1997	176878	14832	246444	39793	2524
1998	180066	13897	242001	37391	2598
1999	183112	13289	236864	34884	2550
2000	182246	12009	221859	32840	2466
2001	185718	10895	209888	19975	2598
2002	186394	10488	207924	19586	2628
2003	186384	10427	204820	20298	2546
2004	185184	10474	201911	24145	2484
2005	176524	10542	188256	25668	2290
2006	174745	11339	184214	27872	2295
2007	172633	12147	181778	27812	2281
2008	172718	12016	179467	29623	2295
2009	172299	11913	176830	28883	2285
2010	171212	11327	172707	29803	2312
2011	185966	11069	152915	39417	2308
2012	188935	11114	145978	44708	2312
2013	184377	10309	136461	51578	2253
2014	183497	9790	130444	55788	2281

17-4 各级各类学校教师数

NUMBER OF TEACHERS BY LEVEL AND TYPE OF SCHOOL

单位：人 (person)

年份 Year	普通高等学校 Regular Institutions of Higher Education	中等学校 Secondary Schools	中等专业学校 Specialized Secondary Schools	中等技术学校 Technical Secondary Schools	中等师范学校 Teacher Secondary Schools	职业中学 Vocational Secondary Schools
1978	8380	142761	4193	3094	1099	
1980	10365	144291	4946	3477	1469	2589
1985	13448	135366	5953	4610	1343	9306
1990	15915	149499	7253	5435	1818	12198
1995	16542	148057	7757	5726	2031	11028
1996	16403	149560	7917	5904	2013	10316
1997	15736	152402	7999	5938	2061	9883
1998	15505	156257	7958	5918	2040	9331
1999	15804	159855	7787	5762	2025	9032
2000	16169	160153	7358	5464	1894	8396
2001	18042	161133	6193	4389	1804	7617
2002	23179	161352	4925	3505	1420	7373
2003	28525	160108	3302	2267	1035	7177
2004	32119	159719	3039	2089	950	7208
2005	35105	153952	3247	2348	899	7517
2006	36866	154299	3647	2741	906	8124
2007	39792	154769	4017	3338	679	8830
2008	41727	156018	4069	3723	346	8932
2009	43057	156205	4353	4011	342	9020
2010	44198	155048	4198	3773	425	8694
2011	44821	168152	4349	3972	377	8371
2012	45448	170671	4211	3964	247	8441
2013	46215	167746	4279	4036	243	8005
2014	46870	167073	4523	4406	117	7626

17-4 续表 CONTINUED

年份 Year	普通中学 Regular Secondary Schools	高中 Senior Secondary Schools	初中 Junior Secondary Schools	小学 Primary Schools	幼儿园 Kindergartens	盲聋哑学校 Blind, Deaf, Deaf-mute Schools
1978	138568	28151	110417	187061	9306	642
1980	136756	27606	109150	193787	13317	694
1985	120107	23099	97008	207256	21255	974
1990	130048	22785	107263	215735	24429	1367
1995	129272	21536	107736	214944	28890	1936
1996	131327	21722	109605	213124	27659	1741
1997	134520	22294	112226	214807	27717	1724
1998	138968	22845	116123	210954	26273	1869
1999	143036	23582	119454	206807	25962	1793
2000	144399	24172	120227	193113	24221	1751
2001	147323	25502	121821	182929	11733	1899
2002	149054	26695	122359	180900	11145	1931
2003	149629	29728	119901	178122	11779	1926
2004	149472	32648	116824	175274	13956	1910
2005	143188	34093	109095	163204	14534	1782
2006	142528	35788	106740	160511	15955	1799
2007	141922	37373	104549	158918	16313	1801
2008	143017	39386	103631	157436	17233	1843
2009	142832	40113	102719	155025	16768	1868
2010	142156	40726	101430	151344	17559	1873
2011	155432	49559	105873	134479	22696	1872
2012	158019	50245	107774	128792	25427	1879
2013	155462	49378	106084	120214	28747	1850
2014	154924	50029	104895	114606	30865	1899

17-5 各级各类学校在校学生数

NUMBER OF STUDENTS ENROLLMENT BY LEVEL AND TYPE OF SCHOOL

单位：人 (person)

年 份 Year	普 通 高等学校 Regular Institutions of Higher Education	中等学校 Secondary Schools	中等专业学 校 Specialized Secondary Schools	#中 等 技术学校 Technical Secondary Schools	#中 等 师范学校 Teacher Secondary Schools	职业中学 Vocational Secondary Schools
1978	33248	2622047	36051	19339	16712	
1980	43627	2509164	41177	23483	17694	47822
1985	65940	2218705	59686	34629	25057	141245
1990	79908	2003199	66235	45337	20898	135486
1995	113523	2012719	100003	71239	28764	121520
1996	116379	2114982	111502	81527	29975	117839
1997	115767	2213940	118429	89123	29306	114606
1998	125140	2395561	123854	95414	28440	120185
1999	157063	2601909	128485	103235	25250	116937
2000	200386	2707986	115489	94596	20893	105060
2001	271435	2717522	116315	99280	17035	80619
2002	334627	2767789	121718	106897	14821	84884
2003	392246	2674379	111540	43778	6263	88916
2004	465703	2613122	107997	41862	5134	94725
2005	540867	2480041	97559	44002	5847	103092
2006	584112	2378916	94547	55101	5088	116684
2007	634902	2313072	105562	72217	2856	137601
2008	678139	2263200	115559	91325	1791	143016
2009	708935	2219578	115624	96818	1612	156894
2010	719117	2159652	119002	94312	1751	132873
2011	711198	2088030	119458	95753	3699	123127
2012	704538	2046550	120694	88286	4340	109139
2013	717856	1734842	119341	84363	4331	93773
2014	730614	1673320	117012	84031	4416	73231

17-5 续表 CONTINUED

年 份 Year	普通中学 Regular Secondary Schools	高 中 Senior Secondary Schools	初 中 Junior Secondary Schools	小 学 Primary Schools	幼儿园 Kindergartens	盲聋哑 学 校 Blind, Deaf, Deaf-mute Schools
1978	2585996	493965	2092031	4958068	139791	4277
1980	2420165	455716	1964449	5002632	298740	4515
1985	2017774	335914	1681860	4677937	496132	5416
1990	1801478	267169	1534309	3977121	577053	5522
1995	1791196	252376	1538820	3729337	651655	5607
1996	1885641	260071	1625570	3713483	645365	4845
1997	1980905	270276	1710629	3705059	589276	4595
1998	2151522	292464	1859058	3448558	555898	4793
1999	2356487	309567	2046920	3101578	510631	4548
2000	2487437	328765	2158672	2830578	470317	4311
2001	2520588	362410	2158178	2587506	369821	7518
2002	2561187	413251	2147936	2437336	371120	7002
2003	2473923	486096	1987827	2401918	345116	6404
2004	2410400	546793	1863607	2315394	422998	6475
2005	2279390	583567	1695823	2204055	377242	6679
2006	2167685	607896	1559789	2103073	414227	6591
2007	2069909	607254	1462655	2040767	426913	6358
2008	2004625	611287	1393338	1982828	437284	8332
2009	1947060	608221	1338839	1903733	424717	9706
2010	1907777	616885	1290892	1879609	491647	8326
2011	1845445	622251	1223194	1874996	561714	6731
2012	1816717	612579	1204138	1867729	578793	6933
2013	1521728	589379	932349	1540035	540777	6482
2014	1483077	566805	916272	1486016	535854	6693

17-6 各级各类学校招生数

NUMBER OF NEW STUDENTS ENROLLMENT BY LEVEL AND TYPE OF SCHOOL

单位：人 (person)

年份 Year	普通高等学校 Regular Institutions of Higher Education	中等学校 Secondary Schools	中等专业学校 Specialized Secondary Schools	#中等技术学校 Technical Secondary Schools	#中等师范学校 Teacher Secondary Schools
1978	13192	988741	19051	9907	9144
1980	11440	964834	19383	10304	9079
1985	24701	774608	24699	14729	9970
1990	24289	697999	19069	14176	4893
1995	35270	764356	35879	26806	9073
1996	36448	736548	39720	30156	9564
1997	36288	739193	41747	31605	10142
1998	39881	913767	44557	34779	9778
1999	62480	934441	46585	40237	6348
2000	76450	847161	35473	29187	6286
2001	98162	810737	31566	26573	4993
2002	115702	789643	40743	36057	4686
2003	125402	686475	36258	15540	2085
2004	149924	725222	33267	13253	1248
2005	172054	710305	31954	16629	1529
2006	180386	714447	35078	24506	1883
2007	195766	693270	40903	33282	999
2008	216022	690791	42038	35868	571
2009	210372	705121	42954	36594	418
2010	195365	650019	40329	32271	781
2011	199414	625026	42931	32830	1595
2012	203066	622583	42296	29130	2170
2013	202707	540110	40612	28258	1366
2014	203081	506653	39026	28905	1260

17-6 续表 CONTINUED

年份 Year	普通中学 Regular Secondary Schools	高中 Senior Secondary Schools	初中 Junior Secondary Schools	职业中学 Vocational Secondary Schools	小学 Primary Schools	盲聋哑学校 Blind, Deaf, Deaf-mute Schools
1978	969690	244752	724938		1189813	730
1980	901537	216203	685334	43914	1078553	792
1985	676789	116124	560665	73120	736004	1059
1990	619527	95016	524511	59403	636998	820
1995	678617	93860	584757	49860	639529	831
1996	652427	90282	562145	44401	633284	672
1997	655077	98005	557072	42369	599270	703
1998	816060	113234	702826	53150	510911	796
1999	852360	110095	742265	35496	464113	580
2000	780271	118418	661853	31417	442988	618
2001	751164	141132	610032	28007	414318	884
2002	716662	159228	557434	32238	406494	1024
2003	618877	187643	431234	31340	405337	830
2004	661363	203315	458048	30592	383832	760
2005	641065	205541	435524	37286	240241	778
2006	630939	208852	422087	48430	333206	800
2007	595430	198023	397407	56937	340170	783
2008	598813	209254	389559	49940	336919	1126
2009	597601	207927	389674	64566	312389	1511
2010	570688	207452	363236	39002	341438	1233
2011	542744	207742	335002	39351	333945	664
2012	547433	202090	345343	32854	328950	700
2013	472887	193979	278908	26611	274454	731
2014	444859	181627	263232	22768	227120	1154

17–7 各级各类学校毕业生数

NUMBER OF GRADUATES BY LEVEL AND TYPE OF SCHOOL

单位：人　　(person)

年份 Year	普通高等学校 Regular Institutions of Higher Education	中等学校 Secondary Schools	中等专业学校 Specialized Secondary Schools	#中等技术学校 Technical Secondary Schools	#中等师范学校 Teacher Secondary Schools
1980	7828	704698	19911	11708	8203
1985	11772	583165	17347	10620	6727
1990	22972	584486	15986	10607	5379
1995	30622	576053	23369	16177	7192
1996	33439	569253	28852	19881	8971
1997	30589	594398	33861	22956	10905
1998	30055	669351	37397	26665	10732
1999	30218	655719	39353	29862	9491
2000	31737	661074	38157	27606	10551
2001	37359	710566	30327	23054	7273
2002	46401	684420	32431	27214	5217
2003	69050	729371	45279	18758	2636
2004	84964	751291	34596	12241	2150
2005	100791	792618	32449	12201	752
2006	129465	778185	24699	13062	
2007	148883	721246	19317	9399	
2008	169988	708092	20032	12344	56
2009	174380	716578	34407	26216	61
2010	180982	678382	30569	24070	13
2011	196075	679656	35264	31111	581
2012	203792	682859	37357	30082	392
2013	184085	656062	37314	30449	491
2014	185376	541426	37011	27722	971

17–7 续表 CONTINUED

年份 Year	普通中学 Regular Secondary Schools	高中 Senior Secondary Schools	初中 Junior Secondary Schools	职业中学 Vocational Secondary Schools	小学 Primary Schools	盲聋哑学校 Blind, Deaf, Deaf-mute Schools
1980	684422	169152	515270	365	760548	441
1985	527026	102731	424295	38792	654517	432
1990	522845	89285	433560	45655	635770	554
1995	507909	73306	434603	44775	638456	585
1996	497697	74005	423692	42704	606170	569
1997	515521	79682	435839	45016	591032	476
1998	586482	86053	500429	45472	749160	549
1999	575538	82932	492606	40828	785711	508
2000	578390	91419	486971	44527	698124	632
2001	630624	102784	527840	49615	638339	950
2002	621709	105634	516075	30280	570422	670
2003	658977	115778	543199	25115	438218	536
2004	688863	139441	549422	27832	462923	566
2005	726516	161301	565215	33653	443962	669
2006	718229	181583	536646	35257	427035	724
2007	669849	193767	476082	32080	398638	639
2008	650950	203680	447270	37110	390554	879
2009	642951	206616	436335	39220	389841	1629
2010	600743	195518	405225	47070	363943	931
2011	602472	204287	398185	41920	336006	642
2012	600231	206310	393921	45271	346553	576
2013	579347	206088	373259	39401	330069	799
2014	468483	198990	269493	35932	267124	653

17-8 普通高等学校本专科分学科学生数 (2014年)

NUMBER OF STUDENTS ENROLLMENT IN INSTITUTIONS OF HIGHER EDUCATION BY FIELD OF STUDY (2014)

单位：人 (person)

学 科	Subject	本科毕业生数 Graduates of Regular College Course	本科招生数 New Student Enrollment of Regular College Course	本科在校生数 Student Enrollment of Regular College Course
总 计	**Total**	**119246**	**129238**	**515481**
#女 性	#Female	63393	66019	268680
哲 学	Philosophy	60	116	371
经济学	Economics	6453	6298	24762
法 学	Law	2596	2813	10873
教育学	Education	4014	4755	18380
文 学	Literature	12959	11569	48750
历史学	History	549	537	2203
理 学	Science	7764	7964	29998
工 学	Engineering	43491	50308	191166
农 学	Agriculture	2060	2957	10225
医 学	Medicine	8191	9451	42766
管理学	Manage	21763	22327	95345
艺术学	Art	9346	10143	40642

17-8 续表 CONTINUED

单位：人 (person)

学 科	Subject	专科毕业生数 Graduates of Regular Specialized Subject	专科招生数 New Student Enrollment of Regular Specialized Subject	专科在校学生数 Student Enrollment of Regular Specialized Subject
总 计	**Total**	**66130**	**73843**	**215133**
#女 性	#Female	32675	36509	107738
农林牧渔大类	Agriculture,Forestry, Animal Husbandry & Fishery	1935	2723	6888
交通运输大类	Traffic and Transport	5243	7461	20426
生化与药品大类	Biochemistry and Pharmaceuticals	2133	2626	6859
资源开发与测绘大类	Resource Development and Mapping	1750	1304	4039
材料与能源大类	Materials and Energy	1665	1262	3630
土建大类	Civil Engineering	11484	9157	30007
水利大类	Water Conservancy	76	135	452
制造大类	Manufacturing	7978	9561	27023
电子信息大类	Electronic Information	4323	5331	14629
环保、气象与安全大类	Environmental Protection, Meteorology and Security	389	308	838
轻纺食品大类	Textile Food	1942	2099	6146
财经大类	Finance	9866	11249	33592
医药卫生大类	Medical and Health	6417	7607	22215
旅游大类	Tourism	1498	2084	6106
公共事业大类	Public Career	253	454	1332
文化教育大类	Culture and Education	6517	6873	20783
艺术设计传媒大类	Art and Design Media	1545	2282	6707
公安大类	Public Security	248	429	720
法律大类	Law	868	898	2741

17-9 普通高等学校分科专任教师数(2014年)

NUMBER OF FULL-TIME TEACHERS BY FIELD OF STUDY IN REGULAR HIGHER EDUCATION INSTITUTIONS (2014)

单位：人 (person)

学 科	Subject	合 计 Total	教 授 Professors	副教授 Asso. Prof	讲 师 Lecturers	助 教 Assistants	教 员 Instructors
总 计	**Total**	**46870**	**7347**	**15173**	**19212**	**3947**	**1191**
#女 性	#Female	24857	3112	7709	10989	2269	778
哲 学	Philosophy	933	170	315	327	87	34
经济学	Economics	2078	314	751	771	174	68
法 学	Law	2114	254	605	951	233	71
教育学	Education	3527	414	1199	1444	385	85
文 学	Literature	6500	621	1817	3237	609	216
历史学	History	297	55	125	96	20	1
理 学	Science	4777	789	1616	1891	375	106
工 学	Engineering	14931	2906	5149	5590	1007	279
农 学	Agriculture	1728	430	559	627	98	14
医 学	Medicine	3299	621	968	1426	220	64
管理学	Manage	3500	496	1242	1364	282	116
艺术学	Art	3186	277	827	1488	457	137

17-10 平均每万人口在校学生数和大中小学学生构成

NUMBER OF STUDENTS ENROLLMENT PER 10000 POPULATION AND COMPOSITION OF STUDENTS ENROLLED

年 份 Year	大中小学校在校学生占全省人口(%) Students as Percentage of Total Population(%)	平均每万人口学生数(人) Number of Students per 10000 Population(person)			大中小学学生构成(%) Student Structure of Different Level(%)		
		大学生 University and College Students	中学生 Secondary School Students	小学生 Primary School Students	大学生 University and College Students	中学生 Secondary School Students	小学生 Primary School Students
1978	24.3	10.6	837.8	1584.2	0.4	34.4	65.1
1980	23.6	13.6	783.2	1561.5	0.6	33.2	66.2
1985	20.7	19.6	660.9	1393.5	0.9	31.9	67.2
1990	17.1	22.6	565.4	1122.5	1.3	33.1	65.6
1995	15.8	30.7	543.8	1007.7	1.9	34.4	63.7
1996	15.9	31.2	567.3	996.1	2.0	35.6	62.5
1997	16.1	30.9	590.2	987.8	1.9	36.7	61.4
1998	15.8	33.2	634.9	914.0	2.1	40.1	57.8
1999	15.5	41.4	686.2	817.9	2.7	44.4	52.9
2000	15.1	52.6	711.3	743.5	3.5	47.2	49.3
2001	14.6	71.2	713.1	679.0	4.9	48.7	46.4
2002	14.5	87.8	725.9	639.2	6.0	50.0	44.0
2003	14.3	102.8	698.0	629.8	7.2	48.9	43.9
2004	14.7	157.8	704.2	606.8	10.7	47.9	41.3
2005	14.4	192.3	673.0	577.0	13.3	46.7	40.0
2006	14.2	213.3	655.0	550.0	15.0	46.2	38.8
2007	14.0	226.5	641.9	533.7	15.8	46.0	38.2
2008	14.0	242.7	636.1	518.5	17.4	45.5	37.1
2009	13.9	253.0	637.7	497.6	18.2	45.9	35.9
2010	13.8	257.1	629.8	491.0	18.7	45.7	35.6
2011	13.6	255.4	616.6	489.1	18.8	45.3	35.9
2012	13.5	258.3	609.3	487.1	19.1	45.0	36.0
2013	11.7	266.3	506.0	401.6	22.7	43.1	34.2
2014	11.3	270.4	475.4	387.6	23.9	41.9	34.2

17-11 中等专业学校分科学生数(2014年)

NUMBER OF STUDENTS IN SPECIALIZED SECONDARY SCHOOLS BY FIELD OF STUDY (2014)

单位：人 (person)

学 科	Subject	毕业生数 Graduates	招生数 New Student Enrollment	在校学生数 Student Enrollment
总 计	**Total**	**37011**	**39026**	**117012**
农林牧渔类	Agriculture,Forestry, Animal Husbandry & Fishery	6113	3242	12295
资源环境类	Resource and Environment	59	53	428
能源与新能源类	Energy and New Energy	2	29	39
土木水利类	Civil Engineering class	3495	2511	7700
加工制造类	Machining and Manufacture	3173	2969	8251
石油化工类	Petroleum Chemical	3		1
轻纺食品类	Textile Food	564	581	2056
交通运输类	Traffic and Transport	2504	6119	12228
信息技术类	Information Technology	5018	3422	11743
医药卫生类	Medicine and Sanitation	7519	10282	32012
休闲保健类	Leisure-care	581	291	694
财经商贸类	Financial Business	2109	2043	6234
旅游服务类	Tourism Services	455	913	2633
文化艺术类	Culture and Art	2100	1740	5513
体育与健身	Sports and Fitness	768	606	2358
教育类	Educational	2070	3846	11538
司法服务类	Judicial Service	78	132	400
公共管理与服务类	Public management and service	400	203	760
其他	Others		44	129

17-12 中等专业学校专任教师数(2014年)

NUMBER OF FULL-TIME TEACHERS IN SPECIALIZED SECONDARY SCHOOLS (2014)

单位：人 (person)

项 目	Item	合 计 Total	#高级讲师 Senior Lecturers	#讲 师 Lecturers
总 计	**Total**	**4523**	**1459**	**1305**
文化基础课	Culture Basic Course	1531	475	457
专业课	Professional Course	2816	940	808
农林牧渔类	Agriculture,Forestry, Animal Husbandry & Fishery	171	61	47
资源环境类	Resource and Environment	13	3	6
能源与新能源类	Energy and New Energy	10	3	1
土木水利类	Civil Engineering class	134	36	47
加工制造类	Machining and Manufacture	298	104	83
石油化工类	Petroleum Chemical			
轻纺食品类	Textile Food	29	20	4
交通运输类	Traffic and Transport	324	85	79
信息技术类	Information Technology	357	108	108
医药卫生类	Medicine and Sanitation	759	265	215
休闲保健类	Leisure-care	13	1	7
财经商贸类	Financial Business	206	100	51
旅游服务类	Tourism Services	104	23	27
文化艺术类	Culture and art	159	35	56
体育与健身	Sports and Fitness	94	44	34
教育类	Educational	82	34	26
司法服务类	Judicial Service	3	1	1
公共管理与服务类	Public management and service	31	10	7
其他	Others	29	7	9
实习指导课	Practise and Direction Course	176	44	40

17-13 研究生数

NUMBER OF POSTGRADUATES

单位：人 (person)

年 份 Year	在校学生数 Student Enrollment	招生数 New Student Enrollment	毕业生数 Graduates	每十万人拥有研究生数 Number of Postgraduates per 100000 Population 在校学生数 Student Enrollment	招生数 New Student Enrollment	毕业生数 Graduates
1978	350	350		1.1	1.1	
1980	437	115	202	1.4	0.4	0.6
1985	3572	1926	588	10.7	5.8	1.8
1990	4011	1285	1572	11.4	3.6	4.5
1995	5643	1914	1344	15.3	5.2	3.6
1996	6269	2249	1606	16.8	6.0	4.3
1997	6662	2326	1667	17.8	6.2	4.4
1998	7195	2345	1774	19.1	6.2	4.7
1999	8465	3116	1903	22.4	8.2	5.0
2000	10647	4494	2293	28.0	11.8	6.0
2001	13861	5741	2455	36.4	15.1	6.4
2002	17586	7091	2999	46.1	18.6	7.9
2003	23630	9906	3862	62.0	26.0	10.1
2004	30268	12023	5345	79.3	31.5	14.0
2005	37075	13653	6608	97.1	35.8	17.3
2006	42683	14863	9064	111.7	38.9	23.7
2007	46109	15125	11679	120.6	39.6	30.5
2008	48890	15533	12903	127.8	40.6	33.7
2009	51915	17580	14667	135.7	46.0	38.3
2010	54467	18369	15468	142.3	48.0	40.4
2011	57829	19432	15247	150.8	50.7	39.8
2012	60819	20286	16824	158.6	52.9	43.9
2013	62249	20824	18439	162.3	54.3	48.1
2014	61174	20471	20685	159.6	53.4	54.0

17-14 分学科研究生数 (2014年)

NUMBER OF POSTGRADUATES BY SUBJECT (2014)

单位：人 (person)

学 科	Subject	毕业生数 Graduates 博士 doctor	硕士 master	招生数 New Student Enrollment 博士 doctor	硕士 master	在校生数 Student Enrollment 博士 doctor	硕士 master
总 计	**Total**	**1753**	**18932**	**2507**	**17964**	**11137**	**50037**
#女 性	#Female	728	9507	929	9390	4049	26156
哲 学	Philosophy	21	154	23	122	115	365
经济学	Economics	1	363	7	306	41	821
法 学	Law	41	1012	61	932	218	2665
教育学	Education	7	541	8	609	25	1588
文 学	Literature	18	935	35	844	127	2403
历史学	History		97		103		293
理 学	Science	150	1566	159	1430	678	3890
工 学	Engineering	952	8778	1608	8018	7344	22186
农 学	Agriculture	103	878	144	905	644	2478
医 学	Medicine	347	2306	294	2561	936	7182
军事学	Military						
管理学	Manage	104	1865	158	1703	970	4809
艺术学	Art	9	437	10	431	39	1357
学术型学位	Academic Degree	1728	13763	2479	10902	11035	31686
专业学位	Professional Degree	25	5169	28	7062	102	18351

17-15 各级各类学校女学生数和女教师数

NUMBER OF FEMALE STUDENTS AND TEACHERS BY LEVEL AND TYPE OF SCHOOL

项　目	Item	2010	2011	2012	2013	2014
女学生数(万人)	**Number of Female Students(10000 persons)**	**234.2**	**229.9**	**227.4**	**197.9**	**192.4**
普通高等学校	Institutions of Higher Education	37.2	36.8	36.4	37.1	37.6
中等专业学校	Specialized Secondary Schools	6.4	6.4	6.4	6.3	6.2
普通中学	Regular Secondary Schools	94.4	91.3	90.0	76.2	74.1
职业中学	Vocational Secondary Schools	6.2	5.7	5.1	4.2	3.1
小　学	Primary Schools	90.0	89.8	89.6	74.1	71.4
女学生占学生总数(%)	**Percentage of Female Students to Total Students (%)**	**49.2**	**49.2**	**49.2**	**49.6**	**49.5**
普通高等学校	Institutions of Higher Education	51.8	51.7	51.6	51.7	51.5
中等专业学校	Specialized Secondary Schools	53.4	53.7	52.9	53.0	53.2
普通中学	Regular Secondary Schools	49.5	49.5	49.6	50.1	49.9
职业中学	Vocational Secondary Schools	46.5	46.3	46.3	45.1	42.5
小　学	Primary Schools	47.9	47.9	48.0	48.1	48.0
女教师数(万人)	**Number of Female Teachers (10000 persons)**	**21.4**	**21.3**	**21.3**	**20.8**	**20.6**
普通高等学校	Institutions of Higher Education	2.3	2.3	2.4	2.4	2.5
中等专业学校	Specialized Secondary Schools	0.2	0.3	0.2	0.3	0.3
普通中学	Regular Secondary Schools	8.8	8.8	10.0	9.8	9.9
职业中学	Vocational Secondary Schools	0.5	0.5	0.5	0.5	0.5
小　学	Primary Schools	9.6	9.5	8.2	7.8	7.5
女教师占教师总数(%)	**Percentage of Female Teachers to Total Teachers (%)**	**61.1**	**61.4**	**61.7**	**62.1**	**62.7**
普通高等学校	Institutions of Higher Education	51.5	51.8	52.3	52.8	53.0
中等专业学校	Specialized Secondary Schools	58.6	58.9	58.4	59.8	59.5
普通中学	Regular Secondary Schools	61.6	61.9	63.0	63.3	63.7
职业中学	Vocational Secondary Schools	58.4	58.9	58.5	58.9	59.8
小　学	Primary Schools	63.5	64.0	63.7	64.5	65.6

17-16 各级学校教师负担学生数

STUDENT-TEACHER RATIO BY LEVEL OF SCHOOL

单位：人 (person)

年 份 Year	普通高等学校 Institutions of Higher Education		中等学校 Secondary Schools		小 学 Primary Schools	
	教师数 Number of Teachers	平均每个教师负担学生 Student-teacher Ratio	教师数 Number of Teachers	平均每个教师负担学生 Student-teacher Ratio	教师数 Number of Teachers	平均每个教师负担学生 Student-teacher Ratio
1978	8380	4.0	142761	18.4	187061	26.5
1980	10365	4.2	144291	17.4	193787	25.8
1985	13448	4.9	135366	16.4	207256	22.6
1990	15915	5.0	149499	13.4	215735	18.4
1991	15823	5.0	149950	13.3	216342	17.9
1992	15641	5.4	149918	13.2	216377	17.5
1993	15604	6.2	147621	12.7	213823	17.5
1994	16097	6.8	147699	12.8	215222	17.5
1995	16542	6.9	148057	13.6	214944	17.4
1996	16403	7.1	149560	14.1	213124	17.4
1997	15736	7.4	152402	14.5	214807	17.2
1998	15505	8.1	156257	15.3	210954	16.3
1999	15804	9.9	159855	16.3	206807	15.0
2000	16169	12.4	160153	16.9	193113	14.7
2001	18042	15.0	161133	16.9	182929	14.1
2002	23179	14.6	160153	17.2	180900	13.5
2003	28525	13.5	160108	16.6	178122	13.5
2004	32119	14.6	159719	16.4	175274	13.2
2005	35105	15.4	153952	16.1	163204	13.5
2006	36866	16.7	154299	15.1	160511	13.1
2007	39792	16.0	154769	14.9	158918	12.8
2008	41727	16.3	156018	14.5	157436	12.6
2009	43057	16.5	156205	14.2	155025	12.3
2010	44198	16.3	155048	13.9	151344	12.4
2011	44821	15.9	168152	12.4	134479	13.9
2012	45448	15.5	170671	12.0	128792	14.5
2013	46215	15.5	167746	10.3	120214	12.8
2014	46870	15.6	167073	10.0	114606	13.0

17-17 中小学升学及学龄儿童入学情况

STATISTICS OF JUNIOR SECONDARY SCHOOLS AND PRIMARY SCHOOLS ENTERING HIGHER LEVEL SCHOOLS, STATISTICS OF SCHOOL-AGE CHILDREN ENROLLED

单位：万人，%　　(10000 persons, %)

年 份 Year	初 中 毕业生数 Graduates of Junior Secondary Schools	高级中等 学校招生数 Students Entering Senior Secondary Schools	小 学 毕业生数 Graduates of Primary Schools	初级中等 学校招生数 Students Entering Junior Secondary Schools	小学升学率 Percentage of Graduates of Primary Schools Entering Junior Secondary Schools	学 龄 儿童数 School-age Children	已入学学 龄儿童数 School-age Children Enrolled in Schools	学龄儿童 入 学 率 Percentage of School-age Children Enrolled
1978	46.9	24.5	77.4	72.5	93.7	406.7	386.9	95.1
1980	51.5	26.0	76.1	68.5	90.1	417.9	395.1	94.5
1985	42.5	21.7	65.5	56.2	85.8	341.5	333.8	97.7
1990	43.5	20.0	63.6	52.7	82.8	313.1	310.0	99.0
1995	43.5	19.3	63.8	59.4	93.1	347.9	343.9	98.9
1996	42.4	18.4	60.6	57.3	94.6	346.9	345.8	99.7
1997	43.6	20.5	59.1	55.7	94.2	355.9	351.2	98.8
1998	50.0	20.8	74.9	70.3	94.0	334.0	327.7	98.1
1999	49.3	20.3	78.6	74.2	94.4	296.6	292.0	98.4
2000	48.7	18.9	69.8	66.2	95.9	275.1	271.7	98.8
2001	52.8	20.6	63.8	61.0	96.1	248.4	240.6	96.9
2002	52.3	26.3	57.0	56.1	98.4	232.0	226.5	97.6
2003	55.1	28.3	43.8	43.3	98.9	247.2	225.1	91.1
2004	55.6	28.5	46.3	45.9	99.2	232.1	217.8	93.8
2005	57.3	32.6	44.4	43.6	98.2	211.2	207.9	98.4
2006	54.2	36.2	42.7	42.2	98.9	201.2	198.9	98.9
2007	47.7	36.7	40.0	39.8	99.5	196.3	193.7	98.7
2008	44.8	39.2	39.1	39.0	99.7	189.7	188.5	99.4
2009	43.7	41.9	39.0	39.0	99.9	183.1	182.2	99.5
2010	40.5	40.6	36.4	36.4	99.9	181.6	180.0	99.1
2011	39.9	41.8	33.6	33.5	99.8	182.1	181.7	99.8
2012	39.4	39.7	34.7	34.6	99.7	181.7	181.3	99.8
2013	37.3	32.2	33.0	27.9	84.6	145.6	145.5	99.9
2014	27.0	29.0	26.7	26.3	98.5	141.1	141.0	99.9

注：2002起年高级中等学校招生数中新增了成人中专招生数，使相关数据明显增大。
Note:From 2002, the data of senior secondary schools include the data of specialized secondary schools for adults.

17-18 各类技工学校基本情况 (2014年)

STATISTICS ON VARIOUS TECHNICAL SCHOOLS (2014)

单位：人　　(person)

指 标	Item	合 计 Total	地方劳动保障部门办 Local Labor Safeguard Ministries	地方国有经济单位办 Launched by Local State-owned Economic Institution	行业办 Launched by Sector	企业办 Launched by Enterprise	国务院部委办 Ministries of the State Council	其 他 Others
学校数(所)	Number of Schools(unit)	133	66	35	19	16		32
在校学生数	Number of Students	95985	59917	13065	3979	9086		23003
招生数	New Student Enrollment	30150	13351	5427	1774	3653		11372
毕业生数	Graduates	71838	50267	11038	5986	5052		10533
在职教职工数	Teachers and Staff	10789	7401	1854	814	1040		1534
#文化技术理论课教师	#Classroom Teachers	5951	4494	950	470	480		507
生产实习课指导教师	Practical Training Teachers	2014	1306	369	228	141		339

17-19 技工学校数、学生数和教职工数

NUMBER OF TECHNICAL SCHOOLS, STUDENTS, STAFF AND TEACHERS

单位：人　　(person)

年份 Year	学校数（所）Schools (unit)	在校学生数 Student Enrollment	毕业生数 Graduates	招生数 New Student Enrollment	教职工数 Staff and Teachers	#教师数 Teachers
1978	128	25200	4523	19969	4887	1855
1980	217	50731	19969	25529	8941	3670
1985	202	50257	18949	25048	12902	5192
1990	220	95665	32103	33409	18271	7745
1995	220	85809	49100	29608	16179	8002
1996	195	64105	30884	20261	15245	7993
1997	192	62580	30898	22788	14990	7578
1998	168	44107	27155	13903	12595	6667
1999	170	35795	21884	10969	11962	7040
2000	172	28979	13126	9886	9375	5392
2001	166	24939	13379	9769	10429	7966
2002	150	28008	11567	13458	8892	5903
2003	147	31789	11135	17104	9454	7099
2004	135	41411	12318	21591	10833	7620
2005	128	60407	16429	28264	9417	6064
2006	124	68658	17167	32860	9256	6170
2007	121	88076	21775	46796	10457	7465
2008	130	91059	21063	40428	10261	7474
2009	130	101307	25158	44570	11101	8417
2010	133	142109	39697	82949	12316	7982
2011	133	194501	31131	100878	11539	8211
2012	134	225762	55013	94975	12338	8695
2013	134	144221	91463	44647	11671	7987
2014	133	95985	71838	30150	10789	7965

17-20 分地区普通高等学校基本情况(2014年)

BASIC STATISTICS ON REGULAR INSTITUTIONS OF HIGHER EDUCATION BY REGION (2014)

单位：人　　(person)

地区	Region	学校数（所）Schools (unit)	教职工数 Staff and Teachers	#专任教师 Full-time Teachers	#教授 Professors	#副教授 Asso. Prof	招生数 New Student Enrollment	在校生数 Student Enrollment	毕业生数 Graduates	授予学位数 Degrees Conferred
全省	**Total**	**80**	**77000**	**46870**	**7347**	**15173**	**202602**	**727391**	**184167**	**117141**
哈尔滨	harbin	50	53324	32480	5486	10854	140786	506425	126977	83391
齐齐哈尔	Qiqihar	6	4807	3252	337	1027	15016	53770	11749	7296
鸡西	Jixi	1	936	498	81	83	2542	8158	2904	
鹤岗	Hegang	1	426	208	22	116	515	1406	519	
双鸭山	Shuangyashan	1	351	172	19	71	236	1045	598	
大庆	Daqing	5	5930	3481	563	1123	13850	51460	13021	10160
伊春	Yichun	1	371	215	11	74	319	1112	312	
佳木斯	Jiamusi	4	4050	2197	274	688	7850	30204	7858	5515
七台河	Qitaihe	1	185	124	29	40	382	648	182	
牡丹江	Mudanjiang	7	4681	2968	410	802	14799	50211	14399	6068
黑河	Heihe	1	782	518	60	118	2525	9481	2139	2063
绥化	Suihua	1	814	518	37	102	2859	11018	2660	2648
大兴安岭	Daxinganling	1	343	239	18	75	923	2453	849	

17-21 分地区中等专业学校基本情况(2014年)

BASIC STATISTICS ON SPECIALIZED SECONDARY SCHOOLS BY REGION (2014)

单位：人 (person)

地 区	Region	学校数（所）Schools (unit)	教职工数 Staff and Teachers	#专任教师 Full-time Teachers	#副高级以上 Deputy High Above	毕业生数 Graduates	招生数 New Student Enrollment	#初中毕业 Graduate from Senior Secondary Schools	在校生数 Student Enrollment
全 省	**Total**	**74**	**7541**	**4523**	**1459**	**39026**	**31355**	**117012**	**37011**
哈尔滨	harbin	29	2365	1456	427	15880	13099	44531	15083
齐齐哈尔	Qiqihar	7	1015	588	205	5229	3323	15117	6039
鸡 西	Jixi	2	141	92	31	1014	1008	2621	395
鹤 岗	Hegang	3	372	242	103	1287	1018	3982	1158
双鸭山	Shuangyashan	2	47	38		266	256	652	69
大 庆	Daqing	3	396	204	82	468	460	1276	118
伊 春	Yichun	3	547	226	91	2418	703	5994	2445
佳木斯	Jiamusi	7	862	558	128	4167	4054	15337	2516
七台河	Qitaihe					432	432	1683	67
牡丹江	Mudanjiang	7	403	275	53	2732	2263	9199	2427
黑 河	Heihe	4	488	283	120	680	615	2879	1191
绥 化	Suihua	7	905	561	219	3759	3513	12082	5043
大兴安岭	Daxinganling					694	611	1659	460

17-22 分地区普通中学学校数(2014年)

NUMBER OF REGULAR SECONDARY SCHOOLS BY REGION (2014)

单位：所 (unit)

地 区	Region	合 计 Total	#高 中 Senior Secondary Schools	城 区 Urban Areas	#高 中 Senior Secondary Schools	镇 区 Counties and Towns	#高 中 Senior Secondary Schools	乡 村 Rural Areas	#高 中 Senior Secondary Schools
全 省	**Total**	**1947**	**378**	**634**	**209**	**786**	**160**	**527**	**9**
哈尔滨	harbin	486	103	187	63	163	39	136	1
齐齐哈尔	Qiqihar	258	41	63	23	100	18	95	
鸡 西	Jixi	111	26	37	15	46	7	28	4
鹤 岗	Hegang	62	15	31	7	28	8	3	
双鸭山	Shuangyashan	95	16	26	6	53	10	16	
大 庆	Daqing	150	28	74	20	42	8	34	
伊 春	Yichun	57	20	41	15	15	5	1	
佳木斯	Jiamusi	136	24	36	11	68	10	32	3
七台河	Qitaihe	50	10	21	6	16	4	13	
牡丹江	Mudanjiang	130	36	46	17	61	18	23	1
黑 河	Heihe	103	22	17	7	63	15	23	
绥 化	Suihua	271	30	40	15	111	15	120	
大兴安岭	Daxinganling	38	7	15	4	20	3	3	

17-23 分地区普通中学在校学生数(2014年)

NUMBER OF STUDENTS OF REGULAR SECONDARY SCHOOLS BY REGION (2014)

单位：人 (person)

地 区	Region	合 计 Total	#高 中 Senior Secondary Schools	城 区 Urban Areas	#高 中 Senior Secondary Schools	镇 区 Counties and Towns	#高 中 Senior Secondary Schools	乡 村 Rural Areas	#高 中 Senior Secondary Schools
全 省	**Total**	**1483098**	**566805**	**749557**	**326790**	**598046**	**230066**	**135495**	**9949**
哈尔滨	harbin	375538	134757	235017	94378	111813	39614	28708	765
齐齐哈尔	Qiqihar	178797	70742	63417	31142	93964	39600	21416	
鸡 西	Jixi	82555	32042	43740	20588	26629	8827	12186	2627
鹤 岗	Hegang	46595	22077	25438	13103	20955	8974	202	
双鸭山	Shuangyashan	61512	25921	18664	9202	39704	16719	3144	
大 庆	Daqing	156264	60553	95855	40674	49880	19879	10529	
伊 春	Yichun	41769	20330	33533	17677	7583	2653	653	
佳木斯	Jiamusi	104332	41913	49787	22599	45533	15325	9012	3989
七台河	Qitaihe	39326	14651	23987	8795	11684	5856	3655	
牡丹江	Mudanjiang	102044	41738	49587	17119	43305	22051	9152	2568
黑 河	Heihe	64433	25452	21150	8904	41158	16548	2125	
绥 化	Suihua	212064	68123	78580	37024	99071	31099	34413	
大兴安岭	Daxinganling	17869	8506	10802	5585	6767	2921	300	

17-24 分地区普通中学招生数(2014年)

NUMBER OF NEW ENROLLMENT STUDENTS OF REGULAR SECONDARY SCHOOLS BY REGION (2014)

单位：人 (person)

地 区	Region	合 计 Total	#高 中 Senior Secondary Schools	城 区 Urban Areas	#高 中 Senior Secondary Schools	镇 区 Counties and Towns	#高 中 Senior Secondary Schools	乡 村 Rural Areas	#高 中 Senior Secondary Schools
全 省	**Total**	**444861**	**181627**	**218059**	**103411**	**186373**	**74981**	**40429**	**3235**
哈尔滨	harbin	111174	43522	65812	30325	36484	12965	8878	232
齐齐哈尔	Qiqihar	58546	22118	20605	9773	30686	12345	7255	
鸡 西	Jixi	22228	10510	11653	6707	7605	3020	2970	783
鹤 岗	Hegang	13926	6672	7603	3706	6233	2966	90	
双鸭山	Shuangyashan	19976	8664	6190	3150	12689	5514	1097	
大 庆	Daqing	41399	18638	24066	12226	14364	6412	2969	
伊 春	Yichun	13225	6299	10685	5511	2323	788	217	
佳木斯	Jiamusi	34093	13627	16512	7319	14629	4891	2952	1417
七台河	Qitaihe	11008	4781	6095	2744	3880	2037	1033	
牡丹江	Mudanjiang	33948	13448	16327	5345	14607	7300	3014	803
黑 河	Heihe	21154	8592	6931	2943	13426	5649	797	
绥 化	Suihua	58550	22119	22161	11923	27336	10196	9053	
大兴安岭	Daxinganling	5634	2637	3419	1739	2111	898	104	

17-25 分地区普通中学毕业生数(2014年)

NUMBER OF GRADUATES OF REGULAR SECONDARY SCHOOLS BY REGION (2014)

单位：人 (person)

地区	Region	合计 Total	#高中 Senior Secondary Schools	城区 Urban Areas	#高中 Senior Secondary Schools	镇区 Counties and Towns	#高中 Senior Secondary Schools	乡村 Rural Areas	#高中 Senior Secondary Schools
全省	**Total**	**468584**	**198990**	**237952**	**103411**	**188955**	**79670**	**41677**	**3284**
哈尔滨	harbin	121060	45852	72010	30325	37857	13444	11193	134
齐齐哈尔	Qiqihar	59014	23865	21627	9773	30827	13381	6560	
鸡西	Jixi	24898	10624	13093	6707	8092	2839	3713	816
鹤岗	Hegang	15824	8311	8866	3706	6895	3128	63	
双鸭山	Shuangyashan	21776	9399	6495	3150	13923	6529	1358	
大庆	Daqing	45114	22054	28594	12226	14213	7034	2307	
伊春	Yichun	14923	7470	12291	5511	2379	678	253	
佳木斯	Jiamusi	34881	14748	16860	7319	14606	4966	3415	1647
七台河	Qitaihe	11512	4986	7341	2744	3239	1550	932	
牡丹江	Mudanjiang	33555	14570	16150	5345	14717	8248	2688	687
黑河	Heihe	21168	8584	6881	2943	13474	5674	813	
绥化	Suihua	58392	25427	24003	11923	26099	10990	8290	
大兴安岭	Daxinganling	6467	3100	3741	1739	2634	1209	92	

17-26 分地区普通中学教职工数(2014年)

NUMBER OF TEACHERS AND STAFF OF REGULAR SECONDARY SCHOOLS BY REGION (2014)

单位：人 (person)

地区	Region	合计 Total	按城乡分 By Urban and Rural Areas			按主管部门分 By Department			
			城区 Urban Areas	镇区 Counties and Towns	乡村 Rural Areas	教育部门办 Run by Educational Department	其他部门办 Schools Run by Other Department	地方企业办 Run by Local Businesses	民办 Run by Private and Other Social Sources
全省	**Total**	**183497**	**79096**	**75661**	**28740**	**153040**	**23724**	**235**	**6498**
哈尔滨	harbin	44962	25091	13503	6368	38934	1757		4271
齐齐哈尔	Qiqihar	21973	7042	10068	4863	20990	782	39	162
鸡西	Jixi	10958	4331	4386	2241	7951	2638		369
鹤岗	Hegang	6903	3195	3587	121	3929	2559		415
双鸭山	Shuangyashan	8258	2371	5125	762	5835	2298		125
大庆	Daqing	17658	11082	4478	2098	17277	262		119
伊春	Yichun	6281	4719	1392	170	3181	2904	196	
佳木斯	Jiamusi	13371	4410	7029	1932	9209	3714		448
七台河	Qitaihe	4157	2151	1320	686	4018	139		
牡丹江	Mudanjiang	11543	4722	5231	1590	9432	1838		273
黑河	Heihe	10380	2159	7221	1000	6017	4255		108
绥化	Suihua	24019	6394	10822	6803	23233	578		208
大兴安岭	Daxinganling	3034	1429	1499	106	3034			

17-27 分地区普通中学教师数(2014年)

NUMBER OF TEACHERS OF REGULAR SECONDARY SCHOOLS BY REGION (2014)

单位：人 (person)

地区	Region	合计 Total	按城乡分 By Urban and Rural Areas 城区 Urban Areas	镇区 Counties and Towns	乡村 Rural Areas	按主管部门分 By Department 教育部门办 Run by Educational Department	其他部门办 Schools Run by Other Department	地方企业办 Run by Local Businesses	民办 Run by Private and Other Social Sources
全省	**Total**	**154924**	**67446**	**62595**	**24883**	**132007**	**17988**	**179**	**4750**
哈尔滨	harbin	38905	21960	11506	5439	34275	1471		3159
齐齐哈尔	Qiqihar	18209	5898	8399	3912	17411	657	22	119
鸡西	Jixi	9264	3794	3507	1963	6990	1955		319
鹤岗	Hegang	5159	2492	2597	70	3098	1800		261
双鸭山	Shuangyashan	6758	1934	4141	683	4976	1707		75
大庆	Daqing	14874	9003	3922	1949	14565	207		102
伊春	Yichun	5002	3846	1025	131	2567	2278	157	
佳木斯	Jiamusi	10997	3867	5592	1538	7876	2786		335
七台河	Qitaihe	3661	1845	1189	627	3549	112		
牡丹江	Mudanjiang	10027	4072	4553	1402	8472	1365		190
黑河	Heihe	8205	1843	5486	876	4953	3199		53
绥化	Suihua	21566	5804	9560	6202	20978	451		137
大兴安岭	Daxinganling	2297	1088	1118	91	2297			

17-28 分地区小学学校数和在校学生数(2014年)

BASIC STATISTICS ON PRIMARY SCHOOLS AND STUDENTS ENROLLMENT BY REGION (2014)

地区	Region	学校数(所) Number of Schools (unit)	按城乡分 By Urban and Rural Areas 城区 Urban Areas	镇区 Counties and Towns	乡村 Rural Areas	在校学生数(人) Student Enrollment (person)	按城乡分 By Urban and Rural Areas 城区 Urban Areas	镇区 Counties and Towns	乡村 Rural Areas
全省	**Total**	**3115**	**653**	**698**	**1764**	**1486016**	**604846**	**596238**	**284932**
哈尔滨	harbin	620	177	141	302	413809	206431	136323	71055
齐齐哈尔	Qiqihar	843	64	114	665	218784	56577	99072	63135
鸡西	Jixi	72	22	24	26	60744	25133	22336	13275
鹤岗	Hegang	87	52	18	17	36765	19405	16117	1243
双鸭山	Shuangyashan	117	31	43	43	59052	14649	37660	6743
大庆	Daqing	389	74	61	254	127564	60764	40759	26041
伊春	Yichun	65	42	14	9	31421	23043	7552	826
佳木斯	Jiamusi	214	46	57	111	114159	45555	55505	13099
七台河	Qitaihe	52	24	12	16	37047	19611	10674	6762
牡丹江	Mudanjiang	232	54	58	120	107996	52309	37081	18606
黑河	Heihe	125	19	47	59	70198	19758	44249	6191
绥化	Suihua	259	39	89	131	194616	54729	82771	57116
大兴安岭	Daxinganling	40	9	20	11	13861	6882	6139	840

17-29 分地区小学招生数和毕业生数(2014年)

NUMBER OF NEW STUDENTS ENROLLMENT AND GRADUATES OF PRIMARY SCHOOLS BY REGION (2014)

单位：人 (person)

地 区	Region	招生数 Number of New Students Enrollment	按城乡分 By Urban and Rural Areas			毕业生数 Number of Graduates	按城乡分 By Urban and Rural Areas		
			城 区 Urban Areas	镇 区 Counties and Towns	乡 村 Rural Areas		城 区 Urban Areas	镇 区 Counties and Towns	乡 村 Rural Areas
全 省	**Total**	**227120**	**100869**	**85463**	**40788**	**267124**	**108919**	**105533**	**52672**
哈尔滨	harbin	68997	39174	19736	10087	70561	34015	23030	13516
齐齐哈尔	Qiqihar	33156	8980	14682	9494	36167	10348	16457	9362
鸡 西	Jixi	10868	4511	3907	2450	11846	4737	4403	2706
鹤 岗	Hegang	4487	2127	2251	109	7326	3893	3100	333
双鸭山	Shuangyashan	7897	1787	5364	746	11414	3020	6995	1399
大 庆	Daqing	23782	12172	6902	4708	23243	10900	7427	4916
伊 春	Yichun	3639	2747	813	79	6997	5192	1619	186
佳木斯	Jiamusi	15485	6102	7861	1522	20567	8497	9376	2694
七台河	Qitaihe	6787	3885	1752	1150	6108	3256	1749	1103
牡丹江	Mudanjiang	14509	7338	4971	2200	20442	10264	6780	3398
黑 河	Heihe	8361	2419	5343	599	12825	3581	8058	1186
绥 化	Suihua	27509	8766	11178	7565	36617	9673	15233	11711
大兴安岭	Daxinganling	1643	861	703	79	3011	1543	1306	162

17-30 分地区小学教职工数(2014年)

NUMBER OF TEACHERS AND STAFF OF PRIMARY SCHOOLS BY REGION (2014)

单位：人 (person)

地 区	Region	合 计 Total	按城乡分 By Urban and Rural Areas			按主管部门分 By Department			
			城 区 Urban Areas	镇 区 Counties and Towns	乡 村 Rural Areas	教育部门办 Run by Educational Department	其他部门办 Schools Run by Other Department	地方企业办 Run by Local Businesses	民 办 Run by Private and Other Social Sources
全 省	**Total**	**130444**	**43435**	**45290**	**41719**	**121366**	**8259**	**364**	**455**
哈尔滨	harbin	34143	12641	10705	10797	32750	1116		277
齐齐哈尔	Qiqihar	15954	3806	5241	6907	15396	501	57	
鸡 西	Jixi	4697	1634	1571	1492	4460	237		
鹤 岗	Hegang	3959	2296	1105	558	3672	280		7
双鸭山	Shuangyashan	5253	1586	2799	868	4327	905		21
大 庆	Daqing	11171	4117	3156	3898	11171			
伊 春	Yichun	4946	3480	1155	311	2489	2214	243	
佳木斯	Jiamusi	10640	3271	4240	3129	10149	405		86
七台河	Qitaihe	2532	1498	581	453	2435	97		
牡丹江	Mudanjiang	9882	3691	3546	2645	8481	1337		64
黑 河	Heihe	6195	1521	3328	1346	5174	993	28	
绥 化	Suihua	19157	3139	6954	9064	18947	174	36	
大兴安岭	Daxinganling	1915	755	909	251	1915			

17-31 分地区小学专任教师数(2014年)

NUMBER OF FULL-TIME TEACHERS OF PRIMARY SCHOOLS BY REGION (2014)

单位：人 (person)

地 区	Region	合 计 Total	按城乡分 By Urban and Rural Areas			按主管部门分 By Department			
			城 区 Urban Areas	镇 区 Counties and Towns	乡 村 Rural Areas	教育部门办 Run by Educational Department	其他部门办 Schools Run by Other Department	地方企业办 Run by Local Businesses	民 办 Run by Private and Other Social Sources
全 省	**Total**	**114606**	**37500**	**39700**	**37406**	**107492**	**6511**	**262**	**341**
哈尔滨	harbin	30642	11139	9660	9843	29488	956		198
齐齐哈尔	Qiqihar	13779	3335	4719	5725	13320	431	28	
鸡 西	Jixi	4025	1462	1378	1185	3837	188		
鹤 岗	Hegang	2919	1591	917	411	2666	246		7
双鸭山	Shuangyashan	4493	1328	2377	788	3786	695		12
大 庆	Daqing	9883	3473	2715	3695	9883			
伊 春	Yichun	3859	2666	965	228	1909	1766	184	
佳木斯	Jiamusi	9262	3043	3546	2673	8905	285		72
七台河	Qitaihe	2230	1270	533	427	2167	63		
牡丹江	Mudanjiang	9002	3398	3067	2537	7944	1006		52
黑 河	Heihe	5354	1391	2750	1213	4588	742	24	
绥 化	Suihua	17691	2841	6378	8472	17532	133	26	
大兴安岭	Daxinganling	1467	563	695	209	1467			

17-32 分地区幼儿园基本情况(2014年)

BASIC STATISTICS ON KINDERGARTENS BY REGION (2014)

地 区	Region	园 数（个）Number of Kindergartens (unit)	班 数（个）Number of Classes (unit)	幼儿数（人）Student Enrollment (person)	教职工数（人）Staff and Teachers (person)	#专任教师 Full-time Teachers
全 省	**Total**	**5853**	**24972**	**535854**	**55788**	**30865**
哈尔滨	harbin	1441	6753	157162	16600	9027
齐齐哈尔	Qiqihar	947	3369	75527	5806	3351
鸡 西	Jixi	236	1068	24262	2308	1202
鹤 岗	Hegang	156	716	12470	1627	809
双鸭山	Shuangyashan	172	893	20278	2002	1029
大 庆	Daqing	518	2410	52775	6546	3470
伊 春	Yichun	97	521	9733	1367	843
佳木斯	Jiamusi	413	2402	42455	4314	2258
七台河	Qitaihe	141	536	10706	1214	658
牡丹江	Mudanjiang	365	1660	35913	4031	2415
黑 河	Heihe	341	1150	21748	2592	1463
绥 化	Suihua	937	3197	67509	6314	3753
大兴安岭	Daxinganling	89	297	5316	1067	587

17-33 分级各类成人学校基本情况(2014年)

BASIC STATISTICS ON ADULT SCHOOLS BY LEVEL AND TYPE (2014)

单位：人 (person)

学校类别	Category	学校数(所) Schools (unit)	毕业生数 Graduates	招生数 New Student Enrollment	在校生数 Student Enrollment	教职工数 Staff and Teachers	#专任教师 Full-time Teachers
总　计	**Total**	**2647**	**682179**	**28017**	**555340**	**26118**	**19203**
成人高等学校	Adult Education Schools	22	10258	11430	25755	2944	1850
广播电视大学	Radio and TV Universities	2	1089	1276	3002	432	213
职工高等学校	Schools of Higher Education for Staff and Workers	13	3027	1954	6239	1165	731
管理干部学院	College for Management Cadres	3	2747	2684	5597	708	422
教育学院	Pedagogical Colleges	4	3395	5516	10917	639	484
成人中等学校	Secondary Schools for Adults	2415	661130	16587	519032	22911	17146
中等专业学校	Specialized Secondary Schools for Adults	154	26813	16587	52968	5933	4784
成人中学	Secondary Schools for Adults	122	10619		11231	2709	2572
职工中学	Secondary Schools for Staff and Workers	32	1651		2640	2387	2332
农民中学	Secondary Schools for Peasants	90	8968		8591	322	240
成人技术培训学校	Technical Training Schools for Adults	2139	623698		454833	14269	9790
职工技术培训学校(机构)	Worker's Technical Training School	100	33044		34779	2358	1730
农村成人文化技术培训学校(机构)	Rural Culture & Technology Training School(Institution)	1218	315048		206695	5131	2517
其他培训机构(含社会培训机构)	Other Training School	821	275606		213359	6780	5543
成人初等学校	Primary Schools for Adults	210	10791		10553	263	207
职工小学	Primary School for Employee						
民办小学	Primary Schools for Peasants	210	10791		10553	263	207
#扫盲班	#Literacy Courses	6	917		82	55	44

17-34 分级各类成人学校在校学生数

STUDENT ENROLLMENT IN ADULT SCHOOLS BY LEVEL AND TYPE

单位：万人 (10000 persons)

学校类别	Category	2010	2011	2012	2013	2014
成人高等学校	**Adult Education Schools**	**2.5**	**2.4**	**2.5**	**2.6**	**2.6**
广播电视大学	Radio and TV Universities	0.4	0.4	0.3	0.3	0.3
职工高等学校	Schools of Higher Education for Staff and Workers	1.0	0.9	0.9	0.8	0.6
管理干部学院	College for Management Cadres	0.6	0.5	0.6	0.6	0.6
教育学院	Pedagogical Colleges	0.6	0.6	0.7	1.0	1.1
成人中等学校	**Secondary Schools for Adults**	**62.9**	**68.9**	**54.3**	**58.3**	**51.9**
中等专业学校	Specialized Secondary Schools for Adults	10.9	8.1	6.4	6.1	5.3
成人中学	Secondary Schools for Adults	2.9	3.1	2.2	1.5	1.1
成人技术培训学校	Technical Training Schools for Adults	49.1	57.6	45.7	50.7	45.5
成人初等学校	**Primary Schools for Adults**	**0.5**	**3.2**	**1.7**	**1.2**	**1.1**
职工小学	Primary School for Employee					
民办小学	Primary Schools for Peasants	0.5	3.2	1.7	1.2	1.1
#扫盲班	#Literacy Courses	0.1	0.1	0.2		

17-35 科技活动基本情况

BASIC STATISTICS ON SCIENTIFIC AND TECHNOLOGICAL ACTIVITIES

指　　标	Item	2010	2011	2012	2013	2014
单位基本情况	**Basic Statistics on Unit**					
单位数(个)	Number of Unit(unit)	893	945	997	957	927
有R&D活动单位数(个)	Number of Unit With R&D Activities(unit)	347	372	373	253	238
研究与试验发展(R&D)投入情况	**Statistics on R&D Input**					
R&D人员全时当量(人年)	Full-time Equivalent of R&D Personnel(man-year)	54430	56410	57206	53305	52705
#基础研究	#Basic Research	7352	8011	9427	10374	9653
应用研究	Applied Research	7689	6870	8180	8074	7784
试验发展	Experimental Development	37188	41528	39589	34855	35202
R&D经费内部支出(万元)	Expenditure on R&D(10000 yuan)	1079458	1164377	1296006	1154167	1116031
#基础研究	#Basic Research	68190	119461	128558	150882	115016
应用研究	Applied Research	163656	181618	226403	255185	282387
试验发展	Experimental Development	825786	863297	941045	748098	718628
#政府资金	#Government Appropriation Funds	326038	344210	491042	348310	309213
企业资金	Self-raised Funds by Enterprises	710139	789494	770716	773422	746347
R&D经费内部支出相当于地区生产总值比例(%)	Proportion of R&D Expenditure to GDP(%)	1.05	0.93	0.95	0.80	0.74
R&D项目(课题)情况	**Statistics on R&D Topics**					
R&D项目(课题)数(项)	Projects of R&D(item)	20785	20546	22672	23582	23470
R&D项目(课题)人员全时当量(人年)	Participants(man-year)	45938	49691	51313	49414	47871
R&D项目(课题)经费内部支出(万元)	Intramural Expenditure(10000 yuan)	803224	828370	979215	923712	897851
科技产出及成果情况	**Statistics on S&T Outputs and Results**					
发表科技论文(篇)	Scientific Papers Issued(piece)	40212	45933	41954	42028	44407
出版科技著作(种)	Publication on Science and Technology(kind)	903	1595	1511	1471	932
科技成果登记数(项)	Number of Major Achievements(item)	1453	1376	1461	1472	1479
国家技术发明奖(项)	State Technological Invention Award(item)	2	4	5	4	8
国家科学技术进步奖(项)	National Science and Technology Progress Award(item)	20	8	12	12	21
专利申请受理数(件)	Number of Patent Applications Accepted(piece)	10296	23432	30610	10161	9428
#发明专利	#Inventions	4072	5063	7068	5116	5193
专利申请授权数(件)	Number of Patent Applications Granted(piece)	6803	12236	20261	5087	4298
#发明专利	#Inventions	1518	1953	2427	1636	1693
技术市场情况	Basic Statistics on Technical Market					
成交技术合同(件)	Number of Technical Contracts Completed (piece)	1985	1918	2772	2581	2134
技术市场成交额(亿元)	Transaction Value in Technical Market(100 million yuan)	53.4	62.1	100.5	112.2	121

17-36 科学研究与开发机构基本情况

BASIC STATISTICS ON RESEARCH AND DEVELOPMENT INSTITUTIONS

指　标	Item	2010	2011	2012	2013	2014
机构基本情况	**Basic Statistics on Institutions**					
机构数(个)	Number of R&D Institutions(unit)	228	228	226	226	226
#中央属	#Subordinated to Central Level	18	18	16	16	16
地方属	Subordinated to Local Level	210	210	210	210	210
研究与试验发展(R&D)投入情况	**Statistics on R&D Input**					
R&D人员(人)	R&D Personnel(person)	7440	7618	7677	7710	7739
R&D人员全时当量(人年)	Full-time Equivalent of R&D Personnel(man-year)	6897	7169	7099	7591	7686
#基础研究	#Basic Research	809	904	1076	1374	1212
应用研究	Applied Research	1996	1424	2192	2239	2375
试验发展	Experimental Development	4092	4841	3831	3978	4099
R&D经费内部支出(万元)	Expenditure on R&D(10000 yuan)	105627	119871	144408	150448	161622
#基础研究	#Basic Research	10164	17463	24407	22768	25846
应用研究	Applied Research	28631	29869	40316	40491	42287
试验发展	Experimental Development	66831	72538	79686	87189	93490
#政府资金	#Government Appropriation Funds	87231	96823	116722	117118	113682
企业资金	Self-raised Funds by Enterprises	5143	5590	9851	16263	7719
R&D项目(课题)情况	**Statistics on R&D Topics**					
R&D项目(课题)数(项)	Projects of R&D(item)	2040	2001	1901	2050	2066
R&D项目(课题)人员全时当量(人年)	Participants(man-years)	5648	5953	6829	6966	6216
R&D项目(课题)经费内部支出(万元)	Intramural Expenditure(10000 yuan)	43886	50620	58427	63569	59811
科技产出及成果情况	**Statistics on S&T Outputs and Results**					
发表科技论文(篇)	Scientific Papers Issued(piece)	3759	4626	3781	3835	3791
#国外发表	#Published in Foreign Periodicals	154	353	275	356	512
出版科技著作(种)	Publication on Science and Technology(kind)	79	132	129	127	103
专利申请受理数(件)	Number of Patent Applications Accepted(piece)	356	522	688	578	521
#发明专利	#Inventions				290	235
专利申请授权数(件)	Number of Patent Applications Granted(piece)	200	249	448	363	378
#发明专利	#Inventions				153	117

17-37 高等学校科技活动情况

BASIC STATISTICS ON HIGHER EDUCATION FOR SCIENTIFIC AND TECHNOLOGICAL ACTIVITIES

指 标	Item	2010	2011	2012	2013	2014
机构基本情况	**Basic Statistics on Institutions**					
学校数(个)	Number of Schools(unit)	94	94	90	93	83
#理工农医	#Science, Agricultural, Medicine	53	54	54	54	46
#人文社科	#Humanities and Social Sciences	41	40	36	39	37
R&D机构(个)	R&D Institutions(unit)	274	278	304	288	267
研究与试验发展(R&D)投入情况	**Statistics on R&D Input**					
R&D人员全时当量(人年)	Full-time Equivalent of R&D Personnel(man-year)	15066	12939	15175	15267	14076
#基础研究	#Basic Research	6543	7107	8493	9000	8441
应用研究	Applied Research	5693	5446	6260	5816	5221
试验发展	Experimental Development	629	385	422	449	348
R&D经费内部支出(万元)	Expenditure on R&D(10000 yuan)	245380	270335	312084	363449	340561
#基础研究	#Basic Research	58026	101998	105341	128114	89170
应用研究	Applied Research	135025	151749	190116	214054	238823
试验发展	Experimental Development	30504	16588	16627	21279	12567
#政府资金	#Government Appropriation Funds	153294	159855	200274	209214	170908
企业资金	Self-raised Funds by Enterprises	91694	106034	106822	148880	166922
R&D项目(课题)情况	**Statistics on R&D Topics**					
R&D项目(课题)数(项)	Projects of R&D(item)	14632	14631	16988	18203	18100
R&D项目(课题)人员全时当量(人年)	Participants(man-year)	12865	12937	14925	15264	14012
R&D项目(课题)经费内部支出(万元)	Intramural Expenditure(10000 yuan)	219950	220256	287615	299994	317633
科技产出及成果情况	**Statistics on S&T Outputs and Results**					
发表科技论文(篇)	Scientific Papers Issued(piece)	36453	37564	37450	35282	37358
#国外发表	#Published in Foreign Periodicals	11042	12673	11071	10810	12669
出版科技著作(种)	Publication on Science and Technology(kind)	824	1463	1419	1344	829
专利申请受理数(件)	Number of Patent Applications Accepted(piece)	2920	4217	7054	6998	6497
#发明专利	#Inventions				3868	3974
专利申请授权数(件)	Number of Patent Applications Granted(piece)	1400	2324	4084	4724	3920
#发明专利	#Inventions				1483	1576

17-38 大中型工业企业科技活动基本情况

BASIC STATISTICS ON SCIENCE AND TECHNOLOGY ACTIVITIES OF LARGE AND MEDIUM-SIZED INDUSTRIAL ENTERPRISES

指　　标	Item	2010	2011	2012	2013	2014
企业基本情况	**Basic Statistics on Enterprises**					
企业数(个)	Number of Enterprises(unit)	571	623	635	638	618
有R&D活动企业数(个)	Number of Enterprises With R&D Activities(unit)	118	135	144	111	115
R&D活动情况	**R&D Activities**					
R&D人员全时当量(人年)	R&D Personnel Full-time Equivalent(man-year)	32467	36302	33592	30447	30943
R&D经费内部支出(万元)	Intramural Expenditure(10000 yuan)	728451	774171	856410	640270	613848
R&D经费内部支出与主营业务收入之比(%)	Ratio of R&D Internal Expenditure and Main Business Income(%)	0.99	0.96	1.00	0.75	0.73
R&D项目数(项)	Projects(item)	4113	3914	3853	3329	3304
R&D项目经费内部支出(万元)	Internal Expenditure of R&D Project Funds(10000 yuan)	539388	557493.5	642154	560149	520407
企业办R&D机构情况	**Basic Statistics on Companies Organized R&D institutions**					
机构数(个)	Number of Institutions(unit)	155	152	154	113	117
机构人员数(人)	Personnel(person)	22496	20584	16224	18891	18952
机构经费支出(万元)	Expenditures(10000 yuan)	326658	307326	373370	274680	277119
新产品开发及生产情况	**Statistics onNew Product Development and Production**					
新产品开发项目数(个)	Number of New Product Development Projects(unit)	3280	3109	2865	2315	2430
新产品开发经费支出(万元)	New Product Development Expenditure(10000 yuan)	702387	664119	704050	456729	489594
新产品销售收入(万元)	New Product Sales(10000 yuan)	5519335	5311872	5190962	4892842	4389898
#新产品出口	#Exports	284742	306910	526974	381943	267354
技术获取和技术改造情况	**Statistics on Technology Acquisition and Transformation**					
引进国外技术经费支出(万元)	Introduction of Foreign Technology Expenditure(10000 yuan)	59939	45408	42154	19602	19453
引进技术消化吸收经费支出(万元)	Digestion and Absorption of Imported Technology Expenditurc(10000 yuan)	38560	19138	12447	5348	2177
购买国内技术经费支出(万元)	Purchase of Technology Expenditure(10000 yuan)	9351	7436	6244	6554	3135
技术改造经费支出(万元)	Technological Innovation Expenditure(10000 yuan)	737803	678131	649875	461580	384971

17-39 按登记注册类型分规模以上工业企业研究与试验发展(R&D)活动及专利情况(2014年)

STATISTICS ON R&D ACTIVITIES AND PATENTS OF INDUSTRIAL ENTERPRISES ABOVE DESIGNATED SIZE BY REGISTRATION STATUS(2014)

登记注册类型	Status of Registration	R&D人员全时当量(人年) Full-time Equivalent of R&D Personnel (man-year)	R&D经费内部支出(万元) Expenditure on R&D (10000 yuan)	R&D项目数(项) R&D Projects (unit)	专利申请数(件) Number of Patent Applications (piece)	#发明专利 Inventions	有效发明专利数(件) Number of Inventions In Force (piece)
合 计	**Total**	**34228.8**	**686261.7**	**3908**	**3614**	**1470**	**2602**
#大中型工业企业	Large and Medium-sized Industrial Enterprises	30942.8	613848.0	3304	2410	984	1819
内资企业	Domestic Funded Enterprises	31352.8	632620.2	3574	3310	1314	2398
国有企业	State-owned Enterprises	635.5	7008.5	56	18	11	30
集体企业	Collective-owned Enterprises				20	2	12
股份合作企业	Cooperative Enterprises	33.0	458.0	5	6		3
联营企业	Joint Ownership Enterprises						
国有联营企业	State Joint Ownership Enterprises						
有限责任公司	Limited Liability Corporations	22761.0	504157.5	2748	2035	884	1570
国有独资公司	State Sole Funded Corporations	1350.1	20121.8	154	289	147	178
股份有限公司	Share-holding Corporations Ltd.	6639.8	90202.0	550	530	213	371
私营企业	Private Enterprises	1283.5	30794.2	215	701	204	412
其他企业	Other Enterprises						
港、澳、台商投资企业	Enterprises with Funds from Hong Kong, Macao and Taiwan	407.7	16341.4	116	108	83	33
合资经营企业	Joint-venture Enterprises	171.0	2408.2	32	32	16	22
合作经营企业	Cooperative Enterprises						
独资经营企业	Enterprises with Sole Fund	236.7	13933.2	84	76	67	11
投资股份有限公司	Share-holding Corporations Ltd.						
外商投资企业	Foreign Funded Enterprises	2468.3	37300.1	218	196	73	171
中外合资经营企业	Joint-venture Enterprises	2330.6	34449.6	207	162	63	142
中外合作经营企业	Cooperation Enterprises						
外资企业	Enterprises with Sole Fund	95.3	2384.5	9	34	10	16
外商投资股份有限公司	Share-holding Corporations Ltd.	42.3	466.0	2			13

17-40 按行业分规模以上工业企业研究与试验发展(R&D)活动及专利情况(2014年)

STATISTICS ON R&D ACTIVITIES AND PATENTS OF INDUSTRIAL ENTERPRISES ABOVE DESIGNATED SIZE BY INDUSTRIAL SECTOR(2014)

登记注册类型	Status of Registration	R&D人员全时当量(人年) Full-time Equivalent of R&D Personnel (man-year)	R&D经费内部支出(万元) Expenditure on R&D (10000 yuan)	R&D项目数(项) R&D Projects (unit)	专利申请数(件) Number of Patent Applications (piece)	#发明专利 Inventions	有效发明专利数(件) Number of Inventions In Force (piece)
全省总计	**Total**	**34228.8**	**686261.7**	**3908**	**3614**	**1470**	**2602**
煤炭开采和洗选业	Mining and Washing of Coal	584.7	9200.1	56	46	1	54
石油和天然气开采业	Extraction of Petroleum and Natural Gas	11869.4	249981.3	1243	232	70	474
黑色金属矿采选业	Mining and Processing of Ferrous Metal Ores						
有色金属矿采选业	Mining and Processing of Non-ferrous Metal Ores	1.4	83.8	1	1		
非金属矿采选业	Mining and Processing of Non-metal Ores						
农副食品加工业	Processing of Food from Agricultural Products	185.8	7976.4	41	56	23	37
食品制造业	Manufacture of Foods	83.0	1939.1	20	19	12	30
酒、饮料和精制茶制造业	Manufacture of Liquor, Beverages and Refined Tea	114.0	3364.1	26	14	10	7
烟草制品业	Manufacture of Tobacco	24.4	1155.8	6	3	1	2
纺织业	Manufacture of Textile	43.0	409.7	4			
纺织服装、服饰业	Manufacture of Textile, Wearing Apparel and Accessories						
皮革、毛皮、羽毛及其制品和制鞋业	Manufacture of Leather, Fur, Feather and Related Products and Footwear						
木材加工和木、竹、藤、棕、草制品业	Processing of Timber, Manufacture of Wood, Bamboo, Rattan, Palm and Straw Products	8.5	173.0	2	35	11	15
家具制造业	Manufacture of Furniture	29.1	472.8	8	103	51	2
造纸及纸制品业	Manufacture of Paper and Paper Products	70.2	1834.4	20			15
印刷和记录媒介复制业	Printing and Reproduction of Recording Media	64.9	791.7	13	7	3	2
文教、工美、体育和娱乐用品制造业	Manufacture of Articles for Culture, Education, Arts and Crafts, Sport and Entertainment Activities						
石油加工、炼焦及核燃料加工业	Processing of Petroleum, Coking and Processing of Nuclear Fuel	349.2	16704.9	23	69	20	104
化学原料及化学制品制造业	Manufacture of Raw Chemical Materials and Chemical Products	821.4	14347.9	63	126	63	112
医药制造业	Manufacture of Medicines	3781.3	60338.8	582	374	239	317
化学纤维制造业	Manufacture of Chemical Fibre	26.0	319.3	5	7	7	3
橡胶和塑料制品业	Manufacture of Rubber and Plastics Products	287.4	14199.9	99	126	86	65
非金属矿物制品业	Manufacture of Non-metallic Mineral Products	437.0	12229.2	35	96	43	77
黑色金属冶炼和压延加工业	Smelting and Pressing of Ferrous Metals	403.1	25694.6	64	26	15	106
有色金属冶炼和压延加工业	Smelting and Pressing of Non-ferrous Metals	353.9	7734.6	58	44	31	99
金属制品业	Manufacture of Metal Products	304.6	2487.5	64	39	29	24
通用设备制造业	Manufacture of General Purpose Machinery	7296.2	144002.9	550	662	274	308
专用设备制造业	Manufacture of Special Purpose Machinery	693.3	15744.1	185	310	48	180
汽车制造业	Manufacture of Automobiles	875.7	11133.2	68	116	21	20
铁路、船舶、航空航天和其他运输设备制造业	Manufacture of Railway, Ship, Aerospace and Other Transport Equipments	2037.5	32418.5	345	225	93	185
电气机械和器材制造业	Manufacture of Electrical Machinery and Apparatus	1572.8	38213.3	158	289	122	175
计算机、通信和其他电子设备制造业	Manufacture of Computers, Communication and Other Electronic Equipment	432.4	3910.4	25	111	25	27
仪器仪表制造业	Instruments and Meters	503.6	6222.9	45	162	35	83
其他制造业	Other Manufacturing	57.5	575.4	4	9	4	3
金属制品、机械和设备修理业	Repair Service of Metal Products, Machinery and Equipment				8	1	8
电力、热力生产和供应业	Production and Supply of Electric Power and Heat Power	871.2	2141.9	88	263	125	63
燃气生产和供应业	Production and Supply of Gas	40.4	278.7	5	2	2	
水的生产和供应业	Production and Supply of Water	4.9	111.5	1			2

17-41 按登记注册类型分规模以上工业企业新产品开发及生产情况(2014年)

NEW PRODUCTS DEVELOPMNET AND PRODUCTION OF INDUSTRIAL ENTERPRISES ABOVE DESIGNATED SIZE BY REGISTRATION STATUS(2014)

登记注册类型	Status of Registration	新产品项目数(项) New Products (unit)	开发新产品经费(万元) Expenditure on New Products Development (10000 yuan)	新产品销售收入(万元) Sales Revenue of New Products (10000 yuan)	#出口 Exports
合　计	**Total**	**3145**	**572387.3**	**4853250.4**	**274350.8**
#大中型工业企业	#Large and Medium-sized Industrial Enterprises	2430	489594.3	4389898.0	267353.9
内资企业	Domestic Funded Enterprises	2872	443579.3	4316204.2	246340.7
国有企业	State-owned Enterprises	67	7129.3	24513.7	
集体企业	Collective-owned Enterprises	3	218.2		
股份合作企业	Cooperative Enterprises	3	310.5	2580.0	1420.0
联营企业	Joint Ownership Enterprises				
国有联营企业	State Joint Ownership Enterprises				
有限责任公司	Limited Liability Corporations	1866	308369.8	2918990.5	189039.6
国有独资公司	State Sole Funded Corporations	129	21355.1	196204.9	10811.4
股份有限公司	Share-holding Corporations Ltd.	650	83184.3	911225.5	51015.4
私营企业	Private Enterprises	282	44182.2	458894.5	4865.7
其他企业	Other Enterprises	1	185.0		
港、澳、台商投资企业	Enterprises with Funds from Hong Kong, Macao and Taiwan	110	15073.0	198207.3	
合资经营企业	Joint-venture Enterprises	25	1314.8	13313.4	
合作经营企业	Cooperative Enterprises				
独资经营企业	Enterprises with Sole Fund	85	13758.2	184893.9	
投资股份有限公司	Share-holding Corporations Ltd.				
外商投资企业	Foreign Funded Enterprises	163	113735.0	338838.9	28010.1
中外合资经营企业	Joint-venture Enterprises	141	108500.6	296173.7	28010.1
中外合作经营企业	Cooperation Enterprises				
外资企业	Enterprises with Sole Fund	17	3731.2	29589.2	
外商投资股份有限公司	Share-holding Corporations Ltd.	5	1503.2	13076.0	

17-42 按行业分规模以上工业企业新产品开发及生产情况(2014年)

NEW PRODUCTS DEVELOPMNET AND PRODUCTION OF INDUSTRIAL ENTERPRISES ABOVE DESIGNATED SIZE BY INDUSTRIAL SECTOR(2014)

登记注册类型	Status of Registration	新产品项目数(项) New Products (unit)	开发新产品经费(万元) Expenditure on New Products Development (10000 yuan)	新产品销售收入(万元) Sales Revenue of New Products (10000 yuan)	#出口 Exports
全省总计	**Total**	**3145**	**572387.3**	**4853250.4**	**274350.8**
煤炭开采和洗选业	Mining and Washing of Coal	12	2821.6		
石油和天然气开采业	Extraction of Petroleum and Natural Gas	224	23600.2	45554.4	
黑色金属矿采选业	Mining and Processing of Ferrous Metal Ores				
有色金属矿采选业	Mining and Processing of Non-Ferrous Metal Ores				
非金属矿采选业	Mining and Processing of Non-metal Ores				
农副食品加工业	Processing of Food from Agricultural Products	54	10119.0	50923.6	85.0
食品制造业	Manufacture of Foods	25	2995.5	24267.0	2423.3
酒、饮料和精制茶制造业	Manufacture of Liquor, Beverages and Refined Tea	5	3183.8	25498.8	
烟草制品业	Manufacture of Tobacco	9	1728.5	1924.4	
纺织业	Manufacture of Textile	4	508.6	1100.0	1100.0
纺织服装、服饰业	Manufacture of Textile, Wearing Apparel and Accessories				
皮革、毛皮、羽毛及其制品和制鞋业	Manufacture of Leather, Fur, Feather and Related Products and Footwear				
木材加工和木、竹、藤、棕、草制品业	Processing of Timber, Manufacture of Wood, Bamboo, Rattan, Palm and Straw Products	2	1357.1	115.0	
家具制造业	Manufacture of Furniture	9	523.2	236.0	
造纸及纸制品业	Manufacture of Paper and Paper Products	20	1834.4	121453.9	10811.4
印刷和记录媒介复制业	Printing and Reproduction of Recording Media	13	1232.9	4120.2	
文教、工美、体育和娱乐用品制造业	Manufacture of Articles for Culture, Education, Arts and Crafts, Sport and Entertainment Activities				
石油加工、炼焦及核燃料加工业	Processing of Petroleum, Coking and Processing of Nuclear Fuel	45	10232.0	101842.0	
化学原料及化学制品制造业	Manufacture of Raw Chemical Materials and Chemical Products	60	19560.1	296848.6	446.9
医药制造业	Manufacture of Medicines	580	62562.6	213374.0	1630.5
化学纤维制造业	Manufacture of Chemical Fibres	5	319.3	373.0	
橡胶和塑料制品业	Manufacture of Rubber and Plastics Products	102	14926.1	175304.9	
非金属矿物制品业	Manufacture of Non-metallic Mineral Products	38	10945.7	49313.8	2688.5
黑色金属冶炼和压延加工业	Smelting and Pressing of Ferrous Metals	56	18652.6	472576.0	19942.4
有色金属冶炼和压延加工业	Smelting and Pressing of Non-ferrous Metals	71	13752.4	81175.3	
金属制品业	Manufacture of Metal Products	75	3793.4	20102.9	76.3
通用设备制造业	Manufacture of General Purpose Machinery	560	132942.7	1621101.5	50040.7
专用设备制造业	Manufacture of Special Purpose Machinery	295	28923.4	170612.6	9156.3
汽车制造业	Manufacture of Automobiles	86	84428.2	410554.5	
铁路、船舶、航空航天和其他运输设备制造业	Manufacture of Railway, Ship, Aerospace and Other Transport Equipments	358	34136.9	409767.5	128013.7
电气机械和器材制造业	Manufacture of Electrical Machinery and Apparatus	256	70823.0	521936.5	47276.4
计算机、通信和其他电子设备制造业	Manufacture of Computers, Communication and Other Electronic Equipment	42	5921.5	14363.5	
仪器仪表制造业	Manufacture of Measuring Instruments and Machinery	74	7487.2	17311.3	659.4
其他制造业	Other Manufacture	8	1080.8		
金属制品、机械和设备修理业	Repair Service of Metal Products, Machinery and Equipment			1499.2	
电力、热力生产和供应业	Production and Supply of Electric Power and Heat Power	49	1398.1		
燃气生产和供应业	Production and Supply of Gas				
水的生产和供应业	Production and Supply of Water				

17-43 三项专利受理和授权情况

THREE TYPES OF PATENT APPLICATIONS EXAMINED AND GRANTED

单位：件 (item)

项　目	Item	2010	2011	2012	2013	2014
受理专利数	**Number of Patent Applications Examined**	**10296**	**23432**	**30610**	**32264**	**31856**
发　明	Inventions	4072	5063	7068	10338	13468
实用新型	Utility Models	4813	9704	13359	16118	14557
外观设计	Designs	1384	8665	10183	5808	3831
授权专利数	**Number of Patent Applications Certified**	**6803**	**12236**	**20261**	**19819**	**15412**
发　明	Inventions	1518	1953	2427	2238	2454
实用新型	Utility Models	4402	5855	9680	12435	11036
外观设计	Designs	883	4428	8154	5146	1922
在受理专利中	**In Patent Applications Examined**					
个　人	Individual	3938	14014	14198	12023	7974
大专院校	Universities and Colleges	2920	4217	7054	8791	9112
科研单位	Research Institutions	356	522	688	919	982
企　业	Enterprises	3011	4582	8509	10433	13586
机关团体	Government Agencies and Organizations	44	97	161	98	202
在授权专利中	**In Patent Applications Certified**					
个　人	Individual	3287	7176	12049	9702	5447
大专院校	Universities and Colleges	1400	2324	4084	5439	5201
科研单位	Research Institutions	200	249	448	467	448
企　业	Enterprises	1883	2441	3581	4165	4255
机关团体	Government Agencies and Organizations	33	46	99	1	61

17-44 科学技术协会机构和人员数

NUMBER OF INSTITUTIONS AND EMPLOYED PERSONS OF ASSOCIATIONS FOR SCIENCE AND TECHNOLOGY

项　目	Item	2010	2011	2012	2013	2014
机构数(个)	**Number of Associations or Learned Societies (unit)**					
科协合计	Total Number of Associations for Science and Technology	80	80	80	140	140
省　级	Provincial Level	1	1	1	1	1
市地级	City Level	13	13	13	13	13
县　级	County Level				126	126
学会合计	Total Number of Learned Societies	141	142	140	144	144
省　级	Provincial Level	141	142	140	144	144
地市级	City Level					
人员数(人)	**Personnel (person)**					
科协合计	Total Number of Associations for Science and Technology	631	600	817	892	899
#科学家和工程师	#Scientists and Engineers					
省　级	Provincial Level	35	36	254	251	262
市地级	City Level	181	143	146	198	211
县　级	County Level	415	421	417	443	426
学会理事	Members of Boards of Directors	3874	5469	5259	4776	3969
#高级职称	#Members with Senior Titles					
省　级	Provincial Level	3874	5469	5259	4776	3969
市地级	City Level					

17-45 科协系统科技活动情况

BASIC STATISTICS ON SCIENTIFIC AND TECHNOLOGICAL ACTIVITIES OF ASSOCIATIONS FOR SCIENCE AND TECHNOLOGY

项　目	Item	2010	2011	2012	2013	2014
学术活动	**Academic Activities**					
国内学术会议次数(次)	Domestic Academic Meeting(times)	101	251	599	515	426
参加人数(人次)	Number of Participants(person-times)	11782	17574	38240	35655	46824
交流学术论文(篇)	Number of Papers Presented(piece)	4449	9736	8637	12643	7040
科技培训	**Training Program**					
一般培训班培训人数(万人次)	Number of Persons Trained in Training Classes (10000 person-times)	75	128	270	239	223
科普活动	**Activities for Popular Science**					
科普讲座次数(次)	Number of Lectures(times)	3486	5255	15326	8149	25445
听讲人数(万人次)	Number of Participants(10000 person-times)	181	209	474	343	442
科普展览次数(次)	Number of Exhibitions(times)	1676	2178		1519	2357
参观人数(万人次)	Number of Participants(10000 person-times)	206	274		94	64
青少年科技竞赛次数(次)	Number of Teenagers Participating in Science and Technology Competitions(times)	219	256	416	449	346
科技出版	**Publications**					
科技报纸(种)	Number of Newspapers(kind)	2	3		3	6
发行量(万份)	Number of Issue(10000 shares)	334	295		200	191
科技期刊(种)	Number of Academic Journals(kind)	9	26	26	18	17
发行量(万册)	Number of Issue(10000 copies)	96	49	121	99	113
论文集(种)	Number of Copies Distributed(kind)	5	17			
发行量(万册)	Number of Issue(10000 copies)	0.3	0.5			

17-46 公有经济企业专业技术人才基本情况(年底数)

NUMBER OF SCIENTIFIC AND TECHNICAL PERSONNEL IN STATE-OWNED AND COLLECTIVE-OWNED ENTERPRISES AT YEAR-END

单位：人　　(person)

类　别	Category	合　计 Total		#高级职称 Members with Senior Titles		#中级职称 Members with Secondary Titles	
		2013	2014	2013	2014	2013	2014
总　计	**Total**	**140341**	**144931**	**19075**	**19503**	**46484**	**51610**
工程技术人员	Engineering	53084	56458	8087	8192	17011	20745
农业技术人员	Agriculture	11166	14346	661	684	2897	5389
科学技术人员	Scientific Research	191	312	69	83	105	110
卫生技术人员	Health Care	13551	13432	2334	2524	4710	4669
教学人员	Teaching	10919	10505	1360	1349	5408	5068
其　它	Economy	51430	49878	6564	6671	16353	15629

17-47 事业单位专业技术人才基本情况(2014年)

BASIC STATISTICS ON PROFESSIONAL AND TECHNICAL PERSONNEL IN INSTITUTIONS (2014)

单位：人　　(person)

类　别	Category	学　历 Academic				
		研究生 Graduate	大学本科 Undergraduate	大学专科 College	中专 Secondary	高中及以下 High school and below
总　计	**Total**	**33841**	**316486**	**185142**	**64995**	**3656**
工程技术人员	Engineering	2086	24646	19385	5443	900
农业技术人员	Agriculture	438	10053	14154	4331	116
科学技术人员	Scientific Research	2568	4089	946	176	26
卫生技术人员	Health Care	7769	53278	34347	26639	1061
教学人员	Teaching	19374	200717	102260	24250	864
其　它	Economy	1606	23703	14050	4156	689

17-48 地方国有企事业单位五大类专业技术人员数

NUMBER OF SCIENTIFIC AND TECHNICAL PERSONNEL IN LOCAL STATE-DWNED ENTERPRISES AND INSTITUTIONS

单位：人　　(person)

年　份 Year	合　计 Total	工　程技术人员 Engineering	农　业技术人员 Agriculture	卫　生技术人员 Health Care	科　学研究人员 Scientific Research	教　学人　员 Teaching
1990	394936	173781	31010	112878	4873	72394
1995	660685	176636	28672	119136	4885	331356
1996	674304	173885	29181	123875	4889	342474
1997	687448	174120	29795	126429	5107	351997
1998	704590	176209	31968	127156	5808	363449
1999	733932	183370	30466	133307	5398	381391
2000	737890	182346	31134	135295	5252	383863
2001	737459	175644	29905	132167	5069	394674
2002	716539	158157	29564	130269	5047	393502
2003	716404	155432	30731	132671	5694	391876
2004	640340	127635	28149	123452	3251	357853
2005	652998	118318	28008	132515	6244	367913
2006	659834	115626	28653	130183	7043	378329
2007	678115	116311	32285	137244	7448	384827
2008	683084	111820	34084	140072	6955	390153
2009	688324	116152	35310	141749	5898	389215
2010	676844	114200	36220	137487	5027	383910
2011	692097	117109	36121	154820	6638	377409
2012	637316	99522	38198	132778	6911	359907
2013	656165	109558	40763	136690	8084	361070
2014	1293481	209080	78961	269468	14995	720977

主要统计指标解释

普通高等学校　指通过国家普通高等教育招生考试，招收高中毕业生为主要培养对象，实施高等学历教育的全日制大学、独立设置的学院、独立学院和高等专科学校、高等职业学校及其他机构。

大学、独立设置的学院主要实施本科及本科层次以上的教育。独立学院主要实施本科层次的教育。高等专科学校、高等职业学校实施专科层次的教育。其他机构是指承担国家普通招生计划任务不计校数的机构，包括普通高等学校分校、大专班等。

成人高等学校　指通过国家成人高等教育招生考试，招收具有高中毕业或同等学力的人员为主要培养对象，利用函授、业余、脱产等多种形式，对其实施高等学历教育的学校。包括：职工高等学校、农民高等学校、管理干部学院、教育学院、独立函授学院、广播电视大学、其他机构。其他机构是指承担国家成人招生计划任务不计校数的机构。

小学学龄儿童净入学率　指调查范围内已入小学学习的学龄儿童占校内外学龄儿童总数的比重。计算公式为：

$$\text{小学学龄儿童净入学率}=\frac{\text{已入学的小学学龄儿童数}}{\text{校内外小学学龄儿童总数}}\times 100\%$$

研究与试验发展(R&D)　指在科学技术领域，为增加知识总量，以及运用这些知识去创造新的应用进行的系统的创造性的活动，包括基础研究、应用研究、试验发展三类活动。国际上通常采用R&D活动的规模和强度指标反映一国的科技实力和核心竞争力。

基础研究　指为了获得关于现象和可观察事实的基本原理的新知识(揭示客观事物的本质、运动规律，获得新发现、新学说)而进行的实验性或理论性研究，它不以任何专门或特定的应用或使用为目的。其成果以科学论文和科学著作为主要形式。用来反映知识的原始创新能力。

应用研究　指为获得新知识而进行的创造性研究，主要针对某一特定的目的或目标。应用研究是为了确定基础研究成果可能的用途，或是为达到预定的目标探索应采取的新方法(原理性)或新途径。其成果形式以科学论文、专著、原理性模型或发明专利为主。用来反映对基础研究成果应用途径的探索。

试验发展　指利用从基础研究、应用研究和实际经验所获得的现有知识，为产生新的产品、材料和装置，建立新的工艺、系统和服务，以及对已产生和建立的上述各项作实质性的改进而进行的系统性工作。其成果形式主要是专利、专有技术、具有新产品基本特征的产品原型或具有新装置基本特征的原始样机等。在社会科学领域，试验发展是指把通过基础研究、应用研究获得的知识转变成可以实施的计划(包括为进行检验和评估实施示范项目)的过程。人文科学领域没有对应的试验发展活动。主要反映将科研成果转化为技术和产品的能力，是科技推动经济社会发展的物化成果。

R&D人员　指参与研究与试验发展项目研究、管理和辅助工作的人员，包括项目(课题)组人员，企业科技行政管理人员和直接为项目(课题)活动提供服务的辅助人员。反映投入从事拥有自主知识产权的研究开发活动的人力规模。

R&D人员全时当量　指全时人员数加非全时人员按工作量折算为全时人员数的总和。例如：有两个全时人员和三个非全时人员(工作时间分别为20%、30%和70%)，则全时当量为2+0.2+0.3+0.7=3.2人年。为国际上比较科技人力投入而制定的可比指标。

R&D经费支出合计　指调查单位用于内部开展R&D活动（基础研究、应用研究和试验发展）的实际支出。包括用于R&D项目（课题）活动的直接支出，以及间接用于R&D活动的管理费、服务费、与R&D有关的基本建设支出以及外协加工费等。不包括生产性活动支出、归还贷款支出以及与外单位合作或委托外单位进行R&D活动而转拨给对方的经费支出。

R&D经费支出中政府资金　指R&D经费内部支出中来自各级政府部门的各类资金，包括财政科学技术拨款、科学基金、教育等部门事业费以及政府部门预算外资金的实际支出。

R&D经费支出中企业资金　指R&D经费内部支出中来自本企业的自有资金和接受其他企业委托而获得的经费，以及科研院所、高校等事业单位从企业获得的资金的实际支出。

R&D项目（课题）数　指在当年立项并开展研究工作、以前年份立项仍继续进行研究的研发项目（课题）数，包括当年完成和年内研究工作已告失败的研发项目（课题），但不包括委托外单位进行的研发项目（课题）数。

R&D项目（课题）人员全时当量　指实际参加研发项目（课题）活动人员折合的全时当量。

R&D项目（课题）经费支出　指调查单位内部在报告年度进行研发项目（课题）研究和试制等的实际支出。包括劳务费、其他日常支出、固定资产购建费、外协加工费等，不包括委托或与外单位合作进行项目（课题）研究而拨付给对方使用的经费。

新产品销售收入　指报告期企业销售新产品实现的销售收入。新产品是指采用新技术原理、新设计构思研制、生产的全新产品，或在结构、材质、工艺等某一方面比原有产品有明显改进，从而显著提高了产品性能或扩大了使用功能的产品。既包括经政府有关部门认定并在有效期内的新产品，也包括企业自行研制开发，未经政府有关部门认定，从投产之日起一年之内的新产品。

专利　是专利权的简称，是对发明人的发明创造经审查合格后，由专利局依据专利法授予发明人和设计人对该项发明创造享有的专有权。包括发明、实用新型和外观设计。反映拥有自主知识产权的科技和设计成果情况。

发明（专利）　指对产品、方法或者其改进所提出的新的技术方案。是国际通行的反映拥有自主知识产权技术的核心指标。

实用新型（专利）　指对产品的形状、构造或者其结合所提出的适于实用的新的技术方案。反映具有一定技术含量的技术成果情况。

外观设计（专利）　指对产品的形状、图案、色彩或者其结合所作出的富有美感并适于工业上应用的新设计。反映拥有自主知识产权的外观设计成果情况。

科技活动　指在自然科学、农业科学、医药科学、工程与技术科学、人文与社会科学领域(简称科学技术领域)中，与科技知识的产生、发展、传播和应用密切相关的有组织的活动。可分为研究与试验发展(R&D)、研究与试验发展成果应用及相关的科技服务三类活动。该定义是联合国教科文组织考虑成员国特别是发展中国家开展科技统计工作的需要，而对科技活动所作的统计界定。

科技活动人员　指直接从事科技活动、以及专门从事科技活动管理和为科技活动提供直接服务，累计的实际工作时间占全年制度工作时间10%及以上的人员。(1)直接从事科技活动的人员包括：在独立核算的科学研究与技术开发机构、高等学校、各类企业及其他事业单位内设的研究室、实验室、技术开发中心及中试车间(基地)等机构中从事科技活动的研究人员、工程技术人员、技术工人及其它人员；虽不在上述机构工作，但编入科技活动项目(课题)组的人员；科技信息与文献机构中的专业技术人员；从事论文设计的研究生等。(2)专门从事科技活动管理和为科技活动提供直接服务的人员，包括：独立核算的科学研究与技术开发机构、科技信息与文献机构、高等学校、各类企业及其他事业单位主管科技工作的负责人，专门从事科技活动的计划、行政、人事、财务、物资供应、设备维护、图书资料管理等工作的各类人员，但不包括保卫、医疗保健人员、司机、食堂人员、茶炉工、水暖工、清洁工等为科技活动提供间接服务的人员。该指标用来反映投入科技活动人力的规模。

科学家与工程师　指科技活动人员中具有高、中级技术职称(职务)的人员和不具有高、中级技术职称(职务)的大学本科及以上学历人员。该指标用来反映投入科技活动人力的素质。

专业技术人员　指从事专业技术工作和专业技术管理工作的人员，即企事业单位中已经聘任专业技术职务从事专业技术工作和专业技术管理工作的人员，以及未聘任专业技术职务，现在专业技术岗位上工作的人员。包括工程技术人员，农业技术人员，科学研究人员，卫生技术人员，教学人员，经济人员，会计人员，统计人员，翻译人员，图书资料、档案、文博人员，新闻出版人员，律师、公证人员，广播电视播音人员，工艺美术人员，体育人员，艺术人员及企业政治思想工作人员，共十七个专业技术职务类别。用来反映科技人力资源情况。

Explanatory Notes on Main Statistical Indicators

Regular Institutions of Higher Education refer to educational establishments recruiting graduates from senior secondary schools as the main target through National Matriculation TEST. They include full-time universities, independently established colleges, colleges, and institutions of higher professional education, institutions of higher vocational education and others.

Universities and independently established colleges primarily provide undergraduate and above courses; colleges mainly impart undergraduate courses, institutions of higher professional education and institutions of higher vocational education primarily provide professional trainings; and others refer to educational establishments, which are responsible for enrolling higher education students under the State Plan but not enumerated in the total number of schools, including: branch schools of universities and colleges and junior colleges.

Institutions of Higher Education for Adults refer to educational establishments, enrolling personnel with senior secondary school or equivalent education through National Matriculation TEST for Adult, and providing higher education courses in forms of correspondence, spare time, or full time for adults. Institutions of higher learning for adults include schools of higher education for staff and workers, schools of higher education for peasants, colleges for management cadres, pedagogical colleges, independent correspondence colleges, radio and television universities and other educational establishments. Other educational establishments refer undertakings to enrol adult students but not enumerated in the number of schools under the State Plan.

Net Enrolment Ratio of Primary Schools refers to the proportion of school age children enrolled at schools to the total number of school age children both in and outside schools (including retarded children, but excluding blind, deaf and mute children). The formula is:

$$\text{Net Enrolment Ratio of Primary Schools} = \frac{\text{Total Primary School - age Children at Schools}}{\text{Total Primary School - age Children Whether or Not Attending School}} \times 100\%$$

Research and Development (R&D) refers to systematic and creative activities in the field of science and technology aiming at increasing the knowledge and using the knowledge for new application. R&D includes 3 categories of activities: basic research, applied research and experiments and development. The scale and intensity of R&D are widely used internationally to reflect the strength of S&T and the core competitiveness of a country in the world.

Basic Research refers to empirical or theoretical research aiming at obtaining new knowledge on the fundamental principles regarding phenomena or observable facts to reveal the intrinsic nature and underlying laws and to acquire new discoveries or new theories. Basic research takes no specific or designated application as the aim of the research. Results of basic research are mainly released or disseminated in the form of scientific papers or monographs. This indicator reflects the innovation capacity for original knowledge.

Applied Research refers to creative research aiming at obtaining new knowledge on a specific objective or target. Purpose of the applied research is to identify the possible uses of results from basic research, or to explore new (fundamental) methods or new approaches. Results of applied research are expressed in the form of scientific papers, monographs, fundamental models or invention patents. This indicator reflects the exploration of ways to apply the results of basic research.

Experiments and Development refer to systematic activities aiming at using the knowledge from basic and applied researches or from practical experience to develop new products, materials and equipment, to establish new production process, systems and services, or to make substantial improvement on the existing products, process or services. Results of experiment and development activities are embodied in patents, exclusive technology, and monotype of new products or equipment. In social sciences, experiment and development activities refer to the process of converting the knowledge from basic or applied researches into feasible programmes (including conduct of demonstration projects for assessment and evaluation). There are no experiment and development activities in the science of humanities. This indicator reflects the capability of transferring the results of S&T into technique and products, and measures the realization of S&T in spearheading the economic and social development.

R & D Personnel refer to persons engaged in research, management and supporting activities of R & D, including persons in the project teams, persons engaged in the management of S&T activities of enterprises and supporting staff providing direct service to the research projects. This indicator reflects the size of personnel engaged in R&D activities with independent intellectual property.

Full-time Equivalent of R&D Personnel refers to the sum of the full-time persons and the full-time equivalent of part-time persons converted by workload. For instance, if there are 2 full-time persons and 3 part-time workers (20%, 30% and 70% of working hours respectively on R&D activities), the full-time equivalent are 2+0.2+0.3+0.7=3.2 person-years. This is an internationally comparable indicator of S&T manpower input.

Total Expenditure of Funds on R&D refers to the real expenditure of surveyed units on their own R&D activities (basic research, applied research, experiments and development) including direct expenditure on R&D activities, indirect expenditure of management and services on R&D activities, expenditure on capital construction and material processing by others. Excluding the expenditure on production activities, return of loan, and fees transferred to cooperated or entrusted agencies on R&D activities.

Expenditure of Government Funds on R&D refers to the expenditure of funds on R&D activities from government agencies at different levels, including appropriate funds on science and technology from financial departments, scientific funds, operating expenses from education departments and the real expenditure of extra budgetary funds from government agencies.

Expenditure of Funds of Enterprises on R&D refers to the expenditure of funds on R&D activities from self-raised funds of enterprises and funds from other enterprises through entrustment, and the expenditure of funds of institutions, such as institution of scientific research and universities, from enterprises.

Number of R&D Projects (subjects) refers to the number of R&D projects (subjects) set up and implemented at the reference year, and the number of R&D projects (subjects) set up in former years and under implementation, including the projects (subjects) finished and failed at the reference year, excluding the projects (subjects) implemented by others through entrustment.

Full-time Equivalent of R&D Personnel refers to the full-time equivalent of persons actually engaged in R&D projects (subjects).

Expenditure of Funds on R&D Projects (subjects) refers to the real expenditure of internal funds of the surveyed units on research and test of R&D projects (subjects) at the reference year, including service fee, other daily expenditure, cost for fixed assets, cost of external process; excluding expenditure of funds transferred to other cooperated or entrusted units of the projects.

Sales Income of New Products refers to the sales income of new products of the enterprises at the reference period. New products refer to products developed and produced with new technologies and designs or improved in structure, material, process or other aspects so that their performance are improved or their functions expanded. New products include those affirmed by government authorities in their validity period and also those developed by enterprises without the affirmation of government authorities within one year after they are put into production.

Patent is an abbreviation for the patent right and refers to the exclusive right of ownership by the inventors or designers for the creation or inventions, given from the patent offices after due process of assessment and approval in accordance with the Patent Law. Patents are granted for inventions, utility models and designs. This indicator reflects the achievements of S&T and design with independent intellectual property.

Patented Inventions refer to new technical proposals to the products or methods or their modifications. This is universal core indicator reflecting the technologies with independent intellectual property.

Patented Utility Models refer to the practical and new technical proposals on the shape and structure of the product or the combination of both. This indicator reflects the condition of technological results with certain technical content.

Designs refer to the aesthetics and industrially applicable new designs for the shape, pattern and colour of the product, or their combinations. This indicator reflects the appearance design achievements with independent intellectual property.

Scientific and Technological Activities (S&T Activities) refer to organized activities which are closely related with the creation, development, dissemination and application of the scientific and technical knowledge in the fields of natural sciences, agricultural science, medical science, engineering and technological science, humanities and social sciences (referred to as scientific and technological fields). S&T activities can be classified into 3 categories: research and development (R&D) activities, application of R&D results, and related S&T services. This statistical definition is made by UNICHIEF for scientific and technological activities to meet the need of carrying out statistical work in this field for its member countries particularly the developing countries.

Personnel Engaged in S&T Activities refer to personnel directly engaged in S&T activities, in the management of S&T activities, and in providing direct service to S&T activities, with over 10% of the total working hours in a year spent on S&T activities. (1) Personnel directly engaged in S&T activities include researchers, engineers, technicians and other related personnel engaged in S&T activities in independent-accounting R&D institutions, institutions of higher learning, and in research institutes, laboratories, technology development centres and central experiment workshops under enterprises and institutions. Also included are people working in S&T research project teams, professional and technical personnel working in S&T information archiving institutes, and graduate students working on the design of their thesis. (2) Personnel engaged in the management of S&T activities and in providing direct service to S&T activities include senior management people responsible for S&T activities in independent-accounting R&D institutions, S&T information archiving institutes, institutions of higher learning and in enterprises and institutions where S&T activities are undertaken. Also included are people responsible for the planning, administration, personnel management, financial management, logistics supply, equipment maintenance, information and library management that are related with S&T activities. People providing indirect services are excluded, such as security, medical service, drivers, plumbers, cleaners and those providing catering and related service. This indicator reflects the size of personnel engaged in S&T activities.

Scientists and Engineers refer to persons engaged in S&T activities either having obtained titles of senior and middle level professional positions, or those without such positions but have completed university or higher education. This indicator reflects the quality of personnel engaged in S&T activities.

Professional and Technical Personnel refer to persons engaged in professional and technical work or in the management of professional and technical activities, i.e., people with professional or technical positions who are engaged in professional and technical work or in the management of professional and technical activities, and people without professional or technical positions but are working on professional or technical posts. They include professionals and technicians working in 17 categories of technical occupations including engineering, agriculture, scientific researches, medical service, teaching, economic research and application, accounting, statistics, translation, libraries, archives, cultural and museum service, journalism and publication, lawyers, notarization service, radio and television broadcasting, handicraft and fine arts, sports, performing art, and political workers in enterprises. This indicator reflects the condition of human resources in S&T.

第十八篇　文化、体育、卫生和社会服务

CHAPTER 18 CULTURE, SPORTS, PUBLIC HEALTH AND SOCIAL SERVICES

资料整理：孙 冰　曹夏茵

18-1 文化事业机构数、从业人员数

NUMBER OF INSTITUTIONS AND PERSONNEL IN CULTURE

项　目	Year	总　计 Total	艺术业 Art Institutions	图书馆业 Public Libraries	群众文化服务业 Mass Culture	艺　术教育业 Culture and Education	其他文化事　业 Other Culture Units
机构数(个)	**Number of Institutions(unit)**						
	1980	1519	222	83	1201	3	10
	1985	1639	197	90	1338	5	9
	1990	1686	172	96	1391	4	23
	1995	1711	141	96	1417	7	50
	2000	1496	158	97	1201	10	30
	2001	1361	153	97	946	9	156
	2002	1458	157	97	1037	9	158
	2003	1491	153	97	1081	9	151
	2004	1419	146	96	1018	9	150
	2005	1408	141	96	1015	8	148
	2006	1401	142	96	1000	8	155
	2007	1521	138	98	1033	8	244
	2008	1630	142	101	1141	8	238
	2009	1804	139	100	1227	7	331
	2010	2338	138	107	1654	7	432
	2011	2372	140	107	1652	6	467
	2012	2373	136	106	1641	6	484
	2013	2376	70	107	1640	6	553
	2014	2381	73	107	1640	6	555
从业人员数(人)	**Number of Personnel(person)**						
	1980	15089	10348	894	3425	240	182
	1985	14090	8664	1335	3550	328	213
	1990	13825	7255	1819	3811	354	586
	1995	13370	6547	2014	3561	314	934
	2000	12344	6522	1846	3167	338	471
	2001	11423	5683	1565	2621	365	1189
	2002	12768	6200	1751	3070	378	1369
	2003	12700	6196	1706	3068	347	1383
	2004	12304	6147	1664	2767	360	1366
	2005	12574	6129	1669	2947	342	1487
	2006	12704	6067	1803	2978	362	1494
	2007	14297	5997	1800	2538	354	3608
	2008	14022	5829	1819	2754	359	3261
	2009	14517	5602	1806	3387	339	3383
	2010	16245	5571	1846	4324	330	4174
	2011	17416	5506	1772	4530	324	5284
	2012	18056	5308	1796	4633	323	5996
	2013	18213	3660	1817	5110	469	7157
	2014	18657	3935	1697	5299	535	7191

18-2 艺术表演团体演出场次

NUMBER OF PERFORMANCE OF ART TROUPES

项　目	Item	国内演出场次（千场） Number of Performance (1000 shows)		#到农村演出 Shows in Rural Areas		国内演出观众人次(千人次) Audience of Domestic Performance (1000 person-times)	
		2013	2014	2013	2014	2013	2014
总　计	**Total**	**4**	**5**	**1**	**1**	**3615**	**3107**
#国有剧团	#Troupes Sponsored by State-owned Units	4	4	1	1	3615	3069
按剧种分	**Grouped by Art Troupes**						
话剧、儿童剧、滑稽剧类	Drama, Plays for Children and Comedy Troupes	1	1			475	583
歌舞、音乐类	Dance, Music	1	1			954	794
京剧、昆曲类	Peking Opera, Kunqu	1				322	232
#京　剧	#Local Beijing Opera Troupes	1				322	232
地方戏曲类	Local opera class					421	493
杂技、魔术、马戏类	Acrobatics, magic, circus class					30	30
曲艺类	Folk art class					254	148
综合性艺术表演团体	General Art Performing Troupes	1	2		1	1158	828

18-3 群众艺术馆、文化馆(站)综合情况

BASIC STATISTICS ON NATIONAL MASS ART CENTERS AND CULTURAL CENTERS (STATIONS)

指　标	Item	2009	2010	2011	2012	2013	2014
机构数(个)	Number of Institutions(unit)	1227	1654	1652	1641	1640	1640
从业人员(人)	Number of Staff and Works(person)	3387	4324	4530	4633	5110	5299
组织各类理论研讨和讲座次数(次)	Number of Theoretical Lectures(times)	280	233	554	597	681	692
举办展览(个)	Number of Exhibitions(unit)	2408	2988	2581	2718	2837	2819
组织文艺活动(次)	Art Performances and Story-Telling Sessions(times)	14454	17351	17507	18834	19250	20961
举办业余文艺训练班(次)	Number of TrainingCourses(times)	6586	6129	6419	5736	6437	7030
藏书(千册)	Books Collected(1000 copies)	2350	3027	3899	4539	4686	4961
本年收入合计(万元)	Revenue this Year(10000 yuan)	15394	18876	21722	24104	32452	36446
本年支出合计(万元)	Expenditure this Year(10000 yuan)	15076	17356	21100	23534	32492	40296
#基本支出	#Basic Expenditures	12071	14105	17635	19931	26828	27299
馆办文艺团体	Art Performance Troupes Run by Centers	331	257	344	388	249	243
馆办老年大学	Aging College Run by Centers	31	25	29	28	29	25
群众业余演出团(队)	Part-time Art Groups	5016	5695	5140	5665	5890	6886

18-4　博物馆、文物机构业务活动

FACILITIES AND SERVICES OF MUSEUMS AND CULTURAL RELIC AGENCIES

项　目	Item	博物馆 Museums		文物机构 Cultural Relic Agencies		#文物保护管理机构 Protection and Management Agencies	
		2013	2014	2013	2014	2013	2014
机构数(个)	Number of Institutions(unit)	156	158	94	93	87	86
从业人员(人)	Number of Employed Persons(person)	2369	2387	350	403	273	330
藏品(件)	Number of Collections(piece)	487097	694942	23559	27265	18758	22079
#一级品	#Grade One	1974	2813	52	53	41	42
参观人次(万人次)	Spectators(10000 person-times)	1824	2066	47	68	47	68
经费支出(万元)	Total Expenditures(10000 yuan)	39070	37704	2898	6331	2119	5195
增加值(万元)	Value Added(10000 yuan)	25532	24050	2067	2846	1403	2019

18-5　分地区公共图书馆基本情况(2014年)

STATISTICS ON PUBLIC LIBRARIES BY REGION(2014)

地　区	Region	公共图书馆数(个) Number of Public Library (unit)	从业人员(人) Number of Staff and Works (person)	总藏量(千册件) Total Collections (1000 copies)	#图书 #Books	#本年新购藏量 #Purchased the Year	累计发放有效借书证数(千个) Accumulative Number of Library Cards Distributed (1000 units)
全　省	**Total**	**107**	**1697**	**17206**	**14203**	**1345**	**547**
#省　级	Province Level	1	195	3352	2754	119	200
#县　级	County Level	95	964	6635	5824	307	147
哈尔滨	Harbin	18	296	4461	3276	113	120
齐齐哈尔	Qiqihar	13	181	2008	1707	65	50
鸡　西	Jixi	4	71	395	339	17	11
鹤　岗	Hegang	3	37	426	385	20	9
双鸭山	Shuangyashan	5	63	362	295	12	9
大　庆	Daqing	6	155	1127	1050	791	30
伊　春	Yichun	18	178	1344	1129	83	51
佳木斯	Jiamusi	6	44	398	354	21	9
七台河	Qitaihe	2	25	239	195	7	2
牡丹江	Mudanjiang	8	124	1084	1001	29	34
黑　河	Heihe	6	81	339	302	16	6
绥　化	Suihua	11	198	1281	1072	48	14
大兴安岭	Daxinganling	6	49	390	343	4	4

18-5 续表1 CONTINUED

地 区	Region	总流通人次(千人次) Total Number of Circulation (1000 person-times)	#书刊文献外借人次 Borrowing from Libraries	书刊文献外借册次(千册次) Number of Books and Periodicals Lent to Readers(1000 copiestimes)	阅览室座席数(个) Seats of Reading Room (unit)	公用房屋建筑面积(万平方米) Floor Space of Buildings of Public Libraries (10000 sq. m)	#书库 #Stack Rooms	#阅览室 Reading Rooms
全 省	**Total**	**8931**	**3113**	**6311**	**23310**	**29.0**	**5.5**	**8.1**
#省 级	Province Level	2927	924	1700	1629	3.4	0.3	0.9
#县 级	County Level	3102	1410	2732	14686	14.4	2.7	4.5
哈尔滨	Harbin	1734	445	1218	4458	5.0	1.0	1.0
齐齐哈尔	Qiqihar	315	139	138	3133	3.1	0.5	0.7
鸡 西	Jixi	300	126	216	895	0.8	0.2	0.2
鹤 岗	Hegang	256	82	105	563	0.9	0.6	0.1
双鸭山	Shuangyashan	75	39	87	330	0.4	0.1	0.1
大 庆	Daqing	844	291	716	2638	5.0	0.9	1.0
伊 春	Yichun	613	198	453	3350	2.0	0.4	0.9
佳木斯	Jiamusi	217	117	187	857	0.8	0.1	0.3
七台河	Qitaihe	29	29	49	340	0.3	0.1	0.1
牡丹江	Mudanjiang	793	304	566	1865	3.0	0.4	0.4
黑 河	Heihe	14	57	131	742	0.9	0.2	0.3
绥 化	Suihua	594	330	524	1860	2.0	0.3	0.6
大兴安岭	Daxinganling	10	33	78	650	0.8	0.2	0.2

18-5 续表2 CONTINUED

地 区	Region	为读者举办各种活动 Service Activities Provided for Readers		计算机(台) Computers (set)	#电子阅览室终端数 Terminals in Electronic Media Reading Rooms	总支出(万元) Total Expenditures (10000 yuan)	增加值(万元) Value Added (10000 yuan)
		次数(次) Number of Activities (times)	参加人次(万人次) Number of Readers Involved(10000 person-times)				
全 省	**Total**	**2048**	**91.2**	**5824**	**3923**	**23907**	**15891**
#省 级	Province Level	649	24.9	687	436	6818	3377
#县 级	County Level	983	41.0	3709	2644	8276	6442
哈尔滨	Harbin	230	9.0	985	607	3963	3128
齐齐哈尔	Qiqihar	161	5.0	682	421	2020	1563
鸡 西	Jixi	42	0.7	173	119	855	582
鹤 岗	Hegang	36	3.0	172	78	653	416
双鸭山	Shuangyashan	6	6.0	149	73	619	540
大 庆	Daqing	261	4.0	395	269	2619	1387
伊 春	Yichun	197	6.0	919	702	1430	891
佳木斯	Jiamusi	101	11.0	189	155	346	235
七台河	Qitaihe	12	0.4	80	73	210	170
牡丹江	Mudanjiang	132	4.0	464	347	1787	1384
黑 河	Heihe	47	4.0	259	176	644	567
绥 化	Suihua	150	5.0	487	340	1431	1215
大兴安岭	Daxinganling	24	1.0	183	121	522	439

18-6 广播电视事业发展情况

BASIC STATISTICS ON RADIO AND TELEVISION STATIONS

指　标	Item	2011	2012	2013	2014
广播	**Radio**				
广播电台(座)	Number of Broadcasting Stations(set)	14	14	12	14
广播节目综合人口覆盖率(%)	Radio Coverage of Population(%)	98.6	98.6	98.6	98.6
公共广播节目套数(套)	Number of Public Radio Programs(set)	94	102	90	95
全年制作广播节目时间(小时)	Length of Radio Programs Produced(hour)	243608	232625	293119	292229
全年公共广播节目播出时间(小时)	Length of Public Radio Programs Broadcasted(hour)	438118	416169	470438	489207
电视	**Television**				
电视台(座)	Number of Television Stations(set)	15	15	13	15
电视节目综合人口覆盖率(%)	TV Coverage of Population(%)	98.8	98.8	98.8	98.8
全省有线广播电视用户数(万户)	Number of Users of Cable Radio and TV(10000 households)	550.8	613.2	703.9	764.6
#农村	#Rural	183.4	198.5	192.9	
数字电视用户数	Number of Users of Digital TV	309.7	372.2	620.7	701.4
有线广播电视入户率(%)	Popularization Rate of Cable Radio and TV(%)	43.8	48.4	55.2	57.8
#农村	#Rural	31.8	34.4	34.1	
公共电视节目套数(套)	Number of Public TV Programs(set)	121	118	105	118
全年制作电视节目时间(小时)	Length of TV Programs Produced(hour)	97669	108144	107224	109622
全年公共电视节目播出时间(小时)	Length of Public TV Programs Broadcasted(hour)	677427	619993	625562	627979
全年电视剧播出数(部)	Number of TV Plays Broadcasted(set)	4097	3912	7794	4365
全年电视剧播出数(集)	Number of TV Plays Broadcasted(part)	107373	104848	129081	121639
#进口电视剧播出数(部)	#Imported TV Plays(set)	92	53	190	102
进口电视剧播出数(集)	Imported TV Plays(part)	3275	1921	6360	3080
广播电视技术及其他	**TV Technology and Others**				
广播电视总收入(亿元)	Revenue of Radio and TV(100 million yuan)	48.7	52.2	54.9	59.6
广播电视从业人员数(人)	Staff and Workers of Radio and TV(person)	18559	18333	18807	19283
中、短波转播发射台(座)	Transmission and Relaying Stations of Medium and Short Wave Broadcast(unit)	40	41	43	43
发射功率(千瓦)	Power of Transmitters(kw)	1733	1718	1778	1953
调频转播发射台(座)	Relaying Stations of Frequency Modulation Broadcasting(unit)	146	143	145	148
发射功率(千瓦)	Power of Transmitters(kw)	400.0	417.1	470.5	496.8
电视转播发射台(座)	TV Transmission and Relaying Stations(unit)	240	233	181	184
发射功率(千瓦)	Power of Transmitters(kw)	560.2	603.7	575.8	576.6
有线广播电视传输干线网络总长(万公里)	Length of Transmission Trunk for Cable Radio and TV(10000 km)	17.0	17.6	18.1	17.1

18-7 广播电视节目制作情况(2014年)

BASIC STATISTICS ON RADIO AND TELEVISION PROGRAMS PRODUCED (2014)

单位：小时 (hour)

项 目	Item	总 计 Total	省 级 Province Level	地市级 City Level	县、区 级 County Level
广播节目制作	**Production of Radio Programs**	**292229**	**56618**	**189513**	**46098**
新 闻	News Programs	37317	5052	21940	10325
专 题	Special Subject Programs	102857	18489	73381	10987
综 艺	General Entertainment Programs	57951	12300	33853	11798
广播剧	Radio Play Programs	10883	3125	5006	2752
广 告	Advertising Programs	18707	6654	9763	2290
其 他	Others	64514	10998	45570	7946
电视节目制作	**Production of TV Programs**	**109622**	**22640**	**43231**	**43751**
新 闻	News Programs	30396	4840	14297	11259
专 题	Special Subject Programs	22541	5968	9544	7029
综 艺	General Entertainment Programs	16373	3648	5347	7378
影视剧	TV Play Programs	7467	4380	2357	730
广 告	Advertising Programs	13750	1000	6564	6186
其 他	Others	19095	2804	5122	11169

18-8 广播、电视节目播出情况(2014年)

BASIC STATISTICS ON RADIO AND TELEVISION PROGRAMS BROADCASTING (2014)

单位：小时 (hour)

项 目	Item	总 计 Total	省 级 Province Level	地市级 City Level	县、区 级 County Level
广 播	**Radio Broadcasting**				
公共节目套数(套)	Number of Public Programs(set)	95	10	26	59
平均每日播出时间	Broadcasting Hours per Day	1339	193	623	523
新闻资讯	News Programs	221	22	68	131
专题服务	Special Subject Programs	350	66	198	86
综艺益智	General Entertainment Programs	264	37	116	111
广播剧	Radio Play Programs	58	10	21	27
广 告	Advertising Programs	104	21	56	27
其 他	Others	342	37	164	141
电 视	**Television Broadcasting**				
公共节目套数(套)	Number of Public Programs(set)	118	10	29	79
平均每周播出时间	Broadcasting Hours per Day	12077	1314	3509	7254
新闻资讯	News Programs	1329	133	412	784
专题服务	Special Subject Programs	1029	232	407	390
综艺益智	General Entertainment Programs	942	81	310	551
影视剧	TV Play Programs	4157	491	1571	2095
广 告	Advertising Programs	948	196	482	270
其 他	Others	3672	181	327	3164

18-9 出版、发行事业机构和人员数

NUMBER OF INSTITUTIONS AND PERSONNEL ENGAGED IN NEWS AND PUBLISHING UNDERTAKINGS

指　标	Item	2009	2010	2011	2012	2013	2014
机构数(个)	**Number of Institutions (unit)**	**667**	**667**	**694**	**696**	**662**	**693**
出版单位	Publishing Units	423	422	422	420	420	419
书刊印刷厂	Printing Houses	146	146	173	177	156	169
新华书店	Book Stores	98	99	99	99	86	105
人员数(人)	**Number of Personnel (person)**	**23558**	**23759**	**26744**	**26800**	**23469**	**23031**
出版单位	Publishing Units	12565	12369	14670	14686	13387	13468
书刊印刷厂	Printing Houses	6941	7314	8252	8169	7018	6539
新华书店	Book Stores	4052	4076	3822	3945	3064	3024

18-10 图书、期刊和报纸出版情况

NUMBER OF BOOKS, MAGAZINES AND NEWSPAPER PUBLISHED

年　份 Year	出版数量(种) Number of Publications (kind)			印刷数量(万册、万份) Printed Copies (10000 copies)			总印张数(万印张) Printed Sheets (10000 sheets)		
	图　书 Books	期　刊 Magazines	报　纸 Newspaper	图　书 Books	期　刊 Magazines	报　纸 Newspaper	图　书 Books	期　刊 Magazines	报　纸 Newspaper
1978	269	24	3	10512	1361	13797	33915	3325	12789
1980	246	59	9	11108	2151	15324	50301	6161	13463
1985	855	88	28	16513	2795	49649	62240	8143	31764
1990	1176	184	58	12342	5302	56480	46750	14390	37577
1995	1868	311	86	11342	6718	69115	53136	19103	72446
2000	2070	319	75	9944	7919	73571	49187	24908	119448
2001	2281	322	76	9779	7391	69783	58022	24030	114053
2002	2258	323	76	8747	6459	74244	56561	23116	141986
2003	2098	323	76	7865	5615	73639	50934	21291	143870
2004	2828	312	76	7704	4331	74339	50388	21703	159947
2005	2930	315	76	5938	3503	71410	45850	14985	261470
2006	2667	307	95	5520	3870	89458	48814	18045	267697
2007	3099	309	95	5285	4996	78166	39911	23662	290481
2008	3182	313	91	5167	5092	72667	43260	25191	238501
2009	3408	314	90	6114	5210	75726	44384	26235	229434
2010	3515	314	70	7420	5253	78219	55880	26568	256544
2011	4430	315	89	8284	5502	79234	61349	28559	299480
2012	4218	315	89	6353	5640	78997	52721	29575	311360
2013	5247	314	88	6636	5789	74931	53024	29213	281419
2014	5043	315	88	7426	5279	69039	62513	28070	232130

18-11 体育系统从业人员情况(2014年)

STATISTICS ON STAFF AND WORKERS IN PHYSICAL EDUCATION SYSTEM (2014)

单位：人 (person)

项 目	Item	总 计 Total	公务员 Civil Servants	教练员 Coaches	运动员 Athletes	科研人员 Scientific and Technical Personnel
总 计	**Total**	**5339**	**745**	**1048**	**1362**	**57**
体育行政机关	Administrative Agencies of Physical Culture and Sports	783	745			
运动项目管理部门	Sports Events Management	2303		346	1362	16
本科院校	Colleges					
职业、运动技术学院	Sports Technical Institutes	41				
体育运动学校	Physical Education and Sports Schools	412		106		3
竞技体校	Competitive Sports School	39		12		
少儿体育运动学校	Spare-time Sports School	921		565		
单项运动学校	Physical Education and Sports Schools	10		7		
训练基地	Training Bases	107				
体育场馆	Stadium and Gymnasium	364		1		
科研所	Science and Technology Institute	66				38
其他事业单位	Other Institutions	293		11		
其他	Others					

18-11 续表 CONTINUED

单位：人 (person)

项 目	Item	医务人员 Medical Personnel	文化教师 Teachers	管理人员 Administrative Personnel	工勤人员 Logistics Workers	其他 Others
总 计	**Total**	**31**	**252**	**820**	**403**	**621**
体育行政机关	Administrative Agencies of Physical Culture and Sports				23	15
运动项目管理部门	Sports Events Management	24		279	100	176
本科院校	Colleges					
职业、运动技术学院	Sports Technical Institutes		32	7		2
体育运动学校	Physical Education and Sports Schools	4	130	47	38	84
竞技体校	Competitive Sports School			5		22
少儿体育运动学校	Spare-time Sports School		49	155	42	110
单项运动学校	Physical Education and Sports Schools			3		
训练基地	Training Bases			24	58	25
体育场馆	Stadium and Gymnasium			147	122	94
科研所	Science and Technology Institute	2		5		21
其他事业单位	Other Institutions	1	41	148	20	72
其他	Others					

18-12 体育事业发展情况

DEVELOPMENT OF SPORTS

指 标	Item	2010	2011	2012	2013	2014
运动员教练员裁判员人数(人)	**Number of Coaches and Referees (person)**					
等级运动员	Number of Athletes in Grades	1548	1008	1051	1149	1170
等级教练员	Number of Coaches in Grades	30	37	20	30	20
等级裁判员	Number of Referees in Grades	425	1509	896	557	773
优秀运动员	Excellent Athletes	482	861	828	971	1064
运动员共获得奖牌数	**Athletes Won Medals**				**404**	**146**
世界比赛	World Competition				48	15
亚洲比赛	Asian Competition				9	15
全国比赛	National Competition				347	116

18-13 卫生机构基本情况

BASIC CONDITIONS OF HEALTH INSTITUTIONS

年 份 Year	卫生机构数 (个) Number of Health Institutions (unit)	床位数 (张) Number of Beds (unit)	人员数 (人) Number of Personnel (person)	#卫生技术人员 Medical Technical Personnel	万人拥有卫生机构床位 (张) Number of Health Institutions Beds per 10000 Persons (unit)	万人拥有卫生技术人员 (人) Number of Medical Technical Personnel per 10000 Persons (person)
1980	8685	104022	175286	133527	32.5	41.7
1985	8794	107527	201065	151337	32.0	45.1
1990	8945	122328	227003	172821	34.5	48.8
1991	8878	124949	232614	178220	35.0	49.9
1992	8853	127164	237985	182368	35.2	50.5
1993	7702	127896	236793	179536	35.1	49.3
1994	7714	128390	235334	179362	35.0	48.8
1995	7637	126466	234074	178842	34.2	48.3
1996	7065	121441	230843	177663	32.6	47.7
1997	7676	121263	231589	178483	32.3	47.6
1998	7620	120470	226719	174980	31.9	46.4
1999	7653	120211	226532	176100	31.7	46.4
2000	8038	120454	222746	171252	31.6	45.0
2001	7944	118037	219624	169865	31.0	44.6
2002	8755	119547	198462	154660	31.4	40.6
2003	8469	115930	192858	149964	30.4	39.3
2004	8230	119645	190563	149274	31.4	39.1
2005	8326	119833	191172	150657	31.4	39.5
2006	8181	123308	191945	151916	32.3	39.8
2007	8464	126058	200346	158726	33.0	41.6
2008	7928	136315	203502	161927	35.6	42.3
2009	8678	146568	215412	172118	38.3	45.0
2010	8938	159957	233900	188612	41.8	49.3
2011	8656	165402	236101	191396	43.1	49.9
2012	8836	178342	241266	197168	46.5	51.4
2013	9582	189290	250191	203741	49.4	53.1
2014	9603	201538	256148	209169	52.6	54.6

18-14 卫生机构各类人员(2014年)

EMPLOYED PERSONS IN HEALTH CARE INSTITUTIONS BY TYPE OF OCCUPATION (2014)

单位：人 (person)

类 别	Category	总计 Total	医院 Hospitals	卫生院 Health Centers	疾病预防控制中心 Diseases Prevent and control Centers	其他卫生机构 Other Institutes
总 计	**Total**	**256148**	**176156**	**23250**	**6256**	**50486**
卫生技术人员	**Medical Technical Personnel**	**209169**	**143853**	**19411**	**4476**	**41429**
执业医师	Doctors on Certified Doctors	67784	46735	5030	1504	14515
执业助理医师	Assistant Doctors on Guard	10543	4043	3187	357	2956
注册护士	Registered Nurses	77599	62305	3734	297	11263
药剂人员	Pharmacists of Chinese Medicine Personnel	11401	7919	1367	83	2032
检验人员	Laboratory Technicians Personnel	8405	5425	621	800	1559
其 他	Others	33437	17426	5472	1435	9104
其他人员	**Other Personnel**	**46979**	**32303**	**3839**	**1780**	**9057**
其他技术人员	Other Technical Personnel	9525	5850	942	579	2154
管理人员	Managerial Personnel	16584	11457	1303	639	3185
工勤人员	Logistics Works	20870	14996	1594	562	3718
平均每万人拥有卫生技术人员	**Number of Medical Technical Personnel per 10000 Population**	**54.6**	**37.5**	**5.1**	**1.2**	**10.8**

18-15 卫生机构、床位、人员数(2014年)

NUMBERS OF HEALTH INSTITUTIONS, BEDS AND EMPLOYED PERSONS (2014)

机构名称	Name of Institutions	机构数（个）Number of Institutions (unit)	床位数（张）Number of Beds (unit)	人员数（人）Number of Personnel (person)	#卫生技术人员 Medical Technical Personnel
总 计	**Total**	**9603**	**201538**	**256148**	**209169**
医 院	Hospitals	1003	163361	176156	143853
综合医院	General Hospitals	673	117427	130874	108065
中医院	Hospitals Specialized in Traditional	130	19476	23296	18835
中西医结合医院	Hospitals Combining Chinese and Western Medicine	9	848	675	595
民族医院	National Hospitals	5	272	196	157
专科医院	Specialized Hospitals	185	25308	21110	16196
口腔医院	Hospitals of Mouth Cavity Diseases Care	17	154	554	441
眼科医院	Hospitals for Eye Care	7	422	557	369
耳鼻喉科医院	Hospitals for Ear, Nose and Throat Care	3	353	526	424
肿瘤医院	Tumor Hospitals	4	3403	3578	2751
心血管医院	Hospitals for Vas of Heart	4	552	810	673
胸科医院	Hospitals for Chest	1	650	517	435
妇产(科)医院	Hospitals of Maternity	23	1989	2570	2073
儿童医院	Hospitals of Children	3	956	868	746
精神病医院	Mental hospitals	24	7725	3992	2909
传染病医院	Hospitals for Infectious Diseases	12	2794	2343	1742
结核病医院	Hospitals for Tuberculosis	1	600	219	158
骨科医院	Orthopedics Hospitals	11	1032	687	600
康复医院	Rehabilitation Hospitals	9	1328	726	554
其他专科医院	Other Specialized Hospitals	66	3350	3163	2321
护理院	Nursing Home	1	30	5	5
疗养院	Sanatoriums	3	1600	566	383
县（区）社区卫生服务站	Sanitation and Service Agencies of Community of County	765	7291	15866	13411
卫生院	Health Cares	995	21561	23250	19411
县（区）卫生所、医务室	Institutions of Sanitation of County	1413		3267	3118
门诊部	Clinics	340	445	2934	2561
县（区）诊所	Cliniques of County	3574		7340	7141
急救中心	First-aid Centers	14	4	865	386
采供血机构	Institutions of Pick and Supply Blood	27		963	686
妇幼保健院(所、站)	Maternity and Child Care Centers	148	3799	7014	5725
专科疾病防治院(所、站)	Specialized Disease Prevention and Treatment Institutes	112	3477	4119	3162
疾病预防控制中心	Center for Diseases control and Prevention	168		6256	4476
卫生监督所	Medical Supervise Institutions	149		3145	2716
卫生监督检验所(站)	Medical Supervise and Test Institutions				
医学科学研究机构	Research Institutes of Medical Sciences	10		264	162
医学在职培训机构	Medical Institutions of In-service Education	10		251	64
健康教育所(站、中心)	Health Education Centers				
其他卫生机构	Other Medical Institutions	872		3892	1914

18-16 分地区卫生事业基本情况(2014年)

BASIC STATISTICS ON PUBLIC HEALTH BY CITY(2014)

地区	Region	卫生机构数(个) Number of Health Institutions (unit)	#医院 Hospital	#疗养院、所 Sanatoriums	#县(区)社区卫生服务站 Sanitation and Service Agencies of Community of County	#卫生院 Health Centers	#县(区)诊所、卫生所、医务室 Institutions of Sanitation of County	#县(区)门诊部 Clinics of County
全省	**Total**	**9603**	**1003**	**673**	**765**	**995**	**4987**	**340**
哈尔滨	harbin	1829	270	162	143	185	812	113
齐齐哈尔	Qiqihar	992	100	66	60	150	436	54
鸡西	Jixi	556	68	46	33	55	310	10
鹤岗	Hegang	551	49	37	20	21	391	21
双鸭山	Shuangyashan	635	54	42	74	43	375	10
大庆	Daqing	815	91	63	98	64	441	15
伊春	Yichun	690	38	30	113	17	421	21
佳木斯	Jiamusi	803	80	59	34	91	452	21
七台河	Qitaihe	265	28	16	18	20	162	3
牡丹江	Mudanjiang	883	80	43	37	62	556	36
黑河	Heihe	494	65	54	75	75	186	5
绥化	Suihua	816	49	32	49	176	299	13
大兴安岭	Daxinganling	274	31	23	11	36	146	18

18-16 续表 CONTINUED

地区	Region	卫生机构床位数(张) Number of Beds in Health Institutions (unit)	#医院 Hospital	卫生机构人员数(人) Number of Persons in Health Institutions (person)	#卫生技术人员数(人) Medical Technical Personnel (person)	#执业(助理)医师 Assistant Doctors on Guard	#注册护师、护士 Registered Nurses
全省	**Total**	**201538**	**163238**	**256148**	**209169**	**78327**	**77599**
哈尔滨	harbin	65405	55288	75888	61905	22426	24042
齐齐哈尔	Qiqihar	25726	19939	30744	24645	9375	9676
鸡西	Jixi	11315	8963	12643	10515	3828	4267
鹤岗	Hegang	7908	7201	9926	7852	2725	3303
双鸭山	Shuangyashan	9096	6844	10909	9132	3346	3653
大庆	Daqing	15263	13594	24153	19673	8872	6929
伊春	Yichun	6628	5552	9038	7254	2686	2501
佳木斯	Jiamusi	14076	10918	18434	14746	5279	5735
七台河	Qitaihe	4133	3382	5359	4261	1601	1656
牡丹江	Mudanjiang	16355	13970	23921	20737	6878	7159
黑河	Heihe	7620	6514	11098	9459	3646	3262
绥化	Suihua	14903	8582	19855	15629	6430	4152
大兴安岭	Daxinganling	3110	2491	4180	3361	1235	1264

18-17 医疗机构运营情况 (2014年)

OPERATION OF MEDICAL INSTITUTIONS (2014)

指 标	Item	合计 Total	医院 Hospitals	卫生院 Health Centers	门诊部 Clinics	妇 幼 保健院 Maternity and Child Care Centers	专科疾病 防 治 院 Specialized Disease Prevention &Treatment Institutes
门诊服务	**Service of Clinics**						
诊疗人次(万人次)	Total Number of Patients Treated (10000 person-times)	7449.9	6063.4	952.6	127.1	225.4	81.5
#门 诊	#Clinics Patients	6790.4	5526.0	885.8	95.5	205.7	77.4
急 诊	Emergency Patients	466.0	433.3	26.0		6.6	0.2
住院服务	**Service of Clinics**						
入院人数(万人)	Hospital Admissions(10000 patients)	482.6	411.7	56.3	2.0	9.2	3.4
住院病人手术人次(万人)	Number of Operation of Patients(10000 patients)	116.9	112.2			4.6	0.1
每百门、急诊的入院人数(人)	Hospital Admissions per 100 Out-patient and Emergency Patient(person)	6.2	6.9	6.2		4.4	4.4
床位利用	**Utilization of Hospital Beds**						
平均床位周转率(次)	Average Turnover of Beds(times)	25.4	26.2	27.2		26.2	9.6
平均床位工作日(日)	Number of Days per Bed in Use in a Year(days)	282.7	300.7	191.3		166.5	321.5
床位使用率(%)	Utilization Rate of Beds(%)	77.4	82.4	52.4		45.6	88.1
出院者平均住院日(日)	Average Hospitalization Period(days)	10.6	11.1	6.7		6.1	34.8

18-18 享受补助、救济人员情况

PERSONS RECEIVING SUBSIDIES OR RELIEF FUNDS

单位：万人 (10000 persons)

项 目	Item	2010	2011	2012	2013	2014
城乡居民最低生活保障人数	**Number of Persons Receiving Minimum Living Allowance in Urban Area and Rural Area**	**263.9**	**277.0**	**271.9**	**265.2**	**244.6**
城镇居民最低生活保障人数	Number of Persons Receiving Minimum Living Allowance in Urban Area	151.2	155.6	152.5	143.7	127.3
农村居民最低生活保障人数	Number of Persons Receiving Minimum Living Allowance in Rural Area	112.7	121.4	119.4	121.5	117.3
传统救济情况	**Traditional Relief**					
农村五保供养人数	Number of Persons in Rural Aears Receiving Livelihood Guaranteed in Five Aspects	14.4	14.5	14.6	14.6	13.6

18–19 社会福利事业、企业单位和工作人员数

NUMBER OF SOCIAL WELFARE INSTITUTIONS AND ENTERPRISES AND PERSONS ENGAGED

项 目	Item	机构数（个）Number of Institutions or Enterprises (unit)			工作人员（人）Number of Persons Engaged (person)		
		2012	2013	2014	2012	2013	2014
总 计	**Total**	**1586**	**1497**	**1700**	**33607**	**32585**	**25236**
社会福利事业单位	Social Welfare Institutions	712	727	1090	8674	10330	9587
社会福利企业单位	Social Welfare Enterprises	639	535	386	20929	18115	11872
收容遣送站	Collecting and Repatriation Units	82	83	75	778	743	678
殡葬事业单位	Funeral and Interment Institutions	153	152	149	3226	3397	3099

18–20 社会福利事业单位基本情况 (2014年)

BASIC STATISTICS ON SOCIAL WELFARE INSTITUTIONS (2014)

项 目	Item	单位数（个）Number of Institutions or Enterprises(unit)	工作人员（人）Number of Persons Engaged (person)	床位数（张）Number of Beds (unit)	年末收养人数（人）Number of Persons Housed (year-end) (person)
总 计	**Total**	**1090**	**9587**	**130079**	
优抚安置单位	Institutions for Aftercare and Martyrs	59	540	256	3050
收养性单位	Adopting Institutions	1031	9047	129823	125285
#光荣院	#Homes for Disabled Veterans	52	434	3872	2462
社会福利院	Social Welfare Homes	63	1424	13053	10714

注：优抚安置单位的年末收养人数为全年接待人次数。
Note:The number of persons housed in the table of Institutions for Aftercare and Martyrs is the

18–21 社会福利企业基本情况

BASIC STATISTICS ON SOCIAL WELFARE ENTERPRISES

年 份 Year	民政部门办 Managed by Civil Affairs Departments			社会办 Managed by Society		
	单位（个）Number of Units (unit)	职工（人）Number of Staff and Workers (person)	#残疾职工 Disabled Persons	单位（个）Number of Units (unit)	职工（人）Number of Staff and Workers (person)	#残疾职工 Disabled Persons
1990	286	12681	5323	1075	25464	11558
1995	463	16320	6749	1263	30492	13876
2000	1000	27631	13023	87	1105	706
2001	1049	23623	10486	40	705	355
2002	1159	25454	11546	72	1593	749
2003	959	22609	10851	142	3014	1480
2004	1038	25603	12276	159	3420	1656
2005	873	30994	10591	133	3945	1931
2006	791	18142	9725	159	3918	1826
2007	654	22780	9200	136	3518	1824
2008	612	18262	9214	110	3952	1699
2009	568	17837	8433	122	4065	2438
2010	517	18652	8169	92	4608	1986
2011	495	15355	7149	74	3057	1836
2012	565	17872	8795	74	3057	1832
2013	473	15257	7867	62	2858	1737
2014	349	11274	6062	37	598	303

18-22 劳动争议案件受理和处理情况
THE DISPOSAL OF LABOR DISPUTES

单位：件 (case)

项　目	Item	2010	2011	2012	2013	2014
案件受理情况	**Cases Accepted**					
当期案件受理数	Number of Cases	9122	7181	7577	7088	9411
#集体劳动争议案件数	#Collective Labour Disputes	80	79	47	44	43
劳动者申诉案件数	Cases Appealed by Laborers	8996	6731	7526	6904	9351
劳动者当事人数(人)	Number of Laborers Involved(person)	13167	2192	8624	8675	11002
#集体劳动争议劳动者当事人数	#Laborers Involved in Collective Labour Disputes	2020		899	1207	1389
争议原因	Cause of the Disputes					
劳动报酬	Labour Remuneration	2109	1520	2186	2059	2315
社会保险	Social Insurances	5055	3837	3970	3478	2478
变更劳动合同	Change the Labour Contract	12				
解除、终止劳动合同	Relieve and End the Labour Contract	222	486	351	419	871
其　他	Others	381	565	499	527	2823
案件处理情况	**Cases Disposed**					
结案数	Number of Cases Settled	9033	6955	7626	7164	9283
处理方式	by Manners of Settlment					
仲裁调解	by Mediation	3799	3568	3718	2977	2787
仲裁裁决	by Arbitrition Lawsuit	4197	3038	3479	3756	4952
其　他	Other	326	349	429	431	1544
处理结果	by Result of Settlment					
用人单位胜诉	Lawsuit Won by Units	1177	564	592	626	667
劳动者胜诉	Lawsuit Won by Laborers	5994	4955	5179	4837	4562
双方部分胜诉	Lawsuit Partly Won by Both Parties	1862	1087	1331	1426	1667
本期末结案件数	**Number of Cases Dissettled**	**263**	**489**	**440**	**364**	**492**
其他方式调解案件数	**Number of the Arbitrated Cases through Other Forms**	**2742**	**3857**	**2791**	**1657**	**2326**

18-23 律师、公证、调解工作基本情况
BASIC STATISTICS ON LAWYERS, NOTARIZATION AND MEDIATION

项 目	Item	2010	2011	2012	2013	2014
律师工作	**Lawyers**					
律师事务所(个)	Number of Law Offices(unit)	652	710	724	750	799
律师(人)	Number of Lawyers(person)	3725	4342	4353	4309	4812
#专职律师	#Full-time Lawyers	3544	4026	4066	4038	4450
兼职律师	Part-time Lawyers	126	163	172	171	198
聘请担任常年法律顾问的单位(处)	Number of Units with Permanent Legal Advisors(unit)	4866	5310	6748	7194	6996
民事诉讼代理(件)	Agent of Civil Cases(case)	9654	22684	28559	30232	24437
行政诉讼代理(件)	Agent of Administrative Action(case)	761	1079	1090	955	1871
刑事辩护(件)	Defender of Criminal Cases(case)	7686	14474	16188	15990	18442
非诉讼法律事务(件)	Agent of Non-Litigious Legal Affairs(case)	4177	7225	8829	8047	5524
解答法律询问(件)	Agent of Legal Advisory Services(case)	109203	123709	125655	117403	308950
代写法律事务文书(件)	Agent of Legal Documents Written on Behalf of Clients(case)	11701	17552	21150	19529	45567
公证工作	**Notarization**					
公证处(个)	Number of Notary Offices(unit)	148	134	149	149	149
#办理涉外的	#Related to Foreign	72	57	70	70	70
公证人员(人)	Notarial Personnel(person)	765	937	937	1006	985
#公证员	#Notaries	402	446	459	440	432
公证员助理	Assistant Notaries	287	304	348	331	345
办理公证件数(件)	Number of Transacted Notarization(case)	390864	394544	402587	458435	425022
#国内经济合同公证	#Notarization of Domestic Economic	48705	57090	55645	58435	53871
人民调解工作	**Number of People's Mediation**					
专职司法助理员(人)	Number of Full-time Judicial Assistants(person)	2773	2871	2871	2807	2425
人民调解委员会(个)	Number of People's Mediation Committees(unit)	16089	14389	15771	15816	16185
调解人员(人)	Number of Mediators(person)	69013	43296	74156	73318	74015
调解民间纠纷(件)	Number of Civil Disputes Mediated(case)	248322	277101	281625	284770	287914

18-24 国内公证业务分类

DOMESTIC NOTARIAL SERVICES BY TYPE

单位：件　　(piece)

分　类	Item	2013 办理公证 Number of Notarial Documents Issued	2013 比重(%) Percentage (%)	2014 办理公证 Number of Notarial Documents Issued	2014 比重(%) Percentage (%)
总计	**Total**	**281134**	**100.00**	**251439**	**100.00**
合同(协议)	Contract(Agreement)	58435	20.79	53871	21.43
买卖合同	Trade Contracts	2136	0.76	2509	1.00
赠与合同	Gift Contracts	4951	1.76	4632	1.84
借款合同	Contracts for Loan of Money	7996	2.84	7150	2.84
租赁合同	Leasing Contracts	31	0.01	52	0.02
承揽合同	Contracts of Hired Work	2		5	
建设工程合同	Contracts for Construction Projects				
委托合同	Agency Appointment Contracts	2526	0.90	2424	0.96
担保合同	Guarantee Contracts	990	0.35	297	0.12
土地使用权合同	Land Use Contracts	24516	8.72	21816	8.68
知识产权合同	Intellectual Property Contracts	23	0.01	3	
承包合同	Contract Agreements	4370	1.55	4576	1.82
企业经营合同	Enterprise Operating Contracts	1		3	
劳动（劳务）合同	Labor (Labor Service) Contracts	318	0.11		
其他合同	Other Contracts	3692	1.31	2374	0.94
合伙协议	Partnership Agreements	29	0.01	28	0.01
财产分割协议	Property Division Agreements	156	0.06	128	0.05
财产约定协议	Property Agreement	1530	0.54	837	0.33
扶养协议	Child Support Agreements	29	0.01	27	0.01
出国留学协议	Studying Abroad Agreement	670	0.24	745	0.30
拆迁安置协议	Removal and Resettlement Agreements	2400	0.85	1335	0.53
赔偿协议	Compensation Agreements	114	0.04	89	0.04
还款协议	Payment Contracts	79	0.03	69	0.03
其他	Others	1876	0.67	4772	1.90
继承	Inheritance	32367	11.51	34062	13.55
单方法律行为	Unilateral Legal Acts	94820	33.73	76614	30.47
委托	Proxy	61744	21.96	39322	15.64
声明	Announcement	22519	8.01	27500	10.94
赠与	Gift	4950	1.76	4194	1.67
遗嘱	Testaments	2363	0.84	2249	0.89
其他	Other	3244	1.15	3349	1.33
现场监督	Site Supervision	10072	3.58	8101	3.22
招标投标	Bidding	2937	1.04	2969	1.18
拍卖	Auction	188	0.07	204	0.08
其他	Other	6947	2.47	4928	1.96
保全证据	Evidence Preservation	1526	0.54	1825	0.73
公司章程	Corporation Constitutions	17	0.01	6	
组织资格	Organization Qualification	1		1	
财产权	Property Rights	4		275	0.11
身份	Identity	240	0.09	221	0.09
收养关系	Adoptive Relationship	413	0.15	4	
婚姻状况	Marital Status	1159	0.41	732	0.29
亲属关系	Kinship Confirmation	9913	3.53	3975	1.58
有无违法犯罪记录	Illegal and Criminal Record Check	904	0.32	773	0.31
其他有法律意义事实	Other Facts of Legal Significance	2668	0.95	2639	1.05
出生	Birth	690	0.25	1076	0.43
死亡	Death	721	0.26	796	0.32
其他	Other	1257	0.45	767	0.31
证书（执照）	Certificate (License)	10273	3.65	1198	0.48
签名（印鉴）	Signature (Seal)	7696	2.74	14101	5.61
文本相符	Conformity of Documentation	6228	2.22	13509	5.37
赋予执行效力	Executor Force	12770	4.54	7399	2.94
执行证书	Certificate of Execution	456	0.16	418	0.17
抵押登记	Mortgage Registration	865	0.31	880	0.35
提存	Drawing	143	0.05	113	0.04
保管	Storage			55	0.02
其他	Others	30164	10.73	30667	12.20

18-25 涉外公证文书分类

FOREIGN-RELATED NOTARIAL DOCUMENTS BY TYPE

单位：件 (piece)

分　类	Item	2013		2014	
		办理公证 Number of Notarial Documents Issued	比重（%） Percentage (%)	办理公证 Number of Notarial Documents Issued	比重（%） Percentage (%)
总　计	**Total**	**174066**	**100.00**	**171634**	**100.00**
合同(协议)	Contracts(Agreements)	7	0.004	2683	1.56
继承	Inheritance	35	0.02	61	0.04
委托	Power of Attorney	1657	0.95	6586	3.84
声明	Declaration	1505	0.86	1494	0.87
遗嘱	Testaments	1	0.0006	5	0.003
其他单方法律行为	Other Unilateral Legal Acts	97	0.06		
公司章程	Corporation Constitutions	39	0.02	18	0.01
组织资格	Organization Qualification	10	0.01	5	0.003
收养关系	Adoptive Relationship	50	0.03	22	0.01
婚姻关系	Marital Relationship	8720	5.01	5396	3.14
亲属关系	Kinship Confirmation	21097	12.12	21552	12.56
出生	Births	16192	9.30	14714	8.57
死亡	Deaths	922	0.53	759	0.44
生存、居住	Survival and Residence	2137	1.23	243	0.14
学历(学位)	Education Background(Academic Degree)	10719	6.16	8893	5.18
经历	Resume	580	0.33	547	0.32
职务(职称)	Professional Titles	1072	0.62	652	0.38
身份	Identity	900	0.52	249	0.15
有无违法犯罪记录	Illegal and Criminal Record Check	25177	14.46	19918	11.60
其他有法律意义事实	Other Facts of Legal Significance	24	0.01	190	0.11
证书(执照)	Certificate(Licence)	3812	2.19	4171	2.43
签名(印鉴)	Signature(Seal)	1743	1.00	1516	0.88
文本相符	Conformity of Documentation	52645	30.24	25520	14.87
其他	Others	24925	14.32	56440	32.88

18-26 调解民间纠纷分类

NUMBER OF CIVIL DISPUTES MEDIATED BY TYPE

分 类	Item	调解纠纷(件) Civil Disputes (cases)			各种纠纷所占比重(%) Percentage (%)		
		2012	2013	2014	2012	2013	2014
总 计	**Total**	**281625**	**284770**	**287914**	**100.0**	**100.0**	**100.0**
婚姻家庭	Family Disputes	33589	32869	37770	11.9	11.5	13.1
房屋、宅基地	Housing and Housing Sites	11195	11134	12206	4.0	3.9	4.2
邻 里	Neighbor Disputes	33668	32570	38358	12.0	11.4	13.3
损害赔偿	Compensation for Damages	17360	16413	18612	6.2	5.8	6.5
其 他	Others	185813	191784	180968	66.0	67.3	62.9

18-27 婚姻登记和离婚情况

BASIC STATISTICS ON MARRIAGES AND DIVORCES

年 份 Year	居民登记结婚(对) Registered Marriages (couple)	初 婚 (人) First Marriages (person)	再 婚 (人) Remarriages (person)	涉外及华侨、港澳台同胞准予登记结婚的国内居民 Registered Marriages Related to Foreign, Oversea Chinese, Hong Kong, Macao & Taiwan		准予登记离 婚(对) Registered Divorces (couple)	法院协议判决离婚(对) Agreement and Adjudged Divorces (couple)	离婚率(‰) Divorce Rate (‰)
				合 计 (人) Total (person)	#女 性 Female			
1985	284282	547585	20979	56	39	9155	30018	2.3
1990	284720	529796	39644	173	128	17104	37224	3.1
1995	267300	490744	43856	4312	4271	19237	54733	4.0
1996	260229	473216	47242	4002	3771	20571	58705	4.3
1997	270653	498139	43167	3173	3154	20737	61855	4.4
1998	234488	416018	52958	2745	2700	19792	56600	4.0
1999	224610	403756	45464	2168	2060	22654	52976	4.0
2000	217750	384399	51101	2560	2385	23739	51137	3.9
2001	222294	392712	51876	3889	3675	24940	50925	4.0
2002	193072	335930	50214	3770	3592	26698	45552	3.8
2003	201202	348460	53944	4208	3920	35186	42388	4.1
2004	235120	410058	60182	2844	2558	49278	43733	4.9
2005	228311	395978	60644	2448	2055	53932	42065	5.0
2006	231917	409739	54095	2942	2034	55506	43026	5.2
2007	252041	438465	65617	1982	1738	66779	40340	5.6
2008	283017	486996	79038	2879	2470	79403	40044	6.2
2009	303854	519276	88432	2929	2460	91355	36961	6.7
2010	308886	529835	87937	3093	2286	104406	35272	7.3
2011	332683	555952	109414	2390	1459	116019	35272	7.9
2012	345617	591433	99801	2348	1199	124138	32616	8.2
2013	376612	651424	101800	2101	1163	147613	30643	9.3
2014	352253	617682	86824	1853	1171	157983	29302	9.8

18-28 社会保险基本情况

BASIC STATISTICS OF SOCIAL INSURANCE

项　目	Item	2010	2011	2012	2013	2014
年末参加城镇基本养老保险人数(万人)	Number of Urban Basic Pension Insurance Contributors at Year-end(10000 persons)	952.2	981.0	1013.0	1062.1	1090.0
#职工	#Staff and Workers	529.2	540.7	554.2	639.9	646.7
离退休人员	Retirees	344.2	359.4	380.0	422.2	443.4
基金收入(亿元)	Revenue(100 million yuan)	729.9	653.2	870.7	845.6	922.2
基金支出(亿元)	Expenses(100 million yuan)	705.9	677.5	867.8	886.0	1028.3
累计结余(亿元)	Balance at Year-end(100 million yuan)	479.0	416.4	469.9	429.5	323.4
年末参加城镇职工基本医疗保险人数(万人)	Number of Urban Staff Basic Medical Care Insurance Contributors at Year-end (10000 persons)	873.7	881.0	867.8	868.1	873.9
#职工	#Staff and Workers	595.3	587.4	558.3	556.5	549.6
离退休人员	Retirees	278.4	293.6	309.5	311.6	324.3
基金收入(亿元)	Revenue(100 million yuan)	113.3	107.2	163.5	187.4	210.4
基金支出(亿元)	Expenses(100 million yuan)	95.4	82.4	145.2	170.0	192.8
累计结余(亿元)	Balance at Year-end(100 million yuan)	174.9	155.7	221.8	239.2	256.9
年末参加城镇居民基本医疗保险人数(万人)	Number of Urban Residents Basic Medical Care Insurance Contributors at Year-end (10000 persons)	687.1	697.0	712.5	712.3	712.5
年末参加失业保险人数(万人)	Number of Unemployment Insurance Contributors at Year-end(10000 persons)	472.9	474.5	476.2	477.4	478.4
#领取失业保险金	#Beneficiaries of Unemployment Insurance Fund	14.3	12.0	12.1	11.6	9.5
基金收入(亿元)	Revenue(100 million yuan)	13.8	22.4	32.3	28.3	33.9
基金支出(亿元)	Expenses(100 million yuan)	16.3	5.7	7.4	5.9	7.0
累计结余(亿元)	Balance at Year-end(100 million yuan)	54.5	71.2	96.1	118.9	145.7
年末参加工伤保险人数(万人)	Number of Work Injury Insurance Contributors at Year-end(10000 persons)	415.1	450.0	470.6	493.1	505.5
#享受工伤待遇	#Beneficiaries	6.2	8.2	6.8	7.2	6.3
基金收入(亿元)	Revenue(100 million yuan)	11.6	15.6	18.7	21.1	21.7
基金支出(亿元)	Expenses(100 million yuan)	9.2	6.2	16.6	18.8	20.4
累计结余(亿元)	Balance at Year-end(100 million yuan)	13.1	17.9	27.7	30.1	31.4
年末参加生育保险人数(万人)	Number of Maternity Insurance Contributors at Year-end(10000 persons)	290.1	350.0	353.1	355.1	356.1
#享受待遇	#Beneficiaries	3.4	3.6	4.2	6.8	7.8
基金收入(亿元)	Revenue(100 million yuan)	3.0	2.5	5.1	5.7	6.7
基金支出(亿元)	Expenses(100 million yuan)	1.9	1.4	3.5	4.0	5.6
累计结余(亿元)	Balance at Year-end(100 million yuan)	6.4	4.9	9.6	11.3	12.4
年末参加城乡居民社会养老保险人数(万人)	Number of Urban and Rural Residents Basic Pension Insurance Contributors at Year-end (10000 persons)	254.6	309.3	871.4	815.8	821.8
#领取养老金	#Farmer Beneficiaries	54.6	82.9	173.5	231.3	263.8

主要统计指标解释

广播/电视节目综合人口覆盖率　指根据原国家广电总局制定的《广播电视人口覆盖率统计技术标准和方法》进行统计调查的，在对象区内能接收到由中央、省、地市或县通过无线、有线或卫星等各种技术方式转播的各级广播/电视节目的人口数占全国总人口数的百分比。

艺术表演团体　指由文化部门主办或实行行业管理（经文化行政部门审批或已申报登记并领取相关许可证），专门从事表演艺术等活动的各类专业艺术表演团体，含民间职业剧团。不包括群众业余文艺表演团体。

艺术表演场馆　指由文化部门主办或实行行业管理（经文化市场行政部门审批或已申报登记并领取相关许可证），有观众席、舞台、灯光设备，公开售票、专供文艺团体演出的文化活动场所。

文化市场经营机构　指经文化市场行政部门审批或已申报登记并领取相关许可证的、从事文化经营和文化服务活动的机构。

国家综合档案馆　指由中央或地方各级档案行政管理部门直接管理的，按行政区划或历史时期设置的，收集和管理所辖范围内多种门类档案的档案馆。

等级运动员　指经考核正式批准授予运动员称号的运动员，分为国际级运动健将、运动健将、一级、二级运动员。

等级教练员　指经考核正式批准授予等级教练员职称的教练员，分为国家级、高级、中级、初级教练员。

医疗卫生机构　指从卫生行政部门取得《医疗机构执业许可证》、《计划生育技术服务许可证》，或从民政、工商行政、机构编制管理部门取得法人单位登记证书，为社会提供医疗保健、疾病控制、卫生监督服务或从事医学科研和医学在职培训等工作的单位。医疗卫生机构包括医院、基层医疗卫生机构、专业公共卫生机构、其他医疗卫生机构。

医院　包括综合医院、中医医院、中西医结合医院、民族医院、各类专科医院和护理院，不包括专科疾病防治院、妇幼保健院和疗养院。

基层医疗卫生机构　包括社区卫生服务中心、社区卫生服务站、街道卫生院、乡镇卫生院、村卫生室、门诊部、诊所(医务室)。

专业公共卫生机构　包括疾病预防控制中心、专科疾病防治机构、妇幼保健机构（含妇幼保健计划生育服务中心）、健康教育机构、急救中心（站）、采供血机构、卫生监督机构、取得《医疗机构执业许可证》或《计划生育技术服务许可证》的计划生育技术服务机构。

其他医疗卫生机构　包括疗养院、临床检验中心、医学科研机构、医学在职教育机构、医学考试中心、农村改水中心、人才交流中心、统计信息中心等卫生事业单位。

卫生人员　指在医院、基层医疗卫生机构、专业公共卫生机构及其他医疗卫生机构工作的职工，包括卫生技术人员、乡村医生和卫生员、其他技术人员、管理人员和工勤人员。一律按支付年底工资的在岗职工统计，包括各类聘任人员(含合同工)及返聘本单位半年以上人员，不包括临时工、离退休人员、退职人员、离开本单位仍保留劳动关系人员、本单位返聘和临聘不足半年人员。

卫生技术人员　包括执业医师、执业助理医师、注册护士、药师（士）、检验技师（士）、影像技师、卫生监督员和见习医（药、护、技）师（士）等卫生专业人员。不包括从事管理工作的卫生技术人员(如院长、副院长、党委书记等)。

执业医师　指《医师执业证》“级别”为“执业医师”且实际从事医疗、预防保健工作的人员，不包括实际从事管理工作的执业医师。执业医师类别分为临床、中医、口腔和公共卫生四类。

执业(助理)医师　指《医师执业证》“级别”为“执业助理医师”且实际从事医疗、预防保健工作的人员，不包括实际从事管理工作的执业助理医师。执业助理医师类别分为临床、中医、口腔和公共卫生四类。

每万人口执业(助理)医师　每万人口执业(助理)医师=（执业医师数+执业助理医师数）/人口数×10000。人口数系年末常住人口。

每万人口卫生技术人员　每万人口卫生技术人员=卫生技术人员数/人口数×10000。人口数系年末常住人口。

每万人口医疗卫生机构床位　每万人口医疗卫生机构床位=医疗卫生机构床位数/人口数×10000。人口数系年末常住人口。

社会工作师　指通过全国社会工作师职业水平考试并取得社会工作师职业水平证书的人员。

社会福利企业　指以集中安置有一定劳动能力的残疾人就业为目的（残疾职工占生产人员10%以上）、带有社会福利性质的企业总称。社会福利企业分类为：社会福利工厂、假肢厂、其他福利企业。性质分为：国有、集体和其他性质。

城市居民最低生活保障人数　指在报告期末家庭平均收入在当地规定的最低生活保障线以下的城镇居民数。包括“三无”对象，失业人员和在职、下岗、退休人员等。

农村居民最低生活保障人数　指报告期末在建立农村最低生活保障制度的地区，得到当地政府或集体给予最低生活保障的农业人口家庭人数。

五保户　指无法定抚养义务人，或者虽有法定抚养义务人，但是抚养人无抚养能力的；无劳动能力的；无生活来源的老年人、残疾人和未成年人。

传统救济人数　指国家规定由民政部门救济的特殊人员和60年代精简退职老职工救济人员。特殊人员包括麻风病人、原国民党起义、投诚人员、归侨、台胞台属、宽大释放人员、摘掉右派帽子人员、因公负伤的下乡知青、因计划生育手术事故造成死亡和丧失劳动能力人员等传统民政救济对象。

社区服务机构数　指报告期末设立的社区服务指导中心、社区服务中心、社区服务站、社区养老机构和设施、互助型的养老设施等其他社区服务机构的总和数。具有面向老人，残疾人，儿童及其家庭的商品递送、医疗保健、家庭保洁、日间照料、陪伴服务等为社区居家养老服务的设施和突出综合服务的职能。

粗离婚率　指某地区当年离婚对数占该地区年平均人口的比重。计算公式为：

$$粗离婚率=\frac{当年离婚对数}{年平均人口数}\times 1000‰$$

人民检察院直接立案侦查案件　指按照管辖的规定，由人民检察院直接立案侦查的贪污贿赂犯罪、渎职犯罪、国家机关工作人员利用职权实施的侵犯公民人身权利和民主权利的犯罪以及经省级人民检察院决定立案侦查的国家机关工作人员利用职权实施的其他重大犯罪案件。

要案　指县、处级以上干部的犯罪案件。该指标主要反映职务犯罪案件中县、处级以上干部被人民检察院依法立案侦查的情况。

批准逮捕　指人民检察院对公安机关、国家安全机关、监狱管理机关提出逮捕的犯罪嫌疑人进行审查，根据事实，依法做出逮捕决定。该指标主要反映人民检察院对提请逮捕犯罪嫌疑人进行审查后依法做出批准逮捕决定的情况。

决定逮捕　指人民检察院对直接立案侦查的案件，认为需要逮捕犯罪嫌疑人时，依据法律做出的逮捕决定。该指标主要反映人民检察院对直接受理的案件行使决定逮捕权的情况。

适用简易程序　指人民法院对依法可能判处三年以下有期徒刑、拘役、管制、单处罚金的公诉案件，事实清楚，证据充分，人民检察院建议或者同意适用简易程序的案件 ；告诉才处理的案件；被害人起诉的有证据证明的轻微刑事案件。

提出抗诉　指人民检察院对人民法院的判决、裁定认为确有错误，向人民法院提出对案件重新进行审理的诉讼活动。包括按照第二审程序提出的抗诉和按照审判监督程序（再审程序）提出的抗诉。

立案监督　指人民检察院对侦查机关刑事立案活动的监督。包括对应当立案而不立案的监督和不应立案而立案的监督。

监督立案　包括侦查机关接到要求说明不立案理由后主动立案和执行通知立案两个内容。

监管活动 指人民检察院对监狱等监管改造场所的管理活动进行的监督。**青少年罪犯** 指人民法院在报告期内判决发生法律效力的有罪判决中14周岁以上不满25周岁的罪犯。其中14周岁以上不满18周岁的罪犯为未成年罪犯。

行政案件 指公民、法人和其他组织不服行政机关作出的具体行政行为，向人民法院提起行政诉讼，人民法院依法审理的案件。

单独赔偿 指单独提起行政赔偿的案件。当事人对行政行为的合法性没有争议，就行政侵权造成的损害赔偿单独提起赔偿诉讼。

公证人员 指在公证处工作的人员总称，包括公证处主任、副主任、公证员、公证员助理(助理公证员)和其他从事辅助性工作的人员。

公证文书 指公证处根据当事人申请，依照事实和法律，按照法定程序制作的，具有法律效力的司法证明文书。

受理劳动人事争议案件数 指劳动人事争议仲裁委员会根据国家有关规定，对劳动人事争议当事人的申请予以审查，符合受理条件而正式立案、准备处理的劳动人事争议案件数。

城镇职工基本养老保险

1.参保职工人数 指报告期末按照国家法律、法规和有关政策规定参加城镇职工基本养老保险并在社保经办机构已建立缴费记录档案的职工人数，包括中断缴费但未终止养老保险关系的职工人数，不包括只登记未建立缴费记录档案的人数。

2.离退休人员人数 指报告期末参加城镇职工基本养老保险的离休、退休和退职人员的人数。

3.基金收入 指根据国家有关规定，由纳入基本养老保险范围的缴费单位和个人按国家规定的缴费基数和缴费比例缴纳的养老保险基金，以及通过其他方式取得的形成基金来源的收入。包括单位和职工个人缴纳的基本养老保险费、基本养老保险基金利息收入、上级补助收入、下级上解收入、转移收入、财政补贴和其他收入。

4.基金支出 指按照国家政策规定的开支范围和开支标准从养老保险基金中支付给参加基本养老保险的个人的养老金、丧葬抚恤补助，以及由于保险关系转移、上下级之间调剂资金等原因而发生的支出。包括离休金、退休金、退职金、各种补贴、医疗费、死亡丧葬补助费、抚恤救济费、社会保险经办机构管理费、补助下级支出、上解上级支出、转移支出、其他支出等。

5.基金累计结余 指截止报告期末基本养老保险基金收支相抵后的累计余额。

城乡居民基本养老保险

1.参保人数 指报告期末，参加城乡居民养老保险（在经办机构参保登记并已建立缴费记录以及制度实施当年已经年满60周岁并在经办机构参保登记）的总人数（不包括已经办理注销登记手续的人数）。

2.基金收入 指根据国家有关规定，由参加城乡居民基本养老保险的个人按规定缴费的城乡居民基本养老保险基金，以及通过集体补助、财政补助等其他方式取得的形成基金来源的收入。包括个人缴费收入、集体补助收入、政府补贴收入、利息收入、转移收入、上级补助收入、下级上解收入和其他收入。

3.基金支出 指按照国家政策规定的开支范围和开支标准从城乡居民基本养老保险基金中支付给参加城乡居民基本养老保险的个人养老金待遇支出，以及由于参保人员跨统筹地区流动而发生的支出等。包括养老金待遇支出、转移支出、补助下级支出、上解上级支出、其他支出。

4.基金累计结余 指截止报告期末城乡居民基本养老保险基金收支相抵后的累计余额。

基本医疗保险

1.参保人数 指报告期末按国家有关规定参加相应基本医疗保险的人数。

2.基金收入 指由用人单位和个人按照国家规定的缴费基数、缴费比例或缴费标准缴纳的基本医疗保险基金，财政补助资金以及通过其他方式取得的形成基金来源的款项，包括：单位缴纳收入、个人缴纳收入、财政补助收入（含医疗救助补助个人收入）、财政补贴收入、利息收入和其他收入。

3. 基金支出　指按照国家政策规定的开支范围和开支标准，从基本医疗保险基金中支付给参保人员的医疗保险待遇支出，以及其他支出。包括住院医疗费用支出、门急诊医疗费用支出、个人账户基金支出、其他支出。

4. 基金累计结余　指截止报告期末基本医疗保险基金累计结余金额。

失业保险

1. 参保人数　指报告期末按照国家法律、法规和有关政策规定参加了失业保险的城镇企业、事业单位的职工及地方政府规定参加失业保险的其他人员的人数。

2. 基金收入　指报告期内筹集的失业保险基金的总额，包括失业保险费收入、利息收入、财政补贴收入、其他收入、转移收入、上级补助收入、下级上解收入。

3. 基金支出　指报告期内为保障失业人员基本生活、促进其再就业等支出的基金总额，包括失业保险金支出、医疗补助金支出、丧葬补助金和抚恤金支出、职业培训和职业介绍补贴支出、农民合同制工人一次性生活补助支出、其他支出、转移支出、上级补助支出、下级上解支出。

4. 基金累计结余　指截止报告期末失业保险基金收支相抵后的累计余额。

工伤保险

1. 参保人数　指报告期末依据国家有关规定参加工伤保险的职工人数和有雇工的个体工商户的雇工数。

2. 享受保险待遇人数　指年初至报告期末因工伤或职业病而享受工伤保险待遇的人数。为享受工伤医疗待遇中未评定等级的人数、享受伤残待遇人数以及享受因工死亡待遇人数之和。

3. 基金收入　指根据国家有关规定，由参加工伤保险的单位按国家规定的缴费基数和缴费比例缴纳的工伤保险基金，以及通过其他形式取得的形成基金来源的款项。包括：单位缴纳的社会统筹基金收入、财政补贴收入、利息收入、其他收入。

4. 基金支出　指按照国家政策规定的开支范围和开支标准从工伤保险基金中支付给参加工伤保险的人员及供养直系亲属工伤保险待遇支出及其他支出。包括工伤医疗费、伤残补助金、工亡补助金、护理费、丧葬补助费、工伤预防费用、职业康复费用和其他支出。

5. 基金累计结余　指截止报告期末工伤保险基金累计结余金额。

生育保险

1. 参保人数　指报告期末依据有关规定参加生育保险的人数。

2. 基金收入　指根据国家有关规定，由参加生育保险的单位按照国家规定的缴费基数和缴费比例缴纳的生育保险基金，以及通过其他方式取得的形成基金来源的款项，包括：单位缴纳的基金收入、利息收入和其他收入。

3. 基金支出　指按照国家政策规定的开支范围和开支标准，从生育保险基金中支付给参加生育保险的职工，因妊娠、分娩和计划生育手术而享受的待遇及其他支出。包括：生育津贴、医疗费用支出及其他支出。

4. 基金累计结余　指截止报告期末生育保险基金累计结余金额。

Explanatory Notes on Main Statistical Indicators

The Population Coverage Rate of Radio/Television refers to the percentage of the whole country's population who can receive radio/television programmes transmitted by national, provincial, municipal or county stations through wireless, cable or satellite techniques, according to Statistical Standard and Method on Television and Radio Coverage of Population established by the former State Administration of Broadcasting, Film and Television.

Arts Performance Troupes refer to the various professional performing arts groups, which sponsored by the cultural sectors or guided by the cultural society (approved by the cultural administration authority, or registered and permitted with the relative certificate), including non-governmental troupes. The mass amateur arts performance troupes are not included. administration, or registered and permitted with the relative certificate), with the facility of auditorium, stage and lighting, and selling tickets in public.

Arts Performance Places refer to the various sites for cultural activities, which sponsored by the cultural sectors or guided by the cultural society (approved by the cultural market.

Cultural Market Operating Units refer to the units dealing in culture and cultural services, which registered and permitted with the relative certificate by cultural market administration.

National Comprehensive Archives refer to all archives institutions, which are directly managed by the central and local levels archives administration, collecting and keeping various documents and materials by administrative regions or historical periods.

Certified Grade Athletes refer to those who are awarded the title of athletes through assessment. The titles include international level athletes, master of sports, first grade athletes and second grade athletes.

Certified Grade Coaches refer to those who are awarded the title of grade coaches through assessment. The titles include national level coaches, senior grade coaches, medium grade coaches and junior grade coaches.

Medical and Health Care Institutions refer to the units which have been qualified the Certification of Health Care Institution, certification of family planning technical service by the administration of public health, or qualified the Certification of Corporate Unit by the civil affairs, administration for industry and commerce, commission office for public sector reform, and engaging in medical care, disease prevention and control, health supervision and inspection, medicine research and on-job training, etc., including: hospitals, health care institutions at grass-root level, specialized public health institutions, and other medical and health care institutions.

Hospitals include general hospitals, hospitals specialized in traditional Chinese medicine, hospitals of integrated traditional Chinese and western medicine, ethnic hospitals, specialized hospitals and nursing hospitals, excluding specialized disease prevention and treatment institutes, maternal and child health care hospitals and convalescent hospitals.

Health Care Institutions at Grass-root Level include community health service centers, community health

service stations, urban health centers, township health centers, village clinics, outpatient departments and clinics (health centers).

Specialized Public Health Institutions include centers for disease control and prevention, specialized disease prevention and treatment institutions, women and children care agencies(including women and children health care family planning service center), health education institutions, first aid centers, blood gathering and supplying institutions, health supervision and inspection agencies, and family planning technical service centers that obtained the Certification of Health Care Institution or certification of family planning technical service centers.

Other Medical and Health Care Institutions include sanatoriums, clinical laboratory centers, medicinal scientific research institutions, on-job training institutions, medical examination centers, rural water improvement centers, talent exchange centers, and statistical information centers, etc.

Health Care Employees refer to all employees engaged in the health care institutions, such as hospitals, health care institutions at grass-root level, specialized public health institutions, and other medical and health care institutions, including medical technical personnel, village doctors and assistants, other technical personnel, managerial and service staff. The data is based on the year end payroll, including personnel hired (including contract labor) and re-employed after retirement by the institution for over half a year and excluding temporary workers, retired personnel, resigned personnel, personnel who have left the institution but kept the contract relation and personnel who are re-employed after retirement or temporarily employed for less than half a year.

Medical Technical Personnel refer to the professional staff engaged in health care, including licensed doctors, licensed assistant doctors, registered nurses, pharmacists, laboratory technicians, imaging staff, health care supervisors and intern doctors, pharmacists, nurses, and technical personnel, excluding the medical technical personnel engaged in managerial job (e.g. president, vice president and secretary of the party committee etc).

Licensed Doctors refer to the medical workers who have obtained the licenses of qualified doctors and are employed in medical treatment, disease prevention or healthcare institutions, excluding the licensed doctors engaged in management job. The licensed doctors are divided into 4 categories: clinician, Chinese medicine physicians, dentist and public health physicians.

Licensed Assistant Doctors refer to the medical workers who have obtained the licenses of qualified assistant doctors and are employed in medical treatment, disease prevention or healthcare institutions, excluding the licensed assistant doctors engaged in management job. The classification of licensed assistant doctors is clinician, Chinese medicine, dentist and public health.

Number of Licensed (Assistant) Doctors per 10000 Population The formula is:

Number of Licensed Doctors per 10000 Population = (Number of Licensed Doctors + Number of Licensed Assistant Doctors) / Population *10000

The population is the figure of usual population at year-end.

Number of Medical Technical Personnel per 10000 Population The formula is:

Number of Medical Technical Personnel per 10000 Population = Number of Medical Technical Personnel / Population *10000

The population is the figure of usual population at year-end.

Number of Beds of Medical and Health Care Institutions per 10000 Population the formula is:

Number of Beds of Medical and Health Care Institutions per 10000 Population = Number of Beds of Medical and Health Care Institutions / Population *10000

The population is the figure of usual population at year-end.

Social Welfare Enterprises refer to those welfare-oriented enterprises employing a significant number of handicapped people with certain labour ability (handicapped employees shall exceed 10% of the production staff). They can be categorized as welfare factories, artificial limb plants and other welfare enterprises. They can be in the form of state ownership, collective ownership or other kinds of ownership.

Number of Urban Residents Entitled to Minimum Living Allowances refers to the number of those whose average family income is below a minimum local standard by the end of the reporting period, including both the employed and unemployed, laid off and retired, and those jobless people without stable residence or valid IDs.

Number of Rural Residents Entitled to Minimum Living Allowances refers to the number of those receiving the minimum living allowances from the local government or community in the rural areas where this allowances system is in place as of the end of the reference period.

Households Enjoying Five Guarantees refers to those senior citizens, handicapped or under-aged who, without labour ability, can not make a living by themselves and whose statutory providers are unable to support them or who have no statutory providers at all.

Number of Recipients of Traditional Relief refers to special personnel receiving support from civil affair department according to national regulations and personnel who resigned because of the streamlining in the 1960s. Special personnel include traditional recipients of civil affair support, such as lepers, insurrectionists and surrenders of former KMT, returned overseas Chinese, Taiwan compatriots, personnel pardoned and released early from prisons, personnel removed of the label "rightist", educated youth suffered from work injuries in the "Down to the Countryside Movement" and personnel who have lost their work capacity due to family planning surgeries.

Number of Service Institutions in Communities refers to the total number of community service guidance centers, community service centers, community service stations, community pension institutions and facilities and mutual aid pension facilities and other community service institutions at the end of the reporting period. These institutions offer home keeping and elderly care services for the elderly, handicapped people, children and their families, like commodity delivery, health care, cleaning, adult day care, companion and others.

Crude Divorce Rate refers to ratio of divorced couples to the annual average population in a certain region for the reference year, the formula is:

$$\text{Crude Divorce Rate} = \frac{\text{number of couples divorced for the reference year}}{\text{annual average population}} \times 1000\ ‰$$

Cases Registered and Handled Directly by People's Procuratorate Offices refer to those serious criminal cases that, according to the functional jurisdiction, are registered and handled by the People's

Procuratorate Offices, including the ones on bribery and corruption, the ones on abuse and dereliction of duty, offenses against citizens' personal and democratic rights by government officials abusing their powers; and that are registered and handled by the provincial Procuratorate offices in relation to other major crimes committed by government officials by abusing their powers.

Key Cases refer to crimes committed by county and director-level and above officials. This indicator reflects the situation of those county and director-level and above officials involved in criminal cases registered and handled by People' s Procuratorate offices.

Approval for Arrest refers to the decision made by people' s procuratorate office, in accordance with the law and relevant facts, to approve the arrest of the suspect(s) as proposed by the public security departments, state security departments or prisons authority. This indicator reflects approved arrests made by people' s procuratorate offices that are proposed by related departments.

Decision on Arrest refers to decision made by the people' s procuratorate office, in accordance with laws, to arrest the suspect(s) in the cases that are accepted and to be investigated by the procurators office. This indicator mainly reflects the implementation of the decision on arrest by people' s procuratorate office.

Application of Summary Procedure refers to those cases of public prosecution where the suspects might be, according to law, sentenced to fixed-term imprisonment of no more than three years, criminal detention, public surveillance or punishment with fines exclusively by People' s Court ; those cases where the facts are clear and the evidence is sufficient, and which the People's Procuratorate suggests or agrees that the summary procedure is applied to; those cases to be handled only upon complaints; and those minor criminal cases prosecuted by the victims with evidence.

Protests Presented refer to those protests presented by local People's Procuratorate at any level who considers that there exists some definite error in a judgment or order of first instance made by a People's Court at the same level to the People's Court at the next higher level, including the protests raised in accordance with the second instance and protests raised in accordance with procedure for trial supervision.

Supervision of Case Registered refers to the actions made by the People's Procuratorate to supervise the criminal cases registered by investigative authorities, including supervision of the cases which have wrongly not been registered and have wrongly been registered.

Supervision of Case Registration includes both the supervision of the registrations by the investigatory authorities and the supervision of the implementation of the notifications to register after the investigatory authorities are requested to state reasons for not registering a case.

Supervisory Activities refers to the supervision of the People' s Procuratorate over the management of prisons as well as other places of criminal reformation.

Juvenile Criminals refers to the offenders within the age range of 14 to 25 convicted guilty by the court during the reporting period while those between 14 and 18 are defined as minor offenders.

Administrative Cases refer to the cases filed by citizens, corporations and other organizations against the specific administrative conducts of administrative authorities and handled by the court.

Separate Compensation refers to cases that are separately filed for administrative compensation by the party who has no dispute on the legality of administrative conducts but brings proceedings separately to claim for damages caused by administrative tort.

Notary Personnel refers to people working for notary offices including: directors, deputy directors, notaries, assistant notaries and other people providing assistance.

Notary Documents refer to legally binding judicial notary documents developed at the request of the interested party based on facts and the law following certain legal proceedings.

Number of Labour Disputes Cases Accepted refers to the number of cases of labour disputes submitted that, after being reviewed by the labour dispute arbitration committees in line with the relevant national regulations, are accepted and registered for treatment.

Basic Pension Insurance for Urban Staff and Workers

1. Number of staff and workers covered refers to staff and workers participating in the basic pension insurance for urban staff and workers programme according to national laws, regulations and related policies at the end of the reference period, who have already had payment records in social security management agencies, including those who have interrupt payment without terminating the insurance programme. Those who have registered in the programme but with no payment records are not included.

2. Number of retirees refers to the number of retirees participating in the basic pension insurance for urban staff and workers programmes by the end of the reference period.

3. Revenue of the basic pension insurance programme refers to payments made by employers and individuals participating in the pension insurance programme in accordance with the basis and proportion stipulated in State regulations, and income from other sources that become the source of pension insurance fund, including the premium paid by employers and staff and workers, interest income, subsidies from higher level agencies, income as transfer from subordinate agencies, transferred income, government financial subsidies and other income.

4. Expenditure of basic pension insurance programme refer to payment made on pensions and funeral subsidies to those covered in pension insurance programmes according to related national policies on scope and standard of expenditure. Also included are expenditure which arises due to shift of the insurance relationship or adjustment of funds among agencies. More specifically, included are pensions for resigned people, pensions for retired people, pension for people quitting jobs, various subsidies, medical fees, funeral subsidies, compensation payments, management fees for social security agencies, expenses on subsidies to lower subordinates, expenses as transfer to agencies at higher level, transferred expenditure and other expenditure.

5. Balance of basic pension insurance programme refers to the balance of basic pension insurance funds at the end of the reference period after deducting expenses from revenue.

Basic Pension Insurance for Urban and Rural Residents

1. Number of participants refers to people participating in the basic pension insurance for urban and rural residents programme who registered with the participation and established payment records, and who were 60 years old or above when the system was established and registered with the participation.. Those who cancelled their registration are not included.

2. Revenue of the insurance programme refers to the revenue from the payments made, in accordance with related regulations of the government, by individuals participating in the basic pension insurance

for urban and rural residents programme and from the subsidies contributed by collective subsidies, public finance and other sources. It includes the payment by individual participants, collective subsidies, government subsidies, interest income, transferred income, subsidies from higher levels, contributions from lower levels, and income from other sources.

3. Expenditure of the insurance programme refers to payment made to those covered in the basic pension insurance for urban and rural residents according to related national policies on scope and standard of expenditure. Also included are expenditures which arise due to movement of participants among different locations. It includes the payment to the individual participants, transferred expenditures, expenses on subsidies to lower subordinates, expenses as transfer to agencies at higher level, and other expenditures.

4. Balance of insurance programme refers to the balance of basic pension insurance funds for urban and rural residents at the end of the reference period after deducting expenses from revenue.

Basic Medical Care Insurance

1. Number of people participating in the insurance programme refers to people participating in the basic medical care insurance programme according to related regulations at the end of the reference period.

2. Revenue of the insurance programme refers to payments made by employers and individuals participating in the medical care insurance programme in accordance with the basis and proportion stipulated in State regulations, government subsidies and income from other sources that become the source of medical insurance fund, including payment by employers and individuals, financial assistance (including medical assistance subsidiaries to individuals), financial subsidies, interest income and other incomes.

3. Expenditure of the insurance programme refers to medical care payment made to people covered in basic medical care insurance programme within the scope and standards of expenditure according to related national policies, and other expenses, including medical expenses of hospital inpatients, medical expenses for outpatients and emergency patients, payment to individual accounts and other expenditure.

4. Balance of the basic medical care insurance programme refers to the balance of medical care insurance funds at the end of the reference period after deducting expenses from revenue.

Unemployment Insurance

1. Number of people covered refers to staff and workers in urban enterprises or institutions who have participated in the unemployment insurance programme according to relevant policies and regulations, and other people who have participated according to local government regulations at the end of the reference period.

2. Revenue of the unemployment insurance programme refers to the total unemployment insurance funds raised in the reference period, including unemployment insurance premium, interest income, financial subsidies, other incomes, transferred income, subsidies from higher level agencies and income as transfer from subordinate agencies.

3. Expenditure of the unemployment insurance programme refers to total expenses during the reference period to guarantee the basic livelihood of unemployed people, and to encourage their re-employment. Included are unemployment relief, medical fees, funeral subsidies, compensation payments, training expenses, job placement expenses, one-time subsistence allowance for contracted migrant workers, other expenditures, transferred expenditure, expenses as transfer to higher level agencies and subsidies to lower level agencies.

4. Balance of the unemployment insurance programme refers to the balance of revenue of the programme after deducting expenses at the end of the reference period.

Work Injury Insurance

1. Number of people covered refers to staff and workers who have participated in the work injury insurance programme and employees who work for the self employed and have participated in the work injury insurance programme according to relevant national regulations at the end of the reference period.

2. Number of beneficiaries refers to number of people benefited from work injury insurance, as a result of work injury or occupational disease. It is the sum of beneficiaries of medical treatment of unrated work injuries, disability benefits for work injuries and compensation for deaths at work places.

3. Revenue of the work injury insurance programme refers to payments made by employers participating in the work injury insurance programme in accordance with the basis and proportion stipulated in State regulations, and income from other sources that become source of work injury insurance fund, including income of social comprehensive funds paid by employers, government financial subsidies, interest income and other incomes.

4. Expenditure of the work injury insurance programme refers to payments made from work injury insurance funds to those who participated in the work injury insurance programme and their direct dependents within the scope and standards of expenditure according to related national policies, and other expenditure, including medical fees for work injury, injury and disability subsidies, death subsidies, nursing fees, funeral subsidies, injury prevention fees, occupational rehabilitation fees and other expenditure.

5. Balance of the work injury insurance programme refers to the balance of the work injury funds at the end of the reference period.

Maternity Insurance

1. Number of people covered refers to people who have participated in the maternity insurance programme according to relevant regulation at the end of the reference period.

2. Revenue of maternity insurance programme refers to payments made by employers participating in the maternity insurance programme in accordance with the basis and proportion stipulated in State regulations, and income from other sources that become source of maternity insurance fund, including income of funds paid by employers, interest income and other income.

3. Expenditure of the maternity insurance programme refers to payments made from maternity insurance funds to staff and workers who participate in the maternity insurance programme within the scope and standards of expenditure in accordance with related national policies, expenses paid for pregnancy, child delivery or surgeries related to family planning, and other expenditure, including allowance for child bearing, medical fees and other expenditure.

4. Balance of the maternity programme refers to the balance of the maternity insurance funds at the end of the reference period.

第十九篇　城市概况

CHAPTER 19 GENERAL SURVEY OF CITIES

资料整理：戚　萍　赵秋梅　韩　姝

19-1 城市公用事业基本情况

BASIC STATISTICS ON URBAN PUBLIC UTILITIES

指　　标	Item	2010	2011	2012	2013	2014
城市建设	**City Areas and Floor Space of Buildings**					
城区面积(平方公里)	Urban Area(sq. km)	2589.5	2653.2	2718.3	2765.7	2786.8
建成区面积(平方公里)	Area of Built Districts(sq. km)	1638.0	1678.6	1725.5	1758.4	1785.1
城市建设用地面积(平方公里)	Area of Land Used for Urban Construction(sq. km)	1737.5	1722.1	1747.7	1763.7	1773.7
城市人口密度(人/平方公里)	Population Density of City Districts(persons/sq. km)	5239	5146	5054	4922	4946
城市供水、燃气及集中供热	**Water Supply, Gas Supply and Heating**					
全年供水总量(亿立方米)	Annual Volume of Tap Water Supply(100 million cu. m)	16.4	15.2	15.2	14.5	15.0
#生活用水	#Water Consumption for Residential Use	3.9	4.0	4.1	4.0	3.8
人均生活用水(升)	Per Capita Water Consumption for Residential Use(liter)	123.9	128.0	125.5	119.3	116.5
城市人口用水普及率(%)	Coverage Rate of Urban Population with Access to Tap Water(%)	89.1	90.8	94.1	95.5	96.2
人工煤气供气量(亿立方米)	Gaswork Gas Supply (100 million cu. m)	0.8	0.8	0.8	0.8	0.8
#家庭用量	#Consumption of Gaswork Gas for Residential Use	0.4	0.4	0.4	0.5	0.4
液化石油气供气量(万吨)	Liquefied Petroleum Gas(10000 tons)	22.0	21.1	20.6	21.8	21.4
#家庭用量	#Consumption of Liquefied Gas for Residential Use	11.3	11.6	11.5	11.7	12.3
供气管道长度(公里)	Length of Gas Pipelines(km)	594	647	709	772	8073
燃气普及率(%)	Coverage Rate of Urban Population with Access to Tap Gas(%)	88.8	81.4	83.4	85.6	86.2
集中供热面积(万平方米)	Area of Centralized Heating(10000 sq. m)	37513	42940	48336	53804	57656
城市市政设施	**Municipal Infra-structure**					
年末实有道路长度(公里)	Length of Paved Roads at Year-end(km)	10090	10629	11128	12102	12252
每万人拥有道路长度(公里)	Length of Paved Roads Per 10000 Persons(km)	7.8	6.7	5.1	5.4	5.5
年末实有道路面积(万平方米)	Area of Paved Roads at Year-end(10000 sq. m)	13569	15296	16252	17899	18359
人均拥有道路面积(平方米)	Per Capita Area of Paved Roads(sq. m)	10.5	11.2	11.8	13.2	13.3
城市排水管道长度(公里)	Length of City Sewage Pipes(km)	7504	8294	9376	9583	9922
平均每万人拥有(公里)	Length of Sewer Pipelines per 10000 Population(km)	5.8	4.7	4.3	4.3	4.4
城市公共交通	**Public Transportation**					
年末公共交通车辆运营数(辆)	Number of Public Vehicles under Operation at Year-end (Buses and Trolley Buses, etc.)(10000 units)	16939	17706	18171	19754	20092
每万人拥有公共交通车辆(标台)	Number of Public Transportation Vehicles Per 10000 Population(unit)	13.1	13.7	14.0	15.2	15.3
出租汽车数(万辆)	Taxis (10000 units)	10.3	10.9	11.4	11.7	12.2
城市绿化和园林	**City Greening**					
园林绿地面积(公顷)	Public Green Areas(hectare)	69581	72166	73820	75065	76346
人均公园绿地面积(平方米)	Per Capita Public Green Areas(sq. m)	11.8	11.5	11.8	12.1	12.1
公园个数(个)	Number of Parks(unit)	285	296	304	321	331
公园面积(公顷)	Area of Parks(hectare)	9066	9339	9372	9516	9626
城市环境卫生	**Environmental Sanitation**					
生活垃圾清运量(万吨)	Volume of Garbage Disposal(10000 tons)	782	651	710	582	553
粪便清运量(万吨)	Volume of Excrement and Urine Disposal(10000 tons)	167	179	151	153	135
每万人拥有公厕(座)	Number of Public Toilets per 10000 Population(unit)	6.9	5.8	5.5	5.0	5.4

19-2 12个省辖城市社会经济主要指标(2013年,不含所辖县及县级市)

项　目	Item	哈尔滨市 Harbin	齐齐哈尔市 Qiqihar
人口、就业	**Population,Employment**		
年末总人口(万人)	Total Population at the Year-end(10000 persons)	473.6	138.4
年平均人口(万人)	Annual Mean Population(10000 persons)	472.5	138.8
年出生人口(人)	Annual Birth Population(person)	40873	8647
年死亡人口(人)	Annual Death Population(person)	31422	11895
年末总户数(万户)	Total Households at the Year-end(10000 households)	191.0	59.1
年末单位从业人员数(万人)	Total Number of Employed Persons at the Year-end(10000 persons)	109.18	30.51
#第一产业	#Primary Industry	1.35	6.82
第二产业	Secondary Industry	42.43	9.91
第三产业	Tertiary Industry	65.40	13.78
城镇私营和个体从业人员(人)	Number of Employed Persons of Private and Individuals(person)	1236710	203955
年末城镇登记失业人员数(人)	Number of Registered Unemployed Persons in Urban Areas at Year-end(person)	67163	3710
土地面积	**Land Areas**		
行政区域土地面积(平方公里)	Total Area of Administration Region(sq. km)	7086	4365
#建成区面积	#Developed Areas	391	140
城市建设用地面积(平方公里)	Urban Construction Land Areas(sq. km)	382	135
#居住用地面积	#Land Areas of Living	120	51
公共设施用地面积(平方公里)	Land Areas of Public Facilities(sq. km)	11	44
工业用地面积(平方公里)	Land Areas of Industry(sq. km)	83	40
综合经济	**Total Economy**		
地区生产总值(当年价格)(万元)	Gross Domestic Product(10000 yuan)	32363205	6218075
第一产业增加值	Primary Industry	1209269	235287
第二产业增加值	Secondary Industry	12064131	2798172
第三产业增加值	Tertiary Industry	19089805	3184616
人均地区生产总值(元)	Per Capita GDP(yuan)	68330	44812
地区生产总值增长率(%)	Growth Rate of GDP(%)	7.1	7.2
地方公共财政收入(万元)	Local Public Financial Revenue(10000 yuan)	3387736	313422
#各项税收	#Taxes	2765425	162930
地方公共财政支出(万元)	Local Public Financial Expenditure(10000 yuan)	4769565	658780
年末金融机构存款余额(万元)	Balance of Deposits of National Banking System at the Year-end(10000 yuan)	76584405	7630498
#城乡居民储蓄年末余额	#Balance of Deposits of Urban and Rural Residence	29654329	5537869
年末金融机构各项贷款余额(万元)	Balance of Loans of National Banking System at the Year-end(10000 yuan)	57430458	5721506
规模以上工业	**Industry**		
工业企业数(个)	Number of Industrial Enterprises(unit)	660	170
内资企业	Domestic Funded Enterprises	581	161
#国有企业	#State-Owned Enterprises	30	3
私营企业	Private Enterprises	183	87
港、澳、台商投资企业	Enterprises with Funds from Hong Kong, Macao and Taiwan	24	3
外商投资企业	Foreign Funded Enterprises	55	6
工业总产值(当年价)(万元)	Gross Industrial Output Value(10000 yuan)	21291271	6071644
内资企业	Domestic Funded Enterprises	17188536	5740963
#国有企业	#State-Owned Enterprises	1682063	114792
私营企业	Private Enterprises	1186828	2054475
港、澳、台商投资企业	Enterprises with Funds from Hong Kong, Macao and Taiwan	687733	66882
外商投资企业	Foreign Funded Enterprises	3415002	263799

MAJOR SOCIAL AND ECONOMIC INDICATORS OF 12 PROVINCIAL CAPITALS
(2013, NOT INCLUDING THE CITIES AT COUNTY LEVEL AND COUNTIES)

鸡西市 Jixi	鹤岗市 Hegang	双鸭山市 Shuangyashan	大庆市 Daqing	伊春市 Yichun	佳木斯市 Jiamusi	七台河市 Qitaihe	牡丹江市 Mudanjiang	黑河市 Heihe	绥化市 Suihua
85.2	66.8	49.5	136.4	78.9	79.1	56.9	89.0	21.0	86.9
85.2	66.8	49.6	129.4	78.5	79.9	57.0	89.0	21.0	87.8
5179	3831	3071	10291	3930	6037	3884	5900	1259	6425
5591	4844	3072	6304	7425	7680	2498	5771	1301	11556
37.8	34.4	23.2	51.4	35.3	33.2	22.1	34.0	8.4	31.0
13.60	12.10	11.00	46.69	14.78	9.25	11.21	9.48	3.80	2.85
0.06	0.19	0.25	0.06	7.27	0.46	0.31	0.03	0.28	0.06
8.71	8.04	7.32	26.16	3.30	3.34	7.73	3.06	0.65	0.93
4.83	3.87	3.43	20.47	4.21	5.45	3.17	6.39	2.87	1.86
10539	95061	37829	315406	124293	95635	136300	241000	47192	26310
14831	12635	6494	35285	18084	11397	5636	13464	1522	1740
2300	4551	1760	5107	19567	1875	3646	2360	14444	2756
79	66	58	241	165	97	68	78	19	35
79	66	57	316	157	83	68	89	29	27
48	33	30	80	62	27	26	35	8	11
2	4	4	12	16	3	6	2	6	1
10	29	2	74	19	18	15	19	4	4
1893026	1946697	1500295	36194531	1819128	3640000	1862123	3369368	272854	1124781
111772	133994	46477	408495	485687	220000	163710	146760	87386	582164
1119963	1216810	863530	29763030	695772	1355000	939484	1586588	68628	176838
661291	595893	590288	6023006	637669	2065000	758929	1636020	116840	365779
22181	29045	30236	266322	22965	45575	32675	34786	21702	20610
-6.5	-10.5	-15.8	4.7	9.8	11.4	-12.6	9.2	7.2	13.0
306675	161577	165973	1207132	89061	287315	162477	418822	84389	48908
137875	95392	102158	912425	54789	157753	110502	216052	47121	31794
432775	498576	466440	1438647	597209	755952	463961	902423	354310	283614
4651976	3547166	2733701	18222307	3496902	4744680	2814049	5826682	1620024	2376532
3190272	2560451	1830986	10133893	2439938	3437195	1755532	4045547	1016457	1713441
1798358	1616114	2150417	6322237	830487	1501076	1568182	2797020	628011	1340906
57	127	89	322	88	140	76	114	27	30
54	126	88	310	81	130	75	105	24	29
5	4	1	7	6	2	3	6	3	1
20	24	75	205	35	88	52	58	6	28
3		1	3		3		1	1	1
	1		9	7	7	1	8	2	
1917679	2066229	2203195	38384024	1575893	2450081	2022792	2070863	399014	484019
1689459	2058713	2199304	37977075	1510864	1987611	2020060	1622591	386129	474173
707301	56068	825431	3387987	57185	28000	41137	164040	70205	16717
291801	382832	128623	2622631	284485	1095652	590173	648724	296411	457456
228220		3891	12313		27810		18396	3112	9846
	7516		394636	65029	434660	2732	429876	9773	

19-2 续表1

项　目	Item	哈尔滨市 Harbin	齐齐哈尔市 Qiqihar
从业人员年平均人数(万人)	Annual Average Number of persons Employed(10000 persons)	23.7	8.0
流动资产合计(万元)	Total of Working Capitals(10000 yuan)	21091655	4883595
固定资产合计(万元)	Total of Fixed Assets(10001 yuan)	8566784	3439611
主营业务收入(万元)	Revenue from Principal Business(10000 yuan)	23266668	5863843
主营业务成本(万元)	Cost of Principal Business(10000 yuan)	19233431	4915367
主营业务税金及附加(万元)	Tax and Extra Charges from Principal Business(10000 yuan)	1030292	35745
本年应交增值税(万元)	Value-added Tax Payable in the Current Year(10000 yuan)	648050	232930
利润总额(万元)	Total Profits(10000 yuan)	588873	310275
邮电通讯	**Post and Telecommunication**		
年末邮政局(所)数(处)	Number of Post and Telecommunications Offices(unit)	161	81
贸易、外经	**Domestic and Foreign Trade**		
社会消费品零售总额(万元)	Total Retail Sale of Consumer Goods(10000 yuan)	22010322	4185211
限额以上批发零售贸易业商品销售总额(万元)	Total Sales of Wholesale and Retail Trade Above Designated Size(10000 yuan)	21470535	1856676
限额以上批发零售企业数(法人数)(个)	Number of Corporation Enterprises of of Wholesale and Retail Trade Above Designated Size(unit)	717	66
#零售业	#Retail Trade	353	41
当年新签项目(合同)个数(个)	Number of Newly Signed items(Contracts)(unit)	43	3
当年实际使用外资金额(万美元)	Foreign Capital Actual Used(USD 10000)	199070	41550
固定资产投资	**Total Investment in Fixed Assets**		
全社会固定资产投资总额(万元)	Total Investment in Fixed Assets(10000 yuan)	38440806	4239345
#房地产开发投资额	#Real Estate Development	8085413	711768
#住宅	#Residential Buildings	5493554	593348
全年新增固定资产(万元)	Newly Increased Fixed Assets (10000 yuan)	23421199	2764636
商品房屋销售面积(万平方米)	Floor Space of Commercialized Buildings Sold(10000 sq.m)	1124.5	73.1
#住宅	#Residential Buildings	1015.9	68.3
商品房屋销售额(万元)	Total Sale of Commercialized Buildings(10000 yuan)	7640066	441812
#住宅	#Residential Buildings	6570165	392520
教育、科技、文化、卫生	**Education,Science and Technology ,Health**		
中等职业教育学校数(所)	Number of Specialized Secondary Schools(unit)	46	26
普通中学学校数(所)	Number of Regular Secondary Schools(unit)	210	74
小学学校数(所)	Number of Primary Schools(unit)	190	116
普通高等学校教师数(人)	Number of Full-time Teachers of Regular Institutions of Higher Education(person)	31271	
中等职业教育学校教师数(人)	Number of Full-time Teachers of Specialized Secondary Schools(person)	2548	1490
普通中学教师数(人)	Number of Full-time Teachers of Regular Secondary Schools(person)	21951	5671
小学教师数(人)	Number of Full-time Teachers of Primary Schools(person)	12568	3696
普通高等学校学生数(人)	Student Enrollment of Regular Institutions of Higher Education(person)	486252	51255
高中阶段在校学生数(人)	Student Enrollment of Senior Secondary Education(person)	140185	26478
中等职业教育学校学生数(人)	Student Enrollment of Specialized Secondary Schools(person)	60186	20234
普通中学学生数(万人)	Student Enrollment of Regular Secondary Schools(10000 persons)	22.17	5.62
小学学生数(万人)	Student Enrollment of Primary Schools(10000 persons)	18.84	5.48
初中毕业生升学率(%)	Proportion of Junior Secondary Graduates Entering into Senior Secondary Schools(%)	64	72
成人高等学校在校学生数(人)	Student Enrollment in Adult Education Schools(person)	21974	

COUNTINUED

鸡西市 Jixi	鹤岗市 Hegang	双鸭山市 Shuangyashan	大庆市 Daqing	伊春市 Yichun	佳木斯市 Jiamusi	七台河市 Qitaihe	牡丹江市 Mudanjiang	黑河市 Heihe	绥化市 Suihua
7.5	7.3	6.4	22.6	2.6	0.8	8.0	3.1	0.7	0.3
1518889	1241002	981783	11685635	717066	1110163	1528774	1343581	232264	102398
1663545	1160854		25220186	969451	897531	1720785		206518	74250
2046128	1907113	2144397	38656675	1525137	2381849	1954288	2080272	394680	389162
1637592	1798207	1895853	23080378	1355668	2083764	1797786	1706261	288427	354968
27573	21568	22251	5154041	5283	11826	14756	36334	6215	212
133325	104561	138717	2840853	41355	43818	113160	81473	18669	4051
-41606	-85576	-6871	7438138	58208	74247	-101585	92054	84571	19147
48	34	32	105	64	89	21	76	25	20
1173177	884022	540742	8030992	632325	1713020	612602	2145888	53130	664895
1008926	444797	415740	15750965	313091	914753	366779	1148013	351662	378657
33	65	16	276	21	24	16	49	13	16
25	44	11	189	17	19	12	39	7	13
2	21	4	4		4		3		
7200	6000	1545	41042		2037	535	4660		972
1528757	1347850	1945000	8301292	1541944	1066632	1475799	2797918	474151	704553
129227	109981	103199	2633088	81144	439923	121839	629122	37776	
105497	90444	78212	1843896	77097	243526	83750	498013	28385	
1294716	710573	20328	6171718	1259488	523172	1760660	1683041	142073	704553
32.7	14.8	15.6	543.5	38.0	65.4	25.0	141.8	28.5	
32.1	14.1	10.8	499.3	34.0	61.8	23.6	130.5	24.8	
123336	52451	33654	2356225	110843	272191	93442	624384	89296	
120371	47774	30869	1969820	94906	241155	86469	545912	66491	
13	8	5	7	12	8	3	6	4	1
37	31	30	79	32	35	32	41	7	36
24	52	36	152	38	55	32	61	10	93
274	414	237	3901	210	2042	467	2558	486	510
422	524	163	472	292	306	275	160	219	121
3845	2565	1977	8327	3025	3229	2845	3035	1084	2332
1625	1027	1659	5526	2087	3129	2004	3083	706	3027
9141	5781	2074	70010	1070	44935	1685	43895	10216	10210
16285	14965	11697	42556	13942	17024	10124	11763	4571	2863
4470	6990	3182	5652	2806	1588	2711	2421	2319	248
3.80	3.01	1.89	10.16	2.60	3.75	2.94	3.76	1.01	2.28
2.30	2.23	1.66	6.77	1.70	3.58	2.32	3.54	1.07	3.43
98	97	99	95	97	68	99	94	92	99
	2002	784	13125	980	15454		9075	1193	9219

19-2 续表2

项　目	Item	哈尔滨市 Harbin	齐齐哈尔市 Qiqihar
体育场馆数(个)	Number of Public Stadiums and Gymnasiums(unit)	82	10
剧场、影剧院数(个)	Number of Theaters ,Music Halls and Cinemas(unit)	59	8
公共图书馆图书总藏量(千册、件)	Total Collections of Public Libraries(1000 volumes)	7029	1068
医院、卫生院数(个)	Number of Hospitals(unit)	275	429
医院、卫生院床位数(张)	Number of Beds in Health Institutions(unit)	55157	13889
医生数（执业医师+执业助理医师）(人)	Number of Doctors (Certified (assistant)Doctors)(person)	16551	7966
注册护士(人)	Registered Nurses(person)	22120	6363
人民生活	**People's Livelihood**		
在岗职工平均人数(万人)	Number of Staff and Workers(10000 persons)	104.8	27.7
在岗职工工资总额(万元)	Total Wages Bill of Staff and Workers(10000 yuan)	5339209	1152104
城镇居民人均可支配收入(元)	Annual Per Capita Disposable Income of Urban Households(yuan)	25197	19064
城镇居民人均消费支出(元)	Annual Per Capita Consumption Expenditure of Urban Households(yuan)	18729	15179
每百户居民家庭拥有家用汽车(辆)	Number of Automobile Per 100 Urban Households(unit)	17	11
每百户居民家庭拥有家用电脑(台)	Number of Computer Per 100 Urban Households(unit)	78	54
人均住房建筑面积(平方米)	Per Capita Gross Floor Space of Urban Residents(sq.m)	38.2	25.8
居民消费价格指数(上年为100)	Consumer Price Indices (preceding year=100)	102.1	102.1
社会保障	**Social Security**		
城镇基本养老保险参保人数(人)	Urban Active Contributors of Basic Endowment Insurance(persons)	1045799	279146
基本医疗保险参保人数(人)	Active Contributors of Basic Medical Treatment Insurance(persons)	2881875	1136536
失业保险参保人数(人)	Active Contributors of Unempolyment Insurance(persons)	1204000	354125
社会福利院数(个)	Number of Social Welfare Institutions(unit)	551	2
社会福利院床位数(张)	Number of Beds in Social Welfare Institutions(unit)	38000	1591
社区服务设施数(个)	Number of Community Services Facilities(unit)	747	211
城镇居民最低生活保障人数(人)	Number of Minimum Living Guarantee of Urban Residents(person)	75952	83799
社会治安	**Public Order**		
交通事故死亡人数(人)	Number of Deaths of Traffic Accidents(person)	252	
交通事故损失额(万元)	Amount of Loss of Traffic Accidents(10000 yuan)	1849	
火灾事故死亡人数(人)	Number of Deaths of Fire Accidents(person)	5	
火灾事故损失额(万元)	Amount of Loss of Fire Accidents(10000 yuan)	3451	
刑事案件立案数(件)	Number of Criminal Cases Registered(unit)	14904	5510
犯罪人数(人)	Number of Criminals(person)	5867	2005
#青少年人数（年龄16-25周岁）	#Young Offenders(Age 16-25 years old)	1325	40
市政公用事业	**Municipal Utilities**		
年末实有城市道路面积(万平方米)	Area of Paved Roads at Year-end(10000 sq.m)	4757	944
排水管道长度(公里)	Length of City Sewage Pipes(km)	2748	723
供水综合生产能力(包括自备水源)(万立方米/日)	Production Capacity of Tap Water Supply(10000 cu.m/day)	174	39
供水总量(万吨)	Total Annual Volume of Water Supply(10000 tons)	35731	9531
#居民家庭用水量	#For Residential Use	15070	2859
用水人口(万人)	Number of Residents with Access to Tap Water(10000 persons)	412	108
供气总量(人工、天然气)(万立方米)	Volume of Gas Supply (Coal Gas and Natural Gas)(10000 tons)	35118	21791
#家庭用量	#For Residential Use	12474	3366
用气人口(人)	Population with Access to Gas(person)	3751600	1020000
液化石油气供气总量(吨)	Volume of Liquefied Petroleum Gas Supply(ton)	69000	6500
#家庭用量	#For Residential Use	14600	5000
用液化气人口(人)	Population with Access to Liquefied Petroleum Gas(person)	368000	35000
年末实有公共汽(电)车营运车辆数(辆)	Number of Public Vehicles under Operation at Year-end (Buses and Trolley Buses,etc.)(unit)	5990	1027
全年公共汽(电)车客运总量(万人次)	Number of Passengers Carried of Bus,Trolley Bus(10000 person-times)	118343	93
年末实有出租汽车数(辆)	Number of Taxi(unit)	15587	3159
绿地面积(公顷)	Area of Urban Green Areas(hectare)	13333	6097
#公园绿地面积	#Area of Parks Green Areas	4333	1091
建成区绿化覆盖面积(公顷)	Green Covered Area of Completed Area(hectare)	14099	5301

COUNTINUED

鸡西市 Jixi	鹤岗市 Hegang	双鸭山市 Shuangyashan	大庆市 Daqing	伊春市 Yichun	佳木斯市 Jiamusi	七台河市 Qitaihe	牡丹江市 Mudanjiang	黑河市 Heihe	绥化市 Suihua
9	3	4	10	2	7	6	4	7	10
1	1	1	12	6	4	7	6	1	3
135	290	198	2219	719	282	170	607	111	141
48	39	30	88	41	55	38	54	18	29
4993	5153	3005	11836	5171	6606	3141	8662	849	1205
1250	964	1312	5939	1620	1826	1236	2517	1097	561
1772	1489	1590	5431	1690	2738	1336	3792	340	162
12.5	11.3	9.2	44.4	14.0	8.8	10.4	8.0	2.5	3.2
548662	471445	396991	3095161	356876	379616	421605	389243	108974	96559
17697	16001	18734	27755	15370	17863	18134	19320	19693	17684
13741	11886	13218	17638	11700	13790	14183	16543	15146	12175
10	3	1	13	5	3	12	9	13	4
62	46	36	52	66	71	52	53	76	59
26.0	26.3	26.0	28.5	26.0	28.3	29.2	28.3	32.1	28.0
102.3	102.0		100.9	102.1	102.0	102.0	102.2	101.9	101.9
175919	100600	11362	345804	265805	155692	225450	194381	29992	30697
492039	428600	142760	1032806	503984	247392	257441	518992	55210	59013
146860	90900	78300	169388	117534	134548	86132	142758	17644	38224
12	157	5	56	57	125	31	64	4	4
1742	4278	1330	4420	3198	7050	1675	5834	819	985
1569	80	86	1010	170	1756	82	136	68	32
87000	98744	54899	11358	118750	43749	36185	66767	10854	29259
42	13		97	35	40	20	45	6	20
8	8		50	54	77	27	11	6	190
			1	1					
1195	93	45	816	1307	105	221		19	73
3185	3823	324	2453	652	572	2551	2778	122	302
769	1081	503	3647	741	767	768	956	162	430
181	119	95	676	13	128	99	64	49	75
642	436	378	3394	881	541	485	981	167	2300
307	285	361	1521	449	492	151	387	108	180
26	21	21	150	27	46	32	128	8	36
4583	4725	2539	26562	4860	6628	3804	22374	605	2674
1518	1125	1075	4247	2272	1740	800	1668	246	1311
71	48	38	132	53	77	34	68	11	45
1100	1395	735	37374		3752	4592	2015		1875
900	1201	500	7160		1265	2720	549		1470
426500	152700	95000	1289800		409000	209400	164000		184200
5526	7774	4000	11237	8770	23700	2460	18041	1146	1730
4321	6298	3391	7565	7179	3029	1655	13136	701	1480
180500	200200	151000	143400	278900	110000	75000	463200	96458	184500
739	584	333	1605	513	410	499	780	99	225
9573	9879	5250	20089	4617	8322	6813	18237	1101	2757
2935	1915	1100	6699	5312	2559	1547	2919	981	2553
2803	2863	2733	22172	4785	3875	2441	5105	469	800
775	834	518	2081	1635	847	483	759	287	170
3179	2225	2523	10912	4830	4031	2726	3026	573	1113

19-3 分地区城市建设情况 (2014年)

STATISTICS ON CITY CONSTRUCTION BY REGION (2014)

地　区	Region	城区面积 (平方公里) Urban Area (sq. km)	建成区面积 (平方公里) Area of Built Districts (sq. km)	城市建设用地面积 (平方公里) Area of Land Used for Urban Construction (sq. km)	征用土地面积 (平方公里) Land Put in Requisition for State Construction Projects (sq. km)	城市人口密度 (人/平方公里) Population Density of Urban Area (persons/sq. km)
总　计	**Total**	**2786.8**	**1785.1**	**1773.7**	**24.3**	**4946**
地级市合计	**Total Number of Cities at Prefectural Level**	**1936.6**	**1449.9**	**1486.8**	**20.7**	**5938**
哈尔滨	Harbin	400.6	400.6	391.5	10.0	10418
齐齐哈尔	Qiqihar	139.6	139.6	139.6	0.7	7799
鸡　西	Jixi	79.2	79.2	78.9	1.1	9137
鹤　岗	Hegang	85.0	53.2	53.2		6506
双鸭山	Shuangyashan	118.0	58.0	57.2	0.8	3975
大　庆	Daqing	318.5	244.8	318.5	3.0	4761
伊　春	Yichun	174.9	167.4	157.0		4383
佳木斯	Jiamusi	97.0	97.0	83.4		6228
七台河	Qitaihe	310.5	71.7	71.7	1.4	1314
牡丹江	Mudanjiang	92.7	81.4	81.4	3.0	7768
黑　河	Heihe	27.9	20.0	20.0		5179
绥　化	Suihua	92.8	37.0	34.4	0.6	3784
县级市合计	**Total Number of Cities at County Level**	**850.2**	**335.2**	**287.0**	**3.6**	**4333**
双　城	Shuangcheng	55.0	29.6	21.7		3535
尚　志	Shangzhi	152.0	18.3	18.3	0.6	844
五　常	Wuchang	100.6	26.4	15.9	0.1	1385
讷　河	Nehe	20.0	11.2	11.2	0.03	5060
密　山	Mishan	91.0	22.0	13.9	0.2	1016
虎　林	Hulin	128.7	10.8	10.8		565
铁　力	Tieli	21.4	16.5	14.1		5864
同　江	Tongjiang	15.0	10.3	10.3		4647
富　锦	Fujin	16.7	16.2	16.2		7331
绥芬河	Suifenhe	27.6	27.1	18.7	0.7	3313
海　林	Hailin	24.3	16.8	16.8	0.3	4140
宁　安	Ningan	13.5	11.2	11.2		5556
穆　棱	Muling	10.8	10.8	10.4		7461
北　安	Beian	57.3	22.5	21.5	1.4	2384
五大连池	Wudalianchi	10.0	5.6	5.6		5000
安　达	Anda	25.1	25.1	21.8		9287
肇　东	Zhaodong	48.8	34.2	34.2		6541
海　伦	Hailun	32.5	20.6	14.5	0.4	4071

19-4 分地区城市供水情况(2014年)

BASIC STATISTICS ON TAP WATER SUPPLY IN CITIES BY REGION (2014)

地　区	Region	年末供水综合生产能力(万立方米/日) Production Capacity of Tap Water Supply (year-end) (10000 cu. m/day)	年末供水管道长度(公里) Length of Water Supply Pipelines (year-end) (km)	全年供水总量(万立方米) Total Annual Volume of Water Supply (10000 cu. m)	#生活用水 For Residential Use	#生产用水 For Productive Use	用水人口(万人) Number of Residents with Access to Tap Water (10000 persons)	人均日生活用水量(升) Per Capita Daily Consumption of Tap Water for Residential Use (liter)
总　计	**Total**	**811.1**	**14120.0**	**150272.4**	**38026.6**	**59770.5**	**1325.9**	**116.5**
地级市合计	**Total Number of Cities at Prefectural Level**	**732.2**	**11422.3**	**136933.7**	**31642.1**	**56776.4**	**1107.6**	**108.8**
哈尔滨	Harbin	179.3	2139.5	38693.6	12649.0	6089.6	417.3	131.2
齐齐哈尔	Qiqihar	39.9	1122.9	9589.6	2472.8	2371.8	108.9	101.2
鸡　西	Jixi	26.2	715.2	7201.5	2705.5	2352.2	71.2	150.3
鹤　岗	Hegang	19.7	586.9	4512.6	1083.2	1813.4	53.4	87.7
双鸭山	Shuangyashan	27.5	410.8	2822.1	1088.0	678.0	46.7	101.7
大　庆	Daqing	193.0	2584.3	30375.7	4517.8	19282.1	140.2	139.3
伊　春	Yichun	31.0	1278.3	4824.3	1541.3	1985.1	57.9	96.7
佳木斯	Jiamusi	43.5	635.2	6462.3	1596.7	2167.9	57.7	100.6
七台河	Qitaihe	31.9	747.1	5635.4	892.0	2919.0	38.5	89.3
牡丹江	Mudanjiang	123.0	599.0	23804.1	1685.7	16394.5	68.4	106.9
黑　河	Heihe	7.5	184.4	1079.5	390.0	295.0	14.0	93.9
绥　化	Suihua	9.6	418.9	1933.0	1020.0	428.0	33.5	106.7
县级市合计	**Total Number of Cities at County Level**	**79.0**	**2697.7**	**13338.7**	**6384.5**	**2994.2**	**218.3**	**103.6**
双　城	Shuangcheng	3.9	241.3	897.5	539.8	151.9	18.6	94.3
尚　志	Shangzhi	3.0	182.8	1022.1	393.0	251.6	12.8	143.5
五　常	Wuchang	8.8	148.3	930.0	521.0	126.0	13.9	120.1
讷　河	Nehe	2.8	103.9	389.9	249.5	1.0	9.5	82.1
密　山	Mishan	3.5	187.0	600.0	302.0	149.0	9.2	114.4
虎　林	Hulin	2.3	199.8	459.0	197.0	91.0	7.3	96.5
铁　力	Tieli	5.2	225.7	1022.0	779.0	72.0	10.9	198.5
同　江	Tongjiang	1.0	146.0	280.0	145.0	35.0	6.6	85.5
富　锦	Fujin	6.5	92.1	781.3	179.0	315.0	12.3	76.0
绥芬河	Suifenhe	8.7	157.0	925.0	249.0	287.0	9.1	128.0
海　林	Hailin	3.3	71.0	607.1	178.0	317.2	10.0	62.9
宁　安	Ningan	3.0	139.4	775.0	305.0	284.0	7.5	129.7
穆　棱	Muling	2.4	139.7	455.1	244.7	48.5	8.1	110.1
北　安	Beian	5.4	129.5	931.0	410.0	160.0	13.4	110.5
五大连池	Wudalianchi	0.6	106.8	187.0	140.0	4.5	4.5	90.4
安　达	Anda	6.2	96.5	988.7	682.0	185.5	22.1	88.3
肇　东	Zhaodong	5.0	149.0	1555.0	666.5	373.0	30.3	80.3
海　伦	Hailun	7.4	182.1	533.0	204.0	142.0	12.3	54.3

19-5 分地区城市燃气情况(2014年)

BASIC STATISTICS ON SUPPLY OF GAS IN CITIES BY REGION (2014)

地 区	Region	人工煤气生产能力(万立方米/日) Production Capacity of Gaswork Gas (10000 cu.m/day)	管道长度(公里) Length of Gas Pipelines (km)			全年供气总量(万立方米) Volume of Gas Supply (10000 cu.m)			用气人口(万人) Population with Access to Gas (10000 persons)		
			人工煤气 Coal Gas	液化石油气 Liquefied Petroleum Gas	天然气 Natural Gas	人工煤气 Coal Gas	液化石油气(吨) Liquefied Petroleum Gas (ton)	天然气 Natural Gas	人工煤气 Coal Gas	液化石油气 Liquefied Petroleum Gas	天然气 Natural Gas
总 计	**Total**	**122.8**	**783.2**	**28.4**	**7261.3**	**7783**	**214429**	**116623**	**94.2**	**368.7**	**725.7**
地级市合计	**Total Number of Cities at Prefectural Level**	**122.8**	**783.2**	**8.4**	**7025.7**	**7783**	**159246**	**115799**	**94.2**	**197.4**	**715.5**
哈尔滨	Harbin				3174.6		78000	53445		13.4	404.0
齐齐哈尔	Qiqihar				1235.9		5000	21516		3.0	103.3
鸡 西	Jixi	7.8	268.8			1046	6391		42.6	20.0	
鹤 岗	Hegang				136.9		7778	1122		19.3	16.1
双鸭山	Shuangyashan	13.0	77.2			735	3250		9.5	15.1	
大 庆	Daqing			8.4	1729.1		9319	34800		13.3	138.0
伊 春	Yichun				43.5		8619			28.0	
佳木斯	Jiamusi				613.6		6000	4800		7.0	48.2
七台河	Qitaihe	90.0	223.7		4.2	3611	1548		22.9	5.2	
牡丹江	Mudanjiang	12.0	213.6		44.3	2391	18021	56	19.2	41.0	3.4
黑 河	Heihe						2320			13.1	
绥 化	Suihua				43.6		13000	60		19.0	2.5
县级市合计	**Total Number of Cities at County Level**			**20.0**	**215.7**		**55183**	**824**		**171.3**	**785.3**
双 城	Shuangcheng				55.0		6193			16.8	
尚 志	Shangzhi				11.0		5100			10.1	
五 常	Wuchang			1.0			6650			13.0	
讷 河	Nehe				54.8		1499	414		6.0	414.3
密 山	Mishan				31.0		1000	367		5.8	367.0
虎 林	Hulin						1350			6.1	
铁 力	Tieli				10.0		2645	3		7.0	0.3
同 江	Tongjiang				8.0		320	23		1.3	0.3
富 锦	Fujin						4900			12.0	
绥芬河	Suifenhe						1250			9.0	
海 林	Hailin				32.0		2730	8		9.0	0.5
宁 安	Ningan				10.5		1660	9		7.5	3.0
穆 棱	Muling						1196			4.8	
北 安	Beian						1700			5.0	
五大连池	Wudalianchi						220			1.0	
安 达	Anda				0.5		7100			21.0	
肇 东	Zhaodong			19.0			7800			29.0	
海 伦	Hailun				3.0		1870			7.0	

19-6 分地区城市集中供热情况(2014年)

BASIC STATISTICS ON HEATING IN CITIES BY REGION (2014)

地　区	Region	供应能力 Heating Capacity 蒸汽(吨/小时) Steam (ton/hour)	热水(兆瓦) Hot Water (Mega Watts)	供热总量 Quantity of Heat Supplied 蒸汽(万吉焦) Steam (10000 gigajoules)	热水(万吉焦) Hot Water (10000 gigajoules)	管道长度 Length of Heating Pipelines 蒸汽(公里) Steam (km)	热水(公里) Hot Water (km)	供热面积(万平方米) Area of Centralized Heating (10000 sq. m)
总　计	**Total**	**4873.8**	**44550.8**	**2497.4**	**35482.1**	**423.3**	**16797.4**	**57656.0**
地级市合计	**Total Number of Cities at Prefectural Level**	**4324.0**	**38012.3**	**2120.8**	**31310.8**	**355.9**	**14537.6**	**50099.6**
哈尔滨	Harbin	2439.0	15405.0	1196.0	13979.5	150.8	2955.6	20523.0
齐齐哈尔	Qiqihar	150.0	3759.4	136.0	2494.3	10.0	1045.4	3858.0
鸡　西	Jixi	200.0	1214.8	66.0	884.8	93.0	575.6	1594.5
鹤　岗	Hegang		1437.2		1215.7		675.5	1917.2
双鸭山	Shuangyashan		1290.0		700.0		229.2	2180.8
大　庆	Daqing		6368.0		5998.0		6449.0	8569.0
伊　春	Yichun	130.0	1754.9	22.8	1184.6	10.8	878.9	1980.7
佳木斯	Jiamusi		1746.0		1330.0		504.5	2800.0
七台河	Qitaihe		925.0		945.4		317.1	1353.4
牡丹江	Mudanjiang	885.0	2882.0	286.0	1776.0	29.8	483.0	3190.0
黑　河	Heihe		990.0		619.8		356.0	892.0
绥　化	Suihua	520.0	240.0	414.0	182.8	61.5	67.7	1241.0
县级市合计	**Total Number of Cities at County Level**	**549.8**	**6538.6**	**376.6**	**4171.3**	**67.4**	**2259.8**	**7556.4**
双　城	Shuangcheng		310.0		220.5		92.5	390.0
尚　志	Shangzhi		432.8		206.3		173.0	497.0
五　常	Wuchang		608.0		248.0		73.2	612.4
讷　河	Nehe		390.0		195.0		71.0	356.0
密　山	Mishan	152.3	174.0	170.6	91.0	47.2	98.3	375.0
虎　林	Hulin		249.0		220.0		183.0	315.0
铁　力	Tieli	240.0	147.0	116.0	150.0	15.4	113.0	415.0
同　江	Tongjiang		198.0		165.0		64.5	240.0
富　锦	Fujin		287.0		385.0		15.4	569.0
绥芬河	Suifenhe		698.7		375.4		253.2	552.8
海　林	Hailin		377.0		270.0		161.7	480.0
宁　安	Ningan		239.4		160.2		85.1	297.7
穆　棱	Muling		224.0		223.0		132.1	320.7
北　安	Beian		810.0		356.0		294.6	515.0
五大连池	Wudalianchi		244.0		123.0		112.0	213.0
安　达	Anda		213.5		142.0		90.8	210.0
肇　东	Zhaodong		474.2		420.0		112.0	608.0
海　伦	Hailun	157.5	462.0	90.0	221.0	4.8	134.4	589.8

19-7 分地区城市市政设施(2014年)

BASIC STATISTICS ON MUNICIPAL INFRASTRUCTURE IN CITIES BY REGION (2014)

地　区	Region	年末实有道路长度(公里) Length of Paved Roads (year-end) (km)	年末实有道路面积(万平方米) Area of Paved Roads (year-end) (10000 sq. m)	城市桥梁(座) Number of City Bridges (unit)	城市排水管道长度(公里) Length of City Sewage Pipes (km)	城市污水日处理能力(万立方米) Daily Disposal Capacity of City Sewage (10000 cu. m)	城市道路照明灯(千盏) Number of Street Lights (1000 units)
总　计	**Total**	**12251.7**	**18358.6**	**1032**	**9922.4**	**690.8**	**622.2**
地级市合计	**Total Number of Cities at Prefectural Level**	**9808.7**	**15205.0**	**899**	**7847.1**	**642.3**	**521.6**
哈 尔 滨	Harbin	2813.0	5934.5	353	2829.7	129.0	111.1
齐齐哈尔	Qiqihar	546.3	983.5	32	773.5	55.0	47.5
鸡　西	Jixi	400.9	648.9	78	319.3	5.0	33.4
鹤　岗	Hegang	387.7	449.8	29	309.6	8.0	51.7
双 鸭 山	Shuangyashan	385.0	396.6	25	261.4	10.0	10.8
大　庆	Daqing	2481.7	3456.3	190	1527.7	376.0	79.0
伊　春	Yichun	870.7	865.0	78	445.4	8.3	27.1
佳 木 斯	Jiamusi	319.3	573.6	28	472.3	16.0	43.5
七 台 河	Qitaihe	530.5	484.6	14	173.9	5.0	35.7
牡 丹 江	Mudanjiang	805.0	981.0	68	430.0	20.0	56.9
黑　河	Heihe	82.8	178.4	3	102.1	5.0	14.2
绥　化	Suihua	186.0	252.8	1	202.3	5.0	10.7
县级市合计	**Total Number of Cities at County Level**	**2442.9**	**3153.7**	**133**	**2075.3**	**48.5**	**100.6**
双　城	Shuangcheng	132.6	246.6	7	148.1	6.0	10.4
尚　志	Shangzhi	145.0	203.4	14	91.2	4.0	2.9
五　常	Wuchang	117.8	158.1	5	108.0	3.0	3.9
讷　河	Nehe	76.3	127.2	5	104.3	2.0	4.5
密　山	Mishan	199.9	197.0	5	107.2	1.5	3.2
虎　林	Hulin	77.3	105.1		61.0	2.0	6.3
铁　力	Tieli	231.0	191.4	14	81.3	3.0	5.7
同　江	Tongjiang	91.0	141.3		102.6	2.0	3.1
富　锦	Fujin	205.8	190.0		99.9	1.5	3.0
绥 芬 河	Suifenhe	108.6	172.4	17	112.5	2.0	12.2
海　林	Hailin	187.0	271.0	12	127.0	2.0	8.1
宁　安	Ningan	82.9	94.6	4	82.1	2.0	3.0
穆　棱	Muling	148.2	104.8	19	66.2	2.0	7.7
北　安	Beian	120.2	286.9	14	110.6	3.0	6.3
五大连池	Wudalianchi	42.1	34.4	1	75.4	1.0	2.5
安　达	Anda	180.7	221.8	3	177.6	4.5	2.3
肇　东	Zhaodong	218.5	303.3	11	302.3	5.0	3.6
海　伦	Hailun	78.0	104.5	2	118.1	2.0	12.1

19-8 分地区城市公共交通情况(2014年)

BASIC STATISTICS ON PUBLIC TRANSPORTTATION IN CITIES BY REGION (2014)

地 区	Region	年末公共交通车辆运营数(辆) Number of Public Vehicles under Operation at Year-end (unit)	#公共汽、电车 Bus and Trolley Bus	运营线路总长度(公里) Length under Operation (km)	#公共汽、电车 Bus and Trolley Bus	公共交通客运总量(万人次) Passengers Transported by Public Vehicles (10000 person-times)	#公共汽、电车 Bus and Trolley Bus	出租汽车(辆) Number of Taxi (unit)
总 计	**Total**	**20092**	**20092**	**27034**	**27034**	**284283**	**284283**	**121838**
地级市合计	**Total Number of Cities at Prefectural Level**	**17779**	**17779**	**23922**	**23922**	**262577**	**262577**	**101702**
哈尔滨	Harbin	7752	7752	8344	8344	140369	140369	30171
齐齐哈尔	Qiqihar	1210	1210	1688	1688	12043	12043	14572
鸡 西	Jixi	1003	1003	1714	1714	11408	11408	4692
鹤 岗	Hegang	448	448	381	381	9913	9913	2492
双鸭山	Shuangyashan	660	660	915	915	7841	7841	3416
大 庆	Daqing	2532	2532	4255	4255	20014	20014	7287
伊 春	Yichun	513	513	600	600	5142	5142	5510
佳木斯	Jiamusi	789	789	731	731	13704	13704	6704
七台河	Qitaihe	434	434	443	443	7584	7584	1712
牡丹江	Mudanjiang	1091	1091	2284	2284	21120	21120	6568
黑 河	Heihe	404	404	1054	1054	4390	4390	6300
绥 化	Suihua	943	943	1512	1512	9050	9050	12278
县级市合计	**Total Number of Cities at County Level**	**2313**	**2313**	**3113**	**3113**	**21704**	**21704**	**20136**
双 城	Shuangcheng	119	119	173	173	1424	1424	1605
尚 志	Shangzhi	584	584	349	349	4169	4169	1467
五 常	Wuchang	134	134	153	153	1675	1675	894
讷 河	Nehe	53	53	69	69	1007	1007	1339
密 山	Mishan	194	194	51	51	1117	1117	700
虎 林	Hulin	62	62	38	38	521	521	708
铁 力	Tieli	155	155	306	306	2128	2128	1279
同 江	Tongjiang	30	30	24	24	87	87	547
富 锦	Fujin	95	95	210	210	920	920	2300
绥芬河	Suifenhe	60	60	107	107	699	699	737
海 林	Hailin	48	48	70	70	494	494	988
宁 安	Ningan	94	94	263	263	935	935	393
穆 棱	Muling	161	161	241	241	985	985	452
北 安	Beian	113	113	238	238	873	873	1695
五大连池	Wudalianchi	85	85	372	372	1634	1634	726
安 达	Anda	77	77	144	144	502	502	670
肇 东	Zhaodong	173	173	225	225	1455	1455	1555
海 伦	Hailun	76	76	80	80	1080	1080	2081

19-9 分地区城市绿地和园林(2014年)

BASIC STATISTICS ON PARKS AND GREEN AREAS IN CITIES BY REGION (2014)

地 区	Region	城市园林绿地面积(公顷) Area of Parks and Green Land (hectare)	#公园绿地 Park Green Areas	公 园(个) Number of Parks (unit)	公园面积(公顷) Area of Parks (hectare)	建成区绿化覆盖率(%) Green Covered Area as % of Completed Area (%)
总 计	**Total**	**76346.2**	**16681.2**	**331**	**9626.1**	**36.0**
地级市合计	**Total Number of Cities at Prefectural Level**	**67836.7**	**14089.2**	**250**	**8095.1**	**38.3**
哈尔滨	Harbin	13452.0	4346.0	90	1868.0	35.5
齐齐哈尔	Qiqihar	6097.0	1091.0	19	615.0	38.6
鸡 西	Jixi	2803.0	775.0	7	539.0	40.1
鹤 岗	Hegang	2886.0	824.0	7	652.0	42.2
双鸭山	Shuangyashan	2309.7	690.0	15	284.0	43.6
大 庆	Daqing	22355.0	2153.0	13	599.0	45.4
伊 春	Yichun	4702.5	1572.0	36	1397.0	26.8
佳木斯	Jiamusi	3873.0	847.0	18	828.0	41.6
七台河	Qitaihe	2467.0	483.0	16	366.0	38.1
牡丹江	Mudanjiang	5182.0	809.0	19	619.0	37.6
黑 河	Heihe	716.5	194.2	7	202.1	40.4
绥 化	Suihua	993.0	305.0	3	126.0	29.8
县级市合计	**Total Number of Cities at County Level**	**8509.5**	**2592.0**	**81**	**1531.0**	**28.6**
双 城	Shuangcheng	445.0	230.0	1	47.0	17.2
尚 志	Shangzhi	273.0	145.0	3	112.0	15.1
五 常	Wuchang	403.3	198.0	4	184.0	17.3
讷 河	Nehe	361.4	129.1	1	60.0	35.4
密 山	Mishan	504.0	114.0	3	114.0	21.4
虎 林	Hulin	319.0	109.0	7	60.0	39.9
铁 力	Tieli	641.0	189.0	6	72.0	40.6
同 江	Tongjiang	379.8	103.0	4	103.0	41.3
富 锦	Fujin	423.4	93.0	2	5.1	28.6
绥芬河	Suifenhe	893.7	123.2	17	154.8	38.3
海 林	Hailin	529.0	140.0	14	120.0	32.8
宁 安	Ningan	356.5	109.5	3	63.0	36.1
穆 棱	Muling	281.4	121.4	6	73.2	35.5
北 安	Beian	473.0	167.0	2	75.0	23.4
五大连池	Wudalianchi	64.0	44.0	1	44.0	13.5
安 达	Anda	339.8	86.8	4	23.0	14.3
肇 东	Zhaodong	1425.0	416.0	2	200.0	43.4
海 伦	Hailun	397.2	74.0	1	21.0	20.4

19-10 分地区城市市容环境卫生情况(2014年)

BASIC STATISTICS ON URBAN SANITATION IN CITIES BY REGION (2014)

地　区	Region	清扫保洁面积(万平方米) Area under Cleaning Program (10000 sq. m)	生活垃圾清运量(万吨) Volume of Garbage Disposal (10000 tons)	粪便清运量(万吨) Volume of Excrement and Urine Disposal (10000 tons)	市容环卫专用车辆设备总数(台) Number of Special Vehicles for Environmental Sanitation (unit)	公共厕所(座) Number of Public Lavatories (unit)	#三类以上 Third Grade and Above
总　计	**Total**	**22716**	**553.4**	**134.8**	**6887**	**7064**	**2560**
地级市合计	**Total Number of Cities at Prefectural Level**	**19308**	**449.0**	**97.6**	**5807**	**5280**	**2053**
哈 尔 滨	Harbin	7945	139.1	18.3	3011	1248	1158
齐齐哈尔	Qiqihar	1394	50.3	19.9	358	561	8
鸡　西	Jixi	560	53.7	4.6	227	592	134
鹤　岗	Hegang	397	24.2	5.6	199	448	14
双 鸭 山	Shuangyashan	270	18.0	4.3	143	183	83
大　庆	Daqing	3502	31.8		595	243	243
伊　春	Yichun	997	45.0	17.8	381	583	91
佳 木 斯	Jiamusi	1301	22.0	10.0	103	515	98
七 台 河	Qitaihe	511	13.5	0.5	185	210	151
牡 丹 江	Mudanjiang	1300	21.0	10.1	319	499	36
黑　河	Heihe	410	6.9	1.7	131	90	32
绥　化	Suihua	721	23.5	4.8	155	108	5
县级市合计	**Total Number of Cities at County Level**	**3408**	**104.4**	**37.2**	**1080**	**1784**	**507**
双　城	Shuangcheng	281	5.8		45	179	
尚　志	Shangzhi	216	4.0	1.9	71	42	18
五　常	Wuchang	150	11.5	5.0	40	14	
讷　河	Nehe	185	4.1	1.5	87	78	
密　山	Mishan	140	5.1	1.5	98	83	12
虎　林	Hulin	135	4.5	1.2	95	68	21
铁　力	Tieli	186	6.1	0.9	51	48	11
同　江	Tongjiang	48	9.0	1.0	52	38	3
富　锦	Fujin	417	6.0	2.5	45	86	22
绥 芬 河	Suifenhe	260	3.7	0.2	96	25	8
海　林	Hailin	230	5.6	1.3	25	35	5
宁　安	Ningan	189	3.0	0.9	32	60	
穆　棱	Muling	92	2.7	1.3	29	69	15
北　安	Beian	131	5.0	4.2	75	300	
五大连池	Wudalianchi	53	1.9	1.5	40	38	
安　达	Anda	220	8.4	5.4	67	173	14
肇　东	Zhaodong	230	12.5	5.0	103	402	370
海　伦	Hailun	245	5.8	2.0	29	46	8

19-11 分地区城市设施水平(2014年)

LEVEL OF PUBLIC FACILITIES IN CITIES BY REGION (2014)

地　区	Region	城市用水普及率(%) Coverage Rate of Urban Population with Access to Tap Water (%)	城市燃气普及率(%) Coverage Rate of Urban Population with Access to Gas (%)	每万人拥有公共交通车辆(标台) Number of Public Transportation Vehicles Per 10000 Population (unit)	人均城市道路面积(平方米) Per Capita Area of Paved Roads (sq. m)	人均公园绿地面积(平方米) Per Capita Public Green Areas (sq. m)	每万人拥有公共厕所(座) Number of Public Lavatories Per 10000 Population (unit)
总　计	**Total**	**96.2**	**86.2**	**15.3**	**13.3**	**12.1**	**5.4**
地级市合计	**Total Number of Cities at Prefectural Level**	**95.0**	**78.1**	**16.8**	**11.5**	**12.9**	**4.8**
哈尔滨	Harbin	100.0	100.0	21.6	14.2	10.4	3.1
齐齐哈尔	Qiqihar	100.0	97.6	11.0	9.0	10.0	5.2
鸡　西	Jixi	98.4	86.5	11.7	9.0	10.7	8.3
鹤　岗	Hegang	96.5	64.0	8.6	8.1	14.9	8.2
双鸭山	Shuangyashan	99.6	52.5	12.2	8.5	14.7	4.0
大　庆	Daqing	92.4	99.8	20.5	22.8	14.2	2.1
伊　春	Yichun	75.5	36.5	6.4	11.3	20.5	7.7
佳木斯	Jiamusi	95.5	91.5	13.6	9.5	14.0	8.6
七台河	Qitaihe	94.4	68.8	11.5	11.9	11.8	5.7
牡丹江	Mudanjiang	94.9	88.4	15.8	13.6	11.2	7.0
黑　河	Heihe	97.0	90.7	21.7	12.4	13.5	6.6
绥　化	Suihua	95.4	61.3	24.2	7.2	8.7	3.2
县级市合计	**Total Number of Cities at County Level**	**96.7**	**77.0**	**7.9**	**14.7**	**12.0**	**8.2**
双　城	Shuangcheng	95.7	86.4	6.3	12.7	11.8	9.6
尚　志	Shangzhi	100.0	78.6	25.9	15.9	11.3	3.3
五　常	Wuchang	99.6	93.3	8.3	11.4	14.2	1.0
讷　河	Nehe	94.2	90.3	3.7	12.6	12.8	8.2
密　山	Mishan	98.9	95.0	16.6	21.3	12.3	9.1
虎　林	Hulin	100.0	83.9	8.5	14.5	15.0	9.5
铁　力	Tieli	86.8	58.2	12.0	15.3	15.1	3.9
同　江	Tongjiang	94.3	23.5	4.3	20.3	14.8	7.0
富　锦	Fujin	100.0	98.0	7.8	15.5	7.6	7.2
绥芬河	Suifenhe	100.0	98.5	6.6	18.9	13.5	4.1
海　林	Hailin	99.7	94.1	3.4	27.0	13.9	3.5
宁　安	Ningan	100.0	99.3	10.7	12.6	14.6	8.3
穆　棱	Muling	100.0	95.8	10.8	13.0	15.0	9.0
北　安	Beian	98.4	36.6	6.1	21.0	12.2	22.2
五大连池	Wudalianchi	90.0	20.0	13.4	6.9	8.8	8.3
安　达	Anda	94.9	90.1	2.9	9.5	3.7	7.6
肇　东	Zhaodong	95.0	90.9	5.2	9.5	13.0	17.6
海　伦	Hailun	92.7	52.9	4.0	7.9	5.6	1.5

主要统计指标解释

供水综合生产能力　指按供水设施取水、净化、送水、出厂输水干管等环节设计能力计算的综合生产能力。包括在原设计能力的基础上，经挖、革、改增加的生产能力。计算时，以四个环节中最薄弱的环节为主确定能力。

供水管道长度　指从送水泵至用户水表之间所有管道的长度。不包括新安装尚未使用、水厂内以及用户建筑物内的管道。

城市供水总量　指报告期供水企业(单位)供出的全部水量。包括有效供水量和漏损水量。

生产运营用水　指在城区范围内生产、运营的农、林、牧、渔业、工业、建筑业、交通运输业等单位在生产、运营过程中的用水。

公共服务用水　指为城区社会公共生活服务的用水。包括行政事业单位、部队营区和公共设施服务、批发零售业、住宿餐饮业以及社会服务业等单位的用水。

居民家庭用水　指城市范围内所有居民家庭的日常生活用水。包括城市居民、农民家庭、公共供水站用水。

用水普及率　指报告期末城区用水人口数与城市人口总数的比率。计算公式：

$$用水普及率=\frac{城区用水人口(含暂住人口)}{城区人口+城区暂住人口}\times 100\%$$

人工煤气生产能力　指报告期末人工燃气生产厂制气、净化、输送等环节的综合生产能力，不包括备用设备能力。一般按设计能力计算，当实际生产能力大于设计能力时，应按实际测定的生产能力计算。测定时应以制气、净化、输送三个环节中最薄弱的环节为主。

供气管道长度　指报告期末从气源厂压缩机的出口或门站出口至各类用户引入管之间的全部已经通气、投入使用的管道长度。不包括煤气生产厂、输配站、液化气储存站、灌瓶站、储配站、气化站、混气站、供应站等厂(站)内的管道。

城市供气总量　指报告期燃气企业(单位)向用户供应的燃气数量。包括销售量和损失量。

燃气普及率　指报告期末城区使用燃气的城市人口数与城市人口总数的比率。其中燃气包括人工煤气、天然气、液化石油气三种。计算公式为：

$$燃气普及率=\frac{城区用水人口(含暂住人口)}{城区人口+城区暂住人口}\times 100\%$$

城市供热能力　指供热企业(单位)向城市热用户输送热能的设计能力。

城市供热总量　指在报告期供热企业(单位)向城市热用户输送全部蒸汽和热水的总热量。

城市供热管道长度　指从各类热源到热用户建筑物接入口之间的全部蒸汽和热水的管道长度。不包括各类热源厂内部的管道长度。

道路长度　指道路长度和与道路相通的桥梁、隧道的长度，按车行道中心线计算。

城市桥梁　指为跨越天然或人工障碍物而修建的构筑物。包括跨河桥、立交桥、人行天桥以及人行地下通道等。

城市排水管道长度　指所有排水总管、干管、支管、检查井及连接井进出口等长度之和。

城市污水日处理能力　指污水处理厂(或污水处理装置)每昼夜处理污水量的设计能力。

年末运营车数　指年末城市用于公共交通运营业务的全部车辆数。新购、新制和调入的运营车辆，自投入之日起开始计算；调出、报废和调作他用的运营车辆，自上级主管机关批准之日起不再计入。

城市绿地面积　指报告期末用作园林和绿化的各种绿地面积。包括公园绿地、生产绿地、防护绿地、附属绿地和其他绿地的面积。

公园绿地 城市中向公众开放的、以游憩为主要功能，有一定的游憩设施和服务设施，同时兼有健全生态、美化景观、防灾减灾等综合作用的绿化用地。包括综合公园、社区公园、专类公园、带状公园和街旁绿地。其中综合公园、专类公园和带状公园面积之和为公园面积。

道路清扫保洁面积 指报告期末对城市道路和公共场所（主要包括城市行车道、人行道、车行隧道、人行过街地下通道、道路附属绿地、地铁站、高架路、人行过街天桥、立交桥、广场、停车场及其他设施等）进行清扫保洁的面积。一天清扫保洁多次的，按清扫保洁面积最大的一次计算。

市容环卫专用车辆设备 指用于环境卫生作业、监察的专用车辆和设备，包括用于道路清扫、冲洗、洒水、除雪、垃圾粪便清运、市容监察以及与其配套使用的车辆和设备。

每万人拥有公共交通车辆 指按城市人口计算的每万人平均拥有的公共交通车辆标台数。计算公式：

$$\text{每万人拥有公共交通车辆} = \frac{\text{公共交通运营车标台数}}{\text{城区人口+城区暂住人口}}$$

Explanatory Notes on Main Statistical Indicators

Production Capacity of Water Supply refers to the designed overall production capacity of water facilities, covering the four segments of water collection, purification, conveyance, and outflow through trunk pipelines. Increased capacity through transformation and innovation projects is included as well. The capacity is determined mainly on the weakest of the above-mentioned four segments.

Length of Water Supply Pipelines refers to the total length of all the pipelines between the water pumps and the user water meters, excluding pipelines newly installed but not used yet, pipeline in the water factory, and pipeline in the user' s buildings.

Total Volume of Urban Water Supply refers to the total volume of water supplied by water-works (units) during the reference period, including both the effective water supply and loss during the water supply.

Consumption of Water for Production and Operation Use refers to water consumption in the process of production and operation by production and operation units of agriculture, forestry, animal husbandry, fisheries, industry, construction industry, and transportation industry, etc. in urban areas.

Consumption of Water for Public Service Use refers to water consumption for public service in the urban areas. It includes water consumption of administrative institutions, army camps, public facilities, wholesale and retail, accommodation and catering industry and social service industry, etc.

Consumption of Water for Households Use refers to consumption of water for daily life of all households in cities, including households of urban residents and farmers, and public water supply stations.

Coverage Rate of Urban Population with Access to Tap Water refers to the ratio of the urban population with access to tap water to the total urban population at the end of reference period. The formula is:

$$\text{Coverage of urban population with access to tap water} = \frac{\text{Urban population with access to tap water}}{\text{Urban population}} \times 100\%$$

Production Capacity of Gaswork Gas refers to the overall production capacity of the urban gasworks in gas generation, purification and delivery at the end of the reference period, excluding capacity of the reserved facilities. In general, it is determined by the designed capacity, and when actual production capacity is larger than the designed capacity, the capacity is determined by the actual measurement on the weakest segment in the production, purification and delivery.

Length of Gas Pipelines refers to the total length of pipelines in use between the outlet of the compressor of gas-work or outlet of gas stations and the leading pipe of users, excluding pipelines within gasworks, delivery stations, LPG storage stations, refilling stations, gas-mixing stations and supply stations.

Volume of Gas Supply refers to the total volume of gas provided to users by gas-producing enterprises (units) during the reporting period, including the volume sold and the volume lost.

Coverage Rage of Urban Population with Access to Gas refers to the ratio of the urban population with access to gas to the total urban population at the end of the reference period. Gas here includes artificial coal gas, natural gas and liquefied petroleum gas. The formula is:

$$\text{Coverage rate of urban population with access to gas} = \frac{\text{Urban population with access to gas}}{\text{Urban population}} \times 100\%$$

Heating Capacity in Urban Areas refers to the designed capacity of heating enterprises (units) in supplying heating energy to urban users during the reference period.

Quantity of Heat Supplied in Urban Areas refers to the total quantity of heat from steam and hot water supplied to urban users by heating enterprises (units) during the reference period.

Length of Urban Heating Pipelines refers to the total length of steam or hot water pipelines for sources of heat to the leading pipelines of the buildings of the users, excluding internal pipelines in heat generating enterprises.

Length of Paved Roads refers to the length of roads with paved surface including bridges and tunnels connected with roads. Length of the roads is measured by the central lines.

Urban Bridges refer to bridges built to cross over natural or man-made barriers, including bridges over rivers, overpasses for traffic and for pedestrians, underpasses for pedestrians, etc.

Length of Urban Sewage Pipes refers to the total length of general drainage, trunks, branch and inspection wells, connection wells, inlets and outlets, etc.

Daily Disposal Capacity of Urban Sewage refers to the designed 24-hour capacity of sewage disposal by the sewage treatment works or facilities.

Number of Vehicles under Operation at Year-end refers to the total number of vehicles under operation by public transport enterprises (units) at the end of the year, based on the records of operational vehicles by the enterprises (units).

Area of Urban Green Land refers to the total area occupied for green projects at the end of the reference period, including park green land, production green land, protection green land, green land attached to institutions, and other green areas.

Park Green Area refers to green areas open to the public for amusement and rest with the facilities of amusement, rest and services. Its function includes perfecting ecology, beautifying landscape, and preventing and reducing disaster. Park green areas include comprehensive park, community park, theme park, linear park and roadside green space. Total areas of comprehensive park, topic park and belt-shaped is the area of park.

Road Area Cleaned refers to the area which are regularly cleaned, as at the end of the reference period, at urban roads and public places (mainly including urban roadways, pedestrian walkways, vehicular tunnels, pedestrian underpasses, underground railway stations, lifted roads, pedestrians walk bridges, overpasses, plazas, parking lots and other facilities). If there are several times of cleaning in a day at a location, the area of that time of cleaning with the largest area cleaned will be taken.

Vehicles and Facilities Dedicated to Urban Cleanliness and Environmental Sanitation refer to vehicles and facilities dedicated for use in the operation, management and monitoring of environmental hygiene work. They include vehicles for road cleaning, washing, showering, ice removal, disposal of garbage and human wastes, cleanliness monitoring and related activities.

Public Transportation Vehicles per 10000 Population refers to the number of public transportation vehicles, calculated by urban population, per 10000 population in the city district. The formula for calculation is:

$$\text{Public Transportation Vehicles per 10000 Population} = \frac{\text{Number of Public Transportation Vehicles}}{\text{City District Population}}$$

附录I 各县、市主要指标

APPENDIX I MAIN INDICATORS OF COUNTIES

资料整理：安 静 魏 瑨 孙崇智 赵秋梅
于占占 曹夏茵 赵春贵 张莹娣
高松凡 韩 姝 孙 冰 吕后中
林松娟

附录Ⅰ 各县、市主要指标（2014年）

MAIN INDICATORS OF COUNTIES (2014)

县、市名称	Name	行政区域土地面积（平方公里）Total Land Area (sq. km)	年底总人口（万人）Total Population (year-end) (10000 persons)	乡镇（个）Township and Towns (unit)	#建制镇 Organic Town	村民委员会（个）Villagers Committee (unit)
阿城区	Acheng	2814	57.1	7	7	108
呼兰区	Hulan	2197	63.2	12	9	170
宾　县	Bin County	3845	59.9	17	12	143
依兰县	Yilan County	4616	40.4	9	6	132
方正县	Fangzheng County	2969	23.2	8	4	67
双城区	Shuangcheng	3112	80.8	24	12	246
尚志市	Shangzhi City	8825	60.9	17	10	163
五常市	Wuchang City	7512	99.4	24	12	260
巴彦县	Bayan County	3138	70.2	18	10	116
木兰县	Mulan County	3600	26.7	8	6	86
通河县	Tonghe County	5675	25.1	8	6	82
延寿县	Yanshou County	3150	26.8	9	5	106
龙江县	Longjiang County	6200	59.7	14	7	158
依安县	Yian County	3678	48.9	15	6	148
泰来县	Tailai County	3922	31.8	10	8	83
甘南县	Gannan County	4792	38.7	10	5	95
富裕县	Fuyu County	4060	29.1	10	6	90
克山县	Keshan County	3320	48.6	15	6	122
克东县	Kedong County	2083	28.8	7	4	98
拜泉县	Baiquan County	3599	57.6	16	7	186
梅里斯区	Meilisi Daur District	2078	16.8	6		49
讷河市	Nehe City	6648	71.7	15	11	171
鸡东县	Jidong County	3243	28.9	11	8	123
虎林市	Hulin City	9334	28.5	11	7	85
密山市	Mishan City	7843	41.6	16	8	154
萝北县	Luobei County	2167	22.2	8	6	63
绥滨县	Suibin County	3335	18.7	9	3	109
集贤县	Jixian County	2258	31.3	8	5	153
友谊县	Youyi County	1647	11.3			
宝清县	Baoqing County	10001	42.0	10	6	145
饶河县	Raohe County	6765	14.3	9	4	79
肇州县	Zhaozhou County	2445	44.1	12	6	104
肇源县	Zhaoyuan County	4120	45.8	16	8	135
林甸县	Lindian County	3493	26.7	8	4	83
杜蒙自治县	Durbote Mongolia Autonomous County	6054	24.9	11	5	79
大同区	Datong	2372	23.2	6	8	4

注：阿城区、呼兰区、梅里斯区、大同区、阳明区、爱辉区、北林区、加格达奇区、佳木斯郊区和五大连池风景区的主要指标数据来自当地统计局（下同）。

Note: The main indicators data of Acheng, Hulan, Meilisi Daur, Datong, Yangming, Aihui, Beilin and Jiagedaqi District, Jiamusi Suburb, Wudalianchi Scenic Spot come from local Statistics (the same as following tables).

附录 I 续表1 CONTINUED

县、市名称	Name	行政区域土地面积（平方公里）Total Land Area (sq. km)	年底总人口（万人）Total Population (year-end) (10000 persons)	乡镇（个）Township and Towns (unit)	#建制镇 Organic Town	村民委员会（个）Villagers Committee (unit)
嘉荫县	Jiayin County	6739	7.3	9	3	73
铁力市	Tieli City	6730	37.6	7	4	76
桦南县	Huanan County	4415	43.2	10	6	192
桦川县	Huachuan County	2268	21.2	9	5	105
汤原县	Tangyuan County	3416	25.1	10	4	137
抚远县	Fuyuan County	6263	8.5	9	4	69
同江市	Tongjiang City	6300	17.6	10	5	85
富锦市	Fujin City	8227	46.7	10	10	267
佳木斯郊区	Jiamusi Suburb	1748	26.9	13	6	127
勃利县	Boli County	4455	34.4	10	5	133
穆棱市	Muling City	6673	29.1	8	6	127
东宁县	Dongning County	7139	21.0	6	6	102
林口县	Linkou County	7185	35.8	11	9	176
绥芬河市	Suifenhe City	422	7.0	2	2	11
海林市	Hailin City	8814	39.1	8	8	112
宁安市	Ningan City	7924	42.8	12	7	240
阳明区	Yangming	1345	22.7	4	4	59
北安市	Beian City	7194	45.6	9	5	62
五大连池市	Wudalianchi City	9846	35.3	11	6	96
五大连池风景区	Wudalianchi scenic spot	748				
爱辉区	Aihui	14443	18.9	11	3	89
嫩江县	Nenjiang County	15109	49.6	14	8	147
逊克县	Xunke County	17344	10.1	9	3	78
孙吴县	Sunwu County	4319	10.3	11	2	94
安达市	Anda City	3586	47.5	14	11	117
肇东市	Zhaodong City	3905	91.9	21	11	186
海伦市	Hailun City	4667	79.4	23	8	243
北林区	Beilin	2756	84.3	20	12	148
望奎县	Wangkui County	2314	46.4	15	8	109
兰西县	Lanxi County	2499	49.8	15	4	105
青冈县	Qinggang County	2685	51.3	15	10	165
庆安县	Qingan County	5469	37.0	14	6	93
明水县	Mingshui County	2308	34.7	12	5	99
绥棱县	Suiling County	4238	30.9	11	4	76
呼玛县	Huma County	14335	32.5	8	2	54
塔河县	Tahe County	14059	9.0	7	4	11
漠河县	Mohe County	18432	8.4	6	6	8
加格达奇区	Jiagedaqi District	1359	15.0			8

附录Ⅰ 续表2 CONTINUED

县、市名称	Name	地区生产总值（万元）Gross Domestic Product (10000 yuan)	第一产业 Primary Industry	第二产业 Secondary Industry	第三产业 Tertiary Industry	地区生产总值指数（上年=100）Indices of Gross Domestic Product (preceding year=100)
阿城区	Acheng	276252	352924	773162	1636466	103.6
呼兰区	Hulan	3047311	588398	1206142	1252771	106.3
宾县	Bin County	2749267	479849	1093015	1176403	112.0
依兰县	Yilan County	1619500	451669	518243	649588	112.7
方正县	Fangzheng County	626936	192172	196351	238413	110.0
双城区	Shuangcheng	4800226	1303149	1212459	2284618	111.1
尚志市	Shangzhi City	2445744	573601	797275	1074868	101.5
五常市	Wuchang City	3607243	935767	1100182	1571294	112.0
巴彦县	Bayan County	1667961	547122	332318	788521	112.1
木兰县	Mulan County	721756	221082	113933	386741	104.6
通河县	Tonghe County	647598	198799	142095	306704	107.9
延寿县	Yanshou County	647623	182169	164928	300526	112.6
龙江县	Longjiang County	816556	397850	205756	212950	105.3
依安县	Yian County	660699	286532	203143	171024	112.1
泰来县	Tailai County	474144	194855	127807	151482	109.3
甘南县	Gannan County	628052	310649	127383	190020	110.1
富裕县	Fuyu County	627614	286456	185746	155412	102.0
克山县	Keshan County	696143	289986	163678	242480	108.1
克东县	Kedong County	358242	133909	149784	74549	112.8
拜泉县	Baiquan County	867439	324879	267261	275299	110.7
梅里斯区	Meilisi Daur District	331853	139565	117835	74453	107.3
讷河市	Nehe City	1001808	333477	300322	368009	110.0
鸡东县	Jidong County	909097	303014	294480	311603	100.1
虎林市	Hulin City	1291374	792919	196150	302305	105.9
密山市	Mishan City	1318526	557333	295092	466101	102.5
萝北县	Luobei County	869022	519475	127627	221920	109.0
绥滨县	Suibin County	481273	344342	25498	111433	103.8
集贤县	Jixian County	740687	278813	176046	285828	83.6
友谊县	Youyi County	375097	149047	95026	131024	96.1
宝清县	Baoqing County	1464626	815267	279864	369495	86.6
饶河县	Raohe County	480160	344860	36495	98805	104.7
肇州县	Zhaozhou County	2133876	433840	918584	781452	113.8
肇源县	Zhaoyuan County	1883842	424521	1069031	390290	108.1
林甸县	Lindian County	692154	223574	329112	139468	107.9
杜蒙自治县	Durbote Mongolia Autonomous County	1334120	396740	713998	223382	110.5
大同区	Datong	1293583	263692	757076	272815	106.9

附录Ⅰ 续表3 CONTINUED

县、市名称	Name	地区生产总值(万元) Gross Domestic Product (10000 yuan)	第一产业 Primary Industry	第二产业 Secondary Industry	第三产业 Tertiary Industry	地区生产总值指数(上年=100) Indices of Gross Domestic Product (preceding year=100)
嘉荫县	Jiayin County	247776	147433	28206	72137	99.6
铁力市	Tieli City	722788	364984	133763	224041	93.2
桦南县	Huanan County	1071224	461445	305851	303928	109.3
桦川县	Huachuan County	506854	233696	178464	94694	109.0
汤原县	Tangyuan County	748033	337382	237349	173302	108.7
抚远县	Fuyuan County	478938	335797	31483	111658	105.9
同江市	Tongjiang City	1003819	712058	97967	193794	109.1
富锦市	Fujin City	1900535	1057068	334318	509149	108.7
佳木斯郊区	Jiamusi Suburb	55477	223357	168133	163280	107.2
勃利县	Boli County	562235	161378	173926	226931	110.7
穆棱市	Muling City	1757017	282887	926777	547353	107.7
东宁县	Dongning County	1509451	323209	426636	759606	108.1
林口县	Linkou County	985338	361759	338093	285486	106.2
绥芬河市	Suifenhe City	1255845	9367	155384	1091094	109.9
海林市	Hailin City	1981516	401659	908161	671696	111.0
宁安市	Ningan City	1883661	510984	754963	617714	107.7
阳明区	Yangming	657443	76454	356297	224692	107.1
北安市	Beian City	1000127	366589	207435	426103	110.0
五大连池市	Wudalianchi City	767897	500513	70765	196619	108.1
五大连池风景区	Wudalianchi scenic spot	55531	19804	6968	28759	108.1
爱辉区	Aihui	211364	65081	65629	80655	108.4
嫩江县	Nenjiang County	1771965	887781	286318	597867	106.3
逊克县	Xunke County	245198	153115	35168	56915	108.5
孙吴县	Sunwu County	138601	67385	13513	57703	108.3
安达市	Anda City	3189116	590922	1551473	1046721	104.5
肇东市	Zhaodong City	3684390	808189	1623518	1252683	108.8
海伦市	Hailun City	1149011	579722	287911	281378	106.6
北林区	Beilin	1431800	656119	381717	393964	108.8
望奎县	Wangkui County	674032	350690	205003	118339	106.7
兰西县	Lanxi County	549817	266747	160969	122101	114.5
青冈县	Qinggang County	535404	265589	188026	81789	107.3
庆安县	Qingan County	750640	330588	227747	192305	109.1
明水县	Mingshui County	555827	285191	194634	76002	100.8
绥棱县	Suiling County	664927	370273	150575	144079	107.8
呼玛县	Huma County	149861	95903	13158	40800	107.2
塔河县	Tahe County	207343	131190	14267	61886	105.9
漠河县	Mohe County	292748	129980	46203	116565	103.1
加格达奇区	Jiagedaqi District	324561	72770	38847	212944	101.6

附录Ⅰ 续表4 CONTINUED

单位：人 (person)

县、市名称	Name	城镇非私营单位就业人数 Number of Employment In Urban Units (Excluding Private)	国有单位 State-owned Units	集体单位 Collective-owned Units	其他单位 Other	城镇非私营单位就业人员平均工资(元) Average wage of Employed Persons(yuan, Excluding Private)
阿城区	Acheng	31163	19656	813	10694	40391
呼兰区	Hulan	43122	27171	1455	14496	46269
宾县	Bin County	31323	21373	456	9494	40676
依兰县	Yilan County	31326	21868	1324	8134	33717
方正县	Fangzheng County	17283	14294	1941	1048	32834
双城区	Shuangcheng	36828	26820	443	9565	38881
尚志市	Shangzhi City	36063	29298	603	6162	31909
五常市	Wuchang City	35991	28395	3406	4190	36258
巴彦县	Bayan County	29874	25527	595	3752	28808
木兰县	Mulan County	18704	14285	555	3864	36863
通河县	Tonghe County	16357	12655	260	3442	32141
延寿县	Yanshou County	10953	10096	310	547	37460
龙江县	Longjiang County	17756	13164	345	4247	30718
依安县	Yian County	12696	8966	633	3097	33111
泰来县	Tailai County	11713	10223	329	1161	31598
甘南县	Gannan County	9829	7751	724	1354	36434
富裕县	Fuyu County	13608	9523	277	3808	38246
克山县	Keshan County	13004	10388	357	2259	34948
克东县	Kedong County	10143	7245	297	2601	30814
拜泉县	Baiquan County	11567	9399	359	1809	31474
梅里斯区	Meilisi Daur District	5964	3298	39	2627	37719
讷河市	Nehe City	19966	15537	899	3530	31605
鸡东县	Jidong County	12403	9983	715	1705	35702
虎林市	Hulin City	22008	18374	400	3234	31559
密山市	Mishan City	16026	13431	402	2193	37028
萝北县	Luobei County	14456	13375	437	644	30897
绥滨县	Suibin County	9030	6977	317	1736	34396
集贤县	Jixian County	15703	10978	919	3806	29241
友谊县	Youyi County	6508	5055		1453	32797
宝清县	Baoqing County	20371	18396	272	1703	35183
饶河县	Raohe County	7612	6542	90	980	32682
肇州县	Zhaozhou County	25948	17789	1876	6283	31360
肇源县	Zhaoyuan County	17064	11745	397	4922	32571
林甸县	Lindian County	12194	8065	287	3842	33756
杜蒙自治县	Durbote Mongolia Autonomous County	11272	9185	117	1970	33515
大同区	Datong	8649	4881	1150	2618	62551

附录 I 续表5 CONTINUED

单位：人 (person)

县、市名称	Name	城镇非私营单位就业人数 Number of Employment In Urban Units (Excluding Private)	国有单位 State-owned Units	集体单位 Collective-owned Units	其他单位 Other	城镇非私营单位就业人员平均工资(元) Average wage of Employed Persons(yuan, Excluding Private)
嘉荫县	Jiayin County	6969	6257	258	454	38376
铁力市	Tieli City	36743	33776	556	2411	23636
桦南县	Huanan County	33456	22212	3079	8165	34051
桦川县	Huachuan County	9097	8024	309	764	31979
汤原县	Tangyuan County	13585	12370	685	530	27599
抚远县	Fuyuan County	7197	6692	179	326	38789
同江市	Tongjiang City	6733	6174	196	363	39933
富锦市	Fujin City	20812	16556	1219	3037	32005
佳木斯郊区	Jiamusi Suburb	17057	9390	219	7448	34187
勃利县	Boli County	14840	10236	529	4075	30238
穆棱市	Muling City	30752	20662	489	9601	37744
东宁县	Dongning County	27047	14531	80	12436	40649
林口县	Linkou County	18374	14802	496	3076	35912
绥芬河市	Suifenhe City	11140	7139	221	3780	45077
海林市	Hailin City	43334	22964	3175	17195	31303
宁安市	Ningan City	30988	21856	665	8467	35607
阳明区	Yangming	12114	5326	349	6439	47385
北安市	Beian City	29182	23518	668	4996	31181
五大连池市	Wudalianchi City	22473	16732	107	5634	30499
五大连池风景区	Wudalianchi scenic spot	3167	2778	11	378	33907
爱辉区	Aihui	8740	7749	45	946	39595
嫩江县	Nenjiang County	22541	15435	392	6714	37153
逊克县	Xunke County	6292	5453	454	385	35339
孙吴县	Sunwu County	7576	6393	322	861	38955
安达市	Anda City	26871	15236	1148	10487	37319
肇东市	Zhaodong City	44205	25173	605	18427	36046
海伦市	Hailun City	36450	19158	669	16623	33198
北林区	Beilin	26372	16662	1102	8608	38337
望奎县	Wangkui County	18611	15408	310	2893	26489
兰西县	Lanxi County	18004	11601	1422	4981	29559
青冈县	Qinggang County	18373	11435	823	6115	27832
庆安县	Qingan County	18595	14257	243	4095	29544
明水县	Mingshui County	17642	13475	1219	2948	25918
绥棱县	Suiling County	18220	17003	36	1181	24746
呼玛县	Huma County	8087	6840	480	767	38929
塔河县	Tahe County	12977	12127		850	28141
漠河县	Mohe County	19316	17986		1330	28295
加格达奇区	Jiagedaqi District	23324	18205	85	5034	47287

附录Ⅰ 续表6 CONTINUED

单位：万元 (10000 yuan)

县、市名称	Name	固定资产投资总额 Total Investment in Fixed	按类型分 Group by Ownership			按构成分 By Use of Funds			
			国有单位 State-owned Units	城镇集体单位 Collective-owned Units	其他单位 Other	建筑工程 Construction Engineering	安装工程 Installation Engineering	设备工器具购置 Purchase of Equipment and Instrument	其他费用 Others
阿城区	Acheng	2849196	486830	22265	2340101	1035570	26106	1028112	759408
呼兰区	Hulan	1669403	436875	12860	1219668	1308975	60899	188610	110919
宾县	Bin County	1930500	289889		1640611	931908	342700	619290	36602
依兰县	Yilan County	1428148	683897		744251	820802	8706	590140	8500
方正县	Fangzheng County	516732	92043	2800	421889	208313	86834	194047	27538
双城区	Shuangcheng	2341475	541753	18485	1781237	1647035	313392	215709	165339
尚志市	Shangzhi City	938098	266682	29390	642026	855804	28122	23028	31144
五常市	Wuchang City	1953509	608733		1344776	1366957	27770	552122	6660
巴彦县	Bayan County	1526152	212653	66100	1247399	1341759	29670	144787	9936
木兰县	Mulan County	320400	157304		163096	252759	13925	53356	360
通河县	Tonghe County	623917	363264		260653	488262	118405	3650	13600
延寿县	Yanshou County	551605	184563		367042	429796	8490	108079	5240
龙江县	Longjiang County	554153	94193		459960	361952	24588	122752	44861
依安县	Yian County	569244	73786		495458	301164		258750	9330
泰来县	Tailai County	700258	125626		574632	635156	370	62180	2552
甘南县	Gannan County	459629	133071	13504	313054	418941	370	31805	8513
富裕县	Fuyu County	429150	75004		354146	367301	3543	49131	9175
克山县	Keshan County	530738	91656	1500	437582	327619	18160	176050	8909
克东县	Kodong County	442383	31642		410741	311781	14143	107495	8964
拜泉县	Baiquan County	427221	21964	27160	378097	402537		22581	2103
梅里斯区	Meilisi Daur District	124620			124620	120348	100	4172	
讷河市	Nehe City	635327	47451		587876	525399	6174	80892	22862
鸡东县	Jidong County	219719	22549		197170	183987	1169	27185	7378
虎林市	Hulin City	354221	99318		254903	286176	2937	11824	53284
密山市	Mishan City	381474	129079		252395	282456	11499	55868	31651
萝北县	Luobei County	107689	33690		73999	73805	5690	27279	915
绥滨县	Suibin County	84513	29051		55462	53430	22450	6286	2347
集贤县	Jixian County	331584	11285		320299	164723	37060	116869	12932
友谊县	Youyi County	52221	13947		38274	49713	2508		
宝清县	Baoqing County	376268	124408		251860	247478	82625	40273	5892
饶河县	Raohe County	221710	104283		117427	190950	24990	5770	
肇州县	Zhaozhou County	504293	116283		388010	454507	10818	36838	2130
肇源县	Zhaoyuan County	480296	240380		239916	455471	586	18602	5637
林甸县	Lindian County	243141	50841		192300	159767	3445	59949	19980
杜蒙自治县	Durbote Mongolia Autonomous County	523548	321601		201947	324568	23980	39034	135966
大同区	Datong	494934	196264		298670	421425	7831	60079	5599

附录Ⅰ 续表7 CONTINUED

单位：万元 (10000 yuan)

县、市名称	Name	固定资产投资总额 Total Investment in Fixed	按类型分 Group by Ownership 国有单位 State-owned Units	城镇集体单位 Collective-owned Units	其他单位 Other	按构成分 By Use of Funds 建筑工程 Construction Engineering	安装工程 Installation Engineering	设备工器具购置 Purchase of Equipment and Instrument	其他费用 Others
嘉荫县	Jiayin County	43902	41492		2410	42456	1446		
铁力市	Tieli City	327047	198550		128497	257204	20984	40149	8710
桦南县	Huanan County	854824	108576		746248	767078	9795	77951	
桦川县	Huachuan County	442290	76479		365811	230453	23146	161791	26900
汤原县	Tangyuan County	554500	105028		449472	377680	13708	143323	19789
抚远县	Fuyuan County	180846	154714		26132	148607	2160	370	29709
同江市	Tongjiang City	604250	473620		130630	537555	47844	9200	9651
富锦市	Fujin City	752536	130316	61670	560550	601580	1070	133033	16853
佳木斯郊区	Jiamusi Suburb	591000	34198		556802	386913	19827	181510	2750
勃利县	Boli County	182476			182476	180180	934	80	1282
穆棱市	Muling City	1582635	358744	11600	1212291	1107855	45120	350107	79553
东宁县	Dongning County	946750	266122	33518	647110	596441	177496	112916	59897
林口县	Linkou County	553687	95939		457748	421446	22642	95225	14374
绥芬河市	Suifenhe City	1253495	278554		974941	1072974	59397	106075	15049
海林市	Hailin City	1959355	480624		1478731	1662289	5563	245744	45759
宁安市	Ningan City	1708743	708949	12560	987234	742758	89685	832479	43821
阳明区	Yangming	520922	186100		334822	395050	21476	79898	24498
北安市	Beian City	574794	174125	570	400099	472547	34145	47410	20692
五大连池市	Wudalianchi City	296687	79848		216839	193905		17598	85184
五大连池风景区	Wudalianchi scenic spot	36349	29999		6350	31583	2995	319	1452
爱辉区	Aihui	320400	54714		265686	185963	3050	131387	
嫩江县	Nenjiang County	836907	550294		286613	407101	47559	117031	265216
逊克县	Xunke County	124239	33854		90385	109493	4037	8400	2309
孙吴县	Sunwu County	88585	17793		70792	50466	12222	5682	20215
安达市	Anda City	1350091	153296		1196795	1238113	8002	103976	
肇东市	Zhaodong City	1550632	296844	3850	1249938	1247572	10205	266687	26168
海伦市	Hailun City	468394	70055		398339	358367	4500	100727	4800
北林区	Beilin	717835	40826		677009	579852	1262	134721	2000
望奎县	Wangkui County	686410	108447	4900	573063	622838	1310	62262	
兰西县	Lanxi County	381417	69359		312058	227765	18830	57889	76933
青冈县	Qinggang County	260449	78445		182004	195399	12505	31575	20970
庆安县	Qingan County	421240	57609		363631	276132	9390	125425	10293
明水县	Mingshui County	115086	19721		95365	115086			
绥棱县	Suiling County	215591	46866		168725	127766	6210	78073	3542
呼玛县	Huma County	46079	34520	300	11259	39268	824	4417	1570
塔河县	Tahe County	97270	76046		21224	84238	3116	8616	1300
漠河县	Mohe County	227000	170204		56796	200781	6850	19339	30
加格达奇区	Jiagedaqi District	174452	65100		109352	117961	17917	23330	15244

附录Ⅰ 续表8 CONTINUED

单位：万元 (10000 yuan)

县、市名称	Name	农林牧渔业总产值 Gross Output Value of Farming, Forestry, Animal Husbandry and Fishery					城镇常住居民人均可支配收入（元）Annual Per Capita Disposable Income of Urban Households (yuan)	农村常住居民人均可支配收入（元）Annual Per Capita Disposable Income of Rural Households (yuan)
		合 计 Total	#农 业 Farming	#林 业 Forestry	#牧 业 Animal Husbandry	#渔 业 Fishery		
阿 城 区	Acheng	640952	360784	11336	240485	10463	26294	12763
呼 兰 区	Hulan	1203370	477126	11495	672002	29616	25929	12801
宾 县	Bin County	844878	319097	24185	492081	4080	20082	11766
依 兰 县	Yilan County	593614	400596	17708	153395	6504	20069	13275
方 正 县	Fangzheng County	353281	239626	28034	67633	15071	17679	10628
双 城 区	Shuangcheng	2248649	1133319	8403	1031017	24045	19173	11649
尚 志 市	Shangzhi City	1037710	738211	47711	224778	17436	20183	13731
五 常 市	Wuchang City	1701068	1113812	65581	438143	39388	18956	12740
巴 彦 县	Bayan County	1263037	668088	44352	528163	13007	18568	10379
木 兰 县	Mulan County	412087	261993	6995	119968	9320	16970	9395
通 河 县	Tonghe County	335909	212748	19421	88749	8029	17441	11670
延 寿 县	Yanshou County	325103	219144	6924	85918	4356	16898	5757
龙 江 县	Longjiang County	828751	488622	3673	326049	9497	14993	10756
依 安 县	Yian County	589112	329700	15115	238865	4972	17383	9103
泰 来 县	Tailai County	427442	238760	1569	170908	15120	14420	5332
甘 南 县	Gannan County	452575	250608	2417	192338	6482	13982	5170
富 裕 县	Fuyu County	486596	251584	2083	220599	12080	18448	6805
克 山 县	Keshan County	513859	314607	1544	180002	10230	17333	10062
克 东 县	Kedong County	258184	144943	4472	104278	4097	13212	8071
拜 泉 县	Baiquan County	659378	379639	14070	254585	6274	14252	5395
梅里斯区	Meilisi Daur District	236420	154071	1404	79345	957		8904
讷 河 市	Nehe City	808240	535431	8003	248805	13974	18986	10745
鸡 东 县	Jidong County	494926	309338	36095	125778	21879	19812	12826
虎 林 市	Hulin City	513149	371534	60070	67023	13172	20024	14448
密 山 市	Mishan City	602246	357000	7465	189724	39795	20156	13231
萝 北 县	Luobei County	187725	123319	12538	44358	2210	19979	13989
绥 滨 县	Suibin County	208900	165580	1140	33862	7700	17683	4206
集 贤 县	Jixian County	437974	239169	3079	187908	4060	21331	11901
友 谊 县	Youyi County	25104	17451		7653		18314	11396
宝 清 县	Baoqing County	658837	380094	19813	247325	10205	21437	13782
饶 河 县	Raohe County	284123	183145	4532	90616	4930	18810	4641
肇 州 县	Zhaozhou County	960193	376733	3056	574966	4483	20151	10805
肇 源 县	Zhaoyuan County	875028	434807	9074	398494	31859	19599	10785
林 甸 县	Lindian County	497145	208878	2598	271163	13124	13224	5344
杜蒙自治县	Durbote Mongolia Autonomous County	657975	223477	2318	402636	29032	18312	10897
大 同 区	Datong	546970	332340	5300	200330	7300	32307	15660

附录Ⅰ 续表9 CONTINUED

单位：万元 (10000 yuan)

县、市名称	Name	农林牧渔业总产值 Gross Output Value of Farming, Forestry, Animal Husbandry and Fishery					城镇常住居民人均可支配收入（元）	农村常住居民人均可支配收入（元）
		合 计 Total	#农 业 Farming	#林 业 Forestry	#牧 业 Animal Husbandry	#渔 业 Fishery	Annual Per Capita Disposable Income of Urban Households (yuan)	Annual Per Capita Disposable Income of Rural Households (yuan)
嘉荫县	Jiayin County	215732	150200	25250	37762	1376	18247	12210
铁力市	Tieli City	573488	308751	60710	200250	1564	16263	10327
桦南县	Huanan County	912045	496122	20384	343783	48605	18952	4089
桦川县	Huachuan County	429913	309385	1992	95557	22889	17010	4430
汤原县	Tangyuan County	659292	396869	10077	240627	11134	17689	3427
抚远县	Fuyuan County	354469	276964	2800	35525	38100	19473	3468
同江市	Tongjiang City	348759	278736	2823	54500	11720	18581	5201
富锦市	Fujin City	1273403	982847	3050	261943	24200	19987	14591
佳木斯郊区	Jiamusi Suburb	459523	219152	15808	208894	15217	21518	14500
勃利县	Boli County	307385	169122	10000	116807	3456	15783	9528
穆棱市	Muling City	539153	358497	12793	145606	3465	21941	13899
东宁县	Dongning County	532946	461514	3817	28785	3543	25153	18090
林口县	Linkou County	626992	492310	8579	114985	3137	19275	11685
绥芬河市	Suifenhe City	16486	9634	89	6320	371	28203	15444
海林市	Hailin City	621678	545133	17118	52720	4936	22048	14297
宁安市	Ningan City	867471	585816	12956	216621	12168	21872	14279
阳明区	Yangming	134138	77424	522	51435	857		
北安市	Beian City	322638	239847	8236	60405	3650	20067	10577
五大连池市	Wudalianchi City	526214	341140	109283	60045	13343	18934	10908
五大连池风景区	Wudalianchi scenic spot	18059	12332	440	2859	2125		
爱辉区	Aihui	147753	98505	13067	31551	2500	21092	11401
嫩江县	Nenjiang County	1129036	954603	6598	145929	2560	20134	10982
逊克县	Xunke County	221499	186347	3549	22025	4898	19065	11203
孙吴县	Sunwu County	117822	98121	3395	14236	571	15177	7570
安达市	Anda City	1033256	360063	4064	643281	17244	21505	11810
肇东市	Zhaodong City	1657508	654171	3418	953090	44836	21606	12058
海伦市	Hailun City	1083455	776994	10128	288603	5097	16499	7570
北林区	Beilin	1220519	566564	6950	599003	40382	19111	10543
望奎县	Wangkui County	707424	279312	1650	424452	1350	14662	8682
兰西县	Lanxi County	532129	357846	3714	160971	8578	12990	5992
青冈县	Qinggang County	651262	303581	3668	331025	8863	13553	7543
庆安县	Qingan County	670914	498717	14543	128088	19368	19049	11366
明水县	Mingshui County	432523	273958	3751	146163	6935	13059	6892
绥棱县	Suiling County	487199	334767	15479	120461	13642	13141	10608
呼玛县	Huma County	194675	136774	32624	18373	1864	19164	10920
塔河县	Tahe County	235491	36710	176792	13885	3304	18124	9162
漠河县	Mohe County	233937	62570	116807	35874	762	20060	14070
加格达奇区	Jiagedaqi District	59783	45546	1011	10956	1039		

附录Ⅰ 续表10 CONTINUED

县、市名称	Name	化肥施用折纯量（吨）Consumption of Chemical Fertilizers (ton, Converting the gross weight into weight containing 100% effective component)	农村用电量（万千瓦时）Electricity Consumed in Rural Areas (10000 kwh)	农用机械总动力（万千瓦）Total Agricultural Machinery Power (10000 kw)	进出口总额（万美元）Total Value of Imports and Exports (USD 10000)	实际利用域外资金（万元）Total Amount of Ecdemic Capital Actually Used (10000 yuan)
阿城区	Acheng	17761	9398	47.0	2625	608600
呼兰区	Hulan	37712	14239	56.2	4474	87001
宾县	Bin County	58094	9870	71.8	5021	903117
依兰县	Yilan County	22766	14581	53.7	2786	750370
方正县	Fangzheng County	14586	6518	73.3	1695	205416
双城区	Shuangcheng	77246	25891	90.3	13984	
尚志市	Shangzhi City	29819	14670	67.3	29320	839745
五常市	Wuchang City	79840	22643	139.8	1489	571641
巴彦县	Bayan County	51516	6523	132.8	204	350004
木兰县	Mulan County	17390	5990	69.6	1637	179100
通河县	Tonghe County	16821	7978	81.6	1744	278263
延寿县	Yanshou County	27927	7097	43.1	8506	303330
龙江县	Longjiang County	56410	11059	165.2	749	619790
依安县	Yian County	21637	7010	60.3	906	705060
泰来县	Tailai County	38584	6270	75.8		590300
甘南县	Gannan County	22949	5488	67.9	20	583400
富裕县	Fuyu County	19624	7435	47.3	8	651530
克山县	Keshan County	16533	5034	62.0	1976	453100
克东县	Kedong County	9720	3226	53.4	2755	679300
拜泉县	Baiquan County	36892	6441	66.0	43	606294
梅里斯区	Meilisi Daur District	41018	2560	53.7		
讷河市	Nehe City	47351	14860	106.7	2498	552170
鸡东县	Jidong County	8287	10110	47.4		409562
虎林市	Hulin City	15874	4988	77.9	17550	567346
密山市	Mishan City	19600	12185	71.2	48444	652496
萝北县	Luobei County	16886	1715	27.5	11738	67400
绥滨县	Suibin County	19142	2872	57.9	345	51471
集贤县	Jixian County	25663	9873	64.1	13012	407000
友谊县	Youyi County	1024	193	2.8	869	139000
宝清县	Baoqing County	23959	7615	74.5	22654	415000
饶河县	Raohe County	13255	1921	30.1	68893	158000
肇州县	Zhaozhou County	34125	4155	63.1	658	430800
肇源县	Zhaoyuan County	25496	10675	48.4	271	513500
林甸县	Lindian County	11548	6242	87.8		269800
杜蒙自治县	Durbote Mongolia Autonomous County	23918	6084	74.7		248520
大同区	Datong	15737	3440	29.4		182558

附录Ⅰ 续表11 CONTINUED

县、市名称	Name	化肥施用折纯量（吨）Consumption of Chemical Fertilizers (ton,Converting the gross weight into weight containing 100% effective component)	农村用电量（万千瓦时）Electricity Consumed in Rural Areas (10000 kwh)	农用机械总动力（万千瓦）Total Agricultural Machinery Power (10000 kw)	进出口总额（万美元）Total Value of Imports and Exports (USD 10000)	实际利用域外资金（万元）Total Amount of Ecdemic Capital Actually Used (10000 yuan)
嘉荫县	Jiayin County	8764	704	17.0	2663	60213
铁力市	Tieli City	12242	2751	41.6	400	261000
桦南县	Huanan County	35516	7105	82.1	7850	1196900
桦川县	Huachuan County	39725	8877	62.9	524	526950
汤原县	Tangyuan County	18979	7725	46.4	2634	515000
抚远县	Fuyuan County	10281	6048	59.2	54983	128357
同江市	Tongjiang City	39936	3844	50.3	197073	572000
富锦市	Fujin City	64455	13886	111.1	26457	1158250
佳木斯郊区	Jiamusi Suburb	18222	13968	29.1		402013
勃利县	Boli County	26839	10730	39.7	1007	45700
穆棱市	Muling City	12303	3748	26.2	31197	1342642
东宁县	Dongning County	9757	8210	46.5	306285	1072939
林口县	Linkou County	17905	6418	45.5	7367	835883
绥芬河市	Suifenhe City	369	270	3.9	758877	1193325
海林市	Hailin City	11821	7589	36.2	28346	1333847
宁安市	Ningan City	24891	12424	84.0	26703	1159630
阳明区	Yangming	5037	4247	9.4		
北安市	Beian City	26534	4164	42.1	1669	581000
五大连池市	Wudalianchi City	24586	9789	33.5	21580	336000
五大连池风景区	Wudalianchi scenic spot			3.1		
爱辉区	Aihui	10237	1633	26.1		
嫩江县	Nenjiang County	38793	6249	83.2	14792	550000
逊克县	Xunke County	20684	1529	43.4	23431	153000
孙吴县	Sunwu County	8628	1130	41.2	1239	83000
安达市	Anda City	21612	14054	48.7	2180	1157813
肇东市	Zhaodong City	71794	21408	57.6	16439	1191049
海伦市	Hailun City	69743	12541	65.3	357	384270
北林区	Beilin	44395	20058	70.2	8091	
望奎县	Wangkui County	28535	5415	35.6		256360
兰西县	Lanxi County	43329	12297	44.5	2085	314000
青冈县	Qinggang County	30560	9424	58.6	2761	75263
庆安县	Qingan County	17231	12507	51.0	88	360411
明水县	Mingshui County	12306	7798	59.6		204600
绥棱县	Suiling County	14102	9454	50.6	138	291000
呼玛县	Huma County	3458	610	22.9		34326
塔河县	Tahe County	278	415	3.0		193480
漠河县	Mohe County	152	765	2.6	1281	200000
加格达奇区	Jiagedaqi District	1137	105	5.5	446	97150

附录Ⅰ 续表12 CONTINUED

单位：公顷 (hectare)

县、市名称	Name	农作物总播种面积 Total Sown Areas of Farm Crops	主要农作物播种面积 Sown Areas of Main Farm Crops				
			粮 食 Grain Crops	#谷 物 Cereal	#大 豆 Soja	油 料 Oil-bearing Crops	甜 菜 Beetroots
阿城区	Acheng	77129	68842	66620	1454	19	
呼兰区	Hulan	144246	135860	128334	683		
宾　县	Bin County	172897	165216	158911	2612	277	
依兰县	Yilan County	222059	218611	199295	20151	71	
方正县	Fangzheng County	74632	73303	66580	6625	560	
双城区	Shuangcheng	235067	222666	217527	661	2500	10
尚志市	Shangzhi City	166126	150224	95259	53794	2403	
五常市	Wuchang City	285860	269060	263223	5637		
巴彦县	Bayan County	229645	226534	190811	33203		
木兰县	Mulan County	102379	100194	77940	21212	203	
通河县	Tonghe County	120375	118783	105874	12555		
延寿县	Yanshou County	108761	107507	88196	19303	73	
龙江县	Longjiang County	326519	321990	319908	282	363	28
依安县	Yian County	271871	266966	210746	48833	207	4170
泰来县	Tailai County	174620	168066	163895	2188	6281	
甘南县	Gannan County	234205	233226	218388	8532	340	
富裕县	Fuyu County	156488	152052	143601	5983	87	483
克山县	Keshan County	201803	201136	45435	125693		
克东县	Kedong County	125682	123727	43313	77847	260	
拜泉县	Baiquan County	243218	240427	88089	142280		2348
梅里斯区	Meilisi Daur District	97294	82557	67	875	98	20
讷河市	Nehe City	404667	401378	255398	112244		2097
鸡东县	Jidong County	103514	100867	95840	4335	176	
虎林市	Hulin City	172724	171403	148393	21975	293	
密山市	Mishan City	179601	177396	152362	22420	264	
萝北县	Luobei County	76329	76226	58383	17143		
绥滨县	Suibin County	91334	90397	73626	16510	44	
集贤县	Jixian County	127316	117967	115467	2269	1577	235
友谊县	Youyi County	9492	8960	8960			133
宝清县	Baoqing County	162225	157075	116936	39057	1538	120
饶河县	Raohe County	91023	90893	69161	19234	6	
肇州县	Zhaozhou County	148556	137370	134323	997	1195	
肇源县	Zhaoyuan County	176400	164304	154510	7922	7705	
林甸县	Lindian County	153668	148001	146667	533		
杜蒙自治县	Durbote Mongolia Autonomous County	153145	149514	137834	6755	129	
大同区	Datong	79664	59399	56457	619	1885	461

附录Ⅰ 续表13 CONTINUED

单位：公顷 (hectare)

县、市名称	Name	农作物总播种面积 Total Sown Areas of Farm Crops	主要农作物播种面积 Sown Areas of Main Farm Crops				
			粮食 Grain Crops	#谷物 Cereal	#大豆 Soja	油料 Oil-bearing Crops	甜菜 Beetroots
嘉荫县	Jiayin County	81551	80703	29345	48762		
铁力市	Tieli City	99800	97945	47734	49956	82	
桦南县	Huanan County	228327	222200	166655	54345	1333	
桦川县	Huachuan County	140113	135000	126834	7833	200	
汤原县	Tangyuan County	118366	114208	107732	6357		
抚远县	Fuyuan County	178667	178601	130610	47824		
同江市	Tongjiang City	150000	145260	53713	89650	10	
富锦市	Fujin City	379072	370547	273113	91595	213	
佳木斯郊区	Jiamusi Suburb	109955	105831	102834	2997		89
勃利县	Boli County	114434	103921	95387	6890	688	
穆棱市	Muling City	120509	95530	45235	48350	15411	
东宁县	Dongning County	66736	52900	22049	30149	7715	
林口县	Linkou County	151638	125914	77558	45506	16364	
绥芬河市	Suifenhe City	3486	3091	692	2335	299	
海林市	Hailin City	77879	71590	47495	23487	2703	16
宁安市	Ningan City	171025	149374	121053	26422	1887	
阳明区	Yangming	31151	28399	16095	12153	593	
北安市	Beian City	190776	188852	80118	105521		
五大连池市	Wudalianchi City	216899	215797	73593	131254	127	
五大连池风景区	Wudalianchi scenic spot						
爱辉区	Aihui	113430	111221	47494	50006		
嫩江县	Nenjiang County	431776	424696	148508	267428		
逊克县	Xunke County	161087	158655	61328	96845	52	
孙吴县	Sunwu County	117362	112363	43001	54698	151	
安达市	Anda City	135610	131189	130876	166	33	
肇东市	Zhaodong City	265669	260743	258035	1235	9	
海伦市	Hailun City	310067	302067	149037	151353	55	
北林区	Beilin	216102	210626	183664	25607		
望奎县	Wangkui County	170817	167377	137468	27240	290	
兰西县	Lanxi County	169954	166222	163444	1894		
青冈县	Qinggang County	170891	168160	161283	6466	114	
庆安县	Qingan County	190479	188900	140838	47384		
明水县	Mingshui County	139500	138600	113464	24469		
绥棱县	Suiling County	139342	136742	72884	57383		
呼玛县	Huma County	75248	68234	4135	63699	67	
塔河县	Tahe County	7555	7412	534	6797		
漠河县	Mohe County	3430	2886	107	2779		
加格达奇区	Jiagedaqi District	89422	88634	9100	74058	6	

附录Ⅰ 续表14 CONTINUED

县、市名称	Name	主要农作物产量(吨) Yield of Main Farm Crops (ton)					猪牛羊肉产量(吨) Yield of Pork Beef and Mutton (ton)	水产品产量(吨) Aquatic Products (ton)
		粮食 Grain Crops	#谷物 Cereal	#大豆 Soja	油料 Oil-bearing Crops	甜菜 Beetroots		
阿城区	Acheng	592426	587929	981	57		41088	10400
呼兰区	Hulan	1137587	1093943	2100			59848	3650
宾县	Bin County	1046405	1005331	6471	785		89950	6800
依兰县	Yilan County	1493558	1438455	38888	89		30479	5250
方正县	Fangzheng County	453172	441354	11417	784		9207	7554
双城区	Shuangcheng	2051559	2018664	16875	14310	260	77026	7113
尚志市	Shangzhi City	987767	907033	72540	8153		38056	6859
五常市	Wuchang City	2321801	2318680	2535			80134	10246
巴彦县	Bayan County	1680687	1608278	63726			106337	13623
木兰县	Mulan County	672864	646289	21999	392		27082	4403
通河县	Tonghe County	696548	662231	33254			17565	6593
延寿县	Yanshou County	692096	657822	34238	95		6951	3472
龙江县	Longjiang County	2554277	2549459	444	553	1116	64894	6544
依安县	Yian County	1350215	1144584	114942	335	185398	54169	2540
泰来县	Tailai County	809981	802902	3450	12681		33736	11432
甘南县	Gannan County	1132211	1029527	15435	580		54766	5928
富裕县	Fuyu County	927479	917922	2156	144	12075	21539	3387
克山县	Keshan County	693799	419222	254779			33072	2291
克东县	Kodong County	374129	208491	139861	546		7110	2363
拜泉县	Baiquan County	1181060	951664	199179		69359	79257	3582
梅里斯区	Meilisi Daur District				98	823	19520	1400
讷河市	Nehe City	1734217	1289020	204806		94365	62608	9273
鸡东县	Jidong County	762314	753844	7725	338		27371	5606
虎林市	Hulin City	976088	903858	43851	261		10495	8468
密山市	Mishan City	1127046	1075491	40952	434		41905	23203
萝北县	Luobei County	360372	340980	15583			16605	1118
绥滨县	Suibin County	455604	440624	13227	79		5499	4234
集贤县	Jixian County	957229	954714	1555	2287	8225	47053	1863
友谊县	Youyi County	55740	53340	2400		4320	2640	
宝清县	Baoqing County	1132286	1092907	34888	2427	4538	57750	5250
饶河县	Raohe County	501338	471250	28750	10		3376	1812
肇州县	Zhaozhou County	1228070	1225696	1665	3779		59345	6775
肇源县	Zhaoyuan County	1308122	1292849	11550	21269		70365	20577
林甸县	Lindian County	1233403	1227350	1021			52025	10585
杜蒙自治县	Durbote Mongolia Autonomous County	906029	882892	14560	399		25708	25235
大同区	Datong	509529	505017	617	4093	19028	34741	5500

附录Ⅰ 续表15 CONTINUED

县、市名称	Name	主要农作物产量(吨) Yield of Main Farm Crops (ton)					猪牛羊肉产量(吨) Yield of Pork Beef and Mutton (ton)	水产品产量(吨) Aquatic Products (ton)
		粮食 Grain Crops	#谷物 Cereal	#大豆 Soja	油料 Oil-bearing Crops	甜菜 Beetroots		
嘉荫县	Jiayin County	252512	175608	73194			4949	635
铁力市	Tieli City	416177	335942	80120	48		31300	810
桦南县	Huanan County	1300250	1170347	96536	2000		85834	7537
桦川县	Huachuan County	908522	883134	22890	158		52568	7604
汤原县	Tangyuan County	857768	844395	12081			72503	7570
抚远县	Fuyuan County	908199	833825	73123			10348	1482
同江市	Tongjiang City	864744	809163	46499	45		12433	11855
富锦市	Fujin City	2314950	2061358	156710	501		88035	11330
佳木斯郊区	Jiamusi Suburb	713404	710000	3404		2210	65971	12830
勃利县	Boli County	602040	578733	13150	1381		21901	2008
穆棱市	Muling City	405446	317353	87641	26860		31424	1863
东宁县	Dongning County	202485	151833	49345	11703		7719	1652
林口县	Linkou County	562125	444431	106081	30042		19186	1694
绥芬河市	Suifenhe City	8145	3408	4525	277		2457	203
海林市	Hailin City	373115	324664	45464	3498	589	12517	2540
宁安市	Ningan City	954971	911601	43155	2361		78337	7664
阳明区	Yangming	123674	95258	12557	646		14724	525
北安市	Beian City	683190	514759	147462			6652	2329
五大连池市	Wudalianchi City	457159	199859	252988	495		15796	3811
五大连池风景区	Wudalianchi scenic spot	31500	16385	15115				
爱辉区	Aihui	298686	210479	62845			9344	1203
嫩江县	Nenjiang County	1223687	609804	593824			59834	2134
逊克县	Xunke County	395390	178635	215464	97		6647	2440
孙吴县	Sunwu County	247814	132229	96272	213		5520	550
安达市	Anda City	1117268	1114995	343	93		63680	13409
肇东市	Zhaodong City	2352568	2345798	1970	24		140145	34053
海伦市	Hailun City	1675863	1347300	249180	152		99375	9353
北林区	Beilin	1517739	1479247	29493			82754	26304
望奎县	Wangkui County	1263975	1211716	30408	254		101962	7142
兰西县	Lanxi County	1176119	1173988	1941			48117	7039
青冈县	Qinggang County	1300856	1275236	6030	216		65087	6627
庆安县	Qingan County	1190077	1121700	63143			33053	10186
明水县	Mingshui County	969219	946593	19123			28546	3910
绥棱县	Suiling County	828980	729967	92035			22390	7815
呼玛县	Huma County	156299	68890	73535	110		2178	288
塔河县	Tahe County	11507	724	10443			2349	246
漠河县	Mohe County	4317	210	2840			3201	182
加格达奇区	Jiagedaqi District	200507	65991	115990	11		2208	

附录Ⅰ 续表16 CONTINUED

县、市名称	Name	猪年底数量（头）Number of Hogs (year-end) (head)	羊年底数量（只）Number of Sheep and Goats (year-end) (head)	牛奶产量（吨）Cow Milk (ton)	大牲畜年底数量（头）Number of Large Animals (head)	#牛 Cattle and Buffaloes	#奶牛 Milch Cows
阿城区	Acheng	222378	27575	15333	119826	117128	4909
呼兰区	Hulan	346620	64578	38755	69032	65958	15502
宾县	Bin County	468350	28650	143	459566	448291	60
依兰县	Yilan County	178874	166540	4033	102340	97141	1790
方正县	Fangzheng County	66068	11475		15336	14823	
双城区	Shuangcheng	345400	84955	1116806	645699	624103	321048
尚志市	Shangzhi City	142000	40770	61140	199951	191918	25918
五常市	Wuchang City	640110	122037	99498	197960	186221	31245
巴彦县	Bayan County	721400	75920	4268	132097	117655	1772
木兰县	Mulan County	115495	44441	124	72842	71296	31
通河县	Tonghe County	141629	42501	603	41302	40276	318
延寿县	Yanshou County	87945	34516	851	61100	58164	219
龙江县	Longjiang County	354200	617730	231500	389960	370870	78600
依安县	Yian County	335100	423876	71376	164870	158674	32859
泰来县	Tailai County	234633	129866	144129	108202	91358	49633
甘南县	Gannan County	376604	584539	289155	160588	157096	117574
富裕县	Fuyu County	280002	174873	445000	193276	188629	172400
克山县	Keshan County	200057	146310	45152	91814	87573	19082
克东县	Kedong County	65620	39497	174000	96500	95700	64200
拜泉县	Baiquan County	512027	132518	3277	172925	168901	3155
梅里斯区	Meilisi Daur District	144411	151670	167867	81528	80610	66458
讷河市	Nehe City	382600	341895	49247	224163	214883	18894
鸡东县	Jidong County	183650	85022	3460	24040	21321	1025
虎林市	Hulin City	46502	16780	23689	21633	21427	12859
密山市	Mishan City	269215	170350	32000	68577	68397	9658
萝北县	Luobei County	121920	12720	9950	8340	8322	4040
绥滨县	Suibin County	41204	28969	2531	6447	6381	553
集贤县	Jixian County	343700	60942	525	112725	112644	195
友谊县	Youyi County	25300	8530	105	1385	1385	35
宝清县	Baoqing County	360700	242130	10080	40864	40864	4200
饶河县	Raohe County	40575	41635	404	20198	19912	101
肇州县	Zhaozhou County	317500	329202	194262	235276	226665	70012
肇源县	Zhaoyuan County	574361	369357	101851	100792	92650	34367
林甸县	Lindian County	396246	240724	500348	222580	218733	159002
杜蒙自治县	Durbote Mongolia Autonomous County	122964	209051	527642	253921	245721	188519
大同区	Datong	175956	171630	151687	62428	60314	39579

附录Ⅰ 续表17 CONTINUED

县、市名称	Name	猪年底数量（头）Number of Hogs (year-end) (head)	羊年底数量（只）Number of Sheep and Goats (year-end) (head)	牛奶产量（吨）Cow Milk (ton)	大牲畜年底数量（头）Number of Large Animals (head)	#牛 Cattle and Buffaloes	#奶牛 Milch Cows
嘉荫县	Jiayin County	18590	62000	2726	26405	25676	1754
铁力市	Tieli City	157820	41135	60125	68982	67537	35216
桦南县	Huanan County	558317	498212	50	297078	289565	111
桦川县	Huachuan County	548079	61502	3247	63305	63032	1293
汤原县	Tangyuan County	482797	103104	65115	78718	78437	26235
抚远县	Fuyuan County	39021	18866	204	14210	13704	82
同江市	Tongjiang City	53870	47310	159	41709	41700	35
富锦市	Fujin City	578948	156075	21298	135094	134671	15003
佳木斯郊区	Jiamusi Suburb	554110	69710	24235	57187	57119	10841
勃利县	Boli County	115223	128468		31214	31118	
穆棱市	Muling City	155470	84436	1530	149094	144147	219
东宁县	Dongning County	59422	28004	875	24521	23509	389
林口县	Linkou County	115280	150218	468	103024	88866	92
绥芬河市	Suifenhe City	20295	2010	294	1422	1277	103
海林市	Hailin City	94628	51915	2405	54876	52111	926
宁安市	Ningan City	514310	139991	510	72762	70245	145
阳明区	Yangming	91094	19299	85	20645	17929	27
北安市	Beian City	75002	47139	104801	69751	69495	41505
五大连池市	Wudalianchi City	41793	200259	29458	65288	64443	14274
五大连池风景区	Wudalianchi scenic spot						
爱辉区	Aihui	15459	63194	32748	54174	51391	10959
嫩江县	Nenjiang County	571118	271080	63790	267527	259947	28491
逊克县	Xunke County	37263	156006	177	36840	34283	105
孙吴县	Sunwu County	33766	246339	2506	79416	78548	2018
安达市	Anda City	346900	262806	699785	339415	329007	203433
肇东市	Zhaodong City	730200	258859	455818	451542	431067	142784
海伦市	Hailun City	725402	221431	14880	291076	284317	5672
北林区	Beilin	586800	179031	42128	211036	210262	19687
望奎县	Wangkui County	781600	95768	13750	127177	116700	6200
兰西县	Lanxi County	357300	136449	15820	81400	77621	6159
青冈县	Qinggang County	416700	236220	96145	307014	300542	75048
庆安县	Qingan County	342598	65005	717	79101	71120	430
明水县	Mingshui County	187688	566918	22356	232973	219520	31525
绥棱县	Suiling County	252813	24380	4397	42625	42475	3632
呼玛县	Huma County	12344	38520	449	6877	6096	241
塔河县	Tahe County	25887	10399	382	10984	9184	256
漠河县	Mohe County	27587	4649	759	3961	2553	203
加格达奇区	Jiagedaqi District	17130	28225	2223	5367	5297	850

附录Ⅰ 续表18 CONTINUED

单位：万元 (10000 yuan)

县、市名称	Name	全年主营业务收入2000万元及以上的工业企业 Industrial Enterprises With Annual Revenue From Principal Business Over 20 Million Yuan					
		企业单位数（个） Number of Enterprises (unit)	#亏损企业 Losses	工业总产值 Gross Industrial Output Value	工业销售产值 Sales Industrial Output Value	资产合计 Total Assets	流动资产合计 Total Working Capitals
阿城区	Acheng	57	21	597392	561351	1743605	792904
呼兰区	Hulan	64	19	1159131	1178325	1627335	861468
宾　县	Bin County	83	8	3691867	3660197	1861065	627191
依兰县	Yilan County	51	10	970100	948966	1315424	416770
方正县	Fangzheng County	49	4	463570	452255	330106	144441
双城区	Shuangcheng	138	11	2822114	2731634	1645998	833797
尚志市	Shangzhi City	120	8	1907650	1744750	358581	177075
五常市	Wuchang City	217	17	4326231	4222834	1234576	728993
巴彦县	Bayan County	36	1	854819	792777	371624	184153
木兰县	Mulan County	28	2	146351	137434	158116	65532
通河县	Tonghe County	36	4	264178	248300	160160	77003
延寿县	Yanshou County	40	3	425926	412653	301148	188870
龙江县	Longjiang County	14	3	575951	489730	563867	213678
依安县	Yian County	26	1	607638	549916	356101	151019
泰来县	Tailai County	16	1	307716	302605	153353	82829
甘南县	Gannan County	28	3	579279	576839	338452	206796
富裕县	Fuyu County	21	5	287858	287891	403616	175144
克山县	Keshan County	13	1	472748	436871	359258	144743
克东县	Kedong County	13	4	558156	553889	545898	385486
拜泉县	Baiquan County	18	2	521190	512156	162331	70020
梅里斯区	Meilisi Daur District	8		381352	381653	103486	39303
讷河市	Nehe City	35	3	662396	664576	510629	268389
鸡东县	Jidong County	19	10	242814	117347	263835	120674
虎林市	Hulin City	46	14	1022981	1024306	863058	558395
密山市	Mishan City	36	6	356587	345579	469010	165460
萝北县	Luobei County	33	6	240415	225987	279007	102717
绥滨县	Suibin County	13	4	69017	68615	157733	48100
集贤县	Jixian County	40	18	383089	363827	561206	243576
友谊县	Youyi County	13	4	229896	230929	257965	140644
宝清县	Baoqing County	47	5	716276	771065	481235	214096
饶河县	Raohe County	16	3	126494	126494	105619	41486
肇州县	Zhaozhou County	51	4	3288836	3244674	1380336	233757
肇源县	Zhaoyuan County	57	6	2023979	1963044	641542	380049
林甸县	Lindian County	11	2	389656	391556	303869	190433
杜蒙自治县	Durbote Mongolia Autonomous County	24	1	1376254	1347107	594727	293561
大同区	Datong	22	10	862304	871491	969205	435783

附录Ⅰ 续表19 CONTINUED

单位：万元 (10000 yuan)

县、市名称	Name	企业单位数（个） Number of Enterprises (unit)	#亏损企业 Losses	工业总产值 Gross Industrial Output Value	工业销售产值 Sales Industrial Output Value	资产合计 Total Assets	流动资产合计 Total Working Capitals
		全年主营业务收入2000万元及以上的工业企业 Industrial Enterprises With Annual Revenue From Principal Business Over 20 Million Yuan					
嘉 荫 县	Jiayin County	4	1	34282	34282	103359	57311
铁 力 市	Tieli City	36	1	270752	262729	636622	124315
桦 南 县	Huanan County	52	1	1158260	1089604	1102026	356135
桦 川 县	Huachuan County	47	3	1042748	1028691	458762	128694
汤 原 县	Tangyuan County	37	3	784486	783655	304791	217719
抚 远 县	Fuyuan County	6		59165	57915	72462	24118
同 江 市	Tongjiang City	41	5	473025	473043	367880	153144
富 锦 市	Fujin City	91	10	1107962	1105976	580935	250199
佳木斯郊区	Jiamusi Suburb	49	6	926675	922376	506338	250302
勃 利 县	Boli County	30	16	295807	231004	520316	280812
穆 棱 市	Muling City	99	4	2645181	2583359	1163251	322652
东 宁 县	Dongning County	34	6	375975	371436	281525	124584
林 口 县	Linkou County	53	4	819592	819893	338622	89938
绥芬河市	Suifenhe City	23	12	369335	328227	201126	112032
海 林 市	Hailin City	100	7	2312417	2310694	1345966	302335
宁 安 市	Ningan City	98	7	1657524	1658325	609869	188837
阳 明 区	Yangming	45	11	1050341	995647	1642083	641699
北 安 市	Beian City	28	4	367393	374061	373027	147254
五大连池市	Wudalianchi City	9	1	77297	69475	110903	56511
五大连池风景区	Wudalianchi scenic spot						
爱 辉 区	Aihui	29	3	408265	372760	617415	207713
嫩 江 县	Nenjiang County	26	4	415878	413260	653226	200245
逊 克 县	Xunke County	6	1	66411	66139	117194	30022
孙 吴 县	Sunwu County	4		20291	19890	48316	12919
安 达 市	Anda City	62	3	2004118	1927378	1027456	412507
肇 东 市	Zhaodong City	79	14	2465916	2489067	2065326	683296
海 伦 市	Hailun City	37	16	791298	767951	770952	119998
北 林 区	Beilin	55	15	851510	831678	695570	326887
望 奎 县	Wangkui County	30	2	654501	637135	275484	128062
兰 西 县	Lanxi County	27	2	404459	383940	145888	76805
青 冈 县	Qinggang County	18	4	453211	456816	387808	206726
庆 安 县	Qingan County	26	3	475438	461369	359678	189949
明 水 县	Mingshui County	13	3	338184	320881	417122	223999
绥 棱 县	Suiling County	23	2	288286	274098	231553	78104
呼 玛 县	Huma County	3		31520	22666	121914	87267
塔 河 县	Tahe County	5	1	45206	47799	55313	40785
漠 河 县	Mohe County	9	2	93439	73545	239804	112706
加格达奇区	Jiagedaqi District	6	1	84591	84090	123886	66384

附录Ⅰ 续表20 CONTINUED

单位：万元 (10000 yuan)

县、市名称	Name	全年主营业务收入2000万元及以上的工业企业 Industrial Enterprises With Annual Revenue From Principal Business Over 20 Million Yuan						
		固定资产合计 Total of Fixed Assets	负债合计 Total Liabilities	所有者权益 Creditors' Equity	主营业务收入 Sales Revenue	利润总额 Total Profit	利税总额 Total Profit and Tax	从业人员平均人数(人) Average Employed Persons (person)
阿城区	Acheng	769270	1398771	342912	579828	-13188	7928	12591
呼兰区	Hulan	500965	816062	814226	1187035	144624	220003	14564
宾　县	Bin County	1077189	1179205	680904	3654991	261403	336698	14944
依兰县	Yilan County	710746	889796	425230	947558	13393	41922	12828
方正县	Fangzheng County	151958	209804	117267	456341	14404	18185	3164
双城区	Shuangcheng	536500	883180	722547	2416197	119752	202148	17127
尚志市	Shangzhi City	159499	213860	141888	1618039	111906	131299	9496
五常市	Wuchang City	372893	590886	610970	4255646	258085	339301	29239
巴彦县	Bayan County	166909	186920	155071	747105	32298	46798	4600
木兰县	Mulan County	51625	66714	47361	152382	4527	8626	3067
通河县	Tonghe County	71500	111324	41272	247807	3059	6395	2428
延寿县	Yanshou County	71761	169345	128705	347880	16810	24523	3843
龙江县	Longjiang County	231830	362264	201602	519849	102917	113443	3239
依安县	Yian County	152080	123567	231424	536777	45415	59613	2803
泰来县	Tailai County	67918	74806	78544	287358	18652	32434	1777
甘南县	Gannan County	100117	95248	243103	542872	34461	42158	3959
富裕县	Fuyu County	177061	275942	127316	270556	8069	15538	3762
克山县	Keshan County	111208	154680	190633	432388	22444	42016	3755
克东县	Kedong County	137474	406784	139114	552858	50852	75270	3596
拜泉县	Baiquan County	64574	97946	64384	498448	13934	26418	3113
梅里斯区	Meilisi Daur District	42173	42393	60793	385320	39429	62905	5324
讷河市	Nehe City	185674	257844	251811	664788	74718	106114	5534
鸡东县	Jidong County	117271	198817	65019	124576	-3651	-333	2252
虎林市	Hulin City	214869	446923	415926	1047630	73220	95044	5668
密山市	Mishan City	281002	304829	163881	346457	12991	17874	3667
萝北县	Luobei County	158730	160265	115103	232580	12838	20664	3674
绥滨县	Suibin County	97649	106825	50908	67573	-2184	-1132	1047
集贤县	Jixian County	202691	361705	165174	347181	-20527	-16087	4259
友谊县	Youyi County	96232	205275	50667	256299	-6264	3775	1947
宝清县	Baoqing County	148614	207767	245963	760490	39625	75394	6363
饶河县	Raohe County	61057	79031	27044	141072	3448	5347	1029
肇州县	Zhaozhou County	995698	219091	1160227	3242987	256371	304375	8301
肇源县	Zhaoyuan County	209094	274914	359415	1963995	121061	144276	6241
林甸县	Lindian County	101082	103554	200314	372966	47100	52219	3145
杜蒙自治县	Durbote Mongolia Autonomous County	183621	353353	237827	1362373	74214	95586	3160
大同区	Datong	301017	748098	204158	811751	5760	34694	5653

附录Ⅰ 续表21 CONTINUED

单位：万元 (10000 yuan)

县、市名称	Name	全年主营业务收入2000万元及以上的工业企业 Industrial Enterprises With Annual Revenue From Principal Business Over 20 Million Yuan						
		固定资产合计 Total of Fixed Assets	负债合计 Total Liabilities	所有者权益 Creditors' Equity	主营业务收入 Sales Revenue	利润总额 Total Profit	利税总额 Total Profit and Tax	从业人员平均人数(人) Average Employed Persons (person)
嘉荫县	Jiayin County	38271	48092	55250	33553	-3531	-3190	2167
铁力市	Tieli City	483144	550407	84736	263150	10824	17606	4722
桦南县	Huanan County	339511	642132	455761	1101970	115091	168038	6346
桦川县	Huachuan County	310757	186837	269017	991390	48281	53275	2776
汤原县	Tangyuan County	76693	207865	95886	783054	50736	78711	5781
抚远县	Fuyuan County	44883	51045	21417	57973	3890	6204	447
同江市	Tongjiang City	114541	213011	153606	494934	23611	29339	2417
富锦市	Fujin City	309497	351485	230778	1106345	74619	102667	6078
佳木斯郊区	Jiamusi Suburb	193493	297837	195014	885897	39329	54158	6370
勃利县	Boli County	157738	279166	240981	223000	-9511	891	4876
穆棱市	Muling City	837610	279257	883995	2583702	127555	231749	16092
东宁县	Dongning County	150401	178711	101450	368775	23752	42348	4920
林口县	Linkou County	247869	148347	190275	822842	103912	152778	7870
绥芬河市	Suifenhe City	51846	180881	20246	238292	19856	21681	1688
海林市	Hailin City	927998	511331	828535	2352156	146951	261081	24113
宁安市	Ningan City	420731	276830	332594	1653855	42998	92354	14331
阳明区	Yangming	843741	1008856	629250	1010899	61034	104421	16096
北安市	Beian City	155992	262680	110275	347740	17653	24107	3288
五大连池市	Wudalianchi City	41767	76064	34839	62819	1699	2043	896
五大连池风景区	Wudalianchi scenic spot							
爱辉区	Aihui	322075	383980	232301	358417	50654	75235	6974
嫩江县	Nenjiang County	280170	397293	255835	390743	20868	47157	4145
逊克县	Xunke County	70686	87569	29625	66754	2174	3577	878
孙吴县	Sunwu County	29060	37898	10418	17936	1101	1340	367
安达市	Anda City	336256	551437	453140	1928709	203255	289595	8840
肇东市	Zhaodong City	1175500	798059	1247227	2464549	230627	344337	20581
海伦市	Hailun City	637932	481572	289380	760848	30102	33601	16191
北林区	Beilin	308425	480990	220030	802149	34996	43692	7668
望奎县	Wangkui County	117307	109380	163364	605485	66163	75007	4294
兰西县	Lanxi County	63559	74224	70623	386870	17135	31617	16938
青冈县	Qinggang County	145655	236616	147031	435382	13897	26649	5158
庆安县	Qingan County	143848	193159	161938	444349	16726	23967	4121
明水县	Mingshui County	185740	153241	263881	319162	39850	56654	4316
绥棱县	Suiling County	84797	155108	75058	266641	9924	21132	2748
呼玛县	Huma County	23230	95493	26421	22666	1819	2194	569
塔河县	Tahe County	14156	32170	23143	47799	1520	3958	1078
漠河县	Mohe County	103630	196089	43715	74431	-1694	6885	2276
加格达奇区	Jiagedaqi District	56226	99852	24034	84090	910	3650	3125

附录 I 续表22 CONTINUED

单位：万元 (10000 yuan)

县、市名称	Name	全年主营业务收入2000万元及以上的国有控股工业企业 State-holding Industrial Enterprises With Annual Revenue From Principal Business Over 20 Million Yuan					
		企业单位数（个） Number of Enterprises (unit)	#亏损企业 Losses	工业总产值 Gross Industrial Output Value	工业销售产值 Sales Industrial Output Value	资产合计 Total Assets	流动资产合计 Total Working Capitals
阿城区	Acheng	10	5	131170	123432	330441	137130
呼兰区	Hulan	4	2	71889	68002	177330	62599
宾县	Bin County	4		220141	169645	274341	126832
依兰县	Yilan County	7	3	214766	207239	861580	208547
方正县	Fangzheng County	4	1	26206	14135	93907	13382
双城区	Shuangcheng	5	2	113629	111790	44814	16525
尚志市	Shangzhi City	5	2	48158	59081	56994	21091
五常市	Wuchang City	5	1	62779	62660	52193	16030
巴彦县	Bayan County	3		63912	63912	105331	60149
木兰县	Mulan County	1	1	7296		13577	520
通河县	Tonghe County	2		33510	33017	22494	3236
延寿县	Yanshou County	2	2	14191	17495	73689	46733
龙江县	Longjiang County	4	2	42447	43135	91410	26735
依安县	Yian County	2		26396	25790	25964	4964
泰来县	Tailai County	2	1	140660	140660	49503	17408
甘南县	Gannan County	2	2	17300	17300	27259	3601
富裕县	Fuyu County	4	2	111959	119531	220763	89434
克山县	Keshan County	2	1	21329	21329	67068	10769
克东县	Kedong County	2		14908	14908	63623	3803
拜泉县	Baiquan County	1	1	9877	8942	15828	2617
梅里斯区	Meilisi Daur District	1		143985	144137	27233	18102
讷河市	Nehe City	2	1	27712	27863	32662	4319
鸡东县	Jidong County	2	1	24749	22858	49482	15962
虎林市	Hulin City	3	1	179606	177153	151596	58285
密山市	Mishan City	9	2	65297	64826	267618	45795
萝北县	Luobei County	3	2	36959	36959	95889	11310
绥滨县	Suibin County	3	3	13712	13385	102189	24452
集贤县	Jixian County						
友谊县	Youyi County	3		42251	39843	152173	94323
宝清县	Baoqing County	2	2	32909	32909	70410	20150
饶河县	Raohe County	2	1	10391	10391	40306	7038
肇州县	Zhaozhou County	1	1	11951	11951	17971	2229
肇源县	Zhaoyuan County	3	2	52439	52439	22325	6439
林甸县	Lindian County	1	1	10613	10613	13114	1659
杜蒙自治县	Durbote Mongolia Autonomous County	4	1	163905	151752	144543	93607
大同区	Datong	3	1	231743	232629	309063	67329

附录 I 续表23 CONTINUED

单位：万元 (10000 yuan)

		全年主营业务收入2000万元及以上的国有控股工业企业 State-holding Industrial Enterprises With Annual Revenue From Principal Business Over 20 Million Yuan					
		企业单位数（个） Number of Enterprises (unit)	#亏损企业 Losses	工业总产值 Gross Industrial Output Value	工业销售产值 Sales Industrial Output Value	资产合计 Total Assets	流动资产合计 Total Working Capitals
嘉荫县	Jiayin County	1	1	14113	14113	25516	12120
铁力市	Tieli City	1		22523	21604	436832	12934
桦南县	Huanan County	5	1	190338	163322	534659	169816
桦川县	Huachuan County	3		40220	40220	200122	2188
汤原县	Tangyuan County	3	2	18322	18320	41770	14476
抚远县	Fuyuan County	2		7537	7537	36827	7219
同江市	Tongjiang City	4	1	30857	30420	121129	10936
富锦市	Fujin City	9	3	144616	141865	258458	64996
佳木斯郊区	Jiamusi Suburb	2	1	28978	28978	70963	18752
勃利县	Boli County	1	1	6575	6575	17170	1950
穆棱市	Muling City	2	1	14128	14128	23155	5471
东宁县	Dongning County	3	2	25143	25143	64677	6387
林口县	Linkou County	4	1	169929	169929	90836	14109
绥芬河市	Suifenhe City						
海林市	Hailin City	5	2	41155	41155	170884	19044
宁安市	Ningan City	3	2	9459	9656	10507	1680
阳明区	Yangming	6	1	450578	440830	981391	307795
北安市	Beian City	7	3	165699	178751	208655	60638
五大连池市	Wudalianchi City						
五大连池风景区	Wudalianchi scenic spot						
爱辉区	Aihui	5	1	76822	76754	220643	54755
嫩江县	Nenjiang County	5	2	53910	58590	114542	35931
逊克县	Xunke County	1	1	5021	5021	16311	891
孙吴县	Sunwu County	1		4706	4706	9847	618
安达市	Anda City	6	1	216487	209917	307202	92643
肇东市	Zhaodong City	7	2	636362	637336	904179	114152
海伦市	Hailun City	2	1	32940	32845	38643	9366
北林区	Beilin	8	5	118082	113094	208822	74188
望奎县	Wangkui County	2	1	14246	14221	20356	6172
兰西县	Lanxi County	1	1	14227	10670	17772	1583
青冈县	Qinggang County	1		17758	17758	14796	2365
庆安县	Qingan County	2	1	29868	26396	53442	16394
明水县	Mingshui County	2	1	54163	41235	87844	54990
绥棱县	Suiling County	1	1	9458	9458	15216	3572
呼玛县	Huma County						
塔河县	Tahe County	3	1	19356	21685	39278	31354
漠河县	Mohe County	3	2	60611	50218	171908	77788
加格达奇区	Jiagedaqi District	3	1	40253	39553	81968	37520

附录Ⅰ 续表24 CONTINUED

单位：万元 (10000 yuan)

县、市名称	Name	全年主营业务收入2000万元及以上的国有控股工业企业 State-holding Industrial Enterprises With Annual Revenue From Principal Business Over 20 Million Yuan						
		固定资产合计 Total of Fixed Assets	负债合计 Total Liabilities	所有者权益 Creditors' Equity	主营业务收入 Sales Revenue	利润总额 Total Profit	利税总额 Total Profit and Tax	从业人员平均人数(人) Average Employed Persons (person)
阿城区	Acheng	132222	200202	129504	114923	-2653	3631	3433
呼兰区	Hulan	76671	100846	76484	64926	-1938	-159	1331
宾县	Bin County	100734	190686	83863	193607	54251	68006	1410
依兰县	Yilan County	512551	624566	237144	234565	-13944	747	8156
方正县	Fangzheng County	77939	73832	20075	27104	1727	2448	426
双城区	Shuangcheng	25023	32770	12043	113165	1906	4120	637
尚志市	Shangzhi City	34157	51267	5727	62349	1609	3217	913
五常市	Wuchang City	36158	45829	5497	62522	108	1600	1273
巴彦县	Bayan County	77731	60448	17104	63369	2334	3418	922
木兰县	Mulan County	13046	15106	-1529	8279	-687	-437	320
通河县	Tonghe County	19217	19932	2562	31007	1510	2146	378
延寿县	Yanshou County	23661	66517	7172	18208	-2739	-2273	277
龙江县	Longjiang County	62126	61433	29977	36879	917	1265	545
依安县	Yian County	20698	23962	2002	27298	309	1224	372
泰来县	Tailai County	32096	25439	24064	138376	10930	22903	572
甘南县	Gannan County	23378	28422	-1163	16641	-599	-41	397
富裕县	Fuyu County	100305	148748	71657	109004	6025	7575	1706
克山县	Keshan County	16770	45528	21539	15730	55	1693	375
克东县	Kedong County	51772	43396	20226	14359	153	707	273
拜泉县	Baiquan County	13212	16969	-1141	8013	-620	-332	252
梅里斯区	Meilisi Daur District	3944	12203	15030	142981	11417	21654	1288
讷河市	Nehe City	27341	30950	1711	29574	325	1475	680
鸡东县	Jidong County	33217	30047	19435	23331	2063	3375	611
虎林市	Hulin City	30482	94485	57111	176966	791	1382	586
密山市	Mishan City	214852	170857	96761	64898	4534	5691	1503
萝北县	Luobei County	82116	72635	23254	36723	-609	163	668
绥滨县	Suibin County	75374	84780	17410	12343	-3590	-2756	418
集贤县	Jixian County							
友谊县	Youyi County	58487	113438	37242	58349	1392	3833	930
宝清县	Baoqing County	47041	55033	15377	31686	-9602	-9009	1063
饶河县	Raohe County	31332	28647	11659	10391	937	1021	250
肇州县	Zhaozhou County	15640	17939	32	13928	-548	-57	326
肇源县	Zhaoyuan County	15786	20139	2186	48712	-247	829	380
林甸县	Lindian County	11455	13367	-253	9451	-790	-424	254
杜蒙自治县	Durbote Mongolia Autonomous County	50293	98125	45252	163148	11935	13848	1184
大同区	Datong	91908	209817	82403	232607	4947	14905	1942

附录Ⅰ 续表25 CONTINUED

单位：万元 (10000 yuan)

县、市名称	Name	全年主营业务收入2000万元及以上的国有控股工业企业 State-holding Industrial Enterprises With Annual Revenue From Principal Business Over 20 Million Yuan						
		固定资产合计 Total of Fixed Assets	负债合计 Total Liabilities	所有者权益 Creditors' Equity	主营业务收入 Sales Revenue	利润总额 Total Profit	利税总额 Total Profit and Tax	从业人员平均人数(人) Average Employed Persons (person)
嘉荫县	Jiayin County	5864	7152	18348	14113	-3954	-3630	1074
铁力市	Tieli City	423898	428183	8650	22939	56	2344	306
桦南县	Huanan County	207010	361168	173491	179457	33622	45051	2115
桦川县	Huachuan County	197933	89401	110721	40523	7179	7751	171
汤原县	Tangyuan County	25427	66359	-24589	18320	70	426	274
抚远县	Fuyuan County	29608	23947	12879	7537	1426	2238	113
同江市	Tongjiang City	26594	92911	28219	30569	500	1361	384
富锦市	Fujin City	191265	205277	52236	143327	12870	19625	1986
佳木斯郊区	Jiamusi Suburb	47281	54471	4581	31826	593	593	426
勃利县	Boli County	15045	17642	-472	6575	-881	-491	142
穆棱市	Muling City	17635	10268	12887	14128	166	763	406
东宁县	Dongning County	58250	48519	16158	25095	-1847	-1217	497
林口县	Linkou County	76727	46311	44525	173405	25512	37538	2825
绥芬河市	Suifenhe City							
海林市	Hailin City	151702	86504	84380	45132	2601	4613	528
宁安市	Ningan City	8527	9880	606	9644	-331	-223	246
阳明区	Yangming	617986	672639	308752	445092	21148	43582	8569
北安市	Beian City	84408	143601	65054	167133	4479	9003	1781
五大连池市	Wudalianchi City							
五大连池风景区	Wudalianchi scenic spot							
爱辉区	Aihui	165169	156797	63846	76323	10279	14311	1629
嫩江县	Nenjiang County	70323	94434	20108	50601	395	3316	1046
逊克县	Xunke County	15370	17129	-817	5371	-424	-196	208
孙吴县	Sunwu County	9230	9630	217	4706	221	424	116
安达市	Anda City	135044	150169	157033	201893	36366	65691	1942
肇东市	Zhaodong City	743681	180679	723499	624534	50191	118348	5867
海伦市	Hailun City	29009	35338	3305	32842	-552	892	596
北林区	Beilin	124081	149034	59745	110714	6259	8024	1999
望奎县	Wangkui County	14178	20390	-34	20373	-71	466	469
兰西县	Lanxi County	14911	19560	-1787	14224	-900	-826	307
青冈县	Qinggang County	12144	13952	844	19457	214	969	439
庆安县	Qingan County	26821	35614	16450	27539	491	903	594
明水县	Mingshui County	30428	22205	65639	40959	10116	13104	834
绥棱县	Suiling County	11644	14375	840	10128	-414	-133	238
呼玛县	Huma County							
塔河县	Tahe County	7553	24624	14654	21685	-59	1822	676
漠河县	Mohe County	74101	155679	16229	50217	-4416	1803	1573
加格达奇区	Jiagedaqi District	43776	65956	16012	39553	-513	849	2369

附录Ⅰ 续表26 CONTINUED

县、市名称	Name	公共财政收入（万元）General Budgetary Financial Revenue (10000 yuan)	政府性基金收入（万元）Governmental Fund Income (10000 yuan)	公共财政支出（万元）General Budgetary Financial Expenditure (10000 yuan)	政府性基金支出（万元）Governmental Fund Expenditure (10000 yuan)	公路线路里程（公里）Length of Highways (km)	普通中学在校学生（人）Students in Regular Secondary Schools (person)	小学在校学生（人）Students in Primary Schools (person)
阿城区	Acheng	47465	825	224819	40405	1813	21189	24253
呼兰区	Hulan	71031	1509	267599	33449	1359	20770	29332
宾县	Bin County	101127	70115	316787	74766	2249	19509	30310
依兰县	Yilan County	57429	31434	238543	45675	1771	13558	17121
方正县	Fangzheng County	38696	6028	161299	9283	1272	8744	9990
双城区	Shuangcheng	111594	32615	281637	36228	2490	25905	39059
尚志市	Shangzhi City	67744	21351	238203	34077	2589	23431	25261
五常市	Wuchang City	96264	31418	371150	63892	3661	28875	38145
巴彦县	Bayan County	41089	10940	283273	20913	2307	18307	26547
木兰县	Mulan County	16296	4150	143746	23953	1272	7522	12087
通河县	Tonghe County	33256	11236	164320	13887	1438	7504	10701
延寿县	Yanshou County	33484	9332	167782	11781	1114	7519	11012
龙江县	Longjiang County	41747	19491	264275	18405	2545	20704	29642
依安县	Yian County	30267	18746	223307	25634	2640	11628	16056
泰来县	Tailai County	24819	14354	192934	32432	2288	12099	12818
甘南县	Gannan County	32868	20661	174157	14624	2598	12828	21231
富裕县	Fuyu County	31897	6694	207174	17860	2009	9476	13901
克山县	Keshan County	17126	9745	223424	11203	2323	13182	15270
克东县	Kedong County	20698	8558	173975	19973	1652	8856	10748
拜泉县	Baiquan County	22902	8818	245553	17510	2101	13295	17442
梅里斯区	Meilisi Daur District	7071	5818	76210	4198	808	4570	7541
讷河市	Nehe City	45101	16357	283046	24520	2868	21839	28108
鸡东县	Jidong County	25457	3939	165373	15080	1755	12306	9429
虎林市	Hulin City	45345	7473	210838	9442	3383	13154	12559
密山市	Mishan City	38957	19605	242547	38993	2878	21439	16250
萝北县	Luobei County	30361	3587	141972	3985	2665	13717	8423
绥滨县	Suibin County	11836	1346	134280	10866	1900	6603	7512
集贤县	Jixian County	23348	17975	173059	17659	1229	13779	14325
友谊县	Youyi County	13306	3561	62756	3151	508	9166	3867
宝清县	Baoqing County	40514	3459	212123	7946	4103	14125	18306
饶河县	Raohe County	9203	2573	118406	5704	2541	5189	7190
肇州县	Zhaozhou County	70006	11318	208800	19417	1329	18490	16624
肇源县	Zhaoyuan County	62915	37895	225960	51731	1677	18201	18427
林甸县	Lindian County	41029	7030	179780	7015	1495	8828	12418
杜蒙自治县	Durbote Mongolia Autonomous County	43099	7864	180472	18571	1871	12440	10770
大同区	Datong	68354	6881	103862	6881	1167	9596	9349

附录 I 续表27 CONTINUED

县、市名称	Name	公共财政收入（万元）General Budgetary Financial Revenue (10000 yuan)	政府性基金收入（万元）Governmental Fund Income (10000 yuan)	公共财政支出（万元）General Budgetary Financial Expenditure (10000 yuan)	政府性基金支出（万元）Governmental Fund Expenditure (10000 yuan)	公路线路里程（公里）Length of Highways (km)	普通中学在校学生（人）Students in Regular Secondary Schools (person)	小学在校学生（人）Students in Primary Schools (person)
嘉荫县	Jiayin County	11117	1019	112349	1822	1408	2753	3369
铁力市	Tieli City	24045	18570	166924	24217	1781	13501	10805
桦南县	Huanan County	37205	7953	235553	13028	1746	16165	17970
桦川县	Huachuan County	21789	7523	167564	17620	1415	7472	9995
汤原县	Tangyuan County	21391	3547	170849	10125	1674	8035	9567
抚远县	Fuyuan County	18432	4210	198937	8776	2112	3897	6470
同江市	Tongjiang City	21282	6456	197160	8564	2491	7294	11397
富锦市	Fujin City	42029	10818	284321	20755	5030	23520	26150
佳木斯郊区	Jiamusi Suburb	24096	7	108039	23	1190	5550	7801
勃利县	Boli County	27188	6735	174508	14700	1525	10408	12675
穆棱市	Muling City	94786	5546	287798	19492	2120	9410	12768
东宁县	Dongning County	72369	14313	194960	21614	1869	9416	10080
林口县	Linkou County	61289	10078	211915	12934	2471	10862	12907
绥芬河市	Suifenhe City	56714	24270	220874	24280	258	6181	7342
海林市	Hailin City	91892	17560	237290	20128	2604	14592	13596
宁安市	Ningan City	75690	14511	286076	22306	2682	14318	17900
阳明区	Yangming	38688		72983	242	153	13127	7492
北安市	Beian City	54000	10488	273403	13526	3168	17632	16201
五大连池市	Wudalianchi City	18801	6355	169405	30318	3096	10557	12938
五大连池风景区	Wudalianchi scenic spot	4994	3876	50339	5110		768	744
爱辉区	Aihui	16517	326	140838	1909	1929	8757	9416
嫩江县	Nenjiang County	61742	11599	267657	20187	3785	20356	21662
逊克县	Xunke County	16709	1577	132800	6712	2398	3676	4542
孙吴县	Sunwu County	9267	2127	119868	3105	1435	3455	5439
安达市	Anda City	137146	13877	350934	19895	1948	15787	20619
肇东市	Zhaodong City	156548	84312	432467	99857	2191	37217	33333
海伦市	Hailun City	38025	18765	315907	36338	3551	28745	25430
北林区	Beilin	50377	11964	298422	14688	2460	36577	31836
望奎县	Wangkui County	38860	15114	236803	23014	1688	17054	15755
兰西县	Lanxi County	21722	8468	220617	20849	1863	18825	16412
青冈县	Qinggang County	15141	20284	233248	26832	1978	18101	15108
庆安县	Qingan County	30004	8517	214802	26752	2269	14819	14726
明水县	Mingshui County	20290	12183	182732	19287	1470	11065	10077
绥棱县	Suiling County	18046	4731	159670	4911	2235	13874	11320
呼玛县	Huma County	8148	2724	85332	4944	1578	2018	1944
塔河县	Tahe County	12720	1298	73400	2817	1307	2656	2102
漠河县	Mohe County	22276	1928	93318	2143	1633	2210	2424
加格达奇区	Jiagedaqi District	35743	3319	96105	4221	307	8327	5271

附录Ⅱ　各类开发区情况

APPENDIX Ⅱ GENERAL SURVEY OF ALL DEVELOPMENT AREAS

资料整理：张莹娣

附录2-1 各类开发区基本情况(2014年)

GENERAL SURVEY OF ALL DEVELOPMENT AREAS (2014)

单位：个 (unit)

项　目	Item	已批准项目数 Authorized Item	#外商投资企业 Foreign-funded Enterprises
合　计	**Total**	**1029**	**24**
国务院批准	**State Department Sanctioning**		
哈尔滨经济技术开发区	Economic and Technologic Development Zone of Harbin		
哈尔滨高新技术产业开发区	High and New Technology Industrial Development Zone of Harbin	64	1
哈尔滨利民经济技术开发区	Limin Economic and Technological Development Zone of Harbin	28	4
大庆高新技术产业开发区	High and New Technology Industrial Development Zone of Daqing	96	1
黑河市边境经济合作区	Economic Cooperation Zone on Frontier of Heihe	12	1
绥芬河边境经济合作区	Economic Development Zone on Frontier of Suifenhe	11	
省政府批准	**The Provincial Government Sanctioning**		
齐齐哈尔高新技术产业开发区	High and New Technology Industrial Development Zone of Qiqihar	6	
黑龙江省富拉尔基民营科技企业示范区	Fulaerji Demonstration Area of Scien-tech Enterprise of Tractor to the Public in Heilongjiang Province	4	
讷河工业示范基地	Nehe Industry Model Base of Heilongjiang	5	
富裕工业示范基地	Fuyu Industry Model Base of Heilongjiang		
泰来工业示范基地	Tailai Industry Model Base of Heilongjiang	6	
黑龙江阳明经济开发区	Yang Ming Economic and Technologic Development Zone in Heilongjiang Province	8	
佳木斯高新技术产业开发区	High and New Technology Industrial Development Zone of Jiamusi		
佳木斯经济技术开发区	Economic and Technological Development Zone of Jiamusi	14	
双鸭山市经济技术开发区	Economic and Technological Development Zone of Shuangyashan	6	
双城经济技术开发区	Economic and Technologic Development Zone of Shuangcheng	28	
尚志经济开发区	Economic and Technologic Development Zone of Shangzhi	82	3
绥化经济开发区	Economic Development Zone of Suihua	10	1
宾西经济技术开发区	Binxi Economic Development Zone of Harbin	143	5
黑龙江东宁经济开发区	Dongning Economic Development Zone of Heilongjiang	1	
同江经济开发区	Tongjiang Economic Development Zone	7	
五大连池旅游度假区	Tour Vacation Zone on Frontier of Wudalianchi	13	
镜泊湖旅游度假区	Tour Vacation Zone on Frontier of Jingpo Lake	11	
黑龙江海林经济开发区	Hailin Ecological Development Zone of Heilongjiang	257	7
黑龙江宝泉岭经济开发区	Economic and Technologic Development Zone of Baoquanling	2	
省直有关部门批准	**The Provincial Related Departments Sanctioning**		
黑龙江肇东经济开发区	Economic and Technologic Development Zone of Zhaodong	192	
穆棱经济开发区	Muling Economic Development Zone	9	
黑龙江林口经济开发区	Economic and Technologic Development Zone of Lin Kou	14	1

附录2-1 续表2 CONTINUED

项　目	Item	内资企业投资总额(万元) Total Investment of Domestic-funded Enterprises (10000 yuan)	外资企业实际投资额(万美元) Total Investment of Foreign-funded Enterprises (USD 10000)
合　计	**Total**	**7492281**	**202800**
国务院批准	**State Department Sanctioning**		
哈尔滨经济技术开发区	Economic and Technologic Development Zone of Harbin		119986
哈尔滨高新技术产业开发区	High and New Technology Industrial Development Zone of Harbin	619500	32793
哈尔滨利民经济技术开发区	Limin Economic and Technological Development Zone of Harbin	1179004	14161
大庆高新技术产业开发区	High and New Technology Industrial Development Zone of Daqing	1205000	7195
黑河市边境经济合作区	Economic Cooperation Zone on Frontier of Heihe	415400	1740
绥芬河边境经济合作区	Economic Development Zone on Frontier of Suifenhe	115950	
省政府批准	**The Provincial Government Sanctioning**		
齐齐哈尔高新技术产业开发区	High and New Technology Industrial Development Zone of Qiqihar	50000	
黑龙江省富拉尔基民营科技企业示范区	Fulaerji Demonstration Area of Scien-tech Enterprise of Tractor to the Public in Heilongjiang Province	44141	
讷河工业示范基地	Nehe Industry Model Base of Heilongjiang	155502	
富裕工业示范基地	Fuyu Industry Model Base of Heilongjiang	60826	
泰来工业示范基地	Tailai Industry Model Base of Heilongjiang	50000	
黑龙江阳明经济开发区	Yang Ming Economic and Technologic Development Zone in Heilongjiang Province	22361	
佳木斯高新技术产业开发区	High and New Technology Industrial Development Zone of Jiamusi	18900	
佳木斯经济技术开发区	Economic and Technological Development Zone of Jiamusi	259372	
双鸭山市经济技术开发区	Economic and Technological Development Zone of Shuangyashan	125600	
双城经济技术开发区	Economic and Technologic Development Zone of Shuangcheng	431480	
尚志经济开发区	Economic and Technologic Development Zone of Shangzhi	200289	6851
绥化经济开发区	Economic Development Zone of Suihua	188295	5754
宾西经济技术开发区	Binxi Economic Development Zone of Harbin	563241	2452
黑龙江东宁经济开发区	Dongning Economic Development Zone of Heilongjiang	41600	
同江经济开发区	Tongjiang Economic Development Zone	65700	
五大连池旅游度假区	Tour Vacation Zone on Frontier of Wudalianchi	6000	
镜泊湖旅游度假区	Tour Vacation Zone on Frontier of Jingpo Lake	16732	
黑龙江海林经济开发区	Hailin Ecological Development Zone of Heilongjiang	530000	5868
黑龙江宝泉岭经济开发区	Economic and Technologic Development Zone of Baoquanling	15315	
省直有关部门批准	**The Provincial Related Departments Sanctioning**		
黑龙江肇东经济开发区	Economic and Technologic Development Zone of Zhaodong	1010053	
穆棱经济开发区	Muling Economic Development Zone	44700	
黑龙江林口经济开发区	Economic and Technologic Development Zone of Lin Kou	57320	6000

附录2-2 经济技术开发区基本情况

BASIC CONDITIONS OF ECONOMIC AND TECHNOLOGIC DEVELOPMENT AREAS

开发区名称	Name	企业数(个) Number of Enterprises(unit)		从业人员(人) Number of Employed Persons(person)	
		2013	2014	2013	2014
合 计	**Total**	**10946**	**12696**	**400975**	**336390**
哈尔滨经济技术开发区	Economic and Technologic Development Zone of Harbin	7769	9030	171211	171310
哈尔滨利民经济技术开发区	Limin Economic and Technological Development Zone of Harbin	950	1169	62650	
富拉尔基民营科技企业示范区	Fularji Demonstration Area of Scien-tech Enterprise	108	127	8498	8511
讷河工业示范基地	Nehe Industry Model Base of Heilongjiang	24	27	1559	2117
富裕工业示范基地	Fuyu Industry Model Base of Heilongjiang	49	49	4200	4000
泰来工业示范基地	Tailai Industry Model Base of Heilongjiang	6	6	800	1100
黑龙江阳明经济开发区	Economic and Technologic Development Zone of Yang Ming	20	28	898	921
佳木斯经济技术开发区	Economic and Technological Development Zone of Jiamusi	11	12	1675	1720
双鸭山市经济技术开发区	Economic and Technological Development Zone of Shuangyashan	45	45	15500	16000
双城经济技术开发区	Economic and Technologic Development Zone of Shuangcheng	159	146	46592	23410
尚志经济开发区	Economic and Technologic Development Zone of Shangzhi	54	63	3818	3818
宾西经济技术开发区	Binxi Economic Development Zone of Harbin	724	724	15607	15610
绥化经济开发区	Economic Development Zone of Suihua		133		16294
鸡西市金三角经济开发区	Jinsanjiao Economic Development Zone of Jixi	420	418	8000	7850
同江经济开发区	Tongjiang Economic Development Zone	4	14	3076	3265
黑龙江海林经济开发区	Hailin Ecological Development Zone of Heilongjiang	246	257	30996	31002
黑龙江林口经济开发区	Economic and Technologic Development Zone of Lin Kou		25		3200
穆棱经济开发区	Muling Economic Development Zone	143	145	3660	3780
黑龙江宝泉岭经济开发区	Economic and Technologic Development Zone of Baoquanling	64	64	3992	3992
黑龙江肇东经济开发区	Economic and Technologic Development Zone of Zhaodong	150	164	18243	18490

附录2-2 续表1 CONTINUED

开发区名称	Name	总产值(万元) Gross Output Value (10000 yuan)		利润总额(万元) Total Profits (10000 yuan)	
		2013	2014	2013	2014
合 计	**Total**	**43243552**	**46351081**	**3364471**	**3372017**
哈尔滨经济技术开发区	Economic and Technologic Development Zone of Harbin	26560153	27904051	2482491	2656762
哈尔滨利民经济技术开发区	Limin Economic and Technological Development Zone of Harbin	4300000	5200000		
富拉尔基民营科技企业示范区	Fularji Demonstration Area of Scien-tech Enterprise	546268	329135	57109	17042
讷河工业示范基地	Nehe Industry Model Base of Heilongjiang	387136	325171	44958	59289
富裕工业示范基地	Fuyu Industry Model Base of Heilongjiang	365112	267022	14760	8153
泰来工业示范基地	Tailai Industry Model Base of Heilongjiang	80000	92000	23000	10200
黑龙江阳明经济开发区	Economic and Technologic Development Zone of Yang Ming	58733	54433	2411	2520
佳木斯经济技术开发区	Economic and Technological Development Zone of Jiamusi	100711	110990	4499	4750
双鸭山市经济技术开发区	Economic and Technological Development Zone of Shuangyashan	1248932	1199329	34831	31674
双城经济技术开发区	Economic and Technologic Development Zone of Shuangcheng	2051958	2149431	190661	68087
尚志经济开发区	Economic and Technologic Development Zone of Shangzhi	150419	116452	7644	2213
宾西经济技术开发区	Binxi Economic Development Zone of Harbin	2363319	2969358	145861	148254
绥化经济开发区	Economic Development Zone of Suihua		400586		11731
鸡西市金三角经济开发区	Jinsanjiao Economic Development Zone of Jixi	30000	38000	2300	2150
同江经济开发区	Tongjiang Economic Development Zone	57891	118500	4507	6350
黑龙江海林经济开发区	Hailin Ecological Development Zone of Heilongjiang	3006483	2270974	188921	144488
黑龙江林口经济开发区	Economic and Technologic Development Zone of Lin Kou		274986		43032
穆棱经济开发区	Muling Economic Development Zone	48000	526700	28831	28100
黑龙江宝泉岭经济开发区	Economic and Technologic Development Zone of Baoquanling	457231	497112	21147	18726
黑龙江肇东经济开发区	Economic and Technologic Development Zone of Zhaodong	1431206	1506851	110540	108496

附录2-2 续表2 CONTINUED

开发区名称	Name	税收总额(万元) Total Profits and Taxes(10000 yuan)		出口总额(万美元) Total Exports (USD 10000)	
		2013	2014	2013	2014
合 计	**Total**	**1951838**	**2371949**	**241195**	**299466**
哈尔滨经济技术开发区	Economic and Technologic Development Zone of Harbin	1394750	1610709	196390	226008
哈尔滨利民经济技术开发区	Limin Economic and Technological Development Zone of Harbin	211912	237979	7313	6217
富拉尔基民营科技企业示范区	Fularji Demonstration Area of Scien-tech Enterprise	28489	16165		
讷河工业示范基地	Nehe Industry Model Base of Heilongjiang	6159	15561	358	224
富裕工业示范基地	Fuyu Industry Model Base of Heilongjiang	17678	7884		8
泰来工业示范基地	Tailai Industry Model Base of Heilongjiang	6200	3300		
黑龙江阳明经济开发区	Economic and Technologic Development Zone of Yang Ming	2376	1979	1245	1094
佳木斯经济技术开发区	Economic and Technological Development Zone of Jiamusi	4431	4680		
双鸭山市经济技术开发区	Economic and Technological Development Zone of Shuangyashan	13932	14153	187	
双城经济技术开发区	Economic and Technologic Development Zone of Shuangcheng	11660	63431		
尚志经济开发区	Economic and Technologic Development Zone of Shangzhi	3626	2797	280	306
宾西经济技术开发区	Binxi Economic Development Zone of Harbin	71209	66344	4962	3496
绥化经济开发区	Economic Development Zone of Suihua		23120		9110
鸡西市金三角经济开发区	Jinsanjiao Economic Development Zone of Jixi	1000	950		
同江经济开发区	Tongjiang Economic Development Zone	2962	3711	1497	1685
黑龙江海林经济开发区	Hailin Ecological Development Zone of Heilongjiang	100929	106107	22402	27501
黑龙江林口经济开发区	Economic Development Zone of Suihua		15332		150
穆棱经济开发区	Muling Economic Development Zone	31000	88000	6422	22834
黑龙江宝泉岭经济开发区	Economic and Technologic Development Zone of Baoquanling	3269	3458	139	833
黑龙江肇东经济开发区	Economic and Technologic Development Zone of Zhaodong	40256	86289		

附录2-3 高新技术产业开发区基本情况

BASIC CONDITIONS OF HIGH-TECH DEVELOPMENT AREAS

开发区名称	Name	企业数(个) Number of Enterprises(unit)		从业人员(人) Number of Employed Persons(person)	
		2013	2014	2013	2014
合 计	**Total**	**4258**	**4523**	**299473**	**306750**
哈尔滨高新技术产业开发区	High and New Technology Industrial Development Zone of Harbin	1088	1121	163435	167320
齐齐哈尔高新技术产业开发区	High & New Technology Industrial Development Zone of Qiqihar	95	95	18760	19860
佳木斯高新技术产业开发区	High and New Technology Industrial Development Zone of Jiamusi	50	57	9220	7535
大庆高新技术产业开发区	High-Tech Development Areas of Daqing	3025	3250	108058	112035

附录2-3 续表 CONTINUED

开发区名称	Name	总产值(亿元) Gross Output Value (100 million)		利税总额(亿元) Total Profits and Taxes (100 million yuan)	
		2013	2014	2013	2014
合 计	**Total**	**3205.7**	**3489.3**	**365.9**	**419.2**
哈尔滨高新技术产业开发区	High and New Technology Industrial Development Zone of Harbin	1531.9	1604.9	226.8	275.2
齐齐哈尔高新技术产业开发区	High & New Technology Industrial Development Zone of Qiqihar	75.4	61.6	13.1	5.0
佳木斯高新技术产业开发区	High and New Technology Industrial Development Zone of Jiamusi	98.0	105.8	3.7	4.4
大庆高新技术产业开发区	High-Tech Development Areas of Daqing	1500.4	1717.0	122.3	134.6

附录2-4 边境经济合作区基本情况

BASIC CONDITIONS OF ECONOMIC DEVELOPMENT AREAS ON FRONTIER

开发区名称	Name	企业数(个) Number of Enterprises(unit)		从业人员(人) Number of Employed Persons(person)	
		2013	2014	2013	2014
合 计	**Total**	**819**	**845**	**11647**	**13053**
黑河边境经济合作区	Economic Cooperation Zone on Frontier of Heihe	727	746	7033	7558
绥芬河边境经济合作区	Economic Development Areas on Frontier of Suifenhe	5	11	614	95
黑龙江东宁经济开发区	Dongning Economic Development Zone of Heilongjiang	87	88	4000	5400

附录2-4 续表 CONTINUED

开发区名称	Name	出口总额(万美元) Total Exports (USD 10000)		进口总额(万美元) Total Imports (USD 10000)	
		2013	2014	2013	2014
合 计	**Total**	**234763**	**205199**	**34106**	**12351**
黑河边境经济合作区	Economic Cooperation Zone on Frontier of Heihe	33755	29881	16941	11486
绥芬河边境经济合作区	Economic Development Areas on Frontier of Suifenhe			15226	123
黑龙江东宁经济开发区	Dongning Economic Development Zone of Heilongjiang	200831	175141	1933	736
逊克边境经济合作区	Economic Development Areas on Frontier of Xunke	177	177	6	6

附录2-5 旅游度假区基本情况

BASIC CONDITIONS OF TOUR VACATION AREAS

开发区名称	Name	从业人员(人) Number of Employed Persons(person)		宾馆(饭店)(个) Number of Hotels (unit)	
		2013	2014	2013	2014
合 计	**Total**	**9113**	**9101**	**212**	**161**
镜泊湖旅游度假区	Tour Vacation Areas on Frontier of Jingpo Lake	2600	2600	120	79
五大连池旅游度假区	Tour Vacation Areas on Frontier of Wudalianchi	6400	6400	40	40
黑龙江省农垦当壁镇	Tour Vacation Zone of Xingkai Lake in Dangbi Town in	113	101	52	42

附录2-5 续表1 CONTINUED

开发区名称	Name	接待人数(万人) Number of Tourist (10000 persons)		营业收入(万元) Takings (10000 yuan)	
		2013	2014	2013	2014
合 计	**Total**	**268**	**225.5**	**42862**	**50178**
镜泊湖旅游度假区	Tour Vacation Areas on Frontier of Jingpo Lake	120	82	6662	6109
五大连池旅游度假区	Tour Vacation Areas on Frontier of Wudalianchi	103	123	24200	40000
黑龙江省农垦当壁镇	Tour Vacation Zone of Xingkai Lake in Dangbi Town in	45	20.5	12000	4069

附录2-5 续表2 CONTINUED

开发区名称	Name	外汇收入(万美元) Foreign Exchange Earnings(USD 10000)		利税总额(万元) Total Profits and Taxes(10000 yuan)	
		2013	2014	2013	2014
合 计	**Total**			**4228**	**5737**
镜泊湖旅游度假区	Tour Vacation Areas on Frontier of Jingpo Lake			500	2516
五大连池旅游度假区	Tour Vacation Areas on Frontier of Wudalianchi			2428	2625
黑龙江省农垦当壁镇	Tour Vacation Zone of Xingkai Lake in Dangbi Town in			1300	596

主要统计指标解释

边境经济合作区　经省政府或国务院批准设立的，在边境地区一定范围内集中建设并享有一定优惠政策和配套设施的开发区。边境经济合作区以与毗邻国家对外贸易、经济技术合作为主。经省政府批准的即为省级开发区，经国务院批准设立的为国家级开发区。

经济技术开发区　经省政府或国务院批准设立的，设在内陆地区依托中心城市集中在一定地域建设，享有一定优惠政策和配套设施的开发区。经济技术开发区以招商引资、建立出口加工基地为主，成为本地招商引资，扩大开放的窗口和基地。

高新技术产业开发区　经省政府或国务院批准设立的，依托具有一定经济实力和科技力量的中心城市，享有一定优惠政策和配套设施，通过招商引资，扩大开放，发展高新技术产业开发区。

Explanatory Notes on Main Statistical Indicators

Border Economic Cooperation Zone Border economic cooperation zone is authorized by provincial government or the State Council, being concentrating constructed on the border, enjoying some preferential policies and corresponding establishment. Abutted countries are major foreign trade, economic and technology cooperation partners of the Border Economic Cooperation Zone . A border economic cooperation zone authorized by provincial government is a province-level development zone, authorized by the State Council is a state-level development zone. New high technology industry development district.

Economic and Technology Cooperation Development Zone Economic and technology cooperation development zone is authorized by provincial government or the State Council, locating in inland central city and being concentrating constructed, enjoying some preferential policies and corresponding establishment. The economic and technology cooperation development zone becomes local window and base of investment promotion & extended opening through promoting investment and establishing export-processing bases.

New High Technology Industry Development Zone New high technology industry development zone is authorized by provincial government or the State Council, locating in central city possessing stronger economic and technological capability, enjoying some preferential policies and corresponding establishment. New high technology industry development zone develop new high technology industry through investment promotion & extended opening.